海丰年鉴

2015

中　共　海　丰　县　委　　主办
海　丰　县　人　民　政　府

海丰县人民政府地方志办公室　编

方志出版社

图书在版编目（CIP）数据

海丰年鉴·2015 / 海丰县人民政府地方志办公室 编
—北京：方志出版社，2015. 11
ISBN 978-7-5144-1787-6

I. ①1海… II. ①1海… III. ①1海丰县—2015—年鉴
IV. ①1Z526. 54

中国版本图书馆CIP数据核字（2015）第269813号

主办：中共海丰县委 海丰县人民政府
编纂：海丰县人民政府地方志办公室
地址：广东省汕尾市海丰县红城大道西988号海丰县政府大院西栋四楼
电话：0660－6600171；传真：0660－6865117
电子邮箱：swhf999@163.com；QQ：139025386

海丰年鉴（2015）

编　者：海丰县人民政府地方志办公室
责任编辑：罗　滔

出 版 人：冀祥德
出 版 者：方 志 出 版 社
地址 北京市朝阳区潘家园东里9号（国家方志馆4层）
邮编 100021
网址 http://www.fzph.org
发　行：方志出版社发行中心
（010）67110500
经　销：各地新华书店
印　刷：广州市中天彩色印刷有限公司

开　本：889 × 1194　1/16
印　张：36
字　数：1010千字
版　次：2015年11月第1版　2015年11月第1次印刷
印　数：0001—2500册

ISBN 978-7-5144-1787-6　　定　价：268.00元

编纂说明

一、《海丰年鉴》是中共海丰县委、海丰县人民政府主办的大型地方综合年鉴，是一部融思想性、科学性和资料性于一体的实用工具书，由《海丰年鉴》编纂委员会组织实施，县人民政府地方志办公室、《海丰年鉴》编辑部编辑，方志出版社出版发行。

二、《海丰年鉴·2015》以马克思列宁主义、毛泽东思想、邓小平理论和“三个代表”重要思想为指导，全面贯彻落实科学发展观，坚持辩证唯物主义和历史唯物主义的立场、观点和方法；坚持实事求是的原则，全面、系统、翔实地记述2014年海丰县自然、政治、经济、文化、社会的基本面貌和发展情况，为“资治、存史、教化”服务，为各级领导决策服务，为广大读者掌握信息、积累资料、了解海丰服务。

三、本卷年鉴卷首设彩页、特载、大事记。卷尾附录设有统计资料、专记和报刊文摘。本卷年鉴配备双重检索系统，正文前有目录、正文后有索引，索引按照主题词首字汉语拼音字母顺序排列。为适应时代发展的要求，有利于广泛宣传，本年鉴出版同时制作电子版光盘。

四、本卷年鉴的主体内容采用栏目、分目、子目、条目四级结构层次，栏目有：县情概况、政治、经济、科教文卫体、社会生活、区镇概况。条目为基本记述实体，全书共设条目 1047 个。年鉴主体内容附配插图，图文并茂地反映海丰社会经济发展面貌。

五、本卷年鉴在卷首设“数字海丰”专页，旨在突出反映海丰县2014年国民经济和社会发展的重要数据。

六、本卷年鉴所记述的资料，分别由海丰县各有关部门负责提供，并经所在单位领导审定。年鉴所用的统计数字，采用县统计局快报数或撰稿单位数据，使用时应以《2014 年海丰县国民经济和社会发展统计公报》为准。

七、本卷年鉴的编纂工作得到县委、县政府的高度重视和县直各单位、各镇场、社会各界的大力支持，谨此，表示真诚的感谢。由于年鉴编纂工作涉及面广，时间紧迫，书中纰漏之处在所难免，敬请各界人士批评指正。

海丰县在广东省的位置图
湖南省
江西省
福建省
广西壮族自治区
韶关市
梅州市
清远市
河源市
潮州市
揭阳市
汕头市
广州市
惠州市
肇庆市
海丰县
云浮市
佛山市
东莞市
汕尾市
江门市
中山市
深圳市
香港特别行政区
珠海市
澳门
香港
澳门特别行政区
茂名市
阳江市
湛江市
北部湾
南海
东沙群岛
海口市
海南省
宝口镇
惠
石屋嶂
642
白盆珠水库
东
多祝镇
县
1336
莲花山
温厝
莲花山风景区
莲花
建祖寮
北斗坑
埔仔洞
S20潮莞高速
莲花山
总寮
莲光
布格
黄土岭
南埔
石龟
仓下
大道
下洋坝
黄仙坑
李本祠
万中
石洲寮
黄坭坑
黄山洞水库
鸡笼山
埔顶
将军帽
水口
银液
大安
新杏
银丰
下寮
联田
何兴围
东围
牛江山
天星湖
蕉坑
田心
水底山
1282
上田心
葫芦笏
角仔里
碗窑
马福兰
大钳东
324
联安
明溪
塘下水
南华塘
大桂岭
小帕
上岭
新厝仔
东风
石角头
联新
高坡
榕树墩
王京埔
鱼仔潭水库
和平
永乐
水底
白灰寨
北笏
三角坑
大水口
梅西
记处埔
联北
霞埔
窑坡水库
明热
明热温泉
梅陇镇
鳝需埔
联川
大埔里
热水洞
冰塘埔
红阳水库
永红
梅陇
梅星
联英
联南
唐寮
横坑
赤石镇
福田
古居寮
水路
洋坑
红阳
围寮
大下埔
吉田洋
下径水库
冰深
赤石
尚墩尾
月池
屿岭
坡平
燕洲
下北镇
新城
红罗
新里
三江楼
梅陇林场
联平
云路
东家亚
岩前
旧村
元山排
塘尾
上北镇
鲤鱼埔
江头
大嶂
联兴
仓兜
梅东
新联
平安洞水库
梅联
东港
大湖
黄塘
鹿湖
梅坑
太山头
新寨
牛笏
石安
石州
四方村
东联
河背
围岭头
新寮
河浦
深汕特别合作区
围湖
新兴
竹笪
新渔
惠
鹅埠镇
吉水门
南山
石南
尖尾
老龙坑
大坑
G15沈海高速
梅尖
蛟湖
鹅埠
圆墩
朝面山
隧道
大水田
田寮
红源
新园
洛坑
黄甲坑
埔岭
民新
民生
庭寮背
西湖
水关
吉隆镇
锡坑
田坑
侨头仔
新径
民新
西南
大塘
港尾
红泉
鲘门港
鲘门镇
杨安
香坑
南香
田心
桑园
东边隆
小漠水库
马宫港
马宫街道
百安海湾娱乐场
芒屿岛
百安
百安角
东旺
元新
小漠镇
斩头
牛鼻头
东
黄埠镇
云新
旺渔
埔仔
南方澳渔港度假村
大澳
澳仔沟
新田坑
沙埔心
红
海
湾
考洲洋
大围
江牡岛
银洲
县
了哥咀

本图取自本院编制的《汕尾市地图》，审图号：粤S（2014）007号

海丰年鉴编纂委员会

2015 年 1 月 29 日海委办〔2015〕3 号文调整

主　　任： 陈德忠

副主任： 许信咏　符　坚　叶胜勇　蔡　忠

委　　员： 陈建东　罗展峰　黄剑雄　吴远峰　林国强　张文亮
谢立群　郑永城　郭庆寿　林国义　张翰文　颜荣林
陈容生　何秀山　卢小娟　林建军　吴筱聪　刘城芳
李小平　黄大毅　程剑章　黄辉流

编委会下设海丰年鉴编辑部，由许信咏任主编、蔡忠任执行主编，负责海丰年鉴编纂工作。

《海丰年鉴·2015》编辑部

2015 年 3 月 6 日海府办函〔2015〕45 号文调整

主　　　编： 许信咏

执 行 主 编： 蔡　忠

执行副主编： 叶玉坤

编审 总纂： 赵　辉

编　　　辑： 方楚华　张梅春　黄群彬

编　　　务： 林巧惠

《海丰年鉴·2015》撰稿人名单

（按姓名笔画排序）

马　民	马泽民	马泽葵	马家川	马斯力	马伟松	马秀苗	马国平
马伟智	王小明	王富海	方楚华	方武会	朱华斌	龙信荣	龙东华
叶　琪	叶　娜	叶玉坤	叶克好	叶军声	叶奋权	冯琬舒	卢燕璇
吕以实	吕锦佳	吕珠满	吕远鹏	庄瑞军	庄焕新	刘小明	刘少予
刘诗章	刘德新	刘锦琪	刘思捷	许宇航	许竞跃	许镇奎	孙云山
杜少明	杜俊刚	李　艺	李立文	李伯仪	李向东	李海膑	李智荣
杨乐娜	何海平	吴文达	吴远峰	吴书滨	吴贤圳	吴家海	吴丹娜
邱佳文	余达明	余景新	余海洋	张志刚	张梅春	张增祥	张瀚骏
何杭龙	陈　川	陈左环	陈广真	陈小明	陈小真	陈景鹏	陈伟东
陈耀华	陈寿浩	陈贤彬	陈静玲	陈莉曼	陈瑞仪	陈剑鹏	陈仁耀
陈仕明	陈汉武	陈尔松	陈北洋	陈少锐	陈启航	陈炯城	陈孝光
陈学胜	陈冬妮	陈伊拉	陈寿浩	陈秋荣	陈楚文	陈晓彬	陈高贤
陈智军	陈建东	陈卓如	陈海平	陈海鸣	陈智辉	陈俊超	陈锡坤
招秉纬	林　望	林学愚	林基谋	林小明	林仁涛	林汉利	林时伟
林坤国	林学强	林海榕	林伟鑫	林储武	林镇城	林基谋	林雅棠
林耀斌	卓晖山	罗挺中	罗展华	罗争鸣	罗惠惠	周初现	周金华
郑江利	郑碧山	郑凯旋	郑建程	赵启辉	洪茜娜	柯明文	钟秀业
施圣悦	施美华	洪海洋	姚汉斌	徐晓文	徐晓晖	姚海双	莫建中
倪素瑜	郭志峰	郭志恒	郭务民	郭丽生	郭耀鸿	唐海生	黄志雄
黄俊荣	黄永泰	黄群英	黄伟峰	黄海滨	黄秩才	黄俊敏	黄德银
黄建平	黄信鑫	黄武海	黄晓程	黄群彬	黄翰瑜	黄腾辉	黄保欣
黄振启	章为华	梁泽文	彭军科	彭成托	彭素珍	彭俊恒	程传穆
程招焕	曾庆诗	曾晓华	谢钊毅	谢耀富	赖小雷	蔡　忠	蔡小健
蔡华杰	蔡晓华	蔡炯明	蔡春富	蔡晓平	蔡翠萍	蔡春婷	蔡春辉
廖建峰	黎智文	黎义华	黎继忠	黎树民	潘锦循	颜俊富	戴晓震

《海丰年鉴·2015》目录

政　治

经　济

教科文卫体

社会生活

镇区概况

附 录

2014年12月21日，中央政治局委员、广东省委书记胡春华（右二），广东省委常委、常务副省长徐少华（左一），广东省委常委、省委秘书长林木声，副省长许瑞生，深圳市市长许勤（左三）一行在汕尾市委书记温国辉、市长吴紫骊的陪同下，深入海丰县赤石镇大百汇科技园调研

2014年12月21日，中央政治局委员、广东省委书记胡春华（左二）在汕尾市委书记温国辉（左三）、市长吴紫骊的陪同下，深入海丰县赤石镇大百汇科技园鼎燊云厨生产基地调研

2014年4月26日，中共中央委员、省委副书记、省长朱小丹（前排右），深圳市龙岗区南湾街道办事处党工委书记石锋（前排左）一行在汕尾市委副书记、市长吴紫骊（二排中），深汕特别合作区管委会主任何学文（二排右一）陪同下深入赤石镇新城小学调研考察

2014年4月26日，广东省省长朱小丹（左二）深入海丰县红罗畲族村调研

2014年3月24日，广东省副省长邓海光（右二）出席全省春耕生产现场会并关注梅陇农场生产的生态米，市委书记温国辉（右一）等市县领导陪同

汕尾市政府党组成员马智华（右二）到梅陇农场检查指导工作

省农垦总局局长雷勇健到梅陇农场指导工作

汕尾市副市长骆金堤（中）到新供销中荣农资科技有限公司考察

2014年1月3日，县委副书记、县长陈德忠（左二）一行在赤石镇委书记吴筱聪（左一）、镇长林永长（前中）的陪同下，深入赤石镇新联村检查指导农田水利项目建设

2014年1月13日，县委副书记、县长陈德忠（中）莅临海丰县中等职业技术学校指导工作

2014年2月21日，县纪委召开中国共产党海丰县第十届纪律检查委员会第四次全体会议

2014 年 2 月 27 日，县长陈德忠督查高标准基本农田建设情况

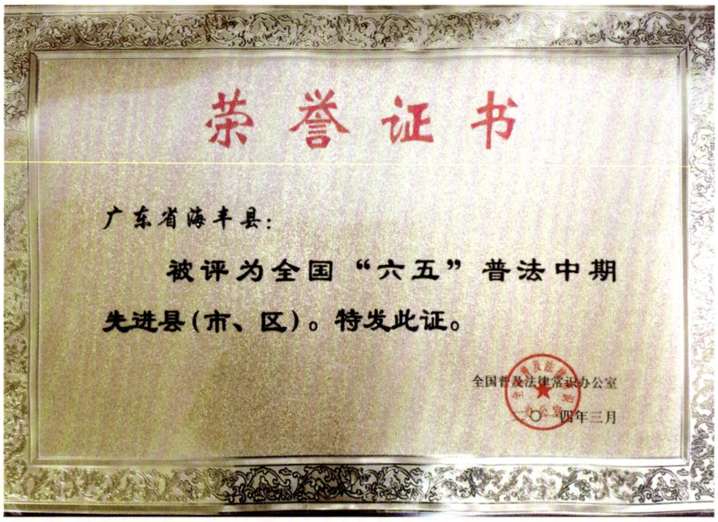

荣誉证书

广东省海丰县：

被评为全国“六五”普法中期先进县（市、区）。特发此证。

全国普及法律常识办公室

二〇一四年三月

2014 年 3 月，海丰县被全国普及法律常识办公室评为全国“六五”普法中期先进县

2014 年 3 月 10 日，省林业厅厅长张育文（右二）到海丰县小漠镇检查造林绿化工作。市委书记温国辉（左二），深汕特别合作区党工委书记、海丰县委书记、县人大常委会主任沈木荣（左一）等市县领导陪同

2014年3月10日，省林业厅厅长张育文（左）在市委书记温国辉（右）的陪同下到海丰县检查育苗工作

2014年3月24日，县委、县政府在梅陇农场举办春耕生产现场会

2014年4月8日，副县长陈凯婵（右三）到陶河镇杨东村召开党的群众路线教育座谈会

2014年4月10日，省地税局党组书记、局长王南健（右二），汕尾市委书记温国辉（左一）、市长吴紫骊一行深入海丰县地税局鲘门分局看望基层一线干部职工

2014年5月20日，副县长余振光（左二），县水务局、赤坑镇等领导在赤坑镇羊牯岭防洪堤大化段抢险现场

2014年5月21日，县委书记沈木荣（右二）到赤坑镇大化村指导截山洪堤围复堵工作

2014年5月22日，广东省人民政府地方志办公室调研组莅临海丰县专题调研。图为调研座谈会会场

2014年6月4日，省国土资源厅副厅长、党组成员李俊祥（左二）到海丰县检查指导工作

2014年6月7日，暨南大学中国文化史籍研究所专家学者调研海丰县地方志工作在海丰县红场旧址参观留影（后排左六为海丰县委常委、县武装部部长郑秋汉，右五为海丰县人民政府地方志办公室主任蔡忠）

2014年6月18日，深汕特别合作区党工委书记、海丰县委书记、县人大常委会主任沈木荣（左二），县委副书记、县长陈德忠（右三），县委副书记林建隆（右二），县人大常务副主任姚英谋（左一），县委常委刘剑平等县领导在海丰县生态科技城奠基

2014年6月23日，省委宣讲团到海丰县进行社会主义核心价值观宣讲活动

2014年7月30日，深汕特别合作区党工委书记、海丰县委书记、县人大常委会主任沈木荣（前右）率县四套班子成员慰问汕尾军区

2014年7月30日，深汕特别合作区党工委书记、海丰县委书记、县人大常委会主任沈木荣（前左）率县四套班子成员慰问驻大湖部队

2014年8月19日，县委副书记、县长陈德忠在海丰首届珠宝文化节新闻发布会上致辞

2014年8月19日，省司法厅党委书记、厅长严植婵（前右一）一行到海丰县附城司法所实地考察，就构建公共法律服务体系、一村（社区）法律顾问、社区矫正工作情况开展调研

2014 年 8 月，省教育创强督导组验收组莅临大湖镇开展教育创强验收工作

2014 年 9 月 1 日，县委书记沈木荣，县长陈德忠，县委副书记林建隆，县委常委符坚，副县长陈凯婵等县领导，在县委办、县政府办和县教育局相关负责人的陪同下，到彭湃中学、海城镇中心小学、海丰中学、仁荣中学、梅陇中学、梅陇中心小学等学校检查指导 2014 年秋季开学工作

2014年9月1日，深汕特别合作区党工委书记、海丰县委书记、县人大常委会主任沈木荣（右），广东华成峰投资有限公司董事长李小勇（左）为大湖镇石牌华成峰安居小区落成揭幕

2014年9月23日，汕尾市人大常委会副主任吴友深莅临海丰县工商局指导法治建设工作

2014年9月24日，海丰县产业转移工业园中心启动区市政工程动工仪式

2014年10月12日，汕尾市委书记温国辉（右二）在深汕特别合作区党工委书记、海丰县委书记、县人大常委会主任沈木荣（右一），县委副书记、县长陈德忠（左一）的陪同下深入公平水库调研

2014年10月14日，深汕特别合作区党工委书记、海丰县委书记、县人大常委会主任沈木荣在海丰县首届珠宝文化节开幕式上致辞

2014年10月15日，广东省教育厅厅长罗伟其（右三）深入海丰县赤坑中学调研指导工作

2014年10月18日，深汕特别合作区党工委书记、海丰县委书记、县人大常委会主任沈木荣在中国龙舟赛海丰站开赛仪式上宣布中国龙舟赛海丰站开赛

2014年10月18日，中国龙舟赛汕尾站龙舟赛在海丰县黄江举行

2014年10月20日，汕尾市副市长骆金堤深入海丰县地税局帮扶村指导扶贫工作

2014年11月3日，海丰县委副书记、县长陈德忠（右二），县委常委、常务副县长许信咏（右一）一行深入海丰县地税局调研指导工作

2014年11月3日，深汕特别合作区党工委书记、海丰县委书记、县人大常委会主任沈木荣（左一），在海丰县财政局局长林国义（左二）的陪同下到县财政局新一轮（2013-2015）扶贫双到帮扶贫困村海城镇埔仔洞村扶贫项目茶园基地指导扶贫工作

2014 年 11 月 6 日，省农业推广总站林青山（左四）一行到海丰县验收指导粮食生产工作

2014 年 11 月 7 日，深汕特别合作区党工委书记、海丰县委书记、县人大常委会主任沈木荣（右二）在海丰县国税局办税大厅详细了解纳税服务情况

2014 年 11 月 10 日，国家卫计委督查组组长、国家卫计委办公厅监察专员杨建立（左五）在省卫计委副主任刘银燕（左二）、副市长骆金堤（左三）、副县长陈凯婵（左四）等领导陪同下，在彭湃医院现场调研大型设备运行情况和检查指导县级公立医院综合改革及卫生计生工作情况

2014年11月13日，县委、县政府召开全县创建省级文明县城动员大会

2014年12月2日，市委宣讲团在海丰县举办中共十八届四中全会精神报告会

2014年12月3日，广东省国土资源厅副厅长、党组成员涂高坤（右四）到海丰县检查“三旧”改造工作情况，深汕特别合作区党工委书记、海丰县委书记、县人大常委会主任沈木荣（右二）陪同调研

2014年12月5日，深汕特别合作区党工委书记、海丰县委书记、县人大常委会主任沈木荣（左）率县四套班子成员在全县冬种冬修工作现场指导工作

2014年12月5日，深汕特别合作区党工委书记、海丰县委书记、县人大常委会主任沈木荣（右一），县委副书记、县长陈德忠（前右二）率县四套班子成员出席全县冬种冬修工作现场会，并参观海丰县旱涝保收高标准农田示范区平东建设项目

2014年12月5日，全县冬种冬修工作现场会在平东镇召开，会议由县委书记沈木荣主持，县长陈德忠作部署讲话

2014年12月5日，参加全县冬种冬修工作现场会的县、镇领导在深汕特别合作区党工委书记、县委书记、县人大常委会主任沈木荣（左二）、县委副书记、县长陈德忠（右三）的率领下，参观海亮生态农业基地

2014年12月26日，深汕特别合作区党工委书记、海丰县委书记、县人大常委会主任沈木荣（中）莅临海丰县中等职业技术学校指导工作

2014年12月30日，深汕特别合作区党工委书记、海丰县委书记、县人大常委会主任沈木荣（左）率县四套班子成员参观县直机关书画展

县长陈德忠（左二）深入红城中学调研指导工作

黄旦群将军（右四）到红城中学考察并与学校部分行政人员合影

县人大常务副主任姚英谋（左二）深入红城中学调研

县委副书记林建隆（左二）深入红城中学调研

深汕特别合作区党工委书记、海丰县委书记、县人大常委会沈木荣（左一），县委副书记、县长陈德忠（右三）在县教育局局长张翰文（右二）的陪同下，深入梅陇中学检查指导工作

深汕特别合作区党工委书记、海丰县委书记、县人大常委会主任沈木荣（右一），县委副书记、县长陈德忠（右二），县委副书记林建隆（左一）在海丰县实验中学调研

全国首批重点文物保护单位——红场

全国首批重点文物保护单位——红宫

海丰文天祥公园

彭湃故居

汕尾市文物保护单位——陈炯明都督府旧址

海丰烈士陵园广场

海丰县赤石镇林厝寨全貌（肖 穗 摄）

海丰县莲花山——莲花叠翠（肖 穗 摄）

海丰县赤石镇五龙峰

海丰县莲花山——银瓶瀑布（肖 穗 摄）

海丰县莲花山鸡鸣寺

海丰县鲘门海丽国际高尔夫球场（肖穗 摄）

海丰县大湖鸟岛省级自然保护区

海丰县东关联安围红树林

国际重要湿地——海丰县东关联安围

省级重点保护动物——白鹭（曾向武 摄）

海丰鲘门——惊涛拍岸（肖 穗 摄）

海丰县莲花山——空山秋韵（肖 穗 摄）

海丰县大湖镇风光旖旎的十里银滩

海丰县大湖鸟岛省级自然保护区

海丰县丽江

海丰县金丽湾度假别墅

海丰县金丽湾

海丰县小漠镇南方澳度假村

数字海丰·2014

总面积：1783.01 平方千米
常住人口：81.37 万人
户籍人口：83.93 万人
本地生产总值：243.4 亿元
其中：第一产业：35.3 亿元
第二产业：113.0 亿元
第三产业：95.1 亿元
第一、第二、第三产业构成：
14.5:46.4:39.1

人民币存款余额：163.2 亿元
人民币贷款余额：64.9 亿元
居民储蓄存款余额：138.7 亿元
职工人均工资 :32556 元
城镇居民人均可支配收入：21047.6 元
城镇居民人均消费性支出：16632.6 元
居民家庭恩格尔系数：47.2%
农民人均经营性收入：1555.5 元
农民人均生活消费支出：4397 元
规模以上工业总产值：355.7 亿元
人均本地生产总值：30019 万元

地方财政一般预算收入：15.3 亿元
地方财政一般预算支出：26.1 亿元
全社会固定资产投资：234.3 亿元
社会消费品零售总额：216.3 亿元
商品出口总额：57000 万美元
商品进口总额：17500 万美元
实际利用外资：7071 万美元
货物运输量：1593 万吨

医院床位数：2350 张
卫生技术人员：3896 人
供电总量：14.29 亿千瓦时
县城供水总量：2972 万立方米

（海丰县统计局）

特 载

国家、广东省领导关于地方志工作的论述

中共中央总书记、国家主席、中央军委主席习近平关于地方志工作的重要讲话

2014年2月25日，中共中央总书记、国家主席、中央军委主席习近平在北京考察首都博物馆参观北京历史文化展览时强调："搞历史博物展览，为的是见证历史、以史鉴今、启迪后人。要在展览的同时高度重视修史修志，让文物说话、把历史智慧告诉人们，激发我们的民族自豪感和自信心，坚定全体人民振兴中华、实现中国梦的信心和决心。"

国务院总理李克强对地方志工作的重要批示

地方志是传承中华文明、发掘历史智慧的重要载体，存史、育人、资政，做好编修工作十分重要。五年来，全国广大地方志工作者执着守望、辛勤耕耘，地方志工作成绩斐然，这项事业呈现良好的发展势头。谨向同志们致以诚挚问候！修志问道，以启未来。希望你们继续秉持崇高信念，以更加饱满的热情、以求真存实的作风进一步做好地方志编纂、管理和开发利用工作，为弘扬优秀传统文化、服务经济社会发展作出新的贡献。

2014年4月16日

中共中央政治局委员、国务院副总理刘延东与第五次全国地方志工作会议部分会议代表座谈时的讲话

（2014年4月19日）

同志们：

今天召开第五次全国地方志工作会议，这是地方志工作中的一件大事。刚才听了伟光同志的情况汇报，感到很受鼓舞。首先，对会议的召开表示热烈的祝贺，向在座的各位并通过你们向全国广大地方志工作者致以崇高的敬意和诚挚的问候！

地方志是传承和彰显中华文明的重要载体，是中华民族优秀文化的瑰宝。党中央、国务院高度重视地方志工作。习近平总书记2月25日考察首都博物馆时强调，搞历史博物展览，为的是见证历史、以史鉴今、启迪后人。要在展览的同时高度重视修史修志，让文物说话、把历史智慧告诉人们，激发我们的民族自豪感和自信心，坚定全体人民振兴中华、实现中国梦的信心和决心。李克强总理对这次会议高度重视，专门作出重要批示，他指出，地方志是传承中华文明、发掘历史智慧的重要载体，存史、育人、资政，做好编修工作十分重要。五年来，全国广大地方志工作者执着守望、辛勤耕耘，地方志工作成绩斐然，这项事业呈现良好发展势头。谨向同志们致以诚挚问候！修志问道，以启未来。希望你们继续秉持崇高信念，以更加饱满的热情、以求真存实的作风进一步做好地方志编纂、管理和开发利用工作，为弘扬优秀传统文化、服务经济社会发展作出新

的贡献。习近平总书记和李克强总理的重要讲话和批示深刻阐述了做好地方志工作的重要意义，对下一步工作提出了希望和要求，立意高远、催人奋进，对地方志事业和工作具有重要的指导意义，我们要认真学习领会，抓好贯彻落实。

过去五年，在党中央、国务院和地方各级党委政府的领导下，在中国地方志指导小组的指导下，经过全国广大地方志工作者的不懈努力，地方志工作取得了显著成绩，突出表现在五个方面：一是地方志工作的法治化、制度化建设不断完善，逐步进入依法修志的新阶段；二是首轮修志全面完成，第二轮修志阶段性成果明显，部分地区已经完成修志规划任务；三是年鉴工作发展迅速，五年共新创刊地方综合年鉴400多种、专业年鉴200多种；四是地方志资源开发利用成果丰硕，积极服务地方经济社会发展，公共文化服务能力和水平日益提高，社会认可度和参与度不断提高；五是地方志工作机构与队伍建设不断优化，整体素质明显提升。地方志工作及其成果，为发展社会主义先进文化，增强国家文化软实力，培育和弘扬社会主义核心价值体系和核心价值观，建设中国特色社会主义文化强国作出了重要贡献。

中国作为世界四大文明古国之一，有着悠久璀璨的历史。连绵不断地编修地方志是中华民族特有的文化基因，为中华文明代代相继、血脉相承，发挥了至关重要的作用，意义十分重大。下面，我就贯彻落实习近平总书记重要讲话和李克强总理重要批示精神，进一步做好地方志工作，提四点希望：

一要进一步提高思想认识。党的十八大提出“两个百年”的奋斗目标、习近平总书记提出实现中华民族伟大复兴中国梦的战略部署。“方志乃一方之信史”。地方志全面翔实地记录了中华民族自强不息、绵延辉煌的悠久历史，记录了中国共产党领导全国各族人民谋求民族独立解放、国家繁荣昌盛的奋斗历程，记录了我国社会主义建设和改革开放的伟大历程。推动地方志事业的发展，既能展示中华文化的博大精深和无穷魅力，也能体现现代文明与历史文明的一脉相承，特别是能够更好地凝聚人心，提升民族自信心和自豪感，对实现“两个百年”和中华民族伟大复兴中国梦的奋斗目标具有重要意义。在建设中国特色社会主义的伟大实践中，各地要从战略全局高度重视和加强地方志工作，将其作为文化强国建设的一项重要基础工作来抓，进一步推进地方志事业的发展和繁荣，为全面建成小康社会和全面深化改革提供历史借鉴和智力支持。

二要进一步明确相关职责。要继续深入贯彻落实《地方志工作条例》，进一步明确地方各级政府管理和发展地方志事业的重要职责，切实做到认识到位、领导到位、机构到位、编制到位、经费到位、设施到位、规划到位、工作到位，将地方志工作纳入各地经济社会发展规划之中；要进一步发挥各级地方志工作机构的统筹规划、组织协调、督促指导等职能，动员和组织各种社会力量参与地方志事业；要把解决问题与建立长效机制紧密联系起来，从地方志工作和事业发展的要求出发，创新体制机制，建立健全相关制度，进一步提高工作水平，推动地方志事业全面协调可持续发展。

三要进一步加强质量管理。地方志不同于一般的研究论著，确保质量至关重要。地方志质量是地方志事业发展的根基所在、活力所在、价值所在。要高举中国特色社会主义伟大旗帜，坚持历史唯物主义和辩证唯物主义的立场、观点、方法，把握正确的政治方向。要通过地方志全面系统、客观真实地记录历史，坚决反对和批判历史虚无主义。要始终坚持质量第一原则，认真总结修志经验教训，深化对地方志工作规律和特点的认识，以科学认真的态度，精益求精的学风，将质量意识贯穿于修志工作的始终。不仅要全面真实反映历史发展脉络，还要充分展示历史细节。要结合发展的新形势，加强对地方志包括部门志、行业志、专题志、乡镇村志编纂的业务指导和服务，综合运用执法检查、行政督察等手段，完善资料报送、志稿评审、质量评价、审查验收、批准出版等制度，打造无愧于时代、无愧于人民、无愧于历史、无愧于民族的系列精品佳志。

四要进一步强化开发利用。“一邑之典章文物，皆系于志。”地方志是一座巨大的文化宝库，是各级党政领导、广大人民群众熟悉地情，了解地方发展历史的重要载体。开发利用地方志要与实现“三个自信”结合起来，与爱国主义教育结合起来，与弘扬优秀传统文化、社会主义核心价值观结合起来。各地要自觉把地方志工作纳入公共文化服务体系建设当中，加快方志馆、地情网站、数据库等基础设施建设。要加强对地情文献资料的专门研究，重视地方志资源的普查摸底，开展数字化、网络化建设，做好地方志资源的整合、共享与开发利用。各级领导干部要“读志”“传志”“用志”，“究兴衰之由，陈利弊之要，补救时政之阙失，研求民生之荣枯”，用历史的智慧推进治理体系和治理能力的现代化。各级地方志工作机构要发挥优势，创新服务手段和方式，拓宽服务渠道，用人们喜闻乐见的方式利用地方志、传播地方志。地方志资源开发利用是一篇大文章，比如教育系统应当鼓励全国青少年阅读地方志，有些地方志内容应纳入当地中小学教材或课外读物，把当地历史上有特色的东西挖掘出来，让每一个出生在这片土地上的人都不能忘记祖宗、忘记历史。地方志开发利用水平是衡量地方志工作成绩的重要标准，不要把地方志工作变成单纯的事务性工作，要学以致用、修以致用。现在文化产业异军突起，可以按照地方志记载的内容编些动漫作品，出一些普及性、趣味性读物，还可以通过网络进行宣传。地方志应该是严谨的资料性文献，但是传播地方志的形式和方式应该是生动活泼的。地方志开发利用做得越好、推广得越多、运用得越广泛，地方志工作的现实意义就越重大，贡献就越大。

广大地方志工作者承担着传承文明、记录历史、弘扬文化、服务社会的光荣使命。在全面建成小康社会和全面深化改革的伟大进程中，地方志工作大有可为。让我们紧密团结在以习近平同志为总书记的党中央周围，以马克思主义和中国特色社会主义理论体系为指导，按照党中央、国务院的部署，进一步增强责任感、使命感，锐意进取，开拓创新，扎实持续有效开展有关工作，努力开创地方志事业发展的新局面。

（原载《中国地方志》2014年第5期）

广东省人民政府省长
朱小丹专门为地方志工作作出批示

“盛世修志，意义深远。全省地方志工作者不辱使命，勇担重任，辛勤耕耘，无私奉献，取得丰硕成果，成为全国地方志工作排头兵。希发扬成绩，总结经验，不断提高地方志编纂、管理和开发利用工作水平，进一步擦亮广东方志品牌。”

——摘自《南方日报》2014年12月23日A1版

广东省人民政府办公厅
关于进一步做好地方志工作的通知

粤办函〔2014〕20号

各地级以上市人民政府，各县（市、区）人民政府，省政府各部门、各直属机构，中直驻粤有关单位：

在各地、各有关单位的大力支持下，我省第二轮地方志修编工作已圆满完成，县级以上行政区域全面开展综合年鉴编纂工作。根据省政府统一部署，我省第三轮修志工作将于2021年启动，县级以上行政区域须从2014年起开展地方志资料年报工作。为推动相关工作顺利开展，经省人民政府同意，现就有关事项通知如下：

一、地方志工作涉及面广，工作量大，时效性强。各地、各有关单位要高度重视，按照《地方志工作条例》（国务院令第467号）和《广东省地方志工作规定》（省政府令第120号）的要求，进一步明确分管领导，落实工作责任，切实做好本地综合年鉴组稿和地方志资料年报工作，并自觉接受地方志工作机构的业务指导，依法依规完成相关地方志工作任务。地方志工作机构要创新工作方式方法，积极争取社会各方面支持，切实加强对地方志工作的组织、指导、培训和督促检查，确保地方志工作顺利推进。

二、积极配合做好综合年鉴组稿工作。我省省、市、县（市、区）三级综合年鉴逐年编纂，每年一鉴。请中央驻粤有关单位和省驻各地单位按照当地政府或年鉴编委会的工作安排与年鉴编写大纲要求，落实工作人员，确保稿件质量，按时完成组稿任务。

三、主动协助做好地方志资料年报工作。各地地方志工作机构要根据省地方志资料年报制度抓紧明确本地年报工作任务和具体要求，请中央驻粤有关单位和省驻各地有关单位按照年报工作要求，落实年报工作机构和编写人员，保障工作条件，扎实做好资料搜集、整理与报送等工作，按时保质完成地方志资料年报任务。

四、请各有关单位将以上工作要求通知本系统各单位。

省府办公厅

2014年1月14日

海丰县领导重要讲话

在县委十届三次全会上的报告

（2014年1月29日）
海丰县委书记 沈木荣

同志们：

现在，我代表县委常委会向全会作报告。

一、过去一年的主要工作

刚刚过去的2013年，在市委、市政府的正确领导下，县委认真贯彻落实党的十八大和十八届二中、三中全会以及省委十一届二次全会、市委六届二次全会精神，深入学习贯彻落实习近平总书记一系列重要讲话和省委胡春华书记关于汕尾工作的重要指示精神、全省进一步促进粤东西北地区振兴发展工作会议精神，紧紧围绕“三个坚持、四个争当、五个发展”总体发展思路，以开展“五个工作年”活动为抓手，围绕实现全年经济社会发展目标任务，团结带领全县各级党政和干部群众凝心聚力，攻坚克难，真抓实干，更加主动融入珠三角，尤其是万众一心、众志成城战胜了强台风“天兔”的袭击，顺利推进经济社会发展，取得了新成效。

一年来，我们着重抓了以下几项工作：

（一）深入学习贯彻中央和省市的重要部署，把思想和行动统一到上级的决策部署上来

党的十八大以来，习近平总书记发表了一系列重要讲话，为我们做好各项工作提供了强大思想武器。省委胡春华书记深入汕尾视察，对汕尾提出“加快发展、更好融入珠三角”的总要求，为我们在新起点实现新的奋斗目标明确了方向和路径。县委高度重视，把学习贯彻习近平总书记一系列重要讲话和省委胡春华书记对汕尾工作重要指示精神作为一项重大政治任务，强调要用讲话精神统一思想和行动，在全县掀起了学习贯彻的热潮。去年3月8日和4月8日县委专门召开县委理论中心学习组学习会，专题学习了习近平总书记和省委书记胡春华同志视察汕尾时的重要讲话精神，制定了系统周密的学习方案，确保不走过场并取得实效。同时，全县广大党员干部按照县委的部署和要求，通过组织学习培训、邀请专家授课、个人自学等多种方式，不断将学习引向深入。

一年来，我们把讲政治作为县委班子建设的首要任务，把严肃政治纪律作为对全县领导干部的要求，深入开展学习教育，促使各地各部门和广大党员干部严格遵守党的政治纪律，自觉在海丰的工作中贯彻落实好中央和省市的要求，立场坚定、旗帜鲜明，集中智慧和力量，全力推动海丰加快振兴发展。

（二）紧抓经济发展不放松，推动了经济稳步增长

我们紧紧抓住省促进粤东西北振兴发展的历史机遇，确立了以全面融入珠三角为主方向，以“五个工作年”活动为抓手，以重点项目建设为龙头，大力开展园区经济建设和招商引资工作，着力发展现代新型农业和旅游产业，扎实推进民生社会工作，使我县经济社会各项指标保持稳步增长的态势。2013年，全年全县实现国内生产总值221.7亿元，同比增长13.1%；工业总产值394.6亿元，比增23.1%，其中，规模以上工业总产值285.3亿元，比增32.9%；农业总产值53.7亿元，比增3.9%；社会固定资产投资223.9亿元，比增28.1%；社会商品零售总额198.3亿元，比增12.4%；财政一般预算收入13.21亿元，比增16.44%（其中来源税收占63.1%）；城镇居民人均可支配收入1.82万元，比增13%；农民人均纯收入1.04万元，比增14%。

去年，我们着重抓了几个方面的工作：

一是抓好园区建设。大力开展“大办工业年”活动，配合市抓好深汕合作区建设工作，出台了《关于加快县直属工业园区建设的工作意见》；全力开展海丰生态科技城申报省级产业转移工业园和配套建设工作，推进梅陇天星湖科技园、可塘珠宝产业园和公平服饰产业园的规划和建设，为我县工业聚集集约发展提供良好载体。二是抓好招商引资工作。成功引进直线电机、南方商贸物流、润泽生物能源、龙兴首饰机械等18个新兴工业企业，计划总投资20.05亿元；在谈项目有太平洋建设集团BT项目、沃尔玛购物中

心等5个项目。三是抓好重点项目建设。全县32个重点项目预计完成投资33.5亿元，完成年计划82%；积极利用国家和省的有关激励政策，争取到大湖至上英公路海丰段、小漠渔港续扩建等26宗大型建设项目，扶持项目到位资金2.7亿元。四是着力发展现代农业。加快了联安海纳有机米、黄羌虎噉金针菜、梅陇无公害蔬菜、莲花山云雾茶等生产基地建设；引进了首个全国500强农业企业——海亮集团以及恒兴集团等一批省内外知名农业龙头企业，推动我县农业的基地化、产业化进程。五是推进旅游发展。大力开展“旅游发展年”活动，编制了“四大基地”旅游专项规划，莲花大道项目顺利完成立项组件，进入征地、拆迁阶段；莲花山度假村莲峰索道项目已经省林业厅批准建设，正进行项目立项前期工作，两个项目已在抓紧招商洽谈。去年，旅游总收入达13.26亿元，比增15%。

（三）着力抓好社会工作，推进了“平安海丰”建设

一是大力开展创建“平安海丰”活动。着手启动“平安海丰”视频监控网络的铺设，切实抓好社会治安防控工作，先后开展了23次扫毒专项行动，破获涉毒案件332起，抓获涉毒犯罪嫌疑人335名，有力地打击了毒品犯罪活动；二是全力化解信访积案。全县化解信访案件320多宗，其中全部完成省交办的26宗信访积案化解工作，实现了无越级进京非正常上访，到省上访人数比去年下降一半。三是积极创新社会管理。开展依法行政、建设法治型政府建设，在全市率先推行社会区段化管理，第一批5个先行点已全面完成；率先建成社会组织孵化基地；海城镇新园、城东镇桥东等27个社区被省评为“六好”平安和谐社区。四是加强食品药品市场、安全生产等重点行业和领域的安全监管。去年全县没有发生重大恶性群体性事件、重大治安刑事案件和重大安全生产事故，社会和谐稳定。

（四）加大民生工作力度，推进了民生事业的发展

不断加大财政投入，并鼓励社会力量参与民生事业的建设，教育多媒体建设工程投入资金5500多万元，其中发动社会捐资2200多万元，县财政投入2300万元，已建成多媒体教室993间，全县中小学基本实现多媒体化教学；城东镇引进社会资金3000多万元完成了5万吨自来水厂扩建工程，较好地解决了县城东片区居民生产生活用水问题；龙津河综合整治（三期）工程基本完成，并取得阶段性整治效果；红城大道二期改造工程已完工，进一步提升了县城形象。“教育创强”工作取得新进展，全县已有3个镇通过验收、3个镇的创建工作近期也可申报；高中毛入学率、普高、“防流控辍”等工作，都达到目标要求，顺利通过省的考核；校风校纪整治初见成效，教育教学质量明显提高；成功举办了彭湃中学建校100周年纪念活动。策划了《海丰文化记忆》《水鸟之乡》等专题片在中央台和省台播出，成功举办“钟敬文诞辰110周年纪念活动暨海丰首届民俗文化节”，在全市率先启动道德讲堂建设，“好人好事”“道德模范”“最美乡村”“最美教师”“文明村镇”等创建活动有序开展。其中，县国税局获得“省文明单位”、县人武部获得全省“标兵人武部”称号，另有12个单位获得“市文明单位”称号。扎实开展计生集中服务活动，分类、分步推行“一证先行”政策，开创了计生工作新局面；殡改工作成果不断巩固；扶贫工作已落实贫困村帮扶资金6688万元，贫困户帮扶资金758万元，实施基础设施、民生和生产经营项目共13417个；主动做好与深圳龙岗区对口帮扶的对接工作，龙岗区已投入“扶贫双到”资金5200多万元，扶贫“双到”工作成效明显。开展“环境卫生整治年”活动，着力整治城乡脏乱差现象，已建成镇（场）农村生活转运站17座，自然村生活垃圾收集点1200多个，全县环境卫生总体得到较大改观。做好保障民生工作，全县参加城乡居民养老保险人数21.64万人，参加城乡居民医疗保险人数53.82万人，发放社会保障卡53.17万张，组织农村劳动力技能培训3703人，全面完成了市下达的任务目标。

（五）突出作风建设，党的建设进一步加强

县党政班子坚持以身作则、率先垂范，凝心聚力谋发展、促发展，带动各级党政和干部群众同心协力干事创业，凝聚了全县真抓实干、共推发展的正能量。尤其在抗击“尤特”和“天兔”强台风的过程中，全县上下万众一心、奋力投入抗灾抢险和复产工作，迅速恢复了受灾群众的正常生活和生产，全面按时完成了“全倒户”新居重建工作；坚决贯彻执行中央“八项规定”、《党政机关厉行节约反对浪费条例》和《公务接待管理规定》等各项规定，进一步推进教育、制度、监督并重的惩治和预防腐败体系建设；深入开展“政务环境建设年”活动，进一步完善了全县行政审批电子监察平台、农村党风廉政信息公开、“双信”公开等“三大平台”建设，取消行政审批项目共237项；扎实有效开展“万众评股室”活动，对全县53个具有行政执法职能的单位168个股室及窗口服务单位进行综合评议，使政务环境得到进一步优化；深入开展“村级组织建设年”活动，大抓镇、村班子建设和后进村转化晋级；大抓党员干部培训，推行“2+4”干部培训模式；大力实施1个县级和17个镇级“书记项目”，加强对全县48个“党建工作示范点”的跟踪考核，推进“五好党支部”“六好村

庄”创建活动，使党的建设进一步加强。

（六）深入开展“五个工作年”活动，进一步推进了各项工作的落实

为确保我县各项工作任务落到实处，根据发展的实际，从发展重点、海丰形象和基础保障入手，确立以深入开展“大办工业年”“旅游发展年”“环境卫生整治年”“政务环境建设年”“村级组织建设年”等“五个工作年”活动为抓手，重点突破，真抓实干，狠抓执行落实，并通过加强督查、考核工作，提高了各地、各部门尤其是“窗口”部门的工作效能。同时，通过以点带面，有力地促进了经济建设以及计生、殡改、维稳等社会各项工作的推进落实，促使我县经济社会各项目标任务顺利完成，为打造一个服务优化、环境美化、宜居宜业的新海丰奠定了基础。

回顾过去一年工作，取得的成绩实属不易，发展令人鼓舞。这是市委、市政府正确领导的结果，是全县广大干部群众努力奋斗的结果，是社会各界人士大力支持的结果。一年来，围绕全县改革发展稳定大局，县人大充分发挥监督职能作用，县政协切实履行政治协商、民主监督和参政议政职能，宣传思想战线积极营造良好思想舆论氛围，统战部门全面推进各领域统战工作的创新发展，政法机关努力维护全县和谐稳定的社会环境，武装部门扎实开展基层“四个基本”建设、民兵预备役、拥军优属和优抚等工作，工青妇等人民团体发挥重要的桥梁和纽带作用，形成了县委统揽全局，协调各方，大家齐心协力推进事业发展的大好局面。在此，我代表县委常委会对全县各级党组织、广大党员干部和全县人民群众表示衷心的感谢！

在肯定成绩的同时，我们也清醒看到所面临的困难和薄弱环节，主要体现在：一是经济总体实力还不强，产业层级偏低，特别是新兴产业和新型工业集聚程度不高，仍缺乏大型项目的支撑；二是重点项目推进尤其是征地进度缓慢，项目落地少，发展后劲不足；三是社会管理还不够完善，社会不稳定因素依然存在；四是农村基层党组织建设有待加强，机关作风仍须改进，等等。对此，我们必须高度重视，采取有力措施，切实予以解决。

二、扎实做好今年工作，打造海丰加快发展“升级版”

2014年是推进全面深化改革的第一年，也是我县贯彻落实省进一步促进粤东西北振兴发展、完成“十二五”规划目标任务的关键之年，做好今年的工作意义重大。

今年工作的总体要求是：全面贯彻落实党的十八届三中全会、省委十一届三次全会、市委六届三次全会，以及全省进一步促进粤东西北地区振兴发展工作会议精神，深入学习贯彻习近平总书记一系列重要讲话和胡春华书记关于汕尾工作的重要指示精神，以全面深化改革为统揽，坚持稳中求进、改革创新的总基调，按照“三个坚持、四个争当、五个发展”的总体发展思路，重点打好园区建设、交通建设、教育创强和荒山绿化“四大会战”，推进城镇扩容提质、现代农业发展、民生平安建设、生态环境净化美化、效能形象提升和基层固本强基“六大工程”，攻坚克难，奋发有为，推动海丰加快振兴发展。

综合分析国内外和我省的经济发展态势，今年经济发展趋势总体向好，各地的发展必将加快。为此，市委确定今年全市的经济增长预期目标为14.5%。我们经过测算，到2018年实现建成小康社会目标，我县的年平均增长预期目标必须保持在17%以上。但结合目前我县的基础和条件，县委提出我县今年的经济增长预期目标为14.8%，应该说，这个目标是合适的、积极的，既适应全市发展的要求，也符合我县的实情，也是有能力实现的。我们必须奋发有为，狠抓落实，确保这一目标的实现，并在实际工作中，力争预期目标完成得更好，为全市的发展作出积极的贡献。

关于今年的经济工作，德忠同志还要作具体的部署。这里，我就做好今年的重点工作讲几点意见。

（一）扎实推进全面深化改革，促进海丰振兴发展

今年是推进全面深化改革的第一年，我们必须把全面深化改革贯穿于经济社会发展的各个领域各个环节，贯穿于今年各项工作之中，找准突破口和着力点，既要敢于出招又善于应招，又要做到“蹄疾步稳”，以扎扎实实的改革成效取信于民，实现新一轮改革的良好开局。

要结合省市的部署，以问题为导向，抓紧出台我县全面深化改革的《实施细则》，确定我县全面深化改革的目标任务、工作重点和措施步骤，并尽快成立县全面深化改革领导小组，狠抓落实。

要进一步优化政务环境，加快行政审批制度改革、企业投资管理体制和商事登记制度改革，通过简政放权，规范和优化审批流程，增强政府的公信力和执行力，打造法治型和服务型政府；要加快网上办事大厅、行政审批系统以及OA办公系统等电子政务建设，缩短群众办事时间，提高行政办事效率。

要进一步优化营商环境，坚持市场化改革方向，发挥市场在资源配置中起到的决定性作用，鼓励和推动民营资本进入金融、能源、交通基础设施、民

生与环保等领域；推进金融、价格及要素市场等制度改革，继续构建社会信用体系和市场监管体系。

要扎实推进农村综合改革，完善集体林权确权发证，开展农村土地承包经营权确权登记颁证试点，探索农村土地使用权流转和征地制度改革办法。

要加快社会管理体制改革创新，改进社会治理方式，激发社会组织活力，特别要探索农村征地拆迁和补偿等问题的解决办法，创新有效预防和化解社会矛盾体制，构建公共安全的社会体系。

要认真贯彻落实省委、省政府《关于进一步促进粤东西北地区振兴发展的决定》，以及市委、市政府的《实施意见》，围绕县委、县政府批准实施的《海丰县经济社会振兴发展规划（2013–2020年）》，明确指导思想、目标任务、发展定位和具体措施，切实抓好“三大抓手”，努力守住“两条底线”，突出抓好海丰生态科技城、县城南部新城、公平服装聚集区、可塘珠宝加工贸易区等“十大发展平台”建设，确保2020年与全国同步全面建成小康，力争到2018年提前实现全面建成小康社会目标。各级党政特别是牵头单位必须按照县委、县政府制定的《规划》和《实施意见》的要求，尽早谋篇部署，成立专责协调小组，力促各项工作快速推进、有效落实。

（二）加快产业园区建设，推进产业转型升级

要以开展园区建设大会战为重点，强化产业集聚和辐射带动功能，促进园区扩能增效。突出抓好生态科技城的规划建设和申报省级园区工作，早日享受省的扶持政策；稳步推进深汕特别合作区、省产业转移园区、梅陇天星湖科技园、可塘长桥工业园和公平青湖工业园的建设，加快南方国际物流城、直线电机等项目的上马投建，力促自动化珠宝首饰加工中心、杰夫瑞尔自控与节能技术研究中心等重点工业项目尽快落户园区；要加大招商引资力度，引入有效商业模式，搭建招商合作关系，创新“保姆式”和“直通车”的服务，力争引进新一批的高新技术、高端产业，尤其是世界或国内500强、行业性龙头企业到我县园区落户。

要鼓励、引导我县金银首饰、珠宝、服装等传统特色产业加强自主创新，向高科技的现代工业转型。举办一次金银首饰、珠宝艺术节，扩大我县珠宝首饰的对外宣传，促进产业做强做大。

要大力发展电子商务，突出抓好我县电子商务园区建设，加快培育一批以产业集群和专业市场为依托、特色明显的行业性门户网站，建立健全电子商务交易网络平台，切实提高我县产业产品的电子商务水平。

要发展现代旅游业，继续加大“四大旅游基地”项目招商引资和投建力度，进一步做好旅游产品的包装和推介，更好地完善游览、住宿、餐饮、购物、文娱等旅游基础设施，把海丰打造成全省的旅游强县。

要重点抓好现代农业发展工程。突出抓好“五大现代农业生产基地”和“十大现代农业示范园区”建设，进一步扶持海亮、海纳、海崇农业龙头企业壮大发展，加大我县农业招商引资、科技转化、产品质量提升、农业品牌培育行动；创新农业经营机制，稳妥推进土地流转，鼓励和支持农业龙头企业与农民专业合作社联手建立为农服务的各种服务组织，积极推行农业保险；继续推进新农村建设，解决农村饮水安全、住行难、就医难等问题，全面改善农村生态、居住、交通、生活等环境。

要抓好重点项目建设，今年我县确定了30个续建和新上的重点项目，以及24个预备项目，今年计划投资64.5亿元。要进一步强化领导挂钩、业主负责和部门协作机制，健全考核制度，加大督查力度，确保这些重点项目扎实推进。各地和有关部门要把这些重点项目作为拉动经济增长的抓手，认真深入研究国家和省的扶持优惠政策，尤其是省促进粤东西北振兴发展的《决定》，力争今年有一批建设项目纳入省的“笼子”，借力加快我县的建设，为跨越发展打好基础、增强后劲。

（三）推进城镇扩容提质，进一步优化城乡生态环境

努力抓好城镇扩容提质工程，加快实现新型城镇化。要完善城镇建设规划，以科学规划为龙头，从容推进开发建设。当前的重点，要加强县城和中心镇的规划建设，尤其是着力完善县城北部和南部新区的规划、配套；进一步完善梅陇、公平、可塘等中心镇的规划修编，并重点抓好市政工程建设。

要打好交通建设大会战。进一步完善交通网络和基础设施，重点要抓好潮莞高速公路、省道335线海丰段、县城324国道穿城段改造、梅陇西环路，以及海丰至东涌火车站、莲花大道和公平穿镇路段等10多宗公路建设；要加快城镇公共服务配套设施建设，大力发展特色化、区域性经济，进一步拓展城镇规模，提升城镇化质量，为推进城镇化打好基础。

要推进城乡一体化协调发展。按照“以人为本、城乡互动、产城融合、集约高效、绿色低碳、突出特色”的理念，加快县城和中心镇的快速交通基础设施建设，完善城镇间的公共交通配套，实现城乡互动发展、融合发展；把“人”放在重要位置，着力解决好“农转城”人员的就业安居、就医就学、社会保障等突出问题，推动基本公共服务全覆盖。

要推进生态环境净化美化工程。以治理土壤污染和水体污染为重点，着力抓好可塘、梅陇排污排废

整治，以及莲花山和公平水库区水源头的桉树、养殖等方面的治理。加强县城及各镇区的交通秩序优化和环境卫生整治，落实河道与道路保洁、居住小区环境管理、生活垃圾袋（桶）装化、农村环境卫生整治等工作，推进城市精细化管理，搞好“美化、绿化、净化、亮化”，不断优化县城和镇区的宜居宜业环境。注重环境生态，大力推进生态农业、生态旅游，促进“绿色发展”。加强自然资源保护，抓好县和各镇森林公园、生态景观林带、绿道等绿化工程，强化森林防火和林政管理工作。打好荒山绿化大会战，开展新一轮绿化大行动，特别要抓好高速公路、国道、省道两侧，以及旅游风景区、生态保护区等“三道两区”5万多亩荒山的绿化工作，提升生态功能，着力构建“美丽海丰”。

（四）加快民生平安建设，促进社会和谐稳定

要推进民生平安工程建设。加快有线数字电视转整、县城燃气管道建设、教师公寓等重点民心工程，明确责任领导和责任单位，明确推进的时间、任务，全力抓好建好。同时要着力抓好计生、殡改，以及扶贫“双到”、社保、医保、卫生、劳动力培训就业、廉租房建设等各项惠民实事，让发展的成果惠及更多的群众。

要打好教育创强大会战。按照实施方案确定的目标任务和工作重点，加大投入，全力推进，尤其要加快双桂高中、县中等职业技术学校、德成中英文学校等基础设施建设；继续抓好教育多媒体建设工程、中心幼儿园和特殊学校建设工程的建设，力争引进一家名校到我县办学，进一步提升我县的教育水平和质量；要按照创建教育强镇的要求和规划，全面铺开创建教育强镇工作，海城、附城、城东、公平、小漠、赤石6个镇的创强工作要在今年7月底前完成，其余10月前完成，力促我县成为教育强县。

要实施“文化强县”战略。推进精神文明建设，积极构建社会主义核心价值体系建设，扎实开展文化科技卫生“三下乡”活动和各种群众性文娱活动，深入开展文明县城以及文明镇、文明单位、文明窗口、文明行业、文明村创建活动，不断提高群众思想道德素质和城乡文明程度。大力抓好市民文化广场、县城影剧院等一批文化基础设施建设；按照有利于资源整合和有效利用的原则，统筹城乡文化基础设施建设，完善各地公共文化设施；积极发展民营文化产业，引进动漫等文化创意产业，倾力将其成打造文化产业基地，形成多元投资发展文化产业的新格局。

要继续开展“平安海丰”创建活动。加快视频监控网络建设，大力打击“双抢一盗”及各类刑事案件，尤其是打击吸毒、贩毒和制毒违法犯罪活动；要抓好信访维稳工作，强化各级党政一把手维稳第一责任，继续发挥县、镇、村三级综治信访维稳工作平台一线作用，做好信访调处和积案化解工作，尤其要围绕征地拆迁、环境污染和村级换届选举等突出问题，加强排查，及时妥善处理群众的矛盾纠纷，维护群众的合法权益；要推进信访制度改革，认真落实涉法涉诉信访依法终结制度。要抓好生产、消防、食品、药品等安全工作，维护全县社会的平安、和谐、稳定。

要创新社会管理工作。要建立健全各项依法行政制度，不断提高行政管理和服务水平，推动法治政府建设；要认真贯彻落实十八届三中全会有关社会工作方面会议精神和省“1+7”文件精神，按照《海丰县推进社会管理创新工作实施方案》，全力推进可塘依法治镇、城东创新社会治安综合治理、联安打造社会稳定和谐镇等15个创新社会管理项目，形成各具特色的社会建设品牌。充分发挥孵化基地的作用，加快社会组织的培育，加强社会事务管理，着力构建“党委领导、政府负责、社会协同、公众参与、法治保障”的社会管理格局。结合村（社区）换届，强化基层组织力量，优化基层服务，强化村（社区）管理，力促村（社区）落实自治。

（五）提升党的建设科学化水平，为全县经济社会发展提供坚强的组织保障

要深入开展第二批党的群众路线教育实践活动。坚持主题不变、镜头不换，贯彻“照镜子、正衣冠、洗洗澡、治治病”的总要求和“为民务实清廉”的主题，认真谋划和抓紧部署第二批教育实践活动各项工作；要坚持开门搞活动，确保每个环节、每项工作都让群众参与、受群众监督、请群众评判，把党的正确主张变为群众的自觉行动；要坚持问题导向，坚持面向基层，按照“五个更加”要求，着力解决干部的“四风”问题，着力解决人民群众反映强烈的突出问题，提高做好新形势下群众工作的能力。省里已经召开动员会作出部署，要加强组织领导，年后要尽快抽调精兵强将，成立机构，落实领导责任，确保活动善始善终、善作善成，取得让人民群众满意的实实在在的效果。

要大力推进基层固本强基工程。抓好党员干部队伍建设和制度建设，切实加强各级领导班子和干部队伍建设，把各级党组织建设成为坚强有力、团结奋进的战斗堡垒。重点要抓好今年村、社区“两委”的换届选举工作，依法依规有序推进，尤其要及时排查解决影响稳定、影响换届选举的热点难点问题和矛盾纠纷，严厉打击、严肃处理各种干扰、阻挠换届选举的行为，绝不容许一个村（社区）出现换届不成功的情况，绝不容许一起因换届工作不到位而出现的群体性事件，切实选好村（社区）两委班子，加强农村基层组织建设，大力推进“五好班子”创建活动，夯实

基层组织基础。

要推进效能形象提升工程。进一步提升服务意识，简化办事程序，提高办事效率。要全面推动网上办事大厅、OA办公系统、行政审批系统以及“无线城市、智慧海丰”等建设，提高信息化应用效能；要发挥官方微博和网络舆情的作用，牢牢把握宣传舆论工作的主导权和主动权；要开展政务整治暨廉洁城乡活动，继续深入开展“万众评股室”活动，健全完善“万众评股室”的长效机制，优化机关作风，提高政府的行政效能和公信力，全力打造“阳光政务”“服务型党政”，进一步推进效能政府建设。

要下大气力改进作风。牢牢把握中央改进作风的要求，切实把中央“八项规定”和省委实施办法落到实处。要保持艰苦奋斗的政治本色，严格落实各项节约措施，特别是要积极回应群众和社会关切，加强对公款消费、公车私用等的监督约束。要严格执行有关纪律规定，厉行节约、反对浪费，做一个风清气正的党员干部。

要深入推进反腐倡廉工作，特别要继续开展展示范教育和警示教育，从源头上预防和治理腐败，要以攻坚克难的精神推进反腐倡廉建设，紧紧抓住重点领域和关键环节，推进体制机制制度创新，最大限度减少腐败现象滋生蔓延的土壤和条件。

要切实加强党对人大、政协工作的领导，支持人大、政协依法履行职能。推动人民代表大会制度与时俱进，推进协商民主广泛多层制度化发展。

同志们，做好今年改革发展稳定各项工作任务艰巨、责任重大。我们要紧密团结在以习近平同志为总书记的党中央周围，在市委、市政府的正确领导下，坚定信心，奋发进取，扎实工作，为海丰加快振兴发展，为海丰早日全面建成小康社会而努力奋斗！

在县委十届三次全会上的讲话

（2014年1月29日）

海丰县人民政府县长 陈德忠

同志们：

刚才，木荣书记代表县委常委会作了工作报告，各地各单位要深刻领会，认真贯彻落实。现在，我就全县经济社会发展讲两个方面的意见。

一、2013年全县经济社会发展情况

刚刚过去的2013年，我们在市委、市政府的正确领导下，深入贯彻落实党的十八大精神，围绕中央和省、市的工作部署，以及市委提出的海丰要“勇当汕尾融入珠三角的主力军，勇当全市经济社会发展稳定器”的要求，按照“立足三个坚持、勇于四个争当、推进五个发展”的工作思路，积极实践市委“四大行动”，深入开展“五个工作年”活动，凝心聚力加快建设，心无旁骛向西发展，全县经济社会呈现出稳定健康发展的良好局面。

（一）经济综合实力进一步提升

各项经济指标按照年初计划，较好地完成了市下达的增长任务。全县GDP完成221.7亿元，比增13.1%；工业总产值394.6亿元，比增23.1%，其中规模以上工业产值285.3亿元，比增32.9%；农业总产值53.7亿元，比增3.9%；社会商品零售总额198.3亿元，比增12.4%；全社会固定资产投资总额223.9亿元，比增28.1%；外贸出口总值6.84亿美元，比增38.9%；实际利用外资7065万美元；城镇居民人均可支配收入1.82万元，比增13%；农民人均纯收入1.04万元，比增14%；财政一般预算收入13.21亿元，比增16.44%，税收和非税收入的比例达到63:37，财税质量得到优化。

（二）重点项目建设扎实推进

2013年全县新上续建重点项目32个，全年累计实现项目建设投资33.5亿元，完成年度投资计划的82%。其中，华润海丰电厂已投入20多亿元；梅陇西环路全线动工建设；县中等职业技术学校第二期建设基本竣工；生态科技城、市民广场、莲花大道等征地加快推进。尤其是潮惠高速公路的征地、建设，通过增强领导、增派力量、增援基层，仅用100多天的时间，就按期完成6380亩的海丰史上最大征地任务，确保了全线如期动工建设；龙津河三期整治工程基本完成并于春节前实现集中排污、放水。

（三）新型工业化蓄势待发

全面落实“大办工业年”活动，加快规划建设海丰生态科技城、梅陇天星湖工业区、可塘长桥工业区、公平工业新区等工业园区，其中总规划面积15平方公里的海丰生态科技城已聘请华南理工大学编制发展规划，完成征地67万平方米，并全力开展申报省产

业转移工业园的工作，为全县加快“向西融珠”，推进新型工业化发展打造良好平台。通过实行县党政领导挂钩扶持企业制度，集中完善县城地区和梅陇、可塘、公平等中心镇工业园区部分企业厂房用地手续，进一步激发老旧企业、民营企业的发展活力。特别是加大力度推进重大能源、产能工业项目建设，华润海丰电厂、大百汇生物制药厂等将在新一年投入生产，三阳饰品、金庄电器、新洲塑料制品厂等相继投产或投建，全县进一步形成了新型工业化发展良好态势。同时，全面贯彻落实市委提出的招商引资行动，加大招商引资工作力度，多次前往港澳、浙江和深圳等地招商、洽谈，引进了南北国际商贸物流城、直线电机、润泽生物能源、龙兴机械及一开电器等8个投资上亿元甚至超10亿元的项目，正在跟踪洽谈的还有海雅集团及沃尔玛购物中心等项目，招商引资工作有很大推进。

（四）现代农业发展步伐加快

2012年7.2万亩高标准基本农田已全面开工建设，2010年和2011年两个年度8宗农田水利基本建设项目全面竣工；全县新创建省级“菜篮子”工程基地5个，新增县、市级农业龙头企业7家，新注册农民专业合作社99家，新增有机认证农产品2个、无公害认证农产品和无公害产地认证各9个；在力促海纳有机米基地不断扩大规模、提高水平的同时，成功引进全国500强的海亮集团，并先后在平东、城东等镇流转土地4500亩，启动建设海亮现代农业综合示范基地。

（五）商贸旅游持续畅旺

全县市场消费持续增长，商贸活动频繁，全年新增个体工商户4354户，新增注册商标712件；完成客运量2622万人、货运量1252万吨。旅游开发建设尤其是田园沐歌温泉度假村、莲花山度假村莲峰索道等旅游项目建设加快推进，全年共接待游客236.5万人次，同比增长13%；旅游总收入13.3亿元，同比增长15%。

（六）民生社会事业蓬勃发展

十项民生实事基本兑现政府承诺，以民生保障为重点的社会各项事业全面推进、亮点纷呈。教育方面。陶河、黄羌、大湖三镇基本完成教育强镇创建任务并申报省验收；教育多媒体建设通过社会筹资、财政投入达4500多万元，已建设多媒体教室993间，正在采购、安装设备1307套，今年新学期将实现全县中小学多媒体教育全覆盖。医疗卫生方面。顺利通过省对我县医药卫生体制改革的考核验收，全县17家镇级卫生院全面实施国家基本药物制度和“零差率”销售，切实减轻群众医药费用负担。城乡环境卫生整治方面。县城文明示范路创建工作成效明显，首期70个公交候车亭已建成启用，红城大道一、二期改造工程全面完成，县城市政面貌和交通秩序焕然一新；全县各镇（场）垃圾转运站建设基本完成，1372个自然村已全面完成垃圾收集点建设，农村卫生环境明显改善；亮剑出击，强力整治莲花山地区水源污染，通过采取停电、停水、停检、停购等“四停”强制措施，莲花山水源范围内的养殖场大部分已停养，正在陆续搬迁拆除，多年来群众反映强烈的县城水源污染问题得到有效解决。政策惠民方面。全县参加城乡居民养老保险人数达28.12万人，参加城乡基本医疗保险达76.59万人，完成市下达的任务；切实加大民政救助力度，全年共下拨优抚、低保、五保等补助资金及医疗救助资金等1.5亿多元。扶贫开发方面。全面铺开新一轮扶贫开发工作，与对口帮扶的深圳龙岗区合作，集中扶持资金，制定实施“一园四基地”产业扶贫新思路，启动建设“金银首饰加工扶贫创业园”，以及梅陇围湖蔬菜基地、平东镇九龙峒生姜加工基地、公平笏雅木瓜种植基地和茅湖辣椒基地。社会管理方面。强化社会治安综合治理和打击违法犯罪活动，加大吸贩毒查处力度，坚决拒“制毒”于县门之外。计划投入6500万元，启动“平安海丰”视频监控系统建设。强化信访维稳工作，全面化解信访积案，全年无出现越级进京上访案件，上省上市越级信访明显下降。殡葬改革深入推进，计生“一证先行”办事制度稳步推行、成效初显。

去年，我县遭受了“8·16”强降雨和强台风“天兔”的袭击，据气象、水务部门监测，在“8·16”强降雨中，公平水库一度达到建库以来最高水位和最大排洪量，强台风“天兔”更是达到50年一遇。面对历史罕见的天灾，全县上下万众一心，全力以赴投入抗灾救灾和灾后重建，使灾害的损失和影响降到最低的程度。特别是在抗击强台风“天兔”中，全县干群在各级党政的坚强领导下，在上级有关部门的强力支持下，众志成城、夜以继日、奋起抗灾，共同创造了“万人大动员、万人大转移、万人大抢险、万人大清障、万人大支援”的抗灾抢险恢宏场景，创造了自力更生、生产自救和“一方有难、八方支援”的灾后复产感人场面，使满目疮痍的海丰灾区在最短时间内恢复靓丽形象，使受灾群众迅速恢复正常生活生产，特别是全县231户受灾全倒户已全面完成重建工作，正在陆续搬入新居，抗击“天兔”取得了全面胜利。在这次抗击强台风“天兔”的过程中，从城镇到农村，从各职能部门到基层党支部，从广大党员干部到受灾群众，都涌现出了一批感天动地、可歌可泣的感人事迹，用实际行动再一次诠释了新时期“三敢三定”的海丰精神。我们要继续大力弘扬这种战天斗地的宝贵精神，使之转化成为新一年建设发展的正能量，激励斗志、振奋精神，推动全县改革和发展不断前进。

一年来，全县经济社会发展取得了一定成效，但也存在一些困难和问题，主要是：重点项目推进不平衡，征地拆迁创新方法不多，推进力度不大；因灾减收减产严重，复产重建还需加大投入；外源经济支撑不足，实际利用外资疲软；地方可支配财力短缺；投资环境不够完善，政务建设仍待加强；社会转型压力加重，许多不稳定因素依然存在，等等。对于这些问题，我们一定要高度重视，必须在加快发展过程中，认真对待、努力解决。

二、认清形势，明确目标，坚持改革创新，全力做好2014年的各项工作

2014年是全面贯彻落实党的十八届三中全会精神、全面深化改革的开局之年，也是实施“十二五”规划的攻坚之年，更是我县蓄势待发、乘势而上，全面实施大开发、大建设、大发展、大跨越的重要一年。综观当前的经济发展大形势、小气候，我县发展既迎来了重大机遇，具备各种有利因素，同时也面临着许多新的困难和挑战。从国际国内和全省的大形势看，世界经济仍处于深度调整期，并将延续缓慢复苏态势，总体态势趋于稳定。国内经济发展长期向好的基本面没有变，党的十八届三中全会部署的全面深化改革，必将空前释放经济社会发展强大动力，但经济发展整体上仍处于增长速度换档期、结构调整阵痛期、前期刺激政策消化期三期叠加的阶段。省委、省政府去年出台了《关于进一步促进粤东西北地区振兴发展的决定》，推动全省进入珠三角地区和粤东西北地区两极驱动发展期；对今年的经济工作提出了“稳中求进、改革创新、提质增效、民生优先、防微虑远”的总基调，致力于打造广东经济升级版。从我县自身的发展形势看，省委、省政府促进粤东西北振兴发展的《决定》和市的《实施意见》，为我县加快发展提供了重大的政策机遇，尤其是深圳龙岗区的系统、全面对口帮扶，为我县实施“向西融珠”战略、加快振兴发展注入强大动力；过去一年通过加强用地指标申报和征地工作，积极拓展融资渠道，为新一年大搞重点项目建设创造了良好条件；一批民生和社会事业的加快发展，为进一步凝聚民心民力、助推发展营造了良好社会氛围和环境。但是，由于我县传统优势产业发展水平不高，亟待转型升级，新兴产业刚刚起步，园区载体功能和产业集聚能力不强，而且面临着地方财力不足、投资环境欠优及社会管理难度增大等问题，意味着我县加快振兴发展，既置身于重要机遇期，更处于重要爬坡阶段和关键时期。

面对新形势、新机遇、新挑战、新要求，我们必须切实增强危机意识、机遇意识，以强烈的责任感、紧迫感，全面贯彻落实党的十八大和十八届三中全会、中央经济工作会议、中央城镇化工作会议、中央农业农村工作会议、省委十一届三次全会、市委六届三次全会精神，积极投身全面深化改革的伟大实践，主动抢抓省、市促进粤东西北地区振兴发展、加快汕尾新区建设的政策机遇，坚持用好“三大抓手”，坚决守住“二条底线”，继续实践市“四大行动”，全面落实县委新一年“打好四大会战，推进六大工程”的发展思路，努力做到“三个坚持”。一要坚持改革创新总方向。坚持把党的十八届三中全会和省、市委全会关于全面深化改革的部署和要求不折不扣地落实到全县发展实践中去，坚持把改革创新贯穿于经济社会发展的全过程，结合我县的建设发展实际，着力于加强经济建设和社会治理的法治化、市场化、社会化改革，着力于推进农业农村经营体制改革，着力于探索实践社会治理机制改革，着力于以问题导向倒逼推进改革，努力增创营商环境、创新驱动发展、开放型经济、产业竞争新优势，以深化改革激发发展活力，以推进改革推动经济建设。二要坚持加快发展不动摇。在把握省委、省政府提出的经济工作总基调的基础上，充分认清我县当前的经济发展水平和面临的严峻形势、竞争环境，认定“2018年人均地区生产总值达到全国同期平均水平，2020年与全国同步全面建成小康社会”的目标，下定奋起直追、加快发展的决心，坚定抢抓机遇、后发争先的赶超意识，咬定发展、发展、再发展的信念，聚精会神搞建设，毫不旁移谋发展，加快我县振兴发展进程。三要坚持讲责任、讲效率、讲落实。要讲担当、敢担当、会担当，以强烈的责任意识担负起海丰的发展事业；要强化效率意识和时间观念，从细微处着手、从手头事做起，做到今日事今日毕，干一事成一事；要狠抓责任和工作落实，以务实实干的工作作风，一步一个脚印，扎扎实实推动全县经济社会加快发展。

新的一年，全县经济社会发展的主要预期目标是：地区生产总值增长14.8%；工业增加值增长22.5%，规模以上工业增加值增长30.5%；农业总产值增长6.2%；全社会固定资产投资增长30%；社会消费品零售总额增长16%；外贸出口总值增长10 %；实际利用外资增长10%；公共财政预算收入增长16%以上；城镇居民人均可支配收入增长16%；农民人均纯收入增长11%；万元GDP能耗下降、二氧化硫和化学需氧量排放总量实现减排目标。

围绕上述目标任务，新的一年，我们要全力做好八项工作：

（一）积极实施“向西融珠”战略，加快振兴发展

紧紧围绕省、市促进振兴发展的重要部署，认真研究把握政策方向，全面实施“向西融珠”发展战略和《海丰县经济社会振兴发展规划（2013—2020）》及《实施意见》，更加主动融入珠三角尤其是深莞惠经济发展圈，加快经济社会振兴发展。一要十分珍惜和对接好深圳市龙岗区的对口帮扶。要把省委、省政府安排深圳龙岗区对口帮扶海丰，作为我县振兴发展的重大机遇，作为全面向西融珠的强大助力，着眼我县目前经济发展实际和最迫切、最需要帮扶的领域，加强与龙岗区的协商研究，共同找准、选好对口帮扶的着力点、突破口。当前，要着重从产业帮扶、项目帮扶、技术帮扶、人才帮扶和资金帮扶等入手，争取龙岗区重点帮扶我县加快生态科技城等园区载体建设；支持我们开拓珠宝金银首饰产品市场，促进产业升级优化；帮助我们招引重大工业企业和高新技术、新兴产业项目，争取在新一年引进1—2家全国500强企业落户我县，实现对口帮扶质量和效益的最大化。二要加快打造“一园三区”工业发展平台。集中力量抓好生态科技城6平方公里的省级产业转移工业园的申报和建设，加快推进梅陇天星湖工业区、可塘长桥工业区和公平工业新区的开发，迅速掀起全县园区建设大会战热潮。特别是生态科技城，新一年要在全面完成首期1.2平方公里征地的基础上，尽快发挥广州证券公司和太平洋集团的投融资平台作用，力争上半年启动开发建设，完善基础设施和服务配套，同步探索建立园区的投资、建设、运营机制，加快龙兴机械、一开电器等重点项目上马建设，引进一批新的大型新兴产业企业落户，及早发挥园区集聚效益，力促工业集约发展。三要推动新型工业化与城乡一体化统筹发展。坚持走新型工业化与新型城镇化同步推进、互为促进的发展道路，深化城乡一体化综合改革，通过加快园区建设和发展新兴产业，构建新型工业化发展体系，结合推进县城和城镇的扩容提质，逐步推进城乡发展规划、资源配置、产业布局、基础设施、公共服务等一体化发展。特别要以县城地区的北部新区、南部新城和生态科技城以及公平、梅陇和可塘三个中心镇的新区建设为重点，同步加快城乡旧区改造，辐射带动周边地区发展建设，扎实推进新型城镇化建设。

（二）发挥“两高”效应，增创经济发展增长极

要紧紧抓住厦深铁路通车的机遇，依托深汕高速公路和正在建设的潮惠高速公路贯穿我县的优势，充分发挥高铁和高速公路“两高”在地方经济发展中的辐射、带动效应。一方面，要充分发挥厦深高铁开通运营带来的“同城效应”“近城效应”，大力推进我县与铁路站口的联络线公路建设，加强站口周边区域饮食、商业等产业配套及其调整优化，加快县内旅游景点景区特别是小漠、后门的高尔夫球场等滨海旅游景区和莲花山森林公园、赤石田园沐歌温泉度假村等景区的建设、完善，大力发展房地产业、商贸物流业，全面承接、发挥高铁带来的发展机遇和辐射作用。另一方面，要加快征地清表和交地进度，配合好潮惠高速公路的全线建设，着力培育好潮惠高速公路三年建设工期带来的近3亿元税源；全力协调、配合广东交通集团深汕西高速公路后门服务区改扩建项目的规划、征地、建设，力促深汕西高速公路后门服务区改扩建项目尽快上马，建设国内领先、世界水准的集商贸、物流、休闲、旅游、住宿、餐饮、客运中转等功能于一体的高端服务区和城市综合体，从而使“两高”成为我县今年乃至今后一个时期经济提速发展、振兴发展新的增长极。

（三）扎实推进市政、基础设施项目建设，形成大投入、大建设场面

县已初步确定今年的重点建设项目54个，其中新上续建项目30个，年度计划投资64.5亿元。新一年，我们要进一步把重点项目建设作为经济工作的主战场，加快用地申报和征地进度，加大引进、拓展投融资力度，全面对接、利用省、市促进振兴发展的各项政策，突出园区载体、交通基础设施、市政设施等建设重点，着力打好以潮惠高速、梅陇西环路、莲花大道、大湖通陆丰上英大桥、S335线海丰段、县城至汕尾火车站快速干道、国道324线县城至梅陇段等为重点的公路交通建设大会战，突出加快市民广场、红城大道三期和二环路改造等市政设施建设，大力推进生态科技城、华成峰科技产业园、华润电厂等工业园区和产能项目建设。要根据我县产业和基础设施建设实际，精心策划、包装一批产业关联度大、辐射带动能力强的重大能源、交通等项目，争取更多的项目进入省的计划“笼子”，争取更多的资金支持。要进一步落实重点项目建设推进机制，加强领导挂钩，强化责任落实，实行时间倒逼，全面掀起新一轮的大投入、大建设热潮。

（四）加快建设现代农业基地，着力提升农业产业化

认真贯彻落实中央农业农村工作会议和中央1号文件精神，全面创新农业经营机制，突出做好农村土地承包经营权确权登记试点工作，加强和规范土地承包经营权有序流转，加快农业生产集约经营。要以海亮、海纳等现代农业企业为龙头，围绕海亮现代农业综合示范基地的全面投入生产和海纳有机米生产基地的扩大经营规模，积极支持协助其加大土地流转，充分发挥其龙头作用，影响、带动广大农村和千家万户的传统农业生产观念、模式向现代化集约经营逐步转变、不断迈进，提高我县农业生产发展水平和经济

效益。要进一步加大农田水利设施建设投入，尤其是在去年“8·16”强降雨和强台风“天兔”中受损的水利设施项目，更要全面落实资金筹措，加快工程建设，迅速恢复和改善农业基础设施水平。要进一步培育新型经营主体，加强农业品牌建设，争取新增2家省级和3家市级龙头企业，增建10个农民专业示范合作社，新增“三品一标”产品10个以上，提升农业生产的集约化、品牌化水平。

（五）突出发展电子商务，增强商贸经济繁荣发展活力

紧跟当前电子商务迅猛发展的时代潮流，顺应网络经济与实体经济紧密结合、同步发展的主流方向，按照政府推动、企业主导、市场运作的原则，加紧编制全县近远期电子商务发展规划，通过落实“三免一补”等扶持政策，加强电子商务人才培训和技术支持，抓紧创建以县食品集团商贸城为平台的电子商务示范城和电子商务产业园。尤其要依托县内现有或在建的珠宝、首饰、服装、小商品专业市场，探索和发展网络贸易与实体贸易高度融合的“网络实体店”。还要积极实施电子商务发展的长远规划，着力在生态科技城打造国内一流电子商务产业园，依托传统优势产业在各专业镇建设电子商务专业城。与此同时，围绕把我县建设成为汕尾市乃至粤东地区商贸中心、商品集散地的目标，坚持加强实体市场载体建设不放松，在扶持、建设好县城珠宝首饰国际广场、义乌小商品批发城、装饰材料交易中心等专业批发市场的同时，结合城镇规划建设和实施“三旧”改造，在县城地区和各专业镇加快规划、布点，建设一批新的特色产品、小商品专业批发市场、商城，促进我县商业贸易的大繁荣、大发展。

（六）发挥专业镇发展优势，加快传统产业发展壮大

要因应全球经济增速放缓，许多产业发展疲软，而珠宝首饰产业却逆势而上、异军突起的态势，立足我县可塘珠宝、梅陇金银首饰经多年发展已初具产业规模及市场影响的基础和优势，进一步拓展发展空间、挖掘发展潜力、突破发展瓶颈，推动珠宝、首饰产业提档升级、做大做强。要主动对接争取国家和省扶持珠宝首饰产业的利好政策，加强政府在政策引导、技术培训、信贷融资、载体建设、管理服务等方面的支持，加快规划、建设可塘珠宝、梅陇金银首饰产业园区，大力申报、建设国家质检总局珠宝玉石鉴定区域性中心实验室（粤东可塘鉴定中心）和省级珠宝交易所，努力申报建设“中国金银珠宝之都”和“中国珠宝加工销售基地”“中国金银首饰加工销售基地”，积极筹办首届珠宝文化节。要加大力度扶持发展公平服装产业，着重规划、建设服装产业园和服装专业市场，进一步激发公平服装业发展活力。要积极实施品牌、名牌战略，县工商、质监、经促等部门要充分发挥各自职能作用，加强引导，创造条件，积极帮助企业注册品牌、申报名牌，提高我县的传统特色产品的市场知名度和竞争力。

（七）大力发展民生和社会事业，推动发展成果惠及广大群众

新的一年，在发展民生和社会事业中，要坚持“不撒胡椒面”，在抓好面上工作的基础上，集中精力、财力办好一两件、数件大事实事，夯实各项事业发展基础，提高社会发展水平。一要全力办好重点民生实事。县委、县政府经初步筛选，准备把全县有线数字电视整转、县城燃气管道建设、红城大道（三期）、城乡绿化美化、县城环境卫生社会化管理以及社会保障惠民等工程，作为今年全县要着力办好的重点民生实事。新的一年，我们要把维护好、保障好、发展好民生民计，作为稳的基石、进的要义，以高度负责的态度、积极创新的理念和行之有效的措施，注重民生，发展民计，提高人民群众的幸福感，突出抓好重点民生实事的建设，全力以赴兑现政府承诺，让广大人民群众真切感受到、充分享受到改革发展带来的实惠和红利。二要进一步改善教育和卫生医疗条件。全面开展教育创强大会战，在去年完成3个镇创强任务的基础上，确保梅陇、联安、平东等3镇在上半年完成创强并通过验收，其他各镇都要积极开展创强工作，多方筹措资金，加强设施建设，努力争取在年底前全面实现教育强镇和教育强县创建目标；结合公共租赁住房建设，上马建设400套教师公寓，争取上半年完成建设任务，下半年投入使用，进一步完善、提升城乡办学条件、配套设施和教育水平。加快推进县疾控中心、妇幼保健院和彭湃医院城东分院的建设，力争引进一家三甲标准医院，加快解决群众看病难、治病贵的问题。三要着力打造陈炯明故居旅游品牌。计划在财政预算中安排专项资金，开展陈炯明故居和都督府的恢复、修复工作，进一步发挥海丰历史名人效应，擦亮我县名人文化旅游品牌。四要加强生态文明建设。认真贯彻落实省、市新一轮绿化大行动的战略部署，组织打好“荒山绿化大会战”，集中力量建设1个县级森林公园、3个镇级森林公园、8处县城重点道路（区域）绿化美化带、63个乡村绿化美化示范点，完成造林绿化57万亩，并加强林业管理，完善森林防火设备和防火机制，提高造林绿化水平。同时，在巩固莲花山水源养殖场污染整治成果、建立整治管理长效机制的基础上，扩大全县水源污染整治范围，参照莲花山水源污染整治的办法和措施，着重开展公平水库水源污染整治，确保我县乃至汕尾市区人民群众饮水安全。五要深入开展新一轮扶贫开

发“双到”工作。加强与深圳龙岗和市直部门对口帮扶单位的联系和对接，集中资金和力量，全力推进以“一园四基地”为重点的扶贫项目建设，力促列入新一轮扶贫开发计划的50个贫困村3283户贫困户加快脱贫致富步伐。六要创新和加强社会治理。积极探索创新社会治理机制，着力加快建设社会治安视频监控系统，提高社会治安防控能力；坚持不懈抓好信访维稳，有效预防化解社会矛盾，提高社会服务网络管理水平。进一步加大安全生产、食品安全等公共安全管理，扎实推进计生、殡改、节能减排等各项工作，全面营造振兴发展的良好环境。

（八）深入开展群众路线教育，推进政务环境建设

新一年，按照中央和省、市的部署，第二批群众路线教育实践活动将在我县全面铺开。我们必须在扎实、深入开展教育实践活动的同时，紧紧围绕“为民、务实、清廉”的主题，更加深入推进政务环境建设。要充分发挥网上办事大厅的平台作用，全力推进行政审批制度改革，减少简化审批事项，推进商事登记制度改革，突出市场主导地位，加快部分政府服务和投资主体市场化、社会化，进一步坚决落实党政领导干部挂钩扶持重点企业制度，致力建设廉洁高效的服务型政府。进一步加强机关作风建设，严格执行中央八项规定，大力整顿“四风”，加快促进治庸转能、治懒转勤、治散转严、治奢转俭，深入解决政府部门在政务服务中与加快发展不相适应的问题，不断优化振兴发展的政务环境。

同志们，做好今年各项工作，推动全县经济平稳快速持续发展，任务繁重，责任重大。我们要紧紧围绕本次全会提出的目标任务，全面深化改革，致力振兴发展，坚定信心、开拓进取，凝聚力量、攻坚克难，为当好汕尾全面融入珠三角排头兵、加快与全国同步全面建成小康社会作出应有的贡献！

在全县开展党的群众路线教育实践活动动员部署会议上的讲话

（2014年2月18日）

海丰县委书记 沈木荣

同志们：

刚才，紫光同志对我县开展第二批党的群众路线教育实践活动工作作了具体的部署，我完全赞成。等一会，市委第一督导组组长蔡义雄同志还要作重要讲话，对我们提要求和作指导，各地各单位要认真学习，狠抓贯彻落实，迅速在全县掀起党的群众路线教育实践活动的大热潮。下面，我讲三点意见。

一、认真学习，深刻领会，把思想和行动统一到中央和省、市委的决策部署上来

在全党深入开展党的群众路线教育实践活动，是党的十八大作出的重大部署，是新形势下坚持党要管党、从严治党的重大决策。1月20日，习近平总书记在全国党的群众路线教育实践活动第一批总结暨第二批部署会议上发表重要讲话，充分肯定了第一批教育实践活动的成效，系统总结了第一批活动的成功经验，深刻阐述了开展第二批教育实践活动的重要性和紧迫性。1月26日，省委书记胡春华同志在全省党的群众路线教育实践活动第一批总结暨第二批部署会议会上，对我省第一批教育实践活动做了总结，并对第二批活动做了部署要求，强调要以问题为导向，切实解决基层存在的矛盾和突出问题，夯实党执政的基层基础。2月8日，市委书记温国辉同志在全市开展第二批党的群众路线教育实践活动部署会议上，对我市开展第二批教育实践活动进行了动员部署，要求各级党组织和广大党员干部要以强烈的责任感和使命感抓好教育实践活动，以开展教育实践活动推动汕尾振兴发展。

中央和省市对如何开展第二批教育实践活动提出了明确的任务和目标要求，为我县深入开展党的群众路线教育实践活动指明了方向，全县各级党组织和广大党员干部一定要认真学习领会，充分认识深入开展党的群众路线教育实践活动的重大意义，全力扎实开展好我县的教育实践活动。

（一）充分认识开展教育实践活动的重要性。群众路线是我们党的生命线和根本路线，中央站在全局和战略高度，决定在全党深入开展群众路线教育实践活动，这是新时期保持党的先进性和纯洁性、巩固党的执政基础和执政地位的必然要求。去年7月以来，全国各地开展第一批教育实践活动取得了重要性阶段成果，为加强和改进党的建设积累的宝贵经验。

作为第一批教育实践活动的延伸和深化，第二批教育实践活动涉及的范围更广、领域更宽、数量更大，与群众联系更直接、更紧密，涉及的矛盾和问题更加具体尖锐，任务也更加艰巨。搞好第二批教育实践活动，对我们贯彻落实全面深化改革各项任务，夯实基层基础、提高服务群众能力和水平，有效解决群众反映强烈的突出问题，对扩大第一批教育实践活动成果、以作风建设新成效把党和国家各项工作落到实处，具有十分重要的现实意义。我们一定要充分认识开展第二批教育实践活动的重要性和紧迫性，借鉴和运用好第一批教育实践活动取得的工作成果和宝贵经验，切实增强思想自觉和行动自觉，切实解决基层存在的突出问题，进一步树立党员干部为民、务实、清廉的形象，进一步夯实党的执政基础。

（二）深刻认识开展教育实践活动对海丰发展的必要性和紧迫性。近年来，海丰社会经济稳定健康持续发展，人民生活水平明显提高，城乡面貌日新月异，这一切都得益于改革开放，得益于市委、市政府的正确领导，得益于全县广大干部群众的共同努力。当前，我县发展正处在加快振兴发展的关键时期，迎来了中央推进全面深化改革、全省促进粤东西北地区振兴发展和全市主动融入珠三角等重大决策部署带来的难得政策环境和历史机遇，同时面临2020年人均生产总值达到或超过全国平均水平、与全国同步全面建成小康社会的严峻挑战。能否抢抓机遇、成功应对困难和挑战，关键在于是否有一支信念坚定、作风过硬、敢于担当、落实有力的党员干部队伍，关键在于能否凝聚全县广大人民群众的力量。

值得肯定的是，近年来，海丰在推进改革发展进程中，形成了一支“求真务实、勇于担当，团结协作、奋勇争先”的干部队伍，这支队伍的党性党风党纪方面的总体状况是好的，他们为海丰的发展作出了积极贡献。但是，我们也应当清醒地认识到，形式主义、官僚主义、享乐主义和奢靡之风“四风”的种种表现，在我县的某些部门单位、党员干部中不同程度存在，有些还比较突出。在各级机关、领导班子、党员干部和窗口单位、服务行业以及镇、村（社区）基层组织中，或多或少存在与党性宗旨背道而驰的“庸懒散、奢私贪、蛮横硬”等问题和现象，严重损害了党的形象，损害了党群干群关系，影响了事业发展。这就迫切需要我们贯彻党要管党、从严治党方针，以强烈的责任感和紧迫感抓好这次的群众路线教育实践活动，对存在的作风问题来一次大排查、大检修、大扫除，切实改进作风、密切联系群众，切实解决好群众反映强烈的突出问题，真正赢得人民群众的信任和拥护，凝聚起全县人民抢抓历史机遇，推动海丰加快振兴发展的强大正能量。

认真落实第二批教育实践活动的各项措施要求。习近平总书记对开展好第二批教育实践活动提出了明确要求，强调要坚持主题不变、镜头不换，贯彻“照镜子、正衣冠、洗洗澡、治治病”的总要求，以为民务实清廉为主题，以严的标准、严的措施、严的纪律坚决反对“四风”；强调要坚持对照理论理想、党章党纪、民心民声、先辈先进“四面镜子”，以补精神之钙、除“四风”之害、祛行为之垢、立为民之制为重点，提高做好新形势下群众工作的能力。同时强调，在活动的推进过程中，要坚持统筹兼顾，加督促检查，抓好宣传，为搞好教育实践活动营造良好氛围。中央和省、市委的要求都很明确，我们要认真贯彻落实，在活动中更加注重发挥群众积极性，更加注重问题导向，更加注重严格要求，更加注重衔接带动，更加注重分类指导，并把这“五个更加注重”贯彻到活动的整个过程，推动思想认识进一步提高、作风进一步转变、党群干群关系进一步密切、为民务实清廉形象进一步树立、基层基础进一步夯实，努力取得人民群众满意的效果。

二、明确要求，突出重点，扎实开展好第二批教育实践活动

习近平总书记强调：“搞好教育实践活动，说一千道一万，还得看解决问题。”省委胡春华书记着重指出：“第二批教育实践活动就在群众‘家门口’开展，群众对解决问题充满期待，要抓住解决干部作风问题、解决群众反映突出问题”。市委温国辉书记也要求：“要通过聚焦作风建设，对准焦距、找准穴位、狠抓要害，使我市干部作风状况有一个大的改变，为汕尾的振兴发展营造一个风清气正的政务环境”。开展第二批教育实践活动，要以贯彻落实党的十八大和十八届三中全会精神为指导，认真学习贯彻落实习近平总书记、省委胡春华书记和市委温国辉书记的重要讲话精神，按照中央和省、市委的统一部署，破除“活动就是走形式”的错误思想，敢于啃“硬骨头”，突出作风建设，坚持问题导向，把着力解决基层突出问题作为重要任务，集中力量把基层存在的“作风之垢”，彻底来一次“大扫除”，真正在解决问题上见实效。

（一）要着力整治好干部“四风”问题。聚焦“四风”，推动干部作风转变，是这次教育实践活动的重点。从我县的情况来看，去年以来，县委已经先期开展了“政务环境建设年”活动，特别是在全县53个县直单位168个具有执法、行政审批和窗口服务职能的股室参加开展的“万众评股室”活动中，深入查摆解决了一些问题，改进完善了一些制度机制，进一

步加强了我县党风廉政建设、干部思想作风建设，促进了机关作风转变，与教育实践活动一脉相承，为活动的开展打下了良好基础。但是，我们仍要看到，我县一些部门、单位的作风问题依然比较突出，少数地方、部门和干部在联系群众、服务群众、引导群众方面，与中央和省、市委的要求还有距离，与广大群众的期盼仍有一些差距。从近期县委专题调研和平时掌握的情况看，一些问题仍然要引起我们高度重视和警醒。如，一些领导班子和领导干部思想保守，因循守旧，平时不注重学习，工作上满足于四平八稳、按部就班、满足现状，缺乏创新精神。有的领导乐于当太平官、做老好人，宁可不干事，确保不出事。有的感觉提拔无望，就“当一天和尚撞一天钟”，在岗不敬业，履职不尽责。有的瞻前顾后，习惯玩“空手道”，不敢担当负责，遇到困难就躲，听到不同意见就退缩，缺乏“钉钉子”精神；一些单位和部门靠会议落实会议，把工作一级一级往下推，致使产业转型升级、招商引资、征地拆迁、民生工程建设等不少工作难于落实；少数单位工作纪律松弛，庸懒散拖，服务不主动，办事推诿扯皮、效率低下。有的上班时间闲聊、上网、玩游戏，迟到早退，有事找不着人；一些执法监管部门和窗口单位、服务行业对前来办事的群众施于冷面孔，服务态度比较生硬，“门难进、脸难看、事难办”、“吃拿卡要”、执法不公等问题仍较突出；一些党员干部贪图享乐，超标接待，铺张浪费，甚至利用公款参与娱乐活动，超标用房、违规用车等问题仍然存在；一些干部以权谋私，与民争利，有的滥用职权，搞权力寻租，借权营生。有的插手工程项目、参与非法买卖土地，为亲戚朋友经商提供帮助。有的无证违规建房，乱搭乱建。有的执法不公，搞选择性执法、随意性执法、当保护伞，办关系案、人情案、金钱案。有的部门落实惠民政策缩水走样，随意截留或扣发群众各种补贴，拖欠群众钱款，打白条、耍赖账；一些领导班子和领导干部工作中停留在看资料、查软件上，抓工作浮光掠影，搞调研蜻蜓点水，身子沉不下去，落实惠民政策缩水走样、简单粗暴；一些农村、社区等基层组织软弱涣散，服务群众意识不强，号召力不高。特别是有的村（社区）账目是一笔“糊涂账”，报账工作没有规范，甚至有的村没有财务公开、政务公开，排查出来的问题突出村和后进村还较多，没有得到根本性整治，等等。

刚才，我之所以点出这么多问题，折射出我们一些干部宗旨意识淡薄，作风不实，群众工作能力、方法欠缺欠妥。如果不及时纠正解决这些问题，势必严重损害党群干群关系，既败坏海丰的政务环境、阻碍海丰加快发展的步伐，又影响党委政府形象、动摇我们党的执政根基。因此，开展第二批教育实践活动，一定要紧盯这些问题，立行立改，对作风之弊、行为之垢来一次大扫除，从具体事情抓起，从突出问题改起，不断扩大作风建设的成果，让群众看到实实在在的成效。

（二）要着力解决好基层的矛盾和问题。开展教育实践活动，归根结底就是要着眼于广大群众的关注和期盼，切实解决好关系群众切身利益的问题。去年以来，我县通过主动治理，化解了一批社会矛盾，特别是全部完成省交办的26宗信访积案，实现了无越级进京非正常上访，到省上访人数同比下降一半。但是，我们也应该清醒看到，各类矛盾纠纷，特别是征地拆迁补偿等群体上访事件仍呈上升态势，对这些问题必须引起高度重视。胡春华书记在第二批教育实践动员会上指出：“基层不稳，伤及根本，不解决好基层的矛盾和问题，不仅影响改革发展工作落实，而且影响党执政的基层基础”。因此，在开展教育实践活动中，我们要突出问题导向，以服务群众为落脚点，着力解决好群众最盼、最急、最难的问题，什么问题突出就着重解决什么问题，什么问题紧迫就抓紧解决什么问题，凡是能够及早解决的就尽快解决，即使一时难以解决的也要抓紧创造条件积极解决，确保教育实践活动取得让群众看得见、让群众真满意的效果。

第一，要扎根群众。继续发扬密切联系群众的优良作风，坚持领导干部工作联系点制度，县党政班子要严格落实《海丰县党政班子成员带头开展党的群众路线教育实践活动方案》，其他领导干部要联系若干个基层单位，定期到联系点了解情况、解决问题。各级党员干部要以身作则，率先垂范，主动走出机关大楼，走进田间地头、村组社区，增添身上的泥土气息。特别要经常到条件艰苦的地方、困难和问题多的地方去，多与普通工人、农民、市民交朋友，全方位听取意见，查找在作风建设上的差距，找准在“四风”方面的突出问题，着力解决亲民、爱民、为民、利民的问题，切实提高做好群众工作的能力和水平。

第二，要惠及群众。当前，海丰发展正处于奋发直上、追赶跨越的紧要关头。要紧紧围绕“三个坚持、四个争当、五个发展”总体发展思路，以打好“四大会战”、推进“六大工程”为抓手，深入研究落实工作中的具体措施和办法，出实招、务实干、求实效，积极开展“万名党员进万家”活动，进一步建立健全联系服务群众的桥梁和载体，加大力度解决常规性问题，集中攻坚解决难点问题，及时跟进解决新出现的问题。把群众满意作为工作标准，切实解决好联系服务群众“最后一公里”问题，切实落实各项民生政策，解决群众在教育、就业、社会保障、医疗、住房等方面的基本需求问题，解决生态环境、食品药品安全、安全生产、社会治安、执法司法、征地拆迁等方面关系群众切实利益的问题，解决困难群众的生产生活问题，解决与民争利的问题，让人民群众享有更多发展成果，得到实实在在的好处。

第三，要依靠群众。第二批教育实践活动在群众“家门口”开展，同群众贴得更近、关系更直接，群众对干部身上存在的问题看得更清，对基层需要解决的突出问题体会更深，离开群众的理解和支持，许多基层问题也无法解决。必须紧紧依靠群众，发挥群众的积极性，赢得群众的支持，推动问题的解决。要坚持开门搞活动，把群众参与、监督、评价贯穿活动始终，不能自话自说、自拉自唱，搞封闭式活动；要诚恳听取群众意见，对群众反映的问题要换位思考、将心比心，讲法讲情讲理解决群众诉求。每个党员干部都要主动把自己置于社会和群众监督之下，改什么、怎样改、改得怎么样，要让群众看清楚、听明白、能理解。

（三）坚持抓基层、打基础。基础不牢，地动山摇。近年来，海丰的农村基层组织建设经过这么多年的努力，主流是好的，我县的基层组织比较健全，有战斗力，这一点应该肯定。但目前基层面临的矛盾和问题仍然呈现多发态势，不稳定、不安全的问题还比较多。基层的矛盾和问题不解决好，不仅影响我县各项工作的落实，而且影响党执政根基。省、市委都明确提出要加大力度抓基层打基础，着力解决基层存在的问题。今年县委、县政府提出的打好“四大会战”、推进“六大工程”的发展战略，其中基层固本强基工程就是要下大力气加强基层组织建设，大家一定要高度重视，认真抓好贯彻落实。如何抓基层、打基础，开展好教育实践活动，各地各单位要做到“四个结合”：一要与我县开展的基层固本强基工程建设相结合，进一步建立健全联系服务群众的桥梁和载体。二要与今年村级换届选举工作相结合，选好配强农村、社区“两委”班子，抓好新一届“两委”干部的培训，进一步抓好基层党建工作。三要与提升服务群众的功能和水平相结合，进一步加强和改进镇、村、社区便民服务，建立和完善便民服务中心，发挥党代表工作室作用，推广群众事务代办、一站式服务、党员承诺履诺、党员志愿服务等做法。四要与农村重点工作相结合，解决好农村的矛盾和问题，解决征地拆迁、环境卫生、医疗教育、社会治安等问题，推动社会矛盾化解工作取得扎实成效。

（四）坚持突出重点，分类指导。开展这次教育实践活动，中央、省委和市委明确要求，教育的重点对象是县领导机关、领导班子和领导干部，突出抓好直接联系服务群众的执法监管部门和窗口单位、服务行业的教育实践活动，注重抓好镇（场、经济开发区）和村、社区等与群众联系密切的基层组织的教育实践活动。为此，开展教育实践活动的一个突出特点，就是层级下移、点多面广，基层单位多、行业差别大。不同地方、不同部门、不同单位，党员干部工作作风的实际状况、群众反映强烈的突出问题都各不一样，需要解决的问题也千差万别。所以，我们必须根据不同类型、不同行业、不同领域，采取分类指导的方法，找准需要解决的问题，明确整改措施和推进时间，不能搞“一刀切”“一锅煮”，使教育实践活动更贴近基层实际、贴近工作实际、贴近党员群众实际。我县在开展这次活动中，大力创新方法，今天下发的县委《实施方案》已经明确提出要在全县党员干部中开展“六个”活动，县实践办要进一步拟定每个活动的详细方案，分类指导各地各部门扎实开展好教育实践活动。

这里，我特别强调，县委提出开展“六个”活动，是这次教育实践活动的有效载体，重点要做到“六扎实、六务必”：一是对县领导班子和领导干部，要扎实开展“示范带头作表率”活动，县领导干部务必要争当带头履职的表率、联系群众的表率，聚焦“四风”问题，在找准和解决作风突出问题上下功夫、见实效。二是对县直单位要扎实开展“转变作风提效能”活动，县直单位科级领导干部务必要争当自觉学习的模范、服务群众的模范，在重点解决不负责任、不敢担当，欺上瞒下，慵懒松散、应付态度、作风不实等问题上下功夫、见成效。三是对执法监管部门和窗口单位、服务行业要扎实开展“服务群众树形象”活动，一般机关干部务必要不断提升服务水平，自觉维护队伍形象，在重点解决不切实际、不求实效，落实不力、纪律松懈等问题上下功夫、见成效。四是对镇（场、经济开发区）领导班子和领导干部要扎实开展“勤政为民促发展”活动，镇领导干部务必要重点在解决不关心群众冷暖，责任心不强，落实惠民政策缩水走样，在位不在岗、天天“走读”，弄虚作假、欺上瞒下，对待群众方法粗暴、态度恶劣，甚至侵犯群众利益、克扣群众财务，打白条、要赖账等问题上下功夫、见成效。五是对村、社区基层组织要扎实开展“固本强基保稳定”活动，村（社区）基层干部务必要提升村（社区）干部素质，提高村（社区）干部带领群众致富的能力，在重点解决宗旨淡化、定位模糊、吃拿卡要、与民争利等问题上下功夫、见成效。六是对非公有制经济组织、社会组织等基层组织要开展“爱岗敬业当标兵”活动，所有参加教育实践活动的党员务必要在着重解决理想信念淡薄，责任意识不强，先锋作用不明显等问题上下功夫、见成效。通过采取分类定量、分步实施、分层指导、分级考核的方法，切实增强解决问题的针对性和有效性，力求全员参与、全面开展教育实践活动。

三、强化领导，落实责任，确保党的群众路线教育实践活动取得实效

开展第二批党的群众路线教育实践活动，是当前一项极其重要的政治任务，各地各单位务必高度重视，统筹安排，严格按照中央、省市委和县委的部署要求，认真把握活动各主要环节的时间节点、主要内容和有关要求，确保各项任务落到实处。主要做到“四重四抓”：

（一）重领导、抓责任。开展教育实践活动工作要统一在县委领导下进行，县委组织部负责牵头，把握好活动的方向、节奏和标准。各级党组织是教育实践活动的责任主体，对本地区本部门本单位的活动承担直接责任，要精心组织，加强督导，不折不扣落实好中央和省委、市委、县委的部署要求。要成立相应的领导小组和工作机构，按照县委印发的《活动方案》，结合实际，制定好自己的工作方案，组织实施。各地、各单位主要负责同志要认真履行第一责任人的职责，带头深入基层，带头联系群众，带头找问题，带头改作风，充分发挥表率作用。各地各单位的教育实践活动领导小组办公室要切实履行职责，加强对活动的统筹协调和指导。各有关部门要各负其责、密切配合，确保活动扎实有序推进。

各级领导干部要切实加强对联系点的指导检查，把联系点建成示范点。县委常委和党员副县长各选择1个镇（场）或县直单位、企事业单位作为联系点，镇党委书记要各联系1个后进村、问题突出村或困难企事业单位，其他各单位主要负责人要在本系统本行业选择1个基层单位作为联系点。

按照中央和省委、市委的统一部署，县委成立了第二批党的群众路线教育实践活动领导小组和办公室，负责活动的领导和组织协调工作。会后，各地、各单位都要迅速成立领导小组和办公室，结合各自实际，进一步完善和细化活动方案，立即进行动员部署。

（二）重督查、抓落实。根据市委第二批党的群众路线教育实践活动领导小组的安排，以蔡义雄同志为组长的市委第一督导组负责海丰县的督导工作。在活动过程中，我们要自觉接受市委第一督导组的指导，以良好的工作成效接受督导组的指导检查。

这次县委抽调精干人员组成专门督导组，由一名正科级干部任组长，副科职干部任副组长，配备2名成员，全程参加各地各单位教育实践活动的重要会议和重要活动，了解掌握进展情况，发现和分析存在的问题，提出意见建议。县督导组要坚持以好的作风抓督导，按照工作职责要求，积极主动开展督导和指导工作，找准工作定位，注重方式方法，做到不越位，督导不包办，把督促指导工作的任务要求落到实处、抓出成效。同时，要注意与上级督导组的密切配合，注意区分不同对象开展分类指导，做到有效传导压力，确保活动不漏项、不留死角。对督导对象的活动检查指导不到位而导致走过场的，督导组要承担责任。

（三）重载体、抓创新。这次活动，已经有了第一批群众路线实践教育活动的现成的经验和模式，我们既要按照中央和省委、市委的统一部署，严格遵循工作方法步骤，高标准启动、严要求推进、高质量落实，确保“规定动作”做到位；同时，又要结合各自特点和实际情况，从有利于解决“四风”问题入手，从有利于推动工作入手，把创新贯穿活动全过程，选准和创新自选动作，保证“自选动作”有特色、有亮点。

（四）重引导、抓宣传。要坚持正确舆论导向，加大宣传力度，创新舆论引导方式，改进宣传方法，宣传教育实践活动的重要精神和决策部署，宣传教育实践活动中的好经验、好做法，为深入开展教育实践活动营造良好的社会舆论氛围。要充分利用好传统媒体和新兴网络媒体，发挥好正反两方面典型的教育作用，既要挖掘、选树一批叫得响、立得住、群众公认的为民、务实、清廉的先进典型，使广大党员干部“正衣冠”有参照，“照镜子”有比较，达到正面的示范带动作用，又要注意剖析、纠治个别损害群众利益的害群之马，起到警示警醒作用。

同志们，深入开展第二批党的群众路线教育实践活动，任务重、要求高、意义大。我们一定要在市委的正确领导和市委督导组的指导下，以高度的政治责任感、良好的精神状态和扎实的工作作风，把教育实践活动组织好、开展好，确保取得上级满意和人民满意的“双满意”效果，为我县加快振兴发展提供坚强的政治和组织保障。

政府工作报告

——2014年3月26日在海丰县第十四届
人民代表大会第四次会议上
海丰县人民政府县长 陈德忠

各位代表：

我代表县人民政府向大会作政府工作报告，请予审议，并请政协各位委员和其他列席人员提出意见。

一、2013年工作回顾

刚刚过去的2013年，是全县凝心聚力、抓真干实，搞建设、促发展的一年；是战胜重大灾害，经济平稳发展，各项事业亮点纷呈的一年；是打好基础、蓄积力量，全面“向西融珠”、谋划振兴发展的一年。一年来，县政府在市委、市政府及县委的正确领导下，在县人大及其常委会和县政协的监督支持下，深入贯彻落实党的十八大精神，围绕中央和省、市的工作部署，以及市委提出的海丰要“勇当汕尾融入珠三角的主力军，勇当全市经济社会发展稳定器”的要求，按照“立足三个坚持、勇于四个争当、推进五个发展”的工作思路，积极实践市委“四大行动”，深入开展“五个工作年”活动，顺利完成了县十四届人大三次会议确定的各项目标任务，推动了全县经济社会的稳定健康发展。

（一）综合发展实力进一步壮大

各项经济指标按照年初计划，较好地完成了市下达的增长任务。全县GDP完成221.7亿元，比增13.1%；工业总产值394.6亿元，比增23.1%，其中规模以上工业产值285.3亿元，比增32.9%；农业总产值53.7亿元，比增3.9%；社会商品零售总额198.3亿元，比增12.4%；全社会固定资产投资总额223.9亿元，比增28.1%；外贸出口总值6.84亿美元，比增38.9%；城镇居民人均可支配收入18200元，比增13%；农村居民人均纯收入10246元，比增12.1%；财政一般预算收入13.21亿元，比增16.44%，税收和非税收入的比例达到63：37，财税质量得到优化。

（二）经济发展方式进一步转变

——重点项目建设扎实推进。2013年全县新上续建重点项目32个，全年累计实现项目建设投资33.5亿元，完成年度投资计划的82%。其中，华润海丰电厂已投入20多亿元；梅陇西环路全线动工建设；县中等职业技术学校第二期建设基本竣工；潮惠高速公路的征地、建设顺利推进；龙津河三期整治工程基本完成并于春节前实现集中排污、放水。

——新型工业化蓄势待发。全面开展“大办工业年”活动，总规划面积15平方公里的海丰生态科技城已编制发展规划，完成征地67万平方米，正在全力申报省产业转移工业园；华润海丰电厂、大百汇生物制药厂等重大能源、产能工业项目将在新一年投入生产，三阳饰品、金庄电器、新洲塑料制品厂等相继投产或投建，全县进一步形成了新型工业化发展良好态势。同时，通过集中完善县城地区和梅陇、可塘、公平等中心镇工业园区部分企业厂房用地手续，进一步激发了存量企业尤其是民营企业的发展活力。

——现代农业发展步伐加快。2012年度7.2万亩高标准基本农田建设任务基本完成；新创建省级“菜篮子”工程基地5个，新注册农民专业合作社99家，新增有机认证农产品2个、无公害认证农产品和无公害产地认证各9个；海纳（联安）有机米农业生产基地扩大规模，全国500强的海亮集团已正式签约落户我县，并在平东等镇流转土地4500亩，启动建设海亮现代农业综合示范基地，全县农业发展水平不断提升。

——旅游商贸发展态势强劲。制定实施旅游发展规划，田园沐歌温泉度假村、莲花山度假村莲峰索道等旅游项目加快建设，全年共接待游客236.5万人次，同比增长13%；旅游总收入13.3亿元，同比增长15%。市场消费持续增长，商贸活动频繁，珠宝首饰国际广场、义乌小商品批发城、海丰装饰材料交易中心等高端专业市场即将建成，大商贸、大流通的发展格局初显端倪。

（三）城乡宜居环境进一步优化

——县城市政建设水平不断提升。县城地区正升华府、第一城、雍悦豪苑等一批大型高层地产项目陆续竣工、销售，文明示范路创建成效明显，红城大道改造一、二期工程全面完成并启动建设三期工程，建成全长9.7公里的北三环LED路灯工程，县城市政面貌焕然一新。

——环境保护和新农村建设成效明显。全县造林绿化、治污减排工作有效推进；各镇（场）垃圾转运站建设基本完成，1372个自然村垃圾收集点建设全面完成；亮剑出击，铁腕整治莲花山地区水源污染，莲花山水源范围内的51家畜禽养殖场已全部拆除或停养；名镇名村示范村建设深入开展，黄羌镇坑联村成功申报省级名村。

（四）民生社会事业进一步发展

——十项民生实事基本完成。教育多媒体建设通过社会筹资、财政投入达4500多万元，建成多媒体教室2300间，实现全县中小学多媒体教育全覆盖；投入6500万元，启动“平安海丰”视频监控系统建设；300套保障性住房全面施工建设；全县参加城乡居民养老保险人数达28.4万人，参加城乡基本医疗保险达76.59万人；全年共下拨优抚、低保、五保等补助资金及医疗救助资金等1.5亿多元。

——教育、卫生、文化等事业持续发展。陶河、黄羌、大湖三镇完成教育强镇创建任务，彭湃中学建校100周年庆祝活动成功举办；县级公立医院综合改革扎实推进，顺利通过省对我县医药卫生体制改革的考核验收，全县镇级卫生院全面实施基本药物制度和“零差率”销售；钟敬文诞辰110周年纪念活动暨首届民俗文化节成功举办，大型白字戏精品剧目《龙宫奇缘》首演成功，县博物馆被国家文物局授予“国家三级博物馆”；社会治安综合治理尤其是吸贩毒打击力度不断加大，坚决拒“制毒”于县门之外；强化信访维稳工作，全面化解信访积案；计生“一证先行”办事制度稳步推行。殡改、统计、审计、人事、武装、人防、打私、科技、气象、防震、台务、物价、港澳、老龄、残联、民族宗教、外事侨务、档案修志、妇女儿童、工会青年等各项事业都取得了新的发展。

——新一轮扶贫开发开局良好。全面完成扶贫对接和各项基础工作，先后投入资金8300多万元，建设了一大批村两委办公设施、农田水利、农业生产、村容村貌等项目，完成了1600户农村住房困难户的住房改造。积极创新扶贫工作思路，在产业、就业和物业“三业”上制定新一轮扶贫规划，特别是在深圳龙岗区帮扶的25个贫困村，实施“一园四基地”产业扶贫，启动建设“首饰加工扶贫创业园”。

——抗击重大自然灾害取得全面胜利。去年，我县先后遭受“8·16”强降雨和50年一遇的强台风“天兔”袭击。在抗击重大自然灾害特别是强台风“天兔”中，全县各级党政、广大干群在省、市及有关部门的坚强领导和强力支持下，众志成城、奋起抗灾，共同创造了“万人大动员、万人大转移、万人大抢险、万人大清障、万人大支援”的抗灾抢险恢宏场景，创造了自力更生、生产自救和“一方有难、八方支援”的灾后复产感人场面，使满目疮痍的海丰灾区迅速恢复灾前面貌和正常生活生产秩序。全县因“8·16”强降雨和强台风“天兔”受灾倒塌的511户全倒户已全面完成重建。我们要大力弘扬全县人民战天斗地、抗灾复产的精神，使之转化成为新一年建设发展的正能量。

过去一年，全县各级政府自觉接受人大、政协的监督，认真听取各民主党派、工会、共青团、妇联等群团意见；严格按照中央八项规定和省委整治“四风”的要求，加强机关作风建设，积极转变政府职能，提高依法行政水平，正确对待人民赋予的权力，树立了政府系统勤政廉政、干事创业的良好形象。

各位代表，过去一年我县取得的成绩来之不易，饱含着市委、市政府的深切关怀，归功于县委的坚强领导和县人大、县政协的监督帮助，得到了社会各界的大力支持，凝聚着全县人民的智慧汗水。在此，我代表县人民政府，向全县人民和社会各界致以崇高的敬意！向长期关心支持我县经济社会发展的港澳台同胞、海外侨胞表示衷心的感谢！

在肯定成绩的同时，我们也清醒地看到，我县经济社会发展还存在不少问题和困难，主要是：重点项目推进不平衡，征地拆迁创新方法不多，推进力度不大；因灾减收减产严重，复产重建还需加大投入；外源经济支撑不足，实际利用外资疲软；地方可支配财力短缺；营商环境不够优化，政务建设仍待加强，一些干部执行力偏低、效能低下；社会转型压力加重，许多不稳定因素依然存在，等等。对于这些问题，我们一定要高度重视，在加快发展过程中，认真对待、努力解决。

二、2014年工作安排

2014年是贯彻落实党的十八届三中全会精神、全面深化改革的开局之年，也是实施“十二五”规划的攻坚之年，更是我县蓄势待发、乘势而上，全面实施大开发、大建设、大发展的重要一年。当前，我们面临着新形势、新机遇，世界经济继续缓慢复苏，国内经济将随着全面深化改革而空前释放强大发展动力，广东已进入珠三角地区和粤东西北地区两极驱动发展阶段，汕尾市也已进入深化改革、转型升级、加快发展的黄金时期。特别是省委、省政府促进粤东西北振兴发展的《决定》和市的《实施意见》，深圳龙岗区的系统、全面对口帮扶，为我县实施“向西融珠”战略、加快振兴发展提供了重大政策机遇，注入强大动力；过去一年加强用地指标申报和征地工作，积极拓展融资渠道，为新一年全县大搞重点项目建设创造了良好条件；一批民生和社会事业的建设、发展，为进一步凝聚民心民力、助推发展营造了良好社会环境和氛围。但是，也要看到，由于我县传统产业发展水平不高，新兴产业刚刚起步，园区载体功能和产业集聚能力不强，而且面临着地方财力不足、投资环境欠优及社会管理难度增大等问题。现阶段，我县既迎来重要机遇期，也处于发展关键期。

2014年政府工作的总体要求是：全面贯彻落实党的十八大和十八届三中全会、中央经济工作会议、中央城镇化工作会议、中央农业农村工作会议、省委十一届三次全会、市委六届三次全会、县委十届三次全会精神，积极投入全面深化改革的伟大实践，主动抢抓省、市促进粤东西北地区振兴发展、加快汕尾新区建设的政策机遇，坚持用好“三大抓手”，坚决守住“两条底线”，继续实践市的“四大行动”，按照“立足三个坚持、勇于四个争当、推进五个发展”的工作思路， 全面落实县委十届三次全会的部署，全力打好“四大会战”，推进“六大工程”，推动海丰经济社会振兴发展。

经济社会发展主要预期目标是：地区生产总值增长14.8%；工业增加值增长22.8%，规模以上工业增加值增长30.5%；农业总产值增长6.2%；全社会固定资产投资增长30%；社会消费品零售总额增长16%；外贸出口总值增长10 %；实际利用外资增长10%；公共财政预算收入增长16%以上；城镇居民人均可支配收入增长16%；农民人均纯收入增长11%；万元GDP能耗下降、二氧化硫和化学需氧量排放总量实现减排目标。

围绕以上奋斗目标，我们要着力抓好六个方面的工作。

（一）坚持改革创新总方向，增强加快发展的动力活力

坚持把改革创新贯穿于经济社会发展的全过程，立足增创振兴发展新优势，结合我县的建设发展实际，更加积极、更加稳妥地推进重点领域、关键环节改革。

——着力推进市场化改革，推动多种所有制经济共同发展。正确处理好政府和市场的关系，突出市场主体地位，使市场在资源配置中起决定性作用和更好发挥政府作用。鼓励引导各类资本参与公共基础设施和社会事业建设，加快推进县城环境卫生管理、公交营运和造林绿化等领域的市场化、社会化改革。全面推行商事登记改革，推动食品、商业、自来水等县属国有企业完善现代企业制度，发展综合经营，加快建设县公共资源交易平台。落实“非禁即人”投资政策，支持非公有制经济平等参与竞争。

——着力推进行政体制改革，加快政府职能转变。启动新一轮政府职能转变和机构改革，稳步推进大部制改革，深化富县强镇、简政强镇事权改革，推行事业单位分类改革。加快推进行政审批制度改革，编制政府部门权责清单，推广政府购买社会服务。

——着力推进农业经营体制改革，释放农业农村发展潜力。推进家庭经营、集体经营、合作经营、企业经营等共同发展的农业经营方式创新，依法有序推动农村集体土地经营权流转，加快农业产业化发展，促进农业增产、农民增收。进一步深化农村综合改革，建立健全农村土地仲裁机构，加快农村土地经营权确权，加强农村集体“三资”管理。全力做好村级选举换届工作，确保农村地区稳定发展。

——着力推进社会治理体制改革，创新、完善城乡社会管理。积极创新农村基层社会治理方式，以网格化管理、社会化服务推进基层综合服务管理平台建设，及时反映和协调人民群众各方面各层次的利益诉求。进一步发挥社会组织孵化基地作用，支持和发展志愿服务，形成有效预防和化解社会矛盾体制。

——着力深化财税金融体制改革，强化政府运作、经济发展保障。改进预算管理制度，推进法治财政、民生财政、绿色财政、绩效财政和阳光财政建设；进一步完善税收征管机制，优化财税结构，提高财税质量；积极向上争取政策性资金，加强专项资金规范管理；大力引进各类金融机构和风险投资基金，积极发展小额贷款公司，完善保险服务体系，优化金融生态环境。

（二）实施“向西融珠”和振兴发展战略，打造海丰经济升级版

紧紧围绕省、市促进振兴发展的重要部署，研究把握政策方向，加大基础设施和园区平台建设，做强做大工业、农业等实体经济，更加主动融入珠三角，加快推进转型升级、振兴发展。

——全面实施振兴发展规划。要深入贯彻落实《海丰县经济社会振兴发展规划（2013—2020）》及其《实施意见》，紧紧围绕“建设珠三角产业拓展集聚地、现代商贸物流基地、生态农业发展区、红色经典旅游基地”的发展定位，以及“到2020年全县及各镇与全国同步全面建成小康社会，2018年人均地区生产总值达到或超过全国同期平均水平”的目标任务，启动实施“中东西北”四大片区发展战略，打造“十大发展平台”，突出建设生态科技城、县城南部新城、可塘珠宝加工贸易区、公平服装聚集区等发展平台，为《振兴发展规划》的全面实施开好局、起好步。

——积极对接深圳市龙岗区的对口帮扶。结合我县经济发展实际和最迫切、最需要帮扶的领域，积极主动与龙岗区全面、系统对接和协商研究，共同找准、选好对口帮扶的着力点、突破口。争取龙岗区着重帮扶我县生态科技城等园区载体建设；支持我们开拓珠宝金银首饰产品市场，促进产业升级优化；帮助我们招引重大工业企业和高新技术、新兴产业项目，力争在今年引进1—2家全国500强企业落户我县，实现对口帮扶质量和效益的最大化。

——掀起新一轮的大投入、大建设热潮。全力推进新一年计划总投资64.63亿元的30个新上续建重点项目，落实重点项目建设推进机制，加快用地申报和征地进度，加大引进、拓展投融资力度，加快红城大道三期、市民广场等市政设施建设和华润电厂等产能项目建设。全面对接、利用好省、市促进振兴发展的各项政策，积极策划包装、向上申报一批园区载体、交通基础设施、市政设施和重大能源等项目，争取进入省资金支持计划“笼子”。

——全力打造“一园三区”工业发展平台。集中力量抓好生态科技城6平方公里的省级产业转移工业园的申报和建设，加快推进梅陇天星湖工业区、可塘长桥工业区和公平工业新区的开发，迅速掀起全县园区建设大会战热潮。特别是生态科技城，要尽快完成首期1.2平方公里的征地，发挥广州证券公司和太平洋建设集团的投融资平台作用，力争上半年启动基础设施和商住配套建设，同步探索建立园区的投资、建设、运营机制，争取引进一批新兴产业企业落户，力促工业集约发展。

——构建新型农业经营体系。加快2013年度高标准基本农田建设，抓好“百里海堤爱海工程”、治洪治涝保安工程等设施建设，进一步夯实现代农业发展基础。积极引进、培育现代农业新型经营主体，特别要依托海亮现代农业综合示范基地全面投入生产和海纳（联安）有机农业生产基地扩大经营规模，进一步加大土地流转力度，充分发挥海亮、海纳等企业的龙头作用，加快我县农业生产向现代化集约化经营发展。争取新增2家省级和3家市级龙头企业，新建10个农民专业示范合作社，新增“三品一标一名牌”产品10个以上，提升农业生产的品牌化水平。

（三）发挥地缘和产业优势，增创新的经济发展增长极

要把国家、省级交通要道贯穿我县的地缘优势和多年积聚的传统产业优势充分发挥起来，因势利导、因应潮流，在旅游、商贸等行业和传统产业上培育新的增长点，加快增长方式转变。

——抓住时机发展“两高”经济。随着厦深铁路的通车和潮惠高速公路的建设，我县迎来了高铁和高速公路“两高”经济时代和机遇。我们要大力推进我县与铁路站口的联络线公路建设，加强站口周边区域饮食、商业等产业配套和调整优化；推进小漠、后门滨海旅游景区和高尔夫球场、莲花山森林公园、赤石田园沐歌温泉度假村等旅游设施的建设、完善，加快赤坑咸水温泉的开发建设；大力发展房地产、商贸物流业，全面承接、发挥高铁带来的发展机遇和辐射作用。同时，要全力配合潮惠高速公路建设，着力培育好潮惠高速公路三年建设工期带来的近3亿元税源；协调好广东交通集团深汕西高速公路后门服务区改扩建项目的规划、征地、建设，建设国内一流的高端服务区和城市综合体，从而使“两高”成为我县经济提速发展新的增长极。

——做强做大专业镇传统优势产业。要因应国际国内金银、珠宝市场向好的趋势，立足我县可塘珠宝、梅陇金银首饰已初具产业规模及市场影响的基础和优势，拓展发展空间、挖掘发展潜力、突破发展瓶颈，通过主动对接利用国家和省扶持珠宝首饰产业的利好政策，加快规划、建设可塘珠宝、梅陇金银首饰产业园区，大力申报、建设国家质检总局珠宝玉石鉴定区域性中心实验室（粤东可塘鉴定中心）和省级珠宝交易所，努力申报建设“中国金银珠宝之都”和“中国珠宝加工销售基地”“中国金银首饰加工销售基地”，积极筹办首届珠宝文化节，推动珠宝、首饰产业提档升级。要加快规划、建设公平服装产业园和服装专业市场，进一步激发公平服装业发展活力。要积极鼓励、扶持传统产业企业注册品牌、申报名牌，提高产品的市场知名度和竞争力。

——加快发展电子商务。紧跟当前电子商务迅猛发展的时代潮流，编制实施全县近远期电子商务发展规划；落实“三免一补”扶持政策，抓紧创建以县食品集团商贸城为平台的电子商务示范城和电子商务产业园；依托县内珠宝、首饰、服装、小商品专业市场和各专业镇，着力发展“网络实体店”，建设特色产品电子商务城。与此同时，围绕把我县建设成为汕尾市乃至粤东地区商贸中心、商品集散地的目标，坚持加强实体市场载体建设不放松，在县城和各专业镇规划、建设一批特色产品、小商品专业批发市场、商城，促进我县商业贸易的大繁荣、大发展。

（四）致力新型城镇化建设，促进城乡一体化发展

加强城乡发展规划，优化城镇化布局，以城乡环境建设为主要抓手，引导人口、产业和要素资源往城镇集聚，加快形成以工促农、以城带乡、工农互惠、城乡一体的新型工农城乡发展格局。

——推进县城和中心镇扩容提质。坚持县城地区和可塘、梅陇、公平三个中心镇同步规划、同步扩容、同步升级的战略方向，通过扩容提质逐步构建“1+3大海城”发展格局。坚持走新型工业化与新型

城镇化协调推进、园区建设和产业发展与城镇规划建设互为促进的发展道路，加快推进城乡一体化发展。特别要加快县城北部新区和生态科技城的开发建设，启动建设市民广场，抓好三个中心镇的新区建设，加大城镇旧区改造，辐射带动周边地区的建设发展。

——完善交通网络和基础设施。打好交通建设大会战，重点加快建设潮惠高速公路、324国道穿城段改造工程、梅陇西环路，尽快上马莲花大道、省道335线海丰段、县城至汕尾火车站快速干线和公平穿镇路段等公路建设，为推进新型城镇化打好基础。

——加快推进智慧城市建设。紧紧抓住信息技术加速发展的契机，推进光纤网络的改造建设和移动基站建设，大力发展智能4G、光纤宽带和信息化应用，扩大县城无线网络覆盖范围，全面推动宽带城市、无线城市建设。加快建设“平安海丰”社会治安视频监控系统，完善电子政务服务平台，提升网上办事大厅服务水平，加快推进政府OA办公系统建设，促进信息技术在政务、商务、民生等领域的广泛应用。

——加强环境保护和生态建设。全面实施新一轮绿化海丰大行动和荒山绿化大会战，集中力量建设1个县级森林公园、3个镇级森林公园、8处县城重点道路（区域）绿化美化带、63个乡村绿化美化示范点，完成造林绿化35333.33公顷，并加强林业管理和森林防火工作，提高造林绿化水平。加大力度整治污染行业，促进污染企业进园入区。启动县城汇入龙津河的福临坑河涌、向阳沟排洪渠道污染整治，继续巩固莲花山水源污染整治成果，实施埔仔峒区域水源污染整治，建立整治管理长效机制，开展公平水库水源污染整治，确保我县和汕尾市区人民群众饮水安全。

（五）大力发展民生和社会事业，推动发展成果惠及广大群众

坚持民生为先、成果共享的基本原则，坚持突出重点、“不撒胡椒面”的工作方法，在抓好面上工作的基础上，集中力量办大事、办实事，促进民生保障稳步改善，社会发展水平不断提高。

——全力办好重点民生实事。突出抓好有线数字电视整转、县城燃气管道建设、县城环境卫生社会化管理、400套教师公寓、城乡绿化美化以及社会保障惠民等十件民生实事，加快县影剧院社会化建设管理、市民广场的征地和上马建设，继续开展龙津河后续整治和景观建设，全力以赴兑现政府承诺，让广大人民群众共享改革发展红利。

——提升教育发展水平。全面铺开教育创强大会战，黄羌、陶河、大湖、梅陇、联安、平东、公平等7镇要在上半年完成创强，其他各镇都要多方筹措资金，积极开展创强工作，努力争取在年底前全面实现教育强镇和教育强县创建目标；加快双桂高中、中等职业技术学校等基础设施和县中心幼儿园、特殊学校建设，力争引进1—2家名校到我县办学。

——创新和加强社会治理。积极推进法制文化建设，探索创新社会治理机制，提高社会治安防控能力，建立健全信访维稳长效管理机制，加强安全生产、食品安全等公共安全及应急管理。

——深入开展新一轮扶贫开发。加强与深圳龙岗区和市直部门对口帮扶单位的对接，集中资金和力量，推进以“一园四基地”为重点的扶贫项目建设，全面落实扶贫开发各项工作，加快50个贫困村3283户贫困户脱贫致富。同时，启动幸福村居创建行动，加快建设村村通自来水工程，推进名镇名村示范村建设，全面改善农村地区的生产生活环境。

——进一步做好卫生、文化等各项工作。加快彭湃医院“创三甲”步伐，力争引进一家三甲标准医院，启动县疾控中心、妇幼保健院、彭湃医院城东分院等建设，推进县中医院和基层卫生院改扩建。落实文化惠民政策，进一步推进全县文化体育设施的达标建设和免费开放；着力打造陈炯明故居旅游品牌，开展陈炯明故居和都督府的恢复、修复工作。打好海陆丰革命根据地的牌子，坚持不等不靠，但该要的必须要，努力争取中央、省扶持革命老区的相关政策落地海丰。进一步加强人口计生工作和殡葬改革，扎实推进科技、人防、气象、档案、拥军优抚、外事侨务、民族宗教、广播电视等工作，充分发挥工会、妇联、共青团、残联、老促会、关工委等组织的积极作用，全面营造振兴发展的良好环境。

（六）积极开展群众路线教育，深入推进政府自身建设

以全面开展党的群众路线教育实践活动为契机，紧紧围绕“为民务实清廉”的主题，突出政府职能和作风转变，更加深入推进服务型、创新型、法治型政府建设。

——更加强化责任、敢于担当。增强改变海丰面貌、加快海丰发展的使命感和责任感，以敢担当的责任意识，担负起海丰发展重任，投身到全县新一轮建设热潮中去。

——更加务实创业、抓真干实。坚持求真务实、真抓实干，强化效率意识、时间观念，从细微处着手、从手头事做起，做到今日事今日毕，干一事成一事，扎扎实实推动全县经济社会加快发展。

——更加勇于改革、敢于创新。深入实践、全面深化改革的战略部署，勇于冲破思想观念局限，敢于破解发展瓶颈制约，力促全县经济社会各项事业创新发展、加快发展。

——更加广开言路、虚心纳谏。自觉接受县人

大、县政协的监督，认真办理人大代表议案、建议和政协委员提案；主动接受社会、网络、媒体的监督，敢于面对批评，善于在批评声中，积极改进政府工作。

——更加依法行政、高效廉洁。加强机关作风建设，坚持依法办事，规范行政管理，用制度管权管事管人，让权力在阳光下运行。从自身做起，贯彻落实中央八项规定和省整治“四风”的要求，认真参与、开展群众路线教育实践活动，从严律已、率先垂范，影响、带动高效廉洁政府建设。

各位代表，做好今年的政府工作，推动全县经济社会快速持续发展，任务繁重，使命光荣。让我们更加紧密地团结在以习近平同志为总书记的党中央周围，在县委的坚强领导下，在县人大、政协的监督支持下，坚定信心、开拓进取，凝聚力量、攻坚克难，全面深化改革，致力振兴发展，为当好汕尾融入珠三角的主力军、全市经济社会发展稳定器，加快与全国同步全面建成小康社会而努力奋斗！

2014年8月19日，县委副书记、县长陈德忠在海丰首届珠宝文化节新闻发布会上致辞

紅场

大事记

2014年大事记

1月

1月7日 中共汕尾市委书记温国辉到海丰县调研2014年经济社会发展思路，工业园区建设、中心镇规划建设发展、村和社区“两委”换届选举等工作。市委常委、副市长何学文，市委常委、秘书长李庆新，县委书记沈木荣，县长陈德忠等市、县领导陪同。

1月13日 广东省公安厅副厅长郑东到海丰县看望慰问基层民警，向扎根基层的全体民警致以新春的问候和祝愿，并为他们送上慰问金。副县长、公安局局长王楚雄参加慰问活动。

1月14日 市长吴紫骊深入海丰县联安镇友爱村看望慰问挂钩贫困户和困难党员、老党员，县长陈德忠陪同慰问。

1月15日 全国安全生产电视电话会议召开。县长陈德忠，县委常委、常务副县长许信咏及县安委会各成员单位领导在海丰县分会场收看收听会议。

1月20日 共青团汕尾市委书记方淳带领团市委领导一行莅临海丰县检查指导共青团工作。重点察看了海丰县社会组织孵化基地及海丰县志愿者（义工）联合会，方淳对海丰县的共青团工作特别是社会组织建设工作方面给予充分肯定，同时对下一步的工作提出具体要求。

1月29日 中国共产党海丰县第十届委员会第三次全体会议在县政府迎宾楼隆重召开。全会贯彻落实党的十八大和十八届二中、三中全会以及省委十一届三次全会、市委六届三次全会精神，深入学习贯彻落实习近平总书记一系列重要讲话和省委书记胡春华关于汕尾工作的重要指示精神、全省进一步促进粤东西北地区振兴发展工作会议精神，总结2013年工作，部署2014年工作。县委书记沈木荣主持全会并代表县委常委会作工作报告，县委副书记、县长陈德忠部署2014年全县经济工作。

是月 深圳市龙岗区委常委、组织部部长曾稳高率区委组织部（编办）、区人力资源局、区委党校等单位负责人，到海丰县城东镇梓里村调研扶贫开发“双到”工作情况，走访慰问该村30户贫困户和8名困难党员。

是月 由县供销果蔬加工厂生产的“皇斋虎噉”金针菜经国家质检总局核准，可使用“皇斋虎噉”金针菜国家地理标志保护产品专用标志。

2月

2月10日 中央电视台主办的“第十一届感动中国2013年度十大人物颁奖典礼”在中央电视台综合频道播出，曾隐姓埋名30年的海丰县籍中国核潜艇之父、中国工程院院士黄旭华获“感动中国2013十大人物”殊荣。

2月18日 县委召开全县开展党的群众路线教育实践活动动员部署会议。县委书记、县人大常委会主任沈木荣作重要讲话；县委常委、县委组织部长陈紫光作动员讲话；市委第一督导组组长蔡文雄在会上作重要讲话；省委董统明亲临大会指导。县委副书记、县长陈德忠主持大会。

2月18日 省委督导组副组长、广东金融学院党委副书记马龙海，督导组成员、广州市白云区总工会副主席陈平州一行，前来海丰县调研党的群众路线教育实践活动开展情况。

2月21日 中共海丰县第十届纪律检查委员会第四次全体会议在县迎宾楼会议厅召开。全会传达贯彻十八届中央纪委三次全会、省纪委十一届三次全会和市纪委六届四次全会精神，总结海丰县2013年党风廉政建设和反腐败工作，部署2014年全县党风廉政建设和反腐败工作任务。县委书记沈木荣作重要讲话；会议由县委常委、纪委书记刘帆主持。

2月24日 副县长施流德率领海城镇、县国土、畜牧、环保、法院、林业等部门组成的联合执法队组织开展莲花山饮用水源地整治执法行动，对污染莲花山饮用水源地的养猪场依法予以拆除、生猪强制迁移。

2月23—24日 中国珠宝玉石首饰行业协会（简称中宝协）副秘书长史洪岳、会员部副主任张芸韬在广东省彩宝首饰商会会长王志杰、秘书长林绵绵等陪同下考察海丰可塘珠宝产业基地，并与县镇领导、成功企业代表就当地珠宝产业现有优势、未来定位、发展模式进行详细、深入的交流。

2月26日 市政府在海丰县召开潮惠高速海丰段征地拆迁工作汇报会。市长吴紫骊要求海丰县明确目标，落实责任，以强有力的措施，全力加快推进潮惠高速海丰段征地拆迁工作。副市长李贤谋主持会议，市政府秘书长杨双标、县委书记沈木荣、县长陈德忠等出席会议。

2月26日 市长吴紫骊到海丰县党的群众路线教育实践活动联系点，就党的群众路线教育实践活动开展工作进行调研。市政府秘书长杨双标，县长陈德忠，县委常委、组织部部长陈紫光等陪同调研。

3月

3月4日 省人大常委会副主任、省总工会主席、省委第五督导组组长黄业斌率队到海丰县检查指导开展党的群众路线教育实践活动。市委常委、组织部部长苏茂荣主持座谈会；县委书记沈木荣、县长陈德忠、县政协主席冯月琴、县人大常委会常务副主任姚英谋等参加座谈会。

3月10日 市委党的群众路线教育实践活动第一督导组组长、市政府领导王世顶等一行到海丰县督导党的群众路线教育实践活动开展情况。县长陈德忠，县政协主席冯月琴，县委副书记林建隆，县人大常委会常务副主任姚英谋等县领导出席汇报会。会议由县长陈德忠主持，县委常委、组织部部长陈紫光作工作汇报。

3月10日 省林业厅厅长张育文在市委书记温国辉，副市长骆金堤，县委书记沈木荣等市县领导的陪同下深入小漠镇造林绿化点实地察看造林绿化工作，听取海丰县新一轮绿化大行动工作情况汇报。

3月13日 县委、县政府召开全县推进重点项目建设暨开展“四大会战”、推进“六大工程”动员大会。县委书记沈木荣主持会议并作讲话；县长陈德忠在会上作工作部署；县人大常委会常务副主任姚英谋就如何做好重点项目的督查工作提出明确要求。县四套班子领导成员及各镇（场、开发区）、县直副科以上单位负责人参加会议。

3月14日 副市长邹广到海丰县检查指导高标准基本农田建设工作。

3月15日 晚8时40分，有人报称蓝天广场麦当劳门口发现小纸箱装有疑似爆炸物的装置。接报后，县公安局立即组织警力赶赴现场，迅速疏散周围群众，设置警戒线，控制现场。经勘查，现场发现一疑似爆炸装置。公安专业人员及时处置，事件没有造成人员伤亡和财物损失。

3月18日 市委常委、副市长何学文到海丰县检查指导产业转移园区建设工作。县委书记沈木荣，县长陈德忠等领导出席汇报会。

3月18日 市长吴紫骊到公平水库调研水资源环境保护工作。副市长邹广，县委书记沈木荣，县长陈德忠等市、县领导陪同调研。

3月25日 中国人民政治协商会议海丰县第八届委员会第四次会议在金鹏国际酒店召开。大会听取了《政协海丰县第八届委员会常务委员会工作报告》《政协海丰县第八届委员会常务委员会关于八届三次会议以来的提案工作报告》；表彰县政协八届三次会议以来的优秀提案和承办提案先进单位。

3月26—28日 海丰县第十四届人民代表大会第四次会议在县迎宾楼召开。大会听取县政府、县人大等6个工作报告。依法选举黄小平为县十四届人大常委会副主任。

3月28日 中共汕尾市委党的群众路线教育实践活动第一督导组督导工作会议在海丰县召开。

4月

4月1日 市委常委、常务副市长魏友庄率市财政局副科以上干部到红宫红场和平东九龙峒革命老区开展党的群众路线教育实践活动、红色教育活动。县长陈德忠参加活动。

是月初 海丰县仁荣中学一名高二学生钟慧珍，做出在父亲脑死亡之后捐出父亲器官的决定。据深圳红十字会信息，19岁的家属做出捐献决定，这在红会器官捐献历史上是从未有过的。

4月4日 中共汕尾市委、市政府，中共海丰县委、县政府在海丰县烈士陵园举行祭奠活动。市委书记温国辉、市长吴紫骊等市四套班子领导成员及市军分区和市直有关单位领导，海丰县委书记沈木荣、县长陈德忠等县四套班子领导成员，县各界人士代表，海丰县军烈属代表，县直有关单位代表，县公、检、法、司干警，工人、农民、学生代表等近万人参加了祭奠活动。祭奠仪式由县委副书记林建隆主持。

4月4日 县长陈德忠带领县政府办公室、县文体旅游局、县政府地方志办公室、县委老干部局等10多个相关部门在陈炯明都督府旧址召开现场会，当场拍板"尊重历史，按原貌修复陈炯明都督府和陈炯明故居"工作。县领导许信咏、卓凛波、施培养等在现场会上讲话。

4月10日 市长吴紫骊深入华润海丰电厂建设工地开展调研，解决存在问题。市政府秘书长、办公室主任杨双标，海丰县县长陈德忠等陪同调研。

4月11日 省委批准，沈木荣任深汕（尾）特别合作区党工委书记。

4月11日 县委、县政府在黄羌镇召开海丰教育创强大会战现场会。县委书记沈木荣，县长陈德忠，县委副书记林建隆，县委常委、常务副县长许信咏以及各镇（场）党政负责人和全县各中学（中职）、中心小学校长等参加会议。会议由县委副书记林建隆主持。

4月18日 市长吴紫骊到附城镇开展"知党情、听民意、促和谐"驻室接待党员群众活动。县委书记沈木荣主持座谈会。

4月18日 市委常委、纪委书记乔平率市党代表第八组团队到可塘镇开展"走基层，听民声"活动。县长陈德忠，县委常委、纪委书记刘帆，县人大常委会副主任陈木等领导参加活动。

4月24日 市委常委、汕尾军分区司令员林坚明率市党代表第十三组团队到赤石镇开展"走基层，听民声"活动。县委副书记林建隆参加活动。

4月25日 由省政府发展研究中心主任汪一洋率领的调研组到海丰县开展中心镇、专业镇建设专题调研。深汕特别合作区党工委书记、县委书记沈木荣等领导陪同调研。

4月26日 中共中央委员，省委副书记、省长朱小丹一行深入海丰县赤石镇新城村委调研考察。

5月

5月4日 来自海丰县的残疾人创业青年、汕尾市拔尖人才、市肢残协会副主席吕伟涛，获得广东省"五四青年奖章"，这是继汕尾市的李梓绿获此殊荣15年后，汕尾历史上获得广东省"五四青年奖章"的第二人。

5月14日 由省军区副参谋长欧建平率领的督导组到海丰县督导武装工作，对海丰县积极推动武装工作科学发展表示肯定。汕尾军分区参谋长张申峰，县委常委、武装部长郑秋汉，县武装部政委倪少勇等陪同督查。

5月14日 省林业厅厅长张育文检查海丰县造林绿化工作。副市长邹广，县长陈德忠，副县长余振光及市县林业部门负责人陪同检查。

5月15日 由省农业厅副厅长蔡汉雄率领的省政府耕地保护责任目标考核检查组，到海丰县检查指导"三旧"改造、高标准农田建设、耕地占补平衡项目等工作。副市长邹广，县长陈德忠，副县长施流德等陪同考核。

5月18日 受强降雨云系影响，海丰县城地区遭受20年一遇的特大暴雨。据统计，从下午1时至4时20分，海城镇降雨量达225毫米，附城镇、城东镇分别达到200毫米、150毫米，造成县城地区出现严重内涝，整个县城地区农田受浸近2000公顷，水产养殖过水面积约53.33公顷，房屋、商铺、门店和铁皮屋受浸7000多户，直接经济损失9600万元以上。

5月19日 赤坑镇遭受暴雨袭击，特别是大化、下围两村受浸最为严重。截山洪渠道沿途出险告急，大化分洪段、下围尊瑶段等堤围出现塌方近百米。灾情发生后，市、县、镇三级立即组织干部群众投入抗洪抢险，转移、安置受困的老幼病弱人员200多名，所幸无人员伤亡。

5月20日 汕尾市市长吴紫骊带领市政府秘书长杨双标、市审计局、市民政局、市府办经研室主要负责人一行，在县长、县委党的群众路线教育领导小组副组长陈德忠，县委副书记、县委党的群众路线教育领导小组副组长林建隆，海城镇党委书记黄辉流、镇长庄政的陪同下，深入南埔村委开展走访调研活动。

5月22日 省人民政府地方志办公室副主任马建和率省志办调研组深入海丰县专题调研地方志资料开发利用项目实施情况和地方志资料年报工作情况。汕尾市人民政府地方志办公室主任周滨、副主任黄荣超和海丰县委常委、常务副县长许信咏、县人民政府地方志办公室主任蔡忠等陪同调研。

5月28日 省委常委、纪委书记黄先耀到海丰县调研指导党的群众路线教育实践活动。市委书记温国辉，市委常委、纪委书记乔平，深汕特别合作区党工委书记、县委书记沈木荣等市、县领导陪同调研。

6月

6月4日 市委常委、常务副市长魏友庄到华润海丰电厂检查指导建设情况，同时到梅陇镇新兴村党支部调研指导软弱涣散基层党组织整顿工作。

6月4日 省国土资源厅副厅长李俊祥到海丰县检查指导国土资源管理工作。

6月4—5日 省政协副主席梁伟发率领省政协调研组一行到海丰县开展“广东村级经济社会发展情况”专题调研活动。

6月7日 全县共有6965名考生参加高考，与上年参考人数基本持平。全县共设彭湃中学、陆安中学、红城中学、海丰中学4个考点。

6月7日 暨南大学中国文化史籍研究所组织北京、广东、黑龙江、湖南、青海、河北秦皇岛、江苏扬州、新疆石河子、陕西成阳、四川绵阳、长沙、厦门、梅州、江门、天河区等15个省、市地方志专家学者一行25人深入调研海丰县地方志工作。县委常委、人武部部长郑秋汉及县人民政府地方志办主任蔡忠陪同调研，并向莅临指导的专家学者汇报海丰县地方志工作和文化建设情况。

6月10日 省卫计委副主任江效东到海丰县调研流动人口计划生育服务管理工作。市长吴紫骊，副市长骆金堤，深汕特别合作区党工委书记、县委书记沈木荣，县长陈德忠等市县领导陪同调研。

6月18日 海丰县园区建设大会战现场会暨生态科技城奠基仪式隆重举行。深汕特别合作区党工委书记、县委书记沈木荣，县长陈德忠出席相关活动并就全县园区建设大会战提出要求。县政协主席冯月琴，县委副书记林建隆，县人大常委会常务副主任姚英谋等县领导出席活动。海丰县生态科技城规划建设面积约15平方千米，其中申报省级产业科技园区6平方公里，首期开发1.2平方千米。功能区规划有黄江河滨水休闲区、物流产业园、传统优势产业园、高新技术产业园和现代服务产业园。

6月20日 海丰县政府召开生态科技城征地和省级产业转移园区申报规划建设通报会，部署继续推进生态科技城清表拆迁等工作。县长陈德忠，县人大常委会常务副主任姚英谋出席会议。

6月20日 《中国地方志》（总第263期）向全国推介宣传《海丰县志（1988—2004）》。

6月23日 县长陈德忠主持召开陈炯明都督府旧址及故居修复工作专题汇报会，要求相关部门要进一步明确时间节点和工作落实情况，加快陈炯明都督府旧址及故居修复工作。许信咏、余振光、卓凛波、施培养等县领导和陈炯明都督府旧址及故居修复工作领导小组成员出席会议。

6月24日 深圳、汕尾两市政府联合主办的第二届深圳——汕尾招商推介会在深圳五洲宾馆举行。市委书记温国辉、市长吴紫骊和深圳市委常委、常务副市长吕锐锋及深汕特别合作区党工委书记、县委书记沈木荣，县长陈德忠等领导、企业家代表等出席推介会。现场签约项目28个，投资总额137亿元。会议由市长吴紫骊主持。

6月26日 省宣讲团到海丰县开展社会主义核心价值观基层宣讲活动。县委常委、宣传部部长卢雁慧，县人大常委会副主任马伟飚，副县长陈凯婵，县政协副主席马小玲等领导到场聆听报告。

6月26日 县长陈德忠主持召开全县高标准基本农田建设、保障性住房建设和污染减排工程项目建设工作推进会。

6月27日 由省环保厅污染物总量控制处处长蒋宏奇率领的省环保督办组到海丰县督办2014年重点减排工程项目建设和运行情况。市、县环保、畜牧、农业等相关部门负责人陪同检查。

7月

7月1日 市委副书记、政法委书记陈央深入海丰县调研信访维稳、社会管理和平安建设工作。

7月2日 市委书记温国辉深入海丰县调研重点项目、园区建设、市政建设、教育和基层组织建设工作。

7月3日 《羊城晚报》粤东新闻头版头条刊登《焚毁生态林，大肆造坟墓，谁干的？》曝光汕尾市海丰县平东镇径仔背村（九龙洞革命老区，平龙水库移民村）生态林地被人为破坏、毁林造坟等问题。针对报道的问题，海丰县委、县政府高度重视，诚恳接受媒体批评，立即召开专题协调会议，成立由县林业局、民政局、司法局、平东镇等相关部门和单位组成的查处工作组，3日当天下午，即前往平东镇该林区调查取证。有关负责人表示将按规定和程序处理，给社会和群众一个满意的交代。

7月4日 市委常委、组织部部长、市委党的群众路线教育实践活动领导小组副组长苏茂荣深入海丰县调研指导党的群众路线教育实践活动第二环节工作。

7月7日 县政府与建设银行汕尾分行、汕尾农村商业银行战略合作协议签约仪式在县政府会议室举行。县长陈德忠，县委常委、常务副县长许信咏和中国建设银行汕尾分行行长王正刚、汕尾农村商业银行总行行长张志伟等出席签约仪式。

7月7日 深汕特别合作区召开征地拆迁和社会管理工作座谈会。市委常委、副市长、深汕特别合作区管委会主任何学文，深汕特别合作区党工委书记、县委书记沈木荣，县长陈德忠，管委会副主任唐绍杰、李学平，县委常委、政法委书记陈连郑，副县长余振光、施流德等领导出席座谈会。

7月8日 省档案局副局长孟凡华一行到海丰县督查档案馆年度评估整改工作情况。

7月8日 潮惠高速公路（海丰段）建设项目进展顺利。全线红线范围内征地工作基本完成，地面清表工作已进入“扫尾”阶段。

7月11日 海丰县人民政府十四届三十四次常务会议决定，将由海丰县住房公积金管理中心委托建设银行海丰支行、工商银行海丰支行、中国银行海丰支行和农业银行海丰支行开展住房公积金个人贷款业务。

7月21日 东维亚国际珠宝广场开业典礼暨海丰首届全国珠宝展览交易会在东维亚国际珠宝广场举行。开业典礼还邀请香港明星杨千嬅前来助阵。该广场的开业运营，将填补海丰县珠宝传统销售市场经营的空缺，为生产企业提供展示和销售产品的平台。市政协主席莫英群，深汕特别合作区党工委书记、县委书记沈木荣，县长陈德忠等市县领导及嘉宾出席典礼。

7月24日 市人大常委会常务副主任杨青率汕尾籍全国省市人大代表到海丰县视察生态科技城建设和水资源保护及农村环保工作。市人大常委会副主任刘雪真，副市长邹广，县长陈德忠，县人大常委会常务副主任姚英谋等市、县领导参加活动。

7月25日 县长陈德忠到海丰生态科技城主持召开征地拆迁工作推进会。县人大常委会常务副主任姚英谋，县委常委、组织部部长陈紫光出席会议。

7月28日 深汕特别合作区党工委书记、县委书记沈木荣到可塘、城东等地调研珠宝产业发展状况。

7月30日 深汕特别合作区党工委书记、县委书记沈木荣，县长陈德忠，县政协主席冯月琴，县人大常委会常务副主任姚英谋等县领导组成四个拥军慰问团，分别到汕尾军分区、驻大湖海训部队、县武装部等地慰问驻地官兵。

7月30日 海丰县国防教育专题讲座在县迎宾楼会议厅举行。特邀汕尾军分区政治部主任亓安民大校对《国际安全形势与我国安全环境的新特点新变化》进行讲解。深汕特别合作区党工委书记、县委书记沈木荣，县长陈德忠，县政协主席冯月琴，县委副书记林建隆，县人大常委会常务副主任姚英谋等县领导聆听讲座。

7月30日 省委党的群众路线教育实践活动第三督导组常务副组长杜佐祥率省委督导组到海丰县督导和调研。

7月31日 市长吴紫骊到海丰县调研重点项目、工业园区建设工作。深汕特别合作区党工委书记、县委书记沈木荣，县长陈德忠，市政府秘书长杨双标等市县领导陪同调研。

是月 黄羌、陶河、大湖3镇完成创建任务通过省督导验收，成为海丰县首批3个省教育强镇，跻身省教育强镇行列，实现海丰县创建广东省教育强镇零的突破。

是月 全县的数字电视整转工作全面启动，计划在年底完成6万多户有线电视用户模拟信号数字化整体转换工作，这标志着海丰县广电事业发展进入快车道。

8月

8月2日 县长陈德忠在海丰生态科技城主持召开征地拆迁工作推进会。

8月1—3日 海丰白字戏剧团赴香港参加2014中国戏曲节。

8月5日 海丰县的重点民生工程、重点市政工程之一的红城大道改造工程全面完工。

8月8日 汕头、潮州、揭阳、汕尾粤东四市社会工作交流会在海丰县召开，学习交流社会工作经验。

8月9—10日 中央第九巡回督导组深入海丰县附城镇参加镇领导班子专题民主生活会。

8月13日 省军区副政委谢建良到海丰县检查指导征兵工作。

8月15日 县食品安全工作会议在县政府三楼会议室召开。

8月15日 市委副书记、市长吴紫骊到海丰县参加并指导海城镇城西社区党支部专题组织生活会。深汕特别合作区党工委书记、县委书记沈木荣，市政府秘书长杨双标等市、县领导参加会议。

8月15日 深圳龙岗与海丰对口扶贫工作座谈会召开，深汕特别合作区党工委书记、县委书记沈木荣，县长陈德忠与龙岗区委常委熊小平等领导出席会议。

8月15日 汕尾市第二批省级“妇女之家”示范点现场交流会在海丰县黄羌镇坑联村委召开。

8月18日 由共青团海丰县委组织的“梦圆”——2014年圆贫困学生大学梦”助学金颁发仪式在县政府迎宾楼举行。各界热心人士捐资73.4万元，圆174名贫困学生大学梦。

8月19日 省司法厅厅长严植婵到海丰县调研社区矫正和“一村一法律顾问”工作情况。

8月21日 县政府召开全县安全生产“八打八治”打非治违专项行动工作会议。

8月22日 汕尾市“政协委员情系学子——2014年大学新生奖学助学活动”颁奖仪式在海丰县举行。

8月28日 省委委员、省台办主任陈国兴到海丰县调研台资企业发展情况。县委常委、宣传部部长卢雁慧，县委统战部部长郑永城及市、县台办负责人陪同调研。

是月 在全国“党的群众路线工作法100例”征集中，海丰县“马上办工作法”入选，并在中国共产党新闻网刊登，成为全国党的群众路线教育实践活动的优秀推广案例。

9月

9月5日 深汕特别合作区党工委书记、县委书记沈木荣到县计生服务站、县城三镇及赤坑、陶河、大湖镇，检查指导秋季计生服务工作。县委常委、常务副县长许信咏等领导陪同检查。

9月10日 海丰县召开庆祝第30个教师节座谈会。县长陈德忠与教育战线代表欢聚一堂，畅谈海丰教育新成就，共商教育新发展。县委副书记林建隆主持会议，副县长陈凯婵参加座谈会。

9月15日 县委、县政府召开全县卫生计生暨殡葬管理工作推进会，研究部署当前卫生计生和殡葬管理推进工作。深汕特别合作区党工委书记、县委书记沈木荣，县长陈德忠出席会议并作讲话。县委副书记林建隆主持会议。县政协主席冯月琴，县人大常委会常务副主任姚英谋等县领导出席会议。

9月16日 市长吴紫骊到公平镇、梅陇镇、可塘镇3个中心镇对污水处理厂建设进展情况以及公平水库水资源保护工作情况进行调研。

9月16日 市长吴紫骊到海丰县附城镇开展“面对面、零距离”主题活动。

9月16日 市委副书记、政法委书记陈央到海丰县调研外经贸发展情况，深入梅陇镇了解企业生产、经营及进出口工作情况。

9月17日 市委常委、军分区司令员林坚明到海丰县赤石镇开展“面对面、零距离”主题活动。

9月19日 汕尾市（海丰）宗教界举行2014年“同心·助学高中生”助学金颁发仪式在县迎宾楼举行。来自彭中、赤中、梅中等6所中学的75位贫困高中生获助学金共15万元。

9月19日 深汕特别合作区党工委书记、县委书记沈木荣到黄羌镇、公平镇检查指导计生和殡葬管理工作。

9月24日 深汕特别合作区党工委书记、县委书记沈木荣深入县城三镇检查指导城乡环境卫生整治工作。

9月24日 省公安厅副厅长郭少波带领省公安厅第九督导组在海丰县召开汕尾市“六大专项”打击整治工作汇报会，副市长、公安局局长杨志明，副县长、公安局局长王楚雄等领导参加汇报会。

9月24日 省委第五督导组副组长马龙海一行到海丰县开展党的群众路线教育实践活动机关、基层干部代表测评工作，市委组织部副部长王锭波，县委常委、组织部部长陈紫光及县机关、基层干部代表参加座谈会。

9月24日 海丰县举行产业转移工业园中心启动区市政工程动工仪式，标志着海丰生态科技城进入实质性建设阶段。

9月24日 海丰县扶贫开发“双到”工作会议在县迎宾楼召开。

9月26日 中共汕尾市委书记温国辉、市长吴紫骊带队考察海丰生态科技城建设工作。

9月30日 市委、市政府在海丰县烈士陵园举行首个国家烈士纪念日公祭活动，向在革命事业中牺牲的烈士致以崇高的敬意和深切的缅怀。市委书记温国辉，市长吴紫骊等市四套班子领导成员及市军分区和市直有关单位领导；深汕特别合作区党工委书记、海丰县委书记沈木荣，县长陈德忠等县四套班子领导成员，县各民主党派、工商联及无党派人士代表，军烈属，驻海丰部队、武警战士代表，县公、检、法、司干警，工人、群众，学校师生代表等共5000多人参加公祭活动。

10月

10月1日 海丰县委宣传部、海丰县梅陇镇政府、梅陇书画协会联合在海丰县博物馆举办“中国梦·翰墨情”梅陇书法美术作品展。

10月12日 市委书记温国辉到海丰县调研农业工作。

10月14—16日 海丰县举行首届珠宝文化节招商推介会，签约项目11个，投资总额人民币40亿元。深汕特别合作区党工委书记、县委书记沈木荣，深圳市龙岗区委书记杨洪，汕尾市人大常委会副主任施胜章，市政协副主席、旅游局局长吕珠龙，县长陈德忠等领导出席会议。推介会在县迎宾楼举行，县委副书记林建隆主持推介会。

10月14日 可塘珠宝产业园举行奠基仪式。深汕特别合作区党工委书记、县委书记沈木荣，县长陈德忠等县领导出席仪式并为奠基石揭彩和培土。县委常委刘剑平主持仪式。

10月14日 可塘珠宝市场珠宝鉴定中心挂牌成立。深汕特别合作区党工委书记、县委书记沈木荣，县长陈德忠等领导到场祝贺并为中心成立揭牌。

10月14日 龙岗区全面帮扶海丰县工作座谈会在县迎宾楼召开。两地总结前一阶段帮扶工作成效，深入商讨具体帮扶工作方案和措施。深汕特别合作区党工委书记、县委书记沈木荣，龙岗区委书记杨洪，县长陈德忠等领导参加座谈会。

10月15日 省教育厅厅长罗伟其到海丰县检查指导教育创强推进工作，肯定海丰县教育创强工作。副市长刘小静，县长陈德忠、副县长陈凯婵以及市、县教育部门相关负责人陪同检查。

10月17日 市长吴紫骊到海丰县调研扶贫“双到”工作。县长陈德忠陪同调研。

10月18—19日 中国龙舟公开赛（汕尾·海丰站）“正升华府杯”在海丰鸣锣开赛，来自全国各地的16支龙舟代表队参加夺标角逐。夺得本赛事总成绩第一名的是顺德乐从龙舟队，第二、三名的分别是南海九江和东莞麻涌龙舟队。国家体育总局社会体育指导中心副主任刘北剑、国家体育总局社会体育指导中心二部主任余汉桥、广东省体育局副局长甘焯雄、广东省社会体育中心主任麦良、广东省龙舟协会副秘书长卢海燕以及市、县有关领导出席比赛仪式。

10月20日 中央电视台摄制组到海丰县拍摄《美丽中国乡村行》，展示海丰县美丽乡村发展成果和特色生态旅游资源。

10月22日 市委副书记陈央到海丰县调研农村工作。

10月23日 深汕特别合作区党工委书记、县委书记沈木荣到梅陇镇调研经济社会建设工作。

10月27日 广东省委召开电视电话会议，传达学习中共十八届四中全会精神，研究全省贯彻落实意见。深汕特别合作区党工委书记、县委书记沈木荣，县长陈德忠，县政协主席冯月琴，县委副书记林建隆等县领导在海丰县分会场收看收听会议。

10月29日 深汕特别合作区党工委书记、县委书记沈木荣主持召开县委理论学习中心组（扩大）学习会。传达学习党的十八届四中全会、省传达学习贯彻党的十八届四中全会电视电话会议，以及习近平总书记在党的群众路线教育实践活动总结大会上的重要讲话精神。

10月30日 县长陈德忠到县市民中心征地拆迁现场，检查、督促征地拆迁清表平整工作，对近期工作提出明确的工作计划和要求。县委常委、常务副县长许信咏参加现场办公。

10月30日 海丰县再次动员部署公平水库库区、莲花山埔仔洞区域、县城北部区域的水源地环境污染整治工作。县长陈德忠强调：要依法治污，确保饮水安全，建设文明生态。副县长、公安局长王楚雄，副县长施流德参加整治活动。

是月 中国致公党广东省委会现代农业培训基地在海丰县挂牌成立。省政协常委、致公党广东省委副主委、广东微生物研究所副所长孙国萍，省政协委员、致公党广东省农业委主任、华农大农学院教授年海，市农业局及县中荣培训学校负责人为中国致公党广东省委会现代农业培训基地成立揭牌。

11月

11月1日 海丰县赤坑中学举行建校60周年庆典大会和图书馆、运动场剪彩揭牌仪式。

11月3日 县长陈德忠在海丰生态科技城指挥部召开莲花大道、县生态科技城征地拆迁工作推进会。县领导姚英谋、陈紫光、许信咏、余振光、王楚雄、陈凯婵参加会议。

11月4日 市长吴紫骊到海丰县检查指导黄江堤围达标加固工程建设。

11月4日 市民政局在海丰县可塘镇举行首次骨灰集体树葬活动，共80名逝者骨灰入土为安。

11月5日 由国家卫生计生委办公厅监察专员杨建立带领的督查组到海丰县督查卫生计生重大政策落实情况。省卫生计生委副主任刘银燕、副市长骆金堤、副县长陈凯婵等领导陪同督查。

11月7日 全县一村（社区）一法律顾问工作动员大会暨合同签约仪式在县迎宾楼举行，研究部署全县范围开展一村（社区）一法律顾问工作。

11月11—23日 第十二届广东省艺术节分别在广州、佛山、惠州举行。海丰县西秦戏《凤鸣岐山》、白字戏《龙宫奇缘》两个剧目参演。

11月12日 省卫计委宣教中心主任陈君辉到海丰县调研卫生计生宣传工作开展情况。

11月12日 中央党史研究室研究员石雷在市委常委、秘书长李庆新，县委常委、纪委书记刘帆，县委常委、县委办主任符坚等陪同下，参观海丰县红宫、红场和彭湃故居，缅怀革命先烈。

11月13日 市长吴紫骊在县长陈德忠，县委常委、常务副县长许信咏陪同下到海丰县调研市民中心项目和海亮生态农业、三禾农业硅谷项目建设工作。

11月13日 省环保厅督查组在副县长余振光及市县相关负责人陪同下到海丰县督查污染减排工作。

11月13日 海丰县召开创建省级文明县城动员大会，省文明办副主任林海华、韩国威以及市委宣传部副部长、市文明办主任施硕焱、市文明办副主任钟元洪出席动员会。县长陈德忠等参加会议。

11月16日 县政府在可塘镇举行全县禁毒工作汇报会。

11月19日 由省民政厅社会组织管理局局长刘平波率领的省政府检查验收组对省第六批火灾隐患重点地区可塘镇开展为期三天的整治验收工作。

11月19日 县长陈德忠在市民中心项目指挥部召开海丰生态科技城、莲花大道、市民中心项目征地拆迁工作推进会。县领导姚英谋、陈紫光、许信咏、施流德、陈凯婵等参加会议。

11月19日 县委、县政府组织相关单位组成联合执法队，依法拆除库区两家污染水源的养猪场，对公平水库库区饮用水源地污染源再施整治，确保包括汕尾市区和海丰县内的50万人民吃上安全、卫生的洁净水。县长陈德忠、副县长施流德到场指挥。

11月20日 太平洋建设集团创始人严介和一行到海丰县生态科技城和市民中心建设现场参观考察。

11月21日 中央政治局委员、广东省委书记胡春华，广东省委常委、常务副省长徐少华，广东省委常委、省委秘书长林木声，副省长许瑞生，深圳市市长许勤一行视察海丰县赤石镇大百汇科技园项目。

11月25日 省政协副主席姚志彬率省政协调研组到海丰县开展“全省县级政协基本情况”专题调研。

是月 由国家统计局农业调查队及省、市、县农业局组成的粮食创高产专家小组对海丰县梅陇镇粮食高产创建示范片进行晚稻实割测产验收，测得该片区早稻亩产580公斤。达到国家、省粮食创高产的目标。

10—11月 县公安部门分别在城东大嶂和可塘庄厝乡成功捣毁两宗制毒窝点，抓获犯罪嫌疑人9名，缴获成品及半成品冰毒，制毒原料以及制毒工具一批。

12月

12月8日 海丰县陈介仁入选2014年12月“中国好人榜”助人为乐类别候选人名单。陈介仁曾先后荣获全国“关心下一代先进个人”“全国体育工作先进个人”和亚运会火炬手、广东省劳动模范等荣誉称号。

12月21日 中共中央政治局委员、省委书记胡春华深入深汕特别合作区调研。

12月24日 县长陈德忠在生态科技城指挥部召开海丰生态科技城、莲花大道、市民中心项目征地拆迁工作推进会，要求城东镇、海城镇及相关部门振奋精神，形成合力，掀起新一轮重点项目建设热潮。县领导姚英谋、陈紫光、许信咏、余振光、王楚雄、施流德、陈凯婵等参加会议。

12月26日 县委、县政府在县迎宾楼召开全县城镇化暨镇域经济发展工作会议。深汕特别合作区党工委书记、县委书记沈木荣，县长陈德忠分别在会上就进一步加快推进全县城镇化和镇域经济发展工作作重要讲话。县委副书记林建隆主持会议。县领导冯月琴、姚英谋等出席会议。

12月30日 海丰县召开禁毒工作汇报会，通报、分析当前全县禁毒工作形势，研究部署下阶段禁毒工作。县长、县禁毒委主任陈德忠主持会议。林建隆、卢雁慧、陈连郑、陈智景、王楚雄等县领导出席会议。

12月30日 县直属机关在县博物馆举办以“中国梦书画情”为主题的庆元旦迎新春书画作品展。深汕特别合作区党工委书记、县委书记沈木荣，县长陈德忠，县委副书记林建隆，县人大常委常务副主任姚英谋等县四套班子出席作品展开幕式。

县情概况

基本概况

建置区划

【建置沿革】 早在新石器时代，海丰已有先民在其沿海聚居生息。东晋咸和六年（公元331年）置县(一说汉置县)。以“临海物丰”取名海丰。1949年10月11日，海丰解放，属东江专员公署。1955年后，先后属惠阳、汕头、惠阳专署。1988年设立汕尾市，海丰县隶属汕尾市。至2014年年底没变化。海丰物华天宝，人杰地灵。海丰县是广东省历史文化名城，是全国第一个县级苏维埃政权诞生地，全国13块红色革命根据地之一，海丰古八景脍炙人口。

【行政区划】 2014年，海丰县设有海城、城东、附城、联安、可塘、陶河、赤坑、大湖、梅陇、鲘门、小漠、赤石、鹅埠、公平、平东、黄羌等16个镇，以及梅陇农场、黄羌林场和1个经济开发区。全县共设有240个村、42个居民社区、1630个村民小组、383个居民小组。

自然地理

【位置面积】 海丰县位于广东省东南部沿海，汕尾市北部；东邻陆丰市，东北与陆河县接壤，西南与汕尾市城区相连，西、北与惠东县交界；南临南海，北倚莲花山脉。地理坐标在北纬22° 37′ —23° 14′ 、东经114° 55′ —115° 37′ 之间。毗邻港澳，西距广州290千米，东距汕头177千米，西南距深圳197千米，水路至香港150.012千米，广汕公路、深汕高速公路和厦深铁路贯穿其中。海丰县东西距72.2千米，南北距59.8千米，海岸线长124.95千米，总面积1782.70平方千米。

【地形地貌】 海丰县背山面海，海域辽阔。西北山地、丘陵广布，东南沿海海岸线长，海湾、滩涂众多。县境西北部山脉高亢，中部平原宽阔，东南部丘岗异突，濒临大海，地势自西北向东南倾斜。北部和西北部属山地高丘地带，山多且坡陡，海拔500米以上的高峰多集于此。东南部，地势较中部稍高，属台地、丘陵地带，坡度在15° —25° 之间。东南濒临南海，海岸线蜿蜒曲折，环抱县境之半，沿岸滩涂广阔，自西北至东南整个地貌状似马鞍形。

2014年，全县山地面积1.17万公顷，占全县总面积的5.46%，集中分布在北部、西北部的黄羌、西坑、莲花山乡、赤石、鹅埠、圆墩等地区，多为砂页岩、火山岩、花岗岩构成。东北—西南走向。土壤以山地草甸土、黄壤、红壤为主。山腰、山脚都有缓坡地，有茅草、灌木等自然植被。县境内海拔500米—1000米的山峰有20座，海拔1000米以上的有9座，即莲花山、禾镰石、卡子岽、水底山、禾镰牙、石人嶂、陈摇肚顶、犁仔耳。

丘陵与山地紧密相连，走向与山脉相同，多集于县境北部、西部、西南部及南部、东南部的黄羌、西坑、公平、莲花山、赤石、鹅埠、平东、赤坑、大湖等地。丘体由砂页岩、火山岩、花岗岩等构成。丘面风化层厚，面积7.06万公顷，占全县总面积的32.84%，按其高程不同分为高丘和低丘。海拔50米—250米之间的低丘，切割深度在50米以下的山体，面积5.30万公顷，占全县总面积24.63%，面积较广但较分散，多为砂页岩构成，丘体低平，堆积物厚，坡度10° —15° ，各类丘陵表土深度厚30厘米—60厘米，其风化层厚达数米，植物易生长。

台地面积5.60万公顷，占全县土地总面积的26%，其中耕地面积1.48万公顷。地貌开阔，土地连片。主要分布在东北部的平东、公平、城东、黄羌和东南部的赤坑等地区。土层深厚疏松，属沙质壤土，适宜机耕垦殖，作物适种性广。土壤有自然土、水稻土、旱地土三类。

全县平原属冲积平原和海积平原。成土母质为滨海沉积物、河流冲积物和人工堆积物。面积6.60万公顷，占全县土地总面积的30.7%，以东北向西南方向展布于县境中部的海城、联安、梅陇、梅陇农场等地，黄江、大液河、丽江等大河小溪成网状分布，形似“猪肚”的长沙湾位于平原南部，汇集黄江河流域河水，注入红海湾，南缘界于后澳港与马宫港之间。

【气候特征】 海丰属南亚热带海洋气候，位于北回归线南缘，有海洋季风调节和北部高山的天然屏障，夏无酷暑，冬无严寒，夏季长，天气湿热且雨天多，多盛行西南风，常有雨涝、台风等气象灾害出现；冬季短，稍冷，雨少且较干燥，无雪少霜；夏前秋末气温适中，利于作物生长。一年四季，绿叶常青。

海丰地处低纬度区，属华南日照偏少区。全年可照时数4420.4小时，实照时数累年平均1872.5小时，仅为可照时数的42.4%。县境西部和西北部地区因受山体遮蔽，日照时数少些，中部、东南部平原、低丘地区，日照时数较多；沿海比内陆要多些，山区比平原再少些。2014年，海丰日照时数比常年偏少。

海丰县常年平均温度22.6℃，最热为7月、8月两月，平均温度28.4℃；最冷月为1月，平均温度15.4 ℃。气温年际变化从1月开始，逐月递增，至9月逐月降低。极端最高温度38.1℃，出现在1990年8月23日，其变化在34.9℃—38.1℃之间。极端最低气温1.7℃，出现在1999年12月23日。最低气温北部山区要比平原低些，南部沿海比内陆高1℃—2℃，常在12月或1月出现。2014年，海丰县年平均气温为23℃，比常年偏高0.4℃。最高气温35.5℃，最低气温5.5℃。

常年平均降雨量2498.3毫米，年最大降雨量3727.8毫米（1997年）；年最小降雨量为1424.3毫米（1989年）。年降雨量分布，山区多于平原，平原则多于沿海。2014年，海丰县年降水量3077.4毫米，比常年偏多579.1毫米，偏多近23.2%。入汛以来强对流天气频繁发生，比常年偏多45%。降水分布不均匀，降水主要集中在4—9月。

海丰县属东南亚季风气候带，风的季节性变换明显。主导趋势是冬半年盛行东北风，夏半年多吹西南风。冬季因受西伯利亚和蒙古高原气团南下影响，陆地和海面多北风；夏季受海洋暖流及副热带高压控制，多偏南风。春末夏初和初秋季节由于冷暖气团常交锋沿海一带，造成风向多变。又因县内地形关系及海洋气候影响，日夜风向变化明显，日间吹海风，夜间吹“陆风”，两者于日出和日落前后交替。累年平均风速1.7米/秒。各月分布以11月、12月为最大，平均1.8米/秒；4月最小，平均1.5米/秒。历年中最大平均风速为20米/秒，风向东北。

资源物产

【土地资源】 海丰县地势背山面海，北高南低，由西北向东南倾斜，呈马鞍形。自然、地理条件优越，山地、丘陵、平原、河流、滩涂和海洋等各种地形地类兼备。2013年，全县土地总面积17.83万公顷。其中：农用地15.24万公顷，占全县土地总面积的85%（包括：耕地3.45万公顷，占全县土地总面积的19%；园地8155.22公顷，占全县土地总面积的5%，以果园为主，面积7981.2公顷，占园地的98%；林地9.85万公顷，占全县土地总面积的55%；牧草地0公顷，占全县土地总面积的0%；水面1.07万公顷，占全县土地总面积的6%）；建设用地1.72万公顷，占全县土地总面积的 10 %（包括居民点及独产工矿用地1.03万公顷，占全县土地总面积的 6%。其中：农村居民点用地 5742.37公顷，占居民点及独立工矿用地的 55%；独立工矿用地 441.33公顷，占居民点及独立工矿用地的 4%；特殊用地 398.07公顷，占建设用地总面积的 2%；水利设施用地4902.02公顷，占全县土地总面积的 2.7%）；未利用地 8734.49 公顷，占全县土地总面积的 5 %（其中荒草地 2830.53 公顷，占未能利用地的 32 %）。

【矿产资源】 境内矿产资源有金属矿产和非金属矿产两类。

金属矿产　已知矿藏有6类17种。其中金属矿产主要有锡矿，已探明的精锡储藏量为42.6万吨，主要分布在县境内的长埔、赤水门、银瓶山、杨柳埔、陈厝陂、大塘角、青塘窿等地；钨矿为0.82万吨，主要分布在莲花山、银瓶山一带；还有铁储量16万吨，以及少量的铋、铜、铝、锌、金等。

非金属矿产　县内非金属矿产主要有硫铁矿，已探明储量为90万吨，主要分布在长埔、平东等地；玻璃沙储量为200万吨，主要分布在县内沿海一带。还有花岗岩、高岭土、黏土等散见各地。其中花岗岩、玻璃沙、高岭土等量多质优。还有温泉热水、优质矿泉水等。

【水资源】 海丰县背山面海，莲花山脉贯串其中，是全省三大暴雨中心之一。全县境内水资源主要有地表水、土壤水和地下水，主体补给来源于大气降雨，全县多年平均降雨量约2400毫米左右。全县河流主要分为黄江、赤石河两大河系，流域面积在20平方千米以上的河流有31条，多年平均河川径流量25.4亿立方米，地下水约4.02亿立方米。由于受历来天气变幻和特殊地理位置等客观因素的长期困扰，形成海丰县水资源特征：一是降雨量年际不均，枯水年与丰水年差距过大；二是降雨量年内分配不均，每年降雨量集中在6—9月，占全年降雨量的80%左右；三是降雨量区域分布不均，西北山区降雨较多，中部平原次之，南部沿海较少。全县已建成的蓄水工程有大型水库1宗、中型水库10宗、小型水库84宗，总库容量为6.88亿立方米，可利用库容4.08亿立方米、防洪库容1.69亿立方米；引水工程97宗，引水流量35.7秒/立方米，设计年引水量8282万立方米。

【海洋资源】 海丰县地处粤东沿海，海岸线长124.95千米，历史上以“南海物丰”而得名，渔业资源丰富。全县200米等深线内海域面积达6000平方千米，是粤东地区重要的海洋捕捞作业渔场，自然海区盛产鱼、虾、蟹、贝、藻等海鲜产品，海产品资源共有14类104科189种。内陆有黄江、丽江等河流，江河渠道纵横，山塘水库星罗棋布，淡水水产品种类众多，主要有：青鱼、草鱼、鲢鱼、鳙鱼、鲤鱼、鲮鱼、鲫鱼、罗非鱼、梭鱼、鳗鱼、日本鳗鲡、黄鳝、鲶鱼、胡子鲶、罗氏沼虾等品种。 主要海水养殖种类有：鲷科鱼类、鲻鱼、石斑鱼、鲈鱼、对虾、青蟹、生蚝、贻贝、泥蚶、蛤仔、鲍鱼、海胆、东风螺和龙虾等；淡水养殖品种主要以罗非鱼、草鱼、鲢鱼和鳙鱼等为主。

【森林资源】 县境内森林植物约有150多种350多属1000多种及其变种。常见的林下草本植物主要有：孢子植物门的石松科石松（抗猫仔），海金沙科海金沙（牛斗丝），里白科芒萁，凤尾蕨科井兰草（凤尾草），乌毛蕨科乌毛蕨（龙船蕨）等。种子植物门的禾本科大芒、蔓生莠竹（竹草）、鹧鸪草、鸭嘴草、白茅（仙茅）、野古草（硬骨草）等。林下草质藤本植物有：蝶形花科野葛腾（青葛），三裂叶野葛藤（黄葛），萝—科白叶藤等。林下木质藤植物有：蝶形花科鸡血藤，白花鱼藤（山鱼藤），蜡梅科天香藤，锡叶藤科锡叶藤等。林下灌木植物有：桃金娘科岗稔、岗松、岗茶，茜草科龙船花（山大颜），野牡丹科野牡丹（猪牯稔），梧桐科山芝麻（岗油麻），大戟科算盘子（过合子）、黑面神，冬青科毛冬青，紫金牛科硃砂根（浪伞子）等。林下竹类植物有：竹亚科茶杆竹（赤竹子），红舌唐竹（扫帚竹）等。林下半乔、灌木植物有：大戟科土蜜树，乌柏，香港算盘子（湖洋树），榆科山黄麻（麻布树），交让木科牛耳枫等。同时，县境内还盛产优质乔木用材树种，原始的有：红缘（赤黎）、青刚栎、竹叶桐、白缘（酸缘）、黎蒴（牛包衣）、樟树、楠木（果树）、榕树、枫香、重阳木、马尾松、杉树、鹅掌柴、海南大头茶、荷木、围延豆、白木香、海红豆（鸭公青）、泡桐、竹柏、罗汉松等。引种栽培的有：桉树（约有十多个品种）、湿地松、加勒比松、木麻黄、南洋楹、母生、柚木、香梨、苦楝、川楝、麻楝、桃花心木、银桦、台湾相思、大叶相思、马占相思等。用材竹类有：毛竹、石竹、泥竹、金竹、广宁竹、青皮竹、粉丹竹、撑篙竹、吊丝球、大头典等。油料树种有：千年桐、三年桐、白花油茶、红花油茶、乌桕等。特用经济林树种有：茶、橡胶、岭南黄檀、山苍子、土沉香、棕榈、蒲葵、拐杖藤（黄藤）、香王（香缘）等。经济果树有：荔枝、龙眼、柚、柑、橙、柠檬、桃、李、梅、黄皮、番石榴、杨桃、葡萄、沙梨、芒果、柿、橄榄、油甘、蒲桃、香蕉、菠萝、菠萝蜜、人心果、木瓜等。

【野生动物】 海丰县境内野生动物主要有三类：兽类、爬行类和鸟类。

兽类 主要有穿山甲（国家II级保护动物）、水獭（国家II级保护动物）、果子狸、芒花狸、苏门羚（国家II级保护动物）、山羊、野猪、野兔、豪猪、鼹鼠、松鼠、大足鼠、银星竹鼠、花鼠、白腹巨鼠、社鼠等。

爬行类 主要有金钱龟、蛇龟、草龟、伯劳龟、黑颈水龟、鳖、大壁虎、巨蜥（国家I级保护动物）、蟒蛇（国家I级保护动物）、眼镜蛇、银环蛇、金环蛇、泥蛇、三索线蛇、竹叶青、 灰鼠蛇、过山乌、渔游蛇、刺胸蛙、沼蛙、虎纹蛙（国家II级保护动物）、泽蛙等。

鸟类 主要鸟类物种大约有16目、46科、196种。其中：国家I级保护物种：东方白鹳 、黑鹳；国家II级保护物种：海鸬鹚、卷羽鹈鹕、白琵鹭、黑脸琵鹭、岩鹭、鸳鸯、鹗、黑翅鸢黑耳鸢、栗鸢、白头鹞、白尾鹞、白腹鹞、鹊鹞、苍鹰、普通鵟、毛脚鵟、乌鵰、白腹隼鵰、蛇鵰、赤腹鹰、游隼、红隼、灰背隼、白鹇、小青脚鹬、褐翅鸦鹃、小鸦鹃、草鸮、短耳鸮、领鸺鹠、鹰鸮；省级保护物种:凤头䴙䴘、白鹭、苍鹭、草鹭、大白鹭、中白鹭、牛背鹭、池鹭、绿鹭、夜鹭、黄苇鳽、栗苇鳽、黑鳽、大麻鳽、豆雁、灰雁、董鸡、紫水鸡、黑水鸡、中杓鹬、黑翅长脚鹬、反嘴鹬、黑尾鸥、银鸥、红嘴鸥、黑嘴鸥、鸥嘴噪鸥、红嘴巨鸥、小凤头燕鸥、大凤头燕鸥、黑枕燕鸥、白额燕鸥、须浮鸥、白翅浮鸥、粉红燕鸥、普通燕鸥、黄胸鸦；其他鸟类：小䴙䴘、[普通]鸬鹚、白斑军舰鸟、赤膀鸭、罗纹鸭、赤颈鸭、绿头鸭、斑嘴鸭、琵嘴鸭、针尾鸭、白眉鸭、花脸鸭、绿翅鸭、凤头潜鸭、斑背潜鸭、石鸡、中华鹧鸪、鹌鹑、灰胸竹鸡、雉鸡、白喉斑秧鸡、蓝胸秧鸡、普通秧鸡、红脚苦恶鸟、白胸苦恶鸟、骨顶鸡、金斑鸻、灰斑鸻、金眶鸻、环颈鸻、蒙古沙鸻、铁嘴沙鸻、凤头麦鸡、灰头麦鸡、水雉、丘鹬、黑尾塍鹬、扇尾沙锥、白腰杓鹬、大杓鹬、鹤鹬、红脚鹬、泽鹬、青脚鹬、林鹬、矶鹬、白腰草鹬、灰尾[漂]鹬、翻石鹬、小滨鹬、红颈滨鹬、青脚滨鹬、黑腹滨鹬、弯嘴滨鹬、三趾鹬、阔嘴鹬、彩鹬、普通燕鸻、褐翅燕鸥、斑海雀、山斑鸠、珠颈斑鸠、火斑鸠、鹰鹃、噪鹃、白腰雨燕、小白腰雨燕、普通翠鸟、白胸翡翠、蓝翡翠、斑鱼狗、戴胜、蚁䴕、家燕、金腰燕、[白腹]毛脚燕、白鹡鸰、灰鹡鸰、理氏鹨、树鹨、灰喉山椒鸟、红耳鹎、白头鹎、白喉红臀鹎、棕背伯劳、红尾伯劳、楔尾伯劳、黑枕黄鹂、黑卷尾、丝光椋鸟、灰背椋鸟、灰椋鸟、斑椋鸟、黑领椋鸟、八哥、红嘴蓝鹊、喜鹊、大嘴乌鸦、鹪鹩、乌鸫、红喉歌鸲、红胁蓝尾鸲、鹊鸲、北红尾鸲、黑喉石䳭、棕扇尾莺、黄腹鹪莺、褐头鹪莺、远东树莺、长尾缝叶莺、褐柳莺、黑脸噪鹛、画眉、暗绿绣眼鸟、[树]麻雀、白腰文鸟、斑文鸟、金翅[雀]、小鹀、黑头鹀、灰头鹀、苇鹀、黄腹山雀、大山雀、叉尾太阳鸟等。

【水产资源】 海丰水产资源丰富，品种繁多。20世纪进行两次较为系统、全面的鱼类资源调查。第一次是1972年汕头专署水产处成立“汕头地区海洋鱼类资源调查组”，深入粤东沿海渔区进行为期一年的调查，编制《汕头地区海洋鱼类资源调查》；第二次是1983—1984年，海丰县水产局成立“海丰县渔业资源区划组”，编制《海丰县渔业资源调查和区划报告》。根据上述两次调查及其他有关资料综合，境内各种鱼类主要有：海水鱼类14类107科189种；淡水鱼类7类23科41种，珍稀淡水鱼类35种。海水鱼类品种中，年产200吨以上的有：银牙、带鱼、乌贼、马面鲀、鲅鱼、海鳗、蓝圆鲹、金色小沙丁、鲐鱼、鲳鱼、金线鱼、二长棘鲷、龙头鱼、条尾鲱鲤、蛇鲻、牡蛎和对虾等。淡水鱼类品种中，年产超过100吨的有：鲢鱼、草鱼、丽鲷、鲤鱼、鲫鱼等。

【物产】 海丰县主要农作物土特产有：九龙姜、坑口芋，赤坑荔枝，莲花梅李，平东西瓜、木薯，梅陇莲藕、茨菇，附城、梅陇蔬菜，鹅埠龙眼，赤石西番莲、沙葛，梅陇、联安、附城、赤石、城东、陶河等优质稻，黄羌虎瞰金针菜。主要水产品有：小漠、梅农、联安、大湖、附城等地咸淡水鱼虾养殖，梅农、附城、公平、城东、鹅埠、赤石等地禽畜养殖等。

人文风俗

【人口】 改革开放后，海丰县人口总量增长快，同时外出务工人员增多。人口的分布呈两大趋势：一是从乡村向城镇流动，二是向经济活跃地区外流。2014年，海丰县完成市下达的各项人口计划指标，通过省半年飞行检查和年度考核。据计生部门统计年报显示，全年出生率控制在12.07‰，自增率6.5‰，政策生育率93.59%，性别比105.86。据公安部门统计，2014年，海丰县年末户籍人口83.93万人。其中，非农业人口为41.12万人，男性43.68万人，女性40.25万人。全县常住人口为81.37万人，增长6.8‰，城镇化率为62.49%。

【民族】 根据2010年第六次全国人口普查汇总资料：海丰县常住人口分属于30个民族。其中：汉族人口79.09万人，占总数99.68%；其他29个少数民族人口2519人，占总数0.32%。全县少数民族除鹅埠镇上北红罗村有畲族192人属聚居外，其余的属散居人口，都是由婚嫁和务工、经商迁入的。在各少数民族中，人口超过100人的依次有壮族、土家族、苗族、畲族和瑶族。2014年，全县畲族、壮族、苗族、回族、蒙古族等27个散居民族，全县少数民族人口3355人，其中海丰县鹅埠镇上北畲族是民族聚居村，全村52户、人口372人。畲族村原是一个老少边穷的民族村，改革开放后，为改变畲族群众的居住条件，发展经济改变民族村的落后面貌，县政府建设了畲族新村，户户有电视、自来水，民族村并建了门楼、公共厕所、铺设水泥路。美化绿化村容村貌，民族村的村民逐步改善。

【宗教】 2014年，海丰县有佛教、道教、天主教、基督教，依法登记的宗教活动场所63处，没有新增设宗教活动场所。全县宗教信众人数约4.2万人，同比增长7.7%，其中：佛教有比丘101名、比丘尼19名、信众2.2万人；教职人员131人，道教有道士3名、信众0.2万人；天主教有神甫1名、修女2名、信众1.1万人；基督教有牧师1名、长老2名、传道员8名、信众0.7万人。县域内设立有海丰县佛教协会、海丰县佛教慈善会、海丰县基督教“三自”爱国会、海丰县基督教协会、海丰县天主教爱国会筹备组、海丰县道教协会筹备组4个宗教团体、2个筹备组，，海丰县公平道教玉虚宫被依法登记宗教活动场所。

【语言】 海丰是粤东地区方言比较复杂的一个县，处于闽南话（俗称“福佬话”）、客家话、粤语（俗称“白话”）等方言交汇地。全县有18个镇场的75.94万名居民使用着福佬话、客家话和尖米话3种汉语方言。此外，还有分属于以上4种方言但来源不同各具特色的几种小方言，即疍家福佬话、白话、潮汕话、龙吟塘军话。汉语方言之外，在海丰西部的鹅埠镇红罗村，还有约300人的畲族保留了原有的民族语言——畲语，是世界濒危语言之一。

福佬话是海丰的第一大方言，主要分布在中部广汕公路两侧及南部沿海地区。包括海城、附城、城东、陶河、可塘、联安、赤坑、大湖、梅陇、梅陇农场、鲘门、莲花山、圆墩、公平、小漠、鹅埠、赤石的大部分村落。福佬话使用人口约66万人，约占总人口的86.9%。

客家话主要分布在县境北部的山区和半山区，包括黄羌全镇、公平镇东北部山区、黄羌林场、平东大部分、莲花山、梅陇、鹅埠、赤石、小漠部分。海丰的客家话与陆丰相同，都是7个声调（去声分阴阳）；都有两套塞擦音和擦音声母，与梅县的客话有较大差异。使用人口约9万人，占总人口的12%。

尖米话是一种既像“白话”，又像“客家话”的混合型方言，“白话”的成分多于“客家话”，主要分布在赤石、鹅埠部分村落和梅陇南山等村。使用人口约1万人，占总人口的1%左右。

白话只分布在赤石镇大享里、排沙墩、三角坑等自然村，1949年前后从省内信宜县移来，使用人口约500人。

潮汕话分布在赤石四季村、新兴、企岭和可塘铁道营等自然村，1949年前后从省内潮州移来，使用人口约300人。

海丰现代的军话是数百年来官话与当地闽客方言混合的结果。因此军话既有官话特点又有当地方言特色。海丰讲军话的主要分布在平东镇的龙吟塘村，约300人。

全县90%以上居民讲福佬话，成为共同交际语言和中小学校的校园用语。平常人们提到“海丰话”时，即指海丰的福佬话。海丰是著名侨乡，约40万人在香港，出于交流需要，特别是20世纪80年代后，与珠三角城市交流频繁，年轻人基本都能讲白话。海丰渐渐成为福佬话和白话双方言地区，而客家话、尖米话等弱势方言使用人日渐减少。

此外，境内还保留着一种属于中州音韵系统的官话，即“正字”。海陆丰的“正字戏”和“西秦戏”流传几百年，其唱念至今仍使用“正字”音（有越来越多的字已改为方言中的“读册音”）。在民间道坛做法事和祭祀唱礼时，也常常用到“正字”音。

20世纪80年代后，随着改革开放和人口流动，普通话渐渐兴起。2014年，全县通行普通话。

【民风民俗】 海丰县南临大海，北倚莲花山脉，构成一个相对独立的地域格局，是粤闽传统商路必经之地。福佬文化和客家文化在这里交流、融合，并长期受到广府文化的影响，以及继承和掺和先民土著畲、疍、瑶的百越文化遗风。复杂的地理环境，丰富的方言语汇，多元的文化积淀，形成既保守又开放、既神秘又独特的人文风貌。同时，经过长期的融化整合后，又形成大同小异、难分彼此的民俗风情。

糕粿是海丰饮食一大特色。粿料用米粉（糯米、黏米）和面粉，有咸甜两味，可分为岁时节日粿和平时小点粿。公平有一种独特的客家艾茸粿，即是用田艾做成的印粿。正月三十做九舌仔（又名双头尖）；清明节做薄饼，蒸发包仔；四月初八做粉条；端午节蒸糯粽、角粽、凉粉粽；七月半蒸重糕粿（有咸、甜两种）；冬节蒸菜包粿、冬节蚧，做冬节汤圆；除夕日做冬节蚧、汤圆。平时粿点有猪肠粉、饺子、小米（薯粉饺）等。常见的小吃还有油麻糊、豆花、狗毛糕、草粿、猪脚粉、牛腩粉、牛肉丸等。

传统小吃另一特色是咸茶，也叫擂茶。吃咸茶之风，由来已久，简易吃法是把茶叶放于内壁有粗纹的牙钵内，用番石榴枝制成的茶槌稍擂几下，放几粒盐，将开水冲下即可。作为日常饮料，消暑解渴。日常待客，即在此基础上加入炒油麻、炒米花、炒花生等，称为“炒米茶”“油麻茶”。吃“菜茶”旧时一般在正月才有，尤以元宵节前后为盛，至今犹然。20世纪80年代后，人们闲时也吃“菜茶”，也有的在乔迁、娶亲之时炒菜茶代酒宴以为时尚。

海丰县村落布局以梳式、围寨式为主，一般是村中心位置为祠堂，前为晒町、明塘，后靠山或种植风水林，左侧为社头神庙，宅基力求坐北朝南。传统民居以土木结构居多，为适应海丰多台风的特点，多数马背式硬山顶，山墙称为“陂头”，并以形状不同分为“金、木、水、火、土”五行，称“五星陂”。改革开放后，民居大多为西方建筑形式，兴建钢筋混凝土框架结构平房或楼房。现代民居建有厕所、厨房，告别了传统的烧柴草的炉灶，用上煤气炉和抽油烟机、热水器等设备。

民间传统节日主要有：春节、元宵节、清明节、端午节、中元节、中秋节、重阳节、冬至。清明节是海丰民间最为隆重的拜祭祖先的节日，有“清明无回（家）无祖”之说。因此，清明拜祖扫墓，男女老少必须到齐，即使远在外地或在港澳，都不远千里回来拜祖，以示孝敬祖宗。

海丰民间极其重视祭祖，祭祀时间多在正月初十开灯节、春分或冬至。族祭由族中长老主持，合族在祠堂前置八仙桌摆放祭品，向着祖宗龛举行祭礼，点燃香烛纸钱行三跪九叩首，祈祷祖灵庇佑。祭后在祠堂前请戏班演戏，燃放炮仗焰火。

海丰民间对传承香火、养儿防老的观念极其深厚。每当年节或神诞日，人们要到神庙极其虔诚地拈香求签祈祷观音娘、金花娘等赐送丁嗣。每年元宵节是民间求嗣“出丁”的开灯节。

海丰民间广泛信奉祖灵和神佛，建置很多寺庙庵观和祠堂等民俗活动场所，拜神祭祖驱鬼成为日常生活中一项重要的内容。妈祖、观音、玄天上帝是海丰民间三大崇拜风俗。海丰民间存在着浓厚的自然物神的崇拜，举凡天地日月风云雷电动植物山川河海等自然物，多数被人格化为神。海丰较常奉祀的自然物神有三山国王、城隍等。

位于海丰县鹅埠镇北部7千米处的红罗村，是海丰县唯一的畲族村庄，也是全县唯一的少数民族村落。2004年有27户179人，以蓝姓为主，还有雷、黎两姓，20世纪50年代末从惠阳山区迁来的。随着现代生产和生活方式的发展，畲族的生活习俗发生了很大变化，居住和服饰等同汉人无异，但仍保留其图腾祭祖、婚娶、狩猎、丧葬、年节等文化习俗。

【历史名人】 海丰人杰地灵，英才辈出，彪炳千古。无产阶级革命家、中国共产党初期领导人、杰出的农民领袖、海陆丰苏维埃政权创建者彭湃，辛亥革命元勋、粤军首领、中国致公党创始人陈炯明，陆丰县苏维埃政府县长、印度尼西亚棉兰惠州会馆会长刘廷波，中国致公党原中央主席陈其尤及其继任者政治活动家黄鼎臣，辛亥革命先驱马育航，中央音乐学院首任院长、世界乐坛大师、小提琴演奏家马思聪，中国战地文学的开拓者、著名革命作家丘东平，一代医学名贤、 地下党员柯麟，中国民间文艺家协会主席、著名民俗学家钟敬文，中国现代民族学、人类学、民俗学的早期开拓者杨成志，中国著名美学家、哲学家、翻译家马采，著名音乐教育家陈洪，中国第一位女飞行员李霞卿，当代著名核动力专家、中国工程院院士、中国核潜艇第一任总设计师彭士禄，中国科学院院士、数学家彭实戈，中国科学院院士、著名船舶专家、核潜艇研究设计专家黄旭华，中国工程院院士、造纸专家陈克复，著名导演徐克……均出生于海丰。

环境保护

【机构人员】 海丰县环境保护局为海丰县人民政府工作部门。县环境保护局内设机构4个：人秘股、生态保护与监测科技股、环境影响评价管理股、污染物排放总量控制股（挂“核应急与辐射环境管理股”牌子）；并设直属正股级行政机构：海丰县环境保护局环境监察分局；下属事业单位：海丰县环境监测站。至2014年年末，全局有干部职工67人（在岗59人，退休干部5人，退休职工3人）；全局行政编制18人（其中：局机关行政编制10人；环境监察分局行政执法专项编制8人），后勤服务人员数2人，设局长1人，副局长2人，非领导职务正科级干部1人。2014年底实有公务员18人（其中：局机关：10人，环境监察分局8人）。

【环境质量】 2014年，根据县城城市空气质量县环境监测站、海丰中学、县城东自来水厂3个点位开展SO^2、NO^2、PM10三项污染物每周三次监测，全年52周获取1404个监测数据，按《环境空气质量标准》（GB3095—1996）、《环境空气质量指数（AQI）技术规定（试行）》（HJ633—2012），县城环境空气质量优良天数100%；对县城青年水库和红花地水库饮用水源取水口和库中心各2个点位监测饮用水源数据624个。县城饮用水源地青年水库和红花地水库水质达标率100%。全年共监测12次（每月监测一次，1月和7月监测28个项目，其余月份监测10个项目），水质均达到或优于《地表水环境质量标准》（GB3838—2002）Ⅲ类标准。赤石河小漠桥左中右垂线1个监测断面，地表水数据288个的监测结果，地表水水质达标率100%；县城龙津河拦河坝、笃厝围、灵爷宫、准提阁左右垂线4个监测断面监测地表水数据288个，水质均达到或优于《农田灌溉水质标准》（GB5084—2005）水作标准。

【生态保护】 2014年，强力推进水源地环境污染整治。按照县政府整治水源地环境污染工作会议和县政府办公室《关于印发〈海丰县公平水库库区、莲花山埔仔洞区域、县城北部区域水源地环境污染整治工作方案〉的通知》（海府办〔2014〕10号）精神，4月开始，环保局按照县政府的分工要求，成立领导小组，制订环境污染整治行动实施方案。按时间要求，开展调查摸底，依程序责令整改、自行整改、强制整改4个阶段的行动，会同海城镇、城东镇、梅陇镇、公平镇、平东镇、黄羌镇以及公平水库管理局对公平水库库区、莲花山埔仔洞区域、县城北部区域水源地周边畜禽和淡水养殖情况进行全面清理清查、整治。整治过程依法定程序向规模畜禽（500头）以下各养殖户下达《责令改正违法行为决定书》的行政命令172份，责令其自接到决定书之日起停止养殖；对规模（500头）以上养殖户发出《行政处罚决定书》11份，责令其停止养殖并处罚款。其中：向公平水库库区规模畜禽（500头）以下各养殖户下达《责令改正违法行为决定书》行政命令49份，向规模（500头）以上养殖户发出《行政处罚决定书》1份；向莲花山埔仔洞区域、县城北部区域规模畜禽（500头）以下各养殖户下达《责令改正违法行为决定书》行政命令123份，向规模（500头）以上养殖户发出《行政处罚决定书》10份。在履行各种法定程序后，按政务公开工作要求，在海丰县党政信息网公示，接受社会监督。并在强制整改的第四阶段，对公平水库库区范围内养殖户先行采取措施，环保局联合有关部门及属地政府深入养殖户做细致的思想工作，促进自行停止养殖。至11月18日止，有9家自行停养。并对这9家自行停养的养殖户做到打击与人性化工作相结合，对其不申请法院强制执行。对不履行自行停养的41家养殖户，依法申请法院强制执行。11月19日在县政府统一指挥下，县环保局、国土资源局、住建局、林业局、水务局、畜牧局、法制局、公安局、法院、经促局、供电局、司法局、物价局、食品集团公司、电视台、公平镇政府、公平水库管理局等职能部门联合行动，对位于公平的2家养猪场依法实施停水停电，拆除地面建筑物等强硬措施。2014年12月底，县环保局再次组织人员到黄羌镇、平东镇对部分不自行停养养鸭场进行强制拆除。对已作出承诺的养殖户，县环保局加强与各镇配合加强跟踪和后续管理，在公平、黄羌、平东等镇及各相关职能部门的共同努力下，公平、黄羌、平东三镇的50户养殖户全部落实停养措施。年内，对莲花山埔仔洞区域、县城北部区域加大查处工作力度，借鉴拆除公平镇辖区2家猪场的成功经验，以点带面乘势而上，按相关程序采取各种行政和处罚措施，落实各项整治工作。扩大整治成果。同时，围绕生态建设，落实水源环境保护规划，推进集中式饮用水水源保护区的划定，做好企业强制性清洁生产督促和审核工作。在县政府的重视和统一协调下，投入98.5万元，组织环保、水利、国土、卫生、住建等部门专业人员做好青年水库和红花地水库水资源保护规划编制工作，完成了送审稿，并征求各镇、场开发区和有关单位的意见，完善水环境生态保护的法制建设。水资源保护规划的编制，将为做好县城饮用水源地保护工作提供执法依据。继续深入开展农村饮用水水源地水质及周边污染源等基础环境状况调查和评估，对全县水源地进行细致调查和科学论证，编写了《广东省海丰县城市集中式饮用水水源环境状况报告》。督促相关企业做好强制性清洁生产审核工作，按照《清洁生产促进法》，深入扎实推进重点企业清洁生产工作，对广东省公布的海丰县第五批、第六批依法实施清洁生产的3家企业加强督促落实审核工作。协助相关镇向省环保厅、省财政厅申报环保专项资金项目，2014年度获得省下达2013年（第四批）中央和省级环保专项资200万元，用于大湖镇高螺村、新德村等5个农村连片环境综合整治；获得省排污费剩余资金补助项目150万元，用于赤坑镇人民政府咬报斜矿区环境综合整治（第二期）；获得2014年（第一批）省批准下达水质环保专项资金项目2个共200万元，联安、平东二镇各100万元用于环境综合整治工程；获得2014年规模化禽畜养殖业及污水处理设施“以奖促减”奖励资金共748万元（其中：海丰县祥丰养殖场6万元、海丰县742万元）。

【污染控制】 按照《汕尾市“十二五”主要污染物总量减排实施方案》及汕尾市主要污染物总量减排计划要求，为确保海丰县二氧化硫和化学需氧量排放总量减排目标的实现，扎实做好年度减排计划，采取有效措施继续抓好工程性减排、结构性减排、监督性减排工作。协调水务部门加快推进龙津河两岸污水收集管网及提水泵站建设，促进尽早投入使用，发挥最大减排效益，同时，加大力度促进梅陇、公平、可塘三个中心镇的污水处理厂建设，加强海丰县城污水处理厂运行监管，确保减排目标的实现。强化动态管理，加强污染源更新调查。开展年度环境统计及污染源普查动态更新，完成全县工业源159家、农业源148家、集中式1家的更新调查上报。抓好6家农业污染源和2家工业源结构性减排重点项目措施的落实和海丰县城污水处理厂进水量及日常监督管理，以及三个中心镇污水处理厂的建设。农业源减排方面，落实了广东双全农牧有限公司、汕尾市新兴现代农业种养有限公司和海丰县格绫种养场3家农业企业按照国家《“十二五”主要污染物总量减排核算细则》的要求和标准进行干清粪、固液分离、雨污分流、沼气池、沼气发电、污水厌氧→好氧→深度处理、粪便农业利用工作；落实海丰县金瑞丰生态农业有限公司、海丰县龙泽养殖场、海丰县城东林茂科技种养场等5家农业企业按照国家《“十二五”主要污染物总量减排核算细则》的要求和标准开展干清粪、雨污分流、沼气池、防渗漏沼液池、厌氧池、粪便农业利用工作，取得了明显的成效。结构性减排方面，按照国家《“十二五”主要污染物总量减排核算细则》的有关规定，关停了海丰县鸿生针织厂、海丰县美华针织厂，削减COD 30.564吨，氨氮1.542吨。年内，海丰县把污水处理设施建设作为工程性减排的重要抓手。着重对海丰县城污水处理厂和龙津河临时泵站运行的监督管理，使县城污水处理厂日平均处理水量从2013年的47203吨提升到49096吨，同比增长1.04%；COD进水平均浓度从2013年的141毫克/升提升到149.04毫克/升L，同比增长1.06%；COD出水平均浓度从2013年的19.2毫克/升下降到16.22毫克/升，同比下降1.18%；氨氮进水平均浓度从2013年的15.73毫克/升提升到18毫克/升，同比增长1.14%；氨氮出水平均浓度从2013年的0.67毫克/升提升到0.78毫克/升，同比增长1.16%。全年共处理生活污水量1792万吨，比2013年处理量增长1.04%；削减COD 2380.02吨，比2013年削减量增长1.1%；削减氨氮308.58吨，比2013年削减量增长1.2%。推进梅陇、公平、可塘三个中心镇污水处理厂建设，制定了建设实施方案和时间倒排计划，环保局加以督促抓落实，各中心镇均加紧落实项目征地、地面作物补偿、环境影响评价、项目上报、挑选BOT合作建设单位等工作，可塘镇污水处理厂已于10月14日奠基。年内，县环保局做好重金属污染防治，加强对持久性有机污染物、危险废物产生单位、医疗废物和放射源等的监督管理，切实从源头防控污染事故的发生。督促和指导涉及重金属产生和排放的海丰县永兴威涂料有限公司等12家企业按照要求建立重金属污染减排台账，并定期跟踪企业台账、资料和数据的更新；加强对持久性有机污染物的管理，对县殡仪馆遗体火化二恶英排放进行检查，防止含多氯联苯的电力设备的使用；加强对危险废物产生单位的管理力度。严格督促市级危险废物监管重点源，海丰县圣辉工艺制品厂等4家企业按照规范化管理要求落实相关工作，海丰县圣辉工艺制品厂、海丰县永怡电子厂向汕尾市环境保护局申请危险废物规范化管理验收。对已通过危险废物规范化管理验收的企业加强常态监管，定期和不定期对其进行检查，及时了解、掌握危险废物的产生和处理情况。引导、督促海丰县运达时皮业有限公司等7家危险废物产生企业，按照危险废物转移的规定申办危险废物转移，海丰县运达时皮业有限公司、维多利亚(海丰)轻工实业有限公司、汕尾市新大兴实业发展有限公司、海丰县永怡电子厂4家企业获得有关部门批准，共转移危险废物14.946吨，其中:HW21含铬废物（制革污泥）10.94吨、HW08废矿物油（废矿物油）3吨、HW42废有机溶剂（废天那水）1吨；对11家危险废物产生企业和海丰县有成五金塑料制品有限公司等20家进口固体废物原料利用加工企业及时、准确在“广东省固体废物管理信息平台”和“全国固体废物管理信息系统”做好填报工作，强化日常检查监管力度，保证了环境安全；配合市环保局对华润海丰电厂、海丰县澎湃纪念医院的放射源安全专项检查。制定海丰县核应急预案（征求意见稿），并征求各镇人民政府（场、经济开发区）、县直各有关单位的意见，呈报县应急部门审定。对海丰县中医院新购进CT安装项目、汕尾110千伏附城输变电工程、中国联合网络通信有限公司广东省分公司G22、G24、G25、W5—W8期基站工程环境影响登记表、环境影响报告表等进行严格的审核，并出具初审意见。为提高环境空气质量，全面推进机动车环保标志发放工作，全年核发200辆机动车环保标志，其中：绿标Ⅰ2辆、绿标Ⅱ14辆、绿标Ⅲ77辆、绿标Ⅳ94辆、绿标Ⅴ13辆。

【环境监测】 海丰县紧紧围绕全县环境保护工作重点任务，以说清楚环境质量和污染源状况为目标，以加强自身能力建设、提高监测管理水平为重点，建立起空气自动监测站，努力推进监测工作的现代化、规范化。海丰县环境监测站能力建设水平得到进一步的提高，环境监测能力建设跃上新的台阶。2014年，围绕污染物减排，切实抓好污染源监测工作。对电镀行业、线路板企业、漂染行业、皮革行业、海丰珠江啤酒有限公司、莲花山度假村进行排污常态监督监测。重点污染源监督监测废水38个、废气10个，废水监测数据1032个、废气监测数据80个；开展海丰县范围内加油站监测20个，监测数据100个；开展海丰县范围内食品企业监测15个，监测数据90个；开展群众投诉、排污收费环境监察等执法监测25个、监测数据约125个；养猪场废水监测48个；电镀行业环境监测数据认可6个，为环境监察执法提供明确的监测数据；完成顺发服装洗烫有限公司、佳宁食品有限公司、裕丰养殖场、兴荣纺织有限公司、百斯盾服饰有限公司等项目竣工环境保护监测报告27个；完成项目专项竣工环境保护监测报告3个。年内，加强对县城空气质量的监测，海丰县县城3个点位全年监测52周，每周三次，开展SO^2、NO^2、PM10三项污染物监测，获取1404个的监测数据。对县城青年水库和红花地水库饮用水源取水口和库中心各2个点位监测、饮用水源数据624个。监测项目为水温、pH值、溶解氧、高锰酸盐指数、五日生化需氧量、氨氮、总磷、总氮、铜、锌、氟化物、硒、砷、汞、镉、六价铬、铅、氰化物、挥发酚、石油类、阴离子表面活性剂、硫化物、粪大肠菌群、硫酸盐、氯化物、硝酸盐、铁、锰共28个项目；开展对县城龙津河拦河坝、笃厝围、灵爷宫、准提阁左右垂线4个监测断面监测，地表水数据288个。全年共监测6次（每单月监测一次），水质均达到或优于标准《农田灌溉水质标准》（GB5084-2005）水作标准；监测项目为水温、pH值、溶解氧、高锰酸盐指数、五日生化需氧量、氨氮共6个项目；赤石河小漠桥左中右垂线1个监测断面，地表水数据288个。地表水水质达标率100%；全年共监测6次（每单月监测一次，1月和7月监测28个项目，其余

2014年2月9日，广东省质量技术监督局组织专家组对海丰县环境监测站实验室进行计量认证现场评审。经专家组评审，海丰县环境监测站获得“广东省质量技术计量认证证书”。图为专家评审会现场

月份监测10个项目），水质均达到或优于《地表水环境质量标准》（GB3838-2002）Ⅲ类标准；监测项目为水温、pH值、溶解氧、高锰酸盐指数、五日生化需氧量、氨氮、总磷、总氮、铜、锌、氟化物、硒、砷、汞、镉、六价铬、铅、氰化物、挥发酚、石油类、阴离子表面活性剂、硫化物、粪大肠菌群、硫酸盐、氯化物、硝酸盐、铁、锰共28个项目；开展公平水库及入公平水库黄羌河流断面、平东河流断面采样；青年水库和红花地水库入库河流断面；中型水库平龙水库、红阳水库和平安洞水库采样。乡镇饮用水源地采样，涉及石牛山水库、朝面山水库、南门水库、下径水库、窑坡水库、泗马岭水库、小漠水库、南城水库。全年共采样350个。年内，且环保局加强计量认证工作，落实《海丰县环境监测站计量认证（复审）工作方案》，建立质量管理体系，确立组织机构，确保质量体系的有效运行，2014年2月9日接受广东省质量技术监督局组织的专家组对环境监测站实验室进行计量认证现场评审获得通过，取得广东省质量技术监督局颁发的“资质认定‘计量认证证书’”，为标准化建设达标验收打下了坚实基础。6月5日，经省环保厅组织专家组进行考核、验收认为，海丰县委县政府高度重视县环境监测能力建设工作，大力推进环境监测站标准化建设，全面提升该站的综合监测能力水平，取得明显成效，达到国家环境监测站三级站（东部地区）的验收要求，一致同意通过验收。海丰县环境监测站成为汕尾市经省标准化验收的唯一县级三级环境监测站。

2014年6月5日，省环保厅组织的全国环境监测站标准化建设达标验收组对海丰县环境监测站进行考核验收

【环境监察】 环境监察分局全年共出动执法人员2136人次，检查各类企业923家次，做出处罚决定23宗，责令改正环境违法行为322宗。单独作出停止生产（或停止养殖）的行政命令205宗。针对当前环境问题存在的严峻形势，县环保局在深入开展党的群众路线教育实践活动过程，认真听取群众意见，重视群众反映，边查边改，狠抓整改落实。深入开展环保专项行动，加强重点流域、饮用水源保护区、产业转移园区、大气污染、排放重金属、危废产生和综合利用等企业以及农村环境监察，强化部门联合执法、区域交叉执法和环境执法后督察，以实际行动回应群众的环境保护呼声。年内，还加强对重点污染行业查处。对经整治处置贸然复产、死灰复燃的电镀企业强化督查，予以严厉查处。对1家超标排放和6家非法设立的小电镀厂严重污染环境的行为进行立案处理，并移送公安部门按污染环境罪进行立案查处。并对梅陇镇辖区内非法金属提纯点采取取缔行动。11月，对在梅陇镇辖区内收集金银首饰厂的生活垃圾到杨柳埔、午山龙、天星湖等偏僻地带焚烧提取贵重金属造成环境污染的违法行为，联合梅陇镇人民政府、县国土局、县工商局、县供电局等部门开展联合执法行动，出动50多名执法人员，挖掘机1台，对杨柳埔、午山龙、天星湖、大箭村、新寮等16处非法金属提纯点采取断电、拆除工棚、生产场所的专项行动。为防止违法行为死灰复燃，环保局加强与梅陇镇人民政府及相关村委会的联系，做到发现一宗取缔一宗。同时，对位于公平镇龙岗美的1家废旧电子元件焚烧点进行取缔，对梅陇、海城、城东、附城等地的22家电镀作坊一举采取专项打击行动予以取缔。切实维护了人民群众的环境权益。年内，严把排污许可申报登记和发放，依法做好排费征收工作。排污申报登记和许可证发放是加强排污企业管理的基础工作，2014年共发放排污许可证122家，同时建立了排污企业污染档案，逐步实现环境监察的正规化、常态化管理。同时，坚持以征促治，依法做好排污费征收工作。从海丰县经济社会发展的形势出发，切实定好以征促治的工作目标，监察分局人员分工包片，“定人员、定任务、定范围”设立4个小组，把征收排污费与强化监督管理紧密结合起来，深入企业督查征管，至2014年共征收排污费245.71万元，完成年度排污费总任务276.3308万元的88.92%。年内，加强环境信访和应急管理。健全信访处理工作机制，强化信访案件调处、环境信访积案化解与网络舆情监控，完善领导接访制度，畅通公众环境诉求渠道。全年共受理各类信访案件210宗（重复件41宗），其中来电95宗、来信5宗、来访14宗、上级交办96宗，已处理173宗，处理率为82%。依法把好环境案件审核工作，确保行政处罚案件的合法性。依程序审核了行政处罚案件32宗，其中涉嫌污染环境罪依法移送公安部门处理7宗，依法移送法院强制执行的4宗；发出履行行政处罚决定催告书142份，依法移送法院强制执行41家。对受责令停止养殖行政行为

有异议而向海丰县人民政府申请行政复议的海城镇莲花埔仔洞区域的42家养殖户案件，按照县法制部门的要求，环保局均作出行政复议答复书，做好处罚文书的送达，及时做好清理、整治水源地养殖污染的信息公开、更新工作。

【环保宣教】 2014年，海丰县紧紧抓住“6·5”世界环境日和省第18个环境宣传月活动的契机，围绕联合国环境规划署确定的 “提高你的呼声，而不是海平面”和我省环保宣传月活动“同在蓝天下，共爱一个家”的主题，深入开展“共爱一个家，美丽海丰我有责”的主题宣传。向省宣教中心征订了《环保法规110问》《环保生活130问》《我低碳我行动—全民低碳行动36计》《全民认识防治PM2.5》《一部“长牙齿”的法律—图说新环保法》等宣传小册子向社会、企业进行发放宣传；投入资金7万多元在莲花山水源地周围设立饮用水源保护告示牌14块，两次印发县政府《关于整治县城饮用水源地环境污染的通告》4000多份发至养殖户和水源地周边村庄民众。新到任的局长陈坤宝接受记者采访，作题为《强化〈环境保护法〉宣传，提高全民环境保护自觉》的专访，在《海丰报》刊登，从宣传学习新《环境保护法》的意义、指导思想、宣传贯彻的方式、学习的内容、突出的亮点谈自身的看法和心得，对贯彻实施新《环境保护法》作出诠释。同时，向全县各排污单位发出《海丰县环境保护局关于完善环保相关手续，确保新修订〈中华人民共和国环境保护法〉顺利实施》的文件，为增强全民环保意识，共同保护环境进一步打下遵法、守法、护法的思想基础。

（黄腾辉　陈土财）

附：2014年海丰县环境保护局领导名录

局　长：徐小星（任至5月）

　　　　陈坤宝（6月起任）

副局长：王尔勇　陈继明

经济社会发展概况

【概况】 海丰县位于广东省东南部，毗邻港澳、珠三角地区，西联广州、深圳、东莞、惠州，东接汕头、厦门，水路至香港150.012千米；全县总面积1782.70平方千米，海岸线长125千米，辖16个镇、2个农（林）场和1个经济开发区；有282个村（社区）委会、2051个村民小组，总人口83.3万多人，外来暂住人口20多万人，旅居海外侨胞和港澳台同胞60多万人。

海丰县是中国第一个县级苏维埃政权诞生地、全国十三块红色革命根据之一，是彭湃烈士的故乡、中国“水鸟之乡”、广东省历史文化名城。海丰有独特的海景奇观，还有众多的文化遗址，文物古迹遍布全县。主要的风景名胜和文化遗址有：大湖省级鸟类自然保护区，公平、联安湿地，纪念文天祥的方饭亭，闻名中外的红场、红宫旧址和彭湃故居、马思聪故居等。民间艺术文化遗产十分丰富，西秦戏、白字戏、麒麟舞、正字戏、曲班、奏八音等都具有浓厚的地方色彩，其中西秦戏、白字戏和麒麟舞均为国家级非物质文化遗产。

2014年，是全县上下团结拼搏、奋发有为、取得丰硕成果的一年，是抢抓改革机遇、突破瓶颈制约、推动振兴发展的一年，是打好基础、蓄积力量、加速推进建设的一年。一年来，县政府在市委、市政府及县委的正确领导下，在县人大及其常委会和县政协的监督支持下，深入贯彻落实党的十八大和十八届三中、四中全会精神，紧紧围绕省、市振兴发展战略，以及市委提出的“海丰要勇当汕尾融入珠三角的主力军，勇当全市经济社会发展稳定器”的要求，坚决守住“两条底线”，全面实施“三大抓手”，全力打好“四大会战”、推进“六大工程”，顺利完成了县十四届人大四次会议确定的各项目标任务，推动了全县经济稳中有进，社会和谐稳定，各项事业取得新突破、新进步。

【国民经济发展】 2014年，全县地区生产总值完成243.4亿元，比增11.2%；规模以上工业增加值73.8亿元，比增25.6%；农业总产值57.1亿元，比增4.1%；社会商品零售总额216.3亿元，比增10.4%；全社会固定资产投资234.3亿元，比增16.1%；以上指标增幅均位列全市第一，其中地区生产总值高出全市平均增幅2.3个百分点。财政一般预算收入15.3亿元，比增16.08%。全县金融机构存贷款大幅增长，本外币各项存款余额164.3亿元、同比增长9.8%；贷款余额65.3亿元，同比增长28.9%，市各家金融机构直接投放海丰县贷款25亿元，市、县贷款总额达到90.3亿元。《2014广东县域经济综合发展力研究报告》显示，海丰县域经济综合发展力位居全省第十位。

【重点项目建设】 2014年全县新上续建重点项目30个，全年累计实现项目建设投资44亿元，比上年增加投资10.5亿元。其中，华润海丰电厂建设整体推进，2号和1号机组于2015年上半年先后并网发电；大百汇生物科技园已建成投产；梅陇西环路基本完成路基建设和桥涵建造；潮惠高速公路海丰段全面完成征地交地并确保全线无障碍施工；海丰电厂送出线路工程、大湖至陆丰上英公路海丰段等基础设施项目建设全面推进。

【工业经济】 海丰县生态科技城等园区建设蓄势待发，规划面积15平方千米、“产城融合”的生态科技城已完成中心启动区1.2平方千米的征地清表，正在开展“七通一平”市政设施建设和二期工业用地58万平方米征地；可塘、梅陇、公平等工业园区征地、建设扎实推进。加快规划、建设县城市民中心，近40万平方米的县城市民中心已完成征地，市政道路工程和全民健身广场建筑、景观等设计即将完成。大力扶持、建设珠宝金银首饰专业贸易市场和产业园区，成功举办“中国·海丰首届珠宝文化节”，同步加快可塘、梅陇、公平3个中心镇污水处理厂建设，促进了传统特色产业尤其是珠宝金银首饰加工业的发展壮大、转型升级。2014年，仅可塘镇就有珠宝加工企业1200多家，年加工产值40多亿元。

【农业生产】 农业生产条件不断优化。高标准基本农田建设2012年度4800公顷全面完成、2013年度4113.33公顷接近完成，赤沙水库除险加固等重点水利工程扎实推进；先后引进建设了海亮、海纳、三禾、协兴、合利“五大” 现代农业基地，总投资超40亿元。2014年，新成立农民专业合作社53家，新增“三品一标一名牌”16个，全县农业生产到处呈现出推进集约化、规模化、基地化，加快现代化的生机勃勃景象。

【社会购买力】 2014年，东维亚国际珠宝贸易广场、义乌小商品批发城、海丰装饰材料交易中心、可塘珠宝交易市场三期等高端专业市场陆续建成、开业，县城及周边城镇大商贸、大流通格局初步形成。红宫红场旧址纪念馆AAA级景区、莲花山AAAA级景区等创建工作扎实推进，田园沐歌温泉度假村、金丽湾度假村、九龙湾生态园等大型高档旅游景区加快建设。全年接待旅客249万人次，比增5.3%；旅游总收入14.2亿元，比增7.08%。

【对外经济贸易】 2014年，实际利用外商直接投资7420万美元，比增5.02%。珠宝文化节期间签约、引进的东维亚国际珠宝首饰工贸城、高端直线电机、裸眼3D液晶显示等11个总投资40亿元的工业项目，陆续进入县生态科技城及其他园区动工建设，加速新型工业化发展。制定、实施电子商务发展规划及优惠政策，积极与阿里巴巴集团开展电子商务战略合作。以食品集团商贸城为平台的县电子商务园揭牌开业，以义乌小商品批发城等专业市场为载体的“网络实体店”蓬勃发展，全年实现网上营销约3亿元，电子商务新业态正在全面渗透、融入全县经济各行业、各领域之中。

【宜居城乡建设】 全线完成红城大道改造工程，启动实施县城环境卫生社会化管理，编制完成县城综合交通规划；“平安海丰”视频监控系统全面启用，为及时精准打击、震慑遏制各类违法犯罪活动提供坚实有效的科技保障；安全生产形势持续平稳，可塘镇火灾隐患重点地区整治顺利通过省考核验收，消防、道路交通、食品安全监管和应急管理水平不断提高；一批信访积案、省市督办案有效化解，群众信访问题和群体性突发事件得到及时妥善处置。在全面整治莲花山水源地污染的基础上，继续坚持顺应民心、铁腕整治，取缔拆除了公平水库库区范围禽畜养殖场等污染源；全县完成造林绿化面积4586.66公顷，通过实施森林“进城围城”，完成县城红城大道、海丽大道、北三环等主干道路绿化升级28千米。

【教科文卫体事业】 2014年，海丰县教育“创强”扎实推进，陶河、黄羌、大湖3镇通过省级验收，公平、赤石、小漠、联安4个镇通过省督前检查，其余各镇也全面启动“创强”建设。全县建成2300间多媒体教室，实现中小学多媒体教育全覆盖。医疗卫生规划、建设不断加大，先后引进彭湃医院城东分院、泰林医院2家民营医院，基层医疗保障能力不断增强。有效控制城乡人口增长，人口计生服务水平进一步提高。文体事业蓬勃发展，成功举办中国龙舟公开赛（汕尾·海丰站），白字戏《龙宫奇缘》获第十二届广东省艺术节优秀剧目二等奖，陈炯明都督府旧址完成修缮方案设计和招投标并加紧布展。

【民生工作】 2014年，县城环境卫生社会化管理工程、社会保障惠民工程、城乡绿化美化工程、县城燃气管道建设工程已全面完成。农村低收入群众住房困难户住房改造工程、公租房教师公寓工程、高标准基本农田建设工程以及县体育场、体育馆配套完善工程正在加快推进，将于年底前完成，基本实现政府承诺。

【社会保障】 社会保障覆盖面持续扩大，城乡居民养老、医疗保险和城镇职工医疗保险等社保工作全面完成市下达的年度任务。新一轮扶贫开发全面推进，进入关键阶段，全县50个贫困村共投入资金6000多万元，实施村道、水利、自来水等基础设施建设帮扶项目80多个。

政 治

中共海丰县委员会

县委领导成员

【2014年中共海丰县委正、副书记及常委名录】

县委书记：沈木荣

县委副书记：陈德忠　林建隆

常　委：沈木荣　陈德忠　林建隆　刘　帆
陈紫光　卢雁慧（女）　许信咏
刘剑平　郑秋汉　廖汉生（任至8月）
陈连郑　吕海茵（挂职）
符　坚（8月起挂任）

县委工作机构

【2014年中共海丰县委工作机构设置】 2014年，中共海丰县委工作机构有：中共海丰县纪律检查委员会、中共海丰县委办公室、中共海丰县委组织部、中共海丰县委宣传部、中共海丰县委政法委员会、中共海丰县委统一战线工作部、海丰县机构编制委员会办公室。各工作部门内设机构、正副职名录、办公地址详见表1。

2014 中共海丰县委工作部门机构设置一览

表1

机构名称	内设机构	正副职名录	办公地址
中共海丰县纪律检查委员会	办公室、党风廉政建设室、执法监察室、纪检监察室、案件审理室、信访室（举报中心）、宣传教育调研室、监察综合室（挂县人民政府纠正行业不正之风办公室）	书　记：刘　帆 副书记：叶　森 林锡清	县委办公楼3楼
中共海丰县委办公室	内设机构：秘书股、会务股、综合股、信息股、调研股、督办股， 直属机构：县委机要局、县国家保密局	主　任：廖汉生（任至9月） 符　坚（9月起任） 副主任：陈建东 李廉清（1月起任） 李建生　杨翔鹏 陈若龙　吴恒卫	县委办公楼4楼
中共海丰县委组织部	秘书股、组织股、干部一股、干部二股、干部监督股、调查研究室、党代表联络室、电化教育股、人才股	部　长：陈紫光 副部长：黄小平（任至5月） 姚火坤 吕　娜（女，兼） 罗木群　张文亮	县委办公楼2楼
中共海丰县委宣传部	秘书股、理论股、宣传股、干部股	部　长：卢雁慧（女） 副部长：谢立群　罗晓华（女） 刘永贺	县委办公楼1楼
中共海丰县委政法委员会	政治工作办公室、执法督查室、维稳及综治股、综合调研股、社会工作股	书　记：陈连郑 副书记：吴奇双　郭庆寿 卓少辞（任至5月） 戴庚林（9月起任）	县委办公楼2楼
中共海丰县委统一战线工作部	人秘股（挂港澳社团工作股牌子）、党派党外知识分子股、经济联络股、民族宗教工作股	部　长：郭永城（3月起任） 负责人：冯玉平（任至3月） 副部长：张锦程　黄荣鑫 冯玉平(女，任至9月)	县委大院西栋3楼
海丰县机构编制委员会办公室	办公室、综合股、行政机构编制股、事业机构编制股	主　任：邓务刚 副主任：钟汉坚	县委院内

重要会议

【县党政联席会议】 2014年，召开县党政联席会议4次，分别是：

2月10日，县委书记沈木荣主持召开县党政联席会议。会议听取2013年度“五个工作年”工作总结，研究部署2014年全县开展“四大会战”和“六大工程”工作。县长陈德忠，县委副书记林建隆，县人大常委会常务副主任姚英谋等县领导出席会议。

8月18日，县委书记沈木荣主持召开县党政联席会议。传达贯彻市纪律教育学习月活动动员会精神和汕尾市加快振兴发展工作会议精神，研究部署海丰县开展纪律教育学习月活动和加快振兴发展工作，研究讨论10月中旬举行的海丰县首届珠宝文化节活动方案和2014年中国龙舟公开赛汕尾—海丰站工作方案。陈德忠、冯月琴、林建隆、姚英谋等县领导出席会议。

9月10日，县委书记沈木荣主持召开党政联席会议，对当前扶贫“双到”、殡葬管理、秋季计生及首届珠宝文化节和中国龙舟公开赛等工作进行研究部署。县长陈德忠、县政协主席冯月琴、县委副书记林建隆、县人大常委会常务副主任姚英谋等县领导出席会议。

12月4日下午，县委书记沈木荣主持召开县党政联席会议。总结部署岁末年初各项工作。沈木荣强调，要加强岁末年初各项工作的领导，全力以赴，确保完成全年各项经济社会发展指标。县长陈德忠出席会议并对当前工作提出要求。冯月琴、林建隆、姚英谋等县领导出席会议。

【县委全委会议】 2014年，召开县委全委会议1次：

1月29日，中国共产党海丰县第十届委员会第三次全体会议在县政府迎宾楼召开。全会贯彻落实党的十八大和十八届二中、三中全会以及省委十一届三次全会、市委六届三次全会精神，深入学习贯彻落实习近平总书记一系列重要讲话和省委胡春华书记关于汕尾工作的重要指示精神、全省进一步促进粤东西北地区振兴发展工作会议精神，总结了2013年工作，部署了2014年工作。县委书记沈木荣主持全会并代表县委常委会作工作报告，县委副书记、县长陈德忠部署2014年全县经济工作。

【县委理论学习中心组学习会】 2014年，召开县委理论学习中心组学习会9次，分别是：

2月24日，县委召开理论学习中心组（扩大）学习会，县委书记沈木荣主持会议并作讲话。要求领导干部要率先垂范，认真履责，躬身力行开展党的群众路线教育实践活动，确保把中央、省委和市委的活动部署，特别是省、市委督导组对海丰县的工作要求落实到实处，并取得实效。

3月6日，县委召开理论学习中心组（扩大）学习会，专题学习加快“法治中国”建设几个重要问题。武汉大学教授、博士生导师、珞珈杰出学者、武汉大学研究生院院长、中央“马克思主义理论研究和建设工程”首席专家、国务院学位委员会学科评议组成员周叶中应邀讲课。县委书记沈木荣主持学习会。

4月2日上午，县委召开理论学习中心组（扩大）学习会，学习《面向未来的赶考——习近平总书记指导河北省党的群众路线教育实践活动回访记》，全国“两会”精神和全市“创建广东省文明城市”会议精神。县委书记沈木荣主持会议，并传达市委党的群众路线教育实践活动业务推进会精神。陈德忠、冯月琴、林建隆、姚英谋等县四套班子领导成员等出席会议。

4月9日上午，县委理论学习中心组（扩大）学习会在县委会议室召开。县委书记沈木荣强调，全县党员干部要大力弘扬焦裕禄精神，大力改进工作作风，进一步密切党同人民群众的血肉联系。陈德忠，冯月琴、林建隆、姚英谋等县四套班子领导出席学习会。

4月15日下午，县委书记、县委党的群众路线教育实践活动领导小组组长沈木荣主持召开中共海丰县委理论学习中心组（扩大）学习会，组织学习原内蒙古自治区党委常委、呼和浩特市委书记牛玉儒先进事迹和新修订的《党政领导干部选拔任用工作条例》。县长陈德忠、县政协主席冯月琴、县人大常委会常务副主任姚英谋等县四套班子领导成员参加了学习会。

4月22日，县委召开理论学习中心组（扩大）学习会。学习会由县委书记、县人大常委会主任、县委党的群众路线教育实践活动领导小组组长沈木荣主持。会议组织观看了优秀影片《杨善洲》，学习了以《只要生命不结束，服务人民不停止》为题的杨善洲先进事迹材料。

5月9日上午，县委理论学习中心组（扩大）学习会在迎宾楼召开。县长陈德忠作题为《说说海陆丰革命根据地的过去、现在、未来》专题辅导课。县委书记沈木荣、县政协主席冯月琴、县委副书记林建隆、县人大常委会常务副主任姚英谋等领导参加学习会。县委常委、组织部部长陈紫光主持学习会。

7月24日下午，县委书记沈木荣在县委五楼会议室主持召开县委理论学习中心组（扩大）学习会，学习贯彻习近平总书记在中共中央政治局6月30日进行第十六次集体学习时的讲话精神，市委温国辉书记在海丰调研的讲话精神，部署经济工作。陈德忠、冯月琴、林建隆等县四套班子领导成员参加会议。

10月29日上午，县委理论学习中心组在县委会议室集中学习党的十八届四中全会、省传达贯彻党的十八届四中全会电视电话会议精神，以及习近平总书记在党的群众路线教育实践活动总结大会上的重要讲话精神，研究、部署贯彻措施，凝聚全县的精神和力量，进一步推进法治海丰新一轮大改革、大发展。县委书记沈木荣主持会议并作讲话。县长陈德忠作学习讲话精神发言。县政协主席冯月琴、县人大常委会常务副主任姚英谋等县四套班子领导成员参加会议。

【县委常委扩大会议】 2014年，召开县委常委扩大会议1次：

1月22日下午，县委书记沈木荣在县委会议室主持召开县委常委扩大会议，学习贯彻习近平总书记在党的群众路线教育实践活动第一批总结暨第二批部署会议上的讲话精神和省委十一届三次全会会议精神，讨论海丰经济社会振兴发展规划（2013—2020）和县委十届三次全会报告稿。县长陈德忠传达省委十一届三次全会的主要精神。县政协主席冯月琴、县委副书记林建隆、县人大常委会常务副主任姚英谋等县领导成员出席会议。

重大决策

【开展党的群众路线教育实践活动】 海丰县委以海委办〔2014〕3号文发出"开展党的群众路线教育实践活动"的通知，从2014年1月开始，9月份基本完成。参加活动的范围：县委、县人大、县政府、县政协领导班子及党员领导干部；县法院、检察院领导班子及党员干部；县直各机关企事业单位领导班子及党员干部；镇（场、经济开发区）领导班子及党员领导干部；镇（场、经济开发区）直机关企事业单位、村（社区）、非公有制经济组织、社会组织等基层组织及党员。

总体要求 以党的十八大、十八届三中全会精神为指导，认真贯彻中央确定的指导思想、目标任务和方法步骤，认真贯彻习近平总书记系列讲话精神，坚持"照镜子、正衣冠、洗洗澡、治治病"的总要求，以为民务实清廉为主题，围绕贯彻落实中央八项规定和省、市实施办法以及《党政机关厉行节约反对浪费条例》等规定，切实开展"平安建设、招商引资、政务政治、形象提升"四大行动，按照县委"三个坚持、四个争当、五个发展"的总体发展思路，以打好园区建设、交通建设、教育创强和荒山绿化"四大会战"，以及推进城镇扩容提质、现代农业发展、民生平安建设、生态环境净化美化、效能形象建设和基层固本强基"六大工程"为载体，突出作风建设、贯彻整风精神，坚决反对形式主义、官僚主义、享乐主义和奢靡之风，着力解决好人民群众反映强烈的突出问题，提高做好新形势下群众工作的能力，使党员干部思想认识进一步提高，作风进一步转变，党群干群关系进一步密切，为民务实清廉形象进一步树立，基层基础进一步夯实，为扎实推进全面深化改革，促进海丰振兴发展提供坚强的政治和组织保障。

目标任务 这次活动的主要任务是突出反对"四风"这个重点，集中解决领导班子和领导干部"四风"方面存在的突出问题，对作风之弊、行为之垢来一次大排查、大检修、大扫除。同时，回应群众关切，维护群众利益，注重解决实际问题，解决群众身边的不正之风，坚持以群众满意为导向评判落实活动重点任务的成效，把通过活动解决信访积案、化解矛盾纠纷、开展综合治理的成果作为检验活动效果的重要标准，把改进作风的成效真正落实到基层，真正让群众受益。主要目标：一是进一步坚定党员干部理想信念。二是进一步提高机关部门服务水平。三是进一步增强领导班子凝聚力公信力。重点任务：一是着力解决"四风"突出问题。二是着力解决群众反映强烈的切身利益问题。三是着力解决联系服务群众"最后一千米"问题。

【抢抓机遇，加快发展，促进海丰增创新优势】 2014年1月，为贯彻落实好《中共广东省委、广东省人民政府关于进一步促进粤东西北地区振兴发展的决定》，海丰县委、海丰县政府组织实施《海丰县经济社会振兴发展规划（2013—2020年）》，动员组织全县各级党政和广大党员干部群众抢抓机遇，奋勇争先，迎头赶上，加快发展，促进海丰增创新优势，更上一层楼，增强县域综合竞争力，实现与全国同步全面建成小康社会目标。到2020年，全县及各镇与全国同步全面建成小康社会；2018年，人均地区生产总值达到或超过全国同期平均水平。经济社会全面发展，生态环境优美和谐，基本公共服务健全，人民生活明显改善，区域和城乡发展更加协调。

坚持中心镇带动战略，充分发挥紧靠珠三角区位优势，将海丰建设成为珠三角产业拓展集聚地、现代商贸物流基地、生态农业发展区、红色经典旅游基地。要强化机遇意识，抢抓利好政策，着力打造海丰生态科技新城、县城南部新城、梅陇副中心、公平服装产业集聚区、可塘珠宝加工贸易区、联安围现代农业示范区、西部深汕合作区和临港重型产业区、西部滨海旅游区、东部特色农业生产基地和体验式旅游发展区、北部现代特色农业发展区等"十大发展平台”，全面实施中东西北四大片区发展战略。其中，中部片区以县城为中心，联合可塘、公平、梅陇三个专业镇，通过“中聚”发展战略实现县城扩容增质，建设“大海城”城市经济圈。东部片区以厦深铁路汕尾站开通为契机，联合陶河、赤坑和大湖三镇，通过“东联”发展战略主动接受汕尾中心城区的辐射带动，实现与汕尾城区的对接融合，建设“大旅游”生态休闲区和商贸流通业试点区。西部片区以深汕合作区为依托，联合赤石、鹅埠、小漠和鲘门四镇，通过“西融”发展战略主动承接珠三角产业转移，建设“大产业”海洋经济带。北部片区以公平水库等生态资源为基础，联合平东、黄羌二镇，实施“北优”发展战略、走绿色崛起发展道路，建设“原生态”现代特色农业产业区。

【开展“四大会战”“六大工程”活动】 2014年，在海丰县开展“四大会战”和“六大工程”工作。

园区建设大会战 按照转变工业发展方式和优化产业结构的要求，围绕园区发展定位，着重抓好园区基础设施建设，进一步创园区管理机制，加快招商引资步伐和项目建设，强化产业集聚和辐射带动功能，把园区打造成“规划超前、结构清晰、布局合理、交通流畅、设施完善、环境优雅、环保达标”的现代产业园区，促进全县经济快速健康发展。全面启动海丰生态科技城（包含产业转移工业园）、梅陇天星湖科技园、可塘长桥工业园、公平青湖工业园的规划和建设。

交通建设大会战 以加快交通基础设施建设、完善交通运输网络为主题，规划建设一批交通基础设施新项目，促进全县主干线公路上等级、上档次，打造畅通、安全、便捷的交通新网络，加快推进贯通东西、连接南北、融入珠三角、沟通沿海与内陆的公路网、铁路网，形成铁路、高速公路和国省道相互衔接、县镇公路相互贯通，构筑县域综合交通新体系，提升海丰交通运输能力。

荒山绿化大会战 以“绿色发展、生态立县”为主线，树立尊重自然、顺应自然、保护自然的生态文明理念，大力推进荒山绿化和林业重点工程建设，提高森林覆盖率，强化资源管理，提高森林质量，增加森林碳汇，提升生态功能，加快发展现代林业，大力推进生态文明，努力建设美丽海丰，为海丰县经济社会科学发展提供有力的生态支撑。完成森林碳汇造林3533.33公顷，完成封山育林1333.33公顷，完成森林抚育3333.33公顷，完成生态景观林带抚育补植49.15千米，完成新建县级森林公园1个、镇级森林公园3个，完成县城建成区8处重点道路（区域）绿化美化建设，完成乡村绿化美化示范点建设63个。

教育创强大会战 以《广东省教育强县督导验收标准》为依据，以完善国民教育体系为基础，以创建教育强镇、教育强县为重点，大力深化教育改革，加快促进教育均衡发展，全力攻坚突破，全面提升海丰教育水平和综合实力，为建设“幸福海丰”提供强有力的人才保障和智力支持。通过创强，使海丰县教育在政府责任、教育管理、发展水平等三个一级指标，在政策导向、经费保障、依法治教、队伍建设、科研课改、均衡发展、综合实力、普及程度、社区教育、“一机两语”、设备设施等11个二级指标方面，均达到或优于省评估标准要求，初步建立起结构合理、功能齐全、群众满意，具有海丰特色的国民教育体系和终身教育体系，到2015年年初实现创建广东省教育强县的目标。

推进城镇扩容提质工程 认真贯彻落实党的十八大和十八届三中全会，以及省进一步促进粤东西北地区振兴发展工作会议和全市加快振兴发展工作会议精神，围绕县委、县政府推进城镇扩容提质的工作要求，以推进县城城南新区、北部新区、生态科技城建设，城市基础设施建设和中心镇城镇化等为工作重点，着力扩大县城建设规模，提升城镇建设档次和水平，构建城市和城镇化发展新格局。

推进农业产业化发展工程 进一步深化农村综合改革，全面推进农业产业化经营，不断加快农业现代化发展步伐，实现城乡共同发展。一是突出抓好“五大现代农业生产基地”和“十大现代化农业示范园区”建设。二是全县新增县级以上农业龙头企业11家，总数达到67家。其中：新增县级农业龙头企业6家，市级农业龙头企业4家，省级农业龙头企业1家。三是全县新增农民专业合作社70家，总数实现450家以上，增长率要达到15%以上。其中：县级农民专业合作社示范社要达到60家以上，市级农民专业合作社示范社要达到25家以上，省级农民专业合作社示范社要达到25家以上，国家级农民专业合作社示范社要达到6家以上。四是全县新增农产品“三品一标一名牌”10个，总数实现50个以上。其中：新增省级以上（农业类）名牌产品5个，总数达到10个以上。五是全县新增农业产值5亿元以上，总产值突破60亿元大关。

民生平安建设工程 完成一批民生平安工作项目，突破一批民生平安重点、难点问题。党委领导、政府负责、社会协同、公众参与、法治保障的社会管理格局基本形成，维稳长效机制基本健全。维护公共安全能力明显提高，影响社会稳定和社会治安的突出问题得到较好解决，维稳形势明显好转，人民群众安全感明显增强。全面推进城乡居民基本养老保险、医疗保险工作，实施社保惠民，实现“老有所养、病有所医”的目标；完成社会保障卡的免费发放；努力扩大就业覆盖面，促进创业，带动就业，控制城镇登记失业率，免费为本县农村劳动力提供职业技能培训和就业介绍等服务。

城乡环境净化美化工程 为进一步改善城乡环境面貌，努力推进海丰县全面、协调、可持续发展，深入开展环境净化美化工作，加大环境建设和管理力度，达到环境整洁、有序、优美的效果，营造良好的社会氛围，为创建文明县打下坚实基础。一是抓好环境卫生净化工作；二是抓好公共秩序优化工作；三是抓好市容维护提升工作。

推进效能形象建设工程 为切实转变机关作风，规范行政行为，提高工作效率，树立机关新形象，使机关效能建设更加适应海丰县经济社会又好又快发展。以建设效能型机关为目标，着力解决“庸、懒、散、奢”等突出问题，继续深入开展“万众评股室”活动，大力整顿机关部门各种不正之风，重点是对海丰县行政审批电子监察单位的有关股室进行评议，进一步规范行政行为、提高工作效能、改进工作作风、推进诚信建设、提升机关形象，做到解放思想求变革、提高效能求变化、转变作风求创新、改善形象求发展、真抓实干求突破，努力提升政府执行力和公信力，为海丰跨越式发展和长治久安营造良好的服务环境。

基层固本强基工程 为进一步加强村、社区基层组织建设，更好地夯实基层基础，增强基层党组织的生机活力，进一步提高基层党组织的凝聚力、创造力和战斗力，坚持抓基层、打基础，以完成2014年村、社区“两委”换届选举为契机，选优配强村、社区班子，打造一支坚强有力的村、社区干部队伍；强化党员干部队伍建设，把各级党组织建成坚强有力、团结奋进的战斗堡垒；建立健全制度建设，力促全县基层组织建设工作规范化、决策科学化，增强基层党组织的凝聚力、战斗力和公信力，使海丰县基层党组织政治更加坚定、组织更加坚强、作风更加务实、制度更加完善，全面提升海丰县党的基层组织建设科学化水平。

【建立镇领导干部驻点普遍直接联系群众制度】 为深入贯彻落实中央和省、市委关于进一步改进领导干部作风、密切联系党群干群关系、促进基层和谐稳定的部署，2014年11月，海丰县委建立了镇领导干部驻点普遍直接联系群众制度。

指导思想 认真贯彻落实党的十八大、十八届三中、四中全会和习近平总书记系列重要讲话精神，进一步改进领导干部作风，密切党群干群关系，以维护群众利益为核心，以直接联系为主要方式，以了解群众、学习群众、服务群众、引导群众为主要任务，以制度建设为保障，构建基层党的群众路线教育实践活动长效机制，解决联系服务群众“最后一千米”问题，不断增强党同人民群众的血肉联系，推进基层治理，夯实党在基层的执政基础，促进基层和谐稳定，为推进海丰全面深化改革、加快振兴发展、全面融入珠三角提供坚强组织保障。

基本原则 建立镇领导干部驻点普遍直接联系群众制度，应遵循以下原则：坚持联系群众直接化；坚持联系群众全覆盖；坚持联系群众常态化；坚持联系群众制度化。

目标任务 建立镇领导干部驻点普遍直接联系群众制度的主要目标任务：宣传政策法规；掌握社情民意；听取意见建议；解决实际问题；推进基层治理。

【党员干部扶贫“双到”工作制度】 根据《中共广东省委办公厅、广东省人民政府办公厅关于印发〈广东省新一轮扶贫开发“规划到户、责任到人”及重点县（市）帮扶工作的实施方案〉的通知》精神，结合海丰县扶贫开发工作实际，2014年12月，中共海丰县委制定了党员干部扶贫“双到”工作制度。帮扶对象为海丰县辖内重点帮扶村相对贫困户，面上非贫困村内相对贫困户和相对贫困人口。

指导思想 以邓小平理论、“三个代表”重要思想、科学发展观为指导，以促进城乡协调发展、实现共同富裕、构建和谐海丰为目标，按照“政府主导、部门联动、社会参与、自力更生、开发扶贫”的原则和新的扶贫标准，创新扶贫开发思路，完善到户帮扶机制，继续实施“规划到户、责任到人”工作，支持扶贫开发重点县发展县域经济，不断增强综合实力，提高基本公共服务水平。着力改善重点帮扶镇、村发展环境和社会民生事业，大力增强农户经济实力，大幅增加贫困农户收入和密切党群干群关系，不断加强党同人民群众的血肉联系，推进基层治理，加快脱贫奔康步伐，全面推进海丰县经济社会发展和新农村建设。

工作措施 实施对口定点帮扶，开展“一户一策一干部”结对帮扶活动。除县外帮扶单位确定帮扶措施外，采用县直副处级以上干部挂扶3户，正科级干部每人挂扶2户，其他党员干部每人挂扶1户的工作措施。帮扶单位党员干部不够的，可由驻村工作组一对多户进行帮扶。

帮扶内容 党员干部严格按照省、市的工作部署，在帮扶贫困户过程中采取有效的帮扶模式，因地制宜，因户而异，精准帮扶，扎实开展帮扶工作。①帮扶有劳动能力贫困户通过资金扶持、项目扶持、技能扶持、就业扶持等形式，使贫困户年人均纯收入达到省规定的数额以上。②对无劳动能力、无生活处理能力的特困家庭，通过发动党员群众出资、出力，帮助其改善生活状况，增强其生活信心。③帮扶贫困户完成住房改造或者“两不具备”移民搬迁任务。④帮扶贫困户解决安全饮水问题。⑤帮扶贫困户家庭子女上学，保障考上高中以上学生无因贫辍学现象。并采取建立长期助学计划，使其顺利完成学业，增强其家庭的脱贫能力。⑥帮扶贫困户家庭成员100%参加新型城乡合作医疗和新型养老保险。⑦帮扶贫困户参加技能培训实现转移就业。⑧帮扶有劳动能力的贫困户参与产业化生产。⑨制定完善措施，建立贫困户长效跟踪脱贫机制。⑩宣传公民道德新风尚、推行移风易俗和计划生育、反对封建迷信、严格遵纪守法、维护社会治安、建设社会主义精神文明方面积极发挥示范引导作用。

县委综合工作

【机构人员】 中共海丰县委综合工作由县委办公室实施，中共海丰县委办公室主要内设机构有秘书股、会务股、综合股、信息股、调研股、督办股，直属机构有县委机要局、县国家保密局。共有编制40人，实有38人，其中领导职数1正4副共5人。

【督察督办】 2014年，县委督办部门紧紧围绕上级党委和县委的中心工作，切实加强自身建设，创新督办督查方法方式，按照“围绕中心，突出重点，抓住关键”的工作思路，认真开展督促检查，狠抓工作落实，有效保障了各项重大决策、重点工作的顺利推进。全年共开展各类督查超过100场次，发出《督办通知》《督办通知书》及相关工作督查通知7期，并向上级和本级党委及主要领导专报相关督查情况超过50期。主要对全县各地、各单位传达贯彻全市领导干部大会精神、贯彻落实市委六届三次全会及市“两会”精神，市委主要领导调研工作备忘落实情况和县重点项目、民生工程建设等工作，市、县主要领导同志批示的信访案件办理情况进行督查，仅县委主要领导信件办理、批示转办事项就达274件。同时，协调部门，积极催办，及时向市委办督办科报告督办事项进展情况，在专项督办上收到了较好效果。全年共接到市委督查部门批转县委办公室的督办通知、领导信件批示24件。在为上级党委服务上，全年共向市委办专报《关于贯彻落实市委六届三次全会及市“两会”工作部署的情况汇报》《关于贯彻落实中央“八项规定”情况汇报》《关于贯彻落实中共汕尾市委、汕尾市人民政府关于贯彻落实〈中共广东省委、广东省人民政府关于进一步促进粤东西北地区振兴发展的决定〉的实施意见的情况汇报》和全县经济社会发展、重点项目、重点工作情况、网络舆情处理情况、群众集体性上访事件处理情况等共计24期。在群众问政议政的热潮备受重视的社会发展阶段，督办部门不断总结吸取经验，在处理网络舆情工作上与时俱进，把握网络舆情的时效性，做到接到领导批示后，立即转发到相关职能部门进行调查处理（一般5个工作日内）。通过电话督促、实地调查等方式了解事件真实情况，及时上报并由县信息中心在网上回复网友。全年共转办跟踪督查网络舆情调处事项80件，相关单位办理回复率达到98%。进一步树立起整体观念和团结协作、密切配合、共同前进的团队精神。认真接待省、市有关领导和部门督查调研和指导工作，积极协助做好全县大型活动和各项中心工作，按照上级的要求和部署，勇挑重担，狠抓工作落实，高质量完成工作任务。同时，耐心细致做好群众上访接待、劝说工作，共接待群众来访超过250场次。

【信息工作】 2014年，县委办公室向省委办公厅和市委办公室报送167期《海丰信息》，被省委办公厅采用2期，被市委办公室采用19期，在全市各单位信息工作综合排名上名列前茅。

【保密工作】 2014年，海丰县委保密委员会深入学习贯彻党的十八届三中全体和习近平总书记系列重要讲话精神，充分运用党的群众路线教育实践活动成果，紧紧围绕全县工作大局，按照省、市保密委统一部署，以确保国家秘密安全为中心，深化改革创新，突出重点难点，打好攻坚战，抓实基础保障，建立“大保密”工作格局，不断推进全县保密工作发展，发挥保安全、保发展、保和谐作用。全年以“八大要点”促进保密工作：一是加强网络保密管理，推进涉密人员管理，完善定密规范管理；二是完善保密审查、审核、审批机制，落实《关于加强保密工作依法行政的意见》；三是推进“八大平台”建设，配合市推动涉密计算机违规监控、涉密办公自动化设备管控、涉密信息集中管控、涉密载体销毁监管、安全保密监控信息共享、通信保密检查、互联网门户网站保密检查和重要涉密单位互联网接入口保密监测等八大保密监管平台建设；四是配合省完成省、市、县三级保密系统联网，健全各单位保密自查机制，配合市开展领导干部履行保密工作领导责任制情况检查；五是制定了海丰县泄密案件和保密违法行为约谈工作规定，建立泄密案件和保密违法行为通报机制，完善保密部门与纪检监察、法院、检察院、公安、国家安全等部门办案协调配合和情报信息交流机制；六是加强保密宣传教育培训，会同相关部门开展保密法纪宣传教育月活动，组织开展保密教育全员培训工作；七是落实保密工作责任制，大力推动《中共中央保密委员会关于党政领导干部保密工作责任制的规定》贯彻落实，确保将保密工作责任制落实情况纳入领导干部考核和民主生活会内容；八是配合省、市对海丰县贯彻落实《关于进一步加强保密机构队伍建设有关事项的通知》开展督查督办。开展《“十二五”时期海丰县保密事业发展规划》实施情况、县委保密委重大工作部署和专项保密业务的督查督办。

【调研工作】 2014年，县委调研部门紧紧围绕领导中心工作，对省、市、县安排的调研任务和其他工作高度重视，多方面收集情况，研究总结工作规律，积极协调配合完成，把调研工作纳入县委决策的重要一环，对调研工作坚持做到深入基层，走进农户，了解发展中的新情况、新问题，找准解决问题的新办法和新措施。全年共参与县委主要领导调研活动10多次，配合整理县委主要领导调研讲话材料20多篇。同时认真组织、配合完成了市委主要领导各项调研活动，年内市委主要领导到海丰开展了2次调研活动，主要负责各项准备工作和主要领导讲话录音整理，并按照市委政研室的要求，多次组织开展了以“海丰县经济社会发展情况”“海丰县中心镇建设情况”“海丰农村基层社会治理”等为主题的调研活动，进行实地调查研究，并通过发放调查问卷，发放征求意见表，召开座谈会，到企业实地调研，与干部、群众、企业代表个别访谈等形式，做到在一线收集材料，在一线发现问题，在一线找准解决问题的方法，形成高质量的调研报告，供市委领导决策参考。坚持深化服务意识，提高业务能力，进一步巩固了“大文秘、大信息、大调研”工作机制。在充分发挥参谋助手作用出发，正确处理协助领导抓大事与处理日常政务工作的关系的同时，积极主动承担决策性文稿和重大会议上县委主要领导讲话材料的起草、整理工作。全年共参与起草领导讲话材料以及向市委领导汇报的文字材料等，累计撰写各项材料稿近30篇，文字量近20万字。

（林　望）

附：2014年中共海丰县委办公室领导名录

主　任：廖汉生（任至9月）
　　　　符　坚（9月起任）
副主任：陈建东　李廉清（1月起任）
　　　　李建生　杨翔鹏
　　　　陈若龙　吴恒卫

组织工作

【概况】 2014年，中共海丰县委组织部深入学习贯彻落实党的十八大、十八届三中、四中全会精神，扎实开展党的群众路线教育实践活动，坚持围绕中心，服务大局、突出重点、整体推进，切实加强基层组织建设，重点推进干部人事制度改革，加大干部日常监督管理力度和干部培训工作力度，有效加强人才队伍建设和实施引进人才“百人计划”工程，积极开展“心、行、醒、信”作风建设主题实践活动，强化组织部门自身建设，不断开创组织工作新局面，为海丰县社会和经济各项事业发展提供坚强的组织保证和人才支撑。

【机构人员】 海丰县委组织部内设秘书股、组织股、干部一股、干部二股、干部监督股、调查研究室、党代表联络室、电化教育股、人才股，共9个股室。人员编制25人，2014年年末实有人员30人。

【党组织和党员情况】 2014年，海丰县共有基层党组织929个，其中党（工）委22个、总支36个、支部871个。全县党员28446名，其中女党员5436名，占19.1%，35岁以下6877名，占24.2%，大专以上学历9456名，占33.2%，农民党员10091名，占35.5%。2014年全县共发展新党员333名。新党员的基本结构：年龄结构：35岁以下的207名，占发展总数的62.2%；36—59岁的123名，占发展总数的36.9%。学历结构：大专以上的115名，占发展总数的34.5%；中专文化的37名，占发展总数的11.1%；高中文化的65名，占发展总数的19.5%；初中及以下文化的116名，占发展总数的34.8%。性别结构：男性250名，占发展总数的75%；女性83名，占发展总数的24.9%。新党员的分布情况：生产、工作一线的194名，占发展总数的58.3%，其中教育科研一线的24名，占发展总数的7.2%；机关一线的16名，占发展总数的4.8%。经过共青团组织“推优”入党的16名，占发展总数的4.8%。

【开展党的群众路线教育实践活动】 在活动中，中共海丰县委组织部重点抓好七项工作：一是迅速动员，严密部署。2月18日召开全县开展党的群众路线教育实践活动动员部署会议。各地各单位也迅速组织动员，10天内全部召开了活动动员会议。县委常委会先后召开6次专题会议部署活动，加强理论精神学习。县委成立了教育实践活动领导小组，领导小组下设办公室，内设秘书组、综合组、宣传组、检查指导组、督导组5个组。二是深化认识。县委理论学习中心组召开（扩大）学习会12场次。先后有16名县委常委、副县长带头讲党课，121名县直机关单位负责人上学习辅导课，18名镇（场、经济开发区）党委书记在所在地作教育实践活动专题报告。三是开门查摆，深挖“四风”问题。深入基层走访、举行座谈讨论、个别邀约访谈、设置公开电话、意见箱、电子邮箱、发放征求意见表，县领导班子成员60人，组成16个团队，驻各地党代表工作室，共收集基层党员干部群众各类意见和建议600多条。全县分层次建立各级联系点497个，调研865场次，征求对各级领导班子及成员的建议22673条。县党政领导班子梳理出32条主要存在问题，各地各单位建立查找问题综合台账443份。各级领导班子先后召开147场次的会诊会议，其中县四套领导班子组织召开专题“会诊”会议5场次，县委领导班子召开了两次“会诊”会议对征求到的群众意见、市委督导组反馈的问题进行会诊。四是开展谈心谈话，批评与自我批评。全县各单位党组织主要负责同志与班子成员谈心交心871次，班子成员之间谈心交心2078次，班子成员与分管联系部门的负责人谈心交心1621次，约谈本单位党员、干部、群众2248次，督导组与班子成员谈心交心863次。据统计，专题民主生活会上共提出自我批评意见5858条，提出批评意见6110条。全县参评党员人数23944人，评为优秀等次党员2266人、评为合格等次党员21641人，评为不合格等次党员37人。五是落实整改，转变党员干部作风。推行“马上办”工作法，解决群众反映的各类突出问题248件，即时办结166件，督促各地为群众办实事1000多件，为困难群众出脱贫“点子”300多条。开展了莲花山地区水源污染整治工程、县城道路综合改造工程、县城公共交通整治工程、农村卫生整治工程、作风效能整治工程、龙津河专项整治工程、“呵护青山”做表率植树护林工程和“软弱涣散”基层党组织整治工程8个重点问题的专项整治行动。全县列出班子整改问题清单1670条，班子整改措施2187条，制定领导干部个人整改清单695份。把专项治理工作作为解决“四风”问题的重要途径。重点对照中央部署的“7+4”、省委10个方面、市委5项整治等专项整治任务，部署“8+4”专项整治，并取得了显著的成效。六是建章立制，健全完善作风建设机制体制。废止《海丰县非农建设用地改变土地用途管理规定》（海府〔2011〕6号）、《海丰县“三旧”改造项目地价款收取规定》（海府办〔2012〕83号）、《海丰县行政执法案卷评查办法》（海府〔2005〕49号）、《海丰县农村饮水安全工程运行管理试行办法》（海府办〔2009〕127号）、《海丰县政府采购管理暂行办法》（海府〔2001〕40号）、《海丰县政府采购工作程序暂行规定》（海财〔2001〕204号）等6个不适用的规范性文件。按照上级在反对“四风”方面的制度建设要求，分类修改完善20项制度，重新制定出台21项制度。七是严督实导，着力保障教育实践活动质量。海丰县成立了12个由正科级以上干部担任组长的督导组，并高配第一、二、三、四组组长，调整由副处级干部担任，切实加强对各基层单位开展活动的督促检查和工作指导。坚持高标准、严要求，把督促检查贯穿到活动全过程，对达不到要求的地区和单位组织返工“回炉”。重点抓好对照检查材料起草关，县委班子成员个人材料至少修改10稿以上，个别同志修改近20次。

【村（社区）“两委”换届选举工作】 2014年，全县279个村（社区）于2014年3月底前，顺利完成“两委”换届选举，选出“两委”干部1621人，其中村委干部1565人，女干部325人；党支部成员907人；“两委”交叉任职女干部115人，进一步优化了“两委”班子结构。新一届“两委”班子中，党组织书记、村（居）委会主任“一肩挑”比例和“两委”班子成员“交叉任职”比例分别达90.3%和91.5%，分别比上届递增45%和51%。村委干部党员比例占村委总数70%；每个村至少有一名以上妇女当选干部；高学历村干部、致富能手比上届增加20%以上。

【“心、行、醒、信”作风建设主题实践活动】 2014年，海丰县组织系统开展了以“八个一”为主要内容的“心、行、醒、信”作风建设主题实践活动，贯彻落实中央关于改进工作作风、密切联系群众“八项规定”，以及省委、市委加强干部作风建设有关规定。扎实开展“四学两比”“学党史、强信念”“五查四访”“下基层听民声”“政务环境建设年”和“三个一”等专题调研活动，切实加强全县组织部门自身建设，不断提高组织工作科学化水平和组工干部整体素质，努力创建“学习型”“服务型”“创新型”“廉洁型”“和谐型”组织部门。

【干部管理与监督】 海丰县贯彻执行新颁布的《党政领导干部选拔任用工作条例》，认真抓好《条例》的学习培训和贯彻落实，严格遵守干部选拔任用工作程序和要求，规范动议，改进完善民主推荐和考察工作，加强各级领导班子建设，选好配强镇级领导班子，同时，加强了对各地各单位开展干部选任工作的业务指导。开展超职数配备干部专项整治，严格干部职位职数配备管理。年中出台《关于开展规范清理党政领导干部在企业兼职（任职）工作“回头看”的通知》，对规范清理党政领导干部在企业兼职（任职）工作开展“回头看”。同月，出台《关于做好规范退（离）休领导干部在社会团体兼职问题有关工作的通知》，从严做好退（离）休领导干部在社会团体兼职的审批和管理工作。进一步推进股级干部交流轮岗制度的落实，出台《关于严格执行县直单位股级干部交流轮岗工作制度的通知》。全面完成了县委组织部管理的2100个干部档案的改版工作，并对干部重点信息进行审核，不断地推进干部档案管理规范化、信息化、制度化。2014年，中共海丰县委组织部加大对干部的管理和监督工作力度。开展了规范党政领导干部在企业兼职（任职）、超职数配备干部和配偶移居国（境）外工作人员专项清理清查工作。清理规范党政领导干部在企业兼职人员9人，调整配偶移居国（境）外国家工作人员岗位2人，对全县超职数配备干部进行了全面自查，整改消化超职数配备干部9人。以落实干部选拔任用“四项监督制度”为基础，贯彻落实《海丰县委常委会报告干部选拔任用工作并接受民主评议制度》等相关规定，加大对各级领导干部的日常监督管理力度。年内，实行任前公示干部共有103人（其中科级29人、股级74人）；委托县审计局对6名离任和16名任期较长的“一把手”实行经济责任审计，配合县审计局参加了7个镇审计进点会；加强对领导干部在重要事件过程中的监督，切实加强对因公因私出国（境）人员的监控，审理了101位领导干部出国（境），有效地杜绝各类出国（境）违规问题的发生；清查出涉及配偶或子女已移居出国（境）外国家工作人员20名，对3 名需要调整的干部，已作出相应的调整和相关手续；加大来信来访受理调查工作力度。至年末，共收到干部（群众）来信来访18起，解决历史遗留问题2宗。

【干部培训和人才队伍建设】 2014年，制定实施《海丰县2014年干部培训计划》，继续推行“2+4”干部培训模式，加大对镇级基层干部的轮训力度。一是落实好中央、省、市委培训计划。安排领导干部参加上级组织的培训班，全年共选送到国外、境外学习培训有2人次，选送到中央、省参加培训学习有15人次，选送到市参加培训学习有98人次。二是办好各专题培训班。进一步加强干部教育培训，大幅度提高干部素质，组织部联合党校等相关部门举办5期主体培训班次，培训科级干部160多人次，股级干部160多人次，其他各类人员培训80多人次。三是发挥教育阵地作用。结合党的群众路线教育实践活动，充分发挥全国传统教育示范基地红宫红场的优势，组织县四套班子领导成员、全县各级党员干部，分期分批到红宫红场、彭湃故居等红色教育基地接受党性教育。还请东江纵队革命战士老同志，讲述海丰革命史。通过深化学习教育，进一步坚定党员干部理想信念，拧紧了“总开关”。做好2014年公务员招录工作。2014年计划录用公务员94名，经全省统一招考，共录用公务员90名，其中包括乡镇公务员51名，县直机关单位公务员34名，检察院公务员5名。2014年，海丰县引进人才“百人计划”工程顺利通过省“扬帆计划”考核组的考核，得到了省考核组的肯定，并得到省级专项资金的重点扶持。选拔管理了“海丰县拔尖人才”和“海丰县优秀农村实用人才” 总共两批次39人。对2012年以来海丰县引进的高层次人才进行考评，其中评选出优秀等次人员8名。建设“人才驿站”2家，为海丰探索柔性引才有效途径，引导人才与产业、项目对接，推动人才、产业和科研协同发展作出初步探索。

（陈莉曼）

附：2014年中共海丰县委组织部领导名录

部　长：陈紫光

副部长：姚火坤　罗木群　张文亮

　　　　吕　娜（女，兼）

宣传工作

【概况】 2014年，县委宣传部深入学习十八大及十八届三中、四中全会精神，贯彻落实习近平总书记系列重要讲话精神，围绕中心、服务大局、主动作为、务实高效，在思想理论、核心价值观宣传、舆论引导、舆情监控、文明创建、文化活动、体制改革、路线教育、队伍建设等方面扎实推进、亮点纷呈。

【机构人员】 中共海丰县委宣传部为县委工作部门。根据工作职责，宣传部内设4个机构，秘书股、理论股、宣传股、干部股。挂县社会主义精神文明建设委员会办公室牌子为县文明委的办事机构。人员编制：县委宣传部机关行政编制10人，其中部长1人，副部长3人，股长4人。机关使用事业编制3人，其中县社会主义精神文明建设委员会办公室定事业编制3人，后勤服务人员2人，离退休人员11人。属下有海丰县海丰报社，正股级，事业编制9人。

【理论武装工作】 一是全县理论学习紧密围绕中央及省委、市委和县委的重要部署和要求，印发了《关于全县科级以上党委（党组）中心组2014年理论学习的意见》《学习习近平总书记系列重要讲话精神意见》《学习贯彻十八届四中全会精神意见》等文件；购买了《习近平谈治国理政》《中共中央关于全面推进依法治国若干重大问题的决定》《党委中心组学习》等共300本学习书目，分发给县委理论学习中心组各领导成员；组织征订《突发事件舆情应对指南》《马克思主义哲学十讲》等阅读材料，推荐一批学习资料作为学习型党组织建设的必读书目。二是县委

2014年8月，社会主义核心价值观全县基层巡回宣讲活动

中心组举办18场理论学习会，邀请有关专家学者举行8场包含四中全会精神、习总书记系列讲话精神、实践活动、核心价值观、信访条例等内容的大型专题辅导会，全县各级党委中心组共组织学习会300场次。三是建立健全党委（党组）中心组理论学习制度，规范学习内容、时间、计划，有效推进了全县理论学习开展以及学习型党组织建设，提高了全县干部队伍的思想理论水平。四是做好党报党刊征订工作，顺利完成全年征订任务，得到市通报表扬。

【教育宣讲工作】 2014年，县委宣传部主要教育宣讲工作：一是加大社会主义核心价值观的培育和践行力度。依照《广东省培育和践行社会主义核心价值观实施意见》，重点实施五大工程，开展五大行动。二是邀请省委宣讲团到海丰县举办社会主义核心价值观宣讲活动，参会人员超过300人，效果突出，省专家对组织工作给予了高度评价。三是组建县宣讲团，在18个乡镇举行了社会主义核心价值观全县基层巡回宣讲活动，共计不少于2000人次参加了听讲，取得良好效果。四是开辟、建设宣传新平台，对社会主义核心价值观进行宣传，针对特定人群、特定场所分门别类的进行宣传，增大了宣传覆盖面。

2014年3月14日，县委宣传部在红宫红场开展教育实践活动

【宣传引导】 一是做好重点文化活动的宣传报道，如首届珠宝文化节及龙舟赛，对接省市各大媒体，组织策划全方位、多角度的宣传报道，打响海丰城市名片，提高海丰影响力和知名度。二是创新宣传形式，扩大对外宣传。采取“请进来、走出去”的方式，开拓微信、微博平台，发挥党政网、宣传网、电视、电台等传播功能，借助腾讯等传播渠道，制作《千年古邑 澎湃海丰》大型宣传片；联合老促会，配合央视、省主流媒体做好“饮水思源老区行”采访工作，积极联系中央、省、市主流媒体来海丰县集中采访报道，协助央视《不能遗忘的美丽——中国湿地》《感知广东》等栏目和专题组的拍摄，协助市外宣办提供和更新采访点内容等，有效提升了海丰知名度和美誉度。三是主动宣传好全县中心工作，如禁毒行动、路线教育活动、村两委换届选举、清明祭祖、殡改、计生“一证先行”、环境整治、安全生产等，联合下发《海丰县禁毒整治工作宣传方案》《〈海丰县2014年清明节期间森林防火宣传教育工作方案〉的紧急通知》，计生宣传工作连续三年获得《中国人口报》“计划生育宣传先进单位”荣誉。

【舆情监控工作】 一是加强意识形态工作，召开全县意识形态系统学习会，传达学习十八届四中全会精神及《省委宣传部关于进一步加强我省意识形态工作的意见》，对统战、党校、电大、宣传系统等职能部门提出了具体工作要求。二是加强与市部沟通，切实做好网络舆情监控引导工作。将涉县重要舆情每日报送县主要领导；每周将涉县舆情汇集并分析研判，形成书面报送；每月向市部报送海丰县“省级以上（含省级）媒体报道情况统计表”。累计上报网络舆

2014年9月29日，县委常委、宣传部部长卢雁慧（前排左五）出席联河小区志愿服务队成立仪式

2014年10月1日，县委宣传部举办“中国梦·翰墨情——迎国庆书法美术作品展”

2014年10月1日，县委常委、县委宣传部部长卢雁慧在县委宣传部举办的“中国梦·翰墨情——迎国庆书法美术作品展”致辞

情共168期，其中，以“海丰网络舆情专报”的纸质形式报领导阅示共计113期，通过电子版直接发送共55期。发督办件要求各涉事单位回复的共计101件。共有16件影响大的舆情网上进行公布回应。三是举办“汕尾网友共话海丰发展”网友见面会，听取网友意见和建议，要求相关单位和网友更加重视网络舆情，共同“推进网络空间法治化”，依法管网，依法办网，文明上网，做“中国好网民，海丰好网友”，有效引导了网络舆情，得到广大网友的点赞好评。四是建立健全舆情监控回应机制，积极协调相关部门，组建海丰县网络舆情监控中心，组织人员到省市学习借鉴，结合实际，研究制定《海丰县网络舆情管理工作暂行办法》，明确职责、规范流程，形成定期搜集、及时报送、严格督办、限期办结、快速回应、高效引导的良好工作机制，加强了海丰县的网络舆情监控工作力度。同时，经多方协调，海丰宣传网也顺利报省市并通过工信部备案，已重新投入使用，并且经中央编办审核通过，完成挂标工作。五是积极参与处理应对突发事件，启动应急预案，对各宗突发事件、上访群众性事件，及时进行强有力的舆情监控，如应对年底的教师上访事件、“艾滋病人来海丰”的舆情，及时遏制网络谣言散布，还原事实真相，迅速平息网络炒作；再如名园枪击事件，牵头组织成立了事件舆情处理小组。同时，草拟《海丰县突发事件新闻发布应急预案》，已下发至全县各地各单位。

【文明创建工作】 2014年，县委宣传部文明创建工作：一是积极协调争取省市重视支持，启动“广东省文明县城”创建工作，召开动员大会进行部署，对照省市要求，草拟制定《海丰县创建省文明县城工作联席会议制度》《海丰县创建省文明县城督查工作制度》《海丰县创建省文明县城工作奖惩意见》及“关于成立海丰县创建省文明县城专项工作组的方案”等；推动全县各责任单位开展创文活动，汇集总结报送创文工作简讯9期。二是牵头组织团委、消防、海城镇等单位开展“美丽海丰、清洁先行”志愿服务活动。三是加快社区文明建设步伐，组织建立以社区为单位的文明创建服务队。“中顺物业联河花园小区志愿者服务分队”率先成立，推进社区服务网络化、多元化、专业化、常态化。四是组织参与“中国好人”“广东好人”等及省市先进评选活动，其中1人被评为年度“广东好人”“中国好人”；1人被评为年度“全国自强模范”，并获“广东省青年五四奖章”。另外，选派学生代表参加2014年广东省第二届“南粤长城杯”青少年学生演讲比赛，其中1人代表市参加省总决赛，获得优秀奖。同时，组织先进典型事迹在全国各大媒体进行报道，提升了海丰干部队伍形象。五是开展“道德讲堂”，建设国税局示范点，制定细化方案，要求教育系统先推广铺开，以点带面，推动各系统深入开展活动。

【举办文化活动】 一是在各大节日期间举办文化系列活动，如“中国梦·翰墨情——迎国庆书法美术作品展”，为基层本土艺术爱好者提供展示平台，举办“韩墨知春·福送万家”送春联、“文化进万家”、灯谜会、各类球类比赛等丰富多彩的文化活动，丰富基层群众精神文化生活，展示海丰深厚的文化底蕴和艺术发展成就。二是发挥“两馆”职能，文化馆开展了国画基础春季和暑假培训班；县博物馆开展形式多样的公众宣传教育活动，《海丰名人展——马思聪生平图片展》送珠海市博物馆展出。三是开展基层群众性文化活动，全县各镇文化站举行了晚会、猜谜、戏曲表演等活动200多场次。四是西秦戏传承中心被授予省宣传基层文化“先进单位”；白字戏神话剧《龙宫奇缘》参加第十二届省艺术节，获得剧目二等奖，1个新秀奖，1个音乐创作奖，2个个人表演奖。五是专题召开学习习总书记文艺座谈会重要讲话精神工作会议，部署提出海丰县贯彻落实的六方面工作意见。六是做好省文化消费专项补助资金分配落实工作。

【广电文体体制改革】 一是按省市要求牵头协调广电、财政、国资、住建、编办等部门，制订方案，整合资源，以总资产4025万元入股省网络总公司，县广电台成为省广电网络公司股东。这项工作从整体协调推进、改制方案制订选择到资产整合总盘子，都为海丰做大广电总量提高增值打下良好发展基础，在全市率先圆满完成广电网络改革重组工作任务，在全省68个改组任务已完成的22个县中，总资产仅少于斗门区，超过两个市级电网，在粤东乃至全省都排在前列，省市给予高度好评。二是文体旅游局牵头红城电影院、电影公司做好清资核产、土地确权等前期工作，推动改制稳步前进。三是基层文化服务中心遗留问题特别是到龄离退休人员得到妥善落实和解决。

【推进文体设施重点项目建设】 2014年，县委宣传部想方设法、积极稳妥地推进县影剧院项目。在完成项目主体工程之后，按照县委县政府确定的新思路和总框架，为解决建设资金和节约管理成本，创新模式，走社会融资管理推向市场的渠道和方式，联合相关部门成立合同签订专项小组，通过多轮次的沟通协调、谈判、走程序，完成了与原施工方合同终止协议草拟及签订工作。同时依据相关法规，经县招投标中

2014年11月13日，县长陈德忠为志愿者授旗

心招标，完成了合作方招标工作，并完成与中标合作方合作协议的草拟及签订工作，下来，依法依规由合作方经发改部门审批相关手续后，项目工程将加快推进建设。年内，还完成县体育馆和体育场的设计立项工作，并进行招投标，推动整体建设。同时，督促抓好附城、联安、鲘门、鹅埠、赤石、大湖6个乡镇综合文化站和22个村级文化室的达标升级建设。

【开展多种实践活动】 一是深入开展党的群众路线教育实践活动，按照习近平总书记“三严三实”的总要求，整顿“四风”存在问题，强化队伍作风建设。积极开展各项“规定动作”和六个“自选动作”，先学先行，使全体宣传党员干部接受了党性锻炼和宗旨教育。二是加强全县干部队伍及机关形象建设，下发《海丰县推进效能形象建设工程实施方案》，要求加强职业道德培训和教育管理，搭建便民、利民服务平台，打造良好机关形象，建设群众满意机关，提升各窗口单位和队伍新形象。三是加强对基层宣传工作指导力度。深入基层了解宣传工作情况，从部门中列出资金支持基层宣传阵地建设，共选派19名基层宣传系统干部分别参加省、市、县培训学习，健全制度、加强管理、提升素质、严格纪律，打造守土有责的宣传干部队伍。四是抓好基层扶贫挂驻村工作，开展“走基层、听民声”活动，帮助挂驻村委制定详细的帮扶规划和措施，列出经费支持村建设，帮助经济困难村集体解决破旧村道改造，帮助挂驻贫困户解决医疗和小孩读书困难，有效改善了当地贫困群众的生产生活条件。

【全县宣传思想文化工作会议】 2014年3月18日召开全县宣传思想文化工作会议。传达贯彻全市宣传部长会议精神，总结2013年宣传思想文化工作，部署2014年宣传思想文化工作任务。县委常委、宣传部长卢雁慧参加会议并作讲话。会议从理论武装、舆论引导、精神文明建设、主题文化活动、公共服务设施、文化体制改革、干部队伍素质等七个方面总结回顾2013年的工作。会议提出，2014年是全面贯彻落实党的十八届三中全会精神、全面完成“十二五”规划任务的关键一年。宣传思想文化系统全体干部、职工，一定要认真贯彻落实习近平总书记系列重要讲话及十八大、十八届三中全会精神，深入开展党的群众路线教育实践活动，切实抓好作风建设。全县宣传思想文化工作要围绕县委提出的打好“四大会战”，推进“六大工程”的总体部署要求，紧密结合宣传思想文化部门的工作实际和工作特点，深入推进效能形象提升工程，强化思想理论武装，切实提高舆论引导能力，培育和践行社会主义核心价值观，加强互联网建设和管理，推动形成大宣传工作格局，为海丰县加快“向西融珠”，建设成为宜居、宜业、宜游的滨海城市做出新的更大贡献。为切实做好宣传思想文化工作，结合全县实际，会议部署了八项工作：一是开展效能形象提升工程。二是抓好思想理论武装。三是加强舆论引导水平，强化网上监控与引导。四是推进文化强县建设，加快文化体制改革。五是开展广东省文明县城创建，培育践行社会主义核心价值观。六是做好对外宣传工作。七是创新宣传思想文化工作。八是扎实开展党的群众路线教育实践活动。

（黄武海）

附：2014年中共海丰县委宣传部领导名录

部　长：卢雁慧（女）

副部长：谢立群　罗晓华（女）　刘永贺

2014年11月25日，县委常委、宣传部部长卢雁慧（中）在全县宣传思想文化系统召开的加强意识形态工作座谈会上作报告

县直工委工作

【机构人员】 中共海丰县直属机关工作委员会，正科级，挂靠县委组织部。设4个内设机构：县直机关纪工委（副科）、县直机关武装部（副科级，挂靠单位）、组织股、县直机关团委。

人员编制：海丰县机构编制委员会文件（海机编[2011]59号）核定：县直工委机关行政编制5名，其中书记1名，副书记1名（兼任纪工委书记），武装部长1名，正副股级领导职数2名。后勤服务人员1名。

【组织建设】 2014年，中共海丰县直属机关工作委员会共有党总支36个，党支部246个，党员6400人，“两新”组织6个。年来发展预备党员61人（其中学生68人），转正党员71人，积极分子29人，党员对象53人（其中学生23人），到期换届(含正副书记、支委)52人，对工作变动、改非，缺少职数的党总支、党支部进行改选和增补，进一步加强了对基层党组织建设；参加党的知识培训150人。

【新党员宣誓仪式】 2014年7月1日，县直机关79位新党员冒雨在党旗下，在工委书记陈耀平的带领下，庄严地宣誓自愿加入中国共产党，光荣地成为一名共产党员。这些新党员都是来自各机关、企业单位、学校、厂矿，都是工作在生产一线的业务骨干、优秀人物、先进工作者，对于其人生将是一座新的里程碑。新党员们纷纷表示：在党生日的当天加入党组织，感到很荣幸，一定要牢记党的宗旨，全心全意为人民服务，不辜负党和人民的重托，在不同的工作岗位上，努力工作，不断进取，为中华民族的复兴，为实现中国梦，而努力奋斗。

【举办书画展览】 为认真贯彻落实党的十八届四中全会精神，学习习近平总书记在文艺座谈会上的讲话，县直工委于2014年12月30日在县博物馆举行“中国梦·书画情庆元旦迎新春书画展览，”这是海丰文化生活的一件大事，也是县直机关首次举行此类活动，影响深刻，对于弘扬中华民族的传统文化，活跃机关的文艺生活，挖掘和培养书画人才，具有深远的意义。本次活动，引起各部门的高度重视，一把手亲自动员的，到办公室咨询的、打电话联系的，通过各种方式，争先恐后进行精心筹备；为了完成一幅作品，有位老同志，放弃深圳与子女团聚，亲自赶回来创作，精神十分可嘉。县委书记沈木荣、县长陈德忠等县四套班子领导亲自为展览题词。此次展览，是县直机关有史以来，规格高、质量好、影响大的一次书画集会。参与者中既有一线的工人、教师，也有退下来的老同志，以及部分书画家。展出的作品约100幅，有篆、隶、楷、行、草诸体，形式多样，内容丰富，给人以美的享受。参展作者中不乏县直机关干部职工的书画爱好者，甚至有的加入省市书画协会，更有一些加入国家书协、国家美协，希望这次展览，能挖掘更多的人才，为提高海丰软实力添砖加瓦。这一活动对于推动海丰古邑的文艺事业产生积极的影响。

（柯明文）

附：2014年中共海丰县直属机关工作委员会领导名录

书　记：陈耀平

副书记：施坚如

统战工作

【概况】 2014年，中共海丰县委统一战线工作部（挂海丰县外事侨务局牌子）全面贯彻落实党的十八届四中全会、省委十一届三次全会、全省统战部长会议和市委六届三次全会精神，紧紧围绕县委、县政府的工作中心，把握科学发展主题和加快经济发展方式，紧扣立足“三个坚持”，勇于“四个争当”，推进“五个发展”，努力把海丰打造成广东新崛起的宜居宜业现代中等城市这一核心，服务经济建设中心和服务科学发展大局，在建设幸福海丰中奋发工作，发挥了应有作用。

【机构人员】 2014年，中共海丰县委统一战线工作部（以下简称县委统战部）为县委工作部门。中共海丰县委台湾工作办公室（海丰县人民政府台湾事务办公室）、海丰县民族宗教事务局与其合署办公。县统战部机关行政编制10名，机关使用事业编制3名（含台湾工作办公室行政编制2名、台湾同胞联谊会行政编制1名、县民族宗教事务局机关使用事业编制3名）。其中部长1名（兼任台办主任），副部长2名（其中1名兼民族宗教事务局局长），台办副主任1名，股长4名，后勤服务人员数1名。统战部下设人秘股（挂港澳社团工作股牌子）、党派党外知识分子股、经济联络股、民族宗教工作股4个股室。中共海丰县委台湾工作办公室（挂海丰县人民政府台湾事务办公室、海丰县台湾同胞联谊会牌子），负责全县对台工作。海丰县民族宗教事务局负责全县民族宗教工作。

【侨务工作】 海丰县加强外事工作与海外侨胞、港澳同胞及社团的联系。2014年5月，引进全球500强企业之一的美国史丹利公司旗下的史丹利百得（深圳）

精密制造有限公司一行到海丰，资助县海丰中学贫困生40名，发放资助资金2万元。捐赠书籍一批给海丰中学图书馆，捐赠梅陇、陶河中心小学、海丰县光明实验中学电脑各20台，捐赠电脑共60台，充实了基础中小学多媒体教室的硬件配套和图书馆，并前往黄羌镇慰问归侨特困户。此外，在海丰县中等职业学校、海丰县光明实验中学召开史丹利百得（深圳）精密制造有限公司与在校学生的座谈会。确立了海丰县光明实验中学与史丹利百得（深圳）精密制造有限公司的校企合作关系，拓展了学生的视野，提供了就业岗位，受得了良好的社会效果。加强侨捐项目的监管工作。至年末，全县已普查上报的侨捐项目分布在12个乡镇，总数97宗，接受捐赠总金额11498.6万元。其中捐赠教育事业65宗，捐赠金额5071.4万元；福利事业17宗，捐赠金额5041.6万元；建桥修路11宗，捐赠金额1097.6万元；其他288万元。为捐赠人颁发了“捐赠证书”，受捐单位签订了《管理责任书》，捐赠建筑物悬挂由省侨办统一制作的“侨捐单位”牌子，制订实施《关于在全县建立华侨港澳同胞捐赠公益事业项目监督管理制度的实施意见》，切实维护捐赠人、受捐单位和受益人的合法权益，促进公益事业的发展。不断完善归侨普查数据库。至年末，已基本完成归侨侨眷的动态调查登记建档以及管理服务。全县归侨及侨眷总人数4059人，分布于黄羌、公平、平东、黄羌林场、联安、梅陇农场等乡镇场。其中归侨总户数487户，总人数537人（亚洲归侨人数537人，其中印尼归侨人数33人、泰国归侨人数4人、老挝归侨人数1人、新加坡归侨人数27人、印度归侨人数2人、马来西亚归侨人数451人、柬埔寨归侨人数7人、越南归侨人数12人；欧洲归侨人数1人，其中英国归侨人数1人），全县归侨子女3521人。

【港澳事务】 一是发挥港澳统战工作网络和协调机制作用，协助加强港澳社团建设，注重社团领袖及骨干培养，重点做好专业人士、青少年的教育引导培养工作，不断壮大爱国爱港爱澳新生力量。二是认真开展海外联谊和对外交往，热情接待县内外考察团、访问团到海丰参观访问考察。10月5日和10月18日，县统战部领导两次赴港参加香港广东汕尾市同乡总会庆祝国庆65周年庆典活动和香港保健海流协进会庆祝国庆65周年暨九龙分会就职典礼活动。11月20日，受澳门收藏家协会的邀请，县统战部领导赴澳门参加由澳门收藏家协会主办的“2014中国澳门书画文物展”。三是充分发挥统战部门与港澳人士联系密切的优势，积极协助县委、县政府举办的各类活动。如港澳政协委员座谈会、中国龙舟公开赛（汕尾海丰站）和海丰首届珠宝文化节活动等活动，通过邀请港澳政协委员和乡贤代表回乡参加种活动，为推动海丰县与港澳的合作与发展，促进海丰县与港澳的交流合作。四是在开展香港专项工作中，县统战部按照中央、省、市开展专项工作的部署，在县委的领导下和省、市委统战部、中联办、汕尾市同乡总会的大力支持和帮助下，团结一切可以团结的力量，争取人心，凝聚力量，积极动员旅港同胞反“占中”活动，全面完成香港专项工作任务。

【对台工作】 2014年，海丰县整体推进对台工作。坚持“以经济促政治”的方针，认真做好台资企业的调研工作和鲘门台湾渔民事务工作站的工作。通过以联谊交友为契机，认真宣传国家“和平统一、一国两制”的基本方针和现阶段发展两岸关系、推进祖国和平统一进程的八项主张，以及新形势下发展两岸关系的四点意见；宣传反分裂国家法，反对和遏制“台独”分裂势力及其活动，为推动两岸关系朝着和平稳定的方向发展做出积极贡献。年内，对全县台胞大陆配偶及其亲属的情况进行全面调查。调查结果：1990年以来，海丰县与台湾婚嫁的配偶有111对，其中81对的亲属居住在海丰，30对亲属已迁往外地。清明节期间，原国民党上校叶俊臣、台湾颂扬国际有限公司董事长周炳强、老台胞黎规等回家乡祭祖，县统战都前往慰问、接待，与他们座谈交流，推介海丰县经济社会发展情况，鼓励他们为家乡经济发展出力献策。3月22日，台湾姜氏宗亲以姜岳峰为领队的访问团一行12人到海丰县访亲问友，县台办前往接待，并联系相关镇（场）机关负责人与访问团交流。9月22日，台北市惠州同乡会以潘盛京为领队的参访团一行20人到海丰县考察、观光，陪同参访团参观了文天祥公园、莲花山度假村、鸡鸣寺。通过考察交流，使台湾同胞了解了海丰县的人文地理、经济环境，切身体会两岸同胞血脉相连的同胞之情。

【民族事务管理】 2014年9月，鹅埠畲族村被国家民委命名为“中国少数民族特色村寨”，争取专项建设资金80万元，为特色村寨建设再添新动力。按照畲族传统建筑风格，建成两层民居4幢，人均居住面积达到25平方米以上；建成了文化科技楼、民俗馆、村牌坊门楼、公共厕所、篮球场等一批设施；村道、巷道全部实现水泥路面，安装了路灯，并对全村进行合理的绿化，并完成了全村的通讯、自来水、电视网络、避雷系统等配套设施。2014年12月，由市政协帮助支持，新建4座特色民居，并完善了自来水设施。畲族群众创办了1家园林绿化公司，发展种、养殖场25个，通过举办“畲族特色农产品展销会”等形式，大力推介畲族特色农产品。此外，畲族群众还大力发展田园观光旅游产业。打造以“农家乐”为主题的生态休闲游，走出一条以游补农、以游助农、以游促农的良性发展路子。县民族宗教部门通过招商，引进客户资源，协助畲民自办了一个制鞋厂，既解决了本村富余的劳动力，又增加当地群众的收入。为抢救和保护畲族传统文化遗存，海丰县民宗局牵头搭线，出版了《畲语海丰方言基本词汇集》《红罗畲族风情》和《海丰县红罗畲族村特色村寨影像资料》等刊物。举办畲族文化交流活动，繁荣畲族文化。在海丰县民族宗教部门的倡议下，畲族村成立了舞蹈队、运动队、舞狮队，多次举办畲语朗诵比赛、畲族服饰创作比赛和一家一菜、一人一歌等活动。举办“三月三”文化节，同社会各界人士共赏畲族文化。邀请各地书法家、摄影家在本村联合举办书画展，摄影比赛，摄影展等活动，不断加强海丰畲族文化的保护和传承。组织畲族群众参加第五届全省少数民族运动会，获得“押加”比赛项目冠军。

【宗教事务管理】 2014年，海丰县有佛教、道教、天主教、基督教四大教，依法批准登记的宗教活动场所63处，没有新增设宗教活动场所。全县宗教信众人数约4.2万人，同比增长7.7%，其中：佛教有比丘101名、比丘尼19名、信众2.2万人；教职人员131人，道教有道士3名、信众0.2万人；天主教有神甫1名、修女2名、信众1.1万人；基督教有牧师 、长老2名、传道员8名、信众0.7万人。年内，海丰以准提阁为基地，组织举办了5场“佛教经典”大型讲座、5期“幸福人生讲座”、24期“家庭伦理道德研习班”、4期“传统文化夏令营”，共计2万人次参加。其中“家庭伦理道德研习班”和“传统文化夏令营”由准提阁免费提供食宿全程封闭式教育。准提阁的运作模式得到了省民宗委和省民族宗教研究院的肯定，2014年6月，由省民族宗教研究院与海丰县准提阁签订合同，设立“广东省民族宗教研究院佛教文化教研实践基地”。该基地的成立，是全省佛教活动的创举，是新形势下挖掘、探索、弘扬佛教优秀文化的创新举措。继续开展“同心·助学”行动。自2012年后，海丰县倡导和组织宗教界连续3年开展助学活动，通过积极发动全县各宗教团体、宗教活动场所、宗教界热心人士踊跃捐助，3年共募集资金资助45万元，资助75名家庭经济困难的高中学生。继续开展关爱行动。积极组织开展“十寺扶百户”的活动，对孤儿、孤寡老人、残疾人员、单亲家庭和特困家庭共60个帮扶户进行帮扶，给予每月200—300元生活救助，组织发动鸡鸣寺、云莲寺、准堤阁筹集大米10吨、食用油250千克和善款1万元到梅陇镇竹符村委进行慰问。协助香港道教人士开展赈灾解难行动，2013—2014年在海城、附城、城东、公平、联安等镇共派发大米33吨，价值20万元。这些关爱行动体现宗教界乐善好施的优良传统，受到了当地党政和群众的好评。此外，还动员和组织全县宗教教职人员101人办理了医保，14名教职人员参加了社保，努力推进宗教教职人员纳入社会保障范围。

【“同心”行动】 2014年，县委统战部继续以实施“同心”品牌为契机，进一步在服务科学发展中建功立业。开展“同心·助学”行动。自2012年以来，海丰县积极倡导和组织宗教界连续三年开展助学活动，通过发动全县各宗教团体、宗教活动场所、宗教界热心人士踊跃捐助，三年共募集资金45万元，资助75名经济困难的高中生完成学业。8月18日，县工商联与共青团联合举办“圆梦——2014年贫困学生大学梦”活动，会员企业捐款21.8万元，各界人士捐款73.4万元，圆了174名贫困学生的大学梦。县工商联与县团委于2004年开始圆梦助学活动以来，累计募集资金共522.6万元，资助了1134名大学新生，奖励了50名考上全国重点大学的优秀学生，取得了显著的成效。县工商联会员单位县海深汽车公司总经理吕锋捐资约16万元帮助海丰镇召贡村委铺设往飞瓦庵的盘山水泥路；县工商联主席、海丰县中顺物业管理有限公司郑海田捐资25万元铺设了联安镇友爱村委翁厝村的村道，大大方便了村民的出行。开展“同心·暖心”行动。年内，统战部以暖心行动为载体，组织统战成员单位开展对统战对象进行慰问、帮扶活动。每年的春节、中秋节海丰县台办都有对海丰县台商、台胞、台属进行走访慰问，台商台胞对海丰工作非常满意。中秋节期间，台办在走访慰问台资企业时，了解到台商吕祺益的工厂因租借他人，因特殊原因被县供电局停电，台办及时与供电局领导协调，使其厂房尽快恢复通电。又如台商张宪治，在城东镇租用土地种植桉树，遭到村民的干扰，台办通过协调城东镇及相关村委，保证了该台商桉树的正常种植。宗教局在中秋期间，大力发动宗教界人士筹集大米200包，现金1.5万元到挂驻的梅陇镇竹符村委进行扶贫慰问活动，牵头香港道教团体在公平、联安两镇向1000户贫困家庭派送大米5吨。开展“同心·济困”行动。在“6·30”扶贫济困日和“七一”建党日期间，统战部领导带领中层以上党员干部到所挂驻的梅陇镇竹符村委召开了老党员座谈会，还组织县服装商会会员单位和云莲寺居士等到该村开展访贫问苦慰问老党员和特困户的活动，为特困老党员和特困户送上食用油、大米和慰问金等，给他们送去了温暖。此外，海丰县还积极开展“十寺扶百户”活动，组织10个寺院对60户特殊家庭（孤儿、孤寡老人、残疾人、单亲家庭和特困户）进行帮扶。有的给予每个月300元的生活救助金，还定时或不定时的为这60户特殊家庭送去大米、食用油等，解决他们的生活困难。11月下旬，海丰县农工党组织20余名党员联合县医药总公司到陶河镇杨埔村委进行送医送药活动，为100多名村民进行义诊，送去价值3000多元的药品一批。

【统战部自身建设】 2014年，结合第二批党的群众路线教育实践活动，县委统战部加强自身建设。在党的群众路线教育实践活动期间，做到规定动作不折不扣完成。统战部通过多场次的学习，多场次的下基层接地气，通过多次场召开各层次统战对象的座谈会，使广大党员干部切实认识到了“从严治党”的重要性，大家深受教育。通过座谈会、发放征求意见表、上门走访等多种形式，征集意见建议15条，并建立整改台账，完善修订了规章制度。通过召开专题民主生活会，班子成员互相揭短亮丑，达到出汗、红脸、排毒的目的，更增进了班子成员间的团结，受益匪浅。一是开展广泛的谈心活动，了解党员的思想状况，有针对性地对党员进行教育，消除思想障碍，架设思想桥梁，帮助树立正确的人生观、价值观、事业观；二是搭建多种平台，组织各类活动，在春节和“七一”期间组织党员干部对所挂驻的梅陇镇竹符村委进行访贫问苦活动，并对部的离退休老党员进行慰问；三是在党的群众路线教育实践活动专题民主生活会上，班子成员之间推心置腹，揭短亮丑，开展了批评与自我批评活动，最终形成一股强大凝心力，营造出了人人工作积极想干事、人人能干事、人人干成事的心情舒畅的工作环境和氛围。此外，还修订了机关内部管理制度。在原有制度的基础上，按照“以人为本”的管理理念，对财务、用车管理等制度进行了修改与细化。

（陈瑞仪）

附：2014年中共海丰县委统战部领导名录

部　长：郑永城（3月起任）
　　　　冯玉平（负责人，任至3月）
副部长：张锦程　黄荣鑫　冯玉平（任至9月）

2014年海丰县民族宗教事务局

局　长：黄荣鑫

2014年中共海丰县委台湾工作办公室

（海丰县人民政府台湾事务办公室）
副主任：马小兰（女）

老干部工作

【概况】 2014年，中共海丰县委老干部局坚持以邓小平理论、“三个代表”重要思想和科学发展观为指导，认真学习贯彻党的十八大和十八届三中、四中全会精神和习近平总书记系列重要讲话精神，以“家”的服务理念，融入老干部管理工作中，真心诚意为老干部办实事、尽心竭力为老干部解难事，认真落实好老干部的政治、生活待遇，及时妥善地解决好老干部反映的热点、难点问题，营造了一个稳定和谐的老干部队伍环境。

【机构人员】 中共海丰县委老干部局设人秘股、业务股。局属下事业单位设海丰县老干部活动中心、海丰县县直企业离休干部管理服务中心。2014年，县委老干部局（含下属事业单位）工作人员共计12人，其中：行政在职干部5人、参照公务员法管理单位工作人员2人、事业干部3人、机关后勤人员1 人、工人1人。

【落实老干部政治待遇】 海丰县认真落实好老干部政治待遇，按照从严治党要求加强离退休干部思想政治建设和党组织建设这“两项建设”，努力使离退休干部党组织成为坚强战斗堡垒、老干部工作领域成为巩固的思想阵地。2014年，老干部局采取了四项工作措施，为落实老干部政治待遇工作注入活力。一是加强政治理论学习，在政治上尊重老同志。坚持每年2次集体学习制度，先后集中组织老干部学习党的十八大、十八届三中四中全会等文件精神。召开一年一度的时事通报会，使老干部及时了解海丰经济社会发展状况。二是订阅学习资料。老干部局为全县离退休干部征订了《秋光》杂志、《老年报》，为老干部活动中心征订了各级党报、《求是》杂志及《中国老年报》等，各类报刊共计2800多份。三是采取送学上门。对身体状况差，行动不便的老干部进行走访，与他们交流谈心，及时把新的老干部政策和县委、县政府的重大决策向他们传达。四是做好思想化解工作。对有思想包袱的老干部进行定期深入细致回访，帮其更新思想观念，解决其实际困难，想方设法解开他们的思想疙瘩。

【落实老干部生活待遇】 2014年，老干部局强化服务意识，全面落实好老干部各项生活待遇。一是坚持重大节日走访慰问老干部制度。春节前夕，对全县离休、县级退休及老干部遗属和政府大院内副科以上退休干部共计600多人，开展了春节走访慰问活动，

2014年7月，省委老干部局副局长钟铨（中）到海丰县老干部活动中心实地调研

发放慰问金和慰问品共计20多万元；“五一”、国庆、元旦期间，对退出市场或改制的企业离休干部采取逐一上门走访慰问形式，了解掌握老干部的生活状况，听取老干部对服务管理工作的意见和建议，为有困难的老干部采取帮扶方式给予解决实际问题。二是及时探望重病住院老干部。先后到市、县定点医院及老干部家中慰问、探望老干部达200多人次，送上慰问金计10万多元。三是完善离休干部“三个机制”保障体系。县老干局根据上级文件精神，结合海丰县离休干部进入“双高期”的实际情况，调整海丰县离休干部护理费标准，将生活不能自理离休干部福利费标准提高至每月2000元。四是落实好离休干部健康检查制度。每年一次组织县属离休干部和老五套退休干部进行一次身体健康检查，让老干部们全面了解自己的身体状况。五是做好离休干部善后工作。宣传文明殡改政策，协助其家属处理善后事宜。

【老干部活动中心建设】 县老干部活动中心是广大离退休干部开展形式多样、有益身心健康文体活动的重要场所。为更好地丰富老干部的精神文化生活，经县委、县政府研究决定，老干部活动中心由原陈炯明都督府搬迁至县老招待所旧址改造建设。中心于2015年1月动工建设，预计总投资350多万元，总用地面积2850平方米，设有多功能厅及配套用房区、文化活动区、老年大学教室区和行政办公区等。老干部活动中心的建成和投入使用，将充分发挥党和政府联系、凝聚老干部的桥梁作用，成为老同志娱乐健身、学习求知、颐养天年的乐园。

【老干部工作调研】 7月8日，省委老干部局副局长钟铨带领省局工作人员到海丰县调研老干部工作政策落实情况，并召开老干部座谈会，听取老干部的意见和建议。钟铨一行还实地察看海丰老干部活动中心，就如何建设好海丰活动中心提出宝贵意见。9月30日，市委常委、组织部部长苏茂荣到海丰县老干部活动中心开展调研，通过看现场和听汇报、交谈，全面了解中心建设情况，苏茂荣充分肯定中共海丰县委老干部局建设老干部活动中心的工作，同时要求老干部活动中心建设工程要抓早抓主动，争取早日投入使用。

【老干部关心下一代工作】 2014年，海丰县引导离退休干部发挥“余热”。支持和协助县关工委、县老年体协等老年社、群团组织，老有所为、老有所乐、发挥余热，发挥老干部政治优势，引导老干部为青少年开展革命传统教育、爱国主义教育、艰苦奋斗教育和社会公德教育，在关心青少年健康成长方面发挥作用。本着“因地制宜，量力而行”的原则，引导老干部参与扶贫帮扶、关心下一代、革命老区建设、党风廉政建设等方面力所能及的工作。对事迹突出的老干部进行宣传报道，在座谈会、支部会上介绍经验典型，发挥老干部的模范作用。年内，海丰县原县长曾向奇被授予全省离退休干部先进个人，是汕尾市唯一

2014年11月，海丰县老干局健身球操队自选套路荣获省二等奖

获得该荣誉的老干部模范先进分子。

【组织老干部开展文体活动】 2014年，县委老干部局组织广大离退休干部开展形式多样、有益健康的文体活动。重阳节期间，组织政府大院内近百名离退休干部参观县重点建设项目科技生态园及社会主义新农村建设示范点黄羌镇坑联村，领略海丰县经济社会发展成果。11月，县老干局牵头县老年体协组织部分老干部组成健身球操队、门球队两支队伍代表汕尾市参加在东莞市举行的广东省第八届老年人运动会，其中健身球操队自选套路荣获二等奖。

（何杭龙）

附：2014年中共海丰县委老干部局领导名录

局　长：吕　娜（女）

副局长：周礼光

党史工作

【概况】 2014年，海丰县委党史研究室按照上级党史部门的要求，围绕海丰县委的中心工作，不断解放思想，创造性地开展各项工作，充分发挥“存史、资政、育人”的作用，强化党史宣教工作，提升党史工作影响力。圆满地完成各项工作目标，取得一定成绩。

【机构人员】 海丰县委党史研究室属正科级单位，核定事业编制5名，实有在职人员5名，离退休人员2名。

【党史研究工作】 海丰县委党史研究室根据省委党史研究室的部署，积极组织人员启动编撰《中国共产党海丰县地方史》（第二卷）前期工作。党史二卷主要反映1949—1978年期间，新中国成立后至党的十一届三中全会前，海丰县党组织带领广大人民群众进行社会主义革命和建设的实践活动。系统、全面、科学地对这一历史进行记述和总结，有利于发挥以史鉴今、资政育人的特殊作用，更好地为党和国家工作大局服务。党史研究室于2014年下半年，组织本室人员以及聘请党史爱好者，启动党史二卷编撰前期工作。

【党史出版工作】 2014年，海丰县委党史研究室积极组织编撰《海陆怒潮》——海陆丰革命斗争回忆录（第二卷），第二卷是一卷的续集，主要收录海陆丰苏维埃政权建立前后，老同志的亲身经历和革命斗争回忆录，他们大部分是参与彭湃等领导和开创的海陆丰农民运动，也与彭湃等先烈们一起共过事，回忆自

己所亲身经历过轰轰烈烈的革命斗争，讲述那段峥嵘岁月的一个个令人难忘的史实，重现革命年代，英勇不屈、不畏牺牲的海丰人民为了革命胜利，进行了长期艰苦斗争的革命精神，是很好的革命传统教育学习资料。《海陆怒潮》（第二卷）于2014年年底已付印发行。

【配合外地党史研究部门采访、考察】 海丰是彭湃的故乡，全国第一个县级农会和第一个苏维埃政权的诞生地，且建团、建党、建军时间较早，重大革命活动多，革命斗争时间长，有深厚的革命传统文化；海陆丰这块革命根据地，在中国革命史和中共党史上，占据了很多个“第一”；许多外地单位、机构慕名前来采访报道。2014年10月中旬，广东省梅州市党史研究室专程来海丰考察革命遗址，开展座谈会研究探讨海丰的革命历史，海丰县委党史研究室都为他们提供了重要历史资料。12月，福建福州大学副教授一行到海陆丰实地调研、考察海丰红场、红宫，了解大革命时期海陆丰是最早建立苏维埃政权的县份，也是最早出台《土地法》的县份。

（陈卓如）

附：2014年中共海丰县委党史研究室领导名录

主　任：陈建东

副主任：颜维如

党 校

【机构人员】 中共海丰县委党校是培养党员领导干部和理论骨干的学校，是县委的工作部门，是培训轮训党员领导干部的主渠道，是党的哲学社会科学研究机构。党校校长由县委1位常委兼任。单位核定事业编制23名，设常务副校长1名、副校长2名；内设机构3个：办公室、教务室、教研室，在岗主任2名、副主任4名，副股级科员1名，办事员及教员11名。2014年，依据自身的工作职责，致力搞好干部培训工作。

【干部培训】 2014年，在县委的直接领导下，县委党校贯彻落实上级关于大规模培训干部、大幅度提高干部素质的战略部署，举办干部培训5个班次13期，培训党员干部2960人，其中：科级干部学习习总书记系列重要讲话精神培训班2期160人；股级干部培训班1期80人；青年干部培训班1期80人；各类优秀人才培训班1期80人；公务员全员培训班8期2560人。

【理论研究】 2014年，县委党校组织理论教员编写《学习总书记讲话精神，创新意识形态工作》《学习习总书记讲话精神，全面深化经济体制改革》《积极培育和践行社会主义核心价值观》《践行“三严三实”新要求，切实加强作风建设》《深化政治体制改革的几点思考》《全面深化经济体制改革，推进经济可持续发展》《安全生产政策法规讲解》《理想人生·中国梦》《职业道德修养》《“中国梦”与人才优先发展战略》《凝聚知识青年力量，谱写青春乐章》等11个专题辅导课，通过集中审核、集中点评等方式，切实保障培训班的党性学习和能力学习，确保培训质量。

【教学创新】 2014年，针对新时期干部培训需求的特点，推广理想信念教育主题实践活动，组织股级干部培训班、青年干部培训班的学员分期到省首批爱国主义教育基地——海丰县红宫红场均进行红色熏陶现场教学，重温入党誓词，接受红色教育，以进一步震撼思想、净化心灵、升华精神、锤炼意志。

（陈建泉）

附：2014年中共海丰县委党校领导名录

校　长：陈紫光（兼）
常务副校长：吕海如
副校长：李孝稔

信访工作

【概况】 2014年，认真贯彻落实中央信访工作的决策和部署，紧紧围绕党的群众路线教育活动的主题和宗旨，全面开展社会矛盾纠纷和信访突出问题排查，全力做好信访事项的调处、化解和稳控工作，深入开展领导干部大接访活动，严格按照省“九个一”要求化解信访积案，妥善解决了一大批突出问题，为海丰县创造了和谐稳定的社会环境做出应有贡献。

【机构人员】 海丰县信访局属正科级，挂靠县委办公室。主要职责是负责全县信访工作，负责日常接访、办信、立案、调查等工作；具体做好重大上方案件的办理、督办；完成上级和领导交办重要信访、来访案件的处理工作，并向上级和交办单位汇报，及时分析来信、来访动态，向领导提出建议和具体处理意见。县信访局内设2个股室1个中心，分别是综合信息股、接访督查股和信访信息中心。信访局机关行政编制5名，机关使用事业编制5名，其中局长1名、副局长1名、正副股级领导职数3名，信访信息中心核定事业编制2名，其中主任1名。

【来信来访】 2014年海丰县群众进京非访10批11人次，上年同期零上访；到省上访67批343人次，其中集体访20批247人次，同比批次下降20%、人次持平；到市上访188批601人次，其中集体访32批318人次，同比批次下降18%、人次下降39%；到县上访945批4091人次，其中集体访215批2663人次，同比批次上升28%、人次上升26%。全年收到群众来信436件，同比上升6%。其中属重信249件，重信率57%，同比上升4个百分点。年内，群众网上信访15宗，其中到省级网站信访11宗、县级网站信访4宗。以上信访事项中，涉土问题占33%、涉法问题占19%、民政问题占14%、城建问题占11%、劳社问题占10%、村务问题占9%、其他问题占5%。

【县党政领导轮值接访日制度】 海丰县实施县党政领导每月15日、30日定为县领导接访日，由一名县领导接待群众来访，且每日安排轮值接访制度。明确县党政领导每日到信访接访大厅轮值接访，切实处理好轮值当日群众来访事项，处置各种突发事项及社会稳定问题。

【带案下访、主动约访】 2014年，海丰县、镇领导干部开展下访恳谈活动，县党政班子领导成员每月15日到所挂驻镇综治信访维稳中心开展下访恳谈活动；

各镇（场）党政成员每月30日到所挂驻的村（社区）综治信访维稳工作站开展下访恳谈活动。年内，海丰县开展全县大接访活动1场，参与接访领导干部50人次，接访群众51批150人次。开展县领导接访日活动13场，接待群众101批430人次。县、镇二级领导干部参与每日轮值接访1477人次，接待群众441批1918人次。

【综治信访维稳】 2014年，全国“两会”、春节、国庆节、十八届四中全会和亚太峰会期间，海丰县均制定信访维稳工作方案，成立临时领导小组和应急小组，派员参与市驻京、驻穗工作组。在全县范围内开展信访大排查，对排查出来的重点信访事项落实化解稳控措施。同时，各级政府机关实行信访信息零报告制度。其间，全县没有发生群众越级上访及群体性事件。年内，海丰县为进一步推进“事要解决”，从根本上减少信访与社会矛盾存量，维护社会和谐稳定，县委书记沈木荣牵头多名县党政领导及各镇场、县直有关单位一把手召开信访和社会矛盾集中化解活动部署动员会议，印发了《海丰县信访与社会矛盾集中化解活动工作方案》。全县共排查出信访突出问题16宗、一般信访事项51宗，要求各有关单位高度重视，切实负起责任，做到“不拖、不推、不怕”，力争于12月前全面完成化解任务，打一场集中化解信访和社会矛盾纠纷的攻坚战。此后，沈木荣还针对5个重点镇的重点信访事项主持召开了5场督促落实会，在会上研判案情、提供建议、作出决策，明确办理期限，落实包案办案责任。年内，海丰县高度重视信访维稳工作，在人员上，配足配强力量，县直接分管信访维稳工作的领导就有4名，各镇各单位由一把手负全责。在接访上，海丰县除了在特殊时期开展领导干部大接访活动外，县领导还要每月2次定期到县信访局接待来访群众。在办理上，海丰县严格执行《海丰县信访突出问题包案工作制度》，对上级交办的信访案件和县定期排查出来的信访突出问题，落实县领导包案，责任单位一把手为责任人。在督办上，县党政主要领导和信访工作分管领导定期召集有关领导和责任单位召开信访工作督促落实会，听取一些重点信访事项的办理情况汇报，分析研究解决方案，落实办理期限和工作责任。在稳控上，坚持主要领导坐镇指挥，关键时刻领导亲自与重点信访人员或全体信访群众面对面交谈，解释政策法规，动之以情、晓之以理做好劝访工作，确保社会和谐稳定。

【积案化解，督查督办】 2014年，海丰县化解了一批群众到省上访的信访事项：主要有：公平镇林焕君反映村委换届选举问题、海城镇黄伟彬反映与邻村山林地权属争议、公平镇钟余良反映坟墓被镇政府强制拆除的问题、公平镇李远如反映潮惠高速征地款分配不公及山林地权属争议的问题、梅陇镇徐生贺反映梅星征地问题。年内，海丰县迎接省市信访督查专员15批，接受督导信访事项20宗。

（陈智辉）

附：2014年海丰县信访局领导名录

局　长：李廉清

副局长：罗榕兴

编制工作

【概况】 2014年是全面深化改革之年。县机构编制工作以党的十八大精神为统领，认真贯彻落实十八届三中、四中全会精神，严格执行上级有关机构编制的文件精神，紧紧围绕全县工作大局，深入开展党的群众路线教育实践活动，加强部门自身建设，充分发挥机构编制部门的职能作用，稳步推进各项工作，依法依规办事，团结协作、充分履职，真抓实干，为促进县域经济社会发展提供了坚实的机制体制保障。

【机构人员】 海丰县机构编制委员会办公室（简称县编办），正科级，既是县委工作部门，又是县政府工作部门，列县委机构序列。2014年，县编办内设机构有3个：综合股、行政机构编制股（与监督检查股合署）、事业机构编制股（与县事业单位登记管理局合署）。县编办机关行政编制6名，行政执法专项编制2名。其中主任1名、副主任1名，正副股级领导职数3名，后勤服务人员1名。

【新一轮政府职能转变和机构改革】 根据《中共广东省委办公厅 广东省人民政府办公厅印发〈关于市县政府职能转变和机构改革的意见〉的通知》的文件精神，县级政府机构改革工作要求于2014年7月底基本完成。海丰县确定“既要积极又要稳妥”的主导思想，按照省、市统一要求和部署，扎实稳妥地推进全县政府机构改革各项工作，把改革摆上重要议事日程。海丰县政府工作部门24个（含工商局、质监局于7月底调整归地方政府管理），按改革要求政府工作部门限额22个，需整合减少2个，为制定既能符合省、市机构改革的要求，又能适应本县经济社会发展需要的改革方案，县编办立足抓早抓主动，于年初开始前往县卫生、计生、文体旅游、经促、农业、畜牧、工商、质监等政府工作部门就其工作职能进行座谈、调查摸底，并听取和征求有关改革意见。对有关工作部门之间职能的划转、调整进行前期梳理，并对各部门保留的行政审批事项目录进行一次全面的审核，同时，对各部门人员编制、内设机构等基本情况进行列表统计，做到底数清、情况明，为全面推进政府职能转变和政府机构改革奠定了基础。在此基础上，严格按照上级要求并结合海丰实际起草方案，并按程序报批后于8月29日由县委办、县政府办印发《海丰县人民政府职能转变和机构改革方案实施意见》（海委〔2014〕28号），并出台一系列契合海丰实际的机构改革文件和部门“三定”规定。本轮政府机构改革，海丰县政府工作部门数量由24个减少为22个，其中改革相关政府机构为：①组建县卫生和计划生育局，不再保留县卫生局、县人口和计划生育局；②重新组建县食品药品监督管理局；③不再保留县物价局，将其职责划入县发展和改革局；④组建县市场监督管理局，将县工商行政管理局的职责、县质量技术监督局的职责整合划入县市场监督管理局；⑤县文体旅游局与县委宣传部合署办公，列入县政府工作部门序列，不计入县政府机构个数。⑥保留广东海丰经济开发区，为县政府派出机构（保留副处级），按照政府的授权，履行有关行政职责。

【相关领域行政管理体制改革】 2014年，海丰县围绕加快转变政府职能深化行政审批制度改革、创新市场监管方式、完善行政执法体制、加强行政执法能力建设等行政执法体系改革核心任务，选择群众关心、社会关注的重点领域为突破口，扎实推进改革工作，并取得了一定的成效。一是改革完善了县食品药品监督管理体系，对生产、流通、消费环节的食品和药品的安全性、有效性实行统一监督管理。以加快政府职能转变为核心，加大资源整合力度，理顺部门职责关系，明晰和强化监管责任，减少监管环节，对食品药品实行集中统一管理。有效解决食品药品监管交叉和监管空白等问题，实现食品药品全程无缝监管，形成一体化、广覆盖、专业化、高效率的食品药品监管体系，全面提升海丰食品药品监管水平。二是改革完善了县卫生和计划生育管理体制。进一步统筹医疗卫生和计划生育服务，整合卫生和计划生育执法机构，优化了资源配置。三是深化公共资源交易管理体制改革。根据国家和省、市关于加快推进政务公开、深化公共资源交易体制改革，建设统一规范的公共资源交易市场的精神和部署，按照“强化服务、改进管理、提高效能”的要求，海丰整合现有的资源，完善管理体制，着力构建开放、透明、高效的公共资源交易工作体系，进一步提高公共资源配置的效率和质量，维护公开、公平、公正、诚信的公共资源交易市场秩序。四是调整县禁毒工作体制。参照省、市的有关做法进一步理顺了海丰禁毒工作体制，调整市县禁毒工作体制：原由县委政法委承担的县禁毒委日常工作调整为由县公安局承担；县禁毒办相关职责划入县公安局刑事侦查大队；按照“撤一建一、增减平衡”的原则，编制和领导职数总数不增加，机构不增设、不升格。县禁毒办现有在职在编人员原则上按照“人随事走”相应划转，并按规定转任人民警察。五是调整生猪定点屠宰监管职责。4月28日，县编办以县编委会文件印发《关于调整生猪定点屠宰监管职责的通知》（海机编〔2014〕2号），按照省、市文件精神，将原县经促部门承担的生猪定点屠宰监管职责划入县畜牧兽医局管理。六是撤销海丰县人口和计划生育考核目标管理责任制办公室。4月28日，县编办以县编委会文件印发《关于撤销海丰县人口和计划生育考核目标管理责任制办公室的通知》（海机编〔2014〕3号），按照《印发〈海丰县卫生和计划生育局主要职责内设机构和人员编制规定〉的通知》（海机编〔2013〕60号）文件精神，撤销海丰县人口和计划生育考核目标管理责任制办公室，其主要任务划入局机关，原核定3名事业编制收回，已有人员由县卫生和计划生育局在属下事业单位中分流解决。

【继续深化行政审批制度改革】 为贯彻落实党的十八届三中全会精神，进一步深化行政审批制度改革，推进政府职能转变，2013年9月，海丰县出台《海丰县人民政府2013年行政审批制度改革事项目录（第一批）》（42个单位共精简出行政审批事项298项，其中取消288项、转移8项、委托管理2项，精简比例达34.69%）。在做好本级政府行政审批事项精简的同时，认真做好国务院、省、市取消和下放行政审批事项的承接工作。根据省、市关于加快转变政府职能深化行政审批制度改革工作的要求，海丰县编办紧跟改革步伐，继续认真学习、巩固上级有关行政审批制度改革的政策规定，严格执行《广东省行政审批事项目录管理办法》（粤府令第176号）第三条第四款的规定：“行政审批的实施、监督和公开等应当以《目录》为依据，未纳入《目录》的行政审批事项不得实施”。为了进一步减少行政审批事项，巩固改革成果，深化审改工作力度，2014年县编办下发《关于做好行政审批制度改革有关事项的通知》（海机编办〔2014〕4号）。进一步清理现有投资审批、生产经营活动审批、资质资格许可和认定、社会事业准入、评比达标表彰、考核评估、年检年审等事项，全面清理、减少涉及实体经济、民间投资和中小微企业发展等方面的行政审批。加强对行政审批事项的管理。下一步将制定公布县级保留的行政审批事项目录，没有纳入目录的一律不得实施。行政审批事项目录实行动态管理，每年根据调整变动情况更新目录。全面清理、取消不符合法律法规、利用“红头文件”设定的非行政许可审批项目。积极推进行政审批告知承诺制，建立健全告知、承诺、审批、查验的工作运行机制。年内，《广东省机构编制委员会办公室关于开展行政审批标准化试点的通知》及《汕尾市机构编制委员会印发〈关于开展行政审批标准化试点工作方案〉的通知》文件要求，为整合行政审批资源，规范行政审批行为，优化行政审批流程，提高行政审批效能，海丰县编办印发《关于开展行政审批标准化试点工作方案》（海机编〔2014〕9号），积极推进行政审批标准化试点工作。试点单位有：县编办、县经济促进局、县住房和城乡建设局、县食品药品监督管理局、县安全生产监督管理局、县环境保护局等单位。县编办认真学习《行政审批事项编码规则》（DB44/T 1146–2013）、《行政审批事项办事指南编写规范》（DB44/T 1147–2013）、《行政审批事项业务手册编写规范》（DB44/T 1148–2013）三项广东省地方标准，认真总结试点经验，为该工作全面铺开做好准备。根据《广东省网上办事大厅海丰县分厅建设工作方案》的要求，县编办负责制定进驻网上办事大厅的事项目录，经过认真梳理，完成《海丰县网上办事大厅全流程办理服务事项目录（第一批）》的制定（首批进驻单位37个，事项556项），已于2013年9月26日对外公布。根据《汕尾市人民政府办公室关于加快推进2014年汕尾市网上办事大厅试点镇街网上办事站建设工作的通知》，海丰县确定3个镇（海城镇、附城镇、城东镇）为试点地区，切实加快网上办理行政审批事项向乡镇延伸的工作进程，正征询相关单位对《海丰县镇级网上办事站全流程办理服务事项目录（试行）》的意见。

【事业单位管理工作】 一是事业单位法人登记管理工作。2012年7月17日，省政府公布第169号令《2012年行政审批制度改革事项目录（第一批）》，取消“事业单位法人年检”事项。为配合推进事业单位信用体系建设，确保事业单位法人年检取消后事业单位的监督管理工作有序衔接，县编办积极做好事业单位法人年检取消后续工作。按照《事业单位登记管理暂行条例》及相关配套文件，积极宣传部署，创新工作方法，提升服务水平，依照事业单位登记管理网上年度报告软、硬件的要求，熟练掌握新系统换发新证书、提交年度报告、变更、注销等事项的操作方法，对全县事业单位法人年度报告实行网上办理，认真做好事业单位登记管理日常工作。及时做好事业单位设立（备案）、变更、注销登记等日常工作。严把质量关，加强对事业单位年度报告报送及公开的督促工作，确保事业单位年度报告内容真实、有效。二是事业单位信用体系建设。县编办通过统筹协调，狠抓落实，确保了各项工作的有效开展，进一步树立事业单位诚实守信的良好形象。一方面，推进事业单位分类改革，坚持政事分开、事企分开的原则，在对全县事业单位的机构设置、人员编制、经费渠道等进行全面摸底，掌握事业单位的基本情况的基础上，进一步加强资源整合，实行综合配置，重新界定、调整事业单位职能，有效地规范了事业单位运作，为事业单位信用体系建设打下良好的基础。另一方面，依托事业单位登记管理系统，逐步构建信用信息公开平台，完善事业单位信用信息公开机制，加强事业单位信用信息采集，建立信用档案。及时披露事业单位信用信息，规范事业单位年度报告的填写方式，确保事业单位公开的信息真实准确，如实反映本单位的业务开展情况、资产状况等，便于社会公众了解事业单位信息，接受社会公众监督，提高事业单位的公信力。

【加强和创新机构编制管理】 一是加强和完善机构编制管理。海丰县机构编制管理工作在严格执行中央、省、市有关法规政策的前提下，在认真总结过去经验做法的基础上，积极总结探索管理工作方法路子。进一步巩固机构编制实名制管理与财政统发工资的协调配合机制，加强与财政预算等工作的衔接，县编办进一步规范机构编制实名制管理业务流程，对县机构编制执行情况进行汇总研究，查找问题，提出完善管理的意见建议，充分发挥机构编制实名制管理把关、协调、监督作用，积极推进机构编制违纪违规行为预防工作，进一步完善机构编制管理。二是贯彻落实财政供养人员只减不增要求。根据省政府办公厅、市政府办公室转发《国务院办公厅关于对贯彻落实“约法三章”进一步加强督促检查的意见》文件精神，县政府办公室每季度次月5日前向市政府办公室上报海丰县“约法三章”执行情况，其中财政供养人员“只减不增”由县编办负责汇总。海丰县编办严格按时按规定汇总数据上报县政府办。将“约法三章”中提到的“财政供养人员只减不增”作为当前和今后一个时期工作的重中之重。按照这一目标，海丰县坚持按照“控制总量，盘活存量，优化结构，有减有增”的思路，继续加大机构编制管理创新的力度，出台《海丰县控编减编工作方案》《关于报送2014年贯彻落实“财政供养人员只减不增”有关情况的通知》，要求各镇（经济开发区）、县直各单位就本单位财政供养人员只减不增执行情况，按季度填妥《2014年第x季度财政供养人员情况自查表》，于每季度次月3日前报送县编办监督检查股。根据海委办〔2014〕37号，《中共海丰县委办公室 海丰县人民政府办公室转发〈县纪委、县委组织部、县编办、县监察局、县财政局、县人社局、县审计局关于海丰县开展财政供养人员“吃空饷”问题专项清理整治的实施方案〉的通知》，县编办结合本年度机构编制核查工作与相关单位联合开展全县机关事业单位清理“吃空饷”实地核查工作。通过财政供养人员“吃空饷”问题的清查工作的开展，进一步严肃机构编制纪律，切实维护机构编制法律法规的严肃性和权威性，进一步提高全县各机关事业单位“编制就是法律”的意识，加强和规范机构编制管理。三是重新核定中小学教职工编制。根据有关文件精神，为进一步做好海丰中小学核编工作，县编办已对全县中小学进行了实地调研核查，在深入调查研究、充分征求各方面意见的基础上，结合本地实际，按照城镇化发展的要求，逐步统筹城乡教育编制资源，重新核定中小学教职工编制，根据学校类别、规模和任务设置内设管理机构，合理配备领导职数，保证学校教育、教学和管理工作的有效实施，从体制上保障全县教育发展。四是完成2014年公务员招录计划申报工作。在2014年公务员招录计划申报工作中，县编办充分履行职能，严把编制关口，认真审核部门机构编制状况，坚持严格审核空编、严格总量控制、严把人员结构、提高审核水平的原则，确保海丰县2014年公务员招录计划的合理性科学性，切实维护了机构编制管理的权威性和有效性。五是积极做好县公安机关辅警员额补充工作。为解决海丰县警力不足的问题，5月30日，县编办以县编委文件印发《关于核定海丰县公安局辅警员额的批复》（海机编〔2014〕7号），经县编委会研究，批复核定县公安局辅警员额300名（含县政府原批准的112名），人员实行公开招聘、合同管理、政府购买服务的用人制度。六是理顺乡镇文化站、广电站工作人员归属问题。通过召开有关单位协调会，磨合各方意见，明确县乡镇文化站、广电站机构隶属关系以2010年12月《海丰县简政强镇事权改革实施方案的通知》（海委办〔2010〕59号）发文时间为分界点，之前分别为县文体旅游局、县广播电视台属下事业单位，之后整合为文化服务中心，为各镇属下事业单位。确定乡镇文化站、广电站工作人员身份和人员划转，退休人员人事管理与一切资产的处置。七是积极做好安置退伍兵工作。退伍兵安置工作是一项硬性的政策任务，根据海丰县人民政府关于2012年和2013年冬季退役士兵安置工作协调会精神，为确保安置工作顺利进行，经县编委同意，将县陆安中学等9个有空缺编制的事业单位确定为此次安置退役士兵的接收单位。八是推进中文域名和网上名称审核工作常态化建设。2013年，根据上级要求下发《关于做好2013年政务和公益中文域名注册工作的通知》（海机编办〔2013〕2号），至2013年5月10日，全县共完成中文域名注册323个，占全市总量的68%。2014年，县编办积极督促到期单位续费，督促注册单位开通使用网络红页，拓展政务公开平台。不断更新完善“http://海丰县编办.政务”的红页信息，增强自己的使命感和责任感。县编办将结合日常机构编制业务和事业单位法人登记管理业务不断推进中文域名工作的持续开展。依据中央编办和省编办关于政府网站信息安全性的考量的业务培训工作会议精神，按照省编办对该项工作时间进程上的部署，县编办立足抓早抓主动，下发了《关于做好全县党政机关、事业单位网站开办资格审核、复核及挂标工作的紧急通知》（海机编办〔2014〕14号），要求各机关事业单位领导高度重视，充分认识政务网站管理的重要性，指定专人负责，配合县编办按时完成全县党政机关、事业单位网站开办资格审核、复核及挂标工作。

【开展机构和人员编制核查工作】 为认真落实中央关于财政供养人员只减不增的要求，将中央、省、市关于机构编制核查工作精神贯彻到实处，根据《中央机构编制委员会关于深入开展地方机构和人员编制核查全面推行机构编制实名制管理的通知》（中编发〔2014〕2号），2014年6月，在省编办和市编办关于机构编制核查工作的部署下，海丰县编办组织并在6月底率先圆满完成全县法院和检察院的机构编制核查工作。之后，根据《广东省机构编制委员会关于印发广东省机构和人员编制核查工作实施方案的通知》（粤机编发〔2014〕5号）和市编委《印发汕尾市机构和人员编制核查工作实施方案的通知》（汕机编〔2014〕30号）要求，于7月22日，印发了《海丰县机构和人员编制核查工作实施方案》（海机编〔2014〕6号），全面铺开全县机构和人员编制核查工作。并随即举办全县机构和人员编制核查工作动员大会，同时进行核查工作业务培训。通过全面的机构和人员编制核查，实现机构清、编制清、领导职数清、实有人员清，做到具体机构设置与按规定审批的机构相对应、实际配备人员和财政供养人员与批准的编制和职数相对应，进一步完善机构编制实名制管理，为完成本届政府任期内财政供养人员只减不增目标提供基础保障。在核查工作过程中，按照上级统一部署，一一核对人员编制信息，真正达到核查目的，稳步推进机构编制核查工作。始终坚持“两手抓”，即一手抓机构编制核查工作，一手抓基础资料建设。在省、市编办领导的精心指导下，在县委县政府的大力支持下，通过全县各级部门工作人员的共同努力，在省规定的时限内，高标准地完成全县机关事业单位机构编制核查工作，于2014年11月下旬，通过了省机构编制核查工作小组的抽查验收。

【推行机构编制实名制管理】 根据省、市关于推进实名制管理的精神，海丰县于2011年建立全县机关事业单位机构编制实名制管理系统。县委办公室、县政府办公室联合印发《海丰县机关事业单位机构编制实名制管理实施意见》（海委办〔2011〕42号），根据《实施意见》，县编委制定印发《海丰县机关事业单位机构编制实名制管理暂行办法》，通过文件的形式将实名制管理予以确立。2014年，全县实名制管理运行顺畅。在原已正常运行的实名制管理系统的基本上逐步完善了各单位的机构编制台账录入，更新完善了单位基本情况、人员信息、编外人员信息；本级实名制管理系统通过政府外网使用市级服务器。

【调整县机构编制委员会成员】 鉴于县机构编制委员会成员工作变动，经县委、县政府同意，调整县机构编制委员会成员，加强对机构编制部门工作的领导。

2014年调整后的海丰县编委领导成员：

主　任：陈德忠（县委副书记、县长）

副主任：林建隆（县委副书记、县社工委主任）
　　　　陈紫光（县委常委、组织部部长）
　　　　许信咏（县委常委、常务副县长，分管县机构编制工作）
　　　　符　坚（县委常委、县委办公室主任，9月起任）

成　员：叶胜勇（县政府党组成员、县政府办主任）
　　　　谢小平（县发改局局长）
　　　　吴筱聪（县人社局局长，9月起任）
　　　　黄小平（原县人社局局长，9月调任县人大常委会副主任）
　　　　林国义（县财政局局长）
　　　　邓务刚（县编办主任）

【加强编办自身建设】 一是开展党的群众路线教育实践活动。党的群众路线教育实践活动是县编办2014年党建工作的中心任务，是开展各项工作的重中之重。自活动开展以来，全办7名党员全部参加教育实践活动，参与覆盖面达100%。编办党支部在严格执行上级部门统一部署的基础上，立足于不同阶段的不同特点，创造性地开展工作，使整个活动“规定动作做到位，自选动作有特色”。按照县委统一部署，在全办党员中深入开展以“为民务实清廉”为主题的党的群众路线教育实践活动，按照“照镜子、正衣冠、洗洗澡、治治病”的总要求，切实抓好“学习教育、听取意见；查摆问题，开展批评；整改落实、建章立制”三个环节的活动，着力解决“四风”方面存在的突出问题，严格落实中央“八项规定”的要求，自觉把“以人为本、执政为民”作为开展机构编制工作的根本理念和根本准则，做到为民务实清廉。二是筑牢廉洁自律的思想防线。严格贯彻中央八项规定及省市县相关规定，认真执行领导干部廉洁从政的各项规定，全面落实《中国共产党党员领导干部廉洁从政若干准则》《中央八项规定》等党纪法规。把源头治理作为党风廉政建设责任制的重要内容，纳入到领导班子、领导干部的目标管理。县编办领导班子成员带头严格执行“八项规定”，郑重做出承诺：不出入私人会所、不接受和持有私人会所会员卡，自觉接受党组织和人民群众的监督。三是强化机构编制干部业务能力建设。县编办以深入学习贯彻党的十八大精神为主线，结合工作实际强化学习培训，全力打造学习型机关，进一步为打造高效廉洁的阳光型、服务型政府添砖加瓦。3—8月份陆续派业务员到省编办行政管理体制改革处和省编办行政机构编制处跟班学习，累计学习4个月。借助省编办这个高端学习平台，去学习的两名干部对机构编制业务知识进行系统学习，有效掌握了机构编制业务技能，为海丰县机构编制工作的开展注入新鲜血液。县编办严格落实中央“八项规定”的要求，艰苦奋斗，勤政廉政。把“为人民服务”的宗旨理念贯穿工作全过程。强化实践锻炼和调查研究，充分利用重大改革任务压担子，全面锻炼队伍，不断提高改革创新水平。

（杜俊刚）

附：2014年海丰县机构编制委员会办公室领导名录

主　任：邓务刚

副主任：钟汉坚

海丰县人大常委会

县人大常委会领导成员

【2014年海丰县人大常委会正、副主任和委员名录】

主　任：沈木荣
常务副主任：姚英谋
副主任：谢荣如（任至3月）
陈　木（任至11月）　陈智景
陆德源　马伟飚　黄小平（3月起任）
委　员：马　宇　马俊鸿　叶　森　叶小红
冯玉平　刘　跃　许彦夫　吴城金
陈耀平　林惠迎（任至6月）
罗木群　罗展峰　郑海田　钟静洁
黄水群　黄岱芬　黄继茂　黎蔓晴
戴庚林（任至11月）　魏保裕

县人大常委会工作机构

【县人大常委会办公室和各工作委员会机构设置】 2014年海丰县人大常委会办公室和各工作委员会组成人员如表2。

2014 年海丰县人大常委会办公室和各工作委员会一览

表2

届　次	机构名称	组成人员
第十四届人大常委会	人大常委会办公室	主　任：罗展峰 副主任：戴庚林（任至9月）
	选举联络人事任免工作委员会	主　任：黎蔓晴（女） 委　员：罗木群 陈耀平 戴庚林
	财政经济工作委员会	主　任：马 宇 委　员：叶 森 吴城金 郑海田
	农村农业工作委员会	主　任：刘 跃 委　员：魏保裕 马俊鸿 林惠迎
	法制工作委员会	主　任：黄水群 委　员：冯玉平（女）　黄岱芬（女）
	教育科学文化卫生侨务工作委员会	主　任：叶小红（女） 委　员：许彦夫 黄继茂 钟静洁（女）

人大重要会议

【县十四届人大第四次会议】 海丰县第十四届人民代表大会第四次会议于2014年3月25日至27日在县迎宾楼召开，会期两天半，参加代表256人，不是代表的县领导、各单位负责人和特邀人员等共389人列席了会议。会议设10个代表团。大会由主席团主持，主席团成员56名，常务主席：沈木荣、姚英谋、陈紫光、谢荣如、陈木、陈智景、陆德源、马伟飚。

会议议程：一、听取和审议海丰县人民政府工作报告；二、审查和批准海丰县2013年国民经济和社会发展计划执行情况与2014年计划草案的报告；三、审查和批准海丰县2013年财政结算和2014年财政预算草案的报告；四、听取和审议海丰县人大常委会工作报告；五、听取和审议海丰县人民法院工作报告；六、听取和审议海丰县人民检察院工作报告；七、选举事项；八、其他。

工作报告：姚英谋代表人大常委会作《海丰县人民代表大会第四次会议筹备工作报告》；陈德忠代表县人民政府作《海丰县人民政府工作报告》；沈木荣代表海丰县第十四届人民代表大会常务委员会作《海丰县人大常委会工作报告》；林建新代表海丰县人民法院作《海丰县人民法院工作报告》；黄友瑜代表海丰县人民检察院作《海丰县人民检察院工作报告》。谢小平受县政府委托作（书面）《海丰县2013年国民经济和社会发展计划执行情况与2014年计划草案报告》。林国义受县政府委托作（书面）《海丰县

2013年财政决算和2014年财政预算草案报告》。

通过报告、决定、决议：大会主席团通过了《海丰县第十四届人民代表大会第四次会议执行主席分组名单》《海丰县第十四届人民代表大会第四次会议邀请在主席团就座人员名单》《海丰县第十四届人民代表大会第四次会议主席团提名县人大常委会副主任候选人名单》《海丰县第十四届人民代表大会第四次会议表决议案办法》《海丰县第十四届人民代表大会第四次会议关于代表提出议案截止时间的决定》《海丰县第十四届人民代表大会第四次会议关于代表提出质询案或询问的有关事项》《海丰县第十四届人民代表大会第四次会议关于代表议案处理意见的报告》《关于海丰县2013年国民经济和社会发展计划执行情况与2014年计划草案的审查结果报告》《关于海丰县2013年财政决算和2014年财政预算草案的审查结果报告》。全体会议通过了《海丰县第十四届人民代表大会关于第四次会议选举办法》《海丰县第十四届人民代表大会第四次会议关于代表联名提出议案的处理决定》《海丰县第十四届人民代表大会第四次会议关于海丰县人民代表大会常务委员会工作报告的决议》《海丰县第十四届人民代表大会第四次会议关于海丰县人民政府工作报告的决议》《海丰县第十四届人民代表大会第四次会议关于海丰县人民法院工作报告的决议》《海丰县第十四届人民代表大会第四次会议关于海丰县人民检察院工作报告的决议》《海丰县第十四届人民代表大会第四次会议关于海丰县2013年国民经济和社会发展计划执行情况与2014年计划的决议》、《海丰县第十四届人民代表大会第四次会议关于海丰县2013年财政决算和2014年预算的决议》《海丰县第十四届人民代表大会第四次会议关于接受谢荣如同志辞去职务请求的决定》。

议案、建议：会议收到代表议案16件、建议批评和意见1件（其中交通管理方面3件，城建环保方面4件，农业农村方面5件，教科文化方面4件，政权建设方面1件）。这次会议总结了2013年的工作成绩和存在问题，提出了2014年的工作安排，发展思路和奋斗目标。

2014年12月11日，县人大常委会组织市县人大代表开展视察活动，在县政府迎宾楼会议厅听取县政府的工作汇报

【县人大常委会会议】 2014年，县十四届人大常委会共举行6次会议。会议主要听取和审议“一府两院”工作报告、人事任免事项、决定重大事项、研究常委会重要工作等。

2月27日，县十四届人大常委会举行第十六次会议，参加会议委员25人。会议议程：听取和审议县政府关于要求调整海丰县2013年财政一级预算收入任务的议案；审议通过林木森辞去汕尾市第六届人大代表、县十四届人大代表职务请求的议案；其他。

3月17日，县十四届人大常委会举行第十七次会议，参加会议委员23人。会议议程：审议通过召开县十四届人大四次会议的决定；审议通过会议建议议程；审议会议有关事项。

3月22日，县十四届人大常委会举行第十八次会议，参加会议委员24人。会议议程：通过县十四届人大四次会议日程安排；通过县十四届人大四次会议各项文件（草案）。

6月11日，县十四届人大常委会举行第十九次会议，参加会议委员27人。会议议程：人事任免；听取和审议县政府《关于海丰县海业基础设施建设投资有限公司债券还贷资金列入财政预算的议案》；听取和审议县政府《关于以县肉联厂为主体向工商银行海丰支行贷款的议案》；听取和审议县政府《关于要求调整海丰县城投债发行工作的议案》；其他。

11月4日，县十四届人大常委会举行第二十次会议，参加会议委员24人。会议议程：人事任免；听取和审议县政府关于宗教场所管理工作报告；听取和审议县政府关于海丰县2013年上半年财政预算执行情况和其他财政收支情况的审计工作报告；听取和审议县政府关于海丰县2014年上半年财政预算执行情况报告；其他。

12月31日，县十四届人大常委会举行第二十一次会议，参加会议委员22人。会议议程：听取和审议县政府《关于提请审议以海丰县海业基础设施建设投资有限公司为主体向汕尾市建设银行贷款的议案》；听取和审议县公安局《关于报请许可对涉嫌犯罪的人大代表采取强制措施的议案》；听取和审议县政府关于禁毒工作情况报告；听取和审议县政府关于县城污水处理排放工作报告；其他。

主要工作

【议案建议办理】 2014年，县政府先后承办县人大代表议案、建议共17件，其中：继续办理县十三届人大六次会议代表议案1件，承办县十四届人大四次会议代表建议16件。对于县十四届人大四次会议期间代表提出的16件建议，县政府逐一梳理、形成方案并专门召开常务会议集体研究决定后，交给相关部门办理。各承办单位都结合实际进行了认真研究，有计划、有步骤、有针对性地采取措施，落实好代表提出的意见和建议，并将办理落实的情况分别向提出建议的代表一一作了答复。其中：已解决或基本解决代表比较满意的13件，占81.3%；已答复正在推进中的2件，占12.5%；已答复但因条件限制待以后解决的1件，占6.2%。

继续办理〈整顿县城交通秩序取缔三轮车的议案 县十三届人大六次会议审议通过《关于继续办理〈整顿县城交通秩序取缔三轮车的议案〉》。针对代表反映的县城无牌证三轮车、残疾人三轮车营运仍然混乱特别是一些营运者乱提价、违反交通规则等现象，县政府在常务会议上进行专题研究，成立由县公用事业局、公安交警、交通、工商等单位和在城三镇组成的县城客运三轮车管理中心，加强对县城三轮车尤其是无牌证三轮车、残疾人三轮车营运的管理整治。一是强化整治措施。县客运三轮车管理中心成立以来，认真履行职责，打破上下班常规，利用中午、晚上进行整治，对违法营运者严格处罚。2014年，共查扣无牌无证三轮摩托车3100多部，对严重违反机动车管理法规的违法人员予以行政拘留5人，对违反“票价公约”屡教不改给予停运处理的45宗，批评教育的58宗。二是规范营运管理。县公共事业局对原县政府核定的900部三轮车办理了车辆上牌入户及保险手续，确保每部三轮车符合必须具备驾驶证、行驶证、车检、保险和原人原车等要求，换发统一车辆帆布标志，严格管理；制定了限价规定，稳定客运价格；分期开办三轮车经营业主安全教育和职业道德学习培训，进一步提高安全驾驶意识。同时与三轮车主签订协议，要求客运三轮车营运者必须遵守交通规则，否则按有关规定处理，屡纠不改者，取消客运资格。三是完善监督平台。为完善三轮车监督机制，对所有客运三轮车实行统一帆布颜色，在帆布左侧喷印票价公约，并建立了违反票价公约投诉处理平台和开通驾驶员电话信息平台受理市民投诉，有效加强对三轮车经营秩序的监督。四是实施市场淘汰机制。2014年，县政府委托深圳市龙岗区编制完成了县城综合交通规划，并将在新一年根据规划，推行县城公共交通社会化运营，以招标形式引进资金实力雄厚、管理经验丰富的公交营运企业，在县城增加投入100部新能源公共汽车，承担县城公共交通运营业务，从而运用市场规则、手段，使三轮车这一原始、落后的客运工具逐步减少、淘汰。通过上述切实有效的措施，县城客运三轮车营运状况和交通秩序有了明显改观，但与代表们提出的要求仍存在差距和不足。鉴于县城三轮车从业人员多、部分市民多年来已形成乘坐三轮车的习惯以及县城公共汽车设施配套尚未完善等实际情况，全面实施强制执法措施取缔三轮车难度较大，而且可能引发社会不稳定因素。县政府将进一步改进创新监管、治理举措，坚持强化行政执法与推行市场化公交运营机制相结合，逐步实现取缔、淘汰客运三轮车的目标，从根本上改变县城公共交通混乱无序的现象。

吴城金等代表提出在陈炯明都督府旧址设立“中国致公党与陈炯明历史陈列馆”的建议 陈炯明都督府旧址修复工作，是2014年县政府重点工作之一。县政府主要领导高度重视，多次到都督府及故居现场调研视察，组织有关部门召开现场办公会议。为扎实推进该项工作，县政府制定工作方案，明确各相关部门的工作任务及职责，成立专项工作领导小组，加强对陈炯明都督府旧址修复工作的组织领导，并根据工作需要，分别设立修缮组、布展组、资料组、外联组和搬迁组5个工作小组，要求各有关部门负责牵头落实。至年末已完成如下工作：①已如期完成对陈炯明都督府内办公使用单位的搬迁任务。②已完成对原陈炯明都督府全面现状勘查、图纸设计和修缮方案，并正着手按有关程序组织招投标施工工作。③对恢复练兵场的建议，由于县文体旅游局经调查仍未能掌握到相关具体的历史依据，海丰县考虑将都督府对面的原迎宾馆建筑物拆除建成广场，将来既可建成“练兵场”，也可作旅游停车场，并要求设计单位在做修缮方案时将这项内容纳入规划设计中。④对陈炯明等海丰籍致公党历届领袖人物海丰“七贤”故居的修复问题。陈炯明都督府旧址是市级文物保护单位，陈其尤、黄鼎臣故居已是县级文物保护单位，其他4贤的故居正在调查，尚未认定。县政府将在每年预算中成立专项资金，按建筑物保存现状的安全程度，先急后缓，分步保护维修。⑤对海丰县陈炯明都督府辟为"统一战线教育基地及中国致公党（汕尾）人文历史陈列馆"建议。陈炯明都督府旧址这次维修后，将进行陈列布展，对外开放。在陈列布展中，将通过搜集历史资料，借鉴同行成果，聘请专家把关等手段和方法，较为翔实地、不偏不颇地向世人展示陈炯明的家庭、生活、军事、治政理念等方面情况，从而把代表的建议办得更好、落到实处。

陈介仁等代表要求进一步完善县城卫生管理的建议 县委、县政府把县城环境卫生管理作为县城市政环境整治重点工作来抓，并把推行县城环卫社会化管理列为2014年全县"十大民生实事"之一。2014年，已划拨3500平方米土地建设环卫中转站，并重新确定垃圾临时投放点，制定了酒店、商场等垃圾产生量及其收费标准；修订了环卫管理各项细则和制度；加强宣传提高市民防卫意识；严格落实"门前三包"等各项长效管理制度。同时，经过公开招投标，从11月开始，将县环卫作业移交保洁公司运营，从根本上扭转县城环卫管理被动局面。现在县城环境卫生状况明显改善，受到广大市民的一致好评，社会各界有目共睹。

陈建如等代表要求从速整治耕地污染，确保农村农民利益的建议 为预防和减少耕地污染，县政府成立了县处置基本农田养殖污染治理领导小组，县农业、县国土、县发改等部门各司其职，采取了一系列措施：一是加强大中型畜牧业直排农田废水的前置审批管理。根据相关法律法规，县畜牧业对新办养场，实现废水排放许可制度，对达不到排放条件的企业，依法不予立项上马。二是加强养殖污水治理。县发改、农业、畜牧等部门，分别组织符合条件的养殖企业，申报上级沼气、标准化养猪场等项目建设，通过猪—沼—菜（果）的循环生产模式，实现治污和可持续发展。至年末，全县已有金瑞丰、旦丰、龙泽、彬昌等27家养殖猪场建成沼气处理设施，有效地控制污水排放。三是加强基本农田保护。县国土执法部门根据卫星反馈信号，对全县改变基本农田用途的违法现象，实行不定期巡查和监管，进一步稳定基本农田面积和质量。

陈锦锋等代表要求维修加固黄江大堤陶河霞西段的建议 县政府多次牵头组织相关部门召开协调会，研究险情排除工作，落实各方责任，将霞西段项目按黄江大堤达标加固工程包含的建设内容进行除险加固。至年末，陶河堤段洪水设计标准已按30年一遇进行施工，其中霞西段已完成加固建设任务，基本上消除了工程安全隐患，确保了工程安全运行。

2014年12月11日，县人大常务副主任姚英谋（中）率市县人大代表在海丰县城视察

陈介仁等代表要求进一步加强公交车管理的建议 县政府近年来一直非常重视县城公交管理工作，专门聘请深圳市新城市规划建筑设计有限公司编制《海丰县县城综合交通规划（2014—2030）》，并对老城区近期交通改善等三个专题进行研究，初步结果已完成。根据规划内容，政府将对原5条线公交线路进行延伸、调整，设置118个公交中途站（已按BOT模式进行建设），新增7条公交路线、150部新型公交车、168个公交中途站、14个公交首末站、1处公交综合停车场。另外将对公交经营引入竞争机制，学习省内同类型地区先进经验，大力推行公交运营社会化，提高县城公交管理水平。

谭梅唇等代表要求规划建设小漠经赤石圆墩连接深汕特别合作区公路的建议 县政府领导高度重视，专门要求县交通运输局进行考察研究。县交通运输局经实地考察，确定了该公路起点为小漠南香老渡口九龙湾，跨越赤石河，途径赤石洛坑、圆墩，与G324线相接，提出公路建设规模、技术标准视配套资金落实情况而定，由小漠镇、赤石镇联合委托具有相应资质的设计单位编制"工可"，办理项目规划、环评、用地等相关手续，落实项目配套资金，向县发改部门申报立项。完成立项后，县交通运输局将积极协助向上争取按县乡公路安排资金补助进行建设。

谢永如等代表要求将莲花片区纳入县城总体规划，加强莲花山森林公园生态环境保护的建议 规划方面，县住建局在编制县城总规时已充分考虑莲花片区大部分区域为青年水库水源保护区，其县城北部规划扩展区基本以教育园区为界的实际，将莲花片区纳入县城总体规划，总体规划已经过专家评审，人大常委会审议同意，并上报市政府审批。生态保护方面，县林业局等部门已积极采取如下措施：一是以保护为前提，着重改善森林生态环境，充分利用莲花山雄伟绮丽的山水资源，奇特的气象景观资源和丰富的人文资源，努力为社会大众创造一个集度假、保健、娱乐、教育和陶冶性情的风景名胜场所。二是以新一轮绿化大行动为契机，把莲花片区列为实施森林碳汇绿化工程的重点区域，加大造林扩林力度，不断改善森林生态系统整体功能。三是加大对水源地水资源的保护和综合整治，确保饮用水源安全，对在莲花山埔仔洞等区域内已种植的桉树林开展调查处理工作，采取相应可行措施，确保区域内不再新种桉树，已种的逐年改种其他树种，并在5年内改种完毕。现该片区森林资源已呈现出森林面积、蓄积不断增加，森林覆盖率不断提高，森林生态系统整体功能显著改善的良好局面。下来，县政府将组织相关部门进一步加强对森林公园的绿化和保护管理，加大宣传力度，增强人民群众的生态保护意识，在规划建设和开展森林旅游的过程中，注重森林环境保护和自然生态平衡，立足生态、突出保护，着力把莲花片区营造成一个天更蓝、水更绿、山更青的县城后花园。

彭炳森等代表要求修建公园路段和福临路段路面及修建公园市场路口至福临路防汛沟的建议 经县公用事业局调查，确认公园路经常受水浸情况属实，迫切需要改造。对此，县公用事业局已组织市政、排水、技术等有关部门人员到该路段进行实地勘察及测设等工作，做出路面整修和防汛设施改造计划。同时，以海城镇为业主的福临坑河涌整治工程已启动，并列为2015年县十大民生实事之一，改造完成后，将彻底改变福临坑沿路排水难、污染严重的状况，并大大缓解公园路受水浸压力。

陈淑波等代表要求解决河东片（黄江河）群众及企业生产生活用水问题的建议 用水问题属民生最基本问题，承办单位城东镇人民政府组织开展专题调研，并召开镇长会议进行讨论研究，已确定在该镇大嶂村东北侧择址征用土地3.5万平方米建设城东金岸自来水厂（河东片自来水厂），由城东自来水公司出资建设经营，同时与现城东自来水厂并网供水，至年末各项筹建前期工作正在紧锣密鼓进行之中。

陈坤宝等代表关于加快附城中河排洪渠道整治工作的建议 县政府及水务局等部门对附城中河排洪渠道整治工程高度重视，早在2012年9月就将该项目列入海丰县市政工程建设项目，现已完成项目立项工作，并已报上级批准。工程建设投资概算约1400万元，待上级下达资金后即可上马建设。另由于中河排洪荣港段即三环南路起以北380米段的区域，近几年城市建设加快，为适应城市建设需要，三环南路以北380米段需先行建设，采取道路与排洪渠结合进行整治。经县政府协调，决定以附城镇为业主筹措资金进行建设。至年末该渠路段已在加紧建设中。

林少原等代表要求建设赤坑镇农副产品批发市场的建议 赤坑镇农业基础好，交通快捷便利，建设农副产品批发市场对促进当地经济社会发展特别是农民增产增收具有重要现实意义。为此，该镇将项目列入整体发展规划，择址鼎橄山物流工业区，规划建设面积30多万平方米，集电子商务、业务代理、农副产品批发交易、仓储、冷链、深加工、物流配送、检测、农业文化等综合配套功能于一体的大型农产品交易中心、物流中心。至年末，该项目已完成土地调整、测绘等前期工作，正在积极筹措项目用地“七通一平”建设资金，并由镇党政主要领导亲自带队开展对外招商，与深圳市中农水产有限公司、深圳市隆峰实业有限公司等多家投资企业进行了洽谈，达成投资意向，预计项目2015年将可实现上马建设。

刘锦琪等代表要求上马赤坑镇截山洪渠道除险加固工程的建议 赤坑镇羊牯岭截山洪渠道捍卫着赤坑镇下围等5个村委20个自然村共2万多人的生命财产安全，担负着2000公顷耕地的灌溉，是该镇最重要的防洪水利工程之一。但渠道多年来存在淤积严重、杂草丛生、渠坡崩塌、漏水严重等问题。对此，县政府及县水务局高度重视，采取先急后缓的策略，通过县财政拨付和积极向上争取资金，对渠道实施抢修加固，特别是在2014年“5·19”山洪灾害致使渠道各段出现决口、渗漏等损毁后，县投入100万元进行紧急堵口加固，并利用省抗灾抢险资金100万元，对出现险情的渠道下围段实施除险加固。同时，已通过向上申报，争取将该工程项目列入省水利发展“十三五”规划。其中，大化出海闸已被省及水利厅列入《全国大中型病险水闸除险加固总体方案》的除险加固任务。下来，将进一步加强向上跟踪、争取资金的力度，加快启动工程建设，对羊牯岭截山洪渠进行全面除险加固，彻底解决渠道安全隐患。

黄小健等代表要求尽早解决县城地区学校“大班额”及师资紧缺且学科结构不合理的建议 针对建议中提出的问题，县政府以创建教育强县为契机，不断加大教育投入，大力推进新一轮全县中小学布局调整和义务教育标准化学校建设，突出抓好县城地区学校布局调整，解决“大班额”问题。通过组成专门工作小组，开展县城学校布局现状专题调研，制订解决“大班额”问题工作方案，并经县委、县政府主要领导亲自牵头研究，确定了将原工会旧址归入海城中心小学、原县农业局归入海城新城小学，将县政府所属云岭工业区4万多平方米土地和旧厂房改扩建为一所九年一贯制实验学校的工作方案，近期县城三镇将在推进“教育创强”中，全面实施中小学校改扩建工作，从根本上解决县城地区学校“大班额”的问题。

同时，针对县城地区学生人数逐年递增，而农村学校学生逐年递减，加上农村小学撤并加快，导致农村学校富余教师逐年增加，而县城地区教师日愈紧缺，且师资学科结构不合理的问题，县教育、人社、财政、编办等部门正在制订师资调配方案，在全县范围内对中小学师资进行合理调配。

陈介仁等代表要求复建海丰八景之一万寿寺的建议　县文化部门已组织专家进行现场勘察，研究确定了保护文物旧址，按原貌修复倒塌的文物建筑，恢复其历史功能，确保文物建筑历史延续的方案。同时，将万寿寺作为旅游景点纳入新修编的《海丰县城中心区划旅游详细规划》。将按照相关文物法律法规的规定，广泛征求意见，开展勘察设计，并把建设方案上报上级文化主管部门审批后，筹措资金进行建设。

卓广廉等代表要求将公平镇第四小学改建为公平镇人民公园的建议　承办部门公平镇党委、政府经派出专门人员走访群众进行调研后，认为代表建议切实可行、科学合理，将对弘扬当地民俗文化、完善城镇市政文化设施配套起到重要的促进作用。为推进代表建议的落实，公平镇党政成立了专门领导小组，加强组织领导，并研究确定把第四小学搬迁并入中心小学，原址改建人民公园的方案。至2014年年末，该镇正在发动当地社会贤达出资出力，组织、开展学校搬迁、公园规划设计等各项前期工作。

杨汉钗等代表要求撤销城东名园、龙山、安东、关东四个村委会设立为社区居委会的建议　城东镇名园、龙山、安东、关东四个村委会位于县城规划范围内，作为“城中村”已存在多年，土地所有权和使用权大多发生变化，人民群众要求改善市政、环卫、社保和文化教育等人居环境和民生水平的呼声日渐强烈。但鉴于“村改居”工作的政策性强，而且下一步省将出台户籍制度改革政策，因此必须进一步加强调查，研究制定方案，并广泛征求有关职能部门和群众的意见，根据国家和省的有关规定，研究制订“城中村”集体所有土地、宅基地、户口管理、税收等问题的相关配套政策，加强宣传，积极稳妥地推进“城中村”改造工作。为取得代表的理解，县政府已要求承办部门县民政局向代表作解释。

【依法人事任免】　2014年，海丰县十四届人大常委会依法任免“一府两院”人员共53 名。其中，第十四届人大常委会第十九次会议决定接受林惠迎辞去海丰县第十四届人民代表大会常务委员会委员的职务，决定免去陈耀海海丰县司法局局长职务，决定免去黄小流海丰县民政局局长职务，决定免去刘英钊水务局局长职务，决定免去黄小平县人力资源和社会保障局局长职务，决定免去徐小坚县环境保护局局长职务，决定免去李庆文县检察院副检察长职务，决定免去刘诗章县法院审判委员会委员、审判员职务，决定免去陈文成县法院执行二庭庭长、审判员职务，决定任命颜荣林为县卫生和计划生育局局长，决定任命陈耀海为县食品药品监督管理局局长，决定任命吴筱聪为县人力资源和社会保障局局长，决定任命黄小流为县水务局局长，决定任命李特清为县民政局局长，决定任命林惠迎为县司法局局长，决定任命陈坤宝为县环保局局长，决定任命陈文成为县人民检察院检察员、监察委员会委员、副检察长，决定任命林亮宏、张海权、叶文峰、庄杰、陈丽珊、余文霖、陆漫红、陈汉高、柯东妮为县人民法院陪审员；第二十次会议决定免去李大川县法院审判员职务，决定免去吴志民县法院审判员职务，决定免去戴庚林县人大办公室副主任职务，接受符坚辞去人民政府副县长职务，接受戴庚林辞去县第十四届人大常委会委员职务，决定任命陈静敏、陈燕绵、蔡思雅、黎祺锋、陈锦标、戴惠萍、林绍钗、卢燕雪、施资情、卓越锋、黄加冰、周彩娟、郑杰峰、陈向华、黄映莉、陈伟明、马泽葵、林小平、蔡小航、陈小武、张裕标林万青为县人民法院人民陪审员。

【人大监督工作】　2014年，第十四届人大常委会对以下重点、热点问题开展监督：

对宗教活动场所管理工作开展监督　2014年11月4日，县人大常委会举行第二十次会议，听取和审议了县政府关于《海丰县宗教活动场所管理工作情况报告》。会议认为，近年来，县政府高度重视宗教工作，为维护宗教场所、宗教人员的合法权益，不断探索、提高宗教工作科学化管理水平，引导宗教部门通过组织广大信众开展扶贫济困等慈善活动，努力构建和谐宗教、和谐社会，提升社会道德水平做了大量的工作。主要做法：一是加强管理，建立场所巡查、财务管理和宗教人员审核备案等制度，积极做好消防安全工作，切实加强检查督促，落实宗教场所管理制度，杜绝安全事故的发生；二是弘扬佛教文化，以人为本，树立道德观念；三是推进道路等基础设施建设，促进当地旅游餐饮等行业的发展；四是开展创建“和谐寺观教堂”“同心·助学”行动和扶贫济困慈善行动，加强抵御渗透和打击非法宗教活动，积极引导宗教参与扶贫济困、奉献社会，不断促进宗教与社会主义社会价值体系相适应起到了良好的推进作用；五是依法依规打击非法宗教活动，做好宗教活动场所的稳定工作。会议指出，海丰县的宗教管理工作虽然取得了一定成效，但也存在一些问题：

①宗教界道风存在不正，个别宗教人员行为不

检点，参与赌博、大吃大喝；②宗教活动与民间信仰界定模糊；③境外敌对势力利用宗教进行渗透的形势依然严峻；④宗教场所用地确权难度较大，大部分宗教场所未能办理国土证，影响了依法建设和规范管理；少数宗教团体落实房产遗留问题至今无法得到妥善解决，信教群众来信、上访时有发生。例如公平的基督教房产纠纷至今未能妥善解决；⑤许多宗教场所经济困难，加上教职人员流动性大，造成宗教人员参加社保存在困难；⑥场所建设管理未能到位，消防安全工作尚需加强。会议要求县政府及宗教管理部门：一要进一步依法依规加强对宗教活动场所管理，加大法律法规和宗教政策宣传力度，强化消防安全工作，加强落实有关法规、条例、管理机制和财经制度，不断提高教职人员法律意识。二要加强宗教人员进入非宗教活动场所组织活动的监管。三要加强宗教场所维稳工作进行常态化管理，对未依法登记宗教活动场所加强管理，该清理的给予清理，该取缔的要坚决给予取缔。四要在新型城镇化建设过程中涉及宗教活动场所的合并、拆迁、安置等问题上，尽早规划预留宗教场所用地。同时鉴于宗教场所的特殊性，宗教用地手续应尽量特事特办，在办理手续、规划、建设、用地、报建、收费等方面给予特殊照顾。五要加大解决宗教团体教产历史遗留问题的力度，特别是要按照属地管辖原则，所在地镇政府要切实负起责任，有关部门要主动配合，妥善处理遗留问题。六要完善宗教教职人员参加社保的管理机制。七要引导宗教与社会主义相适应，使宗教活动遵守国家的法律、法规和方针政策。

对海丰县2013年度本级预算执行和其他财政收支情况的审计工作进行监督　2014年11月4日，县人大常委会举行第二十次会议，听取和审议了县审计局局长余德钦受县政府委托所作的《关于海丰县2013年度本级预算执行和其他财政收支情况的审计工作报告》。会议认为，2014来，县政府及县审计局按照《审计法》的规定，紧紧围绕“主题主线”和加快转型升级，建设幸福海丰的核心任务，认真履行审计监督职责，牢牢把握稳增长、扩内需、调结构、惠民生、保稳定等重点，对海丰县2013年本级预算执行和其他财政收支情况进行审计，及时揭示财政运行中的不安全因素和潜在风险，促进深化预算管理和财政改革，积极发挥审计在保障经济社会健康运行，维护海丰县民生和经济安全，推动财政预算执行等方面做了大量的工作。报告反映的情况客观真实，提出的意见和建议是可行的，会议原则上同意这个报告。会议指出，审计工作报告全面客观反映了2013年度预算执行和其他财政收支情况，实事求是地评价了海丰县本级财政预算执行和其他收支的情况，同时揭示了一些存在问题。建议县政府及财税部门根据审计报告，认真研究部署报告所提出的意见、建议，并针对存在问题认真整改落实，进一步提高依法理财水平。会议要求县政府及其职能部门：一要进一步优化财政收支结构。重点要培育优势主导产业和战略性新兴产业，推进工业化和信息化深度融合，促进民营经济做强做大。加强行政经费管理，严格控制“三公经费”支出，保证良性合理的收支结构。二要进一步完善预算编制和健全预算机制，强化预算约束力和执行力。在年度预算编制中，要力求更加科学、合理，收支应全面纳入预算管理，严格执行制定的预算方案，尽量减少各项临时性批拨和临时性安排支出资金，逐渐推进刚性预算。不断健全预算结算公开机制，逐步建立透明、规范、完整的预算制度。三要进一步强化预算执行的监管。深入推进综合治税，完善税源管理联动机制和税收协作控管制度，加强财税部门与国土、规划、建设、房管等相关部门的信息共享，做到应收尽收。四要进一步抓好审计整改落实，利用好审计成果。通过审计和审计整改工作，促进完善制度建设，健全体制机制，防止不安全因素和潜在风险出现，在更高层面上发挥审计监督的作用。

对海丰县2014年上半年财政预算执行情况进行监督　2014年11月4日，县十四届人大常委会举行第二十次会议，听取和审议县财政局局长林国义受县政府委托所作的《关于海丰县2014年上半年财政预算执行情况报告》。会议认为，县政府及财税部门在上半年的预算执行中，全面贯彻落实党的十八大和十八届三中全会、中央经济工作会议以及各级财政工作会议精神，紧紧围绕县委“立足三个坚持、勇于四个争当、推进五个发展”的工作思路，按照县十四届人大四次会议决定的预算目标，采取有效措施，集中全力，组织收入，严格执行预算，不断改进预算管理制度，优化支出结构，克服各种客观不利因素的影响，有效地保证了工资发放和重点项目建设资金的需要，较好地执行了既定的财政预算收支方案，会议原则上同意这个报告。会议指出，县政府及财税部门为确保县十四届人大四次会议确定的财政收入任务的完成，按照“保工资、保政策、保重点”的原则，坚持依法理财，深入开展财政改革，加强财政资金管理，合理调度资金，按计划、按进度拨款，确保工资正常发放和海丰县重点建设项目的顺利开展。虽然县税务部门采取切实措施，强化税收征管，严格执行税收执法责任制，加强纳税评估，加大稽查力度，做到应收尽收，确保了税收及时入库。上半年，海丰县公共财政预算收入累计完成76838万元，占年初任务153244万元的50.14%，同比增加8310万元，增长12.13%，财政收入顺利实现“双过半”目标。但根据海丰县的实际情况，财政预算执行仍存在不少问题。主要体现在两方面：一方面没有新增大的税源，税收短收大，一次性比重增大，税收占收入比例只有49.46%，财政收入结构性矛盾突出，财政增长后劲不足。另一方面支出压力大，资金调度难度不断增大，占用了部分专项资金，实际可支配的财力增长非常有限，财政出现了资金支付难的被动局面。这些问题县政府及其财税部门必须高度重视，采取切实可行措施逐步解决。会议要求县政府及其职能部门：一要加强收入征管，实现增长目标。财税部门要细化落实2014年收入任务，完善收入考核奖惩办法，重抓综合治税，平衡税负，努力挖潜增收，加大检查和清缴欠税的力度，多措并举，千方百计组织收入，确保2014年全县预算收入任务的顺利完成。二要发挥财政职能作用，促进财源建设。充分发挥财政对经济发展的调控促进引导作用，实施积极财政政策，全力以赴争取资金、抓投资、促产出，加大工业发展扶持力度，加大产业转移工业园区的融资力度，坚持运用税收等财税政策，扶持优势骨干企业，积极培植后续财源，壮大骨干财源，切实提高财源建设的质量，促进海丰县经济健康可持续发展。三要摸清财源税源，盘活财政资源。要落实具体责任，认真细致摸清海丰县财源税源的基本情况，强化税源监控，实施有效的纳税评估，减少税收流失，切实做到应收尽收。加强政府性公共资源的使用经营收益管理，强化国有资金监管，加大结余资金清理，积极追缴历年欠款，清欠清收，抓好土地拍卖，资产处置，盘活资源，增加实际可支配财力。四要深化预算改革，加强财政管理。进一步完善部门预算管理体系，优化支出结构，按照“保工资，保运转，保民生，保重点”的基本原则，完善预算管理办法，合理安排支出，通过规范收支科目、细化编制内容，清理整合财政专项资金，以信息化为支撑加快建立预算指标与国库集中支付、绩效评价、财政监督、债务管理等收支一体化管理体系，强化内部机制，加快支出进度，提高工作效率，推进“三公”经费和部门预决算公开，进一步提高预决算透明度。

对全县禁毒工作情况开展监督 2014年12月31日，县十四届人大常委会召开第二十一次会议，听取和审议了县政府关于《海丰县禁毒工作情况报告》。会议认为，2014年以来，县委、县政府高度重视禁毒工作，全面展开禁毒人民战争，全力做好禁毒宣传、缉毒破案、强制隔离戒毒三个主要环节，遏制了毒品违法犯罪蔓延势头，取得了较好的成绩。主要措施：一是各级领导高度重视。县委、县政府认真贯彻落实《中华人民共和国禁毒法》，多次组织召开全县禁毒工作会议，与全县各地各单位签订《禁毒工作目标管理责任书》，建立责任追究措施，层层落实责任。二是多措并举完善禁毒机制。通过采取建立吸毒人员台账、建立动态管控机制、强化戒毒措施、建立激励机制、下达收戒硬任务、开展“大帮教”活动等各种有效措施，进一步完善了禁毒机制。三是重拳出击打击毒品犯罪活动。县公安机关充分发挥禁毒主力军作用，加强地区间、部门间的协作，强化侦查经营，扎实开展各类专项行动，严厉打击毒品违法犯罪活动，全力拒制毒于海丰县门之外。四是重点整治娱乐服务场所吸贩毒问题。通过深入歌舞厅、迪厅、夜总会、酒吧、旅店等涉毒问题可能较为突出的娱乐服务场所，进一步普及禁毒宣传，同时加强此类娱乐服务场所的清查管理，进一步加大管理和打击工作力度。五是全面整治“三品”市场。县政府组织县公安局禁毒大队、卫生局、工商局等相关职能部门，在全县进行摸底排查，明察暗访，重新明确医疗单位有精神药品、麻醉药品处方权的人员，加强易制毒化学品的管理。六是广泛开展禁毒宣传和毒品预防教育活动。围绕“履行禁毒义务，参与禁毒斗争”这一主题，集中开展了一系列宣传教育活动，营造了一定禁毒氛围。会议指出，近年来，海丰县的禁毒工作虽然取得了一定成效，但禁毒形势仍然严峻，根治毒品问题任重道远，主要表现在五个方面：一是毒情有转移扩散的态势，就2014年来海丰县破获的制贩毒品犯罪案件看，有从周边县、市向海丰全县范围渗透转移的可能，有从城镇到村中、到野外转移的可能；二是戒毒工作力度不够，吸毒人员基数较大，且呈现不断增长趋势，重病吸毒人员难以收戒、社区戒毒工作难以开展，强制戒毒效果不佳，复吸率高，从严打击毒品犯罪的警力、装备配置、经费保障不足；三是部分镇领导、村（社区）干部对禁毒工作的认识不到位，存在麻痹思想和侥幸心理；四是全县宣传力度还不够大，宣传氛围不够浓厚；五是责任制的落实不够具体和细化，清查清理不到位，巡查排查仍有漏洞等等。会议要求县、镇政府、社区（村委）和禁毒相关职能部门：一要进一步强化责任意识，树立禁毒严打的长期思想和建立禁毒工作长效机制。针对海丰县毒品犯罪的严峻形势，要树立禁毒工作长期严打责任意识，形成县、镇、村(社区)一级抓一级、层层抓落实的工作格局。二要进一步强化禁吸戒毒措施，严格按照规定对吸毒人员采取相应戒毒措施，要完善网上登记、检查和监控机制，定期进行谈话、尿检、汇报，以减少戒毒人员复吸率。三要进一步强化打击制贩毒措施。公安部门、各镇场要加大清理清查力度，不留死角、盲点，加强排查重点场所，全面梳理情报信息，精准打击制贩毒窝点，加大打击涉毒犯罪力度；进一步强化对生产、经营单位和个体诊所以及医疗机构的精神药品、麻醉药品和制毒化学品的监督管理。四要进一步强化宣传，完善预防教育工作。县、镇两级政府要将禁毒宣传工作常态化，突出禁毒宣传教育重点人群，完善毒品预防教育工作体系。充分调动广大群众支持，参与禁毒斗争。五要进一步完善和落实责任追究制。县政府要完善有效措施，明确禁毒委成员单位和各镇的禁毒工作职责，奖惩到位，督促各部门负起责任。六要进一步强化机构建设。海丰县的禁毒办要抓紧定编，恢复运作，禁毒队仍是正股级，不足以领导、整合、协调各禁毒成员单位和各镇党委和政府，公安机关一个中队的警力不足以有力、有效打击涉毒犯罪。因此，建议县政府要将禁毒办的职级升为正科级，由一名公安局副局长兼任，禁毒中队升格为禁毒大队，增加部分警力，以适应禁毒形势的要求。在县财力允许的情况下，建议县政府加大对禁毒设备、装备的经费投入，对缉毒民警投保人身保险，减轻、解除缉毒的风险担忧。

对县城污水处理排放工作开展监督　2014年12月31日，县十四届人大常委会召开第二十一次会议，听取和审议县政府《关于县城污水处理排放工作报告》。会议认为，近年来，县政府及其职能部门重视海丰县的污水处理排放工作。污水处理设施建设是海丰县进一步改善污水环境、保障人民群众生活环境和推动“十二五”污染减排任务的硬件支撑，根据省政府的决定：2015年基本建成污水截污干管系统，污水收集率达到85%以上，污水处理厂运行负荷率达到设计能力的95%以上，污水浓度达到设计标准的75%以上的要求。海丰县加快了污水处理工程和污水管网建设，先后筹集资金2.738亿元建设了日处理量8万吨的海丰县污水处理厂、污水处理厂配套工程——龙津河拦污治污管道工程等。这些工程的建成投产，有效改善了海丰县县城地区的污染环境，为海丰县的经济和社会发展与环境保护工作提供了较好的水环境支撑。处理生活污水和工业污水主要措施：枯水期期间充分利用竹仔坑水库作为主要冲污水源，通过原有的红花地灌区总干渠下游段输送到龙津河上游的拦河坝库区集中进行冲污。会议指出，海丰县污水处理排放工作虽然取得一定成效，但还存在一些问题：①截污配套管网建设滞后，污水收集率偏低。主要表现为：配套管网建设不完善，仅有南门湖至污水厂，龙津河边至海丽路2条管道，截污不彻底，雨污不分流，收集率不高;管网容易受雨季影响，影响污水处理实际处理能力；老城区地下管网复杂，污水管网建设改造不完善。②污泥和生活垃圾处理设施投入不足，易造成二度污染。随着污水处理厂建设运营，污泥产生和消化正在成为新的环境问题。③工业园区污水处理设施建设滞后。企业环评和环保“三同时”制度执行率偏低，工业污水还停留在企业自行处理的层面。④海丰县已建成的县城污水处理厂日处理能力为8万吨，相比其他地区的规模已经不算小，而现在污水处理厂日处理量还不足额定量的一半，没有充分利用，污水收集成效低。⑤污水处理费应收还没有尽收。会议要求县政府及其职能部门：一要高度重视，充分认识污水处理设施建设和管理的重要性。二要因地制宜，完善规划管网建设。要对龙津河7个污水管接口设施及对现有的泵站要科学研究完善建设。污水管网作为城市基础设施和城市水环境污染控制的主体设施，应纳入城市规划，在城市基础设施建设中，要优先安排资金，加快做好城市排水管网专项规划和建设，尤其要加快完善城东片区、海城西片区生活污水管网建设，加快老城区雨污分流改造工程，实现雨水和污水分流，提高污水收集率和处理率，保证污水收集能力和处理能力同步发展。三要积极探索，寻求处理污泥和生活垃圾的有效方式。要加大污泥处置和生活垃圾设施建设资金投入，在资金和技术两个方面为污泥合理解决创造条件。四要积极争取，加快推进工业园区污水处理厂建设。要按照省委、省政府统一部署，按照全省污水处理设施建设总体要求，认真做好项目立项、用地、环评等工。五要加强监管，逐步完善制度管理措施。各有关部门要逐步完善污水处理排放工作的制度建设，按照排污费征收使用管理条例标准对造成污染的企业、工厂收取污水处理费，强化污水处理排放工作的监管有章可循、有序进行。

【对外交流】 2014年5月12—17日，县人大常委会副主任陆德源、马伟飚等6人参加了在全国人大北戴河培训基地举办的2014年第二期地方人大代表和干部培训班。在培训班学习期间，学习了以下课程：《我国宪法和人民代表大会制度的几个问题》《地方组织法与地方人大工作》《贯彻落实监督法，加强人大的监督工作》《中国宏观经济运行与展望》《贯彻落实十八届三中全会精神，做好人大代表工作》。参加了全国人大北戴河培训基地组织的新农村建设情况、工业建设情况、市场情况的调研活动。

【党的群众路线教育实践活动】 2014年2月第二批党的群众路线教育实践活动开展后，海丰县人大常委会党组领导班子按照“照镜子、正衣冠、洗洗澡、治治病”的总要求，围绕“为民务实清廉”的主题，认真聚焦“四风”突出问题，紧密联系人大工作实际，按量保质完成了“学习教育、听取意见”“查摆问题、开展批评”“整改落实、建章立制”三个环节的工作，学习教育实践活动取得了明显成效。据统计，活动开展后，召开领导小组会议12场次，集中学习及其工作会议32场次，撰写心得体会24篇，领导干部开展调研活动30场次，组织召开座谈会12场次，参加座谈会及个别走访人数92人次，发放征求意见表520份，收集到意见建议51条，查摆出问题24条，修改完善4项新制度，为群众办好事实事2件。县人大党委会把开展党的群众路线教育实践活动作为县人大2014年党建工作的中心任务，当作紧密联系群众的具体表现。活动开展后，常委会及机关全体党员干部全部积极参加教育实践活动，按质按量不走过场。常委会党组在严格执行上级党委统一部署的基础上，根据不同阶段的不同特点，结合人大工作实际创新性地开展工作，使整个活动“规定动作严密到位，自选动作彰显特色”。至年末，2014年要整改的工作已经全面完成，要长期整改的工作将坚持不懈落实。县人大常委会党组把群众观点和群众路线贯穿于工作中，发动全体党员干部积极参与，做到服务中心工作和教育活动两促进、两不误，在思想认识、工作实践和制度建设等方面取得了比较明显的成效。一是党员干部思想认识和宗旨意识明显增强；二是人大工作水平和实效明显提升；三是党群、干群关系明显改善；四是党员干部工作作风与精神面貌明显转变；五是制度建设进一步完善。

【组织人大代表视察】 海丰县人大常委会于2014年12月组织工作、居住在海丰县的市六届人大代表和县直机关部分县十四届人大代表进行视察，主要了解2014年来海丰县经济社会发展情况、重点建设项目进展情况、社会管理工作以及人民群众关心的热点难点问题。代表视察采取召开座谈会听汇报、实地察看的方式进行。12月11日上午，代表们在县政府迎宾楼二楼会议厅听取县政府《关于海丰县经济社会发展情况》的汇报，然后组织实地视察生态科技城、海亮农业基地、正升华府、市民中心、城市卫生管理等重点项目建设情况。人大代表所到之处，受到当地党政和有关负责人的热情接待及情况介绍。代表们通过听取县政府汇报和实地视察后，在讨论中认为，2014年，海丰县在市委、市政府的正确领导下，深入贯彻落实党的十八大精神，围绕县委提出的“三个坚持、四个争当、五个发展”的工作思路，深入实施市委温国辉书记提出的“海丰要勇当汕尾融入珠三角的主力军，勇当全市经济社会发展的稳定器”的要求，全力打好“四大会战”，推进“六大工程”，加快“向西融珠”，主动对接深圳市龙岗区全面帮扶，全力推动海丰经济社会振兴发展；积极实施园区载体建设、城市扩容提质和交通基础设施建设“三大抓手”，全面掀起大开发、大建设、大发展热潮，使全县经济社会呈现新的发展局面。代表们指出，2014年，海丰县在致力加快发展过程中，面对的困难和压力比较大，主要是：重点项目推进不平衡、征地拆迁难度增大、实际利用外资疲软、收支压力增大等问题，很大程度上制约了海丰县加快发展的步伐。全县各项经济指标方面，海丰县经济指标基本实现或有所增长，社会治安管理不断加强，平安建设进一步推进，城乡环境整治初见成效，扶贫开发工作有新举措，各项事业协调发展，社会局面稳定和谐。对此，代表们对县政府的工作表示满意，并提出一些意见和建议。一要继续抓好2014年的经济工作，确保既定的各项经济指标依期实现。二要继续抓好重点项目建设，妥善处理项目征地问题，扭转项目推进不平衡的现状，促进项目建设的落实，推动海丰县经济发展。三要抓好惠民工程建设，积极落实代表议案、建议，为民办实事好事。四要认真研究2015年的形势，要进一步贯彻落实党的十八届四中全会精神，深化改革，狠抓政府职能转变，坚持质量效益、生态环境和民生保障的导向，继续加大招商引资力度，推进重点项目建设、产业结构调整和城市化进程，促进全县经济社会持续发展。

【依法治县】 2014年，人大常委会根据《法治海丰

2014年12月11日，县人大常委会组织市县人大代表进行视察

建设实施方案（2011—2015年）》的要求，始终坚持发挥依法治县工作的主导作用。围绕落实这一方案，人大常委会切实加强对依法治县办公室的日常管理，使其积极发挥议事、协调职能，努力当好参谋助手。第一，推动县委召开依法治县工作领导小组会议，配合县委全面部署2014年依法治县工作，强调要深入推进依法治县，必须切实提高各级领导干部依法执政的能力和水平；必须突出抓好依法行政，加快建设法治政府；必须坚持司法公正，切实维护社会公平正义；必须积极开展法治文化建设，提高全民法制观念和法律素质。第二，做好迎接省市依法治理工作的检查活动，参照市法治建设中期评估的考核内容和考核标准，对部分依法治县工作领导小组成员单位落实《法治海丰建设实施方案》的情况进行检查，并在此基础上，抓好县法院、县人社局两个单位的法治文化建设。第三，进一步巩固提高可塘镇、县食品企业集团公司等依法治理和法治文化建设示范点，并在省依法治省办的领导指导下，继续推广“引导镇干部和管理人员依法行政、依法管理；引导村（居）委自治与法治相结合开展工作；引导村民依法维权、表达诉求、解决纠纷；引导企业和客商依法诚信经营；引导学生从小懂法、守法”“五个引导”的法治建设经验。第四，继续开展法治文化建设，推动彭湃中学申报全省第二批法治文化建设示范点，带动全社会形成全民学法遵法守法用法的良好氛围，进一步打牢运用法治思维和法治方式化解社会矛盾、解决社会问题的基础。第五，配合县委组织召开县委理论学习中心组（扩大）学习会，邀请省人大常委会委员、省依法治省办公室常务副主任张宇航作题为“基层法治建设”专题辅导报告，进一步推动海丰县各级领导干部特别是基础干部学法用法工作向纵深发展。

（卢燕璇）

2014年12月11日，市人大常务副主任杨青（右一）、县人大常务副主任姚英谋（左一）深入海丰县附城镇调研，听取附城镇政府的工作汇报

海丰县人民政府

县政府领导成员

【2014年海丰县人民政府县长、副县长名录】

县　长：陈德忠

副县长：许信咏（常务） 余振光 王楚雄

施流德 卓凛波 陈凯婵（女）

符　坚（任至9月）

县政府工作机构

【2014年海丰县人民政府工作机构设置】 2014年，海丰县人民政府设有22个工作部门：县人民政府办公室、县发展和改革局、县经济促进局、县教育局、县民族宗教事务局（不计入）、县公安局、县监察局（不计入）、县民政局、县司法局、县财政局、县人力资源和社会保障局、县国土资源局、县环境保护局、县住房和城乡规划建设局、县交通运输局、县水务局、县农业局、县林业局、县文化广电新闻出版局（不计入）、县卫生和计划生育局、县审计局、县市场监督管理局、县安全生产监督管理局、县食品药品监督管理局、县统计局。其内设机构、正副职名录及办公地址详见表3。

2014 海丰县人民政府工作部门机构设置一览

表 3

机构名称	内设机构	正副职名录	办公地址
县人民政府办公室	秘书股、督办股、经研股、政务信息股、财税股、文教股、经促股、农业股、交通运输股、住建股、应急管理办公室。 定编59人，实有58人。设主任1人，副主任6人。	主　任：叶胜勇 副主任：刘安基（兼） 谢　光 古友新　吴智传 王荣贞（兼） 黄汉标（任至1月） 李廉清（任至1月） 吴清瑜（任至1月） 吴智良（任至1月） 林友捷　黄剑雄	县政府大院东栋2楼
县发展和改革局	办公室、农村经济与综合规划股、投资股、交通科技股、社会发展与财贸股、重点项目、产业协调与区域经济股	局　长：谢小平 副局长：陈丁睦　陈文佳	县城中山南路24号
县教育局	办公室、人事股、计财股、教育股、体育卫生股、监察保卫股、成人教育股、招生办公室、督导室、教育研究室、勤工俭学办公室、电化教育仪器站	局　长：张翰文 副局长：吴焕新　蔡旭彪　邓务力	县城红城大道西
县公安局	指挥中心、国内安全保卫大队、刑事侦查大队、交通警察大队、治安管理大队、经济犯罪侦查大队、出入境管理大队、巡逻警察大队、政治工作办公室、监督室、法制室、警备保障室、看守所、拘留所、强制隔离戒毒所、派出所	局　长：王楚雄 政　委：吴堂泽 副局长：罗　震　钟伟雄　陈克平 施胜军　刘勋浦（挂职）	县城红城大道西
县民政局	办公室、计划财务股、优抚股、救灾救济和社会福利事务股、基层政权和社区建设股、区划地名股、海丰县民间组织管理办公室、县老龄工作委员办公室为县民政局直属正股级行政单位、海丰县复退军人安置办公室挂靠县民政局；海丰县殡葬管理办公室、海丰县拥军优属拥政爱民工作领导小组办公室为依参照公务员法管理的单位	局　长：黄小流（任至5月） 李特清（5月起任） 副局长：彭小辉　郑木宣　黄海湧	县城324国道县城西段648号

（续上表）

机构名称	内设机构	正副职名录	办公地址
县司法局	政工办、秘书股、法制宣传教育股、基层股、公证律师管理股、县法律援助处、县公证处、县公职律师事务所	局 长：陈耀海（任至3月） 林惠迎（5月起任） 副局长：刘火木 黄辉谋 彭军梅（女）	县城人民南路商业城3楼
县财政局	人秘股、法规股、国库股、预算股、综合股、文教行政股是、工贸发展股、农业股、经济建设股、社会保障股、外经金融股、会计股、绩效评价股、监督检查办	局 长：林国义 副局长：林建秀 刘 宁 林瑞清	县城海银路县财政楼
县国土资源局	人秘股、土地规划与耕地保护股、土地利用管理股、地籍管理股、测绘管理股、矿产资源地质勘查与环境股、计财股、政策法规股、纪检监察室	局 长：林建军 副局长：黄 明 郭 槎 戴国钦（任至5月） 陈继坚（7月起任）	县城红城大道西
县环境保护局	人秘股、环境影响评价管理股、生态保护与监测科技股、污染物排放总量控制股（加挂核应急与辐射环境管理股牌子）、县环保局环境监察分局。下属事业单位：县环境监测站	局 长：徐小星（任至5月） 陈坤宝（5月起任） 副局长：王尔勇 陈继明	县城二环北路牛黄山行政小区
县农业局	人秘股、政策法规信息股、计划财务股、农村经济体制与经营管理股、科技教育股、种植业管理股、植保股、农村经济组织管理办公室	局 长：陈容生 副局长：许宝城（任至5月） 吴忠生 周奋羽（5月起任） 赵丽娟（女）	县城农林路48号
县审计局	人秘股、财税金融审计股、商贸农林审计股、工交基建审计股、行政事业审计股、局直属行政单位——经济责任审计办公室	局 长：余德钦 副局长：骆科俊 叶宽存 总审计师：林伟雄	海城红城大道西988号
县统计局	办公室、综合核算股、工交基建股、农业贸易股、统计普查中心、社会经济调查队	局 长：李小平 副局长：陈银友 黄洪霞	县政府院东栋四楼
县安全生产监督管理局	综合协调股、监督管理股、职业安全健康监督管理股	局 长：曾诗贤 副局长：刘启泰 吴玉武	县城农林路39号
县林业局	人秘股、营林股、林政股、财会股、县营林造纸工程领导小组办公室（副科级事业单位）；县森林防火办公室（正股级事业单位）、县森林病虫害防治检疫站、县生态公益林经营建设管理站、县林业种苗站、县园林管理所、莲花山林业站、赤石林业站、鹅埠林业站、梅陇林业站、平东林业站、黄羌林业站、公平林业站、可塘林业站、陶河林业站、赤坑林业站、鲘门林业站、小漠林业站、大云岭林业站、公平木材检查站；县公安局森林分局（副科级行政单位）	局 长：黎方极 副局长：刘世革 庄伟斌 邱诗光	县城云岭路1号
县经济促进局	秘书股、人事与法规股、财会股、工业发展股、市场商贸管理股、能源发展股、行业管理股（加挂海丰县酒类专卖局牌子）、信息产业股（加挂海丰县信息产业局牌子）、外商投资审批股、加工贸易管理股、商贸发展股（加挂海丰县机电产品进出口办公室牌子）、口岸工作股	局 长：何秀山 副局长：高宗森 郭龙水 刘克钳（任至1月） 李小武 叶 隆	县城广富路1118号
县人力资源和社会保障局	人秘股、公务员管理股、专业技术人员管理股、事业单位人事管理股、工资福利股、就业促进股、劳动关系股、县劳动人事争议仲裁委员会办公室、财务与基金监督股、医疗工伤生育保险股、养老失业保险股	局 长：黄小平（任至5月） 吴筱聪（5月起任） 副局长：黎光辉 吴敬耀 刘小武 陈长征（兼县社保局局长）	县政府大院东栋1楼
县住房和城乡规划建设局	秘书股、人事股、财会股、建工股、房管股、管理股、城监股	局 长：刘城芳 副局长：陈俊如 李德新 姚宇忠	县城红城大道西
县交通运输局	人事秘书股、政策法规股、规划基建股、财务审计股、综合运输股、安全监督股；加设：海丰县交通运输局综合行政执法局、海丰县交通战备办公室；局直属事业编制运输管理机构11个	局 长：黄坚如 副局长：卓学锡 林建城 周宇航	县城红城大道西交通综合大楼

（续上表）

机构名称	内设机构	正副职名录	办公地址
县水务局	人秘股、计划财务股、建设管理股、农村水利与水土保持股、水政水资源股、质量安全监督股、农电股，设有县三防办、移民办2个直属行政机构	局　长：刘英剑（任至5月） 黄小流（5月起任） 副局长：简健全　魏　锑　郑吉祥	县城红城大道西
县卫生和计划生育局	办公室、规划与财务股、人事与宣教股、信息与统计股、体制改革股（挂县医药卫生体制改革工作领导小组办公室牌子）、预防保健股（挂县爱国卫生运动委员会办公室、县卫生应急办公室牌子）、医政股、科学技术服务股、综合监督股、考核评价股、干部保健股	局　长：颜荣林（3月起任） 副局长：吴仁声　林秀兰 洪献就（兼食品药品监督管理局副局长，3月起任）	县城海云路1号

政府重要会议

【县政府组成人员会议】 2014年，县政府共召开3次县政府组成人员会议。

2014年3月7日，县长陈德忠主持召开县政府全体（扩大）会议，传达贯彻了国务院和省、市廉政工作电视电话会议精神；县政府班子各位成员分别传达贯彻省、市有关工作会议精神，并就分管线条全年的工作要点作部署发言；陈德忠根据各分管领导的发言，对县政府各线条工作，逐一提出重点工作要求和意见，并对做好全年各项工作做强调讲话。

2014年10月7日，县长陈德忠主持召开县政府全体（扩大）会议，分别听取了县财政局和县统计局对前三季度财政收支、经济指标完成情况汇报以及第四季度的工作安排计划，对第四季度的经济工作和当前重点工作进行了研究和部署。

2014年11月4日，县长陈德忠主持召开县政府全体（扩大）会议，听取了县政府各分管领导就各自分管线条的重点工作汇报；陈德忠根据各分管领导的发言，对县政府的相关重点工作逐一提出要求和意见，进一步明确了相关工作的具体任务和时间要求。

【县政府常务会议】 2014年，县政府共召开10次常务会议，讨论研究了152个议题。其中，涉及重大行政决策和民生实事的主要有：审议了《政府工作报告》《县城园林绿化管护工作方案》《关于进一步扶持和规范民办教育加快发展的若干意见》《海丰县电子商务产业园规划建设工作方案》《海丰县2014年度保障性住房建设任务、公共租赁住房建设标准和保障对象标准》《海丰县落实2014年度保障性住房目标责任工作方案》《海丰县2014年教师公租房建设工作实施方案》《海丰县规划区建设用地超容积率补交土地差价暂行规定》《海丰县县城道路及公共绿化养护实施方案》《海丰县县级财政临时支出资金管理暂行规定》《海丰县2014年征收单位财政收入任务及其考核奖励办法》《海丰县2014年对镇税收收入考核奖励办法》《海丰县农机旧区搬迁安置及农机供应公司改制工作方案》《海丰县山区和农村学校教师岗位津贴实施办法》《海丰县森林防火责任追究暂行办法》《海丰县对举报毒品犯罪有功人员的奖励办法》《海丰县广电网络改革重组工作方案》《海丰县管道燃气设施配套建设实施办法》《海丰县全面改善农村义务教育薄弱学校基本办学条件项目规划（2014—2017年）》《海丰县政务公开实施办法》《县政府系统召开全县性会议审批办法》《海丰县关于节庆、论坛、展会、体育运动会等活动的管理规定》等规范性文件。讨论研究了县城市民中心建设、保障性住房建设、百里海堤海丰段绿道建设、县城龙津河整治工程、县城水源地环境污染整治工作、县城卫生社会化管理、“平安海丰”社会治安视频监控系统及治安卡口系统项目建设，提高海丰县城乡低保补贴五保供养标准等工作。

【县长办公会议】 2014年，县长陈德忠主持召开重点工作、项目推进会33次，协调解决县生态科技城、市民中心、莲花大道、潮惠高速公路、梅陇西环路、华润电厂、教育创强等重点工作、项目的征地拆迁等存在问题；有序推进保障性住房建设、百里海堤海丰段绿道建设、县城龙津河整治工程、县城水源地环境污染整治工作、县城卫生社会化管理、“平安海丰”社会治安视频监控系统等建设。

重要决策

【改革创新增强活力】 2014年，海丰县政府坚持把改革创新贯穿于经济社会发展的全过程，立足增创振兴发展新优势，结合海丰县的建设发展实际，更加积极、更加稳妥地推进重点领域、关键环节改革，着力推进市场化改革、行政体制改革、农业经营体制改革、社会治理体制改革、财税金融体制改革。

【打造海丰经济升级版】 海丰县政府紧紧围绕省、

市促进振兴发展的重要部署，研究把握政策方向，全面实施振兴发展规划，加大基础设施和园区平台建设，全力打造“一园三区”工业发展平台，做强做大工业、农业等实体经济，更加主动融入珠三角，加快推进转型升级、振兴发展。

【培育新的经济增长点】 2014年，充分发挥国家、省级交通要道贯穿海丰县的地缘优势和多年积聚的传统产业优势，因势利导、因应潮流，抓住时机发展“两高”经济，做强做大专业镇传统优势产业，加快发展电子商务，在旅游、商贸等行业和传统产业上培育新的增长点，加快增长方式转变。

【促进城乡一体化】 2014年，海丰县加强城乡发展规划，优化城镇化布局，推进县城和中心镇扩容提质；以城乡环境建设为主要抓手，完善交通网络和基础设施，加快推进智慧城市建设，加强环境保护和生态建设，引导人口、产业和要素资源往城镇集聚，加快形成以工促农、以城带乡、工农互惠、城乡一体的新型工农城乡发展格局。

【全面发展惠民生】 海丰县政府坚持民生为先、成果共享的基本原则，全力办好重点民生实事，突出抓好有线数字电视整转、县城燃气管道建设、县城环境卫生社会化管理、400套教师公寓、城乡绿化美化以及社会保障惠民等十件民生实事，加快县影剧院社会化建设管理、市民广场的征地和上马建设，继续开展龙津河后续整治和景观建设，全力以赴兑现政府承诺，让广大人民群众共享改革发展红利。

【全力抗灾抓复产】 县政府提出“全力抗灾抓复产”，全县各级党政、广大干群众志成城、奋起抗灾，共同创造了“万人大动员、万人大转移、万人大抢险、万人大清障、万人大支援”的抗灾抢险恢宏场景，创造了自力更生、生产自救和“一方有难、八方支援”的灾后复产感人场面，使满目疮痍的海丰灾区迅速恢复灾前面貌和正常生活生产秩序。全县因“8·16”强降雨和强台风“天兔”受灾倒塌的511户全倒户已全面完成重建。

【水源地环境污染整治】 2014年，海丰县政府立足“保障和改善民生”的高度，把水源污染整治作为践行党的群众路线的具体举措，作为构建“美丽海丰”“幸福海丰”的重要内容，一年来，利剑出击、重拳打击，重点开展了莲花山水源地环境污染整治，全面取缔、拆除了水源地范围内51家畜禽养殖场，使县城水源地水质得到了大幅度的改善，水质常规指标检测数值接近《生活饮用水水源水质标准》中的一级标准，整治行动首战告捷、大快人心。同时，继续乘势而上、乘胜追击，全面开展公平水库库区、莲花山埔仔洞区域和县城北部区域等水源地的环境污染整治。

【修复都督府旧址】 陈炯明是海丰近代历史名人，陈炯明都督府旧址和陈炯明故居是海丰县重要的历史文化资源。2014年，海丰县坚持“尊重历史、修旧如旧”的原则，科学统筹、合理规划，全面开展陈炯明都督府旧址和陈炯明故居修复工作，恢复其历史原貌，重新打造成为海丰县独具特色的历史名人旅游景点。

【力促社会全面发展】 2014年，全面铺开教育创强大会战，黄羌、陶河、大湖、梅陇、联安、平东、公平等7镇要在上半年完成创强；加强与深圳龙岗区和市直部门对口帮扶单位的对接，集中资金和力量，推进以“一园四基地”为重点的扶贫项目建设，全面落实扶贫开发各项工作，加快50个贫困村3283户贫困户脱贫致富；加快彭湃医院“创三甲”步伐，力争引进一家三甲标准医院，启动县疾控中心、妇幼保健院、彭湃医院城东分院等建设，推进县中医院和基层卫生院改扩建；积极推进法制文化建设，探索创新社会治理机制，提高社会治安防控能力，建立健全信访维稳长效管理机制，加强安全生产、食品安全等公共安全及应急管理；进一步加强人口计生工作和殡葬改革，扎实推进科技、人防、气象、档案、拥军优抚、外事侨务、民族宗教、广播电视等工作，充分发挥工会、妇联、共青团、残联、老促会、关工委等组织的积极作用，全面营造振兴发展的良好环境。

综合政务

【办文办会】 2014年，县政府办公室认真做好办文、会务工作。从严要求，积极做好收发文及文件管理工作。通过大力改革公文审批制度，完善收文、拟文、签文、发文及登记跟踪程序，严把政策关、程序关、文字关，确保办理的政府机关各类公文的时效性、规范性和权威性。一年来，共制发县政府文件56个、函复38个，办公室文件60个、函复164个，各类会议纪要122期，及时高效地指导了基层工作。此外，全年完成90次会议通知及会议筹备组织工作，接待来访25人次，承办全县性大型会议会务工作11次。

【信息调研】 2014年，县政府办公室印发《海丰县政府政务信息》14期，上报市《政务信息》14篇，被市《汕尾市政府政务信息》选发11篇；撰拟起草各类工作情况汇报材料134篇；调研报告26篇。

【民心工程】 2014年，海丰县坚持把经济发展成果转化为民生实惠，着力解决群众关注的难点热点问题，不断提高人民群众的幸福感。重点抓好有线数字电视整转、县城环境卫生社会化管理、城乡绿化美化、县城燃气管道建设、社会保障惠民、公租房教师公寓、高标准基本农田建设、县体育场、体育馆配套完善等10项惠民工程。积极实施廉租房、经适房、公租房及农村危房改造等百姓安居工程建设，全面推进社会主义新农村建设，着力推动教育均衡发展，全力完成扶贫“双到”、社保扩面征缴、劳动力转移、医药卫生体制改革等工作任务。

【政务督办】 2014年，县政府办公室紧跟县政府的工作部署，全面落实领导的指示精神，进一步加强对海丰县中心工作和重点政务的跟踪督查，并抽调办公室精干人员，联合县发改等部门，对重点项目和民生实事等工作开展了专项督办。全年共开展专项督查62次，组织编发督办通报或政务通报46期，有效地推动了全县重大决策部署的落实。

【政府自身建设】 2014年，县政府坚持加强自身建设，健全依法行政决策机制，完善政府工作规则，大力提升政务服务水平；坚持向县人大及其常委会报告工作，向县人民政协通报情况，自觉接受监督，认真听取各民主党派和工会、共青团、妇联等群团意见；全年办理市、县人大代表议案建议17件、政协提案34件；扎实开展党的群众路线教育实践活动，严格落实中央“八项规定”，认真查摆“四风”方面存在的突出问题，坚持立行立改，建立整改长效机制，县政府的会议文件均大幅减少，评比达标活动精简80%、“三公”经费压缩10.65%，政务接待进一步简化和规范。

（刘小明）

附：2014年海丰县政府办公室领导名录

主　任：叶胜勇

副主任：刘安基（兼）　谢　光　古友新
吴智传　王荣贞（兼）
黄汉标（任至1月）
李廉清（任至1月）
吴清瑜（任至1月）
吴智良（任至1月）　林友捷　黄剑雄

法治政府建设

【机构人员】 根据县编委文件《关于印发海丰县人民政府法制局主要职责内设机构和人员编制规定的通知》（海机编〔2011〕62号），县人民政府法制局（挂海丰县人民政府行政执法督察办公室、海丰县人民政府行政复议办公室、海丰县人民政府法律顾问室牌子）内设复议应诉股、监督综合股2个内设机构；机关行政编制3名，机关使用事业编制2名；其中，设置局长1名、正副股级领导职数2名。

【推动依法行政考评工作】 海丰县深入贯彻落实省、市依法行政工作会议要求，总结2013年度省依法行政考评工作经验，对照2014年度省依法行政考评要求，将各项考评内容分解给相关部门负责办理，做好各项材料收集及报送工作，确保2014年度依法行政考评各项工作顺利进行。

【做好行政复议和行政应诉】 2014年，县法制局接收各类行政复议案件46宗，办结46宗，其中：维持30宗，驳回申请8宗，同意撤回申请7宗，不予受理2宗，收结案数约占全市60%，在全市中名列前茅。代表政府出庭应诉行政案件5宗，均胜诉，切实地维护政府的合法权益和各项行政行为。

【强化文件审核力度】 海丰县法制局严格依据法律法规的规定，认真把好各类规范性文件的法律关，对在审查中发现的与上位法相抵触、相违背的条款，及时提出修改意见，建议起草单位修改，2014年，全年度审查政府部门制定各类文件30多件。保证政府文件的合法性。同时注重规范性文件备案工作，要求规范性文件在《海丰报》、党政信息网等媒体公开发布并报市政府、县人大备案，做到审核、发布、备案“三统一”。

【当好政府参谋助手和法律顾问】 2014年，坚持列席每一次县政府常务会议，为政府各项行政决策把好法律关，同时认真审核各类通告、公告等文书，充分发挥法制机构在政府决策中的法律参谋和顾问作用，有效规范政府行政决策行为、依法依规履行政府管理和服务职能。

【加强行政执法监督和培训】 开展行政执法案卷抽查，检查部分行政执法单位职权履行情况，对在检查中发现的不规范、程序瑕疵等问题，及时与单位一把手或者分管领导进行沟通，提出纠正意见或建议。严格规范行政执法行为，强调持证上岗制，加强行政执法证管理，严格依据《广东省〈行政执法证〉管理办法》和各单位编制文件确定各单位行政执法资格和执法编制人数，利用行政执法证资格考核审查办证人员是否熟悉执法业务等，2014年度，全县新取得执法资格的行政执法人员214人，居全市前列。积极加强行政执法人员培训工作，组织住建局、水务局等进行了行政执法法律综合知识考试，并对考试成绩进行汇总分析，制作《考试成绩复函》，要求相关部门将考试成绩在单位公告栏上予以公示，发挥考试激励作用。

【规范性文件清理准备工作】 在上年度对全县规范性文件进行了全面清理的基础上，按照《海丰县政府规范性文件定期清理暂行办法》第三条“县政府每隔两年对制定的规范性文件开展一次清理”规定，对2015年度规范性文件清理工作认真做了计划，指定专人负责，要求在总结上年度清理规范性文件的经验上，创新规范性文件清理方法，力保2015年度规范性文件清理做到全面彻底“无死角”。

【落实提案、议案的交办工作】 高度重视人大议案、政协提案的交办工作，专门召开议案、提案交办会，请县政府抓线领导、人大、政协和各承办单位领导参加，落实办理责任。会后，县法制部门加强与承办单位的联系，强化对人大建议、政协提案工作的跟踪和督促，确保议案、提案的办理情况能够及时回复代表。2014年度办结县人大建议17件、县政协提案26件。

（林伟鑫）

附：2014年海丰县法制局领导名录

局　长：刘诗章（6月起任）

应急管理

【概况】 2014年，海丰县应急管理工作全面跨越发展，成效显著。在全省第四届“百人百场”应急知识宣讲活动中，海丰县被省评为“先进宣讲点”；海丰县突发事件信息报告工作受到市政府通报表扬。

【机构人员】 海丰县应急管理办公室（加挂“海丰县应急指挥中心”牌子），行政编制4名，其中主任、副主任各1名。

【应急管理“一案三制”建设】 海丰县全面对专项应急预案进行编修，完善全县应急预案体系；强化全县应急管理领导机构和日常工作机构建设，全县19个镇（场、开发区）均成立应急管理办公室；出台海丰县突发事件处置督查办法和预警信息发布等有关规定。

【应急保障体系建设】 2014年，全县组建各类应急救援队伍51支、志愿者服务队166支。其中，县级专业应急救援队伍和镇级综合应急救援队伍各17支。县政府十四届三十九次常务会议审议通过县应急指挥综合平台建设项目。

【应急知识宣教培训工作】 11月5日，组织举办广东省“百名应急管理专家进基层”应急管理专题讲座，海丰县各级领导、应急管理干部和工作者共约400人参加讲座；积极做好消防、防汛、森林防火等各项专业培训活动；举办火灾、地震、山洪防御等应急演练，全面提高突发事件处置能力和水平。

【政府值班工作】 2014年，进一步做好县政府的应急值守工作，实行敏感时期及节假日“双值班”制度，规范信息报送工作，提升信息报告水平；2014年向市政府总值班室报送突发事件信息共97期，报送工作连续三年受到市政府通报表扬。

【预测预警和风险隐患排查评估工作】 海丰县不断完善突发事件监测网络与预测预报系统，提高预警信息发布的时效性、准确性和覆盖率。定期开展突发事件风险隐患排查整改工作，逐步实现隐患排查整改工作规范化、常态化、制度化。2014年共排查风险隐患403处，落实整改365处。

【突发事件应对处置工作】 2014年，妥善应对“5·18”特大暴雨袭击自然灾害；成功处置“5·11”较大道路交通事故、“12·1”美达化工公司火灾等事故灾难；有效防控人感染H7N9流感等公共卫生事件；妥善处置“3·15”疑似微型爆炸装置事件、“12·16”部分教师非正常上访等突发事件。

（刘嘉惠）

附：2014年海丰县应急管理办公室领导名录

主　任：马泽跃

外事·侨务

【概况】 2014年，海丰县外事侨务局深入开展学习习近平总书记的系列讲话精神及党的群众路线教育实践活动，领略复兴中国梦的精神实质，实践科学发展观活动，紧紧围绕中心任务，发挥优势、锐意进取，努力促进各方面工作开展，较好完成县委、县政府布置的各项任务以及年初制定的工作计划。

【机构人员】 根据县编委文件《印发〈海丰县外事侨务局主要职责内设机构和人员编制规定〉的通知》（海机编〔2011〕61号），海丰县外事侨务局内设人秘股、涉外事务股2个内设机构；机关行政编制4名，其中，设置局长1名、副局长1名、正副股级领导职数2名，后勤服务人员数1名。

【对外联谊活动】 2014年，按照“请进来，走出去”的原则，县外事侨务局积极开展对外联谊活动，重点联络一批有实力、有影响、讲团结、做实事的友好华侨、华人社团，加强沟通，密切关系，扩大影响；搞好组团接待工作，充分调动海外侨胞们的积极性，鼓动他们为家乡建设添砖加瓦，动员广大海外成功人士积极投资到海丰县的经济社会建设上来。年内，联系全球500强企业之一的史丹利百得精密制造（深圳）有限公司一行到海丰县，资助县海丰中学贫困生40名，发放资助金2万元，并捐赠一批书籍给海丰中学图书馆。资助捐赠梅陇、陶河中心小学、海丰县光明实验中学60台电脑。借此契机，内引外联，分别在海丰县中等职业学校、海丰县光明实验中学召开了史丹利百得精密制造（深圳）有限公司与在校学生的座谈会。确立了海丰县光明实验中学与史丹利百得精密制造（深圳）有限公司的校、企合作关系，拓展了学生的视野，提供了就业岗位，取得良好的社会效果。

【加强侨捐项目监管】 海丰县初步建立和健全侨捐项目监管工作制度，推进当前海丰“万侨助万村”活动开展，侨力资源持续发展。在原有工作基础上，制订实施《关于在全县建立华侨港澳同胞捐赠公益事业项目监督管理制度的实施意见》，继续深入开展对全县侨捐项目的查漏补登确认工作，同时做好对新捐项目建设使用过程的监督。

【建立完善归侨普查数据库】 2014年，县外事侨务局已基本完成归侨侨眷的动态调查登记建档工作任务。全县归侨及侨眷总人数4103人，其中归侨总人数545人（亚洲归侨人数544人：印尼归侨人数36人、泰国归侨人数4人、老挝归侨人数1人、新加坡归侨人数27人、印度归侨人数2人、马来西亚归侨人数455人、柬埔寨归侨人数7人、越南归侨人数12人；欧洲归侨人数1人：英国归侨人数1人），全县归侨子女3558人。归侨情况是动态变化的，归侨普查只是归侨工作的一个开始。除认真做好普查资料登记、收集、录入、汇总、分析等工作，并在此基础上建立全县归侨档案信息库，实行动态管理。年初，又进行一次针对贫困归侨的调查登记工作，并与当地政府联系，作为这次开展“规划到户、责任到人”扶贫工作的重点对象。同时县外事侨务局对归侨普查的结果进行认真分析，从中掌握各地归侨基本情况，梳理归侨中存在的主要问题，积极向各级党委、政府和有关部门汇报反映，为制定有关政策法规提供参考，争取联合各方力量，建立起救助和维护归侨权益的机制。

【开展为侨送温暖活动】 2014年，县外事侨务局广泛开展慰问归侨侨眷活动，同时举行归侨侨眷交流活动，认真听取他们的意见和建议。年初，县外事侨务局根据海丰县归侨都分布在边远山区，生活比较困难的特殊情况，核实各镇（场）上报的贫困归侨104人，向省侨办争取了扶持贫困归侨专项资金10万元，配合财政、民政局给予他们一次性资金补助。

【落实侨务政策】 海丰县重视涉及落实侨房政策历史遗留问题的信访，做好维稳工作。在新时期继续做好落实侨房政策工作，妥善处理好历史遗留问题，对营造侨心、维护稳定不失其重要性。对此类问题的信访，县外事侨务局积极排查，全面掌握侨务信访最新动态，努力化解矛盾，防止越级上访和非正常上访，做到底子清、处理快、无隐患、保稳定，及时上报信息，建立维稳工作上下联动机制。

【加强因公出国（境）签证管理】 随着对外开放的不断深入和外向型经济的迅速发展，2014年，海丰县在规范外事签证管理上下功夫，在完善制度、科学管理、加强服务等方面取得新的进展。一是完善制度，做好因公出国（境）管理审核报批工作。在办理因公出国（境）审核手续的工作中，始终坚持管理与服务并举，不断完善各项制度，切实提高审核报批的工作效率。年内，结合机关效能建设，先后制定因公出国（境）审核手续报批告知制、文书备案制。出台文件，加强对领导干部因公出国（境）证件的管理。这些制度的实施确保海丰县因公出国（境）管理工作的顺利开展。县外事侨务局审核呈报因公临时出国（境）的人员中，没有发生滞留不归和违反外事纪律的个案。

【侨务干部自身建设】 为全面提高外事侨务局干部的业务素质和工作能力，县外事侨务局加强理论、业务知识学习，提高工作水平，结合县外事侨务局工作实际，深刻领会和全面落实省、市外事、侨务工作会议精神，增强全局工作人员做好外事、侨务工作的主动性和积极性。加强了侨务工作的统筹协调，充分发挥侨务部门的职能作用，建立了全县外事侨务工作信息平台。同时把反腐倡廉教育同坚持抓好机关的制度建设作为自身建设的基础来抓，加强侨务部门领导班子的建设，做到知侨、亲侨、为侨，熟悉侨务政策，有较强的执政意识和依法行政的能力，以新的观念，新的举措，提升外事侨务部门的服务水平。

（杨德枝）

附：2014年海丰县外事侨务局领导名录

局　长：吴华生

副局长：杨德枝

机关服务与管理

【概况】2014年，按照围绕服务中心创新建设服务型后勤机关的要求，充分发挥职能职责作用，海丰县机关事务接待办公室为县政府大院提供优质高效的服务。在全年的机关服务工作中没有出现任何差错，保障了各项工作优质、有效运转。

【机构人员】海丰县机关事务接待办公室为县政府直属的正科级事业单位，内设5个正股级机构（人秘股、财会股、接待股、机关事务管理股、保卫股），公益一类，核定事业编制24名，其中主任1名，副主任2名，正副股级领导职数7名。

【机关事务管理】2014年，为保障县政府机关大院内电力正常运转，在县供电部门的大力支持下，更新了大院两台供电变压系统，解决了大院内长期电力供应不足的问题。加强对水电线路和值班的管理，对大院周边的和大院内的水电表、柴油机等进行全面的检测、检修，杜绝漏水跑电现象。年内，重视大院环境卫生，聘请的清洁工对大院所有卫生责任区坚持每天打扫两次，保持全天候保洁。花草定时施肥、修剪、杀虫，使大院花草整齐，有条不紊，为干部职工创造干净、整洁、舒适的办公环境。同时，完善《县政府大院公务车管理（暂行）办法》，认真做好公务用车管理，经常教育司机要遵守交通规则，注意行车安全，确保全年度公务用车行车安全。

【机关大院安保】2014年，修改完善了《县大院安全保卫工作制度》，不断加强对保卫人员的思想教育工作，提高保卫人员的防范意识。加强夜间巡查，认真做好门卫值班和查验登记制度。积极配合县信访局和公安部门处理群众上访缠访事件，认真组织实施节假日期间和各项重大活动的安全保卫工作，完善来访人员登记及车辆出入、停放管理制度，维护了大院机关正常的工作秩序和财产安全。

【接待工作】认真贯彻落实中央八项规定和《党政机关公务接待管理规定》，修订完善《海丰县党政机关公务接待管理规定》。按照上级的安排，认真做好客人的食、住、行等工作。2014年，根据不同的接待对象，认真做好接待的方案，并按接待方案认真实施，完成中央、省、市主要领导的接待任务，得到了各级领导的好评。年内，圆满完成海丰县举办的各项大型会议及大型活动的专项接待，如中国·海丰首届珠宝文化节、2014年中国龙舟公开赛（汕尾·海丰站）等大型接待任务。

【采购工作管理】2014年，严格按照政府采购规定，主动纳入政府采购，委托县采购办和政府采购中心实施，有效地堵塞了采购过程中出现的漏洞。大力压缩基建修缮工程，始终坚持以消除安全隐患，恢复使用功能为重点。严格履行审批手续，严格执行维修改造标准，在施工过程中严把质量关和造价关，从预算、施工、验收、审核层层把关，始终坚持低价、高质原则，工程完工后送县财政局工程预结算审核所进行全面审核，杜绝不合理预算混入结算之中，有效避免工程中的不正之风和低质高价现象的发生。为进一步规范管理，2014年11月在广东省政府采购网注册，启动了网上采购程序，对达到条件要求的采购物资以后将按规定进行网上采购，从而提高公务经费的使用效率，降低政府采购成本。

【迎宾楼管理】迎宾楼是县委、县政府的公务接待基地，管理和服务工作好坏直接影响海丰的声誉。为此，县接待办加强对迎宾楼的经营管理和服务工作，牢牢抓住“安全、卫生、优质、高效”的经营宗旨，树立管理、服务、效益一起上的理念。从管理人员到服务员，设立岗位，明确职责，使之事事有人管，人人有责任。大力倡导节约，节约用电，节约用水，减少浪费，在不影响服务质量的前提下，降低经营成本。经过迎宾楼全体员工的努力，迎宾楼经营利润逐年显著增加。服务质量、经济效益、社会效益再上新台阶。

【办公经费管理】严格执行中央八项规定和《党政机关厉行节约反对浪费条例》，修订完善《接待办财务管理制度》，加强预算管理，严格预算执行，对每项经费支出都能做到预算先行。严格支出范围和标准，严格各项支出报销审核、控制、降低经费支出，特别是"三公"经费和会议支出，与2013年同期对比有大幅下降，且都控制在年初预算范围内。年内，切实加强了财务管理，确保了经费开支合法、规范，为县委、县政府及本办各项后勤服务工作的开展提供保障的同时，降低了行政成本，提高了资金使用效益，推进了节约型机关建设。

（蔡炯明）

附：2014年海丰县机关事务接待办公室领导名录

主　任：李振城

副主任：陈志明　黄小玲（女）

地方志工作

【概况】 2014年，海丰县人民政府地方志办公室干部职工认真学习贯彻党的十八大和十八届三中、四中全会精神，认真贯彻落全省地方志工作会议精神，紧紧围绕县委、县政府的工作部署，敢于担当，勇于作为，务实求真，乘势而上，迎难而进，有力有序有效地推进全县地方志工作，确保《海丰年鉴·2014》当年出版，公开出版；全县地方志资料年报工作全面开展，地方志信息化建设有序推进，地方志资源开发利用工作取得明显成效，成为汕尾市地方志事业科学发展的排头兵。

【机构人员】 海丰县人民政府地方志办公室是主管全县地方志工作的正科级公益一类事业单位，承担《海丰县志》《海丰年鉴》和《海丰史志》等地情书的编纂工作任务。隶属县政府办公室。海丰县地方志编纂委员会及其办公室成立于1984年12月，县地方志办公室定编5人。2011年11月30日，更名为海丰县人民政府地方志办公室（以下简称"县志办"），定编5人。设主任1名，副主任1名。内设海丰县志编辑部，海丰年鉴编辑部，海丰史志编辑部。至2014年年末，共有公务员2人，职工3人，聘用电脑员1人，退休干部3人。

【《海丰年鉴·2014》出版】 由中共海丰县委、海丰县人民政府主办，县志办主编的《海丰年鉴·2014》于2014年1月启动，2014年1月14日，中共海丰县委办公室、海丰县政府办公室以海委办〔2014〕1号文件印发《海丰年鉴·2014编写大纲》和《海丰年鉴·2014基本篇目与编写分工》指示全县进行组稿，至4月中旬基本完成资料收集与组稿，6月中旬编出初稿，交回各组稿单位征求意见和校对，8月初定稿送方志出版社编审，9月方志出版社审定批准公开出版。《海丰年鉴·2014》主编许信咏，执行主编蔡忠，总纂赵辉，编审黄俊仁。该书设特载、大事记、县情概况、政治、经济、教科文卫体、社会生活、区镇概况、人物与先进集体等10个部分，设982个条目和附录，为大16开本，共96.9万字，系统记述海丰县2013年自然、政治、经济、文化、社会等各方面的发展变化，展现勤劳勇敢、厚德诚信、开拓进取的老区人民在建设美丽海丰的崭新面貌和坚持改革开放的时代特色。全书观点正确、特点鲜明、体例完备、结构严谨、内容全面、资料翔实，是一部集思想性、科学性、知识性和权威性于一体的年度资料性文献，是认识和研究海丰县情、制定政策、指导国民经济发展的重要工具书。由深圳市佳信达印务有限公司中标承印，铜版纸彩色精印精装，定价226元。

【《海丰年鉴·2013》荣获全国区县级综合年鉴编纂出版质量评比综合三等奖】 系统记述海丰县2012

2014年5月22日，县委常委、常务副县长许信咏（中），汕尾市人民政府地方志办公室主任周滨（右二）、副主任黄荣超（右一），海丰县人民政府地方志办公室主任蔡忠（左二）、副主任叶玉坤（左一），出席省志办在海丰召开的地方志工作专题调研会。图为许信咏向省志办调研组汇报全县地方志工作

2014年5月22日，海丰县人民政府地方志办公室主任蔡忠向省人民政府地方志办公室调研组专题汇报海丰县地方志资源开发利用项目和全县地方志资料年报工作进展情况

年自然、政治、经济、文化、社会等各方面发展变化的年度资料性文献——《海丰年鉴·2013》编纂工作得到县委、县政府的高度重视。2013年2月25日，县委、县政府印发《〈海丰年鉴·2013〉编写大纲》和《〈海丰年鉴·2013〉基本篇目和编写分工》，2月26日，县委、县政府调整《海丰年鉴》编纂委员会成员，由县委书记沈木荣担任《海丰年鉴》编纂委员会名誉主任；代县长陈德忠任《海丰年鉴》编纂委员会主任；县委常委、常务副县长许信咏，县委常委、县委办公室主任廖汉生，县政府办公室主任黄坚如，县政府地方志办公室主任蔡忠任《海丰年鉴》编纂委员会副主任，切实加强对《海丰年鉴·2013》编纂工作的领导。县委常委、常务副县长许信咏任《海丰年鉴》主编，县志办主任蔡忠任执行主编，聘请志鉴专家赵辉为总纂，聘请陆安师范原校长黄俊仁为编审。海丰县年鉴工作秉承“质量第一”的理念，2013年3月5日，县志办主持召开《海丰年鉴·2013》镇场区组稿工作会议，各镇、场、经济开发区党政办公室主任20人参加。3月7日，召开《海丰年鉴·2013》县直机关单位组稿工作会议，县直各单位人秘股长或撰稿人108人参加。会上，县志办主任蔡忠通报上年度全县修志编鉴的主要情况和取得的显著成效，部署《海丰年鉴·2013》组稿工作的主要任务、指导思想、组稿要求和交稿期限。各撰稿单位领导高度重视，撰稿人员高度负责，图文资料确保质量，上报时间提前不迟。4月中旬完成组稿任务，7月底前完成编纂工作，8月交方志出版社编审，10月出版，由深圳市精典印务有限公司中标承印。《海丰年鉴·2013》铜版纸全彩色精印精装，庄重大气美观。圆满完成省下达的综合年鉴2500部出版任务。

海丰县志办对《海丰年鉴·2013》参加第五届全国年鉴编纂出版质量评比工作十分重视，于2014年6月提交入会申请书，7月11日，中国出版协会年鉴工作委员会批准海丰县人民政府地方志办公室为中国出版协会年鉴工作委员会会员单位（中版协鉴批字〔2014〕第045号）。2014年10月31日，根据《关于第五届年鉴编纂出版质量评比报送参评年鉴的通知》（中版协鉴字〔2014〕第008号）精神，《海丰年鉴·2013》正式参加第五届全国年鉴编纂出版质量评比。2015年2月12日，中国出版协会年鉴工作委员会《关于第五届年鉴编纂出版质量评比结果的通知》（中版协鉴字〔2015〕第002号—326）通知海丰县人民政府地方志办公室，在中国出版协会主办、年鉴工作委员会承办的第五届年鉴编纂出版质量评比中，《海丰年鉴·2013》荣获综合三等奖，框架设计二等奖，条目编写二等奖，装帧设计三等奖。五年一度的第五届全国年鉴编纂出版质量评比，是全国年鉴界参与性最广、公信度最高、影响力最大的评奖活动。同类奖项在汕尾地区尚属首次获得。海丰县人民政府地方志办公室为全县全市赢得荣誉。2015年3月13日，《汕尾日报》和2015年3月14日《海丰》报先后作专题报道。

【海丰县地方志资源开发利用项目当年申报当年实施】 海丰县志办认真贯彻落实全省地方志工作粤东座谈会精神，根据《广东省地方志资源开发利用项目管理办法》要求，结合海丰县地方志工作实际和专家意见，2014年3月3日组织申报“关于在陈炯明都督府旧址设立陈炯明与中国致公党历史陈列馆”的建议，得到海丰县委、县政府的采纳。根据人大代表的议案、政协委员的提案、专家学者的建议和各界人士的意见，县政府于4月15日出台《海丰县陈炯明都督府旧址与陈炯明故居修复工作方案》（海府办函〔2014〕32号），明确目的意义、工作目标、组织机构、任务职责和工作要求，设立修缮组、史料组、布展组、搬迁组、联络组等五个工作小组。指定县志办牵头，县文体旅游局、县档案局、县财政局、政协海丰县委文史委、致公党海丰县委办公室、县博物馆、海城镇、联安镇、联安镇友爱村委等单位向全国各地各单位和社会各界人士征集“陈炯明与中国致公党史料”。县志办认真贯彻落实《海丰县陈炯明都督府旧址和陈炯明故居修复工作方案》（海府办函〔2014〕32号）精神，于4月18日召集县文体旅游局、县档案局、政协海丰县委文史委、致公党海丰县委、县博物馆等相关单位负责人专题学习陈德忠县长关于修复陈炯明都督府旧址和陈炯明故居工作的重要讲话和县工作方案，研究陈炯明史料征集工作。制定《陈炯明与中国致公党历史陈列馆史料征集工作方案》（海志办〔2014〕11号）和《关于征集陈炯明与中国致公党史料的函》，发至致公党中央委员会、致公党广东省委员会和省内外各市（县、区）地方志办公室、档案馆等有关单位和社会各界人士共118份。5月6日和6月5日，县志办认真组织史料组有关人员前往惠州及广州市大元帅府、省立中山图书馆、省档案馆和致公党汕尾市委员会办公室等单位征集陈炯明史料。至6月底止，共征集到有关陈炯明的图片照片189幅，史书44种50多本。征集到的陈炯明史料由县档案馆专人整理入库，待陈炯明都督府旧址和陈炯明故居修缮完毕移交布展。至年末，陈炯明史料征集工作仍在加紧进行中。

【认真组织学习党和国家领导人关于地方志工作的重要论述】 2014年4月19日，第五次全国地方志工作会议召开，海丰县志办于2014年4月30日召开专题学习会，蔡忠主任利用新华网、人民网、《人民日报》《南方日报》等载体，组织全办干部职工认真学习习近平总书记2014年2月25日关于地方志工作的重要讲话和李克强总理2014年4月16日的重要批示，刘延东副总理2014年4月19日在第五次全国地方志工作会议上的重要讲话。蔡忠主任要求：学习党和国家领导人关于地方志工作的重要论述，要与贯彻落实《地方志工作条例》和《广东省地方志工作规定》结合起来，要与海丰县地方志工作实践结合起来，进一步明确地方志工作者承担着传承文明、记录历史、弘扬文化、服务社会的光荣使命，进一步明确地方志资治、存史、教化的功能，进一步增强责任感和使命感，为海丰县地方志事业的科学发展增创佳绩。2014年5月15日，县志办《印发党和国家领导人近期对地方志工作作出重要论述的通知》（海志办〔2014〕14号），要求全县各地各单位要认真贯彻学习，有力有序有效地推进海丰县综合年鉴和地方志资料年报工作的扎实开展，按时保质圆满完成全县地方志工作任务。

【县志办完成《广东地方志纪事·海丰篇》撰稿任务】 2014年，县志办认真贯彻落实全省地方志工作粤东座谈会精神，认真按照《广东省地方志纪事编写方案》的工作步骤、工作要求、基本体例、记述断限、基本框架、条目安排，联系海丰县的地方志工作实际，由县志办主任蔡忠进行认真的撰稿。至2014年4月底，圆满完成《广东地方志纪事·海丰篇》概述、工作机构、志书编纂、专业志部门志编修、年鉴

2014年5月22日，广东省人民政府地方志办公室副主任马建和（右三）、省志办市县志工作处副处长李汉光（右二）、省志办调研员李海迪（左二）、省志办市县志工作处科长王洁娟（左一）、汕尾市人民政府地方志办公室主任周滨（左三）、海丰县人民政府地方志办公室主任蔡忠（右一）等在陈炯明都督府旧址调研时留影

编纂、地情资料、地情网站、旧志整理、地方志资料年报、地方志资源开发利用和先进集体、先进个人等条目的撰写任务。

【省志办副主任马建和莅临海丰调研】 2014年5月22日下午，广东省人民政府地方志办公室（以下简称“省志办”）副主任马建和等一行深入海丰县调研指导地方志资源开发利用项目和地方志资料年报工作。汕尾市人民政府地方志办公室主任周滨、副主任黄荣超，中共海丰县委常委、常务副县长许信咏及县志办主任蔡忠陪同调研。许信咏、蔡忠分别汇报全县地方志工作开展情况。海丰县圆满完成二轮修志和综合年鉴编纂工作，认真做好全县地方志资源开发利用项目和地方志资料年报工作，成为汕尾市地方志事业科学发展排头兵。尤其是地方志资源开发利用工作初见成效，县委、县政府领导重视，敢于担当，项目选取突出宣传历史名人、顺应民心民意、打造旅游品牌。县志办对全县地方志资料年报工作抓早抓主动，将该工作摆在主要位置，列入议事日程，加强业务指导和检查督促。马建和对海丰县地方志工作给予高度评价，他指出海丰县委、县政府对地方志工作高度重视，人财物方面提供有力保障。县志办的工作积极向上，思路清晰，整体素质高，修志、年鉴、大事记编纂等许多工作均具有开创性，走在汕尾市的前列。马建和要求海丰要继续主动作为，切实做好地方志资源开发利用和成果转化工作，切实做好地方志和资料年报的研、编、刊等具体工作，记述好海丰干部群众干事创业的艰辛历程和奋发有为的精神风貌，发挥好地方志存史、资政、育人、传承地方文化之功能，发挥好地方志工作对县委、县政府工作决策的参谋作用和为百姓生活的指导服务作用。省志办调研组一行由市志办周滨主任和县志办蔡忠主任陪同，参观汕尾市文物保护单位——陈炯明都督府旧址。5月24日，《海丰》报对此作专题报道。

2014年5月22日，广东省人民政府地方志办公室副主任马建和（中）、汕尾市人民政府地方志办公室主任周滨（左一）、海丰县人民政府地方志办公室主任蔡忠（右一）等在陈炯明都督府旧址调研时留影

2014年5月22日，省志办马建和副主任（右二），省志办市县志工作处副处长吕汉光（右一），省志办调研员李海迪（右三），省志办市县志工作处科长王洁娟（右四）、科长王晓亮（后排）出席海丰县地方志工作调研会

【中国文化史籍研究所专家学者调研海丰县地方志工作】 2014年6月7日，暨南大学中国文化史籍研究所组织北京、广东、黑龙江、湖南、青海、河北秦皇岛、江苏扬州、新疆石河子、陕西咸阳、四川绵阳、长沙、厦门、梅州、江门、天河区等15个省、市地方志专家学者一行25人深入调研海丰县地方志工作。县委常委、人武部部长郑秋汉及县志办主任蔡忠陪同调研活动。在县政府会议室，郑秋汉、蔡忠介绍海丰县地方志工作和海丰文化强县建设情况。海丰县是广东省历史文化名城，是全国第一个县级苏维埃政权诞生地，全国13块红色革命根据地之一。明清两朝，海丰有六次修志记载。新编《海丰县志》于2006年3月公开发行。《海丰县志（1988—2004）》于2012年11月公开出版，全面展现勤劳勇敢、厚德诚信、开拓进取的老区人民建设幸福海丰的崭新精神面貌和坚持改革开放的时代特色，融史地风物于一体，汇图表传记于一书，是一部集思想性、科学性、资料性和权威性于一体的海丰“百科全书”。暨南大学中国文化史籍研究所教授郑可敏等省、市地方志专家学者听取介绍后，对海丰县志办卓有成效的工作和海丰文化强县建设表示高度赞赏，对海丰县党政高度重视地方志工作，做到领导到位、机构到位、队伍到位、经费到位和条件到位予以充分肯定。海丰历史悠久，人杰地灵，英才辈出，值得学习。郑可敏一行指出，《海丰县志》《海丰年鉴》《海丰史志》的发行，不仅起“存史、教化”的作用，为全国各地深入、系统、全面地了解海丰的历史和现状，提供一份珍贵的教材，同时起到“资治”的作用，为制定国民经济发展和

2014年6月7日，暨南大学中国文化史籍研究所专家学者调研海丰县地方志工作在红场平民医院旧址留影

社会综合治理决策提供科学依据。随后，调研团还到红宫红场参观学习，缅怀革命先烈。县志办向莅临海丰调研的各位专家学者赠送《海丰县志（1988—2004）》和《海丰年鉴》《海丰史志》。2014年6月12日《汕尾日报》和6月14日《海丰》报对此次调研活动进行报道。

【《中国地方志》向全国推介《海丰县志（1988—2004）》】 2014年6月20日，《中国地方志》2014年6月号（总第263期）《方志评论》栏目刊登中国地方志协会学术委员，安徽省地方志学会副会长、学术委员，安徽大学历史系教授林衍经《评〈海丰县志（1988—2004）〉的成就和特色》的志评文章。林衍经对全面系统记述1988—2004年海丰县自然、政治、经济、文化、社会等各方面发展变化，展现勤劳勇敢、厚德诚信、开拓进取的老区人民在建设幸福海丰的崭新面貌和坚持改革开放的时代特色，融史地风物于一体，汇图表传记于一书的《海丰县志（1988—2004）》给予实事求是的评价。林衍经指出：《海丰县志（1988—2004）》历时六载成书面世，约140万字，堪称鸿篇巨制。细细读来，品味甘醇，深感其成就和特色显著。一是继承、借鉴和创新相结合，篇目设置科学、合理；二是内容记述的指导思想和价值取向正确，特色鲜明；三是人物记载量多面广，关注普通劳动者中的优秀代表；四是《陈炯明研究资料》——“续志”附录中的一个靓点；五是是一部可贵的质量优秀的志书，其资治、存史、教化的价值和功用自不待言。林衍经还指出：《海丰县志（1988—2004）》如此鸿篇巨制，书成众手，也难免存在某些不足之处，有些可资商榷的问题。据《中国地方志》入刊志书统计，全国每年只有20多部志书被该刊选录推介。《海丰县志（1988—2004）》能在全国几千部志书中脱颖而出入选《中国地方志》国家级主流期刊，彰显海丰修志人辛勤劳动成果的成就与特色。《海丰县志（1988—2004）》对于宣传海丰，推介海丰，展示海丰，发挥积极作用。

【胡国忠等对《海丰县志（2005年版）》记述问题补正送来《感谢信》】 2014年6月23日下午，海丰县委原常委、县公安局原局长胡清长子胡国忠（深圳市公安局正处级退休干部）与孙桂玲（深圳市统计局正处级退休干部）夫妇来访。对《海丰县志（2005年版）》上册卷二十二《政治纪要》第四章第十节《拨乱反正》“四是……”的记述，提出纠错、更正等诉求。海丰县人民政府地方志办公室认真负责，主任蔡忠亲自到县法院、县公安局、县委老干部局、县档案局等相关单位查阅当年案卷，了解情况。2014年7月4日，县志办向县政府提交《关于胡国忠对〈海丰县志（2005年版）〉有关内容来访问题处理意见的请示》。2014年7月8日，县政府作出《关于胡国忠等对〈海丰县志（2005年版）〉有关内容来访问题处理意见的批复》（海府办函〔2014〕88号）。同日，海丰县地方志编纂委员会作出前志补正的决定。根据海丰县人民法院已经生效的〔1985〕海法刑字第177号刑事判决书和存真求实的原则，《海丰县志（2005年版）》上册第700页倒数第7行卷二十二《政治纪要》第四章第十节《拨乱反正》“四是继续深入打击经济犯罪和刑事犯罪，制止走私风，逮捕了县委原常委兼公安局长胡某等3人，鼓舞了群众，震慑了坏人”的记述不当，应予以补正。现补充如下史料：“1986年12月25日海丰县人民法院〔1985〕海法刑字第177号刑事判决书：‘宣告胡清无罪’”。决定在第三轮修志时，将上述补充史料载入《海丰县志》。是日，海丰县人民政府地方志办公室作出《关于胡国忠等来访反映〈海丰县志（2005年版）〉有关内容问题的答复》（海志办〔2014〕22号）。《海丰史志》总第21期《志鉴园地》栏目刊登《前志补正》；《海丰》报2014年9月6日第33期转载《前志补正》；县志办印发《前志补正》告知相关单位并夹附于志书相关章节。2014年9月18日，县志办约请胡国忠夫妇前来海丰座谈，解决县志记述问题。胡国忠夫妇及其家人对海丰县依法妥善解决《海丰县志（2005年版）》记述问题十分满意，2014年10月20日，胡国忠、孙桂玲夫妇向海丰县人民政府地方志办公室送来感谢信。

【县志办向广东省方志馆提供展品】 2014年10月底，按照省志办《关于征集广东省新方志编修30周年成果展览展品的通知》精神，县志办主任蔡忠高度重视，亲自动员全县各有关单位，于当年11月初向省方志馆提供《海丰明清三志》《海丰县志（2005年版）》《海丰县志（1988—2004）》《海丰年鉴·2012》《海丰年鉴·2013》《海丰史志》《海丰人物志》和《海丰县人大志》《海丰县审判志》《海丰县军事志》《海丰县民政志》（一、二轮）、《海丰县工商志》（一、二轮）、《海丰县建设志》《海丰县农业志》《海丰县工业志》《海丰县统计志》《海丰县商业志》等部门志以及《公平镇志》《陶河镇志》《公平水库志》等共20多种60多本。参与广东省新方志编修30周年成果展览，展示海丰县地方志工作成果。

【县志办向全省地方志工作机构征集地方志书综合年鉴等地情史料】 2014年12月12日，海丰县志办向全省各市、县（市、区）地方志工作机构发出《关于要求惠赠地方志书综合年鉴等地情书的函》，得到广州、深圳、珠海、汕头、佛山、东莞、清远、韶关、河源、梅州、惠州、潮州、中山、肇庆、揭阳、江门、阳江、湛江、茂名、云浮和越秀区、荔湾区、番禺区、天河区，龙岗区、罗湖区、福田区、盐田区、宝安区、金湾区、斗门区、顺德区、江海区、惠城区、博罗县、金平区、南澳县、兴宁市、平远县、大埔县、饶平县、始兴县、浈江区、曲江区、乐昌市、翁源县、台山市、新丰县、坡头区、南海区、高要市、廉江市、信宜市、德庆县、怀集县、紫金县、连平县、龙川县、阳春市、阳西县、阳东县、潮安县、鼎湖区等市县区地方志办公室的大力支持，他们先后向海丰县志办寄送地方志书和综合年鉴以及党史资料等地情书。此前，汕尾市、陆丰市、陆河县、汕尾市城区，揭西县、惠来县、普宁市、揭东区、澄海区、潮阳区、龙湖区、惠东县、龙门县、三水区、电白县、郁南县、佛冈县等全省各级地方志工作也先后给海丰县志办赠送地方志书和综合年鉴等地情书。县志办主任蔡忠表示：真诚感谢全省各级地方志工作机构为海丰传经送宝！衷心感谢各市、县、区地方志办公室同仁对海丰县地方志工作的大力支持！号召海丰县地方志工作者要好好拜读兄弟单位的志书年鉴，认真学习先进工作经验，广泛深入加强地方志工作交流，大力推进海丰县地方志事业科学发展。海丰县志办陆续将《海丰县志（2005年版）》《海丰县志（1988—2004）》《海丰年鉴·2012》《海丰年鉴·2013》《海丰史志》等地情史料分别寄送给全省各市、县、区地方志工作机构。至年末，地方志书交流交换工作正在有序有效地进行。

【县志办贯彻广东省新方志编修30周年座谈会精神】 2014年12月24日上午，海丰县志办召开全办干部职工会议，蔡忠传达广东省新方志编修30周年座谈会精神及会议概况：2014年12月22日，省政府在省委党校举行《广东省志（1979—2000）》首发暨纪念广东省新方志编修30周年座谈会。中国社科院副院长、中指组常务副组长李培林；省委、省人大、省政府、省政协领导徐少华、肖志恒、梁伟发；北京、海南、四川、新疆、江苏、西藏、香港特别行政区方志办主要负责人；全省市县区地方志机构主要负责人；专家学者代表；《广东省志》各卷编辑室主任等参加会议。座谈会由省政府副秘书长李贻伟主持。会议听取了省志办党组书记、主任陈强作《继往开来，擦亮品牌，不断开创地方志工作新局面——1984—2014广东省地方志事业发展的主题报告》；向从事地方志工作15周年以上的地方志工作者和参加两轮《广东省志》编修的工作者颁发证书；举行了手机广东省情网及“方志广东”微信开通仪式；北京、香港等地的方志机构领导先后发言；最后，中指组领导李培林、省领导徐少华作重要讲话。省政府高度重视修志工作。此前，省长朱小丹专门为地方志工作作出批示：“盛世修志，意义深远。全省地方志工作者不辱使命，勇担重任，辛勤耕耘，无私奉献，取得丰硕成果，成为全国地方志工作排头兵。希望发扬成绩，总结经验，不断提高地方志编纂、管理和开发利用水平，进一步擦亮广东方志品牌。”在当日座谈会结束前，朱小丹专程来到省委党校，看望与会代表，并与中指组领导李培林，省领导徐少华、肖志恒、梁伟发一起参观广东省地方志工作成果展，驻足翻阅广州、深圳、东莞、汕尾等市的地方志，对彭湃故乡——海丰县编修出优秀的县志、镇志和地情书表示赞赏。蔡忠传达了省志办主任陈强的主题报告精神和中指组领导李培林、省领导徐少华的重要讲话精神。要求县志办要认真贯彻落实广东省新方志编修30周年座谈会精神，结合海丰县地方志工作实际，认真编纂《海丰年鉴·2015》。同时，认真编纂《海丰百家姓考略》，认真开展海丰县地方志资料年报工作，认真开展海丰县地方志资源开发利用项目申报工作，认真做好海丰县地方志信息化建设，认真开展读志用志和地情资料交流工作，圆满完成2015年全县地方志工作的各项任务。

【县志办主任蔡忠应邀出席第一届中华姓氏谱牒文化高峰论坛】 应中国姓氏文化研究会、海峡姓氏文化研究院的热诚邀请，报请县委同意，县志办主任蔡忠于2014年12月27—29日出席由中国姓氏文化研究会、福建省朱子文化发展促进会、海峡姓氏文化研究院联合在厦门市翔鹭国际大酒店举行的第一届中华姓氏谱牒文化高峰论坛暨首期中国谱牒师高级研修班和《闽粤始祖大典》大型文献编撰研讨暨新闻发布会。会前，举行中华孝道与姓氏谱牒文化展。中国侨联第四届主席、中国华侨公益基金会荣誉会长、庄希泉基金会主席、庄希泉纪念馆筹委会主任、93周岁的庄炎林先生到会祝贺，发表热情洋溢的演讲，并传授养生秘诀；中华伏羲文化研究会副会长、华夏姓氏源流研究中心主任、研究员袁义达教授作《华夏姓氏源流及传承》的主题演讲；福建省姓氏源流研究会副会长、海峡姓氏文化研究院院长蔡干豪先生作《朱子理学对中华姓氏文化的贡献》的主题演讲；海峡孝文化研究会会长、厦门市弘德书院院长史立明先生作《中华孝道与中华姓氏文化传承》的主题演讲；海峡姓氏文化研究院副院长彭家庆先生主持本届高峰论坛。本届论坛还举行“首届中华姓氏始祖文化世界巡展活动启动仪式。在首期中国谱牒师高级研修班上，来自台湾地区的姓氏文化权威专家、世界彭氏宗亲会顾问、彭氏源流族谱著作人、91周岁的彭伯良先生亲临大会传经指导；海峡姓氏文化研究院常务副院长林庚先生主讲《中华姓氏谱牒文化概论》；《中华方氏全族统谱》总编辑方为民先生主讲《中华姓氏谱牒（统谱）编撰实务》；《谱圣网络》创建人江艺平、邱盛樑先生主讲《中华姓氏谱牒（电子谱牒）编撰实务》；广东粤东魏征文化研究会副会长魏兴伟先生主讲《中华魏征文化精神及其现实意义》。研修班上，中国姓氏文化研究会还向县志办主任蔡忠等120多位学员颁发《中国谱牒师资格证书》。来自北京、上海、河南、广东、福建、浙江、江苏、山东、江西、海南等全国各地和台湾地区的姓氏谱牒文化专家学者200多人欢聚一堂，共商中华民族传统文化的传承与发展。传递正能量，共圆中国梦！蔡忠就地方志“资治、存史、教化”功能和中华姓氏文化的传承以及编纂《海丰百家姓考略》，与专家学者进行交流与研讨；对历史悠久、人才辈出、文化底蕴深厚的海丰古县的地情风物风貌向与会人员作详细推介。袁义达教授、蔡干豪院长、傅德露执行院长等专家学者对海丰县委、县政府重视地方志工作和编纂《海丰百家姓考略》、传承发展中华传统文化的举措表示赞赏！本次大会表彰“第一届中华姓氏文化奖”，其中：“中华姓氏文化终身荣誉奖”6个，“中华姓氏文化杰出传承奖”9个，“中华姓氏文化杰出贡献奖”10个，“中华姓氏文化杰出成果奖”11个，“中华姓氏文化中华孝文化传承奖”7个，“中华姓氏文化中国望族名祠奖”11个，“中华姓氏文化中国望族名村奖”10个。邱家儒主编的《中华丘氏大宗谱》荣获“第一届中华姓氏文化杰出成果奖”。会前，海丰县人民政府地方志办公室向与会部分专家学者奉送《海丰县志》和《海丰史志》。会后，向海峡姓氏文化研究院寄送《海丰县志（2005年版）》《海丰县志（1988—2004）》和《海丰年鉴》《海丰史志》等史书。

【《海丰史志》总第21、22期出版发行】 《海丰史志》自2006年11月复刊以来，始终以“信史、资政、实学”为宗旨，秉承“真诚、严谨、创新”的办刊理念，为海丰新方志的学术研究和信息交流提供一方平台，为展示海丰历史文化名城而发挥窗口作用。《海丰史志》对《海丰县志》续其所有、补其所无、正其所误、存其所异的“资政、存史、教化”功能是其他刊物所无法替代的。《海丰史志》累计出版至总第22期，新出版17期。2014年出版总第21期与总第22期。本刊突出海丰地方特色和志鉴业务两大主题，以“信史、资政、实学”为宗旨，秉承“真诚、严谨、创新”的办刊理念，《海丰史志》设置的特载特辑、政务视窗、人物春秋、地方史话、志鉴园地、名城博览、书林撷英、他山之石、上下求索、史志动态、大事记略等栏目，成为海丰地方志学术研究与交流的一方平台，也是展示海丰历史文化名城风采的窗口。《海丰史志》刊载名家名作和海丰人文史料，极具资政存史价值，《海丰史志》不但向省内外地方志工作机构和全县党政机关、事业单位、人大代表、政协委员、外出乡贤、史志爱好者发送。2014年6月7日，向前来海丰县调研地方志工作的十五省市地方志专家学者发送；10月28日，给浙江省永康市世界吕氏宗亲研究会发送；12月28日，向出席第一届中华姓氏谱牒文化高峰论坛专家学者发送；得到全省方志系统、专家学者和全县广大读者的高度赞赏以及各级党政领导的充分肯定。

（蔡 忠）

附：2014年海丰县人民政府地方志办公室领导名录

主 任：蔡 忠

副主任：叶玉坤

档案工作

【概况】 2014年，海丰县档案局（馆）学习贯彻党的十八大、十八届三中全会精神，扎实开展党的群众路线教育实践活动，执行档案法规，扎实做好档案工作，不断提高档案工作水平，更好地为经济建设和社会各项事业发展服务，为人民群众服务。年内，县档案馆开展民生档案工作；继续做好历年干部、职工介绍信存根档案整理、归档、目录数字化工作，共整理干部、职工介绍信存根档案4794件(每件5人左右，近20000人)；整理人事档案材料2643件。做好下乡知青档案材料整理归档工作。6月，县档案馆近年来3个档案利用事例入选省档案局编印的《服务社会造福人民——广东省档案利用事例选编》。年内，海丰县档案局（馆）还做好政府公开信息查阅工作。

【机构人员】 海丰县档案局、海丰县档案馆实行局馆合一体制，正科级事业单位，负责全县档案事业行政执法和档案保管利用工作。核定事业编制7名，其中局长1名（兼馆长）、副局长1名（兼副馆长）。局馆现有人员8名。

【档案工作目标管理与指导】 2014年，县档案局指导各镇各机关单位整理档案。县财政局、县公安局、县打私办、县侨联等单位完成归档任务。继续推广应用档案目录管理软件工作。档案目录管理软件及使用说明无偿提供给各镇各机关单位使用。7月，海丰县档案局开发应用推广档案目录管理软件工作入选省档案局编印的《创新思维——广东省档案管理与服务优秀案例选编》。12月，县档案局配合市档案局开展对档案综合管理升省一级五年以上的县国税局后门分局、公平分局、可塘分局进行复查。

【档案接收与利用】 2014年，县档案馆做好档案资料接收工作。全年接收文书档案2325卷，又4974件，

2014年2月10日，县委常委、常务副县长许信咏（左二）、县政府办公室财贸股股长罗家杰（左一）前来县档案局检查指导工作

2014年2月24日，县档案局以“为民务实清廉”为主题开展党的群众路线教育实践活动动员大会。督导组组长谢明（左四）参加会议

2014年11月3日，省、市档案局领导参观红场红宫

2014年7月8日，省档案局副局长孟凡华（右二）、监督指导处副处长李彩香一行前来海丰县档案馆调研档案工作。县委常委、常务副县长许信咏、汕尾市档案局局长周滨、副局长唐永钦陪同调研

照片281张，实物档案32件；征集各种资料33册。接收部分退伍兵档案、毕业生档案及下乡知青审批表、知青书信等档案材料一批，逐步整理，目录输入电脑。年内，开展征集档案资料工作。为配合县有关部门开展陈炯明都督府、陈炯明故居收复、布展工作，5—6月，海丰县档案馆与县志办、县文史委、致公党海丰县委员会办公室、县博物馆等单位前往惠州市档案馆、广东省立中山图书馆、广东省档案馆等地，征集陈炯明研究史料。征集陈炯明照片84张及有相关内容的《广东政报》《广东群报》（电子版）等共23件。年内，县档案馆做好档案资料利用工作，全年共接待档案资料利用者105人次，提供各种档案资料21卷（册）127件。特别是积极提供档案资料，为下岗职工、下乡知青、即将退休职工解决养老保险问题、连续工龄问题提供有力的帮助。

【档案业务培训】 县档案馆采用“三集中”建档做法，由一些机关单位档案人员带一年度或几年度档案材料到县档案馆进行整理归档，使这些单位档案人员在较短的时间内完成归档任务，又很好地掌握档案整理归档业务技能。

【健全档案目录数据库】 2014年，县档案馆开展文件级档案目录电脑输入。档案目录数据库文件级档案目录总数46万多条，完成馆藏全部文书档案目录输入电脑工作。做好档案目录数据备份工作，并逐步帮助各镇各单位建立各自的档案目录数据库。扫描重要文件材料281张。

【档案信息化建设】 加强海丰档案信息网站建设，确保网站运作正常。按照上级要求，海丰档案信息网站英文域名更改。新英文域名为：hfarc.org.cn。2014年，海丰档案信息网站发布各种信息17条。海丰档案信息网站点击量29636次，网上留言22条。对“网上留言”及时回复，社会各方面反映良好。2014年11月1日，海丰档案信息网完成“事业单位”“标识证书”挂标工作，成为海丰县第一个网上名称“标识证书”挂标的政府网站。中文域名为：海丰县档案局·政务。

【档案编研】 2014年国庆，海丰县档案局（馆）结合庆祝新中国成立65周年活动，编写《海丰解放记忆》；同时，作为“城市解放——庆祝新中国成立65周年”特别报道。主要内容有：海丰县城经历两次解放；海陆丰盐场公署、游缉大队、盐警大队起义，汕尾和平解放；海丰、陆丰两县全境解放。《海丰解放记忆》还登载在《汕尾日报》《海丰》报、汕尾党政信息网、海丰党政信息网等市、县主要媒体上。经省档案局批准，开展海陆丰正字戏传承手抄剧本研究工作。

【声像档案工作】 2014年，做好本地重要新闻视频——海丰新闻视频采集工作。全年共采集海丰新闻视频1616条，并编制海丰新闻视频内容摘要。

（洪海洋）

附：2014年海丰县档案局（馆）领导名录：

局（馆）长：黄大毅

副局（馆）长：叶建钦

政协海丰县委员会

县政协领导成员

【2014年政协海丰县委员会正、副主席名录】

主　席：冯月琴（女，中共党员，主持政协全面工作，兼管经济委员会）

副主席：施培养（中共党员，分管政协机关工作、提案委员会、学习和文史资料委员会）

余立敬（中国农工民主党党员，分管人口资源环境委员会，4月退休）

张健雄（女，无党派人士，分管科教文医卫体委员会）

马小玲（女，中共党员，分管社会和法制委员会）

许妈银（中共，5月起分管人口资源环境委员会，原分管的港澳台侨外事委员会由党组成员、中共海丰县委统战部部长郑永城分管）

县政协工作机构

【2014年县政协工作机构及各专委会设置】　八届县政协设提案委员会、经济委员会、人口资源环境委员会、科教文医卫体委员会、社会和法制委员会、学习和文史资料委员会、港澳台侨外事委员会7个专门委员会。

县政协机关设办公室、组织联络室、综合室3个正科级内设机构，办公室下设秘书股、提案股、行政股3个职能股。

2014 年政协海丰县委员会工作机构及专委会设置一览

表4

届　次	工作机构	主要负责人
县政协机关	办公室 (下设：秘书股、提案股、行政股)	主　任：吴远峰 副主任：
	组织联络室	主　任：黄海平 副主任：罗晓文（女）　周洪流
	综合室	主　任：陈淑亮 副主任：黄雄飞
第八届县政协专委会	提案委员会	主　任：罗小雄 副主任：叶胜勇　张文亮　周洪流
	经济委员会	主　任：陈孝求 副主任：方小游　吕　锋　许妈银　陈伟建 陈淑亮　黄鸿成　黄雄飞
	人口资源环境委员会	主　任：林梓业 副主任：陈　维　罗晓文（女）　郑永城
	科教文医卫体委员会	主　任：李继群 副主任：卢小娟（女）　吴焕新　洪献就
	社会和法制委员会	主　任：黄海平 副主任：吴克城　余海明　黄小流　黄汉标
	学习和文史资料委员会	主　任：吴远峰 副主任：吴荣坤　谢立群　蔡　忠
	港澳台侨外事委员会	主　任：谢　明 副主任：李振城　吴华生　张锦程　陈勋光

政协重要会议

【县政协八届四次会议】 2014年3月24—26日，政协海丰县第八届委员会第四次会议在县城举行。会议审议通过了冯月琴代表八届县政协常务委员会所作的工作报告和施培养代表八届县政协常务委员会所作的提案工作报告。列席县十四届人大四次会议，听取并协商讨论了县政府工作报告及其他报告。会议补选八届县政协常务委员4名。与会委员高度关注海丰县经济社会发展中的重大问题和人民群众普遍关心的热点、难点问题，就高中教育、企业转型、环境保护、宗教工作和繁荣地方历史文化等方面提出了意见和建议。会议还审议通过了政协海丰县第八届委员会第四次会议提案情况审查报告和政协海丰县第八届委员会第四次会议决议。

【县政协常委会议】 全年召开5次常委会议。主要内容有：学习贯彻中共十八届四中全会精神，全国及省市“两会”精神，习近平视察广东和在人民政协成立65周年纪念大会上的重要讲话精神，审议通过2014年工作要点、常委会《巩固植树造林成果，切实加强森林资源保护管理》的专题调研报告；《政协海丰县委员会关于加强了解和反映社情民意工作的意见》《政协海丰县委员会调查、视察活动工作简则》《海丰县政协委员驻镇联络组工作制度》等规章制度，表决撤销文泽宣八届县政协委员资格，协商通过有关人事事项等。

【县政协主席会议】 全年召开4次主席会议。主要内容有：学习贯彻中央、省、市、县各级关于开展党的群众路线教育实践活动精神以及习近平系列重要讲话精神；听取各专委员会年度工作计划，研究部署2014年主要工作、常委会专题调研、县政协委员集中视察、机关驻村帮扶工作、配合省政协开展村级社会发展情况及基层政协建设调研工作、“委员之家”网络互动平台建设工作；确定县政协八届四次会议重点提案及督办领导；审议通过主席会议成员分工调整、常委会部分规章制度，审议有关人事事项等。

政协主要工作

【政协调研视察】 2014年，县政协常委会组织开展了“巩固植树造林成果，切实加强森林资源保护管理”专题调研活动，协助省委、省政协开展农村经济社会发展情况海丰调研点以及基层政协组织建设和发展的调研工作，组织各专委会以梅陇金银首饰产业发展、县城地区公共体育设施建设、高中学校德育工作、残疾人事业发展、农村土地流转、科技工业园区发展为专题，开展6次调研、视察活动，形成11份调研报告呈送县委、县政府，为党政科学、民主决策提供参考。如常委会根据县委、县政府年初提出的“四大会战”的中心任务，组织开展专题调研，形成《巩固植树造林成果，加强森林资源保护管理》的调研报告，提出6条加强森林资源保护管理的意见建议。经济委形成《关于梅陇镇部分金银首饰企业向县科技工业城转移的调研报告》；港澳台侨外事委提交了《海丰县科技工业园区发展情况》的报告，提案委、文史委形成《关于我县公共体育基础设施建设和管理情况的调研报告》，社会法制委开展《我县残疾人事业发展情况》的调研，科教文医卫体委形成《关于我县高中学校德育工作的调研报告》；人资环委提交《关于我县农村土地流转情况的调研报告》。

【提案办理】 八届四次会议以来，县政协委员、各民主党派、工商联、有关人民团体和政协各专门委员会，共提交提案27件，经提案委员会审查立案26件，其中委员个人或联名提案24件，民主党派和专门委员会集体提案各1件。未立案的提案1件，转为社情民意或委员来信送有关部门处理。在立案的提案中，经济发展方面的2件，占7.7%；城市建设和管理方面的5件，占19.2%；科教文卫体方面的10件，占38.5%；环境保护方面的3件，占11.5%，政法、劳动人事及其他方面的6件，占23.1%。这些提案分别由县委、县政府相关承办部门按有关规定进行办理，至年末，已全部办复。提案中许多合理的建议被采纳和落实，对县域经济社会和谐发展起到积极的促进作用。《关于加快北部山区镇公路建设的建议》等4件提案被评为优秀提案，县环境保护局等2个单位被评为承办提案先进单位，将在县政协八届四次会议上进行表彰。常委会根据十八大精神和政协工作的要求，加强与县委的交流、配合，协助县委出台《关于进一步加强海丰县人民政协提案办理工作的实施意见》，进一步推动提案办理工作的科学化、规范化。

【协商议政】 2014年，县政协常委会始终坚持以服务海丰发展大局为己任，切实加强沟通、增进理解，推动协商民主有序开展。围绕海丰县统筹城乡发展、生态环境保护、水资源保护、教育均衡发展、文教卫体事业协调布局等问题，通过各种渠道、多种方式，全方位进行协商议政，形成的意见建议被采纳或吸收进相关决策和规划中，发挥了协商民主的重要作用。组织来自不同领域的委员代表，在八届四次全体会议上，围绕全县经济社会发展中群众关心、党政关注的高中教育发展、城乡环境卫生管理、企业转型升级、繁荣地方特色文化和宗教管理工作等议题发言，既摆事实、查原因，又提意见、议对策，推动了有关工作的有效开展。常委会主动对接县委、县政府的重点工作，特别是县政协领导班子成员主动融入全县发展大局，共担发展重责，先后就村两委换届选举、各地各单位群众路线教育督导、华润电力和潮惠高速等重点项目的推进，以及深汕合作区征地、三禾农业项目征地、环境卫生整治督查、禁毒巡查、平东治安案件处置等中心工作，帮助解决困难，督查进展情况，促进了有关工作的顺利开展。常委会还非常重视“委员之家”网络互动平台的建设，设置了“给力提案室”“意见建议拍砖板”“界别活动之家”和“咨询服务台”等栏目，进一步拓展政协委员发挥作用的渠道，提高政协履行职能的效率，强化政协与委员、委员与委员间的沟通，营造永不落幕的政协全会。

【政协民主监督】 县政协坚持把维护人民群众根本利益作为履行职能的出发点和落脚点。一是发挥提案监督作用。通过公开征集提案线索、会前委员培训、编发提案参考题目、严把审查立案关等方式，切实提高提案质量。县党政主要领导和县政协正副主席坚持领衔督办重点提案。承办单位坚持个体面商与集体面商相结合，提高提案办理效率。提案委通过走访重点提案承办单位和提案承办重点部门，对提案办理工作进行督查指导；年底对提案办理情况进行“回头看”，加强跟踪督办。至2014年11月底，经审查立案的26件提案已全部办复，促成一些事关发展和民生问题的解决。二是发挥专项视察监督作用。常委会不断改进和完善视察方式，增强视察实效。年内，县政协组织部分委员分别围绕海亮农业基地、三禾农业基地、县市民广场、生态科技城等项目进行深入的视察，先后听取了平东镇、农业局、城东镇和附城镇的有关情况介绍，进行了座谈交流，并就有关情况提出意见、建议，有效的发挥专项视察的监督作用。三是发挥民主评议监督作用。支持和鼓励政协委员担任有关职能部门的行风监督员和行风评议代表，参与人民满意机关评比、关键岗位监督和考核、行风监督和评议等活动，在促进党风廉政建设、转变机关作风、提高行政效能、改善行业风气等方面发挥了积极作用。年内，部分委员认真参与县法院、地税、工商、安监、消协等部门的评议、监督活动，并就相关内容提出了意见建议，发挥了政协委员应有的作用。

【文史工作】 2014年，县政协坚持亲历、亲见、亲闻“三亲”原则，做好文史资料工作，向当代及后世昭示一批翔实健康的文史读物，发挥存史、资政、团结、育人的作用。动员委员和社会有关人士，调整壮大文史撰稿人员队伍，围绕海丰县有关名人佚事，不断拓宽史料征集渠道和文史专题，提升撰稿水平和稿件质量，完成《海丰文史》陈炯明特辑的出版编印工作。

【政协联谊活动】 2014年，县政协常委会注重加强党派团体合作。坚持“长期共存、互相监督、肝胆相照、荣辱与共”方针，深化与各民主党派、工商联和无党派人士的联系与合作，支持各党派团体围绕协商议题开展调研视察活动，努力形成调研活动统筹、资源信息共享的良性工作机制，促进各党派、无党派人士的合作共事，广泛团结各团体和各界人士，在政协会议、调研视察、协商议政、提案信息等工作中，积极为他们表达意见和主张创造条件，不断增进共同政治基础上的团结合作。注重加深各方联络联谊。积极与港澳台同胞、海丰籍外地委员的联系，加强对在外委员的服务，关心委员企业发展，帮助委员解决实际问题，维护他们的合法权益。县政协还联合市政协创新工作方法、方式，联合市政协探索健全基层政协工作机制，成立市县政协委员驻镇联络组，在公平、鹅埠等地开展活动，及时了解所在镇在经济社会发展中存在的一些热点问题和发展情况，为委员知情明政拓宽渠道。注重办好事实事。县政协联合市政协开展奖学助学活动，奖励、资助了一批品学兼优的大学新生；发动委员慰问、资助部分贫困单亲家庭和孤儿；经济委先后赴黄羌、平东等地慰问一批困难群众;文史委前往大湖慰问一批贫困群众；社会和法制委到县残疾人康复中心慰问贫困残障儿童；联合农工民主党送医送药下乡，开展义诊活动。

（吴远峰　赖小雷）

中共海丰县纪律检查委员会

县纪委领导成员

【2014年中共海丰县纪律检查委员会领导名录】

书　记：刘　帆

副书记：叶　森　林锡清

常　委：刘　帆　叶　森　林锡清　陈伟平　叶宜泽　傅容金　黎素贞（女）

县纪委（监察局）工作机构

【2014年县纪委（监察局）工作机构】

办公室主任：林国强

党风廉政建设室主任：余志兴

执法监察室主任：张宇清

纪检监察室主任：蔡生绵

案件审理室主任：刘小镇

信访室（举报中心）主任：刘嘉能

宣传教育调研室主任：陈立宏

监察综合室（纠风办）主任：陈振宁

【2014年县纪委（监察局）派驻纪检监察组】

第一纪检监察组组长：陈春晖（女）

副组长：李孝义

第二纪检监察组组长：钟清水

副组长：戴冬生

第三纪检监察组组长：郑世锦

副组长：陈辉明

第四纪检监察组组长：张彭豪

副组长：王燕如（女）

第五纪检监察组组长：唐本高

副组长：黄东荣

第六纪检监察组组长：吴家宾（任至1月）

副组长：郭毅刚（任至5月）

余炳会（5月起任）

【2014年海丰县监察局局长、副局长名录】

局　长：林锡清

副局长：黄胜国（任至1月）　陈雪静（女）

吴家宾（1月起任）

重要会议

【中共海丰县第十届纪律检查委员会第四次全体会议】 2014年2月21日下午，中共海丰县第十届纪律检查委员会第四次全体会议在县迎宾楼会议厅召开。全会传达贯彻十八届中央纪委三次全会、省纪委十一届三次全会和市纪委六届四次全会精神，总结海丰县2013年党风廉政建设和反腐败工作，部署2014年全县党风廉政建设和反腐败工作任务。县委书记沈木荣出席会议并作重要讲话；县委常委、纪委书记刘帆代表县纪委常委会作题为《围绕工作重点，强化执纪监督，深入推进党风廉政建设和反腐败斗争》的工作报告；城东镇、梅陇镇党委书记，住房和城乡规划建设局、国土资源局、县供水总公司等单位主要领导述责述廉述德。会议审议通过县纪委常委会的工作报告；审议通过县纪委十届四次全会决议。县四套班子领导成员，县法院院长、县检察院检察长，县纪委委员，各镇（场、开发区）党委书记和纪委书记，县直工委书记、纪工委负责人，县公安局纪委书记，县直（含驻海）正科级以上单位主要领导和分管纪检监察工作的领导，副科级单位的主要负责人，县监察局特邀监察员，县纪委监察局机关副主任以上干部、派驻纪检监察组正副组长共300多人参加会议。

【海丰县纪律教育学习月活动动员大会】 2014年8月25日下午，全县纪律教育学习月活动动员大会在县迎宾楼二楼会议厅召开。会议传达全市纪律教育学习月活动动员会精神，部署 2014年全县纪律教育学习月活动，主题是“严明组织纪律、锻造优良作风”。县委副书记林建隆主持会议，县委书记、县人大常委会主任沈木荣出席会议并作重要讲话，县委常委、县纪委书记刘帆作纪律教育学习月活动动员报告。县委、县人大、县政府、县政协领导班子成员，县法院院长、县检察院检察长，县纪委监察局班子成员、机关各室主任以上干部及派驻纪检监察组正副组长，各镇（场、经济开发区）党委书记、镇（场）长、纪委书记，县直（含驻海）副科级以上单位主要负责同志和分管纪检监察工作领导，县直纪工委书记，县公安局纪委书记参加了会议。会前，与会同志观看了汕尾市纪委制作的警示教育专题片和县纪委制作的专题暗访片。

主要工作

【落实中央八项规定】 2014年，海丰县纪检监察机关认真贯彻落实中央八项规定精神，围绕中心工作，强化执纪监督，狠抓作风建设，继续在全县35个单位132个行政股室、服务窗口深入开展“万众评股室”活动。在元旦、春节、中秋、国庆等重要节点，加强对各单位的作风自查和明察暗访，健全暗访、曝光、查处、追责“四管齐下”作风暗访工作机制，对全县各地各单位落实中央八项规定和“四风”问题进行暗访，查处党员干部违反“八项规定”的案件3宗，给予党纪处分5人，批评教育4人。严明党的纪律特别是政治纪律，加强对中央、省委、市委和县委重大决策部署落实情况的监督检查，确保政令畅通。全年清理县级考核检查项目51个，减少考核检查项目46个，保存5个，控制在10%以内。

【党风廉政建设】 认真履行纪委监督责任，切实抓好党风廉政建设和反腐败工作任务落实，全年先后印发落实党风廉政建设和反腐败工作相关文件，督促检查相关单位主要负责人认真履行党风廉政建设“第一责任人”的职责。加强“三公”经费、“吃空饷”等清理整顿工作，共清理“吃空饷”人员40名，追缴金额34.5万元。同时，对各单位因主要领导工作变动的工作用车进行跟踪监督，有效防止“车随人走”。要求党员领导干部严格遵守省纪委、监察厅《关于加强对党员领导干部操办婚丧喜庆事宜监督的暂行规定》，严格执行报告制度。2014年，科级领导干部报告重大事项18人次，制止和查处大操大办喜事各1宗。认真开展廉政风险防控工作，纪委负责人同下级党政主要负责人谈话102人次，领导干部任前廉政谈话17人次，领导干部述职述廉435人次。继续深入推进农村基层党风廉政建设，健全完善农村基层廉政监督员制度，重新选聘全县287名村（社区）廉政监督员。加强对农村集体“三资”管理服务平台建设工作监督检查，发挥海城镇等6个先行点的示范辐射作用，推进“三资”建章立制工作全面开展。

【宣传教育工作】 2014年，围绕“严明组织纪律，锻造优良作风”这一主题，认真开展纪律教育学习月活动。紧密结合党的群众路线教育实践活动、“万众评股室”、“行风评议”和整治庸懒散奢不良风气等活动，认真组织全县党员干部观看警示教育专题片和政务整治暗访片160多场（次）；向全县副科以上领导干部发送廉政短信5000多条；组织全县领导干部到省反腐倡廉教育基地开展主题教育；组织廉洁文化作品创作和传播活动，营造廉政文化氛围。年内，以党报党刊为载体，宣传报道全县党风廉政建设的工作经验和成果，向《中国纪检监察报》《广东党风》《汕尾报》《海丰报》等投稿81篇，选送反腐倡廉理论文章10篇。加强信息采编工作，落实具体的信息采编任务，撰写纪检监察信息75期。认真做好红宫红场廉政教育基地筹建工作，廉政教育基地主体馆平民医院维修设计方案已由国家文物局立项，国家重点文物保护专项补助资金正在申请之中。

【查办违纪违法案件】 全县纪检监察机关按照“转职能、转方式、转作风”的要求，不断整合力量，找准定位，强化办案主业意识，把案件查办摆在更加突出的位置，始终保持惩治腐败的高压态势。坚持依纪依法安全文明办案，严肃办案工作纪律，落实好“六位一体”办案安全工作责任制和办案安全“四有”保障机制，确保办案安全“零事故”和案件申诉“零变更”。2014年，信访举报中心共受理群众信访举报380件（次），其中来信179件、来访109件、来电29次，其他方式63件（次）。检举控告类273件（次），业务范围外107件（次），初核案件线索150件，立案84件（科级干部2人），结案56件，给予党纪政纪处分51人，追缴违规资金55.9万元。协助配合省、市纪委查办了一批违纪违法案件。

【纠风和专项治理工作】 海丰县纪检监察机关着力推进各项专项治理工作，加强对高标准基本农田建设、县城环卫、水利工程项目、森林防火、计生、殡改、禁毒等工作的督查。2014年，大力推进政风行风建设，在全县八个领域11个单位开展民主评议政风行风工作，对2013年评议的16个单位进行“回头查”。继续办好“行风热线”，组织县信用联社等15个单位一把手参加“行风热线”直播节目，帮助解决群众反映的问题。强化纠风暗访工作，全年共暗访82次，暗访单位101个，发现并督促整改问题136个，对暗访中发现的问题进行曝光和通报批评，制作了专题暗访片，有力促进了海丰县机关作风建设。

【预防腐败工作】 2014年，加强对三大要素市场的监督检查，全年进入县建设工程交易中心招标投标的工程48宗，节约投资1120.65万元。政府采购87宗，实际节约资金205.9万元。年内，继续完善行政审批电子监察系统等信息公开平台建设，认真受理和处理网上投诉。加快推进海丰县网上办事分厅建设，对各网上办事分厅建设责任单位进行监督。强化高速公路建设廉政监督与效能监察工作。加强对市场监管体系建设的监管，推进消费维权和社会信用体系建设。认真开展专项资金监督检查力度，重点加强对渔船油补、水利建设资金、扶贫资金的监督检查，保证国家专项资金按规定使用和发放，防止违法违规行为的发生。

【纪检干部队伍建设】 海丰县深入开展党的群众路线教育实践活动，县纪委监察局班子及成员带头查摆问题，制定整改方案，坚持立行立改，坚决落实整改措施，引导全县纪检监察干部队伍坚决反对和查纠“四风”问题，不断改进作风。全力推进基层纪委规范化建设，在城东镇纪委规范化建设试点的基础上，全县16个镇基本上能按照省纪委两个“六有”的要求加强硬软件规范化建设任务。并在深圳市纪委支持下，购置了一大批办公办案设备充实到委局机关和基层纪委，有力改善了办案办公环境。认真抓好纪律检查体制改革，积极推进双重领导体制具体化、程序化、制度化，切实落实“两为主”“两覆盖”要求。重视干部的交流和选拔，1名班子成员提任乡镇正职，1名纪检组长提任为班子成员，并通过“两推一选”等程序，选拔了3名同志为办公室和纪检监察室副主任。大力精简参与的议事协调机构，经过清理调整，参与的议事协调机构由原来的115个减少到10个，有效解决了纪检监察机关职能泛化等问题。认真贯彻执行广东省纪检监察机关干部行为规范，强化内部管理监督，各室、组职责制度上墙，完善机关业务流程；加强对纪检监察干部培训工作，累计往中央、省、市纪委派送培训干部67人，参加佛山市、汕尾市纪委联合培训班26人，推进培训工作全覆盖。积极组织全县纪检监察系统干部职工参与各类义务活动，树立纪检监察干部良好形象。

（陈尔松）

民主党派·工商联

中国民主同盟海丰县委员会

【组织发展】 民盟海丰县委下设10个支部，有盟员129人。其中女盟员46人，占盟员总数的35.6%，大专以上学历123人，占盟员总数95.3%，中上层知识分子122人，占盟员总数94.5%，拥有高级职称的盟员43人，占盟员总数33.3%，盟员的平均年龄为52.26岁。海丰县民盟成员担任省人大代表1名，市人大代表1名，市政协委员2名，县人大常委会副主任1名，县人大代表1名；县政协常委1名，县政协委员3名，海丰县人民法院人民陪审员1名。2014年，民盟海丰县委严把质量关、素质关，发展新盟员6名。10月8—14日，马伟飚由盟市委选派参加民盟广东省委盟务骨干培训班培训学习。

【思想建设】 2014年1月22日，民盟海丰县委召开盟县委扩大会议，县委委员及各支部委员参加。会上，海丰县人大常委会副主任、民盟海丰县委主委马伟飚组织与会人员学习了中共十八届四中全会主要精神、《中共中央关于全面深化改革若干重大问题的决定》和中共广东省会十一届三次全会精神，并要求各支部组织全体盟员深入学习，认真贯彻。在2014年，民盟海丰县委把学习贯彻中共中央和中共广东省委、市县党委的会议文件精神与民盟海丰县委的自身建设相结合，紧密联系实际，切实履行参政党的职责，与执政党齐心协力共建美丽中国、幸福海丰不懈努力。

【参政议政】 2014年，民盟海丰县委组织骨干盟员以及担任各级人大代表和政协委员的盟员深入一线调研，撰写调研报告及提案、议案和建设，为海丰经济社会建设建言建策，在广东省人大会上，鲁春琴提交了《关于改善我省经济欠发达地区高中的教育现状的建设》和《关于改善教师专业化发展的建设》，并且被省委组织部聘为广东省公务员面试考官。在2014年海丰政协会议上，谷希云代表民盟海丰县委作《积极促进我县高中学校发展，振兴海丰教育》的大会发言，并以个人名义提交了《加强高中学校德育工作，提高我县高中教育质量》的提案，郭毅群提交了《关于加强对居民小区节假日燃放烟花炮竹的管理》的提案。这些建议、发言及提案紧扣党政的工作重心，关注社会热点问题，意见中肯，建议措施切实可行，得到相关部门的肯定和重视。另外，民盟中的其他同志也关心本地区及国家社会建设和海丰民盟的自身建设，积极建言，提了不许宝贵的建议和意见。民盟彭湃中学支部因工作出色，成绩显著，被民盟广东省委员会评为“民盟广东省宣传先进集体”。

【社会服务】 2014年，民盟海丰县委群策群力，善用集体智慧，克服各方面的困难，倾力倾情办学，努力建设海丰县光明职业技术学校，该校2014年服务对象共679人，开设有计算机应用、财会电算化、民航服务、商务英语、学前教育等专业。教职工共30人，其中4人为外聘。2014年高考录取率100%，居汕尾市“3+证书”高考升学率第一名，其中一考生数学高考成绩149分，居全市第一名。学校各专业考证合格率达98%，学生有一专多能的优势，就业门路广，择业机会多，毕业生就业率98%，其中幼师、财会专业就业率100%，电脑专业就业率95%。民航服务专业部分学生分别到深圳腾邦公司、莫林公司、邦瑞公司实习，受到欢迎和高评价。学校还与史丹利深圳（百得）有限公司签约合作，史丹利深圳（百得）有限公司作为学校的实习基地在学校挂牌。学校还参加了2014年深圳坪山新区首届技能人才校企对接交流活动，与近20个企业、公司达成对口输送意向，拓宽了学生的就业门路，现在，学校已形成多元化的办学模式，为社会输送一批又一批的优秀职业人才。

（马伟飚）

附：2014年中国民主同盟海丰县委员会领导名录

主　委：马伟飚

副主委：戴南兴　林时伟

中国农工民主党海丰县总支部委员会

【组织建设】 2014年，农工党海丰县总支部委员会发展新党员5名，有10名骨干党员参加了农工党省委组织的培训，3名骨干党员参加汕尾市党校的培训。总支部委员会组织各支部进行形式多样的组织生活，2014年农工党海丰县总支部委员会下设4个支部，党员57人。党员中有市、县人大代表2人；市、县政协委员5人；担任政府机关处级以上职务1人。

【思想建设】 农工党海丰县总支部委员会把深入学习中共十八大会议精神作为思想建设的重要内容。带领全体党员深入学习中共十八大精神、邓小平理论、“三个代表”重要思想和科学发展观，学习《中共中央关于进一步加强中国共产党领导的多党合作和政治协商制度建设的意见》精神，学习农工党中央党刊《前进论坛》《农工党章程》。积极开展党的群众路线教育实践学习活动。

【参政议政】 2014年，围绕群众普遍关心的热点难点问题，深入开展调查研究，认真履行参政议政职能。在八届政协四次会议上提出《关于建设公众游泳池的建议》《关于改造旧城区道路的建议》《关于加大力度整顿县城路道被占受堵而确保畅通的建议》《关于从速重建龙津古桥的建议》《关于加大管理力度、规范我县网吧经营的建议》《关于加强学校周边饮食摊档管理的建议》。

【社会服务】 充分发挥该党医疗卫生界方面的优势，积极开展医疗咨询和义诊活动，做好社会服务工作。2014年，引导彭湃医院和中医院的党员积极参加其单位组织下乡的义诊活动。其中：11月29日组织医务人员20多名前往陶河镇开展义诊服务活动，服务群众100多人次，赠送药品3000多元。

（黄群英）

附：2014年中国农工民主党海丰县总支部委员会领导名录

主　委：余立敬

副主委：黄继茂　陈忠荣

中国致公党海丰县委员会

【组织建设】 2014年，致公党海丰县委员会下设5个支部，共有党员103人，高级职称31人，中级职称38人。致公党海丰县委年初召开会议做好工作部署，每季度召开一次县委会议，年终开总结表彰大会；积极组织党员参加省、市、区各级组织的各项活动；全年发展新党员5人，进一步提升队伍素质。致公县委坚持“困难党员和老党员温暖帮扶”制度，对困难、生病的党员组织进行慰问，并发给慰问金，特别是在重阳老人节期间组织一次活动，专门慰问老党员。致公党县委副主委周洪流同志患急性白血病，县委主动协调县政协，向县政府和市政协公益事业促进会写帮助解决治疗经费的申请报告，发动企业家和致公党员捐款近10万元。年内，致公党县委着重指导和鼓励各支部独立自主进行支部建设并开展丰富多彩的活动，活跃党员生活。选派了黄茂广、郭芳荣、黄永泰、王时朝、马戎衣等同志分别参加致公党省委、中共汕尾市组织部和统战部联合举办的党外干部培训班学习。这进一步提升基层组织领导自身的综合素质和参政议政能力。致公党县委要求全体党员树立终身学习理念，努力建设学习型参政党。学习采取集中和分散相结合的形式，有计划地安排时间，通过报纸杂志、信息网络、座谈会和培训等渠道认真学习了中国特色社会主义理论体系、中共十八大和十八届四中全会精神。年内，致公党海丰县委召开县委扩大会议4次，重点学习中共十八大、十八届四中全会和习近平重要讲话精神等内容；组织全体党员集中学习统战理论和致公党党章党史等知识。通过学习，党员们进一步坚定了致力为公，与中国共产党同心同德、同心同向、同心同行的信念，进一步增强了自觉履行参政党的使命感和责任感。

【参政议政】 一是积极开展建言献策。2014年在市、县各级人大、政协会上，致公党海丰县委以组织或个人的名义提交提案议案10多条，其中：致公党县委会提出的《关于将原海丰陈炯明都督府辟为统一战线教育基地及中国致公党人文历史陈列馆》的提案、议案，吴城金提出的《关于加强学生道德品格教育的建议》《关于加强城市管理、提升管理水平的建议》；郭芳荣提出的《关于改造旧城区道路的建议》《关于加快龙津河后续整治的建议》《关于开展福临坑和向阳沟排洪渠道污染整治的建议》，吕小辉提出《关于县城环境卫生实行社会化管理的建议》《关于规范县城交通流通管理的建议》等提案，均引起政府的高度重视，有的已经付诸实施。二是深入进行课题调研。2014年，致公县委围绕中共海丰县委、县政府就“海丰县陈炯明都督府旧址和陈炯明故居修复工作”开展调研，同时配合县政府深入到广州、惠州、香港、致公党省委会及其陈炯明先生家乡调研，排除了存在的遗留问题，受到致公党市委和县委统战部领导的高度肯定和赞扬，树立了民主党派成员的良好形象，扩大了致公党在参政议政方面的影响力。三是及时反映社情民意信息。致公党县委将反映社情、传达民意作为参政党的重要职责和维护社会稳定的重要手段，郭芳荣撰写的《关于建设公众游泳池的建议》，黄永泰提出《关于加强我县养老服务业的发展提案》等社情民意都得到海丰县政府高度重视。四是主动参与民主监督。致公县委充分发挥民主党派民主监督作用，陈岱和郭芳荣担任海丰县纪委特邀监察员，两人积极参与纪委监察局的各项工作，到海丰县20多个行局进行行风评议，与海丰县公共事业局进行对口联系工作，参与对口联席会议，了解公共事业管理工作进展情况，提出涉及辖区公共事业行政管理工作的重大决策、决定的意见建议，改进政府工作，受到该局的欢迎。

【社会服务】 2014年，致公党县委会动员全党开展爱岗敬业活动，充分调动广大党员的积极性，取得了明显的效果。积极参与社会建设、医疗下乡、科技法律咨询等活动，响应致公党省委、市委和中共海丰县委、县政府的各项号召，充分发挥党员们的自身优势，配合政府有关部门为扶贫支边做出大量实际工作，为社会献爱心、做贡献。年内，致公党县委会配合党省委邀请专家、教授就教育、医卫、农业等领域，到海丰县进行帮扶活动。郭芳荣积极服务社会，向广东赤石老促会捐款1万元，向可塘中学捐款2万元，向黄姜虎瞰村民委员会捐款2万元，向广东省致福公益促进会捐款2万元。黄汉真为海丰县黄姜镇和附城镇共6个村委担任法律顾问，为村民讲授物业管理等法律知识，受到村委及居民的广泛赞誉。黄荣光在农村蔬菜生产基地设立采购中心，与县城各重点社区的小型超市、个体工商户合作的模式创建了海丰县益群农副产品平价商店20间和海丰县供销粮油平价商店1间，物美价廉，惠民利民。

【海外联谊】 海丰是致公党发源地之一，海丰与致公党有着深厚的历史渊源。2014年，致公党县委共接待致公党中央、省、市和其他地方组织等10多个团体，人数约200人次，其中较为重要的考察团有致公党中央原主席罗豪才、致公党广东省委会、致公党居港老党员及家属、致公党辽宁省委会、致公党海南省委会、致公党衡阳市委、致公党江门市委会、深圳市委会、致公党开平市委会等。这对沟通乡情、侨情，团结海内外同胞，促进社会和谐，推介海丰的发展，扩大致公党的影响力，将起到积极的作用。

【《海丰乡音》刊物出版工作】 《海丰乡音》属全国统一刊号的杂志，是海丰的宣传窗口。致公党县委充分利用《海丰乡音》这一刊物，做好思想政治宣传，让海外赤子更深一步了解海丰、认识海丰、相信海丰，为海丰经济发展架起桥梁，促进了海丰引资兴办工业的进展。2014年，致公党县委克服《海丰乡音》出版经费和人员不足的重重困难，每年定期召开《海丰乡音》编者和作者座谈会，广泛征求意见，不断完善内容，为此，刊物的质量逐年得到提高。从2014年起，《海丰乡音》将由年刊改为半年刊（一年2期），刊物的版面、内容、纸质等方面进一步优化升级。《海丰乡音》自1990年创办以来，出版23期，刊物发行海内外，社会反响好。

（黄永泰）

附：2014年中国致公党海丰县委员会负责人名录

主　委：吴城金

副主委：黄荣光　周洪流　郭芳荣

县工商联

【概况】 2014年，海丰县工商联深入贯彻落实《中共中央、国务院关于加强和改进新形势下工商联工作的意见》和《中共广东省委、广东省政府关于加强和改进新形势下工商联工作的意见》精神，紧紧围绕县委、县政府的工作中心，把握科学发展主题和加快经济发展方式转变主线，紧扣“推动创新发展，建设幸福海丰”这一核心，围绕经济建设中心，服务科学发展大局以促进非公经济健康发展和非公经济人士健康成长为重点，不断加强自身建设和队伍建设，充分发挥工商联职能作用，加强和改进新形势下工商联工作，为建设幸福海丰做出了积极贡献。

【参政议政】 海丰县工商联积极参政议政，发挥工商联作用。2014年，工商联担任市级人大代表4人，县级人大常委1人、代表3人，市级政协委员8人，县级政协常委11人、委员17人。在市、县两会期间，认真组织工商联届别的人大代表、政协委员紧紧围绕经济建设、科教文卫、城建旅游、城市管理、交通安全等社会热点难点问题，共写出提案、议案12件，为优化非公有制经济发展环境和党委、政府的科学发展正确决策提供了依据。

【商会组织建设】 2014年，县商会切实加强领导班子建设、机关建设和工商联队伍建设，不断强化服务意识，拓宽服务渠道，提高服务本领，注重领导班子成员的文化层次和年龄结构。海丰县工商业联合会（商会）主席、副主席、副会长、常委、执委中有硕士研究生、本科生，领导班子平均年龄在45岁以下，使领导班子自身建设有活力和实力，会员队伍发展质量也得到提升。坚持做到“五个一”即每个月一次领导班子座谈交流会，每季度一次常委会、一次走访会员企业，每年一次执委会，春节一次座谈联谊会。年底作为干部工作绩效考核的重要内容，努力把工商联机关建设成为务实、高效的人民团体和商会组织。

【大力发展行业商会和会员企业】 加强发展行业协会、商会、异地商会的组建工作，为促进各行业协会、商会健康发展，积极参与各行业协会、商会筹备工作。2014年，全县已成立4个行业商会、协会组织（海丰县服装行业商会、海丰县粮食行业协会、海丰县珠宝首饰行业商会、公平服装行业商会）；1个异地商会（广州海丰商会）。进一步壮大了会员队伍，为本县同行业内搭建一个更深层次的交流合作平台，促进了该行业健康发展，开创基层商会工作新局面。至2014年年末，全县共有私营企业2130家，注册资金177994.34万元，规模以上企业122家（其中工业86家、商贸32家、建筑4家），个体工商户22646户。全县会员总数435个，其中：行业协会商会组织团体会员4个，企业会员400个，个人会员31个。

【创新工作方法】 一是在增强工商联的凝聚力上创新：围绕充分发挥工商联主席、会长、常委、执委会工作效率和作用这一目标，把新理念、新知识、新方法融入工商联工作之中，增强工作实效。换届以来，县工商联决定开展每月一次领导班子座谈交流会，每次活动都有明确的主题，开得很成功，领导班子座谈交流会不但有收获，互通商机，还增强了对工商联的认识。二是在加强会员管理上创新。县工商联在对会员加强了管理，已全部建立会员数据库。三在全县非公有制经济发展上开展调研。按照中央统战部、全国工商联的部署，县工商联开展了非公有制经济发展上的调研，调研活动内容丰富，涉及面广，社会反响良好，达到预期效果。

【开展“五好”县级工商联建设】 2014年，结合工商联自身工作特点，为会员企业及会员提供优质、快捷、高效的服务。按照省工商联《广东省“五好”县级工商联建设工作规划（2014—2017）》的要求。紧紧围绕“五个好”的创建标准，积极开展“五好”县级工商联建设。10月31日省工商联会员部宣传部长周玉泉、会员部处长甘文凯到海丰做县级“五好”工商联建设专题调研。认真听取了海丰县工商联详细汇报后，深入走访了海丰县中顺燃气实业有限公司、鸿发（集团）国际有限公司、海丰县大流服饰实业有限公司等多家会员企业和海丰县服装行业商会、可塘珠宝市场，收集了丰富的调研材料。本次调研周玉泉部长表示满意并给海丰县工商联日后工作提出宝贵意见，同时高度肯定海丰工商联在“五好”县级工商联建设工作中的成绩，并在2014年度被省评为县级“五好”工商联。

【教育培训】 2014年，通过召开学习会、座谈会等形式，多场次组织工商联执委和工商联机关干部职工认真学习贯彻党的十八大精神，学习习总书记一系列重要讲话精神，继续学习贯彻《中共中央、国务院关于加强和改进新形势下工商联工作的意见》精神、省第十一次党代会精神和县委常委（扩大）会议精神。坚持实行学习制度，组织机关全体人员和非公有制经济人士代表多次进行专题学习，播放《基石》等专题教育片，学习《党的群众路线教育实践活动的文件选编》等书籍文献，组织党员到社区进行调研活动，积极开展中心组学习交流会，开展“为了谁、依靠谁、我是谁”大讨论活动。不断加强非公有制经济人士和机关工作人员思想政治工作，紧紧围绕县委的核心任务，切实发挥工商联的职能作用。9月15—20日组织部分年轻企业家参加省举办第五期广东省新生代非公有制经济人士培训班，9月22日组织15名非公有制人士代表，参加市工商联组织学习习总书记一系列重要讲话精神的宣讲会。12月26日又组织非公有制经济人士代表参加市工商联举办《广东省企业集体合同条例》宣讲活动。5月22—23日，广州海丰商会组团40人，到海丰县海崇食品有限公司、公平百斯盾服装有限公司、海丰县服装行业商会进行参观考察交流。考察团一行还到大湖镇慰问在“天兔”期间受灾的五保户，并送上慰问金和慰问品，表示对家乡受灾群众的关心和帮助。据统计，2014年来参加各级培训人数达310人次，通过培训学习交流，助推海丰企业转型升级，促进了全县非公有制经济的持续稳定发展。

【机制建设】 2014年，结合海丰实际，县委出台了《中共海丰县委、海丰县人民政府关于加强和改进新形势下工商联工作的意见》（海委〔2012〕24号）和中共海丰县委办公室、海丰县人民政府办公室《贯彻落实〈中共海丰县委、海丰县人民政府关于加强和改进新形势下工商联工作的意见>分工方案〉的通知》（海委办通〔2012〕2 号）两个文件，发至全县各镇（场）、县直有关单位进行贯彻落实，使海丰县在加强工商联工作机制建设方面迈上新台阶。

【党建工作】 为深入贯彻落实上级“两新”组织党建工作的指示精神和工作部署，实施海丰县抓“两新”组织覆盖“百日攻坚行动”，以及今后一个时期海丰“两新”组织党建工作任务，县工商联按照县委的工作部署，认真开展“两新”组织党建工作。一是成立县工商联开展非公有制经济组织党建工作领导小组，制定工作规则和工作要点，进一步整合成员单位的工作力量，为推动工作健康开展提供了坚强的组织保证。二是对已经成立的497家企业89个非公有制经济党支部，通过电话咨询。走访、交流等方式，掌握该领域党建工作现状，做到单位数量、经营情况、职工状况、组织设置、隶属关系、党员底数、业主情况等“七个清楚”。三是抓党建工作持续健康发展，对已成立党支部的企业，制定了党员学习，民主生活制度，建立党员示范岗，组织党员自愿参与社会公共服务，在团结凝聚职工、维护各方合法权益，促进社会和谐、推进“两新”组织健康发展等方面做出有益的贡献。

【公益事业】 2014年春节前，由县委常委、宣传部部长卢雁慧，工商联主席郑海田、副主席施胜逛带队，带领工商联机关全体人员、部分民营企业家到陶河镇陶塘社区对贫困户、特困户进行慰问并送上慰问金，为他们送去温暖和关怀，祝愿他们过上一个祥和、幸福、快乐的节日。6月30日，在中国共产党建党93周年到来之际，海丰县工商联又组织由主席郑海田、秘书长施胜逛带队，深入到赤坑镇大化村和陶河镇陶塘社区开展走访慰问活动，为当地40多位困难老党员和特困户送去节日的慰问和祝福，并送上慰问金和慰问品。8月18日，工商联又组织企业家捐资23万多元，与共青团联合举办金秋助学，圆贫困学生大学梦，资助贫困大学生235名。除此之外工商联积极引导会员企业参与各地造桥修路、捐资助学、救灾扶贫等公益事业活动，充分体现了非公有制企业家们积极响应党与政府的号召，积极回报社会，乐善好施的美德。据不完全统计，全县工商联会员捐资社会各项公益事业达800多万元，充分体现了广大会员履行社会责任的精神风貌。

（施胜逛）

附：2014年海丰县工商业联合会（商会）负责人名录

主　席：郑海田

副主席：冯玉平（女，任至9月）　施胜逛

群众团体

县总工会

【概况】 2014年，海丰县总工会认真贯彻落实党的十八大和全总十六大、省总十三大会议精神，紧紧围绕科学发展的主题，坚持“为职工服务、为党政分忧、为企业和谐、为经济加油”的方针，在夯实基层基础中求突破，在维护职工权益中谋实效，在构建和谐企业中显作为，狠抓工会各项工作开展，团结动员全县广大职工发挥主力军作用，为海丰县经济社会发展做出积极贡献，有力地推动全县工运事业的全面发展。

【机构人员】 海丰县总工会内设工作机构3部1室（即经济部、组织宣传部、生活女工部和办公室），直属服务单位有海丰县工人文化宫和海丰县退休职工管理委员会。2014年有工作人员23人。

【工会组建】 2014年，海丰县按照“哪里有企业，哪里有职工，哪里就要建立工会组织”的建会原则，创新思路，强化措施，着力构建“横向到边，纵向到底”的工会组织网络，把壮大组织队伍和加快标准化建设步伐作为工作的重要内容，以非公有制企业工会组建为重点，广泛深入开展宣传发动工作，采取多种方式方法，建立劳资协商平台，正确引导劳资双方达成共识，使业主能够同意成立工会组织，职工自愿加入工会组织。年内，完成组建海丰县泰林塑料制品有限公司等基层工会组织51家，新增会员2580人，完成换届选举8家。至2014年年末，全县已组建基层工会组织925家，职工会员总数71984人，组建工会联合会4个，涵盖企业749家，职工会员37268人。

【法制建设】 海丰县总工会积极组织全县各级工会干部认真学习《工会法》《劳动法》等法律法规，提高各级工会干部的法律知识水平，推动工会组织法制健全完善。选派6名工会干部参加三期全年省总工会组织的理论培训班学习，组织基层工会骨干人员18人参加市安委党校联合市总工会组织的工会干部培训班。进一步提高了基层工会干部的理论水平和工作能力，进一步强化工会干部的法律意识、政治意识、创新意识、群众意识、责任意识，切实提高服务基层的能力和水平，将加强工会干部队伍建设纳入全县“六五”普法规划，列入工会干部职工和务工人员考试内容，以此推进依法治会进程。

【劳动竞赛】 2014年，围绕海丰县“四大会战”“六大工程”建设目标，全县各级工会组织把创建“工人先锋号”创先争优活动作为工会凝聚人心，集合职工智慧，激发职工劳动热情的重要载体，深入推进新一轮“当好主力军，建功‘十二五’”劳动竞赛活动，在供电、电信、移动、邮政、教育、卫生系统、非公有制企业等，广泛深入开展重点工程劳动竞赛、群众性科技创新劳动竞赛、职工技能竞赛，有力地推动了海丰县经济建设。

【劳模工作】 在县委、县政府的重视支持下，“五一”前夕召开了全国、省级部分劳模座谈会，24位劳模代表和先进集体代表参加了座谈会。县总工会与县电视台联合拍摄制作了“劳动者风采”系列报道，颂扬他们在各行各业的感人事迹，弘扬劳模精神。年内，根据上级工会要求积极开展推荐评选全国“五一劳动奖章”和广东省工人先锋号活动，坚持公开、公平、公正的原则，认真做好推荐评选工作。经推荐评选，海丰县供电局被评为2014年度广东省“五一劳动奖状”获得单位，海丰县财政局施建明被评为广东省“五一劳动奖章”获得者。县总工会召开了劳模工作会议，做好困难劳模帮扶对象的调查、核实及帮扶工作。

【维权宣传】 2014年，切实维护职工合法权益，积极构建和谐劳动关系，促进职工权益实现、企业发展和社会稳定。为了有效地调整劳动关系，加大源头参与监督的检查力度，建立健全了以县人事劳动和社会保障局、县总工会和县经贸委为成员单位的劳动关系三方协调会议制度。充分利用三方协商机制这一平台，将涉及职工劳动权益的一些切身问题递交三方协商联席会议讨论，使问题能够得到及时处理和解决。年内，协助解决了农民工吴振伟等3位被欠薪事件3宗，涉及金额15万多元，协助解决县市场物业管理局职工社医保被拖欠的问题，及时化解了企业和职工之间的矛盾纠纷，维护了职工的合法权益和社会和谐稳定。年内，继续深入推进工资集体协商的工作。召开工作会议，向全县各级工会传达上级指示精神，部署本年度工资集体协商工作，在全县各镇和有关单位聘用了44名工资集体协商指导员。至年末，全县已签订区域性、行业性等集体合同13份，覆盖职工47782人。

【送温暖工程】 县总工会进一步做大做强工会帮扶工作品牌，“送温暖”工程和“金秋助学”向常规化、社会化发展。2014年，帮助400多名符合低保条件的困难职工纳入政府低保救济。全年为困难职工提供生活救助252人，发放救助金15万多元；医疗救助106人，送救助金16万多元；“金秋助学”发送10多万元助学金，困难职工子女圆大学梦；为单亲女职工提供生活救助53人，发放救助金3万元。在春节前夕，由县总工会主办、陪同县四套班子领导，分别对海丰特困职工开展送温暖慰问活动，先后走访慰问、救助困难职工和困难劳动模范400多户，发送慰问金20元，慰问在海丰经济社会跨越发展中发挥着不可替代作用的100名农民工等大型活动，送上慰问金4万元，影响大、反响好。国庆前夕举办了“南粤幸福活动周”，慰问了县自来水公司陈赛其等24位一线工人代表，送上慰问金，鼓励他们继续努力工作，为海丰供水事业发展做出更大贡献。

【职工教育】 海丰县工会组织一贯注重职工教育，深化职工素质工程，促进职工队伍全面发展。一是以基层、一线为重点，以学习贯彻落实十八大精神为主题，加强职工的宣传教育和思想引导。二是不断深化“创建学习型组织，争当知识型职工”活动。举办职工职业技能大赛，广泛开展技术比武。认真组织参加全市范围内的职工演讲比赛等活动。三是深入开展“抓典型、树正气”活动，加大对劳模的宣传、关心、支持和帮助力度，充分发挥劳模典型的榜样标兵效力，营造全社会学习劳模、爱护劳模的良好氛围。四是加强职工文化生活建设，精心筹备，广泛开展“三八”“五一”“十一”等职工文化体育健身系列活动。

（罗展华）

附：2014年海丰县总工会领导名录

主　席：谢荣如（任至5月）

黄小平（5月起任，兼）

副主席：程剑章　罗银英（女）

共青团县委

【概况】 2014年，共青团海丰县委员会（以下简称团县委）紧扣党政大局，致力工作创新，坚持科学发展，带领广大团员青年在团的自身建设、落实重点工作、开展特色活动等领域都取得了长足的进步，为推动海丰县经济社会改革发展、建设幸福海丰做出应有贡献。

【机构人员】 共青团海丰县委员会是中共海丰县委领导下负责青少年工作的群众团体，团县委机关设办公室，组织部，宣传部（青年志愿者协会），学校部（少先队海丰县工作委员会）。2014年，团县委机关人员编制6名（行政编5名，工勤编制1名），其中设书记1名，副书记2名，正部长（主任）3名。

【共青团海丰县委第十四届二次全体会议】 3月6日下午15时，共青团海丰县委第十四届二次全体会议在海丰县政府大院政协会议室召开。会议深入学习贯彻党的十八大、十八届三中全会、习近平总书记一系列重要讲话和市委六届三次全会，县委十三届三次全会精神以及团省委、团市委的要求部署，总结2013年工作，部署2014年工作任务。

【海丰县志愿者（义工）联合会第一次会员代表大会】 6月10日上午，海丰县志愿者（义工）联合会第一次会员代表大会于海丰县志愿者（义工）联合会多功能会议室召开。大会通过了海丰县志愿者（义工）联合会章程及确定理事会理事正式候选人名单，选举产生理事会理事。经第一次理事会议选举，大会宣布会长、常务副会长、副会长、秘书长、副秘书长及专职秘书当选名单。

【维护青少年合法权益】 以“6·26”国际禁毒日为契机，联合县委政法委，组织公安、司法、消防等部门志愿者服务队深入全县各中小学校开展校园毒品安全宣传志愿服务活动。同时结合“三打两建”工作大局，组织开展交通安全、消防安全、食品安全等集中宣传志愿服务活动，在儿童及家长密集的地方开展了“预防青少年犯罪，保护青少年权益”及“加强防灾减灾，建设和谐校园”为主题的系列宣传活动。各学校利用团队阵地以上团队课和法制教育课等形式给广大学生上了法制教育课，进一步增强了广大学生的安全和法制意识，懂得了学法、知法、用法。通过这些活动，进一步增强了青少年的法律意识，树立起正确的人生观、世界观和价值观，为青少年健康成长营造了良好的环境。

【赤坑镇敬老院慰问活动】 1月5日，团县委联合县志愿者（义工）联合会、县中医院到赤坑镇敬老院进行新年慰问、义诊爱心活动。此次慰问之行，团县委不仅给赤坑敬老院的老人们送去大米、油、健康麦片等生活用品。同时，还组织海丰县青年志愿者们给敬老院开展环境卫生大扫除，为老人们营造一个安心、舒心的新环境。

【“福送万家·共圆中国梦”送春联活动】 为深入推进中国梦宣传教育活动，增添节日的气氛，丰富群众新年文化生活，更好地营造马年春节欢乐祥和的节日气氛，由中共海丰县委宣传部主办，共青团海丰县委、海丰县文联及汕尾市硬笔书法协会承办的“福送万家·共圆中国梦”送春联活动于2014年1月14日，在海丰县图书馆圆满举行。现场气氛随着10多位书法艺术家的挥毫而愈发热烈，充满力道的一撇一捺赢得现场群众的不断叫好。

【森林防火志愿宣传活动】 为了防止森林火灾发生，宣传文明扫墓，团县委、志愿者（义工）联合会在特别森林防火期期间组织100多名志愿者进入梅陇镇各个重点祭祀林区入山口设立的森林防火检查点，配合相关部门对入山人员进行火种收缴及教育宣传工作。

【追寻红色足迹·接受心灵洗礼】 4月28日，团县委带领全县团干部到海丰县朝面山红二师革命根据地以重走红军路的形式开展主题为“追寻红色足迹，接受心灵洗礼”的群众路线教育实践活动，按照行程计划，全体干部将从红宫红场重温入团誓词后，乘车前往朝面山水库，从坝顶出发，徒步穿越县境山岭，最终到达惠州市惠东县中峒东江红都，全程约13千米。

【关爱外来务工子女亲子活动】 5月24日，团县委组织21对来自公平镇的外来务工子女及家长代表参观了红宫、红场，彭湃故居，对孩子们进行爱国主义教育主题实践，以欢愉乐见的形式切实关爱外来务工子女。

【“梦圆”助学金颁发仪式】 8月18日，“梦圆”——2014年海丰县圆贫困学生大学梦助学金颁发仪式在海丰县人民政府迎宾楼拉开帷幕。2014年是助学活动举办的第十一个年头，在广大热心企业和爱心人士的再次支持下，团县委共募集助学金73.4万元，经过家访、筛选，确定174名大学新生获得资助，圆贫困学生大学梦。

【“美丽海丰、清洁先行”志愿服务活动】 为推进城乡环境卫生整治管理工作，结合“南粤幸福周”活动，进一步提升城市形象，打造卫生、整洁、干净、良好的城市风貌，9月29日，海丰县委宣传部、团县委、县消防大队、中共海城镇委发动广大干部职工、青年团员、志愿者（义工），走上街头巷尾，开展清除“牛皮癣”小广告和清理垃圾死角集中行动。为积极响应县委、县政府“美丽海丰、清洁先行”城乡环境整治工作号召，团县委组织100多名志愿者，在县城范围内开展清洁卫生志愿服务活动。

【中顺物业联河花园小区志愿者服务分队成立】 9月30日，在新中国成立65周年即将来临之际，团县委、县志愿者义工联合会在联河花园小区举行中顺物业联河花园小区志愿者服务分队成立揭牌仪式。县委常委、宣传部部长卢雁慧，共青团海丰县委书记胡家驹，海丰县社会工作委员会专职副书记许宇航，中共附城镇委副书记李海涛，团县委副书记、县志愿者（义工）联合会会长叶俊延，中顺物业管理公司董事长郑海田等出席揭牌仪式，附城镇团委、联和社区干部及志愿者也参加了揭牌仪式。

【中国海丰首届珠宝文化节志愿者服务活动】 10月14日，“中国·海丰首届珠宝文化节”于广东可塘珠宝交易市场上午如期举办。为让出席此次珠宝文化节的嘉宾更加轻松愉快，根据县委县政府安排，团县委会于10月13号发动40名志愿者，在嘉宾下榻的酒店（金鹏国际酒店、中华鹏大酒店、兆凯大酒店）有条不紊地进行接待，协助嘉宾到酒店签到，为嘉宾的入住办理手续，指引嘉宾用餐等。14日，团县委再次组织20名志愿者引领嘉宾至珠宝文化节开幕式现场。通过此次活动，再次展现海丰县志愿者们的一贯活力，用朝气蓬勃的精神面貌为海丰首届珠宝文化节的顺利举行奉献自己的力量。

【2014年中国龙舟公开赛“正升华府杯”志愿服务活动】 2014年中国龙舟公开赛“正升华府杯”(汕尾·海丰站)10月18—19日在海丰县黄江水域鸣锣开赛，来自全国各地区的16支高水平龙舟代表队齐聚黄江，进行为期两天的龙舟竞渡、夺标角逐。团县委在继可塘珠宝节之后再次出动志愿者500多人次，全力协助此次中国龙舟公开赛，在为期两天的比赛中，志愿者们体现出不怕苦，不怕累的精神，早早就到达比赛现场做准备，中午烈日当空，志愿者们更是头顶烈日，汗如雨下却毫无怨言，勤勤恳恳地做好志愿服务工作。

【“相约青春”2014年海丰县交友活动】 11月8日，

以团委搭台，青年共享的形式，在莲花山度假村举行“相约青春”2014年海丰县交友活动，来自教育、卫生、科技以及县直机关单位等200名单身青年参加。活动以团结、引导、服务青年为工作立足点，为广大单身青年创造了一个沟通交流和展示自我的平台与机会，让青年朋友们在温馨，和谐的氛围中感受团组织的活动氛围。

【“争当文明学生，共创文明县城”签名宣誓活动】 11月24日上午，“争当文明学生，共创文明县城”宣誓签名活动在海丰中学综合楼前拉开序幕，近3000多人参与此次活动。在活动现场，全体同学在领誓人的带领下，庄重承诺，宣誓做文明海中人，共创文明县城，表达了争做文明先锋的决心， 并在“践行文明承诺，共创文明县城， 争做特别有礼貌、特别守纪律、特别爱学习、特别讲卫生、特别重安全的文明海中人”的横幅标语上郑重签名。

【“拒毒品于校门之外”校园禁毒教育宣传活动】 为了让学生进一步认识毒品的危害，增强自我保护意识，以创建文明县城为契机，12月4日，县团委在县红城中学组织开展“拒毒品于县门之外”校园禁毒教育宣传活动。活动采用图文结合的图片展形式以及观看禁毒宣传微电影《毒戒》，重点介绍和展示了毒品给社会、家庭带来的严重危害，让学生们更深刻地了解认识毒品的危害性。

【“12·5”国际志愿者日志愿者现场招募活动】 为迎接“12·5”国际志愿者日的到来，进一步弘扬“奉献、友爱、互助、进步”的志愿者精神和进一步充实壮大志愿者队伍，更好地服务群众，团县委于2014年12月5日在海丰县岁宝百货广场面向全县市民开展志愿者现场招募活动。整个活动从下午3点持续到晚上9点，招募场面气氛火热，据统计，现场成功注册成为海丰县志愿者的共有180多人，通过网络渠道注册的有300多人。

【“健康直通车”义诊服务活动】 为进一步贯彻县委、县政府创建广东省文明县城活动精神，弘扬“学习雷锋、奉献他人、提升自己”的时代新风正气，12月27日，团县委联合海丰县中医院到陶河镇下边村及赤坑镇敬老院开展“健康直通车”义诊服务活动。义诊医师们为30余位下边村村民及敬老院孤寡老人进行了全面细致的检查，同时，志愿者们为村民及老人们送去米油等生活用品，本次义诊慰问活动得到当地居民的一致好评。

（王富海）

附：2014年共青团海丰县委领导名录

书　记：胡家驹

副书记：王富海　叶俊延

县妇联

【概况】 2014年，海丰县妇女联合会紧紧围绕党政中心，服务大局，求真务实，积极履行组织妇女、引导妇女、服务妇女和维护妇女儿童合法权益的职责，实现了妇女工作的新发展。2014年3月，县妇联副主席陈惠燕获得广东省“三八红旗手”荣誉称号。

【机构人员】 海丰县妇女联合会（以下简称“县妇联”）同时挂县妇女儿童工作委员会办公室牌子。县妇联属正科级单位，内设4个部（室），分别是办公室、宣传部、权益部、儿童部；核定人员编制6名，其中行政编制5名、事业编制1名。县妇女儿童工作委员会办公室事业编制2名。县妇联的主要职责为：代表和维护妇女儿童合法权益，“一手抓发展，一手抓维权”，促进男女平等，承办县委、县政府和上级妇联交办的其他任务。县妇儿工委办的主要职责为：负责协调、组织政府有关部门制定、监测、评估妇女儿童发展规划，承担县妇女儿童工作委员会日常工作。

【践行群众路线，加强妇联干部作风建设】 2014年，县妇联按照县委的统一部署，深入开展党的群众路线教育实践活动，以解决“四风”问题为总目标，以贯彻落实中央八项规定为切入点，紧紧围绕“照镜子、正衣冠、洗洗澡、治治病”的总要求，扎实做好各个环节工作。活动中，组织集体学习会12场次；通过开展民主评议、走访基层调研座谈、发放征求意见表等方式听取广大妇女干部和基层妇女群众的意见建议，整理归纳21条意见建议；深入查摆在“四风”方面存在的突出问题，多次修改完善班子及成员的对照检查材料，按时按质召开班子民主生活会和组织生活会，剖析问题根源，制定整改措施，做到立学立行，立查立改，改进了机关工作作风，解决了一些妇女群众反映的实际问题，取得明显成效。

【妇女儿童节日庆祝活动】 ①举办庆“三八”文艺晚会。3月6日晚，在县政府迎宾楼举办纪念“三八”国际妇女节104周年文艺晚会。县四套班子主要领导与广大妇女同胞一起观看了晚会，县委常委、宣传部部长卢雁慧代表县委、县政府对全县广大妇女致以节日的问候。晚会以“巾帼展风采·共筑中国梦”为主题，自编自导了17个文艺节目，含合唱、舞蹈、小品、健美操等，既丰富了海丰妇女的节日文化生活，

2014年3月6日晚，在县政府迎宾楼举办纪念“三八”国际劳动妇女节104周年文艺晚会

又展现了海丰妇女的美好风采，取得较好效果。②组织“六一”节慰问庆祝活动。5月29日上午，县委、县政府等四套班子的领导成员，在县妇联、教育局主要领导的陪同下走访慰问了县城及镇场部分小学和幼儿园，为小朋友们带去文具、书本、糖果等节日礼物，并视察了学校环境。5月30日上午，县妇联与县残联、县烟草公司联合到海丰县残疾儿童康复中心看望和慰问了70名儿童患者及患儿家属，送上儿童节礼物和慰问金，并现场参与患儿及家属的亲子活动，参观了康复训练项目，了解该中心的建设运行情况和患儿们的生活成长情况，促进社会关心和爱护下一代。

【维护妇女儿童合法权益】 2014年，县妇联开展各种维护妇女儿童合法权益的活动：①开展“三八”维权周宣传活动。以“坚持男女平等基本国策，保障妇女儿童合法权益”为主题，以“平安家庭”创建活动为载体，积极拓展宣传渠道，面向社会开展妇女儿童发展规划等普法维权宣传活动。如在县纪念“三八”节文艺晚会上编导了题为《放下你的鞭子》的反家暴小品表演，弘扬男女平等、家庭文明的良好风尚；在电视台播放“男女平等是我国的一项基本国策”“反对家庭暴力，促进两性和谐发展”“维护妇女合法权益，实现社会男女平等”等公益广告14次；在电视台进行妇女维权专题报道等，群众反响较好，达到预期的普法宣传效果。3月8日，开展“12338”热线妇联主席接听日活动，接听热线来电3宗，其中法律政策咨询类1宗，反映诉求2宗。②开展“禁毒防艾”宣传活动。“6·26”国际禁毒日期间，先后在城东、附城、公平等镇举办“不让毒品进我家”签名活动，在附城镇学校举办禁毒主题班会。组织妇女志愿者进村入户发放禁毒宣传资料6000余份，增强了广大群众的识毒、防毒、拒毒意识。12月4日，围绕“行动起来，向零艾滋迈进”宣传主题，在公平镇举办“拒绝毒品、远离艾滋”专题讲座，参加讲座有妇女干部职工、各村社区女干部、外来女工流动学校代表等113人。同时，通过妇女之家、学校、工厂等场所发《洁身自爱·拒绝毒品·远离艾滋倡议书》4500多份。12月24日，在可塘中学举行“不让毒品进我家，不让毒品进校园”签名宣传活动，1000多名师生参加了活动。③做好信访接待调解工作。全年县妇联接待来信来访31宗，其中涉及婚姻家庭权益28宗（含13宗家庭暴力案件）。全县各镇妇联共接待信访202宗，其中来信11宗、来访150宗、来电41宗，尽力帮助来访者寻求解决问题的办法，给予提供法律咨询服务，主动协助有关部门处理，尽力维护妇女儿童的合法权益。

【继续深化“三大主体”活动】 一是继续深化“双学双比”活动。为推进海丰县女性农民专业合作组织的发展，帮助农村妇女增收致富，培育了一批市、县女农民专业合作社。7月，结合本地女农民专业合作组织发展情况，通过筛选培养，推荐新和金针菜种植专业合作社、新学士种养专业合作社和国钦种养专业合作社，申报2014年中央女性农民专业合作组织发展资金项目，其中新和、新学士两个合作社得到资金扶持各25万元。同时，积极做好新一轮扶持妇女创业小额担保贷款工作，主动协调县财政、县人行、县农信社等相关部门，持续开展妇女小额担保贷款工作。二是继续深化“巾帼建功”活动。不断深化“巾帼文明岗”创评工作，按照巾帼文明岗管理办法加强对创建活动的指导、检查，进一步规范创建活动，通过培养评选全国、省、市“巾帼文明岗”，不断增强“巾帼文明岗”的社会效应、品牌效应，动员激励广大女职工立足岗位做贡献。三是继续深化“五好文明家庭”创建活动。2014年，海丰县开展了寻找“最美家庭”活动，通过全县各级妇联、妇委会宣传发动、积极发掘、严格把关，推荐申报6户家庭为汕尾市“最美家庭”候选对象，通过择优评选、网上投票，其中尚国安和陈汉高两户家庭获得“广东百名最美家庭”荣誉称号，尚国安的妻子江牡丹也获得“广东百名贤妻”荣誉称号。配合省妇联做好第九届广东省“十大优秀书香之家”评选活动，推荐叶宇斌家庭参加评选活动，获得“广东省优秀书香之家”荣誉称号。同时，深入社区、学校、幼儿园开展家庭教育工作，以“儿童友好社区”为依托开展家庭教育实践月活动，加强和改进未成年人思想道德建设，提高家长素质，促进儿童健康成长。

【帮扶困境妇女儿童】 ①爱心结对帮扶困境儿童。县妇联通过电视、报刊、网络等平台广开宣传招募“爱心父母”，得到社会各界爱心人士的积极响应。全年有65位爱心人士加入到妇联“爱心父母”行列，实地走访、牵手结对了全县175名困境儿童，助学金额7.75万元。经省妇联2014年度审核评选，海丰县城隍庙文物管理处、汕尾海丰供电局女工委等2个集体和海丰县仁荣公司陈介仁、梅陇镇德兴首饰厂江清婵、金桔莱黄金珠宝首饰有限公司洪佛松等3名个人获得省妇联“爱心父母大联盟”荣誉奖章；黄羌镇钟能辉获得省妇联“自强好儿童”荣誉证书。12月11日上午，“爱心善举，牵手同行”——广东省广仁同心公益基金会、汕尾市妇联合作签约暨爱心基金发放仪式在海丰县公平镇举行，海丰县100名孤儿受到资助。②关心救助患病贫困家庭。在广东“关爱妇女”博爱基金发起后，全县各级妇联通过调查摸底、严格核实，上报了14名患“两癌”贫困妇女申请对象，经省妇联、博爱基金严格审核，其中13名患“两癌”的贫困妇女获得博爱基金治疗援助金共5.6万元。县妇联将2013年以来经三甲医院确诊、年龄为35—64岁的患“两癌”农村贫困妇女进行造册登记，录入全国妇联“两癌”网上系统申请“贫困母亲两癌救助中央专项彩票公益金”，经全国妇联严格审核，8名患“两癌”贫困妇女每人得到1万元医疗资助。此外，继续开展好贫困妇女风湿性心脏病及孤贫儿童先天性心脏病的摸查和手术救助申请工作，缓解贫困家庭的压力，改善患病妇女儿童的生存状况。③帮扶特困单亲母亲修建房屋。认真调查摸底、核实遴选需帮扶援建对象，申报了25户“单亲特困母亲危房改造”项目和5户“单亲特困母亲安居房”援建项目，并向上级争取到单亲特困母亲房屋修缮资金4.5万元，帮助15户单亲母亲每户3000元进行房屋简易修缮。此外，协助市、县政协开展2014年春节慰问活动，共260名孤儿及单亲母亲受资助；协助开展了“关爱女性厨房健康工程”，为40户贫困妇女家庭、残疾妇女家庭公益捐赠和安装吸油烟机等等，用实际行动践行群众路线，帮扶困难妇女儿童群体。

2014年8月15日，汕尾市第二批省级“妇女之家”示范点现场交流会在黄羌镇坑联村“妇女之家”召开，市妇联主席李惠文及各县（市、区）妇联主席、“妇女之家”示范点建设单位代表等30多人参加会议

2014年12月11日上午，“爱心善举，牵手同行”——广东省广仁同心公益基金会、汕尾市妇联合作签约暨爱心基金发放仪式在我县公平镇举行，海丰县100名孤儿受到资助

2014年12月24日，在可塘中学举行“不让毒品进我家，不让毒品进校园”签名宣传活动，1000多名师生参加活动

【妇联基层组织建设】 2014年，县妇联加强基层组织建设。一是多措并举，推动“妇女之家”项目建设。8月15日，汕尾市第二批省级“妇女之家”示范点现场交流会在黄羌镇坑联村“妇女之家”召开，市妇联主席李惠文及各县（市、区）妇联主席、“妇女之家”示范点建设单位代表等30多人参加会议。与会人员参观了坑联村“妇女之家”示范点的建设情况，

并听取了海丰县妇联、海丰县黄羌镇坑联村等的经验介绍。同时，继续做好省级“妇女之家”示范点建设项目申报工作，通过级级推荐，全盘考虑，甄选申报了组织健全、班子结构合理、基础条件好、辐射功能强的老区残疾人康复训练中心、公平镇笏雅村委、陶河镇杨东村委、联安镇联田村委为广东省第二期“妇女之家”示范点。二是示范引领，推进“儿童友好社区”创建。为搭建社区关爱儿童平台，促进社区儿童工作发展，申报了黄羌镇坑联村为“广东省儿童友好示范社区”，并新增公平镇笏雅村委为“儿童友好社区”示范培育点，使全县“儿童友好社区”示范培育点达到4个。各示范点参照《广东省儿童友好社区评估标准（暂行）》，精心组织活动，如举办讲座、宣传画展等，进一步增强社区居民家庭教育、法律法规等知识，起到了以点带面、示范带动的积极作用。三是强化服务，组建“巾帼志愿者服务队”。贯彻落实中央文明委《关于深入开展志愿服务活动的意见》，进一步弘扬“奉献、友爱、互助、进步”的志愿精神，经海丰县志愿者（义工）联合会网站登记注册，组建海丰县巾帼志愿者服务队，更好地服务大局、服务妇女、服务社会。

【推进实施妇女儿童发展规划】 县妇女儿童工作委员会认真贯彻实施妇女儿童发展规划，有力地推动了海丰县妇女儿童事业健康持续发展。2014年是村（社区）“两委”换届选举年，在换届选举前下发《关于做好2014年村、社区换届选举女性进“两委”工作的通知》，对全县村（社区）进行一次全面的摸底调查，准确掌握全县妇女，尤其是妇代会主任参选参政的状况，及时向党委政府提出有针对性、可操作性的意见建议。这次换届，全县279个村（社区）中全部配备了1名以上的女委员，选举产生村（社区）“两委”女委员340人，其中5名女性当选村党支部书记、村委会主任。在此基础上，根据省、市妇儿工委办的要求，为培养下届进“两委”的女性后备对象，推动妇女广泛参与基层民主管理，开展了拟推荐参选下届进“两委”的女性后备培养对象摸底调查工作，上报了女性后备培养对象77名。同时，于年初开展了农村适龄妇女“两癌”筛查活动。县卫计局、县妇联、县财政局联合制定印发《海丰县农村妇女“两癌检查”项目实施方案（2014—2018年）》，动员广大适龄妇女积极参与筛查。4月28日，县妇儿工委办组织县镇两级妇联干部、县妇儿工委成员单位的妇女干部共60多人，参加了中山大学附属第六医院张帝开教授“宫颈HPV感染与宫颈癌--规范筛查与预防”的学术讲座，进一步加强“两癌”筛查工作，提高妇女群众的健康意识和自我保护能力。6月6日上午，县妇儿工委在县政府二楼会议室召开妇女儿童发展规划年度监测统计培训会议，县妇儿工委领导小组全体人员、妇儿工委成员单位分管领导、联络员等参加培训。6月中旬，按时完成年度统计监测评估工作，并形成监测年报表、主要指标预警图、主要定量目标达标评估表和统计监测报告。

（郭丽生）

附：2014年海丰县妇女联合会领导名录

主　席：黄岱芬（女）
副主席：黎赛琼（女，任至9月）
　　　　陈惠燕（女）

科学技术协会

【机构人员】 1988年，海丰县科学技术协会与海丰县科学技术委员会（后改称海丰县科学技术局）分开独立设置。海丰县科学技术协会独立建制后，内设学会部和科普部。1989年2月，成立海丰县科学技术培训咨询服务中心，为海丰县科学技术协会下属事业单位。1990年12月，中国科协农函大批准建立中国农村致富技术函授大学海丰分校。1999年1月，海丰县委、县政府成立海丰县农村实用技术培训领导小组，领导小组下设办公室，办公室设在海丰县科学技术协会。2007年3月，成立海丰县全民科学素质领导小组，领导小组下设办公室，办公室设在海丰县科学技术协会。至2014年，内设机构2个：学会部和科普部；有行政编制3人，事业编制2人，工作人员含离退休干部共10人。

【建立实用技术培训基地】 为培养一批适应新农村建设需要的有文化、懂技术、善经营、会管理的新型农民，2014年6月12日，县科协、县科技局在中荣农贸公司举行海丰县实用技术培训基地揭牌仪式，并举办2014年第一期农村实用技术培训班。副县长符坚参加了本次开班仪式并做重要讲话。参加培训班的有县科协、科技局、中荣农贸公司相关负责人以及可塘镇罗山村委农民学员共70余人。培训班邀请汕尾市农业局高级农艺师林俊流前来授课。专家从水稻病虫的发生规律、综合防治技术、栽培技术及如何进行测土配方施肥等方面进行深入浅出地讲解。现场学习气氛浓厚，参训农民学员认真听课，做好笔记。并就专家所讲的内容进行了热烈的讨论与交流，大家都十分珍惜这难得的学习机会。培训班上，还发放了《水稻高产栽培技术》《广东农村实用技术》《海丰县农村实用技术培训读本》等相关学习资料。

【开展水产养殖科技咨询服务活动】 为帮助基层水产养殖户解决生产中的技术困难，提高养殖的技术含量，6月26日下午，海丰县科协邀请省老科协会员、中国水产科学研究院南海水产研究所李卓佳、许冠良两位专家深入海丰县联安镇，开展水产养殖科技咨询服务活动。省老科技工作者协会、汕尾市科协、海丰县科协领导及有关同志，水产养殖专家等10多人，前往联安镇参加这一活动，活动主要采取座谈、现场咨询服务方式。活动中，科研人员与水产养殖户进行了深入探讨交流，了解该镇当前水产养殖情况。李卓佳、许冠良两位专家就现代科学对虾养殖技术，针对提高对虾养殖成活率、培育密度，水源水质要求和预防控制对虾病情，做了详细指导。

【“科普大篷车进校园”活动】 根据2014年海丰县全国科普日活动方案，9月26日，海丰县科协、科技局、教育局在海丰县实验中学联合举办“科普大篷车进校园”活动。满载科学知识的科普大篷车向广大师生展示了“远程声控自动浇水器”“空气消毒喷雾器”“水陆两用车”“自动报警点滴式浇花器”等在第29届广东省青少年科技创新大赛中获奖的作品，并由作者对其原理进行解说以及示范操作，同学们兴致勃勃、争先恐后地观看了解展品。通过对展品的参观了解，激起了同学们学习科学的热情及兴趣，增强了讲科学、学科学、用科学、爱科学的意识。历时半天的活动受到全校师生的欢迎，取得良好的教育效果。该活动将继续在海丰县海丰中学、公平中学、鲘门中学、新园小学等学校举行。

【举办农村实用技术培训班】 随着农村产业结构的调整，特色农业和新技术不断涌现，为进一步满足农民群众对科学技术的需求。2014年11月13日，由县科协、县委组织部、县科技局、县中荣职业培训学校联合主办的农村实用技术培训班在赤石镇政府会议室举行。培训班邀请了享受国务院政府特殊津贴、省农科院中心研究室主任研究员、土壤植物营养研究员柯玉诗教授，海丰县农艺师、中国农函大海丰分校教师、全国科普带头人郑木宣两位专家授课。来自赤石镇各村委党员干部、种植户、青年骨干共100人参加培训。培训班上，郑木宣讲授红肉蜜柚栽培技术及病虫害防治，柯玉诗讲述柚子测土配方施肥技术、土壤是柚子生产的物质基础、柚园测土的目的和方法以及几项必须遵守的施肥原则等来达到柚子高产的目的。这次课程内容丰富，通俗易懂，渴望农科知识的学员们，在培训结束后还舍不得离开，纷纷向专家咨询柚树种植过程中遇到的困难问题，专家都一一作出回答。本次培训班发放了针对性的培训讲义、《广东省农村实用技术》《海丰县农村实用技术培训读本》等农科资料共800多份（册）。

（陈广真）

附：2014年海丰县科学技术协会领导名录

主　席：罗建奇（任至9月）
李修波（9月起任）
副主席：吕爱伦

个体劳动者协会

【组织机构】 海丰县个体劳动者协会（以下简称“县个协”）、私营企业协会（以下简称“县私协”）是分别由全县城乡个体工商户、私营企业联合组成的、具有社会法人地位的群众组织。县个协成立于1984年6月，1991年1月14日起办理“社团登记证”（第028号），至2014年为第八届理事会，设会长1名、副会长3名、秘书长1名、理事9名。县私协成立于1995年12月27日，1996年7月9日起办理“社团登记证”（第060号），至2014年为第五届理事会，设会长1名、副会长6名、秘书长1名、理事15名。县个协、县私协在中共海丰县委、海丰县人民政府领导下，按照章程规定和县民政局核定的业务范围，履行“自我教育、自我管理、自我服务”的职责，独立自主地开展会员教育、会员服务、政策宣传、引导帮助、维权解难等工作，发挥党和政策联系个私经济人士、协助职能部门管理个私经济的桥梁纽带和参谋助手作用。

县个协、县私协常设工作机构为个协私协办公室，以两块牌子、一套人马的形式合署办公（办公地点在县工商局三楼），配备工作人员4名，在上级协会和县工商行政管理局指导下开展会务工作。同时，对应于全县12个工商所设立12个县个协基层办事处，名称为“海丰县个体劳动者协会××办事处”，负责相应工商所辖区内的会员教育、管理、服务工作，由工商所1名副所长兼任办事处负责人。

【经济发展】 2014年，县个私协会着眼服务经济社会发展，结合党的群众路线教育实践活动，全面贯彻落实党和国家鼓励、支持和引导个体私营经济发展的路线、方针和政策，积极履行自我教育、自我管理、自我服务的基本职能，立足“全心全意为会员服务”这个根本宗旨，认真履职，加强协会自身建设，拓宽协会服务领域，充分发挥桥梁、纽带和助手作用，促进了个体私营经济持续、健康发展。2014年，全县新增个体工商户4662户，新增注册资金2.47亿元，同比分别增长7.07%和77.06%；新增私营企业387户，新增注册资本金9.159亿元，同比分别增长33.91%和433.46%，至年底，全县累计实有个体工商户31906户，占全县实有市场主体的89.91%；累计实有私营企业2557户，占全县市场主体的7.205%。注册资本金的飙升凸显了企业转型升级的加快。

【深化会员服务】 2014年，县个私协会不断拓展服务空间，持续深化“会员服务”活动，积极当好政策引导的“宣传员”，当好沟通协调的“联络员”，当好优化环境的“服务员”，为会员搭建交流平台，为创业就业人员提供信息指导、政策咨询、协调联系等服务，全力促进创业就业；同时，不断提高服务质量，推进企业转型升级。2014年个私协会主动为工商户办理证照、业务咨询等活动提供增值服务，全年共为企业商户、行政机关、律师和群众等办理业务信息咨询685件，制作企业开业、变更的章程728 份以及提供材料复印等服务。

【开展“送温暖、献爱心”活动】 县个私协会充分发挥联系广泛的优势，积极做好道德教育宣传工作，引导会员用爱心回报社会，弘扬扶贫帮困的传统美德，受到有关单位和群众的高度赞扬。2014年，县个私协会组织会员中的成功人士开展“送温暖、献爱心”慰问活动5次，送出慰问金、慰问品等物资共计价值7万多元，慰问和帮扶孤寡老人、智障儿童、困难群众等共计250人次。

【促动会员诚信兴商】 2014年，县个私协会积极发动会员参与“户户讲道德，店店无假货”“重合同守信用企业”等活动，大力倡导行业自律，教育和引导个私会员以德为根、以诚为本，做到守法经营，诚信履约、文明经商，不生产假冒伪劣商品、不从事欺行霸市等违法经营行为，树立良好的商业信誉，打造“诚信”金字招牌，在全县范围内营造公平公正经济发展环境。

（蔡春辉）

附：2014年海丰县个体劳动者协会主要负责人名录

会　长：陈辉斌
副会长：陈镇伟　邱洪武　许玉莲（女）
秘书长：陈伟然

2014年海丰县私营企业协会主要负责人名录

会　长：陈辉斌
副会长：屈金城　陈金长　曾昭潘
　　　　庄展文　林友丰　郭芳荣
秘书长：陈伟然

县侨联

【概况】 2014年，海丰县侨联强化“群众工作、参政议政、维护侨益、海外联谊”的职能，发挥群众性、涉外性、民间性的优势，在内外联谊、群众工作、参政议政、维护侨益、为经济建设服务等方面做了大量工作，激发了广大归侨侨眷和海外侨胞为家乡建设的积极性，为推进海丰全面建设小康社会做出了积极的贡献。年内，县侨联主席马俊鸿被广东省人力资源和社会保障厅、广东省侨联评为广东省归侨侨眷先进个人。

【联谊活动】 县侨联会在密切联系海外传统侨团的基础上，不断加强与华侨新生代、新华侨及港澳台胞的联系联谊。5月，接待印尼华侨20人；7月，接待马来西亚华侨12人及港澳同胞1000多人次回乡寻根。

（莫建中）

附：2014年海丰县侨联主要负责人名录

主　席：马俊鸿
副主席：莫建中

县残联

【组织机构】 县残联成立于1991年，属副科级单位，挂靠在县民政局办公，1999年升格为正科级单位，同时实行单列办公，隶属县政府领导，定行政事业编制5人。1999年升格单列，一直靠租用民房办公，2005年年底购买一套民房办公，办公条件相对较差。残联内设2个股室、1个属下事业单位，从业人员9人，职责涉及残疾人调查、扶贫解困、康复教育、劳动就业、信访维权、文体宣传等工作。

【残疾人就业培训】 2014年，一方面，县残联强化对残疾人就业保障金的征收，全年征收残疾人就业保障金180多万元，有力地推进残疾人就业工作。另一方面，积极拓宽残疾人就业门路，县残联组织90名残疾人被多家制衣、珠宝、首饰等企业招收；鼓励扶持62名残疾人从事种养、个体经营、盲人按摩等岗位。其中与四兴种养专业合作社创建“海丰县残疾人种养技能培训——赤坑基地”，举办了有40名残疾人参加的种养培训班，对他们进行种养技术培训，扶持其发展种养业，辐射带动贫困残疾人的脱贫致富。

【残疾人扶贫解困工作】 县残联组织人员下乡办证，在黄羌、可塘、赤坑等镇先后办理第二代残疾人证400本；落实重度残疾人免费购买医疗保险和社会养老保险；落实残疾人从事个体经营享受税收优惠等政策；全县现有3000多户贫困残疾人家庭纳入低保。在助残日和春节前，县残联走访慰问400多名残疾学生和特困残疾人，投入慰问金10万元。全县发放重度残疾人护理补贴对象4781人，资金573.72万元；发放残疾人生活津贴对象3649人，资金218.94万元；全年残疾人生活津贴和重度残疾人护理补贴共发放792.66万元；进一步改善残疾人的生活状况，营造良好的助残氛围。

【残疾人康复服务】 2014年，县残联深入黄羌、黄羌林场、赤坑、可塘等乡镇，下乡筛查白内障患者152名；组织康复技术人员为15名重度残疾人提供免费肢体训练等服务；慰问贫困残疾儿童和残疾人困难家庭共150户；开展0—6岁贫困儿童抢救性免费康复，全年有122名残疾儿童在县残疾人康复中心接受免费康复训练；为395名有需求的残疾人免费装配假肢、脑瘫儿童装配矫形器，免费发放一批轮椅、沐浴椅、坐便器、拐杖等，价值80万元，继续完成白内障复明手术910例；收治精神病人住院治疗1000人次以上，精神病人门诊超过1万人次。

【残疾人文体活动】 2014年，海丰县有4名残疾学生被大专院校录取，2名被省培英中专录取，使残疾学生的教育权利得到保障。在广东省第七届残运会上，黄惠丽在反曲女人坐姿个人70米射箭竞赛获得银牌；陈泽涛在全国残疾人自行车锦标赛上获得银牌；10月20日在亚洲残疾人运动会上，郑远森夺得硬地滚BC4双人铜牌。同年助残日前夕，第五次全国助残模范暨助残先进单位和个人表彰大会上，吕伟涛荣获“全国残疾人自强模范”称号，并与其他受表彰代表一起受到习近平等党和国家领导人的会见。

（吕珠满）

附：2014年海丰县残联主要负责人名录

理事长：林水溪

副理事长：余仲稳

县红十字会

【概况】 2014年，县红十字会以科学发展观为统领，认真贯彻落实市红十字会各项工作要求，履行红十字会各项职责，深入开展救灾、救助、救护工作，充分发挥在政府人道事物工作中的助手作用，各项工作取得一定的成绩，为改善民生、构建和谐社会做出积极的贡献。

【红十字宣传活动】 红十字事业是一项造福人类的崇高而伟大的事业，它所倡导的人道主义精神及为社会奉献的精神，符合社会主义精神文明的总体要求。红十字会作为政府在人道领域的助手，是党和政府联系人民群众的桥梁和纽带，其宗旨、性质与构建和谐社会的总体要求完全一致。海丰县红十字会通过各种形式大力宣传“人道、博爱、奉献”的红十字精神，形成全社会积极参与红十字事业的浓烈氛围。特别是结合重要纪念日，如世界红十字日、世界急救日、世界艾滋病日、国际志愿者日等开展宣传活动，围绕红十字会的宗旨和任务，传播国际人道主义，宣讲红十字精神，扩大红十字会的社会影响力，提高社会主义的社会知晓率。

【关爱弱势群体】 2014年，海丰县红十字会坚持以人为本的科学发展观，把开展社会救助工作与关爱弱势群体，构建和谐社会的大局结合起来，在人道领域当好党和政府与困难群众联系的桥梁和纽带，协助政府做好暖人心、稳人心的工作，切切实实把党和政府的关怀送到易受损害群体心中。年内，继续深入开展“红十字博爱送万家”活动，海丰县红十字会通过向省、市红十字会和仁荣实业有限公司、海深汽车运输公司等热心企业筹集价值3万多元的棉被、棉衣、大米、食用油等生活必需品，先后到赤坑、大湖等十多个乡镇慰问特困家庭、残疾人、孤寡老人、烈军属150多户，进一步扩大红十字会的社会影响。年内，县红十字会帮助陶河镇朱文生等9名先天性心脏病患儿和可塘镇患白血病的林俊凯小朋友通过省、市红十字会向中国红十字基金会等组织申请救助项目，共获得救助资金30多万元，大大减轻了贫困患儿家庭的经济负担，受到患儿家长的一致好评。8月23日，组织帮助30多名贫困白内障患者到汕尾亮睛工程眼科医院接受筛查，最后19名符合条件的老人得到免费的复明手术，术后效果明显，患者改善了视力，提高了生活质量。8月23日和11月8日先后两次协助省红十字会企业家服务7队到赤石、联安、陶河等地探访术前和术后的先心病儿童。各团体会员单位在为民办实事、办好事、办难事中实践崇高的红十字精神。城东镇卫生院多次组织党员、医务骨干深入各村开展义诊活动和宣传新型农村合作医疗制度，为老人免费进行体检。海丰县全年为农民群众义诊1000多人次，出动车辆20多次，用去药品1万多元。县妇幼保健院于9月18日赴鹅埠镇送医送药，开展妇女儿童健康检查和卫生知识宣传，提高群众自我保健意识，缓解边远山区群众“看病贵、看病难”的问题，使广大农民群众真正感受党和政府的关怀。

【红十字青少年活动】 2014年，海丰各学校红十字会结合学校素质教育、健康教育等内容，积极开展形式多样、丰富多彩的青少年红十字活动，把培养诚信友善、扶危济困的美德渗透到学校工作中，帮助青少年树立正确的价值观、荣辱观。5月8日世界红十字日，县实验中学红十字会举行成立大会，1000名初中部的同学加入红十字组织，成为光荣的红十字会会员。学校经常开展人道主义教育，组织同学们参与红十字志愿服务活动，培养同学们的创新能力和实践能力，使广大会员成为受益者、服务者和参与管理者，推进了学校红十字会工作和精神文明建设的健康发展。梅陇中学通过学校集团网短信平台、学校宣传栏传播红十字精神，开展了预防艾滋病、义务献血、捐献造血干细胞、卫生救护、安全知识等方面的学习教育，促进学生们的健康成长。

【普及救助知识】 普及卫生救护和防病知识，进行初级卫生救护培训，组织群众参加现场救护是《中华人民共和国红十字会法》赋予各级红十字会的职责。2014年，海丰县红十字会先后为县供电局的59名一线施工人员和海丰县碧桂园的20名物业管理人员进行了初级卫生救护培训，提高了受训者遇到突发事件时的自救互救能力和应急避险能力。海丰县中医院积极开展救护演练工作，救护工作有了新突破。该院在县党校、本院、学校进行了12场次应急演练，积极与消防大队合作对居民进行火灾知识宣教、现场灭火知识演练，与学校组织了地震应急疏散演练，增强了居民和学生的安全意识，提高了自救互救能力和应急避险能力。

（李立文）

附：2014年海丰县红十字会领导名录

会　长：甘赛梅（女）

法 治

社会治安综合治理

【概况】 2014年，海丰县认真开展社会矛盾化解年工作，加大打击、整治、防控工作力度，加强和创新社会管理，全面推进政法、维稳、综治各项工作，促进社会和谐稳定，为海丰县经济社会的平稳较快发展做出了重要贡献。

【机构人员】 2014年，县委政法委与县社工委、县委维稳办、县综治办、县禁毒办（3月起转县公安局合署办公）、县国安办（6月挂牌，未定编）6个正科级部门合署办公。内设政工办（副科级）、执法督查室、维稳与综治股、综合调研股、社会工作股5个办、股（室）。在编在职人员共19人。

【化解社会矛盾】 2014年，海丰县社会综治工作以创建“社会矛盾化解年”为抓手，全面落实维稳各项工作举措，切实维护了社会大局的和谐稳定。主要体现在“六抓”：一是抓排查防控，严防越级上访。切实开展领导大接访和约访、下访活动，对排查出来重要信访案件定期或不定期召开汇报研判会，采取针对措施，大力推进调处和解决工作落到实处。对于有可能越级上访的重点上访户进行疏导，并落实防控责任，防止越级上访。全县化解矛盾纠纷1896宗，调处成功率96.34%。二是抓督办问责，限期解决疑难案件。对市、县交办的不稳定因素限期不结的，启动“蓝（提醒）、黄（警告）、红（问责）”三色督办制度，进行督办及问责追究。县政法部门认真督办市信访局交办的信访问题35宗，化解32宗，化解率91.42%。三是抓包案协调，全力调处大案要案。对省、市交办督办的信访案件，逐一落实“五个一”领导包案制度。全县排查出重大矛盾纠纷29宗，通过落实县领导包案，化解29宗，化解率100%。四是抓苗头预警，及时化解突发事件。海丰县启动突发性事件和群体性事件应急预案，及时有效地处置多起突发性和群体性事件。全年处理突发性事件12宗。五是抓执法督查，稳步推进涉法涉诉信访改革。按照诉、访分离的原则，县信访局按规定转政法机关依法处理的信访事项28件，已办结24件。认真落实司法救助措施，解决信访人实际困难。针对一些信访当事人的特殊困难，县政法部门通过多种渠道集资75.75万元，其中县财政拨款39.75万元、社会筹资36万元。帮助特殊困难的信访当事人17人，解决了“法度之外、情理之中”的问题。六是抓教育调解，把矛盾纠纷化解在萌芽状态。切实做好人民调解、社区矫正、安置帮教和法律援助等工作。全县基层调解组织受理案件302件，调解成功297件，成功率98%；全县接收刑释解教人员189人，帮教率100%；接收社区矫正人员440人，已解矫173人；无偿提供法律援助98宗。完成了“一村一法律顾问”工作，用法律引导农村矛盾纠纷问题走法律途径解决。

【加强打击整治】 2014年，紧紧抓住群众反映强烈的突出治安问题，适时开展打击整治行动，依法惩治涉枪涉爆、严重暴力、制贩毒、“两抢一盗”、电信诈骗、制售假冒伪劣商品等严重危害人民群众生命财产安全的违法犯罪活动，依法快侦快破、快诉、快判杀人、抢劫等严重影响社会稳定的大案要案，特别是精心组织“禁毒大会战”，深入开展“雷霆扫毒”“百城禁毒”等打击毒品违法犯罪整治专项行动。全年县公安机关立各类刑事案件1139宗破607宗，破案率53.3%，其中立“双抢一盗”案件636宗，破184宗，破案率28.9%，抓获各类犯罪嫌疑人659名，抓获逃犯127名。破获毒品案件285宗，抓获毒品犯罪嫌疑人291名，查处吸毒人员2121人，抓获涉毒在逃人员12人，捣毁制毒窝点4处，缴获冰毒60.76千克、半成品冰毒276.25千克、液态冰毒860千克、海洛因112克、麻古254克、制毒原料麻黄碱302千克。县检察院受理呈送批捕案件526件677名，同比上升13.61%，批捕514件654名；受理起诉案件550件691名，同比上升18.03%；提起公诉415件497名，同比上升14.96%，移送审查起诉33件68名。县法院受理各类刑事案件502件，审结432件，审结率86%；受理执行案件276宗，执行结案211宗，执结率76%。

【平安创建工作】 海丰县把治安视频监控建设作为平安创建工作重点，纳入海丰十大民生工程之一，大力推进全县完成8个卡口点、治安监控前端372个物理点位共计710路图像的安装。在县城范围内启动“大防控”，即县城各主要路口设置了22个卡哨，每个卡哨2名民警带3名协警；巡警、交警在县城12条主干道实施武装巡逻和查缉，各重点部位、重点场所由保安员和县城三镇综治力量实行“门前三包”，形成了点、线、面结合的三大防控网络。

【加强“三级平台”建设】 2014年，海丰县切实加强县、镇、村综治信访维稳中心（站）“三级平台”建设，把“三级平台”打造成化解社会矛盾的前沿，社会治安综合治理的平台，平安创建工作的试验田，创新社会管理的孵化器。全县三级平台共受理案件1968宗，调处1896宗，调处率96.3%。其中：县级中心受理26宗，调处24宗，调处率92.3%；镇级中心受理360宗，调处347宗，调处率96.3%；村（社区）工作站受理1582宗，调处1525宗，调处率96.4%。

【加强反邪教警示教育】 2014年，县防范办把3600多套宣传挂图、500张DVD反邪教警示宣传教育光盘和5000份反邪教知识小册子下发到全县各镇和中小学校，在全县机关、企事业单位、学校等地，利用广播、电视、宣传栏、标语等形式广泛开展警示教育活动。据不完全统计，全县共张贴小标语3480多条，悬挂横幅150多条，出版专栏720个。有效遏制邪教组织的非法活动，确保“零”进京上访和“零”非法滋事。积极开展“无邪教创建”示范工程活动，向上级推荐“无邪教创建”示范镇2个、示范村（社区）5个。同时，加强对各地示范创建活动的培训指导，有效扩大覆盖面。

【加强创新社会管理】 2014年，扎实推进社会治理创新试点工作，把15个创新管理项目纳入全县“六大工程”中的“民生平安建设工程”，基本完成了赤坑镇《建立正确处理人民内部矛盾的新机制（以石望村为试点）》、经济开发区《企业投诉中心》、大湖镇《村（社区）综治网络化管理》、联安镇《廉政建设示范村管理》、城东镇《治安防控网络管理》、鲘门镇《社会大调解网络建设》等7个项目。其中可塘镇《“五个引导”依法治理》项目被省评为“全省依法治省工作先进单位”并转发经验，“海丰县整合社区服务资源”被省社工委评选为“2013年全省基层社会治理创新优秀项目”；不断改革创新，不断激发社会活力，有效推进海丰县社会建设。

（县委政法委办公室）

附：2014年中共海丰县委政法委员会领导名录

书　记：陈连郑
副书记：吴奇双　郭庆寿
　　　　卓少辞（任至5月）
　　　　戴庚林（9月起任）

社会管理工作

【机构人员】 县社工委与县委政法委实行“一个机构，两块牌子”，既是县委的工作机构，又是县政府的工作机构，社工委实行委员制，县委组织部、县委宣传部、县委统战部、县委政法委等36个单位是委员会成员单位，派出委员。县社工委机关使用事业编制2名，其中主任1名（由县委领导兼任），副主任4名（由县委、县政府领导兼任），专职副主任（副科级）1名，股级领导职数1名。

【社会建设考核工作】 2014年，针对省、市社会建设综合考核工作成立了县社会考评与督办专项工作小组，落实了21个相关单位37项考核指标数据责任人，统计了3年来的相关数据，并参照市的做法开展四项工作：一是落实社会建设考核工作包干任务。县社工委参照上级的做法将社会建设综合考核指标任务分解，由县社工委正、副主任实行包干负责，落实领导责任。县社会建设考评与督办专项领导小组组长及成员分别作为跟班领导。跟班领导每月向县社工委汇报一次跟班情况。二是实行社会建设考核包干领导活动情况及跟班情况月报告制度。每月报送一次县社工委正、副主任包干抓考核促社会建设工作的活动情况（包括作出相关指示，有关工作安排，召开会议、开展调研、实地检查等内容）。每月报送一次跟班领导工作情况。填报《社会建设考核包干领导活动情况月报告表》和《社会建设考核跟班领导工作情况月报告表》，由县社工委收集存入社会建设综合考核工作档案。三是实行社会建设综合考核工作动态月报送制度。要求县直涉及社会建设综合考核任务单位每月底报送一次本单位领导抓社会建设考核工作的动态以及督促指导各部门相关工作的活动情况（包括领导指示、有关指标工作安排、召开会议、开展调研、实地检查等活动内容）。县社会建设考评与督办专项领导小组各跟班领导每月底报送县领导统筹协调督促指导包干任务工作的工作动态和活动情况。县社工委将各单位每月报送的工作动态及工作进展情况收集，每月汇总向市社工委报送，已报送8期，并建立海丰县社会建设综合考核工作档案。四是针对海丰县社会建设工作短板、瓶颈问题制订工作措施。从2013年全市社会建设综合考核指标统计情况来看，海丰多项指标在全市领先，最落后的两项还是社会组织工作和每万人持证社工人数。针对此两项工作状况，海丰拟充分利用已建成投入使用的海丰县社会组织孵化基地，加快培育发展社会组织。制订海丰县社会组织培育发展行动计划，完善社会组织孵化基地，充分发挥工青妇等群团组组织和骨干社会组织的作用，通过项目合作、业务指导、人才培养等途径，带动同类型、同行业、同地域的社会组织参与社会建设。探索社会组织登记管理体制改革，降低社会组织注册登记门槛，简化登记手续和程序。同时加强社工人才建设和志愿服务队伍建设，建立社会工作教育培训机制、社会工作人才登记管理制度、社会工作人才激励机制，培育扶持民办社工机构，建立“社工+志愿者”联动发展机制。

【推进深化社会体制改革试点】 海丰县承担的深化社会体制改革试点项目有2个，分别是海城镇委选定的改革项目《加强社会救助工作的组织领导和统筹协调，推进社会救助体系建设》、可塘镇选定的改革项目《建立与人民调解为基础的多元化矛盾纠纷解决机制，完善利益协调和博弈机制》。海城镇已成立领导机构，制订工作方案并完成调查摸底工作。可塘镇已基本完成机制建设，成立镇“大调解”中心。主要做法及成效是：一是强化基层调处责任落实，矛盾调处意识逐步增强。共有13名领导包案，已处理8件，特别是该镇调处的可塘宝石加工厂排放“白水”问题污染事件、可北牛皮地征地遗留问题和贵州籍外来工自缢身亡事件，虽然三起事件突发性强、调处难度大，但在包案领导的亲自挂帅、坐镇调处和反复商谈下，有效防止了事态的激化，既平息了事态，又维护了双方利益。二是强化基层调处基础工作，矛盾调处能力明显提升。2014年，中心共受理矛盾纠纷等信访案件8宗，成功办结6宗，调解成功率75%，排查社会治安突出问题5宗，解决5宗。三是不断完善基层调处组织网络，矛盾调处阵地充分确立。党委、政府成立以分管政法工作的党委副书记任组长，综治办专职主任、司法所专职调解员为副组长的人民调解领导小组，22个村（社区）均相应成立调解小组，形成“一级抓一级，一级对一级负责”的工作格局，确保了活动的顺利开展。以镇调委会为龙头，以村（居）调委会和调解员、信息员、宣传员为基础，其他调解组织形式为补充，在每个村（居）都设立矛盾纠纷调处室，明确一名分管领导负责并与调委会协调配合，全镇共有专、兼职调解员81名，形成上下贯通、左右衔接、配合联动的基层矛盾纠纷排查调处工作网络体系。

【创新社会管理工作】 2014年，海丰县认真贯彻落实党的十八届三中全会、四中全会有关社会工作的精神，着力构建“党委领导、政府负责、社会协同、公众参与、法治保障”的社会管理格局，不断改革创新，不断激发社会活力，有效推进海丰社会建设，取得较好成绩，其中“海丰县整合社区服务资源”被省社工委评选为“2013年全省基层社会治理创新优秀项目”。在2013年完成的县团委社会组织孵化基地项目、陶河镇加强村级组织建设项目、附城镇加强小区综合管理项目、海城镇加强社区管理项目和梅陇镇创新环境卫生管理项目（购买社会服务）5个试点的基础上，把15个创新管理项目纳入全县“六大工程”中的“民生平安建设工程”，作为其中的重点项目来推进，完成较好的有赤坑镇《建立正确处理人民内部矛盾的新机制（以石望村为试点）》、经济开发区《企业投诉中心》、大湖镇《村（社区）综治网格化管理》、联安镇《廉政建设示范村管理》、城东镇《治安防控网络管理》、鲘门镇《社会大调解网络建设》等7个项目，其中可塘镇《“五个引导”依法治理》项目被评为“全省依法治省工作先进单位”，省给予表彰。还有如经济开发区企业投诉中心设立以来，接受投诉的主要案件有26宗，通过投诉中心深入调查，了解企业和工人的实际情况，协调解决了工人投诉拖欠工资问题14宗，工人投诉用工问题2宗，工作事故2宗，及时制止12宗因拖欠工资群体上访的事件。联安廉政建设示范村坐头村创造了连续15年“零”上访、无刑事案件。

【年度社工考试工作】 一是召开组织社工人员报考紧急会议进行部署落实。3月20日上午市2014年度社会工作者职业水平考试动员会后，海丰县社工委于当天下午3点紧急召开2014年度社会工作者职业水平考试专题会议。会议由副县长余振光主持，县委副书记、县社工委主任林建隆作重要讲话，着重对本次考试的意义及其必要性和前瞻性进行了深入的阐述；并由县社工委、县民政局负责人对本次报考的“方案”作了具体的布置；县直机关、事业单位及全县各镇、场、开发区等共计55个单位负责人参会；社工委还根据各单位编制数印发了《海丰县2014年度社会工作者职业水平考试目标任务落实方案》。至报名截止，全县完成2014年度社会工作者职业水平考试网上报名共计518人，占全市报考人数的53%，超额完成市下达给海丰县415人报考任务。二是完成备考培训工作。5月11日、12日，作为市社工培训第二期，县社工委协同县民政局在海丰县红城中学开办为期两天的“社会工作者职业水平考试”考前辅导培训班，组织全县511名报考人员分初级、中级两个班参加培训，县委副书记、县社工委主任林建隆亲临培训现场作指导讲话。此外，还启动省社工委在海丰县的社会组织综合监管体制试点工作，制订了《海丰县构建社会组织综合监管体制试点工作方案》，选取了试点内容，布置了试点单位，成立以县委副书记为组长的领导机构。三是取得较好的考试成绩。全县有47人取得助理社工师、社工师资格，占全市总数102人的近一半。

【承办粤东四市社会工作交流会】 2014年8月8日，海丰县社工委承办在海丰举行的汕头、揭阳、潮州、汕尾四市社会工作交流会，在座谈会上海海丰代表汕尾市介绍海丰社会建设工作经验和社工委系统构建情况，组织与会人员至红场红宫、县社会组织孵化基地、海城镇新园社区、老区残疾人康复中心参观，实地了解社会体制改革试点和社会管理创新工作等情况，获得兄弟市、县同行好评。

（许宇帆）

附：2014年海丰县社会工作委员会领导名录

主　任：林建隆

副主任：廖汉生（任至9月）　陈连郑

符　坚（9月起任）　余振光

王楚雄　许宇帆（专职）

公　安

【概况】 2014年，海丰县公安机关上下一致、目标同向、工作同步、全力以赴，以“平安海丰”建设为中心，以维稳工作为重点，紧紧围绕“三个定位、两个率先”目标，以“六大专项”打击整治行动、完善立体化治安防控体系为抓手，基本实现了打防管控服务一体化，为确保海丰县社会治安大局持续稳定、促进经济社会发展做出了新贡献。

【机构人员】 海丰县公安局属政府序列行政单位，办公地址在海丰县城红城大道。县公安局设置执法勤务机构8个：指挥中心、国内安全保卫大队、刑事侦查大队、交通警察大队、治安管理大队、经济犯罪侦查大队、出入境管理大队、巡逻警察大队。综合管理机构4个：政治工作办公室、监督室、法制室、警务保障室。监管场所3个：看守所、拘留所、强制隔离戒毒所。公安派出机构21个：云岭、龙津、新园、莲花山、附城、城东、公平、平东、黄羌、西坑、红岭、赤岸、梅陇、东关、赤石、圆墩、鹅埠、联安、可塘、陶河、赤坑派出所。2013年，政法专项编制为653个。海丰县公安局实际人数689人，其中副股职以上领导干部187人、民警463人、职工39人、借用人员150人。

【打击刑事犯罪】 2014年，全县共立刑事案件1171宗破597宗，破案率50.9 %，其中命案立7宗破7宗，“两抢一盗” 立案件648宗破183宗，破案率分别为100 %和28.2 %；抓获犯罪嫌疑人544名，追捕逃犯110名。4月21日侦破踹门入室实施盗抢团伙系列案，抓获犯罪嫌疑人罗某某、叶某某、罗某某3人；5月14日侦破撬盗店铺团伙系列案， 抓获犯罪嫌疑人邓某某、黄某某、陈某某3人；6月5日侦破“6・3”故意杀人命案，抓获犯罪嫌疑人吕某某；8月8日侦破制贩枪支弹药案，抓获犯罪嫌疑人陈某某、罗某2人；8月20日侦破盗窃汽车团伙案，抓获犯罪嫌疑人吕某某、骆某某、林某某、程某某、陈某某5人；11月6日侦破“11・4”抢劫致死命案，抓获犯罪嫌疑人蔡某某。

【打击经济犯罪】 2014年，县公安局始终以省厅部署的“六大专项”打击整治行动作为中心工作，深入开展打击制假售假、银行卡犯罪等专项斗争，不断强化打击经济犯罪职能，共受理各类经济犯罪案件29宗，通过初查立案28宗，破23宗（其中破年前案

2014年7月29日晚，副市长、市公安局局长杨志明（左三）、市公安局纪委书记陈烈有（左二）在海丰县副县长、县公安局局长王楚雄（右三），县公安局党委副书记、政委吴堂泽（右一），县公安局副局长、党委副书记罗震（右二）的陪同下，深入附城等基层所队看望慰问参战民警，指导“六大专项”行动清查工作，并听取附城派出所所长廖焕标（左一）的工作汇报

件6宗），抓获违法犯罪人员64名，其中抓获逃犯18人，逮捕19人，移送起诉38人（29宗），涉案总值约1000万元，直接挽回经济损失200多万元，为稳定全县市场经济秩序做出贡献。“六大专项”打击整治行动中，县公安局广泛开辟案源，收集涉“食药假”线索，7月9日，经侦大队民警在市局经侦支队的支持下，联合市食品药品监督局稽查人员，在附城镇城南社区河仔乾住宅区15号出租屋抓获贩卖假药犯罪嫌疑人黄某某，现场查获牛头牌通血丸、法国双飞人药水、养心补脑丸等76个品种的假药一批。当日下午，经侦大队民警与市食品药品监督管理局稽查局联合执法，又在海丰县海城镇广富路（美食街）51号某药店，现场查获脑活素、鼻炎灵、灭湿灵、利胆丸等12个品种的假药一批，抓获犯罪嫌疑人陈某某。

【禁毒工作】 2014年，海丰县禁毒工作打击预防并举，宣传整治并重，以雷霆之势，全力展开禁毒行动，严厉打击毒品犯罪，创建“无毒社区”47个，有效遏制了毒品犯罪在海丰县蔓延的势头，禁毒工作卓有成效。2014年全县共破获贩毒案件285宗，捣毁制毒窝点4个，抓获毒品犯罪嫌疑人291名；查处吸毒人员2121名，其中强制隔离戒毒764名，行政拘留863名，社区戒毒200名；抓获网上涉毒在逃人员12名；缴获冰毒60.76千克、半成品冰毒276.25千克、液态冰毒860千克、海洛因111.75克、麻古263.63克、制毒原料麻黄碱302千克、涉案车辆7辆。10月31日晚，县公安局经过缜密侦查，一举摧毁城东镇大嶂岭村委会平岭村村边一制毒窝点，现场抓获4名涉嫌制作冰毒的犯罪嫌疑人，缴获结晶成品冰毒3.65千克、液态半成品冰毒约279.2千克、半液体冰毒2.85千克、用矿泉水瓶盛装可疑液体47瓶、涉案小汽车2辆以及制毒原料和制毒工具一大批。11月8日凌晨，县公安局根据线索成功捣毁可塘一制毒窝点，抓获犯罪嫌疑人5名，缴获疑似冰毒约26千克、疑似制毒液体59千克、麻黄碱9袋225千克以及制毒工具一批。12月11日晚，县公安局在上级公安机关的支持配合下，成功捣毁梅陇镇联兴村委谢厝村一制毒窝点，现场抓获涉毒嫌疑人7名，缴获冰毒成品9.14千克、冰毒半成品结晶液体261千克、麻黄素原料77千克。含麻黄素液体511千克、毒资人民币33万元、小汽车2辆及制毒工具一批。随着3个制毒窝点被县公安局及时捣毁，极大地阻断大批毒品流向社会。

【警卫与安全保卫】 2014年，海丰县公安机关主要执行四项安全保卫工作：村居“两委”换届选举、“海发杯”龙舟邀请赛、中国龙舟公开赛（汕尾·海丰站）、“中国·海丰首届珠宝文化节”等活动的安

2014年2月7日，海丰县公安局召开2014年全县公安机关开春工作会议

全保卫工作。为弘扬民俗文化传统，县委、县政府定于6月2日（农历五月初五）在县城龙津河举办2014年端午节海城地区“海发杯”龙舟邀请赛。公安局制订了《海丰县2014年端午节海城地区“海发杯”龙舟邀请赛安全保卫工作方案》，按县委、县政府要求，成立保卫工作指挥部。副县长、公安局局长王楚雄任总指挥，县公安局政委吴堂泽、副局长罗震、纪委书记曾小彪任副总指挥，县公安局副局长钟伟雄、陈克平、施胜军、刘勋浦、县法院副院长余海明、县检察院副检察长孙伟忠、海城镇委副书记黎宜通、县武装部政委倪少勇、县公安局党委委员吴慰廷、朱炯宁、彭树木、刘伟龙等为指挥部成员。县公安机关抽调警力624人投入保卫工作，确保活动安全及竞赛顺利进行。2014年“中国龙舟公开赛（汕尾·海丰站）”定于10月18日至19日在海丰县黄江水域隆重举行，共有来自全国各省（市）16支队伍参赛。根据县委县政府《2014年中国龙舟公开赛（汕尾·海丰站）工作方案》的要求，海丰公安机关特制订了《2014年中国龙舟公开赛（海丰站）安全保卫工作方案》，成立龙舟公开赛（海丰站）保卫工作指挥部，投入一线保卫警力700人，确保了国家级大型龙舟赛事取得圆满成功。10月14—16日，海丰县举行“中国·海丰首届珠宝文化节”活动，以“珠宝之都、淘宝世界”为主题，扩大了海丰的知名度和影响力，促进海丰经济持续增长。县公安机关制订了《中国·海丰首届珠宝文化节安全保卫方案》，成立安全保卫领导小组，出动警力150人，确保活动的顺利进行。

【公安监管】 2014年，海丰县看守所与驻所检察、武警中队紧密配合，全体民警团结一致，尽职尽责，以严格执法、文明管理为核心，以安全工作和实行人性化管理为基础，继续落实各项监管措施，强化监所管理。进一步健全值班制度，强化管理与教育，落实顾送物品进入的安全检查制度，值班医生每日巡查监

"情报督查考"系统及人像应用共享服务平台推广应用培训班

仓制度，整改监所视频监控更新改造监控系统，严格对留所服刑人员的管理，确保了监所的安全。至年末，接收各类在押人员1069人（其中刑事拘留773人、提请逮捕50人、深圳各看守所转入246人），处理出所共978人（其中投牢312人、刑满释放382人、其他284人），现在押人员682名。2014年，县拘留、戒毒所共收押拘留、戒毒人员1942名，处理出所人员1866名，现在押人员398名。在生理、心理康复，行为矫治、劳动技能培训等方面对入所被拘留、戒毒人员进行了综合训练提高。管理上实行分区和一人一床位制管理模式，依照《广东省强制戒毒人员诊断评估办法》要求做好戒毒人员评估出所工作。在推行管理教育新模式工作中，对收治被戒毒人员实行分区、过渡、专人负责的管理办法；对戒毒人员建立一人一档，医务工作实行病历制，与县彭湃医院建立治疗绿色通道，规范了管理教育、医疗服务工作。积极开展日常管理教育工作，加强对被拘留、戒毒人员的警示和引导；积极推行拘留所"三项重点工作"，进一步规范执法、创新管理积极开展化解社会矛盾，确保全年无非正常死亡等事件及其他事故的发生，进一步提高拘留所（戒毒所）规范、安全、文明水平。

【治安管理】 2014年，全县共查处各类治安案件1196宗，抓获各类违法分子共1572人（其中破获吸毒案件909宗1009人、赌博案件132宗374人、卖淫嫖娼案件36宗63人），罚款总金额人民币53.23万元，收缴现场赌款人民币21.33万元，收缴管制刀具87把、老虎机79部，办理赌博刑事案件13宗，抓获犯罪人员30人，批捕16人，办理卖淫刑事案件20宗，抓获犯罪人员21人，批捕19人。自"六大专项"开展以来，县公安局治安部门按照工作部署，强化打击措施，严肃工作纪律，综合施策，全面开展打击整治涉黄赌和食药犯罪专项行动，取得一定成效。在涉黄方面查处卖淫嫖娼行政案件36宗，抓获卖淫嫖娼人员63人，其中行政拘留53人、罚款10人；查处协助组织卖淫和介绍卖淫刑事案件20宗，抓获涉案犯罪人员21人，其中逮捕19人、不捕释放2人、上网追逃1人，超额完成市局下达任务批捕人数9名，拘留人数5名；在涉赌方面查处赌博案件78宗，抓获违法人员188名，其中治安拘留145人，罚款57人，查处赌博刑事案件12宗25人，其中已逮捕15人，取保候审6人，刑拘在逃2人，释放2人，起诉案件8宗13人，100%完成市局下达批捕人数，并超额完成拘留人数15名；在食品药品犯罪方面查处销售假药案件4宗4人，其中逮捕2人，取保候审1人，刑拘1人，超额完成案件数2宗。

【边防管理】 边防大队按照汕尾市边防支队和海丰县公安局的部署，不断开展专项统一行动和治安巡防打击行动。在边防辖区管控方面，2014年共立刑事案件28宗，破15宗，受理治安案件143宗，查处143宗，破案率达100%。抓获各类犯罪嫌疑人21人，违法嫌疑人159人，其中行政拘留21人、行政处罚110人、强制戒毒28人，妥善化解矛盾纠纷80宗，办理船舶案件83宗，户籍案件15宗，辖区全年未发生一起群体性事件、重大安全事故和影响恶劣的刑事案件。年内，在维护辖区稳定的同时，大队积极配合县公安局开展"六大专项"打击整治行动，为县公安局打"黄赌毒"专业队提供吃住场所，并派出5名官兵参加打"黄赌毒"专业队，在维护地方治安稳定方面发挥了积极作用。在反走私工作方面，查获涉嫌非法运输走私成品油案件6宗，共缉获非法走私成品油约95.62吨，捣毁非法加工成品油窝点1个，拆卸扣押油表、油管、油罐、过滤机等设备1批。

【户政管理】 2014年，县公安机关加强户政管理，积极创建人民满意窗口，搞好优质服务，充分落实惠民措施，做到爱民便民利民，全面完善户政管理、身份证管理、流动人口和出租屋管理、重点人口和监外罪犯管理工作。积极落实好公安部居民身份证登记信息工作，进一步健全户政业务管理，为经济社会发展提供更为准确翔实的户籍资料，为保障公民权益和维护社会和谐稳定发挥更大的作用。全年为群众办理第二代居民身份证40865张，临时身份证12001张，办理各类户口迁移手续2800人次（其中外省市婚迁1699人次）；儿童报生入户及其他补办入户17129人，办理入伍、入学、出境、判刑、死亡注销3088人，办理变更户口项目3041宗，为其他单位提供查询资料2188人次。

【消防管理】 2014年，消防大队严格按照"强核心、保稳定、谋打赢、促和谐”的宏观布局，学习贯彻党的十八届三中全会和习近平系列讲话精神，以部队正规化建设和星级铁军中队达标创建为主线，认真按照上级的统一部署，科学谋划、精心组织、敏捷行动，不断提升部队内生动力和外在影响力，全县火灾防控能力得到前所未有的提升，部队内外保持了高度安全稳定。消防大队以全力整治可塘镇重点消防隐患为切入点，立足根本、夯实生命线、筑牢火灾防控盾牌，普及网格化管理先进经验，深入开展火灾隐患大排查、大整治，最大限度地保证了人民群众生命财产安全。全年共出动警力1257人次，排查各类场所612家，发现存在火灾隐患场所823处，督促整改811处，下发《责令改正通知书》411份，责令三停9家、临时查封13家、行政处罚19家、罚款26.1万元。

【道路交通安全管理】 2014年，交警部门坚持改革创新，强化队伍建设，以道路交通“安全、畅通、和谐、稳定”为目标，以创建“文明示范路”为依托，全面开展道路交通秩序整治和安全隐患排查治理，全力以赴做好大型活动的道路交通安全保障工作，圆满完成各项既定工作目标，为构建“和谐海丰”创造了一个良好的交通环境。全年共排查道路交通安全隐患26处，完成整治25处；制作播出“交警视窗”96期、“交警说法”8期；查处各类交通违法行为近7.5万宗，查扣无牌无证摩托车2012辆，销毁无牌证摩托车1700辆，查扣非法营运三轮摩托车1300多部；受理新车入户394辆，补换证件4242本，受理期满记分教育学习959人次。驾驶人从业资格审查621人次，排查客运车辆280辆次，出租车50辆次，公交车25辆次，排查19所中小学校、幼儿园校车使用单位，发出校车整改通知书1份，取缔无牌证校车1辆，查处严重超载校车1辆次。全县发生道路交通事故382宗，死亡53人，受伤467人，直接经济损失59.80万元，与上年同期相比，事故宗数下降3.78%，死亡人数上升10.42%，受伤人数下降18.78%，直接经济损失下降2.18%；发生一次死亡3人以上特大道路交通事故1宗，死亡3人。全年共发生交通肇事逃逸案件17宗，已侦破11宗；受理信访案件9宗，息访7宗；查获贩毒案件10宗，吸毒案件4宗。

【公共信息网络安全监察】 2014年，海丰县公安局公共信息网络安全监察（网安）按照市、县两级公安机关的工作部署，确立网安工作主线，大力促进网安工作的规范化建设和队伍素质的正规化建设，以维护公共网络信息安全为目标，借“210工程”建设为契机，通过开展公共信息网络安全管理，着力提高公共信息网络安全管理水平。一是坚持开展网上信息巡查工作机制，加强掌控网上舆情及热点话题，做好网上情报信息搜集工作，及时发现、搜集、掌控、引导、处置网上舆情，避免引发恶意炒作和负面舆情炒作；2014年编写《互联网信息》49期，并依据信息内容报送县委、县政府和相关单位，及时查处“3·5”新疆人拟制造暴乱、“3·16”蓝天广场疑似炸弹、“12·19”大批艾滋病患者进入海丰等引起社会恐慌的网上谣言信息，依法处罚网上谣言信息发布人3名，及时消除了不良社会影响；查获网上涉警负面信息13条，教育、引导网民主动删除无意转发的网上有害信息17条。二是围绕“六大专项”打击整治行动扎实开展网安工作，发挥现有资源和“大情报”“SIS”“天鹰”等技术手段开展侦控工作，配合办案单位破获制毒案件和命案等案件11宗，充分发挥信息科技威力，有力打击犯罪气焰。三是加强落实实名信息登记制度，夯实大情报基础数据工作，确保公安基层基础信息资料的真实丰

2014年6月30日，副县长、县公安局局长王楚雄（左一）到梅陇镇屿岭村慰问老党员

富。四是加强网吧等互联网上网服务营业场所的监督管理，加大巡查整治力度，落实安全管理。

【“110”接处警】 海丰县公安局指挥中心“110”报警指挥室在“110，与您携手共创平安”的接处警工作中，全年受理有效报警案件23699宗，其中，刑事报警（立案）1272宗，治安报警3127宗，交通报警4748宗，火灾报警145宗，警务投诉0宗，求助报警46宗，走失寻人报警144宗，其他案由报警14217宗。2014年有效报警数同比2013年的19874多3825宗，其中刑事报警比上年的479宗多793宗，治安报警比上年的1856宗多1271宗，交通报警比2013年的3494宗多1254宗。全年上报市局指挥中心重大情况报告、案情材料149份，挂局网转发粤闽赣三省十市公安局“110”联动协作函243份，出刊《每周警情》52份，协查失踪人口4宗。通过“大情报”应用信息平台，每月预警信息的签收率、反馈率、发现率、在控率均能达到省厅、市局标准要求，通过大情报信息应用系统红色预警抓获网上在逃人员34名。

【巡警工作】 2014年，海丰县巡警大队紧紧围绕“提升平安海丰水平，服务幸福海丰建设”的工作目标，攻坚克难，全力以赴，结合开展党的群众路线教育实践活动，强化社会面治安防控，圆满完成全国“两会”、村居“两委”换届选举、2014年中国龙舟公开赛（海丰站）等各项安保工作，深入推进“六大专项”打击行动。巡警大队以县局下达全年禁毒指标任务为契机，全面加大禁毒工作力度，提前超额完成全年禁毒两项指标任务，为维护海丰县治安稳定，建设和谐社会，保一方平安做出了积极贡献。全年巡警大队共查获各类违法犯罪案件103宗118人，其中打掉盗窃团伙2个4人、抢夺团伙2个6人，查处贩毒案件32宗32人、吸毒49宗49人、抢夺6宗8人、盗窃4宗7人、赌博2宗6人、阻碍执行职务4宗4人，抓获网上批捕贩毒、盗窃在逃人员2宗2人，缴获被盗抢手机6部、赃款人民币1040元、黄金一块（约78克）、摩托车5辆、冰毒1360.86克、海洛因1.66克、麻古2.09克、毒资780元及摩托车、手机、开山刀、电子厘称等作案工具一大批。

【警务督察】 警务督察大队同监察室、审计室牌子加挂于监督室，与纪委合署办公。2014年，大队依据《公安机关督察条例》和《公安机关督察工作规定》，紧紧围绕警务中心工作开展现场督察，深入开展对违法违纪现象的查处，充分发挥了督察职能作用。年内，警务督察工作紧紧围绕四个方面组织开展：一是积极开展专项治理工作，全面提高了执法办

2014年7月1日下午，海丰县公安局召开副股干部任前廉政谈话会

2014年7月8日，海丰县公安局召开部署“六大专项”打击整治会议

案质量。开展的执法检查“回头看”专项活动，全局30个办案单位建立了台账，规范了执法办案工作，对所办理的案件全面进行自查自纠，全局共接警23699宗，处警21440宗，刑事案件立案1272宗，治安案件受理3127宗，自查中发现存在问题43个，均落实了整改。经省厅交叉检查，没有发现违规执法办案等情况，受到省厅、市局的充分肯定，全面推进了执法办案质量。二是适时开展督察，为全面推进工作、制度的落实提供了坚强的纪律保障。结合开展的中心任务、重大警务活动、安保维稳、节假日节点、队伍内部管理、“五条禁令”等适时开展督察，全年组织督察166次，纠正警容风纪168人次，查处违规使用警车2宗，对18个有关单位进行点名通报批评、责令整改。三是认真开展网上督察工作，纠正了办案质量存在的问题。2014年度，组织对全局各执法办案单位办理的行政、刑事案件进行网上督察，共对98个单位121人次办理的115宗案件进行督察扣分，发出整改通知书115份。每季度实行全局简报通报制度，实现了与“工作执法一网考”系统的对接，收到较好的效果。四是认真受理群众投诉案件，切实为民警维护了

正当权益。全年共受理投诉案件26宗，其中上级转办2宗，“110”指挥室转办9宗，协同纪监办理案件15宗。在核办投诉件中，属实者，严肃查处，共停止执行职务3人；不实者，坚决维护民警的正当权益，全年核查不实案件5宗。

【出租屋管理服务】 2014年，海丰县公安治安大队三中队全面加强出租屋管理，规范完善出租屋租赁市场，深化“以房管人”“以点控人”工作机制，通过签订《责任书》，落实“谁主管，谁负责”责任制，通过对出租屋展开“网格化，地毯式”清查，从而有效遏制利用出租屋作案的违法犯罪，为海丰县的经济发展和幸福和谐提供更有力的服务。全年清理登记流动寄住人员2008人，录入出租屋信息1282条，为流动人口办理居住证1313张，发现利用出租屋作案8宗。

【提高公安执法质量】 为提高执法质量，县公安局采取每月考核、季度小结、全年总评的方式对全局48个执法单位和243名执法民警全年所办理的刑事、治安案件逐案进行阅案考评，并将考评结果与年度“评优评先”挂钩。2014年度，县公安局共采取刑事拘留747人、取保候审147人、监视居住3人、拘传1人、呈请逮捕727人、呈请起诉713人、行政处罚1753人、强制隔离戒毒775人。全年县公安局没有一宗复议被撤销或诉讼败诉的案件。

【公安队伍建设】 根据中央、省、市、县委关于开展党的群众路线教育实践活动的要求，县公安局开展党的群众路线教育实践活动于2014年2月24日开始至10月16日结束。以“为民务实清廉”为主题，聚集作风建设，坚决反对形式主义、官僚主义、享乐主义和奢靡之风。全程贯穿“照镜子、正衣冠、洗洗澡、治治病”的总要求，始终坚持正面教育为主、批评与自我批评、讲求实效、领导带头、与当前公安工作紧密结合等基本原则，着力解决好人民群众反映强烈的突出问题，提高做好新形势下群众工作的能力，使党员干部思想认识进一步提高，作风进一步转变，党群干群关系进一步密切，为民务实清廉形象进一步树立，基层基础进一步夯实，以此激活队伍活力，提高队伍的公信力和执行力，为海丰经济发展提供坚强的政治和组织保障。2014年1月，县公安局启动了副股职位竞争性选拔工作。领导小组办公室按照方案要求，对报名参加竞争性选拔的民警进行资格审查，有279名民警符合条件进行竞争选拔。经过层层选拔，有37名民警脱颖而出，得到提拔任用。12月，经县委推荐测评，有15名正股职民警提拔为副科职领导，大大激发了民警们的工作热情，全局上下形成积极向上的良好局面。12月，针对出入境大队群众反映强烈的轮岗问题，局党委拿出铁的手腕，实行“一刀切”，将出入境大队所有民警进行轮岗。年内，按照《人民警察奖励条令》规定和奖励标准，抓好奖励工作，把在公安工作专项行动中成绩突出的集体和个人，及时上报记功、嘉奖，进行表彰，以激励斗志，鼓舞士气。在2014年度总结表彰大会上，有14个单位受到集体嘉奖，114名民警受到年度嘉奖，52名民警单项嘉奖，1个单位荣立集体三等功，1名民警被评为全省优秀人民警察，1名民警荣立个人二等功，20名民警荣立个人三等功，7名民警受市局通令嘉奖。励警措施落实，进一步调动了民警积极性，警队形成争先创优，建功立业的良好氛围。

（叶克好 陈剑鹏）

2014年9月3日晚，副县长、县公安局局长（左二）王楚雄深入人员密集性场所开展消防检查

附：2014年海丰县公安局领导名录

局　长：王楚雄
政　委：吴堂泽
副局长：罗　震　钟伟雄　陈克平
　　　　施胜军　刘勋浦（挂职）
纪委书记：曾小彪

检 察

【概况】 2014年，海丰县人民检察院在县委和上级检察机关的正确领导下，在人大的监督和政府、政协及社会各界的支持下，深入学习贯彻党的十八届三中、四中全会精神，紧紧围绕全县中心工作和努力让人民群众在每一件司法案件中都感受到公平正义的工作目标，认真履行法定职责，努力推进平安海丰建设，各项工作取得了新成效。年初，成立海丰县人民检察院党的群众路线教育实践活动领导小组及其办事机构，扎实开展党的群众路线教育实践活动。同年，

建立了职务犯罪侦查指挥领导小组及其办事机构，使查办职务犯罪起到了明显的办案效果；成立自侦案件侦查指挥领导小组及其办事机构，检察长亲任指挥长，检察长和主管领导均亲自参与指挥重大、复杂案件的查办，统一协调和指导，为案件的成功办理打下坚实的基础。

【机构人员】 海丰县人民检察院有14个内设机构，分别为政工科、办公室、公诉科、案管科、侦查监督科、监所检察科、反贪污贿赂局、反渎职侵权局、侦查科、预防科、民行科、控申检察科、监察室、法警大队，均为副科级单位。2014年，县人民检察院有在职干警79名。其中公务员66名，职工12名，事业干部1名。设立党总支部1个，4个党支部。在职党员50名，党组成员6名。有检察官40名；有副处级人员1名，正科级3名，副科级13名，科员29名，办事员10名。2014年新录用人员7名。

【刑事检察】 一是侦查监督检察工作。2014年，海丰县人民检察院全体干警全面落实创建平安海丰各项工作部署，依法惩治犯罪，加强与公安、法院等部门的协作配合，充分发挥批捕起诉职能，依法打击和惩治各类刑事犯罪，努力化解矛盾，有效维护了社会和谐稳定。全年共受理各类刑事案件1161件1480人，其中受理批准逮捕案件559件727人，经审查决定批准逮捕514件654人，毒品犯罪案件257件286人；其中改变案件定性4件4人；不批准逮捕案件49件77人，通知补查30件47人。向公安机关发出各类法律文书共计126份；提前介入公安机关重特大案件侦查活动5件，参加现场勘查5次，移交线索由本院渎检部门查处1件，口头纠正违法3次。二是公诉检察工作。认真履行公诉职能，注重办案质量，贯彻宽严相济刑事政策，严格公正，文明司法，维护国家法律尊严，保障了广大人民群众的合法权益。全年共受理移送审查起诉案件602件753人，审结案件578件721人，依法向人民法院提起公诉508件604人。向侦查机关、自侦部门、审判机关提出口头纠正违法行为建议86人次，经审查，决定改变案件定性6件10人；决定不起诉34件46人，报送市检察院审查起诉33件67人，移送其他检察机关审查起诉3件4人；追诉漏罪5件5人；提出和提起抗诉4件4人，抗诉率和抗诉成功率达100%。提出量刑建议384件440人，量刑建议率72.85%；发出量刑建议书440份，量刑建议采纳率96.50%；撤回起诉1件1人。三是监所检察工作。维护监管秩序，规范管理，加强对刑罚执行和监管活动的监督，完善刑罚执行同步监督机制。开展减刑、假释、暂予监外执行专项检察活动，严厉打击“牢头狱霸”，保障在押人员的合法权益。驻所检察室每个工作日均有人在岗，全年共驻所检察工作活动243天，每周有3次以上巡视检察，并填写检察日志。审核看守所羁押人犯742人次、监外执行罪犯264人次。发现违法看管15次，进行安全大检查46次，与在押人员约谈88人次，对重刑犯进行思想教育52人次，打击处罚“牢头狱霸”行为11宗25人，依法监督调劳15次250人，监外服刑人员脱管现象专项检查6次。6420221监所传真，与看守所召开联席会议4次，与市监所科联合进行联合调查2次，监督看守所对在押人员报病诊治7200次，其中送医院检查150人次，住院治疗32人次。驻所期间无出现安全事故。

【职务犯罪侦查与预防】 一是反贪污贿赂检察工作。2014年，坚决贯彻执行党中央、最高检反腐斗争的决策部署，坚持惩治与预防两手抓。不断完善纵向指挥有力，横向协作紧密的侦查工作机制，2014年成立职务犯罪案件侦查指挥办公室，整合全院办案资源，检察长担任指挥长，亲自参与指挥重大、复杂和疑难案件的办理，加大对案件的组织指挥和查办力度。全年共受理并初查职务犯罪线索23件，开展初查19件20人，立案17件18人，其中大案11件12人；侦查终结并移送审查起诉9件 9人；追捕负案在逃职务犯罪嫌疑人1名。通过办案为国家和集体挽回经济损失近483万多元。积极主动服从由省、市纪委、检察机关统一指挥开展的“雷霆行动”，抽调办案骨干组成专案组，立案查办了充当毒品犯罪活动保护伞、制造虚假诉讼、滥用职权的公安、法院系统的领导干部和办案民警，如查办的陆丰市公安局瀛北派出所原所长林某某等7名干警涉嫌私放毒品31千克、收受毒贩贿赂款120万元的重大案件，海丰县人民法院可塘法庭原庭长徐某某滥用职权、导致国家经济损失400多万元的大案，有力打击和严惩了司法腐败，受到各级党政领导和人民群众的充分肯定与好评。贯彻落实侦查一体化办案机制，支持配合上级和有关部门办案152场次，出动警力252人次，确保联合办案区全年办案无安全事故发生。二是反渎职侵权检察工作。立足反渎职能，加大办案力度和行政执法监督，开展职务犯罪预防，努力维护社会稳定。2014年年初，反渎局积极开展“5·28”法官渎职系列案线索的调查，多次接触涉案对象，对县人民法院有关人员参与虚假诉讼以涉嫌滥用职权罪、造成国家财产损失及恶劣社会影响以事立案侦查。对海丰县人民法院可塘法庭原庭长徐某某、书记员曾某某立案侦查，并对徐某某决定逮捕。侦查期间，反渎部门同志多次前往深圳罗湖、福田、南山、宝安、龙岗等地取证，查清了整个案件事实，为国家挽回税费损失390多万元。对退回补充侦查的蔡某某等3人涉嫌玩忽职守罪3个案件进行补充侦查，使蔡某某等3人涉嫌玩忽职守的案件提起公诉并获得有罪判决，有效打击职务犯罪。针对郑某某涉嫌徇私枉法罪一案中县交警大队存在的违法违规情况向县公安局发出检察建议，要求其采取有效措施，加大力度追捕肇事司机宋金财。最终肇事司机宋金财被公安机关抓获，并以涉嫌交通肇事罪刑事拘留。督促交警大队完善和制定了6个制度，协助有关部门追缴土地闲置费共计27万多元，向纪检监察机关移送公安交警环保局相关人员违纪案件线索2件。三是职务犯罪预防检察工作。重点突出预防职务犯罪工作，结合办案，开展同步预防、专项预防和行业预防。全年开展行贿犯罪档案查询88次，深入机关、企业、农村、学校、社区、警营开展警示教育42场次，近5000多人受到教育；进行重点建设项目专项预防28宗，其中1000万元以上16宗，500万元—1000万元12宗；参加项目协调会28次，新增预防共建单位1家;与县民政局召开预防职务犯罪工作联席会议1次；与中铁十一局集团潮惠高速15标项目部共同签订“企检共建”协议书。健全行贿犯罪档案查询制度，实现全国检察机关联网互查。积极开展服务和保障基层组织换届选举专题预防，促进基层选举依法有序进行。建立预防职务犯罪年度报告制度，加强对职务犯罪的原因分析和预防对策研究，为党委政府决策提供参考依据。深入开展查办和预防发生在群众身边、损害群众利益职务犯罪工作，危害生态环境犯罪专项工作，认真开展破坏环境资源和危害食品安全犯罪专项立案监督活动，建立健全常态工作机制，维护民生民利。制定了《海丰县检察院“预防职务犯罪公共宣传”活动实施方案》，在县电视台播放优秀廉政公益广告、在县重点地段制作路牌广告、租用灯箱播放预防职务犯罪宣传短片等，多种形式普及廉政知识，推广廉政文化，提高预防职务犯罪公共宣传的影响力和生命力，更好地服务党政工作大局。

【民事行政检察】 2014年，县检察院坚持“强化法律监督，维护公平正义”的执法理念，主动把检察工作融入依法治县工作。加大对民事行政申诉案件和民事执行活动的监督，积极探索实践民行检察监督工作创新机制。全年进行督促法院执行机关执行非诉执行申请案件2宗；向国土部门提出改进工作口头检察建议2次；参与县委县政府专案活动、社会综治信访维稳和创新社会管理专项活动5次；积极参与县综治维稳和平安创建活动，加强对国土资源管理市政建设等领域的监督，参与多宗因土地、建设引起的矛盾纠纷的排查工作2宗，调解息诉1宗。年内，利用到乡镇及有关单位调研走访的机会，结合“举报宣传周”活动，通过发放宣传资料，提供法律咨询，提高人民群众对民事行政检察的认知度。

【控告申诉检察】 海丰县检察院重视群众来信来访，依法维护人民群众合法权益，维护社会公平正义。2014年共接待群众来访和提供法律咨询160多场次，受理群众来信51件，办理上级交办事项18件，院领导亲自接访48场次。检察长和班子成员不定期到全县16个镇进行走访调研192次；主动配合县党政中心工作，抽调精兵强将全力协助支持重大项目建设、深汕合作区征地等重大复杂事件的调解工作共21次；服务党政中心工作，开展涉法涉诉信访问题排查化解等活动25次，有效化解矛盾，维护社会稳定。6月中旬，开展以“依靠群众惩治职务犯罪、公开检务强化自身监督为主题的举报宣传周活动，检察长、副检察长及科长等近20人参加，走访相关单位5个，张挂宣传图片10多幅，发放宣传资料100多份，接待来访30余人次，开展法制教育课1场次，受教育人数近500人，受理控告举报信件和提供法律咨询20件次。

【检察工作联络室】 2014年，积极参与社会管理创新，继续发挥联系检察机关与群众关系、社会综治信访维稳的纽带和平台作用。各乡镇检察工作联络室结合本地实际，创造性开展工作，畅通检察机关与基层群众的联络渠道，协助检察机关推进社会矛盾化解，社会管理创新、公正说法执法三项重点工作，化解基层矛盾，特别是难以进入司法程序的矛盾纠纷。预防职务犯罪，检察长和班子成员每月不定期到各个乡镇检察联络室走访调研，及时了解社情民意。召开检察工作联络员工作会议2次，加强业务培训，强化规范管理，畅通信息与线索互投渠道，维护社会稳定。

【检察队伍建设】 2014年，海丰县人民检察院认真抓好队伍建设。一是扎实开展党的群众路线教育实践活动、“从严治党”主题教育活动和“增强党性、严守纪律、廉洁从政”专题教育活动以及开展全省检察机关规范执法强化年活动，着力整改“四风”和执法司法突出问题。二是加强纪律作风建设，严格队伍管理，严格执行中央“八项规定”和一系列廉政建设新举措，自觉遵守检察人员八小时以外的行为禁令。检察长组织思想政治学习，认真落实每月党组中心组（扩大）理论学习会、党组会和院务会，提高领导班子的凝聚力、战斗力和科学决策能力。三是积极开展业务培训和专项教育活动，注重培养实践技能，提高全体检察干警政治觉悟、业务素质和工作水平。四是强化对干警内部行为监督，尤其是强化内部监督机制对领导干部的监督，经常性开展警示教育和检务督察，结合实际修订和完善各项规章制度，真正做到以制度管人、管财、管案，杜绝违法违纪行为发生。全年共筹备召开征求建议座谈会7场次，向全体干警、县直有关单位、各乡镇、共同预防职务犯罪成员单位等发放征求意见和建议135份，征求到意见和建议129条。出版了教育实践活动专题简报11期。接待群众来访和提供法律咨询90场次，其中班子成员接访4件18人次；办理上级交办信访事项4件。组织参加县委党校组织的公务员培训63人次。拟办文件74件，处理上级检察机关及县委、县政府等有关部门来文120件次，来电来信400余次。召开党组扩大学习会12次、党组会14次和专题民主生活会1次，专题组织生活会1次，办理干警调出和辞职2名，调入2名，完成招录新公务员7名（调剂2名），办理新录用人员社会保障卡10个，办理报送全体检察人员（包括退休老同志）工资变动情况106余人次，办理遗属抚恤补贴3人次。完成年度考核74人次；办理干警请（休）假85余人次；完成政工统计信息录入98人次；到市院、县人大、县委组织部、政法委、人社局、直工委等单位联系有关工作260余次。努力做好机关党务工作，组织各支部开展学习活动，党员干警撰写学习心得体会50余篇。党总支组织党员到红宫红场等党员教育基地观摩学习1次，各支部组织收看《焦裕禄》《杨善洲》《牛玉儒》和《信仰》等专题影片8场次。参加缅怀革命先辈活动2次。完成年度考核74人次；办理干警请（休）假85余人次；完成政工统计信息录入98人次；到市院、县人大、县委组织部、政法委、人社局、直工委等单位联系有关工作260余次。年内，纪检监察室着力健全廉政制度体系，重点完善内部考核监督，建设检察廉政文化，落实党风廉政建设；按照“一岗双责”“一案双查”的要求，逐级签订“廉政责任书”；建立廉政档案制度，监督制度和纪检监察回访抽查制度；督办组经常性检查督检，定期向院党组汇报工作情况，确保党组、检察长的决定、命令等落到实处。全年协助院党组做好开展党的群众路线教育实践活动督导工作5次，落实督办党组和检察长交办任务30件，结合县检察院实际，排查检察人员日常工作中的廉政风险点1次，深入基层，走访人大、政协及基层群众，明察暗访，了解情况10场次。配合院党组组织召开纪律教育学习月活动动员大会，组织全体干警收看警示教育专题片2场。

【基层基础建设】 县检察院勤俭节约，集中财力，加强信息化和装备设施建设。全年共投入234万元，检察专线网、高清视频会议系统和检察内网分级保护工程，推进派驻看守所检察室与看守所监控系统联网以及讯问室同步录音录像系统建设，加快推进全国检察机关统一应用系统全面上运行，规范了案件办案流程，深化案件管理机制改革，推进了执法规范化建设。加大力度投入后备电源建设，保障办公办案用电筹建联合办案区的升级改造工程，加强了办案网上审批等工作，进一步提升了办案自动化、无纸化和信息化层次。

（马泽民　马伟松　马秀苗）

附：2014年海丰县人民检察院领导名录

检察长：黄友瑜

副检察长：罗小雄（兼反贪局长）

蔡亿民　孙伟忠

李庆文（任至6月）

陈文成（6月起任）

法　院

【概况】 2014年，海丰县人民法院认真贯彻党的十八大和十八届三中、四中全会精神，狠抓审判执行第一要务，强化队伍建设，推进司法改革，顺利完成“党的群众路线教育实践活动”“人民陪审员倍增计划”及“司法公开三大平台建设”的等工作任务，各项工作取得新的进展。全年共受理各类案件2637件（含旧存139件），结案2326件，受结案数均居全市法院第一，结案率88.21%，整体工作再上新台阶，涌现出一批先进集体和先进个人。其中：办公室和杨锋、陈向明、彭宇龙、李捷辉、蔡泽伟5名个人受到省市级的表彰。

【机构人员】 海丰县人民法院内设机构13个，下设机构5个，事业单位1个。政法专项编制数（核定数）76人，实有71人，后勤服务人员41人，人民陪审员44人，编外聘用人员19人。其中，院领导为1个正职、4个副职。党组成员为8人。内（下）设机构分别为：立案庭、刑事审判庭、民事审判庭第一庭、民事审

2014年2月27日，县法院召开党的群众路线教育实践活动动员大会。左起为：副院长高炯峰、副院长林民、院长林建新、县委第六督导组组长陈孙、县委第六督导组副组长黄小荣

判第二庭、行政审判庭、审判监督庭、执行一庭、执行二庭、研究室、监察室、办公室、政工科、审判管理办公室、梅陇人民法庭、后门人民法庭、公平人民法庭、可塘人民法庭、司法警察大队。

2014年4月30日，县法院召开调解工作经验交流会。左起为：公平法庭庭长蔡泽伟（发言人）、办公室主任陈君雄、副院长林城彬、院长林建新、副院长余海明、执行局局长林小义、政工科科长施圣悦

【刑事审判】 2014年，县法院共受理各类刑事案件532件，审结463件，受结案数分别比2013年增长23.15%和11.03%，结案率87.03%，判处罪犯550名。突出打击重点，依法及时处理故意伤害、“两抢一盗”、贩毒等严重危害民生的犯罪案件，特别是针对毒品犯罪活动猖獗的情况，从重从快打击，共审理毒品案件220件，判决涉毒罪犯234名，其中对146名贩卖毒品罪犯，判处3年以上有期徒刑的112名，占76.71%。年内，配合全市专项整治活动，审结了贪污受贿、渎职等职务犯罪案件12件，判处罪犯15名。对于初犯、偶犯、从犯以及未成年犯，依法予以从轻、减轻处罚，提高非监禁刑的适用比率，其中对判处生效的52名未成年罪犯，适用非监禁刑的27名，适用率51.92%。积极开展刑事附带民事案件调解工作，全年通过调解结案的刑事附带民事案件21件，调解赔偿金额189.9万元，使受害人及时得到赔偿。

2014年3月19日，县法院党组深入可塘镇罗山村委会征求群众意见并慰问老党员。后排左起为：副院长林城彬、院长林建新、副院长林民、罗山村村委书记郭锦方、副院长余海明、副院长高炯峰

【民商事审判】 县法院全年共受理民商事案件1819件，结案1637件，结案率89.99%。为了推动社会矛盾化解工作，切实践行党的群众路线，通过开展调解工作经验交流活动，进一步增强了全体民商事审判人员司法为民理念，把调解工作贯穿于审判全过程，化解了婚姻家庭、房产、劳动争议、损害赔偿等大量民事纠纷，调解撤诉率达72.16%，尤其是基层人民法庭，充分发挥前沿作用，始终保持较高的调解率。为规范市场秩序、平等保护市场主体合法权益，民商事审判部门以推动构建诚信市场经济秩序、促进经济平稳健康发展为着力点，依法审理了借款合同、买卖合同、经营合同等合同案件49件，有效解决了经济纠纷。

2014年4月26日，县法院团支部与县农信社团支部组队参观红宫红场

【行政审判】 2014年共受理行政案件19件，结案11件，其中维持行政行为8件、撤销3件。在依法审理行政案件中，主动与行政机关沟通，积极做好协调工

2014年7月11日，执行二庭成功调结涉16名工人劳动报酬纠纷系列案。左起为：当事人、执行二庭副庭长戴文标、执行二庭庭长高杰群、当事人、执行二庭副庭长陈继楚

2014年8月15日，县法院召开领导班子专题民主生活会。左列为院领导班子成员，右列为县委第六督导组成员

作，促进行政纠纷和解。此外，配合全县重点整治工作，及时依法对政府整治“两违”土地、整治生态环境以及征收社会抚养费等非诉执行案件的审查，在依法支持整治活动的同时，对行政机关如何进一步规范行政行为，提出建议。

【审理执行】 2014年，县法院共受理执行案件266件，执结214件，执结率80.45%，执行标的金额1814.4万元。通过开展“转变执行作风，规范执行行为”专项活动，执行工作有了新突破:一是通过采取拘留等强制措施，执结张某某等申请执行汕尾市某种植有限公司劳动争议系列案、蓝某某等申请执行海丰县某茶饮品店劳动争议系列案等涉民生案件，共拘留被执行人5人次，促使被执行人履行义务。二是开展案件补录核录工作，共补录2007年以前立案的案件1798件，核录案件1925件，录入率达100%；清理一年以上未结案件300件，清案率77.92%，其中涉民生案件61件；执行到位金额883.87万元。三是对接省院的执行系统正式启用后，全面实现线上银行查控集约，建立更快、更广的查询机制，运用该查控平台，执行部门先后收到两名欠债“老赖”叶某某、王某某企图出境的信息，随即派出办案人员赶往罗湖口岸边检站对两名“老赖”予以司法拘留。四是继续开展执行救助制度，对客观上实在难以执行、申请人又极度困难需要救助的，尤其是对交通事故受害人，实施司法救助，在县政府及其财政部门的支持下，全年救助19名特困申请人，救助款13万元。

【法院队伍建设】 2014年，县法院不断强化队伍的思想建设、作风建设、廉政建设、能力建设，提高整体司法形象。一是组织全体干警深入学习十八大和十八届三中全会、四中全会精神，学习习近平总书记系列重要讲话精神，进一步深化公正司法、为民司法理念。二是组织干警参加一系列培训和“法官讲堂”学习，开展调解经验交流、陪审员集中学习和观摩庭审活动，提高办案人员的理论和司法业务水平。三是积极开展党的群众路线教育实践活动，活动过程中，重点整治“四风”问题以及“六难三案”等方面存在的突出问题，制定和完善了理论学习、司法公开、案件管理、财经管理等一系列规章制度。四是开展司法廉洁教育，加强对干警遵守中央“八项规定”“五个严禁”等情况的监督，及时惩处干警违法违纪行为，将2名违法人员清理出法院队伍。

（蔡春婷　王曼梅）

附：2014年海丰县人民法院领导名录

院　长：林建新

副院长：林　民　余海明

林城彬　高炯峰

司法行政

【概况】 2014年，海丰县司法局在县委、县政府的正确领导和市司法局的关心支持下，坚持以邓小平理论和“三个代表”重要思想为指导，全面贯彻落实党的十八大、十八届三中、四中全会精神和市、县工作会议和市司法行政工作会议精神，以科学发展观统领司法行政工作全局，把保持全县经济平稳快速发展作为第一要务，把维护社会和谐稳定作为第一主线，把提高执行力、推动各项工作创新发展作为重要突破口，强化法制宣传教育、基层基础建设、法律服务、法律援助、机关效能作风建设，奋力推进全县司法行政工作的创新发展，为推动全县经济社会又快又好发展创造了良好的法治环境。

【机构人员】 海丰县司法局内设政工办、秘书股、基层股（加挂社区矫正股）、公律股、宣教股、法援处、公职所、公证处共8个股室，下辖16个基层司法所。2014年，县司法局机关人员编制42人，其中政法专项编制26人，工勤人员数4人，参公、事业编制共12人，实有47人。全县16个司法所政法专项编制26名，实有公务员19名。

2014年9月25日，汕尾市司法局、汕尾市律师协会、海丰县司法局组织开展“9·25”律师宣传日暨“一村（社区）法律顾问”法律咨询活动

【法制宣传与“六五”普法】 2014年，县司法局全面贯彻落实“六五”普法规划，在全县范围切实按照“六五”普法规划要求做好普法工作，不断加强制度建设，推进法制宣传教育制度化、规范化，围绕法制宣传教育工作中的一些难点和不足部分，开展调查研究，准确把握新形势下普法工作的特点和规律，掌握工作的主动权，并通过QQ、微信等现代信息宣传手段，拓展法制宣传渠道，与时俱进。在日常普法工作基础上，县司法局紧紧围绕县委县政府的中心工作，以各种活动日为契机，突出抓好不同形势下不同主题的法制宣传，开展了“6·26”国际禁毒日、“9·25”律师宣传日、“12·4”宪法日等专题普法宣传活动。2014年，县司法局共印发各类普法宣传资料6万份，出动宣传车530辆次，设立法律咨询点26个，制作法制宣传栏103个，张贴大小宣传标语9600幅，全县受教育人数29万人。2014年3月，海丰县被全国普及法律常识办公室评为全国“六五”普法中期先进县。

【律师工作】 2014年，县司法局积极拓宽领域，为平安海丰提供优质法律服务。一是积极发挥律师的法律服务职能作用。在巩固做好担任常年法律顾问、代理民行诉讼和担任刑事辩护等业务的基础上，积极拓展新的法律服务渠道，同时热心公益，认真办理法律援助案件，积极参与县委、县政府信访接待及疑难矛盾纠纷的调处。二是积极开展一村（社区）一法律顾问工作。司法局根据县委、县政府的统一安排和部署，对全县村居数和律师队伍情况进行调查摸底，制定海丰县司法局《开展一村（社区）一法律顾问工作的实施方案》（海司字〔2014〕23号），按步骤逐一落实，稳步推进海丰县一村（社区）一法律顾问工作。针对海丰县律师资源匮乏的问题，县司法局积极争取省、市的支持，从广州、深圳选聘6名、汕尾市选聘12名律师到海丰县村（社区）担任法律顾问。海丰县18个镇场，284个村（社区）的法律顾问合同现已全部签订完毕，实现全面覆盖。至年末，海丰县有3个律师事务所，有执业律师14名，全县律师担任常年法律顾问155家，承办各类案件55件（不包括法律援助案件），提供代书128件，接待和解答群众法律咨询1453人次。

【法律援助与咨询】 海丰县司法局积极开展法律援助工作，认真贯彻执行《法律援助条例》，成立海丰县司法局法律援助服务队，落实便民利民措施，广泛运用电话、手机等搭建咨询服务平台，加强了“12348”法律服务热线建设，积极服务保障和改善民生，维护困难群众的合法权益，扩大法律援助覆盖面，将民生方面涉及的法律援助事项纳入援助范围，降低经济困难标准，在“应援尽援”的基础上尽力做

2014年11月7日，全县一村（社区）一法律顾问工作动员大会暨合同签约仪式在县迎宾楼举行，研究部署全县范围开展一村（社区）一法律顾问工作

到“能援则援”，使更多的弱势群体享有法律援助服务，维护了当事人的合法权益。2014年，县司法局法律援助处共办理各类法律援助案件98件，解答法律咨询（来电、来信）1216人次，提供代书148件。

【公证工作】 2014年，县司法局以党的群众路线教育实践活动为契机，加强公证工作，广泛征求群众意见，通过整改，严格规范公证服务项目、办证程序，不断完善机制。紧紧围绕政府中心工作，充分发挥公证职能作用，积极为社会各层次提供有效的法律保障和优质的法律服务。在退伍兵抽签、企业信贷、征地拆迁等事项中继续担当重要角色，为经济建设保驾护航，发挥了不可替代的监督保障职能作用。全年公证处办理各类公证 1904件，其中：国内公证1202件，涉外公证702件。

【人民调解工作】 2014年，县司法局积极开展人民调解工作，牢筑基层维稳防线。一是进一步健全了调解组织，在人员上向基层倾斜，通过招录新公务员、与乡镇沟通协调等方式，将部分业务能力强、素质高的人员充实到基层司法所，调整充实了基层人民调解队伍。二是人民调解员调解水平明显提升。县司法局通过积极开展“争当人民调解能手”活动，促使各级人民调解员开展竞赛、互相学习，通过活动的开展，选送优秀人员代表参加市司法局初赛。人员业务水平和依法调解能力得到明显提升，畏难情绪明显减少，一些疑难复杂的案件调解成功率明显提高。三是突出重点，扎实开展矛盾纠纷排查调处工作。通过制定“社会矛盾化解年”工作实施方案，按“四个到位”的具体目标，将各项任务落到实处。完善了矛盾纠纷定期排查制度和重点时期的动态排查制度，建立了每月一次的后续滚动数据包送制度、矛盾纠纷排查登记等制度和专项工作基础台账，按“边排查边化解”原则，及时发现、及时处理、及时化解，把问题解决在基层，消除在萌芽状态。2014年全县基层人民调解总数317件，调解成功311件，调解成功率98%。

【社区矫正】 县司法局根据社区矫正的工作要求，结合海丰县实际情况，切实做好社区矫正的落实工作。一是加强社区矫正工作制度化、规范化建设，进一步严格工作程序。县司法局根据相关法规和文件，结合实际情况，建立了社区服刑人员接收衔接、日常管理、考核评议、社会调查评估等工作制度，确保刑罚的规范执行。二是加强业务学习交流，通过组织各司法所到社区矫正工作开展较好的镇进行业务交流和学习，相互借鉴先进经验，共同提高，有力地促进了全县社区矫正工作的开展。三是全面落实矫正教育工作。建立了矫正对象正副档案和台账，对每名社区矫正对象落实监管责任人，开展了教育培训、公益劳动等日常矫正工作。四是通过现代信息GPS手机定位手段，掌握了解社区服刑人员动态。为准确及时掌握社区矫正人员的情况，司法局通过信息技术手段对矫正人员远程定位、监督、教育，矫正其犯罪心理和行为恶习，有效减小了社区矫正执行人员的工作难度，提高了矫正力度，并通过日常数据的收集，进一步量化了对矫正人员的考核。至年末，全县累计接收社区矫正人员440人，已解矫177人。

【安置帮教】 2014年，县司法局通过建立接茬帮教、例会、定期家访定期联系、联合帮教等工作制度，建立健全管理制度，实现刑释解教人员网络化登记和管理，使各项安置帮教工作措施得到较好落实。为进一步掌握刑释解教人员的具体情况，县司法局加强刑释解教人员调查摸底工作，准确核对人员数据，积极动员刑释解教人员家属提供线索，准确掌握外出务工刑释解教人员的真实情况。至年末，全县接收刑释解教人员112人，帮教率100%。

（马家川）

附：2014年海丰县司法局领导名录

局　长：陈耀海（任至3月）
　　　　林惠迎（5月起任）
副局长：刘火木　黄辉谋　彭军梅（女）

人民武装

地方军事

【概况】 海丰县人民武装部成立于1950年6月，原为海丰县民兵武装支队部，隶属东江军分区。1952年，建立海丰县人民武装部。1954年，更名为兵役局。1956—1958年归属惠阳军分区管辖。1958－1983年改为汕头军分区管辖。1960年，兵役局复称县人民武装部。1966年县公安中队整编为中国人民解放军中队归县人武部领导，1976年，将县中队移交公安机关。1983年地级市辖管范围的调整，海丰县人武部划归惠阳军分区辖管。1986年，海丰县人武部改为地方建制，定为副县级。1996年，海丰县人民武装部收归军队建制，定为正团级。至2014年，海丰县人民武装部隶属于汕尾军分区，下设军事科、政工科、后勤科，管辖18个镇场、县直机关人民武装部、国防民兵哨所和民兵武器装备仓库1个。

2014年，海丰县人武部认真贯彻落实上级指示，以条令条例和《军队基层建设纲要》等法规为依据，以深入开展建设学习型党组织和创先争优活动为抓手，按照“听党指挥、加快备战、夯实基础、建强队伍、守住底线”的工作思路，狠抓年度各项工作落实，先后开展了“进步观、责任观、苦乐观、得失观”“牢记强军目标、献身强军实践”和“党的群众路线教育实践活动”等主题教育，突出狠抓了民兵整组、民兵训练、民兵安保、安全隐患排查及整治和深入学习贯彻党的十八届四中全会和全军政工会议精神等工作，全面建设取得较大进步。

【民兵预备役工作】 一是党管武装工作。县人武部不断强化党管武装观念，将武装部自觉置于县委县政府的领导之下，积极主动向地方党委、政府汇报工作，加强沟通协调，各项工作的开展得到地方党委、政府的大力支持。“八一”前夕，县委书记沈木荣还特意邀请军分区亓主任到海丰给县党政领导及各行局一把手进行国防知识辅导讲座，以增强各级党政领导的国防观念。6月，县长陈德忠主动组织召开县民兵武器仓库的迁建推进协调会，亲自部署推进工作，在县财政较为困难的情况下，优先安排征地款项500万元。支持人武部营院建设，额外拨付70万元用于营院改造，并就人武部办公大楼的装修主动提出规划意见。“八一”、国庆期间，县委书记、县长亲临人武部慰问干部职工，了解武装部的工作、训练和生活情况，现场解决人武部建设和民兵预备役建设的实际困难。二是民兵政治教育工作。根据军委、两级军区、军分区动员部署，深入开展“牢记强军目标、献身强军实践”主题教育活动，引导官兵铸牢强军之魂、聚力强军之要、夯实强军之基，强化强军兴军的认知认同、信念信心和行动自觉。把形势战备教育纳入年度教育计划。年初，下发了年度民兵预备役形势战备教育计划和战备教育资料，在元旦、春节、“两会”“五一”、国庆节等敏感期组织专题形势战备教育，使官兵和民兵预备役人员认清了当前国内外复杂形势，增强忧患意识，树牢战备观念。三是基层全面建设工作。注重加强应急分队建设，落实人员，配齐装备。突出对民兵骨干和应急分队人员的针对性训练，各镇（场）均建立一支招之即来、来之能战的应急分队。遇有灾情时，各镇(场)应急分队相互支援，一体连动，为支援地方抢险救灾做出突出贡献。圆满完成5月的海丰县赤坑抗洪抢险任务。先后出动民兵应急分队620人次，解救被困群众320余人，围堵修筑堤坝50多米；4月、5月份先后出动民兵应急分队300余人到梅陇、联安、赤石等地成功扑救山火；6月、10月先后出动民兵应急分队800人次担负海丰县端午节龙舟赛和全国龙舟赛海丰站的安保工作，均圆满完成了任务。

【国防动员】 2014年，县人民武装部紧紧围绕加强民兵预备役体系作战能力和成建制遂行任务能力建设，按照平时应急、战时应战的要求，结合海丰县建设现状，以“编强建实”为目标，深化普及“规范后备力量各支队伍组建秩序”“流动兵员属地编组、属地训练、属地执行任务”“在非公有制企业编民兵”三项成果，通过规范编组秩序，优化组织结构，调整力量布局，狠抓兵员落实，较好地完成上级赋予的后备力量组织整顿任务，为有效提升民兵预备役部队遂行多样化军事任务能力奠定了坚实的组织基础。年内，紧紧围绕保证新兵质量，加大领导力度，周密组织实施，严格审查把关，狠抓征兵的组织准备、宣传发动、封闭式体检、政治审查、审批定兵、集结输送等各阶段工作，全县适龄青年体检合格率为44.4%，体检、政审双合格率为39.8%。经严格筛选、择优录取，最后，圆满完成新兵征集任务。新兵的整体素质较高，较好地完成上级2014年赋予海丰县征兵工作任务。

【军事管理】 一是战备工作。根据军分区《关于修订战备计划和清点战备物资器材的通知》精神，修订完善《海丰县地面防卫作战行动方案》《海丰县民兵预备役非战争军事行动能力建设规划》和《海丰县应对突发事件总体预案》。结合海丰县实际，进一步制定完善《海丰县反恐袭击预案》《海丰县抢险救灾预案》等配套方案，同时，对各个库室进行清查清理，按照战备工作“三分四定”要求补充、更换各类战备物资，做到战备物资量足质优、存放规范、管理有序。突出抓好了人武部作战值班室与军分区作战值班、武器库安防设施的技术连接，6月，以省军区组织作风纪律教育整顿为契机对武器库安防系统进行全面整治，更换3台监控电视、1台监控主机、2部程控电话。对老化损坏线路及脉冲电网时进行更换和维修。10月，与军分区就战备方案再次进行了修订和对接。二是训练工作。为提高军事训练标准和质量，坚持机关带头、应急先训、培养骨干、以点带面的训练方式，全面建设能指挥、会组训的机关和民兵骨干队伍。年初，设置应急处突、抢险救灾等课题演练，进一步提高情况研判、决心处置、指挥控制等能力。针对海丰县森林覆盖率高，易发山火的实际，2月中上旬，组织了县城三镇森林防火分队开展防火灭火技能训练。提高了灭火技能和自我防护能力。3月，部机关同步参加军分区组织的机关业务学习训练。4月，为参加军分区组织的职工和民兵应急分队比武考核，人武部组织干部职工和民兵应急分队40人，在鲘门训练基地进行为期半个月的集中封闭式训练。根据人武部年度训练计划，在汛期来临前，组织一期民兵轻舟分队骨干集训，进一步提高民兵轻舟分队抢险救灾能力。5月，承办“汕尾军分区民兵应急分队、职工应考科目示范观摩会”。10月、11月，集中组织现役军官的军事训练，其中3次进行了封闭式迎考针对性训练，通过训练，现役干部的军事技能和素质得到了较大的提高。12月7日至9日，人武部所有现役干部到省军区参加评比竞赛考核，取得预期成绩。三是安全管理工作。3月，扎实开展“条令月”活动，进一步增强干部职工的条令法规意识和遵规守纪的自觉性。4月份，积极开展保密教育、“四反”教育、预防犯罪教育，强化干部职工的保密意识和法制意识，规范保密秩序，不断完善保密设施，使各项保密规定落到实处，确保县人武部不发生失泄密问题和事故案件。6月、7月，开展消除安全隐患整治活动，活动部署周密，组织严密，分工明确，突出了重大活动、重要目标、信息网络、武器弹药、车辆管理、涉军利益纠纷、重点单位和人员管控教育、季节性事故防范八个方面内容的排查，效果明显。8月，严密组织了涉密载体“清零”工作，重建了文印室，按要求收缴、销毁了所有不符合保密规定存放的文件资料，报废废旧电脑5台，更换电脑硬盘3个，组织安装电脑水印保密系统7台，在保密室和会议室分别安装信号干扰器，收缴各科室打印机3台集中存放。10月，对人武部营院进行安全整治，加固了围墙栅栏，并对营院的四周围墙安装了铁丝网，更换了营院大门，进一步正规了营院的管理。定期分析安全管理工作形势，落实好安全管理工作责任制，并结合单位实际，进一步完善安全工作整治实施方案，狠抓事故案件隐患排查，在人武部上下形成了全员全时全方面抓安全促稳定的良好局面。

【后勤装备建设】 年初，结合人武部营院设施陈旧、老化的实际，在部党委的统一组织下，协调县公共事业局、林业局、县教育局、文体局等相关单位出人出资协助搞建设。先后协调经费70余万元，主要用于文化墙、文化窗、板报、健身器材、塑胶篮球场和花园、现有路面基础改造、下水道铺设、广场砖铺设、健康道和健身场的建设。人武部营院建成为娱乐有场地、健身有器材、学习有场所、休闲有去处的一个集军营文化、健身、休闲和娱乐于一体的园林式营院。年内，按照武器装备的维护保养要求，严格落实维护保养制度，确保武器装备始终处于良好的战技术状态，加强车辆检查与维修，保持车辆良好技术状况。加强对武器仓库的安防建设，8月，联系广州厂家全面更换武器库围墙安全电网，完善可视监控系统，更换了武器仓库室外四周围墙红外监控器4个，加装库房红外报警器2个，更换灭火器6个，进一步检测检修了库房的水电设备等，为提升后装建设提供了有力安全保障。加强对武器装备的管理，9月，根据省军区统一部署和军分区《关于恢复民兵报废弹药销毁处理工作的通知》，部领导高度重视，现场指挥，圆满完成3个品种6个批次114箱104494发3.01吨民兵报废弹药的调运工作。

【“双拥”共建】 2014年，海丰县人武部党委积极响应县委、县政府的号召，以创建一轮“双拥”模范县为契机。积极参与创建“双拥”模范县活动，注重发挥民兵在“五个文明”建设中的作用，加强军地联系与沟通，高度重视做好拥政爱民和双拥共建工作。一是深化军民共建人口与计划生育活动。引导民兵预备役人员带头做“文明公民”、创“文明家庭”、建“文明社区”和“文明村镇”，弘扬社会公德、职业道德和家庭美德，推动海丰县软件环境建设。二是积极配合地方政府做好维稳工作。做好部分退役人员的思想稳定工作，努力把退伍军人上访问题解决在本地区，解决在基层，解决在萌芽状态。三是注重发挥“主力军和突击队”作用。积极组织民兵应急分队人员开展水上救生、森林防火和应急维稳等针对性训练。不断提高了灭火、救生技能和自我防护能力。圆满完成了海丰县端午节龙舟赛和中国龙舟公开赛（海丰站）等活动的安保任务，积极参加抗洪抢险和应急维稳，先后4次参与公平水库整治工作活动，6次组织扑灭山火、4次解救被洪水围困群众，在5月参加赤坑抗洪抢险中，解救疏散群众500人，发挥了主力军作用。

（钟 征）

附：2014年中国人民解放军广东省汕尾市海丰县人民武装部领导名录

部 长：郑秋汉

政治委员：倪少勇

副部长：尹克相

武 警

【概况】 中国人民武装警察部队广东省总队汕尾市支队海丰县中队（简称武警海丰中队），正连级建制，重新组建于1988年7月，由武警惠阳地区支队规划武警汕尾市支队建制领导。中队主要担负着海丰县看守所外围武装警戒，海丰地区城市武装巡逻、处置突发事件、反恐和抢险救灾等各项任务。2014年，武警海丰县中队以贯彻落实习主席一系列指示精神为指导，以《军队基层建设纲要》和《基层正规化管理规定》为依据，以建设一支听党指挥、能打胜仗、作风优良的现代化武装警察力量为目标，始终坚持依法治警、从严治警方针。全体官兵始终牢记中国武警部队的性质宗旨和使命，发扬军队的优良传统和作风，坚持把思想政治建设摆在首位，严格管理，严格训练，科学建队，圆满完成以执勤和处置突发事件为中心的各项任务。通过全体官兵的不懈努力，中队安全稳定，管理秩序正规，内外部关系和谐；官兵士气高昂、作风严谨、奉献和进取的意识强；中队全面建设得到全面提高，经受住了重重困难和考验，出色完成上级交给的各项工作任务。

【提高党支部按纲建队水平】 一是扎实学习党委扩大会议精神。武警海丰中队党支部认真组织官兵深入学习了年初和半年党委扩大会议精神，全面总结分析中队2013年建队形势，广泛开展“我为中队建设献一计”活动，充分调动官兵主人翁意识，努力查找中队不足，制定整改措施，理清工作思路，明确了中队2014年建设的方向。二是紧紧围绕基层十种不良风气持续深入开展党的群众路线教育实践活动。中队持续抓好了群众路线教育实践活动，定期组织撰写心得体会，搞好交流研讨。每月结合党日活动党员逐人汇报本月履行承诺情况，以此提高广大党员践行承诺的积极性和主动性，深化了活动效果。6月底，支队工作组到中队检查指导群众路线教育实践活动开展情况并参加中队民主生活会，对中队干部骨干能够坚决整改不良风气、接受群众监督、广泛听取官兵意见建议等一些好的做法予以肯定，并对下步工作提出希望。三是开展学习成武中队活动，在活动中找差距寻不足。为深入贯彻落实上级学习成武中队的要求，中队按照上级通知精神，制作口袋书、黑板报和战士小报营造出氛围，让大家讨论谈心得确实入心入脑，在工作中找差距寻不足，明确下步努力方向。四是团支部和武警委员会助手和参谋作用显著。团支部积极研究青年官兵的特点，扎实做好青年官兵的思想工作，认真组织适合团员青年特点的文体活动，调动了官兵的工作积极性。武警委员会充分保障战士在中队建设中的主人翁地位，积极开展“三大民主”，听取他们的合理化意见和建议，使全体官兵以队为家的思想树立得更加牢固。

【思想政治教育和文化建设】 武警海丰中队扎实抓好思想政治教育和文化建设。一是多措并举持续开展好主题教育活动。通过问卷调查、思想骨干汇报、谈心交流等方式方法，全面细致地掌握了官兵思想现状。按照主题教育实施方案，精心组织开展配合活动，充分发挥了中队网站、黑板板、宣传栏等载体作用，大力营造浓厚的教育氛围。注重课后吸收，引导官兵结合本职岗位说心得、谈体会、讲打算。以上工作的扎实开展为中队继续深入开展主题教育打下良好的基础。二是以务求实效为着力点抓好经常性教育。注重抓好基础理论学习，提高官兵理论素养，做到每个教育开展有计划，有备课，有落实，有检查，特别是认真做好批阅工作，通过笔记批改交流反馈来促进战士思想层次的提高。同时注重把经常性思想工作做到哨位上，确保中心任务的完成。年内，为响应“尊干爱兵、兵兵友爱”活动，武警海丰中队重点抓好尊干爱兵教育，注重运用身边人身边事来教育说理，使官兵在思想上更加容易接受。三是贴近中队实际，丰富警营文化生活。中队按照“紧贴时代、突出特色、聚焦中心、服务官兵”的思路，初步形成以宣传标语、文化石、荣誉室、网络学习室为主体的警营文化环境，不断提升中队建设“软实力”。中队在

2014年举行的“中国梦、强军梦、我的梦”演讲比赛中，荣获三等奖。此外中队还组建了“一队一品”文化队，精心制定文体活动计划，扎实开展诸如“卡拉OK”、三人篮球、电子竞技、文字录入、电子板报等官兵喜闻乐见的文化活动和比赛，通过活动开展不仅丰富了官兵业余文化生活，也锻炼和提升了官兵的能力素质。

【武警思想工作】 2014年，武警海丰中队深入细致做好经常性思想工作。一是着力提高思想骨干的素质能力。注重将思想骨干的培训工作系统化、经常化，通过理论学习，有效提高了思想骨干发现和解决问题的能力，每月召开一次思想骨干汇报会，有效地摸清了中队官兵的现实思想，同时强化了思想骨干的责任心，激发了工作动力。中队密切关注各类人员的思想动态，把注意力放在面临复退同志的思想表现上，以做好思想排查、搞好教育引导、消除各类隐患等方法，有针对性地做好各类工作。二是注重在真心爱兵上下功夫。干部骨干提高认识，统一思想，切实端正根本态度，真情爱兵，消除隔阂，努力争做战士的“知心人”，改变以往谈心“办公室里面对面，我来讲你来听”的方式，注重营造谈心交心的良好氛围，多思考、深分析努力做到在掌握实情上下功夫。班长骨干都有爱兵日记，记录自己每天的带兵心得，时常在一起交流体会，沟通方法，切实提高带兵能力。三是以解决实际困难为突破口。支部“一班人”一致认为，说得好不如做得好，帮助官兵解决实际困难是做好经常性思想工作最根本的一点。四是把握阶段工作重点，着力抓好官兵思想稳定工作。夏季时节中队积极开展“向哨位送清凉”“干部党员哨”等活动，在训练场上常备绿豆汤和西瓜等防暑食品。中队持续开展好尊干爱兵、兵兵友爱教育实践活动。认真组织干部骨干学习总队“十个严禁”，积极开展提高带兵管兵能力，对中队战士坚持多表扬、多鼓励。开展密切内部关系座谈讨论，着力解决官兵关系、兵兵关系问题，使内部关系进一步融洽和谐。

【执勤战备工作】 武警海丰中队扎实抓好执勤战备工作。一是加强支部议勤质量。中队每月结合按纲建队形势分析认真分析执勤安全形势，查找薄弱环节，提出整改意见；根据形势任务的需要，尤其是年内发生的延寿县看守所和广东北江监狱犯人脱逃事件，认真开展执勤战备教育，分析敌社情，使大家牢固树立忧患意识，增强了完成任务的责任感和使命感。二是扎实搞好专勤专训和方案演练。中队每周开展不少于两次专勤专训，每周不少于一次的导调式方案拉动演练，每月组织一次营区遭袭击、防汛防火等科目的演练，尤其是以总队执勤正规化等级评定和支队执勤能力考核为契机，中队下大力抓好执勤训练，切实提高官兵执勤和应急处置能力，确保目标安全。三是完善执勤奖惩机制。对在执勤工作中表现突出的个人，在入党、考学、评选优秀士兵和改选士官等方面优先考虑；在执勤中有违纪被通报批评的，实行一票否决制，有效解决了一些执勤“常见病”“多发病”的产生。四是加大查勤力度。中队每周制定查铺查哨计划，突出两个12时后和节假日、休息日等时段查勤，夜间查哨必查铺，而且杜绝了以前查哨规律性的问题。五是扎实开展“三哨”活动。中队积极组织官兵开展“我为执勤安全献计策”等讨论活动，鼓励官兵积极踊跃发言。中队积极采纳官兵合理化建议，在哨位加装了“射击应急窗口”，并组织哨兵在哨位上实地操作训练，加强执勤设施战斗力的转化生成。中队在支队统一下，修订和完善了“一哨三案”，同时向中队官兵传达学习，确保人人熟悉。结合中队实际，积极研究夜间的情况处置办法，并在支队的统一安排下，合理使用防打瞌睡器材等工具，进一步提高执勤能力。六是执勤隐患排查活动成效明显。中队积极协调县公安局将岗楼哨探照灯进行了更换，至年末，开启情况灵敏，拆除了一道影响哨兵视线的丁字墙，维修了高压电网打击报警装置，并由哨兵直接控制，确保了正常使用，提高了执勤安全系数。

【军事训练】 2014年，中队创新施训，加强研究，提升官兵军事素质。一是按纲施训，强化领导，保证训练“四落实”。大抓基础性训练，训练中着眼“练为战”的目的，侧重对薄弱科目的训练和难题课目的攻关，做到不偏训、不漏训，不降低标准，不减少时间，确保训练质量。中队确定了各个哨位的小教员，按照哨位教案积极备课施教，提高执勤训练水平。二是严格操场纪律，维护训练秩序。训练中，坚持练动作、练作风与练思想有机地结合起来，严抠细训，精益求精，从严格训练场纪律入手，培养官兵令行禁止、雷厉风行的战斗作风，保证了训练的顺利实施。三是科学组训，注重调动官兵训练积极性。组训中，遵照“先易后难、先简单后复杂，先分解后连贯”的原则，科学组训，合理安排训练内容。在专勤专训和摔擒训练中，班长骨干充分发挥带头作用，不厌其烦地为大家作示范，给同志们做出榜样。训练中大家既当训练员，又当小教员，开动脑筋，集思广益，动作学得快、要领掌握得牢。四是抓好训练中安全措施，保证训练安全无事故。训练中，贯穿“安全第一”的思想，扎实做好训练中的安全防事故工作，做到保障措施不到位不训练，身体活动不充分不训练，器械检查不合格不训练，严密组织，科学组训，保证了中队训练工作的正常开展。

【从严治警管理】 2014年，武警海丰中队严格贯彻从严治警要求，抓好管理工作落实。一是抓好条令法规的学习贯彻。从4月条令学习月起，每月组织一次条令考核，公布成绩，奖励先进。中队以支队组织的依法从严治警知识竞赛为契机，督促官兵熟练掌握应知应会的有关内容，并把条令法规贯穿到日常的工作学习生活中。中队在支队组织的竞赛中荣获第一名的好成绩。二是从严从细抓养成。严格落实条令规定，将条令条例细化，制定了中队精细化管理细则，从战士穿衣戴帽、警容警姿、各班整理内务等基础抓起，大到部队教育训练秩序，小到杯子的放置，都有明确的规定。工作中，责任明确的细，逐级检查的细，对发现的问题明确到个人，及时整改。在事事有标准、人人有责任、项项有检查的基础上，官兵标准意识明显增强。三是突出抓好安全预防工作。中队把安全工作着眼点放在预防上，将池塘加装围栏，进行了防雷检测，严格食品留验制度等等一系列措施确保了部队安全稳定。扎实开展“三无”倒计时、“三小”等安全预防活动，尤其是在重大节日放假、敏感时期，中队都及时组织官兵进行自查，并对有关安全隐患进行查摆和整改。中队坚持把安全工作想在前，把安全隐患解决在前，用扎实全面，细致入微的工作高标准做好安全预防工作。

【后勤保障工作】 2014年，中队扎实提高后勤保障能力。一是抓好伙食精细化保障制度落实。中队为增强伙食调节的合理性，每周征求一次官兵对伙食的意见，并着力抓好整改工作。对餐厅伙房的卫生加强管理，中队每日进行检查，保证不留死角，干净卫生，以工作的经常性保证质量落实有保证。二是搞好“菜篮子”建设。年初，中队制定详细的蔬菜种植规划，共种植蔬菜10余种，极大地丰富了官兵的菜篮子。做好了计划种植工作，切实保障官兵吃得好、吃的健康。三是严格按照制度控制经费开支。在财务管理上中队支部一班人思想高度一致，任何事情、任何理由在制度原则面前必须让步。为更好地落实好各项财务制度，严格财经纪律，党支部每月对大项经费开支有研究有审议，杜绝了开支的随意性和不合理性。中队经济民主组在武警委员会领导下定期对财务开支情况进行检查监督，同时对上月账目进行审查，有效确保了经费开支科学合理。四是积极完善“四配套”设施。由于中队建立较早，营产营具老化严重，在支队首长的协调帮助下，积极征求地方支持，以协调经费对中队营房重新装修，对床、衣橱、桌椅进行更换，为使官兵饮食更加卫生健康中队更换了厨房消毒柜和副食库冰柜，中队四项设施建设进一步完善。五是认真做好夏防和冬季取暖工作。夏季，中队及时为官兵发放清凉油、花露水、防暑降温药品，落实了哨位“六个一”，实现了人防与物防的结合，安全系数得到提高。进入11月，中队以早检查、早维修、早使用为前提，对哨位电暖系统进行了检修，确保正常使用。六是加强武器管理，确保枪弹安全。重点对武器库的各项制度落实，严格指纹锁的管理使用，定期组织武器擦拭保养、检修报警设施，确保枪弹安全、性能良好。

【武警部队履行职责】 2014年，武警海丰中队坚持“一切工作向战斗力聚焦”，紧紧扭住“中心”任务抓执勤、抓训练、抓战备，不断提高官兵“能打仗、打胜仗”能力。严密组织固定勤务，认真抓好军事训练，落实好战备工作。“两官”队伍素质和部队遂行任务能力不断提升。强力推进“四防一体化”建设，协调目标单位治理执勤隐患2处，固定勤务连续18年安全无事故。中队担负海丰县看守所武装押解任务12起，转移犯罪嫌疑人408人；中队协助海丰县看守所联合清监5起，查获羁押时期吸毒人员18人；全年出动兵力189 人次，出色地完成武装押解任务。3月11日，海丰县中队受海丰县委县政府邀请，派出5名官兵参加海丰县委、县政府组织的党的群众路线主题教育实践活动党旗护卫任务；4月4日上午，按照海丰县委、县政府指示，中队出动13名官兵担负海丰县2014年清明祭奠革命先烈大会礼宾、献花圈及安全保卫任务；9月30日上午，根据县委、县政府通知要求，中队出动16名官兵圆满完成烈士纪念日公祭礼宾及安全保卫任务；全年海丰县清明祭奠革命先烈大会安保、烈士纪念日公祭安保等临时性勤务25起，得到驻地党委政府和人民群众的高度赞扬。年内，中队官兵1人荣立三等功，1人荣获广东总队大练基本功比武第九名，1人荣获广东总队军事创纪录快速精度射击科目个人单项第三名，6人荣获优秀士兵，5人得到上级嘉奖，8人受到海丰县公安局嘉奖。

【“双拥”工作】 2014年，中队充分利用驻地的红色资源积极开展形式多样、内容丰富的“双拥共建”活动、密切警政警民关系，赢得地方党委、政府和人民群众的信赖。结合学雷锋、“五四”团日等活动，组织官兵走进红宫红场、社区、养老院，积极开展爱民助民活动。加强请示汇报工作，中队主官经常向县委、县政府和公安局主要领导汇报工作情况，反应困难，理顺关系，增进感情，赢得支持。每逢重大节日，县委、县政府和公安局主要领导都能深入中队看望慰问官兵、警政警民关系和谐融洽。

（陈立文）

附：2014年武警海丰县中队领导名录

中队长： 李鲁鲁

政治指导员：缪文豪

人民防空

【概况】 2014年，海丰县人防工作坚持以科学发展观为统揽，认真贯彻《中华人民共和国人民防空法》以及《中共中央、国务院、中央军委关于加强人民防空工作的决定》，紧紧围绕建设“三个人防”，提高九种能力的工作要求，以转变作风，提高行政效能为突破口，积极主动开展人民防空的各项工作，取得明显成效。

【人防“结建”工作】 2014年，海丰县人防办克服重重阻力，严格依法办事、依法管理，做到应建尽建、应缴尽缴、以缴促建。经常与有关职能部门加强沟通，促使其履行各自职责。通过加强配合协调，特别是县人防办和县建设局对人防工程严格把关，开展联合执法检查，严肃查处漏报、少报等违规现象。全年共落实办理人防报建176宗，其中清理少报多建24宗，收取易地建设费约518万元，已经受理12宗结建防空地下室的项目，防空地下室面积约46000平方米。同时，根据省、市人防办《关于开展人防工程挂牌管理工作的通知》精神，积极做好相关工作，对已竣工验收的人防地下室落实挂牌，对在建的工程做出落实挂牌的计划和采取相应措施，进一步加强人防工程的管理工作。

【防空警报试鸣】 防空警报设施是战时发放防空警报信号，组织指挥城市人民防空的基本手段。根据中共中央、国务院、中央军委《关于加强人民防空工作的决定》（中发〔2001〕9号）、广州军区、省、市人防办关于组织防空警报试鸣的指示精神，海丰县城于2014年11月25号举行警报试鸣。海丰县城规划区内规划防空警报设置点31个，装备完善中心统控系统，具有广播、电视插播防空警报信号的自动统控网络，使县城中心区警报音响覆盖率和报知率均达100 %。通过试鸣，使广大市民了解、熟悉防空警报信号规定，增强国防观念和忧患意识，促进人防战备工作的落实。

【人防专业队伍训练】 根据县人防工作会议的部署，本着专业对口、平战结合、保障重点、便于执行任务的要求，县人防办着手组建县级平时人防专业队伍，战时按有关规定扩充。根据国家关于组建人防专业队伍有关文件，海丰县组建7种人防专业队伍，一是由县住建局、供电局组建抢险抢修专业大队共60人；二是由县卫生局组建医疗救护专业大队共56人；三是由县消防大队组建消防专业大队共20人；四是由县公安局组建治安专业大队共18人；五是由卫生局、环保局组建防化防疫专业大队共39人；六是由电信局组建通信专业大队共35人；七是由交通局、汽运总公司组建交通运输专业大队，落实客车100辆。

（张增祥）

附：2014年海丰县人民防空办公室领导名录

主　任：刘安基

副主任：施美华（女）

经 济

农 业

综 述

【农业发展概况】 2014年，海丰县认真贯彻落实中央、省、市农业农村工作会议和中央1号文件精神，深入开展党的群众路线教育实践活动，紧紧围绕县委"打好四大会战，推进六大工程"的工作部署，深化农业农村改革，大力统筹城乡发展，全面落实各项支农惠农政策，以放活土地经营权、发展适度规模经营、培育新型农村经营主体、推进农业产业化为重点，推动农业生产稳步发展、农民收入大幅提高、农村经济持续向好，大大激发了县域农业农村发展活力，为全县经济持续、健康、快速发展提供了基础支撑。全年累计完成农业总产值57.1亿元，比上年增长4.1%。其中种植业产值28.4亿元，比增4.1%；林业产值1.6亿元，比增8.1%；牧业产值6.3亿元，比增0.3%；渔业产值16.4亿元，比增4.2%；农林牧渔服务业产值4.4亿元，增长8.7%。

【机构人员】 海丰县农业局是分管与协调全县农业、农村和农民工作的工作部门。县农业局内设人秘股、政策法规信息股、计划财务股、农村经济体制与经营管理股（加挂县农民负担监督管理办公室、农村承包合同管理办公室两块牌子）、科技教育股、种植业管理股、植保股（挂农作物病虫测报站、植物检疫检查产牌子）、农村经济管理办公室等8个股室。年内，县农业局直属事业单位21个：海丰县水果生产办公室（副科级）、海丰县农业科学研究所（副科级）、海丰县农产品质量安全监督检测站（参照公务员法管理）、海丰县种子站、海丰县农业技术推广站及海城镇、附城镇、城东镇、公平镇、黄羌镇、平东镇、可塘镇、赤坑镇、大湖镇、陶河镇、联安镇、梅陇镇、鲘门镇、小漠镇、鹅埠镇、赤石镇16个农业技术推广站（正股级）。根据中共海丰县委、县人民政府《印发〈海丰县事业单位分类改革实施方案〉的通知》（海委〔2011〕52号）的精神，以上事业单位确定为公益一类，其经费均按财政补助一类拨付。2014年年末，海丰县农业局实际人数136人，其中行政在职干部28人、事业在职干部32人、机关后勤服务人员13人、事业后勤服务人员54人。

【农村管理体制改革】 2014年，全县突出重点，深化农村综合改革。一是稳妥推进土地流转。在稳定家庭承包关系的基础上，坚持以推进农村土地流转为突破口，对农村土地制度改革进行了积极的探索和实践，以平东为代表的7个农业大镇（场）通过健全机制，强化服务，土地流转规模不断扩大，农业的规模化、集约化和专业化生产水平不断提高，实现了土地、资金、技术、劳动力等生产要素的合理流动和资源的优化配置，对推进现代农业发展起到积极作用。至年末，全县农村家庭承包经营的耕地流转面积3266.67公顷，占家庭承包经营总面积的15.1%，流转方式以出租、转包为主，

2014年5月22日，县农业局局长陈容生陪同省植保植检站、市农业局领导专家在梅陇农场检查水稻病虫为害情况

其中出租方式流转的2066.67公顷，转包方式流转的600公顷，两者约占已流转土地面积的89%；流转去向以农业企业、农民专业合作社、种植大户为主，其中：流转到农业企业的面积933公顷，流转到专业合作社的面积1000公顷，流转到农户的面积1000公顷。二是逐步规范农村“三资”管理。在推进村账镇代理、规范农村财务管理、村务财务公开、农村集体“三资”清理工作的基础上，根据《关于全面推进农村集体资产资源交易平台建设的意见》，全面部署了农村集体资产资源交易平台建设工作，确定海城、可塘、公平、梅陇、附城、城东6个镇作为农村集体资产资源交易平台建设试点示范镇，6个镇交易平台的办公地点、设备配套等工作已在2014年年底完成，投入使用并运作。三是推进“一事一议”农业公益事业建设。完成2013年度116个“一事一议”建设项目的报账工作，落实财政奖补资金441万元；完成2014年度农村公益事业“一事一议”奖补项目104个，落实财政奖补资金469万元；完成2015年度村级“一事一议”建设项目的申报工作，并配合汕尾市审计局对2012以来已奖补项目资金到位使用情况进行了审计。

【农业产业化经营】 海丰县把推进农业产业化经营作为建设社会主义新农村，发展农村经济的突破口来抓，创新工作思路，以工业化理念推动农业产业化发展。2014年，全县新增县级以上农业龙头企业9家，累计达54家，其中新增省级重点农业龙头企业4家，超计划数3家。截至12月底，新增农民专业合作社75家，完成全年计划的100%，累计达463家，其中县级示范社42家、市级示范社17家、省级示范社15家、国家级示范社2家。至年末，全县累计拥有各类农业产业化组织1242个，农业产业化龙头实现年销售收入24.4亿元，辐射带动农户3.1万户，农户参与产业化经营年户均增收3000多元，保障供给、带农就业增收效果持续显现，为稳增长、惠民生发挥了重要作用。

【新农村建设】 2014年，在完成第一批名镇名村示范村创建任务的基础上，围绕建设美丽乡村、幸福村居的目标，因村而异，明确创建思路，采取有效措施，深入推进第二批2个名村、5个示范村的创建工作。至年末，累计投入各类建设资金2738万元，完成建设项目36个。海城镇莲花山村、梅陇镇梅联村申报省级名村已通过市级核定。

（黄保欣）

种植业

【概况】 2014年，海丰县种植业全力稳定粮食生产，着力改善农业生产条件，落实惠农政策，突出抓好农业招商引资，强化农业科技推广服务，为全年农业生产夺得大丰收奠定扎实基础，全年农作物播种面积达到5.76万公顷。

【粮食生产】 海丰县落实基本农田保护责任制和“米袋子”工作责任制，稳步发展粮食生产。2014年全县粮食作物播种面积3.46万公顷，单产352千克，

2014年6月14日，省农科院高级农艺师陈国荣带领农科院专家组观察梅陇农场燕洲管区水稻创建试验点水稻生长情况，并就成熟期田间管理及注意事项等相关问题进行了现场指导

2014年6月19日，县农业局在海城镇举办水稻高产技术培训班

2014年7月3日，县学业局举办土壤有机质补贴项目（秸秆还田腐熟技术）培训班，引导农户合理规范处理水稻秸秆，节约肥料投入，增加经济效益

总产18.28万吨，分别同比增加2.73公顷、57千克、2.99万吨，粮食播种面积和总产量分别完成市下达的考评指标3.41万公顷和16.8万吨的102%和113.9%。在粮食作物中，水稻面积3.02万公顷，单产360千克，总产16.32万吨，面积比2013年减少139公顷、单产、总产分别增加68千克、3.03万吨。一是认真落实种粮补贴政策。2014年继续落实对从事种植水稻的种粮农户进行补贴。补贴内容包括农资综合直补、种粮直补、中央良种补贴三项，补贴标准早、晚造均为1455元/公顷、全年2910元/公顷。截至11月，已完成全年种粮补贴面积2.93万公顷的申报工作，涉及农户约6万户，财政补贴资金约4300万元。二是扎实开展粮食高产创建活动。县农业局在梅陇镇联平片和梅东片建立早稻“万亩示范区”2个，在联平片和梅农燕洲片建立晚稻万亩示范区2个，早晚造示范推广面积共2666.7公顷，涉及总农户数3615户，其中核心区“百亩示范片”4个。经省、市专家组根据整建制推进验收方法实地实割验收，早稻亩产达565千克，晚稻亩产达580.68千克，顺利完成创建的目标任务。三是继续推行水稻种植政策性保险。全力加大宣传组织力度，动员水稻种植户参加政策性水稻保险，全县当年参加保险范围扩大至8个镇，投保数为2358.18公顷，涉及农户7235户。

【蔬菜生产】 2014年，全县蔬菜为主的园艺作物面积略有减少，但产出水平有所提高，总产明显增长。据统计，2014年全县蔬菜种植面积1.78万公顷，单产1693千克，总产45.26万吨，面积同比减少624.6公顷，单产、总产分别增加82千克、6638吨。

【水果生产】 2014年，全县水果累计种植面积7857公顷，总产量7.65万吨，面积、总产分别比增374公顷、4417吨。其中，荔枝、龙眼面积4199.7公顷，桃、李、梅面积793公顷，芒果面积208公顷，菠萝面积176公顷，番石榴面积73公顷，西瓜面积653公顷，柑橘面积726公顷，柚面积273公顷，香蕉面积376.3公顷，杂果面积320公顷。

【茶叶生产】 茶叶生产逐渐成为海丰农业经济新的增长点，主产区分布在海城莲花村委、新望村委、南埂村委、莲光村委。2014年，全县茶叶累计种植面积达到750公顷，总产量843.7吨，总产值1.6亿元。茶叶主要品种以黄旦、梅尖（本山）、铁观音为主，其中，黄旦种植面积为116.67公顷，梅尖种植面积506.7公顷，其他品种还有凤凰、金观音等。

【农田基本建设】 一是加快实施2012年度高标准基本农田建设项目。2012年度高标准基本农田建设项目5宗省级总投资4500万元，分别是：梅陇镇高标准基本农田建设项目，省级投资1800万元，建设规模800公顷；梅陇农场高标准基本农田建设项目，省级投资1395万元，建设规模620公顷；城东镇高标准基本农田建设项目，省级投资517.5万元，建设规模230公顷；黄羌镇高标准基本农田建设项目，省级投资450万元，建设规模200公顷；大湖镇高标准基本农田建设项目，省级投资337.5万元，建设规模150公顷。县委、县政府高度重视该项目建设，多次督促项目实施工作，至2014年6月，上述5宗项目建设已全部竣工，并通过县、市、省三级验收检查。二是全力推进2013年度高标准基本农田建设项目。2013年度标准农田建设项目共计3宗，省级总投资3705万元，分别是：赤坑镇高标准基本农田建设项目，省级投资951.6万元，建设规模422.95公顷；城东镇高标准基本农田建设项目，省级投资1201.65万元，建设规模534.11公顷；黄羌镇高标准基本农田建设项目，省级投资1551.75万元，建设规模690.32公顷。上述3宗项目于11月3日开始陆续开工建设。三是实施农田水利基本建设项目。深入推进基本农田专项整治，2014年实施省级项目4个，总投资139万元。

2014年8月27日，省农业厅土肥站副站长张育灿（左三）一行深入海丰县检查验收地力提升项目工作

【农业科技推广】 一是全面推广测土配方施肥技术。按照农业部和财政部、省农业厅和省财政厅项目实施方案和《测土配方施肥技术规范》的要求，认真开展原点周期性野外调查、采样取土任务500个，在城东镇安东村、城东镇后林村及联安镇友爱村3个村开展水稻肥料利用率田间验证试验及指标体系验证试验各3个、在城东镇安东村委开展水稻镁肥试验1个。2014年培训技术人员94人次、农民技术人员2.1万人次，发放施肥通知单1.6万份，覆盖240个行政村，为全县8.5万农户提供测土配方施肥技术服务，推广测土配方施肥技术5.2万公顷次以上，亩均增产

63.7千克，增幅4.6%，亩均减少不合理化肥施用量7.7千克，亩均节本增效122.2元。二是推广农业新良品种。严格执行《广东省第三批农作物品种退出公示》，将培杂山青、优优122、优优128、胜泰1号、华粳籼74、丰八占一等76个不再适宜区域种植的水稻品种退出市场，不再推广；引进推广五广占、五优308、天优368等杂优稻新品种8个，继续推广玉香油占、桂农占、丰华占、黄华占、黄丝占、粤晶丝苗、五山丝苗、黄秀占、新黄占等常规水稻品种；在附城圆山等地开展品种试验，对广8优2168、天优华占、泰丰优128、深优9516等品种进行表证，并与广东省金稻种业有限公司合作建立品种推广平台，品试了杂交稻泰丰优55、广8优169、广8优165，常规稻黄秀占和新黄占等品种，为2015年用种提供了科学依据。三是加快科技进村入户。实施2014年农业技术推广体系改革与建设项目，建立5个农业科技试验示范基地，确定主导产业4个、主导品种13个、主推技术9个，并在2013年示范户的基础上，对全县630个科技示范户进行了考核和调整，完成农技人员培训8期，科技示范户集中培训2期，召开观摩会4次，培训示范户1350多人次，培训农民270多人次，每名技术指导员对示范户的培训指导次数已平均达6—8次，主推技术到位率达95%以上，示范户辐射带动10个农户，辐射带动农户对主导品种和主推技术的掌握程度均在85%以上，示范户在实现自我增收的同时，也帮助辐射户实现了增产增收。四是加强植保工作。严格履行职责，切实加强病虫监测预警、重大病虫应急防治、植物检疫防疫、农药安全保障，及时、准确预报重大病虫害的发生动态，指导重大病虫、疫病防治。据统计，全年农作物病虫草鼠发生面积23.79万公顷次，为做好综合防治，农业局共印发《农作物病虫情报》7期2100 份，播出农作物重大病虫防治电视预报2期，广播预报7期，指导病虫害综合防治31.99万公顷次，比上一年增加1.02%，挽回粮食损失6.74万吨。

【农业品牌建设】 2014年，组织农业企业、专业合作社等生产的优质农产品申报无公害农产品、有机产品，提升产品价值。全年新增“三品一标一名牌”16个，完成计划数的160%。其中有2个农产品通过有机认证，累计4个；9个农产品通过无公害产品和产地认证，累计32个；4个产品新获省级名牌（农业类）称号，累计8个。年内，积极开展农业对外交流，参加在山东青岛召开的中国第十二届国际农产品交易会和在广州琶洲展馆召开的第五届广东现代农业博览会，努力帮助农业企业拓宽产品销路，扩大企业知名度，在国家第十二届农交会上，海丰县参展的皇斋虎噉金针菜再次荣获“金奖产品”称号。推选有记茶业、莲苑种植有限公司等四家农业企业参加第五届广东现代农业博览会，企业展会直接销售收入10万元，订销售意向协议15个，意向销售额350万元。

【农产品安全质量监管】 一是强化农业投入品监管。2014年印发各类宣传资料5000多份，出动农业行政执法人员260人次，依法检查农药销售门店90多家，农产品市场12家，初级农产品蔬菜生产基地6个，抽取农药质量样品60个，立案查处各类农资违法违规案件11宗，查获各类假冒伪劣农资产品0.52吨，涉案农资产品货值1.6万元，处以罚款2.3万元，为农民群众挽回经济损失3.1万元，从源头上把好农产品质量关口。二是加强农产品质量产地监管。2014年，检测蔬菜样品数共1974个，同比增加56个，其中：合格样品1962个，不合格样品12个，合格率99.4%，比2013年提高了0.05个百分点。配合省、市两级农产品检验检测中心随机抽检2次，抽取海丰县蔬菜等样品2批次共82个，合格率达到上级要求。三是开展重金属残留检测。自2014年2月起，按照省厅给定检测点要求，在全县范围内先后完成708个GPS定点的重金属残留土壤样品取样，完成2124份样品前处理工作，并

2014年10月14日，农业局联合长威专业合作社在梅陇镇联平村举办水稻病虫害防治观摩会，指导农户做好水稻后期病虫害防治工作，图为病虫防治现场

2014年7月8日，县农业局农技人员在梅陇水稻生产基地现场察看水稻生产情况

按时上报省农业厅，为以后重金属污染图谱绘制和治理打下基础。

【农业园区建设】 海丰县在完善建设原有水稻、果蔬等传统生产基地的同时，着力抓好现代农业园区和特色农业基地建设。大力开展农业招商引资工作，先后引进中国民营企业500强排名第17位的浙江海亮集团、广州三禾公司、协兴农业有限公司、香港合利农业发展公司等农业龙头企业，总投资逾40亿元，建设平东镇双墩生态农业基地、平东镇大塘农业硅谷、城东镇北平无公害蔬菜基地、附城镇圆山无公害蔬菜基地。当年，全县累计拥有10个省级标准化生产园区、农业现代园区，特别是2012年获得认定的“省级现代化农业园区”陆港生态种养基地，已逐步成为集“产、学、研”一体化的现代农业示范园区。年内，还有陆港蔬菜基地、新学士水果基地、公平青湖种养基地、中荣蔬菜基地、图美种养等12个农业生产基地被省认定为省级菜篮子工程基地，黄羌虎嗽村被农业部认定为第四批全国一村一品示范村，凸现明显的产业区域集群优势。

（黄保欣）

附：2014年海丰县农业局领导名录

局　长：陈容生
副局长：吴忠生　许宝城（任至5月）
　　　　周春羽（5月起任）
　　　　赵丽娟（女）

林　业

【概况】 2014年，海丰县林业全力推进新一轮绿化大行动，坚决打好“荒山绿化大会战”，全面加强森林资源保护管理和林业发展保障工作，现代林业和生态文明建设不断取得新成效，为海丰县振兴发展做出积极贡献。至年底，全县林业用地面积9.86万公顷，占国土面积的57.37%；森林覆盖率57%；蓄积量240.12万立方米。在2014年度全省森林资源保护和发展目标责任制考核中，取得良好等次，综合得分居全市第一名。

【机构人员】 海丰县林业局是县政府组成部门（正科级建制），主管全县林业工作。县林业局内设人秘股、营林股、林政股、财会股、调处股5个正股级内设机构，机关行政编制18人，其中局长1人、副局长3人，正副股级领导职数7人，后勤服务人员2人。属下副科级行政单位1个，政法专项编制16人；属下副科级事业单位1个，事业编制6人；属下正股级事业单位19个，事业编制80人。下辖县林科所、县林业圆墩管理处、县木材公司等3个独立核算副科级事业单位。至年末，全县林业系统共有干部职工376人，其中在职人员232人，离退休人员144人。

【绿化工程】 2014年，海丰县实施绿化工程建设项目6个。一是实施乡村绿化美化示范点建设项目。投入资金305.06万元，建设乡村绿化美化省级示范点10个、县级示范点53个。10个省级示范点分别是：赤石镇大坑村、鹅埠镇庭寮背村、小漠镇南君寮村、梅陇镇孔子门村、附城镇新村、联安镇望斗坑村、海城镇温厝村、公平镇白水湖村、黄羌镇乌坭塘村和黄羌林场下塘埔村；53个县级示范点分别是：赤石镇金石寨村、新厝林村，鹅埠镇蛟湖村、下城村、田寮村、布心村，小漠镇元宵围村、叶舟山村、鲘门镇桥梓头村、新径村、朝面山村，梅陇镇上墩美村、水踏村、上帽村、下帽村、九径村，联安镇围寮村、后寮村、坐头村，附城镇下围村、峰山村、和平村，城东镇台东村、梓里村，海城镇长一村、下洋坝村，陶河镇楼下村、桐埔村、下吊桥村、新沟村、高湖村，赤坑镇石望村、尊瑶村、茅铺村、赤花村，大湖镇山脚村、石牌村，可塘镇长桥村、城格山村、金竹围村，龙眼树下村、围雅村、下洞村，平东镇坑口新村、连塘尾村、新东村、上楼村、日中圩村，黄羌镇甲水面村、石山村、热隆村，梅陇农场河浦村，黄羌林场立新村。通过实施“乡村绿化美化示范点”建设，带动了全县村庄绿化工作的深入开展，促进了社会主义新农村建设。二是实施森林公园绿化建设。投入资金203万元，在大云岭森林公园间种珍贵景观树木1.8万株，补植抚育原有景观林带4.2千米，营造生物防火林带8.2千米。投入资金254.71万元，新建海丰县圆墩三角山县级森林公园和黄羌镇龙潭、梅陇镇半岭庵、鹅埠镇潭公爷山3个镇级森林公园，建设面积34公顷，绿化长度3370千米。三是实施海丰县2014年大湖、联安绿化工程。投入资金49.14万元，完成大湖镇公路绿化15千米，联安镇荒山造林7.66公顷。四是实施海丰县海丽大道景观绿化工程。投入资金196.92万元，完成道路绿化长度4.22千米。五是实施海丰县北环公路景观绿化工程。投入资金128.47万元，完成道路绿化长度3.83千米。六是实施海丰县县城西苑、西三环花坛绿化工程。投入资金48.14万元，完成绿化面积7246平方米。

【生态工程】 2014年，海丰县实施林业重点生态工程建设项目6个。一是海丰县防护林工程2013年中央预算内投资项目。投入资金1476.86万元，其中直接投资1384.22万元（含林权者投工投劳158.4万元），间接投资92.64万元，完成人工造林1200公顷，封山育林2213.33公顷。二是海丰县2013年森林抚育补贴试点项目。投入资金310.8万元，完成森林抚育面积2000公顷。三是海丰县2013年3号生态景观林带补植抚育工程项目。投入资金232.66万元，完成生态景观林带补植抚育长度49.15千米。四是海丰县2013年中央财政造林补贴试点项目。投入资金200万元，完成人工造林866.66公顷，人工更新造林133.33公顷。五是广东省森林碳汇重点生态工程海丰县2014年造林项目。投入资金1326.81万元，完成森林碳汇造林1666.66公顷。六是海丰县2014年森林补种补植绿化工程项目。投入资金307.35万元，完成补种补植面积846.66公顷。

【义务植树】 海丰县认真贯彻实施《广东省全民义务植树条例》，3月12日，县委、县政府组织县直机关干部职工在县城九都山开展植树活动之后，5月6日，县四套班子主要领导又带领县直机关和梅陇镇、联安镇党员干部在梅陇镇深坑岭山和联安镇田寮山两个绿化示范点开展“植林爱林护林”集中义务植树活动，再次在全县掀起了全民义务植树的高潮。2014年共计52.3万人次通过各种形式参与义务植树，植树110万株。

【自然保护区】 2014年，加强自然保护区建设管理和国际重要湿地保护工作，依法保护野生动植物和湿地资源。联合广东省鸟类自然保护区开展多场次的执法检查行动，拆除捕鸟网具100多张，解救放生蟒蛇5条，解救放生野生鸟类200多只，其中国家二级重点保护鸟类6只，促进了生态平衡。申报海丰县国际重要湿地2014年湿地生态效益补偿试点项目，申请中央财政湿地保护补助资金2000万元，补助资金主要用于补贴湿地分布区域范围内的群众，不断增强当地群众爱鸟、护鸟的自觉性和积极性。

【林业改革】 海丰县集体林地面积9.53万公顷，分布在17个镇（场）、195个村委会、956个村民小组。2014年，重点抓了林地承包经营合同的规范完善和林地所有权证、使用权证、股权证的规范发放等工作，进一步巩固了林农得实惠、生态得保护、林业得发展的改革成果。2014年，完成编制了《海丰县林下经济发展规划（2013—2020年）》，并报汕尾市林业局审核。

【森林防火】 2014年，县林业局认真贯彻执行《森林防火条例》，按照“预防为主，积极消灭”的方针，切实加强组织领导，落实工作责任，强化工作措施，巩固工作成效。主要做法：一是新组建了一支50人的县级专业森林消防队，并落实经费保障；二是完成新一轮（2014—2016年）护林员聘用工作，全县落实聘用护林员300人；三是县政府下拨专项资金239.2万元，新购置了森林防火水灌车、高压消防车、高压消防车布管、运兵车、工具车、风力灭火器、森林消防专业摩托车、高压消防泵、油锯、修剪机、对讲机等扑火装备一批；四是重新修订出台了《海丰县森林火灾应急预案》和《海丰县森林防火责任追究暂行办法》。2014年，全县发生森林火灾（火警）3宗，过火面积26.3公顷，受害森林面积8公顷，没有超过上级规定的指标，实现全年“无重大森林火灾、无人员伤亡”的工作目标。

【林政管理】 2014年，海丰县加强森林资源林政管理工作。主要做法：一是强化林地保护管理。认真组织实施《海丰县林地保护利用规划（2010—2020年）》，主动服务全县经济社会发展大局，积极配合做好重点项目建设用地上报工作，全年办理征占用林地13宗，面积97.90公顷，上缴省财政森林植被恢复费609.68万元，这些项目分别是：华润海丰电厂“以大压小”新建工程、海丰县可塘镇金钱埔石场、海丰县2013年度第七批次用地、中嘉纸制品、梅陇镇公益性公墓山、潮惠高速公路海丰互通、220千伏海丰站长沙牵引送电线路工程、500千伏海丰电厂至纵江(东纵)送电线路工程、海丰县生态科技城二期、公平镇公益性公墓山、海丰县城莲花大道建设工程、海丰县2014年度第2批次城镇建设用地（深汕特别合作区）项目一期、海丰县平东镇公益性公墓山项目，林地审核率100%，没有出现非法征用林地现象。二是加强森林采伐管理。严格执行森林限额采伐管理制度，全年共审批森林采伐申请30宗，采伐面积822.34公顷，蓄积量5.02万立方米，出材3.58万立方米，征收育林基金72.80万元，没有发生违规审批和超标审批的现象。三是加强林权争议调处工作。认真贯彻执行《海丰县森林林木林地权属争议调解处理实施意见》，加大林权争议调处工作力度，积极配合各镇（场）调处各类林权争议14宗，林权争议调处工作得到不断加强和完善，有效解决了一批关乎人民群众切身利益的突出问题，促进了农村社会的和谐稳定。四是加强木材经营加工企业管理服务工作，定期开展专项检查活动，不断规范经营业主从业行为，促进行业自律。

【行政执法】 海丰县坚持依法治林、依法行政，强化林业行政执法和林业案件查处工作。2014年，根据省、市的统一安排部署，结合海丰实际，先后组织开展了多场次的专项整治行动，严厉打击破坏森林、野生动植物和林地资源违法犯罪行为，集中整治林区治安突出问题。全年共查处各类森林案件35宗，其中林业行政案件30宗，刑事立案5宗，破案5宗，处理违法人员47人，其中刑事拘留15人、行政拘留2人、行政处罚30人，共罚款64万元。

【重点林场】 2014年，海丰县重点林场有圆墩林场、西坑林场2个。

圆墩林场 总面积13平方千米，下辖三个工区和水电站、自来水站两个集体企业，年末有干部职工133人，其中在职人员77人、离退休人员56人，人员经费由县财政差额拨款，经济实行独立核算，自负盈亏。2014年，投入资金7万元，对三角山和蝉翼山14公顷闲置荒山和残次林实施改造绿化；会同县公安局森林分局和圆墩派出所查处盗伐林木案件4宗，维护了林区稳定；通过争取上级资金和自筹的方式，投入资金168万元更换电站机组和输水管道等设施；配合县林业局完成了海丰县圆墩三角山森林公园规划设计工作，公园占地面积约616公顷，符合国家二级公园条件；协助大百汇制药厂、瑞和公司及海崇食品厂西地块征地工作，促进工程项目顺利开工建设。

西坑林场 总面积30.5平方千米，下辖1个居委会和5个村委会，年末总人口约6410人，共有干部职工139人，其中在职人员39人、退休人员100人。生态林总面积454.13公顷，其中，国有生态公益林面积352公顷，集体所有和个体所有生态公益林面积102.13公顷；林木总蓄积约35万立方米，林场固定资产约79万元。2014年，投入资金20多万元对西坑的内外防火线进行修缮；投入资金10多万元改善西坑的饮用水及修理林道。林场干部职工生产生活条件和环境得到持续改善。

（陈伟东）

附：2014年海丰县林业局领导名录

局　长：黎方极

副局长：刘世革　庄伟斌　邱诗光

畜牧业

【概况】 2014年，海丰县畜牧业按照“保增长、调结构、惠民生”的总体要求，坚持以科学发展观为主导，以畜牧业科技进步为动力，以增加畜产品有效供给和农民收入为目标，不断调整养殖业结构，改善养殖生产环境，加强执法监管，强化技术服务，促进了畜牧业生产方式的改变，全面提升了标准化生产水平，使海丰县畜牧业生产得到稳定发展。

【机构人员】 海丰县畜牧兽医局是县人民政府授权进行全县畜牧业进行行业管理的工作机构。畜牧兽医局内设人秘股、畜牧股、兽医股、法规股4个职能股以及海丰县动物卫生监督所、海丰县动物疫病预防控制中心、海丰县畜牧技术推广总站3个直属正股级事业单位；全县16个镇分别设置有畜牧兽医站，均为正股级事业单位。2014年全局共有在职人员40人。其中畜牧兽医局机关公务员16人，事业编制人员24人。16个乡镇畜牧兽医站在职人员107人。

【畜牧业生产】 2014年，海丰县畜牧业生产稳中有忧，上半年养禽业受H7N9疫情的影响生产情况较为低迷，下半年家禽价格反弹有所恢复。养猪业价格全年都较为低迷，亏损较为严重，养牛业生产全年较为稳定。据统计，全年猪存栏24.4万头，出栏45万头；能繁母猪3.57万头；牛存栏1.3万头，牛出栏0.95万头；家禽存栏156万羽，出栏464万羽。全县肉类总产量4.68万吨。2014海丰县申报生猪规模养殖场标准化养殖场建设项目3个，项目总投资204万元，其中中央投资140万元。3个项目分别为海丰县益丰饲养专业合作社（中央资金80万元，企业自筹35万元）；赤坑镇群兴养殖场（中央资金30万元，企业自筹20万元）；可塘镇金发养猪场（中央资金30万元，企业自筹9万元）。项目资金主要用于养殖场的粪污处理设施和猪舍的改扩建以及购置相关设施设备等。年内，海丰县还申报了琪瑛种养专业合作社特色优质畜禽品种保护开发利用建设项目，申请建设资金50万元，用于该合作社新建及改扩建牛舍和引进优质良种公母等。此外，赤坑伟丰家禽饲养专业合作社被省认定为全省重点家禽养殖企业。年内，联合财政部门落实2012年上报的能繁母猪饲养补贴发放工作，原上报能繁母猪数量为3.97万头，经省核查后确定为3.66万头，按100元每头全部发放完毕。在推进生态养殖方面，按县委、县政府的安排，配合相关部门，制定了《关于公平水库库区、莲花山埔仔洞区域、县城北部区域水源地环境污染整治工作方案》，成立了整治工作领导小组和调查处理小组，推进上述区域水源地的全面整治，坚决保护和改善区域生态和水环境质量，保障群众饮水安全。

【重大动物疫病防控】 2014年，县政府成立防制重大动物疫病工作领导小组，由县长陈德忠任组长，副县长余振光、卓凛波任副组长，畜牧兽医局局长罗火贵兼任办公室主任，办公室设在县畜牧兽医局。制定了《海丰县突发动物疫情应急预案》，确保在发生重大动物疫病时，能够及时、迅速、高效、有序地进行应急处理，保护人民身体健康，维护社会安定和确保海丰县畜牧业健康发展。同时制定了《海丰县防控重大动物疫病责任书》和《海丰县动物防疫工作责任书》，明确各镇和有关部门的责任，明确各级政府主要领导为工作责任的第一责任人，并落实责任追究制度。2014年县财政拨付12万元的资金作为全县防控专项资金，根据全县的畜禽饲养量订购了相应的疫(菌)苗共十多种，其中猪牛口蹄疫苗99万毫升，猪高致病性蓝耳病疫苗45万头份，猪瘟疫苗50万头份，高致病性禽流感疫苗345万毫升、鸡瘟Ⅰ系250万头份、鸡瘟Ⅳ系疫苗230万头份。并对全县的家庭散养户实行免费防疫注射，进一步减轻农民负担。同时，把上级补助的资金及时下达，各级防疫资金到位，为有效开展防控工作提供了保障。全县共防疫注射口蹄疫疫苗55.5万多头份，其中猪口蹄疫约53.4万头份、牛口蹄疫约1.68万头份、羊口蹄疫约2382头份；猪瘟注射50.8万头份；高致病性猪蓝耳病注射50.9万头份；鸡瘟注射93.61万只份；禽流感注射750万只次；免疫密度均达100%以上，有效控制了海丰县动物疫情的发生。年内，为防控高致病性禽流感，县畜牧局积极做好禽流感的检测工作，据统计，全年共出动300多人次，共抽检近40个家禽养殖（批发）场，1000多份鸡血清，150多份鸡拭子，700多份鸭血清，150多份鸭拭子，150多份鹅血清，500多份猪血清，送省、市实验室进行检测，结果没发现可疑情况。

【畜产品质量安全管理】 海丰县16个镇已全部实行生猪屠宰检疫，全县共派驻检疫工作人员近百名，严格按照相关法律法规的规定，切实做好生猪产地检疫和屠宰检疫工作。2014年，海丰县的生猪屠宰检疫率、持证率、标识回收率、无害化处理率均达到较高的水平，确保了海丰县动物和动物产品质量安全。据统计，全年生猪屠宰检疫22.25万头，产地检疫数19.27万头、检出病畜数850头，检出病害肉7.45万千克。 年内，海丰县强化了病死动物无害化处理监管工作，强化执法检查，完善无害化处理设施设备，逐步建立起动物无害化处理长效机制。各地严格按照“四不准一处理”和《病害动物和动物产品生物安全处理规程》要求，监督屠宰场或畜主对经检疫或监督检查发现的病死生猪进行无害化处理，严防进入流通环节。同时还加强对全县规模养殖场的监督执法巡查工作，重点检查各规模养殖场养殖备案情况，强制免疫情况，养殖档案、免疫档案建立情况，牲畜耳标佩带情况。全年共办理动物防疫条件合格证18份。 年内，海丰县加大对瘦肉精的监测范围，增加抽查频率，加强对上市销售生猪进行检查，严把养殖环节使用违禁药品关口，确保畜产品的质量安全。动物卫生监督所坚持每月对全县屠宰场、养殖场的猪只进行瘦肉精和莱克多巴胺等检测，共检测样品610份，检测结果全部阴性。

【生猪定点屠宰管理】 根据上级的要求和部署，县政府于2013年年底下发文件，明确将原经促部门承担的生猪定点屠宰监管职责划入县畜牧局管理，同时于2014年5月13日召开了生猪屠宰管理协调会，正式将生猪定点屠宰监管职责从县经促局移交给县畜牧兽医局。2014年，新组建的县生猪屠宰管理行政执法大队有效履行职责。按照县政府授权，县生猪屠宰管理行政执法大队是联合执法工作机构，鉴于生猪屠宰管理工作的特殊性，在日常的生猪屠宰管理工作中，严格按照“联合执法，对口处理”的原则，涉及具体的部门职责，由具体的部门作出行政处罚。针对当前海丰县生猪屠宰和肉食市场管理工作中存在的问题，县生猪管理执法大队坚持正常巡查和重点突查相结合的做法，重点打击私屠滥宰窝点和制售不合格肉品违法行为，严厉打击暴力抗法和阻碍执行公务。至2014年12月底，全县生猪屠宰管理行政执法大队共查获生猪屠宰违法案件268宗，其中立案处理162宗，无主案件106宗；涉案人员170人，其中送公安机关行政拘留7人；没收肉品5956千克，其中作无害化处理2110千克；共处罚没款37.3万元。

【兽药监督管理】 按照上级的要求和部署，2014年重点做好对兽药实行分类管理。印发了《实施〈兽用处方药和非处方药管理办法〉告知书》，要求兽药经营企业按照《兽用处方药和非处方药管理办法》经营，同时举行了培训班，对兽药经营企业相关人员进行《兽用处方药和非处方药管理办法》等相关法律法规知识培训。通过整治和规范兽药经营行动，全县兽药经营市场进一步规范化，兽药及畜产品质量安全水平得到提升，监管效果显著。至年末，全县通过GSP认证的兽药经营企业37家，其中经营生物制品企业4家。全年共出动执法人员累计355人次，检查单位75家兽药经营企业 ，立案查处1家，停业整顿1家，发出整改通知书7家。

（吴书滨　吴丹娜）

附：2014年海丰县畜牧兽医局领导名录

局　长：罗火贵

副局长：余东林　戴群芳（女）

农机管理

【概况】 2014年，海丰县农机化工作认真贯彻落实国家强农惠农政策。推进现代农业强省建设，促进农业增效、农民增收、农村繁荣，充分发挥农机服务“三农”的独特作用。以落实安全生产责任制，提高农机安全监督管理为重点。以源头管理、执法监控、宣传教育为主；强化自身建设、依法行政、文明管理、优质服务为前提，以农民群众满意为标准。总的来说，全县农机化事业稳步快速发展，取得一定成效。至年末，全县农机总动力达37.86万千瓦，农机装备数量稳步增长，拖拉机拥有量达5180台，其中大中型拖拉机258台、联合收割机725台、水稻插秧机107台；全县农作物机耕面积53266.67公顷，其中水稻机耕面积31146.67公顷、水稻机插面积3053.33公顷、水稻机收面积30080公顷。全县农业机械化综合水平达57.9%，已经进入农业机械化的中级阶段；水稻生产耕种收综合机械化水平达71.68%，基本已经实现全程机械化。其中中耕整地机械化水平达96%，育插秧机械化水平达9.14%，收获机械水平达97.1%。

【机构人员】 海丰县农机管理总站内设人秘书股、机务管理股、财会股，下属机构有农机安全监理站、农机化技术推广服务站。2012年8月事业点位分类改革，海丰县管理总站为公益一类事业单位，核定编制13名；属下机构海丰县农机安全监理站，核定编制11名；海丰县农机化技术推广服务站，核定编制4名；全站在职人员25名，其中：总站长1名，副总站长2名，退休人员20名。

【落实强农惠农政策】 2014年，海丰县农机管理总站认真贯彻落实财政部、农业部联合印发的《农业机械购置补贴实施改变办法》和《广东省农业机械购置补贴项目实施方案的通知》文件通知等文件精神，按照建设社会主义新农村的要求，紧围绕农业节本增效、农民增产增收的中心目标，以提高农业技术装备水平、改善装备结构和增强农业综合生产能力为主线，以提高重要农时、重点作物、关键生产环节和粮食生产区域的机械化作业水平为重点，尊重农民购买农机自主权，最大限度发挥财政补贴政策的拉动效应，充分调动和保护农民的积极性，加快发展现代农业，提高农业机械化水平。全年争取中央和省财政农业机械购置补贴资金共350万元，预计拉动农民直接投资近1600万元。共补贴动力机械、耕整地机械、排灌机械、收获机械、收获后处理机械、田间管理机械、种植施肥机械、畜牧水产养殖机械等8大类21种1368台农机具，171户收益农民遍及全县所有乡镇。在购机补贴中按照购机补贴公平、公正、公开、透明的实施原则，一是积极做好宣传工作，让农民充分了解农机购置补贴政、补贴资金计划指标、补贴机具种类和补贴额；二是做好接待受理工作，使申请者真正感受到党和政府对农民的关心，对农业的高度重视，对现代农业建设的支持；三是做好筛选和审查工作，保证补贴资金的最大效用；四是明确工作程序，提高工作效率，保证补贴工作顺利进行；五是加强管理和售后服务，让农机户买得安心，用得放心。

【推广先进农机技术】 县农机总站以水稻生产机械化示范项目为建设平台，重点突破水稻生产全程机械化薄弱这一环节，进一步加大机械化育插秧技术的宣传示范推广力度，对农民申请购置水稻插秧机和育秧盘实施优先补贴，同时加强农机与农艺的结合，强化技术培训，积极探索适合海丰县推广育插秧机械化的经营模式，不断提高全县水稻生产全程机械化水平。积极推进基层农机技术推广体系改革与建设实施工作，使基层农机推广工作步入正轨，实行规范化管理，更好的发挥农机化新技术的示范推广。2014年3月，农机总站联合县农业局，在梅陇沃山村举办了一场大型的春季水稻大棚播种现场演示会，现场搭建大棚，水稻播种流水线现场演示，反应热烈，效果良好。并结合演示会举办一期培训班，对全县农机、农业部门有关人员、农机专业合作社负责人、种粮大户等80多人进行育插秧机械化技术的培训。7月，在梅陇农村大塭村举办一场水稻插秧机机械化现场演示，并结合演示会举办一期培训班，对包括10名指导员、各乡镇基层农技技术人员和100名科技示范户进行了技术培训。培训期间，技术指导员与示范户共同参与，轮番上阵，打成一片，现场进行插秧机实际操作驾驶。通过这些培训，使广大农民朋友进一步加深了对水稻机械化技术的了解和掌握，拉动了海丰县在水稻生产机械化进程中的薄弱环节的发展。

【加强农机安全监管】 2014年，县农机管理总站认真贯彻落实《中华人民共和国道路交通安全法》、国务院《农业机械安全监督管理条例》和《广东省农业机械管理条例》等法律法规，根据省市农业局、公安局印发的关于2013年拖拉机道路安全联合专项整治行动方案的要求，按照相关法律法规的规定，结合海丰当前道路交通安全形势实际情况，积极地开展拖拉机道路交通安全联合专项整治工作，防止重特大农机事故的发生，确保全县农机安全生产形势呈现良好局面。全年累计办理拖拉机、收割机注册登记114台，检查各类农业机械60台次，农机操作手与农机驾驶员28人，签订农机安全生产责任书150份，出动执法检查人员25人次，参加县组织安全生产检查2次。通过联合展开道路交通安全联合专项整治活动，促进了全县农业机械安全监督管理机构和其他部门的协同合作、齐抓共管，增强拖拉机驾驶人道路行驶安全和遵章守法意识，有效预防和减少拖拉机道路交通安全的发生，切实维护广大人民群众生命财产安全。

【农机培训和农机服务】 2014年，农机培训部门为提高农民对机插秧技术的认识，加快该技术的普及应用，组织举办插秧机操作手培训班，邀请插秧机生产企业、经销商技术人员进行理论和操作技术培训。全年共举办水稻育插秧培训班2期，培训农民182人次；组织乡镇农机技术人员培训班1期，培训97人次。

（陈小真）

附：2014年海丰县农机管理总站领导名录

总站长：洪照荣

副站长：吴小川　陈小龙

海洋与渔业

【概况】 2014年，海洋与渔业工作深入贯彻落实党的十八大精神，紧紧围绕省、市海洋与渔业工作部署，以建设“海洋强县”为主题，结合“党的群众路线教育实践活动”“万众评股室”的活动，加强队伍建设，强化管理，促进了海洋与渔业经济又好又快发展。据统计，全县水产品总产量15.1万吨，比上年增长2.9%，总产值16.3 亿元，比上年增长7.0%。其中，海洋捕捞产量2.5万吨，与上年持平；海水养殖产量9.5万吨，比上年增长3.7%；淡水捕捞产量0.23万吨；淡水养殖产量2.8万吨，比上年增长3.5%。全县海淡水养殖面积1.05万公顷，其中海水养殖面积6686公顷、淡水养殖面积3863.33公顷。

【机构人员】 海丰县海洋与渔业局内设5个职能股和1个渔政大队。职能股室分别为人秘股、计财股、海域资源环境管理股、海洋捕捞股、养殖股和广东省渔政总队海丰大队。属下有4个正股级公益一类事业单位，分别为：海丰县海洋与渔业技术推广站、海丰县水生动物防疫检疫站、海丰县赤坑水产技术推广站、海丰县小漠水产技术推广站。2014年在编人数44人，其中海洋与渔业局22人，海丰渔政大队14人；海丰县海洋与渔业技术推广站6人，赤坑水产技术推广站1人，小漠水产技术推广站1人。

【海洋捕捞】 2014年，县海洋与渔业局对海洋捕捞渔船到期渔业捕捞许可证的进行换发，办理渔业捕捞许可证共216本，逐步规范海丰县渔船捕捞管理工作。同时，加强宣传，组织有条件的渔船申报渔船更新改造。年内，根据上级有关通知精神，广东省沿海渔民转产转业议案项目实施工作在2013年年底结束，为做好结案工作，县海洋与渔业局按要求对议案项目进行认真清理，推进议案工作按时完成。

【海水、淡水养殖】 海丰县水产养殖业不断创新养殖模式、加大新品种的引进及科技服务力度，保证了全县水产养殖又好又快地发展。2014年全县水产养殖面积1.05万公顷，全年水产品产量15.1万吨，同比增长2.9%，产值16.3亿元，同比增长7.0%。其中海水养殖面积6686公顷，淡水养殖面积3863.33公顷。

【加强水产品质量安全管理】 2014年，为贯彻落实广东省水产品质量安全监管工作，加强海丰县水产品质量安全监管，保障水产品质量安全，县海洋与渔业局制定《海丰县水产品质量安全监管应急预案》。同时，成立了海丰县水产品质量安全事故监管应急队伍，由局长任组长，副局长任副组长。重点监管对象主要包括规模化养殖场、无公害生产基地、水产养殖专业合作社等生产单位。多次深入大湖、赤坑、鲘门等重点整治区域开展专项整治执法行动。全年共出动执法车辆70辆次，出动检查人员200多人次，检查生产单位70场次，抽检样品44个。

【实施科技兴渔战略】 2014年，为实施科技兴渔战略，县海洋与渔业局大力收集渔情信息，采集数据；开展基层农技推广体系改革与建设补助项目；开展无公害水产品生产管理技术的宣传和推广工作，宣传普及标准化养殖技术、综合防病技术、水质调控技术、渔药安全使用技术等；申报各级科研推广项目，为在良种良法、生态养殖模式示范推广方面努力，让广大渔农民得到实惠。

【推进依法治渔（海）】 为切实推进依法治渔（海），严厉打击非法捕捞和违法违规用海行为，全年共出动执勤艇49艇（次），执法车74辆（次），执法人员304人次，其中检查渔船341（艘）查处违规渔船14（宗），处罚14宗，发出责令整改通知书118份，对违法违规行为起到震慑作用，较好地维护了正常的渔业生产秩序。年内，县海洋与渔业局还先后于3月、5月、6月、9月集中开展渔业安全生产大检查和“八打八治、打非治违”的专项行动，全年共出动执勤艇、车40艇车（次）、执法人员260多人次，共检查渔船799艘，检查出问题渔船有238艘，其中:职务船员配备不齐或者普通船员未取得合格证14宗；消防救生设备配备不齐（主要是船主没放在船上）或过期101宗；船名号标示不规范118宗。对上述违规渔船，视其情节，给予口头警告和发出禁止离港通知书，责令立即整改。通过制作政务公开栏和有关行政审批事项办事指南工作流程等，同时在服务窗口公开效能投诉电话，自觉接受群众监督，切实做到行政管理不缺位，行政审批不越位，便民利民应到位。

【伏季休渔管理】 2014年，南海伏季休渔从5月16日中午12时开始至8月1日中午12时结束，全县休渔船舶133艘，确保所有休渔船舶都在规定时间内有序分别停泊在鲘门、小漠、西闸、三江妈、马宫，汕尾等港口和停泊区，100%进入休渔状态。为切实有效做好伏季休渔管理，县海洋与渔业局组织渔政大队加强巡查监管，打击违规行为，确保休渔船舶安全。

（徐晓文）

附：2014年海丰县海洋与渔业局领导名录

局　长：陈　维

副局长：谢远来　朱伟洲

广东海丰鸟类省级自然保护区

【概况】 广东海丰鸟类省级自然保护区（以下简称“保护区”）于1998年经广东省人民政府批准建立，主要保护对象为鸟类及其栖息地。保护区位于广东省海丰县境内，由同属黄江河流域的公平区、大湖区和东关联安围区组成，总面积1.16万公顷，其中公平区位于黄江河上游，而大湖和东关联安围位于中国南海的北部滨海地带，是黄江河仅有的两个入海口所在地，三块湿地在湿地类型上和水鸟资源的分布上具有互补性，共同构成了同一流域内复杂多样的滨海湿地，是亚太地区南中国海鸟类和湿地类型自然保护区网络的重要组成部分。

保护区丰富的自然资源和卓有成效的工作受到海内外的广泛关注和认可。2000年被省人大、省政府列入2000—2009年拟建国家级自然保护区发展规划；2005年被国家林业局列入《全国湿地保护工程实施规划（2005—2010）》优先建设项目；2005年8月被省林业厅授予“自然保护区建设管理工作先进集体”称号；2006年被列入全国林业系统自然保护区优先晋升国家级自然保护区名录；2006年汇丰/世界自然基金会与保护区合作启动湿地保护和恢复工程；2006年华南濒危动物研究所与保护区合作成立“野外台站”；2007年广东省人民政府批准更名为“广东海丰鸟类省级自然保护区”并申报国家级自然保护区；2007年通过全国林业系统国家级自然保护区评审会专家评审，同意申报晋升为国家级自然保护区；2008年2月经国家林业局确认，被湿地公约秘书处列入国际重要湿地名录；2008年10月被省林业厅授予“全省林业宣传先进单位”称号；2012年6月被省林业厅授予“全省林业系统自然保护建设管理工作先进集体”称号。

保护区广阔的沿海湿地和丰富的淡水湿地，成为亚太地区南中国海迁徙水鸟的重要通道和国际濒危水禽重要的庇护栖息场所。每年冬季至少有4万只以上的候鸟在此越冬，2013年记录种类达到246种。其中，国家Ⅰ级重点保护鸟类1种，国家Ⅱ级重点保护鸟类36种，CITES附录I保护鸟类4种，CITES附录II保护鸟类29种；IUCN的8种，列入《中日候鸟保护协定》107种、《中澳候鸟保护协定》47种、《中美候鸟保护协定》49种。有水鸟110种，黑脸琵鹭数量达128只，约占全球数量的3%；卷羽鹈鹕24只，约占全球数量的3%；凤头䴙䴘300多只，约占全球数量的1.5%。由于海丰鸟类保护区水鸟种类多、数量大，当地群众保护鸟类蔚然成风。2005年海丰县被中国野生动物保护协会授予“中国水鸟之乡”称号。

【机构人员】 保护区管理机构为广东海丰鸟类省级自然保护区管理处，副处级事业单位，下设公平、大湖、东沃管理站，内设综合科、保护管理科、科研宣教科，主要任务是：贯彻执行国家有关自然保护区的法律法规和方针政策；拟定自然保护区的总体规划和各项管理制度，统一管理自然保护区；调查自然资源并建立档案，组织环境监测，保护自然保护区内的自然环境和自然资源；组织或协助有关部门开展自然保护区的科学研究工作；进行自然保护的宣传教育。2014年，人员编制12人，实有人数9人，另外聘请护鸟员12人。

【重点项目建设】 一是积极有序实施广东省湿地保护补助资金海丰项目：该项目资金100万元，主要用于湿地恢复建设；监测、监控设施修建和设备购置工程；湿地管护及其他项目。管理处领导高度重视，多次召开专门会议，研究具体事宜，至2014年年末，项目建设已基本完成。二是积极实施2011年中央湿地保护补助资金项目。根据广东省林业局《关于转下达2011年中央湿地保护补助资金的通知》（粤林财〔2011〕48号）和《广东海丰国际重要湿地补助项目实施方案》的文件要求，安排广东海丰鸟类省级自然保护区管理处2011年中央湿地保护补助资金550万元，主要用于湿地监控、监测设备购置和湿地生态恢复以及聘用管护人员劳务费。有关工作正在开展当中。

【申报拟纳入《全国湿地保护工程实施规划（2016—2020）》有关建设项目】 根据广东省林业厅办公室《关于报送拟纳入〈全国湿地保护工程实施规划（2016—2020）〉有关建设项目材料的通知》（粤林办函〔2014〕247号）文件要求，保护区管理处高度重视，认真梳理研究，结合保护区实际，共申报四个拟纳入全国湿地保护工程实施规划（2016—2020）的有关建设项目：一是沿海水禽栖息地恢复工程；二是广东海丰鸟类省级自然保护区湿地保护工程；三是广东海丰鸟类省级自然保护区湿地生态旅游示范及社区湿地可持续利用项目；四是广东海丰鸟类省级自然保护区湿地监测体系建设。

【保护区宣传活动】 一是结合“世界湿地日”“爱鸟周”和“野生动物宣传月”等活动，加大宣传力度，出动宣传车，深入保护区周边乡镇进行广播宣传，并采取悬挂宣传横幅、张贴标语、发放《中华人民共和国野生动物保护法》《广东省野生动物保护管理条例》等宣传资料进行广泛宣传，进一步加强野生动物资源保护的宣教工作和普法教育活动，提高社会公众法制意识，为顺利推进野生动物保护工作打下良好的基础。二是充分发挥新兴网络媒体的传播作用。建立网站（网址：http://www.forestry.gov.cn/zrbhq/GDZHF.html），介绍保护区概况、工作动态、自然环境、自然保护、公众教育、生态旅游、保护区风光等方面的情况，让公众全面了解保护区，提高保护生态环境的认识；开通微博（http://e.weibo.com/HFNL），安排专人负责定期发布信息，积极主动应对网络舆论，加强网络宣传舆论引导。三是协助拍摄《美丽中国·湿地行—水鸟之乡》电视专题片。2014年6月，中央电视台国际频道摄制组来到海丰鸟类保护区，拍摄人和水鸟共享一片蓝天绿水的故事，探寻海丰人与水鸟的渊源。专题片的播放取得很好的回响，让海内外华人更全面地认识海丰湿地的优美，提高了保护区的知名度。

【保护区专项整治行动】 2014年，为了营造野生鸟类在保护区栖息、繁衍的良好生存环境，保护区管理处在大力宣传野生鸟类保护的基础上，多次与汕尾市林业局、海丰县林业局联合开展非法猎捕鸟类专项整治行动，对自然保护区周边地区的捕鸟网等捕鸟工具进行清剿，并进行集中焚烧处理。年内，保护区将继续与市、县林业部门、森林公安联合执法，严厉打击非法猎捕鸟类违法犯罪行为，形成常态化的执法模式。

【强化保护区监测】 国家级野生动物疫源疫病监测：制定野外巡护监测制度，制定预防候鸟感染传播高致病性禽流感工作方案，同时落实专人负责，加强日常巡护，实行网络监测系统日报制度，建立档案，确保有序地开展监测防控工作。黑脸琵鹭监测：落实专职人员对其栖息地进行严格保护，随着保护措施的不断加强，黑脸琵鹭来保护区越冬的数量明显增加。据黑脸琵鹭全球同步调查统计，2014年黑脸琵鹭128只，占世界现存总数的3%。国际重要湿地监测：制定了监测方案，落实了监测技术人员，明确各个环节的工作重点，开展系统的监测和调查，在调查中及时填写野外调查记录表，输入计算机，建立数据库，进行数据统计和分析，依据监测所得数据分析，更新国际重要湿地信息表。根据2014年监测情况，湿地生态系统保持自然性与完整性，珍稀物种种群数量趋于稳定，鸟类物种数量为246种。

【建设专职护鸟员队伍】 2014年，为进一步强化鸟类资源及其栖息地的保护管理，有效提高管护水平，根据广东省林业厅办公室《关于认真做好专职护林员选聘工作的通知》（粤林办〔2014〕19号）文件精神，保护区管理处高度重视，成立护鸟员选聘工作小组，对照条件、严格把关，遵循“公平、公正、公开、择优”的原则，共选聘专职护鸟员12名，并与他们签订了《专职护鸟员管护合同》，明确规定双方的权利义务，把专职护鸟员履行职责、日常管理、保障措施等情况的工作常态化、制度化、规范化，全面提高护鸟员履行职责的自觉性，真正把专职护鸟员队伍建设好、管理好、使用好，从而达到更好地保护鸟类资源及其栖息地的目的。

【开展党的群众路线教育实践活动】 根据中共海丰县委统一部署，保护区管理处党的群众路线教育实践活动于2014年2月25日正式启动，10月基本结束。管理处领导班子带头示范，把自己摆进去，牢牢把教育实践活动各项工作抓在手上，坚持把学习教育贯穿活动始终，坚持每周半天集中学习制度，组织了18次专题学习，认真贯彻落实习近平总书记系列重要讲话精神。紧紧围绕“为民、务实、清廉”的主题，按照“照镜子、正衣冠、洗洗澡、治治病”的总要求，坚持开门搞活动，边学边改、边查边改，自始至终贯彻整风精神、坚持从严要求和务实作风，对各种渠道征求到的意见和建议，深入梳理分析，建立健全台账，共梳理出19条主要存在问题，进一步明确整改方向，作为对照检查的重要依据。坚持高起点谋划、高标准推进各项工作，已相继完善建立8项制度，从制度上完善民主管理、监督检查、信息公开等作风建设方面的监督体系，较好地实现了树立群众观点、弘扬优良作风、解决突出问题、保持清廉本色的目标要求。

（李 艺）

附：2014年广东海丰鸟类省级自然保护区领导名录

主　任：卓辅烈

副主任：庄伟民

水 务

【概况】 2014年是海丰县水务事业继续保持大投入、大建设、大发展的重要一年，也是完成海丰县水利“十二五”规划目标任务的关键一年。海丰县水务工作以习近平总书记提出“节水优先、空间均衡、系统治理、两手发力”的新时期治水思路为指导，紧紧围绕县委“三个坚持、四个争当、五个发展”的总体发展思路，在全县水利工作人员的共同努力下，水务各项业务工作取得新的成效，尤其是突出抓好“三防”工作责任制的落实，提高全县防洪抗灾应急能力，确保全县水利工程度汛安全；全力加快全县水利重点项目建设，项目的前期申报工作扎实推进，新上项目建设和续建项目扫尾工作进展顺利，抓紧履行竣工项目的验收；严谨落实最严格水资源管理制度，抓好水资源保护、开发和利用；加大依法水行政的力度，坚持以高压态势严厉打击全县河道非法采砂行为。据统计，2014年度全县累计投入水利建设资金2.38亿元，其中省级以上投资1.97亿元，县镇配套650万元，群众自筹3400万元。

【机构人员】 海丰县水务局内设职能股室共7个，即人秘股、计划财务股、建设与管理股、农村水利与水土保持股、水政水资源股、质量安全监督股和农电股；直属机构2个，即县防汛防旱防风指挥部办公室、县水库移民工作领导小组办公室；下属事业单位2个，即县水政监察大队、县水利建设管理中心。县水务局人员编制情况：局机关行政编制19人，其中设局长1人、副局长3人（1人兼任三防办主任），正副股级领导职数8人；后勤服务人员编制数3人；县防汛防旱防风指挥部办公室机关使用事业编制2人；县水库移民工作领导小组办公室机关使用事业编制2人；县水政监察大队事业编制10人；县水利建设管理中心事业编制4人。县水务局实有在职工作人员40人，其中局机关29人，水政监察大队11人。

【“三防”工作】 2014年，海丰县气候异常，入汛提前，前汛期降水偏多，后汛期偏少，降雨分布不均，且局地性强。全年降雨量3043.4毫米，比多年平均值2498.3毫米增多545.1毫米。影响海丰县热带气旋有“海贝思”“威马逊”“麦德姆”“海鸥”4个，初台、终台均较常年偏早，无台风正面袭击以及严重影响。年内，通过健全机构，落实防汛责任制，完善防汛预案，增加防汛物料储备，坚守24小时值班，做好汛前、汛期安全生产检查，科学调度水库、水闸运行，抓好水利工程和山洪灾害防治非工程措施建设，积极推进“三防”信息化和基础设施建设等措施，扎实做好“三防”工作，全县防洪抗灾应急能力明显提高。县境内受灾最为严重的是因遭受5月15—22日持续特大暴雨的袭击，造成县城地区大面积上水受浸；梅陇、赤坑、平东镇等地区出现严重内涝，房屋、商铺、仓库和农田、水产养殖等大多数受浸，经济作物受损受毁严重。全县在应对灾情险情时，反应迅速果断，积极配合，通力协作，奋起抗灾，将灾害损失降到最低程度。

【防洪救灾】 5月15—23日，海丰县出现持续性暴雨到大暴雨，局部特大暴雨的降水过程，平东镇过程降雨达835毫米，县城15日8时至19日8时降雨达675毫米，其中18日凌晨1时—4时3小时内降雨达220毫米。此次降雨过程是海丰县有气象记录以来集中降雨量历史最大值，降雨持续时间超长，局部地区降雨特大，历史罕见。因遭受连续特大暴雨袭击，造成县城地区大面积上水受浸，梅陇、赤坑、平东、黄羌、公平镇等地区出现严重内涝，房屋、商铺、仓库和农田、水产养殖等大多数受浸，经济作物受损受毁严重。全县受灾人口达8万多人，紧急转移安置群众1.36万多人，成灾面积2560公顷，绝收面积1200公顷，房屋受浸4424间。据调查核实，截至23日，全县直接经济损失达1.3亿元。海丰县各类水利设施也受到不同程度的损坏，直接损失达2180万元。

灾情发生后，县委、县政府和县三防指挥部高度重视，立即启动应急机制，全县各级党政领导亲临抢险抗灾一线，坚持以人为本，果断指挥，科学调度，统筹抗洪抢险救灾工作，全县上下全力应对，全员投入抢险救灾，尽最大努力保护群众的生命财产安全，取得抗洪抢险的胜利。

【水资源管理】 一是开展水生态文明和水法律、法

海丰县城市防洪工程小液河堤绿道网段概貌

规宣传教育，传播水生态文明理念，在全社会形成节水、惜水、爱水、护水、亲水的浓厚氛围。二是加强水资源取用水的管理，完成各取用水单位（户）取水初审工作，全年核定有效证的43家，通过水资源论证审批1项，取水许可工作逐步走上正规化、规范化。三是加大水资源费征收力度，较好地完成2014年征收任务。四是加强源头控制和隐患排查化解，有效有序处置各类水事矛盾纠纷。五是加强对畜禽养殖业等有污染水环境的企业和行为的监管，加大水污染防治工作。六是认真做好水资源管理考核工作，海丰县2013年度水资源管理工作经省考核，被评为优秀等级，得到上级有关部门的充分肯定。

【小型农田水利工程】 海丰县按照开展一堤、二河、十库、百陂、百千米灌区工程建设计划，突出抓好进一步推动病险水库除险加固、江海堤围加固、农村饮水安全、中小河流治理、小型水利建设，灌区、渠道维修配套，水毁工程修复等涉及群众切身利益的项目建设，取得显著成效。重点抓好可塘陇西、大湖南斜湖、公平桔仔园等12宗小型灌区改造，平东镇高效节水灌溉工程，旱涝保收高标准农田建设示范县等项目建设。据统计，全年累计投入面上农田水利建设资金9800万元，其中省级以上5500万元，县镇配套500万元，群众自筹3800万元。累计完成工程量土方155万立方米，石方1.8万立方米，砼0.6万立方米，修复水毁工程105处，新设三面不见土防渗渠道85条长55千米，维修清淤渠道90条275千米，疏浚河道70千米，建设镇村供水工程40处，复修塘坝（水陂）150宗、涵闸125宗，其他农田机耕路80条132千米。改善灌溉面积6666.67公顷、治涝面积6666.67公顷、防潮面积1万公顷、改善中低产田6666.67公顷、新增灌溉面积3333.33公顷、治理水土流失5平方千米、解决农村食水困难20万人。

【水行政执法】 2014年，针对海丰县部分河道非法采砂现象猖獗，违法乱采滥挖河砂行为屡禁不止的现象，加大排查力度，以严打高压态势重拳出击，严厉打击河道非法采砂行为，有效维护河道采砂秩序。年内，县水务局多次组织执法人员对全县范围内的河道违法采砂点进行排查摸底，并根据群众的举报线索，组调查核实，加大查处力度，共出动巡查200多次，查处非法河道采砂违法行为8宗，依法查处取置非法采砂案件2起，没收非法所得及罚款共4万元。尤其是11月，在海丰县集中打击整治公平水库库区、黄江河、鹅埠镇等河道非法采砂执法中，在县委、县政府的统一指挥下，与相关部门密切配合，共查处非法河道采砂行为7宗，查扣采砂机、铁砂机、运输车船、铲车、发电机等非法采砂作业和运输工具一批，有力打击了海丰县河道非法采砂和其他违法违纪人员，受到县委、县政府和上级水利部门的肯定和表扬。

【实施水库移民后期扶持政策】 海丰县于2006年下半年实施中央水库移民后期扶持政策以来，实施了67个移民村危房改造安居工程和公共基础设施建设，先后完成建房面积58.95万平方米，解决5867户38945人的房屋居住问题，共投入中央后扶补助资金20561万元。2014年，海丰县实施了19个移民村危房改造安居工程和公共基础设施建设，先后完成建房面积90738平方米，解决939户5041人的房屋居住问题，共投入中央后扶补助资金2117.22万元；继续实施直补到人20个自然村，全年由财政直拨直补资金330.18万元。海丰县水库移民后期扶持政策实施工作成效显著，一直走在全省前列，多次受到省、市水库移民部门的肯定和表扬。

东关联安围达标加固工程附城堤段概貌

【千里海堤东关联安围达标加固工程】 海丰县东关联安围达标加固工程自2011年10月28日动工建设后，工程整体进展顺利，至2014年年末，已完成投资1.2亿元。先后完成的工程项目有：土方加固21千米，护坡铺筑13千米，堤脚砌筑格宾石笼铺设18千米，防浪墙浇筑13千米，防汛路砼路面铺设0.65千米等项目。基本完成全堤的土方加固，并对穿堤水闸及水闸两端的堤围连接段进行施工建设。

【小型水库除险加固工程】 2014年4月起，海丰县抓紧实施经省水利厅审核同意建设的21宗小（2）型水库除险加固工程，分别是赤石4宗、黄羌4宗、梅陇2宗、陶河3宗、海城2宗、赤坑4宗、公平1宗、小漠1宗，总投资概算2991.31万元。到2014年年底，21宗小（2）型水库除险加固工程已基本完成建设任务。

公平水库险险加固后的泄洪闸启闭室概貌

【公平水库管理】 公平水库是国家大型水利枢纽工程，集防洪、灌溉、发电、供水等综合开发利用水资源于一体。始建于1959年10月，素有“人工平湖”之美称，为汕尾市区主要饮用水源水库；属省级鸟类自然保护区，及饮用水源保护水库单位。公平水库管理局隶属海丰县委、县人民政府，为正科级水利事业单位，由办公室、计财股、水政保卫股、工程水文股、机电股、灌区管理股组成；设置一正二副3名科级领导。现有管理人员及退休人员320多名，其中干部及职工编制数189名；曾伟群任公平水库党委书记、管理局局长。公平水库集雨面积317平方千米，设计总库容3.834亿立方米，正常库容1. 63亿立方米，蓄水面积36. 1平方千米，年产水量4亿立方米—7亿立方米；下游防洪人口近50万、耕地2万多公顷，农田灌溉1.12万公顷重任；担负汕尾市区、公平、城东、可塘、赤坑等城镇工业和30多万城镇居民生活供水、汕尾发电厂供水；南距海丰县城13千米，广汕公路10千米，汕尾市区40千米。水库工程主、副大坝总长6147米，大型泄洪闸一座3孔最大泄洪量1825立方米/秒，灌溉、发电输水涵闸4座；坝后式水电站2座，装机容量2900千瓦；总干渠道60千米，跨一县二区十一乡镇，至红海湾的遮浪长沟，设计灌溉面积14466.67公顷；城市供水近期日供水量15 万立方米，中远期日供水量25万立方米以上。2014年，公平水库管理局以建设生态文明水库为立足点，致力于加强“一大一中四小”6座大中小型水库及一宗中型灌区的安全建设管理。全年水库经济创值1744多万元，比增15%，实现水利经济可持续稳步发展；加强水资源生态环境保护建设，为汕尾市区等城镇发展和30多万居民生活饮用水源提供安全保障；投资3009万元进行赤沙水库除险加固工程建设，提高城镇供水能力。

（李智荣）

【大中型水库概况】 海丰县境内有大中型水库共11座。

公平水库　公平水库是国家大型水利工程，地处广东省海丰县北部主要河流黄江河上游，是在黄江河中部台地构筑而成，于1959年10月25日动工兴建，1960年2月10日主体工程竣工。公平水库控制着黄江河系的五大支流和36条分支流，集雨面积317平方千米，占黄江河流域面积的41.9%，是一项集防洪、防涝、灌溉、发电、供水于一体综合利用水资源的水利工程。该工程自建成以来，一直担着下游海丰县海城、城东、附城、可塘、陶河等镇以及汕尾市城区红草镇等地区的防洪、防涝任务，捍卫着人口30万人（不含流动人口），保护耕地2万公顷，324国道和深汕高速公路的交通要道的安全。该工程建成运行以来经多次除险加固，2010年1月至2012年年底进行了新一轮的除险加固建设。

朝面山水库　位于海丰县东北部的黄羌林场境内，离县城约35千米，属黄江河上游的一级支流的朝面山水，也是公平水库库区上游的一座中型水库。集雨面积13.05平方千米。朝面山水库于1976年9月动工兴建，到1978年12月基本完工蓄水。库区枢纽工程由朝面山水库、南方背引水工程两大部分组成，包括：主坝1座，潜孔式溢洪道1座，混凝土输水隧洞1条；另外，南方背引水工程设有截洪坝1座、引水涵1座以及坝后电站和引水电站（上楼电站）各1座。朝面山水库设计正常水位为218米，相应库容1732.3万立方米，是一座以防洪、发电为主，结合灌溉等综合利用的中型水库，对公平水库滞洪有一定作用（控制公平水库集雨面积的 4.12%）。建库以来对稳定和发展边、远、老、贫困山区的经济与社会发展起了巨大作用，同时捍卫着黄羌镇、黄羌林场、公平镇等1万多人民的生命财产安全。该水库于2009—2011年进行了除险加固建设。

朝阳水库　位于海丰县北部山区，属黄江河松林支流上游，控制集雨面积12.85平方千米，坝址地处黄羌林场麻竹管区麻竹村属公平水库范围内，工程原由黄羌镇人民政府管理，1999年划归县属工管单位。库区地势属高丘，植被良好。朝阳水库于1970年12月动工，73年冬完成主坝一条206米，副坝二条共198米，3孔泄洪闸一座和输水压力管二条，泄洪闸设在主坝与副坝中间的小山地，基础较好。1988年兴建一座坝后电站，二台机组320千瓦，设计年发电量70万千瓦时。该水库于2009—2011年进行了除险加固建设。

赤沙水库　位于广东省海丰县南部赤坑镇内，距海丰县城25千米，距汕尾市区15千米。工程于1958年12月23日动工兴建，1960年春竣工蓄水。水库集雨面积23平方千米，水库建成后，是一宗以农田灌溉为主，结合防洪、治涝的中型水利骨干项目。1975年纳入公平水库灌区系统，是公平水库灌区总干渠“瓜串”水库。1989年以向汕尾市供水为主，结合防洪治涝、农田灌溉。现捍卫着下游赤坑、大湖两镇人口6万人口（不含流动人口）生命财产安全，保护耕地1.4万公顷，肩负着下游赤坑镇0.99万公顷农田灌溉重任，保护汕尾至可塘的公路交通安全。赤沙水库于2013年4月开始第4次除险加固建设。

红花地水库　位于海丰县北部莲花山境内，距县城约12千米，系拦截吊贡支流莲花山镇与公平镇交界处峡谷筑坝而成。该库于1965年8月兴建，1967年4月竣工；集雨面积36.5平方千米，总库容6464万立方米，河流长度9.45千米，河床比降0.0088，多年平均降雨量2200—2400毫米，库区属高丘山地，植被良好；该工程枢纽除主坝外，有高沙、莲湖和主坝右侧坝仔3条付坝，溢洪道1座设在莲湖付坝左坝肩，2条输水涵管分别建在主坝左侧、高沙付坝右侧。其中高沙原输水涵管因基础不均匀沉塌，中段裂缝多处漏水严重，虽经多次灌浆和处理，还不能确保安全，故在1986年冬在坝右侧山地采用顶管方法重新建涵管，对老涵管进行堵塞封死。为确保水库工程安全，对整个枢纽工程进行全面鉴定，于1997年上报立项加固项目，1998年12月至2002年进行除险加固及环境整治，整个除险加固工程质量基本达到要求。坝后有电站1座，总装机容量3台×400千瓦，年均发电量 350万千瓦时。在电站下游约2千米处设1座拦河闸（陶陂水闸）引水灌溉附城、城东、公平三镇800公顷农田和县城工业居民供水以及龙津河冲污任务；同时捍卫着海紫公路、国道324线，324线赤岸河交通桥及中、西闸，黄江流域中下游两岸公平、城东、附城、陶河、县城5个镇7333.33公顷农田和220个村庄23万人民的生命财产安全，并对黄江河的滞洪削峰，减轻洪涝灾害发挥了一定作用。

红阳水库　位于梅陇镇西部7千米的红阳村委会的孔子门村后。踞梅联河上游，集雨面积9.2平方千米，库区植被差，有水土流失现象，主坝址为板状砂岩。红阳水库于1974年8月动工，至1976年8月竣工，完成1条主坝和2条副坝，以及1条引水拦坑坝；泄洪闸1座（2—2×2.5米），砼压力输水管1条，设双铸铁孔Φ＝0.6米，设计灌溉面积1333.33公顷；红阳、黄山洞、平安洞、鱼仔潭和水口陂等四库一陂联成梅陇灌区，工程建成后对梅陇镇及梅陇农场的灌溉和防洪治涝起到一定的作用。1992年建成坝后电站1座，装机1台200千瓦。该水库于2003—2006年进行了除险加固。

黄山洞水库　位于海丰县西部，距县城约20千米左右，坝址处在大液河支流的黄山洞水库的上游，集雨面积17平方千米，植被良好，土壤透水性强，库内北面有黎仔耳大山，高程1033米。该工程于1955年5月动工兴建，由省水利厅设计和施工至1956年4月基本完成土坝，输水管和溢洪道。但土坝未按设计高度完成，故在1962年进行被坡和加高，使坝顶标高达51.7米，为进一步使工程发挥更大效益，于1967—1968年对工程扩建，该工程是以灌溉为主，在建库同时，在下游约8千米处建成水口陂（拦河）引水入梅陇灌区。1971—1973年建坝后电站1座，装机2台400千瓦，1986—1987年在径仔门建二级电站1座，装机2台410千瓦。2012年9月起开展新一轮除险加固工程建设。

南门水库　位于海丰县东北部，距平东镇约3千米，距公平镇26千米，海丰县城35千米，属于黄江支流南门水系，库区内山清水秀，风景怡人，主坝下游内2千米，有跌差60多米的瀑布一处，自古有“吊景”之称，为海丰八大景点之一。南门水库分上下2库，上库为中型水库，始建于1959年冬，1970年完成水库主体工程。水库原设计集雨面积12.0平方千米，正常水位125.6米（珠基，下同），相应库容1246.0万立方米，设计（p=2%）洪水位126.64米，相应库容1355.0万立方米，校核（p=0.2%）洪水位127.6米，相应库容1466.0万立方米，死水位107.4米，相应库容79.0万立方米。上库工程枢纽主要由主、付坝（土坝）各1条输水发电涵管，泄洪闸和电站组成。南门水库是具有灌溉、防洪、发电等综合效益的中型水库，同时对公平水库起调洪作用（控制公平水库集雨面积的3.8%），设计灌溉面积933.33公顷，防洪捍卫人口0.5万、耕地266.67公顷。该水库于2004—2006年进行了除险加固。

平安洞水库　位于梅陇镇西南面11千米的浅沙河（属沿海小河流）上游，集雨面积16.4平方千米，正

海丰县东溪水闸概貌

常蓄水位25米，死水位10米，总库容1755万立方米。库区属高丘地带，植被良好，主坝两侧山地均属风化土，原河东河床属冲积层，土壤结构差。工程于1958年11月动工，至1960年2月竣工，计完成主坝1条，副坝2条（其中1条是杨柳埔副坝，未建泄洪闸时临时溢洪道设在该副坝），1条砼压力管涵洞或输水管。1984年新建1座坝后电站，装机2台250千瓦，在建电站同时，对原砼输水管加套100米钢管，出口明渠段改为砼管长80米，并加设蝴蝶阀控制发电、灌溉的用水。由于平安洞水库工程标准低，且泄洪能力小，再由于土坝土质差，又无防浪墙，因此1995～1999年进行了除险加固。

平龙水库　位于海丰县东北部黄江河九龙支河上游的九龙管区径仔背村（已移民）。控制集雨面积10.6平方千米。库区属高丘地带，植被良好，坝址原河床坚实岩层，表层透水性不大，附近土地多为轻沙壤土，适应于土坝土建工程。平龙水库于1974年冬动工兴建至1977年春基本完成。1983年增建坝后电站1座，装机2台250千瓦。平龙水库灌区与南门、公平水库灌区接壤，原受益平东镇、公平镇设计灌溉面积800公顷，其中水田面积533.3公顷。该水库于2009年至2011年进行了除险加固。

县城龙津河整工程龙津河畔

龙津河整治工程栏杆

青年水库　位于海丰县城西面，距离县城5千米，坝址处于小液河中游，集雨面积共58.84平方千米(其中小液河20平方千米、引龙津河水38.84平方千米)，库区内有海丰县最高山峰2座，即银瓶山和莲花山，高程均在千米以上，又是海丰县暴雨地带，植被良好。青年水库于1958年8月开始动工，1960年冬基本完成主体工程。青年水库主要是以灌溉为主，结合防洪，发电综合利用的工程，受益面积计划40066.7公顷，防洪面积6266.7公顷，保护人口12.1万多人。1959年开始先后建成坝后电站2座，总装机5台925千瓦，1986年起供应城镇居民食用水。1970年进行扩建，全面扩大库容量，土坝加高4米，坝坡按比加厚和接长，导流工程，施工时采用水中倒土，土方工程完成后再进行全面灌浆，泄洪闸、输水管工作台亦相应加高，工程总投资1759多万元。1990年对工程进行全面加固，增设弧形闸2孔，每孔10米×5.5米，主坝堵口副坝按坡比再加厚，续建防浪墙改造电站由原5台改为3台装机960千瓦，总投资1200多万元。2014年3月，开始进行新一轮的除险加固建设。

（陈寿浩　彭成托）

附：2014年海丰县水务局领导名录

局　长：刘英剑（任至5月）
　　　　黄小流（5月起任）
副局长：简健全　魏　锑　郑吉祥

气象

【概况】 2014年，海丰县认真贯彻落实党的十八大会议精神和全省气象局长会议精神，继续解放思想，求真务实，抓住“省部合作推动率先实现气象现代化建设”契机，围绕服务海丰发展“现代新生态农业、现代新兴产业、现代生态旅游业和宜居宜业现代中等城市”目标任务，为“加快转型升级、建设幸福海丰”提供优质气象服务。全年的气象服务工作达到“预报准、预警早、广覆盖、传递快、效益好”的目标，常规24小时天气预报准确率达87%。

【机构人员】 海丰县气象局承担全县的气象行政管理、气象观测、天气预报、气象服务、防雷减灾等工作。海丰县气象局始建于1959年4月的海丰气象站，位于海丰县海城镇，区站号59500，属国家气象二级站。1981年1月实行局、站合一，设立了海丰县气象局，并采取气象部门与地方政府双重领导、以气象部门为主的管理模式。1981年1月至1984年3月，气象站隶属汕头地区气象处管理，1984年3月至1989年1月，隶属惠阳地区气象处管理，1989年1月起，改由汕尾市气象局领导。海丰县气象局定编8人。并于2013年经海丰县机构编制委员会同意，成立海丰县突发气象预警信息发布中心，实行“上级气象主管机构与地方人民政府双重领导”的管理体制，核定事业编制5名。

【天气预报服务】 2014年，海丰气温偏高，日照偏少，降水偏多。年平均气温为23℃，比常年偏高0.4℃；年降水量3077.4毫米，比常年偏多579.1毫米，偏多近23.2%。入汛以来强对流天气频繁发生，比常年偏多45%。年内，海丰县气象局向县委、县政府和有关部门发出各类天气报告共25份，其中《重大气象信息快报》23期、《重大气象信息专报》2期。全年共发布各类预警信号109次，其中，森林火险预警信号8次，寒冷预警信号9次，暴雨预警信号45次，雷雨大风预警信号28次，高温预警信号8次，台风预警信号4次，大雾预警信号7次，灰霾1次。全年全县发布决策服务短信223条，全县接收决策服务短信达27.23万人次。

【气象现代化建设】 2014年，海丰气象现代化建设进一步的发展。一是进一步推进项目建设进度。至年底，探测基地项目建设已完成主体工程，正在进一步完善基础设施配套，并于12月底完成试运行。突发预警中心用房建设项目于10月份在海丰县发改局立项通过，各项工作进展顺利，力争早日动工建设。二是进一步发挥气象工作政府化职能。3—4月海丰县委、县政府先后印发《关于调整充实海丰县防汛防旱防风指挥部领导成员的通知》及《关于成立海丰县气象灾害应急指挥部的通知》。根据通知要求，县气象局为主要成员单位，主要领导担任县三防指挥部及县气象灾害应急指挥部副指挥职务，列席三防指挥部召开的有关会议并做工作汇报。三是进一步实现区域自动化覆盖。海丰县全县范围内已建成23个区域自动站，年内已开工建设项目4个，初步形成覆盖全县的气象监测网。四是进一步争取地方财政支持。县气象局按省、市气象局的决策部署，努力推进海丰气象现代化建设，主动积极向海丰县委县政府汇报相关工作，精心组织做好各项气象服务。

【防雷减灾管理】 海丰县是全省三大暴雨中心之一，属雷暴多发区，雷电灾害事故时有发生，为了加强海丰县雷电灾害防御工作，保护海丰人民的生命财产安全，县气象局始终遵循《防雷减灾管理办法》相关规定，做好防雷减灾宣传工作，加大力度投入雷电和雷电灾害的研究、监测、预警、防护以及雷电灾害的调查、鉴定和评估等防雷减灾工作，做到科学预防雷电灾害。2014年8月8日，根据《广东省气象局等五部门关于印发2014年度广东省雷电灾害防御重点区域防雷安全生产专项执法检查工作方案的通知》，由海丰县气象局牵头，联合县安监局、公安局、住建局、经促局等五部门，对辖区内重点雷电灾害防御对象包括房地产、学校、易燃易爆场所等多个领域进行了联合专项执法检查，检查内容包括防雷安全生产制度、防雷装置与建设项目主体工程“三同时”制度落实情况；防雷施工企业资质、工程施工人员是否持证上岗；已投入使用建筑物是否依法落实防雷装置定期检测等。全年共完成防雷装置年检299宗，雷电灾害风险评估8宗。

（陈景鹏）

附：2014年广东省海丰县气象局领导名录

局　长：陈　敏

副局长：李世光

工业

综述

【概况】 2014年，随着海丰县工业快速增长，工业产业总量不断扩张，对全县经济增长的主导作用也进一步增强，为全市GDP的增长做出重要贡献。年内，海丰县工业园区建设、产业转型升级步伐不断加快，工业经济呈现出又快又好的发展势头，有效地促进了海丰实现跨越发展，也为加快“向西融珠”、推动海丰振兴发展打下坚实的经济基础。至年末，全县工业企业共有4000多家，其中，规模以上工业企业共有83家，完成规模以上产值357.2亿元，同比增长28.5%；规模以上工业增加值73.84亿元，同比增长25.6%。新增并通过审核的规模以上工业企业有9家。

【机构人员】 海丰县经济促进局加挂县科学技术局牌子，县中小企业局归口管理。县经济促进局内设秘书股、人事与法规股、财会股、工业发展股、市场商贸管理股、能源发展股、行业管理股（挂县酒类专卖局牌子）、信息产业股（挂县信息产业局牌子）、外商投资审批股、加工贸易管理股、商贸发展股（挂县机电产品进出口办公室牌子）、口岸工作股等12个内设机构；机关行政编制40名，其中事业编制18名，其中局长1名，副局长4名，正副股级职数16名，后勤服务人员5名。实有在职人员85名、离退休人员75名。

【企业转型升级】 2014年，海丰县以政策为依托，围绕转型升级的工作重点，积极动员、引导、扶持全县工业企业进行技术改造，大力推动加快工业企业转型升级。年内，全县有海丰华城能源有限公司、新洲塑料有限公司等2家规模以上工业企业申请技改项目共3个，计划投入技改资金15044.37万元。全县以服装、毛织、珠宝首饰加工、制鞋等作为产业转型升级重点行业，引导、鼓励企业引进新技术、新设备，加强自主创新，打造自主品牌，并开发自己的核心技术，实现产品的转型升级，涌现出了广东百斯盾服饰有限公司、海丰金桔莱首饰有限公司、汕尾市展鹏珠宝首饰有限公司、敏兴毛织（海丰）有限公司等一批龙头优势企业。至年末，海丰县有广东省著名商标10个，广东省名牌产品5个。

【节能减排工作】 2014年，全县组织编制了2013年节能目标责任考核自查报告，并通过采取加强重点耗能企业节能监测和加大淘汰落后产能等一系列有效措施，顺利实现了节能预期目标。在2014年实施的对2013年度节能考核中，海丰县万元GDP能耗是0.456吨标准煤，同比下降4.02%，顺利通过市的考核。同时，对2013年度海丰县节能工作中成绩突出的3个先进地区、4个先进集体和19先进个人给予表彰奖励。

【参加经贸洽谈会】 2014年，海丰县组织参加了4次每季度举行一次的深圳—汕尾招商推介会，会上共有签约项目14个，计划总投资55.14亿元；其中，第三次招商推介会即珠宝文化节签约项目最多，引进了东维亚国际珠宝首饰工贸城、裸眼3D液晶显示等11个总投资40亿元的工业项目，这些项目也将陆续进入县生态科技城及其他园区动工建设。此外，也经常组织海丰县企业参加各类展销会、招商会等，帮助企业寻找商机，努力开拓国内外市场。

（朱华斌）

附：2014年海丰县经济促进局领导名录

局　长：何秀山

副局长：高宗森　郭龙水　刘克钳（任至1月）
　　　　李小武　叶　隆

工业行业

【珠宝首饰加工业】 2014年，海丰县珠宝首饰产业企业规模进一步增大。主要珠宝首饰生产企业集中在可塘、梅陇、县城及陶河。海丰珠宝首饰业规模较大的企业都设有技术和工业自主研发专职部门，拥有专门人才，拥有具备世界先进水平的自动织链机、熔金机、倒模机、电子激光测试机等生产线和技术设备，产品从初始阶段单一的K金首饰，通过自主开发研制，发展到镶钻石、蓝宝石、红宝石、晶石、纹银、铜镶杂石等系列首饰146个品种，并以其工艺精湛、款式新颖深受国内外客户青睐，在东南亚、欧美等国际市场及中国香港地区享有盛誉。海丰的珠宝首饰产品不仅销往广州、深圳、东莞、北京、上海、香港等地，还销往欧美、中东等国家。

【服装业】 海丰县服装业经过多年发展，逐步培育了一批发展较快质量较高的重点骨干企业、优质企业和特色产业明星企业。服装生产企业主要集中在公平、城东、附城3个镇，主要服装生产企业有广东文时特制衣实业有限公司、广东百斯盾服饰有限公司、广东威文服装有限公司等，主要知名品牌有“文时特”“百斯盾”“玛莲露”“威粤”等。

【毛织业】 2014年，海丰县毛织企业主要集中在城东和县二园，其中敏兴毛织（海丰）有限公司是香港敏兴（集团）公司在内地投资的一家企业，该公司厂区位于城东镇金岸工业区内，是海丰县的重点外资企业之一。

【制鞋业】 2014年，海丰县制鞋业向企业化、集团式方向发展，有的已拥有自己的品牌，依靠科技壮大企业已成为广大企业主的共识。如广信鞋业有限公司，已拥有珊德兰、信德兰、法德菲等3个知名品牌，产品远销俄罗斯和欧美各国。通过引导和帮助企业引进新设备、新技术和技术人才，加强人才的教育培训，全面地提高了企业核心竞争力。鹅埠镇以深汕特别合作区的稳步发展为契机，使制鞋工业企业从数量竞争转到质量、品牌提升。在发展方式上，更加重视环保和资源节约、对产品本身、生产过程有管理将更加严格与世界行进国家接轨，产业集群向更高层次发展，广信鞋业、美盛鞋业等一批规模较大的制鞋公司成为行业发展的龙头企业。

工业园区与专业城镇建设

【概况】 2014年，海丰县高度重视工业发展，掀起园区大会战，加快海丰生态科技城及梅陇等专业镇特色产业园区的建设，借助深圳市及龙岗区对口帮扶契机，大力举办珠宝文化节等招商活动，引进一批实力强、技术雄厚的项目落户海丰县产业转移工业园（生态科技城内）。年内，海丰县集中力量大力推动产业转移工业园项目建设，预计全面建成后可实现年新增工业产值320亿元、工业增加值105亿元、创税14亿元、创汇18亿美元，增加就业5.4万人，这不仅有利于促进海丰县产业结构优化和升级，有利于带动海丰相关产业的发展、有利于促进城镇化建设进程和区域协调发展，更将为海丰经济的发展打造一个造成血型的产业集群。据不完全统计，至年末，全县已投入园区建设资金50多亿元，规划建成各类工业园区、工业聚集区30个，总面积3000多万平方米。

【广东可塘珠宝产业园】 可塘珠宝产业园位于广汕公路圆山岭路段北侧长桥工业区内，规划总面积21万平方米，第一期工程投资6000多万元，于2003年建成开业，占地面积3万平方米，建有成品商铺400间，主要经营珍珠宝石首饰、仿真及宝石工艺品、地球仪等。第二期工程投资1亿元，占地面积3万平方米，于2012年动工建设，主要规划建成原材料供应、珠宝会展中心、标准化厂房、环保处理及其他配套设施等；第三期工程总投资1.6亿元，主要规划建设成品市场铺位1450间，建设原材料市场2万平方米，建设厂房4万平方米。可塘珠宝产业园的建成，将进一步完善了可塘镇珠宝业的研发、设计、营销等发展环境，为珠宝产业的发展提供良好载体，形成珠宝行业“产、供、销”一条龙的发展格局。2014年，可塘珠宝产业园第三期工程已基本完成征地征地、清表、规划等工作进度，总规划面积17.7万平方米。10月14日珠宝文化节开幕之日（即）奠基，进行“三通一平”基础建设。

【梅陇珠宝首饰城】 梅陇珠宝首饰城是为加快梅陇金银珠宝首饰加工业的发展、打造金银珠宝首饰行业知名品牌、形成行业规模而建成以三凯首饰世贸园为主体的集珠宝首饰加工服务、展示、交易的综合工业园区占地面积约4万平方米，分设3个功能区：第一个功能区为首饰交易展览大厅，设立146个展位；第二个功能区是首饰加工企业群，共建设48幢厂房；第三个功能区是员工生活区，建设6层楼房1幢。该项目2006年由东莞市东怡数码科技有限公司开始投资兴建，2007年9月开始营运。至2014年年初，首饰城内共有珠宝首饰加工企业202家。2014年，梅陇黄金珠宝首饰工业园征用土地15万平方米，建设厂房、行政办公楼、宿舍、商贸市场、商业服务、电镀厂、污水处理等配套设施。至年末，已完成征地及地表作物赔偿工作；地表附着物已清理完。即将进入建筑物基建阶段。

【梅北工业园区】 梅北工业园位于梅陇镇梅北居委，2001年投入使用，占地约3万平方米，内有金银首饰企业70多家，共建成厂房80多栋，从业人员2700多人。梅北大道贯穿其中，为工厂来料、成品的运输带来了极大的便利。梅北工业园区以梅陇镇传统特色产业—金银首饰产业为依托，以市场需求为导向，形成了集群效应。从原来单独的来料加工发展到上规模、上档次生产，由初期的小规模家庭式生产，发展到个体、私营、集体经营，在全镇工业中占有举足轻重的地位，打出“梅陇制造”招牌，在市场上拥有较大竞争力。2014年，园区内规模较大的重点企业有2家：汕尾市展鹏珠宝首饰有限公司、金桔莱首饰有限公司。

【可塘珠宝专业镇】 可塘珠宝产业始于20世纪90年代。2014年，可塘镇有从事珠宝企业个体近1200家，其中规模上企业7家，1家为上市企业，拥有珠宝从业人员4万多人，年加工量5万多吨。规模上企业分别为：超群（海丰）首饰厂有限公司、海丰县淡水珍珠发展公司、海丰县联兴珍珠首饰有限公司、汕尾市太平洋珠宝有限公司、海丰县健业宝石制品有限公司、海丰县佳多丽有限公司、海丰县金盛宝石有限公司。可塘镇珠宝产品畅销欧美、东南亚、日本、韩国和中国台湾地区等市场，水晶产品号称占世界加工总量的60%以上，广州荔湾广场、深圳、上海、浙江义乌等地均有大量的商铺经营可塘的珠宝饰品。2014年，可塘镇完成工业总产值58亿元，同比增长19.23%；其中规上工业企业完成产值42亿元，同比增长27.5%。2014年10月14—16日，以“珠宝之都，淘宝世界”为主题的中国 · 海丰首届珠宝文化节在主会场可塘珠宝交易市场精彩上演。可塘长桥产业园区开工奠基仪式也作为珠宝文化节的一项活动隆重举行。

【梅陇金银首饰专业镇】 梅陇镇首饰产业始于20世纪80年代，已发展成传统的特色产业。至2014年，全镇金银首饰企业（车间）增至800多家（其中，规上工业企业7家），占全镇工企业的76%，从业人员2.4万人，月加工黄金量20吨、银60吨、铜125吨。较去年均有不同程度上升，特别是各大首饰龙头企业均得到了长足发展，金桔莱黄金首饰有限公司积极推进上市计划，展鹏、黄金堂、金六福等珠宝首饰企业不断加强转型升级力度，产品畅销国内外。2014年，梅陇镇着力抓好首饰发展综合配套平台建设，上马了梅陇珠宝首饰产业园、泰林国际珠宝首饰园区等项目，加大引导扶持力度推进转型升级，全镇实现工业产值64.1亿元，同比增长9%；其中，规上工业产值50.98%，同比增长33.8%。

【公平服装生产专业镇】 公平镇早在20世纪80年代中期就兴起个体服装加工的发展潮，经过20多年发展壮大，服装业使公平镇从山区农业经济弱镇一跃成为海丰县的民营经济强镇。公平镇积极引导服装企业加大研发投入，提高产品技术含量，增加附加值，并根据消费市场高附加值产品设计的竞争策略，设计生产有创意的特色产品、新概念产品，以多样化的设计应对多样化的需求，吸引与满足消费者，提高了市场的占有率。2014年，公平镇大力实施质量强镇战略，联合市、县质量技术监督局、经促局、统计局等职能部门举办多场专业技术培训班及讲座，进一步提高企业管理水平和专业技术水平。广东文时特制衣实业有限公司和广东金鸟来服饰有限公司也增资扩产，分别投入资金3000万元和5000万元新建员工综合楼。年内，公平镇服装产业难中略进，再推动上规模工业2家，全镇规模工业达25家。经济发展质量逆势提升，工业总产值79.5亿元，同比增长23%。

【鹅埠制鞋专业镇】 鹅埠镇地处粤东地区与珠三角相连的边缘地带，毗邻中国著名女装鞋生产基地惠东县吉隆镇，是粤东地区通往珠三角的桥头堡，也是深汕特别合作区首期开发建设所在地。鹅埠镇发展制鞋业始于20世纪80年代中期，由最初的家庭作坊式小鞋坊逐渐演变发展成现在初具规模的制鞋专业镇。2014年，鹅埠镇全力配合深汕特别合作区建设，借助深汕特别合作区平台，引进了腾讯云计算中心等高端项目落户建设。全镇实现工业总产值28.7亿元，规模以上工业总产值13.5亿元。

中小企业管理

【概况】 2014年，海丰县中小企业和民营经济发展工作，以实现突破发展为目标，紧扣全年目标任务，积极实施产业带动和项目带动，大力发展主导产业，努力提高发展质量，全县中小企业和民营经济呈现出又好又快的发展势头。全年地区生产总值243.4亿元，比2013年同期增长11.2%；全县规模以上工业产值357.2亿元，同比增长28.5%；增加值73.8亿元，增长25.6%；农业生产总值57.1亿元，同比增长4.1%。为构建幸福海丰、推动海丰实现跨越发展提供了坚强的经济保障。

【机构人员】 海丰县中小企业局负责全县中小企业和民营经济管理，县中小企业局内设2个正股级机构：改革发展股、技术进步股。县中小企业局机关共有事业编制10名，其中局长1名，副局长1名，正副股级职数3名。实有在职人员12名（包括工勤、保卫人员）。

【开拓民企与国企的项目合作】 县中小企业局充分发挥省局主导的民营与国企对接，开拓民企与国企的项目合作，开创互赢互利的作用，进一步调动全县中小企业开展新工艺，新技术，开发新产品、新项目的积极性。2014年10月11—14日，县中小企业局组织海丰县可喜可乐有限公司饮料、海丰县金瑞丰生态农业有限公司、海丰县恒晶宝石厂、海丰县孟军电脑网络有限公司等企业参加第十一届中国国际中小企业博览会。博览会期间海丰县有关企业负责人参加了中国中小企业高峰论坛、中小企业发展国际研讨会、高成长中小企业投融资论坛暨项目对接会、中小企业管理培训等一系列论坛、对接和专场活动。参会企业通过参观、考察、交流，受益匪浅。帮助海丰县中小企业寻求国际国内合作、开拓市场、拓展发展空间，对推动中小企业走向世界，提升整体发展水平，发挥着积极而重要的作用。对海丰县中小企业升级发展，提高企业知名度和产品市场占有率，提升海丰县中小企业良好形象，拓展国内国际市场起到积极作用。

【疏通中小企业融资渠道】 2014年，按照“政府引导、多元投入、企业管理、市场运作”的原则，加快发展和完善中小企业信用担保体系。争取建立一家以上融资信用担保机构，鼓励中小企业信用担保机构依法通过多种形式增资扩股或资产重组，增强担保资本实力和抗风险能力。在抓好担保体系建设的同时，积极构建对接平台，为银企合作共赢创造良好环境。继续开展“中小企业融资信息采集及公布”工作，定期挑选一批经济效益好，市场前景广阔的项目集中向金融部门推荐，积极争取有关方面的大力支持。要充分发挥“红娘”的牵头作用，通过“政、银、企”三方联动，形成良好的融资渠道和借贷关系，切实解决中小企业融资困难的问题。

【推动中小产业转型升级】 2014年，县中小企业局充分利用国家和省、市县的扶持政策，积极引导中小企业运用科学技术进行自主创新，认真开展技术改造和技术创新工作，提高企业的科技含量和产品的高附加值，摆脱传统的家族式生产管理和手工作坊模式。鼓励中小企业和大型企业开展多种形式的经济技术合作，促进中小企业向“专、精、特、新”方向发展。要以品牌建设为重点，引导和支持中小企业创新自主品牌，逐步提升产品档次和市场占有率。

【乡镇企业统计汇编与中小企业监测直报工作】 为贯彻落实《国务院关于进一步支持小型微型企业健康发展意见》，加强对中小企业运行情况的监测分析。按照省、市下达的目标要求，海丰县要承担入库企业45家，考核30家中小企业的运行监测任务。对此，专门召开全县乡镇企业工作会议，并对全县乡镇企业统计人员进行了业务培训。要求各镇乡镇企业管理部门要提高认识，高度重视。要把统计工作作为进一步转变职能，搞好服务的重要内容，认真负责，形成合力；要求中小企业依法统计，努力提高乡镇企业统计报表质量。要不断提高自身的业务水平，断创新工作方法和统计方法，努力提高自身的业务素质和综合素质，以高度的责任感和使命感，按时按质完成全县乡镇企业统计年报工作，更好地为海丰县经济建设服务，为企业和社会公众服务，同时要按时做好企业监测直报，为上级决策，提供有效的依据。

【开展与黄羌林场陆安管区挂钩工作】 县中小企业局扶贫挂钩的黄羌林场陆安村委，局领导班子高度重视，相应成立工作机构和挂钩小组，切实推进挂驻村建设，进一步统一思想，强化责任，狠抓落实，全力打好挂钩开发攻坚战。中小企业局为财政全额供养单位，没有其他收入，为开展挂驻工作，从工作经费中挤出扶持经费支持该村计生及耕作工作，使该村各项工作位于该场前茅。助该村全倒户的申报及建设工作，尽最大能力让全倒户年底前入驻新家。

【服务企业工作】 2014年，县中小企业局为了切实加强对全县中小企业的服务工作，在实践中精心打造和不断完善电子商务平台、网络培训平台、人才招聘平台、建融资服务平台、企业互动平台、信息查询平台等“六项服务平台”。以创新的服务方式，更好地为企业提供优质、高效的服务，积极推动中小企业的快速发展。为了充分发挥海丰县中小企业信息网的网络平台优势，加大网站的维护和完善管理力度，及时与市局和县内各网站的沟通和联系，切实做好网页常更新、版块有特色，从而拓展了海丰县中小企业与外部交流的渠道，提高了网站的知名度。据网站统计显示，海丰县中小企业网的更新，上报信息量和网站点击量均居全市县区级网站前列。同时，还为县内多家企业免费建立二级网站，并及时与企业沟通，使企业网站尽快运作起来，真正成为企业自我宣传、自我推介的有力平台，收到良好效果，带动了更多的企业逐步走上网络信息化管理的轨道，为企业管理再上新台阶发挥了积极作用。

【机关思想建设】 2014来，县中小企业局认真贯彻落实中央的“八项规定”精神，重点掌握好党的群众路线基本理论观点，反对“四风”等新形势下提出的新要求，进一步打牢思想基础。局党支部以“为民务实清廉”为主题，按照“照镜子、正衣冠、洗洗澡、治治病”的总要求，深入开展的群众路线教育实践活动，已经基本完成学习教育、听取意见，查摆问题、开展批评，整改落实、建章立制三个环节的各项工作，教育实践活动重点突出、特色鲜明、成效明显。把转变机关作风强化企业服务意识，作为一切工作的出发点和立足点抓紧抓好，认真对照自己平时的思想动态及实际工作，查摆了在思想认识、组织纪律、服务态度、工作效率等方面存在的问题，并进行认真剖析，查找问题产生的原因，明确整改方向，更好地开展工作和服务海丰县中小企业。

（林莹莹）

附：2014年海丰县中小企业局领导名录

局　长：刘克钳（任至1月）

吕奋腾（5月起任）

副局长：马志贤

商贸流通业

综 述

【商业经济发展概况】 2014年，海丰县按照"向西融珠"的发展战略，充分发挥海丰县的区位和交通优势，积极发展商贸、餐饮等传统服务业，积极推动高端专业市场建设，进一步促进城乡经济发展，活跃农村市场，商贸繁荣，实现购销两旺。海丰县消费品市场继续呈现购销活跃的增长态势，完成社会商品零售总额216.3亿元，比上年增长10.4%，完成全年计划任务96.6%。其中，批发业4.0亿元，比增2.6%；零售业184.0亿元，比增9.0%，餐饮业27.9亿元，比增10.8%，限额以上占总额6.5%，仍有较大提升空间，2014年限额以上企业63家，其中法人41家，新增1家，个体22家。

【农村市场与城市市场】 海丰县各个镇场（县城三镇外）最少有1家农村集市，公平、梅陇镇在2个以上的农贸市场。2014年，海丰县东维亚国际珠宝贸易广场、义乌小商品批发城、海丰装饰材料交易中心等高端专业市场陆续建成、开业，以食品集团商贸城为平台的县电子商务园揭牌开业，以义乌小商品批发城等专业市场为依托的"网络实体店"蓬勃发展，全年实现网上营销约3亿元。与城市相比，农村市场的淡旺季比较明显，节庆性消费比较突出。由于海丰县农村受制于消费水平和渠道便利性，农村的基础设施相对落后，消费网点不完善，限制了零售渠道的向下延伸，农村消费者大量的消费都集中在某一个特定的时间段，比如节假日。随着城镇化发展水平越来越快，生活水平的逐步提高，农村购买力也不断提高。年内，海丰县积极与阿里巴巴集团开展电子商务战略合作，阿里巴巴考察团队也深入海丰县进行实地考察调研，将着力开拓电子商务新贸易形态，加快形成高端现代商贸格局。

【居民消费结构】 2014年，全县城乡居民生活水平稳步提高，人均收入有较大增长，居民各项生活支出主要有食品、居住、文教娱乐用品及服务、家用设备、交通通信、医疗保健、衣着等，消费支出占比重前三位的分别是食品、居住、文教娱乐用品及服务。

【批发业和零售业】 2014年，海丰农产品批发市场、城东水产品批发市场、龙津水果批发市场、义乌小商品批发城、海丰装饰材料交易中心、可塘珠宝交易市场、梅陇首饰交易市场经营规模逐步增大，渐具特色，市场建设逐步规模化，流通活跃，交易额稳步上升。年内，海丰县零售业发展迅猛，商业繁荣，购销两旺。一批大中型连锁企业纷纷进驻海丰县设立连锁店，抢占市场先机，主要有汕尾泰荣新药特药商场、中域电讯、美宜佳等在县城设立或增设经营网点，这些连锁企业逐步提升了海丰县零售业的经营档次和整体水平，也为传统零售业向现代化水平发展创造了条件。在整个零售行业中，网络购物作为全球电子商务发展的主要业态，其在海丰县的发展速度也比较迅猛。至年末，全县现有电商企业（店铺）1203家，其中涉及金银首饰、宝石、服装、鞋类、食品等多个行业，全县全年实现网上营销约3亿元。

（朱华斌）

粮食储备供应

【机构人员】 海丰县粮食局为主管全县粮食工作的公益一类事业单位、正科级，内设秘书股、人事股、监审股、调控财会股、监督检查股、储运股6个股级机构，核定事业编制23名，2014年实有工作人员21名。下辖有海丰县军粮供应站和海丰县储备粮管理总公司。其中：海丰县军粮供应站为公益一类事业单位、正股级，核定事业编制2名，实有工作人员2名；海丰县储备粮管理总公司性质为国有独资粮食企业，承担政府下达的储备粮管理、应急供应等政策性业务，属下有海城、城东、梅陇、可塘4个分公司，2014年实有工作人员54名。

【粮食工作政府负责制】 2014年，海丰县粮食局按照"广积粮，积好粮，好积粮"的总要求，继续认真贯彻落实省、市政府有关深化完善粮食流通体制改革和《粮食安全责任书》的要求，认真落实米袋子各级政府负责制，充分发挥粮食工作职能部门作用，根据全县粮食生产和市场消费者需求状况，以及2014年度粮食收支盘子下达的相关指标，切实做好《海丰县2014年度全县粮食总量平衡计划》，为政府领导部署粮食工作提供决策依据。县、镇二级政府按照粮食工作政府负责制的考核内容，切实落实粮食播种面积、粮食总产量、粮油储备规模、粮食风险基金管理等方面的责任，在各级党政的共同努力下，较好地实现了市下达的粮食工作四项考评指标。年内，县粮食局还认真贯彻《粮食流通管理条例》和《广东省粮食安全保障条例》，按照粮食总量平衡计划，广泛开展粮食市场调查，要求所属粮食收购企业及时收购本地农民的余粮，并发展和完善与江西泰和等县内外粮食主产区建立长期的粮食购销协作关系和发展工作机制，积极筹措粮食经营资金，促进粮食购销发展，有效地确保了全县粮食供求平衡和粮食市场的稳定。

【粮食宏观调控】 2014年，县粮食部门切实抓好粮食宏观调控，确保了广大消费者的需求，保证军需民食。一是加强对粮食市场监测和分析，认真做好市场粮油价格日报、旬报和月报工作，定期向省、市、县报送有关数据，及时反馈粮食流通领域的信息和价格行情。二是加强对粮食批发商等市场主体的实地调查，掌握粮食来源以及品种、数量、价格等资料，及时掌握分析粮油市场动态和价格变化情况，防止市场粮油价格出现较大波动，保持市场稳定。三是针对粮食购销工作中出现的新情况、新问题，开展原粮质量调查和品种分布测报工作，建立粮食加工企业与农户粮情调查点，开展粮食供需平衡调查和2014年原粮卫生达标情况专项调查以及社会粮食储存情况等调研工作，建立和掌握全县粮食购销工作的基础性材料。据调查统计全县早造原粮市场收购均价每千克2.60元、晚造2.89 元、普通大米零售价每千克4.70元，优质大米5.49元。四是落实国家粮食收购政策，规范购销行为，坚持常年敞开收购农民余粮，认真执行省有关部门制定的2014年早籼稻、晚籼稻最低收购价政策，根据市场粮食价格变化，合理定价，按质论价，创新收购方式，继续推进省际粮食产销合作，积极抓好粮源，调剂县内余缺。五是严格遵守国家军粮供应政策，牢固树立大局意识、国防意识，搞好军粮供应站分类改革方案、切实加强军粮质量管理，规范军粮供应实行统一采购、统一加工、统一配送，为进一步做好军粮供应工作，县粮食局坚持高质量、高要求，严把军粮供应粮源送、进货关、检验关、储存关和销售关，确保军粮质量、等级和食品卫生安全标准，样品合格率达到100%。由于海丰县军粮供应具有良好信誉，2013年下半年以来新驻陆丰市的空军部队与县粮食局联系军粮供应事宜，粮食局高度重视，并承诺做好优质服务，取得部队的信任，成为海丰县新的军粮供应伙食单位。六是按照《海丰县粮食风险基金管理办法》，部门协作，建立县粮食风险基金专户报告制度，保证粮食风险基金按时足额到位，使粮食风险基金在保护粮食生产、平抑粮食市场价格，维护粮食流通秩序等方面发挥宏观调控作用。

【储备粮油管理】 全县国有粮食企业根据《海丰县储备粮管理（暂行）办法》和《海丰县县级储备食用植物油管理实施细则（试用）》，合理调整储备粮油结构和布局，按照《国家粮油储藏技术规范》的要求，不断创新储备粮油管理机制，提高储备粮油轮换水平和效率。2014年，县粮食局根据《海丰县地方储备粮管理办法》的规定，为确保储备粮安全，对应轮换的2011年批次的县级储备粮3447吨（稻谷，下同），其中，海城库点2067吨，城东库点1380吨，经请示县政府同意，按照依法依规，以公平、公开、公正的原则，委托县储备粮管理总公司落实轮换工作，2014年7月底完成轮换销售任务，轮换销售价格为1930元/吨，紧接着开展储备粮收购工作，多方面拓展收购渠道，有效掌握粮源，至9月底，县级储备粮实物按指标要求足额入库。在储备粮油科学管理中，一是按照“一符三专四落实”的要求，实施有效管理，认真开展创建“四无粮仓”活动，贯彻“以防为主，综合防治”的保粮方针，努力提升仓储管理水平。二是建立和完善储备粮油质量保证体系和粮情检查制度，抓好安全生产，依规操作，杜绝安全隐患，抓好常规检查，季节性检查和突击抽查，使储备粮油管理真正走上正规化、制度化、规范化轨道。三认真做好粮温、害虫等粮情检查记录及异常情况处理实施方案，加强粮情跟踪与监管，采用科学储粮方法，推广“双低”储藏和机械通风等科学保粮技术，努力使在库粮食达到保鲜延缓陈化的效果。四是按照维修计划，积极筹措资金30多万元，先后对梅陇、海城、可塘、城东等地所属危仓、围墙、收购町等进行维修，此项工作于10月底已全面完成，排除了安全隐患。五是强化储粮化学药剂管理，实行“双人双锁”管理制度，收发储存、使用都严格按要求进行，确保不出现人为责任事故。

【粮食市场监管】 2014年，县粮食局按照《粮食流通管理条例》和国家有关部门规定，认真开展粮食流通有关法律法规的学习、宣传、贯彻工作，大力普及粮食应急知识，积极开展《粮食流通管理条例》颁布实施10周年和《广东省粮食安全保障条例》颁布实施5周年宣传活动，依法实施粮食流通行政许可制度。一是部门配合，加强联合监督检查工作，推进依法行政，紧密配合县工商、物价、质监等部门，在全县范围内开展6次粮食收购市场监督检查工作，依法依规监督检查在粮食流通经营环节中的粮油食品安全和卫生标准，县粮食局还根据粮食季节组织力量对粮食市场进行跟踪检查和随机抽查，有力地维护了正常的粮食流通秩序，确保了全县粮油食品卫生安全。二是建立和健全粮油市场价格监测网点，及时有效掌握市场粮油信息，关注华南粮网和省外供求动态，及时全面掌握县内外粮油市场价格信息；同时根据海丰县各地的粮食生产、加工、供应以及人口分布情况 ，分别粮食主产区与粮油主销区，选择有代表性的6家粮食加工和经营企业作为粮油价格监测网点，每周定期上报监测数据，有效地加强了对全县粮食市场的监测和管理。三是加强对轮换陈粮销售处理的全过程监管和县外粮源监管，组织力量对全县从事粮食加工、储存、销售的企业进行了调查了解，并加强与质监、工商等部门的联系，开展检查。防止和杜绝劣质粮源流入本县粮食市场危及广大人民群众的身心健康。四是全县完成2014年粮食库存检查、地方储备粮质量抽查，原粮收购质量和卫生安全标准调查，粮食质量安全专项整治行动等专项监督检查。

【粮食企业改革】 2014年，海丰县粮食局继续推进国有粮食企业改革，聚焦作风建设，求真务实，攻坚克难，开拓创新。一是在完成人员分流工作任务的基础上，加强企业改革过程中的职工思想工作，化解矛盾、稳定职工队伍，提高队伍素质。二是加强对所属的资产进行清理检查，至9月中旬已完成登记造册工作，防止国有资产流失，继续做好企业资产的确权和处置工作。三是根据县机构编制委员会文件规定，县粮食局办理的粮食企业收购资格认定工作被列入海丰县网上办事大厅服务事项，按照县政府办有关要求和《广东省粮食收购资格审核及监督管理暂行办法》，规范粮食收购主体，依法开展粮食收购许可证工作，为严格办证程序，简化办证手续，县粮食局认真抓好业务培训，做好本单位网上服务事项在线录入工作，按时完成网上办事大厅建设。此外，海丰县粮食企业紧密联系自身实际与特点，以改革为契机，建立新的企业经营运行机制，大胆创新、破解制约企业发展的难题，强化企业内部管理，加强企业经济核算，开展增收节支活动，努力降低经营管理费用，不断推进企业管理信息化，全面推进企业可持续发展。2014年全县粮食系统继续扭转了改革前亏损的局面，全年实现利润14.86 万元。

【粮食应急体系】 粮食应急工作是新时期赋予粮食部门的重要工作。根据上级的要求和形势发展的需要，切实抓好粮食应急体系建设，不断完善和充实粮食应急预案的工作内涵。2014年，按照《海丰县粮食应急预案》的要求，海丰县的粮食应急机制重点是抓好应急加工、运输、供应网点的落实工作，提升应急保障和救助能力。一是按照统筹安排、合理布局的原则根据各地粮食应急的需求量，针对本县粮食经营企业分布情况，开展调查研究，综合分析，在县域内有针对性地选择具有良好经营信誉、设施较好的粮食企业承担粮食应急保障任务。二是加强行业管理，规范行为准则，积极与粮食行业协会进行沟通协作，充分发挥粮食行业协会的职能作用，进一步夯实了粮食应急体系的基础性工作。2014年在原有已建立的应急保障网络的基础上，在鲘门、小漠、黄羌增设了3个粮食应急供应网点。至此，全县共确认的粮食应急定点企业42家，其中承担粮食应急任务的粮食加工企业11家，日加工稻谷能力642吨，粮食应急运输企业4家，运载总吨位870吨粮食应急供应网点27个，日供应能力488吨，并着手加强对这些企业的扶持管理和业务指导，做到协议、牌匾、设施“三落实”，确保全县粮食应急工作需要。

（陈秋荣）

附：2014年海丰县粮食局领导名录

局　长：李修波（任至9月）
　　　　罗建奇（9月起任）
副局长：王伟民　鄞文年

商品供销

【概况】 2014年，海丰县供销社系统广大职工精诚团结、开拓创新，以践行党的群众路线为根本，以服务“三农”建设为抓手，紧紧围绕政府中心工作，全系统上下齐心，扎实工作，狠抓落实，各方面工作都取得良好的进展，尤其是供销社综合改革试点工作稳健推进，得到了省社和市、县领导的肯定，已纳入市、县党委、政府全面深化改革组成部分写入党委、政府工作报告。至年末，全系统实现销售总额2.66亿

2014年8月12日，县供销社综合改革试点工作部署会议在县政府迎宾楼召开

2014年9月25日，省供销社副主任林少俊（左一）来海丰调研综合改革进展情况

元，同比增长4%。其中，农资销售总额1.17亿元。

【机构人员】 海丰县供销合作联社下属有16个基层供销社、10个直属公司、3个留守小组、1个农副产品流通协会和1家果蔬加工厂。2014年全系统在册干部职工1509人，其中：在职人员116人；停薪留职199人；离退休人员1044人，另外有代管合作商店150人。

2014年9月26日，省天禾农资股份公司副总经理邹宁来海丰县供销社调研农资经营情况

【综合改革有序推进】 海丰县被省定为供销合作社综合改革试点单位后，联社不折不扣地按照《海丰县供销合作联社综合改革试点实施方案》的要求，稳打稳扎推进综合改革试点工作，着重抓好“4321”改革任务的落实，即：组建“四个中心社”，按海丰县区域布局在东、西、北、中各组建一个中心社；成立“三个新公司”，保留原有公司不变，以合作形式新成立海丰新供销佳事达商贸发展有限公司、海丰县新供销海矿再生资源发展公司、海丰县新供销中荣农资科技发展公司；设立“两个中心”，农副产品物流交易中心、再生资源回收交易和分拣加工中心；建立“一个基地”，在可塘罗山租赁场地建立一个新供销“三农”综合经营服务基地。

2014年10月30日，省供销社处长陈子穗（右一）来海丰供销社调研，县供销社主任林其波（右二）陪同考察县科技工业园

【社有企业有效发展】 为切实发挥供销社服务“三农”的抓手作用，扶持基层社领办的专业合作社和平价商店又好又快的发展，县社于2013年积极向省申报10家平价商店、6家农民专业合作社“农超对接”项目，使平价商店达18家、领办专业合作社达36家。经省、市财政及供销社批准，联社专业合作社项目共获30万元专项资金补助；10家平价商店共获78万元专项资金补助，已把专业合作社和平价商店专项资金全额拨付给各项目单位，有效地促进了供销系统领办的专业合作社和平价商店的生产和发展。根据《海丰县供销合作联社综合改革试点实施方案》要求，经有关部门批准，以合作形式成立3家新公司，扩大了供销社经营领域和网络。

【农产品牌提质增效】 2014年，海丰县推动果蔬加工厂承包经营和扩大品牌声誉，参加中国农产品国际（青岛）交易会、上海全国绿色产品展览会、省第六届农博会和全国基层供销社交流会。引进大企业合作经营加工厂，于7月合作经营后，已投资200多万元，增加加工设备，扩大加工场地2万平方米，增强了生产加工能力。主动组织“皇斋虎噉金针菜”产品参加广州、上海、青岛举行的农业博览会，获“第十二届中国国际农产品交易会”金奖、农业部颁发“一村一品”示范村镇称号。积极配合市农业局申报黄羌虎噉村为“一镇一品”村镇，获农业部批准并授牌。再次被省农业厅核准为广东名牌，参与全省十大农业品牌评选获得同类产品第六名。

【项目扶植实现良性带动】 2014年7月，组织中诚农业专业合作社的“农副产品冷链流通中心建设项目”向省社申报了新网工程专项资金，该项目已获省社批准，拨给该合作社50万元专项资金；8月，城东供销社向全国供销总社申报了基层组织发展专项资金，该项目已获批准将获50万元扶持，在12月29日将在北京举行基层组织专项资金项目签约会；11月，在综合改革试点工作中，新组建的海丰县新供销中荣农资科技有限公司向国社申请了中央财政2014年第六批服务业发展专项资金，该项目按省社分配计划，该公司获201万元的资金扶持。

【推进平安供销】 县供销社始终坚持领导接待日制度，加强对群众关心的热点、难点问题的解决和疏导工作，用发展解决历史遗留的问题，做到上访有接待，信访有回音，做到不给县和上级供销社添麻烦。同时，积极宣传安全生产知识，常敲安全警钟；县社与各所属单位签订了《安全生产目标责任书》，加强重点生产企业的制度建设，严把安全关；采取定期或不定期的方式对各单位执行安全生产制度情况进行检查。2014年基本控制了群体性上访和越级上访的事件发生，保持职工队伍的稳定，到基层单位、门市店进行安全检查20人次，及时发现安全隐患并督促整改，做到隐患整改率100%，有效地遏制安全事故发生，为创建平安供销提供保障。

（陈晓彬）

附：2014年汕尾市海丰县供销合作联社领导名录

主　任：林其波

副主任：张家平（任至9月）　吴永平　王　火

烟草专卖

【概况】 2014年度，海丰县烟草专卖局（分公司）认真学习贯彻上级2014年工作会议精神，围绕市局（公司）“1334”工作思路，狠抓各项工作贯彻落实，业务发展保持稳健，员工队伍充满活力，各项任务完成良好。

【机构人员】 海丰县烟草专卖局（分公司）办公地址位于海丰县城东镇二环北路狮山小区，专卖局与分公司合署办公。局（分公司）内设机构设2部1室：综合管理部、营销部与专卖管理办公室（稽查大队），专卖管理办公室（稽查大队）下设4个稽查中队。2014年，局（分公司）共有员工164名（含离退休人员），其中，设置局长1名、副局长2名。

【卷烟经营】 2014年，卷烟经营工作积极主动关注

海丰县新供销中荣农资科技有限公司综合楼

海丰县烟草专卖局（分公司）办公楼

卷烟销售动态和市场情况变化，加强市场信息收集和客户意见反馈，在总量持稳的态势下，着力抓好卷烟结构调整，通过质的提高，实现税利稳步增长的目标；坚持市场导向、品牌主导原则，加强工商深度协同，贴近零售客户，合力培育重点骨干品牌等，尤其是双喜·红双喜品牌，不断扩大培育品牌的影响力与市场占有份额；广泛开展宣传，悉心指导店面形象的升级改造，赢得部分零售客户的支持配合，终端建设推广工作初显成效。全年卷烟销售16.37亿支，同比增长1.86%；卷烟销售金额（含税）9.02亿元，同比增长7.81%；销售毛利1.90亿元，同比增长8.47%。毛利率24.61%，同比提高0.15个百分点。税利1.69亿元，纳税1.01亿元。以上数据反映业务发展稳健，卷烟销售保持顺畅，销量稳定，结构优化，效益稳中有升。

海丰县烟草专卖局（分公司）局长郑茂山深入市场了解零售客户情况

2014年4月18日，海丰县烟草专卖局（分公司）综合部副主任庄卫楚深入市场体验一线员工工作

海丰县烟草专卖局（分公司）市场经理深入市场了解卷烟上架、销售情况

【专卖管理和依法打假】 2014年，坚持“打防结合、标本兼治”，提高专卖管理效能，促进基础管理工作，进一步提高市场控制能力。利用“3·15”的专题宣传、每月4次的专卖车辆贴标语、拉横幅、分发资料，及重新安装70块宣传牌匾等方式，在各镇、村广泛开展宣传卷烟打假；积极主动与公安机关进行协调和沟通，通过收集举报信息，联合开展打击行动。强化规范卷烟零售户经营行为专项行动及整治真烟非法流通工作，加强户籍化管理、严把发证关。按照合理布局规划，采取排队等候、先出后进的原则，严格把关。据统计：全年查获各类案件238宗。其中一般程序案件121宗（包含市场“1·23”销售假烟移送公安案件1宗、制假窝点案件2宗、接收其他部门查获的运输案件1宗），简易程序案件117宗。全年查获涉案卷烟156.12万支，其中假烟143.25万支、私烟3.49万支、非烟9.37万支。查获卷烟机1套（2台）、八刀切丝机1台，其他制假机器5台，查获烟丝1.03万千克、滤嘴棒70万支及其他原辅材料一批。涉案案值212.12万元。查获的“1·23”销售假烟案件拘留涉案

2014年4月1日，稽查中队为零售客户送证上门

人员2人，其中逮捕判刑的1人，刑期3年。一线稽查人员人均案件数量达到12.53宗、一般程序案件人均数量6.37宗，案件数量比2013年全年上升22.68%。

【烟草行业内部建设】 一是扎实开展党的群众路线教育实践活动。根据上级局及县委、县政府关于群众路线教育实践活动的统一部署，按照“照镜子、正衣冠、洗洗澡、治治病”的总要求，以为民务实清廉为主题，扎实开展各个环节的任务，完成各项规定动作和自选动作。通过活动的开展，使领导干部队伍、党员队伍的战斗力和凝聚力进一步增强。二是严格要求，加强领导班子和党员队伍建设，认真贯彻落实“一岗双责”党风廉政建设责任制，正本清源，严格执行“八项规定”、反对“四风”的要求和行业相关规定，对办公用房、用车、业务接待等进行清理及时整改，做到令行禁止，党风行风建设效果明显。三是围绕法治烟草建设一个中心，突出“正风肃纪”和“敬业守廉”两个重点，坚持高标准严要求，正确处理好活动开展与日常工作的关系，以上级局统一部署和具体安排为主，精心组织实施，各项系列工作均取得实效，特别在汕尾烟草系统登山比赛、法律知识竞赛中均取得第一名的好成绩。四是强化内部管理，认真梳理、修订系列制度性文件，建立职责明晰、流程明确、操作明细的工作机制，业务运行进一步规范；着力推进精益管理体系建设，建立健全职责明晰、分工合理、流程明确、操作规范的工作机制，促进基础管理水平进一步提升。五是抓好安全、信访维稳、计划生育等工作。立足预防，认真排查危险源与风险点，从源头上控制风险，实现四个零的安全管理目标；关心群众利益，统筹兼顾，想方设法为员工办实事，企业民主管理、信访维稳等各项工作有效推进。六根据地方党政布置，积极做好扶贫工作，与挂驻村“两委”干部分析情况，交换意见，商议对策，在人力、财力方面支持村委会工作。热心公益活动，积极履行社会责任，如资助城东康复中心、莲花村委会贫困学生等，取得良好的社会效果，树立了企业形象。

（蔡华杰）

附：2014年海丰县烟草专卖局（分公司）领导名录

局长（经理）：郑茂山

副局长：杨健永　戴本民

食盐专卖

【概况】 2014年，广东汕尾市海丰县盐务分局坚持以科学发展观为统领，以食盐专营为主线，紧紧围绕年初制定的工作目标和工作思路，积极采取措施，着力解决各种困难和问题，全面完成依法治盐、盐政执法、食盐加碘防治碘缺乏病等各项盐业管理工作，取得一定成效。全年销售小包装碘盐（含大包装）1455.505吨，完成年计划1425吨的102.14%；省内盐673.17吨，完成年计划800吨的84.14%；销售小工业盐1370.65吨，完成年计划1000吨的137.06%。

【机构人员】 广东汕尾市海丰县盐务分局（以下简称海丰盐务分局）内设盐政股、市场股2个股室。2014年人员编制12人。

【依法治盐】 2014年，海丰盐务分局共计出动执法人员1450次，检查市场店档250个次，查办各类案件27宗，其中简易程序12宗，已办案件18宗，查处各类违法盐产品2.784吨，罚没款11900元。另外，1月份在市局的统一部署下，海丰盐务分局积极配合公安部门捣毁一个盘踞海丰已久的私盐窝点，查扣盐产品205吨，该案件移交公安，其中主犯判刑3年，两名从犯判刑2年。

【营造食盐专营社会氛围】 一是把海丰县赤坑、梅陇两镇作为宣传工作重点，在该乡镇广泛开展宣传教育活动，悬挂以落实“三打两建严惩涉盐犯罪，保护公民健康”为主题的宣传横幅标语10条，制作食用合格碘盐知识和设立以“关注健康预防碘缺乏病”为主题的宣传栏100多个，张贴于各乡村集市市场，通过宣传提高群众对普及食用碘盐的意识，预防涉盐犯罪。二是做好“3·15”“5·15”宣传活动工作。3月15—16日，海丰盐务分局联合县卫生、疾控、工商、质监、食品安全办等部门在海丰县县城红宫红场设立现场咨询点，开展现场咨询活动，通过发放宣传资料、现场解说等方式，向群众宣传食用碘盐的必要性和重要性，让群众正确认识碘缺乏病的危害，进一步提高群众食用碘盐的意识。2014年5月15日，海丰盐务分局联合疾控中心、技术监督局、电视台对食品生产企业进行食盐安全大检查以及到县城多家中心小学和幼儿园宣传普及碘盐活动，发放各种宣传资料4000多份，县电视台对本次宣传做全程跟踪报道，并在海丰县电视台晚间新闻联播做2天的连续播放，取得明显的宣传效果。

【强化盐业内部管理】 2014年，继续落实客户经理制改革的落实。海丰公司紧紧围绕广盐汕尾有限公司综合改革方案，继续深化企业改革步伐，努力做好各销区食盐网点“两书一证”的管理工作，确实做好各销区网点盐政、销售台账管理，做到一客户一档案，按时报送各类销售报表，真正实现各销区动态管理。

年内，努力做好对接市场营销部海丰合作店的市场开拓和维护工作。根据总公司的统一部署，3月，海丰盐务分局开始负责海丰销区合作店的市场维护工作；6月开始，针对合作店和原海丰团队部分渠道重叠的问题，海丰盐务分局积极协调合作店及员工团队统一零售价格，对团队市场维护不到位的部分20多家餐饮店移交合作店维护。在总公司的指导下，6月份协调合作店制定了下半年海丰酒类营销方案，各项工作在积极稳妥的开展当中。

（郑　衍）

附：2014年广东省汕尾市盐务局海丰分局领导名录

局　长：蔡　浩

副局长：林汉艺（任至9月）

程长助（9月起任）

商业企业选介

【海丰县商业企业（集团）公司】 2014年，海丰县商业企业集团（集团）公司辖下有县酒类专卖管理局（7月划归县药食局）、县饮服公司、县信托公司、县五交化公司、县百货公司、县糖专公司、县华侨公司、县纺织品公司等单位，有县商业综合公司1家代管企业，县商业总公司、商业联合公司2家破产企业，商业食品厂1家关停企业，共12家。共有干部职工1626人。总人数中，干部（包括聘用）42人，合同制工人595人，退休人员989人，在干部职工中在岗人员113人，停薪保职人员521人。年内，县商业企业（集团）公司干部职工正视存在困难，经受新挑战，积累新经验，保持持续稳定工作局面。首先是干部职工立足本职，提升正气转变作风，善作善成，加强整改，成效明显；其次是有所作为，敢于担当，提高责任意识，迎难而上，高度重视企业出现新情况，及时处理影响企业稳定问题；再者是履行职责，加强购销，参与市场供应，促进经营管理。全年全系统实现商品总购进14470万元，总销售商品15356万元，实现年度计划105%和104%，比增均为18%。但是，还存在一些影响企业运营的问题。一是全系统有600多位停薪保职人员要求上班；二是历年来110多名退伍后安排在商业系统工作的停薪保职人员要求享受待遇；三是至2014年度，全系统欠社保费3000多万元，社保地税部门依法征收滞纳金，而商业部门所有门店租赁收入还不够缴交滞纳金；四是由于企业没有缴交社保费，到龄职工办理退休时，不但要缴交个人部分社保费还要代企业缴交应由企业缴交的部分社保费，导致200多位办理退休时代企业缴交社保费的职工要求单位返还代缴的社保费；五是集团公司每年资金缺口达200多万元，如果无法争取到位，工作将受影响。这些问题的存在，造成职工意见大，企业负担重。

（林小明）

附：2014年海丰县商业企业（集团）公司负责人名录

总经理：黄小坚

副总经理：郑汉杰

【海丰县食品企业集团公司】 海丰县食品企业集团公司是1994年8月经县政府批准成立的正科级建制的国有企业。集团公司内设办公室、人事科、财会基建科、业务经营科、监察审计科、保卫科6个股级办事机构。6个内设机构和全系统16个基层食品公司均为正股级建制单位。2014年年底，全系统在册人员1403人（其中在职人员947人）。企业的经营网络遍布全县城乡。

2014年，海丰县食品企业集团公司坚持群众路线，加强民主监督，强化行为规范，筑牢思想防线，大力倡导廉洁从政、廉洁从商、廉洁自律和干净干事的新风尚。集团领导班子坚持从自身做起，以身作则，带头讲理想、讲团结、讲大局、讲效率、讲奉献、敢担当、争先锋。在实际工作中，坚持深入基层，深入群众，加强调查研究，博采众议，集思广益，尤其是在事关企业发展等重大事项中，始终坚持集体决定，民主决策，厂务公开，切实把好企业健康发展的正确方向，努力增创企业发展新优势。年内，公司再次被国家工商行政管理总局授予“国家合同重信用企业”“中国质量信用企业AAAA级”“国家自检合格顾客满意品牌”“‘3·15’质检合格满意品牌”“消费者最信赖十大质量品牌”等荣誉称号。全县肉食市场持续稳定，公司坚持诚信承诺，认真按照国务院《生猪屠宰管理条例》和《广东省肉类放心工程实施方案》的要求严格遵守生猪屠宰操作规程，加强检疫检验注重肉品安全质量，确保人民群众吃肉安全卫生。2014年7月全系统屠宰销售生猪16.49万头、2170万千克，销售总额40239万元，实现主营利润266万元，上缴国家税费超1160万元。企业保持健康发展。

（邱佳文）

附：2014年海丰县食品企业集团公司负责人名录

总经理：林惠迎（任至5月）

副总经理：彭俊瑜（5月起负责全面工作）

副总经理：陈仁耀

对外经贸与口岸监管

对外经济贸易

【贸易出口】 2014年，全球经济发展增速放缓，经济下行压力加大，海丰县外贸进出口也受到严重影响。2014年，全县进出口总额7.45亿美元，同比下降24.6%，其中外贸出口5.7亿美元，下降16.67%；进口1.72亿美元，下降42.43%。

【利用外资】 2014年，全县新批准外资项目24个，合同吸收外资5109万美元，同比下降46.58%；实际吸收外资7071万美元，与2013年持平。全年共签约项目12个，合同利用外资共 52亿元人民币，推出招商引资项目19个。

【对外加工贸易】 2014年，全县来料加工装配贸易2.6亿美元，同比下降26%，一般贸易出口1.15亿美元，增长幅度与2013年持平。

（朱华斌）

海关监管

【概况】 2014年，中华人民共和国汕头海关驻海城办事处海城办以党的十八大和十八届三中、四中全会及习近平总书记系列讲话精神为指导，全面落实“把好国门、做好服务、防好风险、带好队伍”总体要求，不断加强和改进海关监管，全年共监管进出口货物4.6万吨，总值54亿元人民币；规范加工贸易和保税监管，办理加工贸易合同备案进口额18亿元人民币；落实企业信用管理制度，加强后续稽查，海关监管更加安全有效；推进综合治税，坚持依法征管，征收税款2015万元人民币；保持打击走私高压态势，查处走私及违规案件24宗，案值448万元人民币。

【机构人员】 中华人民共和国汕头海关驻海城办事处（以下简称“海城办”）是1984年10月经国务院批准设立的正处级海关机构，隶属于汕头海关，于1986年3月20日正式开关，主要负责监管本辖区内进出口货物和运输工具、征收关税和其他税费、查缉走私、编制海关统计和办理其他海关业务，关区范围为海丰县和深汕特别合作区。海城办现内设科室6个，包括办公室、政工监审科、通关监管科、加工贸易监管科、稽查科和缉私科。人员编制59人（不包括缉私科），现有55人，其中，处级领导干部3人；科级干部39人；一般干部及职工13人。

【优化海关监管服务】 2014年，海城办大力推进改革创新，优化海关监管服务，支持地方外向型经济发展。一是加快通关业务改革。推行通关作业无纸化，关区进出口企业通关成本进一步降低；实施广东区域通关一体化改革模式，进出口通关实现在省内所有口岸和所有运输方式的全覆盖。进一步提升贸易便利化水平。二是坚持加工贸易审批简政放权。落实国家结构性减免税和原产地等优惠政策扶持产业发展，全年审批减免税货物7976万元人民币，减免税款738万元人民币。三是主动服务地方开放战略。支持海丰小漠港区临时口岸通关申报工作，推进口岸通关设施建设；积极落实《深圳海关、汕头海关与深汕特别合作区管委会合作备忘录》，支持合作区发展。四是营造良好的进出口法治环境。加强对海关法律法规及政策的宣传，引导企业树立“诚信守法便利、失信违法惩戒”的法治观念。加强窗口作风建设，着力解决“门难进、脸难看、事难办”问题。

【海关队伍建设】 海城办按照“政治坚强，业务过硬，值得信赖”的要求带好队伍。一是加强领导班子自身建设。切实履行从严治党、从严治关责任，严守党的政治纪律和政治规矩；按照“三严三实”，自觉做到“心中有党、心中有民、心中有责、心中有戒”；开展党的群众路线教育实践活动，严格贯彻中央“八项规定”。二是加强队伍建设。坚持“守纪律，讲规矩”教育加强准军事化纪律部队建设，统筹做好队列训练、内务规范、纪律作风、基层党务专项督察，进一步严格纪律执行。三是加强党风廉政建设。推动党风廉政建设主体责任和监督责任的落实，强化执法领域和非执法领域风险防控，坚持惩治腐败零容忍。

（郑凯旋）

附：2014年汕头海关驻海城办事处领导名录

主　任：郭增文（9月起任）
副主任：蔡嘉福（1—8月主持工作）
　　　　吴健文　廖展洲

打击走私与海防监控

【概况】 2014年，县海防与打击走私工作认真贯彻落实省、市打私工作会议精神，履行工作职责，积极组织力量加大打击走私的力度，按照“打防结合、综合治理、突出重点、坚持不懈”的工作方针，切实落实反走私责任制，深入开展反走私综合治理工作，坚持高效的严打态势，有效遏制走私苗头，有力地确保了海丰县反走私平稳的局面。同时还在省、市海防与打私办的高度重视下，较好完成了梅陇镇反走私电子监控站、大湖镇海防视频监控站和反走私巡防督查大队建设的相关工作，较好的完成上级赋予各项工作任务，取得显著成绩，在全市反走私综合治理工作考核名列前茅，得到省、市海防与打私办的高度评价和表彰。

【机构人员】 海丰县海防与打击走私办公室下设人秘股、调研督查股、海防股等3个股室，2014年有人员编制9名，实有人员15名，设有正、副主任各1名。

【贯彻落实《广东省反走私综合治理条例》】 2014年3月，《广东省反走私综合治理条例》（以下简称《条例》）出台，海丰县高度重视，要求深入贯彻落实《条例》，用《条例》指导全县反走私的工作。县打私办根据领导的指示精神和上级打私主管部门要求，认真的组织好各项实施工作。一是通过召开各类型会议，深入传达贯彻《条例》。召开全县打击走私工作会议，在传达贯彻全省、全市打击走私工作会议精神的同时，组织学习《条例》，县政府副县长王楚雄在会中强调：2014年3月1日《广东省反走私综合治理条例》出台实施，这是全国第一部省级反走私综合治理的法律，标志着广东省反走私工作走上法制化和正常化轨道。《条例》有许多条款直接指明县、镇、村和有关成员单位反走私工作任务和责任，所以要深入开展学习，加大宣传力度，将《条例》的内容和实质传达贯彻到广大干部群众，要将《条例》运用于指导、研究新形势下反走私工作的特点规律，切实提高定方向、做决策的能力，增强指导工作的针对性和有效性。二是各沿海镇（场）和有关打私职能部门加强组织学习、宣传教育工作。县打私办组织全体人员参加全市在海丰举行召开的学习贯彻《条例》培训会。打私有关职能部门组织全系统人员和各沿海镇场分管反走私工作的领导、综治办的同志进行全面系统学习、培训。引导全体同志，认清形势，坚定立场，明确方向，增强反走私的责任、义务的紧迫感和责任感。三是在全县沿海镇（场）都建上反走私宣传栏和大幅宣传画，同时通过电视、报刊、反走私公众网站等宣传媒体，对广大群众进行广泛深入的宣传教育工作，使他们明确《条例》可运用的权利，一致的抵制和反对走私贩私违法犯罪活动，为反走私工作营造了良好的社会氛围。《条例》实施后，海丰认真抓好反走私责任制的落实，并时刻的对照和检查《条例》各项要求的落实情况，坚决执行责任追究制度，使《条例》真真正正落到实处，全县没有出现被上级追究责任的单位和个人，也没有违纪违法的行为。

【打击成品油走私活动】 2014年，按照省、市反走私工作部署，组织开展加油站（油库）监管力度，打击农产品走私“绿风”专项行动，沿海私建码头和非法上油点整治，“元旦、春节”期间、“中秋、国庆”节期间等一系列打私联合行动和专项行动。在开展联合行动和专项行动中，县委、县政府高度重视，成立联合行动领导小组，拨出专门经费，制订联合行动方案，下发给各有关职能部门和各沿海镇（场）人民政府，并由打私办组织、指导、协调、监督、检查工作，使有关职能部门和各沿海镇（场）做到齐抓共管，密切配合，形成“海上抓、陆上查、市场管”的工作局面，据统计：全年全县共出动执法人员3200人次，出动车辆660辆次，出动船艇33艘次，查获走私贩私案件11宗，柴油5宗共63.34吨，红油6宗共174.46吨，案值总共156.23万元，有效震慑走私分子的气焰，确保海丰反走私平稳的工作局面。

【海防基础设施建设】 2014年，海防设施方面的建设主要是做好梅陇镇反走私电子监控站、大湖镇海防视频监控站建设的相关工作。根据省、市海防与打私办的工作部署和指示精神，海丰县在小漠镇反走私电子监控站和鲘门镇海防视频监控站建成的基础上，为扩大范围，加强对沿海地区的反走私和海防的监控，将在梅陇镇建立反走私电子监控站、大湖镇建立海防视频监控站。预计两个项目工程可向省、市争取投入资金200万元。2014年，省打私办、海防办的领导会同市海防与打私办的领导已对两个项目进行了选址定点工作，县打私办将继续跟踪项目的落实，争取尽快上马建设，到期将县、镇两级海防视频监控进行多方位的联网，实现全县重点海域地区电子、雷达操作的全控局势，进一步提高海防监控能力和防范能力水平，确保海丰边海防的平稳局面。

（吴家海）

附：2014年海丰县海防与打私办领导名录

主　任：王荣贞（兼）

副主任：徐松水

出入境检验检疫

【概况】 2014年，出入境检验检疫工作全面贯彻落实总局“十二字”方针和当好“三个表率”、服务“两个率先”的要求，紧紧围绕广东局和汕尾局的总体部署和工作重心，各项工作稳步扎实有效开展，业务空间再拓展，业务改革再深化，为促进海丰经济社会科学跨越发展做出积极贡献。全年共检验检疫进出口商品1088批，货值3007万美元，同比分别减少59%和减少59%；其中进口商品545批，货值2158万美元，同比分别减少43%和减少43%；出口商品543批，货值849万美元，同比分别减少68%和减少76%。

【机构人员】 汕尾出入境检验检疫局海城办事处（副处级）是汕尾出入境检验检疫局的分支机构。设一正（副处长）二副（正科长）。下设综合科、业务科2个正科室，2014年在编人员6人。

【抓好“双打”活动】 2014年，海城办事处着力推进质量诚信体系建设。继续抓好《质量发展纲要》的贯彻落实工作，促进企业诚信从业，营造守法、公平、有序的良好环境。按照省局、市局“双打”工作意见，认真开展打击假冒检验检疫证书、进口旧机电违法违规行为专项行动，结合日常检验监管工作，细化工作措施，形成执法合力，继续加大质量安全风险排查整治工作力度、继续加强进出口产品监管、严格市场准入、加强执法把关，并推进行政处罚案件信息公开工作，在外网的信息公开栏目设立专栏，依法公开打击侵犯假冒领域行政处罚案件信息。全年共出动执法人员30人次，检查企业10家次。维护市场正常经济秩序，为促进海丰县经济社会科学跨越发展作出新贡献。大力提升公共技术平台服务能力，10月14日，汕尾检验检疫局珠宝鉴定实验室顺利揭牌开检，为当地企业和产业发展提供方便、快捷、优惠的本地化技术检测服务。

【检验检疫“质量月”活动】 海城办事处 围绕“建设质量强国，共创美好生活”这一主题，加强目录外商品监督抽查。抽取进口服装4批次进行检测，不合格4批次，不合格率100%，不合格主要原因是标识和纤维含量不符合要求；参与汕尾局本部举办“‘12365’服务走进千万家”现场咨询活动和出口食品质量安全提升宣贯会，着力增强企业自控能力和诚信经营，积极营造关注质量、创造质量、享受质量的良好社会氛围。

【服务外贸发展】 2014年，海城办事处认真做好风险管理工作。一是积极开展技术性贸易措施影响调查工作；加强技术性贸易措施宣传，通过召开企业座谈会，向企业介绍开展技术贸易措施相关工作情况，听取企业提出的意见和建议，认真制定切实可行的措施，解企业之所需；认真组织风险信息和舆情信息的搜集与报送工作，积极关注国内外的热点问题。二是加强口岸疫情防控，提高应对准备，切实做好应急管理工作，完善口岸突发公共卫生事件应急处置等相关预案，进一步增强了卫生处理工作人员的防护意识、安全意识，切实提高了应对突发卫生处理事故的能力；加强与地方党政部门和口岸部门的沟通联系，营造良好执法环境，同时与相关职能部门实行联防联控，加强对入境集装箱、货物的卫生检疫工作，推动海丰外经贸健康发展。

【检验检疫监管模式改革】 2014年，海城办事处积极探讨基于风险评估的进口检验检疫通关模式，全力打造“智检口岸”。一是大力提升通关便利化水平。扩大了直通放行范围，认真执行减免收费政策，加强进出口商品宏观质量管理，建立健全检验监管工作机制，对保留在目录内出口商品继续实施企业分类管理。二是积极推行基于合格假定的出口检验检疫通关模式，在出口企业提供产品符合性声明的基础上，充分采信有资质部门出具的检测报告，提高放行效率，保证出口产品质量安全的后续监管工作。

【保障进出口食品安全】 一是认真开展出口食品专项检查活动，认真排查安全风险，消除出口食品的安全风险隐患。二是积极开展肉及肉制品专项治理活动，进一步提高企业的安全责任意识。三是积极开展动植物疫情及安全风险检测业务检查工作，查找各项工作存在的薄弱环节。

【检验检疫队伍建设】 2014年，海城办事处加强队伍建设，一是认真学习党的十八届三中、四中全会精神。充分发挥党组中心组学习的引领作用，先后组织学习了十八届三中、四中全会精神和习近平总书记系列重要讲话，自觉运用四中全会精神指导检验检疫工作，全局共收到学习心得体会5篇。二是全力抓好作风建设。开展民主评议政风行风“回头查”工作。按照汕尾局的要求，坚持“以评促建、以评促改”，做好“回头查”；着力提升窗口服务质量。大力推行政务公开，规范审批程序；实行一次告知、首问责任制、限时办理24小时业务预约制度，方便企业；推进窗口标准化建设。坚持以加强行风建设为核心，以“零投诉、无举报、企业满意”为标准，精心筹划，细化方案，健全组织机构，明确步骤方法，严格工作要求，认真查找问题；及时落实整改，各项工作扎实推进，更好地服务海丰经济社会科学发展。

（吕以实）

附：2014年汕尾出入境检验检疫局海城办事处领导名录

主　任：张泽平

副主任：黎明义 陈道堂

旅游服务业

旅游业

【概况】 2014年，海丰县旅游工作按照上级党委加快建设旅游强县的工作部署，全面落实旅游发展专项规划工作，以项目建设为龙头，全力推动规划编制旅游开发建设，使旅游业持续发展。全县旅游业共接待游客249.06万人次，同比增长5.3%；旅游总收入14.2亿元，同比增长7.08%。

【旅游市场监管】 2014年，县旅游主管部门重视对旅游行业的监管和安全检查，与各旅游企业签订2014年旅游安全生产责任书，并在春节、清明节、“五一”前及“两会”期间，对全县主要旅游景区、星级酒店、旅行社和旅游车队进行安全检查。通过检查，有效提升旅游服务质量，保证旅游安全和游客权益，规范旅游市场秩序。

【旅游宣传促销】 2014年，海丰县进一步加大旅游宣传促销的力度，组织旅游企业参加中国（广东）国际旅游产业博览会，并参加市旅游局组织往河南洛阳和郑州市以及深圳市的专场旅游宣传推介会，提高海丰县各景区景点的知名度和旅游市场的综合竞争能力。

【旅游设施建设】 2014年，旅游主管部门推动规划编制和旅游开发建设。莲花山度假村莲峰索道项目进行项目立项（安评、环评、地质报告）论证阶段，预计2015年上半年可开工建设。莲花温泉项目已完工，12月底试营业。海丰田园沐歌温泉度假村项目计划于2015年10月试营业。第一区苏维埃人民政府旧址复建项目前期工作准备工作基本完成，计划2015年动工复建；陈炯明故居及都督府修缮工作进展顺利，故居修缮已完成，已进入布展阶段；都督府已完成设计报批、预算、核算、立项等，已进入招投标阶段。红宫红场旧址纪念馆AAA级景区建设方案已定，计划2015年可上马建设；《县城中心区域旅游详细规划》《莲花山森林公园控制性规划》《国际重要湿地东关联安围分区生态旅游概念性规划》《大湖休闲滨海小镇旅游总体规划（含赤坑咸水温泉）》四个旅游专项规划已完成初稿，进入论证、评审阶段。

服务业

【住宿业与餐饮业】 2014年海丰县新增三星级旅游饭店1家，旅行社服务网点4家。至年末，全县有四星级旅游饭店1家，三星级旅游饭店5家，旅行社3家，4家旅行社服务网点。2014年全县接待游客249.06万人次，同比增长5.3%，全年旅游总收入14.2亿元，同比增长7.08%。

星级旅游饭店经营情况：2014年6家星级营业收入7716万元；平均入住率61%；平均房价230元；餐饮收入5326.6万元。

（陈海鸣　罗建人）

金 融

综 述

2014年，海丰县金融机构坚持稳中求进的工作总基调，把改革创新贯穿于各个环节，改进信贷管理和服务方式，合理均衡发放贷款，切实优化信贷结构，加大对“三农”、小微企业、新兴产业和扶贫助学等社会经济薄弱环节的支持力度，营造良好的金融生态环境，促进海丰经济持续发展。年内，经海丰县社会管理综合治理委员会同意，中国人民银行海丰县支行牵头成立海丰县金融系统社会管理综合治理暨平安金融创建工作领导小组，组织开展相关工作，为海丰金融健康、稳定发展提供保障。

2014年，全县共有17家金融机构，其中银行类金融机构6家、保险类金融机构9家、证券类金融机构1家、小额贷款公司1家；全县金融从业人员达1040余人，其中银行业从业人员达800余人。至年末，全县金融机构本外币存款余额为164.32亿元，比年初增加14.68亿元，增幅为9.81%；贷款余额为65.31亿元，比年初贷款增加14.65亿元，增幅为28.92%，全县经济发展态势良好。

银 行

【中国人民银行海丰县支行】 中国人民银行海丰县支行（简称人行海丰支行）成立于1987年，是中国人民银行的派出机构，行政由汕尾市中心支行垂直管理，机构行政级别为正科（局）级。同时设置国家外汇管理局海丰县支局、中华人民共和国国家金库海丰县支库，是一套人马、三个机构的单位。支行下设4个股室：办公室、综合业务股、会计国库股、外汇管理股。2014年招募一名新员工，年末在职工作人员30人，其中本科及以上学历13人，大专及以下学历17人；获得中级经济师职称10人，初级经济师职称18人。

2014年9月25日，中国人民银行海丰支行召开全县金融系统社会管理综合治理暨平安金融创建工作会议，会上与各金融机构负责人签订责任书（右为行长詹德泉）

2014年，支行全面贯彻落实党的十八大、十八届三中、四中全会、中央工作会议精神，深入学习贯彻习近平总书记系列重要讲话精神，认真履行基层央行的职责。坚持稳中求进、改革创新，继续实施稳健的货币政策，加大金融对实体经济的支持力度。认真践行群众路线，立足海丰实际，稳中求进，提素质改作风，严管理促和谐，不断提升履职水平；努力构建和谐支行，促进辖区经济持续健康发展。

贯彻落实稳健货币政策　人行海丰支行认真执行国家宏观调控政策，实施稳健的货币政策，灵活运用货币工具保障辖区银行业资金流动性合理充裕。加强改进“窗口指导”方式和力度，组织召开2014年货币政策与海丰经济金融发展座谈会，通报海丰县金融运行情况；对《金融业重大事项和重要信息报送制度》进行解读；传达2014年中国人民银行广州分行年中工作电视电话会议精神，并就建立金融信息交流平台，加强金融创新和加强风险防范等三方面问题达成共识。搭建金融信息交流平台，充分利用《金融快报》，拓宽横向沟通渠道，积极向金融机构、政府和公众传播金融知识。

践行群众路线教育实践活动　2014年支行坚持按照“照镜子、正衣冠、洗洗澡、治治病”的总要求，紧紧围绕“四风”，深入开展党的群众路线教育实践活动，认真贯彻党中央“八项规定”，厉行勤俭节约、反对铺张浪费。同时，支行扎实开展党风廉政建设，切实落实《岗位（廉政）风险防控管理暂行办法》，建立和完善各项规章制度，加强勤政廉政教育。

引导金融机构支持“三农”经济发展　海丰支行在充分理解贯彻国家信贷政策的基础上，合理安排贷款进度和贷款投向，积极引导辖内金融机构加大对“三农”、小微企业、新兴产业和扶贫助学等社会经济薄弱环节的信贷支持力度，促进实体经济持续发展。2014年累计借给海丰县农村信用合作联社支农再贷款余额1.48亿元，海丰县农村信用合作联社利用支农再贷款累计发放支农贷款79笔，金额1.44亿元，其中农户贷款73笔，贷款金额8857万元；涉农企业贷款6笔，贷款金额5565万元。

加强金融消费者权益保护和征信管理工作建设 人行海丰支行大力开展维护金融消费者权益的宣传教育活动，9月在支行的指导和安排下，在辖区开展了全方位、多元化的“金融知识普及月”活动，此次活动宣传月，海丰县辖区金融机构共设立摊点9个出动宣传人员65人次，进工厂2个，进社区1个，进学校1所，进商场3间，进乡村1个，发出宣传资料4500多份，接受群众咨询500多人次。同时，为完善信用体系建设，促进中小微企业发展，引导中小微企业树立诚信意识，支行利用海丰县中小企业融资服务平台网站，针对中小微企业开展征信业务宣传，组织辖区金融机构开展以“珍爱信用记录，享受幸福人生”为主题的征信宣传，参与活动人数达200多人次，现场咨询解答次数1150人次，共发放宣传资料1500多张，达到良好的宣传效果。年内，人行海丰支行继续做好贷款卡的发卡和年审工作，充分发挥“银行信贷登记咨询系统”在金融部门运行质量、防范信贷风险方面的信息服务作用。至12月底，已参加年审贷款卡236户，已审核发新卡67张，办理个信用查询1139人次，进一步推进海丰县信用体系的完善。

贯彻“五个转变”外汇管理要求，落实资本项目投资便利化 一是积极响应资本项目简政放权工作，促进外商投资企业便利化，减轻银行和外商投资企业的工作程序，更好地服务地方经济。二是全面推进直接投资外汇年报改革，提升服务水平，做好联合年报工作。至9月15日年报结束，应参与外汇年报的外资企业131家，审核通过121家，年报率达92.37%。三是认真做好资本项目新设和验资工作。至12月31日，办理外商投资企业外汇新设登记16家，注册资金1085.7万美元，投资总额1085.7万美元。资本金验资22笔金额1821万美元。四是积极开展资本项目事后监督和现场核查工作。全年共开展4个项目7家单位的现场核查工作。五是积极开展货物贸易监管工作。认真做好企业名录管理和非现场核查工作。六是积极推进跨境人民币结算业务工作。加强对辖区进出口重点企业开展跨境人民币业务指导宣传，加强与政府相关部门的沟通与合作，至年末，全县发生跨境人民币结算业务共168笔，金额52377万元，进一步推进跨境人民币业务。

会计国库资金服务 一是做好中央银行会计核算数据集中系统（ACS）上线工作；确保新系统在9月28日顺利上线运行。二是及时准确做好税收收入收纳、入库工作。2014年12月底止，办理各级预算收入43.26万笔，金额31.21亿元，拨付财政拨款 1.35万笔，金额43.17亿元；办理中央预算收入2.87亿元，其

2014年8月26日，中国人民银行海丰支行行长詹德泉主持召开2014年年中货币政策与海丰经济金融发展座谈会，分析总结辖区上半年工作执行情况，布置落实下半年工作任务

2014年10月29日，中国人民银行海丰支行组织青年干部职工到海丰红宫、红场旧址参加“学革命先驱彭湃精神，增廉洁支行建设动力”活动

2014年10月24日，中国人民银行海丰支行行长詹德泉为支行全体干部职工讲授题为《基层央行落实“两个责任”要过好“五关”》的廉政教育党课

中出口退税1.04亿元；办理省级预算收入3.76亿元；办理市级收入3.40亿元；办理县级预算收入20.14亿元；办理县级预算支出43.17亿元；办理县级调拨收入22.50亿元。做到业务零差错，资金零风险。三是做好银行卡助农取款服务工作。海丰支行认真做好助农取款专项资金的发放工作，认真审核“银行卡助农取款服务专项资金商户申请表”，确保每户589.90元共18.46万元资金完整发放到商户账户中，至2014年12月底，全县助农取款服务点共有313个。

现金和人民币银行结算账户管理　一是认真执行现金管理的各项规定，按照《现金管理暂行条例》《银行账户管理办法》《支付结算办法》等有关规定开展现金管理工作，全面实施非现场监管。二是开展人民币银行结算账户管理系统突发事件应急处置演练工作。9月20日，海丰支行与陆丰、陆河支行对应开展人民币银行结算账户管理系统突发事件应急处置演练工作，取得圆满成功。三是加强人民币结算账户管理与服务。对人民币银行结算账户的管理，按照行政许可公开、公正办理，按支行对外的服务承诺办理好每笔账户开户业务，受到辖内各金融机构的好评。至12月，共办理开、销户及变更人民币银行结算账户数1314户。

自办城信社退市工作　2014年，人行海丰支行对原自办城信社开展退市工作。一是对海丰县城信社职工开展分流安置问题做好前期工作。由于考虑到社会等因素，清算组工作谨慎小心，修订了职工处置初步方案，有关领导专门到县政府向县领导汇报工作，并到人力和社保局详细了解相关情况。召开1次职工大会和4次职工代表会，耐心向职工解释处置工作。同时电话向职工了解工作和生活情况，将34位职工要求大体分为七大类情况并及时处置各类要求。二是做好债务登记、甄别和确认。在当地报纸《汕尾日报》进行3次公告，同时主动打电话联系债权人到支行登记债权。三是对贷款进行清理和评估。清算小组对海丰县城信社37笔贷款余额358.16万元进行清收，2014年全年收回贷款3户金额49.9万元。并与广州业勤资产评估土地主地产估价有限公司签订评估协议。

提升基层央行履职能力，建设和谐支行　海丰支行把学习中共十八届四中全会精神与开展“争先创优”活动有机结合起来，积极开展“感恩、奉献、忠诚、责任”教育活动，培养干部职工爱岗敬业、自觉执行制度的意识，增强干部职工金融意识，不断提高县支行金融服务渗透力、金融风险辨识力、金融制度执行力和支行凝聚力，履行好基层央行各项职能，创建和谐支行。

（洪茜娜）

附：2014年中国人民银行海丰县支行领导名录

行　长：马泽群（任至5月）
　　　　詹德泉（5月起任）
副行长：李锦泉

【中国农业银行海丰县支行】　2014年，中国农业银行股份有限公司海丰县支行（简称农行海丰支行）以科学的发展观统领全局，紧扣“一个重心、两项基础”，带领全行员工艰苦奋斗，奋力拼搏，外拓市场，内抓管理，大力加强精神文明建设，完成和超额完成各项工作任务，取得新成绩，保持全行各项业务稳步健康发展。至年末，本外币各项存款余额21.43亿元，人民币各项贷款余额7068万元，全年实现中间业务收入954万元，实现拨备前利润3484万元。

存款业务　2014年，农行海丰支行认真开展提高金融服务水平工作，以党的群众路线教育活动为契机，坚持以客户为中心，多策并举，大力夯实客户基础，充分发挥现有网点服务能力，开展“不规范经营”专项治理活动，提升规范化经营水平加强网点金融服务。推进网点软、硬件转型，不断提升服务质量。积极开展惠农“村村通”转账电话、个人网银等群众喜爱的农行特式产品的营销活动。通过各种措施的落实，全行各项存款继续保持快速增长，增量和增幅均创历史新高。到年末，全行本外币各项存款余额21.43亿元，比年初增加2.51亿元，增长13.28%。

贷款业务　农行海丰支行继续以海丰县城为中心，东联可塘、公平、西接梅陇、鲘门、小漠、鹅埠

荣誉证书

中国农业银行股份有限公司海丰县支行工会委员会：

市工会四大以来，你单位在工会工作中做出了优异成绩，特授予汕尾市模范职工之家称号。

汕尾市总工会
二〇一四年五月

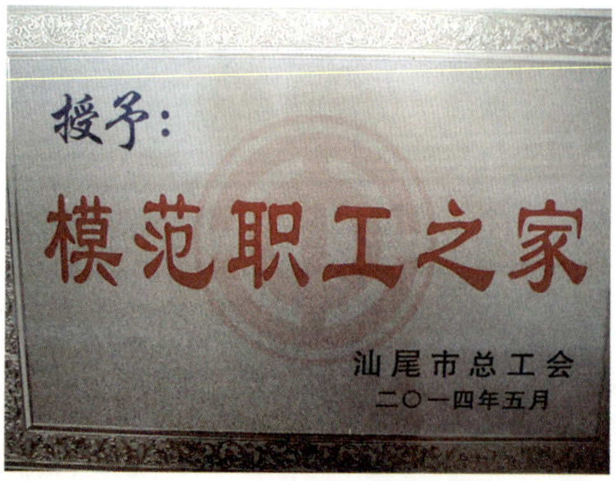

等重点乡镇，明确产业定位、客户定位，充分发挥县域“三农”业务发展主流银行的作用。

①加大对县域中小企业营销力度。有的放矢的支持县重点项目建设，支持地方经济发展。②积极开拓县域房地产业务领域。重点营销县城地区新开发的优质大型的一手楼盘。大力发展一手楼按揭业务。③以海城、可塘、梅陇三大专业镇为重点，全力打造三大专业镇资产业务。④加大“三农”业务工作力度，“三农”业务得到稳步发展。一是积极探索以“公司+基地+农户”模式，带动惠农卡的批量发卡。二是推广“项目带动、批量发卡”的营销模式，提高惠农卡发行量和覆盖面。三是创新担保方式，在风险可控前提下，积极开展农户生产经营贷款和农户小额贷款业务。2014年重点拓展了广东潮惠高速公路公司、海丰县鲘门镇东成饭店有限公司、汕尾市陆港生态种养有限公司等外汇企业和一批省市县重点建设项目资金，与海丰碧桂园、凯旋花园等10个县域房地产优质客户建立合作关系。至2014年年末，人民币各项贷款余额7068万元，比年初增加2.68亿元，增长61.12%，全年累放贷款3.90亿元，累收贷款1.22亿元。不良贷款占比为0.19%，比年初下降0.17个百分点。

中间业务 2014年，海丰支行大力发展国际业务、基金业务、电子银行等新兴中间业务，中间业务收入大幅度增加。全年实现中间业务收入954万元。

内控管理 一是明确案防责任，认真落实一把手责任制和逐级案防职责要求，加强风险点研究，各项业务工作的开展以风险防控先行，组织制订工作计划，确保案防工作落实到位。二是加强基础建设和检查，强化合规纪律教育与监管，开展员工异常行为排查和自律监管。

（许竟跃）

附：2014中国农业银行海丰县支行领导名录

行　长：叶远华

副行长：叶友粒　范少展

黄培良（兼纪委书记）

【中国工商银行海丰支行】 2014年度，中国工商银行海丰支行（简称工行海丰支行）紧紧围绕省行“三年创利超千亿”主题和“深化转型发展”的主线，进一步强化“四大标杆”、深化“四大理念”，狠抓经营效益，以精益管理提升服务效率，以业务创新推进转型发展，以风险控制为生命线，各项金融业务得到快速发展，在同业竞争中继续保持领先地位，实现了利润总量第一、存贷款总量第一，国际结算业务量第一。全年实现营业利润1.33亿元，比上年增加1843万元；人均营业利润172.2万元，比上年增加27.2万元，营业利润居同业首位。年内，海丰支行各项金融业务得到快速发展，在同业竞争中继续保持领先，其特点：一是深入实施“大资管”和“大零售”战略，公私联动，实现全产品、全过程、全方位营销，狠抓经营效益，增创中间业务收入。二是拼效率、抢市场，积极推进资产业务经营转型，切实支持和服务实体经济发展；全力管好资产质量，严控信贷风险，紧守资产质量生命线。三是坚定存款发展的信心，正确理解监管部门存款偏离度管理政策的变化，创新营销模式，多管齐下。四是深入分析国际业务市场，用好国际业务产品，狠抓国际业务结算大户，千方百计提高国际结算市场份额，着力打造“第一国际结算业务银行”。五是加强网点渠道建设，优化网点布局，完善机具投放，完善网点的服务功能(对公和外汇业务)，提高网点的综合竞争能力。六是树立“三种意识”，筑牢“三道防线”，强化内控管理和案防工作，确保实现“三无目标”。

机构网点 工行海丰支行坚持以“诚实、公正、稳健、创造”的核心价值观，不断创新，追求卓越，是一家服务功能齐全、服务手段先进、公众信任度高的国有股份制银行。海丰区域设海丰支行营业部、东门头支行、华夏支行、城北支行、城东支行、公平支行、梅陇支行七个营业网点。办理存款、贷款、结算、信用卡、理财、贵金属、外汇结算业务及各种代收代付、代发工资、保险代理、代销基金等金融服务。

存贷款业务 2014年年末，工行海丰支行本外币各项存款余额为36.16亿元，比年初增加3.14亿元，四行存量和增量占比分别为31.52%和37.06%，实现存量和增量双第一。其中:储蓄存款比年初增加2.35亿元，存款余额达30.15亿元，是汕尾工行第一家突破30亿元大关的支行，也是四大行第一家突破30亿元大关的支行；对公存款6.00亿元，比年初增加7866万元，四行增量占比505.15%，排名第一，是海丰四大行唯一实现正增长的支行。2014年年末，海丰支行贷款总量、增量继续保持同业第一。本外币各项贷款余额21.47亿元，比上年末增加4.84亿元。公司贷款余额11.76亿元，比上年末净增4.32亿元，存量和增量占比分别为84.30%和75.07%，存量、增量排名同业第一。2014年公司贷款户数达120户；个人贷款余额9.71亿元，比年初增长 5215万元。

国际业务 2014年，国际结算量为1.60亿美元，当地四行占比高37.8%，连续三年稳居同业首位；跨境人民币结算量为3.73亿元，四行占比高达62.9%，排名第一。

电子银行业务 适应社会经济新常态，建设信息化银行，发展互联网金融是工行重要发展战略，依托工行“融e购”商城平台，着力打造银行系电商的特

色金融竞争业务。海丰支行积极加大对客户电子银行业务的拓展，个人网上银行、手机银行、工银信使等的产品快速增长。2014年新开个人网银证书版18228户;新开手机银行(WAP)19427户。电子银行各项指标完成排名均在系统前列。

金融服务　深入实施“大资管”和“大零售”战略，公私联动，实现全产品、全过程、全方位营销，狠抓经营效益，增创中间业务收入。重视抓好基础性工作，从客户、产品、服务、机制等方面入手，进一步巩固和提升支行各项业务市场的竞争力。通过拼效率、抢市场，切实支持和服务县域实体经济发展，严控信贷风险，紧守资产质量生命线。2014年年底，支行法人客户贷款连续六年保持“零”不良，个人贷款的不良余额为321万元，不良贷款占全部贷款余额的0.15%，比上年下降了0.11个百分点，贷款逾期率和不良率均低于汕尾工行的平均水平。

强化内控管理和案防工作　一是加强对基层网点负责人和大堂值班经理事中授权管理；二是加强对现金柜员等关键岗位员工的行为监督，落实营业机构案件防范责任制；三是加强对重要风险点的案件防范，密切关注并切实抓好信贷、票据、银行卡等重点领域的案件风险；四是加强员工思想动态排查。认真开展内控案防主题教育活动，继续开展反赌禁赌活动，将赌博行为作为员工不触碰的红线，防止员工参与民间借贷、赌博和投资过度引发案件。

加强廉政建设，提高员工队伍素质　一是加强组织学习党中央和总省行党委重要文件，提高全行员工的法律意识，政治意识、大局意识和责任意识，发挥党员先锋模范作用。二是以完善惩治和预防腐败体系为重点，进一步落实“八项规定”，坚决杜绝“吃、拿、卡、要”等不良现象。明确各网点在廉政建设和案件防范工作中的责任，有效预防职务犯罪，从意识形态上切实加强道德风险防范，确保全行党风廉政建设和反腐败工作任务的落实。三是以人为本，积极构建“共创共健共享”企业文化，进一步增强员工的归属咸、使命感和责任感。

（林泽程）

附：2014年中国工商银行海丰支行领导名录

行　长：陈耿孝

副行长：王占光　陈剑光

【中国建设银行海丰县支行】 2014年，中国建设银行海丰支行（简称建行海丰支行）在全面贯彻落实省、市分行：“三个确保、两个领先”的基础上，坚持“一个中心两个确保三个提升”的工作目标，坚持确保安全运行、确保业务稳健发展；坚持提升发展能力、提升业务规模、提升队伍素质。实现安全运行及业务稳健、持续地发展，较好地完成2014年各项工作任务目标。

机构网点　建行海丰支行坚持以“诚实、公正、稳健、创造”核心价值观，不断创新，追求卓越，是一家服务功能齐全、服务手段先进、公众信任度高的国有股份制银行。海丰县域设海丰支行、城西支行、广富支行、附城支行、红城支行、龙津支行六个营业网点，并配置了6个附行式自助银行。主要业务办理本外币存款、贷款、结算、信用卡及各种代收代付、统发工资、保险代理、代销基金等金融服务。

存贷款业务　存款和贷款业务一直以来是建设银行的传统优势业务，建行海丰支行不断探讨客户服务和业务发展之路，2014年度全口径一般性存款余额14.57亿元（其中：企业存款余额7.60亿元、个人存款余额6.96亿元），比年初新增1.19亿元。个人贷款余额为5.60亿元，比年初新增1.08亿元；全年投放1.71亿元，其中个人住房贷款投放1.57亿元；个人消费贷款投放为1411万元；不良贷款余额为 63 万元，不良率为0.1%。

中间业务　除了保持传统存款结算和贷款业务以外，努力创新产品，拓展新的业务增长，如代客理财，代收代付，代理保险，代售基金、黄金、股票，代理国债销售，以及投资银行业务，跨境人民币结算，国际外汇结算，贸易融资，信用卡分期，电子银行，百易安等业务，使业务得到稳步发展。

金融服务　建行海丰支行一贯践行“以市场为导向，以客户为中心”的服务理念，注重细节管理，精心打造“优质服务、客户满意”的服务品牌。通过推行网点转型工作，在营业网点的择址和装修上加大资源投入，不断改善营业场所的环境建设，完善服务设施，为客户创造优美舒适的服务环境。以传统的柜台金融服务以及24小时自助银行设备和网上银行服务为客户提供优质的系统服务。为了更好地提高网点服务水平，每月专门聘请了专业的调查公司，委派“神秘人”对网点的营业环境及设施、网点设施及设备、员工行为规范、工作着装、仪容举止、大堂经理、高柜柜员、个人业务顾问、员工主动推荐促销、驻点人员服务等进行检测评分，并将结果全行通报，对评分少于全省平均分的网点给予批评和处罚，由此形成一个完整的服务监督网络。

外汇管理　建行海丰支行严格按照外汇业务监管部门的要求，稳步发展外汇业务。经过近几年的业务拓展，除了发展传统个人、企业外汇结售汇、跨境人民币结算业务外，不断加强贸易融资产品的创新与拓展，贸易融资有信用证、海外代付、托收、国外保函、即（远）期结售汇、外汇买卖等业务。外汇业务在海丰区域已占据较大市场，国际结算业务量逐年上升，全年实现国际结算业务量12927万美元。

内部管理 海丰支行以“内强素质，外树形象”的要求实施内部管理，通过培训、检查，积极探索客户服务方法，努力提升与客户的关系。年内多次组织人员到公平、可塘等海丰辖属乡镇开展“送金融服务下乡”活动，为逾百个企业和商户提供代发工资、电子银行产品配送、结算E办理等金融服务，得到广大客户的好评，为发展地方经济，发展普及金融产品知识和企业经营提升做出应有的贡献。海丰支行在发展业务的同时不放松内部管理工作，推进“安全年”活动和案件防控各项工作。持续做好网点“六个一”工作，加强检查、巡查、排查和各项预案的演练工作，加大业务自查力度，落实“三不三严”要求，对发现问题要分析原因及时整改，对轻微差错责任人进行自主积分和培训教育，通过自查提升员工业务水平和抗风险能力，提高支行操作风险管控能力，确保合规经营、廉洁从业。

（林储武）

附：2014年中国建设银行海丰支行领导名录

行　长：余晓红（女）

副行长：朱建辉　叶凯东

【中国银行海丰支行】 2014年，中国银行海丰支行紧紧围绕上级行关于“做最好的银行”战略目标和“三比三看三提高”的工作要求，以转型发展和结构调整为主线，以提升发展质量、服务效能和拓宽收入渠道为目标，狠抓核心业务发展，并强化防案管控能力，促进依法合规经营，全面开展群众路线教育活动，积极履行社会责任，有效促进了经营与管理的稳健发展，全年实现营业净收入1.09亿元。

机构网点 中国银行海丰支行内设业务发展部、营业部2个部门，下辖云岭东路支行、广富路支行、海丽大道支行、红城大道支行、河园支行及梅陇支行6个经营性支行，在职人员88人。

存贷款业务 2014年，在激烈竞争的市场之中，面对反复震荡的经营形势，全行上下统一思想，坚定信心，牢记只有拼搏才能赢得市场，才能实现预期的目标和取得理想的业绩，面对挑战勇往直前，不畏艰辛奋力拼搏，以高度的责任意识，紧紧抓住市场的主旋律，有效地推动核心存款快速发展，人民币一般性存款余额30.24亿元，外币一般性存款余额1112万美元。年内，支行拓宽资产业务发展思路，主动调整资产业务结构，提高授信资产效益贡献度。在做好楼盘按揭的同时，加快中小企业授信和个人经营类抵质押贷款业务的拓展，并加大关注类及不良贷款的清收力

2014年4月14日下午，中国银行海丰支行党的群众路线教育实践活动领导小组率领基层网点支部书记、机关全体党员到革命纪念地海丰红宫红场参观学习。图为海丰支行党员在彭湃烈士像前重温入党宣誓

中国银行海丰支行党员在红宫听取海丰革命史

中国银行海丰支行党员在红宫大成殿——彭湃同志当年召集农民开会的地方集中观看党员教育片《信仰》

2014年3月9日，中国银行海丰支行组织开展“三八”妇女节户外趣味活动。图为女员工做瑜伽有氧操

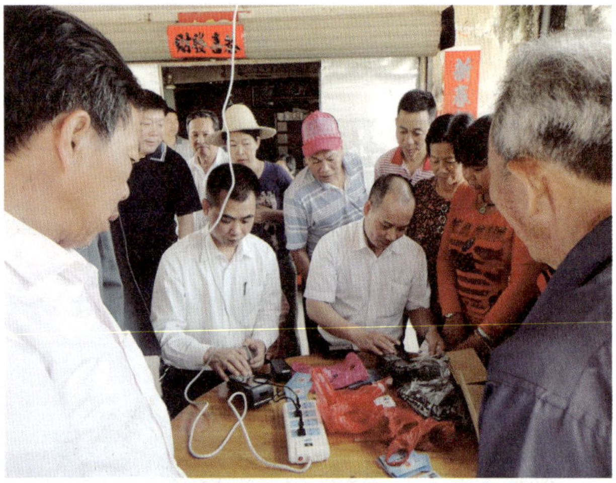

2014年4月18日，中国银行海丰支先后组织各网点到乡村进行了100多场次的社保卡激活活动。图为海丰支行员工现场为可塘仓前村群众办理社保卡激活

度，促进零售贷款健康发展，全年累计实现有效投放3.94亿元，其中：中小企业贷款8910万元、住房按揭贷款2.21亿元，经营类抵质押消费贷款8415万元。

市场营销拓展 全行上下把握机遇，以基础产品为辅、重点产品为抓手，深入企业与商户，深入各专业市场，走职能部门入社区、闯市场进商户，围绕企业主、商贸客户，开展立体交叉营销，有效推进了银行卡、网上银行、短信通、手机银行等基础业务发展。

持续打造收入新增长点 一是始终坚持做好传统业务国际贸易；二是不断培育扩大具有“一次投入，持续产出”的金汇客户规模，强化交易服务与指导，促进对私资金业务交易量快速上升；三是充分利用表内外理财产品优势等稳定客户资金和拓展其他资金来源，做大金融资产，优化收益结构；四是加强与合作机构的联动推介。

内部管理与安防措施 2014年，为加强案件防控长效机制建设，推进各项业务持续健康发展，为实现做最好银行营造良好的内部运营环境，中国银行海丰支行把深入推进党风廉政建设，严格执行中央八项规定，时刻自重自省自警，不越道德底线、不触纪律红线、不碰法律高压线作为根本，强化队伍建设，以“一岗双责”为核心层层签订责任状，层层落实案防责任。并紧抓员工思想道德教育、规章制度学习，提高员工遵纪守法的自觉性。认真开展各类警示教育，严格落实“晨会案防一分钟”“十严禁”等各项规章制度，提升员工自觉依法合规的从业意识。认真开展“珍爱生活、远离案件”等主题活动，促使全体员工远离民间借贷、远离非法集资、远离黄赌毒、远离违法违规和犯罪行为。年内，支行高度重视不同时期的安防形势特点，消除麻痹思想和侥幸心理，认真组织开展营业场所、自助银行、现金尾箱、消防安全等重要场所、重要环节、重点部位的安全检查，增强员工安全防范责任意识；同时对各类安防设施、录像监控设备、消防器材、用电安全等加强检查与维护保养，消除各类安全隐患，确保报警、监控等安防设施完好有效；并坚持“预防为主”的方针，认真组织辖属机构开展防诈骗、防抢劫、防爆炸、防恐怖袭击、防火灾等内容的实战演练或桌面推演，不断提高员工处置突发事件的能力。

金融服务 中国银行海丰支行以人为本，注重人文关怀，提升为客服务素质。始终坚持组织员工参加培训，开展班前班后学习活动，鼓励员工参与业余时间学习，不断提升自身文化知识水平与应对、处置问题的能力，认真抓好员工业务技能训练，提高操作水平，在年度业务技能考核中实现参测率100%、合格率93.88%、达标率69.39%，并产生二级以上能手9人；并积极组织开展各类型团队活动，丰富员工业余文化生活，凝聚团队精神。

（庄多思）

附：2014年中国银行海丰支行领导名录

行　长：陈清波

副行长：蒋俊深　何秋生

【中国农业发展银行海丰县支行】 中国农业发展银行海丰县支行（简称海丰农发行）是海丰县唯一一家国家农业政策性金融机构，以服务“三农”为根本宗旨。海丰农发行直接受中国农业发展银行汕尾市分行领导，属正科级单位；内设办公室、客户业务部、会计结算部三个部室；设行长1人、副行长1人，在编员工18人。农发行业务范围持续拓展、金融产品不断丰富，已向“三农”的各个领域延伸，除继续承担粮棉油收储信贷业务外，业务范围已拓展到农村路网水网建设、农田水利建设和改造、农业生产基地开发、农业生态环境和技术服务体系建设以及农村文化教育卫生设施的建设与升级、农村土地整治和农民集中住房建设等方面的资金需求，形成全方位、宽领域、深介入的支农格局。

加大信贷支农力度 海丰县农发行围绕保障国家粮食安全和推进城乡发展一体化，信贷支农力度进一步加大。一是及早做好粮食储备资金需求预测，确保粮食收储资金供应不出问题。认真落实国家粮食安全战略，2014年累计发放储备粮贷款1908.15万元。二是大力支持农业农村基础设施建设。加强高层营销和营销办贷效率，成功营销了土地整治储备项目贷款1.46亿元，全年累放新农村建设贷款8443万元，促进城乡发展一体化作用更加凸显。

推进业务基础管理 海丰县农发行坚持以信贷基础管理年活动为抓手，全面推进业务基础管理，防控操作风险，管理水平进一步提高。一是扎实信贷基础管理。全面摸清风险底数，逐一落实整改；全面清理系统数据，降低操作差错；稳步推进CM2006系统数据质量治理，系统差错率大幅下降；全面规范办贷管贷，实现合规运行。二是规范合规风险管理。规范法律审查标准，依法合规审查信贷担保事项。优化押品重估管理，规范押品价值审查，避免押品价值高估或虚假评估。建立健全客户投诉处理机制，加强员工行为积分管理，做好案件管理分析工作。三是严格财务会计管理。强化艰苦奋斗、勤俭办行的理念，加强开支的审核把关，努力做好增收节支工作；做好反洗钱和现金管理等工作，加强会计远程监控管理工作和IC卡管理工作；以会计晨会为抓手，落实会计基础管理制度，有效防控会计操作风险。

加强作风建设 海丰县农发行坚持以党的群众路线教育实践活动为抓手，切实加强党建建设，强化了奋发有为的责任意识，激活了求真务实的担当精神，

2014年8月4日，海丰县农业发展银行海丰县支行开展党的群众路线教育实践活动集中学习会

营造了干事创业的良好氛围。一是从严从实开展第二批教育实践活动。坚持把组织好党的群众路线教育实践活动作为首要政治任务，准确把握目标、指导原则和关键环节，把规定动作做到位，把自选动作做扎实，扎实推进学习教育、听取意见，查摆问题、开展批评，整改落实、建章立制三个环节的各项工作，确保活动的有序开展，取得了实实在在的成效，全行员工、监管部门和企业客户给予了积极评价。二是巩固拓展教育实践活动成果。制定和修订各项制度6项，内容涵盖了农行日常运营管理的各项工作，进一步推动全行员工改进工作作风，提高服务质量，有助于推动全行作风建设常态化、长效化，形成作风建设长效机制。三是加强员工综合素质提升。加强员工业务知识学习，提高综合业务素质。各部门坚持周学习例会制度，认真传达学习各类新的规章制度和操作流程，鼓励员工积极参加上级行和外部单位举办的各类培训，提升自身的综合业务素质。

（颜俊富）

附：2014年中国农业发展银行海丰县支行领导名录

行　长：宋竞良
副行长：黄海鹏（任至11月）
　　　　黎小青（11月起任）

【中国邮政储蓄银行海丰县支行】 2014年，中国邮政储蓄银行海丰县支行（以下简称邮储海丰支行）内设综合管理部、个人金融部/“三农”金融部，公司业务部。下辖营业部1个、网点21个（含代理），有干部职工75人。2014年，邮储海丰支行坚决贯彻县委县政府和上级的指导思想和经营方针，努力完成上级行下达的各项任务；一手抓服务质量、一手抓业务发展，紧抓业务风险管理；积极推进企业转型，充实产品线条，强化金融服务能力，扶持农村小经济体发展壮大。至年末，支行个人储蓄存款余额 26亿元（其中银行自营5.3亿元）、公司存款余额2.1亿元，全年累计发放各类贷款1880笔共4.4亿元。全年完成业务收入4365万元。在全县已设立ATM机43台、POS机51台、商易通80 台；在县城中心地带设立5个标准24小时自助银行。

提高农村网点服务能力 邮储海丰支行继续坚持面向“三农”、服务大众、服务中小企业的战略定位，以服务民生事业为基础，以“支持百姓创富”为主线，形成独具特色的“普惠金融”“大众金融”发展道路。大力推进网点、电子渠道建设，改善金融服务配套。各网点在严格遵循金融机构安全防范规定和上级有关设施标准的前提下，大力改善服务环境，提高客户使用柜面服务的舒适性，促进农村金融服务水

平的提升．拓展银行卡业务，普及自助服务。在前台业务办理环节着重宣传的影响下，信用卡、特别是借记卡的发行量大幅提升，配合支行POS机、ATM机的大规模投放，农村地区的自助交易有了明显提高，降低了窗口服务压力，间接改善了服务质量。

信贷服务地方经济　积极发挥网点优势，大力发展小企业贷款、商务贷款、小额贷款及城镇零售信贷服务，大力服务“三农”、支持中小企业。一是把小额贷款作为长期战略性核心产品，在全县创造了“连锁店+信贷作坊”的小微融资服务模式。二是深入开发行业线条，从行业源头入手，开发珠宝加工行业、首饰加工行业、文具行业、五金行业、养猪行业、鞋类加工等行业，并在资金需求旺盛时期抓住源头进行有效营销。三是与本地中小企业局和行业协会合作，主动引导各商户或企业深入了解支行的信贷服务，拓宽其融资渠道，提高邮政银行贷款对“三农”经济的扶持力度。通过政府担保资金建立和完善对中小企业、农户等信贷弱势群体的担保机制，解决农户、中小企业融资难的现状。在做好业务发展的同时，邮储海丰支行积极做好资产风险管控，较好地控制了信贷风险．

开展规范化服务　贯彻落实服务质量提升工作，每周、每季、半年等周期性突击检查制度，抓好优质文明服务。支行的窗口规范化服务工作取得较大进步，硬件设施得到完善，软件实现较大改善，服务水平得到客户认可，在上级行规范化检查中多次达到良好水平。此外，完善对公业务平台，专注资金归集服务，积累对公存款规模．支行积极响应上级行开发的烟草、供电、电信资金归集项目，通过切实做好营业网点柜台基础服务、虚心学习公司业务，真诚对待客户，将金融服务工作落到实处。

促进中间业务发展　2014年，推广理财业务，扩充农村个人金融投资渠道．支行充分发挥前台人员营销作用，在维持良好服务秩序的同时，满足客户多种金融服务需求，大大促进中间业务的销售，全年国债、基金、保险、理财等中间业务销售累计2.6亿元。

规范经营管理　2014年，充分调配人力、物力支撑信贷业务规范化良性发展。积极配合上级行开展每季定期信贷资产风险排查工作，及时堵塞管理上的漏洞。严格资金安全检查制度，切实履行监控、抽查、巡检职能，确保资金零风险。与相关业务单位定期召开资金风险控制管理会议，交流一线网点管理情况，制定防抢、消防演练方案，定期开展安全检查，发现问题及时整改；坚持安全教育，定期进行防抢及消防演练，切实提高员工的防范和应变能力。全年没有发生安全事故，保证了各项业务的顺利发展。

加强内部建设　支行加强党风廉政建设，严格执行中央“八项规定”，认真开展党的群众路线教育实践活动，从源头上抓好廉政工作。年内，实行党风廉政建设责任制度，对领导班子党风廉政建设进行年度测评和考核，定期开展民主评议党员活动，促使党员不断提高自身素质。建立健全党员廉政档案，通过主动填报相关情况，提高党员廉政自觉性和腐败抵抗力，增强党员队伍和党组织的战斗力。开展晨会活动，通过定期思想交流，加强业务人员思想政治及职业道德教育，提高风险防范意识；进行制度学习、案例剖析、实务讲解、文化传达及职业道德教育，增强员工责任感和道德观念，保持队伍的纯洁。加强员工的业务培训和考核，提高整体的业务素质。组织员工参加大堂经理、营销管理等一系列业务培训，在员工中开展岗位大练兵和各项应急演练，提高员工业务技能和应急能力，提升了安全生产水平。

（蔡晓平）

附:2014年中国邮政储蓄银行海丰县支行领导名录

行　长：叶力行

副行长：黄雪明　吴杰坤

【海丰县农村信用合作社联合社】　海丰县农村信用合作联社（以下简称“海丰联社”）创建于1952年，是一家集政策金融、合作金融为一体的社区性地方金融机构，主要经营存款、贷款、结算、同业拆借、网上银行、手机银行、电话银行、银行卡业务和各项代理业务等。2014年，海丰联社继续坚定“服务‘三农’、服务中小微企业、推动县域经济发展”的市场定位，以深化改革、转型升级为契机，着力提高服务质量和员工队伍素质，以优化内部组织架构和业务流程、完善内控治理、提升金融服务水平、强化经营管理为抓手，保持了较好较快的发展态势。至年末，共有基层金融服务网点27个，其中营业部1个、信用社15个、分社储蓄所11个，在全辖14个乡镇实现营业网点全覆盖，设立助农取款服务点96个，安装助农取款POS终端共96部，基本覆盖全县236个行政村，农村金融服务网点覆盖率100%。海丰联社内设办公室、人力资源部、运营部、合规部、稽核监察部、信贷与资产管理部、金融业务部、安全保卫部、营业部等9个部，是海丰县金融服务网点分布最广、涉农信贷投放最多、农村普惠金融服务贡献最大的金融服务机构，在编员工347人。

资金实力和发展规模壮大　2014年，持续加大资金业务拓展力度，通过推行大额存款净增激励机制，积极开展对公客户维系工作，有效发动了县域财政、税务、供电和教育等单位前来农信社办理相关代收代

2014年5月27日，海丰县农村信用合作联社第二届社员代表大会召开

扣代理业务，进一步夯实资金实力和拓宽业务规模。至年末，全辖各项存款余额19.44亿元，比年初净增超过2亿元；实现经营利润1122万元，同比增盈432万元，增幅高达62.64%，盈利水平连年提升，综合发展实力持续增强。

加大支农支小融资力度 持续响应和贯彻落实国家有关信贷政策导向指引，不断加大对“三农”和小微企业信贷支持力度，通过持续深入推进支农服务“三大工程”，进一步扩大“三农”、地方特色产业、龙头优势企业的金融服务覆盖面，重点加大本地建材批发、医药批发、宝石加工、服装加工、农用器具加工、农业种养等行业信贷融资力度，有力发挥了支农助农惠农金融服务纽带作用。至2014年年末，全辖各项贷款余额10.92亿元，当年新增贷款3.57亿元，其中，涉农贷款余额9.31亿元，占各项贷款总额的85.25%；小微企业贷款余额2.25亿元，占各项贷款总额的20.6%。

推进企业形象工程建设 稳步推进企业服务形象工程建设，落实金融服务功能升级改造系统工程，进一步增强金融服务软硬实力。一是加快推进全省农合机构统一新标识推广应用工作。按照广东省农村信用社联合社统一部署，通过电子屏滚动宣传、悬挂宣传横幅、播放宣传短片等方式，有序、全面开展新标志推广宣传工作，如期完成联社总部大楼及辖内27个营业网点的门楣招牌更换工作。二是做好2014年新员工招聘录用工作。通过笔试、面试等流程环节，择优录用10名新员工，进一步优化了人力资源配置。三是推行大堂经理制度。在联社营业部、梅陇信用社等6家业务量相对较大的网点推行专职大堂经理制度，进一步优化业务服务流程，有效缓解营业网点柜台压力，提升了服务形象和综合竞争力。四是积极推动农信品牌宣传推广工作。借助电视台、报纸等媒介在当地的宣传影响力，不断扩大品牌宣传推广覆盖面，增强农信品牌知名度。五是加快推进网点布局建设。年内，整合优化现有资源，按照全省农合金融机构网点格局统一设计装修标准，对辖区莲花信用社进行迁址营业，实现了服务功能升级改造，现代综合型、专业型、功能性金融企业网点建设工程落到实处。

特色贷款营销工作 以及时解决县域特定群体创业发展融资瓶颈问题为切入点，全面践行支农支小发展社会责任，通过强化信贷产品创新能力、拓展贷款营销领域等举措，进一步完善信贷支农支小服务路径。一是在小企业专营中心“金摇篮”品牌下推出个体工商户、种养大户自助循环贷款品种，通过简化贷款手续、缩短放款时限、提高贷款效率等流程优化方式，及时解决“三农”、中小微企融资难题。二是在龙津分社试点推出个人消费贷款工作经验的基础上，全面推出个人消费贷款，并将消费贷款最高额度提高至20万元，进一步满足当地企事业单位干部职工的融资需求，截至2014年年末，累计发放该类贷款138笔，合计金额911万元。三是积极与农业局和财产保

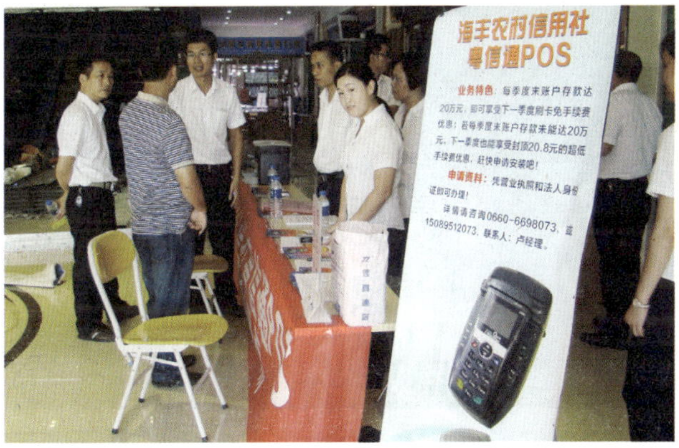

2014年8月18日-22日，海丰联社在可塘镇珠宝交易市场开展为期5天的粤信通POS业务推广营销活动

险股份有限公司沟通协调，推出“政银保”贷款，进一步加大对农民合作社的信贷支持力度，推动了农业生产经营体制的创新。四是根据广东省农村信用社联合社有关扶持妇女创业落实小额担保财政贴息贷款项目有关精神，及时推出妇女小额担保贷款，为当地妇女在自谋职业、自主创业上提供资金扶持，促进妇女创业致富和地方经济发展。

海丰联社积极响应当地银监分局开展2014年“金融知识进万家”宣传服务月活动

2014年11月21日，海丰联社在联社营业部门前开展金融网络安全的政策宣传和知识普及工作集中宣传活动

2014年7月17日，海丰县农村信用合作联社选派舞蹈节目参加广东省农村信用社联合社汕尾办事处主办的“唱响中国梦”主题歌咏活动

拓展中间业务　坚持“加快中间业务发展，加大收入结构调整”的方针，积极迎合金融市场各层次消费群体个性化、多样化的金融需求，大力开办各类代理业务及新型金融服务产品，同时，扎实推进基层金融服务“村村通”工作，以各乡镇信用社为中轴线，不断扩大服务半径和拓宽服务渠道，通过优化整合金融服务资源、持续加大自助设备投放力度，大力发展粤信通POS业务等举措，着力推动基层金融服务向行政村延伸，全面做好农村基层金融服务工作。当前，已开办了网上银行、手机银行、电话银行、财付通、银联无卡支付、第三方存管、卡付宝、卡贷宝、网易宝、粤信通POS业务和资金费用代收代扣各类代理业务等。2014年全辖累计发行珠江平安卡10.4万张，网银签约存量4130户，支付宝存量3529户，电话银行签约存量1187户；全年共投放CRS电子银行自助机具3台、粤信通POS终端209台，助农惠民成效显著。

内控机制建设　以提升风险管理工作能力为重心，积极落实银监会和广东省农村信用社联合社2014年全面风险管理与合规工作指引。一是积极做好防范和打击非法集资宣传教育工作。通过定期不定期开展打击非法集资宣传教育工作，强化社会公众风险意识和防范能力。二是扎实开展反洗钱工作。将反洗钱工作提升到风险防控与合规经营的高度，进一步健全和完善反洗钱内控制度，提高对大额和可疑支付交易的监测。三是推进全面风险管理机制建设，成立理事会风险管理与关联交易控制委员会，进一步加强风险管理机制建设，完善法人治理组织机构。四是积极推进消费者权益保护工作。通过规范客户投诉处理、广泛开展宣传教育活动、健全消费者权益保护机制等形式，深入开展了消费者权益保护工作，提升社会各界对海丰联社服务及品牌的认同度。

深化改革转型升级　产权制度改革升级步伐加快，在广东省农村信用社联合社的指导下，稳步扎实推进转型升级各阶段工作。一是确定定向合作对象。在省联社和省联社汕尾办事处的指导和推动下，与中山农商行签订了定向合作工作协议，初步达成定向合作意向，明确了定向合作框架，转型升级工作取得实质性阶段成果。二是流程化银行建设顺利推进。以利于风险防控、利于市场营销和利于机构扁平化、垂直化管理为原则，于7月份全面启动流程银行建设项目。至年末，已完成人员培训、组织架构搭建、条线职责厘清、制度文件梳理和流程优化管理阶段工作，进入试运行阶段。下一步，将以全面实行企业管理精细化、流程化管理目标为导向，逐步向建立产权明晰、治理完善、资本充足、内控严密、财务良好、服务高效的现代农村商业银行方向迈进。

（倪素瑜）

附：2014年海丰县农村信用合作社联合社领导名录

理事长：叶心怀

主　任：罗烈长

保　险

【中国人民财产保险股份有限公司海丰支公司】 中国人民财产保险股份有限公司海丰支公司（下称“人保财险海丰支公司”）是中国人民财产保险股份有限公司的分支机构，直属中国人民财产保险股份有限公司汕尾分公司管理，属于国有控股公司。2014年，人保财险海丰支公司内设综合部、销售一部、销售二部、销售三部，海丰营销部，可塘营销服务部；支公司有职工22人（其中正式员工10人，劳务派遣员工7人，销售人员4人，后勤保卫1人）。人保财险海丰支公司主要开办的险种有：企业财产保险综合险、基本险，普通家庭财产综合保险，个人贷款抵押房屋综合保险，政策性农村住房保险，机动车辆保险，火灾公众责任保险，短期人身意外险、团体意外险、学生意外险，雇主责任险，基本社保医疗补充保险等。

业务发展　2014年，实收保费收入2967万元，同比增长14.1%，其中车险保费收入2407万元，同比增长10.75%，非车险保费收入560万元，实现利润超过340万元。全年赔款支出约1079万元，简单赔付率36.3%。为当地经济社会发展与和谐社会建设做出贡献，被汕尾市分公司评为先进工作单位，发挥了金融国企维护社会经济稳定的应有作用。人保财险海丰支公司坚持保险业服务农业的职责，认真落实上级文件精神，按照县政府关于《海丰县政策性农房保险实施方案》的内容，为广大农村地区承保了全县各乡镇农户的住房，发展政策性农村住房保险业务，减轻了政府负担，为创造和谐社会尽了自己的力量。

内部建设　2014年，人保财险海丰支公司深入贯彻落实党群众路线教育及上级公司会议精神，严格按照“八项规定”的政策约束员工，防止腐败、防止脱离群众。年底，根据中央对保险业提出的新要求，做好“两加强、两遏制”的自查自纠工作。紧紧围绕“促发展、保效益、防风险”的工作基调，公司上下团结一致、同心同德、全力以赴、奋力拼搏谋发展、促发展，使各项业务持续稳定增长。

（吴贤圳）

附：2014年人保财险海丰支公司主要负责人名录

经　理：曾向仲

副经理：李小荣

【中国人寿保险股份有限公司海丰县支公司】 中国人寿保险股份有限公司海丰县支公司（以下简称中国人寿海丰支公司）隶属汕尾分公司，属下设有海城、梅陇、公平、可塘等4个营销服务部；总公司成立于1949年，与新中国同龄，总部设在北京，股份制上市公司，中央企业。海丰支公司共有在编职工17人，外勤营销人员225人。

中国人寿海丰支公司根据全保会议和省保会议精神，紧紧围绕省公司“改革创新 转型升级 价值先导 专业经营”的工作主题，团结拼搏，开拓进取，坚持以效益为中心，以提高公司核心竞争力为目标，狠抓基础建设，着力提升服务水平，切实防范经营风险，进一步巩固和扩大结构调整的成果，加快推动发展方式转变，促进了公司业务的持续、健康、快速发展。海丰支公司秉承社会责任，发挥保险功能，积极服务于地方经济建设和社会发展，2014年总保费累计收入达1.14亿元，市场份额占比55.86%。全年支付满期及生存金领取等2219万元，支付理赔款353.79万元，为促进改革、稳定社会、保障经济发挥了积极的作用。

业务稳健发展　2014年公司总保费收入达1.14亿元，同比增长6.8%，其中新单保费收入3372万元。其中：个险渠道完成1395万元，同比增长13.7%；银保渠道完成总保费1977万元，同比增长8.5%；团险渠道完成短期险54.43万元，同比增长26.26%。海丰县支公司与各国有商业银行、邮政储蓄等建立代理关系，成立保险代理销售网点；通过大力发展意外险业务，使团险渠道得到长足的进步，打开了业务发展的局面，并为海丰县多家大型企业承保意外保障服务。

依法依规经营　学习贯彻《员工行为守则》《员工违规违纪处理暂行规定》和《反舞弊程序》、治本抓源头责任制等一系列工作，纪检监察部门加大监控力度和对违法违规案件的查处力度。在狠抓业务发展的同时，进一步强化经营管理，规范运作流程，加强内控制度建设、风险管理。全方位、多角度分析公司的经营风险，全面梳理公司经营管理过程中的控制点，通过内部控制体系的建设，发现控制弱项，促进公司建立健全内部控制制度，加强内部控制建设，规范公司业务流程，提高经营管理的规范化水平。另外，按照上级公司和人民银行的要求，做好反洗钱工作，认真学习反洗钱法律法规、监管规定、公司规章制度和文件，切实加强自查自纠工作，确保人员、时间、内容的落实，高质量地完成工作。为维护地方金融秩序贡献自己的力量，确保了金融安全。

优化服务质量　在激烈的市场竞争中，客户服务已经成为企业在市场上面临的重要问题之一。海丰县支公司积极响应上级公司的号召，强化服务质量。把满足客户需求作为一切展开的目标和中心，体现公司“成己为人、成人达己”的宗旨，更好地秉承“客户至上”的服务理念，切实解决客户的疑难问题。大力加强宣传力度，真正做到服务到家的保证。每位员工都能够从自身做起，提高服务形象，树立了公司的良好形象，扩大了公司品牌的知名度。

内部建设　做好党建、工建和团建工作，加强党组织建设，发挥共产党员的先锋模范作用，加强先进性教育，以党建促发展，以先进促发展。加强工会建设，做好职工书屋和职工活动室建设，为广大干部员工提供学习、活动的平台。举办各种活动，丰富员工业余文化生活，增强公司凝聚力和向心力。面对公司新人较多，员工队伍年轻化的局面，公司十分注重团委建设工作，对团委成员进行重新选举，增加团委人数，充实团干部队伍。

（方武会）

附：2014年中国人寿保险股份有限公司海丰县支公司领导名录

总经理：张汉民

副总经理：谢再跃

交通运输

综 述

【概况】 2014年，交通基础设施建设完成总投资近5680万元，完成地方公路路基66.3千米，路面58千米及3座桥梁（1座已完成、2座完成下部构造）。全县交通运输生产持续、稳定发展，全年完成旅客运输量3156万人次，比2013年增长20.6%；完成旅客周转量371314万人千米，比2013年增长22.1%；完成货物运输量1593万吨，比2013年增长20.7%；完成货物周转量22.07亿吨千米，比2013年增长20.6%；完成货物装卸量155万吨，比2013年增长24%。

【机构人员】 海丰县交通运输局是主管全县道路、水路交通运输行政管理工作的政府行政机构，其前身为县人民委员会交通科，始建于1954年6月，1973年1月设立海丰县交通局，2011年6月，按大部制改革要求，改设海丰县交通运输局，内设人秘股、政策法规股、规划基建股、财务审计股、综合运输股、安全监督股（加挂海丰县交通安全委员会办公室、应急办公室牌子）6个职能股室，核定行政编制12名。另增设海丰县交通运输局综合行政执法局为海丰县交通运输局直属正股级行政机构，核定行政执法专项编制65名；海丰县交通战备办公室为挂靠海丰县交通运输局正股级行政机构，核定机关使用事业编制5名。海丰县地方公路管理站为海丰县交通运输局管理的副科级公益一类事业单位，具体负责负责全县地方公路建设、养护、管理工作。2014年年末，海丰县交通运输局实际人数241名，其中行政人员72名、事业人员169名；海丰县地方公路管理站干部职工总人数139人，其中在职72人。

交通设施建设

【高速公路建设】 2014年，潮州至惠州高速公路（海丰段）已列入省高速公路网规划，属省规划“十二五”县县通高速公路的项目之一。该路段起于海陆两县交界的平东镇小坑村附近，经公平镇、城东镇、海城镇，止于赤石镇与惠东县交界处，主线长约54千米。拟设平东互通（预留）、海丰互通、海丰（西）互通、赤石互通共4座互通立交，从海丰（西）互通至G324线建设1条约6.5千米的一级路连接线；从赤石互通至G324线建设1条约16千米的二级路连接线（按一级路规划预留用地）。项目已完成征地424.7公顷，其中已交地422.6公顷，已清表419.34公顷，基本完成征地拆迁任务，争取2016年建成通车。兴宁至汕尾、龙川至汕尾2条高速公路前期工作加快推进。

【一级公路建设】 梅陇镇西环路建设工程经县人民政府常务会议研究决定，工程采用BT模式进行建设，项目已于2013年10月开工建设，至2014年年末已完成路基5.4千米及桥涵工程，累计完成投资5700万

2014年12月24日，省道335海丰段基层施工现场

2014年12月26日，省道335海丰段基层施工现场

元（其中2014年完成投资1700万元）。海丰县城莲花大道，全长10.3千米，按一级公路标准设计建设，已完成立项及初步设计审批，施工图设计已完成评审，现正在完善施工图设计，近期可报批，预计2015年5月可开工建设。

【县乡公路建设】 后港溪一、二桥新建工程，一桥长53米，二桥长101米，桥宽均为8.5米，于1月动工建设，桥桩基础已全部完成，安装了部分梁面板，完成投资380万元；赤石镇明热桥新建工程，桥梁全长85.04米，桥宽12米，于1月动工建设，已完工，完成投资500万元；大湖大桥建设工程，桥梁全长466.5米，于10月动工建设，已完成7条桥墩。

【通村公路建设】 海丰县于2008年年底实现全县所有行政村公路硬底化。2014年通村公路硬底化完成58千米。

【港口码头建设】 ①汕尾运通达石化发展有限公司鲘门油库码头，于1994年7月建成1座1000吨位码头，码头靠泊吨位1000吨，共投入资金1760万元。②海丰小漠华城石化基地码头配套工程，已完成3000吨级石化码头1座，单项投资3500万元。2011年年底又着手拟建设5万吨级码头1座、3000吨级泊位码头3座，估算工程总投资为33396万元。③海丰华润电厂5万吨级码头，配3000吨级码头泊位，计划总投资5亿元，至2014年年末工程已全面完成并试运行。

2014年12月17日，大湖大桥桩基施工现场

客货运输

【城镇旅客运输】 2014年，海丰县有旅客运输企业12家，其中班车旅客运输公司9家（二级企业1家，三级企业2家，四级以下企业5家、旅游运输企业4家）、小汽车出租运输企业3家、公共交通运输公司2家。拥有客运车辆585辆，其中年度更新客运车辆38辆，新增客运车辆11辆，总座位15834个。其中班线客车335辆、出租小客车150辆、公交车67辆，旅游车33辆。开通客运班线33条，其中市际10条、县际10条、县内13条。

【市际、县际班车客运】 海丰县有班车旅客运输企业9家。2014年，开通广州、深圳、珠海、佛山、惠州、梅州、河源、东莞、汕头、揭阳等市际客运班线10条，投放车辆188辆，8300座位，日平均322班次，年客运量536.6万人次。开通海城至陆丰、陆河、碣石、马宫、遮浪、红海湾、捷胜、汕尾，可塘至汕尾、陶河至汕尾、大湖至汕尾等市内跨县客运班线11条，投放车辆59辆，1593座位，日平均232班次，年客运量237.1万人次。旅游包车33辆，1449座位，年游客运量62.6万人次。

【农村客运】 2014年，全县农村客运投入89辆，2517个座位，开通11条客运线路。投放各客运线路车辆：海城至公平14辆，海城至平东2辆，海城至黄羌（含黄羌林场）2辆，海城至赤坑24辆，海城至大湖4辆，海城至陶河8辆，海城至梅陇15辆，海城至赤石2辆，海城至小漠2辆，海城至鹅埠9辆，海城至梅陇农场7辆。日平均总发班量668班次，年客运量678万人次。

【公交运输】 海丰县有公共汽车运输公司2家，2014年拥有公交车67辆，1269座位，年运行里程656.3万千米，年客运量784万人次。

【出租车运输】 海丰县润达、骏通、安达3家小汽车出租运输公司成立于2002年，汕尾市交通局批准出租车投放额度为：润达公司50辆，骏通公司50辆，安达公司50辆，共150辆。主要服务海丰县城城乡出租客运。2008年3月开始，各公司相继更新了车辆。2014年客运量约380万人次。

【客运站】 全县有客运站19个，其中一级客运站1个、二级客运站1个、三级客运站1个、简易客运站8个、客运招呼站8个、客运候车亭347个。日平均发班次1308班，年旅客发送量2218万人次。

【货物运输】 全县各类普通货物运输车辆2600辆，总吨位1.03万吨。其中大型货车698辆，7849吨位；中型货车146辆，490吨位；小型货车1715辆，1963吨位。年货运量1250万吨，货物周转量18.34亿吨千米。全县物流业持续发展，2014年年末，全县有货物运输代理站点29个，自用货车61辆，356吨位，主要从事货物零担货运、货运代理等业务，年货物托运量155万吨。

【驾驶员培训】 2014年，全县有驾驶员培训学校12家，教练车310辆，教职人员380人。培训场地79000平方米。全年开办培训75期，培训驾驶员4350人。

【机动车维修】 全县有机动车维修企业278家，其中汽车修理厂：一类厂2家，二类厂24家，三类厂156家。摩托车维修业户98家。主要服务全县机动车辆修理、保养，年汽车维修、保养量3.01万辆次。

【渡口渡运】 全县原县政府批准设立联田、甲下、新东、埔陇、马宫5个渡口。2011年，联田渡口撤渡改桥，保留其他4个渡口，2014年更新改造了附城新东和联安甲下2个渡口，至年末有机动钢质10客位渡船4艘，总动力36匹，承载吨位5.6吨。主要服务渡口周边群众生产、生活运输，年渡运量9.8万人次。

交通管理

【交通体制改革】 2011年机构改革后，海丰县交通局组建为海丰县交通运输局，正科级行政建制，内设人秘股、政策法规股、规划基建股、财务审计股、综合运输股、安全监督股（加挂海丰县交通安全委员会办公室、应急办公室牌子）6个职能股室，另设海丰县交通运输局综合行政执法局为海丰县交通运输局直属正股级行政机构，海丰县交通战备办公室为挂靠海丰县交通运输局正股级行政机构。2011年底，根据中共海丰县委《海丰县事业单位分类改革实施方案》精神，海丰县交通运输局上报了所属事业单位分类改革方案，要求保留县交通管理总站和海城、附城、公平、可塘、赤坑、梅陇、鹅埠交通管理所8个运管机构，组建驻县客运总站、南湖客运站、云岭客运站3个交通管理所，撤销局货运管理站。保留和组建的11个运输管理机构要求按行政类股级事业单位定位，人员编制179名；海丰县地方公路管理站要求按行政类副科级事业单位定位，人员编制106名，事业单位分类改革方案有待县机构编制部门批复。

【运输市场管理】 2014年，海丰县交通运输局针对运输市场发展形势，以促进运输行业稳定发展为目标，大力推进全县交通运输市场持续有序发展。一是全面落实行业管理责任制，把监管任务按行业、按辖区落实到职能股、站、所和责任人；二是落实常态管理工作措施，实施对运输市场的有效监管；三是深化运输行业整顿，持续开展以客运、出租车、公交车企业为重点的经营行为专项整治行动，特别是针对出租车行业出现经营矛盾，存在不安定因素的实际，组织开展专项整治，加强守法经营教育，落实维稳措施，进一步规范经营秩序；四是健全运输市场准入制度，规范行政许可电子审批程序，把好运输市场准入关，全年共审批交通运输项目行政许可509件，无出现行政复议、诉讼个案；五是实施质量信誉考核制度，全面提高企业经营资质和信誉度；六是加大技术改革力度，鼓励和支持发展节能型、高端型运输车辆，实现行业节能减排目标；七是大力拓展运输市场，开展企业优化组合、联营，壮大经营规模，进一步增强运输市场竞争能力；八是落实农村客运服务均等化的要求，完善公共服务设施配套，延伸客运线路，提高农村客运覆盖率，优化服务质量，为城乡经济建设提供强有力的交通运输保障。

【交通运输行政执法】 2014年，交通运输综合行政执法工作以党的群众路线教育实践活动为契机，按照“预防为主、事前防范、事后查处相结合”的方针，结合全县重要领域综合执法工作目标和要求，严格依法行政，针对突出问题特别是蓝牌车及小四轮载客现象，采取固定蹲点执法与流动巡查相结合的方式，狠抓运输市场整治。全年共出动执法人员5595人次，执法车辆1119辆次，查处交通运输违法违章车辆161宗，行政处罚35.46万元，调查办理公路部门移交案件28宗，查处驾培学校违章经营2家，有力地保护了运输经营者的合法权益，净化了海丰县运输市场秩序，有效保障了公路的完好、安全、畅通。

【交通工程质量管理】 为抓好交通工程质量管理，县交通运输局主要工作：一是应招投标的项目坚决按工程建设招投标规定执行，不需招投标的项目严格选择有资质的专业队伍，并要求其按所承包的工程量配备工程技术人员和一定数量的熟练工人，按《公路施工规范》施工；二是由交通、公路部门派出工程质监人员亲临各工地指导和跟班作业，定地段包任务，定人员包质量，发现工程质量问题立即责令返工纠正；三是县、镇、村三级层层建立质量责任制，采取定期与经常性监督检查相结合的办法，形成建设、施工、监理互相制约、互相监督、互相协调的质量监督机制，从而保证了公路建设工程质量。

【地方公路管养】 海丰县地方公路管理站是负责全县地方公路养护、协助公路建设、管理的副科级公益一类事业单位。2014年年末，干部职工总人数139人，其中在职72人、离退休67人。全县地方公路养护里程1523.10千米，其中：县道118.57千米，乡（镇）道1138.92千米，村道265.60千米。养护人员87人，其中专业人员52人、临时人员35人。2014年，海丰县地方公路管理站坚持做到落实责任到位、养护措施到位、整治改造到位、监督检查到位。除正常执行养护生产外，完成地养省道335线5.1千米和县道130线7千米水泥混凝土路面改造，新建陆丰上英至海丰大湖公路大湖大桥（全长466米）的桩基工程，完成县道129线、130线、131线部分安保工程。全年累计投入养护、改造资金1200万元。全县地方公路养护质量良好，年末好路率达95%以上。

2014年2月18日，海丰县地方公路管理站职工在做公路养护

【交通行业安全生产管理】 2014年，全县交通行业无发生道路交通责任事故。在行业安全生产管理方面，坚持做到以下工作：一是全面实施安全生产“一岗双责”（行政管理和安全管理同一岗位）制度，建立以企业为责任主体、职能部门认真履行监管职责的安全生产责任机制，逐级签订安全生产责任书。二是切实把好车辆安全技术关、驾驶员从业资格关和客运站场安全监管关。落实车辆安检和GPS监控措施，客车卫星监控率达100%。强化营运驾驶员安全教育和聘用报备制度，开展管理人员和司乘人员16小时脱产安全培训，培训人员912人，培训率98%以上。落实客运站（场）安全监管制度，切实把好源头管理关。三是持续开展行业安全隐患排查治理专项行动，全年共出动检查人员1684人次，受检企业229个，累计打击非法违法、治理纠正违规规章行为71起，排查客货运企业、维修企业、驾培机构共75家，站场6个，乡镇渡口4个，港口码头2个，公路危桥险段3处，排查出安全隐患11起，对发现的各类隐患，明确责任，落实专人，采取切实有效的措施，限期逐一进行整改。四是落实常态管理和安全生产预测、预警制度，加大安全资金投入，夯实行业安全基础。五是实施安全生产责任制考核制度，健全运输市场“准入”和“退出”机制，促进全行业安全有序发展。六是着力做好企业安全生产标准化达标建设工作，按照上级主管部门要求，县交通局采取有效措施，督促企业开展标准建设，全县有15家道路运输企业通过“两客一危”安全生产达标考评，有力地推进了标准化达标考评工作。

（陈　川）

附：2014年海丰县交通运输局领导名录

局　长：黄坚如

副局长：卓学锡　林建城　周宇航

2014年海丰县地方公路管理站负责人名录

站　长：庄成家

副站长：林伟群　张永泽

国道、省道建设与管养

【概况】 2014年，海丰县公路局深入学习贯彻党的十八届三中、四中全会精神和习近平总书记系列重要讲话精神，认真贯彻落实省、市公路交通工作会议精神，坚持以服务当地经济社会发展为目标，以公路

东园公路管养站

建、养、管和行业文化为中心，较好地完成了2014年度的各项公路工作任务，为海丰经济社会发展做出积极的贡献。

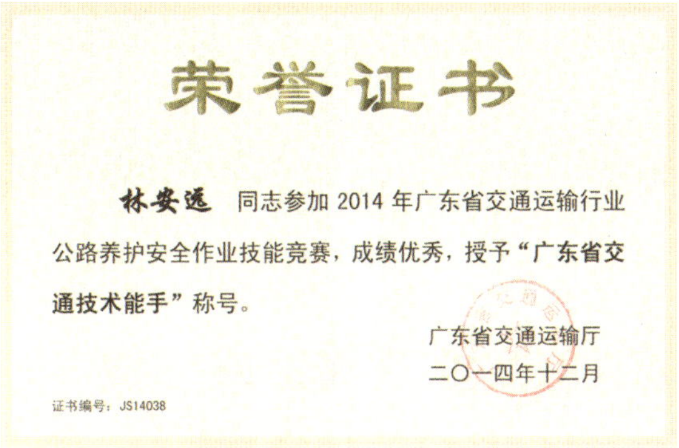
荣誉证书

林安遥　同志参加2014年广东省交通运输行业公路养护安全作业技能竞赛，成绩优秀，授予“广东省交通技术能手”称号。

广东省交通运输厅
二〇一四年十二月

证书编号：JS14038

【机构人员】 海丰县公路局为汕尾市公路局属下正科级事业单位，属下设后门公路管养站、埔上公路养护中心、东园公路管养站，内设办公室、人事股、养护工程股、路政管理股、安全生产股、计财股、监察室、工会8个股室，共有在职干部职工共130名，负责对县境内G324线、S241线、S242线、S335线共140.38千米公路的规划、建设、养护和管理工作。

【国道、省道建设】 2014年，投资1.06亿元的海丰县梅陇西环路5.281千米一级公路建设工程项目已完成桥梁1座、圆管涵10座、盖板涵3座和路基施工，完成征地面积约30万平方米，至年末已完成投资约5000万元。计划投资约4.3亿元的海丰县莲花大道10.72千米一级公路建设工程项目成立管理机构，并上报海丰县发改局批准立项，工程可行性报告和两阶段初步设计、施工图设计已获汕尾市和海丰县交通运输局审批，近期可启动施工、监理招标程序。年内，省道335线海丰段路面改造工程，按二级公路标准设计，项目全长14.97千米，于12月动工建设，2014年完成2千米路基。

【国道、省道养护】 2014年，海丰县公路局投入资金127.08万元，完成S242线西坑路段重点水毁、S242线高潭岭路段安保、S241线流冲桥头470米沥青路面改水泥路面、S241线K15+300钢筋砼板涵、S242线石拱涵修复和G324线长桥（一）桥面修补等工程；开展路面灌缝68.6千米、沥青碎石修补路面坑槽4097.7平方米、水泥稳定石屑修补路面坑槽及路肩520平方米，清理桥涵81座、塌方4200平方米、水沟63.5千米；加强公路巡查和汛期公路、桥涵的监控，落实定人定桥涵观测制度，及时清理公路上的障碍物和排除安全隐患，详细做好巡查和排障记录，增设警示桩420支、标志牌81块、告示牌4块、施工牌8块，补划公路标线5450平方米，设置导向标志3支，修复公路安全标志牌68块，在G324线与S241线交叉路口设立红绿灯和安全设施；加强对公路绿化的管理工作，补种大红花840株、路树350株，做到勤于修剪路树枝、清理枯树和公路中心绿岛杂草、杂物，做到路树不遮挡标志，不影响行车视线；各管养站(中心)按养护工作的相关规定和职责做好公路日常养护工作，相关股室加强对养护工作的日常检查和管理、监督、指导，严格落实考评制度，促进了公路养护工作向常态化和规范化推进，使公路得到经常性养护，延长了公路的使用寿命。通过努力，2014年国省道年平均好路率76.6%，国省道年末好路率79.8%，国省道优等路里程55千米，占总养护里程的40%，达到“畅、洁、舒、美、安”的目标，为人民群众生产生活提供了良好的出行条件，为县域经济发展提供了有力的交通保障。

后门公路管养站

【路政管理】 路政管理股坚持每月上路巡查22天以上，累计巡查人数2284人次，累计巡查里程达30893千米；在国省道穿城路段设置了20块“禁止乱倒垃圾”宣传牌和“建筑垃圾临时倾倒点”示意牌，录制《公路安全保护条例》和《禁止在公路及两侧倾倒垃圾》的录音碟，在巡查过程中反复播放，上门到户发放宣传单3000多份。依法制止、处理各种违法案件89宗，纠正违法行为61宗，告知交通综合行政执法局处理重大案件28宗；依法制止、处理运载砂、土、石车辆污染公路54宗；协助养护部门清理各类障碍物42处，清理占路乱摆摊设点63处；依法办理路政许可事项13宗，收取占用利用公路路产补偿费1.84万元；依法收取损坏公路路产赔偿费24宗15.68万元，索赔率为100%。积极协助市局做好南山立交桥改造期间车辆的疏导和超限超载车辆的劝返工作，协助赤雁右桥改造工程、G324线海丰穿城路段改建工程和梅陇西环路建设工程做好管线迁移协调工作及施工路段的交通维护工作。牵头和协调电信、移动、联通、盈通等多家网络运营公司共同出资修复G324线K715路段和鹅埠路段水毁路肩100余米，修建石砌护坡50米，维护了国道的安全畅通；积极做好海丰县珠宝文化节和国际龙舟邀请赛期间的公路路域环境综合整治工作，对县城地区国、省道公路两侧的脏、乱、差现象进行了大力整治。

【行业文化】　2014年，海丰县公路局以广东省公路管理局开展“公路文化促进年”为契机，积极开展丰富多彩、健康向上的行业文化活动。一是成立公路文化与发展研究会领导小组，加强对公路文化与发展的管理和研究。二是收集各项文化素材，拍摄制作了一部体现海丰县公路局各项工作的宣传片。三是完善职工书屋的配套设施和加强日常管理工作，引导职工参与学习的积极性和热情。四是积极参与省厅、省局、市局组织的书法大赛、书画摄影比赛、诗歌朗诵表演赛和“粽叶飘香迎端午”等活动，其中黄镇同志的书法作品被汕尾市公路局评为二等奖、并荣获广东省公路管理局三等奖。五是加强基层小家建设，东园公路管养站被广东省公路管理局评为“模范职工之家”，被汕尾市总工会授予“汕尾市模范职工小家”的荣誉称号，并在海丰县广播电视台的“龙津两岸”栏目专题介绍小家建设情况，使该站树立了文化品牌，提升了海丰县公路局的行业形象。六是机关各股室更换了新的统一标识。七是深入扎实开展劳动竞赛活动，坚持落实检查、评比、奖励制度，兑现奖惩，激发了干部职工争先创优的斗志，有效地促进了各项任务的完成。八是协助汕尾市公路局做好承办2014年广东省交通运输行业公路养护安全作业技能竞赛活动工作和参赛选手的培训演练工作，通过全体工作人员努力和选手奋力拼搏，取得优异成绩，被汕尾市公路局评为先进单位，林安远同志荣获个人第二名，并荣获“广东省交通技术能手”荣誉称号。九是认真开展“党员示范岗”创建活动，由汕尾市公路局党组授牌的“党员示范岗”创建活动于12月4日开始正式在海丰县公

清理路肩杂草

清扫路面

清理垃圾

路政宣传

路局路政服务窗口启动，每天安排一位党员佩戴“党徽”上岗，热情服务上门的群众。通过创建活动，让党员在单位里把自己的身份亮出来，在岗位上把良好的形象树起来，在群众中把先锋模范作用显出来，营造“比、学、赶、帮、超”的浓厚氛围，从而实现“推动科学发展、促进机关和谐、服务人民群众、加强组织建设”的目标。

（陈小明）

附：2014年海丰县公路局领导名录

局　长：黄春到

副局长：黄汉常　成如武　陈楚敏

海丽大道

邮政 · 电信

邮政业

【概况】 2014年，海丰邮政面对复杂多变的客观经济形势和部分行业经营不景气以及金融市场竞争激烈等不利因素和困难，以提速发展为第一要务，开拓进取，创新发展，大力推进银行化战略和电子商务战略，着力推进管控模式市场化和管控转型，全力推进提速稳步转型发展。代理金融业务保持常态化快速发展，海丰邮政工作大步迈上“五个新台阶”、创下“八个首次”。新台阶一：业务收入规模首次跨越4000万元大关，继续保持全市邮政排头兵位置。全年实现业务收入4325.78万元，同比增长12.1%，增幅居全市、省前茅；完成收支差1561.26 万元，完成市分公司下达计划的104.64%。新台阶二：邮储余额、保费首次余额突破20亿元大关、首次净增余额冲破3.4亿元大关、首次完成保费达4600万元，首次保费增幅达260%。至年末，全县邮政代理网点余额规模达 20.7亿元（占全市余额45.56亿元的45.4%），比年初净增3.43亿元，增幅达19.86%，新增余额占全市6.3亿元的54.38%，新增余额在全市排名第一；新增余额连续突破18亿元、19亿元、20亿元大关，实现“三级跳”，创下余额新增历年最多和邮储余额创新高的两项新纪录。全年共完成保费4613万元，完成市分公司下达3250万元任务指标的141.96%，新增保费总量全市第一，同比增幅达264%。新台阶三：代理邮储和保险业务营销活动首次连续实现“七个圆满”。全年共发展余额3.43亿元，完成市分公司下达任务2.69亿元的127.5%；全局共发展保费4613.58万元，创下历史新高。新台阶四：打造2亿元网点见高效、首次网点创造一年净增余额“八级跳”的佳绩。梅陇网点余额规模达20925万元，成为第二个突破2亿元大关的网点，全年新增余额8502万元，增幅高达68.44%，占全局新增余额3.43亿元的24.78%；新增余额连续突破1.3亿元和2亿元大关，创造了一年净增余额“八级跳”的佳绩，树立了新的标杆。新台阶五：网点整治后新增余额再创新高、首次占全县代理金融网点新增余额高达90%。优化和整治网点，改善服务环境，提升市场竞争力，效果显著。全局已整治并投入使用的12个网点，2014年新增余额3.09亿元，占全县代理网点新增余额高达90.18%。年内，积极开展后台员工兼职营销劳动竞赛，共有147名后台职工参与后台兼职营销活动，发展余额（新增日均）1045万元、车险25.46万元。至年末，代理储蓄收入完成3541.7万元，完成年计划的102.7%，同比增长17.9%。电子邮政收入完成309.2万元，同比增长20.7%。

【机构人员】 海丰县邮政局属公用性国有企业。县局机关设1室2部（综合办公室、市场经营部、金融业务部）；下设6个中心等生产班组。在县城设10个营业网点；在农村乡镇设11个营业网点。全县邮路总长3248千米，邮路总数43条、其中汽车邮路 3条、摩托车邮路27条、自行车邮路16条，承担着全县城乡邮政普遍服务的义务、党政军机关机要通信、党报党刊发行及军人邮件服务等工作。2014年职工总数247人，其中在岗A类96人、B类72人、劳务工79人。

【代理银行业务】 2014年，积极按照市分公司的统一部署，精心抓好代理银行业务的开展，集中力量开展了代理银行营销活动，制定具体实施方案、召开业务动员会和座谈会、职能人员帮助挂钩网点等有效的营销措施，根据每月的经营情况，及时调整战略，重新细化目标（包括余额、保险、手机银行、个人网银等目标），并做好对每个网点的目标跟进工作，强化网点经营管控能力；做好每日业务发展的通报工作，通过QQ群、微信、短信、OA等形式让网点和员工及时了解自身的发展情况，营造浓厚的比、学、赶、帮、超的营销氛围；继续实施“一点一策”，以“项目营销”拉动余额增长，如车险、征地款、代发工资等成为网点余额增长的重要增量来源；加大对“协议存款、一浮到顶”的宣传力度。年内，积极探索业务转型发展之路，提出全力实施打造梅陇2亿元网点的大胆设想，树立标杆，加快推进全县邮储余额的增长。梅陇支局积极制订和实施《梅陇支局代理金融2014年“万马奔腾”暨2014年余额规模达到2亿元的营销活动方案》，并努力将营销活动方案措施落到实处，使梅陇支局代理邮储业务得到突飞猛进的快速发展。至2014年年末，全局19个网点，邮储余额突破千万元大关的网点有15个，次数达34次。新增鲘门“亿元网点”，总数达7个；新增梅陇“2亿元网点”，总数达2个。

【代理保险业务】 实施2014年代理保险“开门红”“万马奔腾”等营销活动，实行有效的营销措施。一是建立了有效的积分绩效考核奖励机制。以市场为导向，及时调整战略，重新细化目标至各网点，强化对网点的政策引导和业务指导，通过创新导向机制，实施代理保险的绩效分类考核，分档激励，有力地调动了一线人员发展代理保险的积极性，充分挖掘客户的需求，发现潜在客户，并进行保险营销工作。二是强化客户管理，建立健全保险潜力客户的信息档案，并要求各网点负责人和理财经理加强客户的日常维护工作。三是定期联合保险公司举办保险理财“沙龙会”。通过上述措施开展保险主题营销活动，有效地推动了代理保险业务的快速发展。全年共发展保费4613.58万元，完成年计划任务的141.96%，其中完成全年度任务的网点有：城北292.1%、城东278.1%、梅陇252.7%、名园184.3%、可塘170.5%、联河150.4%、鹅埠130.9%、云岭104.3%。全年新增保费超500万元的网点有：城北815万元、城东804万元、梅陇655万元、名园515万元。

【发展中间业务】 2014年，海丰县邮政局电子银行业务取得快速发展，无论从新增户数、激活户数、交易量和交易金额都有较大增长。手机银行全年新增激活户数6919户，激活率占新增户数9578的66.14%；比全市平均激活率增加10.26个百分点。全年网上银行新增激活户数7964户，激活率占新增户数10287的77.2%；比全市平均激活率增加6.66个百分点，电子银行业务超额完成市局下达激活率目标，激活率全市排名第一。认真开展代理车险“开门红”“车驰马骤”等营销活动，使该项业务从无到有，全年实现新增代理车险保费48万元，取得长足进步。全年共发展银信通28710户，完成年计划2.60万户的110.42%，同比增长1%，占全市7.01万户的40.94%，增量全市第一，实现了新的突破。

【发展报刊业务】 县邮政局召开2014年度报刊发行工作，传达落实市分公司报刊大收订工作会议精神及收订奖励办法，下发《关于2014年度报刊发行工作有关事项的通知》，将任务分解下达到各单位；以党报党刊为重点，稳步推进报刊业务发展；在支局网点和县城、重点乡镇的重点地段统一悬挂“欢迎到邮政局订阅2014年度报刊”横幅、利用邮车车身制作报刊收订广告；相关部门到全县各报刊收订单位同投递员进行面对面的座谈沟通，发挥市分公司报刊收订的奖励政策，鼓励投递员多收订报刊。不定期做好报刊收订进度的通报工作。全县2014年度报刊收订完成流转额340万元；全年完成报刊收入112.2万元。机要通信实现通信质量全红。

【邮务类业务转型】 一是认真开展“新邮预订”和集邮的常态化营销活动，在邮市极其低迷的环境下，仍取得新邮预订1358套、常态化营销活动销售邮品36万元的佳绩。二是开展集邮专项邮品盘活，借助省公司开展“集邮文化荟”的热潮，开展全员营销，共盘活邮品75个品种，创收20.36万元。三是开发2014年邮政贺卡业务，通过前台开展“多说一句话”营销活动，零售型贺卡销售6400多枚，创收3.56万元，开发定制型贺卡1单，创收0.54万元，共计4.1万元。四是积极开发邮资封片业务。开发交警邮资封8万枚，创收12.8万元。做好2014年“安全生产月”活动，共征收安全知识宣传及竞答邮资邮简1.7万枚，创收5.13万元。五是开发业务DM无名址广告2单，创收0.4万元。全年完成集邮收入72.4万元；完成函件收入46.4万元。六是认真做好国内小包业务的发展工作，全年揽收电商小包18194件，实现收入14.62万元，很好地弥补了函件专业的收入缺口，对完成全年业务收入任务起到很好的补收作用。全年完成包裹收入18.8万元，同比增长10.7%。

【推进邮政管控】 2014年，海丰县邮政局大力推进邮政管控工作。

深化网点转型 一是推进网点整治建设。积极争取省公司和市分公司的大力支持，加快推进基础能力建设，提升邮政对外服务的形象和网点竞争能力。配合市分公司做好南湖网点迁址、小漠营业厅整治的工作。二是根据省公司《关于进一步加强银行卡服务和管理实施我行储汇业务绿色通道服务的通知》要求，组织网点进一步为客户开通银行服务的绿色通道，将柜台服务延伸至千家万户。三是组织网点开展“走千访万，积极外拓”活动，共走访6900名客户，进一步加强网点中端客户群体的维护，提升客户忠诚度及黏度。四是推动网点绩效积分考核方案的实施。检查各网点绩效积分考核的落实情况，加强网点对绩效积分考核方案的学习和培训，通过网点公开、公平、公正绩效积分考核方案的落实，推动了网点业务快速稳健发展。五是合理排班，优化人员配置，有效地支撑了代理金融网点的运转。梅陇等3个新增设4个台席，调整名园、后门的对外营业时间。六是做好负责工号管理系统的操作和维护工作，通过管理各网点的工号，达到人力资源运作的最大化。

加强财务管理 一是做好财务管理，强化成本费用管理，开源节流，提升企业核心能力。二是优化资源配置，提高资产效能。在确保普遍服务水平不受影响的前提，优化网点布局，释放网点资源；进一步加大资产盘活力度，减少闲置低效资产对资源的占用；加大盘活集邮品存货，减少积压，降低企业潜在风险；进一步提高集邮品和应收账款周转率，实现资产效益最大化。三是厉行勤俭节约。认真落实中央八项规定，按照市分公司要求严格把控成本开支，认真执行市局费用支出预算审批制度，强化成本费用管控，以收定支、量入为出，压缩控制其他成本，特别是严格控制接待费开支，严格执行公车使用的有关规定，较大幅度地减少了费用开支的有印制费、会议费、业务招待费、差旅费，分别同比下降72%、28.52 %、20.39%、16.45%。

加强人力资源管理 一是加强队伍建设和管理。按照市分公司要求严格控制管理人员编制，巩固机构改革成果；加强劳务用工的规范管理，认真执行《劳务用工招投标管理办法》；加强干部队伍建设，增强干部队伍的责任感、使命感，建立一支适应公司化、市场化运作的、廉洁奉公干部队伍；加强对达到轮岗年限的网点负责人及储蓄营业员进行岗位轮换；按规定时间对银行从业人员进行行为排查工作，并健全有关制度；加强劳动纪律管理，做好考勤管理工作。二是深入推进人力资源盘活，进一步提升用工管理水平。进一步优化台席设置、优化投递道段设置、通过累计工时解决工休等，加大用工结构优化调整力度，强化对代理金融等重点业务的人力资源支撑；加强企业规范用工管理，严格执行劳动合同的变更、解除、终止、续订的规范化管理，及时、准确填写规范的劳动合同文本和委代办协议文本，建立和谐的劳动关系，规避企业用工风险。三是强化激励，健全人工成本管控长效机制。认真贯彻执行《汕尾市邮政局2014年员工绩效工资考核办法（试行）》，进一步完善工效挂钩办法、经营责任制考核办法、绩效考核激励机制，在进一步发挥工效挂钩指引的导向性作用、大力发展高效业务、促进企业效益的提升。

加强安全管理 一是切实做好资金安全和风险防控工作。认真落实“三个规定”“两个办法”、营业柜台“十个严禁”、基层人员行为“五十个严禁”等规章制度，进一步强化案防意识，加强内控管理和检查，落实整改，全年对19个网点开展常规检查和复查一共104次，发现违规问题 72个，下发整改督办表23份，并按照上级的有关规定对相关违规责任人进行积分考核和经济处罚，对屡查屡犯的人员进行诫勉谈话，责令相关网点和责任人进行整改承诺，较好地防控资金风险。配合上级开展“锁定制度执行习惯”活动、邮政代理金融网点“一点一策”风险管控策略活动、邮政代理金融资金安全“三抓三促”活动等一系列重大的专项检查活动；积极配合县局储汇资金风险控制管理委员会做好邮银安全联席会和邮银“控管会”会议工作，跟踪落实“控管会”决议整改情况等工作。二是健全制度，落实安全责任。按照上级的要求逐级签订《邮政金融案件防控责任书》和《广东邮政代理金融员工合规履职承诺书》；与支局、所签订了2014年度安全生产责任书、消防安全责任书、邮政服务安全责任书；下发了运钞途中发生突发事件、网点营业发生突发事件和值班守卫发生突发事件时等一系列应急预案处置。三是严抓企业消防安全，制定了消防安全责任书及灭火和应急疏散预案等。并多次举行了消防培训及消防演练，参加人员覆盖80%，使各员对消防意识有进一步的提高，确保消防安全工作。四是做好网点的安全设施的维护工作。完成了可塘、梅陇、黄羌、县局邮件班等的电源线路整改，完成了全县所有网点台席的电源线路整改，解决了因电线凌乱可能引起的漏电、触电等安全隐患。并要求二道门、监控、“110”报警系统等安防公司定期对全县各网点进行设备巡检，更换了小漠、云岭、名园等7支局所“110”报警系统应急按钮14个，探测器12个，设防主板4个，控制器3个；更换及新增公平、鲘门等8个支局所监控枪28支，更换主机硬盘18个，及时对有故障的安防设备进行维修，并要求各网点负责人加强对安防设备的日常巡检工作，发现问题及时上报，确保安防设备的正常运行，确保了海丰县邮政安全管理零事故、零案件。2014年被省公司评为广东邮政安全工作先进集体；被县公安局评为2014海丰县内保单位先进集体；吴烽同志被评为2014海丰县内保单位先进个人。

加强基础管理 一是加强车辆管理。严禁公车私用，对公车私用问题进一步加强管理和监督；认真执行《汕尾邮政车辆安全管理办法》和《海丰县邮政局投递摩托车辆管理办法》加强车辆的安全管理，确保行车安全。二是加强工程建设管理。认真执行《汕尾市分公司建设工程招标投标实施细则（试行）》，进一步加强了对工程建设的全过程管理。三是加强信息网运行和设备的维护管理工作，确保了全县邮政信息网络系统安全稳定运行。

【推进和谐企业建设】 一是深入扎实推动党的群众路线教育实践活动开展。根据省公司、市分公司的统一部署和工作安排，成立活动领导小组，制订海丰县邮政局第二批党的群众路线教育实践活动实施方案；召开海丰邮政、速递党的群众路线教育实践活动动员大会。坚持“照镜子、正衣冠、洗洗澡、治治病”的总要求，以为民务实清廉为主题，坚持以县局领导班子和领导干部为重点，突出作风建设，撰写学习心得体会，扎实推进学习教育，认真听取意见，写好个人对照检查材料，深入查摆问题，认真剖析原因，边学边查、边查边改，改进机关作风和领导干部个人工作生活作风。坚持开展批评和自我批评，注重聚焦“四风”、解决问题；坚决反对形式主义、官僚主义、享乐主义和奢靡之风，使党员、干部思想认识进一步提高、作风进一步转变，党群干群关系进一步密切，为民务实清廉形象进一步树立，服务人民群众的能力和水平进一步提升。二是加强党风廉政建设，深化廉洁风险防控工作，加强党风廉政建设责任制检查和考核，加强“三重一大”集体决策制度执行力度，着力开展好整治庸懒散奢等不良风气活动，树立清正廉洁风气，塑造务实高效机关。三是抓好学先进树典型活动。评选表彰先进集体、先进个人、巾帼文明岗、建功立业女能手等，学习先进，争当先进，弘扬正能量。三是让员工分享企业发展成果，提高员工收入水平。全体人员平均薪酬同比增长12.4%，比企业收入增幅持平；开展关爱员工活动关心员工身体健康的生活，组织员工参加体检，及时探望慰问生病职工，对特困员工给予补助等。梅陇、城东、公平支局和技术中心、金融业务部被市分公司、工会评为2014年度汕尾市邮政系统先进集体；曾广汇、陈爱清、谢桂珠、邱雪媚、张嘉宇、张佛鑫、洪海生等7位同志被市分公司、工会评为2014年度汕尾市邮政系统先进个人。

（杜少明）

附：2014年海丰县邮政局领导名录

局　长：陈小刚

副局长：余广海

电信与信息化

【概况】 2014年，中国电信海丰分公司坚持以科学发展观统领企业经营，奋力开拓市场，全力服务地方信息化，推进“一去二化新三者”战略转型，经营班子和各级经理人员靠前指挥，全体员工积极参与会战；企业各项工作迈上新台阶，实现了国有资产的保值增值。年内，海丰分公司各项业务发展取得可喜成绩。曾剑锋获中国电信广东公司优秀共产党员称号。

【机构网点】 中国电信海丰分公司内设综合部，销售部，客响维护部，政企客户服务中心。销售部下设渠道管理室、营销支撑室；政企客户服务中心内设校园营销中心。全县设立海城、城东、公平、梅陇、可塘、赤坑、陶河、黄羌、平东、莲花、东关、联安、鲘门、鹅埠、小漠、赤石等16个营销服务中心。

【加速推进信息化建设】 2014年，中国电信海丰分公司加大资源投放，与地方党政精诚协作，大力推广行业应用，推进“智慧海丰”建设，配合完成海丰县党政机关OA系统和网上办事大厅海丰分厅的建设与投入使用；成功中标“平安海丰”重大项目、电子政务一期续约服务项目、公安局“两所”视频项目。大力发展和推广天翼税通、移动OA办公系统、司法E通、烟草E通、翼机通等行业应用；“校校通”网络接入及教育视频网的签约工作如期完成。海丰中职、光明职校、仁荣中学等校园秋季营销活动拉动3G智能手机放号3000多户，翼机通、翼校通、天翼学生证等校园信息论应用近1.5万户。有效拉动增值信息业务收入。满足社会对新型通信服务的需求。

【移动3G业务规模发展】 2014年，海丰分公司紧紧围绕移动3G规模发展的中心工作任务和营销策略，强化营销组织和挂钩考核，集中力量打响业务发展攻坚战。一是聚焦六大重点市场，组织开展春节后营销、“5·17”专项促销、6月手机节促销、“一路有你”客户回馈体验、中秋节联合炒厅促销、农村市场卓越营销、“庆国庆”促销、“百日冲刺”劳动竞赛等一系列活动，各渠道协同发力，促进移动、宽带规模上量。二是光纤化发展提质增速。光纤宽带大会战加快光宽推广步伐，持续推动政企客户接入光纤化，力推光网城市建设，适时启动“争市场保份额”宽带规模发展攻坚战，集全司之力引爆宽带资源需求，前后端协同开展FTTH限时平移活动，推进宽带特别是光纤宽带迅速上量。

【电信企业管理和改革】 中国电信海丰分公司持续强化网络运营，2014年投入大量资金用于通信网络升级改造，通信网络质量全面提升。严密部署，完善应急预案，狠抓网络和信息安全，全力以赴圆满完成大运会通信保障任务。加强制度、绩效和内控管理，落实节能减排措施，加强员工教育培训，使营销能力和技术业务水平不断提高。组织动员员工参加电大（或网络学院）在职本专科再继续教育，提高员工学历教育层次。加强护线工作，盗窃破坏通信设施发案数和经济损失均大幅下降，企业全年安全生产保持平稳态势。积极开展扶贫济困爱心捐款活动，组织干部到鹅埠下北村挂钩点慰问和帮助脱贫。认真落实员工“三关”措施，全面执行员工年休假制度，深入开展送温暖、员工生日慰问、关怀困难员工等活动。强化思想政治工作，高度重视企业维稳，采取多种措施将不稳定因素解决在萌芽状态，全年实现零上访。实施岗位等级晋升，鼓舞和激励员工士气，经过笔试、演讲答辩、民主测评等环节，以注重实绩、择优选拔为原则，符合条件员工通过公平公正的竞争获得岗位等级晋升，有效激励优秀员工再接再厉，为企业跨越发展做出更大的贡献。

【营销机制创新】 2014年，中国电信海丰分公司始终坚持以持续创新推动企业的运营管理工作，既立足当前，又着眼长远，不断将改革创新引向深入。持续优化营销渠道，深入推进划小承包改革。优化市场前端组织架构，撤销“直销渠道及驻地网营销室”“社会渠道服务室”“营销中心支撑室”，设置“渠道管理室”和“营销支撑室”，海城三级营业厅（含南湖）和客响部属下装维服务班划归海城营服中心，6月27日完成19个划小责任田承包签约，下发成本四级穿透、业绩考核、投资划小、装维划小等配套制度，赋予小CEO责、权、利，初步建立员工个人收入增长与企业价值同步增长的市场化激励机制。同时建立划小经营承包倒三角支撑体系。开放合作提升竞争能力。资源投资合作成效明显，引进民资加快宽带和固话资源投资社会合作，快速有效解决驻地网楼盘、小区宽带资源不足问题，并取得明显成效。精心组织实施全业务经营岗位薪酬体系，确保新旧体系有序衔接。按照全业务运营的新要求，坚持以聚焦客户为导向，结合实际，圆满完成全业务运营组织机构调整，有效提升企业运营效率。深入推进学习型企业创建，以“读书·思考·进步”为支撑点，组织开展读书和心得交流活动，提升员工素质。

【电信内部建设】 2014年，海丰分公司以先进性为要求，学习贯彻党的十八大精神，扎实推进企业党建工作，深入开展党的群众路线教育活动，认真落实经理人员述职述廉、效能监察和惩防体系建设，强化源头监督，坚持依法运营，制定《中国电信海丰分公司实行党务公开实施方案》和《中国电信海丰分公司贯彻落实“三重一大”决策制度实施细则》，开展纪律教育学习月和“创先争优”活动，强化了党风廉政建设。坚决贯彻“三重一大”集体决策制度和采购廉洁承诺。针对关键环节和高风险事项实施专项审计，持续开展内控评估，加强风险管控。扎实开展“三创建三促进”以及“树立好作风、提升执行力、万众评公务”活动，成效显著。广泛开展群众性岗位练兵和技术创新活动，深入开展企业文化宣贯，得到省市公司评估组好评。

（陈楚文）

附：2014年中国电信海丰分公司主要负责人名录

总经理：孙泽明

副总经理：林小群　姚宇健　徐景青

移动通信

【概况】 中国移动通信集团广东有限公司海丰分公司（以下简称中国移动海丰分公司）围绕市公司“五项能力”工作思路，全面落实省市公司工作部署，通过提升五项能力，推进企业创新突破，再造核心优势。

2014年，海丰分公司累计完成折后收入约3.31亿元，市场占有率达83.1%；其中4G考核指标完成率124%。全县已开通4G站点455个，占比全市32%，已覆盖全县所有乡镇及主要道路。分公司有自建服营厅10间、员工总人数132人。

【市场运营稳健】 2014年是中国移动海丰分公司4G发展的第一年，4G业务得到快速发展。海丰移动牢牢把握4G发展契机，积极开展各项市场营销活动，结合4G迅猛发展，针对存量市场的需求，加大4G优惠投放力度，让广大客户亲身体会到4G的快速便捷，切实做好客户服务工作。年内，海丰移动主要做了三方面的市场工作：一是以4G为工作重点，强化4G传播宣传，开展大数据特色营销，全方位拓展4G客户，并提高客户捆绑率；二是以优惠为推动，开展4G千元手机、政企团购等系列营销活动，通过终端销售促进4G用户提升；三是继续做好集团维系工作，开展4G终端团购、外来工服务、校园迎新等营销活动。通过转变市场竞争观念，深化市场价值运营，关注净增发展，关注客户价值，努力实现企业发展创新新突破。

【推动网络协同运营】 海丰移动围绕“4G”主题，努力配合市公司完成4G基站建设，积极促进4G网络“又好又快”发展。2014年，海丰分公司共协助开通4G站点455个，全县覆盖率约98%。海丰移动密切配

2014年5月17日，海丰移动举办“517购机节”

2014年5月和8月，海丰移动工会荣获省、市“模范职工小家”称号

合上级网络规划，积极完成规划内的4G基站建设，并致力于优化调整、投诉处理和通信保障工作，积极开展基础维护，重点做好站点维稳工作。开展网络十大弱势区域改善与网络黑点整治工作，积极处理网络投诉，落实网络保障工作，提升网络质量。克服社会“辐射”不良舆论，妥善解决基站维稳、协调问题，配合相关部门规划建设，确保网络运营健康有序。

【企业管理提升】 2014年，海丰移动通过大力推进“三步三心”团队建设，落实员工关怀，提升员工幸福感，开展员工评优争先，鼓励员工进步。优化基础管理机制，全力提升服营厅管理质量，通过落实厅面管理、现场管理、业务管理、服务管理等，不断深化基层管理。深入开展“走进一线”流程穿越，深入一线调研达30次，协助解决问题35个，达到为基层员工减压减负的管理目标。推进群众性创新活动，开展“我为海丰献一计”活动，共征集员工计策68条，跟进落实有效计策，改善管理水平。在全体员工的积极努力下，海丰分公司工会同时荣获2014年广东省和汕尾市模范“职工小家”荣誉称号。

【弘扬企业社会责任】 海丰移动致力于开展社会公益活动，弘扬社会责任，树立良好的企业形象。海丰移动积极响应“2014年度无偿献血计划”的号召，数次组织无偿献血活动，配合市血站完成采血工作。年内，发起“衣旧暖人心”爱心捐赠活动，鼓励员工贡献爱心，捐赠衣物给西藏贫困人民，帮助他们抵御寒冷天气，全体员工纷纷捐献衣物，活动得到热烈响应。认真落实扶贫“双到”精神，参与驻村扶贫行动，专员派驻坡平村，配合政府深入开展扶贫工作，体现企业社会关怀。响应政府要求，组织团队参加“呵护青山作表率”植树活动。通过积极履行企业社会责任，彰显了企业优秀公民形象，为社会发展贡献一份力量。

（郭志恒）

附录：2014年中国移动通信集团广东有限公司海丰分公司负责人名录

总经理：陈东荣

副总经理：姚宇彬　彭沐仲

联通通信

【概况】 中国联合网络通信有限公司海丰县分公司（以下简称海丰联通）是新联通设在海丰的分支机构，海丰县分公司在汕尾市公司的统一领导下，正在加快建设完善现有移动通信网络及4G网络的步伐，进一步加大固网宽带建设力度，积极推进固定和移动网络的宽带化，为广大用户提供全方位宽带通信和综合信息服务。海丰联通坚持以用户为中心，积极推动技术、业务、应用和产品创新，以满足广大用户日趋多元化、个性化的通信需求。面向未来，海丰联通将坚持以发展为第一要务，紧紧依靠用户的支持和厚爱，以宽带移动互联网业务为重点，进一步拓宽发展领域，进一步加快发展步伐，进一步提升服务水平，全面提升公司的综合竞争力和可持续发展能力，力争建设成为国际领先的宽带通信和信息服务提供商。

【联通业务】 2014年，海丰联通以3G为引领，完善增建4G网络，实现全业务的高整速发展，主营业务收入4500万元，同比增长17%，用户规模同比增长10%。

【通信设施建设】 2014年，海丰联通以建设精品网络为目标，投资近2.20亿元，加大对4G移动网络的建设，提升了网络质量。充分利用3G技术优势，实施无线政务办公、无线公共管理、无线执法服务、无线信息农村，无线电子商务和无线平安校园等应用项目，提高了海丰城市信息化建设。

（黄俊敏）

附：2014年中国联通海丰县分公司主要负责人名录

总经理：刘宗仁

副总经理：谢建雄

财政 · 税务

财 政

【概况】 2014年，海丰县财税收入受土地相关税收大幅下降、增值税抵扣、政策性减收及多缴退库等诸多不利因素影响，增长乏力。为应对紧缩的经济环境，县财政局不断深入推行财政改革工作，构建有利于科学发展的财政体制机制，确保财政稳健运行。

【机构人员】 海丰县财政局是负责本县财政收支、财税政策、财政监督等工作的经济综合管理部门，具有贯彻执行财政制度，组织收入，保证支出，管好用活财政资金等职责。根据上述职责，县财政局内设人秘股、法规股、预算股、国库股、综合股、文教行政股、工贸发展股、农业股、经济建设股、社会保障股、外经金融股、会计股（挂农村财务管理办公室、会计委派办牌子）、绩效评价股和监督检查办公室等14个股室，局机关行政编制31名；属下设立国有资产管理办公室（副科级）、政府采购管理办公室、财政票据管理中心、国库支付中心、财政信息中心、工程预结算审核所、会计函授站、农业综合开发办公室和财务结算中心等9个事业单位。2014年，局机关及事业单位在职人员109人；另设立16个乡镇财政所，在职人员108人，为县财政局的派出机构，与镇府双重领导，是各镇政府主管财政收支、财政政策和国有资产监督管理工作的综合经济管理部门。

【财政预算】 2014年，海丰县财政预算加强四个方面工作。一是加强预算执行分析。针对收入征管中存在的问题，研究对策，采取有力措施，扭转收入下降的局面。二是细化预算编制工作。加大部门预算管理系统管理，继续推进部门预算公开，细化预算编制，及时公开经费数据，完成县级92个单位的部门预算编制工作，提高财政预算的科学性和透明度。三是严控临时性批拨支出。加强财政预算约束，严格规定县级各单位不得提出预算追加申请；对于因自然灾害或难以预见的因素，未列入单位年初部门预算安排的临时性支出，严格执行《海丰县县级财政临时支出资金管理暂行规定》，规定追加审批权限，以“统一管理、分批审核、分级审批、严格控制”的原则，避免不讲效益的“突击花钱”行为。四是自觉接受人大监督。执行《海丰县财政预算接受人大监督操作办法》，坚持重大事项及时向县人大报告，按计划、按制度安排各项支出，严格把关，不办理无预算的拨款。

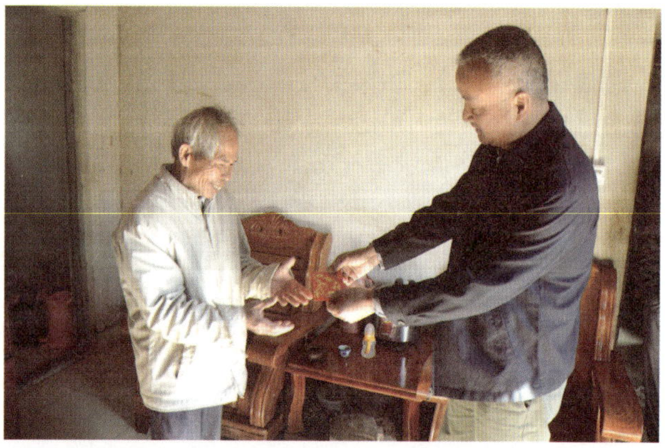

2014年1月22日，海丰县财政局局长林国义（右一）给海城镇埔仔洞村贫困户送上春节慰问金

【财政收支】 2014年，县财政局面对经济下行压力，坚持稳中求进、改革创新的总基调，推行“四大会战”和“六大工程”的全县加快发展“升级版”，以“加强管理，提高质量，保障民生，促进发展”的财政工作主线，迎难而上，认真履行职责，充分发挥职能作用，着力提高保障水平和管理效能。全年公共预算收入完成15.33亿元，为年度预算的100.07%，超收105万元，比上年增收2.12亿元，增长16.08%；全县公共预算支出完成26.13亿元，为年度预算的136.01%，比上年增支3.33亿元，增长14.6%。

【财政征管】 为应对紧缩的经济环境，县财政局主动转变观念，多措并举，努力挖潜增收，精心组织收入，确保2014年一般公共预算收入有所增长。一是抓好主体收入。配合税务部门强化对重点税源、重点行业的征收管理，加大对供电行业、烟草行业、房地产业、规模工业等重点税源税种的征管力度，全年实现工商税收收入3.96亿元，其中财政部门协助征收5673万元。二是强化非税收入管理。重点做好土地等政府性资源的文章，严格行政事业单位收费和罚没收入的征收管理，全年实现非税收入7.86亿元，其中71个收支单位的非税收入4.14亿元，土地储备项目拍卖清缴3.30亿元。三是做好融资工作。积极配合县政府、县海业公司，参与海丰县融资贷款工作，全年融资资金

2014年4月25日，海丰县财政局局长林国义（前）带领全局干部职工到红宫红场旧址接受革命传统教育

强化国有资产的监管力度。加快资产的变现步伐，注重行政、企事业单位资产的拍卖工作，重点处置单位可处置资产，积极探索公务车辆及其他一般性办公设备的报废办法，并探索国有公司监管体制，严把资产处置审批关，提高资产处置效率。

【政府采购】 海丰县加强政府采购的监管力度，推进诚信政府采购。2014年，全县完成政府采购项目87宗，采购预算资金2.73亿元，实际采购资金2.67亿元，节约资金603万元，节约率为2.21%，较好地完成政府采购工作任务。

3.3亿元，截至2014年年底到账资金1.38亿元，同时，以县海业公司作为平台发行企业债券7.5亿元，上报国家发改委待批。此次通过平台公司发行企业债券，是汕尾市融资工作的首例，也为海丰县重点项目建设提供了重要的资金支撑。四是坚持厉行节约，严控一般性支出。认真贯彻落实中央“八项规定”，厉行节约，严控公务经费支出，规范预算管理，加强财政预算约束，严格规定县级各单位不得提出预算追加申请；对于因自然灾害或难以预见的因素，未列入单位年初部门预算安排的临时性支出，严格执行《海丰县县级财政临时支出资金管理暂行规定》，严控临时性批拨支出，避免不讲效益的“突击花钱”行为。

【国有资产管理】 2014年，县财政局坚持整合资源、盘活国资、监管统一，确保国有资产保值增值。一是盘活国有资产。着力对全县行政、企事业单位的土地、房屋进行清查摸底，盘活土地资产，全年处置县农机旧区、县教育局青少年宫用地、可塘中心卫生院等闲置资产9宗，资产处置金额1.22亿元，收缴县金叶公司国有资本税后利润分红1200万元。二是开展党政机关及领导干部办公用房清理工作。及时下发《关于开展全县党政机关和领导干部办公用房自查自纠的通知》，对全县101家党政机关及领导干部办公用房超标、对外出租的办公用房，以“调（以大调小）、合（集中办公）、改（整修改造）、腾（腾出空房）”的工作思路，全面规范管理党政机关及领导干部办公用房，全县办公用房应改面积2206平方米，在职领导干部办公用房应改面积2617平方米。三是

【基建评审】 根据《汕尾市市级财政投资评审工作流程（试行）》的规定，进一步优化评审流程，2014年受理审核工程预算项目308宗，送审预算造价8.71亿元，核实造价7.66亿元，核减预算1.05亿元，核减率为13.74%；送审工程结算项目303宗，结算造价1.34亿元，核定造价1.29亿元，核减造价568万元，核减率为4.4%。

【镇级财政】 2014年，海丰县规范乡镇财政管理，积极、稳妥地推进各项财政改革，提高乡镇财政理财

2014年4月25日，海丰县财政局局长林国义（前排右二）组织全局党员干部在海丰县红宫红场旧址观看党的群众路线教育实践活动宣传教育片《信仰》之彭湃

水平。完善财政局股室和乡镇财政所资金监管信息联络员的机制，规定财政所建立乡镇财政专项资金监管台账，全面反映专项资金使用的全貌；建立财政资金抽查巡查机制，不定期对乡镇财政资金使用情况进行抽查，对检查中发现的问题下达整改意见，督促及时改正；落实资金监管公开公示制度，大力完善财政资金的建档工作，并对年度全县财政所的乡镇财政资金监管落实情况逐项进行考核评比，对工作完成较好、综合排名靠前的财政所进行通报表扬；注重乡镇财政会计业务培训，针对财政人员会计基础不扎实、业务技能水平不高的实际，组织多场财政业务培训会议，培训内容涵括惠农政策、财务账务处理、年度稽查、预算管理等，培训人员由所长扩宽到所会计、出纳、票据管理员等，加强乡镇财政人员的业务能力。

【扶贫“双到”工作】 县财政局加大力度开展对海城镇埔仔洞村的新一轮（2013—2015年）扶贫开发“双到”工作。2014年是新一轮扶贫“双到”工作的关键之年，县财政局强化机关作风建设，贯彻落实教育实践活动，取消年底评先奖励，规范发放津贴补贴，节约办公经费等，将节约资金投入扶贫工作，2013年、2014年两年间，投入埔仔洞村的扶贫解困资金近100万元，这笔资金帮助了村委及44户种茶贫困户28万株茶苗和化肥、110户贫困户饮水及13.33公顷村委茶园的灌溉用水、420平方米新村委办公楼围墙、外地台等附属工程的建设、解决了28名贫困学子的学费和生活费问题、资助了3户贫困户因“天兔”台风受损的住房重建经费、29户贫困户和10户困难党员节日送温暖慰问金和生活物资等，实实在在地为基层贫困村的群众做实事。

【重点民生工程建设】 2014年，县财政局坚持把保民生作为财政工作的头等大事，重点加大民生领域的投入力度，全年各项民生资金投入21.79亿元，占一般公共预算支出的83%，较上年增长18.77%，重点保障教育、社保、农业等方面。一是大力支持教育工作。全年投入教育事业8.06亿元，占公共财政支出的30.41%，比上年增长11.01%，特别在支持教育创强工作中，投入大湖、黄羌、陶河三镇创强资金达2400万元，使三镇顺利达到省教育创强验收标准。二是完善民生保障机制。全县列入低保供养人员达到3.29万人，全年发放城乡低保资金7000万元；全县五保供养4378人，发放资金2626万元；发放孤儿基本生活保障费410万元；发放医疗救助对象补助资金801万元；发放残疾人生活保障补助资金798万元，全县参加城乡居民医疗保险为67.31万人，配套投入资金3298万元；城镇居民参加养老保险人数达28.71万人，发放65岁以上养老金7.67万人，并落实县级配套资金1036万元，保基本、兜底线、促公平，筑牢了民生保障底线，推进全县社会和谐。三是加大“三农”建设。落实强农惠农政策，完成种粮直补、油价补贴等工作，全年拨付“三农”补贴资金3，631万元；拨付油价补贴资金1.02亿元，资金惠及渔船993艘，出租车、公交车及农村客运车296辆，渡船4艘；认真组织实施海丰国家农业综合开发土地治理项目，改善了农业生产条件。四是助推科技事业发展。大力发展科技事业，将科学事业支出与保证党政机关正常运转等重点支出列入必保项目，压缩一般性支出，全年科技经费支出2065万元，同比增长24%；大力支持全县各单位网络办公工作，全年采购设备、装修机房等支出900万元，投入4800万元启动县城地区的视频监控系统工程，保证了科技投入稳定增长。

2014年12月17日，海丰县财政局作为新一轮扶贫开发帮扶单位，给埔仔洞村贫困户发放茶苗，帮助贫困户实现稳定脱贫

【财政监督】 2014年，县财政局进一步加强“小金库”专项治理，积极联合县纪委、县审计局牵头开展“小金库”专项整治行动，查处私设“小金库”15.02万元，并按规定全额上缴县财政国库；组织对县中医院、县妇幼保健院及县梅陇人民医院等三家医院2012—2013年度会计信息质量的检查，对未按会计制度规定的会计账务问题，要求限期整改落实。年内，积极开展基本公共卫生服务项目、旅游景点资金、环保专项资金、防护林工程、体育彩票公益金、生态公益林、基层公共文化服务设施、家电下乡等专项资金的检查工作，涉及检查资金5300多万元；制定《县直单位2014年年度稽查工作方案》，开展年度稽查工作，追缴应缴非税收入352万元，对被检查单位存在的问题予以纠正，严肃财经纪律。

（刘思婕）

附：2014年海丰县财政局领导名录

局　长：林国义

副局长：林建秀　刘　宁　林瑞清

国家税务

【概况】 2014年，海丰县国税局立足“强基提质”的工作主线，凝心聚力推进行政效能建设、业务建设、干部队伍建设、国税文化建设“四项工程”，全力抓好“八个工作任务”，有力开创工作新局面。

【机构人员】 海丰县国税局县局机关内设办公室、人事教育股、监察室、政策法规股、征收管理股、收入核算股、纳税服务股、税源管理一股、税源管理二股、税源管理三股10个股室和稽查局（直属机构）、信息中心（事业单位）。派出机构有梅陇分局、公平分局、可塘分局、鮜门分局4个征收单位。2014年总人数187人，其中正式在职在编人员135人、市局挂职副局长1人、提前离岗干部5人、离退休人员46人。

【贯彻执行税收政策】 2014年，海丰国税局抓好增值税一般纳税人认定，圆满完成邮政业和电信业营改增试点工作，精心组织所得税汇算清缴和非居民所得税清理工作，有序推进纳税评估，依法落实税收优惠政策和出口退免税政策，释放税收优惠红利，助推企业可持续健康发展。据统计，全年共实现免抵调库收入1.09亿元，同比增加2115万元，增长23.9%，办理出口退税1.05亿元，同比增加2744万元，增长36%，首次突破亿元大关，创历史新高，充分发挥税收调结构、促转型、惠民生的职能作用。

【坚持组织收入原则】 海丰国税局坚持“依法征税，应收尽收，坚决不收过头税，坚决防止和制止越权减免税，坚决落实各项税收优惠政策”的组织收入原则，制订出台《海丰县国税局组织收入措施实施方案》，落实执行《组织收入联动机制运行管理办法》，加大力度抓好抓点挂钩和促收督导，有效促进收入大幅增长。据统计，2014年共组织工商税收收入4.68亿元，同比增加9620万元，增长25.8%，占市局任务4.66亿元的100.4%；完成县政府考核收入4.67亿元，同比增加9500万元，增长25.6%，占县政府任务4.31亿元的108.4%；完成省级收入2211万元，同比增加664万元，增长42.9%，占省级任务1794万元的123.2%；完成县级收入1.09亿元，同比增加2671万元，增长32.4%，占县级任务9556万元的114.2%，圆满完成全年各项收入任务，取得“满堂红”的收入佳绩。

2014 年年纳税额 500 万元以上纳税人名录

表5

序号	纳税人名称	纳税额（万元）	增长率 (%)
1	海丰县凯旋实业有限公司	595.60	2.82
2	中国移动通信广东有限公司海丰分公司	726.61	
3	敏兴毛织(海丰)有限公司	2544.19	–35.56
4	纬兴毛织(海丰)有限公司	1972.75	53.65
5	海丰联岭针织有限公司	1785.94	13.76
6	海丰县协祥盛染织有限公司	881.78	105.27
7	海丰县新基房地产开发有限公司	1425.89	197.74
8	广东烟草汕尾市有限公司海丰县分公司	7111.51	11.30
9	海丰县金桔莱黄金珠宝首饰有限公司	2744.16	40.17
10	海丰县广信鞋业有限公司	1135.00	6.81
11	海丰县海崇畜牧发展有限公司	902.96	44.22
12	广东百斯盾服饰有限公司	3892.87	994.80

注：中国移动通讯广东有限公司海丰分公司属“营改增”纳税人，2014年始由国税负责征收，没有上年税款相关数据，故未能体现增长率。

【税源分析监控】 2014年，海丰县稳步推进征管改革，圆满完成金税工程三期上线工作任务。加强重点税源监管，其中年纳税额100万元以上纳税人53户，全年共实现税收收入3.70亿元(含免抵)，同比

2014年3月12日，海丰县国税局举办辅导座谈会向纳税人详细解读税收优惠政策

增长33.4%，占全年收入总量的78.9%。年内，强化征管状况监控，定期预警分析和比对征管指标，堵塞管理漏洞。开展漏管户专项清理，共清理漏管户752户，其中已办理税务登记625户，发出责令通知书127户，发出核定通知书3户，查补税款4.3万元。加强税负动态管理，稳妥推进税负调整工作，全年共调整个体双定户税负681户，月增税款18.7万元。

【规范税收秩序】 2014年，海丰县开展服装生产加工、珠宝首饰、石油气、药品等行业专项整治工作，纳税人自查补税共计946.4万元（含滞纳金），其中服装生产加工行业自查补税702.4万元，可塘珠宝首饰行业120万元，医药行业85万元，石油气行业39万元，规范税收管理，提升纳税遵从。

【加大税务稽查力度】 全年共组织稽查收入5247.60万元，其中立案检查案件查补收入338.75万元，协助市局稽查局检查案件实现查补收入628.53万元(按50%查补收入比例计提)，自查补税4280.32万元，同比增长9倍，创历史新高，增强稽查震慑力，彰显税法刚性。

【拓展纳税服务举措】 2014年，开展"便民办税春风"行动，贯彻落实《全国县级纳税服务规范》，设立24小时自助办税服务区，出台《24小时自助办税区管理办法》，推行"同城通办""全天候"服务举措，启用智能排队叫号系统，开通监控管理中心平台功能，全面监控办税厅业务流程，进一步规范服务行为，提高突发事件应急能力，为纳税人提供更加贴心、省心、顺心的多元化纳税服务。

【搭建税务文化体系】 海丰国税局突出海丰红、绿、蓝、古的独特文化底蕴和海丰国税工作特色，提炼"澎湃红城、丹青莲花"的文化品牌和"忠诚、崇法、担当、超越"的核心价值观，通过拍摄宣传视频、布置文化展厅等举措，突出引导，强化宣传，使

2014年12月9日，省国税局党组成员、纪检组长谢文（右四）在市国税局党组组书记、局长吴德（右二）的陪同下到海丰县国税局基层分局调研指导工作

文化理念融入系统各个层面和工作流程，推动精神文化、制度文化、行为文化、物态文化建设深入开展，初步形成导向型文化体系。

（黄伟峰）

附：2014年海丰县国税局领导名录

局　长：方小游

副局长：黄陆汕（挂职）　黄智幼　王伟业　张运坤　施群章

地方税务

【概况】 2014年，海丰县地税系统以科学发展观为指导，深入贯彻落实中共十八大精神，牢牢把握税收工作主题，以组织收入为中心，以深化征管改革为主线，狠抓上级部署，统筹推进各项工作，不断推动海丰地税工作迈上新台阶。

【机构人员】 海丰县地方税务局内设6个股室：办公室、人事教育股、监察室、税政股、征管股、纳服股；1个直属行政单位：稽查局；9个基层征收分局：城区分局、城郊分局、城东分局、附城分局、梅陇分局、公平分局、可塘分局、鲘门分局、老区分局。2014年总编制176名，有在职干部职工共154人，其中在编公务员141人，职工12人，事业干部1人。

【税收特点】 2014年，全县地税系统克服任务基数高、税源短缺等困难，大力提高依法治税能力，不断挖掘税收潜力，向征管要收入，向管理要效率，向服务要形象，牢牢把握组织收入主动权。全年组织税收收入10.08亿元，占市局年度计划的105.88%，税收收入圆满完成市局、县政府下达的全年收入任务。

2014 年海丰县地税纳税超 500 万元的企业名录

表6

序号	纳税人名称	纳税金额（万元）
1	海丰县农村信用合作联社	4550
2	广东烟草汕尾市有限公司海丰县分公司	3136
3	海丰县保升房地产开发有限公司	2140
4	汕尾市骏业房地产有限公司	2107
5	汕尾市永业房地产开发有限公司	1955
6	海丰县新基房地产开发有限公司	1629
7	海丰县凯旋实业有限公司	1552
8	广东电白建设集团有限公司	1512
9	广东西南建设工程有限公司	1455
10	广东华成峰投资有限公司	1368
11	广东深汕西高速公路有限公司	1319
12	海丰县新海润房地产实业有限公司	1297
13	海丰碧桂园房地产开发有限公司	1234
14	海丰县怡和建筑安装工程有限公司	1212
15	广东电网汕尾海丰供电局	1166
16	海丰县建筑安装工程总公司	1089
17	海丰县海业基础设施建设投资有限公司	1056
18	海丰县华泰房地产开发有限公司	969
19	广东金粤建设有限公司	902
20	中国工商银行股份有限公司海丰支行	888
21	广东潮惠高速公路有限公司	790
22	中国移动通信集团广东有限公司海丰分公司	764
23	广东百斯盾服饰有限公司	694

（续上表）

序号	纳税人名称	纳税金额（万元）
24	汕尾市东骏房地产开发有限公司	684
25	海丰县盛科房地产开发有限公司	664
26	深圳市宝安建筑工程有限公司	660
27	海丰县和荣贸易有限公司	646
28	中铁十一局集团有限公司	646
29	敏兴毛织（海丰）有限公司	588
30	上海大润港务建设集团有限公司	547
31	海丰县第三建筑工程公司	534
32	中国电信股份有限公司海丰分公司	517
33	汕尾市建安建筑安装工程有限公司	514
34	中国银行股份有限公司汕尾海丰支行	514

说明：填报单位：（盖章）海丰县地方税务局；填报时间：2015年3月30日。

【依法治税】 一是围绕整顿税收秩序，加大稽查执法力度。积极开展房地产及建筑安装业、工业企业、餐饮娱乐业税收专项检查，以及打击发票违法犯罪活动专项整治，全年开展专项检查34户，立案3户，检查发票违法行为企业7户，累计查补税费、滞纳金和罚款3605.53万元。二是围绕提高征管质效，加强纳税评估工作。开展饮食旅店业专项纳税评估，对全县92户查账征收的饮食旅店业法定代表人和会计人员进行培训辅导，要求严格进行自查，并集中检查力度，逐户逐项落实评估工作的开展。同时处理好纳税评估与税务稽查的关系，充分发挥稽查的职能作用。2014年全县查账征收的饮食业通过评估入库税款29.82万元。

【税收征管】 一是加强征管基础工作。加强催办、催报、催缴，着力提升登记率、申报率和入库率。2014年县地税局申报率为96.33%，入库率为96.18%，期外催报催缴率及税务登记催办办结率均为100%。加强税收征管档案整理工作，进一步配备和完善各项基础设施，分类分片开展档案的审查、整理、保存管理工作，落实专人负责，重点整理2011—2013年度征管档案资料，截至年底，已完成整理工作进度的65%。二是加强房地两税清理。成立综合业务、宣传、清查清欠、督查督办等4个工作小组，全面了解全县房地两税的税收政策执行情况、欠税追缴情况及管理上存在的问题，明确下达清理目标。从11月份开始，由县政府牵头，联合国土、住建、财政、检察和公安等部门，进一步加大清理力度，11月份起累计清理370户，入库房地两税税款5006万元，其中入库税款1万元以上的116户，累计入

2014年1月13日，省地税局党组成员、副局长李华东一行深入海丰县地税局开展慰问活动

库税款934万元，全年房地两税征收入库税款1.05亿元。同时坚持先易后难做好房产、土地使用情况补录入工作，经清理后已补录入4174户，完成原未补录入户数4179户的99.88%。三是加强汇算清缴工作。积极发挥税政、征管、纳服、稽查等部门的联动作用，切实抓好企业所得税汇算清缴工作，2013年度全县企业所得税应汇算清缴户数566户，已汇缴561户，汇缴补税额1125.59万元，汇算清缴面达99.12%，圆满完成省局汇缴面98%的考核指标。按规定要求进行土地增值税清算，全年已清算房地产开发项目7个，清算土地增值税1083.92万元。

【纳税服务】 一是以依法治税为原则，提升扶持效应。严格贯彻落实各项税收优惠政策，全年共为92户小型微利企业减免企业所得税46.14万元，为610户月营业额不超过2万元（10月起不超过3万元）的小微企业减免营业税72.84万元，为26户纳税人困难性减免城镇土地使用税、房产税468.28万元，为13户肉类初加工企业减免企业所得税242.59万元。在其他政策性备案减免方面，包括契税、耕地占用税等优惠税收2046.67万元。二是以便民利民为基点，提升办税效率。进一步优化便民服务措施，推行实施二手房、二手土地交易“免填单”服务，截至年底，共办理1895笔二手房、二手土地交易“免填单”业务，单笔业务办结时间平均缩短20分钟，办税效率得到了明显提升。开展“同城通办”业务，对全县范围内的二手房、二手土地转让（过户）手续实行“同城通办”，有效解决纳税人多头跑、多次跑问题。拓展多元办税渠道，大力推行电子办税服务厅，引入CA身份认证体系，真正实现办税无纸化，全年已开通CA证书认证349户。三是以争先创优为抓手，提升窗口形象。优化“一窗式”“一站式”服务和办税“绿色通道”，最大限度地方便纳税人办税。推行首问负责制、岗位责任制、服务承诺制、政务公示制、限时办结制、一次性告知制，着力营造高效便捷的服务环境。安装服务电子评价器，开展“纳税服务之星”评选活动，营造“办事高效、争创一流、服务奉献”的良好工作氛围。

【社保费征收】 2014年，海丰社保各项规费收入得到新提高。积极推行社保三方协同办公信息交换，全面提升费款申报、数据传递和账务核对质量水平；完善规费征管规程，清理基础资料；热心解答缴费人关注的疑难问题，切实维护参保人权益。全年组织各项规费收入4.08亿元，其中社保费收入3.46亿元，同比增长4.85%。年内，扩面征缴工作取得新成效。联合社保部门开展“百日行动”，以饮食、服务行业为切入点，进一步加强扩面征缴工作，增加社保费扩面人员4992人，其中，正常扩面参保4434人，开展企业未参保人员一次性补缴558人。社保清欠工作实现新突破。深入开展宣传活动，广泛向社会各界宣传社保费政策规定，提高群众参保积极性。进一步开展全面排查，摸清欠费情况，并及时对外发布欠费催缴通知，对欠费大户进行跟踪监控，定期追欠，查封银行存款账号等，确保及时追缴入库。

【税收调研】 一是加强税收分析研判。密切关注经济与税收收入走势，充分考虑经济发展、税源结构、市局以及县委、县政府收入目标等因素，深入开展“营改增”的实施对收入影响分析，加强组织收入的

2014年12月23日晚，市地税局局长曾军深入海丰县地税局检查指导金税三期实际业务压力测试工作

统筹规划，努力实现税收收入预期目标。二是注重成果转化运用。高度关注基层一线的热点难点和征纳双方反映集中的问题，结合年度工作思路，不断拓宽调研成果的转化途径，力求调研工作作为领导决策、推动地税系统深化改革发展发挥作用。

【地税队伍建设】 一是教育实践活动成效明显。扎实开展“学习教育、听取意见、查摆问题、交心谈心、开展批评和落实整改”等六项重点工作，其中：梳理汇总形成了干部群众和纳税人利益诉求28条；深入查摆领导班子和班子成员“四风”突出问题98条；深入开展批评和自我批评，民主生活会上提出批评意见共计70条；狠抓整改落实，制定整改计划，落实整改措施，逐步实现“完全销号”；推进建章立制，建立和修订《绩效考核考评制度》《车辆管理办法》和《领导双休日节假日值班制度》等27项制度，不断推进规范管理。二是地税文化活动氛围活跃。建立全员参与的活动机制，继续推进兴趣小组的活动开展，丰富了干部职工的业余文体活动；举行前台工作操作规范培训和职业素质教育，开展户外拓展培训活动，有效缓解窗口工作人员压力；在县局办税服务厅推行岗位个人绩效考核，将考核结果与绩效奖金的发放相挂钩，充分调动了工作积极性，提高了纳税服务的质量、水平和效率。三是税收宣传活动亮点纷呈。以“便民办税春风行动”为主题，更加注重税收宣传的效果和影响，通过开展“送税法进部队、进企业、进校园”活动，分别组织一场体育友谊赛、开一次税企座谈会和上一堂税收知识课。通过开展“宣传车上街道”“政策宣传上报刊”“优惠政策上专栏”，进一步丰富“税费宣传示范街”和“诚信纳税街”的建设工作。

【税收信息化建设】 2014年，海丰全面推进金税三期工程试点工作。选取附城分局作为双轨试运行的试点，筛选骨干建立高效能的工作组，配合市局试点办重点开展数据清理、业务测试、宣传公告、应急预案等工作，逐条核对省局布置的各项需要清理的数据，并针对“大集中”系统的欠税数据、非正常户等信息进行重点核查，确保各项数据信息准确无误，共核查清理数据8647条。年内，积极推进业务测试工作，加强实际征管业务与金税三期系统上线的差异分析，做到各类业务规范统一、无缝接轨，结合各类用例进行全员测试，并取得良好成效，确保试运行工作按时按质顺利上线。

（孙云山）

附：2014年海丰县地方税务局领导名录

局　长：宋相当

副局长：洪锦发　陈业雄　蓝　盼（女）

海丰县地方税务局办公大楼

综合经济管理

发展与改革

【概况】 2014年，海丰县发展和改革局认真贯彻落实党的十八大、十八届三中、四中全会精神及省《关于进一步促进粤东西北地区振兴发展的决定》，全面实施“三大抓手”，全力打好“四大会战”、推进“六大工程”，在全国经济发展进入新常态下，海丰县经济社会保持平稳较快发展势态。至年末，全县实现地区生产总值243.4亿元，同比增长11.2%，地方公共财政预算收入15.32亿元，增长16%，进一步推进了“十二五”各项目标任务的实现进程。

【机构人员】 海丰县发展和改革局是政府组成部门之一，有办公室（加挂县国民经济动员办公室牌子）、农村经济与综合规划股、投资股、交通科技股（加挂经济体制改革办公室牌子）、社会发展与财贸股、重点项目产业协调和区域经济股6个内设机构。2014年共有编制人员数16名：机关行政编制12名（其中：局长1名，副局长2名，正副股级领导职数6名）；后勤服务人员数2 名；另还有机关使用事业编制2名。

【年度计划编制与经济运行监测】 2014年，海丰县国民经济和社会发展计划，在全面总结海丰县2013年经济和社会发展计划执行情况的基础上，着重分析宏观经济环境和全县经济社会发展存在问题，经过深入调查研究，按照“十二五”规划的总体目标，以年度目标及发展速度确保“十二五”规划的有效实施，在综合分析有利条件和不利因素的基础上，形成《海丰县2013年国民经济和社会发展计划执行情况和2014年计划草案的报告》，经县委、县政府同意后报县人大会确定实施，并下达各地各有关部门参照执行。在加强经济运行监测调控上，严格按季度、按月检查国民经济计划执行情况，总结特点、查找问题、提出建议，形成经济运行分析报告，提供海丰县委、县政府领导决策。

2014 年海丰县经济社会发展计划执行情况

表7

类别	指　标	计算单位	2013年实际数	2014年预计		2015年建议	
				全年完成数	增长（%）	建议数	增长（%）
经济发展	1.地区生产总值（当年价）	亿元	221.7	243.4	11.2	269.5	11
	第一产业	亿元	33.3	35.3	4.2	36.9	4.5
	第二产业	亿元	100	113	16.4	129.3	15.1
	#工业增加值	亿元	90.5	102.5	17.7	117.4	15.7
	第三产业	亿元	88.4	95.1	6	103.3	6.5
	2.人均GDP（常住人口）	元	27513	30039	10.5	33078	10.4
	3.农业产值	亿元	53.7	57.1	4.1	60.3	4.5
	4.规模以上工业增加值	亿元	64.4	73.8	25.6	87.9	19
	5.公共财政预算收入	亿元	13.2107	15.3244	16.08	16.2	6
	6.固定资产投资	亿元	208	234.3	16.1	283.5	21
	7.社会消费品零售总额	亿元	196.6	216.3	10.4	240	11
	8.居民消费价格指数（上年100）	%					
	9.进出口总额	亿美元	9.8799	7.45	-24.6	8.2323	10.5
	#出口	亿美元	6.84	5.7	-16.67	6.2985	10.5
	进口	亿美元	3.0399	1.75	-42.43	1.9338	10.5
	10.实际利用外商直接投资	亿美元	0.7065	0.7071	0.08	0.7813	10.5
	11.城镇化率	%	62.49	62.59	0.1	62.69	0.1

（续上表）

类别	指标	计算单位	2013年实际数	2014年预计		2015年建议	
				全年完成数	增长（%）	建议数	增长（%）
社会发展	12.年末总人口（常住人口）	万人	80.82	81.37	5.4‰	81.7	5.4‰
	13.人口自然增长率	‰	7.43	6.52		8.2	
	14.初中毕业生升学率	%	95.11	95.21	0.1	95.4	0.19
	15.高中阶段教育毛入学率	%	87.1	87.3	0.2	87.5	0.2
	16.城乡居民人均可支配收入	元		17600	10.4		8
	17.城镇新增就业人数	人	15381	15538	1	15700	1
	18.新增转移农村劳动力就业人数	人	12163	6600		6500	
	19.城镇登记失业率	%	2.49	2.21		2.2	
	20.城镇职工参加基本养老保险人数	万人	12.17	13.92	14.38	14.55	4.53
	21.城乡居民社会养老保险参保人数	万人	28.4	35.17	23.84	35.35	0.51
	22.城乡参加基本医疗保险人数	万人	76.59	77.79	1.57	77.99	0.26
	#城乡居民参加基本医疗保险人数	万人	69.14	70.34	1.74	70.54	0.28
	城镇职工参加基本医疗保险人数	万人	7.45	7.45		7.45	
	23.每千人口医院和卫生院病床数	张	2.663	2.68	0.6	3.02	12.7
	24.农村饮用水安全普及率	%	75.4	75.4	0	90	14.6
	25.城镇保障性住房开工量	套	300	386		198	
	26.城乡居民最低生活保障人数	人	33625	32768	–2.5	35068	7
	27.为残疾人服务设施数	个	4	4	0	5	25
	28.万元GDP能耗	吨标煤	0.456	0.441	–3.29	0.425	–3.66
生态环境	29.森林覆盖率	%	56	57	1.79	57.5	0.88
	30.耕地保有量	万亩	55.1295	55.0275		54.9275	
	31.主要污染物排放总量控制						
	SO2排放量	万吨	0.175	0.205	17.14	0.72	251.2
	COD排放量	万吨	1.4592	1.419	–2.8	1.18	–16.8
	氨氮排放量	万吨	0.1725	0.167	–3.2	0.13	–22.2
	氮氧化物排放量	万吨	0.1652	0.1852	12.1	0.5452	194.4
	32.单位工业增加值用水量	立方米/万元	34.83	32	–8	30	–6
	33.工业固体废物综合利用率	%	100	100		100	
	34.城市人均公园绿地面积	平方米	12.5	12.6		12.8	
	35.城镇生活污水集中处理率	%	73.4	75.63	2.23	77.5	1.87
	36.城市生活垃圾无害化处理率	%	82	83		85	

【发展现代服务业】 2014年，海丰县商贸服务行业日趋繁荣。全年实现第三产业95.1亿元，增长6%；完成社会消费品零售总额216.3亿元，增长10.4%；东维亚国际珠宝贸易广场、义乌小商品批发城、海丰装饰材料交易中心等高端专业市场相继建成，带动县城及周边城镇商贸消费大流通、大繁荣。电子商务加快发展，大力拓展以网络实体店为依托的电子商务新兴行业，全年实现网上营销额达3亿元。莲花山AAAA级景区、田园沐歌温泉度假村等旅游开发建设项目扎实推进，全年接待旅客249万人次，比增5.3%；完成旅游总收入14.2亿元，增长7.08%。自主创新能力不断提升，专利申请99件，专利授权93件。中心城区扩容提质初见成效，总规划面积5.94平方千米的县城南部新城加紧开发、建设，其中近40万平方米的市民中心已完成征地、清表，正在开展市政设施建设规划和立项、招投标等工作。同时，大力支持、参与汕尾新区中的鲘门特色休闲区建设，完成了用地规划和鲘门高铁站场配套建设。

【投融资管理】 依照投融资管理规定，严格把好投融资市场准入关。2014年经审批、核准、备案登记项目共102个，总投资45亿元。其中：审批项目 26个；核准、备案登记项目76个；另外：向上争取资金补助项目有56个，总投资7.24亿元，获得上级补助资金2.61亿元。大力拓宽投融资渠道，探索建立多层次、多形式的投融资平台，加快积极稳妥发行债券，申请发行7.5亿元企业债券取得重大进展；鼓励多种所有制企业参与城镇公共基础设施的投资和运营，太平洋建设集团有限公司中标建设生态科技城核心启动"七通一平"的基础设施项目，县影院社会化投资经营顺利实施；积极稳妥发展小额贷款担保公司，为小微企业和自主创业者提供便捷的资金支持；加大招商引资力度，引导传统品牌企业、优质企业上市融资。

【重大项目建设】 2014年初确定全县有重点项目30个，总投资616.6亿元。2014年年度计划投资64.6亿元，全年完成固定资产投资44亿元，完成年度计划投资近七成，比上年增加了投资10.5亿元。其中列入省重点项目1个，全年完成投资29.8亿元，占年度投资计划115%。列入市重点项目4个，全年完成投资33.19亿元，占年度投资计划110%。潮惠高速公路建设全线无障碍有序推进，华润海丰电厂1、2号机组即将建成投入运营。

2014 年海丰县重点建设项目计划执行情况

表8

单位：万元

序号	项目名称	计划总投资	年底完成投资	2015年计划投资	备注
	一、续建、新开工项目（30个）	4708240	866271	767875	
	（一）工业、能源（5个）	966744	600000	178200	
1	华润海丰电厂	838000	600000	160000	续建
2	110千伏附城室内输变电站	14635		6000	新开工
3	海丰鲘门输变电站	30109		2200	新开工
4	高端直线电机	42000		5000	新开工
5	裸眼3D液晶显示模组	42000		5000	新开工
	（二）新型城镇化（9个）	2361000	147700	171500	
6	海丰生态科技城	1600000	20000	20000	续建
7	公平工业园	100000		2500	新开工
8	可塘工业园	70000		20000	新开工
9	可塘珠宝产业园及配套	66000	36200	30000	续建
10	海丰黄金珠宝首饰产业园及天星湖科技园	220000		30000	新开工
11	田园沐歌温泉旅游度假村	70000	40000	10000	续建
12	九龙湾生态园	120000	24000	20000	续建
13	海丰大百汇生物科技园	65000	27500	9000	续建
14	国际珠宝首饰工贸城	50000		30000	新开工
	（三）交通通信（3个）	705750	42100	232400	
15	潮惠高速公路海丰段	650000	36500	210000	续建
16	海丰县城莲花大道建设工程	42750		15000	新开工
17	梅陇镇西环路	13000	5600	7400	续建
	（四）农林水利（5个）	258625	20000	84625	
18	海亮生态农业综合体项目	122000	20000	20000	续建
19	海丰三禾现代农业产业基地项目	112000		40000	新开工
20	2014年度高标准基本农田建设项目	7905		7905	新开工
21	大湖南北堤围加固工程	7720		7720	新开工
22	龙津河纳咸冲污及引水工程	9000		9000	新开工
	（五）社会事业（3个）	57373	2171	45202	
23	海丰县城市民中心全民健身广场及配套	40000		30000	新开工
24	双桂中学二期工程	9735	2171	7564	续建
25	县影剧院综合建设工程社会化投资经营项目	7638		7638	新开工
	（六）环保、市政建设（5个）	358748	54300	55948	

（续上表）

序号	项目名称	计划总投资	年底完成投资	2015年计划投资	备注
26	县城二环路升级改造项目	23000		6000	新开工
27	海城镇福临坑道路改造工程	5090	2000	3090	续建
28	中心镇污水处理厂	26500		15000	新开工
29	县城青年水厂日供水能力6万米³项目二期	4158	2300	1858	续建
30	海丰碧桂园二期	300000	50000	30000	续建
	二、预备项目（29个）	570613			
1	华润海丰电厂循环经济配套项目	50000			前期工作
2	国道324线海丰县城至可塘段改建工程	23800			前期工作
3	海丰县大液河除险加固工程	16000			前期工作
4	海丰县西溪水闸除险加固工程	16000			前期工作
5	三甲医院	20000			前期工作
6	泰林综合医院	12000			前期工作
7	华中师范大学	30000			前期工作
8	北大附中海丰附属学校				前期工作
9	海丰泰林国际珠宝城	20000			前期工作
10	一开电器	18000			前期工作
11	新型纸品	18000			前期工作
12	有机纸制品	10000			前期工作
13	自动化机械研发科技中心	8000			前期工作
14	蓝精灵科技	8000			前期工作
15	汕尾采味轩食品有限公司花生制品加工项目	15000			前期工作
16	汕尾市顺盈糖业有限公司	44544			前期工作
17	朋腾金属制品	11000			前期工作
18	新型塑料生产基地	5000			前期工作
19	新洲塑料制品	20000			前期工作
20	大钳西工业园	12000			前期工作
21	海河公路	16000			前期工作
22	国道324线海丰县城至梅陇段改建工程	16000			前期工作
23	昊源游艇项目	100000			前期工作
24	海丰县正骨医院	20000			前期工作
25	中心敬老院、儿童福利院	4400			前期工作
26	海丰县城西北片缺水区域供水管网改造项目	25369			前期工作
27	汕尾（赤坑）农产品批发物流园	20000			前期工作
28	城东自来水厂供水管网	4500			前期工作
29	梅陇自来水厂改造工程	7000			前期工作
	（新续建、预备）合计59个	5278853	866271	767875	

（程招焕）

附：2014年海丰县发展与改革局领导名录

局　长：谢小平

副局长：陈丁睦　陈文佳

国土资源管理

【概况】 2014年，县国土资源管理工作积极克服各种不利因素，坚持以科学发展观为统领，深入贯彻落实党的十八大、十八届四中全会精神，紧紧围绕县委、县政府的奋斗目标及工作部署，做到保护与保障并举，管理和服务并行，扎实有力地推进国土资源管理各项工作，较好地完成全年各项工作目标任务，为促进海丰县经济社会跨越发展做出努力和贡献。2014年为县财政增创收入4.96亿元。其中：各项规费收入上缴县财政专户2.96亿元，出让储备土地收入2亿元，协征增值税1172万元，协征契税620万元。上报新增建设用地12批次，总面积208公顷，经省政府批准16个批次（含历年上报），面积1066.12公顷。非煤矿山连续零事故。

【机构人员】 海丰县国土资源局设9个内设机构：人秘股、土地规划与耕地保护股、土地利用管理股、地籍管理股、测绘管理股、矿产资源地质勘查与环境股、计财股、政策法规股、纪检监察室；县国土资源局机关行政编制14名。其中：局长1名，副局长3名，纪检组长1名（副科级），正副股级领导职数9名。后勤服务人员数2名。海丰县国土资源局执法监察大队为县国土资源局正股级直属行政机构，行政执法专项编制6名。设大队长1名（可由副科级干部担任），副大队长2名；全县设立海城、附城、城东、可塘、公平、梅陇、鹅埠、赤坑等8个国土资源管理所，行政执法专项编制60名，为县国土资源局派出股级行政机构。2014年，共有在职人员150人。

【土地利用】 2014年，根据海丰县项目建设用地需求，切实做好重点项目用地和县储备土地计划工作，提前介入，主动作为，通过争取市国土资源局、省国土资源厅的支持，解决用地指标。同时，加强与林业、社保、环保等部门的联系，有效推进了用地报批工作的进展，切实解决全县经济社会发展的用地压力。全年上报新增建设用地12个批次，用地面积208公顷，涉及项目有华润电厂、县生态科技园（二期）、联安纸业、县储备用地。通过争取跟踪联系，获得省厅批复11宗，面积1066.12公顷（含往年上报）。这些报批用地的批准保证海丰县重点项目如期建设。

【土地储备】 为保障海丰建设用地需求，服务经济发展，2014年，县国土资源局根据县委、县政府的部署和要求，主动做好土地储备工作。其中成功挂牌出让储备土地2宗，面积6.43公顷，出让收入2亿元。

【耕地保护】 2014年，县国土资源局根据国土资源部和省国土资源厅的要求，切实做好基本农田保护工作。一是推进高标准基本农田建设。根据《广东省土地整治规划（2011—2020年）》的要求，省下达给海丰5年的高标准基本农田建设任务是15520公顷。根据省下达的任务海丰县已完成规划的编制工作，并将任务分解逐年建设。二是年内完成2012年度高标准基本农田建设项目，建设规模2806.66公顷，投资6315万元，于2014年7月通过县、市级验收；2013年度公平、可塘、平东、附城、陶河等5个高标准基本农田的建设项目，建设规模4113.33公顷，投资5550万元，于2014年11月动工建设，计划2015年3月全面完工并通过省、市的验收。三是严格落实耕地保护责任制。为实行最严格的耕地保护制度，稳定耕地面积，确保国家粮食安全，促进社会经济可持续发展，海丰县坚持“各级党政一把手负总责、亲自抓”的原则，县人民政府与各镇（场）人民政府、各镇（场）人民政府与各村委会分别签订2013年、2014年基本农田保护责任书。实行各级政府领导任期耕地保护责任制，将耕地保护尤其是基本农田保护工作作为政府领导任期目标责任制考核的一项重要内容，明确各级人民政府对土地利用总体规划确定的耕地保有量、基本农田保护面积和质量。

【地籍管理】 2014年，全县投入资金886万元，开展585公顷农村集体建设用地和宅基地的确权登记工作。至年底，全县农村集体建设用地、宅基地使用权登记发证任务8.5万宗，已完成测量公示地块2.5万宗。

【土地规划微调】 根据海丰县发展战略，为保障产业转移工业园的用地需求，完成城东镇土地利用总体规划调整；根据《广东省城镇污水处理及再生利用设施建设“十二五”规划》要求，调整公平、梅陇、可塘三镇污水处理厂土地利用规划。

【卫片执法检查】 2014年度，海丰县卫星监测变化的图斑点为49个，监测面积30.84公顷，其中占用耕地面积4.09公顷，其他用地26.75公顷。经核查，涉及违法用地28宗，面积11.05公顷，占用耕地面积1.11公顷。县国土资源局按有关规定对其中20宗案件进行了立案查处，对违法用地进行整改。通过对违法用地落实立案、查处、整改等措施，顺利通过市、省级考核验收。

【土地执法监察】 县国土资源局按照职责要求，积极开展动态巡查，狠抓违法用地案件的查处，有效遏制土地违法势头。2014年发现各类违法用地230宗，及时制止在萌芽状态170宗，立案45宗，责令自行整改15宗。出动执法人员45人次，配合县政府拆除青年水库水源地莲花片区养猪场6间；出动执法人员60人次联合相关部门，取缔鹅埠、公平等镇非法采沙场19个。

【信访维稳工作】 根据国土资源信访工作出现的新情况、新问题和群体性事件不断增多的趋势，主动积极做好信访维稳工作。落实领导包案制度和工作人员分片负责制度，全年共收到群众来信548件（属重复信件156件），其中上级批办200件；个人及集体来电来访348件，约790人次；对每一起信访、举报案件，县国土资源局认真负责对待，通过做艰苦细致的调查协调处理并及时回复，大部分信访问题得到妥善解决，有效维护了社会稳定。

【测绘管理】 一是完成了全县12个批次城镇建设用地勘址定界图的地形图的测绘、建筑放线、道路放线，水准高程、土方测算等工作，面积243.38公顷。二是完成了潮惠高速公路海丰县段各标段20多宗临时用地的界线测量及用地图的制作，面积44.08公顷；莲花大道改道界桩放样测量及勘址定界图的制作。同时还完成了土地登记、变更、确权宗地图件的制作150宗，环保砖厂及矿产资源点规划测量工作20多宗，土地纠纷案件测量90多宗。

【矿产管理】 2014年，县国土资源局按照矿产资源管理的新要求，认真开展非煤矿山安全生产及“八打八治”专项整治工作，取得了明显成效，确保全年安全生产零事故，地质灾害零出险，有效地保护了人民群众生命财产的安全。一是加强持证矿山企业安全生产监督管理。重点对持证圆墩三角山石场、可塘金钱埔石场等矿山企业安全生产进行监督检查，落实安全生产责任制，发现存在安全隐患立即责令限期整改；二是加强对无证非法开采打击力度，取缔无证非法开采的联安长埔矿区、田心矿山、平东谷塘等非法采矿点，没收生产工具、拆除生产措施，责令恢复土地原貌，严厉打击了非法开采行为，严守安全零事故目标。

【地质灾害防治】 根据《海丰县地质灾害防治规划》，结合海丰县实际，县国土资源局扎实开展地质灾害防治工作。一是编制《2014年度地质灾害防治方案》和《海丰县地质灾害突发应急预案》，落实地质灾害隐患点监测责任人、监测人，并签订防治工作责任书。二是对全县32个地质灾害隐患点编制防灾预案，树立防灾警示牌。三是加强地质灾害巡查、排查工作，落实领导带班24小时值班制度。四是通过积极争取，省下达小漠镇旺官村新西苑地质灾害隐患点治理专项资金90万元，2014年已完成前期工作，待资金下达到县财政后，着手按规定开展治理工作。通过综合采取行之有效的防治措施，2014年地质灾害情况稳定，没出现伤亡安全事故和财产损失。

【信息化工作】 海丰县于2013年被确认为全省数字县（区）地理空间框架建设试点单位，并被省厅确定为地籍信息化建设试点县，县委、县政府高度重视，拨给建设项目的专项资金1014.8万元。通过招标，聘请广东省地图院为技术承担单位。至2014年年底，已经完成网络软硬件建设和机房改造，1:500数字线划图数据整理、“一村一镇一地图”相关要素的外业采集地名核查和数据录入工作；村镇地图已完成总体工作的80%；软件方面已完成历史档案扫描，系统的信息完备和正常运行，提高了查询效率，通过操作人员培训，解决测量、宗地号编码、档案与宗地相关联的技术难点。硬件方面根据业务需求，分别为交易所、窗口办、地籍股独立配备扫描仪和专用电脑。

【领导班子和队伍建设】 2014年，县委、县政府根据县国土资源局领导班子的现实情况，按照“任人唯贤、德才兼备、群众公认、注重实绩”的原则，对县国土资源局副局长、纪检组长作了任命。新领导班子承上启下做好工作的衔接，自觉把思想行动统一到县委、县政府的决策部署上来，一心一意谋事业、谋发展；自觉坚持集体领导和个人分工负责的制度，敢于担当，敢于担责，不断增强班子的执政履职能力。带领全系统干部职工圆满完成县委、县政府和市局党组布置的各项任务。年内，根据县国土资源局中层领导职位配置的情况，经县委同意，完成了土地整理中心副主任、海城国土资源管理所正股级科员的公开竞岗选拔工作和公平国土资源管理所、鹅埠国土资源管理所所长的推荐工作。经报县委组织部批准，完成了公平、鹅埠国土资源管理所所长的任命工作。同时，加强队伍素质教育，进一步提高了队伍的整体战斗力。

（刘德新）

附：2014年海丰县国土资源局领导名录

局　长：林建军

副局长：黄　明　郭　槎

戴国钦（任至5月）

陈继坚（7月起任）

工商行政管理

【概况】 2014年，海丰县工商行政管理局（以下简称县工商局）全面贯彻落实市委提出的“海丰要勇当汕尾融入珠三角主力军，勇当全市社会经济发展的稳定器”的要求，紧紧围绕县委提出的“三个坚持、四个争当、五个发展”的工作思路，认真贯彻落实省、市工商局和海丰县委、县政府的工作部署，立足工商公共服务职能，转变工作作风，狠抓各项工作落实，深入推进工商登记制度改革，完善宽松市场准入体系建设，构建“宽进严管”市场格局；落实企业信息公示制度，建立健全企业异常经营名录和黑名单制度；

推进“两建”协调工作，深化社会信用和市场监管体系建设；加大市场监管执法力度，理顺工商职能调整背景下无照经营综合治理、食品安全监管、市场监管等领域监管职责和工作机制；启动驰、著名商标推荐工作，推动品牌战略效能发挥，助力企业提升竞争优势；突出抓好工商效能建设，落实“四风”问题查摆和整改，转变工作作风，不断提高队伍整体素质，进一步提升监管、执法和服务能力，为海丰县增创发展新优势做出积极贡献。

【机构人员】 海丰县工商局内设机构8个股（室），直属行政单位1个，事业单位2个，派出机构12个工商所，社团组织1个。至2014年12月底，全县工商系统共有在职干部职工237人，其中行政编制（含行政执法专项编制）208人，事业编制4人，工勤人员编制25人。

【工商登记制度改革】 2014年，海丰县工商登记制度改革工作顺利推进。一是注册资本登记改革的各项“宽进”措施已“落地”。从3月1日起，全面执行注册资本登记制度改革的各项措施，包括注册资本由“实缴登记制”改为“认缴登记制”，简化住所登记手续，允许“一照多址”和“一址多照”，以及简化申请文书表格，换发新版营业执照、停止年检验照工作等。二是“先照后证”改革全面推开。5月9日，广东省政府办公厅颁布《广东省工商登记前置审批事项目录》和《广东省工商登记前置改后置审批事项目录》（以下简称“两个目录”），全省于5月26日起统一执行“两个目录”。县工商局坚持以市场准入便利化为导向，大力推进“先照后证”改革，降低市场主体准入门槛，进一步完善简化手续、限时办结、延时服务等便民举措，为投资者提供便捷服务。三是强化后续监管的改革措施逐步推出。与改革相配套的过渡时期市场主体信用信息公示系统于10月1日启用，并与全国联网，实现了登记备案信息的公示功能，为部门协同和社会监督提供了基础。

【企业登记管理】 2014年，海丰县新增各类市场主体5888户，新增注册资本（金）24.55亿元，分别同比增长36.9%和191.82%，全县累计实有各类市场主体共3.60万户。其中，新增内资企业514户，新增注册资本金17.58亿元，分别同比增长71.33%和263.67%，全县累计实有内资企业2221户，占全县市场主体的6.17%；新增个体工商户5288户，新增注册资本金2.9亿元，同比增长35.24%和125.13%，全县累计实有个体工商户3.24万户，占全县实有市场主体的89.82%；新增农民专业合作社86户，同比增长-5.49%和-15.89%，全县累计实有农民专业合作社467户，占全县实有市场主体的1.29%。

【企业监督管理】 2014年，县工商局着力开展企业安全生产监督、无照经营综合治理、企业信息公示等

2014年3月中旬，县消委会组织工商、质监等8个部门联合举办“3·15”国际消费者权益日咨询服务活动

2014年3月5日，海丰县工商局发出工商登记制度改革后首批新版营业执照

2014年6月13日，海丰县工商局发出首张农民专业合作社联合社营业执照

企业监督管理工作。一是狠抓企业安全生产，防范遏制安全事故。县工商局认真履行安监委成员单位职责，立足企业监管职能，积极配合做好安全生产工作；按照上级关于加强安全生产的工作要求和部署，组织各工商所加强对辖区内烟花爆竹、油站气库、网吧宾馆等高危行业的巡查监管，完善高危行业造册建档工作，全面排查安全隐患，督促相关经营单位落实安全生产主体责任，善内部管理制度，切实开展自查自纠并落实整改措施，确保安全生产工作无死角。二是强化无照综合整治，净化市场文化环境。制定《海丰县工商局2014年查处取缔无照经营专项行动实施方案》，分阶段着重对农村、城乡接合部、学校周边等薄弱区域的9大类重点行业的无照经营违法行为进行集中整治。是年共查处无照经营案件215宗，罚没款60.77万元；同时，对治理“黑网吧”、无照电子游戏机室，采取强化责任、加大宣传、调查摸排、分类整治“四位一体”的措施，是年共捣毁“黑网吧”3家，依法查扣显示器等一批，有效净化了全县文化市场环境。三是加大宣传强化服务，推进企业信息公示。2014年3月1日起停止企业年度检验工作。各工商所及时通过日常巡查、专项检查等上门告知相关规定，认真做好来电咨询回复。

【企业信息公示制度】 国务院批准发布的《企业信息公示暂行条例》（以下简称《条例》）自2014年10月1日起正式施行。县工商局认真组织业务骨干学习好《条例》及其配套规章，同时通过悬挂横幅、张贴公告、分发须知、电视台轮播公告、上门宣传指导等方式进行高密度宣传。是年，制作宣传横幅30条，张贴公示公告200份，发放宣传单1.2万份，发放报送须知4000份，并连续15日于海丰县电视台播放企业信息公示视频公告，宣传工作取得显著成效。《条例》规定了企业年度报告公示和即时信息公示制度。企业、个体户提交年度报告时间为每年1月1日起至6月30日止（2013年度报告报送时间截至2015年6月30日），农民专业合作社自2015年1月1日起报送上一年度报告。《条例》规定，企业未按照规定的期限公示年度报告、未按照工商部门责令的期限公示有关企业信息，公示企业信息隐瞒真实情况、弄虚作假的，或者通过登记的住所或者经营场所无法联系的，由县级以上工商行政管理部门列入经营异常名录，通过企业信用信息公示系统向社会公示；对被列入经营异常名录满3年仍未履行公示义务的企业，由国务院工商行政管理部门或者省、自治区、直辖市人民政府工商行政管理部门列入严重违法企业名单，并通过企业信用信息公示系统向社会公示。被列入严重违法企业名单的企业的法定代表人、负责人，3年内不得担任其他企业的法定代表人、负责人；在政府采购、工程招投标、国有土地出让、授予荣誉称号等工作中，将企业信息作为重要考量因素，对被列入经营异常名录或者严重违法企业名单的企业依法予以限制或者禁入。工商部门负责公示其在履行职责过程中产生的企业注册登记信息、备案信息、动产抵押登记信息、股权出质登记信息、抽查结果、不配合抽查情节严重的企业名单、经营异常名录，严重违法企业名单和对依法注册登记的各类企业、个体工商户、农民专业合作社等适用一般程序作出行政处罚决定的相关信息等，以上企业信息应当自产生之日起20个工作日内予以公示。国家工商总局和省工商局根据企业注册号等随机摇号，抽取辖区内不少于3%的企业，进行监督检查。抽查分为不定向抽查和定向抽查。

2014年10月13日，广东省工商行政管理局副局长黄伟平深入海丰县工商局调研指导工作

【商标管理】 2014年，县工商局认真履行保护商标专用权职责，继续实施品牌带动战略，服务地方经济社会又好又快发展。一方面加强基层监管人员的商标业务培训，提升海丰县商标监管执法水平。同时强化属地监管，加大商标侵权案件的查处力度。另一方面县工商局以强化宣传为着力点，全面推进驰、著名商标推荐

工作，指导企业正确运用商标策略打造自主品牌，培养企业自主商标品牌意识，积极引导、鼓励、支持其运用商标策略开拓市场，走争名牌、创品牌的发展之路。至2014年底，全县除百斯盾、玛莲露、文时特、威粤、贝克顿、AAK、古士旗、卓球王、来吉奇10件驰（著）名商标外，确定培育为知名品牌的有“皇斋虎嗽”“虎嗽金针”“玉笋”“黑珠”“状元红”等5个涉农商标，其中中荣公司拥有的“皇斋虎嗽金针菜”系列商标代表汕尾市先后参加中国国际农产品交易会和广东省第五届现代农业博览会，均获广泛赞誉。再方面优化服务促增量，强化监管护权益。在监管过程中，帮助服务企业申请商标注册和咨询活动94人次，行政指导经营者正确使用商标76户（件），协助企业申请商标注册20件，办理商标续展5件、变更名称地址2件。是年，全县新增申请件数1567件、注册件数1572件，累计有效注册商标 9262件，占全市的47.2%、62.9%、60.63%，注册件数、有效注册量分别比上年增长60.74%、12.29%。全年共查处商标案件22宗，其中商标侵权案件21宗，罚没金额11.15万元，案值6.55万元，没收侵权物品749件；仿冒注册商标案件1宗，罚没金额0.2万元，案值0.14万元。

【广告管理】 2014年，县工商局从规范广告发布和强化违规广告整治等方面入手，强化广告监管执法工作， 使海丰县广告行业健康发展。至年底，全县共有广告经营单位213户（其中广告企业126户、事业单位1家、广告个体工商户86户），广告经营额1548.84万元。一是做好“广告经营许可证”的年检工作。全年共对1家广告经营单位的“广告经营许可证”进行年检；二是把好户外广告登记发布关。2014年共核准登记发布户外广告118宗，制作广告金额921.84万元，其中办理展示牌广告189块、金额802.33万元，灯杆挂旗227幅、金额77.9万元，车身广告47辆、金额41.5万元。三是深入开展虚假违法广告专项整治。查处违法广告案件 6宗，罚没金额5.05万元。同时，进一步加强行政指导，规范广告发布行为。全年共接受广告发布单位咨询156次，指导广告发布单位依法依规发布广告62条（次）。

【市场监管】 2014年，县工商局认真贯彻落实省、市工商行政管理工作会议及全县经济工作会议精神，以“为民、务实、清廉”统领全局工作，进一步增强服务大局意识，提升践行“四个统一”的新思维，充分发挥市场行政管理职能。①节假日市场监管。切实加强元旦、春节、“五一”、中秋、国庆期间节日市场监管工作。行动中，全县工商系统共出动执法人员1650多人次，出动执法车辆250多车次，检查旅游景点25个次，检查各类经营主体5200多户次， 查缴仿真枪及儿童仿真人民币一批。其中，清明节期间，县工商局及时制定《关于加强2014年清明节期间市场监管工作的通知》（海工商市字〔2014〕51号），重点加强清明节期间市场监管，着力解决群众反映强烈的无照经营、超范围经营烟花爆竹等突出问题。行动中，出动检查人员近20人次，检查集贸市场3个，检查经营者70多户，发出《责令改正通知书》3份，查缴烟花爆竹一大批。②肉类食品市场监管。一方面加强禽类市场监管，做好H7N9禽流感防控工作。行动中，全县工商系统共出动执法人员800多人次，检查市场290多个次，检查经营户3400多户次，指导经营者做好个人防护工作80户次，发放宣传资料500多份，未发现异常行为。另一方面加强猪肉市场监管工作。全年全县工商系统共出动执法人员940多人次，执法车辆90多台次，检查集贸市场、批发市场205个次，检查肉类经营户1439户次，取缔无照经营13户，查处不合格猪肉230多千克，查处违法案件13宗，案值0.34万元，罚没总额0.64万元。③农业投入品市场监管。认真贯彻落实2014年全国农资打假专项治理行动电视电话会议精神，及时制定《海丰县工商红盾护农行动工作方案》（海工商市字〔2014〕15号）、《海丰县工商行政管理局关于开展农资打假专项执法行动的工作方案》（海工商〔2014〕17号），部署“红盾护农”和“农资打假保春耕”工作。2014年全县工商系共出动执法车辆150多车次，执法人员620多人次，分发法律法规及农资知识宣传资料2800多份，检查集贸市场120多个次，检查农资经营企业730多户次；查处经营假冒伪劣农资案件一宗，没收非法所得40元、罚款1万元。通过整治，取得较好成效。④“红盾网剑”专项行动。根据市工商局《转发广东省工商行政管理局转发工商总局关于开展2014红盾网剑专项行动的通知》（汕工商市字〔2014〕160号）要求，认真开展了以网络交易平台等为重点整治目标，查处利用网络从事不正当竞争、传销、虚假广告等违法行为的专项整治行动，进一步规范网络商品交易秩序，净化网络市场环境。是年全县工商系统共出动执法人员64人次，执法车辆12台次，检查辖区内经营户36户次，未发现利用投递行业及互联网销售假冒伪劣商品的行为。⑤诚信市场和文明集市创建。根据省工商局《关于开展2013年度创建诚信市场活动先进单位和诚信示范市场的通知》精神，深入开展诚信示范市场培育、推荐工作，当年“广东可塘珠宝交易市场”获2012—2013年度“广东省文明诚信示范市场”称号。⑥殡葬用品专项整治。县工商局积极配合县政府及有关职能部门做好殡改考核、违规毁林乱造坟墓、殡葬用品市场整治等工作。是年，在县殡改办、民政、公安、国土、林业等部门大力配合及各乡镇政府支持和参与下，工商系统共出动执法人员40多人次，执法车辆8车次，在全县范围内开展了4场清理违法生产销售土葬棺木的行动，共查扣棺木10多副及丧葬用品一批，有效地净化殡葬用品市场。

【合同管理】 ①合同监管。根据《工商总局办公厅关于加强对银行业、电信业合同格式条款规范监管工作的通知》（办字〔2013〕111号），县工商局及时制定《海丰县工商局关于加强对银行业、电信业合同格式条款规范监管工作方案》（海工商市字〔2013〕165号），全面部署对银行业、电信业合同格式条款规范监管工作。2014年，全县工商系统共出动执法人员230多人次，检查银行、电信企业98家，检查合同90多份，未发现合同违规情况。②“守合同重信用”监管。县工商局认真履行职责，全面推进“守合同重信用”企业推荐工作。年内，海丰县食品企业集团公司等122家企业获广东省2013年度“守合同、重信用公示企业”称号；其中连续获广东省2013年度“守合同、重信用公示企业”称号的有112家、新获得2013年度“守合同、重信用公示企业”称号的有10家。海丰县食品企业集团公司、广东百斯盾服饰有限公司2家企业获“2012—2013年度国家级守合同重信用公示企业”称号。③企业动产抵押登记。全年共办理企业动产抵押登记4宗，抵押物价值3.35亿元，贷款(主债权6.53亿元。其中，帮助辖区内一珠宝首饰有限公司单笔融资3.2亿元。县工商局的做法引起《中国工商报》、南方网和《汕尾日报》等各级新闻媒体和省市局的关注，纷纷进行宣传报道。市工商局整理上报的信息也在第一时间被市委、市政府采用，引起市委、市政府领导的高度重视，8月25日，汕尾市委书记、市人大常委会主任温国辉作出批示予以肯定。④拍卖市场监管。2014年共办理拍卖会监管备案20宗，备案合同20份，委托标的物金额2.54亿元;拍卖成交合同12份，成交金额1.22亿元，现场监拍9场次，监拍率达75%;网上拍卖备案率达100%。

2014年12月19日，海丰县工商局开展“诚信宣传”主题周暨“两建”“守合同重信用”宣传活动

【工商行政执法】 海丰县工商局以全面落实党的十八届三中、四中全会精神为指导，紧紧围绕中心工作任务，加大执法力度，推进法治工商建设和依法行政进程。2014年全系统以一般程序办结行政处罚案件315宗，罚没金额110.02万元，以局名义作出行政处罚案件87宗，属听证范围84宗，以所名义作出行政处罚案件228宗，属听证范围224宗。以局名义作出行政处罚案件87宗中，无照经营26宗，不正当竞争类案件9宗，商标侵权类案件18宗，产品质量类案件2宗，注册登记类案件1宗，广告类案件5宗，食品安全类案件1宗，限塑类案件6宗。全年除一例当事人不服行政处罚要求听证案件外，未因核审不严引发一起行政复议、行政诉讼和行政赔偿等情况。主要开展以下工作：①狠抓队伍法制培训。为提高执法人员的办案水平，促进执法队伍整体素质的提高，认真抓好法律法规知识培训工作，是年共组织法规业务培训18场次，参训人员320多人次。②严格办案规范，狠抓案件审核、质量关。为规范行政执法行为，提高执法水平，促进依法行政，认真执行案件核审相关工作要求，严把案件立案、核审、当事人陈述申辩、案件集体讨论等各个关口。在核审工作中，按照《工商行政管理机关行政处罚程序规定》，严格执行行政处罚与违法行为的事实、性质、情节以及社会危害程度相当的原则，及时纠正案件办理中认定事实不清、证据不足、依据引用不当、处罚不公等问题，遏制弃案不办、办人情案及以案谋私等行为，特别对一些案情复杂的案件，提前介入案件办理，及时发现问题，责令改正，防止办案单位为赶进度不依程序办案、简单操作等现象，对办案单位查办的大案要案，要求办案人员深入调查、取证，认真研究讨论，确保依法办案，做到案件认定事实清楚、证据确凿、定性准确、程序合法、处罚恰当。③严格行政监管，狠抓打击经济违法工作。一是继续加强无照经营查处，健全查无函告机制。制定《海丰县工商局2014年查处取缔无照经营专项行动实施方案》，分阶段着重对农村、城乡接合部、学校周边等薄弱区域的9大类重点行业的无照经营违法行为进行集中整治。同时，严格按照《无照经营查处取缔办法》《广东省查处无照经营行为条例》及《关于进一步完善查处取缔无证无照经营行为工作机制的意见》等法律、法规规定，及时将不在本部门职责范围内的无证经营违法行为函告相关职能部门，不断理顺查处取缔无照经营函告工作机制，充分履行工商查无工作职责。二是强化流通环节食品安全

监管，确保职能无缝衔接。2014年1—8月份，县工商局以层层签订责任书的形式切实加强食品安全监管工作的组织领导，在严格把好食品经营主体准入关、强化流通环节食品质量监测、认真抓好食品进销可追溯管理的前提下，着力加强食品安全整顿工作。至8月26日流通领域食品安全监管职能划转县食药监局前止，全县已核发食品流通许可证807户。8月后，县工商局认真履行食品安全监管成员单位职责，积极配合县食药监局等有关部门深入开展农村食品市场“四打击四规范”等专项行动，针对与人民群众生活密切相关的热点问题，重点抓好奶制品、肉制品及食用油、月饼等应节食品的专项执法检查，严厉打击销售过期霉变食品、“三无”食品等违法行为。至12月底，全县工商系统共出动执法人员5650人次，检查食品经营者5640户次，检查批发市场96个次，捣毁售假窝点9个，查处涉及食品案件25宗，取缔无照经营户案件20宗。三是全面深入推进打击制假售假工作。通过抓宣传，造氛围；抓重点，强打击；抓线索，深查办；深合作，促成效等执法监管合力措施，提升了流通领域打假工作成效。全年全县工商系统共出动执法人员8500人次，执法车辆1450车次，检查各类经营主体9850户，检查涉嫌制假售假立案案件30宗，涉嫌货值约12.41万元。四是制定《2014年海丰县工商行政管理局开展集中整治不正当竞争突出问题工作方案》，着重对互联网领域、汽车销售维修行业、家具、建材、装修装饰行业及具有市场优势地位行业的限制竞争行为进行整治；同时印发《2014年反垄断与反不正当竞争执法工作要点》，加大反垄断和反不正当竞争工作力度。全年共查处不正当竞争类案件9宗，商标侵权类案件18宗，违反户外广告登记管理规定案件5宗。五是开展打击整治传销集中行动工作。县打传办牵头拟定《海丰县创建无传销城市工作方案》，明确了通过开展创建“无传销社区（村）”“无传销镇”，直至“无传销县”等逐级创建活动，依托公安“110”、消委会、“12315”投诉举报电话和社区（村）工作站等平台作用，建立健全快速反应机制和打防并举的防控机制，保持高压态势防控传销和变相传销活动，力争达到“无传销县”目标。是年，县打传办共出动执法人员110多人次、执法车辆20多车次，检查出租屋、酒店、旅馆等120多间次，有效遏制了传销人员在海丰县驻足和蔓延。六是立足职能开展各项专项整治。组织开展了流通领域打击走私贩私、玩具商品、报废汽车、问题大米及“傍名牌”等专项整治行动；配合有关职能部门开展了禁毒、扫黄打非、打击走私、问题冻肉重点整治、清查收缴非法出版物、打击非法拼组装汽车摩托专项整治等一系列专项整治工作，规范市场经济秩序取得显著成效。

【工商队伍建设】 2014年，海丰县工商局以贯彻落实党的十八大、十八届三中、四中全会精神为主线，以党的群众路线教育实践活动为契机，全面推进全县工商系统纪律作风建设，打造一支“纪律严、作风实、形象好”的工商队伍。一是严抓人事管理，加强队伍作风建设。县工商局严格加强队伍纪律监察工作，按规定严格落实好人员外出、请休假、计生等方面工作，落实“一岗双责”、述职述廉、责任考核等制度，不断推进“行风评议‘回头查’”“万众评股室”等工作，加强干部出国、操办婚丧喜庆等纪律管理，推动队伍作风建设。全县工商系统开展日常督察98次、专项督察32次，明察暗访16次；发出督察通报6期；诫勉谈话5人次；办结纪检信访件3宗；办理纪检监察案件1宗。二是开展廉政教育，塑造良好队伍形象。年内，县工商局全面深入开展党的群众路线教育实践活动，不断创新形式，通过举办以“红盾清廉”为主题的廉政书画展、组织纪检监察员参观省反腐倡廉基地、开展反腐倡廉警示教育等形式增强队伍廉洁从政意识。全年开展廉政示范教育和廉政警示教育350人次，岗位廉政教育280人次，中层干部任前廉政谈话5人次。三是深化依法行政，提升依法办事能力。县工商局以能力建设为着力点，开展各项培训工作，全力推进法治工商建设。全系统全年共开展各类业务培训32场次，其中执法类培训18场次。

（蔡春辉　黎树民）

附：2014年海丰县工商行政管理局领导名录

局　长：张辉民

副局长：罗宗好　林文财　郑海玲

市场物业管理

【概况】 2013年，海丰县县市场物业管理工作一方面加强市场的融资租赁工作，提升经济效益；一方面加强市场基础设施建设，改善经营环境，取得较好的经济效益。

【机构人员】 海丰县市场物业管理局成立于2001年，是海丰县政府属下的正科级事业单位，主要负责全县国有市场物业的规划管理、经营服务、开发建设等工作。内设人秘股、财会股、保卫股、市场管理规划股、市场建设规划股5个股室，下设海城、西门、北门、可塘、梅陇、公平、鹅埠共7个市场物业管理所，管辖国有农贸市场14个，市场经营面积3万多平方米。2014年有在职干部职工162人，公务员6名（含领导班子成员2人），职工156名。

【市场基础设施建设】 县市场物业管理局管辖市场大部分建立于20世纪80年代，历经风雨、设施陈旧。部分老市场均出现水泥柱裂缝、钢筋生锈、卷闸门腐烂、屋顶渗漏、地下排水沟严重堵塞及消防设施破旧不全等情况，局领导班子多次带队下基层调研，制订解决方案，在局经济严重困难的情况下，多方筹集资金对部分存在严重安全隐患的老市场进行整治。其中陶河市场经县建筑工程质量安全监督站鉴定结构安全评定为C级，存在严重的安全隐患。2014年，为确保人民群众生命财产安全，该市场已被拆除。并在原陶河家俬城改造建成一座钢管结构市场，以改善市场经营环境，保障市民的菜篮子工程。除新建陶河市场外，对海城市场东片、联安市场、公平市场等进行了维修加固，共投入维修市场基础设施的资金款项达40多万元。通过开展整修工作，市场面貌焕然一新，农贸市场活跃，广大人民群众满意。

【机关队伍建设】 2014年，以教育实践活动为动力，强化机关工作作风。根据中央和省、市委、县委的统一部署，推动教育实践活动有序深入开展，紧紧围绕 “为民、务实、清廉”主题，在全局范围内深入开展了党的群众路线教育实践活动。按步骤、按要求，组织党员领导干部职工全程参与党的群众路线教育实践活动，坚持高标准、严要求，保证学习实践活动不走过场、不走形式。使全局进行了一场深刻的党性党风教育，思想境界得到净化和升华，贯彻执行群众路线的意识和能力普遍提高，政治鉴别力和政治敏锐性进一步增强，凝心聚力投身到振兴发展具体行动中来。年内，县市场物业管理局严格规范工作规程，领导班子带头，全局切实改变“庸、懒、散、拖”的不良作风。严格规范“三公”经费预算和支出，“三公”经费支出同比减少 20 %。严厉整治和纠正公款送礼、违规职务消费和高消费等问题。严格落实节日禁令，全面规范和整治公款吃喝和奢侈浪费行为。全面开展清理“吃空饷”工作。通过严厉的整治，形式主义、官僚主义、享乐主义和奢靡之风得到有效遏制。

（黄翰瑜）

附：2014年海丰县市场物业管理局领导名录

局　长：陈晓辉

副局长：黄首诚　刘明杰（任至5月）

质量技术监督

【概况】 2014年，严格按照上级关于食品生产监管职能划转的工作部署，9月1日，县质监局联同县食药监局签署《海丰县食品药品监督管理体制改革巡查人员交接协议书》，顺利完成食品药品监督管理体制改革任务。

【机构人员】 海丰县质量技术监督局（以下简称县质监局）是汕尾市质量技术监督局直属的正科级行政机构，具有管理全县标准化、计量、质量、生产加工环节食品安全、特种设备安全监察综合管理和行政执法的职能。内设办公室、政策法规股、特种设备安全监察股、质量股、计量股、标准化股、人事教育股7个职能股室，下设直属行政单位海丰县质量技术监督局稽查队，海丰县打击制售假冒伪劣商品违法行为办公室（简称县打假办）为县属挂靠单位，行政和行政执法定编人数共23名。2014年，全局在职人员36人（编内人员23人，聘用人员13人）。下设直属事业单位海丰县质量技术监督检测所（年底的编制11人，在编11人，聘用3人），负责全县量值统一，负责研究和建立县最高计量标准、社会公用计量标准，进行量值传递，执行强制检定、测试任务，为县质监局实施计量监督提供技术保证，并承办有关的计量监督工作。

【标准化与代码管理】 2014年，全县共办理组织机构代码1744家（包括新办、变更、换证、迁址），（注：免收费企业总数617个；微型企业共366个，微型企业每家收90元）；废置91套；年检个数为1961个；电子档案扫描建档是1411个；罚款个数为596个。代码总收入比2013年增加33.88%。积极开展标良、采标、企业产品标准备案和标准登记工作，配合市局帮扶“广东金鸟来服饰有限公司和海丰县创世纪服饰有限公司”做好标准化良好行为企业“AAA”级的复审确认，全年为6家企业的33个产品办理标准登记和为2家企业的企业产品标准办理了复审备案，先后完成“采标”9项。加快推进广东省服务业标准化工作，完善服务业标准体系。以“海丰红宫红场旧址纪念馆”作为项目申报单位，向省质监局申报了2014年“广东省服务业先进标准体系和综合标准化建设”两个试点项目。做好农业标准化示范区建设，促“三农”经济增长。海丰县“金针菜种植标准化示范区”代表海丰，参加了“广东省农业标准化示范区成果展示项目”的参评活动。

【计量检测与检查】 2014年，全县共检定/校准计量器具11279台（套），其中34家集贸市场免费检定计量器具2209台（套），为商户减负约19.2万元；涉企检定计量器具7968台（套），免征检定费用约50.6万元。积极开展全县“计量惠民-计量器具免费检定”工作，共检定农贸市场34家，免费检定计量器具2209

台（件）；加大加油机检测力度，力保加油机检定做到准确、公正、公平，使企业及消费者满意，全年共完成加油机周期检定共1609枪；4月中旬起，与县质计所联合，对全县辖区内“四表”（水表、电表、燃气表、热气表）进行专项检查。其中20家房地开发公司水表总数1.2万个。受检14家，水表5296个。燃气表约8000个。电表约1.2万个（燃气表、电表受检工作均由汕尾市局质计所检测(定)）。年内，加大计量定量包装监管力度，对大米加工厂、气库进行定量包装检查；草拟了《海丰县质监局开展机动车安全隐患大检查工作方案》，配合市局计量科检查海丰县摩托车检测站实验室开展检测的情况，同时到县交警大队车管所就摩托车检测管理进行商讨；从源头抓计量，联合县质检所及可塘珠宝市场管理方对可塘珠宝市场使用的计量器具开展检测工作，协商计量器具检定事宜；联合国税部门加强对加油机监管，对48家加油站进行巡查工作，并与23家签订计量承诺书，受理11家21枪的加油机维修的报告，并及时转给县质计所予以铅封，2014年对48家加油站1178枪（次）进行检定工作。

【市场监督巡查】 2014年，县质监局继续加大对市场监督巡查力度。一是对48家加油站进行监督巡查，主要检查加油机的铅封是否完整，油机是否有在检测合格期限使用，受理了11家21枪的加油机维修的报告，并及时转给县质计所予以铅封；二是对16家大米加工厂，8家气库进行定量包装检查，经现场过秤，符合定量包装的要求作；三是对12家眼镜配制店实用的计量器具进行检查。12家使用的计量器具均受市质计所检定（测）合格，在有效期内使用；四是对可塘珠宝市场使用的计量器具检测工作，与县质计所一起与可塘珠宝市场管理者进行协商有关事宜，并参与“3·15”的活动。

【世界计量日活动】 2014年5月20日是第14个“世界计量日”，围绕“计量与生活”的宣传主题，制订《海丰县质监局开展2014年“5·20”世界计量日宣传活动实施方案》，成立协调领导小组，深入企业开展计量技术咨询、培训服务，对43家集贸市场管理人员进行计量法规宣传及计量知识培训，并与市场管理单位就计量器具使用制度进行商讨。开展计量执法检查行动。对县城各加油站、肉菜市场、眼镜店及各大中型商场等10多家企业进行监督检查。检查内容包括：加油站油机的铅封是否完好，电子秤计量是否达标，计量器是否经过检定合格，食品定量包装是否足称等。同时，重点还对部分商场超市、粮油市场的大米、面、油及副食品等定量包装商品的净含量进行抽查。

【工业产品及食品相关产品质量管理】 加强工业企业产品质量网络化监管，制定认证认可监管制度和年度监督计划，分阶段开展对辖区内获证企业的监管工作，合理有效安排时间，认证监管与日常巡查相结合，对登记造册的59张证书43家认证企业加大监管力度，召开各行业企业座谈会，开展网格化检查，努力做到“证前、证中、证后”全面覆盖一体监管；名牌创建有序强力推进，由于海丰县企业对申报名牌工作心存疑虑，积极性不高，名牌工作推动难度大。为了落实好市局的重点工作，县质监局对符合条件及有意向的企业加大宣传解释工作力度，从消除企业疑虑及服务好企业的角度出发，与企业负责人交心、交情，提高企业的名牌意识，使企业主动申报名牌，广东金鸟来服饰有限公司获得了第二届“汕尾市政府质量奖；2014年市级定检抽查350批次产品，不合格产品20批次，整年产品合格率为94.3%；组织召开每季度产品质量分析约谈会，针对各企业不合格产品的不合格项目逐一帮助企业分析问题，查找原因，落实整改。

【“质量强县”工作】 质量强县是推进海丰县企业转型升级的必由之路，是保持产业优势的长久之计，县质监局积极履行质量强县办公室职责，全面推进质量强县工作，更好地发挥了参谋助手、牵头组织、综合协调和主力军作用。加强巡查监管、服务指导，规范管理、质量分析以及后处理等工作，推动名牌带动战略，协助企业争领政府质量奖，广东金鸟来服饰有限公司获第二届“汕尾市政府质量奖”；3月24日召开质量强县领导小组办公室牵头部门工作座谈会及强镇强业强企试点单位工作座谈会；9月25日，由县政府组织，质监局等三个牵头部门对公平镇、海丰县服装商会、珠江啤酒海丰分公司等试点单位工作进行了考核评比，充分发挥质监部门在质量强县工作中的重要作用，促进海丰县产品质量的不断提高。

【管理体系认证监管】 2014年，根据省局《关于开展2013年管理体系认证与食品农产品认证监管工作的通知》的文件要求，为确保上述工作的落实，县质监局迅速制定认证认可监管制度和年度监督计划，分阶段开展对辖区内获证企业的监管工作，并有效安排时间，实现认证监管工作与日常巡查工作相互结合，重点对食品及服装、塑料制品等生产企业进行监督检查。制定认证认可监管制度和年度监督计划，分阶段开展对辖区内获证企业的监管工作，合理有效安排时间，认证监管与日常巡查相结合，海丰县辖区内43家认证企业59张证书，其中管理体系认证35张，食品农产品认证8家，产品认证6家，环境认证9家，强制性产品认证1家。至年末，县质监局已完成15家获认证企业18张认证证书的检查工作。在检查中，证书在有效期限范围内的企业基本能按照取证要求开展工作，管理体系运转正常，尚未发现有证书过期或注销的企业继续使用认证标志违法违规行为。通过这次对取得认证认可企业的监管，建立全县认证认可企业档案，逐一进行登记造册，并将监管工作列入日常检查计划。

【工业锅炉节能降耗】 2014年，县质监局对全县的工业锅炉进行了全方位的排查，突出检查检验机构报送的存在安全隐患的锅炉。检查现场，主要从锅炉安全管理情况、锅炉检验情况和人员持证上岗情况三个方面的内容入手，督促锅炉使用单位建立完善锅炉使用安全管理制度，加强锅炉及其安全附件的日常检查工作，做好锅炉运行和维护保养等各项记录，及时通过定期检验消除锅炉潜在的缺陷和管理中的问题，进一步落实企业“三落实、两有证、一检验”的安全主体责任。加强施工环节和在用锅炉的节能监管，加大对施工现场作业人员资格和施工单位质保体系运转情况的监督检查力度，继续深化安全与节能管理标杆锅炉房建设活动，严厉打击非法节能改造和未经监督检验而实施锅炉化学清洗的行为。

【特种设备管理】 2014年，全县登记收录锅炉229台，压力容器436台，电梯618台，起重机械20台，场（厂）内机动车辆32台，大型游乐设施7台（套），压力管道242条，共计1584台。全年共检查使用特种设备单位144家、设备225台，检查重点监控设备使用单位11家，检查安装现场2处，发现场检查记录92份，发出监察指令书17份，移交稽查7宗。一是全省作为县级率先开展电梯安全监督抽检工作。县质监局牵头联合市特检机构，严格按照电梯检验规程，对全县电梯使用单位进行随机监督抽检，共抽查检验电梯16部，并严格要求企业做好电梯使用单位的确权工作，引导各电梯使用单位购买电梯责任保险。电梯确权数为598台，确权率为97%。购买电梯保险515台，投保率为83%。二是加强气瓶安全专项整治工作，局稽查执法和特设监察部门联合开展行动，不定期对气瓶充装单位进行随机检查。全县共有气瓶充装单位11家，气瓶检验单位2家，注册气瓶28万多个。三是开展氨制冷行业特种设备专项整治“回头看”工作。联合县安监局、消防大队、工商局、环保局、海洋渔业局、农业局、财政局国资办、经促局八个部门，集中力量对全县液氨使用企业开展执法大检查； 四是加强对“飘红设备”的排查治理工作，加强对超期未检特种设备的监管力度；五是开展“八打八治”打非治违专项行动，安全生产领域“打非治违”专项行动共出动87人次，检查企业35家，重点检查游乐场所，商场超市等人群密集地的特种设备，排查隐患48处，已整改41处；六是举办了两期特种设备安全管理人员培训班。8月28—29日，举办两期特种设备安全管理人员培训班，特种设备使用单位安全管理人员126人参加了培训。

【重特大事故隐患监控】 2014年，海丰县列入重特大事故隐患监控的单位有 16 家，县质监局加强重点监控设备管理，深入各重点监控设备使用单位进行专项检查，对监控设备实施分类管理，重点检查：各项安全管理制度及落实情况、管理人员和作业人员持证上岗情况、设备和安全防护装置是否在检验有效期内及定期检查维护、是否按规定逐台设备落实安全责任人等，对发现存在问题及时指出并责令改正。

【质监行政执法】 2014年，围绕“三个定位、两个率先”的总目标，坚持“严打击、抓整治、重规范、促发展”的工作思路，明确行政执法工作任务和目标，在上级部门的统一部署下，在全县范围内开展“质检利剑”“六大打假专项”执法行动，以从源头抓质量为工作重点，把好出厂关，依法行政、严格执法，进一步加大产品质量安全检查、特种设备安全及服装鞋类专项检查，同时，加大对产品质量违法和计量违法行为的执法查处力度。

【打假执法】 2014年，县质监局创新稽查打假思路，业务股室加强行政监管，发现问题逾期未整改的移交稽查执法，为稽查打假提供案源；加强充实稽查执法力量，将稽查现有人员合理安排，组成两个执法小组，并将质量、计量、锅特、食品等业务股室的人员分别充实到两个执法小组中去，做到稽查执法和行政监管两促进，稽查执法分组整队相结合。稽查执法共出动执法人员1735人次，共立案72宗，到位罚没款总数达到48万元；加强案件后处理司法移送衔接，协同县法院往行政相对人处阐明案件后处理强制执行的程序流程，通过强有力的法律威慑，使案件得到及时执行。打假办牵头抽调相关部门开展综合执法，开展春耕农资打假工作、卷烟打假工作。9月19日，接县烟草局线索，联合查处一家卷烟制作窝点；在全县范围内开展“质检利剑” 及省的“六项打假”行动；加大宣传力度，营造打假氛围，针对“3·15”消费者权益日，开展“3·15”系列活动的宣传，派发宣传资料4000多份，稽查队联合业务股室投入人员20人次。

（林海榕）

附：2014年海丰县质量技术监督局领导名录

局　长：柯梁恭（任至4月）
　　　　陈健雄（4月起任）
副局长：周木明　陈如源

食品药品监督管理

【概况】 2014年6月，海丰县食品药品监督管理局根据县食品药品监管体制改革要求和县编委文件挂牌成立。年内，海丰县食品药品监督管理局加强组织协调和综合监管职责，积极开展食品药品安全“两建”体系建设，提高群众饮食安全水平和满意度。根据各监管环节食品行业、企业特点，遵循先易后难、统筹协调、分步实施的原则，采取政府推动、部门组织、企业为主、社会参与的方式；由各环节监管部门确定食品安全监管体系建设重点，并具体负责组织与实施，全年检查餐饮服务单位200多间。年内，坚持日常监管和专项整治相结合工作方针，加强对特殊药械、重点企业、重点区域、重点地段监管，严厉打击违法经营药械行为，全年共出动504人次，检查企业302家，药品GSP跟踪检查共40家，收集药品不良反应200多例。全县没发生重大食品药品安全事故。

【机构人员】 海丰县食品药品监督管理局设有内设机构7个：办公室、综合协调股（应急管理股）、食品生产安全监管股、食品市场安全监督股、食品餐饮安全监管股、医疗药品综合监管股、 行政审批股;直属行政单位1个：食品药品稽查局;派出机构3个：梅陇食品药品监督管理所、可塘食品药品监督管理所、公平食品药品监督管理所。2014年12月底，全县食药监系统共有在职干部职工37人，其中行政编制（含行政执法专项编制）35人，工勤人员编制2人；在编干部中大专以上学历35人（本科25人、大专10人），占干部总人数100%，工勤人员中大专以上学历1人，占工勤人员总人数50%。

【行政许可审批】 2014年6月至年末，县食品药品监督管理局共受理各种办件 95件。其中药品零售筹建批准10 件、经营批准 10 件、变更批准 3 件、换证批准 1家、注销2家；餐饮服务许可58家；保健食品核发8家、换证6家、变更1家；食品流通1家；按时办结率达100%。

【食品生产安全监督管理】 2014年，海丰县有食品生产加工获证企业91家，小作坊32家。全年出动巡查人员对全县乳制品、大米、纯净水、糖果、凉果、肉制品、茶叶等获证食品生产加工企业及列入名单小作坊进行了日常食品巡查工作，现场检查企业进出货的台账、索票索证、添加剂使用和实验室落实情况，以及产品质量检验报告、工艺流程等，并对企业负责人及质量负责人加强食品安全法律法规及相关知识宣贯，要求企业按规定落实主体责任。对存在问题发出责令整改告知书，责令企业限期进行改正并提交整改报告；逾期未整改的，将作为企业信用档案分类依据并移交稽查查处。

【专项整治与重点监管】 2014年，开展肉制品、腐竹等社会热点关注的各项专项整治工作，加强小作坊监督管理，对非法添加及滥用食品添加剂的食品生产加工企业将依法依规清理、整顿，对7家肉制品加工企业召开座谈会，对全县范围内24家腐竹加工小作坊进行巡查建档造册，努力提高食品企业食品安全责任意识，促进食品生产加工行业的健康发展。一是规范代用茶企业生产行为，引导食品企业健康发展。针对海丰县代用茶生产企业使用标志标识存在问题情况，依法对辖区内获得食品生产许可证的代用茶生产企业实施监督检查，对食品生产加工企业在添加药品成分以及在食品名称和包装标志标识中明示、暗示具有预防、治疗疾病功能的存在情况提出严格要求，并督促企业对存在问题进行自查，并对提交的自查报告进行核查及指导整改。二是组织对辖区内获证食品生产加工企业使用添加剂情况进行监督检查工作，强化企业食品添加剂使用规范，坚持从源头上把牢食品安全质量关。对全县40多家糕点、饮料、糖果、肉制品、调味品等食品生产加工单位进行了专项检查，要求企业落实好食品安全主体责任并制定食品添加剂使用制度，规范企业使用食品添加剂行为，并对添加剂使用及回收料处理情况真实、完整记录，检查过程中未发现有食品生产加工单位存在非法添加和滥用食品添加剂等违法违规现象。三是进一步加强对无证照或证照不齐食品生产加工单位普查监管。落实小作坊及证照不全生产单位专项检查，普查核实小作坊及证照不全生产单位的情况，并将名单报告当地政府和县食安委，同时还加强引导具备一定条件的生产加工单位申办有关证照，对生产加工条件简陋恶劣及涉嫌严重质量安全的生产单位，坚决予以查处。四是加强应节食品监管与抽样，确保节日期间食品安全。结合本地实际和节假日食品消费特点，开展对34家大米、糕点（月饼）、凉果、饮料等产品食品加工单位的监督检查工作，重点检查食品生产单位进出货台账是否落实和原辅材料、食品添加剂使用及备案情况，要求企业规范生产加工程序和使用添加剂行为，确保生产加工环节食品安全。先后抽取月饼、腐竹、肉制品、水产制品样品共21个送检。

【食品市场安全监督管理】 至2014年年末，全县有流通环节食品经营户3583户，其中食品批发户13户、零售3308户、批发兼零售262户、乳制品经营单位2102户（根据已发放食品流通许可证经营户统计）；食品经营市场44个。海丰县对食品市场安全监管主要做法：①开展节日食品市场专项整治。8月，对中秋、国庆两节食品市场加大监管力度，结合海丰县食品安全“三打两整治”专项行动方案和中秋、国庆期间打假执法和反走私工作的要求，以消费量大、与人民群众节日消费密切相关的月饼、食用油、饮料、糕点、食用农产品、酒类等中秋、国庆应节食品和应节农产品为重点，有针对性地组织开展节日食品市场专项执法检查。共出动执法车辆59辆次，执法人员320人次，检查食品市场11个次，商场、超市36个次，检查食品经营单位122户次。②加强生鲜肉及肉类制品监管。重点检查辖区内集体食堂和餐饮服务单位是否购进、销售或使用无合法来源、病死病害、过期或变质腐败等肉品，严防来源不明及无“两证两章”或不合格禽畜肉类及其制品流入餐饮服务环节。特别是针对媒体报道麦当劳、肯德基、必胜客等国际知名快餐连锁店的肉类供应商上海福喜食品有限公司使用过期肉类原料生产加工肉制品情况积极应对，联合工商部门迅速对辖区内的连锁餐厅使用的肉类原料进行核查。按照广东省食品药品监督管理局《关于开展餐饮服务环节肉及肉制品紧急清查行动的通知》所提供的问题食品清单，出动执法人员64人次，执法车辆25车次，对辖区内快餐连锁店进行全面检查，并由工商部门对百胜餐饮汕尾必胜客地王广场餐厅现场封存一批问题食品，该批问题食品包含牛肉比萨粒6.25千克，猪肉比萨粒6.25千克，意大利风味猪肉粒16.25千克，调味牛肉排17.5千克。封存后已由该餐厅退回公司总部，确保问题食品不流向消费者。③加强对婴幼儿配方乳粉销售的监督管理。经统计，全县办理食品流通许可证经营范围包括婴幼儿配方乳粉的经营户共有306户，其中妇婴用品店62户。积极对全县销售婴幼儿配方乳粉经营户进行严格监管，督促规范经营。要求婴幼儿配方乳粉销售经营户建立并严格执行进货查验和查验记录制度，并实行专柜专区销售、专人负责。出动执法人员68人次，检查婴幼儿配方乳粉经营的商场、超市、药店、妇婴用品店共30户次，对经营不规范的3户经营户进行了口头警告。同时对全县已办理食品流通许可证且核准经营范围包括婴幼儿配方乳粉的药店进行了解并掌握其实际经营情况，严格要求，从严监管。并积极动员全县2家经营管理规范、市场信誉较好的大型超市作为推荐对象进行婴幼儿配方乳粉电子追溯体系建设。④加强食用油质量安全监管并开展“地沟油”问题食品专项清查行动。8月，加大对超市、商场、农贸批发市场等食用油销售的检查力度，检查进货查验、检验合格证明、索证索票、标签标识等制度的落实情况，严格要求经营者不得销售无包装、循环包装、无QS标志，无标签标识、超保质期的食用油产品。全县食监系统共出动执法车辆49辆次，执法人员202人次，检查食品市场11个次，商场、超市26个次，检查食品经营单位102户次。根据市局《转发关于对台湾通报已经查明涉及使用地沟油的食品进行清查的紧急通知》的要求，迅速组织人员以县城地区为重点区域，以超市、商场、食品批发商户为重点对象，开展对台湾通报已经查明涉及使用地沟油的台湾味全、味王、成伟、祥久、必唯等公司相关食品的清查行动，共出动检查执法人员56人次，检查食品经营单位12户。⑤加强酒类质量安全监管。承接酒类流通监督管理工作职能，组织人员对辖区内的酒类批发经营户和零售户进行全面调查摸底，基本掌握了辖区内4户白酒生产厂家、14户酒类批发经营和718户酒类零售户的情况。并组织对酒类零售批发单位进行检查，督促酒类经营单位严格落实自律制度，抓好酒类经营企业进货查验、查验记录、不合格酒类食品退市等制度的落实，严把酒类进货质量安全观，经统计，自8月份县经促部门酒类监管职能划转后，开展专项行动以来，共出动执法人员110人次，车辆32车次，检查了酒类经营户58户次，并于11月14日与公安部门联合查处了1宗涉嫌无证照经营酒类案件，暂扣酒类35箱。⑥开展农村食品市场“四打击四规范”专项整治行动。按照国务院食安办、国家食药总局、国家工商总局关于开展农村食品市场“四打击四规范”专项整治行动通知的要求和省、市局的具体工作部署，迅速成立“四打击四规范”专项整治行动工作领导小组并结合实际制定行动方案，落实工作职责和任务。以城乡接合部、校园及周边、自然村以及其他问题易发、多发区域为重点区域，以辐射农村地区的食品、农产品集贸市场、农村中食品小作坊、食杂店和小餐饮为重点整治对象，以群众日常消费的肉及肉制品、米面、糖果、饮料、儿童食品、乳制品和本地特色食品为重点品种，作为“四打击四规范”的突破口，以“结合农村辖区监管实际；结合前期食品安全专项整治工作；结合节日性、季节性食品消费特点；结合示范引领效应，树立规范经营典型”等“四个结合”为抓手，大力开展专项整治工作。行动开展以来，共出动执法车辆62车次，人员268人次，检查食品经营户184户，其中校园周边经营户72户，检查批发市场、集贸市场等各类市场16个次，处理食品举报投诉6宗，责令停业整改1户。

2014 年海丰县食品经营市场基本情况

表9

序号	市场名称	地址	开办单位	经营户数	经营项目
1	陶河市场	陶河镇墟内	县市场物业管理局	34	干鲜菜、肉、水产品
2	梅陇西兴市场	梅陇镇人民二路西侧	梅陇居民社区	131	干鲜菜、肉、水产品
3	梅陇人民市场	梅陇镇洪厝铺	县市场物业管理局	102	干鲜菜、肉、水产品
4	南湖市场	附城镇南湖一路	附城镇政府	82	干鲜菜、肉、水产品
5	附城海鲜综合市场	海城镇云岭黄土坎村	附城镇黄土坎村	76	干鲜菜、肉、水产品
6	附城镇润和临时市场	附城镇后面	自然人陈汉希	50	干鲜菜、肉、水产品
7	兴泰综合市场	附城镇海丽大道圆盘东侧	自然人陈建如	62	干鲜菜、肉、水产品
8	联河综合市场	海丰县城联河小区	县骏豪发展有限公司	43	干鲜菜、肉、水产品
9	县农产品批发市场	附城镇二环南路交警大队对面	县万和实业发展有限公司	62	农副产品
10	公平镇新厝市场	公平镇新厝前街	县市场物业管理局	65	干鲜菜、肉、水产品
11	公平镇日兴市场	公平镇日兴路	公平镇政府	109	干鲜菜、肉、水产品
12	鹅埠市场	鹅埠镇墟内	县市场物业管理局	80	干鲜菜、肉、水产品
13	赤石市场	赤石镇墟内	县市场物业管理局	41	干鲜菜、肉、水产品
14	金海综合市场	海城镇海银路	县鸿兴实业有限公司	69	干鲜菜、肉、水产品
15	海城新园市场	海城解放北路	海城镇新园社区	119	干鲜菜、肉、水产品
16	海城龙津鱼肉菜市场	海城镇龙津开发区东片二环路边底层	县仁荣市场服务管理有限公司	39	干鲜菜、肉、水产品
17	海城人民西市场	海城枫林街	县市场物业管理局	141	干鲜菜、肉、水产品
19	附城联河新兴综合市场	附城镇联河管区新兴村	附城联河新兴村	144	干鲜菜、肉、水产品
20	联安镇联安市场	联安镇渡头墟内	县市场物业管理局	12	干鲜菜、肉、水产品
21	小漠市场	小漠镇墟内	县市场物业管理局	37	干鲜菜、肉、水产品
22	可塘镇综合市场	可塘镇新兴街	县金中环物业管理有限公司	124	干鲜菜、肉、水产品
23	可塘镇安美市场	可塘镇安美居委	可塘安美居委八小组	114	干鲜果衣着文化娱乐用品
24	赤坑镇青坑市场	赤坑青坑圩	赤坑镇青坑社区	40	干鲜菜、肉、水产品
25	城东镇狮山综合市场	县城二环路狮山路段	县机械工业总公司	122	干鲜菜、肉、水产品
26	老车头临时市场	城东镇公平路口老车头	自然人吴小锋	61	干鲜菜、肉、水产品
27	海城云岭综合市场	海城镇云岭东路	县华骐置业有限公司	47	干鲜菜、肉、水产品

（续上表）

序号	市场名称	地址	开办单位	经营户数	经营项目
28	海城西门市场	海城农林南路	县市场物业管理局	56	干鲜菜、肉、水产品
29	海丰县城东市场	城东镇上埔	城东镇上埔经济合作社	55	干鲜菜、肉、水产品
30	海丰老区安东市场	海丰老区上安东村	县安泰市场管理服务有限公司	32	干鲜菜、肉、水产品
31	海韵综合市场	鲘门镇通港路尾	县海韵渔业发展有限公司	47	干鲜菜、肉、水产品
32	黄羌市场	黄羌镇墟内	县市场物业管理局	10	干鲜菜、肉、水产品
33	龙山综合市场	城东镇夏坑路财富花园	县龙山天利贸易有限责任公司	40	干鲜菜、肉、水产品
34	海城公园市场	海城镇公园小区	自然人林小平	25	干鲜菜、肉、水产品
35	仁荣水果市场	城东镇老区三环路边	县仁荣市场服务管理有限公司	64	农副产品
36	公平镇永昌综合市场	公平镇四十四米大道	县益民贸易有限公司	80	干鲜菜、肉、水产品
37	富佳综合市场	海城镇龙津开发区东片	县集利实业有限公司	126	干鲜菜、肉、水产品
38	富丰市场	附城镇青年干渠骏马大厦	县富丰实业有限公司	108	干鲜菜、肉、水产品
39	剑虹市场	附城荣港小区南湖小学东侧	自然人陈海权	50	干鲜菜、肉、水产品
40	富民综合市场	县城东镇狮山工业区	县集利实业有限公司	43	干鲜菜、肉、水产品
41	梅陇镇梅兴市场	梅陇镇人民三路北	梅陇居民委员会	33	干鲜菜、肉、水产品
42	梅陇中兴综合市场	梅陇镇人民三路中	梅陇梅星村委梅中村	190	干鲜菜、肉、水产品
43	金星综合市场	城东镇狮山金星小区	海丰华盛房地产开发有限公司	20	干鲜菜、肉、水产品
44	联丰农副产品市场	公平镇狮山浅潭仔海紫路西侧	联丰农副产品物流配送有限公司	100	干鲜菜、肉、水产品
45	凯旋市场	海城镇凯旋花园十栋	自然人黄振武	50	干鲜菜、肉、水产品

【食品餐饮安全监督管理】 一是严格行政许可，把关餐饮准入门槛。完善餐饮服务许可管理细则，规范许可审批流程。严格依法开展餐饮服务新办、延续、变更等工作，把好资料审查关、现场核查关，切实开展注销工作，对已变更、停业、到期的餐饮服务单位进行清理，摸清底子，做好餐饮服务基础数据的更新和管理工作。二是做好餐饮服务安全保障，确保食品安全。高、中考前联合卫生监督所对各考点食堂、考生集体用餐单位以及考场附近饮食摊档进行检查，签订用餐安全承诺书，协调县疾控中心做好蔬菜瓜果检验，确保高考期间不发生食物中毒事件。10月18—19日，中国龙舟公开赛“正升华府杯”（汕尾·海丰站）在海丰举行，从16日起监督人员进驻供餐单位仁荣酒店，严格落实重大活动保障工作要求，规范餐饮企业食品安全操作行为，协调县疾病预防控制中心做好食品原料检测；加大对重点区域和重点单位的检查力度，查漏补缺，严防餐饮食品安全事件的发生。三是组织专项整治，净化餐饮市场秩序。按照“治理一批、查处一批、规范一批”的工作原则，在统筹完成上级部署食品安全专项整治的同时，从海丰实际出发，以学校食堂、集体配送单位、工地食堂和大型餐饮单位（婚宴承办、旅游接待）等为重点行业，以乳制品、肉及肉制品、食用油、调味品、食品添加剂等为重点品种，以节假日和重大活动等为重点时段，扎实开展餐饮食品安全专项整治，深入排查餐饮安全隐患，重点检查餐饮单位持证持照、人员健康证明、食品索证索票、店内环境卫生、餐具清洗消毒、食品添加剂、废弃物处置等重点内容，解决当前餐饮食品安全领域中存在的突出问题。四是加强日常监管，狠抓违规行为查处。加大对乳制品、肉制品、腌腊制

品、食用植物油等重点食品，餐饮集聚区、旅游景区和城乡接合部等重点区域，中秋、国庆等重大节日，以及重大活动期间，加大监管力度，排查治理食品安全隐患和突出问题。重点查处超许可范围经营、使用过期变质食品、不落实食品及原料索证制度、不执行从业人员健康管理、不按要求清洗消毒”等违法违规行为，特别要严厉查处对“购用来历不明（无购货票据）的食品用油脂或“地沟油”以及违法添加非食用物质和滥用食品添加剂（含调味料）等各类违法行为；对性质恶劣、后果严重的案件，加大处罚力度，责令停业整顿，并建立企业黑名单制度；加强行政执法与刑事司法的衔接，涉嫌犯罪的，将依法移送司法机关处理，下大力净化辖区餐饮市场秩序。五是组织示范创建，打造食品安全示范学校食堂。根据省、市局建设示范学校食堂的部署要求，对照《广东省食品安全示范学校食堂建设标准评价表》，早准备、早启动，分解目标任务，落实整改措施，加大创建工作推进力度，确保在规定的时间内完成任务，同时将条件较好的一并推荐上去，已上报6家单位食堂。六是抓好信用建设，实施餐饮量化分级。推进餐饮单位食品安全信用体系建设，根据《关于实施餐饮服务食品安全监督量化分级管理工作的指导意见》，以学校食堂、大中型餐馆、企事业单位食堂为主，积极、稳妥地推行餐饮监督量化分级管理。七是提升应急能力，解决百姓餐饮诉求。完善海丰县食品安全突发事件应急预案，加强餐饮食品安全信息沟通，建立健全24小时值班制度和紧急重大情况报告制度，认真做好各类投诉举报的受理登记和办理工作，做到件件有登记、有落实，事事有交代。八是加强食品监测，完成餐饮抽样任务。配合上级开展监督抽检工作，完成上级部署的各项监督抽检任务，发现抽检中不合格食品，将依法及时立案查处。九是加强宣传培训力度，营造餐饮放心环境。结合日常检查，组织开展餐饮食品安全法律法规的宣传和培训工作，培训一批食品安全管理员，强化企业第一责任人意识，提高从业人员的法律意识，普及食品安全知识。

【医疗药品、化妆品、保健品监督管理】 全年共出动504人次，检查企业302家，药品GSP跟踪检查共40家，收集药品不良反应200多例。主要做法：①明确责任，进一步确保药品安全。2014年6月机构改革后，召开部分企业负责人座谈会，在座谈会上明确企业责任，进一步增强企业的守法意识、质量意识、诚信意识和自律意识，牢固树立企业的质量责任，确保药品和医疗器械的质量安全。②加强日常监管，规范药品企业行为。依据有关规定对辖区内药品零售企业药品经营企业的药品经营质量管理人员培训考核记录、药品购进验收记录、药品摆放及分类管理情况、拆零药品摆放及处方药销售登记情况等一般项目，以及药品经营企业是否超范围经营药品、是否有从非法渠道购进药品、是否有经营假劣药品等关键项目进行了细致的检查。按照《药品零售企业日常检查项目和记录表》共检查了药品零售企业202家，出动执法人员364人次。③开展医疗机构药房规范化管理。通过对医疗机构药房检查过程，纠正个别医疗机构药房管理设备不足、药品混放，没有有效防潮、防尘、防污染等不规范行为。④加强特殊药品的日常监管，严防特殊药品流弊事件。继续开展特殊药品批企业及医疗机构检查工作，检查涉特药单位是否按 “五专”进行管理，督促企业定期网上报告特药数量和流向，必要时随机的现场检查，提高特药信息网络运行质量。促进安全合理用药，最大限度地防止特药流入非法渠道。⑤加大宣传力度，提高不良反应报告质量。积极推进药品不良反应（医疗器械不良事件，下同）监测机构建设，完善全县药品不良反应监测体系，加大药品不良反应，合理用药械知识的宣传力度，提高公众用药水平，督促涉药械单位加强药品不良反应监测和报告，重点督促药械生产、经营单位及医疗卫生机构开展药品不良反应监测报告、分析、评价和处理制度工作，使其继续主动监测和报告不良反应信息，并在网络上主动上报，完成了药品不良反监测和报告工作目标为200多份。⑥农村药品“双网建设”。全县面向农村配送药品的批发企业共有6家，农村供应点（村级药店）135家，聘请的农村药品协管员有23位，加强对农村药品市场的监管，确保农村用药安全，巩固“双网建设”成果，确保辖区农村药品质量安全及监管质量。⑦加强保健品、化妆品监督检查。至2014年12月，全县共有保健食品经营企业186家，共检查120家次，出动执法人员305人次；全县有化妆品生产企业1家，经营企业56家，高度重视化妆品生产经营企业的日常监管工作，对化妆品经营企业开展全面日常监管工作，共检查了35家次的化妆品经营企业，飞行检查15家次。

【食品安全综合协调】 海丰县强化食品安全综合协调，大力保障群众食品安全。2014年，探索健全食品安全监管机制，形成严密有效的食品安全监管体系。加强食品安全执法联动机制建设，县食安办充分发挥综合协调职能，针对当前食品安全中的突出问题，健全例会制度和专题会议制度，制定具体解决措施。县食安办与各食品安全监管部门、监管部门之间协调联动，探索建立健全跨部门、跨区域食品安全信息通报、联合执法、隐患排查、事故处置等协调联动机制，形成监管合力，提高监管效能。年内，深化食品安全治理整顿，解决食品安全存在的突出问题；落实企业主体责任，推进食品市场体系建设；加强食品安全应急管理，积极应对食品安全舆情；加强食品安全宣传工作。

【开展法律法规宣传活动】 2014年，利用“3·15”消费者权益日、送法下乡、“食品安全宣传周活动”“安全生产日”“科协宣传日”等活动，在县城和乡镇开展食品安全科普宣传活动，向群众发放《食品安全法》等食品药品安全宣传资料，通过发放宣传资料，现场讲解食品安全日常科普以及在购买到假劣伪冒食品如何保障自己的合法权益等知识，深受广大群众的欢迎。同时通过各种媒体如食品安全简报，报纸、电视、政务网等进行广泛宣传食品安全方面的科普常识及工作动态。

【食品药品稽查】 2014年，快速查处举报案件。按照“快速反应、及时查处”的工作原则，有力地打击了各种违法行为，提升了食品药品监管部门的系统形象。全年共查处各类案件26起，其中：药品24宗、食品1宗、化妆品1宗；接受投诉举报11起。立案案件23宗（其中，假药或假冒产品案件19宗），结案14宗，结案率60%；移送公安机关案件1宗，刑事处罚人数1人；查处违法主体26家，（其中，药品经营企业20家，化妆品1家，医疗器械1家，医疗机构3家，其他1家）；取缔无证经营药店1家。未因核审不严引发一起行政复议、行政诉讼和行政赔偿等情况。

【强化队伍建设】 一是抓思想建设。通过学习党章、学习“八荣八耻”和党的群众路线教育活动，积极查找和整改工作中存在的问题，切实做到开展工作和思想建设两不误，相互促进。同时，加强了全体同志为群众服务的意识，并把这种意识付诸自觉的行动。通过抓思想建设，即强化了全体人员的爱岗爱民、尽职尽责的观念，也为有效的开展其他工作奠定了坚实的思想基础。二是抓业务学习。面对稽查工作政策性和专业性强的特点，把加强执法队伍的业务学习作为重要环节紧抓不放，认真组织经常性的学习。制定周密、系统的学习计划，开展好各项业务学习。以此促进执法能力的不断提高。三是抓廉洁自律。进行经常性的廉洁自律教育，认真执行廉政执法相关规定，不接受吃请，不参与食品药械经营活动。每名稽查人员牢固树立了勤政、清廉意识。组建以来，没有接到一起关于工作人员不作为、乱作为、态度强横、野蛮执法等不良行为的投诉，也没有接到一起关于涉及“吃、拿、卡、要、报”等不廉洁行为的举报。

（姚汉斌）

附：2014年海丰县食品药品监督管理局领导名录

局　长：陈耀海

副局长：黎义坤　吴仁声　黄少文

安全生产监督管理

【概况】 2014年，海丰县安全生产工作坚持“安全第一，预防为主，综合治理”的方针，贯彻落实安全生产“党政同责、一岗双责、齐抓共管”新要求，采取有力措施，大力开展安全生产“八打八治”打非治违专项行动，强化安全隐患排查治理，全县安全生产形势总体稳定向好，不会突破市下达海丰县安全生产控制指标。但安全生产四项指数呈现“两升两降”。据统计，全县发生各类安全事故起数393起，同比下降2.72%；死亡54人，同比上升8.00%（发生触电事故1起死亡1人；道路交通死亡53人，其中生产经营性道路交通死亡13人，占市下达海丰县控制指标18人的72.22%，同比下降3.16%；）；受伤481人，同比下降17.78%；直接经济损失65.5万元，同比上升5.65%。发生较大道路交通事故1起死亡3人(非经营性)。

【机构人员】 海丰县安监局成立于2001年。2011年10月，经县编委会批准，县安全生产监督管理局升格为县人民政府工作部门，正科级建制，设局长1名、副局长2名，人员编制21名，内设综合协调股、监督管理股、职业安全健康监督管理股等3个职能股，下辖1个正股级直属行政机构（县安全生产执法监察大队）和2个属下事业单位（县安全生产应急救援指挥中心和县安全生产宣传教育中心）。主要职责：承担县政府安全生产综合监督管理的责任，贯彻执行安全生产工作的方针政策和法律法规，指导协调全县安全生产工作；负责监督管理职责范围内的工矿商贸企业安全生产工作；承担非煤矿矿山企业和危险化学品生产经营单位安全生产准入管理和工矿商贸作业场所职业卫生监督检查的责任；依法查处安全生产违法行为，组织指挥和协调安全生产应急救援，开展宣传教育工作等。2009年12月，经县编委会批准，给出65事业编制在各镇(开发区)设立安全生产监督管理站，正股级事业单位，人员编制3—5名，并将原各镇负责的安全生产管理职能划入该站。

【安全生产行政许可】 2014年，海丰县安监局根据《危险化学品经营许可证管理办法》《烟花爆竹安全管理条例》和《行政许可法》等有关法律法规，强化依法行政，严把安全生产行政许可审批关，在办理危险化学品经营企业和烟花爆竹经营商户的行政许可证中，县安监部门强化依法行政，依法办理危险化学品经营企业许可证33家、烟花爆竹经营商户许可证延期26家。依据《易制毒化学品管理条例》有关规定，办理了海丰县合力源化工有限公司等3家经营易制毒化学品企业的备案；依据《危险化学品重大危险源监督管理暂行规定》办理了海丰华城能源有限公司危险化学品重大危险源备案。

【安全生产宣传教育】 2014年，海丰县狠抓好安全生产法律法规特别是新修订的《安全生产法》和《广东省安全生产条例》宣传、贯彻落实，加大宣传培训力度，认真组织开展特种作业、烟花爆竹、危险化学品、供电安全、交通安全等生产经营单位从业人员宣传教育培训。特别在“安全生产月”期间，县安监部门发挥县安委办综合协调作用，制定方案，围绕“强化红线意识，促进安全发展”这一主题，认真组织开展一系列安全宣传培训活动。并通过设置安全生产公益广告牌、张挂安全生产宣传标语、出动宣传车、播放公益广告、发送安全生产手机短信、开展主题宣讲活动等丰富多彩的宣传形式，将安全理念传播到各机关、企业、学校、社区、家庭，营造“关注安全、关爱生命”的社会浓厚氛围。主要活动是：①6月11日和13日，在附城中心小学和彭湃中学分别举办“交通安全进校园”专题知识讲座。②6月16日，在中国移动通信海丰分公司开展安全用电、消防安全等知识专题讲座。③6月18日，在县委组织部、县委党校组织的全县股级干部培训班中，首次把安全生产法律法规知识列入全县乡镇机关工作人员培训课题。④6月26日，在县交通局会议室开展“2014年海丰县职业卫生知识讲座”，组织全县170多名从事职业危害相关工作的企业人员到场进行培训。⑤6月30日，在“广东省安全文明示范单位”海深汽车运输有限公司开展以“强化红线意识，促进安全发展”为主题的道路交通安全知识竞赛，进一步推进安全宣传教育，提高广大群众安全意识。12月3日和15日，县安委办分别组织全县机关、企事业单位分管安全生产工作的领导及供电企业员工参加新《安全生产法》的学习培训。据统计，全县开展安全生产宣传教育活动14场次，接受教育人员近6.5万人，发放宣传资料20万份。

【安全生产行政执法检查】 2014年，按照“属地管理”原则以及“谁主管、谁负责”和“全覆盖、零容忍、严执法、重实效”的要求和各自管辖范围和职责，强化安全责任落实，切实抓好“五一”、国庆、元旦、春节等重大节日期间的安全生产大检查，彻底排查事故隐患。县安委会下发《关于开展安全生产大检查的通知》（海安明电〔2014〕2号），派出7个综合检查组分赴各地，突出重点，开展以公众聚集场所、交通运输、建筑施工、非煤矿山、危险化学品、烟花爆竹、职业卫生、渔业船舶、校园安全等方面的安全生产大检查，坚决防范和遏制重特大事故发生。据统计，全县各地各单位出动检查人员3560人次，进行检查2480场次，检查企业、场所等2066家，排查安全隐患4940处，当场责令纠正2135处，落实安全防范措施1225处，督促落实整改1580处，整改率98%。年内，开展联合执法，严厉打击各类非法违法生产经营建设活动，坚决治理纠正违规违章行为。各地各相关在2013年全面开展安全生产领域“打非治违”专项行动的基础上，通过强化联合执法，突出整治重点，深入开展“八打八治”专项行动，依法严厉打击了一批非法违法生产经营建设行为，进一步规范了海丰县安全生产法治秩序，有效防范和遏制了重特大安全事故的发生，促进了全县安全生产形势的持续稳定。年内，县安监部门巡查危险化学品、烟花爆竹、建筑施工、公众聚集场所等行业领域企业226家，查出隐患353处，落实整改338处，整改完成率占96%，立案2宗，结案2宗，罚款33.8万元。并根据“工作场所职业卫生监督执法年”，制定工作方案，组成职业卫生监督执法队伍，对海丰辖区内的非煤矿山、危化品、石材加工、宝石加工、首饰加工、船舶修造、制鞋、纺织、电镀等职业病危害严重的行业开展监督执法工作，取得了很好的效果。据统计，共出动执法人员1000多人次，检查相关企业105家，发现隐患696处，责令现场整改隐患593处，责令限期改正103处，下达执法文书25份。

【重点行业（领域）专项安全治理】 2014年，抓好重点行业（领域）专项治理。各地各单位认真组织开展安全生产专项整治工作，排查事故隐患，促进了重点行业领域安全形势的稳定。重点抓好道路交通、建筑施工、人员密集场所、渔业船舶、教育安全、危险化学品、烟花爆竹和非煤矿山等专项整治工作，特别在道路交通安全方面，县委、县政府领导高度重视，强化安全设施基础投入，落实安监部门充分发挥安委办的综合协调作用，多次牵头县安监、交警、交通、公路、公用事业等有关部门和所在镇，对各地各部门提出的道路隐患进行现场的查看，大力开展国道、省道沿线各路段道路交通安全隐患排查，整治了老收费站和敏兴厂路段占路为市，增设了防护栏和安全警示标线，尤其针对国道324线梅陇、城东、可塘等路段事故多发的情况，投入近300多万元，对事故多发点进行了整治。在下半年县政府又投入近80万元对陶河至赤坑路段、国道324线联田事故多发路段进行整治；投入100多万元重点加强对可塘镇圆山岭岭交通警察系统建设，有效遏制了道路交通事故频发多发的势头，取得很好的成效，得到社会和群众的好评。

【安全生产应急管理】 2014年，海丰县安全生产应急救援指挥中心突出危化品、烟花爆竹、工贸企业等重点行业，大力推进应急预案编制、评审、备案等一系列工作，促使海丰县应急预案管理工作上了一个新台阶。对全县现有危化品生产经营单位20家、加油站47家、非煤矿山2家、烟花爆竹销售单位27、工商贸14家，共110家高危行业企业的应急预案已到市县安监部门备案。同时强化应急演练，提升应急救援水平。2014年6月27日，结合“安全生产月”活动，县安委会牵头县委宣传部、县政府办、县安监局、县应急办、县公安局、县公安消防大队、海城镇政府、新园社区居委会、海丰县海虹实业有限公司等20个政府机关、企事业单位和新闻媒体共150多人，在集市场、商场、居民为一体富佳综合大厦组织举办公众聚集场所火灾事故应急演练活动，取得很好的成效，受到在场及广大市民的好评。

【安全生产事故调查处理】 2014年，海丰县按照《安全生产法》《生产安全事故报告和调查处理条例》要求，对各类生产安全责任事故，都按程序调查处理，严格责任追究和行政问责。对各地各部门监管不到位，企业主体责任不落实，失职渎职的，一律严肃追究。特别是抓住重大事故典型案件，对责任人坚决从严重处，决不手软，以有效的问责机制，提高政府执行力。同时通过依法、认真、严谨的事故调查处理，依法追究教育相关人员，起到了预防事故和扭转安全生产形势的作用。2014年，对发生在县境内的2宗一般生产安全事故认真开展调查处理工作。对小漠“6·7”触电事故和发生在县城的海丰县美达化工涂料有限公司“12·1”火灾事故已查清事故原因并结案。并对发生在县城的海丰县美达化工涂料有限公司“12·1”火灾事故，按照新《安全生产法》有关规定处以罚款30万元。

（余海洋）

附：2014年海丰县安全生产监督管理局领导名录

局　长：曾诗贤

副局长：刘启泰　吴玉武

物价管理

【概况】 2014年，海丰县物价管理工作围绕县委、县政府“四大会战”“六大工程”的工作目标，积极发挥物价部门的职能作用，扎实开展党的群众路线教育实践活动，加强价格调控监管，拓展价格管理新领域，继续推进价格改革，努力保持价格总水平和价格秩序的基本稳定，实行物价管理工作创新效益。

【机构人员】 海丰县物价局于1980年12月成立；1993年12月机构改革撤销海丰县物价局，职能划归县工商局，内设物价管理股；1996年11月重新组建海丰县物价局，其行政管理职能从县工商局划出；2001年11月机构改革，将海丰县物价局改为事业单位，正局级，赋予行政管理职能。海丰县物价局是县政府负责全县商品价格、行政事业性收费和经营事业性收费的主管部门。2014年局内设价格管理股、收费管理股、价格检查所、价格认证中心、价格成本调查队、人秘股等6个股室，在职干部职工39人，其中公务员11人，事业干部5人，设局长1人，副局长2人。

【镇水价改革】 城东镇自来水公司供水价格自2003年12月以来一直未作调整，随着历年供水成本不断增加和固定资产建设资金的投入，现行单一计量水价难以补偿增加的成本支出，供水企业难以为继。为理顺供水价格矛盾，必须加大力度，改单一计量水价为容量水价和计量水价相结合的两部制阶梯式计量水价，建立有利于促进节约用水，合理配置水资源和提高用水效率为核心的水价形成机制，促进水资源的可持续利用和供水企业的可持续发展。依据《政府制定价格听证办法》各项规定程序，经成本监审，县物价局于2014年12月29日举行城东镇供水价格改革听证会，提出城东镇供水价格改革听证方案，广泛听取各方面意见和建议。会议一致认为，容量水价用于补偿供水的固定资产成本，计量水价用于补偿供水的运营成本，改革后两部制阶梯式计量水价体现了资源的合理配置和成本补偿原则，经报县政府批复，同意城东镇供水价格由现行单一计量水价，改为容量水价和计量水价相结合的阶梯式计量水价。

【管道天然气实施两部制】 天然气是高效、安全、经济的清洁能源，优化能源结构，积极推进天然气普及利用工程，是县委、县政府落实惠民政策的重大举措。根据原省物价局《关于印发管道燃气价格管理办法的通知》（粤价〔2012〕266号）的规定，为加强管道燃气价格管理，促进管道天然气事业发展。经研究，决定在正式制定海丰县管道天然气价格之前，参照毗邻地区做法，试行临时价格，并制定出《关于海丰县管道天然气实施两部制临时价格的通知》（海价〔2014〕45号）文件，同意从2014年8月1日起对全县现有管道燃气用户实施天然气转换，实行容量气价和计量气价相结合的两部制气价，待运营时间成熟，按程序制定正式价格政策。

【推进“平价商店”建设】 2014年，是省政府为平抑农副产品价格、保障群众基本生活创新举措实施的第三个年头，也是县委、县政府部署的“十大民生实事”之一。认真贯彻落实县委、县政府决策部署，全力推进平价商店项目建设，进一步加快进度、提升质量，确保海丰县平价商店建设任务如期完成，实现全年平价商店建设计划，继续推进平价商店“稳价惠民”建设。一是落实省政府《关于贯彻落实国务院部署稳定消费价格总水平保障群众基本生活的通知》（粤府〔2010〕159号）精神，进一步做好海丰县稳定消费价格总水平保障群众基本生活工作，根据省发展改革委、财政厅《关于组织申报2014年度省级价格调节基金扶持“三项建设”项目的通知》（粤发改价格〔2014〕604号）精神，经县物价、财政部门研究、审核，组织了生产环节蔬菜大棚项目2家、生产环节田头冷藏设施项目1家、流通环节平价商店配送中心项目1家、销售环节平价商店发展资金补贴项目34家作为海丰县“三项建设”申报省级价格调节基金扶持项目。二是进一步推进海丰县农副产品平价商店建设和规范管理，促进平价商店健康可持续发展，更好地发挥平价商店惠民的作用，根据省物价局关于印发《广东省农副产品平价商店考核暂行办法》通知精神，县物价局组成考核小组，于4月17—22日通过对海丰县2013年度45间平价商店进行考核，有36家评为合格以上等次，9家评为不合格等次。其中：评为优秀等次的平价商店11间；评为良好等次的平价商店17间；评为合格等次的平价商店8间；评为不合格等次并注销的平价商店9间；取消2家不合格平价商店。全县符合条件的平价商店34家。三是落实省物价局、省财政厅、省人力资源和社会保障厅、省卫生厅、省食品药品监管局、省中医药局《关于印发广东省药品平价商店建设方案（试行）的通知》的有关工作要求，合理降低药品价格，创新医药价格管理机制，促进医药卫生体制改革，扩大平价商店稳价惠民成效，决定在海丰县开展药品平价商店建设工作，建立一批政府引导、市场动作、以“质优、价平”为经营宗旨，以“便民、惠民”为原则的药品平价商店，逐步完善政府合理调控与充分发挥市场机制积极作用相结合的零售药品价格管理机制，促进药品价格合理降低，助力医药价格改革深化，切实使广大群众得到实惠。根据上级的工作要求，在县城地区选择3家规模较大、品种较多、管理较规范的连锁药店，建设成为海丰县第一批“药品平价商店”。

【药品价格“三控”管理】 2014年，认真贯彻落实《广东省物价局关于对药品价格实行“三控”管理的通知》文件精神，并积极调查管理策略，把实施“三控”管理的着力点放在医保定点药店上，督促和指导医疗机构和药品经营企业严格执行关于对药品价格实行“三控”管理的规定，实行动态管理，力争管理常态化。根据上级有关文件规定，对县三家县级公立医院的医疗服务价格进行调整，通过取消药品加成，破除“以药补医”机制，合理调整医疗服务价格，理顺医疗服务价格比价关系，积极稳妥推进县级公立医药价格改革；按照总量控制，结构调整的价格调整原则，降低部分检验、大型设备检查治疗费和高值医用耗材价格，合理提高中医、诊疗费、护理费、手术费等体现技术劳务价值的医疗服务价格，对确实偏低的床位费作适当调整，使医疗机构通过优质服务获得合理补偿。公立医院经改革试行在一定程度上给广大群众减少了负担，也相应提高了医疗服务水平，取得一定成效。

【价格调节基金】 2014年，根据省物价局、省财政局《关于使用价格调节基金补贴平价商店有关问题的通知》（粤价〔2011〕76号）规定，各级政府应“按照适度补贴的原则对平价商店给予适当的租金补贴”，“农副产品价格发生异常波动时，对按照政府价格调控有关规定或者协议约定履行保供稳价义务，组织调运相关农副产品投放市场的平价商店，按照‘先控后补’的原则给予适当补贴……地方设立的平价商店的补贴以市、县价格调节基金承担为主”。海丰县价格调节基金自2011年7月开征后，已形成规模，具备了实施补贴、调控价格的能力，据代征部门地税局的统计数字，2014年度价格调节基金征收金额约525万元，自开征以来已累计征收金额约1390万元。

【收费管理】 一是全面落实国家和省取消、停止收费通知精神，全面清理行政事业性收费项目和标准，注重国家和省已明令取消的收费项目。对已到期及取消项目的全部重新换发“广东省收费许可证”8份。同时废止县制定的部分与现行价费政策不相符的服务性收费项目。如学前教育收费，实验中学、中等职业技术学校学生宿舍热水供应价格，彭中等四所学校学生宿舍热水供应价格，县民政局婚姻家庭服务中心代办服务收费标准，以海价〔2014〕22号文通知取消停止执行。二是认真开展行政事业性年审工作，按照市物价局、财政局、审计局转发省《关于开展2013年度全省行政事业性收费年审工作的通知》（汕价〔2014〕48号）及市物价局《关于开展2013年度经营服务性收费年审工作的通知》（汕价〔2014〕49号）文件要求，从5月4日至6月25日开展收费年审工作。通过年审进一步落实国家和省关于取消和降低收费项目的通知精神，圆满完成年审任务。2014年共年审收费单位34个，收费总额3614.55万元，其中行政事业性收费18个，收费额2303.14万元；经营服务性收费单位16个，收费额1311.41万元。三是调整有线数字电视收费。根据市物价局《关于海丰县有线数字电视收费有关问题的批复》海价函〔2014〕17号的有关规定，经报县政府同意，居民用户主机有线数字电视基本收视维护费标准由现行有线电视收视维护费17元/月调整为25元/月，用户自行购置副机机顶盒的，副机基本收视维护费标准为5元/月；用户自愿要求由网络公司免费配置副机机顶盒的，基本收视维护费标准为13元/台·月。从2014年2月1起实行。四是规范镇公益性墓园服务收费行为。根据省物价局《关于加强我省殡葬服务价格管理及有关问题的通知》（粤价〔2011〕153号）有关规定，经成本测算和结合墓园建设的实际，以海价〔2014〕71号文批准可塘镇公益性永福墓园服务收费项目和收费标准。从2014年9月23日起实行。

【教育收费】 一是加强对学校服务性收费、代收费管理力度。根据省物价局、教育局、财政局、纠风办《关于暂停部分教育收费项目的通知》（粤价〔2013〕93号）要求，整治和规范学校向学生收取文娱活动费以及收取高中生学校借读费的行为，认真贯彻落实国家有关教育收费政策。二是加强对民办学校收费管理。按省物价局、教育厅《关于规范我省民办中小学校收费管理的通知》（粤价〔2009〕24号）文件精神，继续做好民办学校收费管理工作，合理制定海丰县民办学校收费标准，进一步规范了民办学校收费行为。三是继续严格执行教育收费许可证、收费公示、收费票据等管理制度，根据新的收费政策规定督促学校及时申（换）许可证和.变更公示牌内容，实行亮证收费和收费公示制度。

【价格监督检查】 2014年，价格监督检查重点做好市场价格行为规范建设，落实商品和服务实行明码标价制度。主要有：一是对新商品房销售明码标价公示予以规范，共有11家房地产公司销售商品房实行了一房一价标价公示。二是规范7家医保定点药店药品的明码标价，促进市场公平、公正的竞争；认真组织开展对春运票价、教育收费、医疗收费、药品价格及殡葬服务收费等专项检查，2014年重点进驻检查单位72个，违价2宗，责成自纠退款，退款金额47.36万元；认真做好群众价格投诉举报的调查处理工作。全年共收到群众来信来访以及上级交办的投诉举报案件9宗，投诉内容主要涉及物业停车收费、自来水入户收费、药品价格、代售火车票和房地产评估服务费等，在第一时间派员进行调查处理，并将检查结果及时回复投诉者或报告上级物价部门；同时配合市局开展涉企收费检查，重点检查了县住房和城乡规划建设局，查出该局继续收取国家命令取消的城市房屋安全鉴定费收费项目，违规收取上市房改房经费和房地产转移、抵押咨询费等行为。

【价格监测】 海丰县物价局价格监测工作属省直报单位2014年，根据《广东省实施〈中华人民共和国价格法〉办法》、国家发展改革委《价格监测规定》及最新修订的全国专项价格监测报告制度等有关规定，建立专项价格监测报告制度。一是粮食价格监测专项报告制度：粮食价格监测专项报告制度监测范围包括原粮购销价格、成品粮出厂价格、成品粮和小杂粮零售价格。海丰县承担原粮购销价格和成品粮出厂价格监测任务，该专项调查为旬报，每月逢5日、15日、25日报价，承担此项任务的监测点有3家。二是畜禽产品及饲料价格监测专项报告制度：主要畜禽产品及饲料价格监测报告制度监测范围包括饲料购进价格、生猪和鸡蛋出场价格以及仔猪、母猪和雏鸡销售价格（成交价格），该专项调查为周报，逢每周二报价，承担此项任务的监测点有1家。三是重要生产资料价格监测专项报告制度：主要监测范围包括工业生产资料价格和农业生产资料价格，海丰县只承担农业生产资料价格监测，该专项调查为旬报，每月逢5日、15日、25日报价，承担此项任务的监测点有1家。四是农村居民服务价格监测月报监测制度，主要监测范围是：水电类（农村居民用电、排灌用电、农村灌溉用水、农机作业费）、电视电话类（有线电视收费、电话通话费）、教育类（高中学费、托儿保育费）、医疗类（挂号费、注射费、手术费、床位费、检验费）。该专项调查为月报，每月逢25日报价，承担此项任务的监测点有4家。2014年液化石油气，从监测情况看，各气库的批发价格都在规定的差率范围内。年内，每瓶14.5千克平均批发价分别为：1月134元、2月127元、3月125元、4月126元、5月126元、6月122元、7月117元、8元114元、9月113元、10月110元、11元102元、12月93元。

【价格鉴证认证工作】 2014年，海丰县价格鉴证认证工作，在县重点项目建设和“双转移”工作中，充分发挥价格鉴证认证职能作用，认真做好潮惠高速（海丰段）、碧桂园等重点项目建设的征地和农作物价格评估工作，为海丰县经济建设服务。同时做好公检法委托的涉案财产价格鉴证认证业务。2014年，价格认证中心共完成公检法委托的涉及财产价格鉴证业务205宗，标的3000多万元，车损业务25宗，标的约

45万多元；中介评估业务60多宗，标的约4000万元；为海丰县重点项目的开工建设奠定了良好基础；为公、检、法、司处理各类刑事、民事、经济、行政案件和调处纠纷提供证据依据。

【成本调查】 2014年做好农副产品各项成本调查核算汇总上报工作；开展对城东镇自来水公司供水价格、可塘镇永福墓园墓穴价格、海丰县10所民校及2个物业小区收费等进行成本调查和成本监审工作，为物价部门制订价格及收费提供依据。

【开展党的群众路线教育实践活动】 第二批党的群众路线教育实践活动，按照"照镜子、正衣冠、洗洗澡、治治病"的总要求，紧密围绕为民务实清廉的主要内容，紧密聚焦"四风"突出问题，紧密联系物价工作实际，扎扎实实完成了学习教育、听取意见，查摆问题、开展批评，整改落实、建章立制三个环节的工作任务。活动开展以来共组织16场次集中学习讨论会，3场专题报告会，撰写心得体会13篇；分别发放领导班子和班子成员征求意见表46份，召开座谈会16场次，共收集意见建议46条，共出版专题简报10期。最后查摆出在"四风"方面存在的问题29条，其中领导班子12条，主要负责同志4条，其他领导班子成员8条。在群众路线教育实践活动中，一是有针对性地提出整改方案。根据查摆出来的问题，局领导班子研究制定了《海丰县物价局党的群众路线教育实践活动整改方案》，针对查摆出的问题提出29项整改措施，明确每一项整改措施的责任领导、责任股室和整改时限，确保整改出成绩、出实效。二是集中抓好专项整治。坚持把专项整治作为整改落实的重要举措，不折不扣地落实好中央和省、市、县委确定的专项整治任务。对照中央21项和省委15项专项整治任务，结合物价部门实际，制定《开展"门难进、脸难看、话难听、事难办"等机关作风问题专项整治方案》《开展超标准公务接待、超范围接待问题专项整治方案》《开展在婚丧嫁娶等事宜中大操大办借机敛财问题专项整治方案》《开展公款送礼、公款吃喝、奢侈浪费专项整治方案》《开展侵害群众利益行为专项整治方案》等切实可行的专项整治方案，有效整治机关作风、经费开支、公务接待超标准及侵害群众利益行为等问题。三是全面推进建章立制。为抓紧建立健全反对"四风"、改进作风的各项规章制度，县物价局结合实际，对本单位的规章制度进行一次全面集中梳理，认真做好废、改、立工作，重点修订《海丰县物价局领导班子理论学习制度》等11项规章制度，制定《海丰县物价局领导班子定期调研制度》等4项规章制度，同时建立制度执行责任制，明确责任主体以及责任追究的具体内容，以制度来监督制度的落实，使之常态化，得到有效落实。经过半年多的群众路线教育实践活动，县物价局按照高标准、严要求，基本完成了三个环节的主要工作，取得了比较明显的思想认识成果、实践成果和制度成果：一是广大党员干部的思想认识与宗旨意识明显强化；二是全体党员干部的工作作风与精神风貌明显提升；三是党群、干群关系明显改善；四是切实落实整改，促进机关作风健康发展。

（黄秩才）

附：2014年海丰县物价局领导名录

局　长：马学仲

副局长：林伟明（任至9月）　刘火云

审 计

【概况】 2014年，海丰县审计工作根据《中华人民共和国审计法》和全国、全省、全市审计工作会议精神，深入学习贯彻党的十八大和十八届三中、四中全会精神，继续坚持"依法审计、服务大局、围绕中心、突出重点、求真务实"的工作方针，依法履行审计监督职责，加大审计力度，创新审计方式，提高审计效率，牢牢把握稳增长、促改革、调结构、惠民生、防风险等政策措施落实情况，加强对公共资金、国有资产、国有资源、领导干部经济责任履行情况进行审计，逐步实现审计监督全覆盖目标。县审计局全年完成审计项目31个，其中：财政预算执行审计项目1个、地税征管审计项目1个、党政领导干部和企业领导人员经济责任审计项目22个、专项资金审计项目2个、专项资金审计调查项目2个、政府投资审计项目2个、财政财务收支审计项目1个、出具审计决定书12份。审计查出违规金额396万元，管理不规范金额6291万元；应缴财政和税金金额170万元（其中罚款8.5万元），已上缴财政金额145万元（包含以前年度应上缴财政金额10万元）；应归还原渠道金额59万元，已归还原渠道金额6万元；应调账处理金额213万元，已调账处理金额125万元。并针对被审单位的实际情况，提出审计建议74条，已被采纳建议37条，提交审计专题、综合性报告和信息简报7篇，被批示、采用1篇。内部审计项目9个。

【机构人员】 海丰县审计局内设6个职能股室：人秘股、财税金融审计股、商贸农林审计股、工交基建审计股、行政事业审计股、整改监督股，另设1个局直属行政单位经济责任审计办公室（正股级）。2014年，编制总数24人，实有人数23人。

【财税审计】 2014年，县审计局在对县财政2013年度预算执行情况审计中着重核查财政预算执行及其他财政专户收支基本情况，重点抽查社保基金等专款的安排使用情况，关注和披露财政风险问题。县财政部门狠抓财政收入工作，挖掘增收潜力，特别是抓好主体收入、国有资本收益、盘活闲置国有资产以及护税协税工作，保证了预算收入的完成。此外财政部门以建立公共财政体系，努力深化财政改革，完善财政机制，推动财政科学发展为目标，进一步完善国库集中支付制度；积极推行公务卡改革；做好村委换届审计、强化乡镇财政建设等工作。审计表明：在预算执行过程中，县财政一般预算收入实际完成13.21亿元，总收入为38.04亿元；县财政一般预算支出22.79亿元，总支出38.04亿元。审计发现财政资金被挤占使用、国有土地使用权出让收入安排支出资金和专项资金使用管理不合规等问题，特别是延伸审计县财政拨付平价商店专款使用情况，发现县供销社综合贸易公司违反规定收取平价商店管理费并作出将管理费收缴国库的审计决定，促进了财政部门规范和加强专项资金的管理力度。预算执行审计中发现的其他问题，县审计局在向人大工作报告中进行了反映并提出审计建议，督促相关责任单位落实整改措施。年内，县审计局对县地税局2013年度税收征管情况进行审计。重点审查企业房产税、城镇土地使用税等税种征收情况以及电力行业纳税情况。经审计，2013年海丰县地方税务局实际完成税收收入11.45亿元，完成年度任务的109.71%，超收1.01亿元。但省级共享收入未能完成任务，依靠县财政协助征收完成税收任务3.20亿元，约占了税收总收入11.45亿元的27.97%。审计发现地税部门存在漏征漏缴房产税和土地使用税且房产价值申报偏低等问题；同时，税源管理方面，综合治税体系尚未建立，共享机制没搭建或不健全，未建立房产税税源数据库，影响了税源管理，造成正常征收中存在漏征漏管和管理不规范等问题。对此，县审计局向地税部门建议应继续向政府提议建立涉税信息交换与共享平台，应加强对水电行业的税收征管，加大宣传农产品批发市场、农贸市场税收优惠政策和落实免税备案手续。

【经济责任审计】 2014年，县经济责任审计工作按照中央两办《党政主要领导干部和国有企业领导人员经济责任审计规定》和2014年印发的《党政主要领导干部和国有企业领导人员经济责任审计规定实施细则》，结合中共十八大以来中央有关加强和改进作风建设，严肃财经纪律的相关文件精神和全国、全省、全市审计工作会议部署，经县经济责任联席会议成员单位讨论研究确定2014年的经济责任审计项目，重点突出以下几个方面：一是突出重点岗位、权力集中、资金及资源密集领域领导干部的审计力度，提高审计监督的针对性和有效性；二是加大对重大经济决策等经济管理活动的审计力度，促进领导干部依法行政的意识；三是加大对贯彻落实中央“八项规定”和厉行勤俭节约、反对铺张浪费情况的审计力度，促进转变作风、提高财政资金使用效益；四是继续坚持全局经审“一盘棋”，合理配置审计资源，注重审计质量，防范审计风险。县审计局2014年度已完成经济责任审计项目22个（其中：任中审计12个，离任审计10个），占年度计划的65%，被审计的领导干部22人，其中：乡镇党委书记4人、乡镇镇长4人、开发区领导干部1人、县直行政事业单位领导干部12人、国有企业领导人员1人。审计查出违规金额218万元，管理不规范金额4634万元；应缴财政和税金金额16.8万元，已上缴财政和税金3万元；应归还原渠道资金43万元，已归还原渠道资金7万元；应调账处理资金213万元，已调账处理资金125万元。提交审计报告和审计结果报告44篇，提出审计建议53条，被采纳建议28条。通过审计，对一些单位漏纳税款、未执行政府采购规定、部门预算执行不够严格、违规收费、挤占挪用调整使用专项资金、大额现金支付各种款项、私设“小金库”、违规发放津补贴福利费、“三公经费”超支、自行验收审核结算工程及工程税款支付不规范等问题进行了披露和处理处罚，并向被审计单位提出了审计整改意见和建议，规范被审计单位内部管理和完善内控制度，同时促进领导干部遵守各项廉政规定，提高依法行政水平和严格履行职责的自觉性，为海丰县管理、评价和考核使用干部提供了有力的依据。

【政府投资审计】 2014年，政府投资审计项目有2个：①继续对县城北环公路建设工程结算造价进行审计。该工程送审结算总造价合计5567.67万元，经审计确认为5521.59万元，实际核减工程造价46.08万元。②对海丰县防护林工程2010年中央预算内投资项目竣工决算情况进行审计。经审计海丰县防护林工程2010年中央预算内投资项目实际总投资1108.89万元，比计划投资1130万元节约了21.11万元，对该工程在监理、施工和验收等环节的管理工作还存在个别需改进的情况提出整改建议。

【专项资金审计】 2014年，专项资金审计项目有2个：①对海丰县城镇保障性安居工程进行跟踪审计。审计发现保障性安居工程建设资金管理和保障性住房的租金管理方面还不规范等问题，对此县审计局提出县住房公积金管理中心和县财政局应当积极向上级部门反映，要求上级有关部门进一步完善住房公积金分配制度；县住房和城乡规划建设局要加大廉租住房政策宣传力度等建议。②对海丰县文体旅游局2012年和2013年度体彩公益金进行专项审计。2012年和2013年度上级下达海丰县财政体彩公益金共计394.64万元，已拨出272.04万元，至2014年2月底，结余未拨122.6万元。经审计，发现体彩公益金应拨未拨和未及时缴交国库、部分单位在使用体彩公益金购买设备时未经政府采购、部分工程项目未送财政相关职能部门审核、没专项核算及严格专款专用等问题，对此县审计局建议县财政部门加强对体彩公益金的监管，县文体旅游局规范体彩公益金的会计核算，确保其专款专用。

【专项审计调查】 2014年，专项资金审计调查项目2个：①对海丰县2011至2013年6月农村环境综合整治资金进行专项审计调查。经审计，全县已投入的农村环境综合整治相关资金6998.54万元，财政拨出使用资金5183.76万元。县审计局对饮用水源环境整治项目、农村饮水安全实施项目、农村生活污水和垃圾处理整治项目、畜牧养殖综合整治项目、农村地区历史遗留工矿污染治理项目、农村生态示范建设项目的资金投入使用结构、资金管理和使用效益、资金使用存在问题等情况进行了披露，还就一些问题向县政府作了专题报告，县政府领导作了整改批示，要求审计部门加强整改监督，规范专项资金使用。②对海丰县2013年度契税征管情况进行专项审计调查。核定2013年县地税局征收入库契税9769.79万元。经审计发现存在少数企业没按缴税期限缴纳税费和代收契税滞留税款，部分单位或个人先办理土地使用权证后缴纳契税或已办理土地使用权证未缴纳契税等问题，县审计局建议县地税局加强契税宣传和征管力度。

【财务收支审计】 2014年，按照县委、县政府有关领导的指示对海丰县海城镇第三中学2012—2013年度财政财务收支情况进行审计。审计发现该校存在挤占免收杂费专款及使用不合规、违规支付接待费及发放补助、会计核算不规范等问题，对相关问题提出整改建议。

【交办配合审计核查】 一是抽调1名审计人员配合省审计厅参加社会抚养费审计组到潮州市开展审计。二是抽调5名审计人员配合审计署参加土地出让金审计组到肇庆市开展审计。三是抽调3名审计人员配合县人社局组成县清理“吃空饷”办公室，对县直行政事业单位和部分国有企业是否存在“吃空饷”的情况进行核查，并将核查结果汇总上报县政府，如期完成该项工作任务。四是抽调审计人员分别配合县财政局开展违规使用专项资金清理和开展“三公经费”支出审核汇总；以及配合县纪委查账办案等工作。

【内部审计】 2014年，全县有内部审计机构5个，配备专、兼职审计人员19人（其中专职审计人员5人），开展内部审计项目9个（任中经济责任审计1个，财务收支审计8个），出具审计报告9篇，审计资金总金额9097万元，管理不规范金额94.7万元，已纠正金额3.7万元。提出建议意见48条，被采纳建议意见48条。

【审计机关规范化建设】 2014年，县审计局加强机关规范化建设，一是学习贯彻审计法律法规，提高审计工作质量。全年抽派约50人次100天时间，参加上级各部门组织的新法律法规及业务知识学习培训。同时，围绕中共十八大精神和十八届三中、四中全会精神多场次组织全局干部职工进行教育学习，全年组织约200人次开展有关党风廉政纪律方面的教育学习。二是针对县审计局出现空编、审计任务繁重的实际情况，经县政府同意通过人社部门向社会公开招考1名公务员，8月该人员已上任。三是继续加强审计宣传工作。开办审计简报，对审计工作过程中发生的重大事项和重要会议实行审计简报通报制度，全年编写出版审计简报7期，为开展纵向和横向的信息交流开创了新平台。四是加强对审计人员的廉政监督和审计项目的事后监督。坚持对被审计单位不定期开展审计回访，一方面对审计查出问题的整改情况及审计决定的执行落实情况进行跟踪监督;另一方面通过回访对审计人员在开展审计工作过程中执行廉政纪律和工作纪律的情况进行了解考察。五是以为民务实清廉为主题开展党的群众路线教育实践活动。县审计局贯彻“照镜子、正衣冠、洗洗澡、治治病”的总要求，主要从学习教育、听取意见，查摆问题、开展批评，整改落实、建章立制三个环节查摆找准找实“四风”方面存在的突出问题，经对照检查，县审计局在“四风”方面存在13个方面的问题，通过对产生问题的原因进行分析，对相应问题制定13条整改措施并在全局范围内通告，要求落实整改责任制，主要领导负总责，个人主动认领，逐级督促抓整改落实，切实改进了该局工作作风，完善修订该局的各项规章制度。如县审计局已初步修订完善《海丰县审计局公务接待费管理制度》《海丰县审计局档案指南》《海丰县审计局车辆管理使用制度》《海丰县审计局党风廉政建设及反腐败工作责任制》《海丰县审计局考勤制度》《海丰县审计局廉政建设制度》等，县审计局领导班子要求全体干部职工认真学习贯彻各项规章制度，将行为置于规章制度约束之下。另外，县审计局按照县委、县政府的要求起草《海丰县加强“三公”经费审计监督实施办法》。六是积极开展扶贫开发“规划到户、责任到人”工作。2014年是县审计局开展扶贫开发工作的第六个年度，该局按照上级有关部门的要求继续挂驻黄羌镇双河村，在经费紧张的情况下，挤出资金1万元帮助黄羌镇双河村解决计生经费不足的难题，同时春节期间挤出4600元对双河村特困户及特困老党员进行慰问。同年下半年，县审计局局长余德钦亲自带队到黄羌镇双河村深入开展党的群众路线教育实践活动为民办实事时，送上3000元帮助该村委一户村民重建危倒房。通过活动，密切干群关系、增强为群众办实事的意识，展现出审计人的高尚情操。七是积极配合上级审计机关开展审计调研工作。4月、8月，广东省审计厅副厅长黄青一行3人、汕尾市审计局局长李林顺一行4人分别到海丰县审计局调研，听取县审计局关于机构设置、队伍建设、审计监督全覆盖、数字化审计、审计业务开展情况、加强审计整改落实等工作汇报并就有关工作进行了交流探讨，研究分析审计工作中遇到的困难和问题，提出中肯的对策和意见。

（罗挺中）

附：2014年海丰县审计局领导名录

局　　长：余德钦

副 局 长：骆科俊　叶宽存

总审计师：林伟雄

统　计

【概况】 2014年，海丰县统计工作紧紧围绕县委、县政府确定的工作目标，坚持以党的十八大精神为统领，以促进经济发展为中心，以提高基层统计工作和统计数据质量为目的，精心组织第三次全国经济普查工作、人口变动情况和劳动力调查等抽样调查以及统计“四大工程”建设等工作。

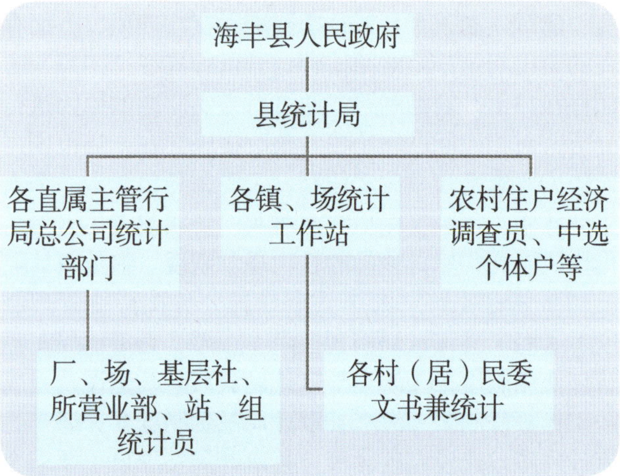

2014年海丰县统计网络图

【机构人员】 海丰县统计局内设有办公室、综合核算股、工交基建股、农业贸易股4各股室。机关行政编制12名，其中局长1名、副局长2名，正副股级领导职数4名，后勤服务人员2名。县统计局属下有2个事业单位：普查中心（参照公务员管理）和社会经济调查队，普查中心编制3名，设主任1名；社会经济调查队编制7名，设正副队长各1名。

【统计网络建设】 为加快统计信息化进程，加强对经济运行和社会发展的统计监测，为领导决策当好参谋，为企业提供优质的统计服务，努力推进全县经济又好又快发展。海丰县加强信息网络建设。

【统计法制建设】 2014年，海丰县统计法制建设以依法保障统计工作顺利进行为目标，以依法保障统计数据质量为中心，优化统计环境，不断加强统计管理和监督，使统计工作逐步走上法制化、规范化轨道。一是大力开展统计法制宣传教育工作。各专业经常利用召开业务会议的机会，向调查单位进行统计法制宣传教育；印发《统计法律事务告知书》200多份，发至全县统计人员和有关企事业单位，通过多种形式营造依法统计的良好环境。二是大力开展统计执法检查。10月5—12日，县统计局在全县范围内开展统计执法大检查，全县重点检查15家“三上”企业，详细检查原始记录，统计台账、统计档案、统计报表以及持证上岗等情况。在抽查中，共查出统计违法行为5宗。通过检查，使统计人员和企业领导明确统计数据质量的重要性和统计基础建设的必要性，为确保统计源头数据质量把好关。三是大力开展统计教育培训工作。2014年，全县20名统计人员参加统计从业资格考

县统计局精心组织2014年统计从业资格考试工作

试，通过率达100%。

【国情国力调查】 一是全力做好第三次全国经济普查工作，海丰县第三次全国经济普查工作严格按照省、市普查办的统一部署，从2014年1月1日起至3月31日全县普查员和普查指导员手持PDA设备开展入户登记工作，严格按照国家的普查方案要求采用PDA设备进行现场定位、各种证照的拍照以及数据录入。经济普查阶段也如期完成。经过广大普查人员积极努力，全线入户登记工作、数据上传、审核、改错及查漏补缺等工作如期完成。下一步将按照省、市普查办的统一要求开展数据汇总工作，确保海丰县全国第三次经济普查工作圆满完成。二是认真做好人口变动和劳动力抽样调查工作。按照国家、省统计部门的统一部署，统计局严格执行国家统计局《人口变动情况抽样调查制度》和《劳动力调查制度》，周密细致地安排好各个环节，确保调查数据质量。

【统计分析调研】 2014年，县统计局坚持党委政府决策到哪里，统计服务就延伸到哪里的工作理念，全面把握经济发展趋势，全身心解读经济发展进程，全力为县委、县政府决策提供准确的信息、科学的判断和可行的政策建议。加强横向联系，认真做好数据比对工作，加强与各县市统计部门的沟通联系。为充分发挥统计信息咨询、监督和服务的职能作用，县统计局对社会的热点问题进行跟踪调查、分析原因，提出建议，全年编印《统计信息》5期、《内部通报》11期、《海丰县统计月报》11期以及各专业分析报告等，为更方便、及时提供统计信息和经济运行动态，统计局还升级改换了海丰县统计信息网（网址：www.hftjxx.com）网页并加强维护和运行，及时做好信息更新，切实提高了统计服务水平。

【统计信息化建设】 继续推进“四大工程”建设，提高信息化水平。2014年，县统计局将统计“四大工程”建设作为了全年工作的一项重点工作，围绕联网直报，狠抓硬件建设和统计制度改革，以“三上”企业为重点，强力推进网络直报，对传统的统计报表报送方式进行改革完善。积极做好单位名录库比对、核实和确认等工作，研究名录库与常规统计调查单位及单位基本情况数据的统一衔接，深入重点企业进行数据质量抽查，切实提高“三上”企业数据上报质量。

（黄俊荣）

附：2014年海丰县统计局领导名录

局　长：李小平

副局长：陈银友　黄洪霞（女）

省统计局领导来海丰检查指导第三次全国经济普查工作

城镇建设与管理

综述

【概况】 2014年，是海丰县城乡规划建设管理取得丰硕成果之年。海丰县住建局认真贯彻落实党的十八大和十八届三中、四中全会，以及省、市、县等全会精神，紧紧围绕县委、县政府提出的打好“四大会战”、推进“六大工程”的工作要求，坚持以规划为龙头引领城乡建设，坚持以强化功能特色为重点提高城市建设水平，坚持以改善生产生活条件为重点，加快村镇建设步伐，积极开展党的群众路线教育实践活动，全面推进各项建设事业取得新进展。

县住建局按照县委、县政府的工作部署，在规划、建设、管理等方面都做出具体分工，为重点服务县城项目打下良好基础。至年末，共办理建设工程规划许可证169宗，总建筑面积约96.8万平方米，收取配套费约6257万元。办理建设用地规划许可证43宗，总用地面积约81万平方米。完成建筑红线图158宗，用地规划115宗，选址意见书5宗，规划设计条件通知书60宗。同时，基础测绘方面全年完成报建项目定点放线30宗，完成建设项目竣工测绘报告18宗。

【机构人员】 海丰县住房和城乡规划建设局（以下简称“县住建局”）内设秘书股、人事股、财会股、房地产管理股、建筑工程管理股、城市建设管理股、城市建设监察股7个内设机构。2014年机关行政编制19名，其中设置局长1名、副局长3名，股级领导干部8名，后勤服务人员3名。

城乡规划

【城市总体规划】 2014年，全方位服务县重点项目规划建设的各项工作。在产业园区方面：

①已委托省规院编制完成产业转移工业园6平方千米和中心启动区的控制性详细规划以及中心启动区市政工程项目的规划设计，中心启动区为产业转移工业园的核心区，规划用地面积1.1平方千米。至年末，中心启动区基础设施资金与太平洋建设集团公司集体合作，首期投入1.94亿元，完成征地150万平方米，引进项目9个，共计划投资30亿元；②已委托省规院进行市政工程规划设计做好产业转移工业园1号区规划。产业转移工业园1号区位于中心启动区对面，规划用地面积约59万平方米。已完成用地布局和相关专业规划的初步方案；在中心城区扩容提质方面：着重规划、建设县城南部和北部新区，至年末，已组织编制县城南部片区6平方千米的县城南部新城。尤其是市民中心规划面积（不包括村庄）约50万平方米，其中包括6.3万平方米全民健身广场，主要功能有广场用地、居住、商业用地等。在龙岗区对口帮扶小组的带领下，已委托深圳新城市设计院对市民中心健身广场、市政道路及城市设计进行规划编制。下一步项目的相关工作已按计划实施，将全面开工；控制性详细规划方面：根据县政府的工作部署，已编制完成控规10宗，5宗控制性详细规划均已报县政府批准实施，其他正在审批中。

【严格实施城乡建设管理】 2014年，海丰县建设项目选址严格实施城乡建设管理。首先，以“优化城乡布局，促进产业发展，完善城镇功能，加强空间管制”为原则，进一步坚持规划会审制度，严格实施按规划建设。对县城的每一宗建设项目都实施全方位规划管理，特别是对县城主干道路两边的建设项目和一些重点项目，都认真组织专业技术人员进行评审和审核，从建设项目的立面、层高、标高、规模体量等，进行严格把关，实施统一规划、统一设计、统一建设。其次，认真把好“一书两证”关，即是建设项目选址意见书、用地规划许可证和建设工程规划许可证。据统计，全年共办理建设工程规划许可证169宗，总建筑面积约96.8万平方米，收取配套费约6257万元。 办理建设用地规划许可证43宗，总用地面积约81万平方米。完成建筑红线图158宗，用地规划115宗，选址意见书5宗，规划设计条件通知书60宗。

村镇建设

【农村生活垃圾处理】 自2013年起，海丰县在广泛开展调研的基础上，制订出台《海丰县全面推进农村生活垃圾管理工作方案》《海丰县“美丽海丰、清洁先行”城乡环境卫生整治管理工作方案》《海丰县城乡环境整治工作方案》，着力按“村收集、镇转运、县处理”的办法。至2014年年末，全县自然村已基本建设了垃圾收集点，各镇垃圾转运站的建设工作已基本完成，同时投资300多万元购置了一批压缩式垃圾转运车，从而大大改善了农村的生活环境。

建设管理

【建设项目管理】 2014年，为确保城乡建设发展按规划实施，县住建局按职能分工，对办事程序进行了全面梳理，在原有的基础上，总结近几年来的实践经验，遵照法律、法规的要求，重新制定了岗位责任制、理顺办证程序、修改服务指南。并借助“万众评股室”活动的开展全面推出，实现了办证程序化、规范化，格式化。为依法行政打下良好基础。从而在建设工程的管理上实现了突破。一是落实了批前公示和批后公告的措施，提高了行政审批的透明度、减少了失误、减少了管理的难度；二是制定了规范的验线证明和核实意见，使规划管理贯穿到建设的全过程；三是实行表格化管理，明确了管理事项、管理细节以及处理办法，使办事更严谨、更规范，同时，对违法建设活动实行规范化的处理模式。年内，为加大对违法建设活动的打击力度，县住建局职能股室设置了专案组，专门处理群众投诉和规划管理过程中发现的违法违规活动，并按照有关规定，制定了规范的查处程序和统一的处罚标准，确保查处工作合法、公正。通过这一系列改进措施，使得建设系统工作人员的工作能力和工作作风得到极大的提高和改善，大部分人能够承担起应负的责任，服务态度和服务质量得到很大的改善和提高，特别是窗口服务更加认真、细致，基本上制止了脸难看，门难进，事难办的现象，符合规定的事项，保证随到随办，尽快办妥，办事的时间明显的缩短。

【建设工程安全质量管理】 海丰县严格按照《安全生产法》《建筑法》《招标投标法》《建设工程质量管理条例》和《建设安全生产管理条例》等法律法规，进一步加强对建设工程的管理，从规划设计、质量安全生产管理到竣工验收每个环节都严格把关。一是严格规范建设工程建设管理，2014年，报建工程52个，核发施工许可证52份，总建筑面积约153万平方米，工程总造价约258亿元；二是抓好建设工程的质量安全管理，积极配合省住建厅、市住建局、县安委办开展安全生产检查工作、“安全生产月”“质量月”“八打八治”和打非治违专项行动和深基坑、高支模、建筑起重机械、消防安全管理等专项整治工作，启动全县工程质量治理两年行动，进一步落实施工企业主体责任，确保建设工程项目按国家有关技术标准进行施工建设。年内，在全县在建工地施工安全生产大检查中，及时排查和消除了施工现场安全隐患，量化扣分记录320条，发出整改通知书96份，暂停施工通知书15份，停工通知书1份。

【城建行政执法管理】 2014年，县住建局加大对建设各主体资质的清查，杜绝无资质进入和跨资质的建筑现象，同时也加大对建设各主体管理人员的资质督查力度，确保工程现场、质量安全保证体系进一步健全、完整。对建筑企业违法违规行为的坚决查处，强化动态管理。在管理工作中做到“面上巡查全覆盖、监察内容全覆盖、管理过程全覆盖”。全年共查处各类违法建筑80宗，发出《责令停止违法行为通知书》400多份，发出函告件约150多份，收缴施工工具100多件，催办报建20多宗，停工保持原状的20多宗，违法建设发现率、查处率达98％以上。通过各项规范措施，有效地促进了建筑市场的和谐发展，遏制县城乱占乱建的不良现象。

【燃气市场管理】 2014年，以安全生产为主题，紧密联系本地实际，积极采取强有力措施，进一步宣贯新制定的《广东省燃气管理条例》，积极开展燃气管理安全生产专项检查，并组织完成县城管道燃气经营权招投标工程，全面规范燃气市场秩序。至年末，燃气管道约83千米，其中市政管网(中压65千米)，庭院(低压18千米)，发展新用户约1万多户，排除安全隐患1处，建立巡查记录台账104份，巡查气库、销售点130多次，强制检测过期气瓶3.7万个，巡查管道气网65千米，实现了不发生重特大事故，确保燃气市场安全运行无事故。通过深入地开展燃气行业安全专项整治活动，严格安全生产许可制度和市场准入制度等措施，使燃气市场逐步得到规范，燃气安全生产管理和安全检查也逐步走向制度化，促进了燃气行业的健康发展。

房地产与建筑业

【房地产建设】 2014年，在认真做好房地产业发展方面锐意进取、积极探索，按照县住建局的工作部署，积极做好房地产业管理工作，积极开展房地产权登记发证工作，在办理房地产权证登记中，严格依照办证操作程序办事，进一步优化服务，确保办证质量。碧桂园（一期）、海悦名城、云岭山庄、凯旋花园（二期）、第一城（一期）、正升华府、海富豪庭、富嘉名城、龙津华府、华夏广场等10个大型高层的房地产项目已全面施工建设，部分项目已竣工验收。

【房地产交易】 依据《中华人民共和国城市房地产

管理法》《房屋登记办法》《广东省城镇房地产权登记条例》等法规，县住建局在办理房地产权证中，首先要求办证人员要严格要求自己，文明服务，突出创新意识、服务意识，把“便民、利民、高效、廉洁、规范”作为工作的标准和准则。从受理、初审、复审等程序上，严格依照办证操作程序办事，确保办证质量。2014年共办理商品房交易、存量房、抵押登记、商品房预销售合同网上备案登记等10483宗，总收入304.2万元（其中：登记费85.4万元，交易费218.8万元）；商品房一手交易和存量房交易额20.5亿元。同比提平8%。其中商品房一手交易登记2628宗，建筑面积37.64万平方米、交易额：15.86亿元，存量房交易1752宗，建筑面积18.76万平方米；抵押备案登记2067宗，抵押登记3224宗，建筑面积63.8万平方米；商品房预销售合同备案登记2965宗；建筑面积43.3万平方米，预售合同房产交易额17.3亿元。

【房地产管理】 县住建局认真贯彻执行《城市房地产法》《城市房地产开发经营条例》和《城市商品房销售管理办法》，严格材料审核工作，保证办事质量，在商品房预售管理方面，并逐项实施了前期物业管理服务、售前公示、预售资金监管、维修资金交存等制度。2014年，共核发“商品房预售许可证”14宗，同比增长56%，预售套数4873套，建筑面积76.70万平方米，同比增长130%，接受房地产中介服务企业备案8家、核准房地产开发企业资质申请4家、接受新成立业主委员会备案2宗。

【住房保障】 2014年，按省、市、县安排的工作任务和要求，海丰县建立了城镇住房保障制度，安排部署解决城市低收入住房困难家庭住房保障等各项工作，在全面完成2013年度公共租赁住房建设任务的同时，加快2014年公共租赁住房开工建设，不断推进保障性住房工作。由县住建局负责组织实施的海丰县2013年续建的200套保障性住房，至年末已基本完成，进入竣工验收阶段。规划建设的澎湃中学教师公共租赁住房100套，县住建局相关股室全过程给予指导协助，该工程也基本完成。2014年度建设保障性住房任务84套，于10月开工建设，主体工程现已完成。302套教师公租房也正在抓紧推进中。新受理申请保障性住房的材料150多份，基本上将有住房困难的低收入城镇居民家庭纳入保障范围，收到良好的社会效益。

【建筑业管理】 2014年，县住建局进一步落实工程质量、施工安全的主体责任和监管责任，做到工程质量和施工安全生产管理“两不放松”，严格遵守建设工程基本建设程序和有关法律法规。严格按照工程建设技术标准精心勘察、精心设计、精心施工、严格监督，重点加强对中小学校舍、保障性住房和住宅工程等直接涉及公共安全和群众利益工程的监管，切实保证建设工程的质量。严格执行工程竣工验收合格后设置永久性标牌制度，落实工程质量终身责任制。对建筑材料，也严格按照检测规范和条例进行检测监督，全年共完成砼8300组，钢筋原材及复检1354组，钢筋焊接及复检1936组，砂浆1495组，蒸压灰砂砖49组，水泥85组，砂的氯离子含量27组，回弹检测8000测区。其次，要求安全监督员在检查工地安全管理的工作，必须结合工程特点制定安全监督计划，重点监督各危险源。再次，在下工地检查时要全面彻底，从资料管理到施工现场实际安全防护，都必须向国家标准靠拢，力争达到标准，发现安全隐患及时发出整改通知并跟踪，落实企业质量安全的主体责任，除重点落实建设工程质量安全一般项目一季一查、重点项目一月一查、重大危险源跟踪检查的定期检查制度外，对自查积极、安全措施到位的企业项目实施抽检，对责任未落实、自查自纠不到位的企业项目重点检查，加大查处频次和处罚力度，使大家从上到下明确安全生产责任，确保安全生产。

（陈炯城　曾晓华）

附：2014年海丰县住房和规划建设局领导名录

局　长：刘城芳

副局长：陈俊如　李德新　姚宇忠

城镇管理与公用事业

【概况】 2014年，紧紧围绕海丰县委、县政府“推动创新发展，建设幸福海丰”工作目标，加强城市管理，以县城“四化”建设管理转型升级、提升整体形象为着力点，立足长远，脚踏实地，统筹规划，整体推进，力促市政综合管理上新台阶。根据县城市政公用设施现状，结合城市规划和建设管理的要求，按照“整体规划，分步实施”的原则，制定了市容市貌、环境卫生、市政建设、绿化美化亮化等实施计划，拟出了县城排水、广告设置专项规划，并采取有效措施积极推进。为建设宜居宜业现代化中等城市努力拼搏。

【机构人员】 海丰县公用事业局是海丰县城市综合管理部门，为县政府直属正科级事业单位，于2009年5月份正式挂牌运转。局机关内设办公室、市政管理股、园林环卫管理股、市政工程技术股，下辖城市管理监察大队、县城路灯管理所、海丰县城市排水管理所、海丰县垃圾处理管理站。主要负责县城地区园林绿化、环境卫生、路灯设施建设和维护、市容市貌管理、市政设施建设管理及三轮车管理等城市综合管理工作。人员编制130人。

【市政建设】 2014年，完成红城大道二、三期改造工程，全线9.1千米道路改造任务全面完成；投资2600万元的县城LED路灯改造工程，完成立项、设计等前期工作，春节后可动工建设；二环路改造工程完成改造项目初步调查，准备立项等前期工作；完成县城西南片排洪沟和西排洪沟建设立项等前期工作，做好县城排水规划前期调查工作，为县城排水规范管理打下坚实基础。同时，加强市政设施管理，结合日常巡查和市民投诉，对损坏市政路面、排水配套设施及时抢修，在交通拥堵主干道安装安全隔离栏，并及时维护，有效保证县城交通安全及城市排水畅通。全年共整治路面、清理排洪沟30多宗，抢修缺失落水斗、检查井盖板近500处，安装及抢修交通安全设施达2千米，投入资金近300万元。

【亮化建设】 2014年，按照省、市、县关于路灯设施采用LED照明产品有关要求和《海丰县道路照明设施推广应用LED照明产品改造实施方案》，完成县城LED改造立项、设计、招投标等前期工作。投入近250万元，在龙津河、红城大道、二环路、海丽大道设置迎春灯饰，营造喜庆节日氛围。同时，对全城路灯设施进行全面排查检修，及时清理路灯安全故障，确保亮灯率达95%以上。

【园林绿化】 2014年，园林绿化管理部门继续加大县城绿化管理力度，按照“一路一景观、一街一特色”工作目标，完成红城大道、三环路、二环西路绿化改造，定期对全城主干道路县城、龙津河两岸等的树木进行修剪整形，并补植、施肥管理。县城人均公园绿地面积为12.6平方米。

【环卫保洁】 2014年，根据县政府推进社会治理体制创新工作要求，完成县城环境卫生管理市场化招投标工作，从11月1日开始，将县城道路清扫、保洁、清运及绿地保洁等环境卫生管理交给有资质保洁公司广州市鸿鑫物业管理有限公司承包运营，该局在保洁质量方面加强督查和管理，县城环境卫生落后状况明显改善。同时，按照县政府“美丽海丰，清洁先行”工作要求，对县城范围内卫生死角、保洁盲区、主干道花坛垃圾杂物及河面垃圾进行全面清理，共清理垃圾3500多车7000多吨。为确保整治成果，采取多种形式加大宣传，提高市民环卫意识，向市民、商户发放《致广大市民一封信》2.5万余份。全年县城生活垃圾产生量约300吨/日，无害化处理量249吨/日，处理率占83%。县城生活垃圾日产日清，得到有效处理。

【治理“脏、乱、差”】 2014年，根据县“四化”工作要求，结合县城实际，采取有效措施，加大整治力度。一是加强占道经营整治。把县城红城大道、二环路、海丽大道、人民南路、广富路、海银路等主要道路按照“文明示范路”的标准实行严格管理，尤其对红城大道的管理，成立巡查组，实行严格巡逻管理，占道经营现象明显改善。二是加强重点市场、路段的管理。对狮山市场、后沟市场、南湖市场等市场及周边路段，采取重点整治与全面管理相结合的办法，强化违规占道、乱摆乱放的规范管理，做到管理到位、责任到位、标准到位。早餐、夜市实行定点限时经营，市场路段实行定人定岗巡逻管理。通过整治，各重点路段占道经营、交通拥堵现象有了明显好转。三是加大宣传，确保成效。把城市管理法律、法规，通过电视、网络、报刊、横幅标语、宣传车等多种宣传形式，进行全方位的宣传，提高全民城市管理意识，使之家喻户晓，进一步要求广大市民、各机关单位、商户支持整治工作，减少整治工作中矛盾的产生，确保社会稳定。四是加强客运三轮车管理，通过实施“票价公约”和24小时值班制度，方便群众监督，进一步规范县城客运三轮车管理。同时，积极配合交警部门加大对无牌无证三轮车的查处力度，净化县城交通环境。全年共查处违规三轮车1800多部。

（何海平）

附：2014年海丰县公用事业局领导名录

局　长：黄汉标

副局长：宋南荣　李克如

城镇供水

【概况】 2014年，海丰县供水总公司立足县城经济发展大局，落实年初提出的“三二一”工作措施，着重加强供水管理，加大管网建设和改造步伐，夯实安全生产管理基础，提升优质服务水平，保证了各项工作稳步推进。2014年2月，被汕尾市工贸企业标准化评审委员会评为安全生产标准化三级企业。

【机构人员】 海丰县供水总公司始建于1972年，是集自来水供给、供水工程安装和社会服务为一体的国有独资企业，主要担负着县城地区和周边农村供水任务。公司共设有13个股室：办公室、工会、人事股、监察股、财会股、保卫股、营业部、供水股、工程

2014年8月19日，县供水总公司召开班子扩大会议，研究部署供水工作

2014年2月26日，县供水总公司开展"党的群众路线教育实践活动"，图为动员部署大会

股、生产股、器材股、青年水厂和拦河坝水厂，2014年共有在职干部职工285人。公司拥有两座水厂，一座是拦河坝水厂，另一座是青年水厂，水源分别取于红花地水库和青年水库，日供水能力10.5万立方米，用水户8万多户，用水人口40多万人。

【强化供水管理】 2014年，县供水总公司通过不断探索、完善机制，制定"降耗、增效、发展"的管理方针，全力打好降耗增效攻坚战。采取了以下措施：一是制定了全年经济目标，对供水股、工程股、稽查等部门落实经济目标管理责任制。二是继续对供水股落实"一个加强、二个责任、三个制度"。对抄表工作人员落实逐月考核、奖扣制度。三是开展降低产销差大会战。四是加大水表计量管理。五是加大查偷力度。全年共查处违章用水90多宗。六是落实了管网巡查制度和水压力表、水厂日送水量登记制度，落实专人管理，对供水管网进行动态监测，做好供水调度工作，确保县城供水平稳有序。七是加大了探漏力度。全年共查出暗漏350多处。八是建立供水抢修快速反应机制，实行城区供水"全方位受理""全天候服务"，全年共抢修漏水点2600多处。九是开展了"零度户"的清理清查工作，解决了历史遗留问题，减轻抄表工作的负担。十是为1万多用户提供免费换表及开展水表清洗活动，提高水表准确度和群众信任度。通过采取有效措施，经济效益取得明显成效。全年完成总产值5213万元，同比增长9.49%，其中水费收入3765万元，同比增长23.02%（含调价因素），安装及器材销售收入719万元，同比减少26.84%（主要原因工程报装手续比较严格，工程量减少），供水量2972万立方米，同比减少26万立方米，供水回收率63.25%，同比增加4.64个百分点，上缴税费等2511万元，实现盈利882万元。

【完善供水设施】 根据县委、县政府提出"中心县城扩容提质"的总体要求，县供水总公司不断完善供水设施的升级，全力打造县城供水"升级版"工程。一是开展了管网普查活动。2014年2月开始为期5个月时间，开展了全城供水管网普查，核定了管网位置、口径、长度、管材、阀门等，建立了地理信息系统，形成了比较完整3英寸口径以上、总长183千米的管网图，为日后管网管理提供依据和支撑。二是配合县政府红城大道改造工程，调整管网布局。三是加大对缺水区域管网改造力度。逐步淘汰残旧老化、堵塞、暗漏的供水管网，努力降低管网耗损，减少自来水损耗。加大探漏力度，在探漏组原有基础上充实探漏队伍，分组分区域开展普查活动，落实了奖励制度，发挥积极性，全年共查出暗漏350多处。并改造了县城北门市场、老柴碳站、铜钱山、新会营、笃志围、南湖市场、鹿境小区、海城中心小学、荷园一巷、小路碑袁、新东村、云岭山庄、南湖片区等10多个缺水区

县供水总公司拦河坝水厂日供水6万立方米生产线厂区一角

2014年6月5日，县供水总公司在青年水厂举行模拟火灾事故演练活动

的供水管道，解决2万多户群众用水难的问题，进一步改善群众用水条件。

【确保供水安全】 一是该公司坚持“以需定压，以压定量”的供水办法，根据用户的用水需求，及时合理地调节供水量，并不断探索寻求既满足用户需求、又不浪费水源的最佳供水压力点；二是坚持水厂设备检修管理制度，除了定期对电机、水泵机组进行保养外、还组织人员对供水设备进行全面检修，提高设备检修合格率和完好率，保证供水安全可靠性；三是严格执行饮用水卫生标准，加大水质监测力度，特别下雨天，水源水质变化大，对水源实行24小时监控，密切关注原水水质变化，及时发现及时处理，确保供水水质安全、达标。

【开展党的群众路线教育实践活动】 根据县委的要求和部署，县供水总公司认真开展党的群众路线教育实践活动。深入走访用水户、基层等了解情况，听取意见，把群众意见较大的热点难点问题作为整改重点。通过实践活动，查摆了各方面存在的不足和问题。在服务上，广大干部职工履行服务承诺，主动积极为群众排忧解难，群众用水出现问题，如水管爆裂抢修、水质问题等及时到现场解决；在管理创新上，广大干部职工做好挖潜降耗工作，发挥能动作用，从而使该公司整体效益提高。

（马　民）

附：2014年海丰县供水总公司领导名录

总经理：黎斯凯

副总经理：唐汉铁

供　电

【概况】 2014年，海丰供电局以广东电网有限责任公司中长期发展战略为统领，坚持“小步快走”的工作总基调，以“强基础、抓落实，继续争当县级子公司科学发展梯队排头兵”为目标，全面深化创先工作，有效提升企业管理水平，并荣获“广东省五一劳动奖状”等荣誉称号。至2014年12月31日，安全生产运行1096天，实现3个百日安全周期。分别完成供、售电量14.29亿千瓦时、13.26亿千瓦时，同比增长18.83%、20.08%；综合线损率7.22%，同比下降0.97个百分点。用户年平均停电时间8.04小时，同比减少0.83小时。综合电压合格率99.59%，同比提升1.41个百分点。

【机构人员】 海丰供电局下设12个部室、17个供电所及6个配网运维中心，分别为办公室、人力资源部、财务部、市场营销部、计划建设部、生产设备管理部、监察审计部、输变电管理所、安全监管部、党群工作部、电力调度控制中心及物流服务中心；海城供电所（含莲花片区）、附城供电所、城东供电所、公平供电所、平东供电所、黄羌供电所、可塘供电所、赤坑供电所、大湖供电所、陶河供电所、梅陇供电所、联安供电所、梅农供电所、后门供电所、鹅埠供电所、赤石供电所、小漠供电所，海城配网运维中心、城东配网运维中心、梅陇配网运维中心、赤坑配网运维中心、公平配网运维中心及吉水门配网运维中心。2014年，海丰供电局共有在职员工618人。

【电网规划建设】 2014年，海丰供电局收编建立2015—2020年基建工程项目储备库，为电网基建投资计划提供有力支撑。完成海丰电网2015年项目可研编制与设计上报，滚动修编“十三五”配网规划，分析配网运行现状及存在的问题，拟定解决方案，科学指导配网建设发展方向，满足地方经济社会发展用电需求。工程建设规范优质。深入推进属地化管理，圆满完成500千伏海纵线送出工程，积极推进110千伏垃圾焚烧厂接入系统工程建设及110千伏附城室内变电站工程前期工作。年内，做好配网建设与改造工作，重点解决供电设施重、过载，“卡脖子”和客户端低电压等突出问题，防风加固项目覆盖率达65%，有效提高电网抵御自然灾害能力。着力提升工程建设质量，110千伏梅陇站10千伏梅农线新增老田#2台区工程入选省公司“安全、优质、文明”样板工程。

【客户服务管理】 海丰供电局推广微信平台、电话在线缴费和网络缴费等渠道，提升客户服务体验。结合客户安全专项整治行动，2014年累计上门走访客户354户，增进与客户间的沟通信任。补充客户联系方式逾万户，客户联系信息有效率74.42%，同比提升14.42个百分点。推行客户分群管理，建立大客户差异化服务机制，满足客户个性化需求。“一站妥”服务比例95.84%，同比提升2.6个百分点。

【安全生产管理】 2014年，电网最高统调负荷达293兆瓦，较2013年最高负荷增长14.45%。强化需求侧管理，圆满完成“两会”期间和2014年中国龙舟赛汕尾站等一系列重大保电任务，受到政府及社会各界的好评。开展推广配网故障快速复电和带电作业，“点面”结合开展可靠性短板分析改造工作，提高设备健康水平，故障年平均停电时间3.58小时，同比降低2.97小时；农村居民端电压合格率99.03%，同比提升4.38个百分点，供电可靠性大幅度提升。年内，安全风险管控有效落地。完善安全监督机制，现场安全督查1200场次，发现违章及不符合项153起，整改完成率达100%。开展安全生产隐患排查治理工作，强化施工作业风险管控。及时修编应急预案和现场处置方案，创新开展防风防汛“双盲”演练，提高员工突发事件应变处置能力。

【企业党建工作】 海丰供电局巩固党的群众教育实践活动成果，推进“四风”发现问题整改任务完成销号。规范完善11个党团活动室，全年集中组织党员1800多人次参加党建理论教育等相关培训，阵地建设得到进一步加强。组建10支共100多人的党员志愿服务队，增强基层党组织联系服务群众能力。结合中心工作，开展4次特色党日活动，不断激发基层党组织的内在活力和吸引力。党风廉政建设扎实推进。落实党要管党，从严治党的有关要求，充分发挥党委的主体责任和纪委的监督责任，签订党风建设和反腐倡廉工作责任通知书55份，落实签字背书责任追究机制，完成效能监察立项等工作签字背书112份。通过观看教育片、专题讲座等形式多样的教育活动，提高员工廉洁风险自我防控能力。工作作风和行风得到明显转变，职工队伍和谐稳定，实现全年“零信访”目标。落实中央“八项规定”，办公用房整改工作按期完成，业务招待等4项行政费用大幅下降，各类会议、文件数量同比分别下降13.1%、12.59%。

【企业文化】 2014年，组织开展“送温暖”活动，走访慰问离退休老同志、困难职工361人次。举办“我爱我家”迎新年摄影展等系列主题活动，团青工作有声有色。坚持正面舆论导向，围绕重点工作开展新闻宣传，及时展示企业工作亮点和成效。海丰供电局先后获得“广东省五一劳动奖状”、广东省“巾帼文明岗”、汕尾市“文明建设”单位，“模范职工之家”“广东电网有限责任公司安全生产先进集体”等荣誉称号，树立了良好的企业形象。

（康　兵　陈左环）

附：2014年广东电网汕尾海丰供电局领导名录

局　长：黄鸿成

副局长：吴　奋　刘世雄（任至6月）

冯科沥（7月起任）

教科文卫体

教　育

综　述

【概况】 2014年，海丰县教育事业按照县委提出的“打好四大会战、推进六大工程”的总体部署，按照年初提出的“围绕一个中心，进行二项调整，推进三项改革，突出四个重点，实现五项提升，抓好六件工作”的工作思路，以创建教育强县为抓手，办人民满意教育为目标，推动了全县教育事业取得新发展。

【机构人员】 海丰县教育局内设机构有：办公室、人事股、纪检监察股、职业与成人教育股、教学研究室、教育股、计财股、结算中心、督导室、电教仪器站、后勤产业办、招生考试中心、体育卫生艺术股、安全保卫股、教育工会共15个股室，其中行政股室有9个、事业股室6个。根据海丰县机构编制委员会核定，2014年全局公务员编制25人，事业编制37人。

【教育创强大会战】 按照年初的规划，全县16个镇分3批完成教育创强任务，第一批：黄羌、陶河、大湖3个镇；第二批：公平、梅陇、联安、平东、小漠、赤石6个镇；第三批:海城、附城、城东、可塘、赤坑、鲘门、鹅埠7个镇。上半年，首战告捷，以全部优秀的等次，完成了黄羌、陶河、大湖3个镇的创建任务，通过省督导验收，成为全县首批3个广东省教育强镇，实现了海丰县创建广东省教育强镇零的突破。下半年，按照县委、县政府按照“教育创强大会战的”的总体部署，突出重点抓好第二批六个镇的创建工作，同步推进第三批7个镇创建工作的实施。至12月中旬，公平、平东、赤石、小漠、联安等5个镇已基本完成各项创建任务，并已向省申报督前验收，作为2014年教育创强验收镇；梅陇镇学校大班额问题短时间内无法解决，拟推至2015年验收，海城、附城、城东、鹅埠、可塘、赤坑、鲘门等7个镇也同时纳入2015年接受省督导验收创强镇。

【学校布局和办学思路调整】 2014年，按照“高中向县城所在地和中心镇集聚，初中向镇所在地集聚，小学及幼儿园向镇中心区集聚”的整体部署，全县学校布局得到进一步调整优化，至年末，已完成黄羌、大湖、陶河、梅陇、公平、平东、联安、赤石、小漠、鲘门等10个镇学校布局调整工作，其他各镇也在推进实施，为创强工作和标准化学校建设的稳步推进奠定了坚实基础。办学思路调整取得初步成效。年内，全县各学校认真分析本校的优势和劣势，积极探索制定符合自身特点的办学思路，开展“一校一品牌”“一校一特色”的创建活动，不断提升办学内涵。在遵循党的教育方针和科学发展观的前提下，各个学校根据各自的地理位置、师资情况、生源情况等，准确分析，科学定位，不拘于千面一孔，不惰于因循守旧，科学调准办学思路，形成了“百花争艳、百舸争流”的生动局面。

【教育三项改革】 一是推进学校管理改革。进一步推进校长负责制改革，使校长真正掌握办学自主权，同时进一步健全完善了教职工代表大会制度、民主评议和竞争上岗制度，民主管理和民主监督得到全面落实。二是推进人事制度改革。进一步实行校长任期制和校长任期目标责任制，强化校长任期目标管理考核，健全干部管理机制，激发学校管理活力。组织开展了中小学校长届中考核评价工作。探索试行了以班主任为核心的双向选择竞聘制度。规范和完善了教师职称竞聘考核工作机制，发挥了干部考察、教师评估、绩效工资发放等制度的导向性作用。建立了校长、教师科学流动机制，保持校长、教师合理有序流动。三是推进评估机制改革。各级各类学校努力探索改变传统考评制度，杜绝形式主义的考评，建立了一系列能够真正促进教师专业成长的考评制度，把突出新课程的精神、把教师的教学研究、教学创造性和师生关系引入考评内容，使考评过程成为教师自我反思、自我总结的过程，成为学生素质提高、潜力开发的过程。

【教育民生实事】 2014年，海丰县落实6件教育民生实事：一是教育基础设施建设全面推进。全县累计投入基础设施建设资金约1.55亿元（财政投入约0.809亿元，社会捐集资约0.741亿元）。其中投入校舍建设4000多万元、新建校舍3.5万多平方米，投入购置教学设备设施约6187万元，投入教育创强专项资金约1800万元，投入校舍维修及相关配套设施等约3489万元。先后完成彭湃中学科学楼、双桂中学一期工程、红城中学学生宿舍楼，以及梅陇中学、海丰中学、附城中心小学等学校新建教学楼，赤坑中学和可塘中学新建图书馆，彭湃中学和县中职学校标准运动场等一大批重点项目的建设。二是积极推动教师公租房建设项目的实施。全县规划建设教师公租房400套，其中，在教育园区规划建设140套，县中等职业技术学校建设160套，陆安中学规划建设100套。教育园区和县中职规划建设的300套教师公租房，至年末已全面完成建设的前期工作，进入招标公告，陆安中学规划建设的100套教师公租房正在进行征地和图纸设计。三是山区和农村教师岗位津贴得到全面落实。平均标准708元，比省规定标准700元高出8元。四是教育多媒体建设工程全面完成。全县累计筹集资金4768万元，其中社会集资2418多万元、县财政拨款2350万元，在年初完成全县公办中小学2454套多媒体电教平台建设，并全面投入使用。五是学生资助工作落实到位。2014年全县义务教育阶段免费资金1.08亿元全部拨款到位，惠及学生近10万人；落实中职免费资金193万元，惠及学生1097人。资助义务教育阶段困难家庭学生3462人，资助金额95.21万元；资助普通高中贫困生2402人，资助金额360.3万元；资助中职贫困生76人，资助金额11.4万元。

【校园文化建设】 2014年，海丰各学校结合“教育创强大会战”，坚持以“实践科学发展，构建和谐校园”为统领，以美化、绿化、净化校园文化环境为重点，以打造“活力校园、实力校园、魅力校园”为发展目标，积极推动校园文化建设工程的实施，全县学校校园文化建设突出体现“先做人、后读书”的教育理念，为促进学生健康成长和教师的专业成长，以及学校的可持续发展奠定了良好的基础。

普通教育

【中小学德育工作】 海丰县充分发挥课堂主渠道作用，加强课程育人，把社会主义核心价值观融入中小学教育教学全过程，组织开展全县中小学校感恩教育巡回讲座。与县关工委联合开展“校园无毒品，学生不涉毒”为主题的禁毒教育活动，积极配合县做好禁毒的中心工作任务，通过“小手牵大手”的形式，开展“不让毒品进我家”的宣传活动，组织学生对家庭进行禁毒宣传，使学校禁毒教育辐射到每个家庭。加强文明礼仪教育，组织全县中小学生开展礼仪知识竞赛活动，不断增强广大中小学生的行为规范意识和审

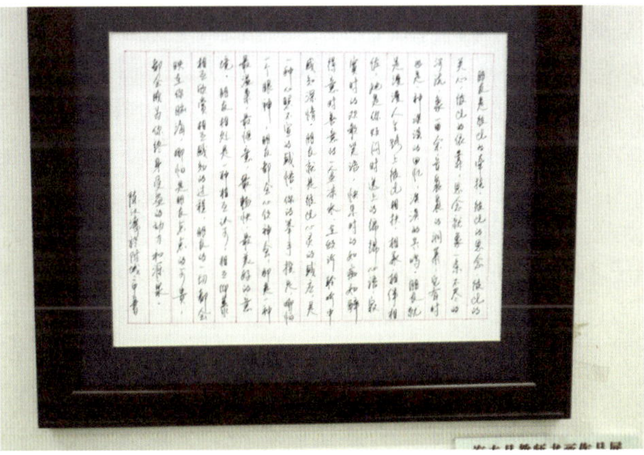

2014年9月10日，海丰县举办教师书画展，庆祝第30个教师节，县教育局局长张翰文在书画展上致辞

2014年9月10日，全县各级领导、各届人士、广大师生参观书画展

美意识。组织中小学生开展“朝阳读书活动”、参加广东省“树华杯”书画比赛和“南粤长城杯”演讲比赛等活动，在“南粤长城杯”演讲比赛中，城东中学郭嘉欣同学获得市一等奖，并代表汕尾市参加全省比赛。加强艺术和科技教育，组织学生参加科技创新大赛，精选了25个优秀科技作品参加市的评选；举办了全县中小学生即席书画比赛，展现了海丰县中小学书画教育的新水平。年内，切实加强学校团队工作，开展“优秀学生干部”“三好学生”“优秀少先队员”评选表彰活动，共评选出市、县两级“优秀学生干部”190名、“三好学生”250名和一大批县级“优秀少先队员”。

【中小学生身体健康水平】 2014年，开齐开足体育卫生、艺术、健康教育课程。组织各中小学校开展大课间行为艺术活动，创新形式，丰富内容，保证中小学生每天1小时的校园体育锻炼时间。组织中小学生参加汕尾市青少年运动会，取得团体总分第二名的优异成绩。积极开展学生体检工作，为全县中小学生进行健康体检，各中小学校建立了学生健康档案，并按要求上报体检数据，反馈体检结果。

【狠抓教育教学质量】 一是教研工作指导思想进一步明确。明确以全面提高教育教学质量为目标，以持续开展教育教学创新和教育信息化装备应用为契机，坚持“小学、初中、高中一起抓”，促进新课程实施，重视学法研究与指导，不断深化教改，提高教学效率，促进基础教育全面健康发展。二是重视教研队伍建设。完成海丰县高中、初中、小学学科教研会换届工作。组织全县各科教研员到西南大学参加汕尾市教研员高级研修班培训学习，各位教研员结合海丰实际撰写学习心得和论文，得到市教育局领导的充分肯定。组织教研员集中开展调研和视导，深入各学校听课、评课，开座谈会、与学校领导和教师进行交流，加强对学校各学科教学工作的视导。除了教研室统一组织的集体教学视导外，各学科教研员不定期地深入学校开展“课堂教学有效性”教学视导，参与校本教研和集体备课，并对年轻教师进行跟踪指导，加快了年轻教师的专业成长。三是全力抓好高考备考工作。着力抓好汕尾市2014届高三“广州一模”“广州二模”，汕尾市2013—2014学年度高中学业测试，海丰县2015届高三质量监测，并认真做好成绩统计和质量分析。召开了5次大型的高考备考会议，通过总结经验、分析问题进而寻找解决问题的办法。加强县内交流合作，实现备考互动。开通了2014年高考资源网，建立了与省内各地和名校信息联系的平台，并通过县公共教研邮箱等为各高中学校提供高考备考信息和资源。为了充分发挥省一级学校的优质教育资源和各学科带头人的引领作用，先后在彭湃中学、仁荣中学、陆安中学、县实验中学举行全县性的高考备考研讨会，以高三复习课和试卷评讲课等为研究对象，抓好考纲研读，共同研讨如何提高复习课和试卷评讲课的课堂效益、交流各校第一轮和第二轮复习备考经验，推广先进教学方法，实现资源共享。采取“请进来，走出去”的方式，提高备考效益。组织各科教研员和骨干教师到广州、江门等地参加省教育研究院组织召开的高考备考研讨会。聘请省内外教师到海丰，为高三师生举行高考备考专题讲座。2014年高考中，海丰县一本上线116人，同比净增27人，比增率30.34%，居全市第一位，高出全市平均比增率17.39个百分点；三批A以上实际上线人数2324人，其中应届生2108人，应届生应上线目标完成率112.91%。全市理科数学第一、二、三名均为彭湃中学三位考生所得。彭湃中学、县实验中学分别荣获汕尾市2014年高考贡献奖、高考进步奖，彭湃中学王少英、县实验中学余敬业等9位教师被评为汕尾市2014年高考先进个人。四是切实抓好义务教育阶段教学管理。深入开展义务教育阶段课程改革实验，积极开展评估式教研活动，加快海丰中学、海城三中、德成中英文学校和海城镇中心小学等课改实验学校建设，坚持集中视导与分散视导相结合开展教学视导活动，深入基层、深入课堂听课、评课，与学校领导、教师互动交流，加强课程改革经验或教学成果的宣传与推广，着力转变教师的教学观念和教学行为，进一步转变教师的教学方式和学生的学习方式，努力提高课堂教学质量和课堂教学效率。做好学科单元质量和学期教学质量监测工作，强化对教学质量的过程性监控，优化阶段性检测工作，提高过程性监控的实效。抓好学科单元知识质量过关和学期教学质量监控，切实把好年级教学质量关。2014学年组织了对初中八年级数学、语文科和小学四、五年级数学科的质量抽测、统评及质量分析工作；组织了对小学六年级及九年级毕业班的质量监测、模拟考试等工作。组织召开2014年初中语文、数学等科中考复习备考会议，探索新课程改革下中考学科复习备考的方向；举行小学语文、数学学科全县教学观摩活动，推广先进教学方法，努力提高课堂教学效率。通过采取有效的教学管理，海丰义务教育阶段教学质量取得了明显的进步：2014年中考，总分平均分有较大幅度提高。全市总平均分比上年增加25.1分，海丰县增加40.4分。各科平均分位次大幅前移。语文、物理、化学和政治4科超出全市平均分，数学、英语和历史3科与全市平均分的差距大幅缩小。及格率明显提高。海丰县总分≥480分者有2945人，比率为31%，比上年提高9个百分点。合格段学生的比例明显增长，海丰县总分≥450分者即全市前40%者有3451人，比率36%，比上年提高1.8个百分点。低分段学生的比例有所下降。海丰县总分≤337分者即全市后40%者3882人，比率41.0%，比上年下降4.8个百分点，比陆河县低9个百分点。高分层人数比率提高。总分≥640分者555人，比率为6%，比上年提高3个百分点。五是积极开展教育科研工作。继续开展省市县教育科研课题研究工作，推广先进教学经验，使科研促教工作取得实效。出台了《海丰县中小学微型课题研究实施和管理办法（试行）》，制定了《海丰县中小学微型课题选题指南》和《海丰县中小学高效课堂建设微型课题选题指南》，并深入学校举办微型课题研究专题讲座，对学校开展高效课堂教学微型课题研究的情况进行指导。海丰县全年共有94项省、市和县级课题通过结题验收（其中省级以上5项、市级48项、县级41项）。“十二五”期间，全县共有53项省、市级立项课题和141项县级微型课题立项并按计划进行实验研究。

【开展各类教学活动】 ①组织全县教师参加市、县优秀教学论文评比，全县教师有1402篇教育教学论文获市奖，其中获市一等奖152篇、市二等奖414篇、市三等奖836篇；另外，获县二等奖959篇、一等奖45篇。②组织学生参加全国中小学英语习思能力竞赛活动，获全国一等奖42人，全国二等奖64人，全国三等奖102人。③组织学生参加2014年广东省高中学生化学竞赛，获省一等奖8人次、二等奖8人次、三等奖2人次。④组织参加2014年广东省高中青年数学教师优秀课（说课）评比活动，梅陇中学许明明老师的《等比数列的前n项和》被评为省一等奖。⑤组织高（完）中参加2014年全国高中数学联赛广东省赛区预赛。⑥组织红城中学苏新女等教师参加的广东省中小学教学研究“十二五”规划课题《高中数学课堂学导法教学的实践与研究（J11–115）》经广东省中小学教学研究“十二五”规划课题评审委员会审核结题。⑦组织参加第一届广东省初中地理教师技能比赛，海丰实验中学洪亦湘老师的《植被对黄土高原水土流失影响的探讨》和莲花山中学林丽丽老师的板书板画代表汕尾市参加全省的技能比赛并分别获省二、三等奖。⑧举行高中各学科教师优质课课堂展示比赛，全县共评出特等奖7人、一等奖37人、二等奖46人、三等奖19人。⑨举行了全县初中和小学部分学科优质课评选活动。全县中小学共评出优质课180个，其中特等奖15个、一等奖62个、二等奖89个、三等奖14个。⑩组织县中心幼儿园和黄羌、陶河、大湖三镇中心幼儿园参加广东省幼儿园优秀自制教具展及第一届评比活动。11组织教师参加广东省第三届“中国移动同步课堂杯”远程教育教学征集与应用评比活动。

2014年11月27日、28日，海丰县教育局在县青少年宫举行了以“文明伴我行，礼仪在我心”为主题的全县中小学生文明礼仪知识竞赛活动

教育管理

【依法治教】 一是积极开展创建依法治教示范校活动。认真贯彻落实十八届四中全会关于全面实施依法治国的决定精神，积极推动全县教育系统开展依法治校、依法行政示范点创建工作。彭湃中学被推荐为广东省依法治校示范校建设单位。二是依法确保教育经费投入。2014年，县财政安排教育经费6.22亿元，比2013年增加6541.8万元，增长11.75%，其中安排专项资金1.46亿元。三是严格执行教育收费政策。加大教育收费监管力度，逐级实行目标管理责任制。坚持义务教育免试就近入学的原则，严禁公办中小学择校乱收费问题。加强对教辅材料使用监管，切实解决中小学教辅资料散滥问题。严禁中小学校及教师有偿补课办班行为。全面规范学前教育收费行为，实行收费许可证制度。规范公办普通高中办学和收费行为，招收择校生严格执行“三限”政策。规范学校服务性收费和代收费行为，严禁强制或变相强制提供服务并收费。加强学校收费工作的监督检查，严肃查处乱收费案件，严格实施责任追究，清退违规收费金额28万元。四是全面开展清理查处“吃空饷”人员。2014年全县清理在编不在岗人员61人。五是认真做好信访维稳工作。全年受理群众来电、来信、来访24件，全部依法依规予以回复办理。其中，立案处理案件2宗，处理涉案人员2人、党内处分1人。依法依规处置了海丰县部分小学教师因职称聘任问题的非法上访事件，维护了教育系统的稳定大局。六是认真做好教育督导评估工作。做好农村义务教育学校基本办学条件专项督导工作。根据国家、省、市部署，6月中旬，组织开展了农村义务教育学校基本办学条件专项督导工

作。制定了工作实施方案，明确了专项督导工作范围、工作重点和工作安排。精细考虑督导环节，严格掌控时间节点，规范开展专项督导工作。通过学校自查、局核查、督查等环节，对农村义务教育学校的基本教学和生活条件共11项指标进行了摸底排查和认真核对，按时完成了专项督导工作。九月份接受省督查时受到督查组好评。年内，组织开展中小学校规范管理专项督导工作。对全县中学和中心校的规范招生、规范考试、规范教育、规范教学、学生作息时间和作业量安排、教育评价等方面的工作进行专项督导。通过重点检查部分学校“理化生”“新增图书、学生图书借阅、阅读课开设情况”“作息时间表”“开展大课间活动、课外体育活动情况”等进行督导，有效规范了相关学校的办学行为。开展素质教育综合督导，做好学校评估工作。对全县中小学、幼儿园进行一轮综合督导工作，做好海丰县林伟华中学市一级学校教学水平评估和公平英豪学校市一级复评等相关工作并顺利接受市评估组的评估；对城东德苗艺术幼儿园、梅陇泰林中英文幼儿园、城东起点幼儿园、海城德荣幼儿园、海城波利亚中英文幼儿园进行督导检查，并把条件成熟城东德苗艺术幼儿园、梅陇泰林中英文幼儿园进行重点督导，组织开展县一级幼儿园评估。通过督导，有效推进中小学素质教育进一步发展，提升办学水平。七是做好教育系统工会和计生工作。认真抓好基层工会组织建设，切实履行工会职能，依法维护教职工合法利益，积极为教职工办实事、办好事；坚持以教代会为载体，抓好学校民主管理指导工作，进一步提高办学效益。切实履行计生成员单位工作职责，全面落实计生“一证先行”制度。

【学校常规管理】 2014年，海丰县进一步加强学校常规管理：一是加强规范办学行为。坚持义务教育阶段免试就近入学，积极探索学校内涵管理，发挥优质教育资源辐射带动作用，切实减轻学生课业负担，不留课外家庭作业，只选一种教辅资料，把时间、空间、健康还给学生。二是进一步加强“防流控失”工作。通过采取切实有效的措施，有效控制了学生的流失，全县普通高中巩固率达到94.71%、初中巩固率达96.52%、小学巩固率达99.89%；同时做好2014年初中毕业生中考报名信息录入工作，全县录入中考报名信息平台的初中毕业生共14103人，占本届毕业生初一入学学生数95%以上，超过市的规定要求。三是进一步规范中小学学籍管理工作。按照《广东省教育厅关于加强全国中小学生学籍信息管理系统建设的通知》和《广东省教育厅关于中小学生学籍管理的实施细则（试行）》，制定了《海丰县全面推进中小学生学籍信息管理系统建设工作方案》，成立海丰县中小学生学籍信息管理系统建设领导小组，按时、保质完成学籍信息管理系统建设任务，对中小学学籍实行电子化管理。同时，按照一级培训一级的原则，对中小学学籍管理人员和技术人员进行了具体的技术培训和指导，使他们完整把握数据填报要求，准确掌握技术规范。根据管理权限指导各中学、小学录入新生信息和审核正常的学籍异动、问题学籍处理、学生毕业等业务管理工作。2014年度，全县已录入中小学生学籍平台人数116728人（含650个问题学籍），全县审核同意各校在平台中进行申请转学的学生达3000多人次，按时完成上级的各项时段的要求和任务，得到上级有关部门的肯定。四是抓好各类考试招生及入学工作。有效组织了2014年全国普通高考、普通高中学业水平考试、成人高等教育统一考试、高中阶段学校招生考试和小学毕业生知识水平测试的一系列考试工作。全县小学毛入学率达到100%，初中毛入学率达到100%，高中阶段毛入学率达到87.2%，基本实现了从小学教育到高中阶段教育的十二年普及教育。全县参加普通高考人数6909人，被普通高校录取人数为4798人，录取率为69.45%，其中，本科1085人，录取率15.7%；专科3717人，录取率53.74%。高职类报考人数56人，录取人数36人，录取率64.29%。五是抓好教学教研两个常规工作的检查和考核评估。通过检查和考核评估，对全县各地各学校教学质量作出客观全面的综合评价。

【民办学校和幼儿园管理】 2014年，组织开展对已审批的13所民办中小学和21所民办幼儿园的年度审核工作和安全管理、校车管理、收费行为等方面的专项检查。认真贯彻执行学前教育管理规定，加强对学前教育机构的督导，杜绝幼儿教育小学化的现象。组织学前教育教师参加“国培计划（2014）”——示范集中培训和远程培训、2014年广东省欠发达地区幼儿园骨干教师培训，组织部分幼儿园园长和教师前往深圳参加名师讲座和参加市学前教育学会教学交流活动。年内，加大对民办幼儿园的清理整顿力度的同时，鼓励和支持符合办园条件的民办幼儿园申办办园许可证。通过审核评估，全年审批符合办园条件的民办幼儿园2所。至年末，全县已审批的民办幼儿园达23所。

【教师队伍建设】 一是扎实加强师德师风建设。2014年，全县各级各类学校以开展党的群众路线教育实践活动为契机，以着力解决“四风”方面存在的突出问题为重点，下大力气不断加强师德师风建设，通过开展校风建设年活动、整顿教师不良从教行为、评选最美乡村教师等一系列活动，使教师中存在的爱岗敬业精神不强、职业忠诚度差、责任感淡薄等不良习气得到全面的改变，全县涌现了许多爱岗敬业的师德标兵。二是注重抓好师资素质的整体提高。年内，在华师招聘会上招聘了“211”师范院校以上毕业生5名，在全县初中学校选调高中教师12名。至年末，全县有省级名校长培养对象2人，国家级骨干教师3人，省特级教师6名，省级骨干教师63人，市级骨干教师25人，县级骨干教师44人，县学科带头人45名。中小学教师学历达标率和高层次学历比例大幅度上升，小学、初中、高中教师学历合格率分别达99.9%、98.8%、93.9%。三是组织教师参加继续教育岗位培训。海丰县组织中小学教师参加公修课培训、中小学教师能力培训、班主任培训、C证培训、乐高小学骨干教师培训和远程教育培训、国培计划示范性教师工作坊高端研修、幼儿园骨干教师远程培训、普通高中骨干教师培训、师德教育培训、校长培训等一系列岗位培训活动，培训人数达10872人次；举办海丰县第二届校长论坛，全县200余名中小学校长参加活动。举办了海丰县庆祝第30个教师节首届教师书画展，参展优秀作品100多幅，并印制成第一本海丰县教师书画集。四是积极营造尊师重教的浓厚氛围。年内，全县评选表彰了市、县两级优秀校长12名、优秀教育工作者35名、优秀教师95名、优秀班主任37名、教坛新秀5名、学科带头人22名，评选了海丰县首届最美乡村教师10名。

【学校安全管理】 2014年，海丰县教育系统坚持“预防为主，安全第一”的原则，突出“细”“实”两字要求，形成“全员性想安全，全天候抓安全，全力位保安全”的管理格局。加大安全教育宣传力度，组织开展了突发事件应急疏散演练，提高师生自护自救能力；强化对校车的管理，规范了校车运行秩序，实现了全县校车安全事故“零”发生的目标；加大对无牌无证民办幼儿园的清理整顿力度，为幼儿的健康成长创造安全和谐环境；加强学校食堂管理，经常深入到全县所有学校食堂进行安全排查，及时发现消除安全隐患，对食堂从业人员实行上岗考核制度，没有发生食物中毒事故和食源性疾患；深入开展了“安全文明校园”创建和管理工作，加强与其他职能部门联系，加大对校园周边环境的治理整顿，构建平安和谐校园。

【党的群众路线教育实践活动】 2014年，按照中央要求和省委、市委、县委部署，自2月份起，县教育局全面开展了党的群众路线教育实践活动，经过全局上下共同努力，基本完成教育实践活动集中阶段的各项任务，为建设“教育强县”，办好人民满意教育汇聚了强大正能量。整个教育实践活动，县教育局班子高度重视，组织精心，推进扎实，成效明显。

（龙信荣　林雅棠）

附：2014年海丰县教育局领导名录

局　长：张翰文

副局长：吴焕新　蔡旭彪　邓务力

学校选介

【海丰县彭湃中学】 是广东省国家级示范性普通高中学校，教学设施先进齐全。有千兆校园网，多媒体会议厅、计算机室、语音室、功能室及多媒体教室

彭湃中学校园

共100间；体艺馆1座；图书馆1座；学术报告厅1间；新型标准运动场1个，设置400米塑胶田径跑道（内含草皮足球场1个），篮球场10个、排球场3个、羽毛球场4个；现代化科技大楼正在建设中。2014年有77个高中教学班，学生4221人；有教职工363人，专任教师336人，其中特级教师1人、高级教师72人。学校教师有53人先后参加了省普教系统“百千万人才工程”培训以及国家级、省级骨干教师培训，师资队伍实力雄厚。2014年度，学校以认真执行党和国家的教育方针政策和上级各项文件精神要求，以加强学习、增进团结、勤政务实、廉洁自律为准则，不断强化班子建设，优化内部管理，着力加强学校法治文化建设和推进教育质量提升工程，使管理高效有序，教育质量稳步提升，内外关系融洽协调，学校面貌日新月异。在2014年高考中：一本上线78人，本科以上上线699人，一本及本科上线人数均为近四年最好成绩，同时有6科次进入全市单科前三名。2014年度，学生在学科竞赛成绩突出：共有16人次获得国家级、省级及市级科学竞赛前三名。其中：全国一等奖6人次，省一等奖2人次，省三等奖、市一等奖5人次。学校教育质量逐步提升，全校教师发表在国家、省、市各级刊物的论文有264篇，省级立项重点课题2个，市级立项课题6个，学校先后获“广东省模范职工之家”“广东省法治文化建设示范点”等荣誉称号。

【海丰县陆安中学】 又名海丰县教师进修学校。创办于2006年8月，其前身可追溯到有百年历史的陆安师范。学校规划用地面积13.67万平方米，建筑面积22996平方米。2014年学校投入资金，用于修整操场和停车棚，扩建篮球场，增设绿化带，改造学生宿舍；修整教导处和会议室，增设和完善监控设施，所用教室配装教学多媒体，不断完善办学条件。至2014年年末，全校教职工219人，专任教师212人，本科学历202人，学历达标率92%。其中特级教师1人，高级教师15人，中学一级教师95人。设有教学班级55个，学生3400多人，其中高中部44个教学班，学生2600多人。

大力开展丰富多彩的德育活动，完善立体育人模式，创新主题班会形式，开拓性地推行主题班会课程化。班会课让学生自导自演，积极参与，自我管理，自我教育，自我发展，育人效果良好。学校组织开展了第三届文化体艺科技节、《弟子规》朗诵比赛、书法比赛、英语书法比赛、师生乒乓球比赛、师生象棋比赛、跳绳大课间、志愿者社区服务活动、社团活动等，寓教育于活动中，让师生尽显风采，让校园充满活力和朝气。学校注重师资建设，加强教师培训，引导教师更新教育理念，积极推进课改试验

陆安中学升旗仪式

陆安中学文化科技节

工作，优化课堂教学模式，打造高效课堂。省级课题《薄弱学校学导型课堂学习共同体研究》获立项并逐步推进，市“十二五”课题研究和县微型课题研究全面开花，按计划立项、结题。举办《薄弱学校学导型课堂学习共同体研究》赛课、导学案评比活动，展现了课改新成果，坚持“走出去、请进来”的做法，积极学习课改经验，组织教学骨干力量到惠州崇雅中学、广州象贤中学等学校听课学习，到广州参加广东中小学高效课堂教学改革经验研讨会，聆听李炳亭等课改名家的专题讲座。邀请山东高效课堂课改领导小组主任刘涛，到学校上高效课堂示范课，并作专题报告。2014年，一本上线2人，其中叶宇倩居全县文科第一名；本科以上完成市预测目标的260%；三A以上完成市预测目标的143%，完成情况居全县前列。2013—2014年连续两年荣获“海丰县普通高考优胜单位”称号。

【海丰县广播电视大学】 创建于1984年，学校长期以来坚持灵活开放的办学理念，坚持以“一切为了学习者，为了一切学习者”的办学宗旨，为社会培养了一大批实用型、技术型的优秀人才，海丰电大成为汕尾地区开放教育中极具特色的办学品牌，学校2010年被中央电大授予“全国示范性基层电大”称号。海

丰电大学校建筑面积1万多平方米，标准教室30间；80座大课室6间；64座语音教室一间；6间多媒体计算机室；学校共有教职工37人，其中高级职称14人、中级职称10人；开设有教育类、文史类、管理类、政法类、理工类等不同方向20多个（本、专科）开放教育专业；学校还和华南师范大学网络学院、福建师范大学、中国医科大学、哈尔滨工业大学等高校合作办学。2014年度开放教育在校生1720人，其中本科436人、专科1284人。在面临转型开放大学的机遇中，海丰电大不断提升办学实力，突破惯性思维，树立新观念，促进电大的可持续发展，为构建终身教育体系，建设学习型社会发挥作用。

2014年12月12日，海丰县委副书记、县长陈德忠（左三）到海丰电大调研

2014年海丰县广播电视大学开展党的群众路线实践活动动员部署会议

2014年海丰县贫困村"两委"干部学历提升班（第一期）开学典礼

【海丰县中等职业技术学校】 创建于2009年，坐落于海丰县城莲花山教育园区，是海丰县唯一的公办全日制中职学校，被省教育厅列入首批骨干示范性中等职业学校建设项目，被确定为广东省中等职业学校第一批学前教育专业点。学校总占地面积14.5万平方米，计划总投资1.28亿元，以可容纳在校生5000人的规模，按"总体规划、分期实施"的原则，分3个区建设。2014年已完成教学楼2栋、学生宿舍1栋、实训中心、师生食堂、围墙、大门、校道等项目建设，总建筑面积47166平方米。2014年下半年投入640多万元的400米标准运动场已接近竣工，投资2150万元的160套教师公租房也完成相关准备工作。学校先后争取到由中央、省财政支持的实训设备总额1300万元，其中包括电子技术应用专业和汽车运用与维修专业实训室500万元，电子及其自动化专业实训基地400万元，学前教育专业150万元，计算机动漫与游戏制作专业250万元，以上项目在2014年完成设备安装调试投入使用，图书馆通过社会人士捐资等方式也购置5万多册图书已达"省重"藏书标准；校舍建设和设备配套已投入资金总额1.1亿元，基本达到省重点中职学校的标准。按照总体规划，学校将继续投入资金进行建设和配套，其中由县财政投入200万的食堂设施设备已采购并安装使用。2014年，学校在校生2000多人，教师130多人，设有计算机应用、计算机动漫与游戏制作、电子技术应用、汽车运用与维修、服装设计与工艺、学前教育、会计、电子商务、商务英语、

2014年6月12日，海丰县中等职业技术学校毕业生供需见面会暨深圳市三和人力资源有限公司计算机捐赠仪式

海丰县中等职业技术学校第五届体艺节闭幕式

2014年12月18日，海丰县中等职业技术学校第二届技能大赛之电气电路实训考核比赛

珠宝玉石加工与营销等10个专业。学校秉承着“明德正行、崇雅求精”的校训和“自信自强、开拓创新”的校风，强化师资队伍建设，狠抓办学质量，如推行“三个一”活动，即每学年每位教师都要参加授课说课比赛，“说一节课”“上一节优质课”“每学年写一篇论文或案例”，不断提高教师教育教学水平；坚持素质教育与技能培训齐驱并进，2014年学校成功举办第二届技能大赛，第五届体艺节，培养学生的学习兴趣，促进学生才干的发展；完善学生管理，对学生进行日常行为规范教育及习惯养成教育，如开展“值日班”活动、社团活动、校园志愿者活动等；面向市场，特色办学，学校充分利用海丰在珠宝玉石品牌产业的资源和优势，2014年秋季开设珠宝玉石加工与营销专业，全力以赴打造珠宝玉石金银首饰专业品牌，为当地产业的发展培育更多的优秀技术人才。

【海丰县红城中学】 创办于1958年。半个多世纪的办学历程使学校形成了艰苦创业、严谨治学的优良传统，沉淀了丰富的人文底蕴，具备了强劲的综合办学实力，是海丰县办学规模最大的全日制公立完全中学，是一所区域性的优质学校。校园占地66389平方米，建筑面积28219平方米。教学区、运动区、生活区布局井然，师生宿舍楼、餐厅配备齐全，拥有多媒体教学平台、语音室、理化生实验室等一大批现代化设施，有400米环形跑道运动场、足球场、篮球场、排球场，体育设施完善。2014年，全校初、高中共有81个教学班，学生人数5000人，在职教师352人，中、高级职称以上教师235人，硕士研究生学历的教师3名，教师学历达标率100%，国家级、省级、市级骨干教师及学科带头人一批。师资力量雄厚，教学、科研能力强，多次承担国家、省、市科研立项课题并获得表彰。学校坚持教育的“三个面向”“立德树人、立教育人”，致力于打造“阳光红中、生态校园”；以“厚德博学、健康臻美”为校训；以“勤奋、务实、立志、进取”为校风；以“阳光进取，勇攀高峰”为学校精神。科研兴校，面向全体学生，注重体育、美术、音乐特长教育，让每个学生都健康成长，为每一个学生的未来着想。2013年、2014年连续两年被县教育局授以“高考优胜单位”。

海丰县政协委员到红城中学开展德育专题调研

华中师范大学龙岗附属中学到红城中学开展帮扶结对活动

汕尾市一级学校专家组到红城中学督导评估

【海丰县梅陇中学】 前身是海丰县私立梅峰初级中学，创办于1942年，1952年改为公办，更名为海丰县第三初级中学，1953年学校搬迁至现校址，1958年创设高中部，正式命名为海丰县梅陇中学。2005年1月被评为汕尾市绿色学校。2006年8月通过等级评估，成为汕尾市一级学校。2008年12月，在汕尾市高中教学水平评估中被评为优秀等级。2009年12月，获得汕尾市首家硬笔书法名校的称号。2014年，学校有高中教学班16个，学生960人；初中教学班19个，学生1136人。全校教职工共217人，其中专任教师201人，初中教师学历达标率100%，高中97.5%。学校拥有高级教师 26人，一级教师132人。学校占地面积约63300平方米，校舍建筑面积约29000平方米。学校有教学楼5栋，实验楼1栋，教学综合楼1栋，教师宿舍楼15栋。2012年学校新建“程练传”图书馆综合大楼1栋，学生公寓楼1栋。至2014年，所有教室都配置了多媒体设备设施。学校全面贯彻落实党的教育方针，坚持“以德立校、依法治校、科研兴校、质量强校、特色名校”的办学宗旨，秉承“团结、守纪、勤奋、创新”的校训，树立“求索、慎思、开拓、向上”的校风，倡导“博学、敬业、务实、奉献”的教风，培养“知礼、乐学、诚实、进取”的学风，坚持“以人为本、和谐互动、合作探究、全面发展”的办学理念，以教育科学为先导，以创新教育为核心，不断深化教育改革，全面实施素质教育，为国家培养了一批批具有创新能力、综合素质优秀的毕业生。发展体育艺术，培养体艺人才是梅陇中学的一大办学特色。梅陇中学是广东省排球传统项目学校，也是广东省体育特色学校。

梅陇中学校门

【海丰县赤坑中学】 创办于1954年，是一所完全中学，属县一级中学。前身为海丰县第四中学，1958

赤坑中学师生书画展

2014年11月1日，赤坑中学校庆活动会场

赤坑中学全景

年，更名海丰县赤坑中学。学校地处赤坑镇上埔垭，傍山而建，环境优美，占地面积63330平方米，总建筑面积14030平方米，建有2栋教学楼、1栋综合楼、8栋教师宿舍楼、1栋学生宿舍和1栋食堂。11月1日学校迎来建校60周校庆，学校筹资550多万元建成图书馆（含相关配套，藏书近3万册）和塑胶跑道运动场，校道全部水泥硬化，办学条件进一步改善。学校配有教学班教学智能一体机（高中部9个教学班实现互联网接入）、电脑室、多媒体阶梯教室、英语人机对话训练室、实验室、音乐室和美术室，行政办公室实现网络化办公。2014年，在校学生1151人，教学班21个；教职员工116人，其中专任教师113人，教师学历本科率达79.6%，具有中学一级、高级职称资格56人，2人先后被评为“广东省南粤教书育人优秀教师”。学校落实岗位责任制，校内公示《学校领导岗位职责》，接受监督；加强管理，完善教师考核制度和绩效工资分配制度。2014年高考本科上线人数达到市指标的300%，第三批次A线以上人数达到市指标的240%，被评为2014年海丰县高考“达标单位”。

【海丰中学】 坐落于素有“文化墨池”美称的南门湖畔，是一所文化底蕴深厚的县直属中学。海丰中学办学20载，砥砺出“博文约礼、正德修己”的校训，孕育了“团结、勤奋、诚实、求进”的优良校风，学校坚持践行“以人为本，促进师生主动、持续发展”的办学理念，落实“把学生打造成为‘特别有礼貌、特别守纪律、特别爱学习、特别讲卫生、特别重安全’的文明学子”的德育要求，逐步形成了以“面向全体，分层教学，培优补差，人人进步”为主要特色的教学模式，促使不同层次、不同类别的学生都得到转化、提高和发展。2014年，拆迁二层楼实验室和围墙，在原地新建第四号教学楼并增高学校围墙，校园布局合理，教学设备设施齐全，环境优

海丰中学班主任论坛

海丰中学增创文明县城签字仪式

海丰中学开展“五个特别”签字仪式

雅。学校有44个初中教学班，学生2760多人，年巩固率达100%。学校教职工172人，中学高级教师18人，中学一级教师94人，本科学历以上135人，学历达标率100%。海丰中学秉承“包容、虚心、开放、创新、务实”的办学精神，用智慧和汗水，紧紧围绕学校的奋斗目标，求真务实，取得了喜人的业绩。何世贵老师参加广东省初中说课评比获省三等奖，八年级英语、数学两科抽考科目获全县公办学校第一名；2014年学校的教学质量综合评价名列全县公立学校第一名。

【海丰县公平英豪学校】 创办于1998年9月，是经汕尾市教育局批准的集小学、初中、高中于一体的全日制民办学校。学校占地面积8.6万平方米，建筑面积3万平方米，校园布局合理，是一所集绿化、美化于一体的园林式学校。2014年，学校有64个教学班，学生人数4000多人，教职员工200多人。学校是汕尾市一级学校，汕尾市绿色学校。汕尾市高中教学水平优秀学校。学校小学毕业班自首届小学毕业会考至今连续十届均为公平镇第一名。初中毕业班自首届连续六届获得海丰县二类地区综合评价第一名，高中部自2007首届高考至2014年连续五届都双超额完成县下达的各项高考指标，获高考达标奖，2011年被县授予《高考优胜单位》。13年来有一大批师生在各类竞赛中频频获奖。获得国家级奖项的有81人次，获得省级的有28人次，获得市级的有124人次，获得县级的有202人次。公平英豪学校办学13年来，以“管理严，校风好，质量好”赢得社会各界广泛赞誉。

海丰县公平英豪学校2014年元旦文艺汇演

【海丰县仁荣中学】 是汕尾市海丰县仁荣实业发展有限公司董事长陈介仁先生于1999年秋季创办的全日制完全中学。学校占地面积7.6万平方米，建筑面积5.8万平方米，累计投入资金2亿元。是国家绿色学校、广东省一级学校。仁荣中学是广东省普通高中教学水平优秀学校，几年来，连续取得高考、中考好成绩。2014年在参加高考的586位学生中，重点一批入围23人，入围率4%；本科总入围202人，入围率34.5%；重点和本科入围率在全市8所省一级学校中取得第 3 名的好成绩。2013年、2014年连续两年摘取海丰县中考桂冠。随着学校发展需要，每年都要招聘30多名教师补充，而新进的多数是高校毕业生。为加强教师对教育工作的执行力，拓开视野，广纳良方，着力做到“请进来、走出去”，聘请教授、名师来校讲学。学校的教学教研活动内容丰富，课题具有典型性、实效性和针对性，促进了教学质量的提高。学校

仁荣中学体育课

仁荣中学校园

为加强对学生行为规范的管理工作，以《中学生守则》为纲要，分别制订了《仁荣中学学生若干不准》《内宿生管理条例》《学生晚自修规定》《处理学生违纪的有关规定》等；做到学校有规矩，有章可循。近年来，学校着力推进校园文化，以优美环境熏陶师生，以优秀文化滋润师生，以崇高文化激励师生，成了学生全面发展，早日成才的辐射源。《荔园》文学社、《教师论文集》、“汕尾市硬笔书法进校园·仁荣中学站”等，丰富和活跃广大师生的精神文化生活。已经连续举办十六届的体艺节格调高雅、形式多样。学校还开展多种形式的教育活动：每逢周一举行升国旗仪式，开展两次献血活动，校团委组织开展一系列爱心活动，成为团员学生献爱心活动新常态，得到当土群众的高度称赞。

【海丰县德成学校】 创办于2000年，是一所十二年一贯制民办学校。坐落在海丰云岭山庄西侧，三环路边，校园葱茏簇拥，风景秀丽，布局和谐，环境优雅，有“绿色花园学校”和“书香校园”的美称。学校教学设施先进完善，功能齐全，有现代化的物理、化学、生物实验室及多媒体电脑室、语音室、图书室、舞蹈室、心理咨询室等功能室28个，配有标准的篮球场、排球场、塑胶跑道和羽毛球场，每个教室都配有多媒体设备。学校自创办以来，先后多次获小学毕业班教育教学一等奖、中考实考排名第二名、高考达标单位、德育教育达标学校等荣誉称号。2014年，学校有55个教学班，在校学生3000多人，教职工186人，教师是从全国各地优选而至并都具有相应的专业资格，其中研究生2人。教师们秉承“天行健，君子以自强不息；地势坤，君子以厚德载物”的精神，恪守“自信、导行、拓智”的教风，努力实践“相信差异、因材施教、挖掘潜力、多元培养、开阔视野、张扬个性”的工作思。学校办学14年来，师生参加各级各类竞赛均取得优异成绩，学校集体和师生个人获得县级以上各种荣誉、奖励达1100多项，连年高考中考小考成绩优异。学校始终践行“助学奖学”社会责任，每学期拿出一笔专项经费用于扶助品学兼优的学生，受惠学生累计超过5000人次，资助金额超过500万元。

汕尾市教育局副局长叶国灿到德成中学指导工作

中国教育学会专家到德成中学分享课改经验

【海丰县林伟华中学】 创办于2005年9月，位于海丰县附城镇，是海丰县政府创办、林伟华先生捐资兴建的县直公办学校，县委、县政府的规划定位是建成高标准、现代化、园林式的国家示范性中学。2014年有高中三个年级48个教学班，学生2800人，教职员工182人，专任教师（含中层干部）177人，学历本科达标率为97.2%，其中具有高级职称的教师30人，中级职称79人，国家级骨干教师1人，省级骨干教师8人，南粤优秀教师1人。学校不断深化课程改革，学习、实践先进的教学理念。教学坚持“激发兴趣，培养能力，打好基础，发展个性，稳步提高”的原则。紧抓教研树立严谨教风，严肃纪律树立务实学风，强化常规管理培养学生的良好行为习惯。以“高标准、现代化、园林式的国家示范性中学”为办学目标，以“学会做人，奠定人生根本；学会学习，迈向成材之路”为校训；形成“笃志、笃学、自信、自强”的校风，“敬业、博学、务实、创新”的教风，“勤奋、扎实、慎思、灵活”的学风。学校文化氛围浓厚，管理严格、规范，教育理念先进，办学体系较为科学完善。学校领导班子精通业务，善于管理，师资队伍日趋雄厚，素质教育卓有成效，学校充满生机与活力。重视提高教师队伍素质，认真抓好青年教师、骨干教师的培养工作。2014年10月组织高二级教师与红城中学教师进行对口学科教学交流，积极鼓励青年教师参加各种课堂观摩活动，在学习后把先进的教学理念，教学方法和教学手段引入自己的课堂教学，鼓励青年教师多上公开课、研讨课，进一步促进年青教师的迅速成长。充分利用现代化教学手段优化课程教学，每个课室和实验室都已配备多媒体设备，教师具有信息技术与学科教学整合能力，85%以上教师能熟练使用电子计算机，并能自行开发制作多媒体课件。

学校学生课业负担合理，学生课余生活丰富多彩。针对学生面临高考升学的压力，学校配有心理课外辅导老师，在高一、高二、高三级开展心理健康专题讲座，使得学生的心理得到较好调整，合理调节学生学习的焦虑情绪。2014年高考中，三A以上完成率达136.51%，被评为海丰县高考达标单位。2014年12月学校以优秀等级通过广东省普通高中教学水平评估。

【海丰县实验中学】 位于县城北三环金星山，是一所县直属全日制完全中学，2010年9月在初级中学——原城东第二中学的基础上建设。学校校园占地面积14万平方米。学校持“善教无类，着眼整体发展，立足个体成长”的办学理念，大力弘扬——“爱”，积聚校园正能量，形成文明守纪，勤奋向上的良好校风。2014年有教职员工289人，其中中学高级职称9人，中学一级职称88人，中学初级职称14人，硕士2人，学士1人，其余专科以上学历，学历100%达标。有教学班75个，其中初中教学班27个，高中教学班48个，学生4500多人。海丰实验中学大力弘扬“勤教、钻研、创新、奉献”的教风，扎实开展两个常规进课堂的活动。以社会主义核心价值观为内核，组织实施的“每月一主题”的德育教育活动，以构建和谐班级，使班级充满生命活力为主题，组织实施的班级文化建设博览评比活动，已经成为德育新常态。以“严细、文明、求实、向上”为主题，以创新德育形式为抓手，有效地开展了“月度人物”评选活动。举办历时长、参与面广、涉及面多、体现校园生命活力的学校科技文化体艺节。根据年级学生特点，有效开展德育工作，巡视巡查、督查督办落实到位，各班主任在细化管理、创新班级管理方式、深入开展学生教育等工作。教学开放周，新课堂博览已经成为学校教研活动的新常态。许多教师主动承担公开课，听课、评课氛围好，形成了“大听课、大评课、大教研”格局。学校重视品牌、形象构建，加强与各界交流：市县领导、各级专家多次到校调研；鹅埠中学等学校到校交流学校管理、德育工作、教学工作等经验做法；与深圳龙岗区布吉高级中学结对，签订了合作协议，将在学校管理、师资培训、教学交流等方面加强合作，推进学校内涵发展。2014年，被汕尾市教育局授予高考进步奖、被海丰县教育局评为高考优胜单位。

2014年2月，海丰县委、县政府在海丰县实验中学举行“我为学校种棵树”座谈会

香港大学教育专家莅临实验中学指导交流

【海丰县光明职业技术学校】 位于县城北郊二环路北侧，龙津河畔，1984年由中国民主同盟海丰县委主办。占地面积约1.35万平方米。有教学办公大楼3座，学生宿舍1座；教职工26人，外聘教师4人，服务对象679人，开设了计算机应用、财会电算化、民航服务、商务英语、学前教育等专业，有幼师实习基地、多媒体教室、计算机实操室、音乐室、琴室、幼师练功室、电子专业实训室、图书室等及相应的教学设施设备。是县中学教师计算机应用培训点；是省计算机等级考证、电子电工、普通话等技能考证考场。2012级（三年级）民航服务专业部分学生分别到深圳腾邦公司、莫林公司、邦瑞公司实习，同学们工作满意。史丹利深圳（百得）有限公司作为学校的实习基地在校挂牌，学校参加了2014年深圳坪山新区首届技能人才校企对接交流活动，学校与近20个企业、公司达成对口输送意向，学生的就业门路宽广。2014年高职“3+证书”高考升学率100%，其中一考生数学成绩149分，各种技能证书考证合格率100%，学生就业率100%，升学就业取得双赢，办学业绩显著。

科学技术

综 述

【概况】 2014年，海丰县科技工作以实现“十二五”宏伟规划为目标，加快创新体系和科技服务体系建设，推动传统优势产业优化升级，加快经济发展方式转变。科技部门充分发挥职能作用，围绕县委、县政府的各项工作任务，加强对科技工作的管理指导，全县科技创新水平不断提高。经济结构调整和产业转型升级进一步优化。全县科技投入比上年又有较大增长。

【机构人员】 海丰县科学技术局内设机构有3个：人秘股，科技业务股，知识产权股。人员编制：科学技术局机关行政编制7名，其中局长1名、副局长1名，正副股级领导职数4名。后勤服务人员数1名。下属单位：地震监测站，核定事业编制4名，设站长1名。实有人员数15人。

科普宣传

【科普进校园活动】 2014年，县科技局联合科协等部门，加强全县各地科普设施建设和开展科普进校园活动。分别在平东中学、黄羌林场小学建设科普画廊50米，在公平镇中心小学建立百米科普长廊，为青少年学习科普知识提供良好平台。

【科技下乡活动】还通过网络媒体，推广科技创新型典，把新法种植茄子创高产、焊接材料新技术、南美白对虾新品种培育等本地技术创新成果，通过网络进行宣传推广。年内，以“科技进步活动月”和“全国科技活动周”为契机，组织协调政府有关职能部门、各学会、团体以及中荣农资、金长农机等农业龙头企业，下乡到全县各地开展科技咨询活动。宣传科技政策、知识产权常识和防震减灾知识。展出一批科普展板和农作物种植、家禽养殖、肥料农药安全使用挂图。送出一批科普资料，推广一批新型肥料，让科技服务惠及千家万户。

【防震减灾宣传】 2014年，继续推进地震监测、震害预防、地震应急救援三大体系的建设。开展多种形式的地震科普宣传活动。6月，在黄羌中学举办地震应急模拟演练活动暨地震应急知识讲座。1600多名师生参加了应急演练，400多名师生参加地震应急知识讲座。通过活动，提高学校实际应对和处理地震应急事件的能力，在全县各学校起到示范作用。

科技服务

【产业升级与创新】 海丰县围绕产业升级，努力提升创新能力。经科技部门推荐，2014年梅陇镇被省科技厅认定为“金银首饰技术创新专业镇”。全县省级专业镇达3家。汕尾市柏林电子封装材料有限公司的“抗氧化型预成型焊片”被省认定为高新技术产品。海丰县博物馆获省认定为“海丰县博物馆青少年科技教育基地”。年内，培育科技型企业，鼓励企业开展技术创新活动。柏林电子封装材料有限公司和宝塑科技有限公司，以项目实施引进科研团队。柏林电子封装材料有限公司，与武汉理工大学材料学院合建产学研基地，共同研发应用在军事、航天器件的焊接材料，填补国内一些高端焊料片的空白。宝塑科技有限公司与中国科学院广州地球化学研究所、华南理工大学材料学院等合作，研发了涵盖手机、汽车、医疗设备、数码产品及家电行业应用的产品线。两家企业被推荐申报2014年度省“扬帆计划”和省“中小企业创新基金”项目，力促企业做强做大。

【利用信息技术提升传统产业】 2014年，进一步完善可塘珠宝网、公平服装网等信息平台建设，提升服务功能和质量，为行业人才引进、技术创新和市场信息发挥重要作用。扶持梅陇镇三凯首饰世贸园建立电子商务平台，突出载体，面向世界，实现网上产品推介销售。

【农业科技示范与技术培训】 2014年，全县新增农业科技示范点15个，推广大棚种植、有机茶种植、优质虾苗培育、农产品加工、皇竹草养牛、水稻病虫统防统治等新技术，引进试种白芨、铁皮石斛、田七、木瓜、水稻等新优品种。科技示范加速了成果转化，提高规模经营效益。年内，技术培训提高创新技能。2014年6月，分别在汕尾市中荣农贸公司和海丰莲花茶业有限公司设立“海丰县实用技术培训基地”。基地挂牌后，即在可塘镇罗山村举办2014水稻高产创建技术讲座，在莲花茶业有限公司举办有机茶种植技术培训班。11月份，科技部门牵头中荣职业培训学校和有关单位，在赤石镇举办"农村实用技术培训班"。由省农科院研究员主讲，内容包括红肉蜜柚栽培技术、病虫害防治及柚子测土配方施肥技术。为赤石镇农户种植蜜柚带来最新科学知识。

科技管理

【科技计划项目与管理】 2014年，海丰县申报省科技计划项目有"海丰县科技项目管理创新与应用""交流动增强聚碳酸酯智能手机专用料的研发及产业化""电子封装环保金锗脆性共晶合金薄带及其预成型焊片制备"等3个。其中广东宝塑科技有限公司的"高流动增强聚碳酸酯智能手机专用料的研发及产业化"已获省科技计划（省中小企业创新基金）项目立项，支持立项经费30万元。申报市科技计划（社会发展领域）项目共9个。其中"海丰西部地区脑卒中后患者抑郁和焦虑调查及个体化干预效果研究"（梅陇人民医院）、"额颞大骨瓣加人工脑膜减张修补治疗重型颅脑损伤的研究"（彭湃纪念医院）等6个项目通过评审获得立项。科技主管部门根据项目进展情况及时进行跟踪管理。

【知识产权】 海丰县扶持企业实施专利技术，着力推动专利技术产业转化，培育企业核心竞争力。2014年全县专利申请99件，授权93件（实用新型29件、外观设计65件）。

（蔡小健）

附：2014年海丰县科技局领导名录

局　长：唐宗平

副局长：蔡伟娜（女）

文 化

综 述

【概况】 2014年，海丰县文化事业坚持以党的十八届三中、四中全会为指导，贯彻落实习近平同志系列重要讲话的精神，深入开展党的群众路线教育、纪律教育和“万众评股室”等活动，不断完善文化的公共服务体系，以提升文化惠民工程为载体，引导和扶持文化艺术精品创作，开展群文活动以及全民健身运动，在文化市场监管和新闻出版、广播电影电视行业管理、“非遗”保护和文物保护等方面积极进行新的探索和思考，为推进体制机制的创新夯实基础。

【机构人员】 海丰县文体旅游局（挂海丰县版权局、海丰县体育局牌子），为县政府工作部门，正科级。设9个内设股室（办公室、人事监察股、文化市场与产业股、新闻出版与版权股、广播电影电视管理股、文物管理股、社会文化艺术股、体育股、旅游发展管理办公室）和1个文化市场综合执法队，辖10个直属事业单位。人员编制38名，2014年共有人员38名。

文化设施建设

【基层公共文化设施的配套】 2014年，在原已完成的基础上，继续对未达标的乡镇公共文化设施进行配套建设。附城、联安、后门、鹅埠、赤石、大湖等6个新建或改扩建的乡镇综合文化站已基本完成配套设施。2014年度所做的工作指标中，还将下年度的建设指标也提前配套完成。同时，22个村级文化室的建设也基本达标；原已配套的10个乡镇综合文化站和252家村级文化室，其功能也在不断提高和完善之中。

【“三馆一站”免费开放】 2014年，按照省、市公共文化服务体系建设的任务要求，县文化馆、图书馆、博物馆以及乡镇文化站的多功能厅、展览厅、图书报刊阅览室和多媒体电子阅览室等公共空间设施或场地，实行全年免费开放措施，并提供文化艺术辅导培训、文献资料借阅、检索与咨询等文化服务项目，举办各种公益性讲座和展览。

【陈炯明都督府旧址修缮】 市级文物保护单位陈炯明都督府旧址，已于2014年3月启动修缮和布展工作。在完成都督府旧址的修缮设计方案、专家评审项目报批以及工程立项和造价核算等工作之后，进入招投标阶段。年内，《陈炯明生平事迹展》大纲业已由省有关专家审核通过，已完成陈炯明故居布展，并向游客开放。

【继续实施农村数字电影放映工程】 2014年，海丰县有12支数字电影放映队，在全县各个镇场巡回放映，完成了一村一月放映一场数字电影的目标任务，为边远山区和农村地区群众送去丰富的文化大餐。

文学艺术活动

【书法活动】 2014年，海丰县书法家协会先后主办海丰县迎春书法展和国庆书法展；联合主办陈道燕师生书法展和“翰墨情·中国梦”书画展；协办汕尾市第三届民营书画展。林景南书法作品分别获第五届“观音山杯”全国书法艺术大展优秀奖和“井冈山之秋·绿洲杯”中国书画名家大奖赛三等奖，入展中国海西书法篆刻大展赛；郑义标、郑献文、林舒畅作品获广东省第六届新人新作展优秀奖，并成为广东省书法家协会会员。林景南被授予“海丰县拔尖人才”称号。

【美术活动】 2014年2月，海丰县美术家协会协办彭湃中学广州校友会“彭湃故乡知名书画家作品展”并出版《集艺善行》画册，同时举行作品拍卖会，拍卖所得的一部分捐赠作为扶持海丰教育事业。庄粒、林素花、徐生悦、林淑如作品分别入选第十二届广东省艺术节美术作品展；吴伟龙、林淑如作品分别入选第五届广东省油画展；郑义标、林秋阳作品分获广东省首届美术与设计教师作品双年展银奖和优秀奖。

【楹联活动】 2014年12月7日，在仁荣酒店举行海丰县楹联学会成立十周年庆典活动，内容包括楹联学术交流座谈会、楹联书法作品展等。业务主管部门县文体旅游局、社团登记管理部门县民政局和汕尾市民间文艺家协会、汕尾日报社、县委宣传部、新闻办、县文联相关领导以及汕尾地区23个文化社团代表应邀出席。

【马思聪研究】 2014年10月1—7日，海丰县马思聪研究会协办广东省（汕尾）“马思聪杯”小提琴邀请赛。

【海丰县诗词社成立】 2014年12月27日，海丰县诗词社成立，并成为广东诗词学会团体会员。

群众文化

【节庆文化活动】 2014年春节前，县文化主管部门开展“文化进万家”活动，牵头县文化馆组织文艺演出小分队赴公平和小漠、大湖等边远乡镇慰问演出。春节期间，县文化馆举办文艺演出、灯谜和迎春书画展等文化活动；梅陇、鲘门、黄羌和平东等乡镇文化站也相应举行八音、曲班坐唱、戏曲表演和篮球赛、乒乓球赛、象棋赛等文体活动。

【专题文化活动】 2014年，海丰县文化馆举办“南粤幸福活动周”文艺演出晚会；并举办了“马思聪杯”小提琴获奖巡回演出（海丰站）和以“我的中国梦”为主题送戏下乡、文化惠民等活动；指导机关、企事业单位、社区等开展文化活动20多场次。年内，县博物馆开拓“让展览走出去”的新思路，分别于3月、6月将该馆的《海丰名人展——钟敬文生平图片展》、《海丰名人展——马思聪生平图片展》引荐给珠海市博物馆展出，反响良好；首次与乡镇联合举办《中国梦、翰墨情——梅陇镇美术书画展览》书画展。县图书馆组织部分中小学校学生参加“图书馆一日游”，策划和举办“走进图书馆，书香永相伴”等系列活动。

【文化馆活动】 海丰县文化馆充分发挥文化馆基层文化艺术的职能，服务社会，开展群众文化活动。除主办和协办文化活动和文艺演出外，常年开设少儿美术、舞蹈等兴趣培训班。2014年共培训各类文艺苗子300多人。同时，坚持出版发行《海丰文艺》，并向全县各机关单位和学校赠阅，促进全县业余文学创作。

图书 · 文物

【图书馆】 2014年，海丰县图书馆加强馆藏建设，丰富读者阅读内容，充分利用多媒体电子阅览室和流动图书馆丰富的电子资源，开展适应读者需求的培训活动，向读者展示图书馆新的服务理念、服务手段及服务项目，推广“二代身份证借阅服务”。据统计全馆馆藏书量达10万多册，进馆人数达17万余人，上网人数1.27万人，新办证800多本，咨询件数7000多件，阅览册数30万余册，外借册数1.5万余册。

【博物馆】 海丰县博物馆利用已有的场地为基层民间艺术组织提供交流展示平台，举办各项专题展览6个，接待观众约10万人次。博物馆为稳步推进第一次全国可移动文物普查工作，至2014年年末，已完成可移动文物的初步采集，计有信息近2400条，约占总量的92.3%；不可移动文物拍摄照片600多件，约占总量的23.1%；已在电脑离线录入300多件，约占总量的11.3%。年内，县博物馆被广东省科技厅授予“广东省少年科技教育基地”。

【红宫红场纪念馆】 为加快红宫红场AAA级景区的建设，进一步完善景区公共服务设施、丰富爱国主义教育基地和红色旅游景区的活动内容，2014年主要是对红宫红场部分供电、供水线路进行整改，并在彭湃故居后围墙及得趣书室边围墙安装防盗网，有效杜绝了偷盗、破坏等不法行为。同时，已完成平民医院和五代祠修缮设计工作，上报立项及维修设计方案并已获得批准，正待国家拨款。继续实行免费开放，该馆全年接待游客约计88.5万人次；接待省、市及本县进行党的群众路线教育活动的各单位达120个，共计6万多人次。

【《海丰县文化志》编修工作】 2014年10月，《海丰县文化志》编写工作重新启动，进入完成稿编纂阶段。同年，还完成2005—2013年文化年报资料的编写工作。

文化遗产保护

【非物质文化遗产保护】 2014年，海丰利用县内各地民俗活动，实时实地进行记录、拍摄，掌握民间各类民俗活动的特点与变迁轨迹。在对非物质文化遗产的发掘、保护、监控等方面，做到一项一档，基本完成非遗名录的硬盘建档，设立了一套规范的工作程序。

【西秦戏】 2013年1月，县西秦戏艺术传承中心被中共广东省委宣传部、文化厅、省新闻出版广电局联合授予广东省宣传基层文化“先进单位”。是月，县西秦戏剧团团长吕维平被评为国家二级演员。剧团首创28年来年演戏场次新高，计达210台。年内，完成传统戏《草命天子》的排练并开始上演；挖掘整理出

《宋江杀惜》等优秀传统剧目；由西秦戏国家级传承人吕维平主演的《刘锡训子》中的传统特技“椅子功”，被专家评选为参加“中国文化遗产日”展演的广东省非遗项目；移植排练秦腔剧目《凤鸣岐山》参加市“惠民文化节”，并于11月参加第十二届广东省艺术节非参评剧目展演，得到省文化厅、全国各地学者专家和观众的好评。

【白字戏】 2014年，白字戏剧团完成180台的演出任务。8月，组团参加香港举办的“中国戏剧节”。年内，剧团工作的中心是打造根据马思聪先生舞剧作品《晚霞》改编的大型白字戏剧目《龙宫奇缘》。11月，《龙宫奇缘》作为参评剧目参加第十二届广东省艺术节，分别获得“剧目二等奖”，陈勇铁获音乐创作奖，邱燕红获新秀奖，余海平、吴庆坚获表演奖。此外，为拓展演出市场，剧团还排练了新剧目《一钱太守》。

文化市场

【文化产业概况】 2014年，全县文化产业有网吧营业场所42家，总投资约3850万元，从业人员440人，其中海城镇17家、附城2家、城东4家、梅陇镇8家、公平镇5家、可塘镇3家、鹅埠镇2家、鲘门1家；有证娱乐场所增加1家，共为43家（停业16家），其中游艺娱乐场所17家（停业12家）、歌舞娱乐场所23家（停业4家），总投资约8500万元，从业人员约910人；新闻出版业65家，其中包装装潢印刷18家、其他印刷21家、出版物（图书）18家、音像制品8家。

【文化市场管理】 2014年，全县审核和换证的网吧场所、娱乐场所及印刷企业共90多家。全年共出动执法人员1000多人次，检查持证网吧经营场所1400多家次；检查持证KTV娱乐场所、游艺经营场所近100家次；查处网吧超时间经营2家，网吧接纳未成年人1家；联合工商部门查处无证黑网吧1家，并现场移交工商部门给予取缔；联合公安、工商等部门取缔2家地下电子游戏机室，收缴电子游戏机板22块，赌博老虎机5部；查处一家无证7D电影互动体验馆，责令其停止经营活动；检查文物保护单位2次，现场责令承建人停止在文物保护单位鲘门“壮帝居”遗址范围内进行基建活动。深入开展“扫黄打非”工作，加大对印刷业、出版物、音像制品的巡查力度，检查书报摊、音像制品经营店、印刷企业12家次，收缴非法出版物656册，盗版光碟130张，责令整改3家。在消防安全、禁毒和非法经营等方面，文化主管部门严格巡查和审核制度，执法队继续采取日常检查与节假日检查、错时检查与夜间检查相结合的稽查形式，重点查处网吧接纳未成年人等违规经营活动。加大对歌舞娱乐经营场所的监管力度，同时对文化、新闻出版市场进行大力整治，坚决查缴各类违禁物品和非法出版物。随时掌握文化市场发展动态，及时协调各职能部门联合开展文化市场和新闻出版、广播电视联合执法，进一步净化文化市场。

（陈海鸣　罗建人）

附：2014年海丰县文体旅游局领导名录

局　长：卢小娟（女）

副局长：陈飞腾　杨爱妮（女）　林益卫

广播电视

【概况】 2014年，是海丰县广播电视全面深化改革的一年。年内，县广播电视台深入贯彻落实党的十八届三中全会关于深化文化体制改革的精神，紧紧围绕县委十届三次全会精神，唱响主旋律，传播正能量，着力提升新闻宣传水平，积极介入新媒体建设；攻坚克难，开拓创新，大力推进广电网络整合和县城数字电视整转，为广电转型发展奠定了坚实的基础。

【机构人员】 海丰县广播电视台县内设机构为5股室6中心，5股室是人秘股、财会股、保卫股、事业股、总编室；6中心是广播新闻中心、电视新闻中心、广告中心、技术工程管理中心、网络传输管理中心、转播中心。核定事业编制98名，其中财政核拨经费44名、自收自支经费54名；核定台领导职数为1正3副和1总工。2014年12月底，实有在职正式人员161人，其中：干部49人、工人112人；另有，编制外人员39人（其中18人已签订劳动合同，21人为临时工）。年内，台采取外引内强的办法，加大对专业人才吸收和引进，在电视新闻工作中招聘2名科班出身和1名专业对口的新闻采编人员，在电台播出节目中招聘1名有经验的节目主持人。

【推进广电网络整合】 从2014年1月1日起，广电网络实行“统一经营”，有线电视网络由省广电网络公司进行经营管理，经营收入实行代收代支。根据省、市、县上级部门的安排部署和要求，海丰广电抓住省广电网络公司上市之前实行增资扩股的时机，充分分析发展趋势，加快推进广电网络整合工作，草拟了《海丰县广播电视广电网络改革重组工作方案》和《海丰县广电网络人员接收安置方案》；11月8日，海丰广播电视台召开广电网络重组工作大会，全体职工审议表决通过《海丰县广播电视广电网络改

审议表决广电网络改革重组方案全体职工大会

革重组工作方案》和《海丰县广电网络人员接收安置方案》，参加人员116人，表决同意112人、不同意1人、弃权3人。会后，及时将方案呈报县委宣传部领导和有关部门审议。11月9日，县文化体制改革领导小组召开成员工作会议，听取了台长郑江利有关广电网络改革重组工作的分析报告，审议通过两方案，并呈报县长办公会议审议。12月3日，县召开县长常委办公会议，审议通过县广电网络整合方案，并提交县委常委会议决。12月17日，副县长卓凛波领队，县广播电视台台长郑江利在县政府的授权下，在广州广晟国际大厦与广东省广播电视网络股份有限公司正式签订县广电网络资产入股协议，至此，县广电台成为省广电网络公司股东，入股净资产为4025万元。

【县城地区数字电视整转】 2014年，海丰县城有线电视成功实现从模拟向数字平移。6月28日，县广电网络开始正式启动县城地区数字电视整转工作，采取分区分片整体转换的模式组织实施，至12月底，基本已完成县城地区有线数字电视整体转换工作，数字电视主副机用户近10万户，全年有线数字电视收入超过5000万元，取得较好经济效益，为广电事业发展奠定了坚实基础。

【广播电视栏目创新】 海丰电视节目频道，每天从早8：00至晚00：00，连续播出16小时。设有《海丰新闻》《政务之窗》《报网之窗》《天气预报》《读书有益》《请您欣赏》《好歌送给你》《电视剧场》《戏曲天地》《一周要闻》《专题报道》《行风热线》《养生与健康》《每周一菜》等十几个主要栏目。为拓展新媒体建设和宣传，7月1日，创办“海丰广播电视”微信公众号，每天精选电视新闻、专题节目在微信公众平台中进行发送，至年底固定认证用户已发展超过1万户，得到县委、县政府主要领导高度重视。海丰广播节目从4月20日开始通过微信点播进行了试播，5月1日起正式开播，电台每天的自办节目从原有栏目10个增至19个，改版后设有《海丰新闻》《计生与人口》《科普天地》《好歌推荐》《起跑线》《今日资讯》《法制在线》《生活与健康》《生活与健康》《经典情结》《金曲雄风》《燕子乐园》《小说连载》《心灵驿站》和《音乐和你说晚安》等栏目，全天播音近18小时。节目内容融新闻性、知识性、服务性、娱乐性于一体。

【广播电视新闻宣传】 2014年，海丰县广播电视新闻报道工作紧紧围绕县委十届三次全会精神，以“打好四大会战，推进六大工程”战略思想为主线，结合县“十大民心工程”等重大题材，突出主题报道，深入抓好创新，加大深度宣传报道，营造出新一轮经济社会大发展的浓烈宣传氛围。全年两台共播出各类新闻4855条，其中：电视新闻报道2469条，广播新闻报道2386条；播出电视专题节目176期；向市发稿317条，获广东电视台《新闻联播》选播、620新闻直播

海丰县广电网络改革重组签约仪式

间各播报15篇，获市台选播增加132篇，获省台选播也略有所增加；外宣力度明显增强，特别是按照县委、县委宣传部的指示精神，全力协助深圳市海陆道合文化传媒有限公司精美制作了《千年古邑 澎湃海丰》，全方面展现海丰之古城新韵、蓬勃生机及未来蓝图。

【专题报道】 海丰县广播电视台专题报道注重突出地方特色宣传，不断推陈出新，尝试新的宣传手法。通过精心采摘和制作，推出了多篇精美片花，在节目频道和微信平台中不断滚动播出，加深人们对海丰自然风光和特色文化的了解；全年专题栏目重点推出《走基层》《基层好干部》《寻找最美城市美容师》《好人在身边》《美在乡村》《红土地 山水行》六个大篇章，通过身边的好人好事好现象，感染群众，教育群众，编织出一张社会新风尚的大网。专题报道的内容丰富，形式多样，角度平民化、接地气，能够做到以小见大，能够从平凡的个人发展中反映社会变迁，提高了新闻宣传效果。

【安全播出】 2014年，为确保安全防护期应急处理迅速到位，台重新制定出台《海丰县广播电视安全播出和安全生产事故应急救援预案》《广播电视信息安全管理》，确保组织措施到位、指挥高度合理，应对及时、反应快捷。在重要防护期间，台全面启动应急措施，组织了有关技术人员模拟异常信号渗入或黑屏、光纤信号中断等情况进行应急处理的演练，增强值班人员防范意识，并熟练掌握各项应急预案和应急措施，重新检验全员反应及应急能力。

【乡镇站在职在编人员的划转】 为彻底解决广电站机构属性和人员归属问题，以及站退休人员福利问题。按照县委宣传部统筹安排和县政府常务会议决议，县广播电视台按负责退休人员社保金30%的比例筹措43万多元，积极配合县委组织部、县编办和县人社局等有关部门，做好乡镇站在职在编人员的划转和退休人员社保、医保的购买，彻底解决了海丰县乡镇广电站人员福利待遇长期得不到保障的老大难问题，切切实实为乡镇站人员解决了后顾之忧。至2014年年底，已完成乡镇广电站全部在职人员的划转工作。

【广电行业作风建设】 2014年，为进一步激发人员工作积极性，结合党的群众路线教育活动，重点抓好以整治“庸懒散奢”纪律作风建设，突出抓好考勤纪律和服务质量，进一步细化台内部规章制度。通过学习教育，切实转变工作人员精神面貌、改进工作作风和增强服务效能，深入抓好“废立改”工作，重新出台一套行之有效、群众认可的规章制度，有益地提升广电新形象。班子成员以身作则、率先垂范，按照中央和省规定要求，认真整改办公用房超标、公车私用、“三公”经费开支过大等问题，坚决抵制歪风邪气。整个活动，台采播了相关新闻及专题438篇，自我编发简报23期。

【广播电视经营管理】 为确保主营业务广告收入稳定与发展，减轻台网分离制改革带来的经济压力，经请示有关部门同意，台重新出台《海丰县广播电视台广告经营绩效管理实施方案》，落实广告经营绩效管理，在台内部工作人员中进行公开招聘广告中心负责人，广告经营基数430万元，广告经营基数定额由县物价局给予确认。11月11日，台召开中层领导干部以上的人员会议，表决通过《海丰县广播电视台广告经营绩效管理实施方案》。2014年度全年总收入达2186万元。其中，事业性收入1669万元，其他收入517万元。

（李向东）

附：2014年海丰县广播电视台领导名录

台　长：蓝　纯（任至1月）
　　　　郑江利（1月起任）
副台长：陈华泰（任至9月）　余俊冰
　　　　郭毅刚（6月起任）
　　　　郑江利（任至1月）

《海丰》报

【概况】 2014年，海丰报社紧紧围绕县委、县政府提出的“三个坚持、四个争当、五个发展”的总体发展思路，以“打好‘四大会战’、推进‘六大工程’”为主线，从着眼于大局的高度出发，牢牢把握正确的舆论导向，坚持正面宣传为主，利用消息、通讯、图片新闻、专题报道等形式，突出宣传了全县经济、政治、文化、社会等方面的成就和重要会议、重点工作、重大活动及民生问题，圆满完成了各项新闻宣传报道任务，为推动海丰加快振兴发展营造了良好的舆论宣传氛围。全年共编辑出版《海丰》报48期，刊载新闻稿件、副刊作品1100余篇约130余万字，刊载各类新闻图片190余幅，全方位反映了海丰各地各单位2014年度的工作实况，以及海丰当地的风土人情，为推进海丰经济社会跨越发展，建设美丽海丰提供了强大的思想保证。

【机构人员】 2014年，《海丰》报社定编8人，实有10人。设主任1人，副主任1人。

【重要会议、重大活动报道】 2014年，对宣传学习贯彻党的十八大精神，十八届三中、四中全会，县委十届三次全会精神、县人大、政协“两会”等重要会议、重大活动，报社坚持抓早抓主动，提前策划，确定宣传重点、报道方式，制定详细的报道方案。尤其是学习宣传贯彻十八届三中、四中全会精神，《海丰》报除了做好各地各单位学习贯彻十八届三中、四中全会精神的系列报道外，还开辟了《学习贯彻十八届三中全会精神》《学习贯彻十八届四中全会精神》专栏，刊登各地各单位组织学习十八届三中、四中全会精神的新闻报道，刊载县直单位、各镇一把手学习十八届三中、四中全会的精神体会文章，较好地掀起了学习十八届三中、四中全会精神的热潮。此外，做好一年一度的报社新闻报道重头戏——县人大、政协“两会”的新闻报道工作，《海丰》报除从不同角度报道会议盛况外，还报道了2013年的工作实绩和2014年工作目标展望。“两会”闭幕后，《海丰》报还对政府工作报告进行了摘登，使广大群众全面了解海丰经济社会发展情况。

【党的群众路线教育实践活动新闻宣传报道】 自海丰县党的群众路线教育实践活动开展后，报社按照全县活动开展的总体要求和具体部署，把握好宣传的“时、度、效”，用群众喜闻乐见的方式进行广泛宣传报道，推动教育实践活动取得良好效果。在新闻报道工作中，报社坚持统筹安排，深入挖掘新闻素材，及时发现提炼新闻亮点，组织重点宣传报道，面向基层，面向群众展开教育实践活动新闻报道工作，确保活动宣传“不虚、不空、不偏”。同时，开设活动专栏。在一版开辟《扎实开展党的群众路线教育实践活动》专栏，对全县各级各部门动员部署党的群众路线教育实践活动的情况和学习教育、听取意见阶段的动态以及群众的反响进行宣传报道。在开设《党的群众路线教育实践活动》专栏的基础上，又开设“改进干部作风，密切联系群众”专栏，刊发了《联安镇教育实践活动亮点纷呈——解决热难点 融洽干群情》等一些有深度、有力度的新闻报道。全年海丰报两大专栏共刊发新闻80多条，还向市报送反映海丰县开展党的群众路线教育实践活动新闻40多条。

【项目建设报道】 2014年，为配合县委、县政府营造海丰县重点项目建设的浓厚宣传氛围，报社坚持唱响海丰“加快振兴发展”主旋律，及时策划、持续报道，把重点项目进展情况展现在全县人民面前。聚焦企业和重点项目工程建设第一线，全力以赴为重点项目工程建设服务；展示重点项目工程建设日新月异的变化和重点项目重点工程的建设实施如何惠及普通百姓。对重点项目的引进、落户、建设过程，重点企业的成功经验进行采访报道，并定期刊登重点建设项目进度表，使客商和干部群众了解海丰投资环境和项目建设进展的情况。同时，对广大群众较为关注的民生工程项目，报社坚持进行连续性跟踪报道，派记者深入一线采访，全方位报道民生工程的进展情况，刊发了海丰生态科技城新闻跟踪报道，《附城镇攻克县市民中心征地平整难题——法、理、情“三策”同施 公、诚、真“三心”俱到》等一些民生项目的新闻报道。

【《海丰》报专题栏目的新闻报道】 2014年，报社与县纪委继续联合开辟《行风热线》等专栏，用纪实的形式，报道了海丰县“万众评股室”活动的开展情况，强化行政执法监督，促使各级行政部门依法行政，提高办事效率，营造了海丰风清气正的干事创业氛围。还与县委组织部联合设立《开展村级组织建设年活动，提高党的基层组织执政能力》等专栏，大力宣传海丰开展村级组织建设年活动的情况，进一步提高全县基层组织执政能力。同时，强化民生报道。报社进一步加大民生报道力度，在海丰报开设美丽海丰，清洁先行》专栏，就市民关心的城市建设、环境卫生、饮水工程、环境污染等热点问题做了大量报道。

【“教育强县”创建工作跟踪报道】 海丰报社大力宣传县委、县政府创建“教育强县”的方针政策和重大决策部署，连续跟踪报道推进“教育强县”工作中涌现出的好做法、好经验、好典型，报道了陶河、大湖等镇响应创建“教育强县”工作的经验做法。尤其是充分利用海丰县赤坑中学建校60周年庆祝活动的契机，海丰报推出《砥砺奋进一甲子，春华秋实六十载——赤坑中学60华诞校庆纪念》专刊，以图文并茂的形式，向社会各界以及全县人民展现了海丰教育的新形象，进一步宣传海丰、推介海丰，提高海丰教育的知名度。

【对外新闻宣传】 2014年，报社克服新闻采编人员少、内宣任务重等困难，在按时保质地完成《海丰》报新闻宣传任务的同时，不断加强对外新闻宣传工作，加大向《汕尾日报》等市级以上媒体的投稿力度，扩大海丰对外知名度和影响力。据统计，全年在市级媒体刊登稿件400余篇。

【重大主题新闻宣传报道】 为报道好中国·海丰首届珠宝文化节活动和中国龙舟公开赛（海丰站）“正升华府杯”赛事，报社高度重视、精心策划、扎实准备，切实做好两大活动期间的新闻报道工作。开设专栏、专版，向广大读者介绍两大活动相关筹备、进展情况。组织力量对活动进行及时报道，为海丰广大群众迎接两大盛事营造了良好的舆论氛围。全面报道了两大活动开幕式盛况，集中版面采访报道了海丰县群众踊跃观看两大活动开幕式的情况。同时开设专栏，动态报道中国龙舟公开赛的赛事，努力把两大盛事新闻宣传报道工作做得有声有色、深入人心。

【《海丰》报副刊的组稿编辑工作】 为丰富副刊的版面，报社坚持以海丰的风土人情为主线，激发文学爱好者创作热情，讴歌海丰县三个文明建设，为海丰县文学爱好者提供创作平台。全年副刊版刊登诗歌、小说、散文等各类文艺作品共300多篇，为广大读者送上丰富的精神食粮。同时，为活跃海丰文学创作氛围，报社除了做好日常的副刊版编辑工作，还利用“三八”节的契机和海丰名人效应，推出女作者作品专版、书画作品专版，推出林小冰、刘小明等作者的副刊专版，推出陈训成陶艺展作品选登，马小其、庄玉君、陈惠彪、马文西、戴炎强、陈筱青、陈孝能国画作品选，澳门著名书法家连家生作品欣赏等专刊。

（郑建程）

附：2014年海丰报社领导名录

社　长：谢立群

医疗　卫生

综　述

【概况】 2014年，海丰县共有各类卫生医疗机构529个，其中医院9家、镇卫生院17家（其中，中心卫生院5家）、妇幼保健机构1家、专科疾病防治站2家、预防控制中心1家、卫生监督所1个、中心血库1个，诊所、卫生所、医务室73个，农村卫生室422个，其他医院2家。全县拥有病床2350张，每千人床位2.83张。全县共有卫生技术人员3896人，其中，执业医师806人，执业助理医师662人，注册护士1030人，其他技术人员914人，乡村医生484人。2014年12月底，全县医疗业务用房面积10.9万平方米。梅陇人民医院、赤坑镇中心卫生院、后门镇中心卫生院改扩建项目开工建设；海城镇卫生院、可塘镇中心卫生院、附城镇卫生院、陶河镇卫生院等完成基建前期各项工作；县中医医院获得国家、省发改部门立项，争取中央建设资金1100万元，拟投资3000多万元建设门急诊综合大楼。县中医院通过二级甲等中医医院评审。县级公立医院综合改革顺利推进，公共卫生服务工作机制不断完善。

【医药卫生机构改革】 2014年4月，海丰县卫生、计生和食品药品监管部门进行机构改革，原县卫生局、县计生局撤销，同时整合二部门职能，组建海丰县卫生和计划生育局，整合卫生、工商、质量技术监督、经促等部门的食品药品监管职能，组建海丰县食品药品监督管理局。

2014年3月，海丰县卫生系统组织干部职工开展献血活动

【机构人员】 根据县编委文件《印发〈海丰县卫生和计划生育局主要职责内设机构和人员编制规定〉的通知》（海机编〔2013〕60号），县卫生和计划生育局内设办公室、规划与财务股、人事与宣教股、信息与统计股、体制改革股（挂县医药卫生体制改革工作领导小组办公室牌子）、预防保健股（挂县爱国卫生运动委员会办公室、县卫生应急办公室牌子）、医政股、科学技术服务股、综合监督股、考核评价股、干部保健股等11个内设机构；机关行政编制33名，其中，设置局长1名、副局长3名（其中1名兼任县食品药品监督管理局副局长，不占其领导职数）；股级领导干部15名。后勤服务人员数5名。

（钟秀业）

预防与保健

【机构人员】 海丰县疾病预防控制中心设置有办公室（应急办）、计划免疫规划科、疾病控制科、卫生检验科、学校卫生科、职业卫生科、食品环境卫生科、预防医学门诊部等8个内设机构。2014年，编制75名，其中设置主任1名、副主任2名，实共有员工90人。

【疾病预防控制】 2014年，海丰县疾病预防控制工作认真执行"预防为主"的工作方针，各类法定传染病发病率得到有效控制，卫生监测检验工作有序开展，切实履行疾控机构的公共卫生服务职能。一是严格执行传染病报告制度。及时收集整理分析传染病报告病例、网络直报审核上报，全县报告疫情直报率比2013年有所提高，总发病率为382.405/10万，同比（2013年发病率为331.85/10万）略有上升，总死亡率为0.614/10万；全县全年未发现SARS、人禽流感病例。二是开展脊髓灰质炎疫苗补充免疫和含麻疹成分疫苗补充免疫活动。开展计划免疫接种率调查，建册率100%，发证率100%，"六苗"（卡介苗、麻疹、百白破、糖丸、乙肝、乙脑）全程免疫接种率92.8%；入园入托入学查验预防接种证，儿童接种证查验率98.06%以上；推广扩大免疫程序疫苗接种，全年免费调拨第一类疫苗13种，一次性注射器27.64万支，预防接种证1.58万本，推广二类疫苗接种7种2.7万人份。3月24日至4月15日期间，在全县范围内对2

2014年7月，广州海丰商会组织海丰籍医学专家回乡义诊

月龄至4岁儿童开展脊灰疫苗补充免疫活动和对8月龄至10周岁儿童开展含麻疹成分疫苗补充免疫活动。本次活动脊灰疫苗应种5.62万人次，实种5.42万人次，接种率96.48%。含麻疹成分疫苗应种9.97万人次，实种9.56万人次，接种率95.83%。三是做好慢性病管理。全县高血压患者估算人数8.59万人，已管理人数5.89万人，规范管理人数5.86万人，糖尿病患者估算人数1.76万人，已管理人数1.37万人，规范管理人数1.34万人。四是开展公共场所卫生监测和饮用水检测。全年开展卫生监测工厂企业176多间次，检测各类样品966多份，从业人员健康体检7617多人。供水厂生活饮用水卫生监测水样140份，合格率58.71%。共监测食盐300份，合格碘盐285份，合格碘盐食用率95%，共监测水碘12份。到全县18个乡镇场开展消除疟疾工作的督导工作。县疾控中心通过全省卫生防病检验系统实验室间比对试验、全省职业卫生实验室间比对试验和全国碘缺乏病实验室尿碘考核。通过广东省职业技术服务机构资质复查。五是认真开展卫生宣传活动。结合“4·25”全国预防接种宣传日、艾滋病防治宣传、碘缺乏病防治宣传日等活动，以及从业人员上岗前卫生知识培训等，做好卫生知识宣传，发放宣传资料共计72万份。共办墙报15期；开展咨询活动10次。全县疾控人员业务培训4 期，参加人数112人次；选派31人次到省、市参加短期专业技术培训，全年完成服务人员卫生知识培训5985人。

（潘锦循）

附：2014年海丰县疾病预防控制中心领导名录

主　任：罗胜如

副主任：谢东明　钟新德

【妇幼保健】 县妇幼保健院负责管理和指导全县三级妇幼保健网业务，以及负责全县孕产妇、儿童保健系统管理；加强高危妊娠监护，开展妇女、儿童常见病、多发病防治；开展省“三网合一”监测。加强产科建设，开展全县产、儿科专业人员培训和推广适宜技术，提升产科质量。全县孕产妇、婴儿死亡率逐年下降。2014年，开展妇幼保健服务，做好国家基本和重大的公共卫生服务工作。基本公共卫生服务项目（部分）：孕管1.40万人，管理率97.6%；0—3岁儿管2.33万人，管理率98.3%（0—6岁管理率94.3%）；住院分娩1.43万人，占100%；孕产妇死亡率6.93/10万，婴儿死亡率3.8‰。重大服务项目：预防艾滋病7603例、梅毒7603例、乙肝母婴传播7603例；开展农村妇女“两癌”免费筛查，开展乳腺癌筛查3319例，宫颈癌筛查2.08万例；新生儿疾病筛查3412例；地中海贫血筛查3619例；实施农村妇女补服叶酸7553人次。

（陈冬妮）

【爱国卫生运动】 2014年，海丰县组织开展改水改厕工作，全县改水累计受益人口83万人，占总人口的99%，其中自来水受益人口73万人，普及率达89%；卫生户厕累计18.44万户，卫生厕所普及率89%，其中无害化厕所普及率达88%。继续组织开展创建卫生村活动，全县累计经省爱卫会验收合格的“广东省卫生村”已达48个。组织开展以清积水，灭蚊虫为重点的全县爱国卫生统一行动，投放灭蚊药物3200千克，出动消杀人员1800人次，灭蚊器械110台次，清理整治环境面积1200万平方米，灭蚊面积350万平方米，清除蚊幼虫滋生地590处。

【卫生知识普及】 2014年，县卫生局及各医疗卫生单位组织开展健康教育工作，全县共设立健康教育宣传栏280个，更新期数1200期次；发放宣传资料175类20.31万份；开展健康知识讲座、咨询活动400多场次，接受教育达3.08万人次；音像资料98种，播放1583场次，受教育6.66万人次。通过开展各项健康宣

海丰护士风采

传教育工作，进一步提高了居民健康素养。

（黄海滨）

卫生监督执法

【机构人员】 海丰县卫生监督所为县卫计局属下事业单位（参照公务员管理单位），承担卫生监督执法职能。该所内设办公室、医疗卫生监督股、公共卫生监督股、职业卫生监督股等4个正股级机构，设置所长1名，副所长2名，2014年有事业编制16名，在编在岗干部职工15名。

【卫生行政许可】 至2014年4月（餐饮服务监管的职能移交县食药监局），餐饮及集体食堂共核（换）发餐饮服务许可证62份。2014年，全县公共场所卫生许可证新办、换证、变更192份，复核137份；集中式供水年审12家，游泳池新办1家，年审2家。

【卫生监督】 开展医疗机构监督，积极做好高致病性禽流感和各类传染病的卫生监督检查工作，对各类医疗机构在疫情报告、消毒隔离措施、个人防护和医疗废物管理等方面进行了监督检查。开展对医疗市场日常监督检查工作，规范了医疗机构的行为，强化了医疗机构的监督管理。加强消毒剂、消毒器械和卫生用品等消毒产品的监督管理工作，规范消毒产品秩序。2014年度共出动40多车次，卫生监督员240多人次，监督检查80多间次。

食品卫生监督　严格按照《广东省食品卫生许可证发放管理办法》，从源头上把握食品卫生安全关，规范证照管理。加大食品经常性卫生监督力度，对辖区内各类食品生产企业、饮食服务业及集体食堂进行经常性卫生监督。加强节假日期间的食品卫生监督力度，确保节日期间的食品卫生安全。开展食品专项监督检查，预防食源性疾病和食物中毒事故的发生。加强对食品生产经营单位的卫生法律法规知识培训，提高了食品生产经营单位负责人和卫生管理人员的卫生法律法规意识。至2014年4月共出动30多车次，卫生监督员180人次，检查餐饮服务单位200多间，全县餐饮业和集体食堂均未发生各种食源性疾病和食物中毒事故。

卫生监督员在对餐饮企业进行检查指导

公共场所卫生监督　一是加强对宾馆、旅业、发廊、商场等服务行业的监督检查，规范证照管理；二是贯彻落实《传染病防治法》，开展对公共场所和有关单位落实传染病控制措施情况的监督检查，确保卫生安全；三是加强对生活饮用水等的监督检查，开展对全县农村用水、集中式供水单位的专项整顿，防止水源性传染病发生流行；四是采取积极措施，加强对学校卫生的监督检查。一年来，检查公共场所卫生327间，发出《卫生监督意见书》165份、水质检测140份、合格78份，全县公共场所没有发生公共卫生安全事件。9月15日至25日，联合教育局、食药监局等部门专项监督检查学校托幼机构96家。

职业卫生监督　一是加强对辖区内职业病预防情况统计和调查分析。2014年度开展工厂企业职业健康体检7617人，其中上岗前体检培训3828人，在岗体检3789人，查出各种疾病774人（其中肺结核25人，心脏疾患60人，初诊疑似尘肺病4人），并及时将检查结果告知受检企业及建议将其相应患者到相关医院进一步复查诊疗。二是加强对放射卫生的监督工作。经过全年的专项整治，26间放射诊疗单位都做了不同程度的整改，其中20间医疗机构经过权威机构的专业检测，其合格率为50%。

【卫生执法】 依据《医疗机构管理条例》《生活饮用水管理条例》等法律法规，认真履行卫生监督执法职责。一是开展医疗市场整治活动，2014年9月起，按照国家、省、市卫计部门部署，开展打击非法行医专项行动，在全县范围内对全县城地区的城乡接合部、重点乡镇进行同步清理清查。共取缔无证行医32家，查处医疗机构违法违规行为案件3件，罚没5万多元，没收药械一大批，并对违规药店、诊所予以行政处罚，进一步规范了医疗市场服务秩序。二是处理医疗卫生投诉4宗，维护了群众利益和规范了医疗机构行为。

（陈俊超）

附：2014年海丰县卫生监督所领导名录

所　长：林坤勇

医疗事务

【中医医疗】 2014年，县中医医院成立名医工作室、传统疗法中心和治未病中心，挖掘整理古文献中的精华、全国名老中医的学术思想、临床经验、独到技术，以及安全有效的民间单方、验方，整理本院优秀中医药诊疗经验。通过名老中医传帮教，加强中药人员培训；与省中医院、广州中医药大学附属骨伤科医院进行技术交流，多次举办中医培训班，共输送中医药业务骨干30人次除外进修学习；中医药制剂室通过发掘民间验方，推陈出新研制出外用膏、药醋等，疗效显著，深受群众好评。年内，医院设立了汕尾市唯一一个“中医适宜技术推广基地”，共承办专家教授中医健康教育讲座23场次，举办中医药适宜技术培训20场次，开展义诊活动26场次。帮助指导乡镇卫生院中医药技能，不断提高全县的中医药水平。全县大多数卫生院设有中医药服务，所有村卫生站（室）设有中药柜。

（林光意）

【西医医疗】 彭湃纪念医院作为海丰县西医医技水平最高的一所综合性县级公立医院，是广东医学院附属医院，南方医科大学、汕头大学医学院的教学医院，ICU、儿科、肿瘤科是汕尾市重点学科，颅脑科为特色专科。2014年，加大心内科、肾内科、骨科、颅脑科、普通外科、检验科等6个本院重点专科的建设。处理复杂疑难病例水平不断提高。普外科、ICU联合成功抢救一小肠肿物大出血休克患者，普通外科独立完成首例肝中叶肝癌根治性切除术和腔镜下施行肠癌、胃癌根治术；ICU常规开展床边血透技术；肿瘤科成功创建省“癌痛规范化治疗示范病房”，填补了汕尾市在这些领域的空白。儿科成功举办广东省继续教育项目《新生儿急救暨围产医学新进展培训班》，重症医学科还获得致公党广东省委会的帮扶。不断优化门急诊基础设施和流程建设，加强门诊手术室的管理和门诊大厅前线服务台的导诊能力，加强专家门诊出诊管理，在门诊、住院收费处增设挂号、收费窗口和叫号系统；在“12580”电话预约和“健康之路”预约系统的基础上，增设医院网站网上医疗预约挂号系统；不断建立完善院内HIS、LIS、PACS等信息化系统，实现电子病历和电子处方。2014年，彭湃纪念医院把创建三级甲等医院作为中心工作，按照三级综合医院的标准和要求，规范管理和诊疗活动，以此促进医院管理和诊疗水平。同时，与省人民医院、中山大学孙逸仙纪念医院建立技术协作关系；聘请了省级医院的医学教授作为医院的业务顾问，定期邀请专家教授到医院进行指导，使医院学科建设、医疗技术水平不断提高，外转上级医院治疗的病人比例大大降低。

（马泽葵　吕远鹏）

医疗卫生管理

【深入推进医院管理年活动】 2014年，继续深入推进医院管理年活动，狠抓医疗服务质量为核心制度的检查落实，提升医疗服务质量。一是规范医疗质量管理。开展医疗护理质量检查活动，以不定期检查和年终检查相结合，检查内容包括医疗、护理、院感、病历等，并将检查结果通报，不合格单位、诊所责成整改。二是规范医疗机构及医务人员的资格准入。严格执行医疗机构准入制度和医务人员准入制度，切实做好医师执业注册、护士注册、乡医资格认定工作，完成农村卫生室年度校验换证 484个；组织 423人参加执业医师与执业助理医师资格考试。三是积极开展创建“平安医院”活动，加强医院医疗质量管理，提高医院领导和医务人员责任意识、法律意识，召开10多次医疗质量学术交流活动，有效防范医疗纠纷、医疗事故的发生，本年度全县未发生重大医疗事故和纠纷。

【巩固和完善基本药物制度】 2014年，巩固全县17家乡镇卫生院实施基本药物制度成果，落实基本药物全部配备使用和医保支付政策，同时推进部分有条件的村卫生站实施基本药物制度，进一步规范基层医疗卫生机构用药行为，使人民群众实实在在享受到医改的实惠。

【推进县级公立医院改革】 彭湃纪念医院作为全县先行试点单位，坚持公立医院面向城乡居民提供基本医疗服务的主导地位，以破除“以药补医”机制为关键环节，取消药品加成，将公立医院补偿由服务收费、药品加成收入和财政补助三个渠道改为服务收费和财政补助两个渠道，控制医疗费用增长，大力推行临床路径，开展单病种质量控制，规范医疗行为；推行便民惠民措施，大力推广优质护理，优化服务模式和服务流程，开展“先诊疗、后结算”和志愿者服务；规范医用耗材的集中采购工作；聘请省级权威专家做业务指导，并派出骨干到省级以上医院进修学习。

【开展“三好一满意”活动】 全县各级各类医疗卫生机构积极开展“三好一满意”（即服务好、质量好、医德好，群众满意）活动，以人为本，以病人为中心，以人民群众满意为出发点和落脚点，着力提升医疗服务水平，持续改进医疗质量，大力弘扬高尚医德。2014年开展“三好一满意”活动调查，共发出调查表问卷1000份，收回982份，据统计，满意率达98%。

【规范临床护理管理】 落实《护士管理办法》，促进护理工作发展。2014年执业护士首次注册86人，全县执业护士共有847人。举办护理人员业务培训班8次。坚持以护理工作“贴近病人、贴近临床、贴近社会”为指导思想，根据省卫生厅下发的护理安全质量目标，完善和落实静脉治疗护理、伤口/造口/失禁护理、老年护理、新生儿护理/新生儿重症监护（NICU）、血液透析护理、糖尿病护理、骨科护理、助产专科、急诊护理、成人/综合ICU、手术室护理等11个专科护理的安全质量目标。

（马泽葵　吕远鹏）

【卫生科研】 2014年，全县医疗单位获得市厅级科研立项17项，全部完成阶段小结，在国内核心期刊发表论文48篇。在基层医疗卫生机构维护应用的新技术、新方法有：①丙泊酚靶控输注麻醉应用于上腹部手术；②微创腰麻技术复合微剂量吗啡在下腹部手术中的应用；③超声乳化人工晶状体植入术治疗白内障合并青光眼的临床观察；④血清胱抑素C在糖尿病肾功能检测中的意义。

（马泽葵）

【卫生信息化建设】 全县各医疗机构均配备传染病、精神疾病、网上药品采购、出生证管理系统网络上报终端，并与省、市、县卫计部门管理系统联网。自2014年1月起，出生证发放打印与省卫计委系统联网，实行网络直接打印。各县级医院均有自身诊疗、收费、安全监控和办公等网络信息管理系统。彭湃医院实现院内办公电子交换（OA）系统，以及网上预约挂号等。海丰县卫生信息化建设水平不断提高。

（钟秀业）

附：2014年海丰县卫生局领导名录

局　长：颜荣林（3月起任）

副局长：洪献就（兼食品药品监督管理局副局长，3月起任）

吴志胜　林秀兰（女）

医院选介

【海丰县彭湃纪念医院】 成立于1957年，是汕尾市规模最大、设备最精良、技术力量最强、业务量最大的集医疗、预防、教学、科研于一体的综合性医院，2013年10月正式成为广东医学院附属医院。医院

海丰县彭湃纪念医院综合大楼

占地面积2.87万平方米，建筑面积6.81万平方米，开放病床800张，2014年，共有在职人员656人（编制人数684人）。2014年，总收入3.18亿元，其中医疗业务收入3.17亿元。全年门诊量45.33万人次，出院病人26751人次，手术量5131人次，全院病床平均使用率为92.58%。彭湃医院作为全省首批16个县级公立医院综合改革试点县之一，自2013年12月1日起全面取消药品加成，实行零差率销售，降低医技检查费用。一年来，医院药品费减收1582万元，大型检查费减收202万元，医技检查费减收213万元。2014年，国家卫计委督导组和省医改领导小组调研组多次到该院进行调研、督导，并给予充分肯定。年底，被国家卫计委确定为全国500家全面提升县级医院综合能力试点医院。年内，医院制定了《彭湃纪念医院开展行风专项治理工作实施方案》，并且与各科室签订《彭湃纪念医院党风廉政建设暨纠风工作责任书》，多场次召开行风廉政建设专题会议，建立健全廉洁诚信制度。5月起，医院全面实施《医患双方不收和不送“红包”协议书》。此外，加强了对设备、药品、后勤物资的依法依规采购监督力度，进一步加强预算外开支管理和财务预算编制。医院按照上级卫生部门的要求，加大对基层卫生院的技术指导和帮扶，与公平镇中心卫生院、可塘镇中心卫生院、平东镇卫生院、黄羌镇卫生院建立医疗技术合作帮扶关系，从医院管理、人才培养、技术带教、设备扶持等方面进行帮扶。分别向四家卫生院赠送了抢救车，监护仪和呼吸球囊等一批危重病人抢救的必需设备及医院病床一批。2014年，投资500万元对洁净手术部净化系统进行整改、升级，整改后的手术室实现三通道，设置符合规范的手术间8个，恒温恒湿，配有信息化管理系统。完成外四区、外三区、外一区、颅脑科六楼病区和儿一区ICU的改扩建，使医院开放病床数增至850张。同时，在内一区、外四区、妇科、儿科开展病房管理示范性试点工作，逐步有计划向全院推广，力求提高住院病

彭湃医院新门急诊综合楼落成庆典–揭牌仪式现场

人的满意度。加强重点专科的建设和考核。实施“科教兴医”战略，在巩固和强化重症医学科、肿瘤科、儿科三个市级重点专科的基础上，加大对心内科、肾内科、骨科、颅脑科、普通外科、检验科6个院级重点专科的投入和考核。年内，医院高层次人才引进和培养计划项目获得广东省委组织部“扬帆计划”项目专项补助资金48万元。年底，“海丰县医疗卫生人才驿站”在该院挂牌成立，吸收应届优秀毕业生61名。至年末，该院共有14人晋升医学类高级职称，其中，正高级8人。全院累计拥有正高级专业技术资格人才25名，副高级专业技术资格人才94名。按照有关要求，加强防控埃博拉、登革热和人感染H7N9禽流感等传染病，落实防控措施，做好场地、人员、试剂、药品、设备保障“五到位”。同时，加强教育宣传，充分利用各种宣传平台，普及埃博拉、登革热和人感染H7N9高致病性禽流感等防范知识。开展下乡义诊送医送药等救助活动。2014年，医院党总支部积极组织各党支部到全县各地农村开展义诊活动近10次，并免费发放药品和健康宣传资料，直接受益群众达5000多人。此外，医院为贫困群众开展免费白内障复明手术，主办或承办了广州海丰商会医学专家故乡行活动、汕尾籍广州医学博士团家乡行活动、“九三·医管·潮青”爱心医疗帮扶启动仪式、白内障患者免费复明手术等公益活动。组织医务人员开展无偿献血活动2次，共有158人次参加了献血活动，共献得血量4万毫升。2014年病人投诉和医疗纠纷数量大幅度下降，社会舆论和群众满意度不断提高。

（蔡春富）

【海丰县中医医院】 创建于1960年，是汕尾市技术力量最雄厚、建院历史最悠久的二级甲等中医医院。医院按照“大专科、小综合”的发展思路，努力打造成一所集医疗、保健、教学、康复为一体的花园式名院。医院内设机构：办公室、医务室、计财室、护理部、保健科、内科、外科、妇产科、骨科、检验科、放射科、门诊部、急诊科、药剂科、手术室、康复理疗科等。2014年年底，全院干部职工（包括聘用人员）共241人，拥有卫生技术专业人员105人（其中，中、高级职称人员35名）。建筑面积约1.3万平方米，开设病床140张，住院病房环境幽雅，配套齐全。全年门诊量4.96万人次，住院病人2460人次，手术量678人次，业务收入3800万元。医院技术特色突出。骨伤科、康复理疗科是省级重点专科建设项目，其规模、设备、技术力量最雄厚，在均列汕尾地区领先地位。医院拥有医疗设备螺旋CT、DR、日本岛津500mAX光影像诊断机、床边X光自动电脑遥控诊断机、数码彩色B超机、超声骨密度仪、全身彩色多普

勒成像系统、经颅多普勒、动态心电分析系统、心电监护仪、脑电地形图、全自动血液流变仪、血球计数仪、电解质分析仪、麻醉呼吸机、高频电刀、手术显微镜、电子阴道镜、结肠灌注透析机等各种较为先进的医疗设备。医院分别是韶关学院医学院教学医院，省人民医院、广州中医药大学附一院、省中医院技术合（协）作医院，为省药学院附一院联合医疗基地。

（林光意）

【海丰县妇幼保健院】 是汕尾市首家被卫生部、联合国儿童基金会、世界卫生组织评审通过的爱婴医院，集妇女儿童保健、医疗、科研、教学于一体的县级妇幼保健机构，为广东省妇幼保健协会、广东省医院协会会员单位。2012年9月加挂海丰县妇女儿童医院牌子。2014年，医院有工作用房4448平方米，开放床位110张。全院干部职工186人，其中高级职称12人、中级职称30人。全年门诊量13.6万人次，住院量5655人次。医院以妇、产、儿科为业务主体，门诊部开设婚前健康检查、孕期、产褥期保健、产后上门随访、妇女儿童健康检查、妇科病查治、妇产儿科专家门诊、不孕症专科、优生优育咨询、新生儿听力筛查、儿童生长发育监测、孕妇学校等服务项目。住院部妇产科设有床位80张，配备了温馨套房，开展住院分娩、高危妊娠监护治疗、妇产科各类大中型手术、高新技术和适宜技术。新生儿区开设床位20张，具有较强的专业特色，实行全程专人监护，开展新生儿常见病和多发病诊断及治疗、危重新生儿的抢救及处理、早产儿及低体重儿救治等医疗服务。医院定期和不定期聘请省级医院专家教授来院开展坐诊查房、手术、疑难病例讨论、带教、学术讲座等医疗活动，提高医院医疗业务水平。2014年12月，荣获国家卫计委“全国妇幼健康集体”的通报表彰。

（陈冬妮）

县妇幼保健院开展农村妇女“两癌”免费筛查义诊活动

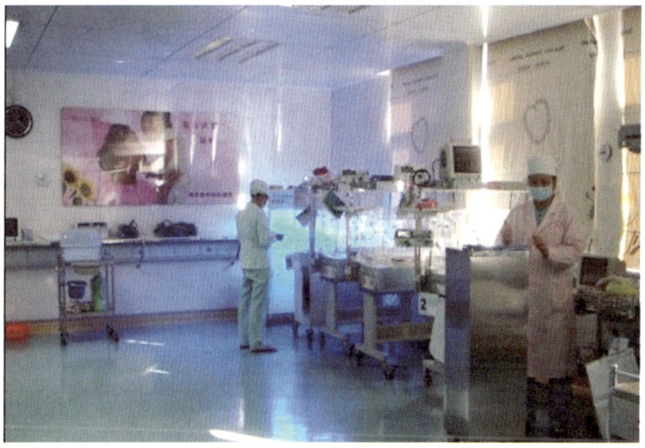

县妇幼保健院新生儿监护室一角

体 育

【概况】 2014年，海丰县体育工作以建设体育强县为目标，通过大型赛事打造体育品牌，加强体育设施的建设，实施全民健身工程和开展一系列体育竞赛活动，有效地促进海丰县体育事业的持续发展。

【全民健身活动】 2014年，海丰县按计划建设16个乡镇农民体育健身工程，已完成9个，申报赤石镇、赤坑镇，梅陇农场和黄羌林场，除赤坑镇之外，其他3镇（场）已基本完成建设。剩余5个乡镇列入2015年建设规划。年内，全县开展群众体育活动，切实提高市民健身意识。体育主管部门以春节群众体育活动带动全民健身，取得一定效果，其中有“体彩杯”三人篮球赛、“仁荣杯”羽毛球赛、第三届“风翔观有机茶”杯少年棋王围棋赛等一系列体育赛事，运动员参加人数达400多人。4月9—11日，全国健身气功指导员巡回教学志愿服务活动（广东站）暨广东省健身气功巡回教学活动（粤东片）在仁荣大酒店举行，来自粤东地区的汕头市、潮州市、揭阳市、梅州市、河源市和汕尾市等6个地级市约70名学员参加了此次教学活动，同时举办2014海丰县百城千村健身气功展示系列活动；6月，组织健身气功红场站点及澎湃中心站点参加汕尾市健身气功站点联赛。“南粤幸福活动周”期间，县各健身气功站点组织开展健身气功展示及培训活动。6月“体育节”期间，在县烈士陵园举办海丰县“发展体育运动，增强人民体质，同心共筑中国”主题活动暨第十五届“体育节”启动仪式，组织县各乡镇（场）、机关、企事业单位及社会团体等参与乒乓球、篮球、排球、广场舞以及太极拳等各类体育比赛。9月，为组织参加广东省百万职工第九套广播体操比赛（汕尾）预选赛，挑选出24名队员组成海丰县代表队进行密集性训练并参加比赛，获全市第二名。

【国民体质监测】 9月，体育部门开始组织相关人员对测试前的器材进行调试。之后，选取公平镇居民为城市和农村20—69岁体质的测试人群，测试总人数共648人，顺利完成监测工作。

【社会体育指导员】 根据省体育局的有关要求，海丰县老年体协有6名二级指导员被推荐参加广东省一级社会体育指导员培训。8月，组织全县各镇（场）文体协管员参加三级社会体育指导员培训班。2014年，全县有一级社会体育指导员人数12人，各类三级社会体育指导员达1100多人，社会体育指导员素质有所提高。

【体育设施的建设和管理】 海丰县完善体育基础设施建设，提升公共体育服务质量。因2013年遭受超强台风“天兔”影响，体育馆屋顶受损严重。为做好灾后修复，2014年4月，主管部门投入资金近40万元，全面完成维修工程。年内，体育场（馆）配套工程的前期工作已完成图纸设计、造价审核，进入招投标阶段。7月，为加强对全县游泳场（馆）的管理，主管部门组织6个工作组进行摸底检查，对个别有问题的场所督促其立即整改。海丰县第六次体育场地普查的实地丈量和统计表汇总上报工作均已完成。根据普查数据显示，全县有各类体育场地818处（个），其中属体育系统的21个，属学校、教育系统的406个，总场地面积约150万平方米，全县人均体育场地面积约1.8平方米。这一普查工作，为完善海丰县体育公共服务体系的规划和科学决策提供了翔实的依据。

【打造龙舟赛体育品牌】 弘扬海丰龙舟文化，加强对外开放与交流。6月，体育主管部门协办海城地区2014端午节“海发杯”龙舟邀请赛；10月，承办2014中国龙舟公开赛“正升华府杯”（汕尾·海丰站）比赛，这个赛事是海丰县乃至汕尾地区首次承办的全国性龙舟大赛，共有来自全国各地的16支龙舟代表队参加。此次龙舟比赛的成功举办，给参赛队伍、裁判、媒体及观众留下深刻印象，得到国家体育总局、中国龙舟协会的高度赞扬，海丰县被授予“广东省龙舟训练基地”的荣誉称号，为本县打造赛龙舟这一体育品牌，进一步提升海丰龙舟文化的知名度起到重要作用。

【县业余体育运动学校】 2014年，海丰县业余体校体操班坚持“体教结合模式”的训练方法，使各年龄层的运动员梯队得到顺利的衔接。同时，继续开展武术散打等兴趣班项目，为广大武术爱好者提供良好的训练平台。8月20—26日，县业余体校组队参加在珠海市举行的2014年广东省体操锦标赛，男子丙组的高镇宇获跳马、吊环、双杠、自由操4个单项第一名，鞍马、单杠2个单项第二名，其他参赛选手成绩和名次也均有提高。11月，在该校体操馆举行的2014年汕尾市青少年运动会体操比赛中，由海丰选送的刘任之、潘铖锋、郭怡锋、郑力维、陈宇畅、陈宇彤、杨茵茵和陈清琳8名参赛运动员分别夺得男、女各组跳马、女子平衡木等各项体操项目的一等奖共20个。

【体育彩票工作】 2014年，海丰体育主管部门在引导培育体彩市场方面，注重公益形象宣传、营销宣传、服务保障等各项工作的新实践，全县体育彩票销售点在原有基础上增加20家，尤其是填补了平东、黄羌两山区镇的空白。继续开展网点标准化经营考核，做好三、四、五星级网点考核的奖励，并落实好专管员制度，使体彩销售保持良好的势头，全县销售金额5400多万元，同比增长50%，彩票市场占有率增加至30%。

龙舟赛

社会生活

社会生活

人力资源·社会保障

【概况】 2014年，海丰县人力资源和社会保障工作紧扣“推动创新发展，建设幸福海丰”的工作中心，以十八大和十八届三中、四中全会精神为动力，坚持“民生为本，人才优先”，强化措施，组织落实，推进社会保险和就业工作制度化进程，推进人力资源管理规范化建设，促进社会和谐发展，使人社工作迈上了新台阶。

【机构人员】 海丰县人力资源和社会保障局（以下简称“人社局”），局机关内设正股级机构11个，配置行政编制25名；设县劳动监察大队，为局直属正股级行政执法机构，配置事业编制6名。县人社局直属事业单位3个，即：海丰县劳动就业服务管理中心，属副科级一类事业单位，内设4个正股级机构，核定事业编制21名；海丰县社会保险基金管理局，属副科级事业单位，公益一类，内设8个正股级机构，核定事业编制27名；海丰县人才服务办公室，属正股级事业单位，公益一类，核定事业编制2名。

【城乡统筹就业】 2014年，海丰县围绕就业民生工程，结合用工与就业的实际情况，做好城乡统筹就业工作，促进就业、创业和再就业。一是组织举办“企业用工招聘会”“高校毕业生现场招聘会”、“民营企业专场招聘会”等各类招聘活动25场次，为求职者和用工单位搭建良好的供求平台。全年各项招聘活动为求职者提供就业岗位5193个，入场应聘8690人，有2547名求职者与企业达成就业意向，达到如期效果，为促进海丰县劳务经济发展起到一定的积极作用。二是积极推进农村劳动力转移就业，全年转移农村劳动力就业6600人，完成上级下达任务的102%。三是多渠道多形式开展高校毕业生就业工作，基本实现大专90%以上、本科95%以上的就业率目标。同时抓好“三支一扶”政策的落实，2014年派遣往海丰县各地“三支一扶”的高校毕业生共13人，其中支教8人，扶贫4人，支农1人，全部工作落实到位。四是开展农民工积分制入户和高技能人才入户工作，为农民工和高技能人才入户开通绿色通道和提供“一站式”服务。五是创建“充分就业社区（村）”，在2013年创建19个充分就业社区的基础上，2014年又积极推进这一工作，确定创建第二批111个充分就业社区（村）。六是城镇新增就业人员15538人，城镇登记失业率控制在2.21%。

2014年3月28日，副县长陈凯婵（前中）在海丰县“南粤春暖”高校毕业生就业服务暨企业用工招聘会

【下岗再就业】 认真贯彻落实再就业优惠政策，促进再就业。一是兑现下岗失业人员再就业社会保险补贴18.6万元，兑现岗位补贴0.36万元，兑现免费职介补贴738人29.52万元。二是发放小额担保贷款，鼓励下岗失业人员自主创业，累计办理小额担保贷款71笔200万元。2014年，全县6182名下岗失业人员实现再就业，完成上级下达任务的103%，其中有就业困难人员再就业573人，完成上级下达任务的104%。再就业政策的落实和再就业工作的开展，为稳定城乡就业局势发挥了重要作用。

【人事管理】 2014年，深化人事制度改革，进一步规范人事管理工作。一是联合监察、财政、审计等部门印发《转发关于严格执行规范津贴补贴工作纪律的通知》（海人社发〔2014〕26号），进一步严肃津贴补贴发放纪律；联合组织部印发《关于海丰县机关事业单位工作人员年休假的实施意见》（海人社发〔2014〕20号），贯彻落实国家年休假制度。二是完成全县5644名机关事业单位离退休人员调整基本离退休费的工作，基本完成全县97名离休人员调整护理费的工作。三是进一步完善事业单位岗位管理工作，向社会公开招考聘用工作人员39人（卫生34人、教育5人）；做好事业单位人员调配工作，调动事业单位人员共37人。四是做好机关事业单位工作人员2013年度的工作考核，经考核统计，全县党政机关工作人员应参加考核3550人，实际参加考核3547人，其中被评为优秀等次的532人、称职的2939人、不称职的1人、不评定等次的75人。全县事业单位工作人员应参加考核的有13083人，实际参加考核13013人，其中被评为优秀等次的1950人、合格的10916人、不评定等次的147人。五是联合县纪检监察、县委组织部、县编办、县财政局、县审计局等7个部门，对全县580个机关事业单位进行财政供养人员“吃空饷”问题专项整治行动，存在机关事业单位个人“吃空饷”人员90人，进一步规范了人事管理制度。

【职业技能与技术人员培训】 2014年，认真贯彻落实上级关于职业技能培训和技术人员培训的文件精神，一是举办各类职业技能培训多期，参加培训人员7142人，完成上级下达任务的101%。二是结合实际，将举办全县专业技术人员公需科目培训工作，交由海丰县广播电视大学承办，开展网络培训，参加率达99.38%，及格率达99.07%，优秀率达93.63%。三是通过考核评审，发放专业技术人员初级职称证书398份，其中属评审通过的116人，考核认定的282人。

【劳动信访与劳动监察】 2014年，加强劳动监察和劳动信访工作，维护劳动关系双方合法权益，促进劳动关系和谐和社会稳定发展。一是积极开展以“纠正拖欠农民工工资问题”“整治非法用工”和“企业养老保险扩面”等为重点的专项检查行动，全年检查用人单位634家，涉及职工3.5万人，发出限期整改通知书17份，行政处理通知书2份，督促补签劳动合同1.2万份，督促34家用人单位进行社保登记。全年受理举报投诉案件118件，涉及劳动者604人，涉及金额661万元，其中解决处理拖欠农民工工资7万多元，解决拒不按期偿还案件1宗。二是接待来信来访10宗，涉及人员150人次，处理突发事件4宗。

【劳动仲裁与工伤认定】 海丰县劳动仲裁贯彻“预防为主、调解为主，基层为主”的方针，公平、公正、公开处理劳动争议。2014年共受理案件54宗，立案54宗，其中仲裁调解17宗，涉及人数387人，涉及金额247.41万元；仲裁裁决13宗，涉及人数162人，涉及金额427.42万元；撤诉8宗，中止审理2宗，案外调解4宗，未结案2宗，累计结案率96%。年内，坚持“公正、公开、高效、便民”的原则，进一步规范工伤认定程序，切实维护工伤职工的合法权益，共受理工伤申请43宗，其中认定工伤案件35宗，协调处理12宗，不予受理9宗。并对2000多名门诊特定病种者给予确认。劳动人事争议仲裁和工伤认定工作，有力地维护了企业和职工的合法权益，为社会稳定发展发挥了应有的积极作用。

【社保扩面征缴】 2014年，采取多方积极措施，进一步扩大社会保险覆盖面，提高社保基金征缴率，完成社会保险扩面征缴任务，确保社会保险基金收支平衡和健康正常运转。①养老保险。全年全县参加城镇职工养老保险人数13.92万人，完成市下达参保任务的114.39%，其中参加企业职工养老保险11.66万人，完成市下达参保任务的116.1%。征缴城镇职工养老保险基金2.49亿元，完成市下达任务的92.23%，其中企业职工养老保险基金征缴2.28亿元，完成市下达任务的92.61%。全年按时足额支付全县1.17万名企业离退休人员养老金2.45亿元，每人月平均养老金1685元。全年全县参加城乡居民养老保险35.17万人，完成市下达任务的123.4%。按照足额支付全县7.67万名城乡居民基础养老金6798万元，每人月平均基础养老

2014年9月2日，海丰县人力资源和社会保障局召开海丰县社保扩面征缴“百日突击行动”工作推进会

2014年11月10日，海丰县人力资源和社会保障局召开海丰县城乡居民基本医疗保险工作会议

金80元。②医疗保险。全年全县参加城镇职工医疗保险有7.45万人，完成市下达的扩面参保任务的100%。征缴城镇职工医疗保险基金7455万元，完成市下达征缴任务的134.32%。全年支付全县1.10万名城镇职工的医疗待遇5127万元。另在城乡居民医疗保险方面，全年全县参加城乡居民医疗保险70.34万人，完成市下达城乡居民参保任务的98.03%。征缴城乡居民医疗保险基金3365万元，完成市下达任务的101.66%。全年支付全县7.10万名城乡居民的医疗保险待遇2.68亿元。③失业保险。全年全县参加失业保险的有4.84万人，完成市下达参保扩面任务的100.02%。征缴失业保险基金1267万元，完成市下达征缴任务的90.5%。全年全县发放97名失业人员的失业保险待遇6万元。④工伤保险。全年全县参加工伤保险有30011人，完成市下达的扩面参保任务的100.04%。征缴工伤保险基金526万元，完成市下达征缴任务的133.16%。全年支付96名工伤人员的工伤保险待遇106万元。⑤生育保险。全年全县参加生育保险的有3.15万人，完成市下达扩面任务的100.01%。征缴生育保险基金有302万元，完成市下达征缴任务的94.38%。全年支付178名参保生育人员的生育保险待遇101万元。

【社保基金管理】 海丰县对社保基金加强管理，确保社保基金的完整和安全有效运行。一是强化对定点医疗机构的稽查和管理，年内对全县各定点机构稽查103次，稽查待遇享受人员3371人，排查情况及时上报省、市，有效防止基金流失，提高基金运行的安全性。二是对社保待遇领取人员开展资格稽查工作，有效防止冒领违法行为的发生，确保社保待遇足额发放。三是对全县各企业1.09万名离退休人员进行领取基本养老金资格认证，防止保险基金被冒领的情况发生，遏制了养老基金的流失，维护了企业离退休人员的合法权益。四是切实加强业务档案管理工作力度，按照“谁办理谁整理归档”的原则，把全部业务档案实行归档管理，保证社保业务档案的完整性和历史性，有利于社保事业的发展。五是建立健全内部管理体系，明确各项管理规程，严格各项业务办理制度，堵塞社保基金的“跑、冒、滴、漏”，杜绝基金管理中违纪违规行为的发生，确保基金的完整。六是落实防护措施，将计算机内外网实行物理隔离，确保数据安全。七是协助市、县审计部门加强对社保基金的专项审计，有效地防止了挪用基金等违法现象的发生，确保各项社保基金管理、运行的安全和完整，促进了海丰县社会保险事业的健康发展。

【社保队伍建设】 2014年，县人社局按照县委、县政府的统一部署，从领导班子做起，不断加强干部队伍的素质教育和廉政纪律教育。一是扎实开展党的群众路线教育实践活动、纪律教育学习月活动和“万众评股室”活动，进一步加强党员干部的思想作风、工作作风、纪律作风、办事作风建设，着力解决“四风”问题。二是切实增强党员干部队伍的党性观念、纪律意识以及公职人员的制度意识，进一步密切党群干群关系，树立为民务实清廉形象。三是严格执行财经制度和财经纪律，有效节约“三公经费”支出，自觉接受监督，做到有令即行、有禁即止。四是进一步开展干部队伍的业务知识培训和教育，提高业务水平和办事效率，打造人力资源和社会保障局为群众办好事实事的新形象。

（郭耀鸿）

附：2014年海丰县人力资源和社会保障局领导名录

局　长：黄小平（任至5月）
　　　　吴筱聪（5月起任）
副局长：黎光辉　陈长征（兼县社保局局长）
　　　　吴敬耀　刘小武
劳动就业服务管理中心主任：黄智伟

人口与计划生育

【概况】 2014年，海丰县完成市下达的各项人口计划指标，通过了省半年飞行检查和年度考核。全年出生率控制在12.07‰，自增率6.5‰，政策生育率93.59%，性别比105.86，综合节育率达80.89%，落实“四术”7773例（其中结扎2953例，上环4688例），审批“单独两孩”申请60例，打击“两非”案件1例，征收社会抚养费2000万元。全年共为育龄妇女开展免费孕前健康检查 1.03万人次，为产后术后妇女提供随访服务2.25万人次。共开展了春夏秋冬4次计生集中服务活动，共完成“四术”8583例。从1月起提高计划生育家庭奖励至每月120元。全年共落实城乡计划生育独生子女家庭各项奖励、补助资金200多万元。

（钟秀业）

【机构人员】 2014年4月，海丰县机构改革，原县卫生局、县计生局被撤销，同时整合两个部门职能，组建海丰县卫生和计划生育局。县人口与计划生育工作机构设置与人员情况详见本年鉴“教科文卫体·卫生”。

【建立和落实计生层级动态管理责任制】 海丰县成立层级动态管理责任制领导小组，负责对层级动态管理责任制的督查和考核，领导小组下设办公室。明确县层级动态管理成员单位、县党政领导成员、卫计局责任。各镇（场）主要职责：坚持党政一把手总负责，党政领导成员挂驻，以及实行“一票否决”制度；加大计划生育各项经费投入；加强镇（场）、村（社区）二级计生队伍建设；落实镇（场）干部包干责任；开展以计生服务为重点的计生优质服务，建立育龄妇女生殖健康档案，签订避孕方法知情选择协议书；查环查孕率95%以上，普查普治率80%以上；人口计生无严重违法乱纪及恶性案件，及时上报、处理信访案件，无乱收费乱罚款行为，实行计划生育村（居）民自治，完善人口计生管理合同签订率100%；流动人口计生管理到位；健全“一校二室三栏”并发挥正常作用；完善人口计生信息网络，规范管理。

（林耀斌）

【落实生育节育政策】 2014年3月27日，广东省第十二届人民代表大会常务委员会第七次会议对《广东省人口与计划生育条例》进行第五次修订，并即日实施“单独二胎”政策，“夫妻一方为独生子女且只有一个子女的” 可再生育一个子女。海丰县认真执行《广东省人口与计划生育条例》，至12月31日，“单独二孩”共审批60例。

（陈贤彬）

【流动人口计划生育管理】 海丰县紧紧围绕上级关于流动人口服务管理“一盘棋”的工作要求，坚持以人为本的工作宗旨，建立完善流动人口卫生计生的“统一管理、服务均等、信息共享、区域协作、双向考核”新机制，大力推动流动人口卫生计生“一盘棋”工作的优质服务和统筹管理，形成了齐抓共管、综合治理流动人口的工作格局，全面提高巩固了流动人口卫生计生工作服务管理水平。年内，展开了清理清查，清查出租屋、商铺、工地、住宅小区、厂区宿舍、窝棚等重点地段，查验流动人口计生证明，为流动人口查环查孕，落实避孕节育措施等等。通过开展清理清查掌握了人口流动和婚育信息变动的情况，加快整合卫生和计生的系统信息资源，推进全员人口信息数据库的建设和应用。

（陈佩诗）

【计生宣教与综合治理】 元旦、春节期间，县卫计局开展“关爱计生家庭，共享健康人生”为主题的集中宣传咨询活动。同时，积极开展“春风送温暖”活动，组织慰问全县独生子女伤残户、独生子女困难户、纯二女户，以及一线基层卫生计生工作人员共计2000多人。3月，县卫计局及各镇（场）积极开展“单独二孩”生育政策，发放宣传品15万份。此外，在“5·29”救助贫困母亲活动日、“7·11”世界人口日等也组织开展宣传活动。在4次计生集中服务活动期间，全县各地开展宣传咨询活动，共出动宣传车80台/次，横幅标语2500多条，宣传栏新增内容310多个，印发宣传品5.5万余份。在省、市、县新闻媒体报道27篇。海丰县卫生和计划生育局被《中国人口报》评为2014年度新闻宣传先进单位，姚海双被评为先进个人。年内，为增强公民实行计划生育的法律意识，提高依法生育的自觉性，维护计生基本国策严肃性，进一步规范社会抚养费的征收，促进本县人口和计划生育工作健康发展，根据《广东省人口与计划生育条例》《广东省社会抚养费的征收管理方法》等法律法规，县委制订了《关于印发海丰县强化征收社会抚养费工作的实施方案的通知》（海委办〔2014〕62号），明确了征收对象、征收标准、征收机构，规范了征收程序，规范了方法步骤，提出了工作要求。

（姚海双　陈贤彬）

【开展计生活动】 2014年，海丰县开展了春夏秋冬四季计生集中服务活动。县委、县政府高度重视，成立计生集中服务活动总指挥部，县委书记沈木荣、县长陈德忠等主要领导亲自挂帅，县直各单位领导也分别带队深入到各挂钩点协同村（社区）“两委”开展工作，各镇（场）党委、政府精心组织，狠抓任务落实，计生集中服务活动取得一定成效。据统计，全年共落实“四术”1.28万例，完成总任务97.67%；落实计划外怀孕补救措施658例完成任务94%，征收社会抚养费1900万元。

（陈静玲）

【计划生育队伍建设】 海丰县高度重视人口计生队伍建设，并作为推动全县人口计生工作深入开展的重要措施来抓，切实强化领导，落实责任，完善管理，加强培训，增加投入，进一步强化了全县人口计生系统队伍建设。至年末，全县各级计生机构和工作人员都已配备齐全，各项工作只能运转正常，其中，有县、镇两级计生工作机构53个（县级4个、镇级49个），有县、镇两级计生工作人员2166人（其中，计生干部580人、医技人员1200人），共有计生行政编制90名、事业编制1963名。全县286个村委（社区）配齐计生干部。

（庄东华）

民　政

【概况】 2014年，海丰县民政局认真贯彻落实党的十八届三中、四中全会精神，以“万众评股室”“政风行风评议”“纪律教育学习月”活动为抓手，坚持“以民为本、为民解困、为民服务”的民政宗旨，积极推动民政信息化、制度化建设；以深入开展党的群众路线教育实践活动为契机，加强管理，优化服务，提高效率，改革创新，不断提升民生保障能力，为构建和谐海丰而努力工作并取得显著的成绩。

【机构人员】 海丰县民政局内设11个职能股（室）：办公室、计划财务股、优抚股、救灾救济和社会福利事务股、基层政权和社区建设股（与婚姻登记合署）、区划地名股、复退军人安置办公室、民间组织管理办公室、老龄工作委员会办公室、殡葬管理办公室、双拥办公室。下辖殡管所、殡仪馆、救助管理站、儿童福利院、军人接待站、烈士陵园管理所、军队离休退休干部休养所共7个事业单位。至2014年年末，民政局在编人员共127人。

【低保、“五保”与困难救助】 2014年，海丰县全面清查核实低保、“五保”对象实现动态管理，进一步提高低保、“五保”、孤儿救助标准。根据县政府办《关于进一步规范最低生活保障工作的通知》（海府办〔2013〕17号）文件精神，县民政局先后印发《关于核实部分低保对象家庭状况的通知》（海民〔2014〕50号）、《关于核销单位工作人员低保待遇的通知》（海民〔2014〕68号）两个文件，对全县已列入的低保、“五保”对象进行全面清查核实，将不符合条件的3261户8943人核销，对符合条件的及时列入救助对象，基本实现在动态管理下的“应保尽保，应退尽退”。至年末，全县列入低保对象户1.21万户3.28万人 (其中城镇3494户8975人、农村8602户2.38万人）；“五保”对象户4243户4570人 (其中集中供养245户246人、散居对象3998户4144人)；孤儿对象户500户511人 (其中分散供养475户486人、集中供养25户25人)。年内，根据省、市有关要求，为进一步提高海丰县城乡低保、“五保”、孤儿等对象的救助标准，7月11日县长办公会议研究决定，自2014年7月1日起，将城镇低保标准由人月335元提高至385元，补差人月由319元提高到335元，月支出301万元；农村低保标准保持人月245元不变，补差由人月131元提高到150元，月支出357万元；将集中“五保”人月600元提到650元；散居“五保”人月500元提到560元；将散居孤儿人月600元提到700元；集中供养孤儿人月1000元提到1150元。按照省民厅《关于指导乡镇人民政府（街道办事处）做好农村五保供养服务机构事业法人登记的通知》（粤民函〔2014〕1043号）的要求，对全县现有15所农村“五保”供养服务机构（镇级敬老院）给予办理许可设立的手续，其事业法人登记相关材料已报送县编办审批。

【稳步推进救灾救济工作】 一是医疗救助“一站式”结算工作有序推进。根据上级的要求，县民政局、财政局、人力资源和社会保障局、卫生计生局联合印发《关于开展城乡困难群众医疗救助和优抚医疗费“一站式”结算服务工作的通知》（海民〔2014〕64号），将2014年城乡低保对象等基本医疗结算比例定为60%，并于当年11月1日启动“一站式”结算服务工作。同时，对城乡低保、“五保”以及城镇“三无”人员等参保参合（2014年度）给予资助，每人年50元，支付医疗助救金186多万元（财政直接划付）；对城乡特困居民医疗困难实行适当救助。1—12月，已直接支付医疗助救金684多万元，救助困难群众6271多人次，切实解决了部分患病困难群众的实际生活问题。二是做好冬冷休渔救济工作。在2014年寒冬季节到来之际，海丰县切实做好农村五保户、特困户、城镇孤寡残幼、麻风病人等群众的御寒工作，给予各镇（场）下拨棉被（毛毯）800多床套等御寒物资，并对特困人员进行走访慰问。根据国家农业部《关于在南海实行休渔制度》的通知，海丰县对部分困难渔民给予生活救济，在伏季休渔期间下拨给休渔期间困难渔民救济款20万元。三是做好灾区救济工作。2014年汛期期间，海丰县出现多次洪涝灾情，特别是“5·18”和“5·19”赤坑和县城地区等镇受灾严重。为帮助受灾群众（其中房屋损毁严重户95户）不出现挨饿受冻的现象并解决临时生活困难，海丰县将中央、省市下达的自然灾害生活补助资金等450万元及时下拨到各镇进行救助。

【“双拥”工作和优抚安置】 一是认真做好拥军优属慰问工作。春节前夕，县委、县政府组成四个慰问团，分别慰问了汕尾军分区、市消防、市武警、市边防的官兵和驻海丰县的八个驻军部队，组织各级、各社会组织开展多形式拥军优属活动；“八一”和海训期间，县委、县政府又多次组织机关企事业单位、社会组织等开展拥军优属慰问活动，对各驻军、驻训部队和在部队立功受奖的现役军人家属、红军失散人员、孤老“三属”、孤老复员军人、在乡1—6级残疾军人、著名烈士家属、军队离退休干部走访慰问。二是认真做好义务兵优待金发放工作。义务兵家庭优待金从每人（户）3000元提高到7000元，进疆兵优待金每人（户）2.1万元；全县共发放义务兵家庭优待金498万元，兑现率为100%。三是积极开展“关爱功臣行动”。积极配合省“关爱功臣行动”巡回医疗队对重点优抚对象送医送药，并把存在生活难、住房难、医疗难的110人(户)重点优抚对象指定由县机关、企事业单位挂钩帮扶和进行慰问，春节期间还由县统一发给“三难”优抚对象每人(户)300元的慰问金。四是认真做好因灾、因病困难优抚对象的临时救助。临优救助款在每年春节、“八一”期间两次发放，2014年度全县发放“临优款”268.9万元，解决优抚对象6946人次的临时困难问题。春节前还拨给18个镇（场）临优款13.2万元；给“两孤”人员和在乡六级以上残疾军人医疗补助20多万元。五是认真做好优抚对象医疗保障工作。2014年度海丰县统一为全县5178名优抚对象分别办理了《城镇居民基本医疗保险》和《新型农村合作医疗》。其中:享受职工医疗保险待遇的一至六级残疾军人39人，享受城镇居民基本医疗保险的4306人，年购买资金30万元。截至2014年12月31日，“一站式”结算优抚对象376人，发出补助金17.37万元;“非一站式”结算外地住院优抚对象167人，共发补助金17.08万元；一至六级残疾军人、孤老烈属、孤老复员军人112人，支出医疗门诊费20.82万元；共支出医疗补助金275.5万元。六是认真做好零散烈士纪念设施普查建设管理保护工作。根据《海丰县零散烈士纪念设施管理保护工作实施方案》文件的工作要求，各级民政认真做好寻找烈士骸骨工作，做好登记造册建档工作，认真组织落实好建设海丰县莲花山红军烈士陵园的各项工作，把其作为先行示范性建设工程，首期投入资金953万元，预计2015年4月底完成基本工程并投入使用。七是健全多形式退役安置工作机制。根据国务院2001年底颁布的《退役士兵安置条例》，推行退役安置改革，进一步完善以自主就业补助安置为主，政府安排工作、国家供养、退休等多方式相结合，城乡一体化的退役士兵安置制度。对2012年、2013年冬季退役士兵重点安置对象12人进行安置。对2012年冬季农村退役士兵132人，给予及时下拨一次性生产生活补助金共计95.4万元，从2014年4月开始发放；发给城镇退役士兵78人的经济补助金共计137.6万元。根据省政府《关于进一步加强退役士兵职业教育和技能培训工作的通知》（粤府〔2011〕114号）文件精神，继续推行退役安置改革，不断提高退役士兵就业能力。2014年冬季退役士兵报名参加中等职业技能培训的有174人，其中报读汕尾职业技术学校80人，报读海丰中等职业技术学校91人，汕尾市城区职业技术学校3人。

【基层村（居）委建设】 海丰县村级换届选举于2014年3月底圆满完成，进一步夯实基层党组织基础。根据省委、省政府《关于做好2014年全省村（社区）“两委”换届选举工作的通知》文件精神，海丰县紧紧围绕突出党的核心领导作用，依法依规有序推进村、社区“两委”换届工作。全县共有村（社区）279个，选出“两委”干部1673人，其中村（居）委干部1572人，村委女干部327人；党支部成员948人；“一肩挑”252人，“两委”交叉任职847人。海丰县17个镇（场）“一肩挑”和“两委”任职交叉率比例都超过省委村级换届动员会提出的“两个80%”的目标要求。认真做好村务公开民主管理示范创建工作。本着“设施建设标准化、公开内容规范化、公开时间经常化、公开形式多样化、公开地点公众化”的工作要求，县委组织部、县民政局等有关职能部门，组织人员深入基层对全县17个镇（场）的村（社区）务公开民主管理工作进行调查研究。全面摸清各村（社区）委的工作现状，及时总结推广经验，针对存在问题，开展“解突”等措施促进村、社区务公开民主管理工作的平衡发展。

【组织实施“强居促和谐，强村促稳定”工作】 根据省民政厅的工作要求，海丰县开展“六好”平安和谐社区和争创全国和谐社区建设示范社区的活动。通过实施“双强双促”计划，力争用5年时间把全县10%的村（社区）（24个村委会和4个居委会）打造成符合民政部全国和谐社区建设示范单位标准的示范社区。至2014年年底，全县申报16个（含2013年度5个）省级福利彩票基金项目，其中村（社区）“双强双促”项目两年度12个，家庭服务中心项目2个、社工培训与村务公开栏建设各1个。

【开展社工培训工作】 根据《广东省民政事业发展“十二五”规划》关于社会工作知识的有关要求以及广东省民政厅2014年推进社工发展的工作部署，海丰县于2014年5月邀请省的社工专家教授到县红城中学的礼堂里举办2场覆盖全县的社会工作师考试的前期专业培训。并先后于2014年10月23日、24日邀请省社会工作师联合会的老师到海丰县进行社会工作理论、社会工作实务能力的培训。通过以上培训，大大增强了海丰县社工的理论知识和业务能力，进一步推动了海丰县社会服务工作的开展。

【加强基层社会治理】 根据省委、省政府《关于全面推进平安和谐社区建设的意见》文件精神和有关要求，加强指导督促，推动全县42个社区服务功能的不断完善。如新园社区通过建立公共服务站的一站式服务、网格化管理等工作机制，大大简化了群众办事流程，极大方便了来办事的群众。省民政厅领导于2014年8月份到海丰县检查指导工作，对海城镇新园社区加强社会管理建设，提高服务水平的工作给予充分肯定。

【区划地名工作】 2014年，海丰县做好地名普查后续和边界争议调处工作。第一，对普查的部分自然村名进行了标准化处理，认真完成第二次全国地名普查后续工作。第二，做好边界争议调处工作，维护社会稳定。2014年全县引发了多宗的边界土地权属纠纷，按照县委、县政府的工作部署，县民政局积极配合有关职能部门，调处了梅陇与鲘门、城东与海城等多处边界山林地的争议工作，尤其为解决“潮惠高速”征地纠纷，提供了大量的依据凭证。年内，开展界线联检和县城地区街路巷名称补查工作。2014年是汕尾市和惠州市界线联检年，县民政局在上级业务部门的精心指导下，对“惠汕线”海丰段进行了联检，并对5颗界桩进行了委托管理且完成了与陆河县行政界线的联检。与此同时，县民政局制订工作方案，着手在县城地区进行了巷名补查及编制门牌号的试点工作。

【社团组织管理】 根据《中华人民共和国行政许可法》《社会团体登记管理条例》《民办非企业单位登记管理暂行条例》和《广东省行业协会条例》等法规规章和政策规定，海丰县加大社会组织监管力度，规范行业自律管理，增强社会团体自律意识、促进民间组织健康发展。至2014年12月底，全县依法登记的社会组织共103家，其中社会团体44家、民办非企业单位59家。2014年批准成立社会团体2家，依法办理社团换届换证4家，变更登记2家，批准成立民办非企业单位3家，变更登记1家，到期换证7 家。此外，为加强对社会组织的日常监管，促进社会组织健康发展，根据《社会团体登记管理条例》和《民办非企业单位登记管理暂行条例》的相关规定和年初工作计划，开展2013年度社会组织年检工作。全县社会组织按规定应参加2013年度年检的91个。其中社会团体42个，已参加年检的35个（合格32个、基本合格3个），无参加年检7个；民办非企业单位49个，已参加年检的44个（合格44个），未参加年检的5个。县民政局对没参加年检的社会组织，按规定发出《责令改正通知书》并作出相应处理。

【老龄工作】 一是不断完善老年人保障制度。根据市政府《关于印发汕尾市80周岁以上高龄老人津贴发放方案的通知》（汕府办〔2012〕82号）文件精神，海丰县认真校对核实老年人出生年月的情况。经核，2014年度全县各镇（场）上报符合80—100周岁以上的老龄人共1.29万人。其中：80—99周岁的有1.28万人，100周岁以上的有113人，已落实津贴发放资金48.04万元，圆满完成年度老龄津贴的工作任务。二是为老年人办理“优待证”。2014年，为全县年满60周岁以上的老年人办理“优待证”752张， 老年人凭“优待证”在全县范围内享受优待服务。三是丰富老年人精神文化生活。海丰县坚持为离退休同志订阅《秋光、长寿生活》等杂志，丰富他们的精神文化生活；坚持开展形式多样的文体活动。发挥老年社团组织的作用，因势利导，积极开展经常性的有益老年人身心健康的文化体育活动，深受群众的欢迎，社会效应良好，海丰县被评为全国敬老模范单位。

【婚姻登记管理】 海丰县不断简化办事流程，逐步完善婚姻登记管理工作。县民政局根据上级业务部门的工作部署，积极宣传《婚姻法》和《婚姻登记条例》，婚姻登记的各项工作程序化，实现了网络登记，大大提高了工作效率，节省了群众办事时间，进一步促进了婚姻登记工作的规范化，制度化，信息化的发展，赢得了办事群众的赞誉。例如：2014年5月20日被人们认为有着“我爱你”特别意义的日子里，县民政局热情接待，安排有序，服务到位，当日登记366对。据统计，2014年全县共办理国内婚姻登记10049对。其中结婚登记8301对（包括新婚登记7826对、再婚登记207对、复婚登记268对），补领结婚登记409对，离婚登记1273对，补领离婚登记66对。

【殡葬管理】 2014年，海丰县坚持殡改遗体火化“一刀切”的政策，狠抓殡改执法、督查整治、宣传教育工作。定期组织联合执法队伍到全县各地开展执法督查活动，加大“三道两区”迁坟工作力度，加强对山林地的管理，狠狠打击地下棺木店，严防违规偷埋乱葬现象的发生，严格控制丧事操办的规模，对个别毁林占地选坟的责令拆除。2014年全县清坟2万多穴、起棺4具、教育引导土葬改为火化的30多宗。清理销毁棺木和迷信用品一大批。2014年殡仪馆基本设施建设投入100多万元，公墓山建设总投入3600多万元（其中可塘公墓山建设投入2000万元、梅陇公墓山建设投入900多万元、公平公墓山建设投入700多万元）。在全县范围内开展“倡导文明，移风易俗、保护青山，美化家园”为主题的殡葬改革宣传活动，向群众宣传殡葬改革的重要意义。2014年全县火化遗体3451具，完成市预计的火化率100%。年内，海丰还加强公墓山管理，出台规范墓园管理的护墓基金管理制度，为公墓山建设引入生态绿色循环机制创造条件。推行树葬改革，汕尾市于11月4日在海丰县可塘镇永福公益性墓园举行全市首次骨灰集中树葬仪式，全市各县区近百穴骨灰集中安葬在该墓园树葬区。

（王小明）

附：2014年海丰县民政局领导名录

局　长：黄小流（任至5月）
　　　　李特清（5月起任）

副局长：彭小辉　郑木宣　黄海湧

老区建设与扶贫开发

【概况】 2014年是新一轮扶贫开发工作的攻坚年，海丰县认真贯彻落实市会议精神。2014年，海丰县扶贫开发“双到”工作任务有50个贫困村，3283户16176人，其中深圳市帮扶25个海丰县贫困村，汕尾市帮扶11个贫困村，海丰帮扶14个贫困村。按照省、市的工作部署和2014年的扶贫工作目标切实加强领导，落实责任，强化措施，增加投入，严格考核，全面完成了年初确定的各项工作任务。年内，全县50贫困村共落实帮扶资金2.53亿元，实施扶贫项目1071个，其中农业项目831个，新建茶叶、蔬菜、生姜、鸡蛋果等种植基地248个，生猪、家禽、鱼等养殖基地82个，产业带动贫困农户1.2万户。贫困户参加劳动技能培训3013人次，新增劳务输出1012人；实施危房改造，解决了1910户贫困户住房困难问题；新增农田水利灌溉面积4213.33公顷，建设文化卫生设施281宗。全县50个贫困村参加医保贫困户2810户，11427人，医保参保率达100%；新增硬底化道路40.25千米，完成300人以上自然村道路硬底化率达100%；50个贫困村24536户农户121276人的饮用水（自来水或井水）均符合安全饮用标准，饮水安全率达100%；60岁以上老人2168人全部参加了养老保险，老人养老保险达100%；50个贫困村低保户721户，2865人参加了低保，贫困户、“五保”户低保率达100%；“普九”入学率达100%；全面实现村委“五有”（有文化活动室、有一个农家书屋、有文体广场、有网络服务网点、有阅报栏），村文化设施、卫生站、就业培训及农民专业合作社等各项指标都能按省的要求完成任务。2014年，全县有劳动能力贫困户全面脱贫，年人均纯收入5220元以上，贫困村集体收入平均达到4.6万元。

【机构人员】 1979年8月，海丰县革命委员会发出文件（海委〔1979〕59号），恢复“海丰县革命老根据地建设委员会”机构，下设海丰县老区建设办公室（简称老建办，副科级），业务工作归口县民政局管理。1990年，老建办升格为正科级单位，编制6名，其中设主任、副主任各1名，并实行独立经济核算，行政上不再归属民政局管理（属县政府协调机构）。2000年后，海丰县老区建设划入农口线，但党务工作一直依然是民政局党总支属下的一个党支部。2001年，根据中共海丰县委、县人民政府《印发关于〈海丰县县级党政机构改革方案实施意见〉的通知》（海委〔2001〕16号），县革命老根据地建设委员会办公室与扶贫开发领导小组办公室合署办公，仍为正科级，挂靠县农业局，但因客观原因一直未能理顺。2007年，老建办迁至农村路老水利局三楼。至2009年4月，老建办与扶贫办才正式合署办公，内设扶贫工作股、老区建设工作股。行政编制3名，事业编制6名，其中主任1名（兼扶贫办主任），扶贫办配副主任1名。2013年，共有干部职工14人，其中主任、副主任各1人，至2014年不变。

【加强扶贫开发“双到”工作领导】 为确保扶贫开发“双到”工作持续有力地向纵深发展，海丰县坚持由县委书记任组长、县长任副组长的扶贫开发“双到”工作领导小组的工作机构不变，各镇（场）也相应成立了机构，明确任务，落实责任。自上而下形成级级有人抓，层层有责任的局面。年内，继续认真执行《海丰县2013～2015年扶贫开发“规划到户、责任到人”工作的实施意见》《关于做好新一轮县直单位挂村帮扶工作有关事项的通知》精神，用锲而不舍、一抓到底的实干精神，狠抓全县扶贫开发“双到”工作的落实。县委、县政府领导经常到扶贫办过问和了解有关情况，下乡镇指导工作经常关心和指导贫困村和贫困户情况，并因地制宜提出切实可行的办法、措施；县扶贫办负责人也多次主动向县领导汇报工作情况，为领导决策提供准确依据。由于全县各级领导的高度重视，有力推动了全县扶贫开发“双到”工作的不断发展。

【落实帮扶工作措施】 2014年，海丰县扶贫开发“双到”工作措施：一是落实帮扶责任制度。按照“县领导牵头，部门进村，干部扶户，贫困户参与”的要求，把扶贫工作任务具体细化到单位、落实到人，确保全县50个贫困村，3283户贫困户都有明确的挂钩单位和责任人，充分调动扶贫单位及责任人的积极性，增强扶贫责任感。二是按照“一村一策”“一户一法”要求，分类指导，加强思想引导，激发贫困村、贫困户去掉“等、靠、要”依赖思想，用实干精神勤劳致富。三是落实产业扶贫。主要是创新模式，投入3000万元，坚定不移办好“一园四基地”，确保按计划取得扶贫成果，贫困村如期脱贫。四是广开就业脱贫门路，通过培训和牵线搭桥等方式，解决贫困户劳动力出路，促使就业脱贫。五是落实救济帮扶。由县财政拨出专款，把符合条件的贫困户全部纳入低保，积极动员和帮助贫困户参加新型农村合作医疗；帮助贫困生就读中专、大专院校，实现他们继续上学深造梦想。

【建设和巩固农业生产基地】 2014年，深圳龙岗扶贫工作继续搞好四大基地建设，其中平东九龙生姜基地、陶河蛋鸡养殖基地已建成投产，财政扶持100万元资金已到位。大湖湖仔养殖基地、公平木瓜种植基地已开工建设，由帮扶单位分别筹集65万元、100万元资金，拨付村委进行基地建设。县直帮扶虎噉金针菜、莲花山绿茶、梅陇莲藕等传统产业，带动贫困户发展生产。通过基地建设和培育扶贫龙头企业，增强带动能力，惠及更多贫困户。县财政局帮扶埔仔洞村种植安溪绿茶、附城新东村开发养殖鱼池，带动贫困户发展产业经济。通过基地建设，较好地带动了全县的产业发展。

【创新模式扶持集体经济发展】 海丰县从长效扶贫出发，立足当前，着眼未来，跳出扶贫周而复始的怪圈，为集体谋划长期稳定的经济收入来源。2014年，龙岗区扶贫工作组大胆创新扶贫模式，投入3000万元资金，整合统筹深圳龙岗区帮扶25个贫困村在梅陇建设龙岗（海丰）扶贫产业园。通过厂房出租和合作等方式获取长期稳定的收入来源，确保25个贫困村每年5万元以上的集体收入。市、县帮扶的部分贫困村通过镇办市场、购物业等方式，为集体创办“造血”工程，实现了村集体收入稳步增长的目标。

【劳动力培训与转移就业】 2014年，海丰县扶贫工作以推进“双转移”为抓手，把“双转移”与“双到”工作结合起来，充分利用深汕合作区和农业产业化的有利条件，重点抓好劳动力培训和转移就业。全县有劳动能力贫困户2826人参加了农业技能培训，1025人参加了非农业技能培训，使大部分有劳动能力的贫困户掌握一门劳动技能，提高了劳动技能和生产水平，实现就业一人、脱贫一户。如海丰县财政局帮扶的埔仔洞村，对25户贫困户进行种茶培训，并发给每户2—3亩茶苗，集约种植创建茶叶基地，通过贫困户掌握种茶的技术，带动其他农户发展茶叶产业。又如梅陇镇梅西、水踏等村的有劳动能力户，通过就地培训后到梅陇镇金吉莱首饰厂就业。实行培训就业，贫困户收入有保障。

【搞好贫困村“两委”班子建设】 农村基层党组织是党的根基，是农村各项事业发展的组织者和领导者，是群众脱贫致富的“火车头”。因此，海丰县把“强班子”作为扶贫工作的组织保障。年初，利用村委换届的契机，夯实基层组织阵地。全县50个贫困村，通过换届，支部书记、主任交叉任职率达95%，支委、村委交叉任职达98%。同时组织一批贫困村干部到深圳参加培训，开设村干部素质提升大专班，着力提高村干部的思想素质和工作能力，充分发挥农村基层党组织的政治优势，组织带领广大群众脱贫致富。

【改善贫困群众生活环境】 2014年，海丰县把加强农村基础设施建设作为扶贫开发的重点任务，整合交通、农业、水利、卫生、教育、扶贫等部门的资金，掀起新农村的建设热潮。全县累计投入新农村建设资金3000万元，建成梅陇水踏、附城新东、赤石新城、公平笏仔等一大批道路、饮水、村委服务楼、村前公园等公共设施。如驻城东镇梓里村深圳龙岗扶贫工作组（由龙岗区委组织部、龙岗区人力资源局、龙岗区委党校3个单位联合组成），十分重视梓里村群众生活环境整治，投入470万元，新修了村水泥路，建起了村后小公园，还修建了排水沟，新建起健身设施、篮球场、晒谷坪和戏台、修建了村党群服务中心，并对村内进行绿化、亮化和美化，过去脏、乱、差的地方变成优美整洁的活动场所，成为群众看得见、摸得着、实实在在的扶贫成果，极大提高了广大群众参与扶贫工作的热情，让他们亲身感受到扶贫工作带来的巨大实惠。

【完成“两房”建设和改造任务】 解决贫困户住房困难和“两不具备”整村搬迁工作，是海丰县十大民生工程之一。年初，海丰县已全面完成2013年度1600户住房改造任务。2014年度全县住房改造任务1910户。按照“政府主导、群众主体”的原则，全县积极筹措配套资金，整合多方资源，大力推进不具备生产生活条件贫困村搬迁和贫困户住房改造工作。特别是在2013年海丰县受“天兔”强台风袭击之后，通过发动社会捐资投入住房改造资金达5000多万元，全面完成“全倒户”的重建工作。黄羌村委大面园村、海城镇新望村伯公埔村的搬迁整村推进，得到碧桂园集团的大力赞助，建成“幸福示范村”，受到省的充分肯定。

【强化扶贫开发“双到”考核工作】 2014年，按照以增加贫困户经济收入并稳定脱贫，增加重点帮扶村集体经济收入和改善群众生产生活条件为考核重点，并注重考核民生保障政策落实和基层组织建设的考核要求，全县开展了扶贫开发“双到”考核验收，对照人员到位、方案到位，资金到位的落实情况逐一进行考核，确保迎省总考核取得优秀成绩。

（黄信鑫）

附：2014年海丰县老建、扶贫办公室领导名录

主　任：林来佳

副主任：李少芬

消费者权益保护

【概况】 海丰县消费者委员会（以下简称县消委会）是专门从事保护消费者合法权益的社会团体，其主要职能是宣传消费者权益保护法律法规、处理消费者投诉、为消费者提供信息、指导消费者合理消费、对商品和服务进行社会监督。县消委会的领导机构是委员会，委员由政府有关部门、人民团体、县辖区消费者代表协商推荐产生。全体委员会选举常务委员并组成常务委员会。委员会闭会期间，常务委员会行使委员会职权。委员的调整由常务委员会通过。第四届消委会任期自2011年2月起至2015年2月止，共有委员单位32个，第四届委员会组成人员63名。

海丰县工商局“12315”申诉举报中心。“12315”申诉举报中心（以下简称“12315”中心）为县工商局直属事业单位，是工商部门从事消费者权益保护工作的专设机构，其主要职能是受理消费者申诉、举报，调解消费者权益争议，查处侵害消费者权益案件，为消费者提供法律法规和消费信息知识咨询服务，为市场监管和行政执法提供有关信息，转办、交办和督办有关申诉举报。“12315”申诉举报中心为全县工商系统处理消费者申诉举报指挥平台，设有“12315”专用工作电话线1条，配备工作人员3名，配有电话录音设备，方便消费者随时随地申诉举报。同时，对应于基层工商所设有“12315”申诉举报站12个，与消委会基层投诉站合署办公，负责及时处理申诉举报案件。至2014年年底，在县域内商场、超市、市场、企业、景区等重点领域，食品、药品、物流、电讯、水电等重点行业企业设有消费维权服务站56个，形成了覆盖城乡、方便群众、指挥灵敏、反应快捷、执法到位的“12315”消费者投诉举报网络。

2014年，县消委会、县工商局“12315”申诉举报中心紧紧围绕“新消法 新权益 新责任”这一主题，以宣传落实新《消费者权益保护法》为主线，积极开展工作。

【机构人员】 县消委会设立办事机构，即消委会秘书处，下设办公室，配备专职干部，开展各项日常工作。办公室设在县工商局内，其业务接受县工商局指导。县消委会办公室配备人员3名，主任及工作人员由县工商局指定任命，人员编制挂靠县工商局。对应于县工商局基层工商所，设立县消委会基层投诉站12个，站长由工商所一名副所长兼任，负责就近处理消费者咨询、投诉。

【宣传“新消法·新权益·新责任”】 《中华人民共和国消费者权益保护法（修正案）》于2013年10月25日经全国人大常委会审议通过，并于2014年3月15日正式施行。2014年是新《消法》确立保护消费者权益新制度启动的第一年，保护消费年主题为“新消法 新权益 新责任”。海丰县采取多种形式，对年主题进行广泛宣传。结合“3·15”国际消费者权益日纪念活动，消委会牵头组织工商、质监、卫生、农业、烟草专卖、酒类专卖、食盐专卖局和法律援助处等8个单位，先后在海城、梅陇、公平、可塘等4个乡镇所在地设点举行以“‘坚持群众路线、践行务实为民’暨纪念‘3·15国际消费者权益日’”为主题的大型户外巡回宣传咨询服务活动，同时采用灯谜晚会这一寓教于乐新形式传播维权新知识，广泛宣传新《消费者权益保护法》拥有的众多新意和亮点，使广大群众明晰消费“新权益”、维权“新知识”，树立消费“新理念”，切实提高自我保护意识和能力，期间共发放宣传资料2500份，接受咨询250人次。此外，县工商局、质监局联合举行销毁假冒伪劣商品现场会，集中公开销毁了一大批鞋类、服装、食品、电脑等假冒伪劣商品及用于生产经营的设备仪器，价值约46万元。此次活动表明了坚决打击市场经营违法行为的决心，有效地打压了不法分子的嚣张气焰。

【开展维权业务知识更新培训】 海丰县消委会采取以会代训的形式分别对消委委员、义务监督员进行了新《消法》宣教；县工商局开展面向本系统执法人员和基层投（申）诉站工作人员的维权业务知识更新培训；基层工商所和投（申）诉站依托接触面广的优势，利用日常巡查面对面宣讲经营者新义务，扩大法律的社会认知度，指导和推动经营者履行法定义务。重点是按照新《消法》对消保组织的新定位、赋予的新职责。2014年共组织各类培训8期次，参训人员200多人次，开展维权进企业、进农村活动14场次，通过层层培训和宣传教育，使维权人员进一步明确落实保护消费者合法权益的“新职责”、掌握维权“新手段”、提升依法履责的能力。使经营者增强了自律意识和诚信意识，使消费者树立了理性文明消费新理念。

【加强重点领域消费维权监督】 2014年，海丰县在建立56个“服务维权工作站”，形成覆盖县镇村三级联动维权网络体系的基础上，进一步加强对基层站点义务监督员的工作指导，逐步健全机制，规范行为，提升依法履责的能力，促使其发挥就地监督、就地维权的作用，督促重点行业、企业清理不符合新《消法》的行业规则和经营行为，不断拓宽消费者保护的范畴，为消费者提供更加优质的服务。

【咨询服务与投（申）诉调处】 2014年，县消委会、“12315”中心及各级基层维权机构按照“有诉必接、有案必查”的原则，认真落实法定职责，加强对消费者的权益保护。全年县消委会办公室直接受理消费者投诉60宗，为消费者挽回经济损失12.8万元，全县各级消费维权机构共接受消费者咨询14315宗；“12315”中心接受网络申诉案件116宗、举报案件96宗，“12315”“五进”受理消费者申诉163件，共为群众挽回经济损失79350元、处罚款5万元。

（蔡春辉）

附：2014年海丰县消费者委员会主要负责人名录

会　长：罗宗好

副会长：陈生正　林伟明　周木明　谢建作

秘书长：谢建作（兼）

镇区概况

经济开发区

【概况】 广东海丰经济开发区，1992年12月经广东省人民政府批准设立，原名称为广东省海丰老区经济开发试验区。2006年1月通过国家发改委审核公告时，更名为广东海丰经济开发区（简称经济开发区），属省级开发区。开发区位于海丰县城东侧，南至广汕公路，北与公平镇接壤，东与黄江河相连，西至海紫路。国道324线、省道242线、县城红城大道、北环路纵横贯穿全境，与潮惠高速公路出入口相距2千米。地理位置优越，交通便利。

2014年，全区工业总产值66.26亿元（包括科技园和金园工业区），比增39.10%，其中规模以上企业工业产值65.40亿元，比增39.30%；社会固定资产投资1.64亿元（不包括二园，下同），比增17.0%；社会消费品零售总额0.59亿元，比增15.50%；地方税收收入1569万元，比增31.80%。

【机构人员】 广东海丰经济开发区管理委员会（副处级）为海丰县人民政府派出机构，对广东海丰经济开发区实行统一领导和管理，设有党政办公室、经贸计划科、城建国土科、园区管理科4个副科级机构。开发区管理委员会设主任1名，副主任3名；内设机构正职领导职数4名（副科级），副职领导职数6名（正股级）；后勤服务人员4名。

【园区建设】 2014年，为贯彻落实县委、县政府关于开展“园区建设大会战”的工作部署，经济开发区理清工作思路，强化措施，全力加快工业园区建设。海丰生态科技城总规划面积15平方千米，其中：规划6平方千米依托省级产业转移工业园的平台重点发展产业集聚区。按照园区的发展规划和“产城融合”的建设理念，生态科技城总体分综合服务产业、传统优势产业和大学科技产业三个功能区；重点发展精密与技术装备制造、电子信息、服装、珠宝首饰等四大产业；精心打造综合服务、传统优势、科技智造、现代物流、都市农业等五个产业园。计划分三期建设，至2020年完成。首期规划1.2平方千米为中心启动区，主要启动建设行政商贸、研发服务区和部分高品质居住功能小区。近期规划3.2平方千米，重点发展高新技术产业和传统优势产业，同时引进、发展现代物流产业。中远期的建设规划，主要是进一步优化提升传统优势产业，发展大学科技产业功能，并结合园区建设，打造现代生态农业和沿江滨水生态休闲产业功能，为园区居民提供高品质居住生态环境。

【招商引资】 2014年，经济开发区积极采取走出去，引进来的措施，大力开展招商引资工作。已签约计划落地生态科技城的项目有11个，计划投资总额近33.5亿元。分别为：湖北东方金钰公司翡翠产品加工项目，计划投资10亿元；东维亚国际珠宝首饰工贸城项目，计划投资5亿元；高端直线电机项目，计划投资4.2亿元；深圳龙兴自动化机械项目，计划投资0.8亿元；汕尾一开电器项目，计划投资1.8亿元；广东宝塑新型塑料项目，计划投资0.5亿元；深圳裸眼3D液晶显示项目，计划投资4.2亿元；深圳蓝精灵科技项目，计划投资0.8亿元；同翔新型纸品项目，计划投资1.8亿元；朋腾金属制品项目，计划投资1.1亿元；汕尾采味轩花生制品加工项目，计划投资1.5亿元。

【重点项目建设】 2014年，经济开发区新建、扩建、续建项目11个，计划总投资6.7亿元。分别为：东盛华庭住宅小区二期，占地3万平方米，建筑面积7万平方米，总投资1.2亿元；老区人民医院住院大楼扩建，占地3700平方米，建筑面积1.4万平方米，总投资1500万元；海丰木材市场，占地8万平方米，总投资1000万元；东维亚国际珠宝首饰工贸城新建项目，计划投资2.5亿元；敏兴毛织（海丰）有限公司增资扩产项目，投资800万元；海丰县龙辉电路板有限公司增资扩产项目，投资800万元；海丰县溢盛针织厂有限公司新建项目，计划投资1500万元；海丰正隆食品工业有限公司增资改扩建项目，计划投资500万元；海丰康佩首饰厂新建项目，投资1000万元；蓝威龙制衣厂，占地2500平方米，总投资1200万元；宝路莱登服装厂二期扩建，建筑面积4000平方米，总投资1000万元。

【基础设施建设】 开发区基础设施日臻完善。园区生态科技城启动区内投资1.94亿元的“七通一平”市政工程，与太平洋建设集团合作实施BT模式进行基础设施建设。

【主要产业】 2014年，经济开发区强化产业集聚带动功能，加快提升园区产业竞争力，着重发展精密和技术装备、电子信息、服装和珠宝等4个主导产业，积极培育产业链条，加快形成产业集聚，兼顾发展关联产业和其他产业，强化经济辐射功能，带动形成区域产业带和产业群，着力打造区域产业品牌。区内投资规模较大的有：东维亚珠宝首饰工贸城、大流服饰、佳能食品、三阳饰品、汕尾市同翔新型纸品、海丰顺盈纸品有限公司、海丰溢盛针织有限公司、汕尾市可喜可乐有限公司、永佳精细化工有限公司、海丰高斯迪首饰厂等企业。

（余达明）

附：2014年广东海丰经济开发区党政领导名录

党委书记：魏汉锡（12月起任）
副书记：魏汉锡（负责全面工作，任至11月）
　　陈裕斌　刘克钳（1月起任）
管委主任：魏汉锡（12月起任）
副主任：魏汉锡（负责全面工作，任至11月）
　　陈裕斌　刘克钳（1月起任）

海城镇

综合概况

【概况】 海城镇位于县境中部，毗邻于深圳与汕头2个经济特区之间，西距广州290千米，距深圳197千米，东距汕头150千米，水路至香港81海里，历来为海丰县政府所在地，是全县的政治、经济、文化中心，广东省275个中心镇之一。地理位置优越，交通便利，区域总面积231.29平方千米，下辖22个村（社区）委会，户籍人口17.3万人。海城镇坚持以邓小平理论、“三个代表”重要思想和科学发展观为指导，深入贯彻落实党的十八大、十八届三中全会和习近平总书记系列重要讲话精神，紧紧围绕“咬定一个目标，突出两条主线，实施四大战略，围绕五个重点，实现六个提升”的工作思路，主动适应经济发展新常态，审时度势，超前谋划，精准施策，统筹抓好项目建设、生态保护、城乡规划、社会民生、作风建设等各项工作，经济社会保持平稳较快发展。

2014年，全镇完成工农业总产值13.6亿元，比增2.95%，其中工业总产值11.4亿元，比增2.2%，农业总产值2.2亿元，比增6.4%；社会消费品零售总额89.5亿元，比增16.2%；全社会固定资产完成总额31.5亿元，比增12.3%；限额以上企业产值3.78亿元，比增19.3%；全年完成国、地县级两税收入3354万元，

海城镇政府大院

2014年2月26日，海城镇委召开党的群众路线教育实践活动动员大会

2014年10月18日，海城镇委召开党的群众路线教育实践活动总结大会

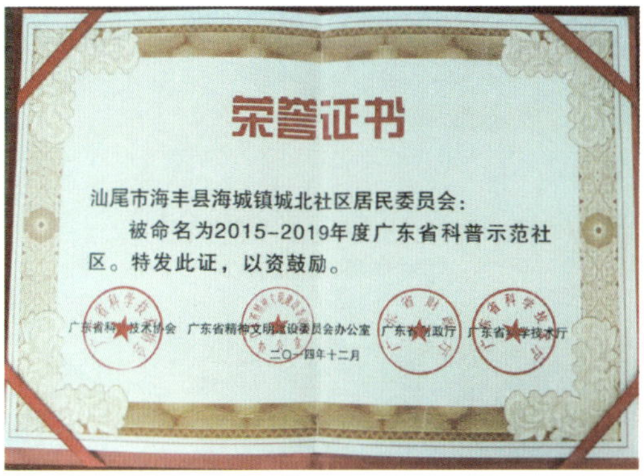

2014年12月，海城镇城北社区居委会被命名为2015—2019年度广东省科普示范社区

2014年12月，海城镇被评为第三次全国经济普查先进集体

完成年度任务2739万元的122%，其中国税1592万元、完成任务的140%，地税1762万元、完成任务的109%。居民可支配收入1.76万元，农民人均收入9927元，分别比增11%和12%。

【机构人员】 海城镇人民政府是乡镇一级人民政府，下设8个办公室：党政办公室、维护稳定和社会治安综合治理办公室、经济发展办公室、社会事务办公室、城乡管理办公室、人口和计划生育办公室、农业办公室、招商引资办公室；3个群团组织：共青团、妇联以及工会。下辖安全生产监督管理站、文化管理服务中心、计划生育服务所、人力资源与社会保障服务所及森林公园管理处5个职能部门。总编制为行政编制75名，事业编制35名，工勤编制12名。

【农业经济】 2014年，借助莲花山地区的资源优势，海城镇大力发展特色产业，引进新、特、优品种，大力扶持种茶业做大做强，创造莲花山茶叶特有品牌，引导全镇农业向生态农业和特色农业迈进，不断提高农业生产规模化、产业化、标准化和市场化水平。至年末，全镇茶叶种植面积242.66公顷，莲花山茶已初步形成规模，被广大消费者认可，正朝着农业增效，农民增收，农村发展的目标迈进。

【重点项目建设】 ①潮惠高速公路项目海城段已全面完成征地拆迁任务；②莲花大道扩建工程征地工作进展顺利，完成征地约20万平方米，占总征地任务的40%；③第一城二期（商业配套及五星级酒店）项目2014年已完成投资9800万元；④国民教育训练基地、妇幼保健院、中医馆、北部新区二期、疾控中心等项目也正在有序推进。

【基础设施建设】 2014年，实施了百目洋水库和大湖水库的除险加固工程，全年共整治水利陂头、水库除险等工程10宗，投入资金约350万元。年内，深入开展莲花村委示范村创建活动，着力改善农村生态、居住、交通、生活环境；全面整治农村环境，改善莲花山地区群众生产生活条件，加快推进新农村建设。

【基层组织建设】 2014年3月底，全面完成海城镇第五届村委会和第四届社区居委会村、社区换届选举工作，书记主任交叉任职率达90.9%。1—9月，海城镇组织开展党的群众路线教育实践活动，按照“照镜子、正衣冠、洗洗澡、治治病”的总要求，班子成员及基层党组织开展学习调研，广泛听取意见建议，深入查摆存在问题，落实整改措施，有效促进了各项事业的发展。为切实解决好联系服务群众“最后一千米”问题，践行全心全意为人民服务的根本宗旨和党的群众路线，海城镇制定了党政成员党建工作联系点制度，要求每名党政成员每周到联系点调研工作不少于一天，定期不定期到联系村（社区）帮助指导工作，切实做到了为民解忧、解困。

【重要事项】 2月26日，在海城镇镇府六楼大会议室召开海城镇党的群众路线教育实践活动动员会。5月14日，在海城镇镇府六楼大会议室召开第十五届代表大会第五次会议，会上黄辉流当选为海城镇人大主席。8月6日，在海城镇政府六楼大会议室召开民主生活会。10月18日，在海城镇镇府六楼大会议室召开海城镇党的群众路线教育实践活动总结大会。

（戴晓震）

附：2014年海城镇党委、政府、人大领导名录

党委书记：黄辉流
副书记：庄　政　黎宜通
镇　长：庄　政
副镇长：吕伟成　叶克练
　　　　施晓彬　林丽容（女）
人大主席：黄辉流（5月起任）
副主席：林炳珠

村（社区）选介

【海城镇南门社区】 南门社区地处县城的中心，自古都是海丰县的政治、经济、文化中心。2014年，辖区面积约2平方公里，户籍人口2500户，8754人，大小商户约300户。

社区有着深厚的历史人文景观和文化底蕴，辖区内的文物古迹主要有大革命时期由彭湃烈士等革命先驱领导的农民运动发祥地，有“小莫斯科”之称的红宫和红场；有刘氏私塾、民国时期陈炯明任两广都督时所建的都督府；有美丽传奇故事的南门湖；有妈祖文化得到充分体现的高田妈祖等较为突出的景观。自然村落有博约街益子寮陈姓、高田钟姓、蓝厝街蓝姓、张姓、詹姓等族群。益民街土角町黄姓其建筑面积1600平方米，是典型的岭南建筑，称之为“九包五”。原致公党主席黄鼎臣的故居，现在被列入海丰县文物保护单位。

2014年，南门社区各项事业都得到蓬勃的发展。道路经过多年整改，井然有序，四通八达，有人民西路、人民南路、中山南路、红场路、二环南路、大崛路、海丽大道、博约街、益民街、湖边街等，省二级车站——南湖汽车站也建设在社区的管辖范围内。

社区内有海丰县文化馆、展览馆、图书馆等文化设施；有海丰中学、海城镇第四小学、海丰县中心幼儿园、海丰县宝宝幼儿园等教育机构；有海丰县彭湃纪念医院、粤东武警医院、附城卫生院等医疗机构；有商业服装城、红场路灯光夜市等商业场所。繁华的商业街道、林立的商铺、优越的地理位置、旺盛的人气，吸引了许多商界人士前来投资经商。南门社区集文化、商贸、教育、医疗、交通、旅游为一体，是一个宜居宜业的好地方。

海丰县城龙津河

【海城镇新望村委】新望村委地处莲花山区，全村总面积约16平方公里。2014年，下辖9个自然村，总户数406户，总人口1753人。主要生活经济来源以农耕为主，可耕地面积81.39公顷，林地面积1733.33公顷。

新望村土地贫瘠，地质较薄，耕作困难。村委立足山区实际，全面调整山区农业生产结构，带领村民因地制宜，开山种果，大力发掘山区资源和优势，发展多种经营，坚持种养并行，向山要粮，向山要钱，大力发展种植李树、梅树等水果作物及茶业。根据市场信息，逐年更换品种，加强花卉盆栽管理，淘汰劣种，使荒山遍野无空地，既增加了村民经济收入，又绿化了荒山。同时，以建设省级新农村示范片建设为契机，对应中央建设社会主义新农村“生产发展、生活宽裕、乡风文明、村容整洁、管理民主”二十字方针的总体目标和要求，全面掀起了社会主义新农村建设热潮并取得成效。其中，顾莲峙村和田畔村划入省级新农村示范片建设项目“五园”建设核心区域，顾莲峙定位为“寻梅园”，以连片梅林为主，作为示范片建设入口门户，具有餐饮居住、观光农业、交通转换点等功能；田畔村定位为“碧桃园”，以连片桃林为主，具有农业观光、餐饮居住、民俗文化节点、农业商业购物点等功能。“寻梅园”和“碧桃园”构成了优美的乡村田园风光。此外，还实施文化公园、健身广场、道路硬底化及路灯美化亮化等工程，逐步打造成为汕尾市及粤东地区周末休闲的“后花园”。

城 东 镇

综合概况

【概况】 城东镇位于海丰县县城东部，处于北纬22° 59′、东经115° 21′，北倚将军山和骑岭山与公平镇接壤，东峙大嶂山与可塘镇交界，东南面和南面分别与可塘镇、陶河镇相望，西南面和西面分别与附城镇、海城镇相邻。西南距汕尾市区约25千米，西距县城约1千米。1993年1月，改乡为镇，城东镇人民政府设于上埔。1999年3月，划出该镇关东、安东2个行政村归属海丰老区经济开发试验区，2003年6月，关东、安东2个行政村仍归城东镇。辖名园、龙山、赤山、新江、北平、河中、圆墩、后林、大嶂、梓里、后塘、汀洲、安东、关东、台东、东园16个行政村委会和桥东1个社区居委会、119个自然村，157个村民小组。2014年，镇域总面积76平方千米。总人口13.2万人，常住人口9.2万人，另有外来人口近4万人，有港澳同胞、台湾同胞及华侨1.5万多人。

2014年，城东镇工农业总产值达83.98亿元，比增15.2%；工业总产值79.91亿元，比增15.8%，其中规模工业产值达66.36亿元，比增18.2%；农业总产值4.07亿元，比增5.8%。社会固定资产投资25.65亿元，比增10.7%。社会商品零售贸易总额20.7亿元，比增12.9%。实际利用外资1289万美元。完成工商税收1.47亿元，比增6.8%，其中国税1.28亿元，地税1853万元。

【机构人员】 海丰县城东镇人民政府是乡镇一级人民政府，内设7个综合性办公室：党政办公室（加挂人大办公室牌子）、维护稳定和社会治安综合治理办公室、经济发展办公室、社会事务办公室、城乡管理办公室、人口和计划生育办公室、农业办公室；另按有关章程、规定设置镇纪律检查委员会机关（监察）、工会、共青团、妇联、人民武装部；镇核定行政编制数45名（含镇财政所行政编制4名），后勤服务人员数7名。下设4个所属事业单位：计划生育服务所（事业编制5名）、安全生产监督管理站（事业编制5名）、人力资源和社会保障服务所（事业编制2名）、文化服务中心（事业编制4名），以上事业单位均是公益一类，正股级。行局垂直管理机构有：国

2014年10月14日，海丰首届珠宝文化节暨东维亚国际珠宝广场“购珠宝，送豪车”活动在城东镇举行

土所、司法所、农业站。

【农业经济】 2014年，城东镇加强农田水利基础建设。全镇共投入农田水利基础建设资金近600万元，其中投入489万元，完成新江片230.4公顷高标准基本农田建设。北平合利蔬菜种植基地项目发展势头较好，年产值近4000万元。

【重点项目建设】 ①完成生态科技园首期1.2平方千米征地工作，及首期地上物补偿和清表工作。②潮惠高速完成征地69.5万平方米，地上物补偿全部完成，工程进展非常顺利。③市民广场有3个村民小组签订了征地协议，清表工作全部完成。④海丰装饰材料交易中心已建成开业，建筑面积2万多平方米，计划总投资3.5亿元。⑤东维亚珠宝首饰国际贸易广场总投资2亿元，总建筑面积22981平方米，共分三层1044间商铺，已正常营业。⑥房地产业发展势头较好，海富豪庭、龙津华府等大型高层楼盘正在加紧建设。

【民生工作】 2014年，帮扶梓里、赤山、新江3个贫困村，其中：梓里村总投入约450万元，主要建设项目有村委会办公大楼、村中公园和广场、村内巷道硬底化户户通、村内2座公厕、环村道路接入口段，引水渠道等；赤山村建设了村委办公大楼及自然村道路。全镇农村“五改”工程稳步推进；农村新型合作医疗覆盖率达100%，全面落实“五保”“低保”应保尽保的工作，按时发放年度种粮直补、能繁母猪、农机补贴等惠农资金。

【基层组织建设】 2014年3月底，全面完成城东镇第五届村委会和第四届社区居委会村、社区换届选举工作，“一肩挑”达88%。1—9月城东镇开展党的群众路线教育实践活动，这次活动的主要任务是突出反对“四风”这个重点，集中解决领导班子和党员干部“四风”方面存在的突出问题，对作风之弊、行为之垢来一次大排查、大检修、大扫除。

【其他各项工作】 2014年，城东镇计生工作顺利完成清理清查、全年“四术”任务及社会抚养费征缴工作，接受了省半年度飞行计生考核。殡改方面坚决执行市县火化“一刀切”政策，通过采取各种有效措施，确保了全面完成上级下达的火化任务。维稳方面重点解决了多宗历史遗留的信访案件，有力地保障了全镇社会和谐稳定。社会治安方面，公安部门积极开展打击各种违法犯罪活动，刑事及社会治安案件发案率不断下降。开展每半月一次禁毒清查行动，取得较好的效果和社会影响。另外，还切实抓好教育、文化、卫生、安全生产、工青妇等各项工作。

【重要事项】 2014年4月25日，在城东镇府大院大会议室召开第九届代表大会第二次会议。4月29日召开城东镇第十届人民代表大会第四次会议。6月18日，

城东镇梓里村新农村建设

深汕特别合作区党工委书记、海丰县委书记沈木荣，海丰县县长陈德忠，海丰县有关领导，城东镇党政成员在城东镇东园东屯村举行生态科技园奠基仪式。9月24日，深汕特别合作区党工委书记、海丰县委书记沈木荣，海丰县有关领导，城东镇党政成员在城东镇东园东屯村举行生态科技园中心启动区市政工程动工仪式。10月14日，在城东镇东维亚国际珠宝广场举办海丰首届珠宝文化节暨东维亚国际珠宝广场“购珠宝、送豪车”活动。10月18日，在城东黄江举办中国龙舟赛汕尾站龙舟赛。

（陈高贤）

附：2014年城东镇党委、政府、人大领导名录

党委书记：陈锦锋
副书记：王少远　陈耿锋
镇　长：王少远
副镇长：杨润铖　黄文旭　欧荣锋
人大主席：陈锦锋
副主席：黄艳阳

村（社区）选介

【城东镇赤山村】 位于城东镇南部，西面接龙赤排洪沟中心，北面是原赤山部队驻地，与安东耕地接壤，南面至横河，东面至黄江河。占地面积约36多公顷。赤山行政村有溪围村、池坣村、上舖村、下舖村等12个自然村。2014年辖区总人口3684人，户籍人口约3583多人。赤山村地处丘陵地带，地势高低不平，大部分是砂质田，是浅层土壤，农业耕种以水稻、番薯，蔬菜为主，耕地面积约133.33公顷，山林33.33公顷，果木10公顷。2014年，借助于深圳龙岗区扶贫帮困对接，投入50多万元，建设了村委办公大楼及自然村道、路灯、灌渠修整，基础设备进一步完善，村容村貌发生了较大的变化。赤山村曾是革命根据地。1921年，彭湃来到赤山，在海仔地藏庙宣传农民运动，演讲革命真理，组织和成立赤山约农会。1928年2月14日，因大革命失败，国民党反动派对赤山红色根据地进行大屠杀，赤山人民为革命事业牺牲128人，成为赤山人民永远难忘的纪念日。1945年1月，赤山成立抗日救乡队一区大队。同年2月，建立中共交通站。新中国成立后，在海丰县人民政府重视下，彭洪县长主持于1957年建造一座赤山人民礼堂。1992年由政府拨款重建赤山人民礼堂。区域内还有明代赤山塔、古井、清代地藏庙等文物古迹。

【城东镇桥东社区】 因地处龙津古桥之东，而名“桥东”。东面与安东村委交界，东南和南面与龙山村委接壤，南面和西面临近龙津溪与海城镇相邻，北面和西北面与名园村委接壤，东北面邻近关东村委，面积约1.5平方千米。1992年，桥东大队改称桥东居民委员会，并为城东镇委、镇政府所在地。桥东居委辖桥东、上埔、虎亭、洪围村、仓兜、高坣6个自然村。2014年户籍人口7606多人，外来人口3万多人，总人口约3.8万多人。辖区有水产品批发市场、狮山市场、富民市场，佳美、剑虹超市，美宜佳、新药特药、立德等连锁店，商贸繁荣，经济活跃。县城二环南路，红城大道贯穿辖区，交通便利。辖区街道、巷道路面全为水泥路，大街小巷全部安装路灯，排水设施建设到位。辖区有幼儿园14间，2所小学（桥东、彭湃小学），2所中学（龙津、城东中学），银行、电信、超市，医疗服务所配套齐全，布局合理。已建成彭湃社区公园，是社区群众娱乐、休闲、健身的场所。桥东居委会是彭湃的故乡，1922年7月29日晚，在彭湃倡议下建立了海丰县第一个农会，亦为中国第一个农会——六人农会。辖区内名胜古迹有东晋咸和六年（331年）建置的海丰县城遗址，东晋至明代的重点贸易市场龙门市遗址，还有晋代的东岳古庙，东部有迎春山，每年立春日，历代海丰知县率官民于此作“迎春”之典，以祝五谷丰登，风调雨顺之愿。明代国王庙，清代药王庙（已毁）、白太爷生祠（已毁）、百岁亭（已毁）、黎氏宗祠、马氏宗祠，民国彭氏宗祠等古建筑；近代革命旧址彭湃故居、得趣书室、龙舌埔、海丰农民协会等省、县级重点文物保护单位。

附 城 镇

【概况】 附城镇位于海丰县城南郊，属城乡接合部。辖区总面积69.24平方千米，下辖4个社区、14个村委，共有113个自然村，总人口62960人，外来人口近7万人。镇域经济主要是以中高档房地产开发、大中型超市、星级宾馆和酒店餐饮业为主的商贸业较为繁荣；以种植优质水稻、蔬菜和淡水养殖为主的农业基础地位牢固；工业发展则相对滞后。

2014年，全镇完成工业产值23.18亿元，农业产值3.6亿元，分别比增34%和6%；规模以上工业产值11.2亿元，比增30%；社会商品零售总额22.24亿元，比增22%；全社会固定资产投资26亿元，比增15%；城乡居民人年平均收入8968元，比增3%；完成国地两税收入4494万元，比增10%；其他各项经济指标也有了不同幅度的增长。

【机构人员】 海城镇人民政府是乡镇一级人民政府，下设7个办公室：党政办公室、维护稳定和社会治安综合治理办公室、经济发展办公室、社会事务办公室、城乡管理办公室、人口和计划生育办公室、农业办公室；3个群团组织：共青团、妇联以及工会。下辖人力资源和社会保障服务所、计划生育服务所、文化服务中心、安全生产监督管理站4个职能部门。2014有公务员40名，事业干部9名，在编职工84名，镇合同制工人120名，临时工人3名，借用人员3名，代管干部职工13名，离退休干部职工58名。

【重点项目建设】 2014年，附城镇坚持把重点项目建设作为经济发展的“重头戏”，有效推进了重点项目建设。县市民中心项目涉及附城镇的27万平方米征地和清表工作已基本完成，按时交付县政府规划建设；联西小路陂片约27万平方米储备土地征用工作顺利推进；正升华府、云岭山庄三期、海悦名城二期等一批大型房地产项目进展顺利。

【宜居城乡建设】 2014年，围绕县城加快建设中等现代化城市的目标任务，着力打造宜居宜业附城。深入开展“美丽海丰 清洁先行”环境卫生整治活动，强化城乡建设管理，成立了农村垃圾管理站，签订全镇环境卫生社会化管理合同，实现城乡卫生管理常态化。投入资金70万元，完成南湖路路灯安装等道路配套建设。进一步加强规划管理，促进房地产市场健康有序发展。

【农业水利建设】 附城镇狠抓冬修春修水利工作，保障了农业生产正常开展。配合完成高标准基本农田整治466.66公顷；多渠道投入资金150多万元，开展了黄江、丽江和主干排灌渠道清理整治工作。农业项目招商引资工作成效显著，成功引进建设了计划投资2亿元的圆山蔬菜基地，2014年，已签订租赁协议133.33公顷，农田平整、冻库、办公室、宿舍等配套建设基本完成，并已投入生产。

【其他各项工作】 ①惠民实事方面，附城镇镇以党的群众路线教育实践活动为契机，积极为群众办好事实事，已整改完成群众反映强烈的问题15个。②劳

2014年8月19日，附城镇委召开镇领导班子民主生活会情况通报会

2015年2月5日，投资90多万元的附城镇圆山信子桥建成通车

动社保方面，2014年全镇城乡基本医疗保险参保人数57227人，社保扩面参保人数2700人，100%完成县下达的任务。③计生方面，深入推行“一证先行”制度，全镇出生率、自然增长率、综合节育率、计划生育率均控制在目标要求范围内，实现县下达的人口计划控制指标。④殡改方面，严格落实火化“一刀切”，100%完成县下达的火化任务，丧事大操大办现象得到有效遏制。⑤安全生产方面，认真开展多场次专项整治行动，11月举办安全生产警示教育培训会议，全镇安全生产形势总体平稳。⑥社会治安方面，投资80多万元完善了全镇视频监控网络，深入开展了平安建设和禁毒工作。全年全镇刑事案件立案96起，破获60起；治安案件行政处罚153起；抓获吸毒人员166名，破获贩毒案件23宗，抓获非法持有毒品人员23名，缴获毒品400多克。⑦信访维稳方面：全镇共排查各类矛盾纠纷135宗，其中综治信访维稳中心受理15宗，调处成功13宗，基本上做到小矛盾不出村，大矛盾不出镇。教育、文化、体育等工作也取得新进展。

【基层组织建设】 2014年，村级“两委”换届工作圆满完成，“两委”干部交叉任职率91.9%，书记主任交叉率88.8%，选优配强了村级“两委”班子成员。村级组织管理不断完善，全镇18个村（社区）都建立了村民理财小组，并统一模板样式建成规范化村务公开栏。党建经费支出力度不断加大，投入资金130多万元，配套完善镇文化站和部分村级文化站、会议室等活动场所。党的群众路线教育实践活动深入开展，收集到群众反映热点难点问题28个，已立行立改或整改完成11个，正在进行的17个；收集到联系服务群众“最后一千米问题”15个，已完成整改8个，整改中7个；制定并完善《附城镇领导班子成员定期到党代表工作室接待党员群众工作制度》《附城镇领导干部驻村工作责任制》《附城镇领导干部驻村工作责任制》等8项制度。召开的专题民主生活会得到中央第九巡回督导组的充分肯定。软弱涣散党组织转化工作有效推进，新南村委和联河村委的整顿工作已基本完成。

（谢耀富）

附：2014年附城镇党委、政府、人大领导名录

党委书记：陈鸿锐（任至1月）
林建新（1月起任）
副书记：陈坤宝（任至5月）
陈腾渊（5月起任）　李海涛
镇　长：陈坤宝（任至5月）
陈腾渊（6月起任）
副镇长：薛明汉　蔡炫杰
人大主席：陈鸿锐（任至1月)
林建新（6月起任）

附城镇圆山协兴蔬菜基地

联 安 镇

【概况】 联安镇地处县城西南部，距离县城6.2千米，属海丰县一个中等镇。东有大液河通红海湾，与附城镇一河相隔，西与梅陇相邻，有石塘岭、大箨岭、狮蹄山，镇南便是沿海滩涂，是国际重要湿地的长沙湾畔。北面有群山重叠的莲花山脉，地势呈自西北向东南倾斜，中间为广阔的冲积平原。全镇区域面积50.8平方千米，有耕地面积1597.6公顷、山林面积1124公顷，辖有16个村委、1个社区，全镇人口37138人，是海丰主要产粮区和海淡水养殖基地，也是海丰革命老区之一，镇区内东关联安围湿地被称为“中国水鸟之乡”，是100多种水鸟栖身地。随着县城324复线的贯通，成为名副其实的城郊镇。

2014年，联安镇紧紧围绕县委提出的“三个坚持、四个推动、五个发展”的总体工作思路；以“全面加快有机产业基地建设、全力打造南粤农业强镇”的发展战略，以创建“镇域经济社会发展综合示范镇”为奋斗目标，充分发挥中国最佳绿色生态名镇的品牌和有机农业园区的优势，积极谋划，大胆创新，精心打造绿色生态农业镇，促进了全镇经济快速发展和社会全面进步。全年实现社会总产值达7.59亿元，比增11.1%，其中工业总产值1.16亿元，比增13%；农业总产值6.43亿元，比增15%；人均纯收入7500元；固定资产投资7.4亿元，完成国地税290万元。其他经济指标也有不同程度的增长，综合经济实力和整体竞争力明显提升。

【机构人员】 联安镇人民政府是乡镇一级人民政府，下设5个办公室：党政办公室、维护稳定和社会治安综合治理办公室、经济发展办公室、社会事务办公室、人口和计划生育办公室；2个群团组织：共青团、妇联。下辖安全生产监督管理站、文化管理服务中心、计划生育服务所、人力资源与社会保障服务所4个职能部门。总编制为编制52名，行政编制35名，事业编制11名，工勤编制6名。

【发展现代农业】 联安镇是一个农业大镇，按照建设南粤农业强镇的战略部署，2014年，全镇围绕突出农业经济，努力构建科学发展新优势这一主题，按照“宜种则种，宜养则养”的原则，立足各地资源优势，注重提高经济效益，深入调整产定布局和产品结构。属平原村委以大力发展以有机水稻、优质蔬菜、水果为主的种植业，属沿海村委要积极发展以水产养殖为主的海洋经济，属沿山的村委以结合山林生态保护发展林业和特色种植业，非水源地带以鼓励支持发展标准化的禽畜规模养殖，切实打造“一镇一业，一村一品”的特色农业。首先是平原村委有机水稻种植方面，大力提高海纳有机水稻示范基地的建设规模和建设标准，通过以点带面不断扩大合作范围，增加有机水稻的种植面积，使联安的有机农业有力推进，品牌价值越来越大，有效地促进了农业生产的发展和农民收入的提高。为全市树立了榜样，赢得省、市、县领导和农业等有关部门的高度赞赏。在沿海村委中做好海水养殖业发展，积极引导霞埔、优冲、坐头等村委大力实施鱼塭以养殖九节虾、对虾、花虾、蟹和牡蛎为主的“改粗为精”科学养殖工程，促使鱼塭养殖上规模，高效益，在巩固和发展原有养殖基地的基础上，大力开发海滩涂养殖面积和精养面积，多数从事养殖的专业户，由于技术过关，产量保证，收入非常可观，全镇海水养殖连年增产又增收，一大批养殖户走上致富路，生活奔上了小康，人人发家致富。由于联安镇海水养殖环境好，技术高，海产品质肥味美，成为远近闻名的养殖名镇，促进了全镇饮食业的发展，“食塭鱼到联安”成为一大品牌。

【基础设施建设】 2014年，联安镇在完成全镇各项农田水利建设任务的同时，同时加大了农田水利设施建设资金投入。特别是在业主单位县农业局的大力支持和帮助下，联川、联南、坡平、联英等村委投资1000多万元的500公顷高标准农田的建设项目在着手进行招投标工作。总投资420万元的联新桂岭水库、联川记厝埔水库、联田坑口水库除险加固工程上报立项得到了批准；投资2000万元的大型机电排涝工程和投资1000多万元的新陂溪流域整治工程已上报，这些项目建设的投入，将大大改善农业生产设施，使全镇农业生产抵御自然的能力得到增强。与此同时，联安镇继续坚持在打造城郊优势中狠下功夫，通过采取加强基础设施建设与改善投资环境有机推进的办法，重点推进了联安大桥、联田至柴格陂公路、大液至道山公路等建设工程，重新确定了联田工业区的发展规划，使打造城郊镇的工作取得了显著成效，为推动镇域的经济建设产生了较大的作用。招商上投资1亿多元的中嘉纸业制品厂已完成征地工作，并将着手进行动工建设；投资3亿多元的影视城已进入征地阶段。

【发展生态旅游】 联安镇有着拥有得天独厚的美丽自然资源，2014年，联安镇继续把培育和发展乡村生态旅游作为工作重点，千方百计把旅游事业打开新局面，通过对生态资源的有效整合。至年末，全县三大河流之一的大液河原生态风光，国际重要湿地的红树林、水鸟、滩涂养殖景观，美丽的田园风光以及环绕联安的县城绿道网等这一系列宝贵资源已构成了联安镇原生态旅游观光带，成为繁荣联安经济的一项新产业。

【社会管理工作】 2014年，联安镇坚持把发展社会事业和改善民生作为贯彻落实科学发展观的重要任务，坚持“两手抓，两手都要硬”的方针，在抓好经济发展的基础上，更加注重社会建设，更加注重经济社会的协调发展。通过发挥维稳信访综治中心平台作用，妥善处置化解了许多内部矛盾，严打整治斗争、禁毒、打击“两抢一盗”等专项斗争以及“610”等工作取得明显成效，保持了全镇社会和谐稳定。通过发挥各职能部门作用，全镇不论是计生殡改，还是科教文卫；不论是民计民生，还是维护稳定，始终坚持全面、协调和可持续发展战略，坚定“实”和“拼”的毅力，有力促进了社会各项事业的全面进步。

【惠民工程】 一是狠抓扶贫“双到”工作，取得显著成效。全镇第二轮省级扶贫4个村委，已制订了3年的扶贫规划和方案，解决了一些基础设施建设，改造了一些危房，帮助了一大批贫困户发展生产，全镇扶贫双到工作形势大好。二是扶农政策有效落实。一方面认真做好种粮、柴油农机各项补贴的工作，2014年度仅种粮直补就发放370多万元；全镇农村合作医疗参保率达100%，居民医疗保险参保率达95%以上。三是贫困救济送温暖。在做好低保、“五保”供养、救灾、救济工作，帮助残疾人完成危房改造任务及解决贫困残疾人生活保障问题的同时，配套建设有敬老院一座，供养孤寡老人一批。2014年投入贫困人口的生活补贴救济和春节前夕开展送温暖活动资金达130多万元。

【基层组织建设】 2014年，联安镇继续坚持把加强党的基层组织建设摆在重要位置，始终作为保证全镇经济社会又好又快发展的关键来抓。通过抓方案、抓思想、抓制度、抓队伍、抓好典型，进一步推进“五个好”党支部和“六个好”乡镇党委的创建活动，通过抓基层组织建设，促进联安经济社会的大发展。当前，全镇干部队伍素质高，党性强、有活力、敢担当，执行力显著提高。为建设幸福联安提供坚强的组织保障。

（陈少锐　吴国和）

附：2014年联安镇党委、政府、人大领导名录

党委书记：黄信乐

副书记：吴斐斐（女）　刘美进

镇　长：吴斐斐（女）

副镇长：吕春程　陈扬语

人大主席：黄信乐

副主席：许家枢（候选人）

可 塘 镇

【概况】 可塘镇地处海陆丰、汕尾市城区的结合部，位于海丰县东部，东与陆丰交界，西与城东镇接壤，西南面、南面分别与陶河镇、赤坑镇隔河相望和相邻，北临乌面岭山和大嶂山，是“三县二区”相互连接的经济纽带，地理位置优越，交通便利，有汕尾市“小金三角”之称，是“全国重点镇”“国家经济综合开发示范镇”“广东省中心镇”，也是“广东省珠宝首饰加工专业镇”。全镇总面积76.865平方千米，其中建成区面积6.3平方千米。可塘镇于1987年撤区设镇，辖有可塘社区和联金、凤山、溪头、下可塘、东新、陇东、仓前、上达、下达、埔陇、罗南、罗西、黄厝港、罗东、罗北、罗山、城格山、陈厝坡、长桥、可北、可新21个行政村，78个自然村。户籍总人口6.21万人，其中非农业人口1.98万人、农业人口4.23万人；外来人口1.9万人；海外同胞近万人。

2014年，全镇工农业总产值64亿元，固定资产投资24.7亿元，社会商品零售总额9.5亿元，其他各项经济指标都得到较好完成。2014年7月21日，住房和城乡建设部等7部委公布的《住房城乡建设部等部门关于公布全国重点镇名单的通知》（建村〔2014〕107号），公布全国3675个重点镇名单，其中广东省有123个乡镇入围，可塘镇作为其中之一上榜。

【机构人员】 可塘镇以政府为行政机关的机构体系格局。其中党政工作机构有7个：党政办公室、经济发展办公室、社会事务办公室、维护稳定和社会治安综合管理办公室、农业办公室、城乡管理办公室、人口和计划生育办公室，均为正股级。镇属事业单位有4个，即安全生产监督管理站、人力资源和社会保障服务所、计划生育服务所、文化服务中心，机构规模均为正股级。2014年，可塘镇党政机关核定行政编制总数41名，年末实有行政编制人员共37名，其中正科级干部2名，副科级干部12名，股级干部16名。党政机关核定事业编制总数16名，年末实有事业编制人员15名，股级干部6名。

【农业经济】 2014年，全镇有耕地面积2046.33公顷，水果种植面积162.53公顷，水产养殖180公顷，林业面积约256.67公顷。全年全镇农业总产值6.1亿元，比上年增长6%。农业种植以水稻、番薯、花生、蔬

2014年10月14日，海丰县首届珠宝文化节开幕仪式在可塘举行

菜等为主，畜牧业方面以养猪、养牛、饲养鸡鹅鸭等为主，全镇上规模的养殖场约48户，有罗北葛薯、可北花卉、北山湖综合种养、埔陇养殖等10多个农业生产基地以上其中水产养殖场约30户。全镇良种覆盖率达98%，其中优质稻达90%。

【重点项目建设】①属市重点建设项目的汕尾市垃圾无害化处理中心建设项目，需征用土地42万平方米，项目总规划建设规模为处理能力2100吨/日，估算总投资9.87亿元，其中首期工程占地9万平方米，建设规模为处理能力700吨/日，估算投资为5亿元，已完成厂区36.66土地的征收、地上作物补偿和BOT招投标等工作，首期工程之一的填埋区、调节池等已经基本建成，已进入全面建设阶段。②属县重点建设项目的可塘珠宝产业园建设项目，已建成集珠宝加工作坊和销售铺面为一体的厂房32栋，建筑面积2.6万平方米；占地3万多平方米的原材料市场、珠宝加工作坊60多套、成品展销铺位2300间；入驻经营的国内外原材料供应商有100多家；可塘镇汽车客运站建设项目，占地面积5000平方米，已完成建筑面积1万平方米的项目主体工程；长桥产业园区建设项目，占地17.7万平方米，建设内容有标准化厂房、原料市场、办公楼、水晶博物馆、生活区、商场、活动广场及污水处理中心等，于2014年10月14日举行奠基仪式。

可塘珠宝交易市场

③被列入省“十二五”主要污染物总量减排重点项目的生活污水处理厂建设项目，占地面积约2.2万平方米，总投资约6900万元，于2014年10月14日举行奠基仪式。④规划占地面积6500多平方米，建筑面积4万多平方米，总投资1.1亿元的可塘荔塆珠宝交易市场，将建设成品商铺1000多间，主要经营珍珠宝石首饰、宝石工艺品等，并配备有酒店、餐饮、娱乐等配套设施。规划占地面积7000平方米，建设面积2万平方米，总投资近1亿元的可塘明晖珠宝交易市场，预计2015年年底可建成开业，一期建有成品商铺587间，二期将推出成品商铺288间，共计875间，主要经

可塘镇人民政府大院

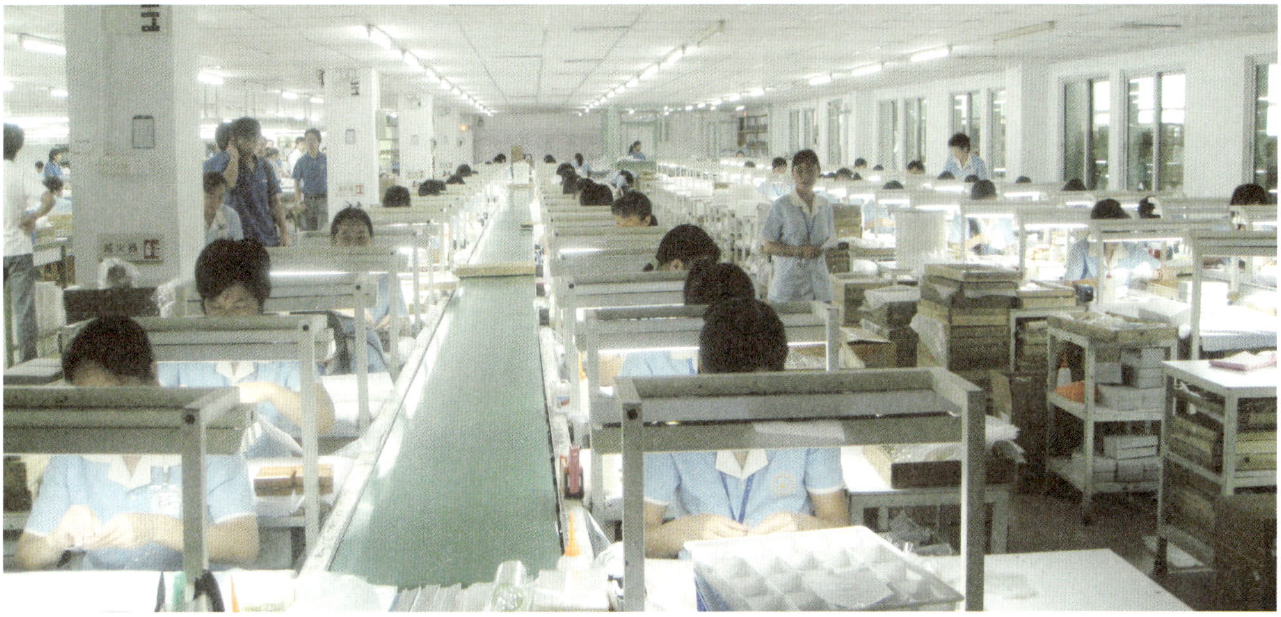

可塘珠宝生产车间

营珍珠宝石首饰、宝石工艺品等。

【珠宝产业】 珠宝首饰加工业是可塘镇的支柱特色产业，在推动可塘经济社会大发展中起着至关重要的作用。据2014年工业调查，全镇有从事珠宝企业个体近1200家，其中规模上企业7家，1家为上市企业，拥有珠宝从业人员4万多人，年加工量5万多吨。规模上企业分别为：超群（海丰）首饰厂有限公司、海丰县淡水珍珠发展公司、海丰县联兴珍珠首饰有限公司、汕尾市太平洋珠宝有限公司、海丰县健业宝石制品有限公司、海丰县佳多丽有限公司、海丰县金盛宝石有限公司。其中1家规模上企业海丰县盈兴宝石制品有限公司于2014年10月搬迁到外地发展。同时，可塘珠宝交易市场、海丰县添福宝石首饰厂、海丰县东和实业有限公司等企业也为可塘珠宝产业做出杰出的贡献。2014年10月14—16日，以“珠宝之都，淘宝世界”为主题的中国 · 海丰首届珠宝文化节在主会场可塘珠宝交易市场精彩上演。可塘长桥产业园区开工奠基仪式也作为珠宝文化节的一项活动隆重举行。

【村镇基础建设】 2014年，可塘镇围绕着“专业镇”“中心镇”的建设目标和要求，进一步加大投入，整合资源、优化环境，狠抓基础设施建设。投资400万元完成镇区内几条主要路道的路面铺设及排污沟建设，周边群众的居住环境得到改善；投资50多万元，实施了镇区主干道路的绿化、美化和亮化工程，镇区面貌有显著提升；投资近1700万元，在五罗片进行高标准农田水利建设，项目涉及9个村委，收益面积733.33公顷；投资280万元，对可北灌区进行加固改造，收益面积约200公顷；投资260万元，对陇西灌区进行加固改造，收益面积近200公顷。计划投资3000万元的公益性公墓园区项目——海丰可塘雄鸡山（公益）永福墓园于10月1日正式投入运营。

【火灾隐患重点地区整治】 2014年2月，可塘镇被省政府办公厅列为2014年度省政府第六批火灾隐患重点整治地区进行挂牌督办。可塘镇严密配合上级政府的周密部署，以贯彻落实《中华人民共和国消防法》《国务院关于加强和改进消防工作的意见》等法律法规为指针，围绕建设“幸福海丰”，创造良好的消防安全环境的终极目标，持续发力、攻坚克难，实现了可塘镇社会面抗御火灾能力的全面提高，并在年底顺利通过省政府的考核验收。年内，火灾隐患重点地区整治工作主要有如下亮点：一是完善可塘专职消防队的建设，协调深圳龙岗区帮扶解决2辆消防水罐车和一批随车器材（1辆服务于县消防大队），投入75万元购置了9辆消防摩托车和关的各类器材等。需要提出的是，在12月1日，可塘专职消防队就在汕尾消防支队的统一调度指挥下，参加了海丰县金园工业区美达化工厂灭火救援的光荣任务，为保卫经济建设和社会稳定做出贡献。二是完善市政消火栓建设，在原有仅有11个市政消火栓的基础上，增设50个消火栓，实现全镇消火栓全面覆盖，同时对市政消火栓进行维护保养，提升消防供水保障能力。1—4月份可塘镇发生火灾4起，通过整治，4—11月份可塘镇取得火灾事故宗数为零，死伤人数为零的良好成绩。据统计，2014年，火灾隐患重点地区整治工作共出动13540余人次，检查各类场所1354家，其中小作坊749家，小档口369家，既有建筑234家，小娱乐场所2家，共排查出火灾隐患8124处，整改隐患7987余处，登记造册建档率达到100%。在整治过程中，对各类场所共关停15家，查封5家，停产停业2家，行政处罚3家。特别是9月19日，王楚雄副县长组织联合执法组110多人对重大火灾隐患单位安美商品市场开展集中拆除行动，强制消除违规搭建和占道经营违法行为，打通消防车通道150多米，拆除多类违规搭建物200多件，清除乱拉乱接电气线路3000多。

【综治信访维稳】 可塘镇严格按照上级提出的“强综治、创平安、促发展”的总体要求，大力开展“法治镇”创建活动，多渠道开展“六五”普法宣传活动，积极抓好“法律六进”主题活动，推进法治文化建设，切实增强全民的法制观念，大力营造文明法治环境。2014年，镇综治信访维稳中心全年接待人民群众来信来访15件，成功办结14件，矛盾纠纷化解率93%以上，为促进可塘镇各项工作和平安建设打下坚实基础。年内，严格执行省“六大专项行动”，加大禁毒清查、双抢一盗、涉黄涉赌等专项整治力度。11月8日凌晨，县公安在罗山村委庄厝乡捣毁一制毒窝点，抓获犯罪嫌疑人5名，缴获质量数量待鉴定的疑似冰毒约26千克，疑似制毒液体59千克以及制毒工具一批。壮大了禁毒声威，巩固拒制毒于镇门之外的成果。

【基层组织建设】 一是突出重点完成村“两委”换届选举工作，2014年，全镇村（社区）完成“两委”换届选举，村（社区）委书记、主任“一肩挑”比例达到86.36%，村（社区）党组织班子成员、村（居）委会班子成员“交叉任职”比例达88.7%。女干部配置比例达100%。二是牢固树立以人为本、执政为民的理念，落实领导干部驻点责任制度，加强对各部门单位组织建设的领导，班子成员要勤下乡，深入基层了解民情民意，为群众排忧解难，发现问题解决问题，把问题解决在萌芽状态。三是加强对干部职工的法制教育，严肃法纪，坚持标本兼治、综合治理、惩防并举、注重预防的方针，严格执行党风廉政建设责任制。四是加强机关作风、队伍建设。落实干部职工考勤制度，进一步严肃纪律，整顿机关作风，提高工作效率。五是严格落实，深入实施责任、督查、奖罚机制，切切实实推动各项工作落到实处。

【计划生育工作】 一是认真贯彻落实计划生育“三为主”和计划生育层级动态管理制度，大力宣传计生法和计生条例，进一步完善干部包干责任制，严格执行计划生育“一票否决制”。二是坚持一线工作，加强流动人口计生管理工作，计生信息化建设进一步完善，计划生育行政执法工作切实开展。三是建立完善的利益导向机制和挂钩帮扶制度。四是加大对计生工作财政投入。

【殡葬改革工作】 可塘镇调整充实殡改工作队伍，不断加强对辖区的巡查，并联合县殡改监察大队对殡葬管理市场和“三道二区”坟墓进行全面清理整顿，遏制乱埋乱葬、新修坟墓的现象，严肃查处殡改违规违纪行为，取得了良好效果。同时，采取强硬措施，以攻坚克难的精神，强势推行遗体火化“一刀切”，提高火化率；加大宣传力度，转变群众传统的丧葬观念，使殡改工作做到“家喻户晓，人人皆知”。加快完善公益性公墓山配套建设，确保殡改工作顺利开展。

【安全生产工作】 2014年，建立安全生产长效机制，充分发挥镇安全生产监督站的作用，不断加大对安全隐患检查和整治的力度，着力解决企业中存在的安全生产、环境污染等问题，落实节能减排的各项工作措施，认真查处各种违规现象和行为，确保辖区没有发生安全事故，营造规范、守法、有序、和谐、良性的发展气氛，进一步巩固企业的信誉度，提高知名度。此外，人民武装、环境保护、生猪管理、国土、环保、财贸、统计、档案、工青妇等各项事业稳步发展。

（陈智家）

附：2014年可塘镇党委、政府、人大领导名录

党委书记：王铸波（1月起任）
副书记：吴清瑜（1月起任）
林日盛　吕奋腾（挂任至1月）
镇　长：吴清瑜（4月起任）
副镇长：林德森　吴俊辉　陈学杰
人大主席：王铸波（4月起任）

陶 河 镇

综合概况

【概况】 陶河镇位于海丰县东南部，处于海丰县内最大的潮汐河——黄江的下游，形似五角形，西北与黄江为界与附城镇隔江相望；北和东北以东溪为界，与城东镇、可塘镇分江而治；西南与红草镇接壤；东南与赤坑、东冲两镇相邻。镇政府所在地设在陶塘圩，距海城16千米，离汕尾22千米，为全镇政治、经济和文化的中心。行政区域面积64.13平方千米，全镇共18个村（社区）委会，64个自然村，总人口3.5万人。

2014年，全镇实现工农业总产值约6.41亿元，工业产值约3.82亿元（其中规模以上产值约2.44亿元，规模以下产值约1.38亿元）；农业总产值约2.59亿元；完成固定资产投资约2.5亿元；农村人均纯收入达7656元，比增8%。完成国地两税372万元，超额完成上级下达的税收任务（其中国税收入116万元，地税收入256万元）。

【机构人员】 按《海丰县陶河镇主要职责内设机构和人员编制规定》（海机编〔2011〕11号）文件，我镇机关设置5个综合性办公室：党政办、维护稳定和社会治安综合治理办公室、经济发展办公室、社会事务办公室、人口和计划生育办公室；按有关规定章程设置中共陶河镇纪律检查委员会、工会、共青团、妇

2014年2月26日，陶河镇召开党的群众路线教育实践活动动员部署会议

2014年4月21日，陶河镇委组织党员到红宫红场进行党性教育

2014年4月28日，陶河镇举行第十五届第四次人大会

联、人民武装部；按《关于印发海丰县陶河镇所属事业分类改革方案的通知》（海机编〔2012〕11号）文件设置人力资源和社会保障所、计划生育服务所、安全生产监督管理店、文化服务中心。我镇现有行政编制47名，其中：国家公务员36名，计生服务所编制4名，人力资源和社会保障所编制1名，安监站编制3名，文化服务中心编制3名。

【新农村建设】 2014年，陶河镇共投入社会主义新农村建设资金约1500多万元，加快推进村前公园、文化室、村级公路、风景池、无害化公厕、路灯等各项基础设施建设，尤其在村前公园建设方面，投入资金超过1000多万元，在桐埔、杨南、杨北、雅卿、陶西等村新建村前公园5个，全镇已建成初具规模的村前公园7个。

【农田水利】 2014年，全镇共投入水利建设资金约2500多万元，其中包括，投资1300多万元，涉及农田面积600公顷，包括步雅、陶南、金锡、陶新、桐埔、霞雅等11个行政村的万亩高标准农田整治项目；完成黄江大堤陶河段除险加固工程，对石牛山、宫仔、湖脚等三宗水库进行了除险加固，对金锡灌区进行了改造；并对镇区范围内长达18千米的四条主要排洪渠道进行了清障，对部分小型涵闸、陂头、桥梁等进行了维修等，为全镇农业生产提供了强有力的保障。

【创建教育强镇】 陶河镇党委政府多方筹措投入“创强”资金1800多万元，按照省“创强”标准，全面完成中学、小学、中心幼儿园及成人文化技术学校的标准化建设，学校各项软硬件设施配备齐全，全镇中小学学校面貌发生显著变化。2014年7月，经省政府正式批复，被评定为“广东省教育强镇”。

【基层组织建设】 一是开展党的群众路线教育实践活动，有效规范了各项规章制度，通过活动废止了2项制度，完善了26项制度，并建立3项制度，逐步形成长效机制。“三公”经费、办公用房、收受红包等专项整治行动成效明显。同时，落实一批民生实事工程，创建教育强镇、农田水利建设、卫生院计免门诊大楼、农村生活环境综合整治、公路建设等项目。二是于2014年2月28日率先在全县完成了村“两委”换届选举，“一肩挑”达到94.4%，比上届增加50%；“两委”交叉任职达92.5%，比上届增加54%。当选的村委主任全部为党员；换届的18个村（社区）都有一名女干部；“两委”党员79人，占干部总数的

2014年9月10日，高标准农田建设现场

2014年8月20日，陶河镇召开社会主义核心价值观宣讲会

2014年5月28日，陶河镇召开创建省教育强镇工作会议

2014年1月8日，陶河镇开展红十字博爱送万家活动

82.2%，比上届增加18%；“两委”干部高中、大中专以上42人；“两委”平均年龄49岁，比上届平均年龄减少3岁，致富能手29人，占30%。三是结合创建全省村级组织运作示范镇的要求，投入资金30万元，进一步完善硬件设施建设，印制《陶河镇村级组织运作制度汇编》，稳步推进村务公开规范化示范创建，夯实了基层组织基础，顺利通过了省村级组织运作规范化验收工作。

【禁毒工作】 2014年，加大了打击制吸贩毒的打击力度，按照县的要求，每月2次定期集中组织开展禁毒大排查工作，保持打击制吸贩毒的高压态势，严防死守，严格落实责任。同时积极开展创建“无毒社区”活动。至年末，先行创建“无毒村（社区）”5个。

【综治信访维稳】 陶河镇加大综治信访维稳工作力度，重点妥善解决了下边村黄某某社会治安矛盾纠纷积案、陶北村精神病人吴某某越级上访案件等，全年共受理来信3宗、来访案件8宗，成功调处10宗，调解成功率91%。

【扶贫“双到”工作】 在深圳龙岗区和市县帮扶单位的大力支持下，至2014年年底全镇共落实第二批扶贫开发帮扶资金约1000多万元，帮助雅卿、杨北、陶西、霞雅、杨西、陶新等村先后修建了村前公园、村委会址、农田水利设施、村公路、公厕等各项基础设施，并通过在县扶贫产业园购置店面，支持发展雅卿有机大米、杨北竹笋特色农业产业等项目，切实提高了群众收入。

（黄振启）

附：2014年陶河镇党委、政府、人大领导名录

党委书记：林建新（任至1月）
　　　　　郭立坚（1月起任）
副书记：钟长道　张文辉　陈梓峰（挂任）
镇　长：钟长道
副镇长：林志勇　颜小琪
人大主席：郭立坚（1月起任）
副主席：陈锦锋

村（社区）选介

【陶河镇桐埔村】 位于海丰县城东南10.5千米处，东面隔山岭与杨南村委交界，北邻陶南村委，西连雅卿村委，南连金锡村委。清乾隆五十四年（1789年）间由福建樟州迁徙于此建村，因该处初时为一片荒埔，埔上生长着梧桐树，由此得名。桐埔村委下辖桐埔、新建、新厝、高田4个自然村组成，聚落分布在陶河镇西南面X129一侧，属丘陵地带的纯农地区。桐埔村总耕地面积115.2公顷，林地面积499.1公顷。农业以种植水稻、蔬菜为主，兼种荔枝、龙眼等水果。2014年，总人口2230人，人均年收入7094元。在高田村后设有桐埔小学一所，担负金锡、桐埔两个村委8个自然村的小学教育。2001年兴建了可供4000人饮用的自来水站，2004—2005年间铺设了桐埔1路、2路、3路，2路通3路水泥路面建设，实现了村村通水泥路。2014年，桐埔村积极投入新农村建设，筹集资金600多万元，新修建颜氏祖祠，建设了村前文化广场、风景池、水泥町等，扎实推进社会主义新农村建设步伐。每年农历三月初三日和农历九月初九日，桐埔村都要举行大型的演传统戏。

赤 坑 镇

综合概况

【概况】 赤坑镇位于海丰县东南部，是历史悠久的革命老区之一。东北面隔东溪与陆丰相望，西北面与陶河、可塘镇毗邻，西南面与汕尾市城区东涌镇接壤，东南面与田墘、大湖两镇以羊牯岭山脉分界。赤坑镇所在地青坑圩距海丰县城27千米，距汕尾市区15千米，交通四通八达，临近厦深铁路汕尾站2千米，距离深汕高铁埔边出口10千米，省道汕可公路、县道陶赤、赤大等公路穿越镇区。水运经流冲河通东、西溪、进入红海湾与碣石湾。全镇总面积117平方千米，山地资源、水资源丰富。辖青坑1个居民社区和南土、下兰、古流、茅湖、赤花、岗头、尧陂、上埔、船坞、下围、大化、石望、下埔、沙大、社美、仁家、屿仔、吉屿、长围、溪金等20个行政村，共有人口7万多人，有耕地约3466.67公顷（包括坡度在25度以下的旱地，其中：水田2533.33公顷，旱地933.33公顷）、山林地约4066.67公顷、咸淡水约800公顷，是海丰县第三人口大镇，也是全县农业大镇。

2014年，全镇经济社会稳步发展，完成工农业总产值10.9亿元，与2013同比增长9.3%。其中工业总产值达到7.2亿元，同比增长9%，规模上工业2792万元，规模下工业6.9亿元，同比增长10%；农业生产总值达到3.7亿元，同比增长6%；社会消费品零售总额6.8亿元，增长14.8%；全社会固定资产投资总额3.2亿元，各项经济指标保持健康平稳发展的势头。一年来，完成国地两税共246万元，其中地税202万元、国税44万元。从数据来看，全镇经济发展形势良好，基础设施建设日趋完善，项目建设如期推进，呈现出社会稳定、各项事业齐步迈进的局面。

【机构人员】 赤坑镇政府机关下设机构有人力资源和社会保障所、计划生育服务所、安全生产监督管理站、文化服务中心，均为正股级事业单位。2014年，有行政编制67名，其中：国家公务员45名（含镇财政所4名），工勤人员7名，计生服务所编制5名，劳动保障所编制1名，安监站编制5名，文化服务中心编制4名。

【农业经济】 2014年，赤坑镇大力推进农业工作的创新发展，重点突出优质有机粮种植的推广工作，由农业龙头企业丰隆米业与省农科院校合作，承包13.33公顷农田进行有机种植的先行先试，按高标准建立有机米种植基地，随后根据有机种植效益评估进行进一步推广。全年全镇水稻种植面积达到3118.2公顷，其中早稻1288.2公顷、晚稻1830公顷，收割情况良好，平均亩产约420千克。2000公顷以荔枝为主的水果，挂果面积约1066.67公顷，总产量2万吨，收成情况较乐观，但由于受其他产地影响，价格较低。

2014年4月10日，赤坑镇召开第十五届人民代表大会第四次会议

333.33公顷以罗非鱼为主的淡水养殖基地和400公顷以虾蟹混养为主的咸水养殖基地，生产经营正常。

【重点项目建设】 2014年，赤坑镇争取到上级财政投资建设的农田水利项目有7个，总投资约0.7亿元，省级补助资金达4000多万元。①总投资2700多万元的海丰县东溪下游综合整治工程项目于2014年11月25日动工建设。②丰来、六九、下兰、古流等四个小（2）型水库除险加固工程已完成95%的工程量，预计2015年上半年可完成。③投资700多万元、惠及农田面积433.33公顷的南土片标准化农田整治工程项目正在抓紧建设之中。④投资600多万元、惠及农田面积366.67公顷的屿仔片标准化农田整治已完成前期准备工作，计划明年上半年动工建设。⑤积极做好四宗小型灌区、机电排灌二宗中型水闸、截山洪加固工程的立项前期工作，争取早日动工建设。

【基础设施建设】 ①投入60多万元建设农村学校师生饮水安全工程，着力解决了3所学校2012个师生饮水安全问题。②石望村经规划设计，立项建设，社会主义新农村建设第二期工程正积极建设中，而且在市汽运总公司的帮扶下，建设了市汽运总公司石望村新农村建设联系点，改善群众交通便利条件。③投资30多万元做好陶赤公路路基排水、涵道配套、路肩整治工程。④进一步完善行政村通自然村道路，投入100多万元对船坞、古流、南土、茅湖等村道进行硬底化建设。同时，解决好群众集中反映的突出问题，预计投资400多万元的镇文化广场、宫前溪环境整治以及镇敬老院改扩建等民生项目进入审批申报程序。

【招商引资】 2014年，赤坑镇继续加大外引内联程度，优化投资环境，突出做好以工业园区为主、特色产业为亮点、基础设施为依托的重点项目建设。①占地面积2万平方米、总投资9000多万元的汕尾市利群生态农业有限公司建设工程已完成综合办公楼和厂房配套硬件建设，进入生产设备组装调试阶段。二期工程预计2015年上半年投入建设。②占地约2.5万平方米的汕尾市第三人民医院征地工作已完成交地，进入开工建设中。③总投资150多万元的咬破斜环境整治工程二期工程按程序完成前期准备工作，已动工建设。④占地面积约7万平方米的汕尾市强制隔离戒毒所项目征地正按计划进行中。⑤赤坑镇区域性农产品

2014年11月1日，市县领导、校友为赤坑中学图书馆和运动场落成剪彩

2014年11月1日，副市长刘小静（左一）出席赤坑中学建校60周年庆典活动，为捐款50万元的校友授牌

2014年11月1日，深汕特别合作区党工委书记、海丰县委书记、县人大常委会主任沈木荣（右一）在赤坑中学建校60周年庆典仪式上为捐款10万元以上的校友授牌

2014年11月1日，赤坑镇委书记、镇人大主席余正茂（右一）为捐款4万元以上的校友授牌

批发市场建设项目已完成初步可行性研究，积极加大招商引资工作。

【民生工作】 2014年，全镇农民参加医保人数5.6万人，住院报销金额达2200多万元（不包括住院直销），大大减轻了群众负担。积极做好低保户的核查工作，确保高质量完成低保户的核查工作；认真做好困难群众救济工作，实施最低生活保障线制度，确保"低保户"应保尽保；按时发放年度种粮直补、农机补贴、老龄补助等惠农资金，确保党和政府的惠农惠民政策落到实处。年内，赤坑镇扶贫开发"双到"工作扎实推进，全镇329户贫困家庭1712人已基本实现脱贫目标；全镇221户贫困户实施了危房改造项目，深圳市龙岗区帮扶的船坞、古流等两个村的办公楼正在施工建设中。同时，积极开展村级公益事业一事一议工作，其中古流、茅湖、下兰、赤花、上埔、石望、长围、屿仔、南土、下埔10个村委的建项目已获批省以上财政补助资金63.68万元，极大地改善了村民的生产生活条件，加快了社会主义新农村建设的步伐。

【教育事业】 2014年度，全镇适龄儿童入学率达99.18%，小学生的毛入学率100%，中学生的毛入学率达100%。普九成绩显著，其中小学毕业生升学率达到100%，"三残"儿童入学率达100%以上，小学在校辍学率控制在0.5%以下，2014年秋季共有182人进入高中继续学习，赤坑中学高中部参加高考人数共有62人，其中上本科线有3人，本科上线率5.17%，上3A线有10人，上专科线有41人，专科上线率45%。赤坑中学60年校庆及图书馆剪彩庆典活动已顺利举行，共筹集到538万元，已建成运动场、校道围墙等配套设施，各教室均已配备多媒体，实现了信息现代化教学，极大提高了教学质量及效率。赤坑镇加快推进教育创强工作的开展，积极迎接"广东省教育强镇"督导检查验收。

【群众文化】 以县创建"文化强县"为契机，着力抓好镇综合文化站、文化广场等文化设施建设，全力推进"文化强镇"建设。完善村委（社区）文化设施配套，全镇共建立农家书屋等村级图书室21家；积极保护和发展正字、白字两种稀有剧种，合理安排镇7大戏剧团和30部放映机的演出及播放时间，活跃文化氛围，丰富人民群众的文化生活，弘扬赤坑"戏剧之乡"的文化传统。2014年全年全镇放映电影500多场，演戏280多台，大力开发具有赤坑地方特色的人文、民俗、旅游文化，促进文化与经济融合。同时，加强对文化市场的清理、整顿和管理，宣传部门牵头公安、工商、文化部门联合清理黑网吧4间，净化了文化市场。

【卫生和计划生育】 2014年，中心卫生院改进服务流程，加强医院管理，贯彻"预防为主"方针和"治病救人"的宗旨，切实做好妇幼保健和防疫工作，2014年全镇儿童计确保全年没有疫情和公共医疗卫生事件发生。兽医部门做好禽畜防疫，全镇年内使用针剂约1200瓶，避免了本地区禽畜疫情的发生。赤坑镇坚持把计生工作放在统筹社会发展的首位，深入落实"一证现行"制度，扎实有效地开展计生集中活动，狠抓各项工作的落实，积极营造稳定低生育水平、提高人民生活质量的良好社会环境。2014年，全镇落实"四术"措施789例，其中结扎391例、放环383例、落实补救措施15例，节育率达83.26%以上，计划生育率达89.86%；人口出生率11.31‰，自然增长率6.69‰。

【环境卫生整治活动】 2014年，赤坑镇认真组织开展"美丽赤坑，清洁先行"环境卫生整治活动，通用广播、宣传单、横幅等形式，并将每月10日定为环境卫生日，大力宣传卫生知识，提高群众卫生意识；城建办完善了管理制度，落实专人包干管理，确保地段清洁，认真做好绿化、美化工作。同时，积极投入近百万元资金，极力完善了基本卫生设施，建设赤坑垃圾转运站1个，各行政村已建成垃圾收集点54个。

【综治信访维稳】 2014年，赤坑镇紧紧抓住"建设平安赤坑，稳定是第一责任"这一主线，坚持以社会治安综合治理为载体，以各村维稳站为依托，在稳步推进领导干部大接访活动的同时，竭力做好矛盾纠纷的调处工作，维护了全镇社会的稳定。认真贯彻上级指示精神，认真开展禁毒排查行动，全面落实工作责任制，镇党委、政府联合派出所共出动20台次，到全镇21个村（社区）及重点地段进行全面排摸，其中踏查存在隐患的鱼塭10处，果园、林园17处，养殖场17处，厂房7处，坚决预防非法种植毒品原植物或从事其他违法活动。全年综治中心共接访16宗，成功调处16宗，调处率100%，避免了矛盾激发，让矛盾纠纷熄灭于萌芽状态；全镇共立刑事案件15宗，已破案8宗，破案率53.33%，抓获犯罪嫌疑人9名，其中破获贩毒案件7宗，抓获贩毒人员8人，查处行政案件30宗，抓获各类违法人7名，其中抓获吸毒人员30名，其中，强制戒毒23宗、23人。有力震慑了犯罪，为群众挽回经济损失，创造安全、和谐的社会环境。

【基层组织建设】 2013年，赤坑镇重视基层党组织班子和党员队伍建设。全镇共有38个党支部，1642名党员，其中预备党员31人。入党申请人72人，积极分子134人，发展对象104人。按照县委的安排和部署，立足赤坑镇实际，进一步加强村组基层组织建设，制定了《赤坑镇村（社区）换届选举工作实施方案》，严格依法按程序做好换届选举工作。同时，以深入开展党的群众路线教育实践活动为契机，进一步健全完善基层工作机制，健全落实镇党政联席会、干部职工上下班、公务接待、大型会议及活动等方面的制度，不断提升基层党组织服务群众能力，为促进全镇经济平稳较快发展和社会和谐稳定提供了坚实的组织保证。

（彭素珍）

附：2014年赤坑镇党、政、人大负责人名录

党委书记：余正茂
副书记：黄胜国（1月起任） 余鸿垒
镇　长：黄胜国（1月起任）
副镇长：陈岳文　周达明　林木如
人大主席：余正茂
人大副主席：曾少群

村（社区）选介

【赤坑镇仁家村】 位于赤坑镇南侧，距离海丰县城30千米，共有人口1430多人，耕地面积28.67公顷。1975年前隶属青坑大队，1975后以上埔、仁家、社美组成为三联大队，并于1996年撤分。聚落沿赤大公路向西南呈块状分布，建筑为岩石瓦木结构的平房与钢筋混凝土结构的楼房。经济为农为主，种植水稻及经济作物，其中有辣椒17.33公顷。交通便利，多余劳力外出务工较多。2014年，仁家村积极稳步推进社会主义新农村建设，总投资达78.8万元。其中，投入资金5.6万元修建三面石丰坡入水沟长160米；投入资金3.5万元修整村内池坡长210米；投入资金25万元清理村前杂土3700平方米；投入资金3.5万元整理村前排水沟；投入22.05万元修建混凝土村前町3800平方米；投入2万元安装村内路灯；投入1.5万元修建村内道路；投入资金2.6万元建设内池坡钢管栏杆长200米。通过综合整治，仁家村村容村貌有了明显的改观。

【赤坑镇大化村】 位于赤坑镇东侧，背靠羊牯岭山脉，毗连大湖海岸。该村村民于明朝弦治时期迁此定居，原地处海边属低洼之地称为“大澳”。后人为了简化，取“澳”字之谐音，写成“化”字，文以俗成后称“大化”，沿用至今。聚落沿山麓自东—西向呈长方形状分布。建筑为岩石瓦木结构的平房和钢筋混凝土结构的楼房。经济来源以农为主，种植水稻、番薯等粮食作物，其中水稻33.33公顷，番薯5.33公顷，辣椒花生等农作物共13.33公顷。广阔山地造林种果，以荔枝和龙眼为主。部分村民兼以养殖业，共有鱼虾混合水产业66.67公顷。大化村民热爱戏剧，内有白字戏剧团，并有一舞狮队。2014年，大化村委辖大乡、老厝场、尧厝乡3个自然村，总人口近4000人，山林1333.33公顷，湿地、水田耕地200公顷，于1998年列入鸟类省级自然保护。2014年，大化村委加快建设社会主义新农村。多方筹措资金，投入资金34万元完成村路灯整改工程及设立电子摄像监控系统，方便了群众夜晚出行；投入资金约7万元建设约30平方米的村文化活动广场；投入资金4万元改善村内环境卫生。同时，还积极进行整改农田水利工程和大力扶持低收入户50户实施危房改造。村计划加大资金投入建设村容村貌、农田水利、交通、文化场所等，进一步改善村民的生产生活环境。

【赤坑镇古流村】 位于赤坑镇北侧，是赤坑镇第二大村委会，距离海丰县城30千米，有公路通往赤坑镇、可塘镇以及汕尾等地。聚落沿南土公路向西南呈块状分布，建筑为岩石瓦木结构的平房与钢筋混凝土结构的楼房。经济以农为主，主要种植水稻、辣椒、荔枝等经济作物，多余劳力外出务工较多。古流村委下辖回陇埔、流冲、古住，叶厝坑4个自然村，有人口6018人，农田耕地面积266.67公顷。2014年，在深圳横岗街道对口帮扶下，古流村加快建设社会主义新农村。在基础设施建设方面，投入56万元完成赤古线（古流段）2.6千米公路改造工程；投入20万元左右，完成南土分渠（古流段）修复加固工程、下陇围片农田排灌系统整治工程；投入10万元，改善古流村小学教学设施；投入15万元购置垃圾转运车，改善村内环境卫生情况。此外，村委综合办公楼（预计投资50万元）、自来水改造工程（预计投资110万元）已完成施工招标工作，正在开工建设中。投入50万元进行低收入者危房改造，已完成首批40户低收入者危房改造，45户困难户危房改造正在顺利进行。

大 湖 镇

综合概况

【概况】 大湖镇位于北纬22.8°、东经115.5°，为海丰县最东端。全境地势西高东低，西南倚大德山，东南、南边和东北三面临海。东北以东溪河中心线为界，与陆丰市上英镇隔河而治；西北毗邻赤坑镇；西南至南部以大德山脉为界，与红海湾田墘街道接壤。区域总面积58平方千米，其中陆域面积28平方千米、海域面积30平方千米，海岸线长21.8千米。大湖镇距离汕尾市区约30千米，距离海城45千米，距离红海湾内湖7千米，距离陆丰市上英镇6千米，水陆交通便利。大湖镇管辖石牌社区、高螺、大德、山脚、新置、湖仔6个村（社区），共有17个自然村，2014年总人口1.26万人，居民多为汉族。

因大德、湖仔为该地区较早较大的村庄，合称“大德湖仔”，故取名“大湖”并一直沿用至今。明、清时期，大湖属海丰金锡都，设大德约。民国时期属六区（赤坑）。新中国成立后仍属六区，1964年4月从赤坑划出成立大湖人民公社，1984年3月撤销人民公社设立区公所，1987年撤区设镇至今。

大湖镇系以养殖业为主、种植业为辅的滨海乡镇。2014年，全镇有各类养殖面积约666.67公顷，耕地面积576.67公顷。工农业总产值2.45亿元，其中渔业产值1.74多亿元，农业产值4560.7万元，年人均收入为5800元。名优土特产品主要有高螺蚝、东溪虾、蟹以及大湖花生、红肉柚、咸鸭蛋等。

【机构人员】 大湖镇人民政府是乡镇一级人民政府，下设5个办公室：党政办公室、维护稳定和社会治安综合治理办公室、经济发展办公室、社会事务办公室、人口和计划生育办公室；3个群团组织：共青团、妇联以及工会。下辖安全生产监督管理站、文化管理服务中心、计划生育服务所、人力资源与社会保障服务所4个职能部门。总编制为行政编制33名，事业编制11名，工勤编制5名。

【农业经济】 2014年，为充分发挥大湖镇山脚及湖仔两村花生种植的优势，破解由于缺乏科学技术指导，产品只能以较低价格销售，生产销路及价格无法保证，农户无法最终得到实惠的瓶颈，镇党政连同深圳对口扶贫单位启动在两个村的扶贫项目中以合作社+基地+农户模式建设166.67公顷花生种植示范基地项目，打造花生农业产业化，通过合作社收购农产品稳定货源，而且统一生产能够更好地保证花生的品牌和质量，而农户参与合作社之后，能够享受合作社提供的一系列服务，使贫困户得到最实在的优惠。

【旅游资源开发】 大湖镇境内拥有大湖鸟类省级自然保护区、始建于明嘉靖十年（1531年）的大德妈祖庙旅游区、延绵21.8千米的海岸线和木麻黄防护林带及螺地等一批名胜景点，为打造旅游强镇，2014年镇党政依照大湖镇旅游发展总体规划和高螺村旅游详细规划，推进大德妈祖旅游区和鸟类保护区建设，其中妈祖旅游区完成马宫山山体复绿及环山石阶路、凉亭及山门建设等工程，进入到马宫山山顶树立高28.84米“五身妈祖石像”及妈祖生平石雕群的二期建设阶段；鸟岛方面则以计划鸟类保护区为建设平台，通过建设游艇码头和综合性服务中心、游客接待区和副观鸟园区及滨海小镇特色休闲客栈等，打造高螺旅游特色村，由点带面的方式发展大湖镇旅游产业。

【重点项目建设】 ①全力推进交通项目建设。建设规模为二级公路桥（总长3.3千米、跨海大桥建设规模为总长466.5米，桥面宽12米的大湖大桥）项目，于2014年10月1日开工建设，已完成16个主体桥墩建设，按照工程进度，有望在2015年7月份完成全部主体桥墩建设工作、投资203万元的大湖至汕尾遮浪沿海公路危险路段改造工程进入招投标阶段。②加快全镇绿化工作。为打造大湖森林公园，投入资金20万元完成大湖镇绿化规划编制工作，并按照规划投资50万元完成大德妈祖旅游区山体、沿海公路两边路肩绿化及石牌社区绿化带土地平整等工作，全面完成辖区内全部山体的复绿工作。③石牌华成峰小区建设。按照新农村建设要求，着力打造新农村示范点，规划修建了9间住房安顿倒房五保户，并在县的大力支持下，规划设计4200平方米土地建设7栋42套安居房。通过“上级补一点、社会捐一点、群众出一点，置换宅地帮一点”的方式筹措建设资金652万元，完成石牌华成峰小区建设。④其他项目建设齐头并进。投入资金108万元完成南斜湖灌区改造工程；投入资金201万元建设五个村（社区）卫生连片整治工程；同时，投资

7700多万元的南北堤围除险加固工程和投资700多万元的海岸线、河口生态整治工程已获得省水利厅和海洋与渔业厅的建设批复文件，进入招投标前期工作，省级现代养殖示范区及养殖专业镇项目申请也在推稳妥进中。

【推进教育创强工作】 大湖镇积极实施中小学布局调整，大力提升教学设备和资料等软硬件设施。在上级的大力支持下，在镇党委、政府的不懈努力及大湖外出乡贤的慷慨解囊下，筹集资金500多万元，建设了镇中心幼儿园、多媒体教室等工程项目，达到创建教育强镇标准，于2014年7月以优秀等次通过省督导组验收检查。

（林基谋）

附：2014年大湖镇党委、政府、人大领导名录

党委书记：罗　恒

副书记：王一济　刘加惠（任至5月）

镇　长：王一济

副镇长：佘炳卫　施养雄

人大主席：罗　恒

副主席：施明镜（任至5月）

村（社区）选介

【大湖镇高螺村】 位于大湖镇西北部，聚落坐西向东，三面环水，面向东溪，当地称为印江，与陆丰上英镇隔江相望。2014年，全村有620户，3941多人口，面积8.7平方千米。境内有占地面积2385.5公顷，俗称鸟岛的大湖鸟类自然保护旅游区湿地生态系统，岛内鸟类繁多，鹭鸟、水鸭、鸬鹚、雁鹰、野鸡、紫水鸡、和国家Ⅱ级保护鸟类黄嘴青脚鹤、海鸬鹚、白琵鹭、黑脸琵鹭、卷羽鹈鹕等，共计160多种鸟类，据调查统计，每年有超过1万只水禽在此繁殖，而冬季有数以万计的候鸟在保护区内越冬，其中数量超过5000只的有鹭鸟、野鸭、椋鸟、鸬鹚、鸻鹬类等，另有过境补充食物的候鸟过万只，与海丰县莲花山公园、陆河南万红椎林等旅游景点合誉为“粤东旅游黄金海岸”。村内养殖业发达，主要海产品有“高螺蚝”“双膜蟹”“东溪虾”和“乌鱼”“鲈鱼”等各类咸淡水鱼。近年来，在大湖镇和高螺村两委的共同努力下，高螺村社会主义新农村建设成果明显，村庄房屋建设规划有序，各项公共基础服务设施日臻完善，全村绿化覆盖率达58.2%，建成区绿化覆盖率达到26%，空气清新宜人，群众安居乐业，社会和谐稳定，相继被评为“省级卫生村”和“省级生态村”。

注：已完成石阶路及凉亭建设

梅陇镇

综合概况

【概况】 梅陇镇位于海丰县西南部，东连联安镇，西与鲘门、赤石相毗邻，北靠莲花山脉，南临红海湾，海岸线全长14千米。镇政府驻地梅陇圩，距县城16千米，距汕尾市区45千米。土地总面积152.25平方千米。下辖银丰、银液、梅西、梅星、月池、屿岭、仓兜、联兴、梅联、梅尖、新渔、竹符、东联、新寮、东风、红阳、永红、联平、石洲、石安、石南、围湖、南山、新兴、高中、东港、云路、东家亚、水踏、梅东、梅陇等31个行政村和西兴、梅北、中兴、东兴、梅南等5个社区，计有154个自然村，常住人口约13.5万人。2014年，全镇粮食种植面积4453.33公顷，其中水稻4254.33公顷，总产2.6万吨；蔬菜总产量9.8万吨；水产品总产量3.8万吨，比上年都有不同程度的增产。

2014年，梅陇镇实现工农业总产值72亿元，同比增长16%，其中完成工业产值64.1亿元，同比增长9%，完成农业产值7.9亿元，同比增长6%。规模以上工业企业数为7家，规模以上工业产值50.98亿元，同比增长33.8%；完成固定资产投资16.04亿元，同比增长30%；完成社会商品零售总额37.6亿元，同比增长23%；完成外贸出口总额23.36亿元，同比与上年持平；完成税收6330万元，比增16.57%，其中国税完成3730万元，地税完成2600万元。

【机构人员】 梅陇镇人民政府是乡镇一级人民政府，设党政办公室、维护稳定和社会治安综合治理办公室、经济发展办公室、社会事务办公室、城乡管理办公室、人口和计划生育办公室和农业办公室7个办公室和共青团、妇联以及工会。辖安全生产监督管理站、文化管理服务中心、计划生育服务所、人力资源与社会保障服务所4个职能部门。2014年，总编制为行政编制55名，事业编及职工共146名，工勤编制10名。

【农业基础设施建设】 2014年，农业基础设施建设不断强化，省千里海堤东关联安围段建设工程进展顺利，并将南山、梅尖水闸纳入规划，进行建设，船路水闸、虎头沟水闸已由县向省要求立项建设；东港片以及红阳至屿岭片的农田综合整治工程全面动工建设；高标准农业建设示范工程已竣工投入使用；鱼仔潭灌区改造工程基本完成施工，正在抓紧做好收尾验收工作；九径水库、马福兰水库基本完成加固工程；梅陇灌区改造工程已完成规划设计，并得到了省政府同意，将船路、虎头沟水闸纳入规划一并改造，

梅陇镇镇府大楼

2015年即可动工建设。

【工业经济】 2014年，根据梅陇镇产业发展特色，有的放矢，进一步加大首饰产业引导扶持力度，提高企业自主创新能力，加快转型升级，使全镇首饰产业的规模越来越大，档次越来越高，效益越来越好。全镇各类首饰企业（车间）800多间，占全镇工企业的76%，从业人员2.4万人。特别是各大首饰龙头企业均得到了长足发展，金桔莱黄金首饰有限公司成功完成上市计划；展鹏、黄金堂、金六福等珠宝首饰公司的转型升级力度不断加强，与国内外各大首饰品牌建立起良好的合作关系，产品畅销国内外。年内，还着力抓好首饰发展综合配套平台建设，积极推进梅陇珠宝首饰产业园、泰林国际珠宝首饰园区和大钳西黄金珠宝首饰园区等项目，促进首饰行业集群化发展，加快首饰发展步伐。

【重点项目建设】 ①梅陇西环路基本完成路基的铺设工作。梅陇中心城、锦溪城已完成土地平整，高级商住小区建设正在紧锣密鼓施工。②梅西储备地加紧开展征地协议签订工作；梅陇简厝片集体土地转储备地工作取得县政府同意，开始组件报批。③天星湖科技园区用地组件全面完成，计划总投资12亿元的华成峰抗衰老中心确定在科技园落户，并已完成规划设计等前期工作。④总投资约8000万元的污水处理厂完成选址、组件报批等前期工作，并以完成规划设计和建设用地征收工作，即将进行主体工程建设。⑤平安洞新自来水厂正加紧推进，计划投资约7000万元，引用平安洞水源建设日供水量5万吨。已完成土地征用，规划设计等前期工作，正抓紧推进主体工程建设，主管道铺设工作也将全面展开，力争2015年6月底前完成自来水厂建设和主管道铺设，建成后与黄山洞水厂实现双向供水，全力解决群众“饮水难”的问题。⑥推进泰林二级医院建设，该院按照甲级人民医院建设，计划投资约1.5亿元，总占地面积约4万平方米，位于月池村片区。已取得市卫生局批准，县国土、环保、住建、卫生、发改等部门也出具同意建设意见。土地征用工作已全面完成，正在理顺用地手续和开展规划设计工作。

【落实民生工作】 2014年，农村生活垃圾设施建设工作有效实施，投入资金120多万元，建设了村级垃圾收集点，镇垃圾中转站，拓宽了镇垃圾处理站。新一轮“扶贫双到”工作顺利开展，落实了一批惠民、富民项目。龙岗—海丰珠宝产业园、各扶贫村晒谷场等项目建设进展顺利。种粮直补、柴油补贴等惠农措施落实到位，农民群众得到更多实惠。

【其他各项工作】 ①矛盾纠纷排查等综治机制落实到位，积极开展信访积案化解活动，有效地解决了一批信访积案，确保了全镇社会安全稳定。②积极开展打黑除恶、打击“双抢一盗”工作，深入开展“禁毒清查”活动，社会治安得到进一步好转。③“教育强镇”创建工作有序开展，筹集资金200多万元，完成了全镇各中小学的多媒体教育设施建设，提高了现代化教育水平。④医疗条件不断改善，城乡居民医疗保险整合推进，参保率不断提高，梅陇人民医院门急诊综合大楼主体建设工程基本完工，正在抓紧配套先进医疗设备。⑤计生工作常抓不懈，市、县下达的各项人口控制指标全面完成。殡改工作强势推进，顺利完成市、县下达的工作任务。⑥社保扩面征收力度进一步加大，县下达的扩面征收任务全面完成。⑦安全生产警钟长鸣，火灾隐患重点地区整治工作顺利得到市政府摘牌销案，并取得优秀等次。此外，工会、共青团、妇联、武装、文化、体育等工作也取得较好成绩。

【开展党的群众路线教育实践活动】 2014年，梅陇

梅陇人民医院急诊综合大楼

梅陇镇机耕路和灌溉渠建设

梅陇镇梅陇人民二路建成通车

镇积极开展党的群众路线教育实践活动，进一步加强党委、政府自身建设，不断提高领导班子思想理论素养、工作水平和引领发展的能力。以镇党政民主生活会为主要抓手，带动村级党组织民主生活会深入开展、积极开展“直联”活动，巩固“直联”制度，有效促进党与群众的血肉联系。严格执行中央八项规定和省委实施办法，严格执行“三公”经费支出规定，大力压缩行政支出，把资金用在“刀刃”上，认真办好各项民生实事工程。同时，切实加强机关作风建设，自觉接受人大法律监督，动真碰硬反“四风”，村级组织建设不断得到夯实，圆满完成村（社区）两委换届选举工作，打造了一支战斗力强的干部队伍，有效地树立了党委、政府的良好形象。

（马国平）

附：2014年梅陇镇党委、政府、人大领导名录

党委书记：郑惠暖
副书记：谢江威　王少明
镇　长：谢江威
副镇长：林建国　曾钰淮
　　　　罗鸿雁　颜依林
人大主席：郑惠暖
副主席：施华森

村（社区）选介

【梅陇镇水踏村】 位于梅陇镇东部狮蹄山下，毗邻联安镇。水踏村名取之于咸淡沓至，即咸水头，淡水尾，水踏村是“革命老区”，全村有18位革命烈士。新中国成立前交通十分不便，地理环境恶劣，是远近闻名的穷乡村。新中国成立后，通过土地改革，兴修水利，农田由单造变双造，农民的生活得到改善，1970年平均亩产跨《纲要》，被当时梅陇公社评为农业先进单位。改革开放后，农业、能源、交通、医疗等领域都发生很大变化。2008年起，村委会向村民公开承诺，凡水踏户籍人口，考上本科以上的学生，凭录取通知书到村委会领取500元奖励金，体现了对教育事业的重视。2014年，水踏行政村辖有6个自然村，638户，共2738人，耕地面积87.2公顷。走进水踏村，看到成片瓜果的香蕉树，成片的蔬菜，田头的道路，有收购香蕉、蔬菜的车辆，农民耕作方式也发生了巨大改变，插田、刮稻、运输机械化，科学技术的发展，给农民带来实惠。水踏村还素有“建筑之乡”的美称，村民们农闲时间就往梅陇镇墟内从事建筑业，20世纪80年代，每天都有一大批建筑大军起早摸黑进镇区务工。近年来，各自然村都在美化村容村貌，已筑村道2条约0.8千米，无害化公厕2座，改建鱼塘1个，晒谷町约1000平方米，改建和正在改建的晒谷町约500平方米。

【梅陇镇东风村】 位于梅陇镇区西北部角罗山下，南以梅陇村委、梅西村委交界，北以银丰村委交界，西至石罗山，属半丘陵地区。东风村是“革命老区”，共有38位革命烈士。全村共有耕地面积108.53公顷，旱地（弃耕地）66.67公顷，山林地533.33公顷。改革开放后，大力平整耕地，把大部分高低不平畦地平整为连片耕作地，先后兴修了马福兰村小水库，白石岗村山塘，全围村拦水坝和新厝仔拦水坝，大大改善了耕作环境，将大部分的旱园变为良田，从原来耕作困难改变为种植作物的良田，人民群众生活得到改善。2014年，全村村民100%都参加城乡医疗保险，都实现了丰衣足食，病有所医，住有所居，老有所养。实现村村通路通电通水，居住环境得到了大的改善。

鲘门镇

综合概况

【概况】鲘门镇位于海丰县城西南部的红海湾畔，距海丰县城31千米，东北面与梅陇镇接壤，西北与赤石镇接壤，西南与小漠镇相邻，西南方面向大海。鲘门镇属亚热带海洋性气候地区，自然环境优越，海洋资源丰富，以海产品著称，旅游资源丰富，有壮帝居、岩公亭等名胜古迹。鲘门镇以旅游业、饮食业为开发建设重点，吸引外来企业、财团进行开发，努力打造“旅游重镇，美食重镇”。全镇总面积35.42平方千米，海岸线全长23千米。下设1个社区和7个村委会，有41个自然村，芒屿岛，鸡心岛，江牡岛属鲘门管辖，全镇常住人口18962人，共5515户。

2014年，全镇完成工业总产值3.63亿元，同比增长29%。完成农业生产总值3.47亿元，同比增长6%；完成固定资产投资6.2亿元，同比增长29%；社会消费品零售总额6.2亿元，同比增长24%；农民人均纯收入7411元，同比增长5%。

【机构人员】鲘门镇人民政府是乡镇一级人民政府，内设机构：党政办公室、经济发展办公室、稳定和社会治安综合治理办公室、社会事务办公室、人口计划生育办公室及共青团、妇联以及工会。2014年，有行政编制33名（含镇财政所行政编制3名），后勤服务人员5名。领导职数：党委书记1名（兼人大主席），副书记2名（1名兼镇长），镇长1名（由副书记兼任），纪委书记1名，人大专职副主席1名，人民武装部部长1名，副镇长2名，党委委员按有关规定配置。

【重点项目建设】①金丽湾度假村项目进展顺利，投资额为1.5亿元的5栋31层住宅一期工程已于2014年4月开工，主体结构计划于2015年年初封顶，2015年年底前全面竣工。②后澳储备土地总面积90133平方米，已经完成42.6%的平整回填，修建了新排水沟。③深汕西高速公路鲘门服务区扩建项目总投资12亿元，总用地面积约33.33公顷，一期17.13公顷用地的使用者名称变更手续已经完成。④8月28日，第一届鲘门海鲜美食节开幕，活动由深圳对口帮扶汕尾指挥

2014年7月5日，深汕特别合作区社会事务办公室副主任、镇委书记、镇人大主席李锦梅（右）为新当选的鲘门镇镇长刘加惠（左）颁发当选证书

第一届鲘门海鲜美食节开幕

2014年10月30日，鲘门体育健儿横渡百安半岛

部和深汕特别合作区管委会共同主办、鲘门镇府协办，是2014汕尾海洋旅游文化节的重要内容之一。活动为期3个月，《深圳晚报》、南方卫视等媒体多次报道，美食节期间共接待食客近60万人次。

【民生工作】 一是扶贫开发工作深入开展。积极争取省、市、县各级挂扶单位的支持，发动社会各界力量，2014年共筹集资金约25万元对贫困户进行帮扶慰问。二是完善农村社会保障制度。实现城镇居民医疗保险、新型农村合作医疗的全覆盖，农村合作医疗覆盖率为100%。三是全面优化城乡卫生居住环境。定期检查村、社区卫生环境，督办垃圾清理、村容整理；雇佣环卫工人，每日清扫镇区，保证镇容整洁；成立城建工作队，对乱摆乱放、占道经营等违法行为进行整治，营造良好市场环境。四是保障群众饮水安全。投入资金约20万元，落实整改措施，加强自来水基础设施建设，切实解决群众饮用水方面存在的问题。五是完善道路建设。筹集资金50多万元，对港边路进行了硬底化建设。

【教科文卫体事业】 2014年，积极推进教育创强工作。加强教育基础设施建设，完善小学多媒体教室、运动场、图书阅览室等教育设施。稳步发展文化事业。实施文化“三下乡”工程，通过送戏下乡，组织歌舞晚会，丰富人民群众文化生活。大力推进全民健身，筹资100万元，建设了三堆石山登山台阶和半山篮球场，组织游泳健儿横渡百安半岛，通过体育运动场所的完善，活动的组织开展，大大提高了人民群众参与体育运动的热情。鲘门卫生院原址重建工程开工，进一步完善医疗配套设施，改善群众就医环境。

【综治维稳工作】 2014年，鲘门镇以维护稳定为目标，以平安建设为载体，以安全防范作为综治工作的重点，狠抓各项工作措施落实，稳步推进综治维稳和平安建设工作。开展平安创建活动，对安全隐患进行全面排查，重点整治道路交通和消防安全，全年未发生一宗安全责任事故。综治信访中心运转流畅，全年调解民事纠纷150余起；立刑事案件6宗，破获5宗；受理各类治安案件30宗，处结30宗。开展专项整治活动，加大反走私和禁毒工作力度，将走私贩私和制贩毒拒于镇门之外。

【基层组织建设】 2014年，鲘门镇以群众路线教育实践活动为契机，以服务型基层组织建设为抓手，进一步加强基层组织建设。一是扎实开展群众路线教育实践活动。全镇22个党支部，500多名共产党员及有关单位干部职工参加了党的群众路线教育实践活动，有效改善领导班子和党员干部在“四风”方面存在的问题。二是依法依规做好换届选举工作，换届选举过程实现零投诉上访和零扰乱破坏选举，书记主任一肩挑比例和两委交叉任职率均为100%。三是开展以“提升镇党委对村“两委”班子的管控能力”为主题的书记项目，通过加强教育培训，培养村干部素质能力，提升村级工作规范化水平。落实约谈制度，加强党建示范点建设，以点带面，促进村“两委”干部工

厦深铁路鲘门站

作能力的提高，确保镇党委部署的工作落到实处。

（彭俊垣）

附：2014年鲘门镇党委、政府、人大领导名录

党委书记：李锦梅

党委副书记：陈腾渊（任至5月）

刘加惠（5月起任）

吴智强

镇　长：陈腾渊（任至5月）

刘加惠（5月起任）

副镇长：古俊敏　马　论　谢冬曦（女）

人大副主席：罗　瑞（任至5月）

村（社区）选介

【鲘门镇民安村】 位于海丰县鲘门镇西南方向，下辖2个村民小组，共730户，总人口3200人，以渔业为主。民安村处于镇圩区，距离镇政府约1千米，有多条道路通往广汕公路（324线），距离深汕高速公路（鲘门出入口）不足4千米，交通便利。民安村的文化古迹妈祖庙“天水宫”建于清朝时代，每逢农历三月二十三日妈祖诞辰，鲘门港人民百姓和境内外各界人士都会前来虔诚敬拜。民安村的渔业历史渊源悠久。全村有大小型捕捞渔船200多艘，主要在中、浅海捕捞作业，渔船总功率1.5万余千瓦，是鲘门镇纯渔业村。民安村结合当地优势，以渔业为支柱产业，大力发展海产品养殖、海产品加工和批发零售等产业，拓宽村民增收渠道，不断完善村的经济发展模式。

【鲘门镇百安村】 位于鲘门镇偏东南的百安半岛，三面环海，是一个半岛村庄。土地面积约3.82平方千米，其中耕地面积10公顷、山林地面积300公顷、果园面积40多公顷。百安村委会下辖3个村民小组，共165户，总人口905人，其中青年数约为250人，全村村民年均收入约5000元左右。百安村村民主要收入来源靠种田、捕鱼和养殖，村民大多数亦渔亦农，其中渔业是传统支柱产业。凭借滨海资源优势，百安村制订了以渔业、滨海旅游和“三高”农业为经济发展的三驾马车，促进了经济又好又快发展。百安村的村容村貌整洁，滨海风景优美，因滨海特色被省旅游局评为省旅游特色村。

小 漠 镇

综合概况

【概况】 小漠镇位于海丰县西南部，东南临海，西与惠东县黄埠镇接壤，北与鮜门镇隔赤石河相望，西北与鹅埠镇交界。小漠镇因驻地小漠圩而得名。小漠圩原称洪官圩，又名旺官圩。小漠地处红海湾畔，海拔2—5米之间，背山面海，属丘陵地形，海岸线长达19.5千米，浅海滩涂广阔。小漠镇自南向北呈三角形片状分布。2014年，全镇总面积34.45平方千米，下辖1个旺官社区及旺渔、东旺、南香、云新、元新、大澳6个村民委员会，有17个自然村，总人口1.2万余人。

明清时代，小漠行政隶属惠州府归善县稔山区平政司；民国时期，小漠先后隶属惠州府惠阳县第五区、第六区；民国后期（1930年后），先后隶属惠阳县第十七区、八区、十二区（吉隆）；1952年，小漠行政归海丰县第四区管辖；1953年，归海丰县后门区管辖；1960年，小漠并入鹅埠公社；1964年，小漠从鹅埠人民公社中划出，成立小漠人民公社；1984年4月，撤小漠公社成立小漠区公所；从1987年4月起，小漠区公所改称小漠镇人民政府。

2014年，全镇紧紧围绕“实现富民强镇、建设幸福小漠”的工作目标，解放思想，攻坚克难，团结奋进，较好地完成各项目标任务，开创了小漠经济社会发展新局面。全年完成工农业总产值34.93亿元，比上年增长27.1%；规模以上工业产值30.21亿元，比增29.3%；社会商品零售总额3.51亿元，比增25 %；固定资产投资13.08亿元，比增28%；年人均收入7680元，比增11%。税收3100万元，比2013年翻了一番，其中地税收入3020万元（地方本级税收1510万元），国税收入80万元。

【机构人员】 小漠镇人民政府是乡镇一级政府机构，下设5个办公室：党政办公室、维护稳定和社会治安综合治理办公室、经济发展办公室、社会事务办公室、人口和计划生育办公室；3个群团组织：共青团、妇联以及工会。下辖安全生产监督管理站、计划生育服务所、人力资源与社会保障服务所、文化服务中心4个职能部门。总编制为行政编制32名，事业编制3名，工勤编制5名。

【自然资源开发】 小漠镇自然资源十分丰富，濒临沿海，海岸线长达20千米，浅海滩涂广阔，发展海洋经济特别是发展水产养殖，具有得天独厚的自然优势，是海丰县的重点渔业镇和海水养殖专业镇。港口优势明显，乌山海区具有建设10万吨级码头的潜力。小漠渔港是广东省十大重点渔港之一，海丰县水产现代化养殖基地，又是汕尾市沿海渔船主要避风港和休渔期停泊港。旅游资源独特，小漠镇南方澳东西两侧延伸山丘礁岩石，2千米长的沙滩宽阔平坦，沙粒细小均匀，纵深腹地浅水区数十米，海水碧绿清澈，风静浪平，是得天独厚的天然海滨泳场。近年来，小漠镇实施旅游驱动战略，为旅游经济的跨越发展注入强大的活力和后劲。

【基础设施建设】 ①交通项目：小漠东旺至鹅埠产业园区公路工程总预算3682.59万元，已被省交通运输厅列入省投资补助计划，补助1140万元，即将建设，将极大地完善小漠镇的交通基础实施；②渔港项目：至2014年12月，总投资2500万元的渔港（省二类标准）建设工程已完成总工程量的92%，正在逐步完善配套设施。③水利项目：2014年12月，南风坑小（2）型水库除险加固工程顺利完工；赤石河口小漠段治理工程得到省人大高度重视，列入督办项目并交由省水利厅承办，并结合小漠渔港续扩建工程进行合并治理。新农村建设项目：以环境整治为重点，引导各村加强规划、分步实施，再次掀起村容村貌整治，使农村“脏、乱、差”现象得到较大改观，农村生产生活环境明显改善。尤其是云新、南香村力度大、投入多、效果好，成为全县新农村建设亮点之一，其中香坑村被市定为生态文明村，并通过市、县的验收。

【农业经济】 2014年，小漠镇种植业方面，全镇水稻种植面积80公顷，经济作物种植面积120公顷，养殖业方面水产养殖业是支柱产业，全镇建成了鲍鱼、虾蟹、牡蛎、海胆以及培苗五大水产养殖基地，养殖面积1000公顷，是广东省农业现代化示范区之一。渔业方面，全镇拥有纯渔业人口2000多人，集中在旺渔村委，主要从事简单海上捕捞，拥有大小渔船200多只。总投资2500万元的渔港（省二类标准）建设工程已完成主体建设，正在逐步完善配套设施。

【工业经济】 华润海丰电厂是省重点建设项目，经国家发改委核准落户小漠。项目总投资约300亿元，首期投资83.8亿元，建设2×100万千瓦发电机组，配套建设一个10万吨级散货泊位及一个3000吨级重件码头。电厂建成投产后年发电量达110亿千瓦时，年产值约60亿元，预期实现利税约8亿元。项目于2011年10月15日全面完成征地工作，总征地面积为57.29万平方米，其中澳仔沟村主厂区征地面积为45.43万平方米，新田坑村灰场征地面积为11.86万平方米。整个征地过程，从未发生一起矛盾纠纷、集体上访，实现了县委、县政府提出的“和谐征地、和谐拆迁、和谐建设”的目标。项目于2011年10月23日正式动工建设，至2014年12月，累计完成投资60.99亿元。

【旅游景点建设】 2014年，在建的旅游景点南方澳度假村，总投资5000万元，建成融海洋景色、美食、娱乐于一体的滨海消闲避暑中心，南方澳度假村不断配套完善，成为小漠镇旅游发展的龙头项目。旅游宣传推介力度进一步加大，以拉大网、休闲娱乐、烧烤、游泳、沙滩排球为主的旅游项目在外界逐步打响，成为海丰特色旅游品牌之一。年内，九龙湾生态园旅游度假村、小漠游艇会所暨文化创意产业园等旅游项目也正在推进建设，将增强小漠旅游业的发展后劲。另有宝华林庵（明末）、狮山深藏寺（明末），正觉庵（明末）等古迹、景点也在修建中。

【革命历史】 小漠人民有着反帝反封建的光荣传统。明朝末期，小漠村民曾配合郑成功的反清复明义军全歼九兴群炮台守军30余名，表现出革命的斗争精神。大革命时期，小漠人民积极投身于反封建官僚豪绅，反国民党反动派的斗争洪流中。南君寮村是当时的红色革命区。1928年，南君寮村成立农会和组织赤卫队，与敌人进行了不折不扣的斗争。1928年9月，南君寮村遭受国民党反动派烧毁洗劫一空。村民逃难他乡，无家可归，12名革命志士在这块土地上献出宝贵的生命。抗日战争和解放战争时期，小漠村民为共产党和游击队员排除艰难险阻，顽强斗争，为海丰人民的翻身解放做出贡献。

【社会各项事业】 2014年，小漠镇社会各项事业全面发展。①教育事业：继续加大投入，同时得到社会热心人士的大力支持，2014年6月，香港基金国际杨国生先生向小漠中学捐建礼堂及教学楼举行签字仪式在县政府举行，认捐人民币800万元。教育“创强”工作势头良好，年内，紧紧围绕“创建教育强镇，推动科学发展”的战略目标，切实把教育放在优先发展的位置，在大力推进经济建设的同时，把学前教育、义务教育和社区教育纳入全镇社会经济发展总体规划，并制定教育“创强”实施方案，积极推进教育强镇创建工作。多方筹集资金，做到教育资金优先保障和“创强”资金足额到位。至年末，累计投入教育资金2530万元，其中投入学校基础设施建设的有2200多万元，投入多媒体教育平台及其他教学配套设施的有330万元。上马了小漠中学教学楼和综合礼堂、小漠中心幼儿园以及全镇5所中小学的校园整治工程。同时，开展教师安居工程，投入资金480万元，新建和改造教师宿舍共68套。全镇中小学教师实现教者有其居的目标，为安教乐教创造了良好条件。此外，小漠镇在全县率先应用多媒体教育平台，为全县教育信息化发挥了示范推动作用。2014年12月，各中小学校园整改基本完成，通过广东省创建教育强镇督前验收。②文化事业：群众性文体活动蓬勃开展，文化中心和文化广场工程成功启动，成为全县各乡镇中唯一一座文体结合的综合文化中心，“农家书屋”工程已全面完成。2014年9月，由镇文化站牵头组织的“硬笔书法进校园“活动隆重举行，活动得到社会群众的一致好评。③计生工作：市、县下达的各项人口控制指标全面完成，计生“一证先行”工作有序开展。④殡改工作：殡改陋习逐步革除，火化率稳步提高，公益性公墓山首期工程基本完成，并可投入使用。⑤社保扩面征收：县下达的扩面征收任务全面完成。⑥医疗卫生：新型农村合作医疗制度不断推广，城乡居民医保参保率达到100%。

（马伟智）

附：2014年小漠镇党委、政府、人大领导名录

书　记：刘锦荣
副书记：谭梅唇　林大状
镇　长：谭梅唇
副镇长：涂　木　张小亚
人大主席：刘锦荣
副主席：李桂洲

村（社区）选介

【小漠镇云新村】 位于海丰县西南部45千米处，东面接壤元新村，南面接壤大沃村，西临惠东县黄埠镇约6千米，北距鹅埠镇西南村约5千米，土地面积约9平方千米；其中耕地94.33公顷，山坡地约666.67公顷。公路西线有小漠至黄埠公路，东线有小漠至排角接连广汕公路。水资源有二个小（2）型水库，吃水供本村后，还供元新村委金兴园村和大沃村委沙埔心村；以及南方澳度假村。云新村于2005年全面开展新农村建设，实施建设休闲旅游示范村规划。经

过6年多的建设，发生巨大的变化，一座座新楼房展现在眼前，村前红花绿草相映。新农村建设取得显著成效，全村铺设水泥道路4千米，地下铺设近3千米排污管道，建设无公害公厕5座，改建房屋82座，建设村庄小绿化村容村貌等。2014年，云新村属下5个自然村，分别为大云坡、埔仔、九香群、新寨、新田坑村，总户数328户2453人，经济以种养、务工为主。种植水稻、蔬菜等，养殖对虾、螃蟹等；务工往惠东县黄埠镇鞋业制造厂务工。云新村有小学1所，在校学生200人，适龄儿童入学率达99%，还有文化娱乐场所5个。

【小漠镇香坑村】 位于赤石河下游四面环山，赤石河环绕而过，香坑村建村已有300年左右，全村共有22户人家，户籍人口122人，常住人口约100人，村民经济收入主要依靠海水养殖，全村共有虾塭23.33公顷，主要养殖虾和蟹，集体经济收入每年约20万元，村民收入约1万元。香坑村以前祖祖辈辈种田为生，但由于耕地都是咸水田，产量很低，村民的生活是很贫穷。在上级党委、政府的关心支持下，香坑村的社会主义新农村建设正稳步发展。2006年，筹款170多万元，修通小漠至鹅埠的公路，并埔设水泥路面，彻底改变香坑村行路难的问题。同时，镇政府发动群众筹资80多万元，对村容村貌进行整改，安装埔设近2000米地下排污管道，安装了自来水，改造建成1座无害化公厕，建造1座办公大楼，安装了路灯，在保护好国家级保护树种红树林外还种上其他名贵树木，使香坑村的绿化环境得到美化；在房改方面，对全村所有的瓦屋进行改造，使到每户村民都住上楼房。香坑村在抓经济建设，基础建设的同时，还注重精神文明建设，制定了《香坑村乡规民约》。2007年，引进了海丰县新天地度假村，该度假村首期工程投资2亿元人民币，正在建设之中。九龙湾生态园度假村项目也落户该村，推动香坑村经济迅速发展。

赤　石　镇

综合概况

【概况】 赤石镇位于海丰县西北部，东部依双宫岭与梅陇镇相连；东北部依东都岭往北延接白马山，与惠东县和海城镇交界；西北部犁黄凹山接黄竹径而至观音坐凉山，与惠东县多祝镇接壤；西部是亚婆髻山，与惠东吉隆镇相邻；西南是谷岭山，与鹅埠镇交界；南部与小漠镇相邻；东南部依羊蹄岭与后门交界。镇政府驻赤石社区，距海丰县城51千米，距汕

2014年7月6日，县委常委刘剑平（中）一行到赤石镇检查指导潮惠高速公路建设工作

2014年3月7日，深圳龙岗区坪地街道党工委书记钟春平（右二）一行在赤石镇赤石村委召开扶贫“双到”工作座谈会。赤石镇镇委书记吴筱聪（左二），赤石镇党委副书记、镇长林春生（左三）参加座谈

2014年8月6日，县委常委、政法委书记陈连郑（左三）和群众路线教育第四督导组组长许妈银（左四）出席赤石镇领导班子群众路线教育专题民主生活会。赤石镇党委书记林永长（右二），镇长林春生（右一）作专题发言

头220千米，距广州210千米，距深圳120千米，交通便利，国道324线、深汕高速公路、厦深铁路、潮惠高速公路跨境而过。全镇区域面积306.8平方千米，其中山地面积占总面积的80%，西北高、东南低，地貌多为馒头状丘陵或狗脊式山地，海拔平均高度500米，最高的水底山主峰禾镰石海拔1282米，中间有大安峒、明热峒、四大乡三块小盆地。河流分布错综复杂，赤石河是海丰县第二大河系，贯穿赤石全境，干流长36千米，流域面积382平方千米，经小漠境内流入红海湾。赤石属华夏陆台的一部分，成土母质种类较多，所形成的土壤也比较复杂，主要母岩是山火岩系和砂页岩，多数土壤为黄红壤、赤红壤和白缮土。赤石有丰富的矿藏资源，主要有分布于明热至明溪一带的锡、镍、锰、铜、锌和新联吉水门至大坑一带的锡、铅、锌、锰以及大安至碗窑一带的铝土矿等10多种，储量丰富。

赤石镇原是东江纵队第六支队活动的所在地，是红二师、红四师和徐向前等老一辈无产阶级革命家战斗过、活动过的地方，是著名革命老区镇。2014年辖下赤石、园林2个社区和赤石、大安、新联、新里、新城、明热、冰深、明溪、碗窑、洛坑、圆墩等11个村，共86个村民小组，总人口2.44万人。

2014年，赤石镇利用山多地广水丰的资源优势，大力实施“农业富镇、工业强镇、旅游兴镇、环境立镇”战略，进一步深化产业结构调整，夯实基础设施建设，全面改善民生，强化社会治理，力求稳中有所作为，稳中有所提高，稳中有所进步，促进了国民经济稳中向好发展，社会各项事业全面进步，人民生活水平逐步提高。2014年，赤石镇实现工农业总产值16.16亿元，比增26.42%；全社会固定资产投资6.58亿元，比增18%；社会商品零售总额3.02亿元，比增16.2%；农民人均纯收入7736元，比增9%。

【机构人员】 赤石镇机关设置7个综合性办公室，分别是党政办公室（加挂人大办公室牌子）、维护稳定和社会治安综合治理办公室、经济发展办公室、社会事务办公室、城乡管理办公室、人口和计划生育办公室及农业办公室，并按有关章程和规定设置纪律检查委员会机关（监察）、工会、共青团、妇联和人民武装部。2014年，赤石镇核定行政编制44名（含财政所行政编制3名），后勤服务人员数7名。

赤石镇田园沐歌度假村一角

【农业经济】 赤石镇已建成以西番莲、葛薯、柑橘、蜜柚、火龙果为主的农业生产基地。2014年，全镇农作物种植面积2666.67公顷，实现农业总产值（按生产价计算）20399万元，同比增速3.5%。已建成以双全畜牧养殖生产基地和润生源生态农业园为主的现代农业示范园区，引导农民发展规模经营，促进农业生产向区域化、专业化、集约化发展。

【工业发展】 2014年，赤石镇加快工业发展步伐，以“科技创新”“生态保护”和“文化传承”为发展核心，大力引进节能减排、绿色环保企业。年内，隶属大百汇实业集团的广东鼎燊科技有限公司已进驻赤石镇大百汇科技园，旗下云厨系列产品已开始初步试产。

【发展旅游业】 赤石镇山清水秀，风光旖旎，旅游资源得天独厚。辖下既有凤河晚渡、羊蹄峻岭、古寨围村等名胜古迹，又有云台禅寺、圣佛庵、正觉庵等宗教文化场所。近年来，赤石镇注重休闲度假、婚纱摄影等新兴旅游的发展。2014年，田园沐歌温泉旅游度假村主体建设工程已完成，正进入装修阶段，预计2015年国庆期间开始对外营业。桃花源婚纱摄影基地已形成了集婚纱摄影及休闲旅游度假为一体的发展模式，内设清新咖啡厅及特色小客栈，是婚纱摄影、休闲度假的好去处。 赤石也是徐向前、曾生、王作尧、郑重、谢非等老一辈无产阶级革命家生活过、战斗过的地方，有赤石革命烈士纪念亭、三角坑革命烈士纪念碑等革命文物遗址，是开展爱国主义教育、革命传统教育和红色旅游的好去处。

【基础设施建设】 2014年，赤石镇基础设施项目建设跨上新台阶。一是公路设施日臻完善。潮惠高速公路（海丰赤石段）工程已完成红线内征地工作，路基填筑工作全面完成；全长16千米的赤石经鹅埠至惠东吉隆跨境公路全线完工，总投资330多万元的明热桥也已投入使用。二是水利建设稳步推进。总投资2840多万元的赤石河防洪整治工程于2012年开工建设，已完成工程总量的91.0%；新安、秋塘、里坑、王京埔四个水库除险加固工程已竣工；明热河吴厝段堤围、赤石河新城段堤围、担水巷饮水陂、石龙头饮水陂、牛湧港引水渠等水毁水利修复工程已全面完工，解决了5000多人饮水、灌溉等问题。

【创建“教育强镇”】 2014年，赤石镇紧紧抓住创建“教育强镇”机遇，采取一系列强有力措施，积极集资办学，加大教育基础设施的投入，努力改善山区办学条件。一是筹集资金260万元投入公办中心幼儿园建设，该项目已完成主体结构建设，进入装修完善阶段，计划2015年年初开学招生。二是投入300多万元在全镇各小学校区兴建功能室、学生厕所、篮球场等设施，并对教室门窗、围墙进行维修。三是投入16万元完成赤石中学围墙164米坍塌的修缮工程；同时，积极做好学校布局调整，加大对学校周边生态环境的保护和社会治安的管理，上下学时段都有派出所民警在岗值班。四是“普九”成果进一步巩固，“防流控辍”效果显著，适龄儿童入学率达100%，年巩固率100%；中、小学升学率分别达到98%和99%以上，初中毛入学率达98%以上，辍学率降到2%以下，“三残”儿童的入学率达96%以上。五是赤石镇充分发挥老区经济文化促进会的功能作用，多渠道筹资助学，解决了贫困家庭子女的入学问题。

【实施“文化强镇”战略】 2014年，赤石镇全面贯彻实施“文化强镇”战略，文化设施日趋完善，文化队伍不断壮大。赤石综合文化站、13个村（社区）农家书屋和文化室的配套设施逐渐完善，进一步活跃了农村文化。9月，赤石镇投资45万元用于文化服务站的维修整改，包括平整广场，维修广告栏、公开栏、宣传栏，维修书架，购置图书等，为文化事业的健康发展奠定了坚实基础，为广大群众提供学习、娱乐、健身场所。同时，赤石镇高度重视文化遗产保护工作，持续加大对古寨群的保护力度，提高群众自觉保护文化遗产的意识。

【社会保障工作】 2014年，全镇城镇居民医疗保险参报人数19832人，100%完成上级下达的参保任务；企业养老保险扩面征缴、城乡养老保险、农村劳动力转移就业率全面完成上级下达的任务。全镇城镇居民医疗保险2014年医药费累计报销830人次，报销总支出超过300万元。

【扶贫“双到”工作】 2014年是新一轮三年扶贫“双到”工作的第二年，赤石、新联、新城和新里4个村在帮扶单位和帮扶责任人的努力下，制定帮扶规划，4个村都成立专业种养合作社，带动农户达361户，扶贫开发工作进入全面开展阶段，落实帮扶资金1183.88万元。

【综治信访维稳】 2014年，赤石镇综治信访维稳中心共受理信访案件15宗（土地、林地、房产矛盾纠纷10宗，换届选举4宗，其他1宗），比2013年减少32%，已办结或答复13宗；司法受理调解民事纠纷2宗，指导和配合村委调处5宗，调解成功率100%。年内，赤石镇认真贯彻落实县委、县政府的部署，制定工作方案，落实责任，形成机制，每周定期巡视核查，摄像记录，建立台账，严厉打击制毒贩毒行为。同时，不断增加社会治安综合治理的投入，成立治安联防队，设立综治工作站，各村（社区）成立3—5人的巡逻队，定时进行巡逻，群防群治工作明显加强，创造了良好的社会治安环境。

【党的群众路线教育实践活动】 2014年，赤石镇全面贯彻落实中央、省、市、县委关于改进工作作风密切联系群众的相关规定，严格落实“照镜子、正衣冠、洗洗澡、治治病”的总要求，认真开展党的群众路线教育实践活动，积极宣传动员，周密部署，广泛听取意见，深刻剖析问题根源，认真开好民主生活会，深入开展批评和自我批评。全镇各单位先后召开专题组织生活会，并对全镇612名党员进行民主评议。对查摆剖析的问题狠抓整改落实，建章立制，制定《赤石镇党的群众路线教育实践活动整改方案》《赤石镇深入开展“四风”突出问题专项整治行动工作方案》。通过整改落实，全镇党员干部的大局观念、组织纪律观念和法治观念进一步增强，为民务实清廉的价值观进一步提升，改进作风、密切联系群众的思想更加自觉、行动更加坚定、风气更加浓厚。

【基层换届选举】 2014年3月，赤石镇依法完成全镇13个村（社区）的党支部及村（居）委换届选举工作，选举产生村（社区）“两委”干部74人，党员干部45人，交叉任职35人，交叉率达90%，其中村（社区）党支部书记、村（居）委主任“一肩挑”11人，交叉率85%。

（罗惠惠）

附：2014年赤石镇党委、政府、人大领导名录

党委书记：吴筱聪（任至5月）
林永长（5月起任）
副书记：林永长（任至5月）
林春生　刘明杰（5月起任）
镇　长：林永长（任至5月）
林春生（5月起任）
副镇长：邱平钦　杨镇浩

人大主席：吴筱聪（任至5月）
林永长（5月起任）
副主席：李志山（任至5月）

村（社区）选介

【赤石镇新里村】 位于赤石镇的南部，区域面积11平方千米，村委会驻地里鱼埔距离集镇2千米。新里村委辖下里鱼埔、深冲、秋塘、大山头4个村民小组，共有山地面积773.33公顷，耕地面积190.8公顷，其中：水田91.53公顷，旱地14.53公顷，其他临时性耕地84.73公顷。2014年总人口1995人。新里村依山傍水，是一个以农为主的山区村，兼以水产养殖，农业以种植水稻、番薯、葛薯、花生为主，兼以种植柑橘、蜜柚等。畜牧业主要以养猪为主，家禽主要以养鸡鸭为主。交通方便，全村全部实现村道硬底化，赤石至新里公路直通集镇。水利资源丰富，有小（2）型秋塘水库和深冲水库2座，总库容分别为24万立方米和12万立方米。该村风光旖旎，旅游资源丰富，海丰古八景之一的“凤河晚渡”在该村辖区内；谭公爷寺庙，是海丰县首届人民政府成立之地；千秋塘古寨至今已有近350年的历史，飞龙瀑景点就在该村五龙峰山上。

【赤石镇碗窑村】 位于赤石镇的东北部，是著名的革命老区，区域面积23.4平方千米，村委会驻地王京埔距离集镇8千米。碗窑村委辖大水口、王京埔、大坑里、角仔里和碗窑5个村民小组，共有山地面积1693.33公顷，耕地面积117.87公顷，其中：水田35.2公顷，旱地8.8公顷，其他临时性耕地73.87公顷。碗窑村是以农为主的偏远山区村，农业以种植水稻、番薯、葛薯、花生为主，兼种西番莲、蜜柚、柑橘、竹等。畜牧业主要以养猪、养牛为主，家禽主要以养鸡鸭为主。2014年总人口828人。全村5个村民小组全部实现村道硬底化，赤石至碗窑公路直通集镇。旅游资源丰富，山清水秀，风光宜人，有王京埔水库1座，总库容10万立方米；另有建于400多年前的碗窑遗址1座。

2014年赤石镇碗窑村群丰种养基地——蜜柚成熟时

鹅 埠 镇

综合概况

【概况】 鹅埠镇位于海丰县西部，全镇区域总面积100.7平方千米，其中耕地面积880公顷、林地面积6667公顷。地势自西北向东南倾斜，四面环山，南北部多山，中部为冲积平原，境内最高山峰是髻顶，海拔738米。南门河是鹅埠唯一河流，全长10千米。鹅埠镇土地肥沃、气候温暖、环境优美、资源丰富。

鹅埠历史悠久，早在南宋中原人口南迁时期就得到开发，由于临海优势，至明朝商运发达时期兴建码头，吸引渔船、货运船停泊，形成商埠，故称鹅埠。直至1987年4月13日，正式建立鹅埠镇人民政府。20世纪80年代中期，鹅埠镇开始发展制鞋业，由最初的家庭作坊式小鞋坊逐渐演变发展成现在初具规模的制鞋专业镇。2014年，全镇总人口约2.9万人，其中户籍人口约1.9万人。鹅埠镇下辖10个村委会和1个社区（鹅埠村、蛟湖村、水美村、新园村、西湖村、西南村、上北村、下北村、田寮村、红罗村和鹅埠社区）。其中红罗畲族村，是汕尾市唯一的少数民族聚居村，全村共36户，约240人。

2014年，鹅埠镇全年实现工业总产值28.7亿元，规模以上工业总产值13.5亿元；完成农业总产值1.64亿元；农村人均纯收入8225元；固定资产投资累计达21.6亿元；社会消费品零售总额2.5亿元；贸易业限上营业额960.1万元；国地两税收入3515.5万元，其中国税收入2665.5万元，地税收入850万元；全年用电量达5362.94万千瓦时。

【机构人员】 鹅埠镇共设置5个综合性办公室，分别为党政办公室（加挂人大办公室牌子）、维护稳定和社会治安综合治理办公室、经济发展办公室（加挂农业办公室牌子）、社会事务办公室（加挂城乡管理办公室）、人口和计划生育办公室。2014年，全镇共有编制数55个，其中公务员37个、事业干部12个、工勤6个；实有在编人员43个，其中公务员31个、事业干部12个。

【产业转移园区建设】 2014年，鹅埠镇全力支持配合服务产业园区建设的各项工作，坚持以产业园区为平台和依托，创新招商引资形式，积极配合园区接洽一批科技含量高、技术先进的企业项目，引进一批投资额大，带动性强的高端优质工业项目落户建设，在全镇掀起新一轮的开发建设热潮。至年末，腾讯云计算中心建设项目主体工程已基本建设完成，已进行室内装饰；海丰县瑞和建筑装饰材料设计研发综合加工项目已建设了四栋厂房，完成建筑面积约1.5万平方米；深圳市凌阳实业发展有限公司建设项目征地工作进展顺利，地上附着物补偿工作已全面完成，已进入土地平整、钻探阶段；晟火电子科技有限公司建设项

鹅埠镇召开十五届人民代表大会四次会议

鹅埠镇召开开展党的群众路线教育实践活动动员会

目已完成主体厂房建设，正在进行厂房外墙装修及配套设施建设；中瑞实业发展有限公司主体建筑及外墙作业已经基本完工，开始进行室内装修及安装设备。

【发展旅游业】 2014年，鹅埠镇有宾馆、酒店、餐饮业共23家，其中环境设施较为完善的有日月湖生态农业园和红罗畲族旅游度假村2家。日月湖生态农业园属集吃、住、玩于一体的综合旅游度假观光休闲场所，内设有酒店、宾馆、游泳池、真人CS场所，培训拓展场等一系列配套设施，是休闲度假的良好场所。红罗畲族旅游度假村仍处于开发建设阶段，该项目主要是根据当地畲族的传统文化和习俗开发的一个旅游度假项目，建成后将具备富有少数民族特色的餐饮、射击、狩猎等活动项目，可以让游客身临其境的体验民族风情和融入少数民族的风俗习惯中。

【村级文化室建设】 2014年，鹅埠镇加大资金对村级文化室进行改扩建，使每个行政村（社区）文化室建筑面积基本达到200平方米，内设置有图书室、阅览室、活动室、娱乐室、宣传栏等，做到布局合理、设施配套、功能完善，为辖区广大群众的学习、娱乐、健身提供了文化阵地。同时，进一步推广篮球、乒乓球、游泳、广场舞等群众性活动，丰富城乡群众文体生活。

【民生工作】 2014年，鹅埠镇大力抓好各项惠民实事，让广大群众共享经济发展的成果。一是落实各项惠民政策。鹅埠镇落实国家的农业种粮直补、农机补

鹅埠邻里中心

鹅埠镇全民健身广场

贴等各项惠民政策，切实保障农民增产增收；全力扶持海崇畜牧发展有限公司、开源农产品有限公司及日月湖生态农业园等企业的发展壮大，在引导企业利用现代化科学技术提高生产力与竞争力的同时，促进企业与农户共同合作。二是坚持以农业基础设施建设为重点，不断改善农业生产条件，投入资金修建排灌渠道、加固水库等，全面提高农业生产能力和防灾功能。三是为建设新农村，鹅埠镇开展环境卫生整治工作，已建成垃圾转运站1个，垃圾收集点53个，全镇的环境卫生水平有所提高。四是切实抓好民生工程。鹅埠镇在对辖区内的违法电镀厂、私自采砂、炼山等情况进行严厉打击的同时，继续投入资金对镇自来水工程进行改造，完善供水设施，进一步加强对饮用水源地的清理整治和保护，积极实施农村中小学饮水安全改造工程，确保人民群众饮水安全。五是通过社会筹资、财政投入，进一步完善办学条件，建成多媒体教室53间，提高教学质量。

【扶贫“双到”工作】 2014年，鹅埠镇继续深入贯彻落实扶贫“双到”政策，进一步落实“规划到户、责任到人”扶贫开发工作，根据贫困村的实际情况，组织制定完善的帮扶规划。同时，鹅埠镇严格落实最低生活保障、养老、医疗救助以及农村五保供养等制度，加大对特困群众、弱势群体的社会救济、救助力度，切实解决好群众的生产生活困难。在扶贫工作组的帮助下，鹅埠镇西南村委及西湖村委已初步摆脱贫困状态。

【计划生育与殡改工作】 鹅埠镇加强计生经常化管理，建立和完善计生新例会制度，加大流动人口的管理和服务力度，深入开展争创计生“国优”先进单位活动和全员人口信息数据清理清查和录入工作，顺利通过了市、县的计生半年及年终考核。殡改坚持常抓不懈，坚决执行“一刀切”政策，全面推行遗体火化、遏制丧事大操大办、制止偷埋乱葬，打造绿色和谐的殡葬环境。同时加大资金投入，完善公墓山的建设和配套设施。

【基层党建工作】 2014年，镇党委紧紧围绕新时期党建工作总目标，不断提高党建工作科学化水平，努力建设能战斗、敢战斗、善战斗的坚强领导集体和高素质干部队伍，为全镇经济建设提供了坚强的组织保证和发展基础。一是抓好党政班子队伍建设。镇党委充分发挥理论学习中心组的作用，健全学习制度，通过先进理论武装各级干部的头脑，坚持民主集中制，理顺工作关系，班子成员合理分工，做到分工协助，互相配合。形成了团结、坚强、能干事、敢担当的领导集体。二是抓制度规范，不断加强作风建设。镇党委政府通过建立和完善了机关工作制度、绩效考核制度、上下班考勤制度等，坚持作风整顿和规范管理，干部的事业心、责任感明显增强，干部队伍精神焕发，形成奋发向上的良好工作局面。同时，还不断完善和优化干部管理新机制，建立年度绩效评价、干部绩效考核等新机制，有效调动了干部工作干劲和工作积极性。三是抓好基层组织建设，调整充实村级班子队伍。2014年是村“两委”换届选举年，在鹅埠镇的村“两委”换届选举工作中，选举产生了党委认可、党员信任、群众拥护，有本事、能干事、干成事的村“两委”领导班子。至年末，全镇11个村（社区）中，支部书记、主任“一肩挑”10个，村级班子队伍的号召力、凝聚力、战斗力进一步增强，形成坚强有力的党组织堡垒。四是抓好党风廉政建设。镇党委、政

鹅埠镇中小学专题禁毒教育暨誓师会议

府通过开展先进性教育活动，深入贯彻落实《廉政准则》，推进党务公开，大力抓好领导作风和机关作风建设，促使全镇各级党员干部树立了正确的人生观、世界观、价值观，坚持廉洁从政、干净干事。通过学习教育，在干部队伍中筑牢了拒腐防变的思想防线。

（黄德银）

附：2014年鹅埠镇党委、政府、人大领导名录

党委书记：李特清（任至5月）
吴海林（5月起任）
副书记：吴海林（任至5月）
戴国钦（5月起任） 林坤生
镇　长：戴国钦（5月起任）
副镇长：曾广浩　孙火祥
人大主席：李特清（任至5月）
吴海林（5月起任）
副主席：杨致业

村（社区）选介

【鹅埠镇西湖村】 位于鹅埠镇西部，东邻蛟湖村委，西与惠东县的吉隆镇交界，南是西南村委，北邻下北村委。区域面积约15平方千米，村委会驻地在楼仔村。西湖村委辖有楼仔、庭寮背、格田、锡坑、大水田、长朗、长埔、老龙坑、斑鱼湖9个自然村，人口约3000多人，长朗、斑鱼湖、老龙坑和长埔四村讲客家方言，其余各村讲尖米方言。西湖村委有耕地200多公顷，还有大面积山地，被称为“鹅埠粮仓”。20世纪80年代初开始，西湖村委修建了锡坑村经楼仔村（包括格田村）长埔村，长朗村接广汕公路的村公路（水泥路面），解决了几个自然村的交通问题；随后，建设了锡坑，楼仔，长埔，长朗，庭寮背，大水田等村的自来水工程。近年来，在靠近广汕公路的老龙坑，长朗，庭寮背，斑鱼湖等村进行土地开发，将大片山坡地开发为工业园区，已有显著成效。长朗村有烧制砖瓦的传统，还有众多村民到外地发展，特别是到相邻的吉隆黄埠经商，办厂或打工，许多村民家庭富裕起来。2000年，西湖村委多方集资，建成全新的西湖小学，结束了长期来用石壁佛庵作学校的历史。村委也于2003年在学校旁建了办公楼。

【鹅埠镇下北村】 位于鹅埠镇区西北部，东邻上北村委，西北面是水底山，南面是西湖村委，距离镇区约10公里，是连接归善、海丰的古道要冲。区域面积约22平方千米，村委会驻地在布心村。境内海拔738米的婆髻顶，是鹅埠镇的最高峰。下北村委辖有水背、下完、布心、旧村、新村、江下、茅洋、黄圹、新葵、牛湖、新围、大新12个自然村，人口约2000多人。下北村委有耕地153.33公顷，大部分是山坑低产田，有广阔的山地，林木资源十分丰富，而且有得天独厚的丰富水资源。下北村委因地制宜，建设了嘉田水库和马老山水库。为惠东县吉隆，黄埠自来水公司提供水源，而且大力发挥山区优势，发展水果林木生产，近年还引进外商种植优质水果和花卉，发展观光旅游农业。下北的富余劳动力多数到惠东吉隆、黄埠发展鞋业或经商、打工，已有多家成功的企业，也有到深圳，惠州等地发展的。下北村委是具有光荣革命传统的地方，是革命老同志刘志远的家乡。村民以讲尖米话和客家话为主，也有少数英德石灰岩地区的移民讲英德话。

公 平 镇

【概况】 公平镇位于海丰县东北部，是已故民俗文学泰斗钟敬文先生的故乡。公平镇东邻平东镇，南与城东镇、海城镇接壤，西与海城镇莲花山森林公园相连，北邻惠东县高潭镇、海丰县黄羌镇和公平水库。公平在唐元和年间（806—820年）已形成圩市，因货物交易兴旺而且合理，故誉公平，俗称公平圩。1985年3月，经广东省批准建制为镇。2003年被省政府定为全省275个中心镇之一。2002年10月，撤乡并镇，原公平水库辖下的五联村（区域面积 5.69平方千米、人口1800 人），2004年12月，原西坑乡5个行政村1个社区（区域面积 30.5 平方千米、人口5056人）先后并入公平镇，公平区域面积由此增至127平方千米。耕地面积1636.8公顷，山地面积8791公顷。下辖23个行政村、119条自然村、7个社区。海丰县林业西坑管理处委托公平镇代管。2014年底，公平镇户籍人口7.03万人，包括外来人口，全镇总人口约11万人。

2014年，全镇实现地区生产总产值87.1亿元，比增20%；工业总产值79.5亿元，比增23%；农业总产2.6亿元，比增5%；第三产业为5亿元，增加值与2013年基本持平；社会消费品零售总额21亿元，比增10%；全社会固定资产投资总额25.9亿元，比增20%；上缴国地两税8393万元；城镇居民人均可支配收入1.60万元，比增7%，农村居民人均现金收入8805元，比增8%。各项主要经济指标稳中有进，经济运行质量和经济效益不断提高。

【机构人员】 公平镇人民政府是乡镇一级人民政府，下设7个办公室：党政办公室、维护稳定和社会治安综合治理办公室、经济发展办公室、社会事务办公室、城乡管理办公室、人口和计划生育办公室、农业办公室；3个群团组织：共青团、妇联以及工会。下辖安全生产监督管理站、文化管理服务中心、计划生育服务所、人力资源与社会保障服务所及海丰县林业西坑管理处5个职能部门。2014年，总编制为行政编制54名（其中财政所4名），事业编制23名，工勤编制8名。

【工业园区建设】 2014年，公平镇党委、政府突出青围工业新区建设这个重点，进一步明确工作思路，调整充实了以党政成员为正副组长的10个征地工作组，实施“一对一”战略，逐个做好青湖自然村10个村民小组村民的思想工作，有序推进青围工业新区的征地拆迁工作，取得了明显的成效。截至年底，已和青湖村8个村民小组签订了征地协议书，部分征地款也已发到各村民账户。剩余的青湖自然村第3和第6村民小组部分农户的意向书签订工作正在加紧进行中。

【服装工业】 2014年，公平镇按照县委、县政府打好“四大会战”、推进“六大工程”的工作部署镇党委、政府认真制定服装行业发展规划，及时研究和部署发展工作。继续坚持“育小、扶中、抓大”的发展方向，指导和帮助有条件的民营企业做大做强，在推进规模化发展上实现新突破。年内，公平镇再推动上规模工业2家，全镇规模工业达25家。同时，广东文时特制衣实业有限公司和广东金鸟来服饰有限公司也由于增资扩产，分别投入资金3000万元和5000万元新建员工综合楼。年内，推荐了百斯盾、文时特、海华拉链等规模企业进驻海丰县电子商务产业园，推动中小企业电子商务应用和组织企业触网工作，开拓产品销售渠道，进一步推进公平镇信息化产业和传统产业的创新发展。在此基础上，大力实施质量强镇战略，联合市、县质量技术监督局、经促局、统计局等职能部门举办多场专业技术培训班及讲座，进一步提高了企业管理水平和专业技术水平。

【农业经济】 按照全镇农业产业发展思路，坚持以现代技术带动传统农林业的发展战略，重点培育特色农产品。2014年，笏雅村新推广种植菠萝、木瓜、香蕉73.33公顷；平岗片4个行政村新推广种植玉米66.67公顷；龙岗村新引进种植鸡蛋果33.33公顷。与此同时，继续加大对2013年“8·16”特大暴雨和“9·22”超强台风灾后农田的水利基础设施建设，夯实农业基础，投入资金60万元对2个行政村的拦河坝进行重建；投入资金150万元对5个行政村的排灌渠道进行改造加固。除此之外，按照县高标准基本农田建设的工作部署，全面完成5个行政村361.51公顷高标准基本农田的建设。

【城乡建设】 ①完善城镇规划。借助潮惠高速公路海丰段的出入口定在公平与城东的交界处，以及县把S242线城东至公平段公路沿线两旁定位工业长廊的地理优势，重新把脉，逐步完善规划，同时控制、规划好S242线公平段公路两边工业产业带。②扎实抓好公路建设。投入资金432万元完成后山村新村至塘博1.55千米公路改造工程、五联村S335线至桔仔园村2.7千米公路改造工程和S335线至紫微坑村1.6千米公路改造工程以及联和村老牛窝村至联和村1.3千米公路改造工程和S242线至示仔村0.7千米公路改造工程。③认真做好市政建设。为改变镇区市政建设落后的局面，镇委、镇政府成立市政整治领导小组，认真做好镇区日兴河及几条主要排水渠道的系统规划。2013年年底已完成镇区海紫路铺装直径1.5米排污管道，管道上面人行道铺设红色广场地砖，架设路灯等。④加强镇容村貌整治。加大镇容村貌的整治建设力度，新增了重型自卸车1部、三轮摩托车4部，在镇区海紫路，平东路两边新建垃圾池22个。至2014年年末，全镇23个行政村中已有13个建立“有人员、有工具、有资金、有制度”的“四有”保洁管理机制，80%以上的自然村也建设垃圾收集点。全镇垃圾清运基础设施日臻完善，生活垃圾日产日清，“脏、乱、差”的落后局面得到较大的改善。

【抗灾自救】 2014年，公平镇遭受“5·21”历史罕见的特大暴雨袭击，给群众财产造成重大经济损失共计1000多万元。为做好防洪抗灾的工作，组织了镇村两级干部及民兵应急分队人员近400人全力投入到防洪抗灾的工作，及时组织受灾群众转移，妥善安置转移群众生活。由于措施得力，组织精密，全镇没有发生人员伤亡。灾害过后，全体干部职工立即查看灾情，及时上报，组织群众开展抗灾自救，把灾害损失降低到最低程度。

【民生工作】 在发展经济的同时，镇党委、政府加大力度，不断提高民众生活水平。2014年，后山、龙岗、笏雅、平二、西山5个村265户贫困户的新一轮“扶贫开发双到”工作扎实推进。此外，城乡居民医疗保险和养老保险覆盖面逐步扩大，取得较好成效。

【教科文卫事业】 ①大力发展教育事业。公平镇把教育工作放在首要的位置，在镇经济十分困难的情况下，加大投入，全力做好教育创强工作。紧紧围绕提高办学质量，完善办好环境的目标，认真抓好稳定义务教育入学率、教育资源均等化和多媒体教学等工作。注重加强素质教育，不断提升全镇教育教学质量。2014年，公平中学中考全县前100名者 6 人，80人入围澎湃中学分数线，入围人数居全县37所中学第4位；在学科竞赛中，也是收获颇丰，在广东省物理知识竞赛中，公平中学获奖总人数居全县榜首，在“第29届广东省青少年科技创新大赛”中获得“汕尾市集体项目一等奖”等。②稳步发展文化事业。认真开展文化市场的整顿和管理工作，深入清理黑网吧和地下电子游戏室，净化了文化市场。积极抓好文化阵地建设，不断完善镇综合文化站和村、社区农家书屋的配套设施，丰富了人民群众的文化生活。③大力推进全民健身运动，成功举办篮球赛、乒乓球赛，不断提高广大人民群众身体素质。

【强化安全生产管理】 2014年，公平镇进一步健全了安全生产机构，开展了安全生产专项治理，以“全县职业卫生监督执法年”的开展为契机，每两个月进行一次安全生产大检查，其中联合市县检查组进行大检查2次，确保了全年没有发生安全生产事故。

【计划生育】 公平镇加强层级动态管理，开展“两无”活动，实施育龄妇女档案信息化管理，按时开展妇检，清理清查“四术”库存对象，较好地推进了计划生育步入正常化、规范化轨道。2014年，全镇出生率为13.92‰，政策生育率为89.75%，落实“四术”措施816例；死亡406人，死亡率为5.52‰，人口自然增长率为8.40‰。

【社会治安专项整治】 公平镇充分发挥集镇联防队和各村联防队的作用，开展了社会治安专项整治，严厉打击了“双抢一盗”和黄、赌、毒违法犯罪活动，特别是按照县禁毒委的工作部署，在全镇范围内积极开展了打击制毒贩毒大会战，为全镇经济和社会发展创造了良好的环境。2014年，共受理刑事案件76宗，处理人员150人；破获贩毒案件22宗，强制戒毒85人，行政拘留44人，转社区戒毒30人，圆满完成县下达的年度任务。

【信访维稳中心建设】 2014年，牢固树立“抓稳定就是抓发展，抓信访就是抓民生”工作意识，做到认识到位、感情到位、作风到位、能力到位。同时突出抓好“三个重点”（即解决好综治队伍建设问题；解决好突出安全问题；努力完善防范措施），围绕“三个难点”（消化一批遗留积案；排查突出矛盾隐患；建立维稳应急机制），着力实现“三个目标”（不发生大的群体性事件和恶性事件；到市赴省进京集体访和非正常进京访零数据；信访案件办结率、结案率、重信重访率达指标），切实实现公平和谐稳定发展。全年全镇共受理信访案件32宗，调解成功26宗，调处率达82%，并成功实现十八届四中全会及重大节日期间进省、京“零”上访的目标。

【基层组织建设】 一是推进党的群众路线实践教育

活动。按照党的群众路线教育实践活动的统一部署，在县督导组的精心指导下，公平镇高度重视，认真研究部署，周密组织实施，较好地完成第一阶段学习教育、听取意见，第二阶段查摆问题、开展批评和第三阶段整改落实、建章立制三个环节的工作。三个阶段包括启动部署、统一思想认识、建立组织机构、征求意见建议、制定活动方案、动员部署、学习教育、组织学习、专题讨论、梳理反馈，建章立制。着力解决“四风”方面的突出问题，着力解决群众反映强烈的突出问题，着力解决联系服务群众“最后一千米”问题。全镇62个党组织，1457名党员参加了教育实践活动，推进期间共收集意见建议870条，查摆问题146个，落实9个专项整治方案，为群众办实事56件。经过3个环节的扎实工作，进展顺利，成效明显，取得了干部受教育、作风大改善、形象大提升、人民更满意的良好效果。二是提升“两新”组织覆盖率。按县委的统一部署，为按时高质高效完成村（居）委换届选举工作，选好配强“两委”班子，公平镇努力攻坚克难，做好调查摸底、周密部署，顺利完成村（居）委会换届选举的各项工作。全镇村（居）委书记、主任“一肩挑”20人，交叉率83.3%；“23村7居”共选出169名村“两委”干部，支委兼村委77人，交叉率86.95%。，其中34名女干部，保证每个村、社区最少配备一名女干部，圆满完成上级下达的任务，进一步增进新一届“两委”班子的团结，提高了班子凝聚力和战斗力。在政治素质、年龄结构，性别比例以及学历程度方面都较往年实现了优化，充分体现了年轻化、知识化，符合了德才兼备的要求，有效稳定了农村基层组织。三是开展软弱涣散基层党组织专项整治活动。确定了平一、新塘及联和三个软弱涣散村为整顿对象，积极整改，镇党委选派3名机关干部担任软弱涣散村党组织第一书记，并选派3名党务工作者，强化村级班子能力。四是扎实推进“书记项目”。成立海丰县公平镇勤之富农村合作社党支部，强化种植专业合作社党组织建设，规范合作社运行，充分发挥支部党员引领示范作用，打造示范点、示范片，促进合作社、种植农户健康发展。至2014年年末，勤之富农村合作社的蔬果种植已经由合作社的一个点辐射到笏雅村整片区，全村共种植菠萝26.67公顷、木瓜13.33公顷，带动农民增收致富。

（黄志雄）

附：2014年公平镇党委、政府、人大领导名录

党委书记：余长华
副书记：郑增城　周奋羽（任至5月）
　　　　许宝城（5月起任）
镇　长：郑增城
副镇长：李伟锋　邓金明
　　　　朱伟军　刘莎莎（女）
人大主席：余长华
副主席：戴智金（任至9月）

平东镇

综合概况

【概况】 平东镇位于海丰县东北部，东北与陆河、陆丰交界，西南与公平水库接壤，西北与黄羌镇毗邻，南与城东、可塘两镇相连。1974年从公平分出建制镇，镇委、政府驻日中圩，距县城22千米。属革命老根据地“九龙峒”所在地、公平水库移民地区和海丰大湖公平省级自然保护区重要组成部分，是生态农业镇。2014年年底，全镇总面积130平方千米，辖日中社区和坑口、九龙、茅陂、平东、大塘、南门、谷兜、新平、双墩9个行政村，83个村民小组，全镇2.9万人，

2014年，平东镇工农业总产值3.76亿元，其中农业总产值3.05亿元，比增2.9%，工企业总产值7116.8万元，比增8.7%；农民人均年纯收入达6578元，比增10%；国、地两税完成超过1400万元，增幅30%以上。被广东省委、省政府办公厅评为“广东省扶贫开发‘规划到户、责任到人’工作优秀单位”。

【机构人员】 平东镇党委、政府内设党政办、经济办、维护稳定和社会治安综合治理办、计生办和社会事务办5个正股级内置机构。2014年，全镇干部职工55人，其中行政编制29人，党政成员11人，正科级干部2人，副科级干部9人，正股级干部7人，属下镇直机关单位15个，党支部19个，党员624名。

【农业经济】 2014年，平东镇始终坚持以“建立现代农业生产体系，打造绿色生态文明乡镇”为发展思路和目标，积极破解土地流转工作难题，不断加大农业产业结构调整力度，开创农业发展新模式，促使农业产业快速转型升级，进一步夯实农业基础地位。以流转土地133.33公顷的省级农业龙头企业陆港种养基地为依托，打造集农业新技术试验、农业新品种试种、农业新科技培训、无公害蔬菜种植为一体的大型现代农业生产体系，年产值8000多万元。以流转土地133.33公顷的省重点项目全国民营企业五百强海亮集团为依托，打造生态蔬菜、瓜果种植、生产、加工，旅游观光，休闲体验，会议度假，展示展销，配送销售为一体的大型生态综合生产体系，年产值近亿元。以流转土地200公顷的市重点项目超大型现代农业科技产业化项目广东省三禾高新有机农业有限公司为依托，打造精致农业示范基地、农业生技循环产业示范基地、农业高新科技生技带动产业基地、交流培训基地、产业深加工带动基地、农业观光基地等一系列高效规划生产体系，至年末，该项目已进入基建及试种阶段，计划3年左右完成投资，解决用工就业3000人，年产值18.55亿元，创税收1.83亿元。以大型企业带动农户发展模式，大力倡导优势名牌农产品规模化生产，着重抓好九龙姜、瓜类、花生、芝麻、茶叶等一批名优产品的基地化生产，不断提高农业生产效益。

全国500强海亮集团明康汇生态农业海丰双墩基地

三禾高新农业大棚基地

【招商引资】 2014年，两大实力雄厚的现代农业龙头企业落户平东，招商引资取得突破。省重点项目海亮生态农业双墩基地计划投资12亿元，已流转土地133.33公顷，建成省内农业项目排在首位的大棚46.67公顷，喷滴灌设施覆盖全基地，项目累计已投入资金近1亿元，产品已运往海亮集团旗下位于上海、天津、南京、杭州等大城市；市重点项目广东三禾农业硅谷项目计划投资17亿元，采用“企业+科技+金融+政府+协会+终端”的城乡统筹发展模式，为平东镇现代农业发展带来新模式、新品种、新经验、新技术。至年末，已经流转土地200公顷，累计投入资金5000多万元，完成产品初加工车间、员工宿舍，办公楼与大棚正在加速建设。海亮、三禾基地的建设，必将为平东今后的农业生产闯出一条新的路子。

【基础设施建设】 2014年，农村饮水安全 “进村入户”工程全面展开，主管道通达全镇10个村、社区，83个村民小组中已有37个通上自来水，占44.6%。省道335线公平至平东段改造工程顺利推进，部分路段已铺设好混凝土路面，预计2015年5月份可全线通车；县道126线黄平公路改建工程也已正式动工，解决了群众反映较为迫切的“行路难”问题。投资1000万元的高标准基本农田建设、投资2000万元的旱涝保收农田改造即将收尾，双墩节水灌溉项目基本完成；平东粮管所依法拍卖，转变功能，盘活土地；大溪头、新村、连塘尾等9条村民小组开展新农村建设，投入资金1000余万元。城乡新增路灯300余盏，新增排污渠道4千米，新增水泥路面8万余立方米；其他事关民生的基础设施建设工程也正陆续开展，顺利推进。

【其他各项工作】 2014年，平东镇在教育、民政、卫生、殡改、武装等各项事业也取得长足发展。大力加强教育强镇创建工作，全年投入各类资金1000多万元，对教学设备和校舍、校园环境进行了全面改造和整治。民政部门切实加强对全镇农村低保户的调整审核工作，切实做到应保尽保。全年共为全镇的低五保、医疗救助、困难救助、优抚对象等各类人群发放各类救助金900多万元。2014年，全镇出生率、政策生育率、人口自然增长率分别控制在12.54‰、89.57%、7.24‰，达到预期目标。全年群众医保参保人数2.43万多人，参加城镇居民养老保险1.07万多人。殡葬管理严格执行火化“一刀切”政策，连续3年确保火化率100%完成任务。武装工作在新的征兵政策下，顺利完成征兵任务，7名优秀青年应征入伍。综治信访维稳工作常规化，全年共受理信访案件27综，已办结25综；司法受理调解民事纠纷36宗，调解成功36综，调解成功率100 %。县、镇视频监控系统全面启用，治安案件、刑事案件发案率进一步降低；禁毒工作继续保持高压态势，没有发现制毒窝点。林业部门在森林防火、生态林保护、湿地鸟类保护等方面做了大量工作，成绩显著；城建国土部门加强对违规用地和违规建设的查处和监管力度，有力遏制了非法取土、违法采矿、违规用地、违章建设等违

海亮集团明康汇生态农业海丰双墩基地大棚果蔬

规违法案件的发生；安全生产、文体广播、生态保护等工作都按时完成县部署的工作任务。

【基层组织建设】 2014年，平东镇严格按照党的群众路线教育实践活动要求，建立各级联系点19个，收集各类意见和建议55条，征求对各级领导班子及成员的建议471条，解决群众反映的各类突出问题12件，为群众办实事52件；以村、社区“两委”换届选举为契机，加强基层党组织建设，完成村（社区）书记、主任选举“一肩挑”比例达90%，“两委”班子成员交叉任职率达87%。不断壮大和优化党的组织，全年发展新党员22名。

（杨柳趣）

附：2014年平东镇党委、政府、人大领导名录

党委书记：王奕雄

副书记：吴德胜　缪惠文

镇　长：吴德胜

副镇长：刘连枝　陈海陆

人大主席：王奕雄

副主席：杨靖海

村（社区）选介

【平东镇大塘村】 位于平东镇南部，区域面积8.34平方千米，耕地面积175.87公顷，山地面积82.33公顷。大塘村委辖大墉村、上东塘村、下东塘村、新寮村、小坑村5个自然村，2014年底，全村有516户，2450人。村民生产经营模式主要以农业种植、“三鸟”为主的家禽养殖构成绿色立体农业，该村主要特色农产品有木薯、西瓜、南瓜等。近年来，大塘村不断完善基础设施建设，着力打造现代农业产业园区。高标准农田建设项目、旱涝保收项目顺利推进。投入资金2256.6万元，建成大塘村灌区360公顷，新增恢复灌溉面积200公顷，改善灌溉面积400公顷。辖区5个自然村全部实现村道硬底化，与省道335海陆公路相接，交通极为便利，为进一步夯实农业基础地位，促使农业产业快速转型升级提供了强有力的交通保障。

2014年，广东三禾农业硅谷项目落户大塘，计划在平东镇流转土地866.67公顷，投入资金17亿元，建成“企业+科技+金融+政府+协会+终端”的精致农业示范基地、农业生技循环产业示范基地（充分利用当地垃圾进行循环使用)、农业高新科技生技带动产业基地（当地生技农资制造）、交流培训基地（院士专家工作站）、产业深加工带动基地（一乡一产品）、农业观光基地等一系列高效的规划，带动大塘社会经济的全面发展。该项目现流转土地200公顷，建成了标准化生产示范基地、农产品深加工厂房、科研培训基地，为大塘适应经济发展新常态，迈出转型升级新步伐。

【平东镇九龙村】 位于平东镇西南部，距离集镇14千米，村委面积9.2平方千米，林地面积708.8公顷，耕地面积72.33公顷。九龙村委辖塘背、罗厝角、九龙寨、上田心、崎岭下、九龙口、水背7个自然村，至2014年底，全村总户数260户，总人口1241人。九龙村属海丰县著名革命根据地“九龙峒”所在地，1941年7月和1942年7月，海陆丰中心县委在九龙举办了两次党训班，为党和军队培养了一批人才，堪称海丰的“延安”。九龙现存有“党训班旧址”等一批革命旧址，是平东重要的爱国主义教育基地。

九龙村地处山区，独特的水、土壤和气候生产出来的“九龙姜”品质上乘，口感良好，自20世纪90年代中期开始就有部分产品供应港澳地区，享有较高的声誉。近年来，该村更是以种植有百年历史的“九龙姜”为纽带，将贫困户、种植户、村委及专业加工销售企业加入合作社，把村中丢荒土地进行流转整合，推进生姜种植产业发展，助推村民脱贫致富。2009年，九龙生姜通过国家绿色食品发展中心认证为绿色食品A级产品，并注册“九龙峒”商标。2014年10月，九龙生姜基地及合作社成立，从此，村民告别以往零星种植发展生姜产业的局面，开始走向共同发展，“抱团致富”的新道路。“九龙生姜”作为“一村一品”进行重点推广，不断加强与科研院校的技术合作，进一步改进九龙生姜的品质，提高生姜的产量，增加群众收入。

黄羌镇

综合概况

【概况】 黄羌镇位于汕尾市海丰县北部，属红色革命老区。东毗邻陆丰市、陆河县，南临公平水库，西连紫金县，北与惠东县高潭镇接壤，是典型的亚热带季风性气候地区。全镇行政区域面积138.4平方千米，其中山地面积1.08万公顷，台地面积6505.33公顷，水田面积804.14公顷，旱地302.8公顷，林地面积7333.33公顷。全镇辖丰田、坑联、东升、东坑、东岭、东陇、黄羌、河东、合门、里坑、建林、松林、石山、虎噉、下寨、双河、双圳、双新18个村委，1个黄羌社区，163个自然村，3.8万人口。

2014年，全镇实现社会总产值4.24亿元，工农业生产总值2.58亿元，其中工业总产值1.07亿元，农业总产值1.52亿元，分别比增8.5%、7.2%、10.2%、6.1%；固定资产投入4.16亿元，比增11%；农民人均收入6260元，比增5%；完成工商税收收入 675万元，比增2%，圆满完成上级下达的任务。

【机构人员】 黄羌镇机关内设7个综合性办公室：党政办公室（加挂统计工作站、关工委牌子）、维护稳定和社会治安综合治理办公室、经济发展办公室、社会事务办公室、城乡管理办公室、人口和计划生育办公室、农业办公室，垂直管理机构有：黄羌镇人力资源和社会保障服务所、黄羌镇文化中心、黄羌镇安全监督站、黄羌镇计生服务所。2014年年末，全镇核定行政编制37名（含镇财政所行政编制3名），后勤服务人员数6名。镇领导职数：党委书记1名（兼人大主席），副书记2名（1名兼任镇长），镇长1名（由副书记兼任），纪委书记1名，人大专职副主席1名，人民武装部部长1名，副镇长2名，党委委员按有关规定配置。

【发展特色农业】 虎噉村因金针菜特色产业发展被国务院农业部评为第四批“全国一村一品”示范村。2014年，发展特色农业，合门落实西瓜基地53.33公顷；松林和石山村种植香蕉33.33公顷；双河村试点种植黄秋葵3.33公顷。另外，双新乌寮陂、下寨狗陂

2014年4月17日，省创建教育强镇督前检查专家组到黄羌镇进行创强工作督前检查

2014年7月17日，市人大常委会到黄羌开展农村饮水及村村通自来水工作建设专题调研，黄羌镇党委书记陈智钥（中）为市人大常委汇报黄羌镇自来水厂情况

头、东陇河堤等农田水利设施的修整工作完成，资金投入200多万元。

【重点项目建设】 2014年主要项目建设：①投资450万元对黄竹沥、汉塘、竹成、白面前等4座小型水库进行除险加固。②投入2000多万元完成中小学教学综合楼、中心幼儿园、中学塑胶跑道等建设，配备30多间电教教室及一间多媒体多功能教室。③双新至丰田接陆河公路正在筹备测设环评，并已立项。④总投资553万元的黄羌双河灌区、松林灌区改造工程已报省水利厅审批。⑤总投资近亿元的3.5万伏变电站建设工程已完成了前期的各项建设工作。⑥总投资约3400万元X126线黄羌至平东段公路改建工程，已完成工程前期各种程序。⑦总投资2820万元的罗畬河小流域综合治理工程，前期的各项准备工作已完成，正在抓紧立项上报，争取早日动工建设。

2014年8月6日，黄羌镇召开党的群众路线教育实践活动总结大会

【教育文化事业】 2014年，教育创强工作圆满收官，黄羌镇率先完成了创强任务并通过省督导验收，成为海丰县首批3个省教育强镇之一。年内，新建了黄羌大面园村前文化公园，资金投入70万元。

【民生工作】 2014年，黄羌镇主要民生工作：一是全面开展新一轮扶贫开发工作，与对口帮扶的深圳龙岗区加强合作，累计投入帮扶资金918万元，共完成村道硬底化建设9

条共6.8千米。二是全面实现村安全饮水工程建设。三是完成贫困户危房改造79户，改造率100%；种粮直补、危房改造等惠农资金按时发放。四是全镇城乡居民医疗保险整合推进，参保率不断提高；民政政策落实到位，优抚、低保、五保等补助资金及医疗救助资金按时发放。五是东岭村完成对村内小型水电站的提速提效改造，实现年发电量增长1.6倍，为村集体经济增收8万元；完成中央预算内资金造林总面积280公顷，群众性造林面积233.33公顷；成立由30多人组成的森林防火应急队伍，聘请30名护林员，加强森林火灾巡查管理工作，确保全年没有发生大的森林火灾。六是总投资3000多万元的里坑官田仔整村推进项目顺利完工，村内道路美化亮化、公共活动场所及环卫设施等配套设施建设均已配套齐全。

【基层组织建设】 2013年，加强软弱涣散村党支部整顿工作，对倒排出的合门和东岭两个后进村党支部采取“一村一策”进行整顿，补齐基层党组织建设“短板”；扎实推进村级活动场所规范化建设，通过加大投入，对部分村党员活动室、便民服务室、文化健身设施等进行完善；严格管理转变干部作风，结合党的群众路线教育和纪律教育学习月活动，始终坚持问题导向、持续用劲狠刹“四风”，有效规范了党员干部的行为；加强村级班子建设，集中精力抓好村级换届选举工作，确保全面完成换届任务；统筹做好新老班子交接、健全配套组织和规章制度、完善任期目标、新任村干部培训等各项后续工作。

（叶军声）

2014年8月15日，汕尾市第二批省级“妇女之家”示范点现场交流会在黄羌镇坑联村委召开

2014年8月25日，黄羌镇人民政府举办海丰县社会主义核心价值观基层宣讲报告会

附：2014年黄羌镇党委、政府、人大领导名录

党委书记：陈智钥
副书记：许泽武　张流超
镇　长：许泽武
副镇长：张业敬　欧斌权
人大副主席：张志刚

村（社区）选介

【黄羌镇虎噉村】 位于黄羌镇西南部，距镇区11千米，与公平镇的西坑和惠东县的高潭相邻。虎噉村委下辖圳肚、米塘、坑仔、木棉、廖屋5个自然村333户1818人。全村有耕地86.67公顷，属纯农业地区。在上级的帮助支持下，先后铺筑了公路、兴建各种水利设施，新建了村办公场所和公共厕所，同时还多方集资修建铺设自来水管道。在扶贫开发工作中，全村共投入扶贫资金320万元，其中上级财政支持125万元，主要用于村公路和水利设施建设，县供销社支持166万元，村自筹29万元，用于发展资金和配套建设。村里建有金针菜种植基地和烘干加工厂，每年有8万元稳定的集体收入；村完成5.9千米的村公路建设；建设了水利陂头3座及1500多米的灌渠；其他基础设施也逐步完善，村容村貌有很大改变。

虎噉村地势平坦，土壤质地疏松，土层深厚，属沙质轻壤土，含碱度低，该地常年阳光充足，雨量充沛，平均气温21.6℃，年降水量2382毫米，空气清新，灌源水源充足且是纯净山泉，凭此得天独厚的自然条件，这里盛产名、优、特产金针菜，至今已有100多年的种植历史。此产品甘甜香脆、润滑，不带酸涩味，且含有大量人体所需的多种矿物质，营养价值高一直以来，金针菜深受广大消费者的喜爱，产品在市场需求逐步大幅度增长，供不应求，价格是一般金针菜的5倍以上。2006年1月，“皇斋虎噉金针菜”被国家食品论证中心认定为“国家绿色食品A级产品”。2014年，虎噉村因金针菜特色产业发展被农业部评为第四批“全国一村一品”示范村。

虎噉村“两委”班子紧紧围绕建设社会主义新农村的“二十字”方针，以生产发展为突破口，以群众得到实惠为目标，着力推进“强农富民”工程，促进了经济和社会各项事业的协调发展。在上级党政和有关部门的关心帮助下，在海丰县供销社的帮扶下，按照“政府主导、部门支持、群众参与”的发展思路，坚持走“公司+基地+农户”的发展模式，切实加大扶持力度，进一步提高服务水平，努力做大做强虎噉金针菜特色产业。2014年，全村共有250多户群众种植金针菜，并创建了“虎噉皇斋金针菜种植合作社”及“惠民种养专业合作社”2个金针菜专业合作社，种植面积由几年前的26.67公顷，发展至80公顷，为全村群众带来了可观的经济收益。全村50%的群众新建了楼房，95%以上的群众拥有电视、电冰箱、摩托车、固定电话、移动电话，村委基本实现通电，通邮，农村合作医疗合率100%。此外，虎噉村具有丰富的旅游资源。该村石莲庵旅游风景区自然风光优美，有着浓厚的宗教文化氛围，具有一定的旅游价值。

【黄羌镇坑联村】 位于黄羌镇东北部，罗耷河上游，距离镇中心区将近7千米，与陆河县新田镇相隔。坑联村自然环境优美，罗耷河穿境而过，四面青山环抱，中为平坦良田。改革开放以后，该村群众有600多人前往深圳龙华等地务工或经商。2012年，全村有256户，总人口1587人；耕地面积31.4公顷（其中水田27公顷）。2014年，坑联村委辖有坑一、坑二、坑三、坑四、坑五、黄坑、坑田、坑寨、坑新 9个自然村，有266 户，总人口 1650人。耕地面积 39.9公顷（其中水田27.9公顷）。

2006年，坑联村被海丰县委、县政府定为海丰县建设社会主义新农村四个试点之一，该村按照“一年一小变，三年了变样，六年大变化，九年建成生态村”的发展思路，不断加快社会主义新农村建设步伐。几年来，该村发动外出乡贤捐资，筹集建设资金2000多万元，先后规划新建5条行政村通自然村公路，全长4千米，实现村道全面硬底化目标；村道路两边都种植绿化林，并安装了照明路灯；清理并修筑4米高穿村坑联河河堤2千米，完成河道净化加固；修建10个垃圾集中池和1个垃圾中转站，定时安排人员清理打扫全村卫生，并积极宣传落实环境综合整治规定，使村民做到文明卫生生活，并对全村长4千米的排污渠道进行整修改造，保证水沟畅通，无污水溢流；为改善群众住房条件，村采取“政府补贴一点，企业资助一点，家庭自筹一点”的办法，对全村24户贫困户的泥瓦房实施改造，统一建成混凝土结构住房，全村全面告别泥瓦房。

2014年，坑联村投入资金500万元，上马小水电建设项目，年可增加村集体收入60万元；投资50多万元上马自来水工程，年可增加村集体收入4万元；发展优质黄花菜种植基地3.33公顷，年可增加收入60万元。此外，坑联村治保、调解、巡逻队等群防群治队伍健全，积极配合上级各种集中打击、专项整治行动。维护稳定责任制落实，无群体性事件发生，无恶性刑事案件和恶性治安事故，无流氓恶势力，无非法组织，无“黄、赌、毒”等活动窝点。无重大生产安全事故，无重大安全生产责任事故。2007年，坑联村被评为海丰县社会主义新农村建设先进单位、汕尾市文明村；2009年，被评为广东省文明村、广东省卫生村、海丰县社会治安综治先进单位；2010年，荣获汕尾市评为生态文明村等称号；2011年，荣获全国文明村称号；2012年被县定为“法治文化示范村”。

黄羌林场

【概况】 黄羌林场地处海丰县东北部山区，毗邻紫金、陆河、惠东和海丰县黄羌镇、公平镇。总面积45.6平方千米，全场林业用地面积3585.6公顷，其中商品林2654.2公顷，生态公益林948.3公顷。黄羌林场始建于1958年2月，省属委托汕头行政公署管理，定名为国营广东省黄羌林场；1985年1月转由惠阳地区林业处直接管理，定名为广东省惠阳地区国营黄羌林场；1988年转由汕尾市管理，隶属于市林业局，定名为汕尾市国营黄羌林场，2004年改名为汕尾市国有黄羌林场。黄羌林场是全县有名的边、穷、远红色革命老区，也是全市唯一带农村的正科级国有林场。辖朝面山、江西坪、富足园三大林业工区；陆安、麻竹、十字岗、富足园4个村委会，24个自然村，总人口4600多人。辖区内有朝面山、朝阳两大中型水库，是海丰县直属单位，系海丰县公平水库源头之一。

2014年，全场总产值1130.5万元，其中：农业产值434万元、林业产值542.3万元、牧业产值138万元、渔业产值4.2万元、农业牧渔服务业产值12万元，农村3267人均年收入，全场完成社会固定资产投资344万元。

【机构人员】 黄羌林场内设人秘股、农村办、林业办、计财股、森林派出所与海丰县各乡镇相同的职能部门29个。2014年，全场在册干部职工150人（其中退休87人）。同时具党委建制，党委设5人，下有7个党支部，党员215人，农村两委成员20人，由海丰县委、县政府管理。

【林业管护】 2014年，黄羌林场致力增加森林资源为重点，以建立比较完备的生态体系和比较发达的林业体系为目标，完成433.33公顷种植任务。其中333.33公顷属于桉树林改造，100公顷村级荒山造林。同时完成增加66.67公顷生态公益林申报工作。森林防火也是黄羌林场工作的重中之重，林场坚持“全场动员，以防为主”的森林防火工作方针，加强宣传力度，调整森林防火指挥机构，制订森林防火预案，专门建立30人的半专业防火队伍。全年没有发生1宗森林火灾。

【教育工作】 2014年，黄羌林场围绕林场提出的建设思路，用于奖励学生奖励4.05万元。年内，争取上

黄羌林场文化广场

级支持和乡贤个人捐资完成黄羌林场学校教学楼建设。教学楼2层500平方米，投资75万元，12月竣工，解决学校课室不足问题。在全场逐步形成崇文尚学氛围。

【民生工作】 一是完成文化广场建设。2014年项目总面积3200平方米，争取省旅游资金、省全民体育健身工程资金，总投资52万元。完成篮球场、羽毛场、休闲凉亭、廊台、室外健身场地、绿荫人行道、绿化场地等。解决群众活动健身有去处，提高林场品位。二是完成交通基础设施建设。完成江西坪、下塘埔、立新、三角丘水泥公路建设。公路总里程4千米，总投资122万元，资金来源为上级争取和社会集资。解决交通民生问题，群众好评。三是完成危旧房配套工程建设。争取上级支持，项目总投资95万元，完成危旧房配套工程建设，解决了场部饮水问题。

【计划生育与殡改工作】 2014年，林场在市、县的部署下，重点突破难点，开展计划生育服务工作，落实补救措施4例，征收社会抚养费73338元，出生率均控制在10.93‰，如期完成县下达的任务指标，取得良好效果。年内，通过加强宣传工作，发动全场人民群众提倡移风易俗，制止铺张浪费，珍惜土地的重要性，坚决抵制封建迷信传统。全年共火化尸体14具，超额完成上级下达任务，控制了土葬现象，杜绝了新坟墓建设，保护了土地资源。

【基层组织建设】 2014年，全场有党支部7个，215名正式党员。自2月份起林场认真开展党的群众路线教育实践活动，根据县委统一部署的基础上，紧紧围绕“四风”问题，立足于不同阶段的不同特点，创造性地开展工作，使整个活动“规定动作做到位，自选动作有特色”。至10月上旬，整改工作任务基本完成，后续整改工作也已作出有序安排。

（陈建东）

附：2014年黄羌林场党政领导名录

书　记：罗坤照

副书记：曾锦坤

场　长：古日昌

副场长：池晓宇　宋华贵

黄羌林场学校教学楼

梅陇农场

【概况】 梅陇农场地处汕尾市海丰县西南部沿海地区，东临长沙湾畔、西依广汕公路，深汕高速公路、厦深铁路东西横贯农场境内，交通便利；电力、水源充足，移动通信、电讯、商贸、教育、文化、卫生等事业日新月异，环境优越，治安稳定，经济社会和谐发展。梅陇农场始建于1956年，是广东农垦属下一个以水稻种植生产和水产养殖生产为主、禽畜生产为辅，种、养、加、运、建、服综合经营的中央农业企业，全称广东省梅陇农场。全场下辖乌树、船路、河浦、大塭、燕洲、东关、大港等7个管区和1个科研所，总面积37.30平方千米，2014年总人口8600多人，其中职工1900多人（退休职工800多人），土地总面积3133.33公顷，其中耕地57.33公顷，水产养殖面积800公顷（精养对虾面积220公顷）。

梅陇农场大部分土地由滨海滩涂围垦而成，土地平坦连片，土层深厚，土壤肥沃，属亚热带季风气候，全场有海岸线24.5千米。农场主要盛产大米、鱼、虾、蟹等产品，全场年产优质稻谷6800多吨、水产品2500多吨，享有海丰西南部“鱼米之乡”的美誉。近年来，梅陇农场通过不断强化企业内部经营管理，充分利用良好的资源优势，依托国家的惠农政策，大力转变经济发展方式，有效提升土地的利用价值，促进农场经济社会稳步健康发展。2014年，全场实现生产总值3.05亿元，比增8%，其中，第一产业1.59亿元，比增5%；第二产业9830万元，比增6%；第三产业4067万元，比增7.2%;人均收入1.58万元，比增9%。

【水稻种植】 2014年，梅陇农场在切实加强耕地承包管理的基础上，按照广东省农垦总局率先实现农业现代化的目标任务，结合实际，把做好“两水”生产工作当作搞好全场经济发展的头等大事，切实巩固农业基础地位，以发展有机农业试验项目为抓手，进一步整合资源，调整产业结构，逐步推进农业现代化建设。一是积极组织有机稻转化生产技术试验和推进生产基地的创建工作。年初，与深圳生巴达微生物技术有限公司合作，并取得华南农业大学资源管理学院的技术支持，解决试验过程中出现的技术问题，试验项

汕尾市人代调研组到梅陇农场调研

广东省梅陇农场

目进展顺利，并于7月下旬试验基地顺利通过了中鉴认证审核组的现场审核。8月下旬，试验产品获“有机转换产品认证证书”，预计2015年年底可取得有机产品认证证书。二是发挥水稻高产示范作用，辐射带动全场水稻生产取得全面丰收。年内，梅陇农场在切实加强耕地承包管理和不断改善农业生产条件的基础上，大力引进和推广水稻生产的良种良法，继续推行农业机械化和产业化生产，进一步加快了农业科技创新步伐，提高了农业抵御自然风险的能力。通过狠抓高产示范基地建设，加强产前、产中、产后的服务指导，充分发挥其辐射带动作用，全场水稻生产取得全面高产丰收。全场573.33公顷常规水稻种植面积主要种植了金花粘、银花粘、黄华粘、美香粘、合美粘、风华粘等优质当家品种。

【水产养殖】 水产养殖是梅陇农场的主要支柱产业之一。2014年，农场继续坚持以科学发展观为指导，切实抓好水产养殖承包管理工作，加强对水产养殖的服务和引导，通过不断增加科研投入，大力倡导、推广“池底管道增氧高产”“虾鱼混养”等水产健康养殖方式和技术革新试验，提高养殖户利用先进科技增产增收的能力，从而不断提升总体经济效益。同时，通过多渠道筹措资金，不断加大对水产养殖基地的水、电、路等基础设施建设的资金投入，逐步完善了养殖区的生产条件，强化水产科技服务和管理体系。截至年底，已全面完成船路片、渡头片、河浦片和东关片区变压器的改造和安装工作，共改造安装变压器13个、供电线路1万多米，实现精养养殖区电力改造全面覆盖，并完成“专变”转“公变”纳入地方电网统一管理，大大改善了了养殖基地生产环境。

【禽畜饲养】 2014年，梅陇农场通过加强政策扶持和技术服务，大力引导、鼓励职工群众充分利用本场农副产品丰富、饲养场地广阔等有利条件，积极开展“三鸟”和生猪等禽畜饲养生产，发展职工自营经济，拉长农业产业链，提高农业生产是整体经济效益。全年“三鸟”饲养量26.2万只，出栏8.1万只，生猪饲养量3万多头，出栏1.6万多头 。

【企业制度建设】 梅陇农场始终把强化企业内部管理作为企业经营的主题，按照企业管理现代化、科学化、规范化的要求不断制定出台和完善各项管理制度，逐步推进农场深化改革发展。一是定期召开每年一度的职工代表大会，制定了新一年《经营管理制度》，进一步调整充实、完善经营管理制度，明确了新一年的经营目标和工作任务。二是逐步完善《农场二级单位绩效考核实施细则》，切实把工作任务落实到人，继续实行财务上缴任务完成情况与工资待遇挂钩的工作制度，并定期进行阶段性考核，兑现奖罚，充分调动了各级管理人员的工作积极性和主观能动性。是进一步规范企业干部队伍管理，根据农场《经营管理制度》，制定出台《梅陇农场企业管理人员与专业技术人员聘用管理制度》和《农场经营班子和场部机关工作人员工作问责制度》。从加强场部机关工作人员的管理监督工作入手，切实改进机关工作作风，努力建设学习型、服务型的管理团队，增强了机关的凝聚力和战斗力，也树立了企业良好形象。

【基础设施建设】 2014年，梅陇农场围绕广东省省农垦总局“建设美丽生态新农场”的工作思路，继续贯彻实施基础设施先行策略，想方设法增加基础设施建设的资金投入，逐步优化农场的经济建设环境和生产生活环境，不断推进农场小城镇建设步伐。主要项目有：投入资金300万元，实施133.33公顷水稻种植基地标准化建设；投入“一事一议”财政奖补项目和“美丽乡村”建设资金300万元，规划建设场部社区文化室、职工文化广场、社区绿化等项目；投入资金365万元，完成6.6千米饮水主管道改造工程；通过采取多方集资，完成大港小学至流酸河1.2千米和燕洲至岩前1.5千米的公路建设。

【民生保障工作】 2014年，梅陇农场以改善民生工作为落脚点，大力促进社会事业发展。一是继续做好城乡居民医疗保险和城乡居民社会养老保险工作。全年全场参合人数达7402人，参保率100%；全年参合职工群众中因病住院累计595人次，得到医疗补偿资金305万元，让职工群众真正享受到政策的实惠，从而大大减轻了农场和职工群众的经济负担。全场办理城乡居民社会养老保险人数465人，享受养老待遇人员515人。二是坚持实施送温暖工程，为困难职工排忧解难，充分发挥工会、民政等部门的职能作用，体现“以人为本，为民解困”的服务宗旨，对各类优抚对象、低保户、弱势群体、特困户进行摸底、登记造册，全面系统地掌握每个民政对象的真实情况，使最困难的职工群众能及时得到政府救助，感受到党的温暖。

【党风廉政建设】 自2013年在广东垦区开展党的群

梅陇农场生态米收获场面

众路线教育实践活动和2014年垦区开展党风廉政建设巡视工作后，梅陇农场严格按照上级的要求和部署，狠抓领导干部作风建设，始终坚持党委统一领导，党政齐抓共管、业务部门各负其责、纪检监察组织协调、职工群众积极参与的领导机制和工作机制。认真贯彻落实党风廉政建设责任制，进一步明确了主体责任和监督责任；严格遵守中央八项规定、坚决反对“四风”，逐步完善各项制度并予以严格执行，从制度层面形成对各级作风建设的约束力，也在全场形成预防腐败、防控廉洁风险的良好机制。2014年，场领导班子严格自律、以身作则，下基层检查工作坚持轻车简从，非特殊情况一般不安排在基层就餐，坚决杜绝大吃大喝现象，形成够好的党风政风；对农场重点项目建设、重点部门、重要岗位、重大决策等方面的廉洁风险都进行了密切的关注和监督，充分确保了“三重一大”民主决策制度和党的作风纪律建设要求得到认真贯彻落实。

（徐晓晖）

附：2014年梅陇农场党政领导名录

党委书记：陈贤泽
副书记：李梅生　陈火新
纪委书记：余秋伦
场　长：李梅生
副场长：邓建龙　曾　多　庄秋红
工会主席：许淑标

梅陇农场职工文体广场施工现场一角

附 录

社会经济统计资料

2014年海丰国民经济和社会发展统计公报[注]

2014年，面对复杂形势和严峻挑战，全县上下坚持以党的十八大精神为统领，牢牢把握"主题主线"和加快转型升级、建设幸福海丰的核心任务，坚定实施工业强县战略，大力促进结构调整和经济发展方式转变，克服各种困难和挑战，社会保持和谐稳定，国民经济保持平稳较快发展，各项社会事业取得新的进步。

一、综 合

初步核算，2014年全县实现生产总值243.4亿元，增长11.2%，高于全市8.9%的增幅。分产业看，第一产业增加值35.3亿元，比增4.2%；第二产业增加值113.0亿元，比增16.4%，其中工业增加值102.5亿元，比增17.7%；第三产业增加值95.1亿元，比增6.0%，其中交通运输、仓储和邮政业增加值7.1亿元，比增12.6%，房地产业增加值8.0亿元，比增6.8%，营利性服务业增加值11.2亿元，比增7.1%，非营利性服务业增加值24.0亿元，比增4.9%；三次产业比重由去年15.0：45.1：39.9调整为14.5：46.4：39.1，经济结构更趋合理化。全县人均GDP为30019元，增长10.5%。

"双转移"力度进一步加大，全县新增城镇就业15538人，城镇登记失业率控制在2.21%；转移劳动力6600人，农村劳动力转移就业率达到78.33%。

社会保障制度进一步完善，社会保险覆盖面逐步扩大。2014年末，全县139152人参加城镇职工基本养老保险，48358人参加失业保险，777871人参加城乡基本医疗保险。社会保险基金全年征缴收入37790万元，年末社会保险基金累计结余58409万元。

二、农 业

全年累计完成农业总产值57.11亿元，比上年增长4.1%。其中种植业产值28.41亿元，同比增长4.1%；林业产值1.56亿元，同比增长8.1%；牧业产值6.34亿元，同比增长0.3%；渔业产值16.43亿元，同比增长4.2%；农林牧渔服务业产值4.37亿元，增长8.7%。

全年粮食作物种植面积34573.3公顷；其中水稻种植面积30247.1公顷，油料种植面积3273.2公顷，蔬菜种植面积17824.9公顷。

全年粮食产量182800吨，增长19.5%；其中，水稻产量163205吨，增长22.8%；油料产量6135吨，增长5.6%；蔬菜产量452603吨，增长1.5%；水果产量83426吨，增长8.1%。

全年肉类总产量23065吨，与上年基本持平，其中猪肉产量11699吨，增长5.7%，禽肉产量9202吨，下降6.7%。全年肉猪出栏量累计15.8万头，增长5.7%，生猪年末存栏量7.98万头，下降5.3%。累计家禽出栏量625.9万羽，下降8.3%。

全年水产品产量151433吨，增长3.0%，其中，海洋捕捞25646吨，增长2.9，海水养殖95000吨，增长3.7%；淡水捕捞2317吨，增长1.2%，淡水养殖28470吨，增长3.5%。

三、工业和建筑业

全年完成工业总产值470.1亿元，增长19.1%，其中，规模以上工业总产值355.7亿元，增长28.5%，占全社会工业总产值的比重由上年72.3%上升为75.7%。全年全部工业完成增加值102.5亿元，增长17.7%。其中，规模以上工业增加值73.8亿元，增长25.6%。

全年资质等级以上建筑企业9个，受国家房地产调控政策影响，全年完成建筑业总产值3.7亿元，比上年增长15.6%；实现利润总额306.5万元，比上年下降48.0%；利税总额1617.3万元，比上年增长44.2%。全社会建筑业增加值10.5亿元，增长10.0%。

四、固定资产投资

全年全社会固定资产投资234.3亿元，比上年增长16.1%。分城乡看，城镇投资214.9亿元，增长16.7%，农村投资19.4亿元，增长9.6%。分投资主体

注：1.本公报中数据均为初步统计数。
2.生产总值(GDP)、各产业增加值绝对数按现价计算，增长速度按可比价计算。

看，国有和集体经济投资86.7亿元，增长58.0%；民间投资111.6亿元，下降30.7%；港澳台、外商经济投资4.9亿元，下降87.4%。

分三次产业看，第一产业投资13.5亿元，下降35.9%；第二产业投资62.5亿元，下降27.2%；第三产业投资158.3亿元，增长67.4%。

全年房地产开发投资4.9亿元，比上年下降46.7%，按工程用途分，商品住宅投资3.6亿元，下降41.0%，商业营业用房投资0.5亿元，下降44.5%；其他投资0.8亿元，下降57.9%。全年房屋施工面积112.9万平方米，比上年下降12.3%；全年房屋竣工面积29.6万平方米，增长2.1%；全年商品房销售面积26.6万平方米，增长48.6%。

五、国内贸易

全年社会消费品零售总额216.3亿元，比上年增长9.1%。分城乡看，城镇消费品零售额151.1亿元，增长9.3%；农村消费品零售额61.2亿元，增长8.6%。分行业看，批发和零售业零售额188.0亿元，增长8.8%；住宿和餐饮业零售额28.3亿元，增长10.8%。

在限额以上法人批发零售业销售额中，粮油食品、饮料、烟酒类销售额7.6亿元，下降0.5%；服装、鞋帽针织品类销售额0.4亿元，增长8.7%。

六、对外经济

全年进出口总额74500万美元，同比下降24.6%。其中，贸易出口总值57000万美元，下降16.67%；进口总值17500万美元，下降42.43%，实现顺差39500万美元，增长3.9%。

全年新签外商直接投资项目24个，合同吸收外资金额10140万美元，增长6.03%；实际使用外商直接投资金额7071万美元，增长0.08%。

七、交通、邮电和旅游

全年交通运输、仓储和邮政业实现增加值7.1亿元，比上年增长12.6%。

全年货物运输总量1593万吨，比上年增长27.44%；货物运输周转量231861万吨公里，增长26.68%；全年旅客运输总量3272万人，增长25.03%；全年旅客运输周转量383350万人公里，增长26.02%。

全年完成邮电业务总量60378万元，增长3.7%。其中，电信业务收入16630.53万元，下降1.53%;移动业务收入约4.0亿元，增长2.6%。

旅游业持续快速发展。据旅游部门统计，全年全县接待旅客总人数达249.06万人次，比上年增长5.3%；旅游收入14.2亿元，增长7.08%。

八、财政和金融

全年全县财政一般预算收入153349万元，增长16.08%；其中税收收入72051万元，同比下降13.53%；非税收入81298万元，比增66.66%，税费比达到46.98%。财政一般预算支出261348万元，增长14.7%。

年末全县银行业金融机构各项存款余额163.2亿元，比年初增长10.04%。其中，城乡居民储蓄存款余额138.7亿元，比年初增长12.05%；年末全县各项贷款余额64.9亿元，比年初增长28.54%。其中，短期贷款余额13.8亿元，比年初增长73.94%；中长期贷款余额50.6亿元，比年初增长20.03%。

九、教育·文化·卫生·体育

全年中等职业技术教育在校学生数4147人，比上年减少3.8%；普通中学在校学生数49574人，减少11.4%；小学在校学生数65807人，增加5.6%；幼儿园在园人数12115人，增长0.9%。

年末全县共有各类专业艺术表演团体2个，文化馆1个，公共图书馆1个，博物馆、纪念馆各1个。年末县城有线数字电视用户5.9万户。

年末全县拥有医院、卫生院26个，医院、卫生院床位2350张；卫生技术人员3896人，其中执业医师和执业助理医师806人，注册护士1030人。

年末全县拥有各类体育场地818处（个），其中属体育系统的21个，属学校、教育系统的406个，总场地面积约150万平方米。

十、人口与人民生活

年末户籍人口839344人。其中，非农业人口为411173人，男性436771人，女性402573人。全县常住人口为81.37万人，增长6.8‰，城镇化率为62.49%。据计生部门统计年报显示，全年出生人口9305人，出生率为12.07‰；死亡人口4275人，死亡率5.54‰；人口自然增长率为6.52‰。

城乡居民生活水平逐步提高。据城乡居民住户抽样调查，2014年，全县全体居民人均可支配收入17643元，比上年增长10.5%，全体居民家庭恩格尔系数为44.8%；其中，农村常住居民人均可支配收入为11531.1元，比上年增长11.9%；农村居民家庭恩格尔系数为46.3%。城镇常住居民人均可支配收入21047.6元，比上年增长9.4%。城镇居民家庭恩格尔系数为47.2%。全县年末从业人员年平均工资为32556元；其中，企业从业人员年平均工资29268元，事业单位从业人员年平均工资39969元，机关单位从业人员年平均工资33599元。

2014年海丰县主要经济指标完成情况一览

表10

主要经济指标	单 位	1—12月份主要指标完成情况	比2013年同期增长(%)	备 注
一、地区生产总值	亿元	243.4	11.2	
二、规模以上工业总产值	亿元	355.7	28.5	
三、规模以上工业增加值	亿元	73.8	25.6	
四、农业总产值	亿元	57.1	4.1	
五、社会商品零售总额	亿元	216.3	9.1	
六、全社会固定资产投资	亿元	234.3	16.1	
七、出口总值	万美元	57000	-16.67	预计数，外经部门提供
八、实际利用外商直接投资	万美元	7071	0.08	预计数，外经部门提供
九、财政一般预算收入	万元	153349	16.08	财政部门提供
财政一般预算支出	万元	261348	14.7	财政部门提供
十、城乡居民人均可支配收入	元	17643	10.5	初步预计数
城镇居民人均可支配收入	元	21047.6	9.4	初步预计数
农村居民人均可支配收入	元	11531.1	11.9	初步预计数

文献选编

关于印发《海丰县开展党的群众路线教育实践活动实施方案》的通知

海委办〔2014〕3号

各镇（场、经济开发区）党委、人民政府，县直（含驻海）各单位：

《海丰县开展党的群众路线教育实践活动实施方案》已经县委同意，现印发给你们，请结合实际认真贯彻执行。

中共海丰县委办公室
2014年2月17日

海丰县开展党的群众路线教育实践活动实施方案

根据《中共中央关于在全党深入开展党的群众路线教育实践活动的意见》（中发〔2013〕4号）、《关于开展第二批党的群众路线教育实践活动的指导意见》（中办发〔2014〕4号）和《中共广东省委关于在我省深入开展党的群众路线教育实践活动的实施意见》（粤发〔2013〕8号）、《广东省第二批深入开展党的群众路线教育实践活动实施方案》、《汕尾市开展党的群众路线教育实践活动实施方案》精神，我县教育实践活动从2014年1月开始，9月份基本完成。参加活动的范围是：县委、县人大、县政府、县政协领导班子及党员领导干部；县法院、检察院领导班子及党员干部；县直各机关企事业单位领导班子及党员干部；镇（场、经济开发区）领导班子及党员领导干部；镇（场、经济开发区）直机关企事业单位、村（社区）、非公有制经济组织、社会组织等基层组织及党员。现就我县开展党的群众路线教育实践活动提出如下实施方案：

一、总体要求

开展教育实践活动，以党的十八大、十八届三中全会精神为指导，认真贯彻中央确定的指导思想、目标任务和方法步骤，认真贯彻习近平总书记系列讲话精神，坚持"照镜子、正衣冠、洗洗澡、治治病"的总要求，以为民务实清廉为主题，围绕贯彻落实中央八项规定和省、市实施办法以及《党政机关厉行节约反对浪费条例》等规定，切实开展"平安建设、招商引资、政务政治、形象提升"四大行动，按照县委"三个坚持、四个争当、五个发展"的总体发展思路，以打好园区建设、交通建设、教育创强和荒山绿化"四大会战"，以及推进城镇扩容提质、现代农业发展、民生平安建设、生态环境净化美化、效能形象建设和基层固本强基"六大工程"为载体，突出作风建设、贯彻整风精神，坚决反对形式主义、官僚主义、享乐主义和奢靡之风，着力解决好人民群众反映强烈的突出问题，提高做好新形势下群众工作的能力，使党员干部思想认识进一步提高，作风进一步转变，党群干群关系进一步密切，为民务实清廉形象进一步树立，基层基础进一步夯实，为扎实推进全面深化改革，促进海丰振兴发展提供坚强的政治和组织保障。

（一）坚持紧扣主题，突出重点。按照"主题不变、镜头不换"的要求，紧紧抓住"四风"问题不放，始终把联系服务群众摆在首位，防止走神散光、避重就轻。以县领导机关、领导班子和领导干部为重点，突出抓好直接联系服务群众的执法监管部门和窗口单位、服务行业的教育实践活动，注重抓好镇和村、社区等与群众联系密切的基层组织的教育实践活动，切实加强广大党员干部马克思主义群众观点和党的群众路线教育。

（二）坚持"六个注重"，务求实效。准确把握教育实践活动的新情况新特点，发扬"认真"精神，坚持正面教育为主，坚持开展批评和自我批评，坚持讲求实效，切实做到"六个注重"，即：注重领导带头、层层示范，注重聚焦"四风"、解决问题，注重敞开大门、群众参与，注重分类指导、有序推进，注重上下协力、衔接带动，注重严格要求、真督实导，确保活动不虚不空不偏，不走过场。

（三）坚持统筹联动，整体推进。学习借鉴第一批教育实践活动的实践成果、制度成果和理论成果，统筹抓好县、镇（场、经济开发区）、村（社区）和其他基层组织的活动开展，做到上级指导带动下级，下级监督评判上级。发扬“钉钉子”精神，求真务实，把整改的问题和需要上级帮助解决的问题衔接起来，持续用劲、步步为营，全力深入抓好整改，以落实到基层的整改成效检验活动成果。

二、目标任务

这次活动的主要任务是突出反对“四风”这个重点，集中解决领导班子和领导干部“四风”方面存在的突出问题，对作风之弊、行为之垢来一次大排查、大检修、大扫除。同时，回应群众关切，维护群众利益，注重解决实际问题，解决群众身边的不正之风，坚持以群众满意为导向评判落实活动重点任务的成效，把通过活动解决信访积案、化解矛盾纠纷、开展综合治理的成果作为检验活动效果的重要标准，把改进作风的成效真正落实到基层，真正让群众受益。

（一）主要目标

1. 进一步坚定党员干部理想信念。党员干部更加牢固树立群众观点，始终保持同人民群众的血肉联系，始终保持党的先进性和纯洁性；大力弘扬党的优良作风，坚持求真务实、真抓实干，以实际行动取信于民；坚持发扬艰苦奋斗的精神，坚持勤俭办事，自觉接受监督，当好清正廉洁表率。

2. 进一步提高机关部门服务水平。机关部门要着眼为民、利民、便民，坚决遏制“衙门”作风，切实解决群众反映强烈的“门难进、脸难看、事难办”问题，提高为民服务水平；坚持把走群众路线结合在实际中、细化在工作中、体现在行动中，努力建设创新型、服务型、法制型、廉洁型“四型机关”。

3. 进一步增强领导班子凝聚力公信力。领导班子要着力打造硬朗实干的领导核心，紧紧抓住反对“四风”这个重点不放，切实解决“四风”方面存在的突出问题。要率先垂范坚持群众路线，深入基层、深入群众，察民情、听民计、解民困，身体力行践行党的群众路线。

（二）重点任务

1. 着力解决“四风”突出问题。各地各单位要按照中央、省委和市委的要求，敢于动真格、求实效，在全县党员干部中开展“六个”活动，查摆解决“四风”存在的突出问题。（1）县领导班子和领导干部要开展“示范带头作表率”活动，重点解决政绩观不正确，不敢担当，搞“形象工程”、“政绩工程”，换一任领导、变一套思路，有令不行、有禁不止，“上有政策、下有对策”，搞“一言堂”、当“太平官”，心浮气躁，以权谋私、弄权腐败等问题。（2）县直单位要开展“转变作风提效能”活动，重点解决办事拖拉、推诿扯皮，擅离岗位、纪律松弛，作风漂浮、落实不力，底数不清、情况不明，工作“中梗阻”、服务不主动、不作为、慢作为等问题。（3）执法监管部门和窗口单位、服务行业要开展“服务群众树形象”活动，重点解决“门难进、脸难看、事难办”“乱收费、乱罚款、乱摊派”“吃拿卡要”、作风懒散、出工不出力，滥用职权、借权营生，执法不公、执法不严，办“关系案”“人情案”“金钱案”等问题。（4）镇（场、经济开发区）领导班子和领导干部要开展“勤政为民促发展”活动，重点解决不关心群众冷暖，责任心不强，落实惠民政策缩水走样，在位不在岗、天天“走读”，弄虚作假、欺上瞒下，对待群众方法粗暴、态度恶劣，甚至侵犯群众利益、克扣群众财务，打白条、要赖账等问题。（5）村、社区基层组织要开展“固本强基保稳定”活动，主要解决软弱涣散、村（社区）“两委”干部服务群众的意识和能力不强、整体素质不高、办事不公等问题。（6）非公有制经济组织、社会组织等基层组织要开展“爱岗敬业当标兵”活动，着重解决理想信念淡薄，责任意识不强，先锋模范作用不明显等问题。

2. 着力解决群众反映强烈的切身利益问题。坚持为民、利民、便民，本着尽力而为、量力而行的原则，把解决民生问题贯穿教育实践活动的始终，切实增强服务群众、为民办事的责任意识，真心诚意为民办实事、办好事、解难事。（1）以加快发展改善民生。紧紧围绕贯彻落实《关于进一步促进粤东西北地区振兴发展的决定》，找准发展定位，打好“四大会战”，推进“六大工程”，让活动成果惠及人民群众。（2）以树立形象提升效能。机关、企事业单位尤其是窗口服务部门，要结合我县正在开展的效能形象工程，进一步深化“万众评股室”活动，提高办事效率，提升服务质量。（3）以解决问题惠及群众。切实落实各项民生政策，解决群众在教育、就业、社会保障、医疗、住房等方面的基本需求问题，解决生态环境、食品药品安全、安全生产、社会治安、执法司法、征地拆迁等方面损害群众利益的问题，解决困难群众的生产生活问题，解决与民争利的问题，畅通群众诉求表达渠道，加强与群众真诚沟通，做好矛盾纠纷排查化解工作，让群众办事更加便利、得到更多实惠，增强安全感、提高满意度，切身感受社会公平正义。

3．着力解决联系服务群众“最后一公里”问题。结合“千名党代表走基层”“千干进千企”“千干联百村”“扶贫挂驻”等活动，在机关企事业单位党员中开展“万名党员进万家”活动，进一步建立健全联系服务群众的桥梁和载体。（1）全力抓好村级组织换届。扎实做好村、社区“两委”换届工作，使换届过程成为进一步联系服务群众的过程，以换届工作作为活动成效的重要检验。已经完成换届的村、社区要广泛听取党员群众对新一届“两委”工作的意见建议，并结合就职宣誓作出改进作风、服务群众的承诺；尚未完成换届的要通过加强学习、听取意见、对照检查、立行立改，提高做好换届工作的认识，排查和解决影响换届的突出问题，确保完成换届任务。（2）加强对村级干部培训。加强对新一届村、社区“两委”干部特别是村、社区党支部书记的培训，提高综合素质和能力。（3）创建服务型党组织。以加强基层服务型党组织建设为抓手，扩大党的组织覆盖和工作覆盖面，建设守信念、讲奉献、有本领、重品行的基层党组织书记队伍，组织带领广大党员为群众提供更多更好的服务。（4）提升服务水平。加强和改进镇和村（社区）便民服务，建立和完善便民服务中心、党员服务中心，发挥党代表工作室作用，推广群众事务代办、民情日记、一站式服务、党员承诺践诺、党员志愿服务、在职党员到社区报到等做法，提升服务群众的功能和水平。

（5）加强基层组织保障。健全服务保障体系，建立稳定的基层组织运转和基本公共服务经费保障制度，推动人、财、物向基层倾斜。

三、主要环节

开展教育实践活动要坚持问题导向、教育实践并重、边学边查边改，把学习教育贯穿始终，把整改落实贯穿始终，使教育实践活动各个环节的工作有效衔接、相互贯通。主要抓好以下3个环节。

（一）学习教育、听取意见

时间不少于90天，重点抓好4项工作。

1．突出学习重点。各地各单位结合各自实际，把个人学习和集体学习结合起来，认真制定学习教育计划，对不同群体党员的学习提出不同要求。按照中发〔2013〕4号、粤发〔2013〕8号文件规定的学习内容，组织党员、干部认真学习党的十八届三中全会精神和习近平总书记系列讲话精神，学习中央和省委印发的教育实践活动读本，学习党的光辉历史和优良传统，学习身边密切联系群众、改进工作作风的先进典型和先进事迹，开展理想信念、党性党风党纪和道德品行教育，开展马克思主义群众观点和党的群众路线专题学习讨论，向群众学习，拜群众为师，使广大党员干部充分认识开展教育实践活动的重大意义，深刻理解群众观点和群众路线的丰富内涵，把思想和行动统一到中央、省委、市委的部署和县委的要求上来，解决好为了谁、依靠谁、我是谁的问题，使践行党的根本宗旨成为党员、干部普遍自觉。

2．创新学习方法。县直机关企事业单位和镇（场、经济开发区）主要是原原本本学习、集中研讨、专题交流；其他基层党组织主要采取观看专题片、案例教育、“身边事教育身边人”、送学上门等小型、灵活、多样的学习。（1）开展集中式学习。各级党组织以党支部为单位，运用理论学习中心组学习、主题党日、观看电教片、纪律教育学习、远程教育网络、读书交流会等灵活多样的方式，广泛开展学习教育活动。县处级以上领导干部要统筹安排，认真参加学习贯彻习近平总书记系列讲话精神集中轮训。各级党员领导干部每周集中学习的时间不少于半天；执法部门、窗口单位、服务行业要灵活安排学习时间，不能停产学习。（2）开展互动式学习。组织开展多种多样的学习讨论，重点围绕群众路线时代内涵、“四风”问题的具体表现和危害、为民务实清廉的具体标准等进行互动式讨论，仔细撰写学习心得体会。（3）开展调研式学习。县党政领导班子成员要带头学习，结合分管业务，针对学习讨论中查找到的问题列成专题、分头调研、分别破题，主动下基层调研，到党代表工作室接访党员群众、上一次辅导课。以普通党员、干部的身份，到服务窗口或基层一线参与面对服务对象的实际工作，同党员干部群众一起学习，营造浓厚学习氛围。（4）开展分散式学习。创新载体，丰富学习的形式和内容，增强学习的针对性，把学习与追赶先进结合起来，激励党员干部以身边的先进典型为榜样，向先进典型学习。村、社区、非公有制经济组织、社会组织党员在充分利用党员学习日、“三会一课”等传统方式组织学习的同时，采取制作宣传栏、编发口袋书，以及利用手机信息、网络QQ、微信微博等现代信息手段组织开展学习。

3．广泛征求意见。坚持敞开大门，广泛听取意见，把“面对面”与“背靠背”结合起来，把“个别听”与“集体谈”结合起来，把“走进群众”与“组织群众评”结合起来，通过随机走访、个别访谈、来信来访等方式，统筹好征求意见工作，防止相互征求意见搞“公文旅行”“函来函往”，防止“一窝蜂”下基层、重复征求意见。（1）班子征求意见方式。县领导班子以组织的名义，就“四风”突出问题和加强作风建设，统一征求下一级党组织对本级领导班子及成员的意见。汇总梳理后，属于班子成员个人的问题和意见的由个人认领，班子成员个人不再以组织名义重复征求意见；涉及各级直属单位的问题和意见反馈到各有关单位，各单位不再集中征求基层意见。（2）班子成员征求意见方式。领导班子成员个人采取召开座谈会、个别访谈、到党代表工作室接待群众等方式听取意见。注意听取分管部门和分管单位党员、干部和群众意见，特别是基层党员、干部和群众的意见。（3）拓宽征求意见渠道。通过在政务网站、门户网站开通征求意见栏目，或设计调查问卷、设置意见箱、开通微博微信等办法征求意见。村、社区党员注意采取“进户上门”等方式走访群众听取意见建议。非公有制经济组织党员注意利用工余时间走访企业出资人、生产经营一线职工听取意见建议。社会组织党员注意走访合伙人、服务对象、会员和职工听取意见建议。

4. 坚持边学边改。从一开始就改起来，把第一批教育实践活动单位延伸到基层的整改任务特别是专项整改任务，与自身查摆出来的问题结合起来，列出清单，建立整改台账。实行动态管理，解决一个销号一个。

（二）查摆问题、开展批评

时间不少于35天，重点抓好5项工作。

1. 认真查摆突出问题。围绕为民务实清廉要求，通过群众提、自己找、上级点、互相帮、集体议等方式，对照党章，对照廉政准则，对照改进作风要求，对照群众期盼，对照先进典型，通过“五查五看”，认真查摆找准找实“四风”方面存在的突出问题。一查思想认识，看宗旨意识是否牢固，有无宗旨淡化、漠视群众之病；二查工作作风，看干部作风是否务实，有无好大喜功、虚夸政绩之病；三查方式方法，看工作效能是否高效，有无只要形式、不顾民意之病；四查政策措施，看广大群众是否接受，有无脱离实际、脱离群众之病；五查党风党纪，看自律要求是否严格，有无为政不廉、腐化堕落之病。各级机关和企事业单位要对照《党政机关厉行节约反对浪费条例》以及有关规定，镇（场）、村（社区）还要对照《农村基层干部廉洁履行职责若干规定（试行）》进行检查。督导组要将收集到的问题和意见，及时向所督导地区、单位主要负责同志和党员领导干部反馈。

2. 普遍开展谈心谈话。要针对存在的问题努力把问题谈开、把思想谈通。（1）谈心方式。各地各单位主要负责同志与班子每名成员、班子成员相互之间、班子成员与分管部门负责同志之间都要开展谈心活动，并主动接受党员、干部和群众的约谈。（2）谈心内容。主要是征求对方对自己存在问题的意见和改进建议。（3）时间安排。时间安排要充分，既要肯定成绩又要指出问题和不足；对拟在会上开展批评的问题，要充分沟通和交换意见，把矛盾和问题解决在会前。（4）谈心要求。基层党组织也要组织单位内部、科（股）室内部广泛开展谈心交心，党组织负责人和行政负责同志要带头谈，既要谈自己的问题，又要勇于指出对方的问题，特别是对群众反映强烈的问题，要主动认领，并相互提醒。

3. 撰写对照检查材料。要在深入查找自身存在问题的基础上，进行深入查摆、深刻剖析。

（1）撰写对照检查材料范围。县及其直属机关企事业单位领导班子、班子成员和镇（场）领导班子、班子成员要自己动手撰写对照检查材料。村、社区、非公有制经济组织、社会组织等其他基层组织要围绕联系服务群众按照有效管用、简便易行的要求，做好对照检查。（2）撰写对照检查材料要求。要体现听取意见、查摆问题、谈心谈话等情况，逐项列出“四风”问题的具体表现、典型事例，对“三公”经费支出、职务消费、人情消费、公务用车、办公用房和住房、家属子女从业等情况要作出说明；对照理论理想、党章党纪、民心民声、先辈先进“四面镜子”，从理想信念、宗旨意识、党性修养、政治纪律等方面剖析根源，明确努力方向和整改措施。（3）审核把关对照检查材料。领导班子的对照检查材料由主要负责同志亲自主持起草，并在一定范围内征求意见。上级党组织负责同志和督导组要严格审核把关。

4. 开好专题民主生活会。县及其直属机关企事业单位领导班子，镇（场、经济开发区）领导班子要召开专题民主生活会。（1）会前制定方案。根据学习和查摆问题情况，结合实际情况制定专题民主生活会工作方案，报督导组审核同意后，与督导组协商确定开会时间。督导组要严格把关，做到“五不开会”，即：谈心活动谈得不透的不开会、突出问题找不准的不开会、对照检查材料准备不好的不开会、整改措施不实的不开会、努力方向不明的不开会。（2）会上开展批评与自我批评。主要负责同志代表班子作对照检查，带头查摆个人问题、带头开展自我批评，并对每一位班子成员提出批评意见。班子成员既要进行深刻的自我批评，又要进行诚恳的相互批评，每一位班子成员都要对单位主要负责同志提出批评意见。批评和自我批评要既揭短亮丑、动真碰硬，又实事求是、出于公心，不发泄私愤，不搞无原则纠纷。（3）会后通报情况。主要负责同志主持召开民主生活会情况通报会，通报内容包括准备工作、开展批评和自我批评、制定整改措施等情况，以及上级督导组对领导班子民主生活会的评价。参加范围主要是本级领导班子成员、直属和内设单位主要负责同志、下一级地区或对口单位主要负责同志等。督导组全程参加所督导单位的领导班子专题民主生活会；上级机关党员领导干部要参加下级单位领导班子的专题民主生活会。

5. 开好专题组织生活会。各基层党组织要组织党员开好专题组织生活会，认真开展对照检查和分析评议，针对存在问题，提出改进措施和办法，每个党员都要参加所在党支部或党小组召开的专题组织生活会。基层窗口单位、服务行业党组织的专题组织生活会，要邀请服务对象代表参加。党员领导干部要以普通党员身份参加组织生活会。

（三）整改落实、建章立制

时间不少于35天，重点抓好4项工作。

1. 制定整改方案。各级党委（支部）要把边整边改、建章立制贯穿教育实践活动全过程，实行开门整改，并及时公布整改情况，接受党员群众监督。（1）县及其直属单位和企事业单位领导班子，镇（场）领导班子要在对照检查材料的基础上，针对征求到的意见和专题民主生活会查摆出来的“四风”问题认真制定整改方案，形成整改台账。（2）领导班子成员要制定个人整改措施。（3）村、社区和非公有制经济组织、社会组织等其他基层组织要列出问题清单，明确整改措施。（4）公开整改方案。通过新闻媒体、门户网站和党务、政务、企务、校务等渠道进行公开公示，充分听取群众意见，接受群众监督。整改方案经督导组审核后，报上级党委教育实践活动领导小组备案。

2. 抓好专项整治。坚持边学边查边改，把专项整治作为整改落实的重要举措，下猛药、出重拳，一项一项整治、一个一个攻坚，不折不扣地落实好中央和省委确定的专项整治任务，以重点突破加快推动作风整体好转。（1）继续深入抓好整治违规修建楼堂馆所，整治公款出国旅游，整治节庆、论坛、展会活动过多过滥，整治“小金库”、违规使用专项资金，清退会员卡等五个专项行动。

（2）按照中央和省委要求，部署实施严格控制会议数量、会期和规模，严格控制各类文件简报和内部刊物，整治门难进、脸难看、事难办，整治公款送礼、公款吃喝、奢侈浪费，整治领导干部多占住房，整治“三公”经费开支过大、严禁超预算或无预算安排支出，严格公务接待标准，整治超标配备公车和严格公车经费支出，整治“形象工程”和“政绩工程”，整治侵害群众利益行为等十个专项行动。（3）结合履行职能职责和作风建设实际，抓住群众反映强烈的“四风”问题和损害群众利益的不正之风，开展本地区本单位“四风”突出问题专项整治，抓一项成一项。

3. 强化正风肃纪。坚持严字当头，采取暗访为主，随机核查、重点抽查、突击检查相结合的方式，坚决查处发生在群众身边的不正之风和腐败问题，坚决整治特权病、冷漠病、懒散病。（1）对有问题不整改、大问题小整改、边整改边再犯的，要严肃批评教育，必要时采取组织措施和纪律措施。（2）加强领导班子建设，严格教育管理干部，对软、懒、散的领导班子进行整顿；对存在一般性作风问题的干部，立足于教育提高，促其改进；对群众意见大、不能认真查摆问题、没有明显改进的干部，要进行组织调整，树立正确选人用人导向。在活动中发现的重大违纪违法问题，要及时移交纪检监察机关或有关方面严肃查处。（3）加强基层党组织建设和党员教育管理，对软弱涣散的基层党组织，进行集中整顿；对长期不起作用甚至起负作用的党员，进行严肃教育或组织处理。

4. 加强建章立制。围绕“四风”方面突出问题，建立健全行得通、指导力强、能长期管用的制度规定，推动改进作风常态化、长效化。（1）修改完善已有制度。对贯彻党的群众路线已有制度进行梳理，经实践检验行之有效、群众认可的，要长期坚持，抓好落实；对不适应新形势新任务要求的，要抓紧修订完善。坚决纠正有令不行、有禁不止、无视制度的问题。（2）建立健全长效机制。注重总结实践中的好经验好做法，完善党员干部直接联系群众、党代表发挥作用和畅通群众诉求反映渠道等制度，建立健全体现群众意愿的科学民主决策机制、发挥社会组织做群众工作机制和在法治平台上解决矛盾纠纷机制，健全干部作风状况考核评价机制，建立健全厉行节约、制止浪费制度，修订完善公务接待管理和完善公务用车配备使用管理办法，完善会议、培训、活动经费管理办法，完善党政机关领导干部住房、用车等工作生活待遇方面的制度，研究制定国有企业负责人职务消费管理办法，建立健全公务支出、公款消费等方面的审计制度，推动改进工作作风、密切联系群众常态化长效化。（3）制度建设计划报审。各地各单位结合实际制订的制度建设计划要报督导组审核。经审核后，报县委党的群众路线教育实践活动领导小组备案。（4）强化制度执行。提高党员、干部依法依纪办事意识，加强对执行制度的督促检查，坚决纠正有令不行、有禁不止、无视制度的问题。

四、注重分类指导

坚持从实际出发，根据不同层级、不同领域、不同对象提出不同目标要求，找准切入点，从点滴抓起，从小事做起，从群众最关心的地方改起，有什么问题就解决什么问题，什么问题突出就解决什么问题。

（一）坚持有序推进。根据我县村、社区正在换届和镇（场）、村（社区）的实际情况，采取统一部署、梯次展开、压茬进行的办法，县领导机关先行一步，镇（场）和村（社区）及其他基层组织依次推进。各地各单位要结合实际，统筹协调、灵活安排时间进度。

（二）注重分类实施。县领导机关、领导班子和领导干部要聚焦“四风”问题，在找准和解决突出问题上下功夫、见实效。镇村、县直机关企事业单位要突出服务群众这个着力点，在增强服务群众意识、提高服务群众能力上下功夫，运用驻村联户、结对帮扶、党员示范岗、创星评级等有效载体，把联系服务群众工作做扎实，在直接联系服务群众上受教育、转作风。非公有制经济组织、社会组织党组织要注重采取业余、灵活的方式开展活动。流动党员参加教育实践活动以流入地党组织为主、流出地党组织为辅。可采取送学上门等方式，组织离退休党员及年老体弱党员参加学习教育。问题比较严重的基层党组织，要先整顿转化，再开展活动，要把解决信访积案、化解矛盾纠纷、维护社会稳定，作为检验活动成效的重要内容，使活动取得实实在在的效果。

（三）发挥行业系统指导作用。县非公有制经济和社会组织工作委员会要参照制订县非公有制经济组织、社会组织开展活动实施方案，各地各单位要加强对所属“两新”组织党组织开展活动的领导和指导，全面掌握活动开展的基本情况，注意发现活动中出现的问题并提出有针对性的建议。县直有关单位要充分发挥职能作用，牵头指导本系统教育实践活动。

五、加强组织领导

我县参加教育实践活动的单位和人员，范围广、领域宽、数量大，与群众联系更直接、更紧密，群众期望值更高。各地各单位要增强政治意识、大局意识、责任意识，把教育实践活动摆上重要议事日程，高度重视，精心组织，确保取得实效。

（一）落实领导责任。县委对全县教育实践活动负总责，在抓好县级班子活动的同时，抓好全县教育实践活动的开展。镇（场、经济开发区）党委主要抓好班子自身的活动，负责组织镇直属机关、村（社区）、“两新”组织党组织等基层党组织和党员的活动。基层党组织要积极发挥作用，认真搞好本地本单位的活动。各单位要成立领导机构，主要负责同志要承担起第一责任人的责任，要把教育实践活动紧紧抓在手上，特别是对需要侧重解决的问题，做到心中有数。对可能发生的复杂情况，进行分析预判，提出有效的预防和解决对策。对教育实践活动走过场的，要追究一把手的责任。党委组织部门要切实履行工作职责，充分利用开展活动的机会，掌握各级领导班子和领导干部情况，从严教育管理干部；党委办公室、纪委、宣传等有关部门要密切配合，形成工作合力。要用好的作风组织开展活动，防止文山会海，力戒形式主义。活动结束后，各地各单位要向上一级党组织作出书面报告。

（二）加强挂驻联系。县党政领导班子党员成员挂驻联系指导1个镇，重点开展8项工作：审阅联系点开展教育实践活动的实施方案；听取联系点领导班子及成员“四风”问题征求意见建议的情况；与联系点领导班子主要负责同志及有关同志谈心谈话；审阅联系点领导班子及党政主要负责同志对照检查材料；出席联系点领导班子专题民主生活会；审阅联系点领导班子整改方案及专项整治方案，督促抓好整改措施的落实；深入联系点调研，到党代表工作室听取群众意见；检查督促各地实施打好“四大会战”、推进“六大工程”落实情况。县党政领导班子成员、县委委员要带头联系后进村（社区）、问题突出村（社区）和困难企事业单位，定期到基层党代表工作室接待群众，深入体验群众生产生活，帮助解决实际问题。县直单位在本系统本行业选择基层单位作为联系点，指导活动开展。在全县形成上级带下级、一级抓一级、层层抓落实的良好氛围。

（三）强化督促指导。县委教育实践活动领导小组派出督导组，全程督导各级领导班子把活动各项任务部署落到实处。各督导组要认真履行职责，认真审阅督导单位的活动实施方案、对照检查材料、整改方案、制度建设计划等，对征求意见、谈心谈话提出指导意见，全程参加专题民主生活会并进行点评，督促抓好每个环节各项工作和第一批活动延伸下沉整改任务的落实。要沉下去面对面开展工作，及时发现和解决问题，有效传导压力。要督促开展“回头看”，坚持标准、确保质量。

（四）积极探索创新。各地各单位要在坚持教育实践活动基本要求的前提下大胆创新，既要抓好“规定动作”，又要敢于创造“自选动作”，在创新中求实效。要注意突出实践特色，充分运用适合本地本单位特点的、行之有效的活动方式，丰富活动内容，增强活动效果。坚持开门搞活动，吸收群众全程参与教育实践活动。要讲成本、重实效，防止文山会海，杜绝形式主义。

（五）加强宣传引导。新闻媒体要广泛宣传中央和省委关于开展党的群众路线教育实践活动的有关精神，通过新闻报道、先进典型宣传、言论评论、工作综述、专题专访等形式，充分反映教育实践活动进展和成效。创新宣传形式和载体，重视发挥网站、微博客等新兴媒体的作用，加强正面宣传和舆论引导，为教育实践活动营造良好舆论氛围。强化舆论监督，通过以案说法、典型曝光、事件评述等方式，发挥监督警示作用，促进教育实践活动深入开展。

（六）坚持统筹兼顾。要坚持围绕中心、服务大局，把开展活动与贯彻落实党的十八届三中全会精神结合起来，与贯彻落实中央一系列重要会议精神结合起来，与落实省第十一届三次全会、市第六届三次全会、县第十届三次全会精神结合起来，认真做好今年各项工作，打好“四大会战”推进“六大工程”，确保两手抓、两不误、两促进。

各地各单位要根据中央、省委和市委的要求，结合实际制定开展教育实践活动的实施方案，经督导组审核后，报县群众路线教育实践活动领导小组办公室备案。

关于贯彻落实省委、省政府《关于进一步促进粤东西北地区振兴发展的决定》的实施意见

海委〔2014〕5号

为贯彻落实好《中共广东省委、广东省人民政府关于进一步促进粤东西北地区振兴发展的决定》，组织实施好《海丰县经济社会振兴发展规划（2013～2020年）》，动员组织全县各级党政和广大党员干部群众抢抓机遇，奋勇争先，迎头赶上，加快发展，促进海丰增创新优势，更上一层楼，增强县域综合竞争力，实现与全国同步全面建成小康社会目标，特制订本实施意见。

一、目标任务和发展定位

1.目标任务。到2020年，全县及各镇与全国同步全面建成小康社会；2018年，人均地区生产总值达到或超过全国同期平均水平。经济社会全面发展，生态环境优美和谐，基本公共服务健全，人民生活明显改善，区域和城乡发展更加协调。

——经济实现跨越发展。努力保持经济又好又快发展，提升经济发展质量和产业效益。到2018年，全县地区生产总值实现比2013年翻一番，年均增长17%左右。人均地区生产总值分年度达到或超过全国同期平均水平。其中，县城2016年达到，梅陇、公平和可塘三个专业镇2017年达到，其他镇2018年达到。

——主导产业做大做强。深入推进新型工业化和农业现代化、推动信息化与工业化深度融合，大力发展现代物流和滨海旅游业，推动第三产业加速发展。努力在服装、珠宝、金银首饰等传统优势产业打造一批有品牌创新力强的龙头企业；在现代特色农业、战略性新型制造业和现代服务业领域加快培育一批项目。加快专业镇和产业园区规划建设，2014年，县城和每个中心镇各规划建设1—2个重点产业园区，每个重点园区突出发展1—2个主导产业。

——基础设施完善升级。加快以交通和水利项目为重点的基础设施建设，能源、环保、信息化等基础设施支撑保障能力明显提升。到2020年，形成“两横一纵”的高速公路主骨架，公路、铁路、港口、航道衔接顺畅的综合运输网络。推进病险水库、重要堤围加固工程建设，推进中小河流、内河涌整治，加强镇特别是农业镇的水利防灾减灾能力建设。

——中心县城扩容提质。大力提升城镇建设和城镇化水平，努力构建“1+3”大海城（“1”指县城，“3”指可塘、梅陇、公平三个专业镇）发展格局，中心县城人口和产业集聚度、综合竞争力明显增强，辐射带动周边镇域发展。到2020年，“1+3”大海城人口争取达到65万人以上，全县城镇化率达75%，城镇体系进一步完善，中小城镇协调发展。

——民生福祉明显改善。推动社会事业全面发展，保障底线民生，建立覆盖全社会、惠及全体公民的基本公共服务体系。到2020年，全县及各镇城乡居民人均收入实现比2013年翻一番，城乡居民收入差距缩小，实现城乡、区域基本公共服务均等化。

——生态环境持续优化。坚持绿色低碳、节能减排、环境友好型发展方向，注重资源节约和环境保护，避免重蹈先污染后治理的老路。到2020年，城镇生活污水、生活垃圾无害化处理率分别达到80%和85%以上，城市空气质量达二级的天数占全年比例保持在95%以上；单位GDP能耗和主要污染物排放量达到国家和省下达的目标要求。

发展定位与空间布局。坚持中心镇带动战略，充分发挥紧靠珠三角区位优势，将海丰建设成为珠三角产业拓展集聚地、现代商贸物流基地、生态农业发展区、红色经典旅游基地。要强化机遇意识，抢抓利好政策，着力打造海丰生态科技新城、县城南部新城、梅陇副中心、公平服装产业集聚区、可塘珠宝加工贸易区、联安围现代农业示范区、西部深汕合作区和临港重型产业区、西部滨海旅游区、东部特色农业生产基地和体验式旅游发展区、北部现代特色农业发展区等“十大发展平台”，全面实施中东西北四大片区发展战略。其中，中部片区以县城为中心，联合可塘、公平、梅陇三个专业镇，通过“中聚”发展战略

实现县城扩容增质，建设“大海城”城市经济圈。东部片区以厦深铁路汕尾站开通为契机，联合陶河、赤坑和大湖三镇，通过“东联”发展战略主动接受汕尾中心城区的辐射带动，实现与汕尾城区的对接融合，建设“大旅游”生态休闲区和商贸流通业试点区。西部片区以深汕合作区为依托，联合赤石、鹅埠、小漠和鲘门四镇，通过“西融”发展战略主动承接珠三角产业转移，建设“大产业”海洋经济带。北部片区以公平水库等生态资源为基础，联合平东、黄羌二镇，实施“北优”发展战略、走绿色崛起发展道路，建设“原生态”现代特色农业产业区。

二、推动经济跨越发展

3.加快推进新型工业化进程，构建现代产业体系。坚持以信息化带动工业化，优化产业结构，提升产业层次，推动工业经济迅速崛起。加快传统产业和专业镇转型升级，重点扶持“公平服装”、“可塘珠宝”、“梅陇金银首饰”和“城东毛织”等传统优势产业做大做强，延长产业链条，提高产业集聚度和创新能力，擦亮区域特色品牌。着重依托海丰生态科技城的载体和深汕合作区的辐射，加快培育发展电子信息、新能源、精细化工等战略性新兴产业。围绕华润海丰电厂项目建设，推动能源、化工、材料等临港重化工业发展。【县经促局，县发改局、县国土资源局、县住建局、县环保局、县质监局、县科技局等部门及相关镇，列在前面的为牵头单位，其他为协办单位，下同】

4.积极发展精细农业，提升农业现代化水平。大力发展特色农业、品牌农业、效益农业和海洋养殖业，加快建设无公害农产品生产基地和海水养殖基地。鼓励市场和民间资本参与农业产业化经营，引进农业龙头企业，推行适度规模化经营。加大对农业基础设施建设的投入，高标准建设基本农田，打造一批现代农业示范园区。培育区域性农副产品批发市场和产品检测检验中心，建设现代农业流通和认证体系，促进粮食、果蔬等农产品的市场流通、精深加工和品牌效应，增加农产品附加值。到2018年，将海丰县建设成为广东省重要的农产品生产集散中心，珠三角东岸城市群重要的绿色食品供应地。【县农业局，县海洋与渔业局、县国土资源局、县财政局、县发改局、县经促局、县科技局等部门及各镇（场）】

5.推进海洋综合开发，发展壮大海洋经济。做大做强水产养殖业，积极发展远洋渔业，加快发展水产品加工及流通业，建设沿海现代化渔港，打造省海洋经济重点发展区和示范区，建设全省渔业强县。不断提升远洋捕捞、海产品养殖、深加工等传统优势产业，培育发展海洋生物制品与制药业等新兴产业。整合海湾、海滨、海岛等资源，发展临海能源和重化产业基地以及特色滨海旅游区。【县海洋与渔业局，县发改局、县经促局、县交通运输局、县文体旅游局等部门及相关镇】

6.做大做强旅游业，大力发展现代服务业。充分发挥邻近珠三角客源市场的区位优势和“红蓝绿古”四色旅游综合优势，完善规划，重点推进县城红色旅游和历史文化街区、莲花山生态旅游度假区、东关联安围国际湿地生态旅游区、大湖赤坑鸟岛温泉度假旅游区和西部四镇滨海度假区建设。大力发展金融商务、总部经济、科技服务等高端服务业。依托高速公路出入口、深水海港、渔港码头及火车站，培育物流、商贸会展等新兴生产性服务业，重点建设火车站片区、高速公路出口地区及海港区等大型物流中心。【县发改局，县文体旅游局、县经促局、县交通运输局、县国土资源局、县住建局等部门及相关镇（场）】

三、促进产业园区扩能增效

7.严格把关入园企业准入门槛，提升集聚集约发展水平。按照布局集中、产业聚集、土地集约、生态环保的原则，加快编制各级工业园总体规划和控制性详细规划以及产业发展规划，明确产业园区的功能定位、主导产业和产业布局。严格落实项目准入制度，以及投资强度、税收贡献等控制要求，实现产业集聚发展、土地节约利用、污染集中治理。守住生态保护底线，决不走先污染后治理老路，提高环保门槛，对达不到污染物排放标准、环评不过关的项目，一律不准入园。加强现有园区的优化整合提升，并与城镇建设协调发展，提高产业配套服务效益。重点建设以海丰生态科技园为核心的领头产业园区，择优建设一批集中连片、设施完善的镇产业园区。【县经促局，县发改局、县环保局、县国土资源局、县住建局、县财政局、县科技局等部门及各镇（场）】

8.加大基础设施投入，完善配套服务功能。坚持“一衔接”（园区开发建设与新型城镇相衔接），促进“两集中”（产业向园区集中、园区向城镇集中），实现产城融合。完善园区投入机制，采取BT、BOT及产业基金等融资模式运作园区开发，尝试公开拍卖园区公用设施经营权、广告使用权等，努力实现建设园区向经营园区转变。完善生产性配套设施，规划建设园区污水处理厂、垃圾中转站、污水管道等设施，优化产业园区的生态环境。加快建设生活性配套设施，重点建设园区住宿、医疗服务、商场、交通等，解决园区工人的需求。提高服务配套水平，引进劳务、法律、咨询、广告、设计等中介服务业，加快体现地方产业特色的综合性研发机构、技术平

台的建设。【县经促局，县财政局、县发改局、县住建局、县国土资源局、县环保局等部门及相关镇（场）】

9.盘活园区土地资源，建立健全投资建设运营机制。加强对现有各类工业园区（经济开发区）的土地清查处置工作，严厉打击“坐地升值”、“闲置不用”和不按照规划擅自改变土地用途的行为。对基础较好的重点工业园给予用地政策倾斜，优先保证用地需要，每年的用地指标要优先保障重点工业园工业项目的建设用地。坚持资源共享、政策共用、利税共得、责任共担，以及统一领导、统一行业管理、统一优惠政策、统一对外招商的“四共”“四统一”原则，采取政府主导、市场运作模式，加强工业园区建设，不断做实开发主体。积极探索推进园区体制创新、机制创新和服务创新，改善园区发展环境，增强园区吸引力和项目承载能力。推进优势产业、优势企业、优势资源和保障要素向园区聚集。【县经促局，县国土资源局、县财政局等部门及相关镇（场）】

四、全面推进基础设施建设

10.推进交通基础设施建设，构筑县域综合交通体系。加强县域与外部铁路网络的衔接，加快推进广州至汕尾铁路海丰段、龙川至汕尾铁路海丰段、珠三角城际轨道至汕尾海丰段延长线建设。重点推进潮惠高速公路、陶河至市城区（东涌）公路、公平至惠东（新庵）公路、县城莲花大道等工程建设，完善连接海峡西岸高速公路网。加大现有公路网络改造，提升公路网络等级，重点推进G324线海丰县域路段，尤其是海丰县城至梅陇段改建工程和S242线公平段穿镇公路续建工程。加快推进小漠、鲘门、大湖渔港等港口，以及华润海丰电厂码头等一批深水泊位码头及航道建设，打造成区域航运物流中心。抓好镇客货运站场、拓展经营线路和运输技改三项建设，完善全县公交体系。重点建设可塘、公平、黄羌、赤坑和陶河客运站，力争2015年前全县各镇都有车站、有公交线路，加快城乡交通一体化进程。【县交通运输局，县发改局、县住建局、县国土资源局、县公路局、县海洋与渔业局、县林业局、县经促局等部门及各镇（场）】

11.推进城乡水利基础设施建设，完善水利防灾减灾体系。加强水利减灾项目、水库除险加固项目、防洪（潮）项目、河流整治项目和农村饮水安全工程项目的建设；加快节水灌溉项目和农田整治工程项目建设，推进海丰县公平灌区节水改造工程、高标准基本农田整治工程建设；启动西溪水闸重建工程、大液河水闸重建工程、黄江河治理工程和东溪水系治理工程；加强重要生态保护区、水源涵养区、江河源头区、湿地的保护；建立健全水土保持、建设项目占用水利设施和水域等补偿制度。【县水务局，县农业局、县财政局、县发改局等部门及各镇（场）】

12.加快公共基础设施建设，完善城镇综合服务配套能力。

——加强城镇市政基础设施建设。加强中心城镇、工业园区供排水、供电、供气、道路等市政基础设施建设。推进主干道路灯贯通亮化工程、农村路灯工程、镇文化广场、市民广场工程建设。加快自来水改造工程，推进镇区自来水管网改造，解决人民用水问题，力争到2018年底实现村村通自来水。【县公用事业局，县住建局、县水务局、县供水总公司、县农业局、县供电局、县科技局等部门及各镇（场）】

——重点推进电力能源保障工程建设。争取国家、省电网公司加大投入，实施新一轮农村电网改造，到2020年建立起安全可靠、节能环保、技术先进、管理规范的新型农村电网。加快县域内电网的建设与改造，推进500千伏海丰电厂送出线路工程（汕尾段）的续建工程和全县配网改造工程项目；新建2座220千伏变电站(厦深铁路汕尾长沙湾牵引站供电工程、鲘门输变电工程)、4座110千伏变电站及配套输电工程（附城输变电工程、小漠输变电工程、赤坑输变电工程、莲花输变电工程）。加快对现有变电站进行改造和增容，新建及改造输电线路，以新高技术确保输配电安全可靠。【县供电局，县经促局、县住建局、县国土资源局等部门及各镇（场）】

——推进环保基础设施建设。加快建设污水、垃圾、固体废弃物处理等环境基础设施。重点推进海丰县城垃圾中转站建设、可塘垃圾处理场、农村环境整治工程和公平、可塘、梅陇、县城东片等4个镇污水处理厂项目建设。至2018年，城镇污水处理率达80%以上，城镇生活垃圾无害化处理率达85%以上，危险固废和医疗废弃物安全处置率稳定在100%，污水处理厂污泥基本实现无害化处置。【县环保局，县农业局、县公用事业局、县国土资源局、县住建局等部门及各镇（场）】

——加快信息化基础设施建设。提高网络覆盖率，加快生态文明信息村建设，构建“数字海丰”，到2017年，基本实现“三网融合”。加快推进“信息下乡入村”，提升农村信息化服务水平。大力发展电子商务，建设中小企业信息服务平台，加快企业信息化步伐。加快电子政务，拓展充实全县网上办事大厅，到2017年底，基本连通到镇一级。【县经促局，县发改局、县广播电视台、县电信公司、县移动公司等部门及各镇（场）】

五、扩容提质加速新型城镇化

13.实施“1+3大海城”战略，统筹推进海丰县城扩容调整。制定推动“1+3大海城”战略的实施方案，统筹推进老城有机更新和新城建设，促进城镇空间布局进一步优化，增强资源集聚度、县域经济协作和辐射带动作用。拓展县城及三大专业镇的用地空间，县城向北整合经济开发区，建设海丰生态科技新城；向南集中布局公共服务设施，开发建设县城南部新城；三个专业镇在优化整合现有园区的基础上，分别新规划建设1个现代化的产业园区。到2020年，“大海城”人口规模达到65万人以上，县城建成区扩大到70平方公里。【县发改局，县住建局、县国土资源局、县城三镇、经济开发区、公平镇、梅陇镇、可塘镇】

14.加大中心城镇提质力度，建设宜居宜业美丽海丰。坚持旧城改造与新区建设相统一，集聚发展与组团布局相协调，提升中心县城和城镇中心的承载力、竞争力和服务功能。加快建设中心县城与周边专业镇的快速交通道路，与其他乡镇的公路联系，推进城镇间的公共交通配套。开展县城交通拥堵和“瓶颈”路段升级改造，完善城市公共服务配套设施建设。加强对城市非物质文化遗产、历史街区、建筑文物的保护、开发和利用，挖掘历史文化内涵，打造特色鲜明的文化品牌。坚持精品、精细、精致规划理念，突出抓好海丰生态科技新城、县城南部新城规划建设，全面打造宜居宜业宜游美丽之城。【县发改局，县住建局、县交通运输局、县公用事业局、县文体旅游局、县经促局等部门及相关镇】

六、加快发展民生和社会事业

15.推动教育创优创强。整合配置教育教学资源，科学规划中小学学校布局，防止因“撤校并点”出现新的“上学难”和大班额现象。突出发展高中阶段教育，高质量普及义务教育，加快镇中心幼儿园、村级幼儿园建设，到2020年，全县高中阶段毛入学率达95%以上，学前三年毛入学率达到100%，城乡区域教育均衡发展。坚持面向社会办学方向，引进一所与国家重点师类院校合作的民办中学。大力发展职业教育，继续落实免费中等职业教育（含技工教育）政策，着力推进以县中等职业技术学校为重点的中职学校建设。加快教育信息化“三通两平台”建设，2014年前全县公办中小学实现多媒体电教平台全覆盖。落实中小学教师工资福利待遇“两相当”政策，建立农村教师保障机制。加大力度推进“名教师、名校长、名学校”教育“三名工程”，全面提高教育发展质量和水平，加快完成教育现代化县创建工作，实现教育强县创建目标。【县教育局，县人社局、县住建局、县国土资源局、县财政局等部门及各镇（场）】

16.提升医疗卫生服务水平。完善城乡卫生均等化服务体系，县中医院、县妇幼保健院成功创建二级甲等医院，力争彭湃医院和妇幼保健院通过三级甲等医院的评选，建设彭湃纪念医院城东分院及科技生态园区域医疗中心。鼓励和支持民营资本以多种形式进入医疗服务领域，加快公立医院改革，创办1家外资或民办三甲综合医院，逐步形成公立医院、民营医院公平竞争、错位发展、相互补充的医疗服务市场和方便、优质的医疗保健服务。探索推进平价医院试点模式，逐步提高大病报销比例，加大食品药品监管力度，加快推进公共卫生服务中心工程、镇级卫生院标准化及临床医生培训基地建设，完善医生培训机制和三级医疗预防保健网络，实现城乡医疗保障一体化。【县卫生局，县发改局、县财政局、县人社局、县物价局等部门及相关镇】

17.加快发展公共文化和体育事业。以增强市民文明素质和文化软实力为目标，推进文化强县建设，擦亮“文化海丰”品牌。实施基础文化设施覆盖工程，构建完善的县镇村三级公共文化设施网络。积极开展公益性文化服务，加快推进重点文化惠民项目建设，抓好镇（街道）文化站、村级文化室（广场）建设，加快构建公共文化服务体系。打造红色旅游、历史旅游文化工程，重点加快推进一批革命旧址改造等工程建设。加强文化遗产保护和开发利用，加强文艺精品创作和对外文化交流，推进海丰县非物质文化遗产培育展示交流基地、名人展览馆、民俗民艺展览馆建设，继续完善“三馆”配套设施建设。推进全民健身运动，活跃城乡文体生活，加强群众身边体育设施建设，全面配套并不断完善镇级体育健身广场，新规划建设县综合体育场。【县文体旅游局，县财政局、县住建局、县国土资源局等部门及各镇（场）】

18.增强社会就业保障，建立全民社保体系。建立健全公共就业创业服务体系，推动产业园区建设增加就业，发展服务业促进就业，鼓励创业带动就业。实施全民技能提升和人才储备计划，加强农村劳动力转移就业技能培训，推进与珠三角地区的人力资源合作。研究制定城乡居民收入倍增计划，建立健全职工工资正常增长机制。力争2015年城镇登记失业率控制在3%以内，城镇职工养老保险参保率达80%。加快实现社会保障“一卡通”，以45岁城乡居民作为重点人群，确保城乡居民社会养老保险参保率达到99%以上。健全城乡最低生活补助和城镇职工最低工资保障机制，建立农村“五保”供养标准和城镇“三无”人员供养标准自然增长机制，建立健全城乡综合型社会救助体系和社会福利体系。【县人社局，县民政局、县财政局、县地税局等部门及各镇（场）】

19.加强和创新社会管理，营造和谐社会环境。

进一步加强社会治安综合治理，加快推进“平安海丰”社会治安视频监控系统工程建设，联合开展治安重点地区和突出问题的集中整治。建立健全社会矛盾化解机制和突发事件应对处置机制，打造联防联动的基层维稳工作平台。深入推进殡葬改革，加强殡葬设施建设，每个镇至少建设1个公益性公墓山，选址搬迁县殡仪馆。全面清理“四道两区”乱葬坟，确保遗体100%火化，高效推进绿色殡改。全面提升人口计生工作水平，全县人口出生率和自增率分别控制在14‰和8‰以下并逐年降低，政策生育率达到88%以上并逐年提高。加强依法治县建设和网络民主政治建设，大力构建和谐社会。【县委政法委，县公安局、县信访局、县民政局、县计生局、县社工委、县依法治县办、县司法局等部门及各镇（场）】

七、加强生态文明建设

20.加大污染防治和生态保护力度。坚持东部和北部地区开发与保护并重、中部和西部地区在发展中保护的原则，强化环境分区控制，合理安排区域资源并确立开发强度，严把环境准入关，加快循环经济工业园区建设。规范莲花山森林公园以及其他景区、自然保护区的开发和建设，保护生态资源。加大公平大湖鸟类湿地生态系统的建设和保护力度，争取把公平—大湖省级自然保护区升级为国家级自然保护区。加大红树林湿地生态系统的保护，推进生态林保护、沿海防护林、景观林带、森林碳汇林工程建设，推进东关至莲花山绿道网及龙津河综合治理工程建设，加强龙津河等河流沿岸防护林和水源涵养林建设。加强城镇公共绿地建设，推进城镇园林绿化和环境美化工作，不断提高县城建成区的绿化覆盖率。加强水资源管理，实行严格的水资源管理制度，保护水源生态系统。继续加大对公平水库等饮用水源地的综合整治，加强水源保护区内污染源管理。【县环保局，县林业局、县农业局、县海洋与渔业局、县文体旅游局、县水务局、县经促局等部门及各镇（场）】

21.实施主体功能区规划。落实主体功能区的区域政策，提高区域经济发展的联动性和协调性，形成经济优势互补、功能定位清晰、国土空间高效利用、人与自然和谐相处的区域发展格局。按照“宜居宜业新城区”“新型工业发展区”“现代农业生态区”功能区划分，严格执行优化开发、重点开发、限制开发和禁止开发区域政策，促进重点产业合理布局。加快推进“名镇名村示范村”和“千村千园”建设，实施美丽乡村建设工程。【县发改局，县经促局、县住建局、县国土资源局、县农业局、县环保局等部门及各镇（场）】

22.提升节约集约用地水平。按照“严控增量、盘活存量、管住总量、集约高效”原则，严格管理建设用地，强化土地利用总体规划的整体控制作用，合理布局工业平台和开发区，强化重大基础设施和基础产业的科学规划。促进农业向规模经营集中，引导工业向开发区和工业集聚区集中，农民居住向城镇和农村新型社区集中。完善经营性用地招标拍卖挂牌出让制度，加大闲置土地处置力度，对闲置2年以上的土地按规定坚决予以收回，并依法及时处置。加强农村宅基地建设用地管理，推进农村新型社区建设，探索农村宅基地流转机制；创新集体建设用地流转体制，提高集体建设用地利用效率。构建集约用地绩效考核体系，严格土地利用管理，坚决遏制低水平重复建设和盲目圈占土地。【县国土资源局，县住建局、县农业局等部门及各镇（场）】

23.大力推行节能、资源节约和循环利用。严格执行产业政策和环境标准，提高项目准入门槛，推广应用节能先进技术、工艺和设备，全面推行清洁生产，构建“低投入、高产出、低消耗、少排放，能循环、可持续”的节约型工业体系。大力发展绿色循环经济，培育绿色现代产业，推进循环经济试点工作，打造资源高效循环利用生态产业链。健全生态补偿机制，利用价额杠杆促进资源节约。开展创建节约型社会活动，增强全民资源节约意识。【县经促局，县环保局、县林业局等相关职能部门及各镇（场）】

八、全面深化体制改革

24.推进重点领域体制机制改革。支持更多企业上市融资，推动民营资本进入金融、能源、通信、交通基础设施、环保等重要领域。简化社会投资审批手续，减少社会投资项目核准事项。深化市场监管体制改革，形成公平竞争、开放有序的市场经营环境。加快建立统一的信用信息共享平台，积极推进社会信用体系和市场监管体系建设，营造法治化国际化营商环境。加快社会管理体制改革创新，改进社会治理方式，激发社会组织活力，创新有效预防和化解社会矛盾体制，健全公共安全体系。培育发展社会组织，大力推行户籍制度改革，降低准入门槛，加快异地务工人员通过积分制入户海丰。【县发改局，县经促局、县工商局、县物价局、县公安局、县人社局、县民政局等部门及各镇（场）】

25.主动融入珠三角提高区域合作水平。打破行政区划限制和相关政策壁垒，积极主动融入珠三角。着力完善承接产业转移的政策和发展台，构建与珠三角联动发展的产业配套体系和劳务合作机制，形成区域协作、布局合理、联动发展的产业体系。大力开展对外招商引资、招才引智、省市联合专项招商，进一步扩大与珠三角、港澳台地区在产业、经贸、文化、科技、旅游、环保等领域的合作。加强口岸基础设施建设，推进通关便利化。【县发改局，县经促局、县直相关职能部门及各镇（场）】

26.积极主动对接龙岗区的对口帮扶工作。积极探索龙岗区对海丰的对口帮扶机制，提供一切便捷条件，确保对口帮扶政策、项目、资金、技术、人才落实到位。以共建深汕合作区为抓手，完善龙岗区及深圳市对海丰产业转移与产业配套体系、基础设施、发展平台与功能平台、公共服务等方面的全面帮扶机制，探索建立产业转移园合作共建利益分享机制。【县扶贫办，县经促局及县直相关职能部门及各镇（场）】

27.积极争取上级政策和相关资源支持。做好准备和申报条件，积极参与省财政资金在竞争性分配、以奖代补、贷款利息、股权投资等领域的安排。积极申请省级财政在基础设施、双转移、产业转型升级、城镇扩容提质、基本公共服务保障、强农惠农富农和扶贫开发、建立振兴发展基金等方面的投入。用好省税收扶持政策，按规定落实税收、行政事业性减免优惠政策，切实减轻企业负担，营造良好发展环境。吸引社会资金、开展与央企省企合作等搭建融资平台。拓宽直接融资渠道，推动优势企业上市融资，发起设立创投基金、特色产业基金。探索实行城乡用地“三挂钩”政策，建立耕地、林地保护激励机制和常态化的土地节约集约利用评价制度，争取扩大用地指标。坚持人才引进与培养两手抓，加强县级拔尖人才和农村实用人才队伍建设，做好高层次急需紧缺和骨干专业技术人才的引进和培训，争取省竞争性扶持县重点人才工程等重大项目资金。建立健全多元引才机制，吸引珠三角地区和省直单位、企事业单位、退休专业技术人员和青年志愿者到海丰服务。【县发改局，县财政局、县经促局、县国土资源局、县人社局、县林业局、县农业局等部门及各镇（场）】

28.增强工作组织保障。成立振兴发展规划实施领导小组及办公室，领导组织协调和研究解决全县经济社会发展中的重要问题，确保振兴发展工作顺利推进。工作办公室设在县发展和改革局，督促检查规划实施，积极与省市相关机构对接。加强责任落实，建立目标考核机制，把实现振兴发展作为各地各部门和领导干部岗位目标管理考核的重要内容，按时进行督促检查，确保工作落到实处。加强干部队伍建设，鼓励全县广大干部树立奉献精神，发扬扎根基层、苦干实干的作风，为海丰振兴发展和人民幸福建功立业。稳定镇街主要领导干部的职务任期，吸引省与珠三角地区优秀青年干部到海丰任职、挂职锻炼。加强舆论宣传，重点关注和积极报道振兴发展的进展情况、重点项目建设和工作成果，及时总结推广好经验、好做法、好典型、好机制，发挥广大干部奋发图强、致力振兴发展的积极性、主动性和创造性。【县委办，县政府办、县发改局、县委组织部、县委宣传部、县直相关职能部门及各镇（场）】

中共海丰县委
海丰县人民政府
2014年1月26日

关于印发海丰县2014年“四大会战”“六大工程”活动工作方案的通知

海委办〔2014〕6号

各镇（场、经济开发区）党委、人民政府，县直（含驻海）各单位：

《海丰县2014年园区建设大会战工作实施方案》等10个“四大会战”“六大工程”活动工作方案已经县委、县政府同意，现印发给你们，请认真贯彻执行。

中共海丰县委办公室
海丰县人民政府办公室
2014年3月11日

2014年海丰县园区建设大会战工作实施方案

为贯彻落实《中共广东省委、广东省人民政府关于进一步促进粤东西北地区振兴发展的决定》（粤发〔2013〕9号）和省委办公厅、省政府办公厅《促进粤东西北地区产业园区扩能增效工作方案》的精神，以及县委、县政府有关打好“四大会战”、推进“六大工程”的工作要求，进一步促进我县产业转移工业园区扩能增效，制订本工作方案。

一、指导思想

以科学发展观为指导，全面贯彻落实省委、省政府促进粤东西北地区振兴发展的决定，按照转变工业发展方式和优化产业结构的要求，围绕园区发展定位，着重抓好园区基础设施建设，强力推进园区建设大会战，进一步创园区管理机制，加快招商引资步伐和项目建设，强化产业集聚和辐射带动功能，把园区打造成“规划超前、结构清晰、布局合理、交通流畅、设施完善、环境优雅、环保达标”的现代产业园区，促进全县经济快速健康发展。

二、目标任务

（一）重点园区建设范围

全面启动海丰生态科技城（包含产业转移工业园）、梅陇天星湖科技园、可塘长桥工业园、公平青湖工业园的规划和建设。

1．生态科技城。以海丰经济开发区现有区域为基础，整合城东北部工业区和金园工业区资源，规划面积15平方公里。其中：省级产业转移工业园规划面积6平方公里，重点发展综合服务、传统优势、科技智造、都市农业、现代物流等五个产业园。

2．梅陇天星湖科技园。在梅陇镇银液、银丰村委区域内，规划面积50万平方米，重点建设华成峰抗衰老中心。

3．可塘长桥珠宝工业园。在可塘镇长桥片区，规划面积约20万平方米，重点建设珠宝加工、销售基地。

4．公平青湖工业园。在公平镇青围村委区域内，规划面积43万平方米，重点建设服装市场和物流基地。

（二）今年工作任务和时间要求

全县完成园区征地面积310万平方米，投入园区建设资金30亿元以上；争取全年引进工业项目30个以上，合同投资额30亿元以上，全年实际投资额6亿元以上。新开工项目20个以上，新投产项目9个以上。

1．生态科技城：①1月，完成生态科技城（省级产业转移园区）的控制性规划，首期启动区1.2平方千米的修建性规划。②2月，完成生态科技城首期启动区1.2平方千米的征地工作和用地手续获得省批准；随后，着手开始首期剩余的1平方千米建设用地的报批和征地工作。③2月，争取省级产业转移工业园“路条”获批；3月，完成省级产业转移工业园可研报告、环评报告、节能规划、社会稳定风险评估报告、水土保持方案、土地集约利用评价方案等各项申报材料的编制和上报，争取获得省批准认定。④3月，与太平洋建设集团合作，采用BT模式进行园区基础设施建设；4月，进行启动区1.2平方千米的基础设施建设。⑤年底前，引入一批企业落户园区，争取落户企业8家以上，力促金庄电器、三阳饰品等4家以上企业投产。

2．梅陇天星湖科技园：3月，完成50万平方米用地报批工作；上半年，完成园区的征地；7月开始，进行园区的各项基础设施建设；年底前，完成主体工程的建设。

3．可塘长桥工业园：该园区的用地已组件上报省厅，争取3月底前批下来；6月全面完成园区的征地；下半年，进行园区的基础设施建设；争取全年引进5家以上企业落户，投产企业2家以上。

4．公平青湖工业园：2月底前，争取已组件上报省厅的23万平方米用地能够批下来；4月完成征地工作，随后进行基础设施建设；全年争取落户企业5个以上，投产企业2个以上。

（三）开展招商引资

今年6月上旬或10月中旬，举办以可塘珠宝、梅陇金银首饰为主的首届珠宝艺术节暨2014年经贸洽谈会，通过“政府搭台、企业唱戏”的方式，进一步打响珠宝首饰特色品牌，做强做大传统优势产业。要开展形式多样的招商引资活动，特别要抽调精干人员组成招商小分队外出招商，并分别在香港、深圳等地开展一次招商引资活动，力争引进一批带动作用强的好项目、大项目，尤其是世界500强、国内500强和省内外大型骨干企业到我县落户，壮大企业经济总量。

（四）完成产能目标

今年全县4个重点工业园区实现总产值100亿元以上（含园区内原已投产的企业），同比增长33%以上；工业增加值实现30亿元以上，同比增长32%以上。

三、工作职责

各地各单位要紧紧围绕县委、县政府确定的园区建设大会战的目标任务，强化意识，落实责任，真抓实干，确保今年工作任务顺利完成。

县经促局：县经促局、投资中心要会同相关单位研究出台《生态科技城招商引资优惠办法》，加快招商引资步伐；要切实做好省级产业转移工业园的申报工作，用活用好省扶持产业发展的有关政策，争取更多的扶持资金；谋划招商引资，开展形式多样的招商引资活动，引进一批项目，特别要发动各方面的力量，动员海丰籍在外企业家回乡投资兴业，实现双赢。

县投资服务中心：研究和出台我县招商引资的各项优惠政策，跟踪、服务项目的上马建设，督促有关部门加快审批程序、提高工作效率。

县发改局：要主动配合做好园区的发展规划，把好产业的准入关，以及项目落户的立项等工作。

县国土资源局：要切实做好重点工业园区用地的报批工作，加大园区闲置土地的清理，盘活土地资源，缓解用地“瓶颈”。

县住建局：要依据我县实际，在合理做好重点园区规划的同时，配合相关单位做好土地出让的建设规划条件等相关工作，协助做好省级产业转移工业园的申报工作。

县财政局：要积极筹措资金，加大园区建设的投入，每年安排各个重点园区的建设资金，并积极争取上级补助资金，加快园区建设，同时加强资金监管。

县环保局：要协助做好重点园区环评工作的同时，严把准入制度，对违反国家产业政策、不符合环保要求的建设项目一律不准入园。

经济开发区：抓紧研究和落实生态科技城有关开发建设、对外招商、管理服务等配套措施，不断完善园区管理机制；主动配合相关职能部门切实做好省级产业转移工业园的申报工作。

城东、梅陇、可塘、公平镇：要对园区内未征用的土地状况、农户情况等进行调查，为园区全面启动开发提供依据；按照发展规划，依法依规妥善处理好征地补偿及社会稳定工作，负责园区征地工作。

四、保障措施

1. 成立领导机构。县成立“海丰县园区建设大会战工作领导小组”，由陈德忠县长任组长，刘剑平常委任常务副组长，陈紫光常委、王楚雄副县长、施流德副县长、卓凛波副县长任副组长，县经促、发改、财政、国土、住建、环保、投资服务中心、人社、林业、开发区等部门和相关镇主要负责人为成员。领导小组下设办公室，由刘剑平同志兼任办公室主任，成员在相关单位抽调。办公室具体负责统一组织、协调园区建设各项工作。各地也要成立相应领导机构，制定具体实施方案，抓好各项工作的落实。

2. 完善管理机制。建立健全海丰生态科技城建设发展的相关政策，组建投资开发公司，理顺园区管理体制和运营机制，赋予园区在土地开发、财政收支、项目审批等方面更大的自主权，提高园区自我发展能力。生态科技城的建设和管理由经济开发区负责，梅陇天星湖科技园、可塘长桥工业园和公平青湖工业园由所在镇负责。

3. 加强监督检查。县委办、县政府办、投资服务中心要加强对全县工业园区建设的情况进行专项督查，对园区建设缓慢、招商引资效果不理想、工作责任不落实的部门和所在镇，要进行通报并限期整改，确保各项工作的圆满完成。

4. 强化考评制度。要建立科学的园区考评制度，年底对各工业园区建设情况进行综合考核评价，对工作成绩突出、主导产业发展快、节能减排成效显著的优秀园区，要对所在镇（区）和相关部门予以表彰和奖励。

5. 大力宣传发动。各地特别是重点园区所在镇（区）要召开园区建设大会战动员大会，组织发动、周密部署。县电视台、海丰报等新闻媒体要充分发挥宣传舆论作用，积极组织开展专题跟踪报道，重点宣传全县园区建设情况，在全县范围内营造人人关心园区建设，人人支持园区建设的良好氛围。

2014年海丰县交通建设大会战工作实施方案

为贯彻落实省委、省政府关于进一步促进粤东西北地区振兴发展的决定和全市加快振兴发展工作会议精神，以及县委、县政府有关打好“四大会战”的工作要求，进一步推进我县交通基础设施建设，优化交通网络，结合我县实际情况，特制定如下方案。

一、总体目标

以加快交通基础设施建设、完善交通运输网络为主题，规划建设一批交通基础设施新项目，促进我县主干线公路上等级、上档次，打造畅通、安全、便捷的交通新网络，加快推进贯通东西、连接南北、融入珠三角、沟通沿海与内陆的公路网、铁路网，形成铁路、高速公路和国省道相互衔接、县镇公路相互贯通，构筑县域综合交通新体系，提升我县交通运输能力。

二、工作任务

（一）征地拆迁项目

全力做好潮惠高速公路海丰段征地拆迁工作，县潮惠办、各有关单位和沿线各镇要加强配合，强化征地拆迁工作力度，严把时间节点，特别是要确保控制性工程按时交地施工，促使项目建设顺利推进。具体要求：3月底前基本完成征地拆迁工作，6月底全面完成征地拆迁任务，实现2016年建成通车的目标。

（二）新上续建项目

1. 梅陇镇西环路建设工程。该工程全长6.881公里，按一级公路标准设计，工程总投资1亿多元。梅陇镇要全力配合业主单位县公路局做好征地拆迁扫尾及管线迁移工作，确保项目建设进展顺利；县公路局要加强管理，督促施工单位加快建设进度，保证工程质量，要求6月底前完成路基工程，争取2014年底建成通车。

2. 县城红城大道改造工程（按县确定的重点项目领导分工）。全长9.1千米，东起赤雁桥，西至原收费站，总投资约9600万元，工程分为三期实施，已完成第一期5.1千米，目前正在抓紧实施第二期工程并于春节前完成，春节后开始实施第三期工程，上半年全面完成。

3. 莲花大道（按县确定的重点项目领导分工）。全长10.3千米，现已完成工可并获市批准，正在组织勘察设计，争取3月完成工程立项，6月完成施工招投标，7月动工建设。

4. 国道324线海丰穿城段。县公路局应积极主动配合项目业主单位市公路局做好项目施工管理，对路肩硬化及排水沟等附属工程建设，县财政、公路等部门要配合市公路局落实建设资金，一并列入路面大修主体工程建设，力争2014年年底完工。

5. 省道335线海丰段（按县确定的重点项目领导分工）。该工程全长14.97公里，计划投资3900万元，业主单位为县地方公路管理站，2013年6月经市发改局批准立项，同月完成环评相关手续。县地方公路管理站要加快项目建设前期工作进度，争取今年1月底完成施工招投标，2月开工建设，年底建成。

6. 潮惠高速赤石连接线建设工程。全长16公里，业主单位赤石镇，春节后进行设计和工可，随后开展招投标等有关工作，争取8月份动工建设。

7. 省道242线公平穿镇段改线续建工程。该项目全长5.3千米，按二级公路标准设计建设。原已完成2.8千米，尚存2.5千米未征地建设。县交通运输局要牵头公平镇、县公路局落实项目补助资金及拨付情况，并做好以下工作：一要对已完工部分的工程量确认后报财政部门审核，对未建部分要确定工程量及造价，同时要理顺与原施工单位的关系；二要在春节后做好项目上马建设有关工作；三要继续争取上级补助，同时县财政要落实地方配套资金。该项目争取在2014年3月续建，年底前完工。

8. 陆丰上英至海丰大湖公路海丰段（含大湖大桥）建设工程（按县确定的重点项目领导分工）。该工程全长3.3千米（含大湖大桥466.5米），按二级公路标准设计，预算总投资3394万元。该项目现已完成招标前期工作。业主单位县地方公路管理站要加快项目建设前期工作进度，力争1月底前完成施工招投标工作，并开工建设，争取2015年6月建成。

（三）争取立项项目

1. 县城至汕尾火车站快速干道。该项目为“珠东快速干道”的组成部分，市政府已明确由市公路局负责项目前期工作，并成立了项目领导机构，目前已完成项目预工可、工可。县交通运输局、公路局要跟踪项目进展情况，县有关部门应全力配合市做好相关工作，并采取BT模式等办法筹资，争取尽快立项。

2. 国道324线海丰县城至梅陇段扩建工程。县公路局要督促勘察设计单位抓紧工可编制，争取12月底前完成立项，并列入省补助计划。

此外，县交通、公路部门还要抓好X126线、S335线（双墩）至陆丰西南海丰段、小漠东旺至鹅埠等一批县镇公路及通村公路建设项目。

三、工作要求

（一）成立机构

县成立2014年海丰县交通建设大会战工作领导小组，由县委常委刘剑平任组长，县政府办副主任谢光、县财政局局长林国义、县交通运输局局长黄坚如、县公路局局长黄春到为副组长，县发改局、财政局、住建局、国土资源局、环保局、水务局、安监局、交通运输局、地方公路站等单位主要负责人和项目所在镇镇长为成员。领导小组下设办公室，负责大会战的组织协调指导，由黄坚如兼任办公室主任，林建城兼任副主任，办公地点设在县交通运输局。

（二）落实责任

县交通、公路、发改部门要对新上项目做到早谋划、早安排、早立项，为后续勘察设计、施工招标留足时间，同时，县交通部门要发挥主管部门的作用，加强对项目建设的管理，并积极向上争取资金扶持，弥补我县建设资金不足的问题；县国土、环保、林业等部门按各自职责，及时做好用地、环评等前期工作的组件上报、审批事项；县财政部门要落实好项目建设配套资金；项目所在镇负责征地拆迁工作；业主单位要尽职尽责，深入施工一线，严把时间进度，严格工程质量监管，确保安全施工。

（三）加强督查

交通建设大会战领导小组办公室要采取定期和不定期相结合，深入建设现场了解项目建设情况，对项目施工过程碰到的征地拆迁、施工进度、建设资金等有关问题，要及时报告，及时召集相关部门研究解决，确保项目顺利建设。对工作拖拉、责任不落实的单位，要督促相关部门落实整改，整改不到位的，要进行通报批评。

海丰县2014年开展荒山绿化大会战工作实施方案

为贯彻落实《中共海丰县委、海丰县人民政府关于贯彻落实〈中共广东省委、广东省人民政府关于全面推进新一轮绿化广东大行动的决定〉的实施意见》（海委〔2013〕27号）和《关于印发〈海丰县推进新一轮绿化大行动建设规划（2014—2017年）〉的通知》（海府办〔2013〕2号）文件精神，以及县委、县政府关于打好“四大会战”、推进“六大工程”的工作要求，结合我县实际，特制定本方案：

一、指导思想

以邓小平理论、“三个代表”重要思想、科学发展观为指导，紧紧围绕“三个坚持、四个争当、五个发展”的总体发展战略，以“绿色发展、生态立县”为主线，树立尊重自然、顺应自然、保护自然的生态文明理念，大力推进荒山绿化和林业重点工程建设，提高森林覆盖率，强化资源管理，提高森林质量，增加森林碳汇，提升生态功能，加快发展现代林业，大力推进生态文明，努力建设美丽海丰，为我县经济社会科学发展提供有力的生态支撑。

二、目标任务

1.完成森林碳汇造林5.3万亩。

2.完成封山育林2万亩。

3.完成森林抚育5万亩。

4.完成生态景观林带抚育补植49.15千米。

5.完成新建县级森林公园1个，镇级森林公园3个。

6.完成县城建成区8处重点道路（区域）绿化美化建设。

7.完成乡村绿化美化示范点建设63个。

详见：《海丰县2014年荒山绿化大会战建设任务安排表》

三、主要技术措施

（一）树种选择

主要选择常绿、乡土、长寿的阔叶树种和景观效果好、环境保护功能强的园林绿化树种。

1．山上造林主要选择红锥木、枫香、台湾相思、樟树、土沉香、秋枫、大叶相思、荷木、楠木、黎蒴、阴香、海南蒲萄、蒲萄等。

2．山下造林主要选择桃花心木、麻楝、美丽异木棉、樟树、木棉、秋枫、黄槐、细叶榕、垂榕、垂柳、大王爷椰树等；也可根据实际选择香樟、广玉兰、白玉兰、银杏、桂花、降香黄檀、大叶紫薇、罗汉松、火力楠、火焰木、合欢、凤凰木、风铃木、樱花、小叶榄仁、尖叶杜英等珍贵树种；还可以选择芒果、柚子、桃、黄皮等经济树种，以及小乔木和灌木夹竹桃、大红花、红继木、红绒花、勒杜鹃、木芙蓉、杜鹃、石榴、海桐、山茶花、小叶紫薇等。

3．原则上不选择桉树进行造林绿化。

（二）苗木要求

1、从正规渠道调运苗木，不使用来源不清楚的苗木造林，提高良种使用率。

2、使用Ⅰ、Ⅱ级合格苗木造林，提高Ⅰ级苗使用率。

3、苗木须严格检疫，使用未受有害生物危害的苗木造林。

（三）造林质量要求

1．工程造林

（1）植穴规格采用50厘米×50厘米×40厘米。

（2）造林密度：人工造林89株/亩，套种补植54株/亩。

（3）植株需下足优质基肥。

（4）造林成活率达到90%以上，连续抚育三年。

2．生态景观林带建设

（1）植穴规格采用60厘米×60厘米×50厘米。

（2）造林密度：人工造林40株/亩。

（3）植株需下足优质有基肥。

（4）造林成活率达到90%以上，连续抚育三年。

3．县城建成区主要道路、重点区域美化绿化和绿化美化乡村示范点建设

（1）植穴规格采用80厘米×80厘米×60厘米。

（2）造林密度：按设计方案要求。

（3）植株需下足优质有基肥。

（4）管护三个月以上，成活率达到95%以上。

四、投资估算及资金筹措方式

（一）投资估算

结合海丰县近年来造林工程实际投资情况和现阶段生产资料物价水平以及劳动力市场情况进行估算，苗木、肥料、工价均采用市场咨询价取平均值。

造林绿化工程：计划完成森林碳汇造林5.3万亩，按每亩600元的造价计算，投资3180万元。

2. 封山育林工程：计划完成封山育林2万亩，按每亩100元的造价计算，投资200万元。

3. 森林抚育工程：计划完成森林抚育5万亩，按每亩200元的造价计算，投资1000万元。

4. 生态景观林带建设工程：计划完成林带抚育补植49.15千米，按每千米4万元的造价计算，投资196.6万元。

5. 森林公园建设工程：计划完成新建县级森林公园1个，投资150万元;完成镇级森林公园3个，投资300万元；合计投资450万元。

6. 县城建成区主要道路、区域美化绿化工程：计划完成县城建成区8处重点道路（区域）进行绿化美化，投资760万元。

7. 乡村绿化美化工程：计划完成乡村绿化美化示范点建设任务63个，投资315万元。

综上所述，2014年全县荒山绿化大会战工作计划总投资6101.6万元。

（二）资金筹集方式

1. 中央和省、市造林补助资金。

2. 森林植被恢复费返拨资金。

3. 县财政配套资金。

4. 建设责任单位自筹资金。

5. 社会资金。

五、工程实施时间和管理

（一）实施时间

1. 工程准备阶段（1—3月）：落实建设地块，并做好工程项目招投标以及备耕、打穴等工作。

2. 林木种植阶段（4—6月）：组织造林队伍进场造林，落实工程工序管理跟班作业措施，基本完成苗木种植任务。

3. 查漏补植阶段（7—8月）：对造林地块中的病株、死株和缺株进行补植，全面完成种植任务。

4. 抚育管护阶段（9—10月）：对造林地块进行除草、松土和施肥，提高造林质量。

5. 检查验收阶段（11—12月）：分别进行县级自查、市级验收和省级核查。

（二）工程管理

1. 造林绿化工程建设由县林业部门统一协调。

2. 造林绿化建设工程的规划、设计、施工、监理，应当按相关规定选择确定具有相应资质的单位承担。

3. 造林绿化工程建设项目以及附属绿化工程设计方案等，按照基本建设程序审批时，必须经上一级林业主管部门审核批准。

4. 建设单位必须按照批准的设计方案进行施工。设计方案确需改变时，须由原设计单位认可，再经原批准机关审批。

六、保障措施

（一）成立领导机构。县成立“海丰县荒山绿化大会战工作领导小组”，由副县长余振光任组长，县政府办公室副主任林友捷、县林业局长黎方极任副组长，各镇（场）主要负责人、县直有关单位负责同志为成员。领导小组下设办公室，由黎方极同志兼任办公室主任，成员在相关单位抽调。办公室具体负责荒山绿化大会战工作的组织、协调、指导和督促检查等日常工作。各地也要成立相应领导机构，制定具体实施方案，抓好各项工作措施落实。

（二）明确责任分工。荒山绿化大会战工作由各镇（场）和相关部门负责实施。

责任分工如下：

1. 县督办组：负责督促荒山绿化大会战工作的落实，确保工程项目建设按时按质按量完成。

2. 县委宣传部：对荒山绿化大会战工作开展深入的宣传，形成党委和政府主导、部门和镇（场）实施、社会广泛参与的良好氛围。

3. 县林业局：组织协调荒山绿化大会战工作，负责组织实施各项工程项目建设，组织县级森林公园、湿地公园建设，强化森林资源管理，切实抓好森林采伐管理、征占用林地、森林病虫害防治、野生动物保护等工作，严厉打击各种破坏森林资源安全的违法行为，维护林区秩序安全稳定。

4. 县发改局：负责做好相关林业生态工程项目的立项审批服务工作。

5. 县财政局：负责按时足额落实和拨付资金，做好相关林业生态工程项目的资金监管工作。

6. 县公路局：负责各自管辖公路用地范围内的绿化和景观改造，对新建、改建项目，要同步规划、同步建设、同步验收公路绿化工程。

7. 县国土资源局：负责做好矿山、石场的复绿工作。

8. 县水务局：负责江、河、库等水体沿岸自然生态保护，积极进行水土流失治理和森林植被恢复，凡建成的堤防工程、水库坝体、坡面在不影响行洪安全的前提下，采用近自然的水岸绿化模式，建成水源保护和风景林。

9. 各镇（场）：负责落实好各项工程项目建设用地，各林业工作站协助开展项目管理，确保工程建设进度和质量；负责完成镇级森林公园申报及建设任务；负责协助落实县下达乡村绿化美化建设任务，应抓好本镇乡村绿化工程，每位镇（场）主要领导负责办一个乡村美化绿化示范点，带动本村庄绿化工作；开展好城镇绿化；负责辖区森林资源保护和森林防火工作，负责在次年春季完成对本镇当年火烧迹地的复绿工作，巩固林业生态建设成果。

（三）多方筹集资金。除中央、省、市财政资金外，县财政新增安排专项资金1000万元，作为荒山绿化大会战的专项建设资金；各镇（场）也要积极筹集建设资金；要落实各项林业惠农政策，调动广大群众造林积极性；要充分发挥市场机制的作用，积极引导社会资金投入，拓宽社会投融资渠道，推动造林绿化投资主体多元化。

（四）强化督查考评。将荒山绿化工作纳入县委、县政府对各镇（场）党委政府的年度经济社会工作任务的考核范围，县政府与各地签订《海丰县2014年荒山绿化大会战工程建设目标责任书》，县督查组要切实加强监督检查，对政策措施不到位、工作进度缓慢、完成任务不力、存在质量安全突出问题的，要对相关镇（场）、村领导干部进行约谈，限期整改；对问题严重的，要依纪依法追究责任；要严格实行造林工程质量监督和责任追究制度，切实加强造林工程质量管理，确保造林质量。

（五）重点加强森林防火工作。全面落实森林防火各项预防和扑救措施，重点加强护林员和扑火队伍建设；按照每5000亩林地配备1名护林员的标准，全县落实护林员300名，重新调整组建一支40人的县级森林防火专业队伍并配齐必需的扑火装备，同时对县级半专业队伍、镇级应急队伍的扑火装备进行改造升级，加大投入，新购置森林防火水灌车、高压消防车、高压消防车布管、运兵车、工具车、风力灭火器、森林消防专业摩托车、高压消防泵、油锯、修剪机、对讲机等装备，切实提高扑火队伍装备水平和实战能力，不断提高全县森林火灾应急处置工作整体水平，维护森林资源和生态安全。

（六）广泛宣传发动。县、镇召开荒山绿化大会战工作动员会议，组织发动，周密部署，县电视台、海丰报等新闻媒体要充分发挥宣传舆论作用，把荒山绿化大会战宣传工作作为重点宣传报道内容，积极开展专题跟踪报道，不断强化全社会生态文明理念，营造人人关心、人人支持、人人参与造林绿化建设的良好氛围。

海丰县2014年教育创强大会战工作实施方案

为进一步贯彻落实《广东省中长期教育改革和发展规划纲要（2010～2020年）》及2012年度全省教育工作会议精神，根据市委、市政府有关教育创强的统一部署和要求，县委、县政府决定2014年在全县开展“海丰县创建广东省教育强县大会战”，力争用一年的时间，把我县建成广东省教育强县和教育均衡县。为打好这一大会战，现结合我县实际，特制定本工作方案。

一、指导思想

坚持以邓小平理论、“三个代表”重要思想、科学发展观为指导，以《广东省教育强县督导验收标准》为依据，以完善国民教育体系为基础，以创建教育强镇、教育强县为重点，大力深化教育改革，加快促进教育均衡发展，全力攻坚突破，全面提升我县教育水平和综合实力，为建设“幸福海丰”提供强有力的人才保障和智力支持。

二、工作目标

通过创强，使我县教育在政府责任、教育管理、发展水平等三个一级指标，在政策导向、经费保障、依法治教、队伍建设、科研课改、均衡发展、综合实力、普及程度、社区教育、“一机两语”、设备设施等十一个二级指标方面，均达到或优于省评估标准要求，初步建立起结构合理、功能齐全、群众满意，具有海丰特色的国民教育体系和终身教育体系，到2015年初实现创建广东省教育强县的目标。

三、工作步骤

（一）发动阶段（2014年1—3月）

主要任务：开展创建教育创强大会战动员工作，出台相关文件与政策。

1. 县、镇分别成立教育创强大会战工作领导机构，统筹协调创强工作。

2. 制定《海丰县2014年教育创强大会战工作方案》，明确创建教育强县和教育强镇的目标、任务和要求。各镇相应制订创建教育强镇工作方案，明确创建教育强镇的目标、任务和措施。

3. 县、镇分别召开创建教育强县、教育强镇大会战动员大会。2月份县召开教育创强大会战筹备会，3月下旬召开教育创强大会战现场会。

4. 加大宣传力度，通过张挂宣传横幅、户外大型广告牌、致全县（镇）人民一封信、倡议书、新闻媒体、手机短信、彩铃等形式，大力营造“创强”浓厚氛围。

（二）推进阶段（2014年4—11月）

主要任务：全面推进创建教育强县工作，100%的镇通过广东省教育强镇的督导验收，并如期向省申报广东省教育强县督前验收。

1. 2014年4月初，梅陇、黄羌、陶河、大湖4个镇通过省教育强镇督导验收，实现我县教育强镇“零”的突破。

2. 2014年4月底前，联安、平东、公平等3个镇完成教育强镇创建工作，并通过广东省教育强镇督导验收。

3. 2014年9月底前，小漠、赤石、鲘门、可塘等4个镇完成教育强镇创建工作，并通过广东省教育强镇督导验收。

4. 2014年11月底前，海城、附城、城东、赤坑、鹅埠等5个镇完成教育强镇创建工作，并通过广东省教育强镇督导验收。

5. 2014年8月底前，全面完成海丰县特殊教育学校建设，并在9月初正式投入使用。

6. 2014年10月底前，完成县中等职业技术学校的各项配套设备设施和运动场建设，通过广东省重点中职学校的督导验收。

7. 2014年11月底前，全面完成广东省教育强县档案资料整理工作，并向省申报广东省教育强县督前验收。

（三）迎评阶段（2014年12月）

主要任务：做好迎接广东省教育强县督导验收的准备工作。

1. 召开迎接教育强县和教育均衡县评估验收动员大会；

2. 邀请省、市政府教育督导室对我县“创强”和均衡县工作进行专家指导，组织有关专家对学校办学行为依照评估验收的指标体系进行一次全面的督导检查；

3. 根据《广东省教育强县督导验收指标体系档案资料目录索引》的要求，收集、整理创建教育强县资料。完成创建教育强县的专题片制作、画册出版、成果展览等工作。

4. 完成申报广东省教育强县的《申报书》《自评报告》《验收方案》《自评分说明》《资料目录》，并以县政府的名义报送省、市人民政府教育督导室。

5. 做好迎接省督导验收的其他准备工作，确保成功创建广东省教育强县。

四、工作要求

（一）提高认识，加强领导

各级党委、政府要从海丰教育大发展的战略高度、从民生优先的角度，深刻认识教育创强的重大意义，把教育放在优先发展的位置抓紧抓实抓好。

为加强对全县创强工作的领导，县委、县政府成立海丰县创建广东省教育强县大会战指挥部，由县委副书记林建隆任总指挥，副县长卓凛波任副总指挥，成员由县各相关职能部门负责人和各镇党委书记、镇长组成。领导小组办公室（以下简称“创强办”），设在县教育局，负责统筹教育创强的日常工作。县“创强办”要成立全县创强大会战督导组，负责对全县创强工作的指导和督查。

各有关职能部门和各镇党政主要领导是创强工作第一责任人。各镇党委、政府要依据县创强工作领导小组框架，成立相应的领导机构，根据县委、县政府的总体部署，按照“先易后难，分步实施，综合统筹，注重实效”的原则和“全面启动，整体推进”的工作方法，切实加强对教育创强工作的组织领导和统筹，结合实际，全力打好教育创强大会战，确保按规划如期完成教育创强工作任务。县各相关职能部门必须积极主动全力配合创强工作，并完成相关的具体任务，确保创强工作顺利完成。

（二）明确职责，落实责任

1. 明确责任分工。创建教育强镇，各镇党委、政府是创建主体，县教育主管部门牵头组织实施，县相关职能部门通力合作，各负其责。各镇辖区内学校、镇中心幼儿园校舍建设和征地工作由各镇党委、政府负责组织实施；学校、镇中心幼儿园要按照教育创强督导验收要求配置各类场室所需的仪器、设备设施、器械、图书，并开展校园文化建设等，此项工作由县教育局负责统筹全县各学校组织实施。

2. 各有关部门、各镇要进一步明确工作任务，制订工作方案，采取工作措施，落实工作责任，做到“资金有保证，按期能落实”“部门协调配合，程序手续简化”，为教育创强开“绿色通道”，起保驾护航作用，确保按时完成创建强县工作任务。

各相关部门职责分工如下：

县委组织部：负责指导基层党组织建设，把“创强”工作纳入干部考核内容，对“创强”有突出贡献的干部优先推荐、考察、选拔和任用。

县委宣传部：负责制定“创强”宣传工作计划，加强公益宣传，广泛动员社会各界支持“创强”工作，加强社区文化建设工作指导，及时宣传“创强”先进典型。

县纪委、县监察局：检查监督县直相关职能部门及各镇创建教育强县工作责任落实情况，加大教育“创强”工作责任追查力度。

县教育局：牵头制订教育发展规划，组织协调全县“创强”工作，推进学校布局调整，规范教育管理，加强师资队伍建设，完善学校办学条件。

县发展和改革局：把“创强”纳入经济社会发展总体规划和战略重点，协助做好教育相关项目的立项、审批，积极争取上级项目和资金支持。

县审计局：把“创强”资金投入情况列入年度审计工作重点，加大“创强”专项资金审计力度。

县公安局：负责校园及周边治安环境整治，严厉打击危害教育的违法犯罪行为，为学校及师生提供安全保障。

县消防大队：优先办理学校改、扩建项目的消防报批手续。

县财政局：落实教育经费，加大教育投入，教育经费实现“三个增长”。在编制年初预算时按计划安排“创强”专项经费，完善教育经费管理制度，及时拨付“创强”奖补资金。对教育创强建设项目和各类设备设施的采购项目，优先安排审批审核，确保建设项目和采购项目在最短的时间内如期实施。

县政府采购中心：确保教育创强政府采购项目及时办理、组织实施，在依法依规的前提下，保障教育创强政府采购项目在最短时间内完成采购。

县建筑设计院：优先为学校改、扩建设项目提供设计方案。

县编办、县人力资源和社会保障局：会同教育部门对教师资源实行动态管理，按照有关规定做好年度核编工作，足额配齐中小学教师编制，严格执行教师准入制度。

县国土资源局：按“创强”规划优先安排土地利用年度计划指标，确保列入规划的新建、扩建学校的建设用地。

县住建局：将学校布点纳入城乡建设发展规划，制订“创强”“绿色通道”，优先办理学校建设项目规划建设手续，优先安排教育创强建设项目招投标，加强学校建设项目的监督和管理。

县物价局：宣传、贯彻落实教育收费有关的政策规定，规范教育收费行为。

县地税局：按国家有关规定，对涉及教育发展方面的税收给予优惠。

各镇：对照本方案制订相应的实施方案、工作计划，完善工作措施，召开动员大会，全面启动创建工作。

（三）精心组织，扎实推进

1. 明确目标，科学规划。各镇要明确创建目标，科学规划创建工作，要根据县规划的时间表，细化各阶段工作任务，如学校布局优化调整、义务教育规范化学校建设、镇中心幼儿园、镇成人文化技术学校建设等具体事项。各镇要对照各项具体指标要求，将创建任务量化、细化，明确责任，抓好落实。

2. 上下联动，协同推进。创建教育强镇，是创建教育强县的基础。镇委、政府是教育强镇创建主体，各镇要成立创建领导机构，抽调专门人力负责落实创建具体工作；县、镇创强办是创建教育强镇的指导主体，具体指导教育强镇创建工作；县各职能部门，特别是创强工作领导小组各成员单位，要积极履行职责，主动配合，并完成相关工作任务；各学校要规范办学，加强管理，提高教育教学质量。

3. 多方筹资，确保投入。创建教育强县，经费投入是保证。以达标临界测算，13个镇“创强”工作共需投入约2亿元，其中，学前教育约1700万元，义务教育阶段约1.8亿元。县政府依法落实教育经费的“两个提高”和“三个增长”，确保各项经常性教育投入。创强工作经费由县和镇两级政府共同承担，以各镇筹措资金为主，并充分发挥社会办学的积极性，动员各界人士捐资办学；县在争取上级创强资金的支持同时，通过县级财政教育创强专项资金预算安排、银行贷款等渠道筹措配套资金，确保“创强”工作按规划如期实施。为促进创强工作，县设立创建教育强镇专项资金，用于奖励通过省验收的镇。

4. 及时建档，规范整理。各镇要按照《广东省教育强镇督导验收方案》的要求，高度重视“创强”资料的收集和整理工作，选派业务能力强、责任心和事业心强的人员，配齐配好必要设备。创强资料要分项目、分阶段及时整理、归档，采用文字、图片、影片等形式，全面、真实、清楚地反映和记录创强过程。要做好经验总结工作，特别是要认真总结、推广通过验收的镇的成功经验和做法。

（四）突出重点，全面推进

我县教育创强的重点是创建教育强镇、调整中小学布局、加快镇中心幼儿园建设和教育信息化建设、创建义务教育规范化学校和非义务教育阶段等级学校、积极发展特殊教育。

1. 加快镇中心幼儿园建设。要以建设镇公立中心幼儿园和建设规范化幼儿园为重点，充分发挥公办幼儿园的示范辐射功能，带动全县幼儿教育水平的提高，使学前教育毛入学率达90%以上。

2. 调整中小学布局。加大力度推进中小学布局调整，根据城乡建设发展规划和人口变动状况，坚持适度超前原则，合理调整学校布局，对规模小、人数少、条件差、距离近的学校通过撤点并校等多种形式对教育资源进行优化整合，对县城三镇中小学布局和规模，要进一步做好布点调研、规划和新建，解决大班额等问题，全面提高中小学的办学效益。

3. 加快教育信息化建设和运动场所、教学设备的建设。加强县、镇教育网站建设，精心打造教育信息化平台。全面普及信息技术教育，中小学要全面实现“校校通”，并与县、市实现互联互通；全县中小学（含民办学校）要配齐计算机室，从小学四年级起开设信息技术课程。要按照“三室一场五有”的要求，基本配齐功能室，配齐常规教学仪器。要大力建设和完善运动场所。

4. 加快义务教育规范化学校和非义务教育等级学校创建工作。高水平、高质量发展义务教育，按照《广东省义务教育规范化学校标准》，使义务教育阶段的规范化学校覆盖率100%，推动学校均衡发展，使小学适龄儿童入学率100%，初中阶段毛入学率100%。普通高中学校建设要完成陆安中学、林伟华中学和附城中心小学征地工作，完成县实验中学、双桂中学等建设工程项目；要积极推进国家级示范性普通高中建设，以内涵发展为重点，提高教育教学质量和管理水平，高中阶段教育毛入学率达90%以上，优质学位达80%以上。中职教育要以建设国家级重点职校为抓手，推动我县中职学校上等级、创品牌、显特色，做强做大海丰县中等职业技术学校。

5. 积极发展特殊教育。高标准、严要求建设我县一所特殊教育学校，力争在2014年8月底前建设完成，9月份开始招生，保障“三残”儿童入学率达到97%以上。

6. 协调发展民办教育、非学历教育、成人教育和社区教育，制订和出台《关于进一步规范和扶持民办教育加快发展的若干意见》，鼓励和支持社会力量办学，努力构建全民终身教育体系。

（五）简化程序，提高效率

为提高工作效率，各职能部门在不违反相关规定的前提下，对涉及基础建设采购，要依法依规简化程序，能打包的打包，能捆绑的捆绑，尽量简化程序，缩短招投标和政府采购的时间，确保按时完成教育创强的基础设施建设和各项设备设施的配套。

（六）加强督查，严格奖惩

加强教育督导力度。把建设教育强镇工作纳入经常性督导工作范围，对创强工作过程加强监控，及时发现问题，提出解决问题的意见和建议，发挥督导的导向作用和保障作用；要认真做好对镇党政主要领导干部基础教育工作责任考核工作，确保党政发展教育责任落实到位，确保创强工作按计划如期实施。对在创强工作中成绩显著的单位和个人，将给予表彰奖励，在规划时间内没有完成相应任务的镇，要予以通报批评并对相关责任人给予行政处分或岗位调整。

海丰县推进城镇扩容提质工程实施方案

根据县委、县政府关于2014年打好“四大会战”，推进“六大工程”的工作部署，为扩大城镇建设规模，提升城镇建设品位，按照省、市有关文件精神，结合我县实际，特制订如下推进城市扩容提质工程工作方案。

一、指导思想

以邓小平理论、“三个代表”重要思想和科学发展观为指导，认真贯彻落实党的十八大和十八届三中全会，以及省进一步促进粤东西北地区振兴发展工作会议和全市加快振兴发展工作会议精神，紧紧围绕县委、县政府推进城镇扩容提质的工作要求，以推进县城城南新区、北部新区、生态科技城建设，城市基础设施建设和中心镇城镇化等为工作重点，着力扩大县城建设规模，提升城镇建设档次和水平，构建城市和城镇化发展新格局。

二、组织机构

为加强领导，确保“推进城镇扩容提质工程”工作顺利开展，县成立推进城镇扩容提质工程工作领导小组，其组成人员如下：

组　长：施流德（县政府）

副组长：刘安基（县政府办）、刘城芳（县住建局）、林建军（县国土资源局）

成　员：刘英剑（县水务局）、谢立群（县委宣传部）、黄汉标（县公用事业局）、徐小星（县环保局）、黄春到（县公路局）、黄坚如（县交通运输局）、罗　震（县公安局）、刘伟龙（县交警大队）、庄政（海城镇）、王少远（城东镇）、陈坤宝（附城镇）、郑增城（公平镇）、谢江威（梅陇镇）、王铸波（可塘镇）。

领导小组下设办公室，办公室设在县住建局，办公室主任由刘城芳同志兼任，办公室人员在县住建局、国土局抽调。

三、目标任务和时间要求

（一）科学规划，推进县城新区建设

1. 7月完成鹿境小区近期建设项目修建性详细方案；8月完成编制、审批仁荣中学对面10万平方米土地；9月完成县城城南新区的控制性详细规划编

制；10月完成市民广场详细方案深化设计。（责任单位：县住建局）

2．3月完成生态科技城用地报批手续。（责任单位：县国土资源局、城东镇）

3．2月底完成北部新区碧桂园二期用地报批手续。（责任单位：县国土资源局、海城镇）

4．4月完成市民广场25万平方米土地和完成仁荣中学对面10万平方米土地征用报批工作。（责任单位：县国土资源局、附城镇）

5．11月底完成莲花大道路基土方、桥涵及部分附属工程等工程量30%。（责任单位：县公路局）

（二）加强县城基础设施建设

结合县城新区建设和旧区改造，不断加大县城市政服务设施、公共服务设施的建设力度，不断改善优化人居环境，力创宜业、宜居、宜游的城市。

1．2月完成龙津河截污管网建设，清理河内淤泥，使龙津河水质达到农灌标准；6月完成污水设施的建设与升级改造，积极推进再生水回用。（责任单位：县水务局）

2．6月完成红城大道、二环路等县城主要干道的道路绿化、亮化、美化改造工程；8月完成县城主干道路更换LED路灯的工程；11月底完成垃圾处理设施的建设与升级改造。（责任单位：县公用事业局）

3．11月底完成县城影剧院后期装修工程建设，争取早日完工投入使用。（责任单位：县委宣传部）

4．11月底完成县城公共汽车候车亭建设。（责任单位：县交通运输局）

5．11月底完成县城交叉路口电子监察系统。（责任单位：县交警大队）

6．11月底落实公平、梅陇、可塘三个中心镇污水处理厂的征地、立项、规划等前期工作。（责任单位：县环保局）

7．定期搞好市容市貌整治工作。做好违章建筑、违法用地、公共交通秩序、城乡环境卫生和环境保护、违章占道经营、户外广告、公路管理、美化绿化亮化等专项整治工作，营造安全、有序、整洁城市环境。（责任单位：县住建局、国土资源局、交通运输局、交警大队、环保局、公用事业局等单位）

（三）加快推进中心镇建设

在加快县城工业化、提升产业聚集度，加快产业园区如生态科技城等重点园区规划建设，切实提升园区承载力，以及提高基础设施和配套设施建设的同时，要加快公平、梅陇、可塘三个中心镇（专业镇）建设，使其产业转型升级，基础设施不断完善，有效发挥区域社会经济、文化中心的作用，成为传递县城辐射，壮大县域经济实力，解决“三农”问题的重要抓手。

1．5月完成公平南部新区规划设计、土地征用工作。（责任单位：公平镇）

2．6月完成梅陇天星湖工业区50万平方米土地的征地工作，争取吸引高新产业进驻园区；10月完成324复线改线工作，解决镇区交通混乱问题。（责任单位：梅陇镇）

3．3月完成可塘镇圆山岭工业区规划设计、土地征用工作。（责任单位：可塘镇）

三、实施步骤

（一）明确任务，部署工作阶段（2014年1月15日—2014年1月20日）

传达贯彻学习党的十八大和十八届三中全会精神，全省进一步促进粤东西北地区振兴发展工作会议和全市加快振兴发展工作会议精神，以及县委、县政府关于2014年“打好四大会战”，推进“六大工程”的会议精神。进一步明确城镇扩容提质是推进城镇化的重要内容，是建设宜居城市的重要途径，是促进经济转型跨越发展的关键措施。根据县委、县政府2014年度推进城镇扩容提质的工作部署，明确目标任务，落实好责任单位。

（二）制定详细工作计划阶段（2014年1月21日—2014年1月31日）

各责任单位要根据各自的目标任务，抽调精干力量成立工作小组，制定详细的实施计划（实施方案报县领导小组办公室），实施方案应明确任务完成的时间进度计划、工作措施等，确保按相关的时间要求完成扩容提质工程各项目标任务。

（三）实施阶段（2014年2月1日—2014年11月30日）

根据县委、县政府的工作要求，结合各责任单位已制定的实施计划，落实好工作任务，各责任单位应定期向县推进城镇扩容提质领导小组汇报目标任务落实、进展情况，县领导小组定期实施监督检查。

（四）总结阶段（2014年12月1日—2014年12月31日）

围绕各责任单位工作开展、任务完成的情况，进行年度考核验收，总结经验。建立年度考核奖罚机制，对如期完成任务单位予以通报表扬，不能完成任务进行通报批评。

各责任单位要在取得工作成效的基础上，建立推进城镇扩容提质工作长效机制，努力建设宜居城市，促进我县经济跨越式发展。

四、保障措施

（一）落实工作责任

各责任单位要把推进城镇扩容提质工作列入

2014年度重要的议事日程和目标管理内容，真抓实干，务求实效，要明确分管领导，指定专人负责，做到人员、经费、任务落实到位，确保扩容提质工作层层落到实处。

（二）建立推进机制

各责任单位要将城镇扩容提质任务细化，量化、具体化，落实到人，建立责任倒查机制，层级负责制，畅通信息渠道，县领导小组开展定期、不定期的督促、检查，并将检查结果列入年度考核内容。

（三）抓好舆论宣传

城镇扩容提质工程是县委、县政府推进全县经济协调发展的重大决策，既是一项完善城市功能、提升城市品位、打造城镇名片、增强城镇吸引力的精品工程，又是一项优化投资、促进经济发展、改善民众生活的民生工程。县电视台、报纸等媒体要开辟专题或专栏，对城镇扩容提质工程进行报道，营造人人关心城市发展，全民参与城镇建设和管理的良好氛围，推动城镇扩容提质工程健康有序开展。

海丰县推进农业产业化发展工程实施方案

为全面贯彻落实2014年县委、县政府关于“打好‘四大会战’，推进‘六大工程’”的工作部署，进一步提升我县农业产业化经营水平，加快农业现代化发展步伐，扎实推进城乡一体化进程，制订本工作方案。

一、指导思想

全面贯彻党的十八大、十八届三中全会精神和中央1号文件精神，以邓小平理论、“三个代表”重要思想、科学发展观为指导，进一步深化农村综合改革，全面推进农业产业化经营，不断加快农业现代化发展步伐，实现城乡共同发展。

二、目标任务

为切实加快全县农业产业化的工作进程，2014年具体目标任务是：

1. 突出抓好“五大现代农业生产基地”和“十大现代化农业示范园区”建设。

2. 全县新增县级以上农业龙头企业11家，总数达到67家。其中：新增县级农业龙头企业6家，市级农业龙头企业4家，省级农业龙头企业1家。

3. 全县新增农民专业合作社70家，总数实现450家以上，增长率要达到15%以上。其中：县级农民专业合作社示范社要达到60家以上，市级农民专业合作社示范社要达到25家以上，省级农民专业合作社示范社要达到25家以上，国家级农民专业合作社示范社要达到6家以上。

4. 全县新增农产品“三品一标一名牌”10个，总数实现50个以上。其中：新增省级以上（农业类）名牌产品5个，总数达到10个以上。

5. 全县新增农业产值5亿元以上，总产值突破60亿元大关。

三、重点工作

（一）基础建设支撑行动

全面动工建设2012年度和2013年度高标准基本农田建设项目，按质按量完成两个年度共13.32万亩高标准基本农田建设任务，夯实农业可持续发展的基础。

（二）农业基地创建行动

一是突出抓好“五大现代农业生产基地”。重点抓好以梅陇、联安、赤坑为中心的优质粮生产基地建设；以大湖、后门、梅陇农场、联安、小漠为主的海淡水养殖生产基地建设；以赤石、联安、城东为主的生猪养殖生产基地建设；以梅陇、联安、附城、城东、公平、平东为主的有机蔬菜生产基地建设；以海城、赤石、赤坑、公平为主的优质水果生产基地建设。二是突出抓好“十大现代化农业示范园区”建设。重点抓好海亮有机农业海丰有限公司、海纳（联安）有机农业示范区、恒兴集团有限公司水产养殖基地、陆港现代农业种养基地、合利无公害蔬菜种植基地、莲花山有机茶叶种植生产基地、双全畜牧养殖生产基地、黄羌虎噉金针菜生产基地、润生源生态农业园、金瑞丰生态农业园等十大现代农业示范园区。

（三）农业招商引资行动

各镇（场）要高度重视农业招商引资工作，积极引进吸纳一批省内外知名农业龙头企业落户我县，迅速掀起农业招商引资热潮。各镇（场）至少必须引进1个以上投资规模超千万元的大型农业投资项目。以此带动传统农业转型升级，推动我县农业进一步迈向基地化、集约化、产业化。

（四）农业科技转化行动

一是积极引进和推广优良品种，全年农作物良种推广应用率达到96%以上。二是加快推广适用技术。全面推广测土配方施肥技术、病虫害机械化综合防治技术、水稻机械化大棚育秧技术、水稻“三控”技术、水稻机械化耕种收技术。通过推广应用现代农业科技，提升科技贡献率，全年科技贡献率达到56%以上。三是创新科技工作机制。鼓励科研院所或者科技人员通过技术承包、技术入股（出资）、技术转让等形式参与农业产业化经营，加快科研成果的推广应用。积极引导农业龙头企业和农民专业合作社参与现代农业园区和农业标准化示范区建设，使农业龙头企业和农民专业合作社成为农业先进科技的创新中心和推广基地。

（五）产品质量提升行动

一是大力推进农业标准化示范区建设，建立完善的农业标准体系、示范体系、推广体系、检测体系和追溯体系，加快农产品生产、加工和营销的标准化建设。二是严格执行农产品质量安全市场准入制度，通过定量包装、标识标志、商品条码等手段，加速推行农产品流通领域的标准化管理。三是加强农资产品监管。加强农资产品执法行动，全力查禁限、禁用农药，从源头上提高农产品质量。

（六）农业品牌培育行动

要加强优势农产品品牌培育，鼓励和支持农业龙头企业和农民专业合作社申请、注册农产品商标和原产地标识，鼓励和支持农业龙头企业和农民专业合作社申请无公害农产品、绿色农产品和有机农产品认证，增强农业的综合竞争力，最大限度提高农业的综合经济效益。

（七）经营机制创新行动

一是稳妥推进土地流转。在坚持依法协商、自愿、有偿的原则下，积极鼓励土地承包经营权在公开市场上向专业大户、家庭农场、农民专业合作社、农业企业流转，大力发展多种形式规模经营。二是鼓励和支持农业龙头企业与农民专业合作社联手建立为农服务的各种服务组织。采取设立风险资金、利润返还等多种形式，与农户结成更加紧密的利益共同体，更直接、更有效地带动农业增效、农民增收。三是积极推行农业保险。在全面推广实施政策性水稻种植保险的基础上，争取更多保险公司对农业产业化龙头企业和农民专业合作社开展保险试点，为农业及农业产业化龙头企业和农民专业合作社的发展提供更加有力的保障。

四、保障措施

（一）加强组织领导。为切实加强推进农业产业化工作的领导，县成立农业产业化工作领导小组，由余振光副县长任组长，有关部门一把手作为领导小组成员。领导小组要建立和完善农业产业化工作联席会议制度，由县农业部门负责牵头，切实加强联席会议成员单位之间的综合协调、督促指导和检查考核，发改、财政、税务、国土、经促、科技、教育、金融、电力、水利、林业、畜牧、渔业、供销等部门要相互配合，通力合作，推动农业产业化的快速健康发展。各镇（场）也要相应成立农业产业化领导小组，定期召开会议，重点解决企业和农户难以解决的问题。

（二）落实目标责任。对列入国家、省、市、县的农业产业化重点项目，各地要实行领导负责制，做好项目规划落实、政策协调和组织实施等工作，各有关部门要扎实把上级扶持农业产业化的有关政策落到实处。

（三）转变工作方式。要加强调查研究，制定发展规划，完善配套政策，落实具体措施，及时发现和解决推进农业产业化工作中遇到的问题。

（四）强化宣传指导。各镇（场）要认真组织、周密部署、层层动员。要充分利用各种宣传媒体，多形式、多渠道广泛开展宣传指导，在全县范围内迅速掀起新一轮推进农业产业化发展的工作高潮。

海丰县民生平安建设工程实施方案

第一部分　社会平安建设工程

为深入贯彻落实《中共广东省委、广东省人民政府关于全面创建平安广东的意见》（粤发〔2012〕19号）精神，推进我县社会经济发展，创新社会治理，建设安定和谐的海丰，按照县委、县政府的要求，结合实际，制定如下工作方案。

一、指导思想

以邓小平理论、“三个代表”重要思想和科学发展观为指导，深入学习贯彻党的十八届三中全会、省委十一届三次全会、市委六届三次全会和县委十届三次全会精神，围绕县委、县政府提出的立足“三个坚持”，勇于“四个争当”、推进“五个发展”的总体发展思路和今年我县开展“四大会战”“六大工程”活动，进一步巩固平安海丰建设成效，切实抓好新一年的民生平安建设，为全面推动海丰经济社会发展再上新台阶和建设幸福海丰创造良好的社会治安环境。

二、总体目标

完成一批民生平安工作项目，突破一批民生平安重点、难点问题。党委领导、政府负责、社会协同、公众参与、法治保障的社会管理格局基本形成，维稳长效机制基本健全。维护公共安全能力明显提高，影响社会稳定和社会治安的突出问题得到较好解决，维稳形势明显好转，人民群众安全感明显增强。

三、基本任务

（一）社会治安视频监控系统及治安卡口建设项目一期工程。1.对县公安局指挥中心监控中心进行高清视频系统的升级改造，建设海丰县公安局社会治安视频监控中心；2.建设县城地区新园、云岭、龙津、附城、城东、莲花山派出所和梅陇、公平、可塘派出所及交警大队，治安卡口接入的陶河、黄羌、平东派出所等单位监控室共14个；3.建设前端监控点共360处，设有室外摄像机701个；同时整合附城、城东原有监控点150个（包含高清和标清点）；4.建设8个路段共28个车道的前后拍治安卡口系统，位置分别为环县城卡口5个：广汕公路雷公田路口、陶河公路路口、广汕公路赤岸桥路段、海联路附城二中门口、海紫路尖山岭路段；县际卡口3个：省道242线黄羌镇双圳官背洋乡路口，省道335线平东镇与陆河交界处，国道324线南山路段。（时间安排：1月至6月）

（二）社会治安视频监控系统及治安卡口建设项目二期工程。计划建设除一期工程外其他镇场派出所15个监控室，建设所属辖区重点部位、路段共约120个视频监控点，建成后，监控点覆盖其他镇（场），治安卡口得到全面完善、补充。（责任单位：县公安局、县财政局；时间安排：7月至12月）

（三）着力解决治安突出问题。组织一系列专项行动，大力打击“双抢一盗”及各类刑事案件，尤其是打击吸毒、贩毒、制毒、涉黄、涉赌、经营黑网吧等违法犯罪活动，对梅陇等重点地区进行整治，加大涉法涉诉积案化解力度。（责任单位：县委政法委、县公安局、县检察院、县法院；时间安排：2月至12月）

（四）司法体制和工作机制改革项目。根据司法体制改革的要求，深化司法执法公开，建立健全阳光审判、阳光检务、阳光警务、阳光狱（所）务等工作平台；加强司法执法规范化建设，全面推进量刑规范化，推广量刑建议、量刑辩论制度；推进主动执行改革，完善法院与有关部门的执行协作机制，公检法三家加强协调配合形成合力。（责任单位：县委政法委、县公安局、县检察院、县法院、司法局；时间安排：3月至12月）

（五）政法队伍建设项目。结合群众路线教育活动，开展以“忠诚、为民、公正、廉洁”为核心的政法干警作风教育活动；加强技能训练，提高执法水平和能力，打造一支素质好、作风硬、本领强的政法干警队伍；加大从严治警和从优待警力度，加大交流轮岗力度，确保公正廉洁执法；建立完善全民创安工作机制，切实加强群防群治队伍建设，争取在上半年增加100名辅警充实到基层所，进一步壮大全县治安辅助力量和平安志愿者队伍，广泛发动群众参与平安创建和治安防范工作。（责任单位：县委政法委、县公安局、县检察院、县法院、司法局；时间安排：2月至9月）

（六）社会矛盾调解体系建设项目。继续完善“三级平台”建设，健全人民调解、行政调解、治安调解、司法调解相互衔接的工作机制；创新诉调、检调、公调、访调对接机制，完善以基层法院诉前联调室为平台的诉前联调工作体系；大力发展专业性、行业性人民调解组织，6月底前，县在劳动争议、医患纠纷、环境污染、土地房屋征收补偿、交通事故纠纷等重点领域建立和完善第三方专业调解机制；探索建立以县司法局为主导的律师挂钩村（社区）制度。（责任单位：县综治办、县委维稳办、县司法局等综治成员单位；时间安排：1月至6月）

（七）落实一批创新社会治理项目。认真贯彻落实十八届三中全会有关社会建设方面会议精神和省社会建设“1+7”文件精神，按照《海丰县推进社会管理创新工作实施方案》，全力推进可塘依法治镇、城东创新社会治安综合治理、联安打造社会稳定和谐镇等15个创新社会管理项目，形成各具特色的社会建设品牌；结合上半年村（社区）换届，推进新园社区管理模式，力争每个镇建一个试点；出台《海丰县社会工作专业人才管理和激励暂行办法》，大力培植我县社工人才；完善县社会组织孵化基地建设，加快社会组织的培育，建立公共财政对社会组织的资助和奖励机制；（责任单位：县社工委、县综治办、团县委、县民政局、县财政局、相关镇党委；时间安排：1月至9月）

四、措施保障

（一）组织领导。县委成立民生平安工程领导小组，由县委副书记林建隆同志任组长，县委常委、县委政法委书记陈连郑，副县长余振光，副县长王楚雄任副组长，县直有关单位负责同志为成员，领导小组下设办公室，办公室设在县综治办，具体负责民生平安工程各项工作。各地各单位要高度重视民生平安工程，结合实际，明确任务要求，要经常性召开会议，专题研究和部署民生平安工程各项工作，切实履行职责，要为民生平安工程提供必要的人力、物力和财力保障，确保民生平安工程顺利开展。

（二）制定方案。县直有关单位和相关镇党委按职责和分工，要从实际出发，制定民生平安工程的实施方案，明确总体目标和工作重点，采取有力措施，确保任务落实。

（三）宣传发动。要加强舆论宣传，充分发挥媒体特别是海丰报、海丰广播电视台、海丰网和微信的作用，通过开设专栏、专题报道等形式，及时总结宣传开展民生平安工程的好经验、好做法，加大宣传力度，吸引社会各界参与，激发公众热情，营造良好氛围。各镇（场）和县直有关单位要通过宣传栏、板报、标语、电子屏等形式，加强对民生平安工程的宣传发动，营造良好的活动氛围。

（四）督查考评。根据上级平安建设考评办法，由县委政法委牵头有关单位抽调专人组成督导检查组，对全县民生平安工程各项工作任务落实情况进行定期或不定期督查指导，帮助各单位解决工作中存在的困难和问题。进一步健全完善平安创建暨综治考核制度，坚持每年对各镇（场）及全县综治成员单位平安建设工作的情况进行检查考核，其结果作为平安创建暨综治工作的重要依据。对领导重视不够、措施不力、工作滞后的及时进行通报；对不认真履行职责，因民生平安工作造成不良影响和严重后果的，要追究相关责任人的责任。

第二部分　社会保障惠民工程

按照县委、县政府关于2014年“打好四大会战，推进六大工程”的工作部署，为扎实推进我县社会保障惠民工程，结合我县工作实际，制定海丰县社会保障惠民工程实施方案。

一、工作目标

全面推进城乡居民基本养老保险、医疗保险工作，实施社保惠民，实现“老有所养、病有所医”的目标；完成社会保障卡的免费发放；努力扩大就业覆盖面，促进创业，带动就业，控制城镇登记失业率，免费为本县农村劳动力提供职业技能培训和就业介绍等服务。

二、成立领导小组

为确保我县社会保障惠民工程按计划实施，落实人力资源社会保障强县目标，成立社会保障惠民工程工作领导小组。

组　长：陈凯婵

副组长：黄小平、黎光辉、陈长征、黄智伟

成　员：黄锡圣、林 霖、陈海江

领导小组下设办公室，由黎光辉同志兼办公室主任，黄锡圣兼办公室副主任，成员在各部门、股室中抽调。

三、建设内容和时间进度计划

（一）全面推进社会保险工作，完善社会保障体系

1.全面推进城乡居民参加基本养老保险工作，确保年底完成28.4万名城乡居民参加社会养老保险的任务，确保本县籍8万名60周岁以上人员100%每月领取养老金65元。按照市下达的指标任务，我县推进计划：第一季度完成任务的30%，第二季度完成55%，第三季度完成80%，第四季度完成100%。（具体落实单位：县人社局、社保基金局；责任人：陈长征）

2.完成66.13万名城乡居民参加城乡居民基本医疗保险，逐步提高医疗补贴费用的投入，确保参保人住院报销比例达到镇级80%、市内70%、市外60%，非定点医院40%，最高报销限额达到30万元。完成任务人数计划：第一季度完成任务的25%，第二季度完成50%，第三季度完成75%，第四季度完成100%。（具体落实单位：县人社局、社保基金局；责任人：陈长征）

3.免费发放社会保障卡70万张。推进计划：第一季度完成任务的20%，第二季度完成50%，第三季度完成75%，第四季度完成100%。（具体落实单位：县人社局、社保基金局；责任人：陈长征）

（二）实施积极的就业计划，努力提升职业技能培训工作

1.力争2014年全县城镇登记失业率控制在3%以内。

2.免费为本县6200名农村劳动力提供职业技能培训。推进培训计划：第一季度完成市下达任务的15%，第二季度完成35%，第三季度完成80%，第四季度完成100%。（具体落实单位：县人社局、劳动就业服务管理中心；责任人：黄智伟）

四、工作制度

1.落实工作责任。要把社会保障惠民工程工作目标任务量化分解，责任细化到人，做到级级有目标，人人有任务，全力推进社会保障惠民工程，确保如期完成目标任务。

2.落实每周一报。要把社会保障惠民工程工作进展情况实行每周汇总上报一次，重点查找工作中存在的问题，落实工作措施，确保任务与时间同步完成。

3.加强监督检查。要加强对全县各地社会保障惠民工程的工作情况进行专项督查，对工作进展缓慢、工作责任不落实的乡镇进行通报，确保各项工作圆满完成。

4.强化考评制度。要建立科学的考评制度，年底对各地完成社会保障惠民工程工作情况进行综合考核评价，对工作成绩突出的乡镇予以表彰和奖励。

五、工作措施

1.树立高度的责任感，加强对社会保障惠民工程的组织领导，贯彻落实惠民政策，切实把各项对群众有利的工作抓好、抓实。

2.加大宣传力度，提高群众对政府的信誉度，让社会保险、就业的惠民工作成为群众心中的民生工程。

3.努力提高服务水平和办事效率，加强为民办实事、办好事的能力，想群众之所想，热诚为广大人民群众服务。

海丰县城乡环境净化美化工程实施方案

为进一步改善城乡环境面貌，努力推进海丰县全面、协调、可持续发展，现就近期开展城乡环境净化美化工作提出如下方案：

一、指导思想

以邓小平理论和“三个代表”重要思想为指导，贯彻落实科学发展观，深入开展环境净化美化工作，加大环境建设和管理力度，达到环境整洁、有序、优美的效果，营造良好的社会氛围，为创建文明县打下坚实基础。

二、活动时间和实施步骤

活动从现在开始持续到2014年12月底，具体分三个阶段实施。一是动员部署阶段（1月上旬），二是集中整治阶段（1月上旬至2月上旬），三是巩固成果阶段（2月上旬至12月底）。

三、活动范围

本次净化美化活动范围包括全县城乡，重点是建成区及其城乡接合部、背街小巷、老小区、城中村、建筑工地、市场等。

四、整治内容

（一）抓好环境卫生净化工作

1. 落实河道、道路保洁措施。一是健全河道、道路长效保洁机制，按照市场化要求，进一步完善河道、道路保洁的管理运行机制和投入保障机制。二是所有河道都要按照“河面无漂浮物(杂草)、河中无障碍、河岸无垃圾”的要求做好保洁工作，保洁面达到100%。三是各镇场所有道路做到路面和道路两侧无垃圾，保洁面达到100%；中心城区和各镇场建成区内主要街道，分别实施18小时和15小时巡回动态保洁。四是做好县级以上交通道路路面及绿化带的保洁工作。五是做好县级以上道路两侧违章搭建清理及秩序管理工作。（责任单位：县住建局、县公用事业局、县交通局、县环保局、县水务局、县国土资源局、县公路局、各镇场）

2. 加强居住小区环境管理。一是加强公共设施管理。按照属地管理的原则，对小区内公共设施进行一次全面排查，对破损设施进行及时修缮和替换，确保小区居民能正常使用。二是开展环境卫生整治。彻底清除建筑物外墙、楼道内乱贴乱画、乱堆乱放、乱搭乱建现象，及时消除小区公共场所内的卫生死角，确保小区环境整洁美观。三是加强道路秩序管理。在小区内加划停车车位，按车辆管理制度和措施，强化小区内车辆停放管理，确保小区道路通畅。四是加强居住小区管理。成立由社区干部、居民小组长组成的“社区物业服务监督指导小组”，对小区物业管理服务工作进行日常指导和监督。建立居民小组长、楼道小组长包干负责制，充分发挥居民小组长、楼道小组长的组织协调作用。（责任单位：县公用事业局、县住建局、各镇场）

3. 巩固生活垃圾袋（桶）装化和公厕保洁工作。一是健全生活垃圾袋（桶）装化的长效管理机制，做到村庄内无暴露垃圾，无卫生死角；镇、村公共场地和人流密集的路段应设置必需的果壳箱等卫生设施。二是巩固全面消灭露天粪缸和简易户厕工作成果，杜绝反弹回潮。三是建立公厕保洁的长效管理机制，合理配备保洁人员，落实公厕动态保洁责任。（责任单位：县公用事业局、县卫生局、各镇场）

4. 继续实施农村环境卫生整治。通过农村环境卫生整治，清除各类死角垃圾、废弃物和杂草，清除或整理有碍观瞻的堆积物，使村民房前屋后做到整洁有序；对房屋四周内外进行设计布局，栽植各类树木花草，美化房屋环境。（责任单位：县住建局、县农业局、县环保局、各镇场）

（二）抓好公共秩序优化工作

1. 大力整顿交通秩序。一是完善县城道路交通管理设施。完善县城道路交通标志标线、行人过街通行设施、路口渠化设施、出行引导与指路设施。完善路口、学校、幼儿园、医院等门前路段警示、提示标志和减速设施。优化区域路网交通组织，合理设置停车泊位。完善道路车速控制、防护设施、施工道路安全防护设施以及农村公路基本安全设施。二是完善排堵保畅工作机制。推进动态交通诱导系统和停车诱导系统建设，提高主动分流交通流量水平。三是开展交通违法集中整治行动。开展以整治酒后驾驶为重点的严重交通违法集中整治行动，加大对重点路段、重点时段的管控力度，对公路交通秩序混乱、易阻塞路段，城市非机动车交通违法及机动车乱停乱放等行为进行专项整治。（责任单位：县公安局、县公安交警大队、县交通局、县住建局、县公用事业局、各镇场）

2．强化街面市容管理。一是加强沿街店铺管理。要落实“门前三包”责任制，严控越门营业、占道经营现象。特别是一些人员流动量大、道路拥挤的路段，要严防反弹。二是加强车辆停放管理。按照部门职责，加强机动车、非机动车停放的规范管理，严禁车辆占用盲道。三是加强摊位设置管理。规范引导流动摊贩定点定时设置，加强流动摊贩疏导点管理。在疏导的基础上，坚决清理流动摊贩比较集中、容易反复的地段，尤其要对严重影响交通和居民生活的无证摊点进行彻底清除。四是开展城市“牛皮癣”整治。清除建成区及其周边地区的乱张贴、乱涂写、乱刻画现象，通过发布公益宣传广告、制作文化墙等形式取代“三乱”现象。（责任单位：县住建局、县公安局、县公用事业局、县工商局、各镇场）

3．规范市场内外秩序管理。一是加强市场内部管理。完善经营者证照管理，确保市场内物品放置有序，保持环境卫生整洁，落实物业管理、商品质量、卫生、治安、消防等各项制度。二是加强市场周边秩序管理。对市场周边店铺加强经营秩序和环境秩序双重管理，消除无证无照经营现象，杜绝越门、占道营业行为。加强停车场地管理，根据实际施划停车位，由专人进行停车引导、管理。严控流动摊贩出现，消除卫生死角。三是加大对马路市场的监督管理力度。在抓好市场规划和建设的基础上，进一步整治镇级以上道路、村级主干道两侧的马路市场；加强监督，严防马路市场回潮反弹，坚决遏制新的马路市场产生。（责任单位：县工商局、县物价局、县卫生局、县公安局、县住建局、县公用事业局、县消防大队、各镇场）

4．加强建筑工地、拆迁区块管理。一是加强建筑工地管理。督促建筑施工单位严格落实工地管理措施。要健全安全生产制度，出入车辆进行清洗，无噪音扰民现象；要确保建筑区与生活区分离，规范宿舍、食堂、厕所。二是加强拆迁区块环境管理。要落实拆迁区块安全生产制度，杜绝安全隐患。同时，要确保文明拆迁、有序拆迁，杜绝在拆迁场地乱倒垃圾、乱弃废物等现象。（责任单位：县住建局、县公用事业局、县公安局、县环保局、县安监局、各镇场）

（三）抓好市容维护提升工作

1．做好道路设施维护。加强日常巡查管理，对道路坑洼积水、排水不畅，人行道破损、不平，树坑侧石、花坛破损等现象，要及时发现、及时维修，对破损严重的路段，要安排专项资金进行彻底维修。要加强对道板、标志、标线、信号灯、护栏等设施的日常养护，确保道路交通安全、畅通。（责任单位：县住建局、县交通局、县公安局、县公用事业局、各镇场）

2．加强公用设施维护。各有关部门要对各自管理的公用设施加大巡查和维护力度，特别是对公用电话、邮箱、报栏、座椅、窨井盖、垃圾箱、装饰灯、城市雕塑等公共设施，要消除人为弄脏、损坏、胡乱张贴、涂写等现象，确保功能完好。（责任单位：县公用事业局、县住建局、县电信局、县邮政局、县报社、各镇场）

3．做好绿化养护工作。县建设部门对公园、广场、绿地要加强专人管理，确保绿化得到养护，同时要做好道路绿化带卫生保洁工作。有关镇场要根据属地管理原则，精心做好绿化养护工作。（责任单位：县住建局、县林业局、县公用事业局、各镇场）

4．巩固水环境整治成果。一是有序推进城河治理工作，提高污水纳管率，不断改善河道水质。二是防止饮用水源保护区周边畜禽养殖反弹，开展保护区内居民生活污水治理。三是抓好集污管网建设。各镇场做好末端污水收集系统的建设，新建项目必须按规划实施，已建成的要有计划地进行改造；新建的小区、单位必须做到雨污分流。（责任单位：县住建局、县公用事业局、县环保局、县水务局、县畜牧局、各镇场）

五、活动要求

1．加强领导。县委办、县政府办联合发文开展本次活动，并适时召开动员会进行部署。县组织全县各级领导干部上街进行清洁家园、维护交通、志愿服务等活动，发挥引领示范作用。县委、县政府领导分头联系各镇场及中心城区各主要道路，督促落实环境整治任务。

2．发动参与。县级机关、镇（场）、村（社区）等各级干部选择各种载体广泛参与清洁家园、美化环境、共建文明城市等活动。县、镇场分别组织各级党代表、人大代表、政协委员要走上街头、走入社区、走进家庭，帮助开展环境净化美化活动，了解民生问题，在党委、政府与群众之间架起沟通的桥梁。各类文明志愿服务队伍发挥各自的特色、优势，积极承担环境净化美化活动的具体任务，争当群众性活动的排头兵，同时发动更广大的群众参与到活动中来。

3. 舆论引导。各级新闻媒体要广泛深入报道宣传在环境净化美化活动中涌现出来的好人好事好做法，及时报道活动的动态、经验和成效等。同时，在主要媒体设立专栏，曝光一些不文明现象。各类户外宣传广告载体要营造本次活动的浓厚氛围。县直各单位、各镇场、学校及企事业单位要利用好自身的宣传载体和手段，也可通过印发宣传资料、发放宣传品等手段，倡导保护环境、维护秩序、崇尚文明、追求和谐的理念。

4. 检查考核。县政府将把县城环境净化美化建设工作纳入督查内容，加强对全县环境净化美化建设情况的协调调度和监督检查。采取定期检查与不定期检查相结合，明查和暗访相结合的办法，量化检查内容，扩大检查范围，深化检查层次，加大检查频率。每次检查要找出问题，排出顺序，点明责任单位、责任人，要将检查结果报送县政府。要建立联合检查通报制度，对应付了事，搞形式、走过场、不能按时完成建设任务的单位，对不服从工作安排的单位，将予以通报批评。

5. 加强保障。县各有关部门要积极配合，密切联系，服从各项工作安排，及时开展工作，确保工作落实到位。县财政局要确保开展本次活动必要的工作经费保障。

海丰县推进效能形象建设工程实施方案

为切实转变机关作风，规范行政行为，提高工作效率，树立机关新形象，使机关效能建设更加适应我县经济社会又好又快发展，按照县委、县政府的要求，结合实际，制定如下实施方案。

一、指导思想

以邓小平理论、“三个代表”重要思想和党的十八届三中全会精神为指导，全面落实科学发展观，以建设效能型机关为目标，着力解决“庸、懒、散、奢”等突出问题，继续深入开展“万众评股室”活动，大力整顿机关部门各种不正之风，重点是对我县行政审批电子监察单位的有关股室进行评议，进一步规范行政行为、提高工作效能、改进工作作风、推进诚信建设、提升机关形象，做到解放思想求变革、提高效能求变化、转变作风求创新、改善形象求发展、真抓实干求突破，努力提升政府执行力和公信力，为我县跨越式发展和长治久安营造良好的服务环境。

二、组织机构

为顺利推进效能形象建设工程，成立县推进效能形象建设工程领导小组，组长由县委常委、县纪委书记刘帆同志担任，副组长由县委常委县委宣传部长卢雁慧同志、县委常委、县委办主任廖汉生同志担任，成员单位：县委办、县人大办、县政府办、县政协办、县委宣传部、县委组织部、县直工委、县人社局、县法制局、县编办。办公室设在县纪委监察局，县委常委、县纪委书记刘帆同志兼任办公室主任，副主任由县纪委副书记兼监察局局长林锡清同志、县政府办主任叶胜勇同志、县委宣传部副部长刘永贺同志担任。办公室成员由成员单位抽调人员组成。

三、目标任务

1. 内部管理明显改善。制度建设和管理机制进一步健全和完善，上下班制度、财务管理制度、奖惩考评机制等各项制度逐步制度化、规范化、科学化。

2. 服务意识明显增强。努力创造高效便民的服务环境，干部职工精神面貌焕然一新，服务水平和质量进一步提升。

3. 办事效率明显提高。办事程序公开透明，办事流程进一步简化，一些影响办事效率的问题得到有效解决，岗位责任制、服务承诺制、限时办结制、一次性告知、首问责任制、行政过错责任追究制等各项规定真正得到落实。

4. 干部素质明显提升。“立党为公、执政为民”和“群众利益无小事”的观念进一步确立，做到为民、务实、清廉。广大机关干部在履行职责和改革创新上有新的突破。

5. 工作作风明显改进。上级各项政策决定和工作部署得到正确贯彻执行，坚决执行“八项规定”，把治理“四风”问题落到实处。

6. 机关形象明显转变。加强理论武装和职业道德培训，干部队伍宣传教育管理到位。加快搭建便民、利民服务平台，打造良好机关形象，促进党群干群关系融洽。全力建设群众满意机关，牢固树立执政为民的服务理念，树立海丰机关新形象。

四、工作措施

（一）抓干部队伍思想建设，着力提高贯彻落实科学发展观的能力。按照县委、县政府的部署和要求，密切联系群众，深入基层，深入群众，为群众解决实际问题，多为群众办好事实事。要立足自身实际，深刻剖析和着力解决在思想观念、工作方式、政策措施、服务效能等方面存在的问题，教育引导广大机关干部从政治和全局的高度，充分认识加强机关效能建设的重要意义，积极参与机关效能建设，把机关效能建设作为贯彻落实科学发展观的重要举措，不断增强深入推进机关效能建设工作的自觉性和坚定性，切实提高履行职责、干好事业、推进科学发展和反腐倡廉建设的本领。

（二）抓制度完善，着力解决有章不循的问题。大力加强制度建设，进一步健全和完善内部工作规则，进一步完善岗位责任制、首问负责制、服务承诺制、限时办结制、责任追究制等制度，努力形成比较完善且操作性较强的机关作风和效能建设制度体系，使制度贯穿于机关效能建设的每一个部位和环节，切实做到以制度管人，按制度办事。

（三）抓工作落实，着力解决工作执行不到位问题。把抓工作落实作为提高执行力的主要手段，进一步增强责任意识、敬业意识、进取意识，狠抓工作落实，努力提高执行的自觉性和实效性，切实解决工作执行不到位问题。牢固树立全局观念，对上级的决策部署，雷厉风行，不折不扣认真贯彻，做到接受任务不讲条件，执行任务不找借口，确保令行禁止、政令畅通。健全抓工作落实的各项制度，加大工作落实的督查力度，完善督促检查制度，建立健全全方位的责任监督体系和考评办法，不断增强监督的效力。

（四）抓形象提升，着力建设健康向上的机关形象。（1）通过创建学习型党组织，加强干部理论武装力度，提高班子领导科学决策能力和科学发展观的贯彻落实水平；（2）通过推行“网上办事大厅”，拓宽服务渠道，优化便民、利民服务台；（3）开通“网络问政平台”，建立网络问责制，进一步促进问政于民、问责于官的工作落到实处；（4）在机关单位开展文明礼仪知识“万人学”活动，结合“道德讲堂”举行机关干部素质提升大讨论，加强机关干部职业操守教育；（5）开展“文明窗口”创建项目，在全县各职能部门办事服务窗口开展“小窗口展现大形象”活动，进一步擦亮县城的“窗口”，打造全县“最美窗口”，展现海丰形象，窗口单位工作人员要做到亮牌上岗，礼貌待人，文明用语，拉近与群众的距离，整体提升我县机关单位服务水平和素质形象，推动我县投资环境大优化；（6）全方位、多角度宣传“四大会战，六大工程”工作成果，以及各地各单位转变作风，提高效能的好做法、好措施、好经验，展示海丰新风貌、新形象。

五、主要步骤

第一阶段：宣传动员阶段（2月10日—3月31日）

本阶段主要任务是：召开推进机关效能形象建设动员会，全面宣传贯彻机关效能建设的指导思想、目标任务、工作措施等内容，主要领导作动员讲话，对推进机关效能形象建设进行安排部署。通过学习动员，进一步统一思想，提高认识，形成合力，营造人人讲效能的氛围，进一步明确开展机关效能建设的总体要求、方法步骤和工作重点，充分认识开展机关效能建设的重要性和必要性；进一步增强机关干部的效率意识、服务意识和形象素质，增强机关干部机关效能建设的自觉性、责任感和荣辱观，增强机关干部为人民、促发展的本领，为全面推行机关效能建设打下坚实的思想基础。

第二阶段：自查自纠阶段（4月1日—8月31日）

开展“推进效能形象建设”活动，自查自纠是关键。各单位要根据2013年开展“万众评股室”活动的情况，结合自身实际，对照机关效能建设的要求和工作目标，采取“自己找、群众提、上级点、相互帮”等方法，通过召开专题民主生活会等形式，从思想、学习、工作、纪律、生活等方面深入查摆剖析，查找本单位在机关效能建设方面存在的突出问题。要突出查摆学习上重视不够、自觉性差、学习制度不落实等问题；思想上精神萎靡、意志消沉、自由主义、庸俗习气等问题；工作上被动应付、缺乏创新精神，责任意识不强，推诿拖拉、效率低下等问题；纪律上自由涣散，形象上负面败坏，不能很好贯彻落实各项规章制度等问题。针对存在问题，进行深刻反思，深入剖析根源，认真制定整改方案，落实整改措施，集中进行整改。

第三阶段：建章立制阶段（9月1日—9月30日）

开展“推进效能形象建设”活动，建章立制是保证。在全面、深入搞好整改的基础上，针对查摆出来的各种效能问题，要认真梳理，归类排队，对症下药，逐一解决，不留后患。对查找出来的共性问题，综合分析原因，建立严格的规章制度和监督制约机制，从制度上、管理上堵塞漏洞，不断完善机关效能建设与监督的长效机制，用完善的制度体系约束机关工作人员的行为，使“推进效能形象建设”活动真正取得实效。

第四阶段：考核总结阶段（10月1日—12月15日）

各单位要认真总结效能建设的经验，对取得的成绩要及时上报县效能建设办公室（县纪委监察局）。县纪委监察局、县委宣传部将对各单位推进效能形象建设工作进行考核。

六、考核奖惩机制

县纪委监察局、县委宣传部将按照相关规定制定行政效能建设考核实施办法，进一步建立科学有效的机关工作评价激励机制，促使各单位进一步提高科学执政、民主执政、依法执政的能力，树立机关干部勤政廉政，为民、务实、清廉的新形象，推动效能形象建设步入经常化、制度化的工作轨道。

2014年海丰县基层固本强基工程实施方案

为进一步加强村、社区基层组织建设，更好地夯实基层基础，增强基层党组织的生机活力，进一步提高基层党组织的凝聚力、创造力和战斗力，结合实际，现就我县推进基层固本强基工程提出如下实施意见。

一、指导思想

坚持以邓小平理论、“三个代表”重要思想和科学发展观为指导，深入学习贯彻党的十八届三中全会精神，围绕县委、县政府提出的立足“三个坚持”、勇于“四个争当”、推进“五个发展”的总体发展思路，巩固“村级组织建设年”活动成效，切实抓好村、社区“两委”换届选举，为全县推进新一轮加快发展提供坚强有力的组织保证。

二、目标要求

坚持抓基层、打基础，以完成2014年村、社区“两委”换届选举为契机，选优配强村、社区班子，打造一支坚强有力的村、社区干部队伍；强化党员干部队伍建设，把各级党组织建成坚强有力、团结奋进的战斗堡垒；建立健全制度建设，力促全县基层组织建设工作规范化、决策科学化，增强基层党组织的凝聚力、战斗力和公信力，使我县基层党组织政治更加坚定、组织更加坚强、作风更加务实、制度更加完善，全面提升我县党的基层组织建设科学化水平。

三、主要措施

（一）选好配强村级班子。切实选好配强村、社区党支部书记，加强村、社区领导班子建设。以完成村、社区“两委”换届选举工作为契机，通过“两推一选”的办法，把政治素质好、“双带”（带头致富、带领群众致富）能力强、协调能力强、公道正派、热心为群众服务的优秀党员，不拘一格地选拔为村、社区党支部书记。按照党员认可、群众满意的基本要求，注重从致富能手、专业合作组织负责人、复员退伍军人、外出务工经商返乡的党员中选拔村、社区党支部班子成员。按照村（居）委会的有关规定，强化党组织的核心领导，坚持依法依规选好配强村（居）委班子成员。采取有效办法，推行村、社区党支部书记兼任村（居）委会主任，“一肩挑”比例达到80%以上；推行村、社区党支部班子成员兼任村（居）委会班子成员，“交叉任职”比例达到80%以上。继续实施“一村一名大学生村干部”计划，选聘高校毕业生到村任职。对换届选举中当选的党支部班子成员，群众不满意，经考核不合格的，予以及时调整，不断优化村级班子结构。（时间安排：1月—3月底）

（二）开展千人宣誓承诺活动。组织新一届“两委”班子成员开展集体就职宣誓承诺活动，增强责任感和使命感，牢固树立为民服务的宗旨意识。村、社区党支部书记代表村、社区“两委”班子在宣誓仪式上就任期内的经济建设、政治建设、文化建设和社会建设作出公开承诺。要通过公示承诺内容，年终评比考核，述职述评等形式，对村干部的履诺过程进行全程监督和考核，确保承诺内容有效落实。（时间安排：4月）

（三）加强培训教育。进一步加强党员干部现代远程教育网络设施建设，充分发挥远程教育平台的作用，开展领导带学、专家与党员群众互动等活动，创新教育方式，创建星级远程教育示范点。以县、镇党校为阵地，采取灵活多样的培训方式加大培训力度，抓好全县农村党员、基层干部的科技素质培训和业务能力培训。重点加强对村（社区）党支部书记、村（居）委会主任的培训，切实提高综合素质，提高服务群众水平和公信力。2014年全县培训村、社区党员干部要达到5000人次，新一届村、社区“两委”班子成员必须轮训一遍。（时间安排：4—7月）

（四）强化党员发展和管理。加强新形势下发展党员和党员管理工作，按照控制总量、优化结构、提高质量、发挥作用的总要求，明确目标、突出重点，健全机制、务求实效，不断提高发展党员和党员管理工作科学化水平，着力把各方面先进分子和优秀人才更多的吸收到党内，努力建设一支信念坚定、素质优良、规模适度、结构合理、纪律严明、作用突出

的党员队伍，夯实党执政的组织基础。（时间安排：1—12月）

（五）进一步建立健全村级规章制度。进一步健全办事公开制度、领导接访日制度、首问首阅责任制度、服务承诺制度、限时办结制度、责任追究制度等一系列勤政制度；要建立健全既保证党的领导又保障村民自治权利的村级民主自治制度，以健全村级组织体系和规范村级组织运作为重点，以健全村级组织领导、决策、执行、监督、参与机制为主要任务，突出党支部领导核心地位、打造村民自治程序规范、村级组织运转高效、管理有序的村级管理体系。（时间安排：7—12月）

（六）实行星级动态管理。创新村级组织管理模式，在全县村级组织实行星级管理，推进“五好班子”(领导班子好、党员队伍好、工作机制好、发展业绩好、群众反映好)创建活动。建立村级组织星级管理台账，量化职责任务和细化考核项目，以评价激励为手段，以落实党建责任制为保障，设星立标、评星定级、分类指导、分层推进，实行动态管理，实现晋位升级。发挥星级党建示范点的旗帜引领和辐射效应，以点带面、以点连线，示范引领，均衡推进全县村级组织建设，进一步激发村级组织和“两委”干部的积极性、主动性和创造性，全面提升全县村级组织建设整体水平。（时间安排：4—12月）

（七）推进基层阵地标准化建设。继续推进村级组织办公场所建设，对建筑面积小、建成时间长、存在安全隐患、不能满足工作要求的办公场所进行规划重建，把村级组织活动场所建设成办公议事、党员群众活动、教育培训、服务群众、展示形象的综合阵地，配齐配好办公设备，做到布置规范，软硬件齐全。对全县村级组织室内场所进行全面美化，统一规划，科学布置，通过标准化建设，完善活动场所建设，打造村级组织阵地新风貌。（时间安排：1—12月）

四、有关要求

（一）组织领导。县委成立基层固本强基工程领导小组，由县委常委、组织部部长陈紫光同志任组长，副县长余振光任副组长，纪委副书记叶森、县委组织部副部长姚火坤、县民政局局长黄小流、县财政局局长林国义、县农业局局长陈容生、县扶贫办主任林来佳为成员，领导小组下设办公室，由姚火坤兼任办公室主任，办公室与县委基层办合署办公，具体负责固本强基工程的组织实施。各地各单位要高度重视固本强基工程，结合实际，明确任务要求，要经常性组织召开会议，专题研究和部署固本强基工程各项工作，切实履行职责，要为固本强基工程提供必要的人力、物力和财力保障，确保固本强基工程顺利开展。

（二）制定方案。各镇（场）党委和县直有关部门党组织要从实际出发，制定固本强基工程的实施方案，明确总体目标和工作重点，采取有力措施，确保任务落实。

（三）宣传发动。要加强舆论宣传，充分发挥报刊、广播、电视、互联网等媒体的作用，通过开设专刊、专栏等形式，及时总结宣传开展固本强基工程的好经验、好做法，加大宣传力度，营造良好氛围。各基层党组织要通过召开党员大会、座谈会，以及板报、标语等形式，加强对固本强基工程的宣传发动，营造良好的活动氛围。

（四）督查考评。由县委组织部牵头有关部门抽调专人组成督导检查组，对全县固本强基工程各项工作任务落实情况进行定期或不定期督查指导，帮助各基层党委解决工作中存在的困难和问题。进一步健全完善基层党建工作考核评价制度，坚持每年对全县基层党组织党建工作的情况进行检查考核，其结果作为评价党建工作的重要依据。对领导重视不够、措施不力、工作滞后的及时进行通报；对不认真履行职责，党组织软弱涣散、造成不良影响和严重后果的，要追究相关责任人的责任。

印发《关于建立镇领导干部驻点普遍直接联系群众制度的实施意见》的通知

海委〔2014〕31号

各镇（场、经济开发区）党委、人民政府，县直（含驻海）各单位：

经县委同意，现将《关于建立镇领导干部驻点普遍直接联系群众制度的实施意见》印发给你们，请认真贯彻执行。

中共海丰县委

2014年11月27日

关于建立镇领导干部驻点普遍直接联系群众制度的实施意见

为深入贯彻落实中央和省、市委关于进一步改进领导干部作风、密切联系党群干群关系、促进基层和谐稳定的部署，根据《中共广东省委办公厅印发〈关于建立乡镇（街道）领导干部驻点普遍直接联系群众制度的意见〉的通知》和《中共汕尾市委办公室印发〈关于建立镇（街道）领导干部驻点普遍直接联系群众制度的实施意见〉的通知》（汕尾委办〔2014〕25号）精神，现结合我县实际，制定本实施意见。

一、指导思想

认真贯彻落实党的十八大、十八届三中、四中全会和习近平总书记系列重要讲话精神，进一步改进领导干部作风，密切党群干群关系，以维护群众利益为核心，以直接联系为主要方式，以了解群众、学习群众、服务群众、引导群众为主要任务，以制度建设为保障，构建基层党的群众路线教育实践活动长效机制，解决联系服务群众"最后一公里"问题，不断增强党同人民群众的血肉联系，推进基层治理，夯实党在基层的执政基础，促进基层和谐稳定，为推进海丰全面深化改革、加快振兴发展、全面融入珠三角提供坚强组织保障。

二、基本原则

建立镇领导干部驻点普遍直接联系群众制度，应遵循以下原则：

（一）坚持联系群众直接化。镇领导干部精力下沉，走进村（社区），了解掌握村（社区）基本情况，与群众面对面交流，收集群众意见，了解群众诉求，解决群众问题，宣传党的方针政策。

（二）坚持联系群众全覆盖。全县16个镇的领导干部全部参与驻点普遍直接联系群众工作，联系对象为辖区内村（社区）的所有党员群众，包括个体工商户、驻村（社区）单位、外出务工人员和外来人员。

（三）坚持联系群众常态化。镇领导干部驻点普遍直接联系群众工作要落实固定联系人员、联系时间、联系地点"三个固定"要求，确保工作常态化。

（四）坚持联系群众制度化。要建立驻点普遍直接联系群众工作的人员保障、民情日记、督促检查、考核评估等制度，确保联系工作规范有序。

三、目标任务

（一）宣传政策法规。主动向基层群众宣传党的路线方针政策、国家的法律法规和各级党委、政府的决策部署，重点宣传土地征用和拆迁补偿政策、人口与计划生育政策、信访工作条例、新型农村合作医疗、殡葬改革等与群众密切相关的方针政策，帮助群众正确理解政策，指导、引导村（社区）和党员干部群众按照党的要求开展工作；帮助群众学法、知法、守法，引导群众以理性合法的方式表达利益诉求，学会用法律手段维护自身利益。

（二）掌握社情民意。主动走进群众、融入群众，与群众同坐一条板凳上，零距离接触，面对面交流，全面掌握村（社区）及群众学习、思想、工作、生活的基本情况和动态信息，做到"四知四清"。"四知"：即知每个家庭基本状况、知群众发展愿望、知村（社区）经济社会发展情况、知"两委"班子建设情况；"四清"：即群众就业情况清，重点人员情况清，流动人口情况清，贫困群体情况清。在此基础上，建立科学规范的工作台账，为开展工作提供参考和指引。

（三）听取意见建议。主动拜人民为师，虚心问政于民、问需于民、问计于民，出台重要政策和部署重要工作前，通过召开座谈会、听证会等方式，广泛征询群众意见，研究工作实招，总结基层创造的经验，找到破解难题的办法，不断提高推动科学发展的决策水平和工作水平。

（四）解决实际问题。把竭诚为群众服务作为驻点普遍直接联系群众工作的出发点和落脚点，积极改进服务态度、改进服务方式、改进服务流程、改进服务管理，全面提升服务水平；按照"尽力而为、量力而行"的要求，从群众最不满意的地方入手，主动协调解决好群众在医保就业、子女就学、涉农收费等方面的合法合理诉求，积极化解各种矛盾纠纷，妥善协调各种利益关系，协调打击制毒贩毒、违法违纪行为，推进平安村（社区）建设，不断提高群众的满意度。

（五）推进基层治理。坚持党的领导和依法办事有机结合，进一步强化党组织在基层的领导核心地位，积极探索完善基层治理的决策、执行、监督、发展、稳定等机制，着力构建村级党组织领导下充满活力的基层治理机制，推动基层治理法治化，捍卫法律在基层组织中的权威，维护基层群众的合法利益和合理诉求。

四、驻点要求

（一）固定联系人员。镇领导干部驻点普遍直接联系群众工作要落实固定的驻点团队和辅助团队。驻点团队由镇党政班子成员、人大副主席等领导干部每人直接联系1—2个村（社区），规模较大的村（社区）、问题复杂的重点村（社区）由镇党委书记、镇长直接联系。每个村（社区）由镇领导干部带领3—5名成员负责联系，成员包括县有关单位设在镇的直属机构和镇机关、所属站（所）等部门负责同志或党员干部，本镇的县和镇两级党代表、人大代表、政协委员。辅助团队由村（社区）“两委”班子成员，驻村（社区）单位、群团组织、社会组织等的负责同志，大学生村干部、驻村（社区）法律顾问以及各类志愿者等组成，配合驻点团队做好服务联络等各项工作。各团队的人员构成要保持长期稳定，并确定1名镇干部为驻点团队联络员，确定1名村（社区）“两委”干部为辅助团队联络员。

（二）固定联系时间。全县镇领导干部驻点日统一安排在每周星期一，联系多个村（社区）的可采取上、下午到不同村（社区）开展直接联系群众工作。驻点日原则上不安排重大会议，如遇急难险重情况确需调整时间的，要向县委“直联制”办公室说明情况，且调整后的时间要提前向群众公告。

（三）固定联系地点。驻点团队联系地点一般安排在村（社区）行政办公楼，具体办公场所要尽量做到节俭、一室多用。联系地点一旦确定，不得随意更改。各镇要采取有力措施帮助村（社区）解决和完善办公场所，为驻点普遍直接联系群众工作提供场所保障。

五、工作程序

（一）宣传发动，发布公告。各地要组织领导干部深入开展“四进四找”活动，找准自身在开展群众工作方面的不足，切实加强群众观点、群众路线、群众利益、群众工作教育，筑牢做好驻点普遍直接联系群众工作的思想基础。要采取多种联系形式，多渠道、多手段直接联系群众。要加强对外宣传，更新宣传栏，印发《驻点干部普遍直接联系群众卡》《驻点干部普遍直接联系群众公开信》等，让群众了解直接联系群众的目的、意义和联系服务内容。要不定期召开由驻点村（社区）党员代表、村民代表、村民小组长、乡贤能人和本地区“两代表一委员”参加的座谈会，及时听取意见建议，集中民智，广纳良言。

（二）定点接待，现场办公。驻点联系要执行制度，落实职责，坚持“三固定”，确保每周驻点日工作有成效。接待工作要热情接待、耐心倾听、详细记录、认真处理，做到“六办四不让”（六办：符合条件的事项“当场办”、急盼解决的事项“马上办”、热点难点问题“主动办”、普遍性问题“统一办”、涉及面广政策性强的问题“公开办”、重点对象特殊群体的事项“上门办”。四不让：不让前来反映情况的群众受到冷落、不让群众办理的事项受到拖延、不让群众的合法利益受到损害、不让党员干部的形象受到影响）。群众反映问题的办理情况原则上要由接待团员负责反馈。对已经处理完结的问题，及时反馈结果给群众。对一时办理不了的，定期向群众通报办理进展情况。一般诉求件应在1个星期内办理并反馈给群众；重要诉求件应在1个月内办理并反馈给群众；确需延期办理的，应向群众告知延期原因和工作进展情况，并由接访团员负责跟踪办理，直至办结。同时，各村（社区）要设立党员服务站，由驻点普遍直接联系群众辅助团队成员和村（社区）党员代表向群众提供代办、帮办服务，帮助群众联系解决各类问题，为群众免费办理政务事务。

（三）进村入户，了解情况。在驻点日以外，驻点成员要通过重点约谈、上门走访、定期回访、专项巡访、座谈听证等方式，分组分片，进群众家门、到田间地头，“面对面”了解情况，坚持“五查四访三指导”（“五查”即查群众户情民意、查村集体经济状况、查农村发展方向、查农村存在问题、查群众最迫切需要解决的问题。“四访”即访党员干部，凝聚党心，增强战斗力；访乡贤能人，向他们取经问道，探索创收致富方法；访弱势群体，关心群众生活，了解群众疾苦；访矛盾人群，了解基层矛盾的根源易发点，加强稳固防范意识。“三指导”即指导商议重大事项、指导完成中心任务、指导突发性事件的处理），掌握群众所需、所盼、所忧，详细了解驻点村（社区）情况。

（四）落实措施，解决问题。驻点直接联系群众工作实行分片负责制，确保驻点普遍直接联系工作包干到人，责任到人。团队成员分片走访群众，每年每户村（居）民、个体工商户和每个驻村（社区）单位至少走访1遍，外出务工人员和外来人员应尽力联系，贫困残疾人、留守人员、低保户、五保户、低保边缘户等困难群众要经常联系；发生重大灾害或群众遇到重大困难等情况时上门慰问；出台重要政策和部署重要工作前，通过召开座谈会、听证会等方式，广泛征询群众意见。驻点团队对所驻村（社区）群众反映的问题解决得了的，现场给予解决并答复；现场解决不了的，要向群众说明原因。对反映情况进行分析，属村（社区）可以解决的，由村（社区）自行解决，驻点团队跟进落实；属需镇解决的，由驻点联络员转交镇有关部门办理或报镇党委研究解决；属需上级部门解决的，由驻点团队组长报镇党委研究后报上级分管领导或部门解决。

（五）反馈信息，建立台账。建立民情资料“信息库”，每个村（社区）的驻点普遍联系群众工作情况，包括联系对象、联系人数、收集问题情况、处理过程、处理结果等相关资料，要按照“一村一账、一事一记”的要求进行梳理汇总，建立台账，定期向镇党委通报情况，备案备查。

六、加强组织领导

（一）强化领导责任。为加强对镇领导干部驻点直接联系群众制度工作的领导，县委成立“直联制”工作领导小组，下设办公室，办公室设在县委组织部。挂驻镇的县党政领导班子成员履行指导督导职责，每月要到联系点指导督导1次以上。各镇党委要履行主体责任，精心组织开展工作，镇党委书记是驻点联系工作第一责任人，要亲自抓总、率先垂范。其他班子成员要发挥在团队中的带头作用，对所牵头的团队的组织工作和工作效果负责，团队其他成员要发挥所在部门和岗位的职能作用，积极联系和服务群众。镇每月至少召开1次会议，专题研究解决驻点联系工作过程中群众提出的必须解决的问题。村（社区）要履行好承接责任，村（社区）“两委”班子成员要做好辅助工作，事前收集情况，事中主动配合，事后跟踪落实。村（社区）“两委”原则上每周召开1次会议，研究落实村（社区）职责范围内能解决的问题。

（二）强化组织协调。镇领导干部驻点直接联系群众制度在县委统一领导下进行，工作经费列入县财政预算，县委组织部牵头抓总，县纪检监察、宣传、政法、社工委、农业、科技、民政、财政、工会、共青团、妇联等部门要密切配合，各司其职，形成合力。挂驻各村（社区）的县直（含驻海）单位每月至少1次到所挂驻村（社区）参与开展直接联系群众工作，帮助解决问题。挂驻单位要根据挂驻点的实际情况，指导挂驻村加强基层组织建设，规范村级组织运作；帮助挂驻村理清发展思路，扶持发展经济和公益事业；协助挂驻村排查各种不稳定因素，协调处理好农村基层的突出问题，维护社会稳定，同时帮助挂驻村做好其他中心任务。要确定1名直接联络员，加强与镇驻点团队沟通联系。

（三）加强宣传引导。要加强正面引导，充分运用报刊、广播、电视、网络等媒体，大力宣传实行驻点普遍直接联系群众制度的目的意义和方式方法，及时总结推广工作中涌现出来的好经验好做法，防止把驻点普遍直接联系群众工作变成仅仅是为了解决群众提出的具体诉求的接待活动。要大力营造亲切和谐的工作氛围，激发群众参与的积极性和主动性，努力构建全员参与、协同配合、共同推进的工作格局，确保工作取得实效。

（四）严肃工作纪律。驻点团队开展驻点普遍直接联系群众工作要严格遵守中央八项规定和省、市关于改进工作作风、密切联系群众的有关规定，坚持轻车简从，不迎来送往、不劳民扰民、不搞层层陪同，坚决防止和克服形式主义；要严格自律，不奢侈浪费，不收受礼品，不接受吃请，不增加基层和群众负担；要带着政策、带着任务、带着责任、带着感情驻村入户，做到真心联系、真情服务、真诚办事。镇党委要建立健全请假制度、考勤制度。驻点联系期间，原则上不能请假，确实需请假的，团队成员要向团队组长请假，团队组长要向镇党委书记请假，镇党委书记要向县委“直联制”办公室请假。

（五）加强督查考核。县委督导组将定期检查督办、跟踪问效，定期调阅《驻点日记》和《民情台账》，采取明察暗访和电话抽查，实时掌握工作动态，定期进行工作通报。每年年底，对镇驻点普遍直接联系群众工作进行专项督查，督查结果全县通报，并报市委组织部备案。对驻点工作不力、解决问题不及时引发重大事件的，县纪委、县委组织部将实行问责制。

关于印发《海丰县党员干部扶贫“双到”工作制度》的通知

海委办〔2014〕79号

各镇（场、经济开发区）党委、人民政府，县直各单位：

经县委、县政府同意，现将《海丰县党员干部扶贫“双到”工作制度》印发给你们，请认真贯彻执行。

中共海丰县委办公室

海丰县人民政府办公室

2014年12月15日

海丰县党员干部扶贫“双到”工作制度

根据《中共广东省委办公厅、广东省人民政府办公厅关于印发〈广东省新一轮扶贫开发“规划到户、责任到人”及重点县（市）帮扶工作的实施方案〉的通知》（粤发〔2013〕14号）精神，结合我县扶贫开发工作实际，制定海丰县党员干部扶贫“双到”工作制度。

一、指导思想

以邓小平理论、“三个代表”重要思想、科学发展观为指导，以促进城乡协调发展、实现共同富裕、构建和谐海丰为目标，按照“政府主导、部门联动、社会参与、自力更生、开发扶贫”的原则和新的扶贫标准，创新扶贫开发思路，完善到户帮扶机制，继续实施“规划到户、责任到人”工作，支持扶贫开发重点县发展县域经济，不断增强综合实力，提高基本公共服务水平。着力改善重点帮扶镇、村发展环境和社会民生事业，大力增强农户经济实力，大幅增加贫困农户收入和密切党群干群关系，不断加强党同人民群众的血肉联系，推进基层治理，加快脱贫奔康步伐，全面推进我县经济社会发展和新农村建设。

二、帮扶对象

本县辖内重点帮扶村相对贫困户，面上非贫困村内相对贫困户和相对贫困人口。

三、工作措施

实施对口定点帮扶，开展“一户一策一干部”结对帮扶活动。除县外帮扶单位确定帮扶措施外，采用县直副处级以上干部挂扶3户，正科级干部每人挂扶2户，其他党员干部每人挂扶1户的工作措施。帮扶单位党员干部不够的，可由驻村工作组一对多户进行帮扶。

四、帮扶内容

党员干部严格按照省、市的工作部署，在帮扶贫困户过程中采取有效的帮扶模式，因地制宜，因户而异，精准帮扶，扎实开展帮扶工作。

（一）帮扶有劳动能力贫困户通过资金扶持、项目扶持、技能扶持、就业扶持等形式，使贫困户年人均纯收入达到省规定的数额以上。

（二）对无劳动能力、无生活处理能力的特困家庭，通过发动党员群众出资、出力，帮助其改善生活状况，增强其生活信心。

（三）帮扶贫困户完成住房改造或者“两不具备”移民搬迁任务。

（四）帮扶贫困户解决安全饮水问题。

（五）帮扶贫困户家庭子女上学，保障考上高中以上学生无因贫辍学现象。并采取建立长期助学计划，使其顺利完成学业，增强其家庭的脱贫能力。

（六）帮扶贫困户家庭成员100%参加新型城乡合作医疗和新型养老保险。

（七）帮扶贫困户参加技能培训实现转移就业。

（八）帮扶有劳动能力的贫困户参与产业化生产。

（九）制定完善措施，建立贫困户长效跟踪脱贫机制。

（十）宣传公民道德新风尚、推行移风易俗和计划生育、反对封建迷信、严格遵纪守法、维护社会治安、建设社会主义精神文明方面积极发挥示范引导作用。

五、其他事项

（一）落实党政一把手负总责的扶贫开发工作责任制，各级党员干部、各贫困村本着认真负责的态度，主动与挂扶干部及贫困户个人衔接，坚持扶贫与扶智、输血与造血、自治与管理相结合，积极扶持贫困户发展生产项目，提高帮扶成功率。各级党员干部要切实履行职责，在完成帮扶任务的同时，积极安排本部门的项目、资金、技术、信息等资源支持开发“双到”工作，确保各项政策措施取得实效。

（二）稳定扶贫队伍，充实人员，确保有人干事、有钱办事。县扶贫部门加强对扶贫开发工作的协调、督查、调研和宣传，及时向县委、县政府汇报工作，反映新情况，解决新问题。

（三）帮扶干部积极动员有能力、有意愿的民营企业参加定点帮扶工作，鼓励社会组织和热心人士直接与重点帮扶村、贫困户挂钩帮扶。

（四）建立扶贫资金使用公告、公示制度，做到项目、资金和效果“三公开”，接受群众监督和审计监督，对挤占、挪用、贪污扶贫资金的，依法依规严肃查处。对开展扶贫开发工作措施得力、贡献突出的单位和党员干部、社会组织、扶贫开发对象予以表彰和奖励；对实绩突出、特别优秀的干部予以提拔或重用；对挂扶工作不力、解决问题不及时引发重大事件的，实行问责制。

海丰县人民政府关于调整县政府领导同志分工的通知

海府〔2014〕40号

各镇人民政府（场、经济开发区），县直（含垂直）各单位：

根据人员变动和工作需要，现将县政府领导同志分工调整情况通知如下：

陈德忠县长：主持县政府全面工作，分管审计工作。

许信咏副县长：常务副县长，协助县长主持县政府日常工作，分管县政府机关、财政、监察、编制、法制、国有资产、重点项目、税务、金融、保险、粮食、商业、物资、物业管理、供销、烟草、安全生产、应急办、接待办、政府信息公开、档案、地方志等工作，并负责联系人大工作。

刘剑平常委：政府党组成员，参与政府工作分工。分管工业、交通及交通安全、公路、地方道路、电力、邮政、通信、科技、科协、信息化、地震、知识产权、质量监督、内贸、外经贸、口岸、中小企业、盐务、食品公司、二轻、投资服务中心、产业园区等工作，并负责联系政协、工商联工作。

吕海茵常委：政府党组成员，分管对口扶贫工作。

余振光副县长：分管农业、林业、海洋渔业、水务、三防、供水、排污、民政、老区建设、残联、扶贫、畜牧、气象、农机、民间及中介组织、自然保护区、人民武装、民兵预备役等工作。

王楚雄副县长：分管公安、司法、综治维稳、海防与打私、消防和消防安全、边防等工作。

施流德副县长：分管城乡建设、住房建设、公用事业、国土资源、环境保护、人民防空、信访等工作，并负责联系工会工作。

卓凛波副县长：分管教育、食品药品监管、爱国卫生、红十字会、文化、文史、新闻出版、广播电视电影、体育、旅游、卫生和计划生育等工作，并负责联系共青团工作。

陈凯婵副县长：分管县政府办、发展改革、人力资源与社会保障、工商、物价、外事、侨务、侨联、对台、民族宗教、统计、公共资源交易中心等工作，并负责联系妇女儿童工作。

海丰县人民政府
2014年10月26日

关于印发《海丰县突发事件处置督查办法》的通知

海府〔2014〕54号

各镇人民政府（场、经济开发区），县直各单位：

现将《海丰县突发事件处置督查办法》印发给你们，请认真按照执行。

海丰县人民政府
2014年12月24日

海丰县突发事件处置督查办法

第一章 总则

第一条 为有力、有序、有效处置突发事件，确保各项相关措施及时落实到位，保障公众合法权益，维护社会稳定，根据《中华人民共和国突发事件应对法》《广东省突发事件应对条例》、《广东省重特大突发事件处置督查办法》、《汕尾市较大以上突发事件处置督查办法》《海丰县突发事件总体应急预案》及有关规定，结合我县实际，制定本办法。

第二条 本办法适用于本县行政区域内发生的突发事件（不含维稳事件）处置（含协助处置）督查

工作。

发生在我县行政区域外，涉及我县公众、需要我县协同处置的突发事件，参照本办法执行。

第三条 突发事件的界定，按照《中华人民共和国突发事件应对法》、《广东省突发事件应对条例》及有关规定执行。

发生在敏感区域、敏感时期的敏感性事件，县人民政府认为有必要对其应急处置工作实施督查的，参照本办法执行。

第四条 特别重大、重大突发事件处置督查工作，按照《广东省重特大突发事件处置督查办法》规定由省人民政府统一负责，县人民政府予以协助配合。

较大突发事件处置督查工作，按照《汕尾市较大以上突发事件处置督查办法》规定由市人民政府统一负责，县人民政府予以协助配合。

一般突发事件处置督查工作由县人民政府统一负责，具体工作由县应急办牵头组织实施，各地、各有关单位应当予以积极配合。

第五条 督查工作应当遵循以下原则：

（一）统一领导，依法依规。在县人民政府的统一领导下，根据有关法律、法规及相关规定开展督查工作。

（二）及时启动，确保高效。突发事件发生后，在处置同时，应视情况进行督查，及时纠正处置工作中存在的问题。

（三）客观公正，责任分明。督查工作形式要多样化，采取现场督查、暗访、随机约谈等方式，确保督查工作客观公正，整改措施落实到位，责任追究落实到位。

第六条 法律、法规、规章对突发事件督查工作另有规定的，从其规定。

第二章 督查组组成

第七条 督查组的组成应遵循精简、专业原则。督查组组长由分管应急管理或监察工作的县政府领导或县政府办公室负责人担任，成员由县应急办、县监察局及有关单位分管负责人、县应急管理专家组成。必要时，邀请县人大常委会办公室有关负责同志、第三方专家、县人大代表参与。督查组成员不能来自与事件处置相关的单位。

第八条 督查组成员单位要按照要求认真选派相关人员参加督查组，合理调配工作分工，为派出人员提供必要条件。督查期间无特殊原因，督查组人员不得更换。

第九条 督查组成员在督查工作中应当诚信公正，恪尽职守，遵守纪律，保守秘密。

未经督查组组长同意，督查组成员不得擅自发布、泄漏与督查工作相关的信息。

第三章 督查内容

第十条 督查对象主要包括牵头处置突发事件的镇人民政府（场、经济开发区），相关单位及有关人员。

第十一条 督查内容：

（一）突发事件应急处置与救援有关情况，主要包括相关应急预案编制及演练是否到位，突发事件信息报送及发布是否及时、属实，领导同志批示（指示）落实是否到位，应急响应是否第一时间启动，现场指挥官是否第一时间履职，应急指挥是否得当，应急处置措施是否及时、有效。

（二）突发事件善后处置情况，主要包括领导同志批示（指示）是否落实到位，资金使用是否依法依规，善后工作计划制定是否科学、可行，受灾人员安置是否符合规定，事后评估是否客观、全面，原因调查是否全面、准确，整改措施是否可行、有效等。

（三）事件相关人员责任追究和处理情况。

（四）其他与突发事件处置相关的情况。

第四章 督查程序

第十二条 督查程序：

（一）县应急办按程序报请成立督查组，印发成立督查组通知。

（二）被督查单位（含个人）收到督查通知后，按要求在3个工作日内上报书面情况报告，以后每5个工作日上报阶段性情况报告，直至督查工作结束。重大事项，立即报告。

（三）督查组按照要求制定督查计划，并在督查通知发出3个工作日内深入现场进行督查，及时反馈督查意见。

（四）督查组自督查通知发出后，每10日工作日向县人民政府书面报告一次督查情况。重大事项，立即报告。督查工作结束后5个工作日内，督查组向县人民政府提交书面综合督查报告。

（五）督查组视情况，报县人民政府批准后，向社会公布督查情况。

第十三条 被督察单位要认真配合、支持督查组工作，及时、真实上报有关情况，按时完成督查组提出的工作任务。

第五章 责任追究

第十四条 任何单位和个人不得阻挠和干涉督查工作的正常开展。对督查工作中的违纪违法行为，任何单位和个人有权向县人民政府及其应急管理办事机构、检察机关举报，接到举报的部门应当依法依规及时处理。

第十五条 督查结果作为对有关镇（场、经济开发区）、有关单位及有关人员进行责任追究的重要依据。对突发事件信息报告不及时、处置不力、善后措施落实不到位、隐瞒事件真相等，依法追究相关单位及人员责任。

第十六条 督查组工作人员发生徇私舞弊、玩忽职守等行为，依纪依法严肃处理；构成犯罪的，依法追究其刑事责任。

第六章 附则

第十七条 各地、各有关单位结合本地区、本系统实际，参照本办法，制定实施细则。

第十八条 本办法自公布之日起施行。

关于印发《海丰县推进新一轮绿化大行动建设规划（2014 — 2017）》的通知

海府办〔2014〕2 号

各镇人民政府（场），县直各单位：

经县政府同意，现将《海丰县推进新一轮绿化大行动建设规划（2014—2017）》印发给你们，请遵照执行，执行中遇到的问题请迳与县林业局联系。

海丰县人民政府办公室

2014年1月2日

海丰县推进新一轮绿化大行动建设规划（2014 — 2017 年）

为全面贯彻落实省委、省政府和市委、市政府新一轮绿化大行动的决策部署，县委、县政府出台了《中共海丰县委、海丰县人民政府关于贯彻落实〈中共广东省委、广东省人民政府关于全面推进新一轮绿化广东大行动的决定〉的实施意见》（海委〔2013〕27号），为确保县委、县政府《实施意见》提出的各项绿化建设任务分解落实到位，有效有序推进我县新一轮绿化大行动工作，进一步提升全县生态文明建设水平，促进全县经济社会的健康可持续发展，现结合我县实际，特制定本建设规划。

一、海丰县基本情况和林业发展现状

海丰县地处粤东沿海，东与陆丰市交界，西北与惠东县毗邻，东北与陆河县接壤，南与汕尾市城区相接，南临碣石湾及红海湾，海岸线长124.95千米。全县土地总面积1750平方千米，下辖有16个镇，2个市属国有农、林场和1个经济开发区，282个村民委员会（社区），人口81.46万人。

全县林业用地面积99025公顷，占国土面积的57.63%，在林业用地中，有林地面积86195.6公顷，疏林地418.5公顷，灌木林地5509.9公顷，未成林（含红树林）868.4公顷，无林地（含红树林）5950公顷，苗圃地61.1公顷，辅助生产用地21.5公顷。全县森林覆盖率55.15%，林业用地绿化率91%，林木绿化率57.01%，林木蓄积量 216.77万立方米，森林面积94766.6公顷。全县界定省级以上生态公益林面积33266.13公顷（其中国家级生态公益林6094.7公顷)，占全县林地面积的33.6%；规划建设了3个自然保护区，总面积14838.5公顷，分别是广东海丰鸟类省级自然保护区、面积11590.5公顷，海丰县莲花山县级自然保护区、面积2556公顷，海丰县黄羌学堂坑县级自然保护区、面积692公顷；规划建设了广东省莲花山森林公园和海丰县大云岭森林公园，面积分别为2662.2公顷和663公顷。

2005年11月海丰县被中国野生动物保护协会授予“中国水鸟之乡”称号；2008年2月广东海丰湿地被联合国湿地公约秘书处批准为“国际重要湿地”并授予证书；2010年、2012年海丰县分别被省授予“广东省林业生态县”和“全省集体林权制度改革先进集体”称号；2011年海丰县林业局被省林业厅评为“全

省森林资源林政管理先进单位”。

二、绿化建设规划的指导思想

以邓小平理论、“三个代表”重要思想、科学发展观为指导，紧紧围绕“三个坚持、四个争当、五个发展”的目标，“以绿色发展、生态立县”为主线，树立尊重自然、顺应自然、保护自然的生态文明理念，大力推进森林生态修复和改造，提高森林覆盖率，强化资源管理，提高森林质量，增加森林碳汇，提升生态功能，加快发展现代林业，努力建设美丽海丰，为我县经济社会科学发展提供有力的生态支撑。

三、绿化建设规划的总体目标

通过10年左右的努力，将我县建设成为森林生态体系比较完善、林业产业比较发达、林业生态文化繁荣、人与自然和谐的粤东林业生态强县。

——到2015年，完成7066.67公顷宜林荒山造林、残次林、纯松林和布局不合理桉树林的建设任务，生态景观林带建设初见成效。森林面积达到99600公顷，森林蓄积量达到270万立方米，森林碳汇储量达到527万吨，林业产业总产值超过8亿元，森林覆盖率达到58%。与2012年相比，新增县级森林公园2个、县级湿地公园1个、镇级森林公园6个。

——到2017年，完成11066.67公顷残次林、纯松林和布局不合理桉树林的建设任务，初步建成比较完善的森林生态体系，生态景观林带全面建成。森林面积达到103066.67公顷，森林蓄积量达到294万立方米，森林碳汇储量达到574万吨，林业产业总产值超过12.8亿元，森林覆盖率达到60%。与2015 年相比，新增县级森林公园3个、镇级森林公园6个。

四、绿化建设规划的基本原则

1.坚持立足当前与着眼长远相结合。在促进经济社会持续健康发展的同时，坚守生态底线，既解决当前林业发展面临的突出问题，又建立促进生态发展的长效机制，大力发展生态林业和民生林业，做到兴林富民、生态惠民。

2.坚持生态建设与生态修复相结合。尊重自然规律，保护自然生态，坚持质量优先，以自然修复为主，科学发展人工造林和抚育改造，维护生物多样性，以人为本，促进人与自然和谐发展。

3.坚持统筹规划与因地制宜相结合。既要统筹全县生态空间布局，坚持高起点、高标准科学规划，突出整体效益，又要从实际出发，注重实效，适地适树，体现区域特色。

4.坚持政府主导与共建共享相结合。坚持政府主导，建立分级负责和以镇、村为责任主体的工作机制，充分发挥机关企事业单位和社会各界积极性，组织引导全社会开展造林、育林、护林结合，形成政府主导、全民参与、共建共享的工作格局。

五、主要绿化任务

（一）全面构建五大生态体系。根据我县不同区域特点，科学构建主体功能定位清晰、建设重点突出、相互协调发展的森林生态体系，为打造粤东林业生态强县夯实基础。

1.北部连绵山体森林生态屏障体系。以北部莲花山脉等连绵山体为主，加强重点生态敏感区域保护，积极开展森林抚育改造、封山育林，增强生态防护功能，构建县域森林生态屏障带。至2017年，初步建成比较完善的北部森林生态屏障体系。

2.沿海防护林生态安全体系。大力实施沿海岸线防护林建设，加强海岸线生态系统的修复和保护，科学合理开展沿海滩涂红树林、沿海基干林带和沿海纵深防护林建设，构建防灾减灾功能与景观效果相结合的沿海防护林生态安全体系。到2017年，全面完成因灾受损沿海防护林的修复和18号林带沿海基干林带海丰段绿化任务。

3.江河、水库等主要水源地森林生态安全体系。以赤石河、黄江、大液河、龙津河、东溪等主要江河流域以及具有饮用水源地功能的公平水库、青年水库、红花地水库等大中型水库集雨区为主，强化水源涵养林、水土保持林和沿江防护林建设，提高水源涵养和水土保持能力。到2015年完成赤石河、黄江、大液河、龙津河、东溪等主要江河流域水源地造林绿化任务，到2017年底基本完成公平水库、青年水库、红花地水库等大中型水库集雨区桉树林改种任务。

4.城市森林绿地体系。加强森林公园、湿地公园、自然保护区、生态廊道、城区绿地、环城防护林带、生态控制线等区域绿地建设，提高城市森林绿地总量。重点推进森林进城围城和乡村绿化美化工程建设，尤其要抓好县城绿化与镇墟绿化，提高档次，不断提升林业生态县绿化建设整体水平。到2017年，全县新增加圆墩三角山、赤石水底山、大湖大德山、莲花山大东门和平东南门等5个县级森林公园，新建赤坑大化县级湿地公园1个，新建12个镇级森林公园，着力打造森林旅游品牌和森林旅游精品，推动森林公园建设和森林生态旅游业协调发展。

5.交通主干道林带与绿道网生态体系。在深汕高速、潮惠高速、厦深铁路、G324国道、S242省道、莲花大道等主要交通干线两侧宜林地带，营造具有多树种、多层次、多色彩的生态景观林带。加强城乡道路、水网绿化，提升城乡绿带建设水平。推进绿道网绿化升级，突出抓好自行车道和步行系统建设，提升绿道网森林景观与生态效果。到2017年基本完成交通主干道林带及绿道网绿化带建设任务。

（二）建设四大重点林业生态工程。坚持以大工程推进绿化海丰大行动，着力增强森林碳汇能力，打造森林生态景观，优化城市森林生态，实现我县生态建设大发展、大提升。

1.森林碳汇工程。认真实施森林碳汇重点生态工程建设规划，加快消灭尚存的宜林荒山和改造残次林、纯松林、布局不合理桉树林的步伐，加大封山育林和抚育管护力度，推广应用优良乡土阔叶树种，科学改造林相，营造结构优、功能强、效益高的混交林，优化森林结构，增加森林碳汇。2014年、2015年每年计划实施森林碳汇造林3533.33公顷，全面消灭宜林荒山，2016年和2017年每年计划实施森林碳汇造林2000公顷，完成疏残林改造任务。

2.生态景观林带工程。进一步推进深汕高速、潮惠高速、厦深铁路、沿江、沿海生态景观林带建设，全面提升生态景观林带整体建设水平；对G324国道、S242省道进行穿插点缀绿化，间种一些造型美、观赏价值高的树木和花草；逐步建成多树种、多层次、多色彩的生态廊道。潮惠高速公路建设与生态景观林带建设同步规划、同步施工、同步验收。创新建设和管护模式，确保生态景观林带发挥综合功能与效益。到2015年，全面完成生态景观林带3号林带深汕高速海丰路段和18号沿海基干林带绿化任务，到2017年全面完成11号林带潮惠高速海丰段和厦深铁路海丰段面上绿化任务，完成林带抚育补植任务201.1公里。

3.森林进城围城工程。在城市及其周边见空增绿、见缝插绿，对县城建成区、各镇（场）政府所在地可绿化地段进行多效能、立体化、园林式的绿化，大力推进森林城镇建设；大力推进森林公园、湿地公园、乡镇与社区公园、城区绿地，加强道路和建筑物绿化，大力推进绿色社区建设，增加森林面积，实现“城在林里、林在城中”。

4.乡村绿化美化工程。实施农村山、水、田、林、路添绿增绿工程，把进山机耕道路、池塘四周边缘、农田区域道路、灌溉渠、排水沟边缘、进村道路两侧边缘等适宜栽树地段纳入绿化规划范围，进行绿化，着力构建完善的农村绿化网络。至2017年全县建成绿化美化示范村250个，至2023年全县所有乡村实现全面绿化美化。

六、造林树种选择及质量要求

（一）树种选择

1.山上造林主要选择红锥木、枫香、台湾相思、樟树、土沉香、秋枫、大叶相思、荷木、楠木、黎蒴、阴香、海南葡萄、葡萄等。

2.山下造林主要选择桃花心木、麻楝、美丽异木棉、樟树、木棉、秋枫、黄槐、细叶榕、垂榕、垂柳、大王爷椰树等；也可根据实际选择香樟、广玉兰、白玉兰、银杏、桂花、降香黄檀、大叶紫薇、罗汉松、火力楠、火焰木、合欢、凤凰木、风铃木、樱花、小叶榄仁、尖叶杜英等珍贵树种；还可以选择芒果、柚子、桃、黄皮等经济树种，以及小乔木和灌木夹竹桃、大红花、红继木、红绒花、勒杜鹃、木芙蓉、杜鹃、石榴、海桐、山茶花、小叶紫薇等；城镇绿化要选用景观效果好、环境保护功能强的园林绿化树种。

3.原则上不选择桉树进行造林绿化。

（二）苗木要求

1.从正规渠道调运苗木，不使用来源不清楚的苗木造林，提高良种使用率；

2.使用Ⅰ、Ⅱ级合格苗木造林，提高Ⅰ级苗使用率；

3.苗木须严格检疫，使用未受有害生物危害的苗木造林。

（三）造林质量要求

1.工程造林

（1）植穴规格采用50厘米×50厘米×40厘米；

（2）造林密度：人工造林89株/亩，套种补植54株/亩；

（3）植株需下足优质基肥；

（4）造林成活率达到90%以上，连续抚育三年。

2.生态景观林带建设

（1）植穴规格采用60厘米×60厘米×50厘米；

（2）造林密度：人工造林40株/亩；

（3）植株需下足优质有基肥；

（4）造林成活率达到90%以上，连续抚育三年。

3.县城建成区主要道路、重点区域美化绿化和绿化美化乡村示范点建设

（1）植穴规格采用80厘米×80厘米×60厘米；

（2）造林密度：按设计方案要求；

（3）植株需下足优质有基肥；

（4）管护三个月以上，成活率达到95%以上。

七、投资估算及资金筹措方式

（一）投资估算

结合海丰县近年来造林工程实际投资情况和现阶段生产资料物价水平以及劳动力市场情况进行估算，苗木、肥料、工价均采用市场咨询价取平均值。

1.造林绿化工程：计划完成森林碳汇造林

11066.67公顷，按每亩600元的造价计算，计划投入9960万元；其中2014年、2015年各完成碳汇造林3533.33公顷，各投入3180万元；2016年、2017年各完成碳汇造林2000公顷，各投入1800万元。

2.封山育林工程：2014—2017年计划完成封山育林5333.33公顷，每年完成1333.33公顷，按每亩100元的造价计算，每年计划投入200万元，计划总投入800万元。

3.森林抚育工程：2014—2017年计划完成森林抚育13333.33公顷，每年完成3333.33公顷，按每亩200元的造价计算，每年计划投入1000万元，计划总投入4000万元。

4.生态景观林带建设工程：计划实施建设里程102.8千米，按每千米120000元的造价计算，计划投入1233.6万元；计划完成林带抚育补植201.1千米，按每千米40000元的造价计算，计划投入804.4万元；两项计划投入2038万元。其中，2014年计划完成景观林带抚育补植49.15千米，计划投入196.6万元；2015年计划完成新造林带48.3千米，抚育补植49.15千米，计划投入776.2万元；2016年计划完成新造林带54.5千米，抚育补植48.3千米，计划投入847.2千米；2017年计划完成林带抚育补植54.5千米，计划投入218万元。

5.森林公园建设工程：计划新建县级森林公园5个，每个投资150万元；计划新建县级湿地公园1个，投资200万元；计划建设镇级森林公园12个，每个投资100万元；三项共需投资2150万元。其中，2014年计划完成新建县级森林公园1个，镇级森林公园3个，计划投入450万元；2015年计划完成新建县级森林公园1个，新建县级湿地公园1个，镇级森林公园3个，计划投入650万元；2016年计划完成新建县级森林公园1个，镇级森林公园3个，计划投入450万元；2017年计划完成县级森林公园2个，镇级森林公园3个，计划投入600万元。

6.县城建成区主要道路、区域美化绿化工程：计划对县城建成区30处重点道路（区域）进行绿化美化，计划总投入2500万元。其中，2014年计划完成8处（含2014—2015年建设的大云岭森林公园）重点道路（区域）绿化美化，计划投入760万元；2015年计划完成7处重点道路（区域）绿化美化，计划投入650万元；2016年计划完成8处重点道路（区域）绿化美化，计划投入630万元；2017年计划完成7处重点道路（区域）绿化美化，计划投入460万元。

7.乡村绿化美化工程：至2017年，计划完成乡村绿化美化示范点建设任务250个，每个投入5万元，共需投入1250万元。其中，2014年计划完成乡村绿化美化示范点建设任务63个，计划投入315万元；2015年计划完成乡村绿化美化示范点建设任务62个，计划投入310万元；2016年计划完成乡村绿化美化示范点建设任务63个，计划投入315万元；2017年计划完成乡村绿化美化示范点建设任务62个，计划投入310万元。

综上所述，2014—2017年，全县绿化美化建设计划总投入22698万元。其中，2014年计划总投资6101.6万元，2015年计划总投入6766.2万元，2016年计划总投入5242.2万元，2017年计划总投入4588万元。

（二）资金筹集方式

1.争取中央和省、市造林补助资金。

2.森林植被恢复费返拨资金。

3.县财政配套资金。

4.建设责任单位自筹资金。

5.社会资金。

八、工程组织实施和管理

（一）造林绿化工程建设由县林业部门统一协调。

（二）造林绿化建设工程的规划、设计、施工、监理，应当按相关规定选择确定具有相应资质的单位承担。

（三）造林绿化工程建设项目以及附属绿化工程设计方案等，按照基本建设程序审批时，必须经上一级林业主管部门审核批准。

（四）建设单位必须按照批准的设计方案进行施工。设计方案确需改变时，须由原设计单位认可，再经原批准机关审批。

附件：1.海丰县2014—2017年森林碳汇工程（造林部分）建设任务分解表

2.海丰县2014—2017年封山育林任务分解表

3.海丰县2014—2017年森林抚育任务分解表

4.海丰县2014—2017年生态景观林带建设任务分解表

5.海丰县2014—2017年森林公园建设规划表

6.海丰县2014—2017年县城建成区主要道路、重点区域绿化美化建设规划表

7.海丰县2014—2017年绿化美化乡村示范点建设任务分解表

关于印发《海丰县公平水库库区、莲花山埔仔洞区域、县城北部区域水源地环境污染整治工作方案》的通知

海府办〔2014〕10号

公平镇、黄羌镇、平东镇、海城镇、城东镇、梅陇镇人民政府，县直有关单位：

《海丰县公平水库库区、莲花山埔仔洞区域、县城北部区域水源地环境污染整治工作方案》已经县政府同意，现印发给你们，请认真贯彻执行。

海丰县人民政府办公室

2014年4月10日

海丰县公平水库库区、莲花山埔仔洞区域、县城北部区域水源地环境污染整治工作方案

为切实加强公平水库库区、莲花山埔仔洞区域、县城北部区域水源地的污染整治和环境保护，确保饮用水源安全，根据《中华人民共和国环境保护法》《中华人民共和国水污染防治法》《中华人民共和国森林法》《中华人民共和国矿产资源法》以及《广东省饮用水源水质保护条例》《广东省造林管理办法（暂行）》等法律法规的规定，结合本县实际，特制定上述区域水源地环境污染整治方案。

一、指导思想

以“三个代表”重要思想和科学发展观为指导，紧紧围绕“推动创新发展，建设幸福海丰”的要求，深入开展公平水库库区、莲花山埔仔洞区域、县城北部区域水源地的环境风险排查，推进上述区域水源地环境的全面整治，坚决保护和改善区域生态和水环境质量，保障群众饮水安全。

二、领导机构

县政府成立公平水库库区、莲花山埔仔洞区域、县城北部区域水源地环境污染整治工作领导小组，其组成人员如下：

组长：陈德忠（县政府）

副组长：余振光、王楚雄、施流德（县政府）

成员：林锡清（县监察局）、刘安基（县政府办）、林友捷（县政府办）、吴智良（县法制局）、徐小星（县环保局）、罗火贵（县畜牧局）、简健全（县水务局）、黎方极（县林业局）、陈容生（县农业局）、张辉民（县工商局）、刘城芳（县住建局）、林建军（县国土资源局）、何秀山（县经促局）、颜荣林（县卫计局）、曾诗贤（县安监局）、罗小雄（县检察院）、黄鸿成（县供电局）、刘永贺（县委宣传部）、罗震（县公安局）、黎斯凯（县供水总公司）、林惠迎（县食品集团公司）、曾伟群（公平水库管理局）、余长华（公平镇）、陈智钥（黄羌镇）、王奕雄（平东镇）、黄辉流（海城镇）、陈锦锋（城东镇）、郑惠暖（梅陇镇）。

领导小组下设养殖场（户）调查处理组、桉树种植调查处理组、温泉浴室及非法采矿调查处理组、案件办理组和小流域综合治理工作组等五个工作小组，全面开展上述区域水源地环境污染整治工作。

三、工作目标

由上述五个工作组重点加强对养殖场（户）、桉树林（场）、温泉浴室等行业和项目污染水源的查处和防控，确保整治区域饮用水的安全。

1.养殖场（户）调查处理组。由县环保局牵头县农业局、畜牧局、工商局、卫生局、供电局、供水总公司、食品集团公司以及公平水库管理局和公平、平东、黄羌、海城、城东、梅陇镇等单位，对上述整治区域范围内的养殖场（户）进行逐个调查造册登记。凡未经畜牧、工商部门办理防疫证、工商执照的养殖场（户），必须在半年期限内落实停养、搬迁措施，逾期无法或拒不落实停养、搬迁的，要依法采取停电、停水、停检、停购“四停”及其他相关整治措施；已办理防疫证、工商执照的，由县环保、畜牧、工商、国土、住建、林业等部门视其落实环评、治污

排污、用地报批等情况，分别依法整治或取缔。

2.桉树种植调查处理组。由县林业局牵头公平水库管理局和公平、平东、黄羌、海城、城东、梅陇等镇，对上述整治区域范围内造成水体污染、水土流失的桉树林（场）开展调查处理工作，采取相应可行措施，严格执行造林管理和森林采伐管理，确保区域内不再种植桉树，已种的应逐年改种其他树种，5年内改种完毕。

3.温泉浴室及非法采矿调查处理组。由县国土资源局牵头县卫生局、环保局、住建局、工商局、安监局和黄羌镇、海城镇等单位，对非法开采温泉以及污水汇入水库库区及河流的公共浴室等服务行业进行造册登记，大力整治违规经营，限期落实污水治理措施，逾期无法落实或拒不落实污水治理措施的要依法取缔，并在2014年12月底前完成取缔工作。

同时，县国土资源局、安监局、林业局、环保局以及属地镇政府要加强动态管理，加大巡查力度，一旦发现非法采矿行为，要立即采取执法行动，严厉打击，遏制偷采行为发生。

4.案件办理组。由县公安局、检察院、法院、监察局和环保局、林业局、国土资源局抽调人员组成，主要是对上述三个工作组在查处工作中的相关案件进行办理，对污染水源责任人和阻碍整治工作的行为进行查办。

5.小流域综合治理工作组。由县水务局牵头县国土资源局、林业局、农业局、财政局、环保局和黄羌镇、梅陇镇等单位，认真开展罗輋河、大液河等小流域综合治理工作，在做好前期测量及钻探工作基础上，尽快完成项目可研报告和上报审批手续，力争今年底上马建设。

上述各工作小组要按要求制订具体工作计划和行动方案于4月30日前报县政府。

四、工作步骤

整治工作分为五个阶段进行。

第一阶段：调查摸底阶段（4月15日开始至4月25日）。上述各工作小组要落实人员，组成队伍开展整治前的调查工作。对在整治区域范围内造成污染的各类养殖业、种植业、服务业及其他建设项目的详细情况逐一登记造册，并依法依规提出整治意见。

第二阶段：责令整改阶段（4月26日至5月31日）。各调查处理小组根据作出的整治意见，依法发出整改通知书，提出具体的整改时间、整改措施。特别对未经畜牧、工商部门办理防疫证、工商执照的养殖场（户），要依法依规对其发出责令限期落实停养、搬迁整治措施的通知书。

第三阶段：自行整改阶段（6月1日至10月31日）。被列入整治的对象要按照各调查处理小组发出通知书的整改要求和期限自行落实污染整改措施，该停养的停养、该转产的转产、该搬迁的搬迁。

第四阶段：强制整改阶段（11月1日至2015年2月28日）。对不自行整改和不接受整改的对象，由职能部门依照法律法规和程序申请强制执行，全面取缔各类污染源。尤其是在责令停养、搬迁期限内拒不停养、搬迁的养殖场(户)，由县供电、供水、畜牧、食品等部门坚决采取停电、停水、停检、停购“四停”措施。同时，由县联合整治工作组依法依规强行拆除取缔。

第五阶段：规范管理阶段（2015年3月1日至4月30日）。在完成上述各项整治任务的基础上，县有关职能部门和所在镇，要进一步落实责任，履行职责，建立长效管理机制，加大防控力度，巩固整治成果，严防污染反弹。

五、工作要求

（一）提高认识，精心组织。上述整治区域的水源保护事关汕尾市区和海丰县数十万人口的饮水安全。县各职能部门和相关镇必须以对人民群众的生命安全和生活质量高度负责的态度，加强领导，精心组织，积极主动开展上述区域水源地环境污染的整治工作。

（二）明确责任，分工协作。为确保工作落到实处，公平水库管理局和公平、黄羌、平东、海城、城东、梅陇等镇要按照“属地管理”原则，负起管理责任，依法督促各养殖场(户)、桉树林（场）和温泉浴室等服务行业按照“谁污染，谁治理”的原则进行整改，逐一落实治理方案。各工作小组要按照整治的目标要求，扎实开展整治工作，对阻碍整治工作的，由案件办理组负责查处。县环保、畜牧、水务、农业、林业、工商、住建、国土、公安、检察、法院、监察等部门，要各负其责，密切配合，形成齐抓共管的局面。

（三）突出重点，综合整治。要在重点整治养殖业、种植业的同时，对其他各类违规建设项目实施综合整治，不留污染隐患。

（四）强化督导，落实问责。县监察部门负责对整治工作的督查督办，对整治不力、工作被动，继续任由污染水源情况存在的相关职能部门和镇人民政府主要责任人，要依照《海丰县人民政府部门行政首长问责暂行办法》和有关规定，实施责任追究和问责。

（五）加大宣传，媒体监督。要在整治区域特别是水源地周边，通过出动宣传车和张挂横幅、张贴标语、印发资料等多种形式，深入开展以“人水和谐、与法同行”和“保障饮水安全、维护生命健康”等为主题的水资源保护宣传活动，提高全社会对保护水源重要性的认识，营造保护水资源尤其是饮用水源的良好氛围。要动员新闻媒体、网络加强舆论监督，强化跟踪报道，进一步发动全社会，共同维护、确保饮用水安全。

关于印发《海丰县生产安全事故应急预案》的通知

海府办〔2014〕20号

各镇人民政府（场、经济开发区），县直（含驻海）各单位：

《海丰县生产安全事故应急预案》业经县政府同意，现印发给你们，请认真贯彻执行。实施过程中遇到的问题，请迳向县安监局反映，电话：6600533。

海丰县人民政府办公室
2014年5月21日

海丰县生产安全事故应急预案

1. 总则

1.1 编制目的

进一步规范生产安全事故应急响应程序，提高生产安全事故防范、应对能力，最大程度减少人员伤亡和财产损失，为海丰县的建设提供保障。

1.2 编制依据

依据《中华人民共和国安全生产法》《中华人民共和国突发事件应对法》《生产安全事故报告和调查处理条例》《国家安全生产事故灾难应急预案》，以及《广东省突发事件应对条例》《广东省安全生产条例》《广东省突发事件总体应急预案》《广东省突发事件预警信息发布管理办法》《广东省生产安全事故应急预案》《海丰县突发事件总体应急预案》等法律法规及有关规定，制定本预案。

1.3 适用范围

本预案适用于发生在本县行政区域，需要由县人民政府负责协助处置的特别重大、重大、较大及负责处置的一般生产安全事故，或超出事发地镇（场）、开发区人民政府处置能力的生产安全事故。

生产安全事故引发突发环境事件、核突发事件的处置，适用有关应急预案的规定。

1.4 工作原则

（1）以人为本，预防为主。高度重视安全生产工作，按照“安全第一，预防为主，综合治理”的方针，把保障公众的生命安全和身体健康作为首要任务。切实加强应急救援人员的安全防护，最大程度预防和减少生产安全事故造成的人员伤亡和财产损失。

（2）条块结合，属地为主。生产安全事故现场应急处置以各级人民政府为主，实行各级人民政府行政首长负责制。有关单位要与各级人民政府密切配合，充分发挥指导和协调作用。

（3）分工负责，协调联动。根据事故类型，县安委会有关成员单位在县安委会的统一领导下，指导、协调对应行业领域内重大生产安全事故应急救援工作，加强联防联控，建立健全联动机制。

2. 组织体系

2.1 县安委会

县安委会是全县生产安全事故应急领导机构，负责领导、组织、协调全县安全生产应急管理和生产安全事故应急救援工作。

主任：县长。

常务副主任：分管安全生产常务副县长。

副主任：县政府分管交通安全、公安消防工作领导，县政府办分管副主任，县安全监管局局长。

成员：县委宣传部、县委政法委、县发改局、县经促局、县教育局、县科技局、县公安局(县公安交警大队)、县监察局、县司法局、县财政局、县人社局、县国土局、县环保局、县住建局、县交通运输局、县水务局、县农业局、县林业局、县文体旅游局、县卫计局、县民政局、县食品药品监管局、县公用事业局、县国资办，县广播电视台、县工商局、县海洋与渔业局、县质监局、县安监局、县公安消防大队、县公路局、县法制局、县气象局、县总工会，县法院，县检察院，团县委，县供电局、县人武部等单位主要负责人。

各成员单位根据应急响应级别，按照县安委会的统一部署和各自职责，配合做好生产安全事故的应急处置工作。

（1）县委宣传部：负责协调生产安全事故应急处置工作的宣传报道。

（2）县政法委：负责将安全生产工作纳入县社会管理综合治理考评。

（3）县发改局：负责协调生产安全事故发生后的能源应急保障工作及本行业生产安全事故应急处置工作。

（4）县经促局：负责组织、协调民用爆炸物品事故的应急处置工作。

（5）县教育局：负责指导、协调学校生产安全事故的应急处置工作；协助有关单位组织涉及校车道路交通事故的应急处置工作。

（6）县科技局：负责指导、协调生产安全事故应急技术研发。

（7）县公安局（县公安交警大队）：负责事故现场警戒、道路交通管制等工作；组织、协调道路交通、火灾事故、烟花爆竹燃放事故应急处置工作。

（8）县监察局：负责参与一般生产安全事故调查处理及协助较大以上生产安全事故调查处理。

（9）县司法局：负责组织、协调监狱、劳教（戒毒）系统生产安全事故的应急处置工作。

（10）县财政局：负责保障应由县财政承担的应急所需资金，并对应急资金的安排、使用、管理进行监督。

（11）县人社局：负责协调与生产安全事故有关的工伤保险工作；指导、协调技校校办工厂生产安全事故的应急处置工作。

（12）县国土资源局：负责指导、协调因自然灾害引发滑坡、泥石流等地质灾害和非煤矿山生产安全事故的应急救援工作。

（13）县环保局：负责组织、协调陆地生产安全事故现场环境监测工作；组织、协调核工业、核泄漏或核辐射事故应急救援工作。

（14）县住建局：负责指导、协调建筑工程，城市供水、节水、燃气、污水和生活垃圾处理等市政公用设施建设事故的应急处置工作。

（15）县交通运输局：负责指导、协调应急处置所需的交通运输保障工作；组织、协调公路、水路交通运输工程及地方铁路工程（不包括城市地铁、城际轨道交通工程）施工事故的应急处置工作；参与交通运输行业道路交通事故的应急处置工作。

（16）县水务局：负责组织、协调水利工程施工事故的应急处置工作。

（17）县农业局：负责组织、协调农业机械道路外作业事故的应急处置工作。

（18）县林业局：负责县属国有林场和所属有关事业单位生产安全事故的应急处置工作。

（19）县文体旅游局：负责组织、协调全县大型文化活动的应急处置工作；协助负责文化经营活动场所和上网服务营业场所的生产安全事故的应急处置工作。负责协助相关单位组织、协调旅游景区、景点特种设备事故、旅游车辆道路交通事故、旅游船舶水上事故及涉及旅游其他事故灾难的应急处置工作。

（20）县卫计局：负责组织、协调应急医疗卫生救援、卫生防疫和职业卫生工作。

（21）县民政局：负责制订受灾群众转移、安置、救济方案，组织遇难人员尸体处置、身份确认和善后处置相关事务，如事故造成大量人员转移时，会同当地政府做好转移人员生活必需品的保障工作。

（22）县食品药品监管局：组织协调和配合有关部门开展食品、药品、保健品、化妆品安全事故应急救援工作。

（23）县公用事业局：负责城市供水、市政公用设施、户外广告、市容、环卫、园林绿化、公厕、路灯、广场、下水管道、市政工程、城市综合事务等事后工作的处理。

（24）县国资办：负责指导、协调监管企业生产安全事故应急处置工作以及有关应急救援队伍参与相关生产安全事故应急救援工作；指导、检查、督促监管企业的应急管理工作。

（25）县广播电视台：负责开展全县安全生产宣传工作。

（26）县工商局：负责查处危险化学品经营企业违法采购危险化学品的行为；配合有关单位开展安全生产专项整治；参与依法查处取缔未取得安全生产（经营）许可的企业。

（27）县海洋与渔业局：负责指导、协调渔业船舶事故的应急处置工作。

（28）县质监局：负责指导、协调特种设备事故的应急处置工作。

（29）县安监局：负责组织、协调工矿商贸领域生产安全事故的应急处置工作。

（30）县公安消防大队：负责组织实施事故应急救援工作。

（31）县公路局：负责具体组织实施国、省干线公路设施损毁抢修工作。

（32）县法制局：负责监督、指导安全生产行政复议、行政诉讼和行政赔偿工作。

（33）县法院：负责涉及危害生产安全刑事案件的审判工作；会同有关单位对生产安全事故责任追究落实情况开展检查。

（34）县检察院：负责参与生产安全事故调查处理，查办安全生产领域所涉渎职侵权等职务犯罪案件。

（35）县总工会：负责参与职工一般伤亡事故和严重职业危害的调查处理工作。

（36）团县委：负责协调志愿者等社会力量参与生产安全事故的应急处置工作。

（37）县供电局：负责指导、协调生产安全事故应急救援所需的电力保障工作；组织、协调电网大面积停电事故的应急处置工作。

（38）县气象局：负责为生产安全事故应急救援提供气象服务保障；负责雷击灾害事故调查与鉴定。

（39）县人武部：负责根据县安委会的要求，组织、指挥所属部队参与应急救援工作；配合公安机关维护当地社会秩序。

2.2 县安委会办公室

县安委会办公室（以下简称县安委办）设在县安监局，负责日常工作。办公室主任由县安监局局长兼任。办公室主要职责：贯彻县安委会指示和部署，组织、协调特别重大、重大、较大及一般生产安全事故应急处置工作；组织、协调生产安全事故应急预案编制、修订工作，综合监督、指导各镇（区）人民政府、县直有关单位和各专业应急救援机构安全生产应急管理工作；组织、指导全县安全生产应急救援演练；承担县安委会交办的其他工作。

2.3 地方生产安全事故应急指挥机构

各镇人民政府（场、经济开发区）按照生产安全事故分级标准，参考县的做法，建立健全相应的应急指挥机构，组织做好应对工作。县有关单位进行指导。

2.4 专家组

必要时，请市生产安全事故应急专家组，为我县生产安全事故提供技术咨询或提出建议。

3. 运行机制

3.1 预防预警

3.1.1 监控预防

县安委会成员单位，各级人民政府要加强对重大危险源的监控，及时排查整改可能引发重大、较大及一般生产安全事故的风险隐患；加强对生产经营单位生产安全事故隐患排查情况进行督查，发现事故隐患要立即整改。

3.1.2 预警通报

负责组织、协调事故应急处置的县有关单位要根据生产安全事故风险信息的类型，及时发布预警信息，并报送县安委办。自然灾害、突发公共卫生事件和社会安全事件可能引发特别重大、重大生产安全事故时，承担相应管理责任的县有关单位要及时通报县安监局。

3.1.3 预警行动

各级生产安全事故应急指挥机构接到可能导致生产安全事故的预警信息后，要根据实际情况和分级负责的原则，按照应急预案及时研究确定应对方案，并通知有关单位采取相应行动预防事故

发生。

县有关单位，各镇人民政府（场、经济开发区）接到可能导致生产安全事故的预警信息后，要密切关注事态进展，并按照应急预案做好应急准备和预防工作。事态严重时，要及时上报县人民政府，并报告县安委办和相关单位。县安委办及相关单位要按照相关应急预案做好应急准备工作。

3.2 应急处置

3.2.1 信息报告

（1）生产安全事故发生后，事故现场有关人员要立即向本单位负责人报告；单位负责人接到报告后，要立即报告县安监局及负有相应管理职责的有关单位。中直驻粤企业或县管企业在上报县安监局的同时要分别上报企业总部、上级主管部门。县安监局接到事故报告后要立即报告市安监局，同时报告县政府。县人民政府接到报告后根据事故的严重程度决定是否报告市政府。县有关单位，各镇人民政府（场、经济开发区）要在事件发生后40分钟内向县人民政府报告，同时报告县安委办。

涉及香港、澳门、台湾地区人员或外国公民，或者可能影响到境外的生产安全事故，需要向有关国家、地区、国际机构通报的，按照有关规定执行。

（2）报告内容主要包括：事故发生单位概况，事故发生的时间、地点、简要经过，可能造成的危害程度、影响范围、伤亡人数、直接经济损失，已采取的应急处置措施，目前事件处置进展情况，下一步拟采取的措施。

3.2.2 响应启动

按照生产安全事故的危害程度、影响范围及其引发的次生灾害类别，有关单位要按照职责及相关应急预案启动应急响应。

生产安全事故应急响应级别分为Ⅰ级、Ⅱ级、Ⅲ级、Ⅳ级四个等级。

（1）Ⅰ级响应

发生特别重大生产安全事故，县安委会根据国务院安全生产委员会办公室或国务院有关部门等上级部门的决策部署和统一指挥，组织协调本行政区域内应急处置工作。

（2）Ⅱ级响应

发生重大生产安全事故，县安委会或县有关单位立即组织县安委会成员和专家进行分析研判，对事故影响及其发展趋势进行综合评估，由县安委办或县有关单位逐级报请省人民政府决定启动Ⅱ级应急响应，并向各有关单位发布启动相关应急程序的命令。县政府按照省安委会的统一部署，组织、协调本级应急指挥机构及其有关成员单位全力开展应急处置。

（3）Ⅲ级响应

发生较大生产安全事故，县安委会或县有关单位立即组织各单位成员和专家进行分析研判，对事故及其发展趋势进行综合评估。并报请由市应急指挥机构主要负责同志决定启动Ⅲ级应急响应，并向各有关单位发布启动相关应急程序的命令。必要时，报请省安委办或省安委会有关成员单位派出工作组赶赴事故现场，指导开展相关应急处置工作。

（4）Ⅳ级响应

发生一般生产安全事故，县生产安全事故应急指挥部立即组织各单位成员和专家进行分析研判，对事故影响及其发展趋势进行综合评估，由县应急指挥部总指挥决定启动Ⅳ级应急响应，向各有关单位发布启动相关应急程序的命令。必要时，报请市生产安全事故应急指挥机构或有关成员单位派出工作组赶赴事故现场，指导县事故应急指挥机构开展相关应急处置工作。

3.2.3 现场处置

生产安全事故现场应急处置，由事发地人民政府或相应应急指挥机构统一组织，实行现场指挥官制度。必要时，设立现场指挥部，具体负责指挥事故现场的应急处置工作。各有关单位按照职责参与处置工作，包括组织营救、伤员救治、疏散撤离和妥善安置受到威胁的人员，及时上报事故情况和人员伤亡情况，分配救援任务，协调各级各类救援队伍的行动，查明并及时组织力量消除次生灾害，组织抢修公共设施、接收与分配援助物资等。必要时，县安委会派出工作组赶赴事故现场，指导应急处置工作。

3.2.4 社会动员

事发地各镇人民政府（场、经济开发区）或应急指挥机构要根据生产安全事故的性质、危害程度和范围，广泛调动社会力量参与事故处置，紧急情况下可依法征用、调用车辆、物资、人员等。

生产安全事故发生后，事发地各镇人民政府（场、经济开发区）或相应应急指挥机构组织各方面力量开展应急处置工作，组织基层单位和人员开展自救、互救；邻近的各镇人民政府（场、经济开发区）根据灾情组织和动员社会力量，对事发地提供援助。

鼓励公民、法人和其他组织按照《中华人民共和国公益事业捐赠法》等有关法律法规的规定进行捐赠和援助。审计、监察部门对捐赠资金与物资的使用情况进行审计和监督。

3.2.5 应急终止

生产安全事故应急处置工作结束后，或相关威胁和危害得到控制、消除后，由生产安全事故应急指挥机构办公室提出建议，由宣布启动应急响应的单位决定终止应急响应。

3.3 恢复重建

3.3.1 善后处置

生产安全事故应急处置工作结束后，事发地各镇人民政府（场、经济开发区）及有关单位根据各自职责，开展善后处置工作。包括人员安置、抚恤补偿、保险理赔、征用补偿、救援物资供应、环境污染消除、灾后重建、危险源监控和治理等措施，防止事故造成次生、衍生危害，尽快恢复正常秩序，确保社会稳定。

3.3.2 调查评估

一般生产安全事故，由县安委办报请县人民政府同意组成调查组进行调查。

生产安全事故善后处置工作结束后，事发地各镇人民政府（场、经济开发区）要分析总结应急救援经验教训，提出改进应急救援工作的建议，完成应急救援总结报告，报送县安委会。根据现场指挥部提交的应急救援总结报告，县安委办组织分析、研究，提出改进应急救援工作的意见，并抄送有关单位。

3.4 信息发布

（1）生产安全事故的信息发布要及时、准确、客观、全面。灾情公布，由有关单位按规定办理。

（2）信息发布主要内容包括：生产安全事故的种类及其次生、衍生灾害的监测和预警情况；事故发生时间、地点、人员伤亡（包括下落不明人数）和财产损失情况、救援进展情况、事故区域交通管制情况以及临时交通措施；事故责任单位基本情况等。

（3）信息发布形式主要包括：权威发布、提供新闻稿、组织报道、接受记者采访、举行新闻发布会等。

4. 应急保障

4.1 队伍保障

各级负有安全监管职责的单位要加强本行业专业应急救援队伍建设，督促、指导生产经营单位加强应急救援队伍建设，指导高风险企业建立专职或者兼职的应急救援队伍，县安监局要加强监督、指导并依托公安消防队伍及其他专业应急救援队伍，建立县、镇（场、经济开发区）二级生产安全事故综合性应急救援队伍；培育、发展和引导相关社会组织和志愿者队伍，鼓励其积极参与生产安全事故应急处置工作。对应急救援队伍进行定期、不定期培训与考核，动态管理人员和设施、设备；适时调整人员数量及专业结构，及时更新相关设施、设备，确保随时处于良好的应急备战状态。

4.2 资金保障

县财政局按照现行财政体制规范，对生产安全事故应急保障给予相应资金支持。

4.3 物资保障

县有关单位，县人民政府及其有关单位、企业要建立健全应急救援设施、设备、救治药品和医疗器械等储备制度，储备必要的应急物资和装备。

各专业应急救援机构要按照规范储备应对生产安全事故物资，并做好生产流程和生产能力储备的有关工作。

4.4 医疗卫生保障

县卫生局要按照有关应急预案要求，做好医疗卫生应急的各项保障措施。

4.5 交通运输保障

县交通运输局要指定抢险运输单位运送抢险物资和人员；确保抢险运输车辆充足。

4.6 治安维护

县公安局要对生产安全事故应急处置中的重要目标和危险区域实施治安、警戒和交通道路管制。

4.7 通信保障

县安监局要建立健全安全生产应急救援信息平台和数据库，完善应急救援信息资源共享机制。县经促局要及时组织有关基础电信运营企业，保障生产安全事故处置过程中的通信畅通，必要时，在现场开通应急通信设施。

4.8 保险制度

鼓励各级人民政府建立政府推动与市场运作相结合的生产安全事故防范、处置及补偿机制，对存在较高安全生产风险的企业实行强制保险。鼓励保险公司根据安全生产监管部门的要求、地区安全生产情况和企业需求，做好生产安全事故责任保险产品的开发工作，为安全生产风险隐患提供保险保障，做好生产安全事故的应急处置、定损、赔偿等服务。鼓励社会公众参与商业保障和互助保险，建立生产安全事故风险分担机制。

5. 监督管理

5.1 预案演练

县安监局（县安委办）负责定期组织本预案应急演练。

5.2 宣教培训

各地、各有关单位要做好生产安全事故防范知识的宣传教育工作，不断提高公众的安全生产意识和自救互救能力。要充分利用广播、电视、互联网、报纸等各种媒体，加大对安全生产应急管理工作的宣传、培训力度。县人民政府要建立健全安全生产应急管理培训制度，针对镇政府领导、各有关单位人员、生产经营单位及社区群众，定期开展相关培训。

5.3 责任与奖惩

对在生产安全事故应急处置和救援工作中做出突出贡献的先进集体和个人，要给予表彰和奖励。对玩忽职守、失职、渎职的有关责任人，要依据有关规定严肃追究责任，构成犯罪的，依法追究刑事责任。

6. 附则

（1）本预案有关数量的表述中，“以上”含本数，“以下”不含本数。

（2）本预案由县人民政府组织修订，由县安全监管局（县安委办）负责解释。

（3）各镇人民政府（场、经济开发区）及县直有关单位要按照本预案的规定履行职责，并制定、完善相应的应急预案。

（4）本预案自印发之日起实施。2008年县政府办公室印发的《海丰县安全生产事故灾难应急预案》自即日起废止。

7. 附件

7.1生产安全事故预警发布

按照生产安全事故发生的紧急程度、发展态势和可能造成的社会危害程度，生产安全事故的预警级别由高到低分为Ⅰ级（特别重大）、Ⅱ级（重大）、Ⅲ级（较大）和Ⅳ级（一般），分别用红色、橙色、黄色和蓝色标示。

7.1.1 Ⅰ级预警：情况危急，可能发生或引发特别重大生产安全事故的；或事故已经发生，可能进一步扩大影响范围，造成重大危害的。红色预警，由省人民政府根据国务院授权负责发布。

7.1.2 Ⅱ级预警：情况紧急，可能发生或引发重大生产安全事故的；或事故已经发生，可能进一步扩大影响范围，造成更大危害的。橙色预警，由省人民政府或省安委会负责发布。

7.1.3 Ⅲ级预警：情况比较紧急，可能发生或引发较大生产安全事故的；或事故已经发生，可能进一步扩大影响范围，造成较大危害的。黄色预警，由市人民政府或市生产安全事故应急指挥机构负责发布。

7.1.4 Ⅳ级预警：存在重大生产安全事故隐患，可能发生或引发一般生产安全事故的；或事故已经发生，可能进一步扩大影响范围，造成公共危害的。蓝色预警，由县人民政府或县生产安全事故应急指挥机构负责发布。

7.2生产安全事故分级标准

7.2.1 特别重大生产安全事故（Ⅰ级）

（1）造成30人以上死亡（含失踪），或危及30人以上生命安全，或100人以上重伤（中毒），或直接经济损失1亿元以上的生产安全事故。

（2）需要紧急转移安置10万人以上的生产安全事故。

（3）超出省人民政府应急处置能力的生产安全事故。

（4）跨省级行政区、跨领域（行业和部门）的生产安全事故。

7.2.2 重大生产安全事故（Ⅱ级）

（1）造成10人以上、30人以下死亡（含失踪），或危及10人以上、30人以下生命安全，或50人以上、100人以下重伤（中毒），或直接经济损失5000万元以上、1亿元以下的生产安全事故。

（2）超出地级以上市人民政府应急处置能力的生产安全事故。

（3）跨地级以上市行政区域的生产安全事故。

（4）省人民政府认为有必要启动Ⅱ级应急响应的生产安全事故。

7.2.3 较大生产安全事故（Ⅲ级）

（1）造成3人以上、10人以下死亡（含失踪），或危及3人以上、10人以下生命安全，或10人以上、50人以下重伤（中毒），或直接经济损失1000万元以上、5000万元以下的生产安全事故。

（2）超出县级人民政府应急处置能力的生产安全事故。

（3）发生跨县级行政区域的生产安全事故。

（4）地级以上市人民政府认为有必要启动Ⅲ级应急响应的生产安全事故。

7.2.4 一般生产安全事故（Ⅳ级）

造成3人以下死亡，或10人以下重伤（中毒），或危及3人以下生命安全，或直接经济损失1000万元以下的生产安全事故。

关于印发《海丰县突发动物疫情应急预案》的通知

海府办〔2014〕21号

各镇人民政府（场），县直各单位：

经县政府同意，现将《海丰县突发动物疫情应急预案》印发给你们，请认真遵照执行。

海丰县人民政府办公室

2014年6月20日

海丰县突发动物疫情应急预案

1. 总则

1.1 编制目的

建立突发动物疫情防控快速反应机制，及时有效地预防、控制和扑灭突发动物疫情，最大限度地减轻动物疫情造成的危害，促进养殖业稳步发展，保护公众身体健康、财产安全，维护公共卫生安全，确保经济社会全面、协调、可持续发展。

1.2 编制依据

依据《中华人民共和国动物防疫法》《国家突发重大动物疫情应急预案》《广东省动物防疫条例》《广东省突发公共卫生事件应急预案》《广东省突发重大动物疫情应急预案》《海丰县突发事件总体应急预案》等法律法规以及国家防控动物疫病的有关规定，制定本预案。

1.3 突发动物疫情分级

按照汕尾市《突发事件分级标准》（动物疫情），根据突发动物疫情的性质、危害程度、涉及范围和发展趋势，将突发动物疫情划分为特别重大（Ⅰ级）、重大（Ⅱ级）、较大（Ⅲ级）和一般（Ⅳ级）四级。

1.3.1 特别重大动物疫情(Ⅰ级)

(1)高致病性禽流感在21日内，在省内有20个以上县(市、区)连片发生疫情。

(2)口蹄疫在14日内，在省内和其他5个以上省份发生严重疫情，且疫区连片。

(3)动物暴发疯牛病等人畜共患病感染到人，并继续大面积扩散蔓延。

(4)农业部认定的其他特别重大突发动物疫情。

1.3.2 重大突发动物疫情(Ⅱ级)

(1)高致病性禽流感在21日内，有2个以上地级以上市发生疫情；或有20个以上疫点，或5个以上、10个以下县（市、区）连片发生疫情。

(2)口蹄疫在14日内，有2个以上相邻地级市或5个以上县(市、区)发生疫情，或有新的口蹄疫亚型出现并发生疫情。

(3)在1个平均潜伏期内，20个以上县(市、区)发生猪瘟、新城疫疫情，或疫点数达到30个以上。

(4)在我国已消灭的牛瘟、牛肺瘟等疫病又有发生，或我国尚未发生的疯牛病、非洲猪瘟、非洲马瘟等疫病传入或发生。

(5)在1个平均潜伏期内，布鲁氏菌病、结核病、狂犬病、炭疽、猪Ⅱ型链球菌病等二类动物疫病呈暴发流行，波及3个地级以上市，或其中的人畜共患病发生感染人的病例，并有继续扩散趋势。

(6)农业部或省农业厅认为其他重大突发动物疫情。

1.3.3 较大突发动物疫情(Ⅲ级)

(1)高致病性禽流感在21日内，2个以上县(市、区)发生疫情，或疫点数达到3个以上。

(2)口蹄疫在14日内，2个以上县(市、区)发生疫情，或疫点数达到5个以上。

(3)在1个平均潜伏期内，5个以上县(市、区)发生猪瘟、新城疫疫情，或疫点数达到10个以上。

(4)在1个平均潜伏期内，5个以上县(市、区)发生布鲁氏菌病、结核病、狂犬病、炭疽等二类动物疫病暴发流行。

(5)高致病性禽流感、口蹄疫、炭疽等高致病性病原微生物菌种、毒种发生丢失。

(6)市畜牧兽医局认定的其他较大突发动物疫情。

1.3.4 一般突发动物疫情(Ⅳ级)

(1)高致病性禽流感、口蹄疫、猪瘟、新城疫疫情在1个县(市、区)行政区域内发生。

(2)二、三类动物疫病在1个县(市、区)行政区域内呈暴发流行。

(3)县级以上畜牧兽医行政管理部门认定的其他一般突发动物疫情。

1.4 适用范围

本预案适用于本县行政区域内突然发生，造成或者可能造成畜牧业生产严重损失和社会公众健康严重损害的动物疫情的应急处置工作。

1.5工作原则

(1)以人为本，减少危害。全面履行政府职能，把保障公众健康和生命财产安全作为首要任务，最大限度地减少突发动物疫情造成的人员伤亡和危害。

(2)统一领导，分级管理。各级人民政府统一领导和指挥突发动物疫情应急处置工作；各级人民政府负责扑灭本行政区域内的突发动物疫情，各有关部门按照预案规定，按职责分工做好疫情应急处置各项工作。根据突发动物疫情的范围、性质和危害程度，对突发动物疫情实行分级管理。

(3)快速反应，高效运转。各级人民政府和畜牧兽医部门要依照有关法律、法规，建立和完善突发动物疫情应急体系、应急反应机制和体制，提高突发动物疫情应急处置能力；发生突发动物疫情时，反应迅速，措施果断，及时控制和扑灭动物疫情。

(4)预防为主，群防群控。贯彻预防为主的方针，加强防疫知识的宣传，提高全社会防范突发动物疫情的意识；落实各项防范措施，做好人员、技术、物资和设备的应急储备工作，并根据需要定期开展技术培训和应急演练；开展疫情监测和预警预报，对可能引发突发动物疫情的各种情况及时分析、预警，做到疫情早发现、快行动、严处理。突发动物疫情应急处置工作要依靠群众，全民防疫，动员一切资源，做到群防群控。

2. 应急组织体系及职责

2.1 县防制重大动物疫病工作领导小组的组成及职责

（1）组长：县长担任县防制重大动物疫病工作领导小组组长；

（2）副组长：分管副县长担任县防制重大动物疫病工作领导小组副组长；

（3）职责：负责贯彻落实国务院、省、市、县突发公共卫生事件应急指挥部的工作部署，统一领导、指挥和协调全县突发动物疫情防控工作。

领导小组成员单位主要包括：县政府办、县应急办、县畜牧兽医局、县农业局、县财政局、县公安局、县卫计局、县食药局、县工商局、县交通运输局、县质监局、县经促局、县林业局、县环保局、县地税局、县国税局、县食品集团公司、汕尾出入境检验检疫局海城办、县委宣传部、县物价局、县民政局、县监察局和县武装部。各成员单位职责如下：

县畜牧兽医局：负责组织制订突发动物疫情防控技术方案；开展动物疫情监测、预报和流行病学调查，并向县政府提出工作意见和建议；统一组织实施突发动物疫情的防控措施，并进行检查、督导；根据动物疫病防控工作需要，划定疫区和受威区，依法提出对有关区域实施封锁等建议；建立紧急防疫物资储备库，紧急组织调拨疫苗、消毒药物和器械等应急防疫物资，组织实施紧急免疫接钟；组建应急处置专家组，提出启动、停止疫情应急控制措施建议；组织对扑灭疫情、补偿费用和疫情损失等的评估。

汕尾出入境检验检疫局海城办：负责出入境动物及动物产品的检验检疫工作，防止动物疫病的传入传出；及时收集、分析境外重大动物疫情信息，及时向领导小组办公室报告有关情况。

县卫计局：负责疫区内人员防护有关标准的制定和技术指导，以及高危人群的预防、医学观察、人间疫情监测和医疗救治等工作。

县食药局：负责做好酒楼、宾馆等餐饮服务单位肉类食品安全的监督和检查工作；查处非法经营畜禽及其产品的行为。

县财政局：及时拨付突发动物疫情封锁、消毒、扑杀、无害化处理、免疫、监测、控制等各项工作所需经费，并做好经费和捐赠资金使用的监督管理工作。

县公安局：参与疫区社会治安和安保工作，密切监控与疫情有关的社会动态，依法、及时、妥善地处置与疫情有关的突发事件，查处打击违法犯罪活动，配合有关部门参与做好疫区封锁、疫点内动物的扑杀工作。

县工商局：负责做好疫区、受威胁区内的动物及动物产品交易市场监管工作；协助有关部门搞好动物卫生监督和按县防制重大动物疫病工作领导小组要求关闭交易市场。

县物价局：负责对发生突发动物疫情期间市场价格的监管工作，组织开展价格监督检查，严厉打击囤积居奇、哄抬物价等违法行为，维护市场价格秩序。

县委宣传部：负责本县在紧急状态下动物疫情的新闻发布工作，组织协调新闻媒体，及时报道农业部发布或经农业部授权发布的突发动物疫情信息，积极配合有关单位正确引导舆论，加强突发动物疫情应急处理的宣传报道，宣传普及动物防疫知识；必要时组织新闻发布会以及中外记者采访；加强新闻网站的管理和引导。

县民政局：负责对灾区困难群众的基本生活救济；组织接收国内外的救灾款物捐赠和管理分配工作；组织和动员村委会（社区）力量，发动群众开展群防群控。

县经促局：负责组织、协调各基础电信运营企业为突发动物疫情应急处理（包括报告）提供通信保障工作；负责做好在突发动物疫情期间的生活必需品市场供应工作，维护市场秩序。

县交通运输局：积极配合有关部门搞好进站和道路运输动物及其产品消毒；优先运送突发动物疫情应急处置人员、防控药物、器械等应急防疫物资和有关病料样本，防止动物疫病扩散。

县林业局：组织开展陆生野生动物的资源调查和监测，组织专家分析和提出有关陆生野生动物的分布、活动范围和迁徙动态趋势等预警信息；发生陆生野生动物疫情时，会同有关部门快速采取隔离控制等防控措施。

县武装部：参与突发动物疫情的应急处置行动，配合公安部门参与做好疫区封锁、疫点内动物的扑杀工作。

县监察局：负责监督检查国家行政机关及其工作人员在突发动物疫情应急处理工作中履行职责的情况，对工作中的失职、渎职等违纪违法行为进行查处。

其他成员单位根据本部门职责和县突发动物疫情应急处置的需要，在县防制重大动物疫病工作领导小组的调度下组织做好相关工作。

2.2 县防制重大动物疫病工作领导小组办公室

领导小组办公室设在县畜牧兽医局，由县畜牧兽医局局长兼任办公室主任。其职责是制定处置突发动物疫情应急预案相关防控政策，具体负责组织、协调，处置全县突发动物疫情应急工作，督促、检查各地各有关部门落实各项防控措施。

各镇人民政府（场）参照县的机构设置并根据实际工作需要建立突发动物疫情应急管理体制，统筹本地区范围内突发动物疫情应急处置工作。

2.3 各镇（场）突发动物疫情应急工作领导机构

各镇（场）参照县的做法设立突发动物疫情应急工作指挥机构，由镇人民政府（场）有关部门组成，各镇人民政府（场）领导任指挥机构领导，统一负责对本地区范围内突发动物疫情应急处置的指挥。

2.4 日常管理机构

县畜牧兽医局负责全县突发动物疫情应急处置的日常管理工作。其主要职责是：依法组织协调有关突发动物疫情应急处置工作；组织提出有关突发动物疫情应急处置的措施；组建与完善动物疫情监测和预警系统；制订突发动物疫情应急预案，组织预案演练；组织对兽医专业人员进行有关突发动物疫情应急知识和处置技术的培训，指导各镇（场）实施突发动物疫情应急预案。

各镇人民政府（场）参照县突发动物疫情日常管理机构的设置及职责，结合各自实际，指定突发动物疫情的日常管理机构，负责本地区范围内突发动物疫情应急的协调、管理工作。

2.5 应急专家组

突发动物疫情应急专家组由县畜牧兽医局负责组建，其具体职责是：

（1）对突发动物疫情相应级别采取的技术措施提出建议；

（2）对突发动物疫情应急准备提出建议；

（3）参与制订或修订突发动物疫情应急预案和处置技术方案；

（4）对突发动物疫情应急处置进行技术指导、

培训；

（5）对突发动物疫情应急反应的终止、后期评估提出建议；

（6）承担县防制重大动物疫病工作领导小组和日常管理机构交办的其他工作。

2..6 应急处置机构

2.6.1 县动物卫生监督机构：主要负责突发动物疫情封锁、隔离、扑杀、无害化处理、消毒、紧急免疫等措施的监督管理工作。

2.6.2 县动物疫病预防控制机构：主要负责动物疫情预警、预报及疫情报告，组织开展流行病学调查，加强疫病监测、实验室检测和紧急免疫技术指导等工作。

2.6.3 出入境检验检疫派驻机构：发生突发动物疫情时，负责加强对出入境动物及动物产品的检验检疫、疫情报告、消毒处理、流行病学调查和宣传教育等。

2.6.4 应急预备队：主要负责疫情应急处置工作，应急预备队要加强日常应急技能演练，提高快速反应能力。

3. 突发动物疫情的监测、预警与报告

3.1 监测

建立全县突发动物疫情监测机制和县、镇、村三级动物疫情监测、报告网络体系，县畜牧兽医局和各镇（场）畜牧兽医站要加强监测工作的管理和监督，保证监测工作及时、快速、高效；饲养、经营动物及生产、经营动物产品的单位和个人要积极配合。

3.2 预警

县畜牧兽医局根据县动物疫病预防控制机构提供的监测信息，按照动物疫情的发生、发展规律和特点，分析其危害程度、可能的发展趋势，及时做出相应级别的预警。疫情预警级别依次用红色、橙色、黄色和蓝色分别表示特别重大（Ⅰ级）、重大（Ⅱ级）、较大（Ⅲ级）和一般（Ⅳ级）四个预警级别。

3.3 报告

任何单位和个人有权向各级人民政府及其有关部门报告突发动物疫情及其隐患，有权向上级人民政府举报不履行或者不按照规定履行突发动物疫情应急处理职责的部门、单位及个人。

3.3.1 责任报告单位和责任报告人

（1）责任报告单位

a. 镇人民政府（场）及所属畜牧兽医部门；

b. 县级以上动物卫生、预防控制机构；

c. 畜牧兽医行政管理部门；

d. 出入境检验检疫机构；

e. 有关动物饲养、经营和动物产品生产、经营的单位，各类动物诊疗机构等相关单位。

（2）责任报告人

执行职务的各级动物卫生监督机构、动物疫病预防控制机构、出入境检验检疫机构的兽医人员；各类动物诊疗机构的兽医；饲养、经营动物和生产、经营动物产品的人员。

3.3.2 报告形式

县动物疫病预防控制机构应按照国家有关规定逐级报告动物疫情；其他责任报告单位和个人以电话或书面形式报告。

3.3.3 报告时限和程序

发现可疑动物疫情时，必须立即向县动物卫生监督机构或动物疫病预防控制机构报告。县动物卫生监督机构或动物疫病预防控制机构接到报告后，应当立即派动物防疫检疫人员赶赴现场诊断，必要时可请省、市动物疫病预防控制机构派技术人员指导或联合进行诊断。认定为疑似动物疫情的，应由所在镇人民政府（场）或相应的应急指挥机构向县人民政府（或县防制重大动物疫病工作领导小组）及上级动物疫病预防控制机构报告，疑似疫情及先期处置情况，要在认定疑似疫情后的2小时内逐级报至省突发重大动物疫情应急指挥部办公室、省动物疫病预防控制中心以及省人民政府。

对动物疫病的诊断要及时、科学、准确。县动物卫生监督机构、动物疫病预防控制机构认定为疑似动物疫情的，应立即按要求采集病料样品送省动物疫病预防控制中心实验室确诊。

3.3.4 报告内容

疫情发生的时间、地点、发病的动物种类和品种、动物来源、临床症状、发病数量、死亡数量、动物免疫接种情况、是否有人员感染、已采取的控制措施、疫情报告的单位和个人、联系方式等。

4. 突发动物疫情的应急响应和终止

4.1应急响应的原则

发生突发动物疫情时，县人民政府按照分级响应的原则作出应急响应。同时，要遵循突发动物疫情发生发展的客观规律，结合实际情况和防控工作的需要。根据不同动物疫病的性质和特点，注重分析疫情的发展趋势，对态势和影响不断扩大的疫情，应及时升级预警和响应级别；对范围局限、不会进一步扩散的疫情，应相应降低响应级别，及时撤销预警。

突发动物疫情应急处置要采取边调查、边处置、边核实的方式，及时有效地控制和扑灭疫情。

未发生突发动物疫情的地方，所在地畜牧兽医部门接到其他地方疫情通报后，要组织做好人员、物资等应急准备工作，采取必要的预防控制措施，防止

突发动物疫情在本行政区域内发生，并服从上级畜牧兽医行政管理部门的统一指挥，支援动物疫情发生地的应急处置工作。

4.2 应急响应的措施

4.2.1 特别重大突发动物疫情(I级)、重大突发动物疫情(II级)和较大突发动物疫情(Ⅲ级)的应急，届时县人民政府按国家、省、市的要求采取相应响应措施，认真履行职责，积极落实各项防控措施，开展突发动物疫情的扑灭工作。

4.2.2 一般突发动物疫情(Ⅳ级)的应急响应

（1）县人民政府

根据县畜牧兽医局的建议，县防制重大动物疫病工作领导小组组长决定启动Ⅳ级的应急响应，采取相应综合应急措施；必要时可向市政府申请资金、物资和技术援助。

①组织协调有关部门参与突发动物疫情的处置。

②根据突发动物疫情处理需要，调集本行政区域内各类人员、物资、交通工具和相关设施、设备参加应急处置工作。

③发布封锁令，对疫区实施封锁。封锁疫区涉及跨县的报请共同的上一级人民政府决定。封锁疫区导致中断省道等干线交通的，报请省政府决定。

④在本行政区域内采取限制或者停止动物及动物产品交易、扑杀染疫或相关动物，临时征用房屋、场所、交通工具；封闭被动物疫病病原体污染的公共饮用水源等紧急措施。

⑤组织公安、交通运输、畜牧兽医、卫计等部门依法在交通站点设置临时动物卫生监督检查站，对进出疫区、出入境的交通工具进行检查和消毒。

⑥按国家规定做好信息发布工作，信息发布要做到及时主动，准确把握，规范有序，注重社会效果。

⑦组织镇、村委会（社区），开展群防群控。

⑧组织有关部门保障商品供应，平抑物价，严厉打击造谣传谣、制假售假等违法犯罪和扰乱社会治安的行为，维护社会稳定。

（2）县防制重大动物疫病工作领导小组办公室（县畜牧兽医局）

组织对一般突发动物疫情进行确认。并按照规定向县人民政府和市畜牧兽医局报告。

①组织动物疫病预防控制机构开展突发动物疫情的调查与处理；划定疫点、疫区、受威胁区。

②组织突发动物疫情专家组对突发动物疫情进行评估，提出启动突发动物疫情应急响应的级别。

③根据需要组织开展紧急免疫和预防用药。

④负责对本行政区域内应急处理工作的督导和检查。

⑤对新发现的动物疫病，及时按照国家规定，开展有关技术标准和规范的培训工作。

⑥有针对性地开展动物防疫知识宣传，提高群众防控意识和自我防护能力。

⑦组织专家对突发动物疫情的处理情况进行综合评估，包括疫情、现场调查情况、疫源追踪情况以及对扑杀动物、无害化处理、消毒、紧急免疫等措施的效果评价。

必要时可请求省、市的技术支持。

（3）汕尾出入境检验检疫局海城办

加强出口货物的查验，根据国家有关规定和要求，依法停止疫区和受威胁区的相关动物及其产品的出口，暂停使用位于疫区依法设立的出入境相关动物临时隔离检疫场；出入境检验检疫工作中发现动物疫情或者疑似动物疫情时，应按有关规定作出疫情通报，并与县人民政府按照有关规定采取区域封锁、动物扑杀和消毒等措施，做好疫情控制和扑灭工作。

（4）县防制重大动物疫病工作领导小组成员单位要按照各自的职责，积极参与疫情控制和扑灭工作。

4.2.3 非突发动物疫情发生地区的应急响应

应根据发生疫情地区的疫情性质、特点、发生区域和发展趋势，分析本地区受波及的可能性和程度，重点做好以下工作：

(1)密切保持与疫情发生地的联系，及时获取相关信息。

(2)组织做好本区域应急处理所需的人员与物资准备。

(3)开展对养殖、运输、屠宰和市场环节的动物疫情监测和

防控工作，防止疫病的发生、传入和扩散。

(4)开展动物防疫知识宣传，提高公众防护能力和意识。

(5)按规定做好公路、水运交通的检疫监督工作。

4.3 应急处置人员的安全防护

要确保参与疫情应急处置人员的安全。针对不同的重大动物疫病，特别是人畜共患病，应急处置人员采取穿戴防护服，接种相应的疫苗等特殊防护措施，定期进行血清学监测等。

4.4 应急响应的终止

突发动物疫情应急响应的终止需符合以下条件：疫区内所有的动物及其产品按规定处理后，经过该疫病的至少一个最长潜伏期无新的病例出现。

I级、II级、Ⅲ级疫情的，由宣布启动应急响应的单位决定终止应急响应。

一般突发动物疫情(Ⅳ级)由县畜牧兽医局对疫区控制情况进行评估，提出终止应急措施的建议，报由县防制重大动物疫病工作领导小组决定宣布终止应急响应，并向市畜牧兽医局报告；市畜牧兽医局可根据县畜牧兽医局的请求，及时组织专家对突发动物疫情应急措施终止的评估提供技术指导和支持。

5. 善后处理

5.1 后期评估

突发动物疫情扑灭后，县畜牧兽医局应在县人民政府的领导下，组织有关人员对突发动物疫情的处置情况进行评估。评估的内容应包括：疫情基本情况、疫情发生的经过、现场调查及实验室检测的结果；疫情发生的主要原因分析、结论；疫情处置经过、采取的防控措施及效果；应急过程中存在的问题与困难，以及针对本次疫情的暴发流行原因、防控工作中存在的问题与困难等，提出改进建议和应对措施。评估报告报县人民政府，同时抄报市畜牧兽医局。

5.2 奖励

县人民政府对参加突发动物疫情应急处置做出贡献的先进集体和个人进行表彰；对在突发动物疫情应急处置工作中英勇献身的人员，按有关规定追认为烈士。

5.3 责任

对在突发动物疫情的预防、报告、调查、控制和处置过程中，有玩忽职守、失职、渎职等违纪违法行为的，依据有关法律法规追究当事人的责任。

5.4 灾害补偿

按照各种动物疫病灾害补偿的规定，确定数额等级标准，按程序进行补偿。补偿的对象为因扑灭或防止动物疫病传播，其畜禽或财产受损失的单位和个人；补偿标准由县物价局会同县财政局和县畜牧兽医局制定，报县人民政府批准。

5.5 抚恤和补助

各镇人民政府（场）要组织有关部门对因参与应急处置工作致病、致残、死亡的人员，按照国家有关规定，给予相应的补助和抚恤。

5.6 恢复生产

突发动物疫情扑灭后，取消贸易限制及流通控制等限制性措施。根据各种动物疫病的特点，对疫点和疫区进行持续监测，符合要求的，方可重新引进动物，恢复畜牧业生产。

5.7 社会救助

发生动物疫情后，县民政局应按《中华人民共和国公益事业捐赠法》和《救灾救济捐赠管理暂行办法》及国家有关政策规定，做好社会各界向疫区提供的救援物资及资金的接收、分配和使用工作。

6. 应急保障

突发动物疫情发生后，县人民政府积极协调县畜牧兽医局、农业局、财政局、公安局、卫计局、食药局、工商局、交通运输局、质监局、经促局、林业局、环保局、地税局、国税局、食品集团公司、汕尾出入境检验检疫局海城办、宣传部、物价局、民政局、监察局和武装部，做好突发动物疫情处置的应急保障工作。

6.1 通信与信息保障

县防制重大动物疫病工作领导小组应将车载电台、对讲机等通讯工具纳入紧急防控物资储备范畴，按照规定做好储备保养工作。

6.2 应急资源与装备保障

6.2.1 应急预备队伍保障

县人民政府要建立突发动物疫情应急处置预备队伍，具体实施扑杀、消毒、无害化处理等疫情处置工作。应急预备队伍由县畜牧兽医局、卫计局、食药局、公安局、工商局、武装部等部门的人员组成，并保持相对固定。

6.2.2 交通运输保障

交通运输部门要优先安排紧急防控物资的调运。

6.2.3 医疗卫生保障

卫计部门负责做好动物疫病（包括人畜共患病）有关疫区的人员预防和医疗救治工作。各镇（场）畜牧兽医站在做好疫情处置的同时，应及时通报疫情，积极配合卫计部门开展工作。

6.2.4 治安保障

公安部门要协助做好疫区封锁和强制扑杀工作，做好疫区安全保卫和社会治安管理。

6.2.5 防控物资保障

各级畜牧兽医部门应按照计划建立紧急防控物资储备库，储备物资应根据动物饲养量和疫病控制情况，进行合理计划。主要包括诊断试剂、兽用生物制品、消毒设备、防护用品、运输工具、通信工具及其他用品。

6.2.6 经费保障

各级财政部门按照财政分级负担的原则，为突发动物疫病防控工作提供资金保障。当发生较大（Ⅲ级）和一般（Ⅳ级）疫情时，疫区的防控经费由市、县级财政给予保障；当发生特别重大（Ⅰ级）和重大（Ⅱ级）疫情时，县财政局应及时安排应急防控经费，并及时向国家、省申请财政拨款。

每年用于紧急防控物资储备、扑杀病畜补贴和疫情处置、动物疫情监测所需经费，由各级财政予以保障。具体经费补助标准和管理办法由县畜牧兽医局会同县财政局共同制定。如发生不可预测的动物疫情，实际资金需求与预算安排有差距，财政部门应予以追加，以保证支出需要。

财政部门在保证防控经费及时、足额到位的同时，要加强对防控经费使用的监督管理。

各级政府应积极通过多种渠道筹集资金，用于突发动物疫情应急处置工作。

6.3 技术储备与保障

建立突发动物疫情应急专家组。专家组由兽医技术官员、动物疫病防控专家、风险评估专家、法律专家组成，负责疫病防控策略和方法的咨询，参与防控技术方案的策划、制定和执行。

6.4 培训和演习

各级畜牧兽医行政管理部门要对动物疫情处置预备队成员进行系统培训。内容包括：（1）动物疫病的预防、控制和扑灭知识，包括免疫、流行病学调查、诊断、病料采集与送检、消毒、隔离、封锁、检疫、扑杀及无害化处理等措施；（2）动物防疫法律法规；（3）个人安全防护知识；（4）治安与环境保护；（5）工作协调、配合要求。

在没有发生突发动物疫情状态下，畜牧兽医行政管理部门每年要有计划地举行演练，确保应急预备队扑灭疫情的应急能力。

6.5 社会公众的宣传教育

县人民政府组织有关部门利用广播、电视、报刊、网络、手册等多种形式，对社会公众广泛开展突发动物疫情应急知识的普及教育，宣传动物疫病防控科普知识，指导群众以科学的行为和方式应对突发动物疫情。要充分发挥有关社会团体在普及动物防疫应急知识方面的作用。

7. 各类具体工作预案的制定

县畜牧兽医局应根据本预案，制定不同种类动物疫病应急预案，并根据形势发展，及时进行修订。

县级有关部门根据本预案的规定，制定本部门职责范围内的具体工作方案。

各镇人民政府（场）根据有关法律法规，参照本预案并结合各自实际情况，组织制定本地区突发动物疫情应急预案，并报县畜牧兽医局备案。

8. 附则

8.1 名词术语和缩写语的定义与说明

重大动物疫情：是指陆生、水生动物突然发生重大疫病，且迅速传播，导致动物发病率或者死亡率高，给养殖业生产安全造成严重危害，或者可能对人民身体健康与生命安全造成危害的，具有重要经济社会影响和公共卫生意义。

我国尚未发现的动物疫病：是指疯牛病、非洲猪瘟、非洲马瘟等在其他国家和地区已经发现，在我国尚未发生过的动物疫病。

我国已消灭的动物疫病：是指牛瘟、牛肺疫等在我国曾发生过，但已扑灭净化的动物疫病。

暴发：是指一定区域，短时间内发生波及范围广泛、出现大量患病动物或死亡病例，其发病率远远超过常年的发病水平。

疫点：患病动物所在的地点划定为疫点，疫点一般是指患病畜禽所在的畜禽场（户）或其他有关屠宰、经营单位。

疫区：以疫点为中心的一定范围内的区域划定为疫区，疫区划分时注意考虑当地的饲养环境、天然屏障（如河流、山脉）和交通等因素。

受威胁区：疫区外一定范围内的区域划定为受威胁区。本预案有关数量的表述中，“以上”含本数，“以下”不含本数。

8.2 预案管理与更新

本预案定期进行评审，并根据突发动物疫情的形势变化和实施中的问题，及时进行修订。各镇人民政府（场）及各有关部门制定的动物疫情应急预案报县防制重大动物疫病工作领导小组办公室、县畜牧兽医局备案。

8.3 预案解释部门

本预案由县人民政府组织修订，由县畜牧兽医局负责解释。

8.4 预案实施时间

本预案自印发之日起实施。

附件：海丰县防制重大动物疫病工作领导小组成员名单

组长：陈德忠（县政府）

副组长：余振光（县政府）
　　　　卓凛波（县政府）

办公室主任：罗火贵（县畜牧兽医局）

成员：叶胜勇（县政府办）
　　　林锡清（县监察局）
　　　林友捷（县政府办）
　　　马泽跃（县应急办）
　　　罗火贵（县畜牧局）
　　　林国义（县财政局）
　　　陈容生（县农业局）
　　　罗　震（县公安局）
　　　颜荣林（县卫计局）
　　　黄坚如（县交通运输局）
　　　张辉民（县工商局）

何秀山（县经促局）
陈健雄（县质监局）
童荣富（县武装部）
黎方极（县林业局）
李特清（县民政局）
吕君琼（县国税局）
宋相当（县地税局）
陈坤宝（县环保局）
马学仲（县物价局）
陈耀海（县食品药品监管局）
余东林（县畜牧局）
彭俊瑜（县食品集团公司）
张泽平（汕尾出入境检验检疫局驻海城办事处）

关于印发《海丰县自然灾害救助应急预案》的通知

海府办〔2014〕22号

各镇人民政府（场），县直各单位：

经县政府同意，现将《海丰县自然灾害救助应急预案》印发给你们，请认真遵照执行。

海丰县人民政府办公室

2014年6月20日

海丰县自然灾害救助应急预案

1. 总则

1.1 编制目的

建立健全我县应对突发自然灾害救助的应急体系和运行机制，规范应急救助行为，提高应急救助能力，高效、有序实施应急救助，最大程度减少人民群众生命财产损失，维护灾区社会稳定。

1.2 编制依据

依据《中华人民共和国宪法》《中华人民共和国防洪法》《中华人民共和国防震减灾法》《中华人民共和国公益事业捐赠法》《中华人民共和国气象法》《中华人民共和国突发事件应对法》《自然灾害救助条例》《国家突发公共事件总体应急预案》《国家自然灾害救助应急预案》《救灾捐赠管理办法》《广东省突发事件应对条例》《广东省突发事件总体应急预案》《广东省自然灾害救济工作规定》《广东省自然灾害救助应急预案》（粤府办〔2012〕94号）、《海丰县突发事件总体应急预案》等法律法规及有关规定，制定本预案。

1.3 适用范围

本预案适用于我县范围内发生干旱、洪涝灾害，台风、暴雨、冰雹、寒冷、高温、雷电等气象灾害，地震灾害，山体崩塌、滑坡、泥石流等地质灾害，风暴潮、赤潮和海啸等海洋灾害，森林火灾和重大生物灾害等自然灾害的救助工作。

事故灾难、公共卫生事件、社会安全事件等其他突发事件造成大量人员伤亡，需要实施的紧急转移安置或生活救助工作，参照本预案执行。

1.4 工作原则

（1）以人为本，减少危害。全面履行职能，把保护人民群众健康和生命财产安全作为应急救助的首要任务，确保受灾地区人员的基本生活。

（2）加强协作，密切配合。充分发挥海丰县减灾委员会（以下简称县减灾委）的指导、指挥、协调作用，加强有关单位在自然灾害应急救助工作中的协作和配合，形成统一指挥、分工明确、协调有序、配合密切、运转高效的应急救助机制。

（3）政府主导，社会参与。坚持政府主导、社会互助，实现灾民自救、社会参与，充分发挥基层群众自治组织和公益性社会组织的作用。

2. 组织体系

2.1 县减灾委

县减灾委是全县自然灾害救助应急综合协调机构，负责组织、领导、指挥、协调全县自然灾害救助工作，协调开展重大自然灾害减灾救助活动，指导各地开展减灾救助工作。

主任：分管副县长。

副主任：县政府办分管副主任，县民政局局长。

成员：县委宣传部、县发改局、粮食局、经促局、食药局、教育局、公安局、民政局、财政局、人社局、国土资源局、环保局、住建局、交通运输局、水务局、农业局、林业局、卫计局、侨务局，广播电视台、供电局、统计局、物价局、海洋与渔业局、安监局，电信局、科技局、气象局，武警中队，武装部、团县委。

县减灾委成员单位职责：

（1）县委宣传部：负责协调救灾工作宣传报道。

（2）县发改局和县粮食局：负责安排防灾及灾后重建基建项目，协调落实建设资金；协同县民政局做好救灾粮储备、调拨和供应的组织、协调工作，确保受灾期间粮食供应；会同县农业局、县物价局确保受灾期间市场供应和价格稳定；会同县财政局、农业局等单位落实冬春救助中以工代赈、灾欠减免等政策。

（3）县经促局：负责协调灾区煤电油运等重要生产生活物资的市场供需衔接和冻猪肉储备的应急调度工作；保障相关合法无线电通信业务频率的正常使用，对出现的有害无线电干扰予以查处。

（4）县食药局：负责协调灾区县级医药储备的应急调度工作；组织协调救援装备、防护和消杀用品、医药等生产供应。

（5）县教育局：负责协调、指导灾区做好灾后学校（不含技校，下同）、托幼机构复学工作；协助有关单位共同做好灾后校舍恢复重建；组织、指导各地对学校学生、幼儿进行防灾减灾应急的宣传、教育、演练工作。

（6）县公安局：负责灾区的治安秩序维护工作，协助组织灾区群众的紧急转移工作；做好交通疏导工作，确保道路交通安全畅通；积极配合做好救灾救援和应急救助工作；落地查处网络上散布谣言、制造恐慌的人员。

（7）县民政局：承担县减灾委办公室相关职责；负责组织、协调救灾工作；核定、报告全县灾情，发布灾情信息；指导做好灾民安置、慰问工作；督促指导受灾群众吃、穿、住、医等生活救助；会同县财政局联合向上级民政、财政部门申请救灾补助资金，根据申请和有关单位对灾情的核定情况，及时下拨上级自然灾害生活补助资金，分配和管理上级下拨和县本级救灾款物；组织指导救灾捐赠，视情况组织开展跨地区或者全县性救灾捐赠，统一分配全县性救灾捐赠款物和县本级接收的救灾捐赠款物；指导做好民房恢复重建；储备县级灾害救助物资。

（8）县财政局：负责救灾资金的预算安排、资金拨付；会同县民政局联合向上级民政、财政部门申请救灾补助资金；根据申请和有关单位对灾情的核定情况，及时下拨自然灾害生活补助资金；及时对救灾资金的使用进行监督、检查，保证救灾资金迅速到位；会同县发改局、农业局等单位落实冬春救助中的以工代赈、灾欠减免等政策。

（9）县人社局：负责协调、指导灾区做好灾后技校复学工作；协助有关单位共同做好灾后校舍恢复重建；组织、指导各地对技校学生进行防灾减灾应急的宣传、教育、演练工作。

（10）县国土资源局：负责组织、协调、指导和监督地质灾害防治工作；编制县级地质灾害防治规划和年度地质灾害防治方案；开展突发性地质灾害调查，组织专家对地质灾害成因进行分析论证后认定治理责任；建立完善地质灾害监测网络和群测群防体系；协助抢险救灾和善后处理工作；按规定对灾后重建有关用地审批手续给予优先办理。

（11）县环保局：负责组织拟订并监督实施灾害多发的重点区域、流域污染防治规划和饮用水源地环境保护规划；牵头协调自然灾害引发的重大环境事件调查处理和重点区域、流域环境污染防治工作，开展受灾期间环境监测和发布相关环境信息；会同县卫计局做好灾区饮用水环境的监测监督，指导饮用水源地的保护工作。

（12）县住建局：负责灾后城乡规划和工程建设管理，组织制订各类房屋建筑及附属设施和市政工程建设的抗震设防标准并监督实施；指导灾后房屋和市政公用基础设施的质量安全鉴定，以及灾后恢复重建规划和工程设计施工等管理工作。

（13）县交通运输局：负责加强救灾物资运输的组织协调，做好运输保障工作；组织协调抗灾救灾人员、物资的公路、水路运输，为运送救灾应急物资车辆办理免费通行手续；提供转移灾民所需交通工具，组织被毁公路抢修。

（14）县水务局：负责组织、协调、指导全县防汛、防旱、防风、防冻及水利工程抢险工作，在抗御特大洪水期间实施水库联合调度；组织灾后水利设施的修复，储备防汛抢险物资。

（15）县农业局：负责动物疫情和农作物病虫害监测预警与防控；组织种子、化肥、动物疫苗、消毒药品等救灾物资储备和调拨，指导农业救灾和灾后复产；会同县发改局、物价局保障受灾期间农产品市场供应和价格稳定；会同县发改局、财政局等单位落实冬春救助中以工代赈、灾欠减免等政策。

（16）县林业局：负责协调、指导、监督全县森林火灾扑救，储备应急物资；组织林业有害生物灾害防治工作；组织、指导陆生野生动植物的救护繁育、陆生野生动物栖息地恢复发展以及陆生野生动物疫源疫病监测。

（17）县卫计局：负责合理调配医疗卫生资源，及时组织医疗卫生队伍赴灾区协助做好灾区医疗救治、卫生防疫和心理援助等工作；加强灾区饮用水卫生监督工作；做好公共卫生事件中的应急救助工作。

（18）县侨务局：负责救灾相关涉外工作；协助县民政局接收、管理、分配国际救灾捐赠款物。

（19）县广播电视台：负责对抢险救灾、防灾减灾工作进行宣传报道。

（20）县统计局：负责协助有关单位按照民政部、国家统计局制订的《自然灾害情况统计制度》，做好灾情信息的收集、汇总、分析、整理、上报工作；向有关单位提供统计信息和咨询建议。

（21）县物价局：负责灾区市场价格监管，组织开展价格监督检查，组织实施依法采取的价格干预措施；会同县发改局、农业局保障受灾期间市场供应和价格稳定，维护市场价格秩序。

（22）县海洋与渔业局：负责组织开展风暴潮（灾害性海浪）、赤潮和海啸等海洋环境的观测预报工作，并组织海洋防灾减灾工作；组织开展海洋捕捞渔船、渔港、港湾设施、沿海水域水产养殖设施以及水产品抢险救灾工作。

（23）县安监局：负责指导、协调生产安全事故灾难应急救援工作。

（24）县供电局：负责组织、指导因灾损毁电力设施的恢复及电力调度，保障受灾期间电力供应。

（25）县电信局：负责协调各通信运营企业及时、准确发布自然灾害预警预报信息；做好通信应急保障工作，尽快恢复被破坏的通信设施，保障灾害现场应急通信畅通。

（26）县科技局：负责组织协调地震现场强余震监测，分析地震发展趋势，提出强余震防范对策；协调震区与相邻县（区）的监测工作；会同有关单位组织地震现场地震灾害调查，确定地震烈度；及时对地震灾害进行损失评估并提出救灾意见，组织协调地震灾害紧急救援工作；参与制订震区恢复重建规划。

（27）县气象局：负责发布灾害性天气预报、预警，为防灾抗灾救灾提供服务；组织对气象灾害的调查、评估、鉴定、发布及宣传工作。

（28）县武装部：负责组织协调驻县部队和组织民兵预备役部队参加抢险救灾。

（29）县武警中队：负责保护重要目标安全，解救、转移和疏散受灾人员；抢救、运送重要物资；参加疫区封控；在县委、县政府的统一领导下，在县公安局的组织协调下，参与处置因灾害事故引发的群体性事件，维护灾区社会稳定。

（30）团县委：负责在救灾救助中组织志愿者和社会力量，依法开展救灾募捐和灾害救助活动；参与救灾和伤病员的救治（含灾民、伤员的心理救援）；根据县人民政府的统一部署参与灾后重建工作。

2.2 县减灾委办公室

县减灾委办公室设在县民政局，办公室主任由县民政局分管副局长兼任。办公室主要职责：拟订救灾工作政策；承办救灾组织、协调工作；组织自然灾害救助应急体系建设；承办灾情核查和统一上报、发布工作；承办救灾款物管理、分配及监督使用工作；会同有关方面组织协调紧急转移安置灾民、农村灾民毁损房屋恢复重建补助和灾民生活救助；指导救灾物资储备工作；组织和指导救灾捐赠工作；会同有关单位拟订减灾规划。

2.3 自然灾害救助应急综合协调机构

县减灾委为自然灾害救助应急综合协调机构，及时启动相应的应急响应，组织做好救助工作。咨询省、市减灾委专家委员会（对县减灾救灾工作重大决策和重要规划进行政策咨询，为县自然灾害的灾情评估、应急救助和灾后救助进行咨询）。

3. 运行机制

3.1 应急响应

3.1.1信息报告

（1）灾害预警预报各有关单位按照职责收集并及时向县减灾委办公室报告有关灾害预警信息。主要包括：地质灾害预警信息（县国土资源局负责），汛情、旱情预警信息（县水务局负责），生物灾害预警信息（县农业局负责），森林火灾和林业生物灾害预警信息（县林业局负责），海洋灾害预警信息（县海洋渔业局负责），地震趋势预测信息（县科技局负责），气象灾害预警信息（县气象局负责）等。县减灾委办公室及时汇总各类灾害预警预报信息，向成员单位和有关地区通报。

（2）灾情信息报告各有关单位按照职责收集和提供灾害发生、发展、损失以及防御等情况，及时向县人民政府或县减灾委报告。特别重大、重大、较大自然灾害信息，要按规定及时报告省、市人民政府。

镇级以上人民政府民政部门按照《自然灾害情况统计制度》，做好自然灾害情况的统计报送工作。

3.1.2响应启动

根据一次自然灾害过程造成影响的危害程度，县自然灾害救助应急响应分为Ⅰ级、Ⅱ级、Ⅲ级、Ⅳ级四个等级。

Ⅰ级响应，由县减灾委主任统一组织、领导；Ⅱ级和Ⅲ级响应，由县减灾委副主任（县民政局局长）组织协调；Ⅳ级响应，由县减灾委办公室主任组织协调。

对救助能力特别薄弱的地区以及其他特殊情况，启动自然灾害救助应急响应的标准可酌情调整。

（1）Ⅰ级响应

特别重大灾害发生，或接到特别重大灾害灾情报告后，县减灾委办公室要立即组织县减灾委相关成员单位和专业人员分析研判，对灾害影响进行综合评估；认为灾情达到应急救助Ⅰ级响应启动标准的，经县减灾委办公室报经县减灾委副主任（县民政局局长）审核后，向县减灾委提出启动Ⅰ级响应的建议，由县减灾委主任决定启动Ⅰ级响应。

（2）Ⅱ级响应

重大灾害发生，或接到重大灾害灾情报告后，县减灾委办公室要立即组织县减灾委相关成员单位和专业人员分析研判，对灾害影响进行综合评估；认为灾情达到应急救助Ⅱ级响应启动标准的，由县减灾委办公室向县减灾委提出启动Ⅱ级响应的建议，县减灾委副主任决定启动Ⅱ级响应。

（3）Ⅲ级响应

较大灾害发生，或接到较大灾害灾情报告后，县减灾委办公室要立即对灾害影响进行综合评估，认为灾情达到应急救助Ⅲ级响应启动标准的，向县减灾委提出启动Ⅲ级响应的建议，由县减灾委副主任决定启动Ⅲ级响应。

（4）Ⅳ级响应

灾害发生，或接到灾情报告后，县减灾委办公室要立即对灾害影响进行综合评估，认为灾情达到应急救助Ⅳ级响应启动标准的，由县减灾委办公室主任决定启动Ⅳ级响应，并向县减灾委副主任（县民政局局长）报告。

3.1.3响应措施

（1）县减灾委领导带领有关单位负责同志赶赴灾区慰问受灾群众，核查灾情，指导地方开展救灾工作。

（2）县减灾委办公室组织相应级别应急响应会商，县减灾委成员单位、县减灾委成员及有关受灾地区相关负责同志参加，对灾区抗灾救灾的重大事项作出决定，分析灾情形势，研究落实救灾支持措施。

（3）县减灾委办公室与灾区保持密切联系，及时掌握灾情和救灾工作动态信息；组织灾情会商，按照有关规定统一发布灾情，及时发布灾区需求。有关单位按照职责，切实做好灾害监测、预警、预报工作和新闻报道。必要时，县减灾委组织专业人员进行实时评估。

（4）公安、民政等部门要及时组织灾区群众紧急转移，卫生行政主管部门要及时组织受灾害影响群众的医疗救治和卫生防病工作。

（5）交通运输等部门做好救灾物资、救援装备、防护和消杀用品、医疗用品及药物等运输的组织协调。民政部门为灾区紧急调拨生活救助物资，落实救灾各项应急措施，发放救灾款物。

（6）县民政局、财政局要根据地方申请和有关单位对灾情的核定情况，及时下拨县级自然灾害生活补助资金，向上级民政、财政部门申请救灾补助资金。

（7）民政部门视情况组织开展跨地区或者全县性救灾捐赠活动，统一接收、管理、分配国际救灾捐赠款物。

（8）灾情稳定后，县减灾委办公室组织评估、核定并按有关规定统一发布自然灾害损失情况，开展灾害社会心理影响评估，并根据需要组织开展灾后救助和心理援助。

（9）县减灾委其他成员单位按照职责分工，做好有关工作。

3.1.4响应终止

灾情稳定，救助应急工作结束，经评估短期内灾害影响不再扩大或已减轻后，县减灾委办公室提出终止应急响应建议，由宣布启动应急响应的单位决定终止应急响应。

3.2 灾后救助

3.2.1过渡性生活救助

（1）灾害发生后，县减灾委办公室组织有关单位、灾区镇政府（场）相关负责同志及专业人员评估灾区过渡性生活救助需求情况。

（2）县民政局、财政局及时拨付过渡性生活救助资金；县民政局指导灾区人民政府（场）做好过渡性生活救助人员的核定、资金发放等工作。

（3）县减灾委办公室会同有关单位监督检查灾区过渡性生活救助政策和措施的落实，定期通报灾区救助工作情况。

（4）县减灾委办公室要在过渡性生活救助工作结束后，及时组织人员对救助情况进行绩效评估。

3.2.2冬春救助

自然灾害发生后的当年冬季、次年春季，受灾镇人民政府（场）为生活困难的受灾人员提供基本生活救助。

（1）受灾镇人民政府（场）要在县民政局的指导下，在每年9月中旬开始启动冬春受灾群众生活困难情况调查评估，并核实有关情况。

（2）县民政局根据受灾镇（场）群众生活困难情况，要在每年10月下旬前统计、评估本行政区域受灾人员当年冬季、次年春季的基本生活困难和需求，核实救助对象，编制工作台账，制订救助工作方案，经县人民政府批准后组织实施，并报上一级民政部门备案。

（3）根据镇人民政府（场）的请款报告，结合灾情评估情况，县民政局、财政局确定资金补助方案，及时下拨上级自然灾害生活补助资金，用于解决冬春受灾群众吃饭、穿衣、取暖等基本生活困难。

（4）县民政局通过开展政府采购、对口支援、救灾捐赠等方式为受灾群众提供过冬衣被，组织有关单位和专家评估全县冬春期间中期和终期救助工作绩效。

3.3 恢复重建

受灾镇人民政府（场）负责组织实施因灾倒损住房的恢复重建。恢复重建要充分尊重灾区群众意愿，以受灾户自建为主。建房资金通过政府救助、社会互助、邻里帮工帮料、以工代赈、自行借贷、政策优惠等多种途径解决。重建规划和房屋设计要因地制宜，科学布局，充分考虑灾害因素，合理减灾避灾。

（1）县民政局根据受灾镇人民政府（场）对倒损住房的上报情况，视情况组织评估小组，参考其他有关单位的评估数据，对因灾倒损住房情况进行综合评估，并按要求审定后，报省市民政部门。

（2）县民政局、财政局要根据上级下拨倒损住房恢复重建补助资金，下达受灾镇人民政府（场）。

（3）倒损住房重建工作结束后，县民政局和各镇人民政府（场）要采取实地调查等方式，对本地倒损住房恢复重建补助资金管理工作开展绩效评估，并将评估结果报告上一级民政部门。

（4）县政府统一组织开展的恢复重建，按有关规定执行。

3.4 信息发布

信息发布要坚持实事求是、及时准确、公开透明的原则。信息发布形式包括授权发布、提供新闻通稿、组织报道、接受记者采访、举行新闻发布会等，通过市、县主要新闻媒体、重点新闻网站、有关政府网站和手机短信等发布信息。具体按照国家和省、市有关规定执行。

灾情稳定前，受灾地区减灾委或民政部门要及时向社会发布自然灾害造成的人员伤亡、财产损失和自然灾害救助工作动态及成效、下一步工作安排等情况；灾情稳定后，县人民政府或县减灾委要评估、核定并按有关规定发布自然灾害损失情况。

4. 应急保障

4.1 人力保障

各地、各有关单位要加强自然灾害各类专业救援队伍建设、民政灾害管理人员队伍建设，提高自然灾害救助能力。建立由民政、国土资源、住建、交通、水务、农业、林业、卫生、海洋、气象等领域专业队伍，为自然灾害应急救助提供专业技术保障，参与灾情会商，赶赴灾区现场评估灾情及开展灾害应急管理业务咨询工作。推行灾害信息员培训和职业资格证书制度，建立健全覆盖县、镇（场）、村（社区、居委会）的灾害信息员队伍。村（居）委会和企（事）业单位要设立专职或者兼职灾害信息员。各地视情况给予灾害信息员必要的交通、通信等费用补贴。培育、发展和引导相关社会组织和志愿者队伍，鼓励其在救灾工作中发挥积极作用。

4.2 资金保障

县财政局按照现行财政体制规范，对自然灾害救助应急保障给予相应资金支持。

鼓励公民、法人和其他组织为自然灾害救助工作提供物资、资金、技术支持和捐赠。

县监察、审计部门要对捐赠救灾款物的拨付和使用等情况进行监察和审计，并及时向社会公开监察和审计结果。

鼓励保险公司开展产品和服务创新，为自然灾害应急救助提供保险服务。鼓励社会公众参与商业保险和参加互助保险，建立风险分担机制。

4.3 物资保障

各地、各有关单位要加强全县救灾物资储备网络建设，整合现有的救灾储备物资和储备库，对所储备的救灾物资和储备库实行县镇分级、分类管理。

县设救灾物资储备中心仓库，各镇（场）建立健全救灾物资储备仓库和社会捐赠接收站（点）。救灾物资储备库应储备必需的救灾物资，并及时补充救灾储备物资。

各地、各关单位要建立救灾物资代储制度和救灾物资生产厂家名录，建立健全救灾物资应急采购和紧急调拨、运输制度。

各地要鼓励和引导社区、企业事业单位和家庭储备基本的自然灾害应急自救物资和生活必需品。

4.4 设施保障

各镇人民政府（场）要根据辖区人口密度、分布以及城市规模等情况，利用公园、广场、体育场馆等公共设施，统筹规划建设应急避护场所，在应急避护场所设置统一、规范的明显标志，储备必要的物资，提供必要的医疗条件。要加强紧急情况下的综合运输管理，建立自然灾害应急救助运输保障系统、社会交通运输工具征用机制和应急救助“绿色通道”机制，实现全县及区域自然灾害应急救助交通运输统一指挥调度，确保自然灾害救助人员和受到自然灾害危害的人员、救助物资、救助设备优先运输。

4.5通信保障

县经促局、电信局等有关单位要依法保障自然灾害应急救助工作的信息畅通。自然灾害救助信息网络要以公用通信网为基础，合理组建自然灾害信息专用通信网络，确保通信畅通。加强自然灾害信息管理系统建设，指导各地建设并管理覆盖县、镇、村三级的救灾通信网络，确保县、镇、村及时准确掌握自然灾害信息。建立各有关单位之间自然灾害信息共享机制，及时互通自然灾害信息，加强信息交流，建立健全灾情信息会商机制。

4.6社会动员保障

各地要按救灾捐赠管理相关政策，建立健全救灾捐赠动员、运行和监督管理机制，规范救灾捐赠的组织发动、款物接收、统计、分配、使用、公示反馈等各环节的工作。完善非灾区支援灾区、轻灾区支援重灾区的灾害救助对口支援机制。

5. 监督管理

5.1 预案演练

县减灾委办公室会同县减灾委成员单位制订应急演练计划并定期组织演练，各地要积极配合，做好演练工作。

5.2 宣教培训

各地、各单位要开展全县性防灾减灾救灾宣传活动，利用各种媒体宣传灾害知识及灾害应急法律法规和预防、避险、避灾、自救、互救、保险的常识，组织好“防灾减灾日”“国际减灾日”、“全国科普日”“全国消防日”和“国际民防日”等活动，增强公众防灾减灾意识。积极推进社区减灾活动，推动减灾示范社区建设。组织开展灾害管理人员和专业应急救援队伍、非政府组织和志愿者的培训。

5.3 责任与奖惩

对在自然灾害救助工作中做出突出贡献的先进集体和个人，要按照国家、省、市的有关规定给予表彰和奖励；对玩忽职守、失职、渎职造成损失的，以及严重虚报、瞒报灾情的有关责任人，要依据有关规定追究责任，构成犯罪的，依法追究刑事责任。

6. 附则

（1）本预案有关数量的表述中，“以上”含本数，“以下”不含本数。

（2）本预案由县人民政府组织制订，由县民政局负责解释。

（3）各镇人民政府（场）及其有关单位等按照本预案的规定履行职责，并制订、完善相应的应急预案。

（4）本预案自公布之日起生效。2011年县政府办公室印发的《海丰县自然灾害救助应急预案》自即日起废止。

7. 附件

根据一次自然灾害过程造成影响的危害程度，结合实际，设定县自然灾害救助Ⅰ级、Ⅱ级、Ⅲ级、Ⅳ级应急响应启动标准。

7.1 Ⅰ级响应

（1）一次灾害过程出现下列情况之一的启动Ⅰ级响应：

a. 紧急转移安置或需紧急转移安置3000人以上；

b. 死亡（含失踪）10人以上或受伤30人以上；

c. 倒塌和严重损坏房屋500间以上；

d. 干旱灾害造成缺粮或缺水等生活困难，需政府救助人数占农业人口25%以上，或5万人以上。

（2）其他突发事件造成大量人员伤亡，需紧急转移安置或生活救助，视情况启动本级响应。

（3）县政府决定启动本级响应的其他情况。

7.2 Ⅱ级响应

（1）一次灾害过程出现下列情况之一的启动Ⅱ级响应：

a. 紧急转移安置或需紧急生活救助2000人以上；

b. 死亡（含失踪）6人至9人或受伤10人至29人；

c. 倒塌和严重损坏房屋300间以上；

d. 干旱灾害造成缺粮或缺水等生活困难，需政府救助人数占农业人口20%以上，或4万人以上。

（2）其他突发事件造成大量人员伤亡，需紧急转移安置或生活救助，视情况启动本级响应。

（3）县政府决定启动本级响应的其他情况。

7.3 Ⅲ级响应

（1）一次灾害过程出现下列情况之一的启动Ⅲ级响应：

a. 紧急转移安置人口在1000人以上；

b. 死亡（含失踪）3至5人或者受伤6至9人；

c. 倒塌和严重损坏房屋100间以上；

d. 干旱灾害造成缺粮或缺水等生活困难，需政府救助人数占农业人口15%以上，或3万人以上。

（2）其他突发事件造成较多人员伤亡，需紧急转移安置或生活救助，视情况启动本级响应。

（3）县政府决定启动本级响应的其他情况。

7. 4 Ⅳ级响应

（1）一次灾害过程出现下列情况之一的启动Ⅳ级响应：

a. 紧急转移安置人口500人以上；

b. 死亡（含失踪）1至2人或者受伤3至5人；

c. 倒塌和严重损坏房屋30间以上；

d. 干旱灾害造成缺粮或缺水等生活困难，需政府救助人数占农业人口10%以上，或2万人以上。

（2）其他突发事件造成较多人员伤亡，需紧急转移安置或生活救助，视情况启动本级响应。

（3）县政府决定启动本级响应的其他情况。

关于印发《海丰县突发公共卫生事件应急预案》的通知

海府办〔2014〕50号

各镇人民政府（场、经济开发区），县直有关单位：

经县政府同意，现将《海丰县突发公共卫生事件应急预案》印发给你们，请认真贯彻执行。执行中遇到的问题，请径向县卫计局联系。

海丰县人民政府办公室

2014年11月20日

海丰县突发公共卫生事件应急预案

1. 总则

1.1 编制目的

指导和规范全县突发公共卫生事件应急处置工作，建立健全突发公共卫生事件应急机制，提高应对突发公共卫生事件能力，有效预防、及时控制和减少突发公共卫生事件及其危害，保障公众身心健康与生命安全，维护社会经济发展和社会稳定。

1.2 编制依据

依据《中华人民共和国突发事件应对法》《中华人民共和国传染病防治法》《中华人民共和国食品安全法》《中华人民共和国职业病防治法》《中华人民共和国国境卫生检疫法》《突发公共卫生事件应急条例》《广东省突发公共卫生事件应急办法》《广东省突发公共卫生事件应急预案》和《海丰县突发事件总体应急预案》等法律法规及有关规定，制定本预案。

1.3 适用范围

本预案适用于突然发生，造成或者可能造成公众身心健康损害的传染病疫情、群体性不明原因疾病、食物和职业中毒以及因自然灾害、事故灾难或社会安全事件等突发事件引起的严重影响公众身心健康的公共卫生事件的应急处置工作。

其他突发事件中涉及的应急医疗卫生救援工作，按照《海丰县突发事件医疗卫生救援应急预案》有关规定执行。

1.4 工作原则

（1）以人为本，减少危害。始终把保障公众健康和生命财产安全作为首要任务，最大程度减少突发公共卫生事件造成的人员伤亡和危害。

（2）预防为主，常备不懈。提高全社会对突发公共卫生事件的防范意识，落实各项防范措施，做好人员、技术、物资和设备的应急储备工作。对各类可能引发突发公共卫生事件的信息及时进行分析、预警，做到早发现、早报告、早预防、早处置。

（3）统一领导，分级负责。根据突发公共卫生事件的范围、性质和危害程度，对突发公共卫生事件实行分级管理。由县政府负责统一领导指挥本县突发事件应急处置工作，镇人民政府（场）负责指挥协调所辖行政区域内突发公共卫生事件应急处置工作。各有关单位在县政府的领导下，按照本预案规定，在各自职责范围内负责组织实施突发公共卫生事件应急处置工作。

（4）依法规范，措施果断。各级人民政府和卫生行政部门要按照相关法律、法规和规章的规定，完善突发公共卫生事件应急体系，建立健全系统、规范的突发公共卫生事件应急处置工作制度，对突发公共卫生事件和可能发生的公共卫生事件做出快速反应，及时、有效开展监测、报告和处置工作。

（5）依靠科学，加强合作。突发公共卫生事件应对工作要充分尊重和依靠科学，要重视开展防范和处置突发公共卫生事件的科研和培训，为突发公共卫生事件应急处置提供技术保障。有关单位要通力合作、资源共享，有效应对突发公共卫生事件。要广泛组织、动员公众参与突发公共卫生事件的应急处置。

（6）公开透明，正确引导。及时、准确、客观、统一发布权威信息，充分发挥新闻媒体作用，有序组织新闻媒体采访、报道突发公共卫生事件事态发展及处置工作情况，介绍相关防治知识，正确引导社会舆论。

1.5 突发公共卫生事件分级

根据突发公共卫生事件性质、危害程度、涉及范围，突发公共卫生事件划分为特别重大（Ⅰ级）、重大（Ⅱ级）、较大（Ⅲ级）和一般（Ⅳ级）四级。

1.5.1 特别重大突发公共卫生事件（Ⅰ级）

（1）肺鼠疫、肺炭疽在大、中城市发生并有扩散趋势；或肺鼠疫、肺炭疽疫情波及两个以上的地级以上市、省直管县（市、区），并有进一步扩散趋势。

（2）出现传染性非典型肺炎病例且相关联的疫情波及两个以上地级以上市、省直管县（市、区），并呈扩散趋势； 发现高致病性新型流感（新亚型）病例，出现明确的人间持续传播，并呈扩散趋势。

（3）出现危害严重的群体性不明原因疾病，波及包括我省在内的两个以上省份并呈扩散趋势。

（4）我省既往未发现的、危害严重的传染病发生或传入，并呈扩散趋势；或发现我省已消灭的、危害严重的传染病重新流行。

（5）发生烈性病菌株、毒株、致病因子等丢失事件，并造成人员感染，且出现人员死亡或呈扩散趋势。

（6）受污染食品流入包括我省内的两个以上省份或国（境）外（含港澳台地区），造成特别严重健康损害结果的；或经专家委员会评估，认为事故危害特别严重的。

（7）国务院认定的其他I级食品安全事故。

（8）一次发生急性职业中毒50人以上，或出现5人以上死亡的。

（9）周边以及与我省通航的国家和地区发生危害严重的国际关注突发公共卫生事件，我国出现输入性病例，并呈扩散趋势，严重危及我国公共卫生安全的。

（10）其他危害特别重大的突发公共卫生事件。

1.5.2 重大突发公共卫生事件（Ⅱ级）

（1）肺鼠疫、肺炭疽病例在1个县（市、区）范围内发生，1个平均潜伏期内发生5例以上或相关联的疫情波及两个以上的县（市、区）。

（2）腺鼠疫在1个地级以上市、省直管县（市、区）范围内发生，1个平均潜伏期内发病20例以上，或流行范围波及两个地级以上市、省直管县（市、区）。

（3）出现传染性非典型肺炎病例、相关联的疫情波及两个以上县（市、区），并呈扩散趋势；发生由高致病性新流感（新亚型）病毒株引发的疫情，并出现聚集性病例。

（4）霍乱在1个地级以上市、省直管县（市、区）范围内流行，1周内发病30例以上；或相关联的疫情波及两个以上地级以上市、省直管县（市、区），有扩散趋势。

（5）乙类、丙类传染病发病数量明显增加，疫情波及两个以上地级以上市、省直管县（市、区），1个月内发病水平超过前5年同期平均水平3倍以上并出现危重病例或造成严重的社会影响。

（6）我省既往未发现的、危害严重的传染病发生或传入，尚未造成扩散；或周边以及与我国通航的国家和地区发生危害严重的国际关注突发公共卫生事件，我国出现输入性病例；或我国发现已消灭的天花和脊髓灰质炎野毒株病例，或出现灰质炎疫苗株循环病例。

（7）出现危害严重的群体性不明原因疾病，波及两个以上地级以上市、省直管县（市、区），并呈扩散趋势。

（8）发生重大医源性感染事件；或发生烈性病毒株、毒株、致病因子等丢失事件，并造成人员感染的。

（9）群体性预防接种或预防性服药出现危害严重的不良反应，一起事件病例数在100例以上，或出现人员死亡。

（10）受污染食品流入两个以上地级以上市、省直管县（市、区），造成或经评估认为可能造成对社会公众健康生产严重损害的食物中毒或食源性疾病的。

（11）发现在我国首次出现的新的污染物引起的食源性疾病，造成严重健康损害后果，并有扩散趋势的。

（12）1起食物中毒事件中毒人数在100人以上并出现死亡病例；或出现10人以上死亡的。

（13）省级以上人民政府认定的其他II级食品安全事故。

（14）一起急性职业中毒30人以上、50人以下的，或出现3人以上、5人以下死亡的。

（15）省内外隐匿运输、邮寄烈性生物病原体、生物毒素造成我省人员感染或死亡的。

（16）其他危害严重的重大突发公共卫生事件。

1.5.3 较大突发公共卫生事件（Ⅲ级）

（1）肺鼠疫、肺炭疽病例在1个县（市、区）范围内发生，1周内发病1例以上、5例以下。

（2）腺鼠疫在1个县（市、区）范围内发生，一周内发病10例以上、20例以下；或流行范围波及两个以上县（市、区）。

（3）霍乱在1个县（市、区）范围内发生，1周内发病10例以上、30例以下；或相关联的疫情波及两个以上县（市、区）。

（4）出现聚集性传染性非典型肺炎病例。

（5）出现高致病性新流感（新亚型）病例。

（6）乙、丙类传染病发病数量明显增加，疫情波及两个以上县（市、区），1个月内发病水平达到前5年同期水平两倍以上。

（7）出现疫苗衍生脊髓灰质炎病毒病例。

（8）受污染食品流入两个以上县（市、区），已造成严重健康损害后果的。

（9）1起食物中毒事件人数在100人以上；或出现死亡病例的。

（10）地级以上人民政府认定的其他Ⅲ级食品安全事故的。

（11）一起急性职业中毒10人以上、30人以下，或出现1人以上、3人以下死亡的。

（12）在1个县（市、区）范围内发现危害较严重的群体性不明原因疾病。

（13）群体性预防接种或预防性服药出现危害较重的不良反应，一起事件病例数在50人以上、100人以下，或出现群体心因性反应。

（14）其他较大突发公共卫生事件。

1.5.4 一般突发公共卫生事件（Ⅳ级）

（1）腺鼠疫在1个县（市、区）范围内发生，1个平均潜伏期内发病1例以上、10例以下。

（2）霍乱在1个县（市、区）范围内发生，1周内发病1例以上、10例以下；或出现境内感染的死亡病例。

（3）出现传染性非典型肺炎或疑似高致病性新流感（新亚型）病例。

（4）存在健康损害的污染食品，已造成严重健康损害后果的。

（5）1起食物中毒事件中，中毒人数在99人以下，且未出现死亡病例的。

（6）县级以上人民政府认定的其他Ⅳ级食品安全事故的。

（7）1起急性职业中毒3人以上、10人以下的，未出现死亡病例。

（8）群体性预防接种或预防性服药出现危害较重的不良反应，一起事件病例数10人以上、50人以下。

（9）其他一般突发公共卫生事件。

2. 组织体系

发生突发公共卫生事件，县人民政府成立突发公共卫生事件应急指挥部，负责对全县突发公共卫生事件应急处置工作的统一领导和指挥。卫生行政部门依照职责和本预案的规定，在县突发公共卫生事件应急指挥部统一领导下，负责组织、协调全县突发公共卫生事件应急处置工作。各镇人民政府（场）及有关部门按照属地管理原则，切实做好本行政区域内突发公共卫生事件应急处置工作。

2.1 县突发公共卫生事件应急指挥部

2.1.1 组成

总指挥：县政府分管副县长。

副总指挥：县政府办分管副主任、县卫计局局长。

成员单位：县委宣传部，县发改局、县教育局、县科技局、县公安局、县民政局、县财政局、县人社局、县交通运输局、县经促局、县畜牧局、县卫计局、县工商局、县环保局、县林业局、县安监局、县外事侨务局、汕头海关驻海城办事处、汕尾检验检疫局海城办事处、县粮食局、县食药局、县质监局、县文体旅游局、县公用事业局、县气象局、县武装部、县爱卫会、县红十字会等组成。

指挥部负责统一领导和指挥本县突发公共卫生事件应急处置工作，研究决定应急处置的重大决策和重要事项，调动社会资源力量参与处置，决定启动或终止突发公共卫生事件Ⅳ级应急响应。

2.1.2 成员单位职责

（1）县委宣传部：负责把握好突发事件应急处置工作的正确舆论导向和宣传报道；跟踪境内外舆情，及时对外澄清事实，加强网上新闻宣传的引导；协调有关新闻媒体开辟公益宣传专栏，加强公众的应急知识宣传报道、危机心理干预和防病知识普及。

（2）县发改局：安排突发公共卫生事件应急处理所需的基础设施建设项目。

（3）县教育局：负责学校、托幼机构突发公共卫生事件控制措施的组织实施，加强对在校学生、教职工的宣传教育，提高自我防护意识和能力。

（5）县科技局：制订突发公共卫生事件应急处置技术研究规划，组织科研力量开展应急防治技术科研攻关，协调解决检测技术、药物、疫苗研发和应用中的科技问题。

（6）县公安局：密切注视疫情动态，依法、及时、妥善地处置与疫情有关的治安事件，严厉打击利用突发公共卫生事件进行的违法犯罪活动，切实维护社会稳定。协助卫生行政部门落实强制隔离措施和突发事件的调查处理。

（7）县民政局：组织做好受灾群众紧急转移、安置工作，负责对受突发事件影响的特困群众的生活救助和医疗救助；组织、协调有关单位和社会团体开展社会捐助活动，负责社会捐赠款物的接受、发放和管理；组织动员社区、村委会力量，参与群防群治。

（8）县财政局：负责对需由县财政承担的突发事件应急处置和日常运作所需经费保障，并做好经费使用情况的监督管理工作。

（9）县人社局：组织制定参与突发公共卫生事件应急处置工作人员的工伤保险政策和伤亡抚恤政策。

（10）县交通运输局：组织协调交通运输单位，对乘坐公路、水路交通工具的人员进行交通检疫、查验工作；做好交通工具、站场、码头的消毒，防止传染病通过交通工具传播。确保突发公共卫生事件处置人员以及防治药品、器械等应急物资和有关标本运送，做好疫区的公路、水路交通管理工作。

（11）县畜牧局：负责做好动物疫病的防治和对人畜（禽）共患疫病的监测，及时通报涉及公共卫生安全的动物疫情；配合卫生部门落实农村预防控制突发事件的有关工作。

（12）县卫计局：负责组织制订突发公共卫生事件防治技术方案；组织制订各项预防控制和应急医疗救治措施，并组织实施和进行检查、督导；组织对突发公共卫生事件的监测、评估、预测、预警；提出启动县突发公共卫生事件应急响应的建议；根据预防控制工作需要，依法提出隔离、封锁有关地区的建议；制定有关的处置方案、标准和规范；汇总、上报突发公共卫生事件情况和应急处置情况，向指挥部成员单位通报有关情况；根据上级卫生行政部门的授权，及时向社会发布突发公共卫生事件信息；组织检查督导突发公共卫生事件应急预案的落实情况，开展健康教育等。

（13）县外事侨务局：负责做好突发公共卫生事件应急处置的涉外事务。

（14）县环保局：负责做好医疗废物、废水及放射、化学毒物污染监督管理；对废弃放射源和废弃化学品处置实施监督管理，采取防控措施，避免次生、衍生和偶合事件的发生，防止环境污染；组织对水域的环境监测和化学污染事故现场的应急监测，保护水源。

（15）县林业局：负责组织开展陆生野生动物疫源疫病的监测和管理工作。

（16）县工商局：在突发公共卫生事件发生期间，依照职责加强对突发公共卫生事件所需物资市场的监管，把好市场准入关，维护正常的市场流通秩序，严厉打击囤积居奇、制假售假等违法经营活动。配合协助有关部门对流入市场的污染食品、染疫动物、有毒有害物品进行追踪和处理。

（17）县食药局：在职责范围内组织开展食品事故的查处，做好应急救援工作的组织和配合；负责药品、疫苗、诊断试剂、医疗器械等物资的监督和管理；负责事件发生地区的食品卫生的执法稽查；协助做好有关应急药械的供应工作。

（18）县质监局：负责对引发突发事件的相关新产品进行查处。

（19）县文体旅游局：组织旅游行业做好突发公共卫生事件的预防和应急处置工作，组织做好旅游团组及人员疾病预防知识宣传和疫情登记、观察工作。

（20）县公共事业局：负责组织、协调、督促县城范围内突发事件发生地垃圾的清运、处理，并配合有关部门对染疫、染毒动物进行无害化处理。

（21）县经促局：组织协调各电信运营企业为突发公共卫生事件报告和应急处置提供应急通信保障。

（22）县气象局：负责做好事发地天气实况的监测和通报工作，及时提供突发公共卫生事件应急处置的气象资料、天气预报和预警信息。

（23）县安监局：负责受县政府委托牵头组成事故调查组对符合生产安全事故等级的急性职业中毒突发公共卫生事件进行调查；组织查处急性职业中毒违法违规行为；协助做好急性职业中毒突发公共卫生事件的应急救援和信息通报工作。

（24）汕头海关驻海城办事处：负责协调相关口岸海关优先验收突发公共卫生事件救援所需的进口疫苗、药品、医疗设备和器材；为国外组织和个人捐赠的物资提供通关便利。

（25）汕尾检验检疫局海城办事处：负责组织做好出入境卫生检验检疫工作，防止传染病的传入和传出，收集国内外传染病检疫情报，及时向指挥部办公室提供动态信息。

（26）县武装部：负责组织、指挥驻县有关部队参与突发公共卫生事件的应急处置工作，支持和配合县有关单位做好事件现场的控制工作。

（27）县粮食局：负责组织和管理粮食储备，做好粮食市场保障和供应工作。

（28）县爱卫会：负责组织群众性爱国卫生运动。

（29）县红十字会：组织群众开展现场救护和救助，依法接受国内外组织和个人的捐赠，提供急需人道主义援助。

其他有关部门和单位按照县应急指挥部的部署，做好相关工作。

2.2县指挥部办公室

县指挥部下设办公室，办公室设在县卫计局，负责县突发公共卫生事件应急处置的日常管理工作。办公室主任由县卫计局分管副局长兼任，办公室成员在各业务部门抽调。其主要职责是：

（1）贯彻指挥部指示、部署，依法组织协调县指挥部成员单位和各镇人民政府（场）参与应急处置工作；

（2）提出应急处置方案；

（3）汇总、上报突发公共卫生事件情况和应急处置情况；

（4）组织有关单位和专家分析突发公共卫生事件发展趋势，评估危害及影响情况；

（5）办理指挥部文件，起草相关简报；

（6）承担县指挥部交办的其他工作。

2.3 专家咨询组

县卫计局负责组建县突发公共卫生事件专家咨询组。其主要职责是：

（1）对突发公共卫生事件应急处置进行技术指导；

（2）承担突发公共卫生事件的其他技术咨询等工作；

（3）承担突发公共卫生事件应急指挥机构和日常管理机构交办的其他工作。

2.4 应急处置专业技术机构的职责

各级各类医疗卫生机构是突发公共卫生事件应急处置的专业机构，要结合本单位职责开展专业技术人员处置突发公共卫生事件能力培训，提高处置突发公共卫生事件的应对能力和水平。发生突发公共卫生事件后，各医疗卫生机构要服从县卫计局的统一指挥和安排，开展应急处置工作。

2.4.1 医疗机构：主要负责病人的现场抢救、运送、诊断、治疗和医院感染，检测样本的采集，配合进行病人的流行病学调查；做好预警病例、疑似病例和收治病人有关资料的报告等工作，做到早发现、早报告、早诊断、早治疗、早隔离。

2.4.2 疾病预防控制机构：主要负责突发公共卫生事件报告，现场流行病学调查处理（包括对有关人员采取观察和隔离措施，采集病人和环境标本，环境和物品的卫生学处理等），开展病因现场快速检测和实验室检测，加强疾病和健康监测、预警等。

2.4.3 卫生监督机构：主要负责对事件发生地区的环境卫生以及医疗卫生机构的疫情报告、医疗救治、传染病防治等进行卫生监督和执法稽查。

2.4.4 出入境检验检疫机构：主要负责发生突发公共卫生事件时对口岸出入境人员的健康申报、体温检测、医学巡查、疾病监测、疫情报告、病人控制、消毒处理、流行病学调查和宣传教育等。

3. 运行机制

3.1 监测、预警

3.1.1 监测

建立统一的突发公共卫生事件监测、预警与报告网络体系。各级医疗、疾病预防控制、卫生监督和出入境检疫机构负责开展突发公共卫生事件的日常监测工作。

各级卫生部门要按照国家和省的统一规定和要求，结合实际，组织开展重点传染病和突发公共卫生事件的主动监测。

县卫计局要加强对监测工作的管理和监督，保证监测质量。

3.1.2 预警

县卫计局根据各级医疗机构、疾病预防控制机构、卫生监督机构等提供的监测信息，按照公共卫生事件的发生、发展规律和特点，及时分析其对公众身心健康的危害程度、可能的发展趋势，及时做出预警，依次用红色、橙色、黄色和蓝色表示特别重大（Ⅰ级）、重大（Ⅱ级）、较大（Ⅲ级）和一般（Ⅳ级）四个预警级别。

3.2 应急处置

3.2.1 信息报告

1.责任报告单位和责任报告人

（1）责任报告单位

a.县级以上人民政府卫生行政部门指定的突发公共卫生事件监测机构；

b.各级各类医疗卫生机构；

c.卫生行政部门；

d.县级以上人民政府；

e.有关单位，主要包括突发公共卫生事件发生单位、与群众健康和卫生保健工作有密切关系的机构，如检验检疫机构、食品药品监督管理机构、环境保护监测机构、教育机构和兽医机构等。

（2）责任报告人

执行职务的各级各类医疗卫生机构的医疗卫生人员、个体开业医生以及上述责任报告单位中的负责人。

2.报告时限和程序

（1）一般突发公共卫生事件：

a.突发公共卫生事件监测报告机构、医疗卫生机构和有关单位发现突发公共卫生事件的，应当立即向县卫计局报告。

b.县卫计局接到突发公共卫生事件信息报告后应当在2小时内向县人民政府和市卫计局报告，并应立即组织进行现场调查确认，及时采取措施，随时报告事态进展情况。

c.县人民政府应当在接到报告2小时内向市人民政府报告。

d.对可能造成重大社会影响的突发公共卫生事件，县卫计局可直接上报国务院卫生行政部门。

（2）特别重大、重大和较大突发公共卫生事件：

按照一般突发公共卫生事件报告程序进行报告外，县人民政府接到特大、重大、较大突发公共卫生事件报告后，应立即报告市人民政府、市突发公共卫生事件应急指挥部和省人民政府，报至省政府的时间应在接报的2小时之内。

3.报告内容

突发公共卫生事件报告分为首次报告、进程报告和结案报告，要根据事件的严重程度、事态发展和控制情况及时报告事件进程。

首次报告未经调查确认的突发公共卫生事件或存在隐患的相关信息，应说明信息来源、危害范围、事件性质的初步判定和拟采取的措施。

经调查确认的突发公共卫生事件报告应包括事件性质、波及范围、危害程度、流行病学分布、势态评估、控制措施等内容。报告的具体要求，按国家、省相关规定执行。

4.突发公共卫生事件网络直报

医疗机构和镇（场）卫生院可直接通过互联网上的专用系统报告突发公共卫生事件，提高信息报告的及时性。县疾病预防控制中心接到报告信息后，应逐级及时审核信息、确保信息准确，并汇总统计、分析，按照有关规定报告县卫计局。

3.2.2　应急响应原则

（1）发生突发公共卫生事件时，县政府及事发地镇人民政府（场）及其有关部门按照分级响应的原则，作出相应级别应急响应。同时，要遵循突发公共卫生事件发生发展的客观规律，结合实际情况和预防控制工作的需要，及时调整预警和响应级别，有效控制事件，减少危害和影响。要根据不同类别突发公共卫生事件的性质和特点，注重分析事件的发展趋势，对事态和影响不断扩大的事件，应及时升级预警和响应级别；对范围局限、不会进一步扩散的事件，应相应降低响应级别，及时撤销预警。

（2）各级人民政府及有关部门对在学校、区域性或全国性重要活动期间等发生的突发公共卫生事件，要高度重视，可相应提高报告和反响级别，确保迅速、有效控制突发公共卫生事件，维护社会稳定。

（3）突发公共卫生事件应急处置要采取边调查、边处置、边抢救、边核实的方式，以有效措施控制事态发展。

（4）县卫计局（本县未发生突发公共卫生事件时）接到上级的突发公共卫生事件情况通报后，要及时通知相应的医疗卫生机构，组织做好应急处置所需的人员与物资准备，采取必要的预防控制措施，防止突发公共卫生事件在本县行政区域内发生，并服从市卫计局的统一指挥和调度，支援突发公共卫生事件发生地区的应急处置工作。

3.2.3 应急响应

对应突发事件的级别，应急响应由高到低分为四个级别：Ⅰ级响应、Ⅱ级响应、Ⅲ级响应和Ⅳ级响应。Ⅰ级响应由国务院决定启动和组织实施；Ⅱ级响应由省人民政府决定启动和组织实施；Ⅲ级响应由市人民政府决定启动和组织实施；Ⅳ级响应由县人民政府决定启动和组织实施。

1.Ⅰ级、Ⅱ级应急响应

发生特别重大突发公共卫生事件和重大突发公共卫生事件后，县政府迅速报由国务院或省启动相应的响应级别，认真做好先期处置工作。县指挥部根据国务院或省的决策部署和统一指挥，按照要求认真履行职责，落实有关控制措施，组织协调本行政区域内的应急处置工作。县卫计局按有关规定向县人民政府和市卫计局报告相关信息。

2.Ⅲ级应急响应

确认发生较大突发公共卫生事件后，报由市人民政府启动Ⅲ级应急响应。县政府在迅速向市政府报告事件情况的同时，根据县卫生行政部门的建议，启动县突发公共卫生事件应急预案，县卫计局要迅速组织力量赶赴现场调查核实，初步判定突发事件的类别和性质；根据需要采取措施，做好先期处置工作，在市人民政府或市应急指挥部的统一指挥下，按照要求认真履行职责，落实有关控制措施。

3.Ⅳ级应急响应

一般突发公共卫生事件发生后，县指挥部立即组织指挥部成员和专家进行分析研判，对突发公共卫生事件影响极其发展趋势进行综合评估，根据县卫计局的建议，由县人民政府决定启动Ⅳ级应急响应，并向各有关单位发布启动相关应急程序的命令。县指挥部立即派出工作组赶赴事发地开展应急处置工作，并将有关情况迅速报告市政府和市卫计局。事发地镇人民政府（场）按照县指挥部的统一部署，组织协调本级突发公共卫生事件应急指挥机构及其有关部门全力开展应急处置。必要时，报请市卫计局派出工作组指导我县做好相关应急处置工作。

3.2.4　应急响应措施

1.各级人民政府

(1)组织协调有关部门参与突发公共卫生事件的处置。

(2)根据突发公共卫生事件处置需要，调集本行政区域内各类人员、物资、交通工具和相关设施、设备参加应急处置工作。涉及危险化学品管理和运输安全的，有关部门要严格执行相关规定，防止事故发生。

(3)划定控制区域：甲类、乙类传染病暴发、流行时，县人民政府报经市人民政府决定，可以宣布疫区范围；经省人民政府决定，可以对本行政区域内甲类传染病疫区实施封锁。对食物中毒和职业中毒事故，根据污染食品扩散和职业危害因素波及的范围，划定控制区域。

(4)疫情控制措施：事发地镇人民政府（场）可以在本行政区域内采取限制或者停止集市、集会、影剧院演出，以及其他人群聚集的活动；停工、停业、停课；封闭或者封存被传染病病原体污染的公共饮用水源、食品以及相关物品等紧急措施；临时征用房屋、交通工具以及相关设施和设备。

(5)流动人口管理：对流动人口采取预防工作，落实控制措施，对传染病病人、疑似病人采取就地隔离、就地观察、就地治疗的措施，对密切接触者根据情况采取集中或居家医学观察。

(6)实施交通卫生检疫：组织交通、出入境检验检疫等部门在交通站点和出入境口岸设置临时交通卫生检疫站，对出入境、进出疫区和运行中的交通工具及其乘运人员和物资、宿主动物进行检疫查验，对病人、疑似病人及其密切接触者实施临时隔离、留验和向当地卫生行政部门指定的机构移交。

(7)信息发布：突发公共卫生事件发生后，组织有关部门要按照相关规定作好信息发布工作，信息发布要及时主动、准确把握，实事求是，正确引导舆论，注重社会效果。

(8)镇（场）以及居委会、村委会协助当地卫生行政部门、其他部门和医疗卫生机构做好疫情信息的收集、报告、人员分散隔离及公共卫生措施的实施工作。

(9)维护社会稳定：组织有关部门保障商品供应，平抑物价，防止哄抢；严厉打击造谣传谣、哄抬物价、囤积居奇、制假售假等违法犯罪和扰乱社会治安的行为。

2.县卫计局

(1)组织医疗机构、疾病预防控制机构和卫生监督机构开展突发公共卫生事件的调查与处置。

(2)组织突发公共卫生事件专家咨询委员会对突发公共卫生事件进行评估，提出启动突发公共卫生事件应急响应的建议。

(3)应急控制措施：根据需要组织开展应急疫苗接种、预防服药。

(4)督导检查：县卫计局负责对本县区域内的应急处置工作进行督促和指导。

(5)发布信息与通报：县卫计局经授权后，在县委宣传部指导下及时向社会发布突发公共卫生事件的信息或公告。并及时向县政府、镇政府（场）及各有关单位通报突发公共卫生事件情况。

(6)组织知识和技术培训：各级卫生行政部门根据突发公共卫生事件处置的需要，及时组织开展对新发现的突发传染病、不明原因的群体性疾病、中毒事件等知识、技术标准和操作技能的培训工作。

(7)普及卫生知识。针对事件性质，有针对性地开展卫生知识宣教，提高公众健康意识和自我防护能力，消除公众心理障碍，开展心理危机干预工作。

(8)进行事件评估：组织专家对突发公共卫生事件的处置情况进行综合评估，包括事件概况、现场调查处理概况、病人救治情况、所采取的措施、效果评价等。

3.医疗机构

(1)开展病人接诊、收治和转运工作，实行重症和普通病人分开管理，对疑似病人及时排除或

确诊。

(2)协助疾控机构人员开展标本的采集、流行病学调查工作。

(3)做好医院内现场控制、消毒隔离、个人防护、医疗废物和污水处理工作，防止院内交叉感染和污染。

(4)做好传染病和中毒病人的报告。对因突发公共卫生事件而引起身体伤害的病人，任何医疗机构不得拒绝接诊。

(5)对群体性不明原因疾病和新发传染病做好病例分析与总结，积累诊断治疗的经验。中毒事件，按照现场救援、病人转运、后续治疗相结合的原则进行处置。

(6)开展科研与经验交流。开展与相关部门的合作和经验交流，加快病源查寻和病因诊断。

4.疾病预防控制机构

(1)突发公共卫生事件信息报告：疾控机构做好突发公共卫生事件的信息收集、报告与分析工作。

(2)开展流行病学调查：疾控机构人员到达现场后，尽快制订流行病学调查计划和方案，专业技术人员按照计划和方案，开展对突发事件累及人群的发病情况、分布特点进行调查分析，提出并实施有针对性的预防控制措施；对传染病病人、疑似病人、病原携带者及其密切接触者进行追踪调查，查明传播链。

(3)实验室检测：疾病预防控制中心按有关技术规范采集足量、足够的标本，并对标本进行检验检测或者送上一级实验室检测，查找致病原因。

（4）开展技术培训：县疾病预防控制中心具体负责全县突发公共卫生事件应急处置专业技术人员的应急技术培训。

5.卫生监督机构

(1)在卫生行政部门的领导下，开展对医疗机构、疾病预防控制机构突发公共卫生事件应急处置各项措施落实情况的督导和检查。

(2)围绕突发公共卫生事件应急处置工作，开展环境卫生、职业卫生、医疗卫生等卫生监督和执法稽查。

(3)依据《突发公共卫生事件应急条例》、《广

东省突发公共卫生事件应急办法》等相关法律法规，调查处理突发公共卫生事件应急处置工作中的违法行为。

6.出入境检验检疫机构

(1)发生突发公共卫生事件时，调动出入境检验检疫机构技术力量，配合县卫计局做好口岸的应急处置工作。

(2)及时上报口岸突发公共卫生事件信息和情况变化。

7.非事件发生地区的应急响应措施

未发生突发公共卫生事件的镇（场）应根据其他地区发生事件的性质、特点、发生区域和发展趋势，分析本地区受波及的可能性和程度，重点做好以下工作：

(1)密切保持与事件发生地区的联系，及时获取相关信息。

(2)组织做好本行政区域应急处置所需的人员与物资准备。

(3)加强相关疾病与健康监测和报告工作，必要时，建立专门报告制度。

(4)开展重点人群、重点场所和重点环节的监测和预防控制工作，防患于未然。

(5)开展防治知识宣传和健康教育，提高公众自我保护意识和能力。

(6)根据上级人民政府及其有关部门的决定，开展交通卫生检疫等。

3.2.5 社会动员

突发公共卫生事件发生后，县政府应动员镇（场）以及居民委员会、村民委员会，组织群众和社会力量参与突发公共卫生事件应急处置工作，团结协作，群防群控，协助卫生部门和其他部门、医疗卫生机构，做好公共卫生措施的落实工作和自我保护，并向居民、村民宣传相关的预防控制知识。

3.2.6　应急终止

突发公共卫生事件应急响应的终止需符合以下条件：突发公共卫生事件隐患或相关危险因素消除，或末例传染病病例发生后经过最长潜伏期无新的病例出现。

特别重大突发公共卫生事件由国家卫生行政部门组织有关专家进行分析论证，提出终止应急响应的建议，报国务院或国家突发公共卫生事件应急指挥部批准后实施。

重大突发公共卫生事件由省卫生行政部门组织有关专家进行分析论证，提出终止应急响应的建议，报省政府或省突发公共卫生事件应急指挥部批准后实施，并向国务院卫生行政部门报告。

较大突发公共卫生事件由市卫计局组织有关专家进行分析论证，提出终止应急响应的建议，报市政府或市突发公共卫生事件应急指挥部批准后实施，并向省卫计委报告。

一般突发公共卫生事件由县卫计局组织专家进行分析论证，提出终止应急响应的建议，报请县人民政府或县突发公共卫生事件应急指挥部批准后实施，并向市卫计局报告。

3.3 善后处置

3.3.1　恢复生产

突发公共卫生事件应急处置工作结束后，要及时取消限制性措施。

3.3.2后期评估

突发公共卫生事件结束后，县卫计局应对突发公共卫生事件的处置情况进行评估。评估内容主要包括事件概况、现场调查处理概况、病人救治情况、所采取措施的效果评价、应急处置过程中存在的问题和取得的经验及改进建议。评估报告上报县人民政府和市卫计局。

3.3.3 抚恤和补助

各级人民政府要组织有关部门对因参与应急处置工作致病、致残、死亡的人员，按照国家有关规定，给予相应的补助和抚恤；对参加应急处置一线工作的专业技术人员应根据工作需要制订合理的补助标准，给予补助。

3.3.4 征用物资、劳务补偿

突发公共卫生事件应急处置工作结束后，县政府、镇人民政府（场）应组织有关部门要按照《广东省突发事件应对条例》、《广东省突发事件应急补偿管理暂行办法》对应急处置期间紧急调集、征用有关单位、企业、个人的物资和劳务进行合理评估，给予补偿。

4. 应急保障

突发公共卫生事件应急处置应坚持预防为主，平战结合的原则，各级人民政府和卫生行政部门应加强突发公共卫生事件的组织建设，组织开展突发公共卫生事件的监测和预警工作，加强突发公共卫生事件应急处置队伍建设和技术研究，建立健全统一的县级突发公共卫生事件预防控制体系，保证突发公共卫生事件应急处置工作的顺利开展。

4.1 技术保障

4.1.1　信息系统

利用国家突发公共卫生事件应急决策指挥系统的信息、技术平台，承担突发公共卫生事件及相关信息收集、处理、分析、发布和传递等工作。

要在充分利用现有资源的基础上建设医疗救治信息网络，实现卫生行政部门、医疗救治机构与疾病预防控制机构之间的信息共享。

4.1.2 疾病预防控制体系

建立统一的疾病预防控制体系。县政府要加快疾病预防控制机构和基层预防保健组织建设，强化医疗卫生机构疾病预防控制的责任；建立功能完善、反应迅速、运转协调的突发公共卫生事件应急机制；健全覆盖城乡、灵敏高效、快速畅通的疫情信息网络；改善疾病预防控制机构基础设施和实验室设备条件；加强疾病控制专业队伍建设，提高流行病学调查、现场处置和实验室检测检验能力。

4.1.3 应急医疗救治体系

按照“中央指导，地方负责，统筹兼顾、平战结合、因地制宜、合理布局”的原则，逐步建成包括急救机构、传染病救治机构和化学中毒与核辐射救治在内的，符合县情、覆盖城乡、功能完善、反应灵敏、运转协调、持续发展的医疗救治体系。

（1）急救机构

在县彭湃纪念医院设立医疗救援中心，各急救网络医院及县级以上综合医院的急诊科建立急救网络。县人民政府要依托综合力量较强的医疗机构建立紧急医疗救援机构。

（2）传染病救治机构

要进一步加强传染病救治体系建设。县彭湃纪念医院为全县传染病应急救治医疗机构，其他县级医院为本县传染病收治医院。要集中资源，突出加强传染病专科建设。中心镇卫生院要设立传染病门诊和隔离留观室。

（3）职业中毒、核辐射救治基地

根据需要，依托实力较强的综合医院建立完善职业中毒医疗救治和核辐射应急救治基地。

4.1.4 卫生执法监督体系

建立统一的卫生执法监督体系。各级卫生行政部门要明确职能，落实责任，规范执法监督行为，加强卫生执法监督队伍建设。对卫生监督人员实行资格准入制度和在岗培训制度，全面提高卫生执法监督的能力和水平。

4.1.5 应急卫生救治队伍

各级人民政府卫生行政部门按照“平战结合、因地制宜，分类管理、分级负责，统一管理、协调运转”的原则建立突发公共卫生事件应急救治队伍，并加强管理和培训。

4.2 物资保障

各级人民政府要建立处置突发公共卫生事件的物资和生产能力储备。卫生行政部门负责提出卫生应急物资储备计划，经济促进部门负责组织、落实储备，财政部门保障经费。物资储备种类包括药品、医疗卫生设备和器材、快速检验检测试剂、传染源隔离及卫生防护的用品和设施、应急卫生救治队伍的个人携行装备等。发生突发公共卫生事件时，应根据应急处置工作需要调用储备物资。卫生应急储备物资使用后要及时补充和更新。

4.3 经费保障

发展改革部门应保障突发公共卫生事件应急基础设施项目建设经费。财政部门要按规定落实对突发公共卫生事件应急处置专业技术机构的财政补助政策和突发公共卫生事件应急处置经费，并把应急物资储备经费纳入每年的财政预算。

4.4 通信保障

各级卫生行政部门应急机构和应急医疗卫生救治队伍要根据实际工作需要配备必要的应急通信设备。并按规定做好设备保养工作。

经促部门要储备应急频率资源，保障应急无线电通信畅通；要协调各基础电信运营企业采取有效措施，积极做好公众电信网的应急通信保障工作。

4.5 交通保障

各级卫生行政部门应急机构和应急医疗卫生救治队伍要根据实际工作需要配备交通工具。交通运输部门要优先安排紧急卫生应急物资和救援队伍的运送。

4.6 安全保障

针对不同类型的突发公共卫生事件特别是传染病疫情，应急处置人员要采取特殊防护措施，如穿戴防护服、接种相应的疫苗、定期进行血清学检测等，确保参与突发公共卫生事件应急处置人员的健康和生命安全。

4.7 治安保障

公安部门、武警部队要协助做好疫区和控制区的隔离工作，做好事发地安全保卫和社会治安管理。

4.8紧急医学处理场所保障

当有大量病人出现或有大量的传染源密切接触者需要进行集中隔离治疗或医学观察时，由政府征用或指定适用场所，用于临时收治病人或密切接触者隔离医学观察。

5. 监督管理

5.1 预案演练

各级人民政府卫生行政部门要按照“统一规划、分类实施、分级负责、突出重点、适应需求”的原则，采取定期和不定期相结合的形式，组织开展突发公共卫生事件的应急演练。县卫计局负责定期组织本预案应急演练。

5.2 宣传教育

县人民政府要组织有关部门利用广播、电视、报刊、互联网、手册等多种形式对社会公众广泛开展突发公共卫生事件应急知识的普及教育，宣传卫生科普知识，指导群众以科学的行为和方式对待突发公共卫生事件。要充分发挥有关社会团体在普及卫生应急知识和卫生科普知识方面的作用。

5.3 奖励

县人社局和卫计局对参加突发公共卫生事件应急处置做出贡献的先进集体和个人进行联合表彰；民政局对在突发公共卫生事件应急处置工作中英勇献身的人员，按有关规定追认为烈士。

5.4 责任

对在突发公共卫生事件的预防、报告、调查、控制和处理过程中，有玩忽职守、失职、渎职等行为的，依据《中华人民共和国突发事件应对法》、《突发公共卫生事件应急条例》及有关法律法规追究当事人的责任，构成犯罪的，依法追究刑事责任。

6. 附则

6.1 名词术语

重大传染病疫情：是指某种传染病在短时间内发生、波及范围广泛，出现大量的病人或死亡病例，其发病率远远超过常年的发病率水平的情况。

群体性不明原因疾病：是指在短时间内，某个相对集中的区域内同时或者相继出现具有共同临床表现病人，且病例不断增加，范围不断扩大，又暂时不能明确诊断的疾病。

重大食物和职业中毒：是指由于食品污染和职业危害的原因而造成的人数众多或者伤亡较重的中毒事件。

新传染病：是指全球首次发现的传染病。

我国尚未发现传染病：是指埃博拉、猴痘、黄热病、人变异性克雅氏病等在其他国家和地区已经发现，在我国尚未发现过的传染病。

我国已消灭传染病：是指天花、脊髓灰质炎等传染病。

6.2 预案解释与修订

本预案由县政府组织修订，县卫计局负责解释。本预案由县卫计局根据突发公共卫生事件的形势变化和实施中发现的问题，及时进行更新、修订和补充，报县政府批准。各地、各有关部门根据需要和本预案的规定，制定本部门职责范围内的具体工作预案。

6.3 预案实施时间

本预案自印发之日起实施。

关于印发《海丰县突发事件医疗卫生救援应急预案》的通知

海府办〔2014〕51号

各镇人民政府（场、经济开发区），县直有关单位：

经县政府同意，现将《海丰县突发事件医疗卫生救援应急预案》印发给你们，请认真贯彻执行，执行中遇到的问题，请径向县卫计局联系。

海丰县人民政府办公室

2014年11月20日

海丰县突发事件医疗卫生救援应急预案

1. 总则

1.1 编制目的

切实提高全县卫计系统应对突发事件（不含突发公共卫生事件，下同）的应急反应能力和医疗卫生救援水平，确保一旦发生突发事件，能够及时、高效、科学、有序地救治伤病员，最大限度减少突发事件造成的人员伤亡和健康危害，保障公众健康和生命安全，维护社会稳定。

1.2 编制依据

依据《中华人民共和国突发事件应对法》《中华人民共和国传染病防治法》《中华人民共和国食品安全法》《中华人民共和国职业病防治法》《中华人民共和国放射性污染防治法》《中华人民共和国安全生产法》《突发公共卫生事件应急条例》《医疗机构管理条例》《核电厂核事故应急管理条例》《国家突发公共事件医疗卫生救援应急预案》《国家食品安全事故应急预案》《广东省突发事件应对条例》《广东省突发事件总体应急预案》《广东省突发公共卫生事件应急办法》《广东省突发事件医疗卫生救援应急预案》《海丰县突发事件总体应急预案》等法律法规及

有关规定，制定本预案。

1.3 适用范围

本预案适用于突发事件导致的人员伤亡、健康危害医疗卫生救援工作。

突发公共卫生事件应急处置工作，按照《广东省突发公共卫生事件应急预案》《海丰县突发公共卫生事件应急预案》有关规定执行。

1.4 工作原则

（1）统一领导，明确职责。加强对突发事件医疗卫生救援工作的统一领导，建立健全部门配合、上下联动的应急响应机制，充分发挥部门专业优势开展应急处置工作。

（2）以人为本，快速反应。坚持把保障公众健康和生命安全放在首位，最大限度减少突发事件造成的人员伤亡和健康危害；及时报告有关情况，迅速采取相应措施，确保突发事件医疗卫生救援工作高效、有序。

（3）依靠科技，科学处置。坚持依靠科技，全面提高突发事件医疗卫生救援能力，提高应急装备和应急技术水平；充分发挥专家作用，实行科学民主决策，提高突发事件医疗卫生救援应急处置科学化水平。

（4）依法规范，协调有序。依据有关法律、法规和相关职责，做好突发事件医疗卫生救援工作；加强信息沟通和共享，建立协调配合机制，确保突发事件医疗卫生救援工作规范有序、运转协调。

（5）平战结合，常备不懈。加强突发事件医疗卫生救援队伍建设，做好人、财、物、技术等各项准备；开展突发事件医疗卫生救援技术研究、培训和实战演练，保证突发事件医疗卫生救援工作顺利开展。

2. 组织体系

2.1 县突发事件医疗卫生救援领导小组

发生突发事件，县有关突发事件应急指挥机构根据需要成立县突发事件医疗卫生救援领导小组（以下简称县领导小组）。县领导小组在县有关突发事件应急指挥机构具体部署下开展工作。

组长：县卫计局局长。

副组长：突发事件牵头处置单位分管负责人，县武装部有关负责人。

成员：县委宣传部，县发改局、经促局、科技局、民宗局、公安局、民政局、财政局、人社局、交通运输局、卫计局、物价局、安监局、外事侨务局、汕头海关驻海城办事处、汕尾出入境检验检疫局海城办事处、县武装部、县红十字会等单位分管负责人。

各成员单位根据应急响应级别，按照县领导小组的统一部署和各自职责，配合做好突发事件医疗卫生救援工作。

（1）县委宣传部：负责突发事件医疗卫生救援工作的舆论引导，指导相关信息发布工作。

（2）县发改局：负责根据需要将突发事件医疗卫生救援基础设施建设纳入国民经济和社会发展规划。

（3）县经促局：负责管理、调运储备药品，保证供应及时。

（4）县科技局：负责制订突发事件医疗卫生救援技术研究方案，组织科研力量开展相关技术科研攻关，统一协调、解决相关急救设备、器械、检测技术、药物等研发及应用中的科技问题。

（5）县民宗局：负责指导、协助相关单位做好具有特殊风俗习惯的少数民族伤亡人员的善后工作。

（6）县公安局：负责及时通报社会安全类突发事件的发生、发展情况，根据需要，采取措施保护医疗卫生救援机构及有关设施、人员；负责维持救援现场治安秩序；保证突发事件医疗卫生救援车辆优先进入事件现场，确保现场医疗卫生救援工作顺利进行。

（7）县民政局：负责及时通报自然灾害类突发事件的发生、发展情况；做好自然灾害导致的伤病人员医疗救助。

（8）县财政局：负责安排县级承担的突发事件医疗卫生救援及生产、储备、调运应急药品、医疗设备和器械、防护用品的必要经费，监督相关经费使用情况。

（9）县人社局：负责按照基本医疗保险规定报销参保人医疗费用；对因参与应急处置工作致病、致残、死亡的公职人员，按照国家、县有关规定，落实保障抚恤待遇，其他属于符合工伤保险范围的人员，依法保障其工伤保险待遇。

（10）县交通运输局：负责优先安排突发事件医疗卫生救援人员、伤员及防治药品、器械、物资等的道路、水路紧急运输。

（11）县卫计局：负责组建医疗卫生应急专业技术队伍，必要时赶赴现场救援；并指导和协助当地医疗救治、疾病预防控制等卫生应急工作，监督管理突发事件医疗卫生救援药品、医疗器械；根据需要，及时提供药品、器械等卫生应急物资和医疗设备。

（12）县外事侨务局：负责指导、协调处置突发事件所引发的对外交涉等相关事宜。

（13）县物价局：负责维护市场价格秩序，保持医疗卫生救援物资价格稳定。

（14）县安监局：负责及时通报事故灾难类突发事件的发生、发展情况。

（15）汕头海关驻海城办事处：负责为紧急进口的特殊药品、试剂、器材提供通关保障。

（16）汕尾出入境检验检疫局海城办事处：负责会同有关单位建立伤员转运“绿色通道”。

（17）县武装部：负责协调部队有关部门，组织救援力量参与突发事件医疗卫生救援工作。

（18）县红十字会：负责组织群众开展自救、互救，组织专业志愿者队伍参与突发事件医疗卫生救援工作（必要时，向社会公开募集、接收突发事件应急处置所需要的物资、资金和技术支持）。

其他相关部门按照各自职责做好救援协助工作。

2.2 县领导小组办公室

县领导小组办公室设在县卫计局，负责日常工作。办公室主任由县卫计局分管副局长兼任。办公室主要职责：贯彻落实县领导小组决定和部署，指挥、协调县领导小组成员单位和事发地突发事件医疗卫生救援领导机构参与应急处置工作；汇总、上报医疗卫生救援情况，组织有关单位和专家研究提出医疗卫生救援方案；办理县领导小组文件，起草相关简报及组织发布应急救援信息；承担县领导小组交办的其他工作。

2.3 地方突发事件医疗卫生救援领导机构

突发事件发生后，各镇人民政府（场）要参照县领导小组设立相应的突发事件医疗卫生救援领导机构。

2.4 专家组

县卫计局成立突发事件医疗卫生救援应急专家组，完善相关咨询机制，为突发事件医疗卫生救援工作提供技术支持。

3. 运行机制

3.1 应急处置

3.1.1　信息报告

县卫计局接到发生突发事件通报后，要立即组织专家组对突发事件造成的人员伤亡及危害程度进行评估。紧急医疗救援中心和其他医疗机构接到群死群伤报告后，要迅速开展紧急医疗卫生救援工作，并立即报告当地卫生行政部门。承担医疗卫生救援任务的医疗卫生机构要每日向上级卫生行政部门报告伤病员医疗救治情况等，重要情况，要随时报告。有关卫生行政部门要及时向同级人民政府及突发事件应急指挥机构报告有关情况。

3.1.2　响应启动

按照突发事件的响应级别，突发事件医疗卫生救援应急响应级别分为Ⅰ级、Ⅱ级、Ⅲ级、Ⅳ级四个等级。

（1）Ⅰ级响应

发生特别重大突发事件，由国家突发事件医疗卫生救援领导小组（以下简称国家领导小组）决定启动Ⅰ级应急响应。县领导小组配合上级对突发事件影响、人员伤亡及其发展趋势进行综合评估，向各有关单位发布启动相关应急程序的命令。县领导小组立即派出工作组赶赴事发地开展医疗卫生救援，协助上级进行救援工作，并将有关情况迅速报告县人民政府及县有关突发事件应急指挥机构。

（2）Ⅱ级响应

发生重大突发事件，县领导小组配合上级对突发事件影响、人员伤亡及其发展趋势进行综合评估，由省领导小组决定启动Ⅱ级应急响应，向各有关单位发布启动相关应急程序的命令。县领导小组立即派出工作组赶赴事发地开展医疗卫生救援，协助省、市进行救援工作，并将有关情况迅速报告县人民政府及县有关突发事件应急指挥机构。

（3）Ⅲ级响应

发生较大突发事件，县领导小组配合上级对突发事件影响、人员伤亡及其发展趋势进行综合评估，由市突发事件医疗卫生救援领导机构决定启动Ⅲ级应急响应，向各有关单位发布启动相关应急程序的命令。县突发事件医疗卫生救援领导机构配合上级做好突发事件医疗卫生救援工作，协助市进行救援工作。

（4）Ⅳ级响应

发生一般突发事件，县突发事件医疗卫生救援领导机构立即组织领导机构成员和专家进行分析研判，对突发事件影响、人员伤亡及其发展趋势进行综合评估，根据县有关突发事件应急指挥机构的提议，由县突发事件医疗卫生救援领导小组决定启动Ⅳ级应急响应，向各有关单位发布启动相关应急程序的命令。必要时，请求市卫生行政部门派出工作组赶赴事发地，指导县突发事件医疗卫生救援领导机构做好突发事件医疗卫生救援工作。

3.1.3　现场处置

突发事件医疗卫生救援现场应急处置，由事发地人民政府（场）或相应应急指挥机构统一组织，实行现场指挥官制度。必要时，设立现场医疗卫生救援指挥部，具体负责现场医疗卫生救援工作，各有关单位按照职责参与医疗卫生救援工作。

3.1.4　处置措施

（1）现场抢救

到达现场的医疗卫生救援应急队伍要按照“先救命后治伤，先救重后救轻”的原则开展工作，根据国际统一的标准对伤病员进行检伤分类，分别用绿色、黄色、红色、黑色标示轻伤、重伤、危重伤病员和死亡人员（分类标志用塑料材料制成腕带，扣系在伤病员或死亡人员的手腕或脚踝部位），便于后续救治辨认或采取相应的措施。

（2）转送伤员

当现场处于危险环境或伤病员情况允许时，要尽快转送伤病员。

（3）疾病防控和卫生监督

突发事件发生后，卫生行政部门根据防病工作的需要，组织疾病预防控制和卫生监督等有关专业机构和人员，开展流行病学、卫生学调查研究和评价、采样、卫生执法监督，以及相关信息收集、统计等工作，进行科学总结和深入研究，采取有效预防控制措施，防止各类突发事件造成的次生或衍生突发公共卫生事件的发生，确保大灾之后无大疫。

3.1.5 社会动员

县人民政府、事发地镇人民政府（场）或相应应急指挥机构可根据突发事件的性质、危害程度和范围，广泛调动社会力量，在确保安全的前提下，参与医疗卫生救援工作。

突发事件发生后，县人民政府、事发地人民政府（场）或相应应急指挥机构组织各方面力量参与医疗卫生救援工作，组织基层单位和人员开展自救、互救；邻近的镇人民政府（场）根据需要组织和动员社会力量，对事发地提供帮助。

鼓励公民、法人和其他组织按照《中华人民共和国公益事业捐赠法》等有关法律法规的规定进行捐赠和援助。审计、监察部门对捐赠资金与物资的使用情况进行审计和监督。

3.1.6 区域交流

县卫计局要加强与县内外相关突发事件医疗卫生救援机构的交流合作，建立区域合作机制，积极开展应急管理区域合作与交流。

3.1.7 应急终止

突发事件医疗卫生救援工作结束，伤病员得到有效救治，由宣布启动应急响应的单位决定终止应急响应。

3.2 信息发布

县突发事件医疗卫生救援领导小组在县人民政府和有关突发事件应急指挥机构的统一领导下，负责Ⅳ级突发事件医疗卫生救援事件的信息发布工作。信息发布工作按照有关规定，坚持实事求是、及时准确、公开透明的原则。

4. 应急保障

4.1 队伍保障

各级卫生行政部门组建综合性医疗卫生救援应急队伍，并根据需要建立特殊专业医疗卫生救援应急队伍，定期开展培训和演练，提高救援队伍的战斗力。

4.2 资金保障

各级财政部门按照有关规定，对突发事件医疗卫生救援所需经费、医疗救治费用等提供相应的资金支持。

各类保险机构要及时按照有关规定对参保的伤亡人员做好保险理赔工作。

4.3 物资保障

县卫计局负责提出医疗卫生救援应急药品、器械、设备、快速检测器材和试剂、个人防护用品等物资的储备计划建议，县经济促进局负责组织落实。

4.4 机构保障

在县卫计局的统筹下，有规划地建设覆盖全县、布局合理、管理完善、反应迅速、救治有效的医疗体系和急救网络。

按照“平战结合”的原则，依托专业防治机构或综合医疗机构建立完善化学中毒医疗救治和核辐射应急救治专业医疗机构，依托实力较强的综合医院建立中毒、核辐射应急救治专业科室。

4.5 交通保障

各级医疗卫生救援应急队伍要根据需要配备必要的救护车辆、交通工具。

公安、交通运输、海关、检验检疫等有关部门，要保证医疗卫生、红十字会救援人员、伤员和物资运输的优先安排、优先调度、优先放行，确保交通运输安全畅通。紧急情况下，对现场及相关通道实行交通管制，开设应急救援“绿色通道”，保证医疗卫生救援工作的顺利开展。

4.6 平台保障

各级卫生信息统计部门要在充分利用现有资源基础上，不断完善医疗卫生机构、技术人员、大型医疗设备、医疗救治能力等卫生资源数据库，与县突发公共卫生事件应急指挥与决策系统整合，建立健全统一的县、镇医疗卫生信息传输系统、信息交换平台和医疗救治信息网络，在医疗机构、急救机构和疾病预防控制机构之间建立畅通的信息沟通机制，实现医疗机构、急救机构、疾病预防控制机构与卫生行政部门之间，以及卫生行政部门与相关部门间的信息共享。

5. 监督管理

5.1 预案演练

县卫计局负责定期组织本预案应急演练。

5.2 宣教培训

各地、各有关单位要做好突发事件医疗卫生救援知识的宣传教育工作，不断提高公众的安全意识和自救、互救能力。各级人民政府及广播电视、新闻媒体、文化、教育、人力资源社会保障等单位要充分利用广播、电视、互联网、报纸等媒体，加大对医疗卫生救援工作的宣传、培训力度。

5.3 责任与奖惩

对在突发事件医疗卫生救援工作中做出突出贡献的先进集体和个人给予表彰和奖励。对玩忽职守、失职、渎职的有关责任人，要依据有关规定严肃追究责任，构成犯罪的，依法追究刑事责任。

6. 附则

6.1 名词术语

（1）本预案有关数量的表述中，“以上”含本数，“以下”不含本数。

（2）医疗卫生救援机构是指各级各类医疗卫生机构，主要包括医疗急救指挥中心、紧急医疗救援中心、综合医院、专科医院、化学中毒和核辐射事故专业医疗救治机构、疾病控制机构和卫生监督机构以及根据需要可调用的相关机构，驻海丰部队卫生机构等。

6.2 本预案由县人民政府组织修订，由县卫计局负责解释。

6.3 各镇人民政府、各有关单位按照本预案的规定履行职责，并制定、完善相应的应急预案。

6.4 本预案自发布之日起实施。

7. 附件

医疗卫生救援事件分级标准

7.1 特别重大医疗卫生救援事件（Ⅰ级）

（1）一次事件伤亡100人以上，且危重人员多；或者核事故和突发放射事件、化学品泄漏事故导致大量人员伤亡。

（2）跨省（区）、有特别严重人员伤亡的突发事件。

（3）国务院及其有关部门或省人民政府确定的其他需要开展医疗卫生救援工作的特别重大突发事件。

7.2 重大医疗卫生救援事件（Ⅱ级）

（1）一次事件伤亡50人以上、100人以下，其中，死亡和危重病例超过5例的突发事件。

（2）跨地级以上市、省直管县（市、区）、有严重人员伤亡的突发事件。

（3）省人民政府及其有关单位确定的其他需要开展医疗卫生救援工作的重大突发事件。

7.3 较大医疗卫生救援事件（Ⅲ级）

（1）一次事件伤亡30人以上、50人以下，其中，死亡和危重病例超过3例的突发事件。

（2）地级以上市、省直管县（市、区）人民政府及其有关单位确定的其他需要开展医疗卫生救援工作的较大突发事件。

7.4 一般医疗卫生救援事件（Ⅳ级）

（1）一次事件伤亡10人以上、30人以下，其中，死亡和危重病例超过1例的突发事件。

（2）县级人民政府及其有关单位确定的其他需要开展医疗卫生救援工作的一般突发事件。

附件1：

海丰县突发事件医疗救援临床专家组名单

组长：陈淑军（彭湃纪念医院：院长）

副组长：陈伯良（彭湃纪念医院：业务副院长、副主任医师）

成员：黎立明（彭湃纪念医院：医务股长、副主任医师）

陈顺平（彭湃纪念医院：内科副主任、主任医师）

罗善念（彭湃纪念医院：传染科主任、副主任医师）

王辉华（彭湃纪念医院：内一区主任、副主任医师）

周启声（彭湃纪念医院：内二区主任、副主任医师）

周超杰（彭湃纪念医院：急诊科主任、副主任医师）

陈正道（彭湃纪念医院：ICU副主任、副主任医师）

林友青（彭湃纪念医院：儿一区主任、副主任医师）

庄泽吟（彭湃纪念医院：新生儿科主任、副主任医师）

彭俊杰（彭湃纪念医院：保健科主任、副主任医师）

骆怡然（彭湃纪念医院：中医内科副主任医师）

吴汉流（彭湃纪念医院：放射科主任、主治医师）

陈沙林（彭湃纪念医院：检验科主任、副主任检验师）

刘慈花（彭湃纪念医院：护理部主任、主管护理师）

联系人：马泽葵（海丰县卫计局医政股股长）

办公电话：6694987 手机：18923597686

彭俊杰（彭湃纪念医院保健科主任）

办公电话：6609511 手机：13502591700

医疗卫生救援应急队伍花名册

表11

序号	姓名	性别	年龄	职 务	技术职称	联系电话	备注
1	洪献就	男	52	副局长	主治医师	13502399432	县卫计局
2	黎义华	男	40	防保股股长	公卫主管医师	18923597898	县卫计局
3	马泽葵	男	46	医政股股长	主治医师	18923597686	县卫计局
4	陈淑军	男	40	院长	高级政工师	13902683637	县彭湃纪念医院
5	林坤勇	男	50	所长		13929386622	县卫监所
6	罗胜如	男	48	主任	高级政工师	13502390987	县疾控中心
7	陈伯良	男	45	副院长	内科主任医师	13924696303	县彭湃纪念医院
8	黎立明	男	42	医教股股长	副主任医师	13502593566	县彭湃纪念医院
9	罗善念	男	47	传染科主任	副主任医师	13923587113	县彭湃纪念医院
10	王辉华	男	44	内一区主任	主任医师	13502585630	县彭湃纪念医院
11	周启声	男	46	内二区主任	主任医师	13929315836	县彭湃纪念医院
12	周超杰	男	41	急诊科主任	副主任医师	13500086009	县彭湃纪念医院
13	陈正道	男	35	ICU副主任	副主任医师	13502398119	县彭湃纪念医院
14	陈顺平	男	42		主任医师	13536456186	县彭湃纪念医院
15	林友青	男	40	儿一区主任	副主任医师	13902682030	县彭湃纪念医院
16	庄泽吟	男	46	儿二区主任	副主任医师	13509060838	县彭湃纪念医院
17	彭俊杰	男	51	保健科主任	副主任医师	13502591700	县彭湃纪念医院
18	骆怡然	男	49		副主任医师	13902682669	县彭湃纪念医院
19	吴汉流	男	57	放射科主任	主治医师	13502391136	县彭湃纪念医院
20	陈沙林	男	56	检验科主任	副主任检验师	13902684899	县彭湃纪念医院
21	刘慈花	女	39	护理部主任	主管护理师	18934186808	县彭湃纪念医院
22	陈鸿真	男		副院长	主治医师	13502398682	县中医院
23	马 驰	男	48	疾控股股长	医师	13924697232	县疾控中心
24	吴绍成	男	44	公共卫生股股长		13923584466	县疾控中心
25	谢伟东	男	40	健康检查股股长	主治医师	13924698909	县疾控中心
26	马新民	男	57	检验科主任	主管检验师	13929324968	县疾控中心

海丰县医疗卫生救援应急队伍统计

表12

队伍名称	海丰县应对突发公共卫生事件医疗卫生应急救援小组				
办公地址	海丰县牛黄山行政小区		办公电话	6622329	
主管单位	海丰县卫计局		成立时间		
负责人	洪献就	职务	副局长	联系电话	13502399432
联络员	黎义华 马泽葵	职务	防保股股长 医政股股长	联系电话	18923597898 18923597686
总人数	28人	技术人员	24人	技术负责人	陈伯良罗胜如
队伍主要职能	负责公共卫生事件、食品安全事故的应对和各类突发事件的医疗卫生应急救援				
主要应急救援装备、设备、器材及物资					

序号	名 称	规格	数量	备 注
1	救护车		5	彭湃医院3辆、中医院2部
2	除颤器		1	彭湃纪念医院
3	心电监护仪		6	彭湃纪念医院
4	洗胃机		2	彭湃纪念医院
5	呼吸机		2	彭湃纪念医院
6	心电图机		4	彭湃纪念医院
7	紫外线机		6	彭湃纪念医院
8	气管插管喉镜		2	彭湃纪念医院
9	防护服、防护目镜		10	彭湃纪念医院
10	输液泵、微泵		4	彭湃纪念医院
11	达菲		230盒	彭湃纪念医院
12	漂白粉		3吨	县疾控中心
13	消毒剂		100箱	县疾控中心

关于印发《海丰县最低生活保障实施细则》的通知

海府办〔2014〕52号

各镇人民政府（场、经济开发区），县直有关单位：

《海丰县最低生活保障实施细则》业经县政府同意，现印发给你们，请认真组织实施。

海丰县人民政府办公室

2014年12月2日

海丰县最低生活保障实施细则

第一章 总 则

第一条　为规范最低生活保障（以下简称低保）审核审批工作，根据《城市居民最低生活保障条例》（国务院令第271号）、《国务院关于在全国建立农村最低生活保障制度的通知》（国发〔2007〕19号）、《国务院关于进一步加强和改进最低生活保障工作的意见》（国发〔2012〕45号）及国家相关规定等，制定本细则。

第二条　县级人民政府民政部门以及镇人民政府（场），依据本细则开展低保审核审批工作，村（居）民委员会协助做好相关工作。

第三条　县级人民政府民政部门应当加强本辖区内低保审核审批工作的规范管理和相关服务，促进低保工作公开、公平、公正。

第二章 资格条件

第四条　户籍状况、家庭收入和家庭财产是认定低保对象的三个基本要件。

持有当地常住户口的居民，凡共同生活的家庭成员人均收入低于当地低保标准，且家庭财产状况符合当地人民政府规定条件的，可以申请低保。

第五条　共同生活的家庭成员包括：

（一）配偶；

（二）父母和未成年子女；

（三）已成年但不能独立生活的子女，包括在校接受本科及其以下学历教育的成年子女；

（四）其他具有法定赡养、扶养、抚养义务关系并长期共同居住的人员。

下列人员不计入共同生活的家庭成员：

（一）连续三年以上（含三年）脱离家庭独立生活的宗教教职人员；

（二）在监狱、劳动教养场所内服刑、劳动教养的人员；

（三）省级人民政府民政部门根据本条原则和有关程序认定的其他人员。

第六条　持有非农业户口的居民，可以申请城市低保。持有农业户口的居民，可以申请农村低保。

取消农业和非农业户口划分的地区，原则上可以将申请人户籍所在地为城镇且居住超过一定期限、无承包土地、不参加农村集体经济收益分配等作为申请城市低保的户籍条件。

第七条　家庭收入是指共同生活的家庭成员在规定期限内的全部可支配收入。

第八条　家庭财产是指家庭成员拥有的全部动产和不动产。

第三章 申请及受理

第九条　申请低保应当以家庭为单位，由户主或者其代理人以户主的名义向户籍所在地镇人民政府（场）提出书面申请。

受申请人委托，村（居）民委员会可以代其向户籍所在地镇人民政府（场）提交低保书面申请及其相关材料。

第十条　申请人有下列情况之一的，可以单独提出申请：

（一）困难家庭中丧失劳动能力且单独立户的成年重度残疾人。

（二）脱离家庭、在宗教场所居住三年以上（含三年）的生活困难的宗教教职人员。

第十一条　申请人或者其家庭成员的户籍有下列情况之一的，可以按以下方式办理：

（一）申请人经常居住地与户籍所在地不一致

的，申请人凭户籍所在地县级人民政府民政部门出具的未享受最低生活保障的证明，可以向经常居住地镇人民政府（场）提出申请。

（二）户籍类别相同但家庭成员户口不在一起的家庭，应将户口迁移到一起后再提出申请。因特殊原因无法将户口迁移到一起的，可选择在户主或者其主要家庭成员的户籍所在地提出申请，户籍不在申请地的其他家庭成员分别提供各自户籍所在地县级人民政府民政部门出具的未享受低保的证明。

（三）共同生活的家庭成员分别持有非农业户口和农业户口的，一般按户籍类别分别申请城市低保和农村低保。

第十二条　申请人应当履行以下义务：

（一）按规定提交相关材料，书面声明家庭收入和财产状况，并签字确认；

（二）履行授权核查家庭经济状况的相关手续；

（三）承诺所提供的信息真实、完整。

第十三条　镇人民政府（场）应当对申请人或者其代理人提交的材料进行审查，材料齐备的，予以受理；材料不齐备的，应当一次性告知申请人或者其代理人补齐所有规定材料。

镇人民政府（场）应当及时受理低保申请，农村地区可以实行定期集中受理。

第十四条　申请低保时，申请人与低保经办人员和村（居）民委员会成员有近亲属关系的，应当如实申明。

对已受理的低保经办人员和村（居）民委员会成员近亲属的低保申请，镇人民政府（场）应当进行单独登记。

“低保经办人员”是指涉及具体办理和分管低保受理、审核（包括家庭经济状况调查）、审批等事项的县级人民政府民政部门及镇人民政府（场）工作人员。

“近亲属”包括配偶、父母、子女、兄弟姐妹、祖父母、外祖父母、孙子女、外孙子女。

第四章　家庭经济状况调查

第十五条　家庭经济状况是指申请人及其家庭成员拥有的全部可支配收入和家庭财产。

第十六条　家庭可支配收入是指扣除缴纳的个人所得税及个人按规定缴纳的社会保障性支出后的收入。主要包括：

（一）工资性收入。指因任职或者受雇而取得的工资、薪金、奖金、劳动分红、津贴、补贴以及与任职或者受雇有关的其他所得等。

（二）家庭经营净（纯）收入。指从事生产、经营及有偿服务活动所得。包括从事种植、养殖、采集及加工等农林牧渔业的生产收入，从事工业、建筑业、手工业、交通运输业、批发和零售贸易业、餐饮业、文教卫生业和社会服务业等经营及有偿服务活动的收入等。

（三）财产性收入。包括动产收入和不动产收入。动产收入是指出让无形资产、特许权等收入，储蓄存款利息、有价证券红利、储蓄性保险投资以及其他股息和红利等收入，集体财产收入分红和其他动产收入等。不动产收入是指转租承包土地经营权、出租或者出让房产以及其他不动产收入等。

（四）转移性收入。指国家、单位、社会团体对居民家庭的各种转移支付和居民家庭间的收入转移。包括赡养费、扶养费、抚养费，离退休金、失业保险金，社会救济金、遗属补助金、赔偿收入，接受遗产收入、接受捐赠（赠送）收入等。

（五）其他应当计入家庭收入的项目。

第十七条　家庭财产主要包括：

（一）银行存款和有价证券；

（二）机动车辆（残疾人功能性补偿代步机动车辆除外）、船舶；

（三）房屋；

（四）债权；

（五）其他财产。

第十八条　镇人民政府（场）应当自受理低保申请之日起10个工作日内，在村（居）民委员会协助下，组织驻村干部、社区低保专干等工作人员对申请人家庭经济状况和实际生活情况逐一进行调查核实。每组调查人员不得少于2人。

第十九条　调查申请人家庭经济状况和实际生活情况，可以采取以下方式：

（一）信息核对。镇人民政府（场）通过县级以上人民政府民政部门与公安、人力资源社会保障、住房城乡建设、税务、金融、工商等部门和机构，对低保申请家庭的户籍、车辆、住房、社会保险、养老金、存款、证券、个体经营、住房公积金等收入和财产信息进行核对，并根据信息核对情况，对申请人家庭经济状况声明的真实性和完整性提出意见。

（二）入户调查。调查人员到申请人家中了解其家庭收入、财产情况和吃、穿、住、用等实际生活状况；根据申请人声明的家庭收入和财产状况，了解其真实性和完整性。入户调查结束后，调查人员应当填写家庭经济状况核查表，并由调查人员和申请人（被调查人）分别签字。

（三）邻里访问。调查人员到申请人所在村（居）委员会和社区，走访了解其家庭收入、财产和实际生活状况。

（四）信函索证。调查人员以信函方式向相关单位和部门索取有关证明材料。

（五）其他调查方式。

第二十条　经家庭经济状况信息核对，对符合条件的低保申请，镇人民政府（场）应当依程序开展入户调查。不符合条件的，镇人民政府（场）应当书面通知申请人并说明理由。

申请人对家庭经济状况信息核对结果有异议的，应当提供相关证明材料；镇人民政府（场）应当对申请人提供的家庭经济状况证明材料进行审核，并组织开展复查。

第五章 民主评议

第二十一条　家庭经济状况调查结束后，镇人民政府（场）应当在5个工作日内，在村（居）民委员会的协助下，以村（居）为单位对申请人家庭经济状况调查结果的客观性、真实性进行民主评议。

第二十二条　民主评议由镇人民政府（场）工作人员、村（居）党组织和村（居）委会成员、熟悉村（居）民情况的党员代表、村（居）民代表等参加。村（居）民代表人数不得少于参加评议总人数的三分之二。

第二十三条　民主评议应当遵循以下程序：

（一）宣讲政策。镇人民政府（场）工作人员宣讲低保资格条件、补差发放、动态管理等政策规定，宣布评议规则和会议纪律。

（二）介绍情况。申请人或者代理人陈述家庭基本情况，入户调查人员介绍申请家庭经济状况调查情况。

（三）现场评议。民主评议人员对申请人家庭经济状况调查情况进行评议，对调查结果的真实性和完整性进行评价。

（四）形成结论。镇人民政府（场）工作人员根据现场评议情况，对申请人家庭经济状况调查结果的真实有效性作出结论。

（五）签字确认。民主评议应当有详细的评议记录。所有参加评议人员应当签字确认评议结果。

第二十四条　对民主评议争议较大的低保申请，镇人民政府（场）应当重新组织家庭经济状况调查核实。

第六章 审核审批

第二十五条　镇人民政府（场）应当根据家庭经济状况信息核对、入户调查、民主评议等情况，对申请家庭是否给予低保提出建议意见，并及时在村（居）民委员会设置的村（居）务公开栏公示入户调查、民主评议和审核结果。公示期为7天。公示结束后，镇人民政府（场）应当将申请材料、家庭经济状况调查结果、民主评议情况等相关材料报送县级人民政府民政部门审批。

第二十六条　县级人民政府民政部门应当自收到镇人民政府（场）审核意见和相关材料5个工作日内提出审批意见。拟批准给予低保的，应当同时确定拟保障金额。不符合条件、不予批准的，应当在作出审批决定3日内，通过镇人民政府（场）书面告知申请人或者其代理人并说明理由。

县级人民政府民政部门在提出审批意见前，应当全面审查镇人民政府（场）上报的申请材料、调查材料和审核意见，并按照不低于30%的比例入户抽查。对单独登记的低保经办人员和村（居）民委员会成员近亲属的低保申请，以及有疑问、有举报或者其他需要重点调查的低保申请，县级人民政府民政部门应当全部入户调查。不得将不经过调查核实的任何群体或者个人直接审批为低保对象。

第二十七条　保障金额应当按照核定的申请人家庭人均收入与当地低保标准的差额乘以共同生活的家庭成员人数计算。

第二十八条　对低保家庭中的下列人员，可以采取多种措施提高救助水平。

（一）老年人；

（二）未成年人；

（三）重度残疾人；

（四）重病患者；

（五）县级以上地方人民政府确定的其他生活困难人员。

第二十九条　县级人民政府民政部门应当对拟批准的低保家庭通过镇人民政府（场）、村（居）民委员会固定的政务公开栏、村（居）务公开栏以及政务大厅设置的电子屏等场所和地点进行公示。公示内容包括申请人姓名、家庭成员、拟保障金额等。公示期为7天。

公示期满无异议的，县级人民政府民政部门应当在3个工作日内作出审批决定，对批准给予低保的，发给低保证，并从批准之日下月起发放低保金。对公示有异议的，县级人民政府民政部门应当重新组织调查核实，在20个工作日内作出审批决定，并对拟批准的申请重新公示。

第七章 资金发放

第三十条　低保金实行社会化发放，通过银行、信用社等代理金融机构，直接支付到低保家庭的账户。

第三十一条　低保金应当按月发放，每月10日前发放到户。金融服务不发达的农村地区，低保金可以按季发放，每季度初10日前发放到户。

第八章 动态管理

第三十二条 县级人民政府民政部门应当根据低保对象的年龄、健康状况、劳动能力以及家庭收入来源等情况对低保家庭实行分类管理。镇人民政府（场）应当根据低保家庭成员和其家庭经济状况的变化情况进行分类复核，并根据复核情况及时报请县级人民政府民政部门办理低保金停发、减发或者增发手续。

低保家庭应当向镇人民政府（场）定期报告家庭人口、收入和财产状况的变化情况。

第三十三条 对城市“三无”人员和家庭成员中有重病、重残人员且收入基本无变化的低保家庭，可每年复核一次。对短期内家庭经济状况和家庭成员基本情况相对稳定的低保家庭，可每半年复核一次。对收入来源不固定、有劳动能力和劳动条件的低保家庭，原则上城市按月、农村按季复核。

第三十四条 县级人民政府民政部门应当对低保家庭实行长期公示，并完善面向公众的低保对象信息查询机制。公示中应当保护低保对象个人隐私，不得公开与低保无关的信息。

第三十五条 县级以上地方人民政府民政部门和镇人民政府（场）应当公开低保监督咨询电话，主动接受社会和群众对低保审核审批工作的监督、投诉和举报。有条件的地方可以省为单位设置统一的举报投诉电话。

第三十六条 县级以上地方人民政府民政部门和镇人民政府（场）应当健全完善举报核查制度，对接到的实名举报，应当逐一核查，并及时向举报人反馈核查处理结果。

第九章 附则

第三十七条 本细则由县民政局负责解释。

第三十八条 本办法自公布之日起施行。

关于印发《海丰县城乡特困居民医疗救助实施细则》的通知

海府办〔2014〕53号

各镇人民政府（场、经济开发区），县直有关单位：

《海丰县城乡特困居民医疗救助实施细则》业经县政府同意，现印发给你们，请认真组织实施。

海丰县人民政府办公室

2014年12月2日

海丰县城乡特困居民医疗救助实施细则

第一章 总则

第一条 为有效缓解城乡困难居民因病致贫、因病返贫和看病难问题，根据广东省《城乡特困居民医疗救助办法》和《广东省民政厅、财政厅、人力资源和社会保障厅、卫生计生委〈关于开展城乡困难群众医疗救助和优抚医疗费“一站式”结算服务工作的通知〉》等有关规定，结合我县实际，制定本实施细则。

第二条 服务对象。医疗救助“一站式”结算服务的对象是指参加基本医疗保险的城乡低保对象、五保户、“三无”人员、县级以上人民政府认定并在民政部门备案的其他救助对象；优抚医疗费“一站式”结算服务的对象是退出现役的残疾军人、在乡复员军人(含红军失散人员)、带病回乡退伍军人，以及享受国家抚恤和生活补助的烈士遗属、因公牺牲军人遗属、病故军人遗属和享受国家定期补助的参战涉核退役人员等优抚对象，以及县级以上人民政府规定的且在民政部门备案的其他特殊困难人员。

第三条 非“一站式”即时结算定点医院住院的救助对象和其他特殊救助对象不属即时结算范围的，其救助方式仍按原程序申报审批。

第四条 基本医疗救助。服务对象在户籍所在地的基本医疗保险定点医疗机构（以下简称“定点医疗机构”）就医所发生的医保政策范围内的医疗费用，经相关保障制度补偿后的个人自付部分，按对象分类给予一定比例的救助。上述对象在定点医疗机构就医时，实行基本医疗保险和基本医疗救助、优抚对象医疗补助同步结算、即时救助的“一站式”服务。享受低保救助的优抚对象应先进行优抚医疗费结算再进行医疗救助补助。

第五条　重特大疾病医疗救助。在户籍所在地的定点医疗机构就医所发生的医保政策范围内的医疗费用，经基本医疗保险、大病保险或补充医疗保险补偿后，去除本年度已享受医疗救助的政策内自付部分，给予重特大疾病医疗救助。

第六条　定点医院。县辖区内定点医疗机构，为我县医疗救助"一站式"服务定点医院，今后根据即时结算工作运行情况逐步增加和调整。

第二章 结算程序

第七条　资助最低生活保障对象和农村五保供养对象、城镇"三无"人员，参加医保，参保缴费人员名单每年12月底前经县民政局、县财政局、县人力资源和社会保障局共同审核确认后，由县财政局按参保人员名单，将参保费划入县医保办公室专户，作为对象次年的医保费。

第八条　个人申请。社会救助对象、重点优抚对象在定点医院住院后，患者本人或其亲属在住院后三日内，凭患者身份证、户口簿、城乡基本医疗保险证或社会保障卡等，优抚对象还需带优抚医疗证，向定点医院结算窗口提出医疗救助申请。其他特殊困难人员由民政部门出具证明。

第九条　网上申报。定点医院结算窗口登录医疗救助即时结算网站，用患者姓名、身份证号码等通过民政基本业务数据库对申请对象进行身份审查，系统中有对象记录的自动提取相关信息。在确认患者身份后，收集患者身份证或者户口簿复印件等，在网上将救助对象住院信息提交保存。

第十条　定点医院与患者结算。患者治疗终结，定点医院在办理完城乡基本医疗保险报销后，将医保政策范围内个人自付部分按"一站式"结算标准给予医疗救助（医院垫付），余下医疗费用由患者自付。

第十一条　定点医院与民政局对账。医院垫付的医疗救助金，每季度与县民政局对账，确认本季度支付的救助金额。县民政局对照定点医院提供的材料核定后，将医院垫付的救助金划拨到定点医院账户，所需资金在我县城乡医疗救助资金中列支。

第三章 医疗救助标准

第十二条　城乡医疗救助标准。服务对象在县内定点医疗机构就医，基本医疗保险政策范围内医疗费用的自付部分：

（1）五保户、"三无"人员实行基本医疗费用全额救助；

（2）城乡低保对象等基本医疗比例按60%，2015年开始按70%。

第十三条　优抚医疗费结算标准。按照县政府办《关于印发海丰县抚恤定补优抚对象医疗保障办法（试行）的通知》(海府办〔2009〕106号)和县政府办《转发海丰县抚恤定补优抚对象医疗保障服务实施细则的通知》(海府办〔2010〕17号)以及上级有关优抚对象医疗费报销的相关政策标准执行。

第四章 临时医疗救助

第十四条　因病医疗费负担有困难且影响家庭基本生活的，给予临时医疗救助。

（一）申请。医疗救助对象或其监护人向户籍所在地村（居）委会提出申请，并提供如下证明材料：

1.低保证、五保供养证或当地民政部门为"三无"人员和特殊困难人员出具的有效证明等材料原件及复印件；

2.身份证或户口簿原件及复印件（委托他人申请的，同时提供受委托人的身份证或户口簿原件）；

3.相关医疗机构出具的诊断结果、用药或诊疗项目清单、转诊证明、转院通知及医疗费用的有效票据；

4.享受居民基本医疗保险等政策性补偿、补助的凭证；

5.获得社会指定医疗捐赠的凭证。

（二）审核。村（居）委会在7个工作日内对救助申请进行初审并上报镇人民政府（场）。初审程序包括：上门核查；对拟救助对象的名单进行为期3天的公示；填写相关审核表格；签署初审意见等。

镇人民政府（场）对申请和相关材料在5个工作日内进行审核。不符合条件的，应将材料退回，书面告知申请人并说明理由。符合条件的签署审核意见并上报县民政局审批。

（三）审批和发放。县民政局应在5个工作日内对镇（场）上报的申请表和相关材料进行复查审核（相关证明材料不齐的或个人自送的不受理），按符合医疗救助条件审批的人员名单，在5个工作日内将医疗救助金划拨到镇（场）或申请人个人账号。特殊困难情形的，经批准可支付现金。

第十五条　流浪乞讨精神病人等医疗救治费用和特困精神病人医疗补助由定点医院垫支。按照与县民政局签订的协议签订的协议办理，定点医院逐季与县民政局结算。

第十六条　福利机构监护的弃婴及孤残儿童必要的医疗救治费用，由县民政局核实审批后，及时将医疗救助金划拨到福利机构专户；

第十七条　医疗救助对象患特定传染病，国家或省对相关医疗费用的负担有明确规定的，按相关规定办理。

第十八条　下列情形不予救助：

（一）未按规定办理相关手续，自行到非定点医疗机构就医或自行购买药品的费用（急诊、抢救除外）；

（二）因自身违法行为导致的医疗费用；

（三）因自杀、自残等发生的医疗费用（精神病除外）；

（四）交通事故、医疗事故等应由他方承担支付的医疗费用；

（五）超出居民基本医疗保险的药品目录、诊疗项目、医疗服务设施标准等规定范围的医疗费用。

第五章 资金的来源

第十九条　医疗救助资金的来源：

（一）县财政每年按城乡最低生活保障标准人月增加14%的比例预算安排的基本医疗救助资金；

（二）在社会福利彩票公益金的地方留成部分中按照20%比例安排的基本医疗救助资金；

（三）中央、省财政补助的用于医疗救助资金；

（四）社会各界捐赠的用于医疗救助的资金；

（五）医疗救助资金形成的利息收入；

（六）其他资金。

第二十条　县财政局、县民政局联合建立医疗救助资金专账，用于办理资金的汇集、核拨、支付和发放等业务。县财政局预算安排的基本医疗救助金及其他来源用于医疗救助的资金，应及时转入县民政局医疗救助资金专户。

第二十一条　积极鼓励社会团体、个人以及单位提供捐赠和资助，由县民政局接收并全部纳入医疗救助资金专户。

第二十二条　医疗救助资金必须专款专用，不得从中提取管理费或列支其他任何费用，当年资金结余转下年继续使用。

第二十三条　县民政局、县财政局应定期对年度医疗救助资金使用情况进行检查，并接受审计部门的监督。

第六章 组织实施

第二十四条　县民政局、县财政局、县卫生和计划生育局、县人力资源和社会保障局等部门要树立大局观念，切实加强协调和配合，共同做好医疗救助工作。

（一）县民政局负责实施医疗救助日常工作，承担办理、调查核实、审批等事务。

（二）县财政局应根据县民政局报送的用款计划，落实预算资金，并及时将医疗救助资金拨付到位。

（三）县卫生和计划生育局应加强对医疗救助服务机构的监督管理，规范医疗服务行为，降低医疗成本，为救助对象提供优质服务。

（四）县人力资源和社会保障局应做好居民基本医疗保险和医疗救助之间在政策和工作上的衔接。加强对居民基本医疗保险的管理，积极扩大居民基本医疗保险的覆盖面。

第七章 医疗服务

第二十五条　医疗救助对象所享受的医疗服务，原则上由其户籍所在地定点医疗机构提供。具体医疗服务形式、范围和程序参照居民基本医疗保险相关规定办理。

第二十六条　城乡最低生活保障对象、农村“五保”对象和城镇“三无”人员在定点医院就医时应给予优惠。

第八章 责任追究

第二十七条　工作人员有下列行为之一的，由其上级主管部门责令改正；情节严重，对相关责任人员依法给予行政处分或纪律处分；构成犯罪的，依法追究相关责任人员的刑事责任：

（一）出具虚假诊断、鉴定、证明的；

（二）不按规定的标准、数额、对象审批的；

（三）利用职权谋取私利的。

第二十八条　救助对象以隐瞒、造假等手段骗取医疗救助待遇的，一经发现，审批机关应给予批评教育，并追回其冒领的救助金。

第九章　附则

第二十九条　本实施细则由县民政局负责解释。

第三十条　本实施细则于公布之日起实施。

关于印发《海丰县政务公开实施办法》的通知

海府办〔2014〕60号

各镇人民政府（场、经济开发区），县直各单位：

经县政府研究同意，现将《海丰县政务公开实施办法》印发给你们，请认真贯彻执行。

海丰县人民政府办公室

2014年12月31日

海丰县政务公开实施办法

第一章 总则

第一条 为规范我县政务公开工作，增强政府工作的透明度和公信力，保障公民、法人和其他组织的知情权、参与权和监督权，保证行政机关依法履行职责，根据中共中央办公厅、国务院办公厅《关于进一步推行政务公开的意见》（中办发〔2005〕12号）和相关法律法规的规定，结合本县实际，制定本办法。

第二条 本办法所称政务公开，是指本县各级政府机关依照法律、法规、政策和本办法的规定向社会公众或者提出申请的公民、法人和其他组织公开政务信息的活动。

第三条 本县各级机关是政务公开义务人，依照本办法的规定履行政务公开的义务。

前款所称政府机关包括：

（一）县、镇（场、经济开发区）人民政府及所属工作部门；

（二）法律、法规授权行使行政职能的组织；

（三）依照法律、法规、规章的规定，受行政机关委托行使行政职能的组织。

第四条 公民、法人和其他组织是政务公开权利人，依照本办法规定享有要求政务公开、获取政务信息的权利。

第五条 政务公开应当遵循全面、真实、及时、便民、合法的原则。

第六条 政务信息以公开为原则，不公开为例外。

第七条 本办法由海丰县人民政府办公室负责组织实施。

第八条 政务公开所需工作经费，列入财政预算。

第二章 政务公开的主要内容

第九条 凡与政府经济调节、市场监管、社会管理和公共服务等职能有关的政务信息，均应主动公开或者依法申请公开。但有下列情形之一的政务信息不予公开：

（一）涉及国家秘密；

（二）依法受保护的商业秘密；

（三）依法受保护的个人隐私；

（四）正在调查、处理过程中的不适宜公开的事项；

（五）法律、法规规定不予公开的其他情形。

有前款（二）、（三）项规定情形的政务信息，权利人同意公开的，可以公开。

政务信息中含有不予公开的内容，但能够区分处理的，政府机关应当公开可以公开的内容。

第十条 相关政务公开义务人应当主动向社会公开下列政务信息：

（一）本级政府机构的设置和调整；

（二）制定的规范性文件及其他政策措施；

（三）本级政府的经济和社会发展战略、发展计划、工作目标及其完成情况；

（四）本级政府的重大工作部署、改革措施和重大决策；

（五）本地区城乡建设发展规划；

（六）实施的行政许可、审批、处罚、强制、救济、裁决、税费征收减免及其他行政职权的法律依据、受理条件、办理程序、收费、时限、结果以及行政相对人依法享有的各项权利；

（七）本级财政预算执行情况、决算及其管理体制；

（八）社会捐赠资金的分配、使用；

（九）政府采购安排及执行情况；

（十）政府投资项目的立项实施、预算决算以及建成后的管理运营；

（十一）国有土地使用权、矿业权及岸线、山林、水面等自然资源的开发、开采、经营权出让；

（十二）征地拆迁安置的政策规定及执行情况；

（十三）教育、科研、文化、体育、卫生等公共事业社会资金筹集的依据、管理与使用；

（十四）劳动就业与退役士兵、转业军人安置方案及实施情况；

（十五）养老、失业、医疗、工伤、生育等社会保障资金和住房公积金的筹集、管理与使用；

（十六）重大安全事故的调查、处理结果；

（十七）突发事件的预报、发生和处置情况；

（十八）支农、扶贫、助残资金的筹集与使用；

（十九）救灾、救济款的筹集、管理与发放；

（二十）服务承诺、便民措施及投诉处理途径；

（二十一）政府及其工作部门组织政风、行风评议的情况与被评议单位的整改情况；

（二十二）对工作人员问责追究、党纪政纪处理以及司法判决结果；

（二十三）审计部门应该向社会公开的审计结果；

（二十四）镇（场、经济开发区）政府贯彻落实中央有关农村政策情况；

（二十五）其他社会公众关注与群众利益相关的政务信息；

（二十六）法律、法规规定需要公开的其他政务信息。

第十一条　相关政务公开义务人应当在本单位内部公开下列事项：

（一）本部门的财务收支情况与审计结果；

（二）本部门干部职工的录用、升降、任免、奖惩、交流、考核情况，编制和职数情况。

第三章 政务公开的形式

第十二条　政府及其工作部门应当根据政务公开内容的不同特点，采用与该内容相适应，便于公众及时知晓和理解的形式，公开相关行政事项。

政务公开的形式必须注重实效，有利于监督，防止形式主义，注意勤俭节约。

第十三条　政务公开可以采用下列形式：

（一）在办公场所或者本辖区内公众经常聚集的场所，设置政务公开栏或电子显示屏；

（二）在政府网站、地方报刊、地方电视台、地方广播电台开设政务公开专栏；

（三）通过新闻发布会定期发布政务信息；

（四）通过政府公报、政务公开栏、公开办事指南、办事须知等形式公开；

（五）政府将作出的重大决策和改革措施，通过社会公示、听证和专家咨询、论证以及邀请记者、群众旁听政府有关会议等形式，对行政决策的过程予以公开；

（六）通畅信访渠道，实施政府领导接待日制度，定期组织领导干部开门接访，建立健全与群众密切相关的部门接待日制度；

（七）其他便于公众知晓和理解的形式。

第四章 政务公开的实施

第十四条　各镇（场、经济开发区）、机关所属部门应当根据本办法关于政务公开内容的规定，编制政务信息目录，向社会公布。

政务信息目录包括公开的事项、期限和形式等内容。

政务信息目录在公布前，应经本级政府监察机关审核。

第十五条　以本级政府名义公开的政务信息目录，应当由本级政府监察机关会同本级政府法制机关审定后向社会公布。

第十六条　政务信息目录应当根据实际情况的变化适时调整和更新。

第十七条　政务公开事项属日常性工作的，应当定期公开相关信息；属阶段性工作的，应当逐段公开相关信息；属临时性工作的，应当随时公开相关信息。

第十八条　对事关全局、涉及公众切身利益及公众普遍关心的重要事项，实行决策前公开、实施过程中动态公开和决策实施结果公开。

第十九条　属于政务公开义务人主动公开的政务信息，应当于信息生成后20个工作日内公开。法律、法规对政府信息公开的期限另有规定的，从其规定。

主动公开的政务信息内容发生变化的，政务公开义务人应当按上述时限要求及时更新。

第二十条　公民、法人和其他组织可以依照本规定，向政务公开义务人提出申请，要求其公开除主动公开、不予公开的政务信息以外的其他政务信息，政务公开义务人应当按规定程序向申请人公开。

第二十一条　公民、法人和其他组织要求政务公开义务人提供信息的，可以向掌握该信息的政务公开义务人书面提出申请，也可以通过信函、电报、传真、电子邮件等形式或者口头向有关政务公开义务人提出申请。口头申请的，政务公开义务人应当做好记录。

第二十二条　公民、法人和其他组织要求政务公开义务人向其提供注册登记、税费缴纳、社会保障等与自身相关的政务信息的，应当持有有效身份证件，向政务公开义务人提交书面申请，并签字或者盖章。

第二十三条　政务公开义务人收到公开政务信息的申请后应当登记，并根据下列情形给予答复处理：

（一）属于主动公开范围的，应当告知申请人获知该政务信息的方式和途径；

（二）属于不予公开范围的，应当告知申请人不予公开，并告知不予公开的依据和理由；

（三）属于依申请可以公开的，应当按规定程序向其公开该政务信息；

（四）申请人公开的政务信息不属于本机关掌握范围的，应当告知申请人；能够确定该政务信息掌握机关的，应当告知其联系方式；

（五）申请公开的政务信息不存在的，应当告知申请人；

（六）申请公开的内容不明确的，应当告知申请人更改、补充申请。

第二十四条　对公民、法人和其他组织公开政务信息的申请，可以当场答复的，应当当场答复；不能当场答复的，应当自申请登记之日起15个工作日内答复。

第二十五条　政务公开义务人答复向申请人提供政务信息，可以当场提供的，应当当场提供；不能当场提供的，应当自答复之日起15个工作日内提供；不予提供的，应当书面说明理由和法律救济途径。

第二十六条　公民、法人和其他组织要求提供的政务信息属于本办法第九条第一款（二）、（三）项规定的情形，权利人同意公开，但可能影响第三方权益的，政务公开义务人应征得第三方同意后方可公开。

第二十七条　公民、法人和其他组织认为与自身相关的政务信息记录不准确、不完整或者不相关的，可以要求相关政务公开义务人予以更改。相关政务公开义务人经审查属实的，应当及时更改；不予更改的，应当说明理由和法律救济途径。

第二十八条　政务公开义务人提供政务信息，有条件的可以安排适当的场所，供申请人当场阅读或者自行抄录。

对阅读有障碍的残疾申请人，政务公开义务人应当提供必要的帮助。

第二十九条　可公开的政务信息免费向社会公开。

公民、法人和其他组织选择以邮寄、传真等形式索取政务信息的，或者要求提供复制、打印服务的，对可公开的信息，相关政务公开义务人应当按照申请人要求的形式提供，但可以向申请人收取符合财政、物价部门规定的必要费用。

第三十条　政务公开义务人答复申请人不予公开，不予提供的政务信息，不得再以有偿服务或者变相有偿服务的形式直接或间接提供。

第三十一条　公民、法人和其他组织可以合法地开发、利用依法获取的政务信息。

第五章　政务公开的监督保障

第三十二条　县、镇（场、经济开发区）及政府所属部门成立推行政务公开领导小组，切实加强对政务公开工作的组织领导。

第三十三条　县人民政府推行政务公开领导小组每年不少于一次对所属部门或镇（场、经济开发区）推行政务公开制度的情况组织检查考核，并考核列入全县目标管理责任制。

第三十四条　各镇（场、经济开发区）、各部门应当自觉接受同级人大、政协对政务公开工作的监督。

第三十五条　监察、审计等机关应当按照各自的职责，对政务公开工作实行专门监督。

第三十六条　各镇（场、经济开发区）、各部门应认真接受新闻媒体对政务公开工作进行客观真实的报道，接受舆论监督。

第三十七条　积极开展政务公开进社区（村）活动，通过设立监督电话、信箱等渠道，鼓励基层群众积极参与监督。

第三十八条　政务公开权利人认为政务公开义务人不依法履行义务的，可以向义务人的同级监察机关或者上一级行政机关投诉。接受投诉的机关应当调查处理，并在15个工作日内书面告知投诉人。

第三十九条　县人民政府推行政务公开领导小组应当对政务公开建立公开评议制度，定期组织对政务公开进行评议。对不依法履行政务公开义务的督促其纠正。

第六章　政务公开的责任追究

第四十条　政务公开义务人违反本规定，有下列行为之一的，有关行政主管部门或监察机关应责令改正；情节严重的，对其主管人员和直接责任人员依法给予行政处分：

（一）不按时公开或者提供政务信息的；

（二）不履行主动公开义务，不及时调整、更新主动公开内容的；

（三）公开的政务信息内容不真实的；

（四）对申请人隐瞒或者不提供应当公开的政

务信息的；

（五）无正当理由不更正与申请人自身相关的信息的；

（六）对答复不予公开的政务信息以有偿或者变相有偿形式提供的；

（七）未经相关第三方同意公开政务信息导致第三方合法权益受到损害的；

（八）经监察机关督促纠正拒不改正的；

（九）对投诉人、调查人员打击报复的；

（十）其他违反本办法应当给予行政处分的行为。

第四十一条　公民、法人和其他组织认为政务公开义务人违反本办法的具体行政行为侵犯其合法权益的，可以依法申请行政复议或提起行政诉讼。

第四十二条　政务公开人隐匿或者提供虚假政务信息，或者泄露依法应受保护人的商业秘密、个人隐私，给公民、法人和其他组织合法权益造成损害的，应当依法予以赔偿。

第四十三条　政务公开义务人违反规定收费的，由监察机关依法给予行政处分。

第七章　附则

第四十四条　根据《中华人民共和国档案法》的有关规定，各级人民政府及其所属工作部门应将政务公开活动中形成的按国家有关规定属于归档范围的材料，完整地向本单位档案机构或工作人员移交。

各单位档案部门应当做好政务公开档案材料的收集、管理和利用工作。

第四十五条　本办法由县人民政府办公室负责解释。

第四十六条　本办法自发布之日起施行。

关于转发省政府办公厅关于进一步做好地方志工作的通知

海府办函〔2014〕20号

各镇人民政府（场、经济开发区），县直（含驻海）各单位：

《广东省人民政府办公厅关于进一步做好地方志工作的通知》（粤办函〔2014〕20号）业经县政府同意，现转发给你们，请认真贯彻落实。

海丰县人民政府办公室

2014年3月19日

关于成立海丰县陈炯明都督府旧址和陈炯明故居修复工作领导小组的通知

海府办函〔2014〕31号

各镇人民政府（场、经济开发区），县直有关单位：

为保护历史文化资源，发挥海丰名人效应，加快实施陈炯明都督府旧址和陈炯明故居修复工作，经县政府同意，决定成立海丰县陈炯明都督府旧址和陈炯明故居修复工作领导小组，其组成人员如下：

组长：许信咏（县政府）

副组长：卓凛波（县政府）

　　　　施培养（县政协）

成员：郑永城（县委统战部）、吴城金（致公党海丰县委）、吴智传（县政府办）、吕娜（县委老干部局）、卢小娟（县文体旅游局）、林国义（县财政局）、黄小流（县民政局）、刘城芳（县住建局）、谢立群（县委宣传部）、李振城（县接待办）、蔡忠（县志办）、黄大毅（县档案局）、黄辉流（海城镇）、黄信乐（联安镇）、詹海洋（县建筑设计院）、蔡泽坤（县政府招待所）、陈火金（县博物馆）、陈岱（致公党海丰县委办公室）、陈宝荣（县政协文史委）。

领导小组下设办公室，办公地点设在县文体旅游局，由卓凛波同志兼任办公室主任，吴智传、卢小娟同志兼任副主任，成员在相关单位抽调，负责协调、指导开展陈炯明都督府旧址和陈炯明故居修复工作。同时，设立修缮组、史料组、布展组、搬迁组、联络组等五个工作小组（修缮组、布展组由卢小娟任组长，史料组由蔡忠任组长，搬迁组由吕娜任组长，联络组由郑永城任组长），全面开展陈炯明都督府旧址和陈炯明故居修复各项工作。

海丰县人民政府办公室
2014年4月15日

关于印发《海丰县陈炯明都督府旧址和陈炯明故居修复工作方案》的通知

海府办函〔2014〕32号

各镇人民政府（场、经济开发区），县直有关单位：

《海丰县陈炯明都督府旧址和陈炯明故居修复工作方案》已经县政府同意，现印发给你们，请认真贯彻执行。

海丰县人民政府办公室
2014年4月15日

海丰县陈炯明都督府旧址和陈炯明故居修复工作方案

为保护历史文化资源，发挥海丰名人效应，加快实施陈炯明都督府旧址和陈炯明故居修复工作，擦亮文化旅游品牌，提升地方文化品位，根据我县《2014年政府工作报告》的要求和部署，结合修复工作的实际，特制定本工作方案。

一、目的意义

陈炯明是海丰近代历史名人，陈炯明都督府旧址和陈炯明故居是我县重要的历史文化资源，做好这两处历史文化遗迹的修复工作，对于保护利用历史文化资源，树立海丰历史名人品牌，发展海丰旅游事业，都具有十分重要的意义。要坚持“尊重历史、修旧如旧”的原则，科学统筹、合理规划，全面开展陈炯明都督府旧址和陈炯明故居修复工作，恢复其历史原貌，重新打造成为我县独具特色的历史名人旅游景点。

二、工作目标

按照“分步实施、先易后难”的原则，对陈炯明都督府旧址和陈炯明故居实施以现有主体建筑为重点的保护性修缮，确保至11月底前，全面完成修复工作，正式作为旅游景点向公众开放。

三、组织机构

县政府成立陈炯明都督府旧址和陈炯明故居修复工作领导小组，其组成人员如下：

组 长：许信咏（县政府）

副组长：卓凛波（县政府）

施培养（县政协）

成 员：郑永城（县委统战部）、吴城金（致公党海丰县委）、吴智传（县政府办）、吕娜（县委老干部局）、卢小娟（县文体旅游局）、林国义（县财政局）、黄小流（县民政局）、刘城芳（县住建局）、谢立群（县委宣传部）、蔡忠（县志办）、黄大毅（县档案局）、黄辉流（海城镇）、黄信乐（联安镇）、李振城（县接待办）、詹海洋（县建筑设计院）、蔡泽坤（县政府招待所）、陈火金（县博物馆）、陈岱（致公党海丰县委办公室）、陈宝荣（县政协文史委）。

领导小组下设办公室，办公地点设在县文体旅游局，由卓凛波同志兼任办公室主任，吴智传、卢小娟同志兼任副主任，负责协调、指导开展陈炯明都督府旧址和陈炯明故居修复工作。同时，设立修缮组、史料组、布展组、搬迁组、联络组等五个工作小组，全面开展陈炯明都督府旧址和陈炯明故居修复各项工作。

四、任务职责

由上述五个工作小组各负其责，分工协作，协调联动，全力推进陈炯明都督府旧址和陈炯明故居修复工作，确保如期完成修复任务。

1.修缮组。组长：卢小娟，副组长：吴城金、刘城芳、林国义、詹海洋、黄辉流、黄信乐，成员在各相关单位抽调。由县文体旅游局牵头县住建局、县财政局、县建筑设计院、海城镇、联安镇、致公党海丰县委办公室等单位，开展规划、设计和工程施工等修复工作。4月底前确定具有文物保护工程勘察设计乙级资质以上的设计单位；5月底前，联安镇完成陈炯明故居回购工作；6月中旬，通过召开专家座谈会研讨都督府和陈炯明故居的历史和现状，根据史料组提供及多方征集的史料意见完成勘察设计，并按照“修旧如旧”的原则，形成《陈炯明都督府维修方案》（包括现状勘察情况、维修施工图、维修工程造价预算等）；6月底前，工程预算送县财政部门审核、维修方案报市文物行政主管部门审批通过；7月中旬，完成招投标工作（参与对象为具有文物保护工程施工二级资质以上的施工单位），由中标单位进场施工；9月底前完成修缮工作，并通过验收。

2.史料组。组长：蔡忠，副组长：吴城金、卢小娟、黄大毅、林国义、黄辉流、黄信乐、陈岱、陈火金、陈宝荣，成员在各相关单位抽调。由县志办牵头县文体旅游局、县档案局、县财政局、县博物馆、海城镇、联安镇、县政协文史委、致公党海丰县委办公室、联安镇友爱村委等单位，开展相关实物、图片和文字资料的征集、复制工作。7月底前，通过确定史料类别和主题，采取公函征集和专人征集相结合的办法，以县志办名义发函向县内乃至省内外各界广泛征集，并组织专人分赴惠州、广州、福建、广西、北京、重庆、湖北和香港等地进行征集，并把所有征集到的史料由县档案局逐件登记入库，待陈炯明都督府旧址和陈炯明故居修缮完毕即移交布展。

3.布展组。组长：卢小娟，副组长：吴城金、蔡忠、林国义、黄辉流、黄信乐、陈岱、陈宝荣，成员在各相关单位抽调。由县文体旅游局牵头县志办、县财政局、海城镇、联安镇、致公党海丰县委办公室、县政协文史委等单位，开展陈炯明都督府旧址和陈炯明故居布展陈列工作。5月底前，确定有场馆陈列布展设计经验的公司，根据都督府旧址和陈炯明故居的现状，借鉴广州大元帅府的布展形式，规划设计合理的参观线路、美观的展示方法和节俭的装潢方式，形成初步布展方案，并送县审定通过；7月底前，根据史料组提供的文物、实物和文献资料等，进行细化设计，形成详细的布展方案（包括历史场景复原、施工图、展示样式图和预算造价等）；9月底前，通过预算审核，完成招投标，确定有场馆陈列布展施工经验的公司，开展布展工作；10月底前，全面完成布展并通过验收。

4.搬迁组。组长：吕娜，副组长：黄小流、李振城、蔡泽坤，成员在各相关单位和团体抽调。由县委老干部局牵头县民政局、县接待办、县政府招待所、县老干部活动中心、县直企业离休干部管理服务中心、县关工委、县老促会、县“两纵”联谊会、县老年体协等单位和团体，开展都督府内各单位和团体的搬迁安置工作。6月底前，通过与各单位和团体协商，报县政府研究、确定后，确保在修缮工作开展之前尽快迁往新的办公地点。

5.联络组。组长：郑永城，副组长：吴城金、卢小娟、黄小流，成员在各相关单位抽调。由县委统战部牵头县文体旅游局、县民政局、致公党海丰县委办公室等单位，开展对外联络、形成共识等工作。联络协调省、市统战部门和致公党组织以及相关部门、社会团体，并积极向上争取和发动社会各界筹集资金，为史料征集和修缮布展提供对外联络及资金保障。

五、工作要求

（一）加强领导，精心组织。陈炯明都督府旧址和陈炯明故居修复工作是一项社会各界广泛关注、广大人民群众热切期盼的民心工程和文化工程，县政府已将开展此项修复工作摆上重要议事日程，各相关部门必须以高度负责的态度，加强领导，精心组织，全力开展修复各项组织、协调和建设工作。

（二）落实责任，分工协作。各小组要认真落实工作责任，细化工作方案，严格按照时间节点要求，倒排工期、抓紧实施，确保按时全面完成所承担的任务。各部门要充分发挥职能作用，加强协调联动，相互配合支持，形成强大合力，确保修复工作顺利推进。

（三）注重宣传，广泛发动。陈炯明都督府旧址和陈炯明故居修复工作涉及对外联络、史料搜集和修缮布展等方面，时间紧，任务重，要加大宣传力度，充分发挥新闻媒体作用，向社会广泛宣传修复工作的重大意义，营造良好的社会舆论氛围，大力引导、发动社会团体和专家学者积极支持、参与。

（四）加快推进，确保质量。各施工单位要严格按照都督府旧址和故居的原貌及设计要求，精心施工，加快进度，高标准、高质量完成修缮、布展各项工作，全力打造海丰历史名人旅游景点，确保11月底前正式对外开放。

关于成立海丰县革命烈士纪念馆暨海丰革命斗争纪念馆装饰布展工程领导小组的通知

海府办函〔2014〕35号

县直有关单位：

为加强对海丰县革命烈士纪念馆暨海丰革命斗争纪念馆装饰布展工程的领导，加快装饰布展工程建设步伐，县政府决定成立海丰县革命烈士纪念馆暨海丰革命斗争纪念馆装饰布展工程领导小组，其组成人员名单如下：

组长：余振光（县政府）

副组长：林友捷（县政府办）

黄小流（县民政局）

成员：谢立群（县委宣传部）

彭小辉（县民政局）

陈飞腾（县文体旅游局）

李德新（县住建局）

林建秀（县财政局）

颜维如（县委党史研究室）

叶建钦（县档案馆）

陈火金（县博物馆）

陈宝荣（县政协文史委员、县公安局）

领导小组下设资料组、装饰布展组和资金审核组三个工作组。

1.资料组：由谢立群任组长，陈宝荣任副组长，人员在县委宣传部、县文体旅游局、县委党史研究室等单位抽调，负责纪念馆的资料收集及撰写工作。

2.装饰布展组：由彭小辉任组长，人员在县民政局、财政局、住建局、文体旅游局等单位抽调，负责纪念馆的装饰布展及后勤工作。

3.资金审核组：由林建秀任组长，人员在县财政局抽调，负责纪念馆装饰布展资金的安排及使用情况审核工作。

海丰县人民政府办公室

2014年4月19日

印发《关于2014年度进一步推进规模以上工业加快发展的若干意见》的通知

海府办函〔2014〕89号

各镇人民政府（场、经济开发区），县直有关部门：

经县政府同意，现将《关于2014年度进一步推进规模以上工业加快发展的若干意见》印发给你们，请认真贯彻落实。

海丰县人民政府办公室

2014年7月21日

关于2014年度进一步推进规模以上工业加快发展的若干意见

为推进全县规模以上工业加快发展，争取更多符合条件的工业生产单位纳入规模以上工业企业（指年主营业务收入2000万元以上的工业企业，下称“规模企业”）管理，进一步扩大规模以上工业总量，培植税源，扩大税基，实现“建设全市加快转型升级先行区，当好县域经济发展排头兵”的目标，特制定本意见。

一、继续贯彻落实各项扶持企业发展的优惠政策

（一）认真落实扶持中小企业发展的税收优惠政策。鼓励企业享受高新技术的税收优惠政策，以及技术创新和技术成果转让、改善企业投融资条件、产业导向功能、房产和城镇土地使用等税收政策。

（二）努力缓解中小企业融资困难。充分发挥县中小企业融资在线平台，推动企业在线融资服务；鼓励引导金融机构和社会资金支持成长性好、有自主品牌、竞争力、自主创新能力强的企业发展。

（三）积极鼓励和帮助规模企业开拓市场。优先安排和组织规模企业参加广交会、山洽会、中小企业博览会和泛珠江三角洲、港澳地区，以及东盟、南美、南非等国内、国际产品展销（览）会;引导和扶持规模企业开展电子商务，以及各类国际标准认证和境外商标注册等活动，争取中央、省、市财政展位费补助资金，帮助规模企业加快开拓国内、国际市场步伐。

（四）鼓励规模企业开展技术改造和技术创新工作。支持符合条件的规模企业申报国家和省、市、县中小企业发展、挖潜改造、节能降耗、高科技产业、自主创新、产业转型升级、产业技术研究与开发等专项资金补助。

（五）加快推进中小企业综合服务体系建设。强化对规模企业的公共服务，把规模企业列入县重点扶持对象的信息库管理，优先享受企业融资、电子商务、信息咨询、技术支持、人员培训等服务待遇。

二、继续加大对规模以上工业发展的财政资金扶持力度

（一）设立当年新增规模企业奖

1.县财政设立企业发展基金，以企业当年度新增的县级税额（比上年增加部分）为参考依据，由县财政在次年度按该新增额在企业发展基金中列支（下列所有奖项均在企业发展基金中列支）。

2.对原规模以下工业企业当年新列入规模企业统计管理的，以该企业上年度纳税额为基数，当年新增税额归县级收入部分由县财政在次年度全额奖给企业。

3.对各镇（场、区）或责任单位按2014年度县政府下达的新任务，每完成1家规上企业，给予所在镇（场、区）或责任单位奖励5万元。对超额完成新任务，每增加完成1家规上企业，给予所在镇（场、区）或责任单位奖励10万元。

4.对当年投产列入规模企业统计管理的新办企业，由县财政按其上缴税额的情况超额累进奖给企业。其中：当年缴税额100万元以下（县级收入部分，下同）部分，按县级收入的20%给予奖励；缴税额在100万元（含100万元）以上、300万元（不含300万元）以下部分，按县级收入的30%给予奖励；缴纳税额在300万元（含300万元）以上、500万元（不含500万元）以下部分，按县级收入的40%给予奖励；缴纳税额在500万元（含500万元）以上部分，按县级收入的50%给予奖励。

5.对被国家认定为高新技术企业的新增规模企业，在享受上述奖励的基础上，再给予一次性5万元奖励。

（二）设立原规模企业增产创税奖

对原规模企业当年上缴税额比上年增长幅度超过全县平均增长幅度，且上报产值比上年同期增长33%（不含33%）以上的，由县财政按其当年超收情况（县级收入部分，下同），以超额累进给予奖励。具体奖励级次为：当年度纳税额增长幅度超全县平均增幅20%以下的，按其超收部分税额的10%给予奖励；纳税额增长幅度超全县平均增幅20%—30%的，按其超收部分税额的20%给予奖励；纳税额增长幅度超全县平均增幅30%—40%的，按其超收部分税额的30%给予奖励；纳税额增长幅度超全县平均增幅40%—50%的，按其超收部分税额的40%给予奖励；纳税额增长幅度超全县平均增幅50%以上的，按其超收部分税额的50%给予奖励。

（三）设立规模以上工业产值完成任务奖

各镇（场、区）和责任单位当年能完成县下达规模以上工业产值任务的，由县财政给予一定资金奖励（具体详见附表）；在超额完成县下达任务的基础上，每增加5000万元产值给予奖励2万元。对规模企业当年实现产值比上年增长33%以上、工业增加值率达到25%以上的，由各镇（场、区）或责任单位按其产值完成情况给予一定数额资金奖励。

完成县下达的年度规模以上工业产值任务，奖励县统计局12万元，县经促局6万元，县中小企业局4万元，县发改局3万元，作为专项工作经费。

（四）设立规模以上工业增加值比重奖

以县统计局公布的2013年度统计各镇（场、经济开发区）规模以上工业增加值占全社会工业增加值比重为基数，各镇（场、经济开发区）以增加5个百分点作为2014年的发展目标，完成目标的给予一定资金奖励。2014年全县规模以上工业增加值比2013年增长达到32%以上的（不含32%），奖励县统计局5万元，增长率每提高一个百分点，增加奖励2万元。

（五）奖金拨付和监督管理

1.奖金实行年终考核兑现。工业产值以年终上报县统计局并经市确认的数据为准；企业的纳税（国、地两税税收收入，不含免抵调库收入）情况，由县税务部门于次年的2月底前，按照本意见所提出的有关税收增幅要求，列出符合条件的企业名单送县政府办。由县政府办牵头县经促、财政、统计等部门分别根据产值、税收的完成和缴纳情况提出奖励方案，报县政府审批。

2.对获得税收奖励的企业，必须提供当年度和上

年度的缴税证明，并经县财政局审核为准。县财政局有权抽检企业与纳税有关的账务，企业不得以任何借口拒绝，否则，县财政将暂停兑付奖励。

3.奖励和扶持资金的使用。属奖励企业的，由企业统筹安排，主要用于企业转型升级、技改挖潜、技术创新、开发新产品和创名牌等；属奖励各镇（场、区）和有关单位的，由其统筹安排，主要用于帮助企业转型升级或统计工作经费，奖励完成任务较好的有关责任人和统计人员（包括企业统计人员）。

4.资金来源包括省、市奖给县的奖金和扶持资金，不足部分由县财政补足。

三、不断完善推进规模以上工业发展的工作机制

（一）各地、各部门要把推进规模以上工业发展作为一项重要任务来抓，加强领导，落实责任，加大宣传教育力度，切实把各项政策落到实处；各级国税、地税、工商等部门要进一步转变政府职能，为规模企业提供优质服务，全力支持规模企业加快发展。

（二）各地、各部门要加强对企业的规范和引导工作，提高统计报表质量。对不如实上报产值的企业，纳入“黑名单”重点监管，并取消企业相关优惠；因部门工作不力，造成企业产值上报不如实的，要按规定追究相关单位和责任人的责任。县将定期或不定期组织有关部门对其进行检查，并按《中华人民共和国统计法》的有关规定依法查处。对有意阻挠企业上规模和如实上报产值的单位和人员，一经查实，将给予严肃处理。

（三）规模以上工业的发展目标纳入县政府对各镇（场、区）及责任单位的工作政绩考核目标体系。县成立扶持规模以上工业企业发展督导机构，由县政府办牵头县监察、发改、经促、统计、工商、质监、国税、地税、中小企业等部门组成督导组，调查和研究全县规模以上工业发展情况，定期召开专题会议，协调处理规模以上工业发展过程中碰到的实际问题。按照季度检查、年终考核的原则，对各地、各部门扶持规模企业发展情况进行督查、指导和考核。对不能按期完成任务的镇（场、区）和责任单位，并实行工作责任问责。

四、其他

本意见2014年试行一年，一年后视执行情况修订完善。此前县委、县政府出台的有关规定和优惠政策与本意见不一致的，以本意见为准。

关于印发《海丰县“十三五”规划编制工作方案》的通知

海府办函〔2014〕116号

各镇人民政府（场、经济开发区），县直有关单位：

经县政府同意，现将《海丰县“十三五”规划编制工作方案》印发给你们，请认真组织实施。

海丰县人民政府办公室
2014年9月18日

海丰县“十三五”规划编制工作方案

“十三五”时期是我国实现第一个“百年目标”、全面建成小康社会的决定性时期，也是我县实现与全国同步建成小康社会目标决胜时期，编制和实施好“十三五”规划意义重大深远。为顺利完成“十三五”规划编制任务，根据《国务院关于加强国民经济和社会发展规划编制工作的若干意见》（国发〔2005〕33号）和《广东省人民政府办公厅关于印发广东省“十三五”规划编制工作方案的通知》（粤府办〔2014〕39号）的精神，结合我县实际，制定本工作方案。

一、编制原则

一是坚持科学发展。编制“十三五”规划，必须坚持以人为本，把“发展为了人民、发展依靠人民、发展成果由人民共享”的理念贯穿始终，切实提高人民群众幸福感。要推动全面协调可持续发展，开拓生产发展、生活富裕、生态良好的文明发展道路。要坚持统筹兼顾，统筹城乡发展、区域发展、经济社会发展、人与自然和谐发展、国内发展与对外开放，协调好各方面的利益关系。

二是坚持贯彻落实“三个定位、两个率先”的总目标。编制“十三五”规划，必须围绕实现与全国同步建成小康社会总目标这一历史性任务，深入分析支撑条件，实事求是设置目标，制定与主体功能定位相适应的差别化发展重点、发展目标和评价体系。要努力补发展短板，着力提高发展内生动力与创新活力，突破资源环境瓶颈制约，切实保障和改善民生，积极维护社会公平正义，确保与全国同步建成小康社会，为全省实现“三个定位、两个率先”总目标做出应有贡献。

三是坚持全面深化改革开放。编制“十三五”规划，必须围绕发挥市场在资源配置中决定性作用和更好发挥政府作用，完善社会主义市场经济体制，不断释放改革红利。要细化改革路线图和时间表，协同推进各项改革，确保2020年全面深化改革在重要领域和关键环节取得成果。积极参与21世纪海上丝绸之路建设，深化粤港澳交流，深化粤台交流与合作，构建对外开放新格局。

四是坚持“五位一体”协同推进。编制“十三五”规划，必须坚持经济建设、政治建设、文化建设、社会建设、生态文明建设五位一体，统筹推进，协同发展，形成经济发展、政治民主、文化繁荣、社会公平、生态良好的发展格局。要将生态文明建设融入经济、政治、文化、社会建设各方面和全过程，推动绿色发展、循环发展、低碳发展，形成绿色清洁的生产方式、低碳健康的生活方式、崇尚自然的生态文化。

五是坚持加快转变发展方式。编制“十三五”规划，要高度重视转变经济发展方式，攻坚克难，拿出真正管用的硬措施，提升经济发展的质量效益，打造海丰经济升级版。要坚持工业化、信息化、城镇化、农业现代化同步推进。大力实施创新发展战略，把握和用好世界新一轮科技革命和产业变革的机遇，建设创新型海丰，提升创新对发展的引领和支撑作用。把经济结构战略性调整作为主攻方向，改善需求结构，优化产业结构，加快海丰振兴发展，推动城乡发展一体化，全面提高开放型经济水平。

六是坚持公平共享。编制“十三五”规划，要按照加强地方政府公共服务和社会管理职责的要求，全面加强政府在教育、文化、卫生、食品药品、社会保障和公共管理等方面的投入，大力推动基本公共服务均等化，提高政府公共服务供给能力和公共管理水平。要落实收入分配制度改革方案，坚持社会主义分配制度，完善初次分配机制，加快健全再分配调节机制，促进共同富裕。创新社会治理，畅通社会各阶层诉求表达渠道，更好维护社会公平正义与和谐稳定；培育和规范社会组织，发挥人民团体和基层组织的积极作用。加强法治，推进平安海丰建设。

二、编制任务、程序和时间安排

县“十三五”规划体系包括县总体规划（即国民经济和社会发展规划纲要）、专项规划以及镇（场）规划。编制程序包括前期研究、文本起草、衔接协调、征求意见、规划论证、审批发布等环节。编制工作从2014年7月启动开始，到2016年初完成。具体安排如下：

（一）县“十三五”规划纲要

国民经济和社会发展规划纲要是战略性、纲领性、综合性规划，是编制本级和下级专项规划、区域规划以及制定有关政策和年度计划的重要依据，是依法编制土地利用规划、城乡建设规划等政府规划的重要依据。

县“十三五”规划纲要由县人民政府组织编制，经县人民代表大会审议批准后，由县政府发布并组织实施。具体编制工作由县发改局牵头会同有关部门负责，分三个阶段进行：

一是2014年底前完成“十三五”规划前期研究工作。由县发改局以前期研究和调研成果为基础，提出“十三五”规划的基本思路报县政府审定。

二是2015年1月至县委“十三五”规划建议出台前，由县发改局组织开展规划纲要框架重大专题研究，组织各地各部门研究、测算和提出“十三五”经济社会发展重要指标、重点任务、重大项目、重大政策举措等，形成规划纲要框架。

三是县委“十三五”规划建议通过后，由县发改局按照县委建议起草“十三五”规划纲要草案，广泛征求各地各部门、县人大和政协有关专门委员会以及人大代表、政协委员等各方面的意见，组织专家进行深入论证，并与省市规划纲要进行衔接，于2015年年底报县委、县政府审定。2016年初，县政府将“十三五”规划纲要草案提请县人民代表大会审议批准，并于批准后公开发布。同时报送市发改局备案。

（二）县专项规划

专项规划是以国民经济和社会发展特定领域为对象编制的规划，是规划纲要在特定领域的细化，也是政府指导该领域发展以及审批、核准重大项目，安排政府投资和财政支出预算，制定特定领域相关政策的依据。县有关部门负责县专项规划的编制工作，县发改局负责县专项规划之间的衔接协调。县专项规划分重点专项规划和一般专项规划两类。

县重点专项规划包括交通、能源、水利、信息化等基础设施建设，生态环保、科技、教育、文化、卫生、食品药品安全、社会保障以及安全生产、标准化等公共事业和公共服务，服务业、工业、金融等重大产业发展规划（重点专项规划编制目录及分工见附表）。县重点专项规划编制工作分三个阶段进行：

一是2014年底前，由各重点专项规划牵头部门会同参与单位提出工作方案和规划草案的写作提纲。

二是2015年1月至6月底前。由各重点专项规划编制单位完成规划初稿，并送县发改局与县“十三五”规划纲要进行衔接。

三是2016年3月底前，各重点专项规划经征求各镇（场）、县有关部门的意见，经过专家论证和衔接协调，形成送审稿，由县发改局会同规划编制单位提请县政府批准。

县一般专项规划（含部门规划）由县有关部门根据县委县政府和市相关部门的工作要求及工作需要提出并自行组织编制，经县发改局衔接协调后，由编制单位自行印发，并报县发改局备案。

（三）各镇（场）“十三五”规划纲要

各镇（场）“十三五”规划纲要由各镇（场）人民政府组织编制，经同级人民代表大会审议批准后，由各镇（场）政府发布，并报送市发改局、县发改局备案。各镇（场）编制“十三五”规划纲要，要符合市、县“十三五”规划纲要和市、县主体功能区规划的要求，并与省有关区域规划、省市县重点专项规划及相邻地区的规划相衔接。各镇（场）“十三五”规划纲要的编制进度，要尽量与市、县相关规划同步编制。

三、编制要求

“十三五”规划编制工作要改革创新，求真务实，加强研究论证，注重规划衔接，广泛听取意见，提高规划编制工作科学化、民主化水平。

（一）改革创新，增强规划实效性

要适应加快转变政府职能的要求，按照市场与政府的新定位，在规划的性质、功能定位、编制方法、程序、内容、表现形式及实施机制等方面锐意改革创新，增强规划的战略性、宏观性、指导性，提升规划的权威性、严肃性和约束力。要明确规划编制范围。凡是市场机制能够发挥重要作用的领域，少编或者不编规划，减少不必要的行政干预。找准规划功能定位，规划主要着眼于引导市场主体的行为和资源配置方向，以市场为基础，努力创造良好的发展环境，绝不代替市场发挥作用。强化规划的法律效力，充分发挥规划在宏观调控体系中的导向作用和加强市场监管上的重要作用。

（二）深化研究，提高规划科学性

要认真总结“十二五”规划的实施情况，全面分析经验、不足和薄弱环节，结合“十三五”规划前期研究工作，找准事关全局和长远发展的重大矛盾和问题，提出切实可行的政策措施。加强对“十三五”规划目标指标、重大项目的研究和论证，统筹国内国际两个大局，准确把握中央和省的战略构想，结合我县发展实际，科学确定规划目标，合理布局重大项目。

（三）加强衔接，增强规划协调性

按照下级规划服从上级规划、专项规划和区域规划服从规划纲要的原则，切实发挥规划纲要的统领作用。要注重县规划与省市规划纲要的衔接，细化落实省市规划纲要、省区域规划中的要求，又要争取将县的重大事项和重大项目纳入省市规划纲要和省区域规划。进一步加强县规划纲要与县专项规划之间的衔接协调，专项规划要依据规划纲要进行编制，规划纲要也要吸收专项规划的重要内容。创新衔接方法，保证各级各类规划在发展理念、目标方向、重大战略、重大布局和大政方针等方面的整体协调一致，坚持因地制宜、突出特色，防止照搬照抄。

（四）多方参与，增强规划编制民主性

坚持开门编规划，动员各地各部门积极参与规划编制工作。发改部门要加强统筹协调，强化服务意识和合作意识，调动各方面力量，发挥各方优势，共同完成规划编制工作。要充分发挥发展规划专家委员会、政府决策咨询部门、科研机构和民间智库的作用，开展跨学科、跨领域的研究。按照“汇聚民智、协调利益、形成共识”的要求，广泛开展调查研究，采取多种形式听取基层诉求和群众意见，集中社会各界的智慧。

四、保障措施

“十三五”规划编制时间紧、任务重，各地各部门要高度重视，加强组织领导，制定规划编制工作方案，落实工作机构、工作人员和工作经费。县发改局要抓紧牵头成立“十三五”规划起草小组，负责县“十三五”规划基本思路、“十三五”规划纲要草案的起草工作；同时，成立“十三五”规划专家委员会，负责在编制过程中提供咨询意见和建议、对规划草案进行论证等工作。编制县“十三五”规划纲要、重点专项规划所需经费，按规定程序报批后，由县财政予以保障；一般专项规划的编制经费在县各部门预算经费中统筹解决。各镇（场）编制规划所需经费，由同级财政部门列入本级财政预算。

附件：海丰县“十三五”重点专项规划编制目录及工作分工

附件

海丰县“十三五”重点专项规划编制目录及工作分工

表13

序号	名　称	牵头部门
1	海丰县综合交通运输体系发展“十三五”规划	县交通局、发改局
2	海丰县能源发展“十三五”规划	县经促局、发改局
3	海丰县水利发展“十三五”规划	县水务局、发改局
4	海丰县信息化发展“十三五”规划	县经促局
5	海丰县战略性新兴产业发展“十三五”规划	县发改局
6	海丰县工业转型升级“十三五”规划	县经促局
7	海丰县服务业发展“十三五”规划	县发改局
8	海丰县商贸物流发展“十三五”规划	县经促局
9	海丰县金融改革发展“十三五”规划	县人行、金融办
10	海丰县贸易发展与对外经济合作“十三五”规划	县经促局
11	海丰县农业发展“十三五”规划	县农业局
12	海丰县海洋经济发展“十三五”规划	县海洋渔业局
13	海丰县粮食安全保障“十三五”规划	县粮食局
14	海丰县实施技术标准战略“十三五”规划	县质监局
15	海丰县安全生产“十三五”规划	县安全监管局
16	海丰县食品药品安全“十三五”规划	县食品药品监督管理局
17	海丰县科学技术发展“十三五”规划	县科技局
18	海丰县民政事业发展“十三五”规划	县民政局
19	海丰县文化事业发展“十三五”规划	县委宣传部、县文体旅游局、县发改局
20	海丰县文化产业发展“十三五”规划	县委宣传部、县文体旅游局、县发改局
21	海丰县旅游发展“十三五”规划	县文体旅游局
22	海丰县体育事业发展“十三五”规划	县文体旅游局
23	海丰县教育发展“十三五”规划	县教育局
24	海丰县人力资源和社会保障事业发展“十三五”规划	县人社局
25	海丰县人才发展“十三五”规划	县人社局
26	海丰县青少年事业发展“十三五”规划	团县委
27	海丰县人口和计划生育发展“十三五”规划	县卫计局
28	海丰县卫生发展“十三五”规划	县卫计局
29	海丰县城市近期建设“十三五”规划	县住建局
30	海丰县环境保护“十三五”规划	县环保局
31	海丰县新型城镇化规划（2014—2020年）	县住建局、县发改局
32	海丰县生态文明建设规划纲要（2014—2030年）	县发改局、林业局

广东海丰经济开发区
有关海丰县产业转移工业园规划建设的情况汇报

（2015年5月26日）

近年来，海丰县委、县政府高度重视工业园区建设，紧紧围绕市委、市政府有关推进工业园区建设的战略部署，把加快我县工业园区建设、掀起新一轮招商引资和大办工业热潮，提到县委、县政府重要的议事日程，作为推进全县经济发展的重点工作来抓，通过采取一系列有力措施，有效地推进了我县产业园区建设的进展，取得了阶段性成效。现将有关工作汇报如下：

一、基本情况

广东海丰经济开发区于1992年12月经广东省人民政府批准设立，是在2006年1月通过国家发改委审核批准保留的省级开发区。开发区原规划面积10平方公里，2006年7月经国土资源部审核公告的面积确定为325.63公顷。经济开发区内拥有1座11万伏的输变电站和1个日供水3万吨的自来水厂，供电供水十分充裕，通信发达。

2013年以来，县委、县政府为贯彻落实省委、省政府进一步促进粤东西北地区振兴发展工作会议精神和汕尾市委、市政府关于“向西融珠”发展战略的具体行动，切实推进我县产业转移工业园区建设，决定在经济开发区现有区域的基础上整合城东北部工业区、金园工业区等园区资源优势，规划面积约1500公顷，建设海丰生态科技城。其中，规划约600公顷依托省级产业转移工业园的平台发展产业集聚区。2015年5月6日，经济开发区申报省级产业转移工业园的工作已经获得省批准。

目前，在园区内有各类企业（包括金园工业区、科技工业园，下同）146家，投资规模较大的有敏兴毛织（海丰）有限公司、联岭针织有限公司、广东石头王珠宝有限公司、大流服饰有限公司、广东海华拉链有限公司、多泰食品有限公司、海丰顺盈纸品有限公司、汕尾市可喜可乐有限公司、汕尾市尤妮佳生活用品有限公司、永佳精细化工有限公司等企业，形成了以电子、服装、毛织、纸品、珠宝、首饰、食品加工等为支柱的产业体系。2014年，全区工业总产值67亿元（包括科技园和金园工业区），比增36%，其中规模以上企业工业产值65亿元，比增35%；社会固定资产投资5.64亿元，比增27%；社会消费品零售总额0.59亿元，比增15.50%；税收1亿元，比增2.80%。

二、主要做法

1. 高起点规划产业园区，整合利用现有资源。以海丰经济开发区现有区域为基础，整合城东北部工业区、金园工业区等，规划面积1500公顷，建设“海丰生态科技城”，并决定在生态科技城范围内，规划符合土地利用总体规划建设用地约600公顷，依托海丰经济开发区省级产业转移工业园的平台，发展产业集聚区。为了提高园区的档次，专门委托华南理工大学区域经济研究中心和广州希诺建筑设计咨询有限公司编制了《海丰生态科技城发展规划（2013—2020）》，以及广东省城乡规划设计研究院编制了园区总体规划。按照园区的发展规划，以及“产城融合”的建设理念，园区总体分为综合服务产业、传统优势产业和大学科技产业三个功能区；重点发展精密与技术装备制造、电子信息、服装、珠宝首饰等四大产业；精心打造综合服务、传统优势、科技智造、现代物流、都市农业等五个产业园。

园区计划分三期建设，至2020年完成。首期规划1.2平方千米为中心启动区，主要启动建设行政商贸、研发服务区和部分高品质居住功能小区。近期规划3.2平方千米，重点发展高新技术产业和传统优势产业，同时引进、发展现代物流和电子商务产业。中远期的建设规划，主要是进一步优化提升传统优势产业，发展大学科技产业功能，并结合园区建设，打造现代生态农业和沿江滨水生态休闲产业功能，为园区居民提供高品质居住生态环境。

2. 高规格配置工作机构，健全完善管理机制。我县党政主要领导高度重视产业转移工业园的建设。一是相应成立了以县委、县政府主要领导为组长，抓线领导为副组长的招商引资、产业转移工业园建设和园区建设大会战工作三个领导小组，形成清晰的工业园区建设和产业承接领导架构；二是把新设立的“海丰县产业转移工业园建设领导小组办公室”，与海丰经济开发区管委会实行一套人马两块牌子，行使直属工业园开发建设、对外招商、管理服务等职能。三是调整充实海丰县投资服务中心工作机构和产业转移工业园管委会的领导班子，全力抓好招商引资的，切实为投资客户提供全方位、高效、优质的服务。四是进一步明确部门职责。落实县经促局负责工业园区产业承接工作部门，县财政、城建、国土、税务、公安、工商、环保、科技、人力资源、安监、消防等行业管理部门和所在镇，按照各自的职能主动参与和配合园区的管理和服务工作。

3. 高要求落实工作措施，申报省级产业园区。按照省市有关加快工业园区建设的要求，我县在2014年就着手做好省级产业转移工业园的各项准备工作。今年初，按照新的要求，我县确定在已经国家审核公告，并经省政府批准的广东海丰经济开发区内，建设“海丰县产业转移工业园”。海丰县产业转移工业园采用自办园区的形式申报，申报面积325.63公顷，省国土厅实际核定面积325.599公顷。包括：建设用地320.7147公顷，河流水面4.8843公顷。申报范围全部在国家审核公告的广东海丰经济开发区内。2015年5月6日，省级产业转移工业园的申报认定工作已经获得省政府正式批准。同时，获得省级产业园区扶持资金1亿元，现正在同步开展产业集聚区申报各项前期工作。

4. 高标准出台扶持政策，加大园区建设力度。一是制订扶持政策。我县相继出台了《关于加快县直属工业园区建设扶持产业发展的实施办法（试行）的通知》《关于加快县直属工业园区建设的工作意见的通知》明确提出我县建设工业园区和承接产业转移的工作目标、具体任务和主要措施，并把工业园区建设和产业转移工作纳入全县经济社会发展规划和年度计划。同时，为进一步推进海丰生态科技城项目引进和建设步伐，我县相应出台了《海丰生态科技城项目引进管理办法（暂行）》；二是支持园区发展。在2013年的大办工业活动年和2014年的园区建设大会战中，相继出台了《海丰县“大办工业活动年”实施方案》《海丰县扶持重点工业企业发展试行办法》和《海丰县园区建设大会战工作方案》，切实加大招商引资、园区建设力度；三是加快设施建设。目前，海丰生态科技城规划、开发、建设等各项工作同步加紧推进，中心启动区1.2平方公里的征地清表已全面完成。2014年9月24日举行了首期启动区市政工程动工仪式，市政基础设施建设计划投资1.94亿元，由太平洋建设集团以PPP的模式承建，现正在紧锣密鼓推进“七通一平”市政基础设施建设，争取年底前将全面完成工程建设。二期工业用地已基本完成60万平方米征地协议签订。2015年4月30日，我县举行了海丰县2015年第一批重点项目集中动工仪式，东维亚国际珠宝首饰工贸城开始在生态科技城投建。到目前为止，计划近期落地园区的项目有东维亚国际珠宝首饰工贸城、直线电机、龙兴自动化机械、一开电器、宝塑新型塑料、裸眼3D液晶显示、蓝精灵科技、同翔新型纸品等15个，投资总额近30亿元。其中：近期计划拿出20万平方米左右进行公开招拍挂，先引进6至7个项目投资建设，随后将陆续供地，争取今年有20个以上工业项目能够进园投建。

三、存在问题

1. 园区土地收储及供地难度日益增大。一是由于农村社会保障体系不够完善，在征地工作中，被征地农民往往以县城地区的征地补偿标准和政府招拍挂出让土地的价格来衡量当地征地补偿标准的高低，普遍认为现行土地补偿费、安置补助费偏低，要求提高征地补偿费用和留成用地比例，少数群众对征地拆迁安置补偿标准提出超出政策的要求，致使征地工作难度日益增大；二是用地指标有限，园区土地收储、报批、供地难度较大，难以完全满足项目建设用地需求。

2. 园区基础设施建设还比较滞后。由于县级财力有限，而园区基础设施建设资金来源渠道少，信贷资金紧缩，融资渠道不畅，致使园区基础设施建设投入严重不足，配套服务功能整体滞后于产业项目建设需要，很大程度上制约了招商引资和项目建设的推进。

3. 园区发展仍缺乏一些大项目的支撑。由于目前进驻工业园的大多是一些规模小、高附加值低、劳动密集型的企业，而技术含量高、带动能力强、经济效益好的大项目、好项目不多，招商引资还需狠下功夫。

4. 园区企业招工难的问题依然存在。工业园区企业普遍存在“招工难”的问题，一方面企业招不到人，另一方面许多劳动者又找不到工作，究其原因，主要：一是劳动技能人才严重短缺；二是企业员工没有带薪休假制度；三是工业园区与县城相距较远，员工生活不便；四是珠三角等发达地区的政府与企业加大投入，吸引了本县大批人才外出求职；五是随着外省投资环境的不断完善，许多外地员工已相应回乡谋职、谋业，从而增加了园区企业招工的难度。

四、下来工作和建议

1. 优化园区投资建设环境。要尽快研究出台生态科技城项目引进和管理，以及进一步加快园区建设发展的相关政策，进一步优化园区投资建设环境。

2. 筹措落实园区建设资金。一是要建立“滚动开发”资金运作模式。县财政要落实必要的前期用地储备资金和部分基础设施建设资金，以提高园区的“造血”功能。要通过前期土地出让收益，解决后期基础设施投入资金，实现园区“滚动开发”；二是要建立以地养园、以地生财的融资模式，解决基础设施建设资金不足的困难；三是要争取信贷资金投入。通过金融部门与园区、入园企业的协作，搭建一个银、政、企三方长期合作的融资平台，做好入园企业办理土地按揭贷款等融资渠道；四是要利用市场运作方式，使民营资本投入园区建设。鼓励和引导社会资金以PPP、BOT等方式参与工业园区的厂房、职工宿舍、食堂等基础设施建设和附属设施建设，促进园区配套，加快建设进度。

3. 全面推进园区设施建设。由于我县工业园区基础设施建设还处于起步阶段，必须努力探索多元化投入新路，全力推进园区基础设施建设工作。要不断拓宽渠道，鼓励和支持社会力量参与园区建设，可采用PPP或独资、合资、合作、“乡贤资金”等多种形式加大资金投入，加快园区基础设施建设；支持园区建设工业标准厂房，集约利用园区用地，为园区引进建设“短、平、快”项目和承接产业转移项目提供承接载体；要加快建设和完善园区及其所依托城镇的基础设施和公共平台，保障企业生产建设需求。同时，按照财政安排一点、上级补一点、开发公司投一点、银行贷一点、施工单位垫一点这“五个一点”，进一步加快园区基础设施建设，完善配套设施，改善投资硬环境，努力为投资者提供更加便利的服务。

4. 拓宽园区建设发展空间。要积极探索园区“一区多园”的开发模式，推动优质项目落户园区，打造一批由行业协会（地方商会）推动、企业积极参与、以产业链为纽带的“园中园”，进一步拓宽园区发展空间；要重点研究产业转移工业园在建设特色园区的产值、税收分成等合作机制，出台相应的扶持政策，增强园区发展后劲。

5. 加大园区招商引资力度。加强招商项目策划和前期研究，要按照园区产业定位，策划一批重点招商引资项目，围绕特色产业采取小分队形式开展点对点招商；要开展产业招商和产业链招商，面向珠三角地区、全国其他地区和发达国家找准目标、主动对接，引进带动作用强的好项目、大项目；要充分发挥本地的各项优势，着力吸引在外海丰籍企业家回乡投资兴业。

6. 强化产业集聚带动功能。产业园区要积极引入世界500强、中国500强、省内外大型骨干企业等优秀企业项目入园，充分发挥大企业、优质项目的带动作用，加快提升园区产业竞争力。产业转移工业园着重发展精密和技术装备、电子信息、服装和珠宝等4个主导产业，兼顾发展其他产业，积极培育产业链条，加快形成产业集聚。其他园区要集中力量发展本地优势资源特色产业，兼顾发展关联产业和其他产业，强化经济辐射功能，带动形成区域产业带和产业群，着力打造区域产业品牌。

7.支持园区提升环保水平。要在坚守环保“两条底线”、坚决防止不符合环保要求的项目进入园区和严格落实招商项目准入条件的基础上，指导园区大力发展循环经济，建设循环经济工业园和产业基地，推进清洁生产和资源综合利用。加强园区污染集中治理设施建设，确保与园区同步规划、同步建设、同步投入使用。抓紧推进污水处理设施及其配套管网建设，加强园区污水处理设施监督管理，确保废水稳定达标排放。

8.健全农民社会保障体系。要建立健全征地拆迁管理的长效机制，规范征地行为，严格依法依规按程序开展征地拆迁工作，全面提高征地拆迁工作水平；要加强失地农民社会保障体系建设，做好被征地农民就业培训和社会保障工作，分类分层次地落实保障培训责任，与落户企业实行对口培训，让失地农民感受和体会到政策的优越性。

报刊选摘

养殖场污染水源，拆掉没商量；养殖户如何减损，帮扶有商量
海丰整治水源污染群众拍手称快

原载2014年5月13日《南方日报》

《南方日报》讯（记者/洪继宇 范琛 通讯员/谢立群 余作明）不久前，海丰县青年水库水质检测结果出炉，显示其水质时隔一年之久重新达到地表水一类水标准时，当地干部群众额手相庆。就在约一年前，由于遭受污染，作为海丰县重要水源的青年水库水质一度降至地表水二类水标准，引起了当地政府和居民的关注。为保障居民饮水安全，海丰开展了一连串的水源地环境污染整治工作。

水质重归一类标志着政府整治水污染的成功，也体现了海丰县党的群众路线教育实践活动的成效。整治工作开展过程中，工作组坚持走群众路线，多方调查水库周边群众意见，使整治工作获得了当地居民的拥护和支持。同时，面对情况复杂的养殖场，在坚持“违建拆迁不赔不补”的前提下，工作组具体问题具体分析，对拖延耍赖的钉子户，实行“四停”逼拆，对周转不开的困难户，实施帮扶。整治工作不但得到绝大多数人民群众的支持和称赞，而且属于“少数人”的养殖户也没意见，服从安排，为下一步汕尾市区饮用水水源的公平水库的污染整治工作，营造了环境，积累了经验。

水质下降引发关注

青年水库和红花地水库位于海丰县北部的莲花山地区，约建于20世纪60年代，水质良好，是该县县城地区的重要饮水源。然而，随着当地经济的日渐发展和居民环保意识的欠缺，莲花山地区出现了一批养殖场。养殖禽畜产生的粪便等废物直接排入水库中，对水库造成了严重的污染。此外，桉树种植和旅游餐饮业的发展，也对该水源地造成了一定程度的破坏。

去年4月，青年水库水质已经降至地表水二类水标准，对水环境的整治已经刻不容缓。随后，海丰县政府成立了县城水源地环境污染整治工作领导小组，下设桉树种植调查处理组、养殖场调查处理组、生活污水调查处理组和案件办理组等4个工作小组，全面开展县城水源地污染整治工作。

通过初步调查，工作组发现该地区共有51家养猪场和4家养鸭场，存栏猪只近2万头，鸭约1万只。在摸底清楚该区域情况后，工作组立刻全面展开了整治工作。

多方安排帮助转产转业

水环境污染整治是关系民生的大事，听取群众意见的环节必不可少。在开展工作的同时，工作组还多次到周边村庄进行摸底调查，听取周边群众的意见。“我们去周边调研的时候，有村民对我们说，这些养殖场对环境污染这么严重，当然支持政府对水库整治。一听这些话，我们就放心了。”海丰县一名指挥该项工作的县领导说。

据该县领导介绍，由于这些养殖场都属于违章建筑，因此养殖户的搬迁是得不到补偿款项的。为了让一些家境困难的养殖户顺利转产转业，工作组通过联系农业部门，引导一批养殖户学习种茶、种蘑菇；确实家境十分困难的，主动帮助其申请低保。“群众要让出自己的家园，我们看了也不好受，能帮忙解决低保，帮助他们转产，我们的干部做起工作来也宽慰一点。”该名县领导说。

由于养殖户需要在一定周期内卖掉所养殖的禽畜，部分养殖户遭遇到了收购商的压价。“为了补贴养殖户的收入，我们让食品公司按照当天肉类价格再上浮5%收购，确保他们不至于亏钱。”该名县领导说。至去年9月底，莲花山水源地区域已有11户养猪户和2户养鸭户停养。

对少数大户敢于“硬碰硬”

去年11月起，工作组对已发出责令停养、搬迁通知书但半年期限内拒不落实整改措施的养殖户，实行“四停”措施，即停电、停水、停检、停购。“对于大部分小户的养殖户，只要劝说他们，给他们安排出路，很多人都会搬的。但也有少部分的大户态度强硬，对于这些人，我们也要敢于‘硬碰硬’。”该县领导说。

今年2月至3月，海丰县各部门组织联合执法队伍，对拒不搬迁的6户养殖场进行强制拆除。此外，对于在水源地区域内种植桉树的，工作组令其改种其他树种，并于5年内改种完毕；对污水汇入水库区的餐饮店等服务行业和其他建设项目进行造册登记，限期落实污水治理措施，逾期无法落实或拒不落实污水治理措施的，予以依法取缔。

随着不久前青年水库水质恢复至地表水一类水标准，对莲花山区域的水污染环境整治也暂告一段落。然而，整个海丰县的水环境污染整治并未完结。从今年4月到明年4月，海丰县还将按照整治青年水库库区的办法，对该县公平水库库区周边的非法养殖、采矿等污染水资源现象的情况进行调查和整治，为汕尾群众提供良好的饮用水资源。

海丰首届珠宝文化节：珠光宝影曜古邑 多彩文化绘海丰

原载2014年10月16日《羊城晚报》

10月14日至16日，中国·海丰首届珠宝文化节在广东省汕尾市海丰县举行。

此次珠宝文化节由中共海丰县委、海丰县人民政府主办，可塘镇人民政府、城东镇人民政府、梅陇镇人民政府、广东可塘珠宝交易市场和海丰县中宝实业有限公司承办。文化节为期三天，以“美丽海丰等你来”为主题，开幕式大型文艺表演、重大项目奠基与竣工典礼、投资环境与项目推介、珠宝商品展销，以及美食与特色旅游、“非遗”精品展示等丰富多彩的活动，无不让市民游客驻足往返。

“可塘珠宝”、“梅陇金银首饰”，已然成为中国珠宝界两张“名片”：可塘水晶宝石总产量5万吨，占了世界加工总量的70%以上；而梅陇的黄金加工总量达240吨，中国每10件金银首饰，就有3件出自梅陇。

深汕特别合作区党工委书记、中共海丰县委书记沈木荣表示，希望通过举办此次文化节让更多人热爱海丰、走进海丰、投资海丰，打响“可塘珠宝”“梅陇金银首饰”两大特色产业品牌，真正把珠宝文化节办成展示风貌的窗口、对外交流的平台，为金银珠宝首饰产业的发展壮大注入新动力，助推海丰振兴发展。

嬗变：从“草根”迈向“高大上”

这里既不是宝石原产地，也没有一线城市的商业条件；然而，在短短三十年间，海丰这座小小的县城，却逐渐发展成国内外珠宝业界闻名的“淘宝世界”、“珠宝之都”。华丽嬗变的背后，隐藏着怎样一股强大力量?

受海洋文化熏陶，敢为天下先的创新精神，早已成为海丰人血脉里的文化基因。海丰金银珠宝首饰产业的兴起，得益于毗邻港澳的地缘人文优势，20世纪80年代末，从港澳“世界橱窗”展示的珠宝首饰让海丰人“眼前一亮”，海丰籍港澳同胞回乡创业也发挥了榜样作用，由此培育了海丰地区第一代珠宝产业工人、第一批珠宝业高级管理人员。海丰县可塘镇成为水晶宝石加工为主的产业集聚地，而梅陇镇则抱拳发展金银首饰加工。从来料代工、单纯加工等最初始的外向型经济形态，到如今形成原材料、零配件、研发设计、生产加工、销售等一条龙的完整产业链，市场引导成为个中主要推手。

近三十年间，珠宝和金银首饰已成为海丰县两大传统支柱产业，特别是近年加速发展，可塘珠宝和梅陇金银首饰产业已从原来的家庭作坊式生产，发展成了个体、私营和企业集团齐头并进、全民创业的经营格局，产品市场不断拓宽，规模和总量不断壮大，保持了快速发展的良好态势。

据统计，2013年，海丰全县珠宝、金银首饰加工企业达4800多家，从业人员近10万人，珠宝首饰行业货品销售额（加工料值）280多亿元；像雅天妮、金盛等规模以上工业企业近20家，上市企业1家，实现工业总产值60多亿元。

因与海丰珠宝结缘，现年35岁的钱可川，缔造了一个从“草根屌丝”到“高富帅”的传奇故事——

1996年，17岁的钱可川从四川广安老家来到海丰县，第一份工作便是进可塘镇的宝石加工厂打工。他从最底层的切粒工做起，一天8块钱工资。与其他许多生活在底层的打工仔一样，“当老板”的创业梦想在钱可川脑海里异常强烈，他显然是善于抓住机遇行动的人。

2004年，钱可川自己办了一家宝石加工作坊，“我是当时可塘出来创业的几个外省打工者之一”。钱可川不无自豪地说，次年珠宝交易市场开业时，他也是第一个进珠宝市场开档口的外地人。凭借在当地数年积累的人脉、娴熟的加工手艺这几样“原始资本”，钱可川说干就干，敏锐地捕捉到海丰珠宝产业发展的一个又一个契机，此后又涉足房地产投资、商铺经营等领域，他的事业日益壮大。短短十年间，如今已是海丰当地资产过亿元的企业主。

回首来时路，钱可川认为：海丰活跃的产业经济、开放的胸怀给自己提供了一片创业的好土壤。

聚合：政府扶持做强“产地经济”

王瑞宝见证了海丰珠宝产业发展的历程：1996年，他在可塘镇办起了第一家珠宝加工厂，相隔一年，可塘珠宝加工厂便迅速扩展到几十家，王瑞宝们的创业征途由此拉开序幕。

过去，广州、深圳等商贸发达的一线大城市绝对是海丰珠宝生产者们青睐的“香饽饽”，在广州荔湾广场珠宝一条街、深圳布吉珠宝市场里，七八成店铺都是海丰人在经营。多年以来，可塘珠宝、梅陇金银首饰产品在广州、深圳、上海、浙江等地都占据着重要的市场份额。

不过，近年来受到租金、劳动力及中间成本等因素制约，在一线城市的海丰珠宝商明显感到了压力。同样一块晶石，拿到广州、深圳的成本与在家乡可塘竟相差10至20倍。于2005年应运而生的可塘珠宝交易市场，开始让海丰的产地经济优势与日俱增。这个以水晶加工交易为龙头、集各种半宝石于一体的产业园，为众多珠宝商家搭建起一个拓展销售渠道、树立品牌、交流信息的“航母”式平台。高铁的开通以及正在推进的潮惠高速公路、一系列交通基础设施的建设，正大大缩短海丰与珠三角、周边地区的时空距离，迅速拉近海丰珠宝的市场终端。

“要做大做强海丰珠宝首饰产业，必须要改变过去一味追求总量扩张、企业单体规模小、缺乏关联度的发展弊端，让特色产业‘扎堆’聚集发展。”海丰县委书记沈木荣认为，加快园区载体建设，搭建高端展销平台，发挥集聚效应，才能进一步提高海丰的珠宝首饰产业发展水平。

今年7月，海丰东维亚国际珠宝广场正式运营，这是首家集海丰可塘珠宝业与梅陇首饰业于一体的大型综合性珠宝首饰交易场所，1100间商铺为采购商提供了一站式便捷采购。东维亚集团董事长范小彬表示，将通过特色市场服务，整合海丰县城与可塘、梅陇的资源，一起做强“海丰珠宝”的品牌，吸引更多的外地客商。

王瑞宝如今已是可塘珠宝交易市场的掌舵人，其麾下的可塘珠宝产业园二期工程占地面积18万平方米，计划投资5亿元，目前产业园已建成集珠宝加工作坊和销售铺面于一体的厂房32栋，占地1万多平方米的原材料市场、珠宝加工作坊60多套、成品展销铺位400多间。在原材料市场，目前已有包括20多个国家和地区的50多家国内外原材料供应商入园经营。

据了解，围绕打造“中国珠宝之都”的目标，海丰县通过主动对接利用国家和省扶持珠宝首饰产业的利好政策，进一步加快海丰生态科技城的开发建设，同时加快建设可塘长桥工业区和梅陇天星湖金银首饰工业区，积极引导、扶持金银首饰、珠宝企业进园入区，充分发挥集聚效应，推动珠宝首饰产业转型升级。

“珠宝之都”敞开商门迎客

海丰首届珠宝文化节举行招商推介会

14日下午，海丰县县长陈德忠向参加中国·海丰珠宝文化节的国内外嘉宾郑重推介海丰县的营商环境。

陈德忠介绍说，海丰县近年全县经济建设和社会各项事业蒸蒸日上，连续多年跻身全省县域经济综合发展力前十名，2013年GDP221.7亿元，比增13.1%。

据介绍，海丰县与深圳市龙岗区合作共建产业转移园区，高起点、高标准规划建设海丰生态科技城，建成后将使县城建成区面积扩容近一半。中心启动区近期将启动市政工程建设，二期60万平方米征地基本完成；园区对进园入区的企业将实行“一条龙”服务、“一站式”审批、“一个窗口”办证等制度，入园企业将可享受省、市促进振兴发展扶持政策，同时享受龙岗区和海丰县的各项优惠政策。

海丰县以经营城市的理念，正全力推进城市配套功能日臻完善。投资2亿元启动建设附城110千伏室内变电站，加快推进投资近2000万元的县青年水厂改扩建工程，将为县城的建设、发展提供强大供电供水保障。

该县近期开展了“美丽海丰·清洁先行”环境卫生整治，推进“幸福海丰·平安保障”建设，投资6500万元的“平安海丰”视频监控系统基本完成安装，并增聘200名辅警，将在县城和各中心镇形成网格化治安管理格局，营造安心创业、放心投资的平安环境。

2014年中国龙舟公开赛"正升华府杯"（海丰站）开幕

原载2014年10月19日中国龙舟协会《华奥星空》

华奥星空汕尾海丰10月19日电（记者 于红立）中国龙舟协会消息，2014年中国龙舟公开赛"正升华府杯"(汕尾·海丰站)19日上午在汕尾市海丰县黄江水域举行了隆重的开幕仪式，超过10万名现场观众目睹了这一盛事。

来自国家体育总局社会体育指导中心、广东省体育局、汕尾市有关领导，以及海丰县主要领导，海丰县县直机关单位、各镇和来自全国各地参加比赛的16支代表队出席了开幕式。

开幕式由中共海丰县委常委、常务副县长许信永主持。在升国旗旗仪式后，海丰县人民政府县长陈德忠；汕尾市人民政府副市长刘小静；国家体育总局社会体育指导中心副主任、中国龙舟协会副会长刘北剑先后致辞。在运动员代表、裁判员代表宣誓后，进行了传统的点睛仪式。国家体育总局社会体育指导中心业务二部主任、中国龙舟协会秘书长余汉桥；广东省体育局副局长、广东省龙舟协会会长甘焯雄；汕尾市人民政府副秘书长罗少航；海丰县人民政府县长陈德忠；海丰县人大常委会副主任姚英谋；广东省龙舟协会名誉副会长、海丰县仁荣实业有限公司董事长陈介仁；广东正升兆麟投资集团有限公司董事长魏育明等领导嘉宾为龙舟点睛。

最后，中共海丰县委书记沈木荣宣布"2014年中国龙舟公开赛'正升华府杯'(汕尾·海丰站)开幕"，国际龙舟联合会副秘书长、中国龙舟协会秘书长余汉桥鸣锣。

本次比赛是海丰首次举办国家级大型龙舟赛事，比赛设有公开组200米、500米直道赛、5000米绕标赛等三个项目，全部比赛将于19日结束。

本次活动是由国家体育总局社会体育指导中心、中国龙舟协会、汕尾市人民政府、海丰县人民政府、汕尾市体育局主办，海丰县文体旅游局、海丰县仁荣实业发展有限公司承办，广东省社会体育中心、广东省龙舟协会、海丰县城东镇人民政府、海丰县水务局协办的。

（责任编辑：于红立）

海丰西秦白字戏去年演出达390台

原载2015年1月12日《汕尾日报》 作者：郑冰利

海丰西秦戏和白字戏两个艺术传承中心，去年分别演戏达210台和180台的演出任务，其中西秦戏演出创下28年来的历史新高。

海丰西秦戏和白字戏两个艺术传承中心，去年分别演戏达210台和180台的演出任务，其中西秦戏演出创下28年来的历史新高。同时，"两戏"为繁荣文化艺术精品而创作，努力擦亮海丰特色文化品牌，挖掘整理了一系列优秀传统剧目。

去年，海丰西秦戏和白字戏两个艺术传承中心通过开展文化体制改革，激发了非遗项目传承保护工作活力，努力创作优秀剧目，送戏下乡整体工作上了新台阶。该县西秦戏艺术传承中心今年来演戏达210台，创下28年来的历史新高。同时挖掘整理了《宋江杀惜》等一系列优秀传统剧目，完成了传统戏《草命天子》的排演工作；经专家遴选的由国家级传承人吕维平主演的《刘锡训子》中的传统特技"椅子功"，参加"中国文化遗产日"广东省非遗项目展演；移植排练秦腔同名剧目《凤鸣岐山》参加市"惠民文化节"大获成功，并于去年11月参加第十二届广东省艺术节展演，得到省文化厅领导和来自全国各地的学者专家、大学院校师生及乡亲观众的高度关注和好评。去年1月，该传承中心被省委宣传部、省文化厅、省新闻出版广电局联合授予广东省宣传基层文化"先进单位"；团长吕维平被评为国家二级演员。

该县白字戏艺术传承中心去年来已完成180台的演出任务，并重新排练了《一钱太守》《龙宫奇缘》等优秀剧目。去年8月份，该中心组团成功参加在香港举办的"中国戏剧节"，展演该县白字戏传统经典剧目，充分彰显该县非物质文化遗产的独特风采和无穷魅力。同时根据音乐大师马思聪的优秀作品《晚霞》改编的大型白字戏神话剧《龙宫奇缘》于去年11月份亮相第十二届广东省艺术节，并取得了"剧目二等奖"优异成绩，成为海丰县又一项文化精品，为该县国家级"非遗"项目的传承和发展做出积极的贡献。

重要文件目录

2014年中共海丰县委文件目录

表14

序号	发布文号	文件名称
1	海委〔2014〕4号	关于召开中国共产党海丰县第十届委员会第三次全体会议的报告
2	海委〔2014〕5号	中共海丰县委、海丰县人民政府关于贯彻落实省委、省政府《关于进一步促进粤东西北地区振兴发展的决定》的实施意见
3	海委〔2014〕10号	关于调整充实海丰县防汛防旱防风指挥部领导成员的通知
4	海委〔2014〕11号	关于落实海丰县水利工程防汛责任地段、抢险队伍、带队领导的通知
5	海委〔2014〕12号	关于调整海丰县大中型水利工程防汛指挥及技术负责人的通知
6	海委〔2014〕13号	关于成立县委全面深化改革领导小组的通知
7	海委〔2014〕15号	中共海丰县委、海丰县人民政府关于推进廉洁城市建设的决定
8	海委〔2014〕21号	中共海丰县委关于认真组织学习《习近平总书记系列重要讲话读本》的通知
9	海委〔2014〕28号	印发《海丰县人民政府职能转变和机构改革方案实施意见》的通知
10	海委〔2014〕29号	中共海丰县委关于印发《中共海丰县委领导班子党的群众路线教育实践活动整改方案》的通知
11	海委〔2014〕31号	印发《关于建立镇领导干部驻点普遍直接联系群众制度的实施意见》的通知

2014年中共海丰县委办公室文件目录

表15

序号	发布文号	文件名称
1	海委办〔2014〕1号	关于印发《〈海丰年鉴·2014〉编写大纲》和《〈海丰年鉴·2014〉基本篇目与编写分工》的通知
2	海委办〔2014〕3号	关于印发《海丰县开展党的群众路线教育实践活动实施方案》的通知
3	海委办〔2014〕4号	关于成立海丰县2014年度打好“四大会战” 推进“六大工程”活动指挥部的通知
4	海委办〔2014〕6号	关于印发《海丰县2014年“四大会战”“六大工程”活动工作方案》的通知
5	海委办〔2014〕8号	关于印发《2014年信访工作要点》的通知
6	海委办〔2014〕9号	关于调整县委对台工作领导小组成员的通知
7	海委办〔2014〕10号	关于印发《海丰县2014年度重点项目建设督查工作方案》的通知
8	海委办〔2014〕13号	关于印发《海丰县推进廉洁城市建设实施方案》的通知
9	海委办〔2014〕18号	关于调整县地方志编纂委员会成员的通知
10	海委办〔2014〕19号	关于调整《海丰年鉴》编纂委员会成员的通知
11	海委办〔2014〕21号	关于调整海丰县扶贫开发“规划到户、责任到人”工作领导小组的通知
12	海委办〔2014〕22号	关于印发《海丰县党员干部深入开展“植林爱林护林”义务植树活动工作方案》的通知

续上表

序号	发布文号	文件名称
13	海委办〔2014〕25号	关于印发《海丰县创建广东省文明县城工作方案》的通知
14	海委办〔2014〕27号	关于成立海丰县民族宗教工作协调领导小组的通知
15	海委办〔2014〕28号	关于转发《中共广东省委、广东省人民政府关于印发〈广东省党政机关厉行节约反对浪费实施细则〉的通知》的通知
16	海委办〔2014〕29号	中共海丰县委办公室 海丰县人民政府办公室关于印发《海丰县党政领导双休日节假日值班制度》的通知
17	海委办〔2014〕30号	关于调整海丰县人口与计划生育工作领导小组的通知
18	海委办〔2014〕31号	关于印发《2014年海丰县开展“广东扶贫济困日”活动工作方案》的通知
19	海委办〔2014〕32号	关于印发《海丰县党政机关办公用房清理整改工作实施方案》通知
20	海委办〔2014〕34号	关于调整海丰县加强信访工作和维护社会稳定协调领导小组成员的通知
21	海委办〔2014〕40号	关于成立海丰县供销社综合改革试点工作协调领导小组的通知
22	海委办〔2014〕42号	关于调整海丰县机构编制委员会成员的通知
23	海委办〔2014〕43号	关于成立海丰县对接深圳龙岗帮扶工作领导小组的通知
24	海委办〔2014〕45号	中共海丰县委办公室转发《县纪委关于2014年全县开展纪律教育学习月活动的实施意见》的通知
25	海委办〔2014〕51号	关于调整充实海丰县森林防火指挥部成员的通知
26	海委办〔2014〕53号	关于调整充实海丰县村务公开工作领导小组的通知
27	海委办〔2014〕55号	关于印发《中国•海丰首届珠宝文化节活动方案》的通知
28	海委办〔2014〕64号	关于印发《海丰县城乡环境整治工作方案》的通知
29	海委办〔2014〕65号	中共海丰县委办公室 海丰县人民政府办公室关于调整海丰县社会工作委员会组成人员的通知
30	海委办〔2014〕69号	关于调整充实海丰县双拥工作领导小组的通知
31	海委办〔2014〕70号	中共海丰县委办公室 海丰县人民政府办公室印发《关于开展一村（社区）一法律顾问工作的意见》的通知
32	海委办〔2014〕71号	关于调整海丰县创建广东省文明县城工作领导小组的通知
33	海委办〔2014〕72号	关于成立海丰县禁毒工作督查组的通知
34	海委办〔2014〕75号	关于调整中共海丰县委外事工作领导小组成员的通知
35	海委办〔2014〕79号	关于印发《海丰县党员干部扶贫“双到”工作制度》的通知
36	海委办〔2014〕80号	关于调整海丰县文化体制改革和文化大县建设领导小组成员的通知
37	海委办〔2014〕81号	关于进一步加强我县人民政协提案办理工作的实施意见
38	海委办〔2014〕82号	关于调整县委党的建设工作领导小组成员的通知

2014年海丰县人民政府文件目录

表16

序号	文 号	标 题
1	海府〔2014〕1号	关于抓紧开展冬修水利建设的通知
2	海府〔2014〕3号	关于上报海丰县2014年森林碳汇重点生态工程建设资金竞争性分配申报材料的请示
3	海府〔2014〕4号	关于申请承办2014年中国龙舟公开赛的请示
4	海府〔2014〕5号	关于要求将海丰县赤坑截山洪河列入重点灾区小流域综合治理加固计划的请示

续上表

序号	文号	标 题
5	海府〔2014〕6号	关于要求支持海丰县产业转移工业园建设的请示
6	海府〔2014〕8号	关于要求将海丰县X128线改建项目列入《汕尾市2014年国民经济和社会发展规划》的请示
7	海府〔2014〕12号	关于申报海丰县国际重要湿地2014年湿地生态效益补偿试点项目的请示
8	海府〔2014〕15号	关于要求将海丰县赤坑镇羊牯岭防洪堤列入特大防汛项目除险加固的请示
9	海府〔2014〕18号	关于要求办理有偿转让耕地储备指标批文的请示
10	海府〔2014〕22号	关于要求批准海丰县2014年度石场采矿权挂牌出让计划的请示
11	海府〔2014〕23号	关于申报海丰县县城（海城镇、附城镇、城东镇）为国家新型城镇化综合试点的请示
12	海府〔2014〕24号	关于要求批准海丰县供销合作联社综合改革试点实施方案的请示
13	海府〔2014〕30号	关于制订海丰县新气象探测基地观测环境保护专项规划的承诺书
14	海府〔2014〕31号	关于将新气象探测基地环境保护专项规划纳入城市控制性详细规划的承诺书
15	海府〔2014〕36号	关于印发《海丰县森林火灾应急预案》的通知
16	海府〔2014〕40号	海丰县人民政府关于调整县政府领导同志分工的通知
17	海府〔2014〕49号	关于印发《海丰县市民中心土地出让金管理办法》的通知
18	海府〔2014〕50号	关于印发《海丰县城市民中心土地综合整治项目实施方案》的通知
19	海府〔2014〕54号	海丰县人民政府关于印发《海丰县突发事件处置督查办法》的通知

2014年海丰县人民政府办公室文件目录

表17

序号	文号	标 题
1	海府办〔2014〕1号	海丰县“三旧”改造项目地价款收取规定
2	海府办〔2014〕2号	关于印发《海丰县推进新一轮绿化大行动建设规划（2014～2017）》的通知
3	海府办〔2014〕4号	关于调整海丰县推进“三旧”改造工作领导小组成员的通知
4	海府办〔2014〕5号	关于调整海丰县城市规划委员会委员的通知
5	海府办〔2014〕6号	关于成立海丰县非农建设用地会审委员会的通知
6	海府办〔2014〕7号	印发《海丰县扶贫开发“规划到户、责任到人”项目资金管理办法》的通知
7	海府办〔2014〕9号	印发《海丰县2014年度审计项目计划》的通知
8	海府办〔2014〕10号	关于印发《海丰县公平水库库区、莲花山埔仔洞区域、县城北部区域水源地环境污染整治工作方案》的通知
9	海府办〔2014〕11号	关于印发《海丰县农村财务管理考核奖励办法》的通知
10	海府办〔2014〕12号	关于印发《进一步扶持和规范民办教育加快发展的若干意见》的通知
11	海府办〔2014〕13号	关于印发《海丰县突发地质灾害应急预案》的通知
12	海府办〔2014〕14号	关于印发《海丰县2014年度地质灾害防治方案》的通知
13	海府办〔2014〕16号	关于成立海丰县民族团结进步创建活动领导小组的通知
14	海府办〔2014〕17号	关于转发《广东省地级以上市人民政府耕地保护目标责任考核办法》的通知
15	海府办〔2014〕18号	关于印发《海丰县2014年中央财政农业机械购置补贴实施方案》的通知
16	海府办〔2014〕19号	关于印发《海丰县“小产权房”及违法用地、违法建设排查摸底实施方案》的通知
17	海府办〔2014〕20号	关于印发《海丰县生产安全事故应急预案》的通知

续上表

序号	文 号	标 题
18	海府办〔2014〕21号	关于印发《海丰县突发动物疫情应急预案》的通知
19	海府办〔2014〕22号	关于印发《海丰县自然灾害救助应急预案》的通知
20	海府办〔2014〕23号	关于成立海丰县2014年度土地矿产卫片执法检查工作领导小组的通知
21	海府办〔2014〕24号	关于成立海丰县高标准基本农田建设项目验收工作领导小组的通知
22	海府办〔2014〕26号	关于成立海丰县道路交通安全委员会的通知
23	海府办〔2014〕28号	关于印发《海丰县规划区建设用地增加容积率补收土地差价的补充规定》的通知
24	海府办〔2014〕29号	关于印发《海丰县扶贫开发“规划到户、责任到人”项目资金管理办法》的通知
25	海府办〔2014〕30号	关于印发《海丰县基本农田保护经济补偿实施细则》的通知
26	海府办〔2014〕31号	关于印发《深汕特别合作区区域内征地拆迁补偿实施方案》的通知
27	海府办〔2014〕33号	关于调整海丰县地名委员会领导成员的通知
28	海府办〔2014〕34号	关于印发《海丰县社会抚养费征收管理补助方案》的通知
29	海府办〔2014〕35号	印发《海丰县2014年征收单位财政收入任务及其考核奖励办法》的通知
30	海府办〔2014〕36号	印发《海丰县2014年对镇税收收入考核奖励办法》的通知
31	海府办〔2014〕37号	印发《海丰县县级财政临时支出资金管理暂行规定》的通知
32	海府办〔2014〕38号	关于进一步加强和规范村(社区)财务公开办法的通知
33	海府办〔2014〕39号	关于印发《县政府领导成员实行AB角工作制度》的通知
34	海府办〔2014〕40号	关于印发《海丰县森林防火责任追究暂行办法》的通知
35	海府办〔2014〕41号	关于调整海丰县经济责任审计工作联席会议召集人及其成员的通知
36	海府办〔2014〕43号	关于成立海丰县森林资源保护和发展目标责任制自查工作领导小组的通知
37	海府办〔2014〕44号	关于调整海丰县质量强县工作领导小组成员的通知
38	海府办〔2014〕45号	关于调整县土地评估和地价差审核小组成员的通知
39	海府办〔2014〕46号	关于印发《关于开展海丰县城镇土地使用税专项清理工作的实施方案》的通知
40	海府办〔2014〕47号	关于成立海丰县城镇土地使用税专项清理工作领导小组的通知
41	海府办〔2014〕48号	关于调整海丰县财税工作领导小组成员的通知
42	海府办〔2014〕50号	关于印发《海丰县突发公共卫生事件应急预案》的通知
43	海府办〔2014〕51号	关于印发《海丰县突发事件医疗卫生救援应急预案》的通知
44	海府办〔2014〕52号	关于印发《海丰县最低生活保障实施细则》的通知
45	海府办〔2014〕53号	关于印发《海丰县城乡特困居民医疗救助实施细则》的通知
46	海府办〔2014〕54号	关于印发《海丰县加强农村集体资产资源交易管理工作意见》的通知
47	海府办〔2014〕56号	关于规范农村集体资产资源交易管理有关机构印章样式与制作的通知
48	海府办〔2014〕57号	关于印发《海丰县重大行政决策听证规定》等三个规范性文件的通知
49	海府办〔2014〕58号	海丰县人民政府办公室关于印发《县政府系统召开全县性会议审批办法》的通知
50	海府办〔2014〕59号	海丰县人民政府办公室关于印发《海丰县关于节庆 论坛 展会 体育运动会等活动的管理规定》的通知
51	海府办〔2014〕60号	海丰县人民政府办公室关于印发《海丰县政务公开实施办法》的通知
52	海府办函〔2014〕2号	关于印发《海丰县春节、元宵消防安全保卫专项行动方案》的通知
53	海府办函〔2014〕3号	关于印发《海丰县冬春火灾隐患整治“利剑”行动方案》的通知
54	海府办函〔2014〕4号	关于成立海丰县2013年度住房保障目标责任考核自评小组的通知

续上表

序号	文号	标题
55	海府办函〔2014〕5号	关于调整海丰县住房保障目标责任工作领导小组成员的通知
56	海府办函〔2014〕7号	转发《广东省外经贸厅关于印发广东省创新招商引资工作行动计划（2013~2015）的通知》的通知
57	海府办函〔2014〕11号	转发省政府办转发省发展改革委、粮食局《关于加快发展粮食流通产业意见》的通知
58	海府办函〔2014〕14号	关于印发《海丰县加强婴幼儿配方乳粉质量安全工作实施方案》的通知
59	海府办函〔2014〕17号	印发《2014年海丰县渔业柴油补助工作方案》的通知
60	海府办函〔2014〕18号	印发《2014年海丰县应急管理工作计划》的通知
61	海府办函〔2014〕19号	关于转发省政府办公厅《关于进一步做好地方志工作》的通知
62	海府办函〔2014〕26号	转发《关于进一步加强我省饮用水源保护区和生态严控区保护工作的会议纪要》的通知
63	海府办函〔2014〕29号	关于做好2014年种粮补贴面积申报工作的通知
64	海府办函〔2014〕30号	关于印发《海丰县可塘镇火灾隐患重点地区整治工作方案》的通知
65	海府办函〔2014〕31号	关于成立海丰县陈炯明都督府旧址和陈炯明故居修复工作领导小组的通知
66	海府办函〔2014〕32号	关于印发《海丰县陈炯明都督府旧址和陈炯明故居修复工作方案》的通知
67	海府办函〔2014〕34号	关于下达海丰县2014年国民经济和社会发展计划主要指标的通知
68	海府办函〔2014〕35号	关于成立海丰县革命烈士纪念馆暨海丰革命斗争纪念馆装饰布展工程领导小组的通知
69	海府办函〔2014〕36号	关于做好2013年度公共机构能源资源消费统计报告工作的通知
70	海府办函〔2014〕37号	关于成立海丰县小产权房排查摸底工作协调小组的通知
71	海府办函〔2014〕38号	关于调整海丰县地质灾害防治工作领导小组成员的通知
72	海府办函〔2014〕40号	关于成立海丰县气象灾害应急指挥部的通知
73	海府办函〔2014〕43号	关于调整县生猪屠宰管理工作领导小组成员的通知
74	海府办函〔2014〕44号	关于调整县生猪屠宰管理行政执法大队的通知
75	海府办函〔2014〕46号	关于印发《海丰县老楼危楼安全检查工作方案》的通知
76	海府办函〔2014〕47号	关于印发《海丰县2014年端午节龙舟邀请赛县城环境整治工作方案》的通知
77	海府办函〔2014〕48号	关于调整充实海丰县防制重大动物疫病工作领导小组的通知
78	海府办函〔2014〕49号	关于调整充实海丰县农机购置补贴工作领导小组成员的通知
79	海府办函〔2014〕50号	转发《关于印发2014年治理公路“三乱”工作要点的通知》的通知
80	海府办函〔2014〕52号	关于印发《海丰县开展非法集资风险专项排查工作方案》的通知
81	海府办函〔2014〕53号	关于调整海丰县金融工作领导小组成员的通知
82	海府办函〔2014〕54号	关于成立海丰县生猪屠宰管理行政执法大队的通知
83	海府办函〔2014〕55号	关于成立海丰县农村供水设施普查工作领导小组的通知
84	海府办函〔2014〕56号	关于印发《海丰县可塘镇重点地区火灾隐患整治实施方案》的通知
85	海府办函〔2014〕57号	关于下达2014年度海丰县社会保险扩面征缴任务的通知
86	海府办函〔2014〕58号	关于下达2014年海丰县各镇就业工作目标任务的通知
87	海府办函〔2014〕59号	关于下达2014年劳动力转移培训任务的通知
88	海府办函〔2014〕60号	关于成立海丰县天然气转换工作领导小组的通知
89	海府办函〔2014〕61号	关于建立海丰县企业职工养老保险工作联席会议制度的通知

续上表

序号	文号	标　题
90	海府办函〔2014〕62号	关于成立海丰县粮食产量抽样调查领导小组的通知
91	海府办函〔2014〕63号	转发汕尾市人民政府办公室关于批转《汕尾市推进企业职工养老保险工作实施方案》的通知
92	海府办函〔2014〕64号	关于成立海丰县潮惠高速公路海丰段10千伏电力管线迁改工程项目管理处的通知
93	海府办函〔2014〕66号	关于调整海丰县食品安全委员会成员的通知
94	海府办函〔2014〕67号	关于调整海丰县加强婴幼儿配方乳粉质量安全工作领导小组成员名单的通知
95	海府办函〔2014〕69号	关于调整海丰县停业整顿城市信用社退出市场工作领导小组成员的通知
96	海府办函〔2014〕71号	关于印发《海丰县公众聚集场所火灾事故应急演练方案》的通知
97	海府办函〔2014〕72号	关于成立海丰县小漠镇“6•7”触电事故调查组的通知
98	海府办函〔2014〕73号	关于印发《海丰县老城区和城中村消防安全专项整治行动方案》的通知
99	海府办函〔2014〕74号	关于印发《海丰县既有建筑消防安全专项整治行动方案》的通知
100	海府办函〔2014〕75号	关于印发《海丰县重大火灾隐患集中整治专项行动方案》的通知
101	海府办函〔2014〕80号	关于调整生猪屠宰管理监督经费的通知
102	海府办函〔2014〕81号	转发《广东省人民政府办公厅关于进一步加强渔船安全生产管理的通知》的通知
103	海府办函〔2014〕82号	转发汕尾市住房公积金管理委员会《关于印发〈汕尾市住房公积金贷款管理暂行办法〉的通知》的通知
107	海府办函〔2014〕87号	关于调整海丰县征兵工作领导小组成员的通知
108	海府办函〔2014〕89号	印发《关于2014年度进一步推进规模以上工业加快发展的若干意见》的通知
109	海府办函〔2014〕90号	关于成立海丰县青年水库、红花地水库水资源保护规划编制工作领导小组的通知
110	海府办函〔2014〕92号	关于成立海丰县基层中医药服务能力提升工程领导小组的通知
111	海府办函〔2014〕94号	关于成立海丰县中小河流整治工程指挥部的通知
112	海府办函〔2014〕95号	海丰县人民政府办公室关于加快推进应急管理有关重点工作的通知
113	海府办函〔2014〕96号	关于印发《海丰县道路交通安全委员会工作职责》的通知
114	海府办函〔2014〕99号	关于成立海丰县社会保险扩面征缴“百日突击行动”领导小组的通知
115	海府办函〔2014〕100号	关于印发《海丰县社会保险扩面征缴“百日突击行动”工作方案》的通知
116	海府办函〔2014〕103号	海丰县人民政府办公室关于印发《海丰县规范行政处罚自由裁量权工作方案》的通知
117	海府办函〔2014〕109号	转发《广东省人民政府关于修订<广东省城乡居民社会养老保险实施办法>的通知》的通知
118	海府办函〔2014〕111号	关于印发海丰县可塘镇安美商品市场重大火灾隐患专项整治行动方案的通知
119	海府办函〔2014〕112号	关于印发《深圳—汕尾产业链招商暨产业园区建设现场会海丰县产业转移工业园中心启动区市政工程建设动工仪式工作方案》的通知
120	海府办函〔2014〕113号	关于海丰县生态科技城中心启动区市政工程初步设计方案的批复
121	海府办函〔2014〕114号	关于印发《2014年中国龙舟公开赛（汕尾海丰站）县城环境综合整治工作方案》的通知
122	海府办函〔2014〕115号	转发《广东省人民政府关于印发广东省社会信用体系建设规划（2014～2020年）的通知》的通知
123	海府办函〔2014〕116号	关于印发《海丰县“十三五”规划编制工作方案》的通知
124	海府办函〔2014〕119号	关于印发《海丰县中心镇污水处理厂建设倒排计划》的通知
125	海府办函〔2014〕124号	关于调整海丰县实施技术标准战略联席会议组成人员的通知
126	海府办函〔2014〕127号	关于印发《海丰县迎接“十二五”全国干线公路养护管理检查工作方案》的通知
127	海府办函〔2014〕128号	关于调整海丰县打击假冒伪劣商品工作领导小组成员的通知

续上表

序号	文号	标　题
128	海府办函〔2014〕130号	关于印发《海丰县依法取缔无证生产经营机砖厂工作实施方案》的通知
129	海府办函〔2014〕131号	关于建立海丰县社会救助工作联席会议制度的通知
130	海府办函〔2014〕133号	关于下达2015年度全县城乡医疗保险参保任务的通知
131	海府办函〔2014〕136号	关于印发《海丰县2014年规模以上工业总产值第四季度计划目标》的通知
132	海府办函〔2014〕137号	关于迅速开展冬修水利建设的通知
133	海府办函〔2014〕140号	转发市政府办关于做好《广东省人民政府办公厅关于深化金融改革完善金融市场体系的意见》贯彻落实工作的通知
134	海府办函〔2014〕143号	关于成立海丰县国际重要湿地2014年生态效益补偿试点实施工作领导小组的通知
135	海府办函〔2014〕145号	关于印发海丰县今冬明春火灾防控工作方案的通知
136	海府办函〔2014〕146号	关于成立海丰县美达化工涂料有限公司“12·1”事故调查组的通知
137	海府办函〔2014〕147号	关于调整海丰县消防安全委员会成员的通知
138	海府办函〔2014〕150号	关于印发《海丰县突发事件新闻发布应急预案》的通知
139	海府办函〔2014〕152号	关于印发海丰县台风暴雨预警信息发布实施细则（试行）的通知
140	海府办函〔2014〕153号	关于印发《全国残疾人基本服务状况和需求专项调查海丰县调查方案》的通知
141	海府办函〔2014〕155号	关于成立海丰县见义勇为评定委员会的通知
142	海府办函〔2014〕157号	海丰县人民政府办公室关于印发《海丰县广电网络改革重组工作方案》的通知
143	海府办函〔2014〕158号	关于印发《海丰县地震应急预案》的通知
144	海府办函〔2014〕159号	关于印发《海丰县突发事件预警信息发布管理办法》的通知
145	海府办函〔2014〕161号	关于印发《海丰县劳动密集型企业消防安全专项治理工作方案》的通知
146	海府办函〔2014〕164号	关于印发《海丰县2014年度振兴发展工作自查整改方案》的通知

海丰荣誉

表18

2014 年海丰县受省、部级以上表彰的劳动模范、先进工作者名录				
姓 名	所在单位或镇村	荣 誉 称 号	授 奖 单 位	授奖年月
施建明	海丰县财政局	广东省五一劳动奖章	广东省总工会	2014.04
曾诗贤	海丰县安全生产监督管理局	安全生产监管监察先进个人	国家安全监管总局 国家煤矿安监局	2015.01
2014 年海丰县受市委、市政府和省直机关表彰的先进人物名单				
姓 名	所在单位或镇村	荣 誉 称 号	授 奖 单 位	授奖年月
施胜坚	海丰县赤石镇	在第十六期基层武装部部长培训中被评为“优秀学员”	广东省军区教导大队	2014.05
吕伟涛	海丰县海陆通辅具用品有限公司	广东青年五四奖章	共青团省委	2014.05
胡家驹	共青团海丰县委	广东省十佳团县委书记	共青团省委	2014.05
李慧慧	海丰县梅陇镇金桔莱集团公司	广东省百佳团支部书记	共青团省委	2014.05
章为华	海丰县海丰中学	广东省优秀团干部	共青团省委	2014.05
孙嘉宝	海丰县海丰中学	广东省优秀团干部	共青团省委	2014.05
黄斯雅	海丰县彭湃中学	广东省优秀团干部	共青团省委	2014.05
屈佳慧	海丰县红城中学	广东省优秀团干部	共青团省委	2014.05
黄 镇	海丰县公路局	全省公路系统唐诗、宋词和毛泽东诗词书法大赛	广东省公路管理局	2014.08
游庆辉	海丰县赤石镇	广东省第一届人民调解员调解技能大赛三等奖	广东省司法厅 广东省人民调员协会	2014.10
林安远	海丰县公路局	广东省交通技术能手	广东省交通运输厅	2014.12
曾向奇	海丰县委老干部局	全省离退休干部先进个人	中共广东省委组织部 中共广东省委老干部局 广东省人力资源和社会保障厅	2014.12
刘思婕	海丰县财政局	广东省2013-2014年度新一轮扶贫开发工作优秀驻村干部	广东省扶贫开发办公室	2015.01

续上表

2014年海丰县受省、部级以上表彰的先进单位名录				
序号	先进单位名称	荣 誉 称 号	授 奖 单 位	授奖年月
1	广东电网汕尾海丰供电局	广东省五一劳动奖状	省总工会	2014.04
2	海城镇人民政府	第三次全国经济普查先进集体	国务院第三次全国经济普查领导小组	2014.12

2014年海丰县受市委市政府和省厅级表彰的先进单位名录				
序号	先进单位名称	荣 誉 称 号	授 奖 单 位	授奖年月
1	海丰县西秦戏剧团	第二届广东省基层宣传文化工作先进单位	省委宣传部、省文化厅、省新闻出版广电局	2014.01
2	海丰县附城中学团总支	广东省五四红旗团支部（总支）	共青团省委	2014.05
3	海丰县公路局东园公路管养站	模范职工之家	广东省公路管理局	2014.11

注：本表内容由受表彰的劳动模范、先进工作者名单由各单位，受表彰先进单位由各单位提供。

索 引

说明：

一、本索引分为条目索引和表格索引两部分，把年鉴所刊登的条目、表格、机构名称、人名、地名统一按标引词第一字汉语拼音（同音字按声调）顺序排列；第一字相同，按第二字音序排列。依次类推。

二、标引词后的阿拉伯数字表示内容所在页码。数字后的拉丁字母a、b，分别表示从左到右第一、二栏。

三、年鉴的特载、卷首彩页、大事记、图片照片、附录未做主题索引。年鉴中未设专条的人名与机构名称未予标引。

四、本索引分目采用黑体字，子目采用宋体字，条目采用楷体字。

五、内容有交叉的条目，为便于读者检索，在索引中重复出现。

条目索引

K

T

表格索引

版权声明

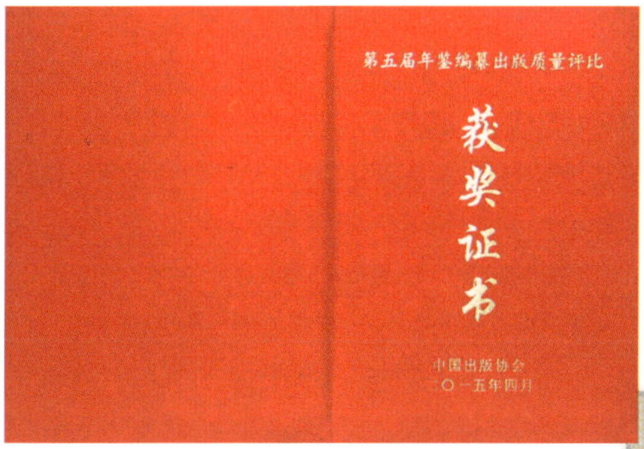
第五届年鉴编纂出版质量评比
获奖证书
中国出版协会
二〇一五年四月

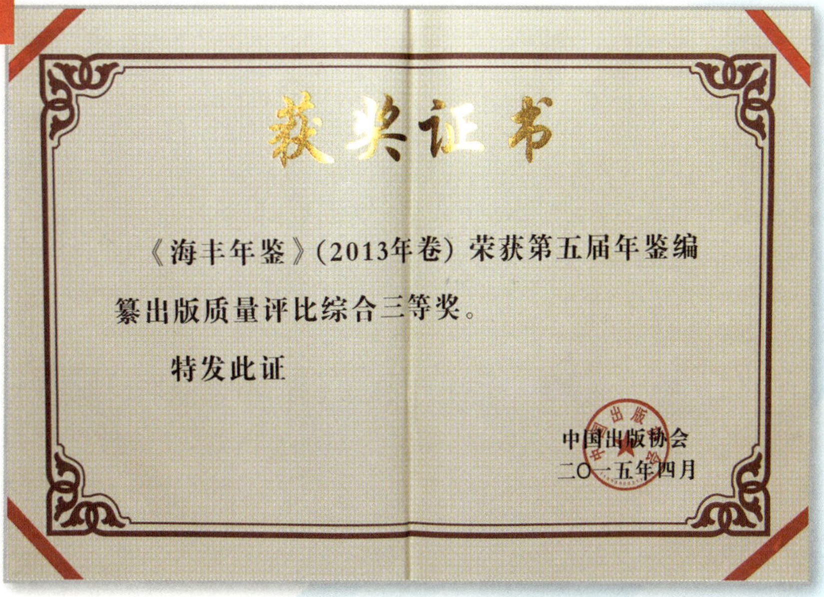
获奖证书
《海丰年鉴》（2013年卷）荣获第五届年鉴编纂出版质量评比综合三等奖。
特发此证
中国出版协会
二〇一五年四月

第五届年鉴编纂出版质量评比
获奖证书
中国出版协会年鉴工作委员会
二〇一五年四月

获奖证书
《海丰年鉴》（2013年卷）在中国出版协会主办、年鉴工作委员会承办的第五届年鉴编纂出版质量评比中，荣获框架设计二等奖，条目编写二等奖，装帧设计三等奖。
特发此证
中国出版协会年鉴工作委员会
二〇一五年四月